OBRA JURÍDICA DEL PROFESOR ALBERTO BAUMEISTER TOLEDO

OBRA JURÍDICA DEL PROFESOR ALBERTO BAUMEISTER TOLEDO

Allan R. BREWER-CARÍAS
(Editor)

BAUMEISTER & BREWER
ABOGADOS CONSULTORES

editorial jurídica venezolana
Caracas 2023

EMAIL: allanbrewercarias@gmail.com

ISBN: 979-8-89184-922-8

Editado por: Editorial Jurídica Venezolana
Avda. Francisco Solano López, Torre Oasis, P.B.,
Local 4, Sabana Grande, Caracas, 1015, Venezuela
Teléfonos: (058) (212) 762-38-42, Fax: (058) (212) 763-5239
http://www.editorialjuridicavenezolana.com.ve

Impreso por: Lightning Source, an INGRAM Content company
para: Editorial Jurídica Venezolana International Inc.
Panamá, República de Panamá.
Email: ejvinternational@gmail.com

Portada por: Alexander Cano

Diagramación, composición y montaje
por: Arelys Torres, Mirna Pinto, en letra Times New Roman, 10,5
Interlineado: 11, Mancha 13.5 x 19.5

CONTENIDO

CUARTA PARTE
DERECHO DE FAMILIA

QUINTA PARTE
DERECHO DE ABITRAJE

SEXTA PARTE
DERECHO DE SEGUROS

SEPTIMA PARTE
DERECHO DE PROPIEDAD

OCTAVA PARTE
DERECHO MERCANTIL

NOVENA PARTE
DERECHO TRIBUTARIO

DECIMA PARTE
DERECHO ADMINISTRATIVO

NOTA DE PRESENTACIÓN

Por **Allan R. Brewer-Carías**

Profesor emérito de la Universidad Central de Venezuela
Individuo de Número de la Academia de Ciencias Políticas y Sociales

A mis queridos sobrinos:
Alberto José, Luis Gonzalo, Manuel y Luisa Mercedes Baumeister Anselmi
A mi querida comadre: Mercedes Anselmi de Baumeister.

A juzgar por su Obra jurídica escrita, tal como se aprecia en este libro, Alberto Baumeister Toledo (1940-2018), mi amigo, socio, compadre, confidente, hermano y compañero de vida durante toda su vida, sin duda fue un gran jurista universal e integral, lo que resulta de su obra globalmente considerando que nos pone en evidencia que, en realidad, no se especializó solo en alguna rama de nuestra disciplina, sino que pensó, ejerció la profesión, enseñó y escribió sobre casi todas ellas.

Comenzó a ser gran jurista integral, incluso, desde cuando inició sus estudios de derecho, carrera que terminó con la mención Sum Cum Laude en la Universidad Católica André Bello (1962), habiendo recibido instrucciones prácticas de su padre, el Dr. Alberto Baumeister Baumeister, quién entre sus múltiples títulos tenía el de la abogacía; teniendo que haber asumido, luego, desde aquellos años, a muy corta edad, por el fallecimiento prematuro del padre, la conducción de todos los asuntos familiares. Ello lo llevó a aprender y a aplicar el derecho, desde cuando estudiaba, no solo en las aulas sino fuera de las mismas, incluso en el campo, atendiendo la Hacienda familiar de Guatire, que tanto amó.

A Alberto Baumeister Toledo lo conocí desde antes de que comenzáremos a estudiar derecho, cuando niños, a finales de los años cuarenta del siglo pasado, coincidíamos en nuestras correrías de juegos en las calles de la Urbanización El Rosal de Caracas. Desde entonces entablamos amistad, la que continuó posteriormente, a pesar de que no coincidimos en los mismos colegios ni en primaria ni en secundaria. Solo fue en 1955 cuando nos encontramos, ambos internos, en el Colegio San José de Mérida, que regentaban los Jesuitas, donde cursamos el cuarto año de bachillerato. Allí, siempre lo he dicho, pasé el año que considero como el más feliz de mi época de estudiante, y pienso que Alberto también.

Como en el Colegio no había el preuniversitario en Filosofía y Letras de la época, ambos tuvimos que regresar a Caracas a cursarlo, y lo hicimos en la Universidad Católica Andrés Bello, en la sede de Tienda Honda, donde funcionaba, en el curso en 1956-1957. Año en el cual se acrecentó nuestra amistad pues en muchas ocasiones nos reunimos fuera de los cursos para estudiar juntos.

Al graduarnos de bachiller, ambos teníamos decidido estudiar derecho, para lo cual Alberto escogió seguir en la Universidad Católica Andrés Bello y pasó a estudiar en la sede de Montalbán, y por mi parte, preferí la Universidad Central de Venezuela. Como nuestros profesores en ambas Facultades de derecho eran materialmente los mismos, en muchas ocasiones seguimos estudiando juntos, y además, ambos comenzamos a trabajar como escribientes en tribunales, habiendo coincidido como tales en el Tribunal Primero de Primera Instancia en lo Mercantil de Caracas, que regentaba nuestro profesor y amigo Gonzalo PÉREZ LUCIANI.

Allí coincidimos con Luis COVA ARRIA, entonces otro de los escribientes del Tribunal, con quien sellamos una sincera amistad. Luego coincidiríamos los tres como Individuos de Número de la Academia de Ciencias Políticas y Sociales.

Recuerdo de aquella época que Alberto y yo nos inscribimos en una Academia Comercial para aprender mecanografía en serio, habilidad que Alberto desarrolló con excelencia a lo largo de su carrera, pues siempre escribió a máquina (tenía una letra muy enrevesada), y en cambio yo la abandoné, pues preferí escribir siempre a mano. Y recuerdo igualmente los viajes a la Hacienda familiar de los Baumeister en Guatire, donde pasamos tiempos extraordinarios.

Al graduarnos de abogado, ambos con sendas menciones Suma Cum Laude, Alberto se inclinó por el ejercicio profesional, comenzando de inmediato a trabajar en el escritorio Herrera y luego en el Estudio Jurídico con los profesores José MELICH ORSINI y Gonzalo PÉREZ LUCIANI; y yo por mi parte, me incliné de inmediato por la Academia.

Salí, así, de inmediato, ya casado con Beatriz, a seguir cursos de posgrado en Francia de donde regresé a presentar mi tesis de doctorado en la Universidad Central en Caracas en 1963 y comenzar la carrera docente y de investigación en el Instituto de Derecho Público, combinada con el ejercicio de la función pública, que terminé en 1987.

La casualidad a mi regreso de Francia en 1964 fue que coincidimos viviendo en la misma calle en la Urbanización Las Mercedes, donde Alberto, recién casado con Mercedes vivía en la casa de los Anselmi, y Beatriz y yo, ya con prole, en un apartamento alquilado en el edificio de al lado. No recuerdo por qué, pero no teníamos teléfono, y Alberto, generosamente, mediante un cable que pasaba de un predio a otro, nos facilitó acceso para emergencias al teléfono de los Anselmi.

Volví a ausentarme del país para pasar dos años como Visiting Fellow en la Universidad de Cambridge, entre 1972 y 1974, y cuando regresé, no sólo me encontré con que Alberto ya estaba también inmerso en su carrera docente y de investigador, fundamentalmente en la Universidad Católica Andrés Bello, sino con el llamado que me hizo para que me incorporaba al Escritorio había recién fundado con nuestro amigo Alí DOMÍNGUEZ SÁNCHEZ.

Y así, en 1975, se inició la firma Baumeister, Domínguez y Brewer, con sede en el Edificio Normandie de la Avenida Vollmer de Caracas, la cual, luego de la forzosa diáspora de los socios ocasionada por el famoso incendio ocurrido en el Edificio en 1982, la reconstituimos en 1984. iniciando la fabulosa aventura vital y profesional que ha sido la firma Baumeister & Brewer, que desarrollamos con todo interés y dedicación, como un centro de excelencia profesional.

Baumeister & Brewer fue, así, no sólo nuestro centro de ejercicio profesional de la abogacía, como abogados consultores, él en el campo del derecho privado y yo en el campo del derecho público, sino que se constituyó como el centro de nuestras respectivas actividades en materia de investigación jurídica, y de divulgación del derecho como conferencistas impenitentes que fuimos los dos durante décadas. En mi caso, el Escritorio suplantó, como sede, lo que entre 1960 y 1987 había sido el Instituto de Derecho Público, de manera que desde que dejé la dirección del mismo, Baumeister & Brewer fue el centro de mi actividad académica y de investigación.

Tanto en el caso de Alberto como mío, nunca llegamos a recibir aportes económicos para nuestra actividad académica y de investigación, sino que la fuente de financiamiento de la misma fue siempre nuestro propio ejercicio profesional.

Ello, por supuesto guio nuestra concepción de la firma Baumeister & Brewer, integrada sucesivamente por abogados de excelencia, pudiendo apreciarse los niveles de excelsitud que logramos en la misma con el solo hecho de recordar que seis (6) de quienes han sido socios y colaboradores de la misma han sido electos como Individuos de Números de la Academia de Ciencias Políticas y Sociales: comenzando con mi caso, por antigüedad, pues fui electo en 1978, siguiendo luego la elección de Alberto BAUMEISTER TOLEDO, Pedro NIKKEN, Carlos AYALA CORAO, Gerardo FERNÁNDEZ y José Antonio MUCI BORJAS, todos electos incluso durante el tiempo de mi ausencia física del país que ya se extiende por caso veinte años, desde 2005.

Fui testigo de la permanente actividad académica de Alberto, concretada sobre todo en su labor de conferencista, y guiada por su generosidad académica, apoyando iniciativas y proyectos de estudios sin límite. Debo recordar así, en cuanto a mi persona, la generosa oferta que me hizo cuando fui nombrado Profesor Invitado en la Universidad de París II, para el año académico 1989-1990, que nos permitió a Beatriz y a mi vivir en el apartamento familiar de los Baumeister durante nuestra estadía en París, en la rue Duroc.

Durante años le insistí a Alberto, dada mi vena incansable de publicista, que me entregara los archivos de sus trabajos para recogerlos en un volumen y publicarlo. Teníamos a la Fundación Editorial Jurídica Venezolana a la disposición, proyecto del cual Alberto formó parte siempre, apoyándolo de mil maneras, al punto de haber contribuido para la adquisición de la sede tradicional de la misma en la Avenida Solano, pues siempre ha sido una Fundación, de manera que incluso desde fuera de Caracas, le pedí a él, y a nuestras queridas secretarias de siempre Quelita Luciani y Arelis Torres, que me ayudaran a recopilar todo el material.

No fue posible menos lograrlo, y menos no estando yo cerca, por lo que ha sido ahora, con ocasión de la preparación del material para el *Boletín de la Academia de Ciencias Políticas y Sociales* que dirige el profesor Rafael BADELL MADRID, y que ha sido publicado en Homenaje a Alberto BAUMEISTER TOLEDO, que, con la ayuda invalorable de Arelis, en Baumeister & Brewer hemos podido realizar la tarea de recopilar y escanear todos, o más bien, casi todos los trabajos escritos por Alberto.

A su fallecimiento, en efecto, le encomendé a Arelis que buscara y buscara en todos los archivos de Baumeister & Brewer, así como en los de su hijo Manuel, las referencias y textos de los trabajos de Alberto, siendo el resultado de esa acuciosa labor, este volumen de textos que recogen la Obra Jurídica de Alberto BAUMEISTER TOLEDO, y que como dije al inicio nos muestran el gran jurista universal e integral que fue.

Los trabajos los he ordenado agrupándolos en las materias fundamentales sobre las cuales escribió: *derecho constitucional*, en los cuales estudió los aportes más relevantes de la nueva Constitución de 1999 en materia de tutela judicial, procedimiento y procesos, interpretación constitucional, defensoría y justicia; *derecho procesal*, en los cuales estudió el fin del proceso y la prueba, el traslado de pruebas, la oralidad en los procesos, nuevas tendencias del derecho procesal, el juicio de rendición de cuentas, el juicio ejecutivo, la hipoteca judicial, y los nuevos procedimientos en materia laboral, en materia de protección del niño y adolescente, de violencia contra la mujer, en materia marítima y en materia agraria; *derecho de arbitraje*, en los cuales estudió diversos tema con ocasión de la promulgación de la ley de arbitraje comercial; *derecho de seguros*, en los cuales estudió las nuevas instituciones en la materia, los reaseguros financieros, el seguro de crédito, la mutualidad empresarial para la prestación de seguro, el régimen de los reaseguros, la actividad aseguradora y los ilícitos cambiarios, sobre la reforma de la ley en especial sobre el contrato de seguro, y seguros marítimos; *derecho de propiedad*, con estudios sobre la multipropiedad y de tiempo compartido, propiedad horizontal, tercerización y el régimen de la ley de tierras; *derecho mercantil*, con estudios sobre sociedades anónimas, la insolvencia y el sistema concursal, la disolución y liquidación de sociedades y los convenios entre deudores en el proceso concursal; *derecho tributario*, con un estudio sobre el impuesto sobre tierras ociosas y otro sobre el pago de tributos por terceros; y *derecho administrativo*, en el cual estudio el régimen contencioso administrativo de los actos cumplidos en ejecución de la actividad agroalimentaria.

Como se resumió con toda precisión en el *Boletín* de la Academia que se publicó en su honor:

> "La actividad profesional de Alberto BAUMEISTER TOLEDO se caracterizó por su precocidad, proactividad, vocación académica, perseverancia, versatilidad y generosidad, pero sobre todo por su preclaro talento y disposición al trabajo. Su constante formación, su innegable inteligencia y voluntad le abrieron desde muy joven las puertas de los más elevados escenarios jurídicos y favoreciendo su consolidación como uno de los más respetados profesionales del Derecho, capaz de incursionar exitosamente en los más diversos campos de las Ciencias Jurídicas."

Y en efecto, visto todo este material en conjunto, se encuentra uno con una muestra de lo que intelectualmente fue Alberto BAUMEISTER TOLEDO, además de un gran abogado, consultor litigante y consejero, un estudioso del derecho, que no cesó de destacar las novedades y nuevos elementos con los cuales se topó en sus investigaciones, y que siempre generosamente expuso en infinidad de cursos y conferencias que con todo gusto y dedicación dictó.

Nueva York, noviembre de 2023

PRIMERA PARTE

INTERPRETACIÓN CONSTITUCIONAL

1.

APROXIMACIONES AL PODER DE INTERPRETACIÓN DE LOS JUECES CONSTITUCIONALES A LAS NORMAS Y PRINCIPIOS CONSTITUCIONALES CON ESPECIAL REFERENCIA A SISTEMA CONTEMPLADO EN LA CONSTITUCIÓN DE LA REPUBLICA BOLIVARIANA DE VENEZUELA

DISCURSO DE ALBERTO BAUMEISTER TOLEDO,*
DE INCORPORACIÓN A LA ACADEMIA DE CIENCIAS POLÍTICAS Y SOCIALES

---

* Alberto Baumeister Toledo: Abogado, egresado con mención Summa Cum Laude de la Universidad Católica Andrés Bello de Caracas, Venezuela (UCAB) -(62)- especialista en Derecho Privado (75) y Derecho Financiero (92) por la misma Universidad. Investigador asociado del Centro de Investigaciones Jurídicas de la UCAB. Ex Profesor de Pre- grado en las Universidades Central de Venezuela (UCV) y UCAB. Profesor de Post Grado en la UCV, UCAB, Universidad Católica del Táchira, Universidad de Margarita (UNIMAR), Universidad Fermín Toro (UFT) en Derecho Civil Bienes Superior (Posesión y Garantías) Mercantil Superior (Seguros, Concursal, Fideicomisos, Contratos Mercantiles, Derecho del Comercio y la Navegación, Transporte) Procedimiento Civil Superior: Teoría del Proceso, Ejecución de Fallos, Sentencias, Medios Alternativos de Resolución de conflictos, Procedimiento Marítimo. Profesor de la Escuela de la Judicatura (Procesal Civil, Pruebas y Función Jurisdiccional). Profesor de Postgrado en la Universidad Privada Boliviana (Cochabamba), Profesor Invitado en las Universidades Simón Bolívar, Metropolitana y Santa María, todas de Venezuela, Javeriana de Bogotá, San Salvador, Buenos Aires, Fasta, Mar de Plata y Universidad de Santiago de Cuba. Ex Magistrado del Tribunal Superior Nacional Agrario con sede en Caracas, y del Tribunal Superior Agrario con competencia en el Dto. Federal, Miranda, Guárico, Ex Conjuez de la Sala de Casación Civil de la antigua Corte Suprema de Justicia, Ex Juez Superior suplente de los Juzgados Superior Primero y Tercero del Área Metropolitana de Caracas. Miembro de los Institutos Iberoamericano y Panamericano de Derecho Procesal, del Capitulo Metropolitano del Instituto Venezolano de Derecho Procesal, Ex miembro del Instituto Venezolano de Estudios de Derecho Procesal, Miembro de la Asociación Venezolana de Derecho de los Seguros (AVEDESE-AIDA), Miembro Honorario de la Asociación Colombiana de Derecho de Seguros, Miembro de la Asociación Venezolana de Derecho Marítimo. Miembro de la Asociación Venezolana de Derecho Financiero y de la Asociación Venezolana de Derecho Tributario, Director de la Revista de la Facultad de Derecho de la UCAB. Es autor de unos

DEDICATORIA:

A la siempre viva memoria de mis padres,
cuyas huellas perdurables nunca dejarán de ser mis metas.

A mi dilecto y siempre jovial profesor Dr. José Andrés Fuenmayor García,
quien todavía a estas alturas tiene paciencia para continuar marcándome rumbos
y enseñándome que mientras mas se hurga en las raíces del derecho,
mas novedades e inquietudes obnubilan nuestros modestos conocimientos,
y por privilegiarme en el trato de amigo que compartió con mi padre.

He sido afortunado en el acontecer de mi vida pues el Señor me ha ido proveyendo con el transcurrir del tiempo de gratos reconocimientos que me ha venido dispensando paso a paso en diferentes etapas de mi acontecer, pero realmente siento hoy que el ahora conferido, excedía de mis expectativas.

Quiero comenzar por aclarar que el alto honor que se me brinda con el cargo para el cual ahora resulté electo en esta Academia, en primer lugar lo debo más que a mi acontecer humano a un nuevo gesto bondadoso del Dios en quien creo, pero adicionalmente, también al aporte de muchas otras personas que bien con su paciencia y afecto de amigos o con su don de educar me han impulsado para formarme, estudiar, trabajar y seguir adelante en el acontecer vital, y también a otros muchos que por rodearme en mi vida cotidiana, profesional, familiar y ciudadana me han excusado improntas, retardos, hasta errores con lo cual me han facilitado cumplir con ese quehacer del día a día que me ha brindado ocasión para fortalecer mi formación y que también se me haya considerado para otorgárseme dicha honrosa distinción.

Aclaro pues que hoy quiero y deseo compartir ese nuevo reconocimiento con todos aquellos que de una u otra forma me han permitido acceder como Individuo de número en esta Corporación de tanta prosapia.

Con lo dicho justifico que debo comenzar este discurso, con un necesario recuerdo al menos para quienes de manera más allegada me aportaron su apoyo y de alguna manera me han brindado la esencia y materia para disfrutar lo que hoy se confiere como honor y responsabilidad.

Pretermitirlos bajo cualquier excusa sería no solo injusto, sino me haría sentir muy mal pues de cierto modo estaría vanagloriándome en parte de sacrificio y esfuerzo ajeno. Por igual pido excusas a todos los demás a quienes por igual pueda de alguna manera tener que agradecerlo, pero que no podría mencionar expresamente, so pena de extralimitarme en este acto en tiempo y materia.

En esa lista de impostergables, comienzo por mi padre, a quien debo el ejemplo de mi formación humana y académica. Fue incansable y afanoso profesional con dos carreras universitarias adquiridas en dos países y dos carreras técnicas que también cursó y en adición a lo cual logró el fácil manejo de siete idiomas y dos dialectos, todo amasado con la ejecución de una vida digna y con un tesoro de amistades por doquier, que todavía hoy, luego de muchos años de su prematura desaparición disfruto a plenitud como el mejor de sus legados. Me dejó también un bagaje millonario en tesón, voluntad y superación científica.

---

sesenta estudios y trabajos monográficos en materia de Derecho de los Seguros, Procedimiento Civil, Agrario, Tributario, Constitucional Procesal, Menores y adolescentes y Procesal Penal.

Fue por igual un ejemplo como profesor universitario y un talento para transmitir y dar lo que podía saber y enseñar y lo que recibió y heredó intelectualmente de otros. Por supuesto que ni puedo osar pretender que lo igualaré ni superaré.

Sigo en la lista con mi madre, por quien también agradezco estar vivo y a quien mucho debo por ser abogado y obstinado buscador de la verdad científica.

Para ella, en su época de viuda, me formó para asumir las responsabilidades de casi un padre en mi casa, y desde muy temprano recibí sus claros consejos sobre el manejo de los asuntos de la vida práctica. Seguro estoy que desde las alturas estará disfrutando el acontecer de este acto, pues le encantaba presenciar y compartir con nosotros sus hijos los peldaños que solíamos ir escalando en la vida.

Para mamá una viuda sin hijo abogado poco podía esperar que le respetaran su patrimonio, y ello fue palanca suficiente como para hacerme abandonar mi sueños en imitar a otros eximios profesionales y académicos de mi familia, en primer lugar a mi tío Luis Baumeister Baumeister, quien como médico compartió gloria y cátedras con el maestro Razzetti y fue designado galeno de la Casa Real española a pesar de su condición de criollo importado, extraño reconocimiento en aquellos lejanos tiempos en que Europa era todo y poco le aportaba América en lo científico.

En segundo lugar, no pude tampoco seguir los pasos de mi tío abuelo, y en adición padrino, el Dr. Enrique Toledo Trujillo, también eminente médico y hombre ciudadano, con formación en Europa en las recientes novedades de las labores de Esculapio y dedicado apasionadamente y hasta muy entrada edad a la verdadera ciencia de curar. A mi referido Tío Padrino le correspondió por igual el honor de pertenecer a la Academia de Medicina y por varias veces fue integrante de su Directiva, invoco su nombre y memoria para hacer más fácil mi recorrido y permanencia en este hermoso lugar de ciencias que resulta ser el Palacio de las Academias.

Sería por igual egoísta no mencionar lo mucho que debo a mi Alma Mater, la Universidad Católica Andrés Bello de Caracas, y en especial a sus Directores y guías, y con ello, se involucran también quienes han sido mis mentores desde muy temprana edad, esto es los integrantes de la Compañía de Jesús, quienes me acompañaron durante muchos años en mi formación académica y humana. De aquella y de Uds. mis amigos Jesuitas es también el honor con el cual hoy se me distingue. Indiscutiblemente que me confieso ser otro mas de esos hombres formados por el estilo y tradición Jesuita, de lo cual, de paso, me siento muy orgulloso y sortario de haberlo podido lograr.

Deploro si en este momento, la ausencia entre quienes plenan este recinto, de mi entrañable amigo el Padre Fernando Pérez-Llantada S.J. con quien compartí muy agradables momentos, y quien supo enseñarme la virtud de sacrificar parte de mi tiempo profesional en la siempre grata labor de la enseñanza del Derecho en todo el territorio nacional. Desde donde esté, seguro estoy cuento con su acostumbrada "enhorabuena por mi designación".

Siguiendo en ese mismo orden, aquí en esta docta Academia, tengo también presentes, como mis colegas que ocupan sus sillones a un buen número de quienes fueron mis profesores de Derecho. De entre ellos no puedo dejar de mencionar a mis queridos amigos y forjadores Gonzalo Pérez Luciani, José Melich, y a mis dilectos profesores José Muci-Abraham, Emilio Pittier, Arístides Rengel R, José Luis Aguilar y Gustavo Planchart M, entre otros.

A los dos primeros debo mención especial, pues además de haberme impartido educación jurídica y modalidad de vida ciudadana, fueron casi mis padres adoptivos y me sirvieron de guías ya en mi tránsito de adolescente a hombre de mayor edad y de simple estudiante a profesional.

Pero con todos, además, tengo una especial deuda de gratitud, pues mucho de lo que hoy recibo como honor, lo adeudo ciertamente a ellos si de alguna manera para aquello fue tomado en consideración mi formación universitaria y mi labor de hombre de justicia, pues todo eso tiene profunda vinculación con mis ciados maestros y mis demás profesores omitidos, en tanto fueron ellos quienes me supieron nutrir los conocimientos y la ciencia y darme ejemplo necesario con su vida ejemplar como educadores, abogados y hombres de bien.

Pienso adicionalmente que a mis Profesores, hoy también Académicos, con este acto, el destino les ha deparado ocasión de ver que no fueron vanas sus enseñanzas, pues si como debe ser, de mucho debo preciarme por tal investidura, a ellos, por segunda vez, de alguna manera, les ha correspondido juzgar de nuevo sobre mi formación, luego de aquella primera en que me lo hicieran en mi condición de estudiante, constatando en cambio ahora que lo enseñado entonces, si produjo sus frutos, pues luego de algunos años, al estar involucrados de nuevo en mi selección han debido de alguna manera reevaluarme.

Espero nuevamente no decepcionarlos en este otro desempeño en la vida por su veredicto de aptitud.

Por igual se cuentan entre los señores miembros de esta Academia, mis entrañables amigos Allan Brewer Carías y Pedro Nikken, compañeros de faena profesional con quienes tengo compartidas muchas experiencias vitales, profesionales y profundamente humanas y de quienes también me he nutrido en muchos campos humanos y académicos que harán más sólida mi presencia en esta institución.

El destino por igual me ha dado la dicha de que algunos de mis alumnos me hayan precedido en la honra de ser distinguidos como miembros de esta entidad y aquí se encuentran presentes. No hay para mí, como educador, nada más grato que compartir las glorias de un discípulo, esto es, ver a sus discípulos distinguirse y vanagloriarse en méritos científicos y académicos, pues ello denota al menos en infinitesimal proporción, que de algo sirvieron nuestras enseñanzas.

Igualmente están presentes aquí hoy, con motivo de mi investidura, otros muchos de mis alumnos, tanto de Caracas, como del Interior, a quienes he dedicado con entusiasmo unas cuantas horas de mi trajinar educacional para procurar

transmitirles mis conocimientos, y darles formación, de ellos quiero dejar constancia que también he recibido mucho, pues me nutrieron de experiencias suyas, y me obligaron a mejorar mi formación, a continuar investigando y aprovechar mejor aquello que aprendí en la universidad y fortalecido con las realidades de la vida

Gracias, pues, igualmente a ellos, ya que la alegría y emoción de este acto también es justo que ellos la disfruten.

Otra de mis grandes acreedoras de agradecimiento en este momento y etapa de la vida es mi esposa Claudia Grancioli, quien, renunciando a sus derechos como joven mujer, me acompaña calladamente en esas aventuras de estudiar, enseñar, divulgar y trabajar profesionalmente de manera afanosa y sin horarios, quizás llevadas a cabo en exceso, y que rebosan la paciencia de cualquier joven compañera y madre. Mucho de lo que hoy recibo en este acto lo debo a su comprensión y renuncias. Ojalá así lo entienda siempre y debo asegurarle en este momento algo muy duro y amargo, para implorarle más de su paciencia y que entienda que no he culminado aún en mi quehacer vital, pues en efecto lo que viene a continuación en mi trascender humano, luego de haber asumido el compromiso que hoy adquiero con este nuevo encargo, seguramente será más fuerte y exigirá más sacrificios de su tiempo familiar pero sé que lo tolerará con infinita paciencia, pues ya me ha demostrado en mucho tener madera y aguante para estos menesteres los cuales no hubiera podido llevar adelante sin su invalorable afecto.

Finalmente y para terminar, porque no es este momento para solamente dar gracias a quienes tanto han puesto de su parte para que todo esto sea posible, debo unas importantes y muy sentidas palabras a mis hijos Baumeister Anselmi y a Sarah Baumeister Grancioli, quienes tengan por seguro han sido otro motor fundamental para haber luchado siempre a brazo partido por hacer las cosas bien, y por dejarles como el más valioso patrimonio un buen nombre como profesional, como ciudadano y como universitario, es decir la mejor de las herencias y el más rico patrimonio que un padre puede aspirar dejar a sus descendientes y la demostración de un ejemplo de trabajo continuo, variado y sin desmayo en todos los quehaceres de la vida.

Creo que con todo ello, además, he dejado incrementado y revalorizado el ejemplo de trabajo continuo, variado y sin desmayo en todos los quehaceres de la vida, que me legaron mis padres, y con ello he pretendido demostrarles que el trabajo arduo pero productivo no cansa, sino afana y en adición, testimoniarles palpablemente que en la vida hay tiempo para todo, y eso es vivir.

Y cambiando ahora la temática de esta pequeña imprescindible introducción, debo confesar que este honor que hoy recibo, me hizo repensar un poco sobre las responsabilidades que comporta y pedí a Dios claridad y fortaleza para enfrentar este nuevo reto, cuando hace unos meses atrás dos de mis queridos amigos, recién terminada la sesión correspondiente me informaron que había sido electo Individuo de Número, uno de ellos mi apreciado colega y compañero de inicios de carrera, a quien corresponde responder mi discurso, el Dr. Luis Cova Arria, con quien desde hace mucho he compartido inquietudes profesionales y universitarias, y quien me apoyo y guio en todos los quehaceres posteriores a mi designación y el otro, el Dr. Tomas E. Carrillo B. quien a pesar de los duros momentos por los cuales le está tocando atravesar ante trastornos de salud de su querida esposa, por igual me brindó sus consejos y ha compartido conmigo estos primeros pasos en la Academia, informándome de trámites, prestándome apoyo en la búsqueda de información y finalmente haciéndome más gratos esos momentos y adornándolos con las anécdotas de su experiencia ya larga en esta Institución.

Tampoco puedo dejar de dar unas palabras demostrativas del agradecimiento que me merecen tanto mi apreciada Secretaria, Raquel Luciani, quien como siempre, desinteresadamente y en pro de la excelencia, me ha brindado todo su apoyo en esta otra senda que inicio en mi vida y a la Dra. Irene de Valera, Directora Ejecutiva de esta Corporación, a quien me une una ya larga amistad, la cual me ha permitido gozar de un invalorable apoyo para la logística que supone la celebración de este acto, y quien lo ha tomado como suyo propio en lo que atiene a detalles y formalidades.

Y para culminar ya con esta retahíla de menciones a quienes no podía olvidar en este trascendente acto de mi vida, hago referencia final a dos entrañables amigos, miembros de esta Academia a los colegas Dr. Luis Cova Arria y al Dr. Tomás Enrique Carrillo B.

A ambos correspondió darme la buena nueva de mi elección hace unos meses atrás, pero en adición al primero de ellos corresponde la carga de responder mi discurso. Luis Cova, hace mucho ha compartido conmigo inquietudes profesionales y universitarias, y ha sido quien me apoyo y guio en todos los quehaceres posteriores a mi designación.

En lo que atañe al Dr. Carrillo Batalla, por igual ha compartido conmigo los momentos posteriores a mi designación, no obstante tener en su entorno familiar un delicado y triste problema de salud de su entrañable y querida esposa.

Ambos se han esmerado en servirme de guías en todos los nuevos avatares de los que se inician como Académicos, en virtud de la ya larga experiencia que ellos tienen, haciendo más gratos y llevaderos los compromisos y trámites formales que todo ello supone y adornándolos y disimulándolos con las anécdotas de su experiencia ya vivida.

Ya entenderán y excusarán Uds. mi obligación en aludirlos y agradecer- les su atención por mi persona en este solemne acto.

Pues bien, como decía, asumir estos cargos, y luego de leer uno el instrumento legal que rige esta honorable Corporación, se percata de las responsabilidades de estilo y magnitud que ello compromete para quienes los ostentan, primero porque al menos para mí, aprecio que ello conlleva serios compromisos no sólo con la Institución y los dignos Académicos que la integran y que pusieron en juego su responsabilidad al haberme seleccionado para ocupar el cargo, sino también para con la patria misma, mas hoy cuando ella, se encuentra un poco revuelta, cuanto menos decir, y que por ello, tanto requiere de buenas voces que alerten y señalen los caminos.

Esa es la labor de esta magna Academia de Ciencias, y para gloria de los que la integran hoy, este ha sido el camino que le han venido impartiendo de manera especial y preponderante de un tiempo a esta fecha. La patria y el pueblo así lo reconocerán, no quizás a corto plazo, pues estamos en épocas de profundos estados de confusión en el quehacer político y jurídico, lo que es posible se deba a un exceso de innovaciones en las ideas e instituciones que conforman el Estado, la Justicia, las Instituciones Públicas y Sociales, como consecuencia del último cambio Constitucional, pero también en parte por haber entrado en unas modificaciones y cambios institucionales aparentemente mal entendidos o no imaginados, de los cuales ahora, cada vez más nos venimos percatando de su impacto e importancia, y de los que quizá hasta sus autores, los constituyentistas más recientes, ni se dieron cuenta de la particular trascendencia y efectos de aquellos.

Precisamente sobre una de esas novedades y sorpresas es que trata mi estudio e investigación que a continuación expondré ante Uds. y la que constituye mi trabajo de incorporación a esta eximia Academia.

ALGUNAS PALABRAS EN TORNO AL ACADÉMICO A QUIEN ME CORRESPONDE SUSTITUIR EN ESTA VENERABLE INSTITUCIÓN:

De otra parte, en adición a esos graves compromisos que se sumen al resultar electo para estos cargos, es adicionalmente de destacada tesitura e importancia y muy comprometedor, cuando que al asumirlos, conforme al ordenamiento de la Institución, venimos a relevar a una persona que nos precedió en dicho honroso cargo, seguramente con mayor cúmulo de méritos de los que se nos puedan atribuir, por ello, como resulta ser el caso mío, las obligaciones se redoblan y agravan, pues me corresponde sustituir en el sillón de rito, a un colega de reconocida capacidad intelectual y clara perspectiva humana.

Me corresponde en este caso a mí, relevar por su lamentable y prematura desaparición física al Dr. Boris Bunimov Parra, ilustre colega especialmente vinculado al sector universitario, reputado profesor, meritorio funcionario público y a quien confieso que sin haber podido intimar con él, me brindó siempre su afable amistad y atención.

Bunimov Parra, además de sus adornados y merecidos méritos profesionales, académicos y científicos, goza los méritos de un reconocido abolengo criollo, de verdadera envergadura, pues representa una hermosa rama de venezolanos ilustres muy digna de honrar y de reseñar.

Bunimov es nada menos y nada más que descendiente del Ilustre maestro y jurista Luis Sanojo, a quien tanto debe la cultura y el quehacer jurídico del país, pero también es sobrino directo de nuestra querida Ana Teresa Parra Sanojo, nuestra "Teresa de la Parra", otra verdadera venezolana de excepción, quien en nuestras lecturas de jóvenes de bachillerato nos condujo por esa Venezuela de la época, y quien tan finamente nos narra las más hermosas escenas épicas y románticas, de las jóvenes venezolanas de su época, con la "fina musa de la mejor tradición venezolana", en el buen decir de Don Mariano Picón Salas[1].

Con ese abolengo, Bunimov, no podía ser un hombre de simple paso con sombra por este mundo, sino, por el contrario, marco huella brillante desde sus momentos como estudiante, culminándolos con honores en la Ilustre Universidad Central de Venezuela con la mención honorífica Magna Cum Laude y con su Doctorado en Derecho.

Su formación académica finalmente la complementa con una especialización en Estudios Internacionales, culminados por igual con honores en el Instituto de Altos Estudios Internacionales de Paris.

Nos acompañan hoy su esposa y algunos de sus descendientes y familiares. La primera también colega, es la Dra. Irma I. Behrens de Bunimov, quien junto a sus hijos, me viene a honrar con su presencia en este acto, y a quienes debo y tengo que prometer solemnemente cuanto a mi alcance se encuentre para que mi tránsito por este siempre reluciente recinto académico y el sillón que ocupó Bunimov, por igual que con él, siga brillando y sea útil bastión para sostener y defender la ciencia, la justicia y el derecho, tal como si lo hubiera continuado haciendo quien hoy sustituyo, y con su misma voluntad y vocación de trabajo.

Los méritos que adornaron la vida de a quien hoy sucedo, son muchos y seria irreverente simplemente copiar los que tan claramente precisó y puso de relieve mi apreciado Profesor y Académico Dr. Alfredo Morles H. hoy Presidente de esta Academia, en ocasión de dar su contestación al discurso de Incorporación que hizo Bunimov en este mismo solemne salón hace escasamente unos cinco años atrás, pero resumidamente si quiero resaltar la rica y meritoria labor que él desempeñó en sus últimos años de vida profesional como Decano por tres oportunidades en nuestra Facultad de Ciencias Jurídicas y Políticas de la Universidad Central de Venezuela, donde también estuvo vinculado a la docencia con preclaro tránsito en su desempeño como Profesor de Derecho Constitucional, de Internacional Público y de Ciencia Política.

---

1 Cita en el discurso de contestación al de Incorporación del Dr. Boris Bunimov P, del Dr. Alfredo Morles, H. Boletín de la Academia N° 137, 2000.

Como se lo destaca igualmente en el citado discurso, tuvo fructífera labor en su desempeño dentro de la Administración Pública, en especial en el entonces Ministerio de Hacienda y como reconocido funcionario Diplomático en Irlanda y el Reino de los Países Bajos.

Bunimov Parra dejó parte de su pensamiento jurídico recogido en interesantes trabajos y publicaciones, que van desde su tesis de grado, referida a los territorios no metropolitanos ante la Comunidad Internacional, hasta su completa e interesante compilación de "Legislación Electoral de Venezuela y Comparada" (Colombia, México, Panamá y Centro América) publicada en México, Ediciones Capel, 1978.

De particular interés resulta finalmente su trabajo de incorporación en esta Academia, ensayo de carácter histórico sociológico sobre la conducta electoral de los venezolanos.

Como lo destacó el Profesor Morles en su momento, dicho trabajo, no sólo lleva el mérito de lo atípico por estar referido a lo histórico y sociológico, y además con denotado éxito, frente a la costumbre de que los presentados habitualmente ante esta Academia por lo general vienen referidos a lo jurídico, sino por la novedad y actualidad de sus consideraciones y observaciones ante un nuevo acontecer electoral de una Venezuela diferente, y sobre cuya obra y sus conclusiones y observaciones, no ha sido hecho aun el debido debate ni estudio, quedando mucho por analizarse sobre lo que su autor alertó, como nuevos caminos que podían vislumbrarse en el acontecer democrático de nuestro país.

A quien hoy con toda humildad vengo a sustituir como Académico, le fueron reconocidos con toda justicia su capacidad y méritos con el otorgamiento de varias importantes condecoraciones, no solo conferidas por el Gobierno de Venezuela, sino por el Reino de los Países Bajos, la República del Perú y por la República de Haití.

Ya al final de su corta pero fructífera vida, le fueron concedidas por igual sendas condecoraciones de los Colegios de Abogados del Distrito Federal y del Estado Miranda, y en el primero, algo más honroso, en el último año de su vida se instituyó la orden Dr. Boris Bunimov Parra, para reconocer méritos profesionales a colegas.

Pido al alma de quien me brindó generoso su amistad y consejo como profesor universitario, me continúe favoreciendo desde ese más allá que muchos ponen en duda, o cuando menos que con el reflejo de lo que gentilmente me cedió de su experiencia y amistad, me sirva de nutrido equipaje para emprender ahora esta nueva aventura de vida, y en especial el continuar en el ejercicio de la actividad de Individuo de Número, con el mismo ahínco innovador que entre otros le puso él mismo en su tránsito por ella, en esta nueva etapa que definitivamente viene viviendo nuestra Academia de Ciencias Políticas y Sociales, para verdadero beneficio de la patria y los nuevos compromisos políticos y sociales que viene asumiendo nuestro país.

OTRAS CONSIDERACIONES SOBRE EL COMPROMISO ASUMIDO:

Quiero por igual expresar de viva voz lo que siento al asumir este compromiso profesional y ciudadano, pues como decía al inicio, asumir estos cargos, por estilo y magnitud de responsabilidades, comprometen seriamente a quien los debe ejercer, primero porque para mí ello conlleva serios vínculos y obligaciones no solo con la Institución y los dignos Profesores que la integran y que pusieron en juego su responsabilidad al haberme seleccionado para ocupar el cargo, sino para con la patria misma, mas hoy cuando en su acontecer ella se encuentra un poco revuelta, cuando menos decir y tanto requiere de buenas voces que alerten y señalen los caminos por seguirse.

Esa es la fundamental labor de esta magna Academia de Ciencias, y para contento y gloria de los que la integran hoy, los mismos se han empeñado en marcar muy puntualmente ese especial derrotero en su acontecer.

La patria y el pueblo así lo han reclamado y deberán reconocer su buena ejecución tarde o temprano, no quizás a corto plazo, pues es también de re- saltar que en estos momentos venimos pasando tiempos de profundo estado de confusión en el quehacer político y jurídico, lo que es posible se deba a la indebida comprensión y quizás a un exceso de innovaciones en las ideas e instituciones que conforman el Estado, la Justicia, las instituciones Públicas y sociales, todo ello como consecuencia del último cambio Constitucional.

Casi me atrevo a decir en palabras del vulgo que estamos medio intoxicados de tanto constitucionalismo errático, de tanta cuasi justicia chucuta y de tanto pseudo socialismo baratón, todo ello con evidente mengua a los claros conceptos de verdadero Estado, de respeto a la Ley y a las Instituciones, y a una justicia, que todos en conciencia pretendemos sea medianamente "más justa y seria".

Pero por eso mismo, las responsabilidades de esta Academia y de nosotros los que la integramos son de mayor grado y sustancia. Por y para ello, cuéstenos lo que nos cueste, inclusive libertad y comodidades, debemos y tenemos que poner en claro los caminos, los peligros y los obstáculos que debe confrontar nuestro estilo de gobierno y modelo democrático, así como la institucionalidad del país y alertar sobre ello al gobierno y a nuestros conciudadanos.

Nuestra voz, que necesariamente unida a la del resto de los señores Académicos, de algún modo será la de esta venerable Institución es una de las pocas formas de expresión no destempladas ni mezclada con los barullos políticos ni populacheros, sino precisamente la expresión siempre pura y desinteresada de lo científico y académico que solo vela y procura por la verdad y el bienestar.

Lo antes enunciado, simplemente ya conlleva un compromiso profesional, académico y humano inusitado, desproporcionado para la edad vital en el cual al menos yo siento lo vengo por asumir, a pesar de que lo hago sin miedo ni recato alguno.

Este tipo de compromisos, digo yo, debería permitir el destino los asumiéramos por otros méritos, que favorecieran ingresar a ella contando con la fuerza de la juventud para poder desempeñar las obligaciones que ello nos impone, con todo el valor, entereza y fortaleza que todo ello suele suponer

Imploro pues al Creador para que me dé la salud necesaria y la indoblegable voluntad para poder salir adelante y poder dejar cuando deje de pertenecer a ella, una huella clara y evidente de mi estadía útil durante mi permanencia en ella y cuando menos reconocible como tal, para cuando menos satisfacer los compromisos que he asumido con los que me eligieron, y con Uds. que han sido testigos de excepción en este acto, pues con los presentes adquiero hoy esos compromisos morales de no poder quedar mal en este nuevo destino que debo asumir.

En resumen, tengan por seguro que estoy consciente de que no asumo mi nuevo estatus, para cómodamente a disfrutar de lo mullido del sillón que desde hoy me corresponde ocupar, como suele pensarse en nuestra sociedad de quienes terminamos sirviendo en estos destinos de ciencia y de saber, sino que estoy claro en que el aposento que me brinda la patria, no es lugar para el descanso ni el buen pasar del tiempo, por el contrario, aprovecharlo supone que la patria, me exigirá y me conminará a mí para que le brinde, sin limitación cuanto bueno pueda aportarle a la institución y con ello aporte a su devenir futuro.

UNAS BREVES EXPLICACIONES SOBRE LA JUSTIFICACIÓN DEL TEMA OBJETO DE MI INTERVENCIÓN

Vengo seguidamente ahora a referirme al tema central de esta mi intervención en el día de hoy, esto es, a mi discurso de incorporación, cuyo problema de fondo, de una vez alerto, no dejará de crear debate, insatisfacciones y sorpresas, en tanto resultan tan contradictorias las tesis que en él se analizan, que confieso más de una vez tuve pensado abandonar su examen y estudio y cambiar el tema objeto del mismo.

Pero por eso mismo, y por su actualidad y trascendencia, entendí como un reto el abordarlo y espero, cuando menos, haberlo hecho acertadamente, sino también con especial originalidad, pues desde ya hace largo tiempo viene siendo debatido y discutido.

Aclaro que en mi disertación haré un breve resumen de los temas abordados en el trabajo, tesis y críticas doctrinarias, pues de lo contrario se haría de muy pesada carga la exposición para Uds. los oyentes, refiriendo por supuesto su estudio y comprensión al trabajo escrito que luego será publicado.

Desde una vez, por igual, llamo la atención de que el examen del mismo, y el entusiasmo con el cual lo he abordado, no comportan mi adhesión a los eventuales méritos ni trascendencias, por ninguna de sus teorías y doctrinas, pues como lo destacaré en las conclusiones, seguro estoy que su inclusión en nuestro sistema constitucional, si hubiera sido mejor sopesada, no se lo hubiere dispuesto de la manera que se lo contempla, pues para mí, en mi fuero profesional y académico, como está regulado, bajo la óptica de las doctrinas más clásicas, provocara absurdos, contradicciones y quiera que me equivoque, hasta será causa suficiente para impulsar una reforma constitucional o hasta una propia revolución política.

Las democracias abiertas, generosas, donde se deja amplio campo para el desarrollo de los derechos y libertades, donde se reconoce un denotado papel al Poder Judicial activista, suponen que en dicho Poder existan hombres especialmente probos, bien formados, con mente amplia, ajenos a la política bellaca y a ultranza. No es este precisamente el caso de nuestro país a estas alturas y en el actual estado de su desarrollo.

APROXIMACIONES AL PODER DE INTERPRETACIÓN DE LOS JUECES CONSTITUCIONALES A LAS NORMAS Y PRINCIPIOS CONSTITUCIONALES CON ESPECIAL REFERENCIA A SISTEMA CONTEMPLADO EN LA CONSTITUCIÓN DE LA REPUBLICA BOLIVARIANA DE VENEZUELA*

"Todos estamos bajo la Constitución,
pero los jueces dicen que es la Constitución"

Hughes, 1907**

* Publicado en *Boletín de la Academia de Ciencias Políticas y Sociales*, Academia de Ciencias Políticas y Sociales, Caracas, No. 143 (2005), pp. 139-197.

** Citado por César Landa, "Teorías de la Interpretación Judicial," *en Derecho Procesal Constitucional,* obra colectiva, Coordinador, Eduardo Ferrer Mac Gregor, Edit. Porrua, México, 3ª Edic., 2002, t. III, ISBN 970- 07-3524-9, p. 2801.

I. COMPLICACIONES Y PRECISIONES EN TORNO AL TEMA OBJETO DEL PRESENTE ESTUDIO

Con la mas absoluta modestia vengo a confesar en primer término que este trabajo no tiene mayores pretensiones que las derivadas de querer exponer en forma más o menos clara, un asunto hasta cierto punto de vista novedoso en nuestro país, pero que realmente viene acompañando ya hace algunos años la historia del constitucionalismo y que resulta realmente complejo y debatido, cual es el de las potestades de interpretación de la Constitución por parte de los Jueces de los Tribunales Constitucionales, por lo que de una vez, aclaro que ni tengo pretensiones de que con el mismo se esté haciendo un análisis siquiera semi profundo del problema y que ni aun dentro de estos estrictos límites, este pretendiendo con ello que el mismo sea considerado agota la materia, ni quede dicha la última palabra en cuanto a esa problemática.

En materia Constitucional, Procesal Constitucional, de Justicia Constitucional, y más precisamente, en torno al tema de los límites de los Poderes y Facultades de los Tribunales Constitucionales para interpretar y aplicar las Constituciones, ahora, luego de haber analizado alguna páginas de serios entendidos en la materia, somos de los que opinaremos que nunca estará terminado de decirse todo cuanto se debe, ni de corregir todo cuanto se haya dicho, hoy lo afirmo con profundo convencimiento, y con mayor interés, pues si en los regímenes constitucionales precedentes a la actual Constitución Nacional solíamos no con constante frecuencia analizar algunos fallos sobre constitucionalidad e inconstitucionalidad, hoy, a la luz de la nueva carta magna[2] y con la incorporación que en la misma se hizo del sistema de recurso de interpretación constitucional y pronunciamientos sobre inacción del Poder Legislativo, la problemática al respecto ha variado considerablemente y para todos por igual, toma relevante importancia e interés cuanto atañe a esas potestades interpretativas.

No tengo pues la menor duda en destacar que uno de los temas quizás mas polémicos en materia Constitucional, lo es precisamente el de la interpretación de la Constitución y su dinámica y per se, anticipa una pluralidad inagotable de situaciones por examinar, e inclusive aquellas que han sido objeto de análisis, no precisamente pueden conducir a reputar que están del todo resueltas, por ello, creo que una lección de prudencia en esta materia es la del Profesor Raúl Canosa Utrera[3] cuando declara "... ya anticipo que tales situaciones seguirán quedando irresueltas pues no me propongo otra cosa que esbozarlas sin afán alguno de resolverlas, entre otros motivos porque estoy firmemente convencido de la imposibilidad de hallar soluciones inequívocas..."

También resulta igualmente cierta otra afirmación del mismo citado autor, cuando en el mismo trabajo destaca que la materia de "interpretación constitucional" es un quehacer sobre manera abierto, exitoso solo cuando contribuye a la correcta aplicación de los

---

2 Gaceta *Oficial* (en lo sucesivo GO) N° 36.860 del 30-12-99 de la República Bolivariana de Venezuela (en lo adelante identificada como CN), y con la observación de que dicha Constitución nuevamente fue publicada con "correcciones de gramática, sintaxis y estilo" y con su Exposición de motivos, en la GO 5.453, Extraordinaria de 24-03, según algunos entendidos sin seguirse el proceso formal para dichos cambios ni incorporaciones. En todo caso, la última publicación se la tiene como el cuerpo formal de nuestra carta magna y la cual se la conoce de manea general y así la aludiremos como "Constitución de 1999.

3 "Interpretación Constitucional y Voluntad Democrática", en: *Derecho Procesal Constitucional*, o.c. Tomo III, p. 2601.

preceptos de la Constitución, pero afirmando, que tal apreciación debe ser matizada, en tanto *per se* la interpretación constitucional es problemática en su método, en su objeto y en sus protagonistas, concluyendo sus observaciones, indicando que "prueba de esa problematicidad es la innumerable serie de posiciones doctrinales que se han elaborado sobre uno de esos tres puntos" y ello, según lo destaca el mismo citado autor, es "demostración clara de la dinamicidad de la interpretación constitucional y su esencial resistencia a ser encasillada como proceso verificable siempre bajo las mismas pautas" [4].

Por añadidura para sintetizar que tan cierto es lo que atañe a esa problemática, advierte también dicho autor que la Teoría de la interpretación constitucional, es en particular deudora del concepto Constitución, sobre la que se sustente y al respecto vale la pena recordar por igual que "tampoco se ha acordado un concepto Constitución con todos sus elementos indiscutibles en la medida en la que cada Ley fundamental, acaba imponiendo un concepto propio del mismo", por lo anterior concluye el mismo Canosa, "toda interpretación es la de la respectiva Constitución interpretada, y debe partir del concepto de ella misma inferido".

Pero con lo dicho tampoco terminan los problemas, según el mismo citado autor, pues tampoco puede decirse que a estas alturas la doctrina y ciencia constitucional haya logrado siquiera acuerdo sobre lo que son algunos elementos comunes a todo Estado constitucional, elementos estos, además generalizados en las últimas décadas y por eso, pese a todo lo antes dicho, puede hablarse de un Estado Constitucional cuyos rasgos ideales se encuentran con matices en las plasmaciones históricas del presente. Este tipo de Estados representa, según Canosa, el intento mas acabado de someter la política al derecho, de purificar –constitucionalizar– lo político, todo lo cual ha provocado también extremos tales como los de considerar que la política, al efectivamente estar sometida a normas, deja de ser política, lo que obliga a comentarios como los que hace Stern[5]: "el derecho sin política es como navegar sin agua, pero la política sin derecho es como navegar sin brújula" y es por ello, concluye nuestro comentado autor, "se han llegado a hermosas creaciones teóricas como aquellas de pretender navegaciones de secano"[6].

Continúa destacando Canosa: "...La juridificación de lo político traía aparejada inexorablemente la colocación de la norma que tal hiciera en la cúspide del ordenamiento jurídico para vincular no solo a los tradicionales sujetos pasivos de la Ley, sino también, al mismo creador de la Ley. Y como soberano es justamente quien está por encima de la Ley y nada ni nadie lo está en el Estado constitucional, salvo la propia Constitución, esta resulta entonces soberana. Se habla así de soberanía de la Constitución, aunque esta invoque una soberanía nacional y popular que, a la postre solo se hace visible en el momento de fundar o refundar el estado, es decir, en el instante constituyente. Una vez que existe, no hay mas soberanía que la de la Constitución".

El mismo autor comentado continúa precisando: "...tiene lugar aún una última y definitiva objetivización de la soberanía puesto que toda acción jurídicamente legitima deriva mediata o inmediatamente de la Constitución. Nadie está entonces por encima de ella, pero –aquí la objetivización– la Constitución no es por si misma voluntad sino expresión de la voluntad del sujeto constituyente que luego de actuar desparece. Toda

---

4 *Opus cit.* p. 2061.

5 Citado por Canosa, sin otros datos que identifiquen la fuente.

6 *Opus cit.* p. 2602.

voluntad incluyendo la del legislador democrático se halla sometida a la Constitución, la soberanía por ello se hace por primera vez incorporal. Ni un rey ni un Parlamento efectivamente libres: nadie dispone ya de las primeras decisiones políticas, las esenciales, porque quedaron cristalizadas en la norma fundamental".

"La última y más perfecta objetivización de la soberanía coincide con la emergencia de sociedades complejas, plurales, las constituciones se plasman como órdenes abiertos, en donde no hay valores absolutos. El pluralismo axiológico conduce así a "constituciones abiertas", donde lo único absoluto acaso sea su apertura constante y necesaria".

Por esto último comenta dicho autor: "...el único órgano que pudiera encarnar, personificar, la soberanía (entendida como voluntad última e incondicionada), es decir, El Tribunal Constitucional u órgano similar no puede hacer otra cosa que limitarse a mantener abierto el marco constitucionalmente fijado y garantizar margen suficiente a las mayorías sucesivas para que estas desarrollen la Constitución según sus opciones programáticas".

Pero, llegado a este punto, por igual tiene que reconocerse con el autor que venimos comentando, que la lógica del Estado constitucional nos conduzca así al punto mas polémico de su funcionamiento: "la posibilidad de que el máximo intérprete de la Constitución se convierta en amo de la Constitución", con lo cual según Canosa, el asunto se convierte en esencialmente irresoluble desde la perspectiva política y democrática.

Los esfuerzos que como en la teoría de Kelsen procuran solucionar el problema, buscando salvaguardar la libertad del legislador, ante el control de constitucionalidad de los Tribunales Constitucionales, limitando el papel de estos y los efectos de sus sentencias, mediante la radical separación de los planos de constitucionalidad y el de legalidad, tampoco son la clara solución de esta temática.

Se dice, no obstante, que en el caso del ejemplo de la Justicia Constitucional estadounidense ésta responde a premisas diferentes y allí entonces el control constitucional solo puede entenderse en el contexto de la relación *entre Tribunal Constitucional y* legislador *democrático*, y sólo así se explica que los mas inteligentes autores –según lo destaca Canosa: "cuando han opinado sobre ella, concluyen como Mortati [7] en que el único modo de pacificar esas relaciones es el *"self restraint"*, el auto control del Tribunal, es decir la deliberada tendencia de ese órgano a dejar margen al legislador para que con libertad desarrolle la Constitución".

El recubrimiento teórico de este proceder consiste, como es sabido, según Canosa "...en presumir la constitucionalidad de la Ley. La presunción de constitucionalidad de la Ley trata de combinar el control de constitucionalidad y la supremacía de la Constitución que lo justifica con la majestad democrática de la Ley. En otras palabras, armonizar el principio de constitucionalidad con principio democrático".

Ya volveremos más adelante sobre estas apreciaciones, pero queda hasta aquí de sobra establecido lo complejo y difícil que resultan buscar soluciones precisas y terminantes en torno a toda esta materia.

Antes de terminar estas ideas preliminares se me hace pertinente por igual al menos enunciar el porque se ha escogido al Poder Judicial, como aquél de los Poderes a quienes puede confiarse esta delicada función, de cierto modo usurpándola del verdadero poder del

---

[7] Citado sin referencias por Canosa, o.c. p. 2603.

pueblo, del "constituyente", a pesar de que como hemos visto su vivencia y durabilidad resulta ser particularmente efímera.

Arturo Hoyos[8] en su interesante obra sobre la materia en Panamá, haciendo suya la frase de Hamilton en el "Federalist" señala: "........ el poder judicial .... No tiene influencia ni sobre la espada ni sobre la bolsa, ni dirección de la fuerza o de la riqueza de la sociedad y tampoco puede tomar resoluciones activas......" con lo cual le justifica dicho rol, a nuestra manera de ver en forma excelsa.

En verdad, señala Wolfe: "puede decirse que no tiene ni fuerza ni voluntad, sino solamente juicio"[9] .

Tales consideraciones como lo advierte Hoyos, llevaron a los constitucionalistas norteamericanos Lawrence Tribe y Michael Dorf, así como al famoso Cappelletti, a sostener que el órgano judicial, al no tener poder sobre la fuerza pública ni sobre el presupuesto ni los tributos, era la "rama menos peligrosa" del poder público[10].

De su parte, hay también autores que opinan que ello no fue la causa real de ese predominante papel de los jueces, sino que ello derivó del propio "activismo" que han venido desarrollando aquellos en los últimos años, y por la falta de un control supremo sobre ellos y la fuerza acumulativa de sus precedentes, ello ha sido así cuando menos en los Estados Unidos de América, pues sigue siendo la rama menos controlable del Poder Público y es lo que hace pertinente la preocupación de "Juvenal" ya vigente desde hace muchos siglos "***Sed quis custodiet ipsos custodes***", esto es ¿Quién controla a los que nos controlan? .

Y advertimos, al igual que lo hace Hoyos, que todo ello, lo es a pesar de que en nuestra Latinoamérica, el Poder judicial y en especial el "Juez constitucional" ha tenido que enfrentarse a toda clase de penurias y limitaciones económicas y a la presión de los militares en las últimas décadas, lo que le ha convertido como el más débil de los poderes del Estado, pero con todo y eso, la interpretación constitucional en manos de los Jueces constitucionales, se ha desenvuelto en un cierto ambiente de independencia, y por ello debe reconocérsele ha sido muy creativa y dinamita, pero también hay que aceptar que en otros países latinoamericanos, aún de mayor tradición y cultura jurídica que Panamá y Ecuador, al Juez constitucional aún no se le reconocen abiertos poderes en la interpretación constitucional (México)[11].

Los autores, admiten y profesan convicción de que en todo caso la interpretación constitucional tiene como límites la no alteración de la forma de gobierno, ni la estructura económica previstas en las Constituciones, ni tampoco desconocer la norma contenida en un texto mas o menos claro, todo ello, dejando a salvo el poder que, si tienen para

---

8 Hoyos, Arturo, *La interpretación Constitucional*, Editorial Temis, Colombia, 1993, Isbn 84-8272-600-5, p. 36 ss.

9 Christopher Wolfe, *La transformación de la interpretación constitucional*, Traduc. María Gracia Rubio de Casas y Sonsoles Valcárcel, Edit. Civitas, Isbn 84-7398-887-6, España 1991, 1ª Edición.

10 Lawrence Tribe y Michael Dorf, On Reading the Constitution, Harvard University Press, 1991, p. 72 y Mauro Cappelletti, Who watches the watchmen, en *The Judicial Process in comparative perspective*, Oxford University Press, Londres, 1989, citados todos en Hoyos, o.c.

11 Hoyos o.c. p. 37 y Humberto Quiroga Lavie, *Derecho Constitucional latinoamericano*, Universidad Nacional Autónoma de México, 1991, p. 263 ss.

interpretar la constitución, permitiendo actualizar dicho ordenamiento, sin que sean necesarias las reformas frecuentes a las mismas.

O mejor como concluye Hoyos[12] la interpretación constitucional, que es una función del potencial creativo del juez constitucional y como espero quede claro de los conceptos que analizamos en este nuestro trabajo, en una democracia liberal, debe tener como meta última el fortalecimiento de la libertad política y evitar el despotismo. Pero ello requiere, como acertadamente lo advierte Hoyos, no solo de las estructuras adecuadas sino también de jueces capaces, honestos y decididos a enfrentarse a los formidables obstáculos que encuentra la democracia en América Latina.

El problema delicado radica en verdad en los extremismos y en la imposición de teorías políticas que en determinados momentos puedan influenciar el pensamiento de esos jueces constitucionales llamados a desempeñar tan importantes roles en el mantenimiento y custodia de las constituciones y regímenes democráticos que ellas proclamen, posiciones estas de paso no novedosas, sino que ya para algunos autores han servido de justificación de posiciones novedosas y revolucionarias, como ocurre en el caso de nuestro reputado profesor y hasta hace poco Magistrado de la Sala Constitucional, Dr. José M. Delgado Ocando[13], para quien la legitimidad revolucionaria (que puede ser ética o sociológica) es la mejor la justificación de los cambios en los movimientos revolucionarios, sea en los momentos preliminares de los cambios, sea dentro ya de los procesos de paz y orden dentro de la revolución triunfante. Una vez establecido el nuevo ordenamiento constitucional, se plantea el problema de la legalidad y legitimidad del derecho nacido de la revolución. La legalidad, como él lo comenta, depende de la eficacia del nuevo orden. La producción originaria logra así una legalidad basada en el principio de la efectividad. Puede hablarse en estos casos según el Profesor Delgado O.[14] de "la fuerza justificadora del éxito" para aludir al hecho de que un nuevo ordenamiento jurídico constitucional, dispone de una posibilidad efectiva de vincular compulsivamente la conducta de los ciudadanos.".

En ese mismo orden de ideas, vale la pena destacar lo que hasta Ahora nuestra Sala Constitucional ha entendido por función de interpretación de la Constitución y métodos aplicables para tales propósitos, ampliamente reproducidos y destacados en fallo de Julio del 2001, cuya ponencia es del mismo Delgado Ocando, últimamente citado, y contenidos dentro de los siguientes interesantes párrafos:

"Inspirada en razones lógicas y teleológicas, así como en los novísimos postulados constitucionales que aspiran a una jurisdicción constitucional fuerte y extensible, así como en consideración al contenido del artículo 335 de la Constitución que establece: "*El Tribunal Supremo de Justicia garantizará la supremacía y efectividad de las normas y principios constitucionales; será el máximo y último intérprete de esta Constitución y velará por su uniforme interpretación y aplicación. Las interpretaciones que establezca la Sala Constitucional sobre el contenido o alcance de las normas y principios constitucionales son vinculantes para las otras Salas del Tribunal Supremo de Justicia y demás tribunales de la República*"; la Sala ha admitido poder acceder a interpretar las disposiciones constitucionales y, además, ha procedido a efectuar una diferenciación entre

---

12 O.c. p. 39.

13 José M. Delgado O, *Revolución y Derecho, en Estudios sobre la Constitución, Libro Homenaje a Rafael Caldera,* Tomo IV, Universidad Central de Venezuela, Facultad de Ciencias Políticas y Sociales, Venezuela, 1979.

14 O.c. p. 2597.

la acción de interpretación a que se refiere el numeral 24 del artículo 42 de la Ley Orgánica de la Corte Suprema de Justicia, cuyo conocimiento, de conformidad con dicho precepto, corresponde a la Sala Político Administrativa de este Tribunal y la acción tendiente al razonamiento y comprensión de una norma constitucional, que también es distinta de la que previene el artículo 266, numeral 6 constitucional. En tal sentido, la Sala ha establecido igualmente, en virtud de la ausencia de preceptos que de manera expresa regulen este instrumento procesal, el contenido, la naturaleza jurídica, los requisitos de admisibilidad, las razones de procedencia y el régimen procesal aplicable para tramitar este especialísimo medio (Véanse sentencias núms. 1077/2000, 1347/2000, 1387/2000 y 1415/2000, 226/2001 y 346/2001, entre otras).

1. *Teoría y arte de la interpretación*

R. Dworkin (Los derechos en serio, Barcelona, Ariel, 1999, trad. de Marta Guastavino, p. 155) ha insistido recientemente en que el derecho no es el resultado de una deducción lógica sino una práctica social interpretativa que crea o "construye" instituciones (carácter rechtsschöpfende en el sentido de Gadamer) [cf. El problema de la conciencia histórica, Madrid, Tecnos, 2000, p. 110]. En la práctica interpretativa conforme a normas, las reglas de reconocimiento permiten identificar, como dice Hart (El concepto del derecho, Buenos Aires, Abeledo Perrot, 1963, trad. de Genaro Carió, p. 134), las reglas del sistema que regulan dicha práctica, pero no explica cómo razonan los jueces, porque la dimensión preformativa del derecho "construye" la decisión y no simplemente la infiere a partir de las reglas identificadas.

El esfuerzo por controlar la corrección de la adjudicación o decisión, desde el reconocimiento que identifica las reglas conforme a las cuales la decisión se produce, exige el cumplimiento de una doble justificación, a saber, la interna o coherencia con el sistema jurídico, y la externa o adecuación con la mejor teoría política que subyazca tras el sistema y con la moralidad institucional que le sirve de base axiológica. La justificación externa permite distinguir las reglas de los principios y determina la caducidad histórica del positivismo legal que había sido renuente a la consideración de los principios. Dworkin reconoce explícitamente la supralegalidad de los principios y afirma el carácter sistemático del derecho en términos de nomodinámica (Stufenbau) y de contextualidad jurídicopolítica.

Decir esto significa que las fuentes primarias del derecho, esto es, la tradición de cultura y los principios jurídicos, no sólo son fuentes de integración (lagunas de la ley) sino de interpretación, pues las fuentes primarias, en cuanto atmósfera cultural que envuelve al sistema jurídico, son el hilo conductor que hace posible la decisión correcta.

Por eso, el problema de la verdad jurídica es fronético (de frónesis, sabiduría, conocimiento del valor) y no epistemático (de espisteme, ciencia), y la razonabilidad de lo resuelto en la sentencia requiere la doble justificación mencionada, más allá de una coherencia puramente formal y referida al *continuum* jurídico político que determina el trabajo del juez.

2. *La tópica y la nueva retórica*

La labor creadora del Juez muestra que el problema interpretativo no parte de normas identificadas y disponibles para la decisión, sino más bien, al revés, parte del problema o caso planteado, y éste induce el funcionamiento del aparato normativo para encontrar la decisión razonable. Como se verá luego, la interpretación de las reglas supone la interpretación del problema y es el problema el que determina su propio tratamiento hermenéutico, limitando, así, la aplicabilidad de los criterios normativos en el trámite de la decisión judicial.

La nueva teoría de la interpretación es tópica o retórica en la medida en que la sentencia nace de la construcción que produce la agonística (contienda) procesal, y del manejo, tanto interno como externo, de los estándares con los que se pone a prueba la corrección del fallo. Dworkin y Ross manejan una teoría sistemática de la técnica formal, propician con Gadamer una nueva hermenéutica y abandonan definitivamente el positivismo legal que consideraba incancelable (*sic* inalcanzable) el par interpretación/ integración.

3. *Teoría normativa de la interpretación y variantes ideológicas*

El carácter tópico o retórico de la nueva teoría de la interpretación permite constatar, sin dificultades, que el problema de los límites de los derechos fundamentales y del posible conflicto entre éstos (libertad contractual/protección al consumidor, libertad de expresión/protección al honor, *pacta sunt servanda/rebus sic stantibus,* libertad de expresión/derecho de réplica, favor libertatis/favor Constitutione, por ejemplo), **requiere la identificación del criterio con que deba resolverse el problema según el proyecto axiológico de la Constitución, aparte el reconocimiento de la diferencia entre la teoría normativa de la interpretación y sus variantes ideológicas** (J. Wróblewski, Constitución y Teoría General de la Interpretación Jurídica, Madrid, Civitas, 1985, pp. 57 y ss.) (negritas nuestras).

Como la interpretación está condicionada material e ideológicamente, una teoría descriptiva de ella es algo muy distinto de las ideologías interpretativas. Para aproximarnos a un tratamiento lo más objetivamente posible del asunto, es necesario hacer una teoría normativa de la interpretación jurídica y de sus métodos. **Ello significa que una tal teoría normativa ofrece opciones hermenéuticas que la decisión política maneja para decidir** (negritas nuestras).

Aunque haya una tipología consistente de esas opciones, la dimensión política (la opción por la mejor teoría política inmanente al sistema como dice Dworkin) del escogimiento es un compromiso pragmático y axiológico. Los intereses y los valores forjan la decisión dentro de su marco de posibilidades técnicas y es necesario hacer valer buenas razones para justificarla. En el juego hermenéutico, por supuesto, la ideología es importante, pese a que la oportunidad de poder juzgar y el juego de fuerzas que opera tras el conflicto, restringe el impacto del elemento ideológico. Por eso, hablar de interpretación estática (segura y predictiva) o dinámica (variable y progresiva) tendientes, respectivamente, a la seguridad y a la justicia, no forma parte de la teoría normativa de la interpretación sino de una teoría ideológica de la función judicial.

Con razón se ha dicho que el derecho es una teoría normativa puesta al servicio de una política (la política que subyace tras el proyecto axiológico de la Constitución), y que la interpretación debe comprometerse, si se quiere mantener la supremacía de ésta, cuando se ejerce la jurisdicción constitucional atribuida a los jueces, con la mejor teoría política que subyace tras el sistema que se interpreta o se integra y con la moralidad institucional que le sirve de base axiológica (*interpretatio favor Constitutione*). En este orden de ideas, los estándares para dirimir el conflicto entre los principios y las normas deben ser compatibles con el proyecto político de la Constitución (Estado Democrático y Social de Derecho y de Justicia) y no deben afectar la vigencia de dicho proyecto con elecciones interpretativas ideológicas que privilegien los derechos individuales a ultranza o que acojan la primacía del orden jurídico internacional sobre el derecho nacional en detrimento de la soberanía del Estado. Aunque la teoría moderna del derecho ha quitado al Estado el carácter absoluto que el dogma de la soberanía le atribuía, para la ciencia jurídica actual la formulación de la relación entre el derecho internacional y el derecho nacional varía según el sistema de referencia adoptado, siendo que, para ella, como dice Kelsen, los dos sistemas son igualmente admisibles, y no hay método jurídico que permita dar preferencia a uno en menoscabo del otro (Reine Rechtslehre, Wien, Deuticke, 1960, p. 343). Y se observa que la validez del derecho internacional depende del reconocimiento explícito de la Constitución (art. 23), desde el punto de vista sistemático, la opción por la primacía del derecho internacional es un tributo a la interpretación globalizante y hegemónica del racionalismo individualista. **La nueva teoría es combate por la supremacía del orden social valorativo que sirve de fundamento a la Constitución de la República Bolivariana de Venezuela** (negritas nuestras).

4. *Constitución y teoría de la interpretación jurídica*

La interpretación constitucional hace girar el proceso hermenéutico alrededor de las normas y principios básicos que la Constitución de la República Bolivariana de Venezuela ha previsto. Ello significa que la protección de la Constitución y la jurisdicción constitucional que la garantiza exigen que la interpretación de todo el ordenamiento jurídico haya de hacerse conforme a la Constitución (ver fassungskonfome Auslegung von Gesetze). Pero esta conformidad requiere el cumplimiento de varias condiciones, unas formales, como la técnica fundamental (división del poder, reserva legal, no retroactividad de las leyes, generalidad y permanencia de las normas, soberanía del orden jurídico, etc.) [Ripert. Les Forces créatrices du droit, Paris, LGDJ, 1955, pp. 307 y ss.]; y otras axiológicas (Estado social de derecho y de justicia, pluralismo político y preeminencia de los derechos fundamentales, soberanía y autodeterminación nacional), **pues el carácter dominante de la Constitución en el proceso interpretativo no puede servir de pretexto para vulnerar los principios axiológicos en que descansa el Estado constitucional venezolano. Interpretar el ordenamiento jurídico conforme a la Constitución significa, por tanto, salvaguardar a la Constitución misma de toda desviación de principios y de todo apartamento del proyecto político que ella encarna por voluntad del pueblo** (negritas nuestras).

Esto quiere decir, por tanto, que no puede ponerse un sistema de principios, supuestamente absoluto y suprahistórico, por encima de la Constitución, ni que la interpretación de ésta llegue a contrariar la teoría política propia que la sustenta. **Desde este punto de vista habrá que negar cualquier teoría que postule derechos o fines absolutos y, aunque no se excluyen las antinomias intraconstitucionales entre normas y entre éstas y los principios jurídicos (ver *fassungswidrige* Ver *fassungsnormen*) [normas constitucionales inconstitucionales] la interpretación o integración debe hacerse *Noe Naturrecht* (sin derecho natural), según la tradición de cultura viva cuyos sentido y alcance dependan del análisis concreto e histórico de los valores compartidos por el pueblo venezolano** (negritas nuestras). Parte de la protección y garantía de la Constitución de la República Bolivariana de Venezuela radica, pues, en una perspectiva política *in fieri,* reacia a la vinculación ideológica con teorías que puedan limitar, so pretexto de valideces universales, la soberanía y la autodeterminación nacional, como lo exige el artículo 1° *eiusdem.*

5. *Clases de interpretación constitucional*

La Constitución de la República Bolivariana de Venezuela prevé dos clases de interpretación constitucional. La primera está vinculada con el control difuso de la constitucionalidad de las leyes y de todos los actos realizados en ejecución directa de la Constitución; y la segunda, con el control concentrado de dicha constitucionalidad (negritas nuestras). Como se sabe, el artículo 334 de la Constitución de la República Bolivariana de Venezuela impone a todos los jueces la obligación de asegurar la integridad de la Constitución; y el artículo 335 *eiusdem* prescribe la competencia del Tribunal Supremo de Justicia para garantizar la supremacía y efectividad de las normas y principios constitucionales, por lo que declara a esta Sala Constitucional su máximo y último intérprete, para velar por su uniforme interpretación y aplicación, y para proferir sus interpretaciones sobre el contenido o alcance de dichos principios y normas, con carácter vinculante, respecto de las otras Salas del Tribunal Supremo de Justicia y demás tribunales de la República (jurisprudencia obligatoria). Como puede verse, la Constitución de la República Bolivariana de Venezuela no duplica en estos artículos la competencia interpretativa de la Constitución, sino que consagra dos clases de interpretación constitucional, a saber, la interpretación individualizada que se da en la sentencia como norma individualizada, y la interpretación general o abstracta prescrita por el artículo 335, que es una verdadera jurisdatio, en la medida en que declara, erga omnes y pro futuro (ex nunc), el contenido y alcance de los principios y normas constitucionales cuya interpretación constitucional se insta a través de la acción extraordinaria correspondiente. Esta jurisdatio es distinta de la función que controla concentradamente la constitucionalidad de las leyes, pues tal función nomofiláctica es, como lo ha dicho Kelsen, una verdadera legislación negativa que decreta la invalidez de las normas que colidan con la Constitución, aparte que la interpretación general o abstracta mencionada no versa sobre normas sub-constitucionales sino sobre el sistema constitucional mismo. El recto sentido del artículo 335 de la Constitución de la República Bolivariana de Venezuela hace posible la acción extraordinaria de interpretación, ya que, de otro modo, dicho artículo sería redundante en lo dispuesto por el artículo 334 *eiusdem*, que sólo puede dar lugar a normas individualizadas, como son, incluso, las sentencias de la Sala Constitucional en materia de amparo. La diferencia entre ambos tipos de interpretación es patente y produce consecuencias jurídicas decisivas en el ejercicio de la jurisdicción constitucional por parte de esta Sala. Esas consecuencias se refieren al diverso efecto de la *jurisdictio* y la *jurisdatio* y ello porque la eficacia de la norma individualizada se limita al caso resuelto, mientras que la norma general producida por la interpretación abstracta vale *erga omnes* y constituye, como verdadera *jurisdatio,* una interpretación cuasiauténtica o paraconstituyente, que profiere el contenido constitucionalmente declarado por el texto fundamental (Negritas nuestras).

Por supuesto que la eficacia de la norma individualizada para el caso resuelto implica la interpretación vinculante de las normas constitucionales que ha sido establecida para resolver el problema, ya que, siendo la norma individualizada, *eo ipso,* decisión del caso concreto, el contenido y el alcance de su motivación normativa quedan ligados, tópicamente, al problema decidido, y su obligatoriedad sólo podría invocarse conforme a la técnica del precedente (*stare decisis*) [precedente vinculante, aceptar lo decidido]. Si esto es así, la interpretación de la jurisprudencia obligatoria y la determinación de la analogía esencial del caso objeto de consideración judicial son indispensables para que la jurisprudencia sea aplicable a un caso análogo. Como dice Carl Schmitt "el caso precedente estaría entonces incluido en su decisión y sería el paradigma concreto de los casos subsiguientes, los cuales tienen su derecho concreto en sí mismos, no en una norma o en una decisión. Cuando se considera al nuevo caso como un caso igual al precedente, en su igualdad concreta queda incluido también el orden que aparecía en la decisión judicial previa" (*Sobre los tres modos de pensar la ciencia jurídica*, Madrid, Tecnos, 1996, trad. de Monserrat Herrero, p. 61). Como se verá de inmediato la acción de interpretación constitucional del artículo 335 de la Constitución de la República Bolivariana de Venezuela está severamente restringida por la técnica fundamental y por la jurisprudencia de la Sala Constitucional, entre otras cosas, porque la jurisdicción constitucional, aún como *jurisdatio,* no puede afectar el principio de la división del poder ni autorizar la injerencia en la potestad de los demás poderes públicos y, mucho menos, vulnerar el principio de la reserva legal.

En razón de este criterio, la Sala ha rechazado la acción extraordinaria de interpretación, cuando el contenido y alcance de las normas y principios constitucionales deben ser estatuidos por el poder legislativo nacional. Ello no significa, sin embargo, que la falta de regulación legal impida el recabamiento de la tutela de los derechos fundamentales, pues dicha tutela debe reconocer el derecho transgredido de conformidad con su contenido constitucionalmente declarado, a tenor de lo dispuesto en los artículos 19 y 22 de la Constitución de la República Bolivariana de Venezuela. La tutela constitucional declarada, basada en la interpretación de los principios y normas constitucionales que fundamentan el fallo, vale, entonces, para el problema resuelto, y la jurisprudencia obligatoria derivada de la motivación se contrae al carácter individualizado de la sentencia, independientemente de la vinculatoriedad que resulte de su eficacia como precedente para casos sustancialmente análogos. Por último, la obligatoriedad del precedente no se limita sólo a la exigencia tópica del problema, exigencia que, como ya se vio, no depende de una subsunción lógica, sino de la inducción decisoria que el problema suscita y de la potestad de la Sala Constitucional para ejercer su competencia jurisdiccional. Pues la Sala, como instancia interpretativa máxima, no está vinculada por su propia interpretación, pese a que su práctica interpretativa esté sujeta a la justificación interna y a la externa ya indicadas, sin las cuales la seguridad jurídica y la misma justicia resurtiría en desmedro de los valores superiores de la Carta Magna. Se explica, así, como dice Dworkin (op. cit., p. 441), que "la fuerza gravitacional de un precedente se puede explicar apelando, no a la procedencia de imponer leyes, sino a la equidad de tratar de manera semejante los casos semejantes".

Consideramos evidentemente útil la transcripción de las partes pertinentes del precedente fallo, en tanto con ella se ponen en evidencia la particular modalidad en que se conciben conferidos los poderes de interpretación de la Sala Constitucional en Venezuela, los cuales muy por el contrario de hacerlo con base a las doctrinas dominantes, se aparta, para darle un especial contenido político a la propugnada como modelo de la CN, alejada en su fin al mantenimiento y preservación del orden democrático y a la protección de los Derechos Humanos, y claramente torcida hacia el proyecto político y revolucionario que viene propalando como norte y guía de sus actuaciones el gobierno actual.

La gravedad de lo dicho y la nueva advertencia que desde esta honorable Institución Académica hacemos, no lo es con propósito político ni polémico alguno, sino objetivamente destacar desde el punto de vista absolutamente académico, cual es el camino por el cual se ha venido induciendo la marcha del país y de nuestra democracia, y todo ello, no precisamente basado en las teorías que como veremos seguidamente procuran, instan y declaran la conveniencia de hacerlo en pro de la defensa de las verdaderas democracias y en la protección de los derechos humanos, cuales son los verdaderos límites del ejercicio de esas potestades de los jueces constitucionales, ante las lagunas, contradicciones o supuestos donde debe interpretarse el texto constitucional.

II. LO QUE EN DOCTRINA SE ENTIENDE POR INTERPRETACIÓN CONSTITUCIONAL

A pesar de que la labor de interpretación constitucional es materialmente coetánea con la de creación y formulación misma de la norma constitucional, aun cuando se lo hiciere de manera no consciente o imperceptible, los estudios teóricos sobre la actividad, fueron posteriores pero escasos, especialmente en los países latinoamericanos, si bien en las últimas décadas se ha observado un creciente interés académico a favor de dicho tema, tal como lo predican entre otros Domingo García Belaunde[15] y Jorge Ulises Carmona Tinoco[16].

Acotemos por igual que hablar de interpretación constitucional significa algo mas que simplemente trasladar métodos, principios y técnicas elaborados en el ámbito del derecho privado, penal o procesal y aplicarlos a la indeterminación que puede presentar el sentido, y al alcance de las normas constitucionales, de las que se encuentran expresamente proclamadas en las Constituciones.

De una vez diremos también con la más generalizada doctrina en la materia, que las opiniones están claramente divididas en cuanto a la verdadera existencia de ese sistema de interpretación[17].

Por una parte están quienes intentan aplicar pura y simplemente a esos casos, los principios de interpretación jurídica en general[18], o aún quienes simplemente consideran que si bien no hay una teoría específica para la interpretación constitucional, si hay técnicas especiales y concretas de interpretación de acuerdo con la naturaleza de cada norma jurídica[19] y que tienen ya amplia demostración de su existencia en obras de juristas, filósofos y otros especialistas, y usados tradicionalmente para desentrañar el sentido de los preceptos de Derecho Privado; con la afirmación de que desde este ángulo, no tendría razón de ser el estudio específico de la interpretación de los preceptos constitucionales.

---

15 Domingo García Belaunde, en Interpretación Constitucional como Problema, en: *Homenaje a Carlos Restrepo Piedrahita*, Simposio Internacional sobre Derechos del Estado, tomo II, Colombia, Universidad Externado de Colombia, 1993, p. 651-653, citado por Jorge Ulises Carmona Tinoco, Algunos aspectos sobresalientes de la interpretación judicial constitucional, en la ya citada obra colectiva *Derecho Procesal Constitucional,* t. III, p. 2624 ss (nota 3, p. 2624).

16 Algunos aspectos sobresalientes de la interpretación judicial constitucional, en Derecho Procesal Constitucional t. III, p. 2624 ss.

17 Manuel Aragón, *La Interpretación de la Constitución y el Carácter Objetivado del Control Jurisdiccional*, Madrid, Centro de Estudios Constitucionales, 1986, p. 119/131, citado por Carmona Tinoco, o.c. nota 4, p. 2624; y Raúl Canosa Usera, o.c. p. 2601 ss.-

18 Rolando Tamayo Salmorán, Algunas consideraciones sobre la Interpretación Jurídica (con especial referencia a la Interpretación Constitucional) en la obra *Colectiva La interpretación Constitucional*, México, UNAM, 1975, p. 149 ss, relacionada por el mismo Carmona Tinoco, o.c. nota 5, p. 2625.

19 Como resultan las opiniones de Carmelo Carbone, referido también por Carmona T (o.c. nota 5, p. 2625), para quien no hay una teoría de la interpretación Constitucional, pero sí técnicas específicas de interpretación de acuerdo a las normas objeto de interpretación, en *L'Interpretazione delle Norme Contituzionali*, Padova-Cedam, 1951, p. 7-17.

Dentro de los primeros nombrados, según lo destaca el Profesor Fix Zamudio[20] vale la pena mencionar al propio Jerzy Wroblewsky[21], quien afirma: ".... La teoría general de la interpretación legal cubre también la interpretación constitucional, aun cuando hay rasgos especiales de esta última conectados con las particularidades del papel de la Constitución en el sistema jurídico, con el de su aplicación y con el de su organización institucional."

De otra lado se encuentran quienes defienden la existencia de una rama de la interpretación jurídica, denominada interpretación o hermenéutica constitucional, que posee características y principios propios claramente definidos, derivados de la naturaleza de las normas constitucionales, los cuales le otorgan una marcada autonomía y gran trascendencia[22] posición esta que es la que resulta dominante y a juicio de Carmona Tinoco terminará por imponerse.

Para procurar esclarecer un poco más este aspecto de un método propio de interpretación, es preciso hacer algunos comentarios adicionales.

De una parte, entre otros caracteres especiales que se señalan a las normas constitucionales, lo está la supremacía de que están investidas por formar parte de la Carta Magna, cualidad que implica en palabras de Fix Zamudio, "que todas las disposiciones que integran el ordenamiento jurídico y todos los actos que regulan deben conformarse a los postulados de la Ley fundamental"[23].

Precisamente señala Carmona Tinoco[24], que a la Jerarquía normativa de las normas constitucionales se deben agregar los siguientes aspectos específicos:

1. Tales normas son creadas por el Constituyente Originario o Permanente, representan la cúspide normativa del ordenamiento y, por lo tanto, juegan un rol determinante de validez con relación al resto de las normas del ordenamiento y a los actos de las autoridades;

2. La generalidad y abstracción que por lo regular poseen admiten un mayor número de sentidos y su alcance es difícil de fijar *a priori* y,

3. Con relación a su contenido, precisan los derechos fundamentales de la persona y de los grupos sociales, los órganos principales del Estado y sus funciones básicas, y los procedimientos de creación y derogación normativa. Así mismo, en la actualidad se da cada vez con mayor frecuencia la incorporación de lo que en criterio de Felipe Tena

---

20 En "Lineamientos esenciales de la interpretación Constitucional", obra colectiva: *Derecho Procesal Constitucional*, ya referida, t. III, p. 2775.

21 *Constitución y teoría general del a interpretación jurídica*, trad. De A. Azurga, Madrid, Edit. Civitas, 1988, p. 18.

22 Entre otros el maestro Héctor Fix-Zamudio, en Breves reflexiones sobre la interpretación constitucional, en la Obra Colectiva *La Jurisdicción Constitucional*, Costa Rica, Ed. Juricentro, 1993, p. 135, así como : a.- Linares Quintana, Segundo V, La Interpretación Constitucional, en *Jurisprudencia Argentina*, Buenos Aires, Año XXII, N. 418, 1960, b- Fierandrei, Franco, L' Intrpretazzione delle Norme Constituzionali in Italia, en *Scritti di Diritto Constituzionale*, V. II, Torino, Giappichelli, 1965, p. 156-159 y c- Carpizo, Jorge, La Interpretación Constitucional en México, *Boletín Mexicano de Derecho Comparado*, N.1, 1971, citados estos tres por Carmona Tinoco, nota 6, p. 2625 o.c..

23 Fix Zamudio, obra inmediatamente citada antes, p. 18 ss.

24 *Opus cit.* p. 2626.

Ramírez, se denominan "agregados constitucionales[25] los cuales, si bien no se corresponden con las categorías anteriores, su denotada importancia determinó que se les otorgara rango y naturaleza constitucional[26].

Coincidiendo también con lo expuesto en el Capítulo precedente, y al que alude Canosa Usera, es por igual punto neurálgico al abordar este tema, entender la especial naturaleza del objeto mismo de dichas normas, esto es el concepto mismo de Constitución, pues como ya dijimos, de él dependerán los alcances y principios que deben guiar la actividad interpretativa dirigida a la Ley Fundamental[27] .

Bajo estas consideraciones se hace indispensable establecer en cada caso, que aspecto de la Constitución tomamos en cuenta como punto de partida, para procurar hacer la interpretación de una de sus normas, y llamando la atención que la mayoría de las veces se lo hace referido al aspecto "formal" con lo cual refiérese a la norma constitucional como formando parte de un "documento expedido por un poder constituyente (sea el primario o el llamado permanente).

En tal sentido, la Constitución, como "documento", según lo anota Carmona Tinoco[28], siendo un vehículo de expresión de normas jurídicas, admite la interpretación de las normas incorporadas en ella por el órgano constituyente, es ese pues el objeto de la interpretación constitucional[29].

En torno al especial valor normativo de las disposiciones contenidas en la CN, nuestra Sala Electoral ha tenido oportunidad de pronunciarse expresamente en el sentido de reconocer definitivo carácter normativo a sus disposiciones, cual es el caso de su fallo N° 51, de fecha 19 de mayo del 2000, Caso Asociación de Profesores UCV, Exp. N° 0038, donde en su parte pertinente claramente asienta:

"Expuesto como ha sido el efecto directo de la Constitución y tomando en consideración el dispositivo contenido en el Art. 7 de la CN (1999), según el cual "La Constitución es la norma suprema y el fundamento del ordenamiento jurídico. Todas las

---

25 Derecho Constitucional Mexicano, 29ª edic, México, Porrua, 1995, p. 24/25.

26 Parece ser este el criterio acogido en la interpretación que hace la Sala Constitucional de nuestro Tribunal Supremo de Justicia, cuando al analizar el concepto y objetivos de la Jurisdicción Constitucional en su fallo N° 33 del 25-01-01, exp. 00-1712, Caso Baker Hughes, dispuso: Se alude de este modo a la técnica derivada del principio de supremacía de la Constitución, en función de la cual se atribuye a ciertos órganos especializados la tarea de velar por el respeto a la ética pública que, como un conjunto de objetivos de fines axiológicos, debe reconocer preservar el poder político a través del Derecho. Dichos órganos tienen, desde una óptica jurídica, la última palabra sobre el contenido y alcance de los principios y normas contenidos en la Constitución "En Las repuestas del Supremo a la Constitución de 1999, Luis Guillermo Govea y María Bernardoni de Govea, 1ª edic., 2002, Edit. La semana jurídica, Venezuela, ISBN 980-07-8272-9, p. 271 ss.

27 En torno a la multiplicidad de conceptos de Constitución, pueden consultarse entre otras obras el ensayo de Jorge Carpizo, "Constitución y Revolución" en *Estudios Constitucionales*, 2ª Edic, México, UNAM, 1983, p. 43-53, así como aludida obra de Tamayo Salmorán, p. 21-83.

28 o.c. 2627.

29 Destaca el mismo autor, que para algunos no debe dejar de tomarse en consideración la "costumbre constitucional", con la advertencia de que esta mas bien sirve como instrumento para guiar y auxiliar al interprete en su labor, citando para abundar sobre el tema la obra de José de Jesús Orozco H., *El Derecho Constitucional consuetudinario*, México, 1983, UNAM.

personas y los órganos del Poder Público están sujetos a esta Constitución" se observa que el Consejo Nacional Electoral, erigido por defecto de este mismo texto normativo como el órgano rector del nuevo Poder Electoral, está obligado a ejercer las atribuciones constitucionalmente conferidas, aun en ausencia de textos legislativos que lo desarrollen".[30]

Dentro de este orden de ideas, por igual desde Chile, Ramón Real, destaca que solo se puede hablar de una verdadera interpretación constitucional si se cumplen los siguientes supuestos: 1.– la existencia de una Constitución rígida, 2.– que la Constitución se cumpla; 3.– que el intérprete goce de libertad para manifestar sus opiniones; 4.– que exista un Poder Legislativo democráticamente electo, y 5.– que los jueces sean independientes[31].

En México, tal como lo resalta Carmona, esta problemática ha trascendido del mero aspecto académico, y ha sido tratada en el ámbito judicial, citando expresamente un pronunciamiento de 1989 del Tercer Tribunal Colegiado en materia Administrativa del Primer Circuito, con Ponencia del Magistrado Genaro David Góngora Pimentel (Amparo en Revisión, Perfiles Termoplásticos S.A.), en el que no solo claramente se destacan las diferencias en torno las normas constitucionales y las ordinarias, y la especial importancia que debe darse a la interpretación específica de las primeras, observando el autor que en dicho criterio judicial, no solo se justifica la existencia y especificidad de la interpretación constitucional, sino que, además plantea algunos puntos igual de relevantes, aunque sujetos a debate por la doctrina, como son el carácter "creativo" de la interpretación constitucional, su función de actualización de las normas constitucionales en orden a su aplicación, el rechazo a la utilización de criterios positivo–formalistas en la aplicación/interpretación de las Constitución, la relevancia del criterio teleológico en la determinación de la norma constitucional aplicables y la realización de los valores supremos de la justicia, como la pauta principal de actuación del intérprete constitucional[32].

Para el maestro Fix Zamudio[33] el criterio simplista de la interpretación jurídica se ha abandonado en la actualidad paulatinamente, en particular por lo que se refiere al juzgador, ya que se ha impuesto la orientación que detrás del aparente simple raciocinio de las decisiones judiciales se encuentra un amplio factor estimativo o axiológico que de ninguna manera puede desconocerse. Por lo que la interrogante que se nos presenta en la actualidad es la relativa a los límites de la función racional de la función jurisdiccional y sus relaciones con la estimativa jurídica, o sea, hasta donde el juez debe limitarse a desentrañar lógicamente el sentido de la norma y conformarla a las exigencias de la realidad, en un plano estrictamente objetivo, o si es permitido y con que restricciones, introducirán en sus resoluciones los sentimientos y los juicios de valor imperantes en la época y en el ordenamiento al cual pertenece al momento de su aplicación.

Destaca el citado maestro al respecto "…No existe duda, por una parte, debe ser reflexiva y sujeta a las reglas de la lógica, pero, particularmente en la función judicial, también debe estar orientada por el sentimiento y el valor de la justicia. El Juez dejó hace

---

30 En *Las respuestas del Supremo, a la Constitución de 1999*, oc. p. 52 ss.

31 Los métodos de Interpretación Constitucional, en *Revista de Derecho Público*, Chile, Nos. 25/26, enero- diciembre de 1979, p. 59.

32 *Opus cit.* p. 2628

33 En "Lineamientos esenciales de la interpretación Constitucional", en la ya citada obra Colectiva "Derecho Procesal Constitucional, t.III, p 2768.

tiempo de ser un autómata, pero tampoco es un matemático o un lógico abstracto, es ante todo un ser humano y como tal, no es posible separar en su espíritu la razón del sentimiento. Sentimiento y lógica son dos factores inseparables en la función que cumple el juez, que fueron destacados por el ilustre Piero Calamandrei[34]. O dicho de otra manera, concluye Fix Zamudio, citando a Carlos Cossio "...el juez debe interpretar la ley de acuerdo con su ciencia y conciencia"[35].

Eso sí, destaca el maestro mexicano "...sentimiento y conciencia del juez no equivale a sentimentalismo o arbitrariedad, pues lo que se quiere expresar con los primeros vocablos, es que la actividad judicial no es únicamente lógica o racional, sino también axiológica y estimativa, para terminar, ratificando lo que destaca al respecto la doctrina italiana: "en toda interpretación judicial existen dos momentos inseparables: el lógico y el teleológico"[36].

III. BREVES OBSERVACIONES SOBRE LOS TIPOS DE INTERPRETACIÓN CONSTITUCIONAL SEGÚN LA DOCTRINA PREDOMINANTE

Siguiendo a Fix Zamudio[37] en esta relevante materia, y sin pretender entrar en todas las arduas discusiones a que nos hemos referido tangencialmente *supra*, sobre los diversos aspectos de las normas constitucionales, ni la complicada tipología de las Cartas fundamentales, lo que excedería de los fines de este breve estudio, pueden destacarse algunos aspectos singulares característicos en torno a los preceptos fundamentales y los diversos sujetos que pueden intervenir en los procesos de interpretación.

Aun a sabiendas de que quizás digamos aquí cosas mas que asimiladas por los conocedores del derecho, con el maestro Fix Zamudio advertimos que si bien es verdad que resulta muy complicado señalar con alguna precisión las características particulares de los preceptos fundamentales en relación con los restantes del ordenamiento jurídico, al menos podemos destacar algunas de las mas notorias, sin referirnos a algunos otros enfoques de la doctrina contemporánea.

Diremos pues con el citado Profesor, que: "Desde un punto de vista lógico normativo han sido determinantes la reflexiones del ilustre jurista Vienes Hans Kelsen, de acuerdo con las cuales, mencionadas de manera simplificada, existe una jerarquía normativa conocida con el nombre de "pirámide jurídica", de acuerdo con la cual se configura un escalonamiento de todas las disposiciones jurídicas, a partir de las individuales, que se encuentra en la base y de ahí, se asciende en graduación hasta llegar a la cima, la cual desde un punto de vista puramente lógico, esta coronada por una norma hipotética fundamental, que sirve de apoyo y fundamento de validez a todo el edificio y por ello desde el ángulo normativo, los preceptos constitucionales tienen carácter fundamental respecto de todo el ordenamiento jurídico.

Por lo que respecta al contenido de las normas constitucionales su determinación no es sencilla, pues las Cartas contemporáneas, además de los preceptos que se refrieren a los

---

34 "Del sentimiento y de la lógica de las sentencias" en *Elogio a los Jueces*, Trad. S. Sentis Melendo, Buenos Aires, Ejea, 1956, p. 175/194.

35 "El Derecho en el Derecho Judicial", 2ª edic. Buenos Aires, 1959, p. 131 ss.

36 "Lineamientos esenciales... p. 2769.

37 En "Constitución y teoría general d la interpretación jurídica", oc. p. 18.

derechos fundamentales (que tradicionalmente integran la llamada parte dogmática, la que comprendería actualmente también principios y valores superiores) y aquellas que regulan la organización y funcionamiento de los diversos órganos del poder (llamada parte orgánica o estructural), también comprenden en la actualidad disposiciones diversas a las anteriores e inclusive llegan en ocasiones a tener un carácter reglamentario, pero que en un momento determinado se han considerado de tal importancia para la comunidad política, que se les ha dotado de la máxima categoría para conferirles de prestigio y de estabilidad, y en ocasiones rebasan numéricamente y por extensión a las primeras. Las Primeras pueden calificarse como normas materialmente constitucionales, en cambio las segundas tiene carácter de "formalmente fundamentales", pero ambas categorías poseen la misma jerarquía y validez"[38].

Continúa el maestro mexicano, advirtiendo: ".... Si bien, como hemos señalado, no todas las normas jurídicas de carácter constitucional tienen las mismas características materiales, pero si la misma jerarquía formal, resulta muy complicada su interpretación, puesto que en todo caso, dichas normas son el fundamento de validez de todo el ordenamiento jurídico de tal manera que ningún precepto jurídico debe ser contrario a las disposiciones constitucionales, ni tampoco la aplicación de las primeras debe oponerse a las regulaciones de carácter constitucional, pero además, como ya hemos señalado, las Cartas Supremas de nuestra época no solo contienen disposiciones normativas, algunas de carácter muy genérico, sino también, principios y valores constitucionales, que son elementos indispensables para su interpretación.

Pero aun las normas constitucionales en sentido material (antes aludidas) pertenecen a diversas categorías, las cuales deben tomarse en cuenta para efectos de su aplicación e interpretación. Hacemos referencia a título ilustrativo, a la división que realiza el notable constitucionalista brasileño José Alfonso Da Silva, quien las clasifica como normas de eficacia plena, contenida y limitada. Las primeras son aquellas que a partir de su entrada en vigor producen o tienen la posibilidad de producir sus efectos sin necesidad de ningún acto legislativo posterior, y son de aplicación directa, inmediata e integral, ya que están dotadas de todos los medios y elementos necesarios para su ejecutoriedad.

Las segundas, es decir las de eficacia contenida o atenuada, son aquellas que están suficientemente reguladas por el constituyente, pero este restringió su alcance en virtud de situaciones que la Ley establece, los conceptos generales en ella enunciados, o la incidencia de otras normas constitucionales, y por ello son de aplicación directa e inmediata, pero no integral. Finalmente, las normas constitucionales de eficacia limitada son las que requieren de posteriores actos legislativos para que puedan surtir los efectos trazados por el Poder Constituyente, por lo que son de aplicación indirecta, mediata y reducida, ya que únicamente inciden en los intereses que pretenden regular a propósito de una normatividad posterior que les otorgue eficacia. Dicho autor divide estos preceptos fundamentales en normas de principio institutivo que también recibe el nombre de principio orgánico u organizativo, y las normas de principio programático, que son cada vez más abundantes en las Constituciones contemporáneas[39].

---

38 O.c. p. 2775.

39 "Aplicabilidade das normas constitutionais, 2 ed., Sao Paulo, Ed. Revista Dos Tribunais, 1982, p. 76-147, con la advertencia de que esta clasificación es analizada en relación al Derecho Mexicano, por Carmona Tinoco, en su obra *La interpretación Judicial Constitucional*, México UNAM, Comisión Nacional de Derechos Humanos, 1956, p. 62/72 a la cual remitimos. Para

Basta la simple descripción anterior para percatarnos de la complejidad y de las dificultades de la interpretación constitucional, que aún desde el punto de vista puramente técnico implica modalidades peculiares que la apartan de la interpretación jurídica en general, con la que comparte los lineamientos básicos, pero resulta considerablemente más intrincada".

Sigue su análisis el Profesor Fix Zamudio, aludiendo a ideas sobre esta misma materia, expuestas por el maestro Mauro Cappelletti, quien resalta que "la interpretación constitucional se encuentra vinculada mas frecuente y acentuadamente que ningún otro tipo de interpretación jurídica, solamente a un fin y por lo común a un fin que tiende a asumir el carácter de valor supremo del ordenamiento, lo que revela, por consiguiente, una tendencia mas vigorosa hacia una interpretación *"ad finem"* y puede considerarse, por tanto, como una actividad tendencialmente (y de manera acentuada) de naturaleza discrecional".

Agrega dicho autor, que el Juez Constitucional, encontrándose en la condición de deber "actuar" una norma que mas ninguna otra, es vaga e incompleta y "de valor", debe remontarse siempre y de manera más acentuada al "espíritu" del sistema a sus *rationes* suprema[40].

Para concluir, resulta indispensable continuar citando las claras ideas de Fix Zamudio en torno a la vinculación entre interpretación constitucional y axiología, quien afirma: "... Lo cierto es que mas que ningún otro sector del ordenamiento jurídico, la interpretación constitucional se encuentra vinculada con la axiología, ya que los interpretes constitucionales, tal como se afirma en doctrina indiscutida pueden ser varios, pero con mayor razón los jueces y tribunales, en particular los especializados, deben realizar una actividad muy compleja en la cual se aplican no únicamente los principios de la lógica jurídica, tanto formal como material (la lógica de lo razonable), que se mencionó anteriormente, sino también los principios básicos de la argumentación, que se conoce actualmente como "nueva retórica", puesto que los interpretes Constitucionales están obligados a justificar los resultados de su interpretación, que además se encuentra relacionada con la toma de decisiones, como interpretes finales de la normatividad fundamental.

La generalidad de las normas constitucionales, continúa destacando Fix Zamudio, ".... Es de diversa intensidad, pero puede llegar a ser muy amplia en aquellos preceptos fundamentales que consagran principios y valores, que por su misma naturaleza son indeterminados, es decir, constituyen un marco básico sin contenido preciso, que el intérprete debe construir pero siempre sobre esos lineamientos que pueden ser de carácter abstracto. Para no dar sino algunos ejemplos; las Constituciones contemporáneas contienen valores y principios relativos al régimen democrático, la justicia social, la dignidad de la persona humana, la igualdad ante la Ley y la prohibición de la discriminación, entre muchos otros. En ese sentido podríamos paragonar la idea que expreso el iusfilósofo

---

profundizar mas respecto a las normas programáticas, Lyrio Pimentga, Paulo Roberto, Eficácia e aplicabilidad das nora constitucionais programáticas, Sao Paulo, Max Limonad, 1999, p 133/231. (Nota de Fix Zamudio, o.c. Nota 61, p. 2777)

40 La actividad y los poderes del Juez Constitucional. En relación con su fin genérico (Naturaleza tendencial- mente discrecional de la providencia de actuación de la norma constitucional, Trad. de Santiago Sentis Melendo y Tomas Banzhaf, en su obra Proceso, Ideologías, Sociedad, Buenos Aires, EJEA, ps 342, 366, también reproducido en el Libro del mismo autor La Justicia Constitucional (Estudio de Derecho Compa- rado) México, UNAM, 1987 esp. p 177/183.

alemán Rudolf Stammler sobre el derecho natural[41], para caracterizar este tipo de preceptos constitucionales, por su alto grado de generalidad y abstracción, como "normas fundamentales de contenido variable", ya que ese contenido deberá ser construido lógica, racional y axiológicamente por los intérpretes, de acuerdo con la realidad social de la época en que dichas disposiciones deben aplicarse"[42].

IV. ALGUNAS ANOTACIONES EN TORNO A LOS MÉTODOS DE INTERPRETACIÓN CONSTITUCIONAL Y LOS PRINCIPIOS DE LA INTERPRETACIÓN CONSTITUCIONAL

1. *Las diversas teorías*

Como lo anota en forma clara César Landa[43] la aparición de la necesidad de las interpretaciones de la Constitución, no acompañaron los procesos Constitucionales mundiales, no era una necesidad jurídica interpretar la Constitución, dado el carácter y la comprensión fundamentalmente política de la norma suprema; por ello, diría Jefferson, "La Constitución no es mas que el sentido común de la sociedad expresado en fórmulas jurídicas"[44]. Por el contrario, la Ley se entendía como prolongación de la racionalidad de la vida social, donde el legislador –según Rousseau– no debía ser concebido como el mecánico que inventa la máquina, sino como el naturalista que –sin hacer las leyes– las descubriese y se limitase a formularlas. Entonces, por ser prolongación del sentido común y de la racionalidad interna de la sociedad, y por poseer además un carácter puramente formal, la legalidad constitucional deberá verse presidida por los principios *de claridad y transparencia.*

Como consecuencia de ello cabe observar que en las primeras horas del constitucionalismo moderno, la interpretación constitucional se convierte en un tema superfluo, dado el rol indiscutible de la Ley y la pretensión de claridad y transparencia de la legalidad. De ahí que, como decía Montesquieu, "los jueces de una nación no son, sino la boca que pronuncia las palabras de la Ley".

Sin embargo, vale la pena señalar que no ocurría en cambio lo mismo en Estados Unidos, donde siguiendo la tradición Anglosajona, los jueces tempranamente se convirtieron en los intérpretes autorizados de la Constitución y de la Ley[45].

---

41 Stammler, Rudolf, (citado por Fix Zamudio o.c nota 63, p. 2779), El juez, Trad. de Emilio F. Camus, reimpresión, México, Editora Nacional, 1964, ps. 65/70.

42 Fix Zamudio, o.c. p. 2779.

43 Tribunal Constitucional y Estado democrático, Fondo Editorial Pontificia Universidad Católica del Perú, Lima, 1999, p. 339/354 y reproducido en el acápite correspondiente lo relacionado a Teorías de la interpretación Constitucional en la ya varias veces citada Obra colectiva "Derecho Procesal Constitucional", t.III, p 2801 ss

44 Pensamiento político jurídico de Thomas Jefferson, Cartas y Escritos escogidos, ediciones Tres Tiempos, Buenos Aires, 1988, p. 476 y 549.

45 En tal sentido, Ronald Dworkin, *Law's empire, The Moral reading of the American Constitution*, Harvard University Press, Cambridge, 1966, pags 15, 49 ss: y con igual criterio John Hart Ely, *Democracy and Distrust. A theory of judicial review*, Harvard University Press, USA, 1981, p. 43 ss.

Pero la interpretación se convierte en un tema de interés constitucional, solo cuando la propia norma política suprema se transforma en una norma jurídica exigible, de cumplimiento directo por los ciudadanos; ello sucede a partir de dos procesos sucesivos:

Primero, cuando la propia Constitución se legitima como norma jurídica suprema con carácter vinculante para los ciudadanos y los poderes públicos. En efecto, a través de múltiples transformaciones que ha sufrido, la noción de Constitución ha conservado un núcleo permanente: la idea de un principio supremo que determina por entero el orden estatal y la esencia de la comunidad constituida por ese orden; pero, que ahora se asume como no manifestación del principio jurídico de supremacía constitucional.

En ese sentido, también, "el Estado Constitucional de Derecho, eleva la Constitución desde el plano programático al mundo de las normas jurídicas vinculatorias y, por consiguiente, no solo acoge el principio de la primacía de ley *in suo ordine*, sino que lo complementa con el principio de la Constitución sobre la Ley y, por tanto, sobre el ordenamiento jurídico, con la consiguiente anulación en la medida que en su conjunto o en algunos de sus preceptos, no se adecue a la norma constitucional"[46] como no manifestación del principio jurídico de supremacía constitucional.

Segundo, cuando los derechos públicos subjetivos del Estado Liberal se transforman a partir de la segunda Post Guerra, en derechos fundamentales, se incorporan valores, principios constitucionales y derechos socio económicos, en el marco del Estado Social de Derecho; se obligó sobre todo a los jueces y Tribunales, así como a la dogmática constitucional, a proveer de técnicas y métodos de interpretación para dar respuestas a las lagunas y demandas de aplicación directa de la Constitución, ya no solo dentro de lo jurídicamente debido[47], sino también dentro de lo constitucionalmente posible.

Veamos ahora, a juicio del mismo Landa, lo que constituyen algunas de las teorías de la Interpretación Constitucional.

Sobre la base de ese orden supremo constitucional y de los problemas de la eficacia vinculatoria de los Derechos Fundamentales, se puede decir que la interpretación constitucional se convierte en un problema jurídico de Derecho Constitucional contemporáneo; lo cual se afirma con la judicialización de la Constitución, a través del rol de los Tribunales Constitucionales, en tanto se convierten en los supremos intérpretes de la Constitución.

Ese proceso ha puesto en movimiento a las corrientes iusfilosóficas y de la teoría del Derecho, así como la Jurisprudencia de los Tribunales Constitucionales y a la dogmática constitucional. Sobre estas bases –siguiendo matizadamente a Böckenförde– se presentan sucintamente algunas teorías de interpretación constitucional[48] .

---

[46] Manuel García Pelayo, Estado legal y Estado constitucional de Derecho, en el Tribunal de Garantías Constitucionales en debate (J. de Belaunde, compilador), Consejo Latinoamericano de Derecho y Desarrollo, Lima, 1988, p. 38 ss, en especial 30/31; citado en nota 11 del autor p. 2803, y del mismo autor, *Derecho Constitucional Comparado*, Alianza Editorial, Madrid, 2000, p. 100 ss.

[47] Antonio Pérez Luño, *Derechos Humanos, Estado de Derecho y Constitución*, Tecnos, Madrid, 1991, p. 251 y ss; Enrique Alonso García, *La interpretación de la Constitución*, CEC, Madrid, 1984, p. 277 ss y 539 ss, en nota 12 p. 2804 o.c.

[48] Ernst Wolfang Böckenförde, *Escritos sobre Derechos Fundamentales…* op.cit; p.13/43 citado por Landa, nota 17 p. 2805.

Interpretación hermenéutica:

Señala Landa, "...esta teoría parte de concebir a la Constitución como una norma jurídica mas, la misma que debe ser interpretada conforme a los métodos de interpretación de la Ley. Así como la Constitución está subordinada a las reglas de interpretación válidas para las leyes. Con esto la Constitución se hace presente en su sentido y es controlable en su ejecución. Su estabilidad se obtiene de los límites que prevé las dificultades de su modificación, se ha trazado la interpretación de la Ley, a través de su objeto.

En ese sentido, las reglas de interpretación de la Ley son válidas para la interpretación de la Constitución; es decir que las interpretaciones semánticas, históricas, lógicas y gramaticales, postuladas por Savigny son aplicables a la Constitución.

Equiparar la Ley a la Constitución, supone también transferir los atributos de la norma legal a la Ley Suprema; en tal entendido, la Ley, como norma jurídica, se caracteriza por una determinada estructura lógica–formal en la cual se produce el enlace entre el supuesto de hecho y la consecuencia jurídica con carácter obligatorio y coercitivo[49].

A partir de lo señalado, resulta bastante ingenuo hacer una identidad de la Ley con la Constitución en la medida que "la Constitución es partiendo de esta estructura, un ordenamiento –marco–, esto es, fija estandarizadamente sólo condiciones marco y reglas procedimentales para el proceso de acción y decisión política y adopta decisiones (de principios) fundamentales para la relación individuo, sociedad y Estado, pero no contiene ninguna regla singular susceptible de ejecución en un sentido judicial o administrativo".

Ante esta deficiencia, la propia doctrina ha intentado replantear algunas bases de la teoría de la interpretación hermenéutica a partir de la praxis[50]; pero como la hermenéutica está fundada en un concepto de conocimiento normativo; resulta insuficiente como método de interpretación constitucional; por cuanto, si bien la Constitución es una norma jurídica suprema, por ello no deja de ser también una norma política suprema.

Con diversas ideas novedosas se procura readaptar la teoría, pero, no obstante, estos esfuerzos de la dogmática, la modernización de la hermenéutica jurídica termina por caer en su propia crítica; es decir no aporta un modelo sustantivo de Constitución, sino apenas una idea normativa del mismo, aunque mas compleja para la interpretación hermenéutica, de ahí que, no establezca la base teórica sustantiva para la solución del problema que plantea.

Interpretación Tópica:

Dada la complejidad normativa jurídico-política de la Constitución y la insuficiencia de la lógica formal y sus métodos tradicionales o renovados de la interpretación de la Ley; se ha planteado un método abierto de razonamiento concreto. El mismo que está orientado a interpretar un problema específico a resolver y a los lugares comunes o "topoi" que convergen en el proceso de interpretación jurídica.[51]

---

49 Herbert L.A. Hart, *The concept of law,* Clarendon press, Oxford, 1961, p. 18 ss.

50 Hans-Georg Gadamer, Wahrheit und methode...op cit. p. 250 ss y 284 ss citado en nota 23 p. 2806 Landa o.c.

51 Horst Ehmke, Prinzipiem der Verfassunsinterpetation, en *VVDStRL*, citado por Landa, nota 35 p. 2809.

Para esta corriente, "el punto mas importante en la consideración de la tópica es la constatación que se trata de aquel método de pensamiento que se dirige hacia el problema". En este sentido la interpretación tópica no parte de concebir un canon de reglas de interpretación previamente establecidas, dado su carácter parcial y deducibles discrecionalmente; sino que, utiliza el contenido normativo y el sistema dogmático constitucional, en tanto puntos de vista que le acerque o permita la solución del caso a interpretar.

La apertura de material normativo constitucional a utilizar en la interpretación del problema, posibilita un continuo perfeccionamiento del Derecho en una suerte de ensayo y error *–trail and error–*[52] dada la estructura de la norma constitucional mas abierta y menos detallada que en otros ordenamientos jurídicos. En tal sentido, las disposiciones constitucionales, debido a su carácter complejo y heterogéneo, son concebidas como puntos de vista para la interpretación, antes que como normas de aplicación literal obligatoria. Con lo cual, el intérprete se convierte en un sujeto de decisión acerca del problema a resolver, para lo cual no usa el marco constitucional a priori, sino solo con un horizonte que ilumina la solución del caso a interpretar.

Interpretación Institucional:

Esta interpretación parte de concebir a la Constitución como un material normativo a trabajar, en un sentido concreto, sin desconocer por ello el material sociológico de la realidad social específica. Bajo la denominación de la interpretación institucional ubicamos a la corriente interpretativa, que se caracteriza por que busca recuperar el carácter vinculante de la norma constitucional con la realidad constitucional, a partir de postular un método de interpretación racional y controlable; propósito que solo es posible partiendo de buscar la concretización de la norma constitucional en base a y con la realidad constitucional[53]. Así, "la interpretación constitucional es concretización". Precisamente lo que no aparece de forma clara, como contenido de la Constitución es lo que debe ser determinado mediante la incorporación de la realidad de cuya ordenación se trata. En ese sentido la interpretación constitucional tiene carácter creativo: el contenido de la norma interpretada solo queda completo con su interpretación; ahora bien, solo en ese sentido posee carácter creativo: la actividad interpretativa queda vinculada a la norma[54].

Conforme los seguidores de esta teoría, la actividad de interpretación viene ceñida a principios especiales que cumplen con la misión orientadora y canalizadora del proceso de interpretación para la solución de un problema, como marco teórico y analítico de la Constitución, así siguiendo a Hesse tenemos los siguientes principios:

– Principio de unidad de la Constitución, plantea la relación y la interdependencia de los distintos elementos normativos con el conjunto de las decisiones fundamentales de la Constitución. Así, se deben identificar los principios fundamentales de la parte dogmática, orgánica y económica de la Constitución.

–Principio de Concordancia práctica, que postula la coordinación de los distintos bienes jurídicos constitucionales conservando su contenido esencial, a través de la

---

[52] Karl Popper, "la responsabilidad de vivir" escritos sobre política, historia y conocimiento, Edic. Paydos, Buenos Aires,1995, p. 109-1223, Nota 37 p. 2809 o.c.

[53] Konrad Hesse, Escritos de Derecho Constitucional .... (Nota 52, p.2803 Landa o.c.

[54] Hesse, Escritos de Derecho Constitucional.... O.c. p. 43

ponderación proporcional de valores o bienes, donde no cabe sacrificar a uno por otro. De este modo, se debe respetar el núcleo duro del de cada bien constitucional en conflicto, afectándose mutuamente solo en su modo, forma, espacio o tiempo de ejercicio, siempre que exista razonabilidad y proporcionalidad de la recíproca limitación.

–Principio de Corrección Funcional. Busca que el intérprete respete las competencias de los Poderes Públicos y organismos estatales sin restringir las funciones constitucionales de alguna de ellas. Así, el Legislador no puede regular en concreto para un caso específico, sino de una manera abstracta y general, porque de lo contrario, podría invadir la esfera de competencia de actuación concreta del Poder Ejecutivo o del Poder Judicial.

–Principio de Eficacia Integradora, valora el mantenimiento de la unidad política de la Constitución, lo que demanda preferir las soluciones jurídico políticas que promuevan la integración social y la unidad de la Constitución. Con ello se busca afirmar el carácter supremo y pluralista de la Constitución, en la medida que integra a los valores minoritarios con el mayoritario, gracias a entender que la Constitución expresa la diversidad de intereses sociales, dentro de la unidad política.

–Principio de la Fuerza Normativa de la Constitución, que otorga preferencia a los planteamientos que ayuden a obtener la máxima eficacia a las normas constitucionales, en función de las relaciones sociales y la voluntad de Constitución. En esa medida, no por existir disposiciones constitucionales de principio o programáticos, la Constitución se hace menos ejecutiva; sino que, en tanto toda la Constitución es un texto normativo, las "normas regla" como las "normas principios", deben ser cumplidas, acorde con el grado de patriotismo constitucional de los ciudadanos y gobernantes.

–Principio de Interpretación conforme a la Constitución, según el cual una ley no debe ser declarada inconstitucionalmente nula, cuando por lo menos algunas de sus acepciones puedan ser interpretada en concordancia con la constitución. En la medida que las leyesen un Estado democrático gozan de una presunción de constitucionalidad.

Por eso, cuando una Ley es cuestionada de supuesta inconstitucionalidad, esta demanda será desestimada, si es que al interpretarla razonablemente –en sus diversas alternativas– al menos una de sus interpretaciones sea conforme a la Constitución. Ahora bien, las técnicas de la interpretación constitucional como concretización presentan límites derivados de la política constitucional, en tanto queda sin resolver la posición y relación de los intérpretes, es decir, del Tribunal Constitucional como supremo interprete constitucional, en relación con el Poder Legislativo y el Poder Judicial. Al respecto, si bien el legislador democrático goza de la presunción *iuris tantum* de la Constitucionalidad de sus actos legislativos; en tanto es una presunción relativa, no absoluta, no queda claro cuales son los límites del Tribunal Constitucional en su función de control constitucional, sobre la libre configuración política del contenido de la Ley por parte del Legislador.

Así mismo, si bien las sentencias del Tribunal Constitucional gozan de eficacia normativa sobre las resoluciones de la justicia ordinaria en la medida que tienen atributos de fuerza de ley, cosa juzgada y fuerza vinculante, tampoco quedan esclarecidos los alcances de la justicia constitucional, como supremo tribunal competente para revisar los fallos por el fondo o la forma en los procesos civil, penal, mercantil, administrativo o militar.

En ese sentido la Constitución ya no solo delimita a los demás poderes públicos sino que recibe en sí misma las corrientes y el universo de valores del respectivo espíritu de la época, por ello se convierte en una norma flexible que permite todas las posibilidades.

Lo dicho no significa que la interpretación constitucional quede a la deriva de las mutaciones o indeterminaciones de los cambiantes valores sociales de las mayorías sociales transitorias; sino que, atendiendo a las demandas de la realidad, los valores democráticos podrían ser reforzados: pero, sin llegar a invertir el punto de legitimidad en la realidad existente por el de la norma constitucional y democrática.

Interpretación alternativa:

Examinados los últimos conceptos precedentes, cabe analizar las repercusiones de la interpretación constitucional desde una teoría constitucional alternativa, fundada precisamente en la normalidad constitucional antes que en la normatividad constitucional. Esta corriente se caracteriza por fundarse en la realidad social, en la medida que la Constitución es concebida como expresión jurídica del proceso de integración estatal, que reside en el desarrollo dinámico de la sociedad[55]. Conforme a dicha tesis, la interpretación constitucional es un instrumento de análisis de la realidad constitucional, antes que de la normatividad constitucional, dicho en otras palabras, la norma jurídica constitucional a interpretar no es más que la expresión de la normalidad constitucional[56].

Sobre estas bases sociológicas, la doctrina italiana, seguida por un sector de la doctrina española[57] sientan las bases interpretativas de una opción política emancipadora del derecho y en contra de una interpretación que favorezca los intereses de la clase burguesa, por ello postulan una interpretación judicial orientada a la tutela de los intereses populares. Evidentemente esa corriente jurídica encuentra sus raíces en el pensamiento jurídico-marxista y realista, cuando el debate en torno al derecho y el cambio social se hicieron presentes en el orden académico y dogmático, no solo de la región europea mediterránea; en la medida en que el derecho no es solamente norma jurídica, sino también un sistema de solución de conflictos de intereses entre las mayorías y las minorías sociales, según las corrientes realistas norteamericanas.

En cualquiera de sus formas, el uso alternativo del derecho tiene la virtud de haber reafirmado la dimensión práctica de la interpretación jurídica, que fue abandonado por el positivismo jurídico, desde una perspectiva popular. Sin embargo, sus críticos han señalado que en una sociedad libre y pluralista, donde las distintas opciones políticas puedan acceder al poder y plasmar legislativamente con valores, no cabe admitir una interpretación alternativa de la Constitución[58].

En consecuencia, sólo en las sociedades cerradas y tradicionales, el uso alternativo del derecho resultaría ser una solución al formalista y elitista derecho positivo y sus métodos de interpretación. Sin embargo, como señala Landa, reducir la interpretación constitucional

---

55 Rudolf Smend, Verfassungs und Verfassungsrecht, citado por Landa Nota 66, p. 2817.

56 Hermann Heller, Staatslehre, 1934 y Constantino Mortati, La constituzione in senso materiale, Giuffre, Editore, Milan, 1998, p. 53 ss, citados por Landa en nota 68 p. 2.818, o.c.

57 Antonio Pérez Luño, Derechos Humanos, Estado de Derecho y Constitución, o.c p. 265 y Perfecto Andrés Ibáñez, Sobre el uso alternativo del Derecho, F. Torres, Valencia, 1978, aludidos por Landa o.c. nota 69, p. 2.818

58 Antonio Pérez Luño, oc. p. 268

al decisionismo de los intérpretes, convertiría a los jueces y no a la Constitución en una garantía de protección de los derechos fundamentales, o cual es un albur que no otorga seguridad jurídica a todos los ciudadanos.

2. *Un expreso pronunciamiento en torno a la Interpretación Constitucional a criterio de la Sala Constitucional de nuestro Tribunal Supremo de Justicia*

En torno a la temática relacionada sobre que debe entenderse por "interpretación constitucional" y como deben interpretarse las normas de esa especie, a la luz de nuestro sistema y ordenamiento jurídico, ya hemos dejado citado el parecer de nuestra Sala Constitucional, pero estimamos pertinente añadir otro expreso pronunciamiento sobre tal tema, contenido en su en su sentencia del 23 de noviembre del 2001, N° 23372, Caso Inpreabogado, Expdt 01-1185[59], en la cual sostiene con fundamento a los artículos 335 y 336 de la CN:

> "como derivación del hecho de que la Constitución se encuentra en la cúspide del sistema normativo, siendo ella misma la última referencia respecto a la conducta o manera de conducirse de todos los operadores jurídicos, entes y ciudadanos en general, así como de la necesidad de conjurar el denominado *"horror vacui"*, para así mantener la mayor certeza acerca del derecho vigente y aplicable, se sostiene con rigor metodológico que, antes de declarar una norma como contraria a la Constitución, sea ensayada y de ser posible se ponga en práctica, una interpretación de dicha norma que la haga compatible con la Carta Magna. Esta técnica, conocida como de *"favor legitimáis"*, tiene fundamento desde que se conoce la necesidad de hacer el menor número posible de modificaciones por vía judicial a la legislación, por lo que afecta a la seguridad jurídica y a la confianza legítima de los ciudadanos en la normalidad de la aplicación o cumplimiento del ordenamiento (Canosa U.R., *Interpretación Constitucional y Fórmula Política*, Centro de Estudios Constitucionales, Madrid, pp. 206 y 207)".

Con tal pronunciamiento evidentemente nuestro Tribunal Constitucional se acoge a la doctrina contemporánea en materia de interpretación, y concretamente con la postura de la llamada teoría institucional y respetando el principio de preservación de la propia Constitución.

3. *Algunas consideraciones en torno al pensamiento de Peter Häberle*[60]

Para el profesor de Bayreuth, Alemania, y St. Gallen, Suiza, uno de los problemas en torno a los métodos y principios de la interpretación constitucional, lo está en los principios de la interpretación constitucional y sus límites, en particular cuando se trata de analizar el problema en un Estado constitucional. Tales principios deben distinguirse de los métodos, en tantas vías de acceso a la interpretación de los contenidos de la Constitución en la medida que aquellos representan contenidos, aunque en ocasiones con aspectos formales. Si bien su vinculación con los métodos permanece hay que distinguirlos de estos, confusión esta que demuestra la intensa interrelación entre contenidos, métodos y principios.

---

59 Extractada de la obra *Las respuestas del Supremo sobre la Constitución* oc. p. 49.

60 Métodos y principios de la interpretación Constitucional. Un catálogo de Problemas, en Derecho Procesal Constitucional, o.c. p. 2733 ss.

Para el autor, los Principios de la interpretación constitucional, fueron desarrollados por vez primera en Alemania en 1961 y se han convertido hoy en casi un canon, dichos principios para el autor citado difieren en algunos aspectos con lo antes examinado al respecto, y son los siguientes:

– El principio de la Unidad de la Constitución: con ello se quiere significar una visión integral de los principios constitucionales en lo individual, así por ejemplo, advierte el autor en la Ley Federal Alemana, hay que considerar en conjunto el Estado de Derecho y el Estado social, las normas sobre derechos y sobre competencias.

– El principio de la concordancia práctica (K Hesse) o de la "compensación menos gravosa" para ambas partes (P. Lerche); en caso de conflicto, por ejemplo, entre los derechos fundamentales y la funcionalidad de relaciones de status especial (como las Fuerzas Armadas, la pena de prisión o el funcionariado profesional, la Ley Federal debe otorgar una vigencia óptima a ambos valores constitucionales; ambos bienes tienen que ser limitados.

– El principio de la interpretación conforme a la Constitución: de acuerdo con este principio, una ley no debe ser declarada nula cuando pueda ser interpretada en armonía con la Ley Federal (advirtiendo el autor que ello ha sido repetidamente reiterado por los Tribunales)

– Interpretación favorable a Europa y al derecho internacional, reconocido por la Ley Federal, como el de interpretación favorable a los Derechos Humanos, los primeros de los cuales, ya tienen casi rango de canon. Ya hoy también reconocidos como hermenéutica común europea y el de hermenéutica común iberoamericana

– Por último, y desde su punto de vista, el de Comparación constitucional, en especial en el campo de los Derechos fundamentales, que tiene rango de principio, así como el "quinto método" de interpretación, y ya incluido inclusive en dos Constituciones de Sur África.

En torno a los **límites de la interpretación constitucional**, hace Haberle, las siguientes consideraciones: De una parte, la jurisdicción constitucional encuentra límites bajo la forma de la llamada interpretación de las Constitución conforme a la Ley. Cuando el Tribunal Federal Constitucional Alemán examina una ley utilizando como parámetro la Constricción, también interpreta la Ley. Se produce entonces una interacción entre la interpretación Constitucional y la de la Ley. Por lo demás hay que recordar que el legislador ordinario contribuye bastante a la concretización de la constitución "desde abajo" sin que esta imagen jerárquica deba tomarse en sentido literal.

De otro lado, tales límites deben mencionarse como criterios de corrección funcional, pues en efecto se trata en lo particular de los límites en la relación con el legislador, así como en la relación con las demás ramas de la jurisdicción.

4. *Otros problemas de la teoría de la interpretación*

García Belaunde nos advierte que en la teoría de la interpretación se han barajado demasiados problemas y muchos de ellos en forma de dupla o binomio de opuestos, que han creado serios rompecabezas a los juristas[61]. Dentro de tales enumera los siguientes:

(i) Un primer problema a plantearse es si la interpretación descubre o crea, es decir, si tiene que indagar por lo que existe escondido detrás de la norma, o si por el contrario crea (en el mejor sentido del juez creador del derecho en el mundo sajón, advierte García). No hay dudas que hoy se reconoce la función creadora del Juez, pero es indudable que la interpretación judicial prepotencia tal concepto. Hoy, dice García Belaunde, se piensa que la tarea del intérprete es asignar un significado a la norma: esto es, admitiendo que la norma no es muy precisa, el intérprete debe darle un significado, lo que lo hará como consecuencia de un proceso interpretación, con las limitaciones que este conlleva.

(ii) Otro tópico importante es el referente a la voluntad que hay que tener presente en el proceso interpretativo. Sin embargo la tesis de la voluntad conlleva varios acoplamientos: en primer lugar, si se trata de la voluntad del legislador o de la voluntad de la Ley. En efecto, si se admite que el legislador histórico tiene mucha importancia y a la larga tal vez ninguna, sobre todo cuando se extiende el tiempo entre la dación de la norma y el momento en que se interpreta.

Señala: los intérpretes de hoy del Código Napoleón tendrán muy poco en cuenta lo que pensaron los redactores originales del Código. Sin embargo, conviene advertir que hoy en día, en grandes sectores del pensamiento jurídico norteamericano, se acoge la idea del originalismo, o sea, la idea de que para interpretar la Constitución de los Estados Unidos, hay que estar a lo que establecieron los padres fundadores en 1787, lo cual evidentemente a juicio de García, es un exceso[62] y debe buscarse como lo propone Robert Bork[63].

De otra parte, muchos hablan de voluntad de la ley como si la norma tuviera un pensamiento oculto o vida propia. A su vez, en torno a lo relacionado con la voluntad del legislador, cabe hacer dos distingos: por un lado lo que realmente dijo el legislador a su momento (legislador histórico) y por otro, lo que nosotros pensamos que hubiera dicho en las actuales circunstancias (legislador presunto), con lo cual estamos en el fondo haciendo una hipóstasis, que esconde una verdadera creación.

(iii) Importante finalmente, anota García B., es lo que la doctrina denomina interpretación auténtica. Es sabido que, en la literatura jurídica especializada, se habla de continuo de que dependiendo del intérprete, se distingue la interpretación en doctrinaria, jurídica y auténtica. Según esta tendencia, la auténtica es la que realiza el legislador quien, ante la duda en torno a una norma, lo que hace es crear una ley que aclara o precisa el sentido de la anterior. Sin embargo, como bien se advierte en Kelsen, existe impropiedad en llamar interpretación auténtica a la legislativa, ya que lo resuelto por ella se vuelve obligatorio, que es algo distinto. Por tanto debería llamarse interpretación auténtica solo a la que obliga con efecto vinculante al sujeto de la

---

61 La interpretación Constitucional como problema, en *Derecho Procesal Constitucional*, obra colectiva antes citada, p. 2679.

62 O.c p. 2680

63 Citado por Garcia Belaunde (p. 2680) The tempting of America, Free Press, 1990

interpretación. En tal sentido, tan autentica es una interpretación aprobada por un parlamento, como la dada por un Tribunal Constitucional y el Poder Judicial, al sentar jurisprudencia obligatoria[64].

V. FINES DE LA INTERPRETACIÓN CONSTITUCIONAL

Para el análisis de este tema, nos valemos igualmente de los acertados comentarios de García Belaunde en su ensayo "La Interpretación Constitucional como Problema", quien sostiene que el primer objetivo que tiene toda Constitución es durar en el tiempo. Una constitución, que es la mas alta norma del Estado, que articula el resto del conjunto normativo y que fija las grandes pautas para la legislación y la vida de una comunidad, no puede cambiarse todos lo días, ni durar lo que dura un calendario. Por tanto si la Constitución tiende a durar y así lo consagra la tradición del constitucionalismo europeo y la experiencia comparada, es claro que la interpretación que tiene como objetivo fundamental que la Constitución dure y por añadidura que sea respetada.

En segundo lugar, la Constitución debe ser interpretada de la manera que más favorezca para su conformidad con ella misma y la realización de sus fines, lo que conlleva la necesidad de una interpretación acorde con la Constitución. Y esto debe también aplicar a la interpretación que surja del control constitucional de las leyes, en el sentido de que las leyes deben mirarse, en principio, como acordes o de conformidad con la Constitución, por ese mismo principio de conservación que tiene toda Carta Fundamental.

En tercer lugar, concluye el mencionado autor, y sin pretender con ello que la enumeración sea exhaustiva, la interpretación, en la búsqueda de su supervivencia, debe adaptarse a los nuevos tiempos, de manera tal que ella sirva a la comunidad a la que está destinada, por todo el tiempo que sea posible, sin llegar a la desnaturalización o quebrantamiento de la Constitución vía interpretación, pero perdiendo, sin duda alguna, mutaciones que habiliten su supervivencia en el tiempo. Naturalmente este enunciado general debe considerarse en cada ocasión, por la dificultad que envuelve[65].

VI. EL RAZONAMIENTO JUDICIAL EN LA APLICACIÓN DE LAS NORMAS CONSTITUCIONALES

No estaría completo análisis alguno sobre este tema de la interpretación de la Constitución, sin referirnos siquiera al paso al tipo de razonamiento judicial que debe aplicar el Juez para la interpretación y aplicación de las normas constitucionales

En efecto, como lo señala el maestro Fix Zamudio y otros autores especialistas en la materia[66], la expresión máxima en el poder de interpretación de la Constitución la tiene el Juez en su decisión jurisdiccional. La mayor libertad que tiene el Juez al decidir y valorar tratándose de normas constitucionales lleva también el deber de justificar su decisión, es

---

64 García Belaunde, o.c. p. 2680.

65 Carmona o.c. p 2638.

66 El Juez ante la Norma Constitucional, en la obra colectiva *La Interpretación Constitucional*, UNAM, México, 1975, p 52-55, Enrique Alonso García, La Interpretación de la Constitución, Madrid, Centro de Estudios Constitucionales, 1984, citados por Carmona T. obra que se menciona seguidamente, y en ello los sigue Jorge Ulises Carmona (Algunos aspectos sobresalientes de la Interpretación, en Derecho Procesal Constitucional, o.c. p. 2636).

decir, exponer con argumentos las razones que las sustenten y la hacen compatible con el marco constitucional del cual derivó y en que se inserta.

Concluye Carmona destacando que lo anterior implica que las actuales doctrinas sobre razonamiento judicial funcionan también en el objeto de la aplicación constitucional por parte de los jueces.

Coincidimos con Carmona al señalar que la justificación de las decisiones que de por sí es una labor nada sencilla, en el ámbito de las normas constitucionales adquiere mayor complejidad. El número de razonamientos que apoyen los sentidos posibles del texto constitucional se incremente, por lo cual el juez debe proceder con toda cautela al elaborarlos y expresarlos, de tal forma que apoyen las premisas y la justicia de sus conclusiones dentro del marco del orden constitucional que pasa a integrar. En abono de todo ello debe recordarse todo cuanto hasta ahora hemos citado en torno a la supremacía, abstracción, generalidad y los valores supremos que consagran las normas analizadas, la diversa topología de los preceptos constitucionales, la función que desempeña la Constitución en el Estado, etc., son entre muchos otros los factores que determinan la estructura compleja en mayor o menor medida elaborada de la justificación las decisiones que involucran aplicación de la Constitución.

Como bien se sabe una de las formas mas usuales para la labor de decidir es la del uso del silogismo, que en el caso de examen de constitucionalidad de una ley involucra a dos normas a su vez, la norma constitucional, que funciona como Premisa mayor y que como tal contiene los principios y valoraciones supremas y la norma ordinaria, que representa la premisa menor, que no debe vulnerarlos. Como ya lo hemos igualmente aludido en caso de ser factible la armonización con la Constitución mediante la interpretación, debe preferirse a una calificación de inconstitucionalidad, peor en todo caso, que debe justificarse por medio de argumentos convincentes.

En estas tareas, como lo destaca acertadamente Carmona, la justificación en la interpretación de la Constitución comparte el doble fin de la justificación judicial en general: por una parte convencer al auditorio, compuesto en este caso por las partes involucradas, órganos del Estado y la sociedad en general por la otra, hacer congruente su decisión con los principios y valores del orden jurídico constitucional.[67]

La tarea por bien cumplida que esté no es nada fácil, Perelmann señala que los jueces en estos casos al tratar de justificar sus decisiones no se sienten del todo seguros, hasta tanto aquella se la inserta en un conjunto de decisiones que él prolonga y completa dentro de un orden jurídico formado por los precedentes y, en su caso, por el legislador[68].

Eso sí, si en alguna materia, el Juez viene dotado de infinidad de argumentos de toda índole para justificar su interpretación es en materia Constitucional, donde podrá hacer uso de factores y elementos de tipo político, social, económico, jurídicos, doctrinales, entre otros que integran la vida y realidad de una nación. Si como se lo tiene afirmado en el curso de este trabajo, la Constitución es el reflejo de una nación es también reflejo de esos factores, y por tanto no hay objeción racional alguna para que no pueda usarse argumentación en ella fundados.

---

[67] O.c p. 2683.

[68] Perelmann, Ch. *La lógica jurídica y la Nueva retórica*, Trd. Luis Diez Picazzo, Mdrid, Civitas, 1988, p. 17/18

VII. LOS CAMBIOS Y TRANSFORMACIONES EN MATERIA DE INTERPRETACIÓN DE LA CONSTITUCIÓN EN EL SISTEMA NORTEAMERICANO

Como seguro estoy que quienes sigan estas líneas, consideraran que cuanto dejo dicho hasta ahora sobre "interpretación constitucional" se corresponde con las tendencias y escuelas del constitucionalismo europeo, olvidando en parte las posiciones de la doctrina constitucional norteamericana, con la cual cuando menos es de reconocer cierto vínculo al haber logrado mezclar nuestros constituyentes del 99 los sistemas de control constitucional directo con el difuso, no puedo menos que hacer un vuelo rasante por los principales postulados de las escuelas y etapas del desarrollo de las teorías de la interpretación constitucional norteamericanas en la citada materia, y particularmente analizar la transformación trascendental acaecida en dichos sistemas con el transcurrir de los años.

Este trabajo se nos facilitó enormemente a la luz de un magnífico libro del Profesor Christopher Wolfe[69] quien para tales efectos divide la historia del pensamiento constitucional citado en tres etapas trascendentales:

1. Etapa tradicional, que parte de los trabajos iniciales de John Marshall con la imposición de sus reglas sobre interpretación, pero evoluciona dentro de sí misma, pasando por los dos clásicos periodos del caso Marbury vs. Madison, donde se admite el control judicial limitado pero autoritario y se perfecciona y decae con las teorías del control judicial moderado, que ya predecía una clara separación de la simple supremacía legislativa de los primeros tiempos que procuraban mantener el equilibrio de su república equilibrada (Story[70]), posición que a la larga no se cumplió sino que por el contrario permitió una continua expansión de las facultades del Poder Judicial que contó con semillas de un claro expansionismo que no fue claramente apreciado debido a la ponderada posición de un Poder Judicial Federal caracterizado en su conjunto, por una apreciable integridad personal y profesional de sus integrantes y por cuanto definitivamente el rasgo constitucional de los gobiernos americanos, conocidos como "de control judicial" ha cambiado fundamentalmente su naturaleza con el correr de los años, que es lo que precisamente pretende explicar y dibujar Wolfe en su comentada obra a lo largo de la historia americana, en la que se aprecia ese profundo cambio y su influencia en la democracia representativa norteamericana, no por todos apreciado todo ello[71].

2. Continúa la obra analizando la llamada era de la Transición que surge y se desenvuelve a partir de la última parte del Siglo XX, y la que marco un profundo cambio en el "control judicial", si bien en su momento no hubo clara idea de lo que todo aquello significaba, y que comporto un verdadero cambio en la nueva teoría del Poder Judicial.

En la práctica, el cambio se produjo en una única etapa que proporcionó la doctrina característica de esa era: el proceso debido económico sustantivo, entendido como una garantía general ejecutable judicialmente, contra la privación arbitraria de la vida, la

---

[69] Wolfe obra citada.

[70] En su: Comentaries on the Constitution of the United States (Boston, Little Brown & Co., citados por Wolfe, oc. p. 165).

[71] Wolfe obra citada.

libertad y la propiedad, que cedían ante la creciente reglamentación económica o comercial que fue necesario implementar durante dicho período.

En lo judicial lo característico del periodo lo fue la creciente seguridad del Tribunal en el deseo de aplicar el control judicial en casos en los que la Constitución no se pronunciaba tan claramente, si bien se notaba una clara tendencia expansiva hacia otras áreas de las libertades civiles (libertades de expresión, de religión y derechos procedimentales de los acusados en casos criminales).

Ya a finales de 1920 se comenzó a palpar una clara tendencia de los disidentes del Tribunal al dar inicio a las nuevas doctrinas en materia de interpretación de la libertad de expresión, tendencia que debía seguir en la próxima etapa.

Todo ese cambio de la primera a la segunda etapa, tuvo especial repercusión con la promulgación de la Decimocuarta enmienda, en la cual se procuraba, según muchos norteamericanos, que la Nación contara con una nueva forma de control judicial, basándose en que tenía formulas abiertas, amplias que requerían una interpretación judicial de naturaleza moderna (esencialmente legislativa) y cuya mas clara consagración contó con la publicación de la obra de John Hart[72].

Es de observar que el mismo Wolfe opina que no fue del todo cierto ese especial cambio que se atribuye a la citada enmienda, que, si bien aumento el poder Nacional sobre los Estados y eventualmente llego a utilizarse como vehículo para la amplia expansión del Poder judicial, como tal solo fue un factor importante –aunque inintencionado– del aumento del derecho constitucional formulado por los jueces.

3. Una tercera etapa en el sistema norteamericano, se la denomina **Era Moderna**, y realmente se hace sentir a partir de 1937 con ocasión a que los Jueces que representaban dicho enfoque moderno del Poder Judicial, llegan a dominar el Tribunal, si bien las raíces de ese enfoque van a muchos años antes, admitiéndose críticas a la Constitución, y a aflojar sus lazos con la vida política norteamericana, sugiriéndose por igual la necesidad de que el derecho "se adaptara a las nuevas circunstancias así como la discrecionalidad de los jueces para llevar a cabo esa adaptación" .

El clásico expositor de estas teorías lo fue Woodrow Wilson, quien ilustró ese especial descontento bajo la afirmación del carácter defectuoso de la Constitución y dos posibles formas de reaccionar ante lo que tienen importantes implicaciones para la interpretación constitucional y para el control Judicial hechas públicas enérgicamente en 1885[73].

Curiosamente en su tesis y obra, si bien la Constitución era al propio tiempo inadecuada para las circunstancias modernas y algo engañosas en tanto que la descripción del gobierno americano a finales del S XIX, podía considerar básicamente como un punto de partida. Wilson con ello destacaba la simplicidad, elasticidad y adaptabilidad de la Constitución, lo que a su vez le permitiría adaptarse a las nuevas condiciones de una sociedad progresista, adaptaciones de la Constitución que según el autor podían provenir o bien de las enmiendas, que suponían largos y dispendiosos períodos sin efectividad o por

---

72 Hart, Ely, John, Democracy and Distrust (Cambridge, Mass, Harvard University, 1980, citado por Wolfe (p. 168).

73 Congressional Government (Baltimore, John Hopkins University Press, 1981, citado en Wolfe p. 281).

vía de los llamados "tramos adicionales de estructura y como lo Constitución establece al Tribunal Supremo con amplia autoridad para interpretar la Constitución, esto plantea la cuestión del papel del poder judicial en *Congressional Government,* con la curiosa anotación que mientras dicho libro contenía claras referencias a las Cámaras de representantes, el senado y el Ejecutivo, no contenía en cambio ninguno relacionado con los Jueces ni Tribunales, con la sola excepción de algunas menciones que a ellos se hacían en el capítulo introductorio, lo que hace pensar que para Wilson el Tribunal tenía poco o ningún poder.[74]

La expresión de las ideas de esta etapa en materia de jurisprudencia están contenidas en el caso "Home Building and Loan vs. Blaisdell", en el que resumidamente se permite Hughes (Presidente el Tribunal Supremo para entonces) expresar entre otras cosas, que durante las crisis y emergencias no era que se aumentaban los poderes del Tribunal Supremo, sino que se podrá proporcionar la oportunidad de ejercer el poder ya existente y al interpretar los contratos, sostener el origen histórico de los fines generales de las cláusulas son útiles, pero no fijan su alcance preciso. Las decisiones judiciales que lo aplican consideran incuestionable que la prohibición no sea absoluta y no debe leerse con exactitud literal como si se tratara de fórmula aritmética, y quien concluyó afirmando ante la interpretación de una cláusula contractual:

> "........ está claro según esta revisión de nuestras opiniones, que ha surgido una reciente apreciación de las necesidades públicas, así como la necesidad de fallar a favor del compromiso entre derechos individuales y bienestar publico ...... Allí, donde días antes se pensó que los intereses de los individuos o de clase estaban implicados y que los del propio Estado solo eran remotamente afectados, se ha visto posteriormente que los intereses fundamentales del Estado están directamente afectados y que la cuestión no es ya meramente la referida a una aparente disputa de una parte contra otra, sino el uso de medios razonable para salvaguardar la estructura económica de la que depende el bien de todos".

Para Wolfe esas frases ponían de manifiesto que era menester pensar diferente a como lo hicieron respecto de la Constitución los fundadores, el bien los de la nación nos pide que modifiquemos el principio constitucional original para hacerlo compatible con el bienestar público, pero tal posición encontró fuerte oposición entre los disidentes de la época (entre otros el gran magistrado Southerland).

Con todo y estas posiciones aparentemente extremas, se puso de manifiesto en esta tercera etapa la profunda insatisfacción con la Constitución norteamericana tal como se escribió y entendió en sus orígenes, que caracterizó los supuestos y cambios derivados del caso "Blaisdell" y fueron las que dieron origen a las diversas interpretaciones de las potestades del poder judicial en la interpretación de la Constitución a finales del siglo XX.

En dicho período, y sin entrar en detalles se debatieron las posiciones de Colmes, para quien el Juez era un legislador para el bienestar social y bajo tales principios se permitía su interpretación del texto constitucional, y solo para tales casos; por igual surgió la tesis derivada del estudio del Juez Benjamín Cardazo, quien sustituyera al primero, en su estudio sobre la naturaleza del proceso judicial, dirigido contra los jueces que solo aplicaban los precedentes judiciales, y para quien el Juez solo legislaba en casos de verdaderas lagunas y

---

74 Wolfe o.c. p. 281 ss.

sus verdaderos limites eran la razón y la justicia o el modelo objetivo de las grandes generalidades, propios de lo constitucional, conforme a los cuales se deja al Juez en libertad para tomar como criterios de interpretación lo que él piensa libremente sea el bien de la comunidad sobre lo que se piensa debe ser, o se está haciendo criterio predominante de esa época o de lo que para él fue finalmente la objetividad, entendida como que lo prevalerte era la "voluntad de la Ley" muy diferente a lo que el Juez pensaba, esto es lo que debe imperar es la preservación de los grandes ideales de libertad y equidad .

Con todo, las teorías subsiguientes en materia de control judicial tales como las de Dworkin, Ely, las teorías del camino de en medio y de la "*democracy and distrust*", llevan a concluir a Wolfe, destacando que en el fondo lo planteado es un gran debate de principios entre que resulta mejor, si admitir los demostrados y potenciales beneficios del moderno control judicial o el de hacer prevalecer el de sus demostrados y potenciales daños. Pareciera, dice el autor que el debate es una invitación que se hace para reexaminar los cimientos, los conocimientos de filosofía política y sobre los hombres que hicieron la Constitución, mientras ese examen sea mas serio y profundo estaremos mas cerca de comprender y respetar mejor la Constitución y nos permitirá un enfoque mas adecuado sobre la interpretación y el control judicial que abarcaba[75].

En una magnífica labor de síntesis, en el prólogo de la edición en español de la obra de Wolfe[76], se describe sintéticamente el valor de las opiniones contenidas en la obra que comentamos y su finalidad, poniendo de manifiesto el interés que dicho trabajo puede tener para los sistemas diferentes al americano de Derecho Constitucional, como concretamente resulta ser el Español, donde el problema de la interpretación constitucional, es una faceta mas del problema general de la interpretación de textos, o si se prefiere de lecturas, destacando que los problemas son de diversa índole entre países como Norteamérica y aquellos donde hay constitución escrita y control judicial de la constitucionalidad de las leyes, llevan a plantear cuestiones diferentes pero que realzan la importancia

Así entendidas las cosas, cita la prologuista a Ortega y Gasset[77] para poner de manifiesto lo inquietante de deducir de las lecturas diferentes posiciones, advirtiendo que para Ortega leer era una faena utópica, puesto que se trata de una acción cuya intención no puede ser cumplida en el desarrollo de su ejercicio: "todo decir es simultáneamente –deficiente– dice menos de lo que se quiere y –exuberante– da a entender mas de lo que se propone"

Con ello, como se concluye en dicho prólogo, citando a Sanford Levinson y Steven Mailoux,[78] se pone de relieve que la interpretación constitucional intenta dar respuesta a tres preguntas (que no necesariamente se hacen siempre explicitas): ¿Debe esperarse que los jueces permanezcan dentro de los límites de la Constitución para cuya interpretación han sido designados? ¿Existen métodos de aproximación al texto constitucional que nos permitan distinguir entre la interpretación y la invención pura y simple? y ¿pueden

75 Wolfe o.c. p. 498

76 María Gracia Rubio de Casas.

77 Cometario al Banquete de Platón I ¿Qué es leer?, Obras Completas, Alianza Editorial, Revista de Occidente, 1983, t. 9, p. 571.

78 Interpreting law and literature: a Hermeneutic reader, North western University Press, Evanstons, Illinois, 1988 p. 11 suscitado por María Gracia de Rubio en el comentado prólogo, p. 10.

reconocerse los casos en los que un juez, excediéndose de los límites señalados en la primera cuestión, ha "creado" en lugar de "interpretar"?

A tales preguntas según Wolfe son posibles varias respuestas, una de ellas es la ofrecida por el "intencionalismo", movimiento al cual presta su adhesión el reputado profesor alemán, quien da sus respuestas afirmativas a los tres interrogantes precedentemente enunciados.

Para el intencionalismo, cita la prologuista: ....Tanto los límites de la interpretación constitucional como los métodos de aproximación al texto constitucional para ser fieles al verdadero significado de este, deben establecerse a partir de la averiguación de las "intenciones" de los constituyentes originales y su aplicación estricta, sin sustituir en ningún caso el juicio del significado previo de los términos constitucionales, objetivamente determinable mediante este análisis histórico, por la voluntad, arbitraria y cambiante en el tiempo, de los jueces.

El juez constitucional, que no atiene a la investigación de la voluntad de los constituyentes es, desde este punto de vista no ya un potencial legislador no electo, sino un potencial constituyente........" [79]

Pero el mayor peligro de esas desviaciones, continua el autor, "radica en la posibilidad que se le ofrece al juez constitucional, en una labor de interpretación ajena a la voluntad inteligible del constituyente de leer y por tanto escribir en el texto constitucional significados que no son los inicialmente queridos por el constituyente".

Para evitar ese riesgo consideran los intencionalistas, no hay otro método legítimo de interpretación constitucional que no sea el de rastrear la voluntad de los constituyentes para fijar el sentido de la Constitución y ofrecer el texto así revelado como parámetro de valides de las leyes. Como se ve la elección del intencionalismo como método de aproximación al texto constitucional implica también la adopción de una posición bien definida sobre el papel de los jueces constitucionales"[80].

Los intencionalistas a decir de la prologuista, consideran que un texto significa lo que su autor quiso hacerle decir, aunque, sin duda, esto no es tarea fácil, ya que, en palabras de Ortega y Gasset, con las que los intencionalistas sin duda concurrirán "....para entender lo que alguien quiso decir nos hace falta saber mucho mas de lo que quiso decir y saber de su autor mucho mas de lo que el mismo sabía" [81]

Para los intencionalistas, finalmente, la intención de los autores de un texto existe y puede ser siempre conocida. Basta leer los Diarios de las sesiones de la discusión parlamentaria de cualquier ley para percibir que los trámites del debate, en los que supuestamente se manifiesta la intención de los legisladores, se asemejan más al afinado de instrumentos previo a un concierto que al acto de creación (o recreación) en que este consiste. Con razón dicen los ingleses que las salchichas ni las leyes son objetos a cuya elaboración debe asistirse si se pretende su consumo posterior".

Para el autor de la obra comentada, a diferencia de los intencionalistas, la interpretación siempre estará signada por los matices políticos del entorno de los

---

79 Prólogo citado, p. 10.

80 Prólogo citado p.11.

81 Ortega y Gasset oct. p. 752.

intérpretes, que distorsionan tanto el significado real del texto constitucional como la verdadera naturaleza del poder judicial.[82]

1. *Papel del Self–Restraint*

Pero ahora que hemos tocado tópicos como los de la discrecionalidad argumentativa del Juez Constitucional para resolver el problema sometido a decisión, y aun tomando en cuenta que deben tener muy en claro que su función no es " crear el derecho *lato sensu*" y menos hacerlo conforme a su cosmovisión, interés o capricho, y muy por el contrario debiendo ceñirse al espíritu mismo de la Constitución, debemos reconocer que precisamente es por esta que se posibilita que el repertorio de respuestas disponibles sea particularmente generoso y variado y en tal sentido que el intérprete haga decir a la Constitución lo que él quiere o mucho mas de lo que ella dice, es pues una de las maneras como más fácil se pierda la cabeza, el uso y abuso del llamado "imperialismo constitucional" reputando irreverente todo otro criterio de interpretación o freno.

Si explicamos este fenómeno en terminología Dworkiniana, como lo destaca Rodolfo Luis Vigo[83] señalaríamos que en ella la concepción del intérprete se concibe en concepto constitucional.

En estos casos es pues vital el autocontrol del aplicador de justicia, pues de lo contrario en el campo político volcará en el Tribunal Constitucional una acumulación de poder tal que ira en desmedro de los otros poderes del estado y ello no solo es perturbador del normal funcionamiento del Estado, sino fuente de tensiones por parte de los afectados. En el terreno jurídico, como lo señala Vigo, la ausencia del *Self restraint* distorsiona el sistema jurídico que se transforma en una especie de monstruo macrocéfalo, con una enorme cabeza Constitucional y con un cuerpo insignificante.

Esa figura del *self restraint,* de construcción típicamente norteamericana, y que ha sido asumida consciente y voluntariamente por la Doctrina Europea, hace aparecer que la auto limitación judicial no es pues, una suerte de componente subjetivo y extraordinario añadido a la esencia de la Constitución sino algo requerido por razón de la específica estructura normativa de la Constitución. Sin duda que como lo hemos dejado dicho toda la interpretación y aplicación de la Constitución conllevan discrecionalidad, pero también ello exige mayor responsabilidad en la decisión[84].

2. *Valor e importancia de la Jurisprudencia y de los llamados Precedentes Constitucionales. El llamado Argumento de Autoridad*

Existiendo, entre otros, los magníficos trabajos de los distinguidos y apreciados colegas Tomas M. Adrián Hernández y el de Ramón Escovar León[85] sobre el tema

---

82 Wolfe oct. p. 12

83 Rodolfo Luis Vigo, Directivas de la interpretación Constitucional, en la obra Colectiva Derecho Procesal Constitucional citada, p. 2875 ss.

84 Vigo al hacer tales comentarios cita a Prieto Sánchiz, Luis, Notas sobre la interpretación constitucional, *Revista Centro de Estudios Constitucionales*, N° 9, 1991, oc. p. 2901

85 Adrián Hernández, Tomas M, Aproximación crítica a los sistemas de precedente judiciales vinculantes, en *Revista de Derecho Constitucional*, Edit. Sherwood, Caracas, N° 8, 2003, p.

vinculado al valor del precedente como elemento interpretativo a la vez que moderador del espíritu libérrimo para llevar a cabo la interpretación Constitucional, sería un atrevimiento nuestro procurar centrar parte importante de nuestro trabajo en torno a dicho aspecto, pero por igual sería un proceder imperdonable no referirnos siquiera a los aspectos mas destacados de ese papel de freno, remanso para meditar, y ajustado mecanismo para lograr la estabilidad y seguridad jurídica en la interpretación de la Constitución.

La figura del precedente, que desde 1999 tomo carta de nacionalidad en nuestro sistema de interpretación constitucional y en otras materias, viene a cumplir un importante papel en la estabilidad judicial, seguridad jurídica y de moderador en la función que se ha entronizado para el control Constitucional directo, a los efectos que en este caso nos interesan. Ese elemento y peculiaridad, como bien lo señala Escovar León, permite igualmente institucionalizar un motivo diferenciador mas entre los pronunciamientos en sede Constitucional, de aquellos que se realizan en sede de justicia ordinaria, en tanto que tienen carácter vinculante, toda vez que son consecuencia de la interpretación de una norma o principio constitucional.

Sin discusión ninguna, en estos casos tales pronunciamientos anteriores deben formar parte del fallo de interpretación, cuando hubiere aquellos, se tomará por igual conciencia de la importancia que tiene dicha institución en la labor decisoria del Juez Constitucional.

Añade Escovar, que por igual sirve también de elemento diferenciador de las sentencias de la Sala Constitucional con las de jurisdicción ordinaria, el que en la fundamentación del fallo en sede constitucional, no necesariamente se deben basar los mismos en el silogismo[86] con lo cual de una vez manifestamos nuestro total desacuerdo, pues si bien comedidamente señala el referido autor "que ello no es necesariamente así", admitiendo que puede ser lo contrario en algunos casos, nos cuesta concebir una labor decisoria judicial sin seguir un rito lógico, –precisamente el del silogismo–, que para nosotros realmente resulta pertinente en todo caso, aun en los de interpretación y aplicación de normas constitucionales.

Sé que aquella posición la esbozan y sostienen por igual otros especialistas en Derecho Procesal Constitucional, y respeto esa posición, pero realmente, nos cuesta admitir esa posibilidad sin que tengamos que pensar en un fallo afectado de arbitrariedad y sin sustento.

Es cierto que en interpretación Constitucional puede sostenerse que no siempre podremos usar como premisa mayor o menor el texto de una norma, principio o enunciado constitucional, en sentido estricto pero no podemos concebir tampoco que el desarrollo de la argumentación del sentenciador no deba partir precisamente de ese mismo mecanismo, llenando los supuestos de las premisas con los enunciados, interpretaciones faltantes o modificatorias que deban servir de sustento de aquellas, puedo y tengo que admitir por lo precedentemente asentado yo afirmado, que posiblemente tomen papel preponderante para el mejor raciocinio del caso, muchos otros elementos, que no pueden o no deben alegarse en el proceso de la sentencia para asuntos de justicia ordinaria, en ello ciertamente que nuevamente es especial y especifica la interpretación constitucional y la normatividad

---

259, y Escovar León, Ramón, *El Precedente y la Interpretación Judicial*, Editorial Sherwood, Caracas, 2005, ISBN 980-6643-06-02.

[86] Escovar L, opus cit, p. 17.

constitucional, pero ello no justifica que no deba por igual partirse de la fórmula lógica del silogismo para ubicar los sujetos, llenar las premisas y obtener la mas justa decisión.

Pero, en fin, solo quiero hacer alusión a este problema, que no retar a tan ilustre e ilustrado contendor, ni a quienes como él piensa solo hago mención a mi postura, pues al referirme elogiosamente en muchas otras partes de mis argumentos al trabajo aludido pudiere parecer que lo acepto sin reservas.

Estoy seguro que en otra oportunidad, podremos hacer una larga discusión sobre este tema, que por ser parte de la temática general de la justicia constitucional, ya lo he dicho, ni puede pretenderse que estará agotada por unos cuantos años.

En torno al concepto mismo, de precedente vinculante, no es el mismo al que se aplica a las partes de un proceso, y como lo parece afirmar Adrián Hernández, sino que tal como lo precisa Escovar L., se trata de lo que puede ser aplicable a otros casos y de allí como bien lo señala dicho autor, se le conozca también como precedente obligatorio extensivo.

En el common law, la llamada doctrina del "stare decisis et non quita movere", con cuyos elementos se define la denominada estabilidad relativa de los precedentes judiciales, hacen que se lo defina como "Una decisión de un tribunal o un juez, tomada después de un razonamiento sobre una decisión de derecho planeada en un caso, y necesaria para el establecimiento del mismo, es una autoridad, o precedente obligatorio, para el mismo tribunal y para otros tribunales de igual o inferior rango, en los cuales casos se plantee otra vez la misma cuestión[87].

Pues bien, en ese sistema donde el derecho es principalmente determinado por los jueces, corresponde distinguir en sus decisiones entre la ratio decidendi y los obiter dicta, dado que mientras estos comprenden argumentos o consideraciones que no resultan directamente necesarios para sostener la solución que se brinda al caso, la ratio decidendi, refiere a las razones y a la regla conforma la cual se resuelve y en consecuencia es esa razón lo que propiamente constituye el precedente o "stare decisis".

Son varias las clasificaciones que se han dado en doctrina a los precedentes, pero a los fines que nos interesan para nuestro análisis solo nos importa dejar en claro que en tal sistema las decisiones judiciales obligan al propio juez que las dicta y no a las instancias inferiores.[88]

A diferencia de lo que así ocurre en tal sistema, y por un traslado de dicha figura, asimilado a los sistemas procesales continentales, el Precedente Constitucional al que nos referimos y el cual entendemos formalizada su existencia en la nueva Constitución Nacional es precisamente el carácter obligatorio y vinculante que asumen los pronunciamientos formulados por la Sala Constitucional, cuanto los mismos provienen del examen, análisis y declaratoria de efectos de una norma o principio constitucional, y es ello lo que precisamente le extiende ese valor adicional al pronunciamiento del Juez Constitucional, que no lo tienen los demás magistrados judiciales, ni aun cuando ejercer el control difuso constitucional, en tanto en ese caso el pronunciamiento, aun referido a un principio o norma constitucional, es solo aplicable al caso concreto.

---

87 Definición que, atribuida a Victoria Iturralde S, aporta Rodolfo Vigo en su comentado trabajo (o.c. p. 2908) y que expone aquella en su obra *El precedente en el Common Law*, Civitas, Madrid, 1995, p. 31.

88 Vigo, o.c. p. 2908.

En esta materia, tal como lo sostiene Vigo, y sin ánimo tampoco de polemizar, independientemente de la posición doctrinaria que se tenga en torno a los tipos de precedentes, proveniencias del fallo, variedad del precedente (vertical, horizontal y en el auto precedente), lo cierto del caso es que cuando se trata de pronunciamientos proferidos por el Juez Constitucional directo, en interpretación de una norma constitucional, o vinculados al contenido constitucional, tal pronunciamiento proviniendo de la Sala Constitucional es de mandataria aplicación , en tanto de alguna manera los demás pronunciamientos de jueces inferiores, o del mismo Tribunal Supremo pretendan pronunciarse de alguna manera sobre la misma norma o principio constitucional ya realizada, o interpretación de las mismas.

En efecto, en cuanto al contenido mismo de dichas normas o principios lo dicho ha sido pronunciado por el ultimo interprete final oficial, y no puede admitir mas discusiones, en tanto el representa el valor normativo constitucional mismo, tal como se ha dejado esbozado antes, y si fuere una interpretación sobre aquellas, por cuanto al habérsela formulado por dicho órgano, operativamente termina integrándola o enriqueciéndola, con una autoridad superior al legislador– al mismo nivel de la constitución o sub o para constitucional, como bien lo afirma Vigo[89].

En torno a lo que es materia del precedente como jurisprudencia constitucional imperativa, como ya se lo advirtió debemos referirnos a la ratio decidendi, que no a otros argumentos, si bien contenidos en el mismo fallo proferido, nada tienen que ver con el modo como se resuelve el caso.

Para facilitar el manejo de estos problemas es útil recurrir a los condicionamientos de justificación interna y externa, o también a los que brillantemente examina y expone Escovar (*holding, dictum* o dicta, y el *rationale*) mas sin tomar posición definitiva al respecto, creo mas esclarecedor y facilitador de las figuras en examen la terminología castellana enunciada en el encabezamiento, para destacar con las primeras remiten a las conexiones formales o lógicas una vez puestas las premisas, la otra justificación tienen por objeto los argumentos que se rindan para sentar esas premisas.

La obligatoriedad del precedente apunta a la premisa mayor o normativa del silogismo práctico judicial en la que se subsume el caso, y además, a los argumentos que de manera directa eficaz sustentan e esas premisas.

En torno a la extensión de los efectos, debo dejar claro que no conozco ningún fallo de nuestra Sala Constitucional al respecto, pero la cuestión se presta a dudas en cuanto a si tal pronunciamiento se extiende a los tribunales inferiores o iguales, pero no Constitucionales, o si, por igual debe ampliarse al mismo Tribunal que lo pronunció, respecto a quienes lo integraban dejando libres a los que no lo suscribieron.

El otro tema por desentrañar, pero que definitivamente excedería de los fines de este nuestro análisis, es el modo de cambiar a futuro tales precedentes, el cual si es esbozado por el Dr. Escovar[90] y el que pese a las dudas que demuestra la mayoría de la doctrina especializada, parece inclinarse a favor de que si pueden modificárselos pero tomado en cuenta de que gozando el precedente de una presunción a su favor , para cambiarlos es necesario invocar nuevos argumentos que superen o neutralicen a los que respalda al criterio jurisprudencial vigente ("principio de la inercia", según Perelmann)

---

[89] O.c p. 2910.

[90] Escovar L, o.c.

Finalmente, al menos para dejar planteada la inquietud, el otro problema derivado de esos posibles cambios, es responder a como operan, esto es, básicamente si rige para el futuro o abarca los casos ya planteados, precisando que en torno a ello en EEUU, según anota Vigo, se han elaborado mecanismos para amortiguar el impacto jurídico, resueltos bajo las siguientes ópticas discutidas, la de inseguridad retroactiva (la nueva doctrina se aplica a los casos posteriores al formulado); la técnica de seguridad prospectiva (se insinúan cambios para casos futuros), siendo que la respuesta que se de a dichos problemas dependerá de la opinión que se sustente sobre si los jueces crean el derecho o si solo lo descubren, dado que una u otra teoría implican transitar líneas argumentales destinadas para explicar la eventual retroactividad de los cambios jurisprudenciales.

VIII. EL ALTERNATIVISMO EN LA INTERPRETACIÓN CONSTITUCIONAL

Como en el momento actual resulta una moda contraponer sistemas radicalmente opuestos, y hemos dejado examinados algunos aspectos de la Interpretación Constitucional bajo la óptica de los norteamericanos, entiendo viene a contrapelo examinar por igual una interesante tesis que se atribuye al Marxismo, pero que idénticamente puede asignársela a todo sistema.

En efecto, se trata de la llamada teoría del Alternativismo en materia de interpretación constitucional cuyas raíces o fundamento deben encontrarse según el maestro Sagues[91] en la posición de dos de las posturas evolucionistas en materia general de interpretación del derecho, opuesta precisamente a las llamadas corrientes de interpretación estáticas, entre las cuales no parecen claros los extremos del dinamismo, y conforme las cuales en la primera de ellas, debe distinguirse entre el "uso alternativo del Derecho" y el uso "no interpretativo" que en sus versiones mas extremas y desde marcos ideológicos bastante diferentes (en el euromarxismo y el pensamiento liberal norteamericano) han propuesto, de ser necesario, se admita, la emancipación del intérprete de la voluntad y llegado el caso, del texto del contribuye. El objeto de esta exposición será determinar los rasgos esenciales de ambos movimientos y sus eventuales coincidencias, con la advertencia de que ambas tienen como destinatario priorizado al Poder Judicial, a quien corresponde finalmente implementarlas.

Dice Sagues, que, en la Doctrina del uso alternativo del derecho, no está condicionada para su solo uso en Derecho Constitucional, sino que es una teoría de proyecciones en cualquier ámbito del mundo jurídico.

En concreto esta teoría propone el llamado uso indirecto de la norma, esto es, su empleo, según los fines políticos del intérprete, con objetivos distintos de los concebidos por su autor[92] esto es su empleo según los fines políticos del intérprete. Según la mayoría de los seguidores de dicha teoría ese fin diferente consiste en la emancipación económica y social de las clases disminuidas[93].

---

91 Néstor Pedro Sagues, *La interpretación Judicial de la constitución*, De Palma, Isbn 950-14-1645-3, 1998, Argentina, p. 84 ss.

92 En tal sentido cita Sagues a Ugo Ruffollo, *Uso alternativo (da destra e da sinisra) del diritto privatto: il marxismo como metodo nella scienza giuridica*, en Pietro Barcellona y otros, L' uso alternativo del Diritto, Bari, 1973.

93 En tal sentido Pietro Barcellona, o.c. en Sagues nota 4, p. 86.

Esa actividad puede darse en diversos planos, pero donde resulta fundamental es en el judicial, postulándose pensar en una judicatura alternativa, es decir, una justicia que realice, cuando hace funcionar la norma, una opción de favor de las clases sometidas[94].

Advierte el autor comentado, que esa teoría debe diferenciarse claramente de las llamadas teorías de la "aplicación libre del Derecho o de un "uso evolutivo de las normas". No se trata de libre creación del Derecho, según dice el autor, porque el jurista intérprete no debe aquí hacer funcionar la norma en cualquier sentido, o en el que a dicho intérprete le parezca discrecionalmente mejor, sino que se le asigna un rol político especifico, como es Vg. La instrumentación del Derecho Burgués a favor del proletariado[95]. Proceso este que no se hace tampoco de manera evolutiva (entendido como tendencia sin fracturas y soluciones de continuidad con el status jurídico anterior para lograr un movimiento de progreso social), sino que, como un verdadero shock jurídico, se desprende de la voluntad del legislador histórico y trata de hacer funcionar la norma según un legislador ideal, políticamente identificado con los sectores sociales explotados, lo que implica pensar en un legislador políticamente definido y hasta presuntamente futuro[96].

Se ha pretendido sostener que esta teoría tiene como propugnadores los integrantes de las corrientes marxistas, quienes en el seno de una comunidad estatal con estructuras jurídicas burguesas o de derivación burguesa procuran la utilización del sistema normativo para beneficio de la socialización marxista del derecho, tal como ocurrió en Italia.

Cabe destacar que si bien ello ha sido usado por el marxismo, no es dicho método exclusivo del marxismo, pues puede estar al servicio de cualquier ideología. En verdad el uso alternativo del Derecho en síntesis, es eventualmente operable "en perjuicio" de cualquier ideología (aquella para la cual la norma deja de usarse) y a favor también de cualquier ideología (aquella para la cual el Derecho es usado).

Los fundamentos jurídico políticos del alternativismo se encuentran en dos pilares principales, a) en el rol político del Derecho, pues para esta teoría el Derecho no es neutro, ni lo son tampoco las categorías jurídicas, todo derecho cumple con una función política o de una orientación jurídico política del Derecho, y b) el rol político de la interpretación: Desde luego que si el derecho cumple fines políticos, la interpretación de la norma estará también teñida de politicidad. Siempre hay un momento político en la interpretación. Siempre que se aplique el derecho, el jurista intérprete estará frente varias opciones interpretativas, la interpretación no es tarea exclusivamente técnica, basadas en supuestos ecuánimes, creadas por un Estado superpuesto a las clases sociales, mediador imparcial entre estas.

El resultado de la interpretación dependerá siempre de la selección de valores que realice el jurista intérprete, quien debe elegir entre aplicar pasivamente los valores políticos e ideológicos imperantes o algunos diferentes. Habrá pues un ineliminable momento político en la interpretación con la consiguiente responsabilidad por las opciones (la teoría

---

94 Sagues, o.c. p. 86... En igual sentido Luigi Ferrajoli, Magistratura Democrática y el ejercicio de la función Judicial, en "Política y Justicia en el Estado Capitalista, citados por Sagues o.c.

95 Sagues, o.c. p. 86 y en igual sentido Ferrajoli, citado por dicho autor en la obra citada precedentemente.

96 Citando Sagues en su obra aludida a Giovanni Tarello, *Orientamenti della magistratura e della doctrina sulla funzione política del giurista interprete*, en Barcellona y otros, invocado supra, p. 82 ss.

en comento exige en concreto que la opción sea la que favorece a los sectores oprimidos no la interpretación burguesa)[97].

Así, pues, en definitiva, puede decirse que aun cuando la norma tenga una mentalidad y una finalidad "X", el jurista intérprete puede conferirle válidamente una finalidad "A", alternativa, que es legitima si se emplea a favor del grupo explotado.

A dicha doctrina se le achaca que va de manera franca contra la denominada teoría de la Certeza del Derecho, que solo está predestinada a mantener una posición continuista para sostener la perdurabilidad de una doctrina interpretativa y jurisprudencial preexistente generalmente involutiva y estática, si bien puede decirse por igual que el alternativismo postula un nuevo concepto de " certeza del derecho", entendido ahora como consenso y participación del pueblo en el mundo jurídico idea emparentada con la interpretación de la norma según los valores y requerimientos reales de una sociedad, en un momento dado[98].

En conclusión, el uso de esta doctrina exige una cuidadosa atención. Si dejamos abiertas varias posiciones hermenéuticas, habrá forzosamente que realizar una opción inevitablemente influida por los valores jurídicos políticos asumidos por el intérprete. Si la norma tiene un mensaje claro, la manipulación ideológica (es decir usar la norma, incluso contra la ideología del Legislador) conduce a la postre a una interpretación multidireccional de la norma, a su aplicación plural, de hecho, no habrá en cada norma un mandato, sino una diversidad de directrices normativas, según las diferentes ideologías que puedan efectivizar los interpretes operadores99.

La reacción combativa contra dicha tesis del alternativismo, genera la posición de los "No interpretativistas a ciegas" del Derecho estadounidense, o teoría clásica inicial de Derecho Norteamericano, examinada precedentemente, que como también hemos visto a la larga por igual resulta superada.

IX. UN TÓPICO DE ESPECIAL IMPORTANCIA (CARÁCTER Y VALOR DE LOS PREÁMBULOS DE LAS CONSTITUCIONES)

La doctrina se ha preguntado si los preámbulos existentes en algunas Constituciones constituyen manifestaciones de genuinas normas jurídicas, preámbulos estos que suscitan, para Ricardo Guastini[100] problemas análogos para todas aquellas constituciones –y son la mayoría de las Constituciones del Siglo XIX–que, también en ausencia de preámbulo, contienen sin embargo disposiciones programáticas y/o de principio.

Como es fácil intuir, destaca Guastini, detrás de una aparente futilidad, la cuestión encierra al menos un par de problemas jurídicos extremadamente serios.

Un primer problema es si los preámbulos, los programas políticos y los principios tienen la capacidad de invalidar o, según los casos, de abrogar normas legislativas incompatibles con ellos.

---

97 Ferrajoli, o.c. p. 201.

98 Tarello, o.c. citado por Sagues, o.c. p. 92.

99 Para Luño, citado por Sagues, el uso alternativo del Derecho Constitucional termina en degenerar en "abuso alternativo de la constitución".oc. p. 99.

100 Peculiaridades de la interpretación constitucional, en Derecho Procesal Constitucional, o.c. p. 2693.

Un segundo problema es si los textos en cuestión son, como suele decirse, "justiciables", es decir, si pueden ser directamente aplicables en sede jurisdiccional.

a. La respuesta negativa– los preámbulos, etc. no tienen un genuino contenido normativo– puede ser y ha sido argumentada simplemente llamando la atención sobre la formulación de los textos en cuestión. Se trata, por lo demás, de solemnes declaraciones de intenciones, que –por la extrema vaguedad del lenguaje en que son redactadas– no son reconducibles a la forma estándar de una norma, en la que una precisa consecuencia jurídica está conectada a un no menos preciso supuesto de hecho. Los preámbulos, como se ha dicho, se parecen mas a textos literarios, filosóficos o políticos, que a disposiciones normativas.

b. La respuesta positiva –los preámbulos. etc. contienen genuinas normas jurídicas– puede ser y ha sido, argumentada apelando a la naturaleza jurídica de los documentos en cuestión. Los documentos constitucionales son textos jurídicos. Su formulación podrá traer graves problemas interpretativos. Pero la fuerza normativa de todo texto jurídico deriva no ya de su formulación, sino de la "fuente" (en sentido subjetivo) de la que proviene (según los casos: del soberano, una Asamblea constituyente, el Parlamento, el Ejecutivo, etc.). En suma, un texto constitucional tiene, tautológica mente, valor constitucional, a pesar de que el lenguaje del Constituyente pueda ser vago y ambiguo[101].

En torno a este tema, nuestro Tribunal Supremo ha tenido oportunidad de pronunciarse en sentencia de su Sala Constitucional, número 85 del 24 de enero del 2002, Caso Asodeviprilara, Exp. 01-1274[102] que estableció:

"El preámbulo de la Constitución, como tal es parte de ella y según él, la Constitución es la base para refundar la República de acuerdo a los valores expresados en el mismo Preámbulo.

Consecuencia de ello, es que la conceptualización de lo que es Estado Social de Derecho y de Justicia tiene que adaptarse a los valores finalistas del Preámbulo, y por ello, el concepto venezolano, puede variar en sus fundamentos del de otro Estado Social, ya que su basamento será diferente".

"Manteniéndose la columna vertebral conceptual de lo que es un Estado Social, el cual salvo lo ya expreso, del Preámbulo se colige que el Estado Social está destinado a fomentar la consolidación de la solidaridad social, la paz, el bien común, la convivencia, el aseguramiento de la igualdad, sin discriminación ni subordinación. Luego, la Constitución antepone el bien común (el interés general) al particular, y reconoce que ese bien común se logra manteniendo la solidaridad social, la paz y la convivencia.

En consecuencia, las Leyes deben tener por norte esos valores, y las que no lo tengan, así como las conductas que fundadas en alguna norma, atente contra esos fines, se convierten en inconstitucionales."

Como se aprecia, la interpretación dada por la Sala Constitucional, acoge plenamente que el Preámbulo, es un texto jurídico, cuya fuerza de declaración e implementación

---

101 Guastini, o.c. p. 2704.

102 Respuestas del Supremo, o.c. p. 46.

dimana de la Asamblea Constituyente, y como tal forma parte del ideario constitucional, no pudiendo ninguna norma desconocer los valores y declaraciones en él establecidos, y por igual toda conducta que lo contradiga, fundada en cualquier norma que desconozca lo en el establecido, se convierten lo uno y lo otro en inconstitucionales.

En igual sentido, pero referido a la Exposición de Motivos de la CN, también se pronunció la misma Sala Constitucional en fecha 06-02-2001, en su sentencia N° 93103102, con motivo de lo cual aclara que tal instrumento no es lo mismo que el preámbulo de la CN, y por ello mismo, su contenido no es vinculante ni tiene carácter normativo, sosteniendo al respecto:

> "tal documento, se consulta solo a título referencial e ilustrativo para el análisis de la norma constitucional, ya que él constituye un documento independiente al Texto Constitucional propiamente dicho y, no siendo parte integrante de la Constitución, no posee carácter normativo".

Dice finalmente el mismo fallo:

> "No puede entonces fundamentarse en la exposición de motivos la justificación jurídica para interpretar una modificación, ampliación o corrección de lo expresado en el texto fundamental. No puede igualmente otorgarse un carácter interpretativo de la Constitución a la Exposición de Motivos cuando la misma Constitución le otorga dicho carácter expresamente a esta Sala".

Como se observa, coincide este fallo por igual con la segunda de las tesis esbozadas por Guastini en torno al valor de aquellos textos que acompañan de alguna manera los preceptos Constitucionales, sin el definido propósito de ser contenidos normativos, mas estima el suscrito, que como expresiones de voluntad del creador de la norma, si son, a contrario de lo que sostiene la Sala Constitucional, elementos de interpretación del espíritu y propósito del Constituyente, y mejores y mas fieles indicadores del fin de la norma y principios constitucionales, que cualesquiera otros criterios que puedan servir de base a los pronunciamientos de los jueces, tal como se han dejado esbozados bajo cualquiera de los métodos de interpretación que hemos analizado.

X. CONCLUSIONES Y RECOMENDACIONES FINALES:

Luego del análisis realizado, y en torno al tema central que hemos pretendido escudriñar, cual es el de si resulta o no posible interpretar la Constitución, cuales las potestades de los jueces constitucionales para llevar a cabo esa interpretación la Constitución, y la conveniencia o no que ello ocurra en una u otra determinada forma, y sólo en ese aspecto, no pareciera haber sistema ni opinión prevaleciente, y dependerá ello, adicionalmente, del propio contenido y principios esbozados en el sistema constitucional de que se trate.

En cuanto a nuestro ordenamiento se refiere, no parece existir ningún límite claro que ponga freno a esa potestad, ni a su extensión, salvo que se trate de la obvia perversión de los sistemas de protección de los Derechos Humanos o del propio sistema democrático, mas no hay tampoco apropiado mecanismo de reclamo o censura que contribuya a frenar tales desaciertos, ni corregir los disparates en que se hubiere incurrido.

---

[103] En las Respuestas del Supremo, o.c. p. 48.

Lo realmente triste es que paradójicamente imponer algún tipo de frenos materiales y por tanto realmente efectivos conspiran contra la riqueza de una Carta Magna abierta, generosa y llamada a vivir por un tiempo cuando menos perdurable que garantice la seguridad y estabilidad de ella y de la democracia.

Pareciera una vez más, como bien lo destaca Hoyos[104] "ello requiere, no solo de las estructuras adecuadas sino también de jueces capaces, honestos y decididos a enfrentarse a los formidables obstáculos que encuentra la democracia en América Latina" es decir nuevamente el desideratum está en la calidad de los hombres que se desempeñen como Jueces Constitucionales, con claras ideas sobre lo que es y para lo es la Constitución, y que dotados de suprema nobleza, inteligencia e integridad, apliquen adecuadamente el auto control de esas amplias potestades.

Ciertamente que en países como el nuestro, donde poco priva la sensatez como regla, y en los cuales el fragor político pareciera dominarlo todo, hasta la razón, con lo cual no se podría garantizar una razonable interpretación de las normas constitucionales ni por tanto el adecuado respeto a la intención y voluntad del constituyente, en la evolución subsiguiente del pensamiento constitucional, bajo la pretensión de genuinas interpretaciones auténticas o progresivas o de cualquier otra índole, no parece adecuado que esa responsabilidad solo quede en manos del Poder Judicial y menos en las pocas o escasas manos que a los niveles adecuados constituyen los Tribunales Constitucionales, a quienes como hemos visto, terminan con el poder absoluto de interpretación constitucional, y menos aún cuando tales sujetos, ni siendo siquiera integrantes del Poder Legislativo, con argumentos relumbrones y léxico rimbombante, y mentes influenciadas por pensamiento político y a veces hasta con débil entendimiento, puedan hasta cambiar y alterar las bases sobre las cuales las mayorías escogidas por toda la Nación (por vía de una Asamblea Constituyente) con la mas diversa integración social y con apoyo de un debate público, sentaron esos principios y fundamentos de organización de la república, y el asunto se hace mas grave como ocurre en el caso de nuestro país, donde el texto pre-autorizado fue sometido a posteriori a un referendo votado por considerable proporción de la población.

Por todo esto, pensamos que una solución intermedia y segura que puede recomendarse con miras a evitar la arbitrariedad en extremo o la falta de adecuada legitimación en las interpretaciones constitucionales, es proponer que en futuras reformas constitucionales se propicie y contemple mayor respeto al ya secular principio de antaño reconocido en derecho, conforme al cual solo aquel que dictó la norma tiene poder para suprimirla o cambiarla, sin admitir que ello ocurra por sola vía de interpretación, aun con los mas laudables propósitos y en manos de las mas capaces mentalidades.

Las normas constitucionales por sus orígenes, por sus destinatarios y por su contenido (llenas de sabiduría colectiva) no pueden pretenderse mutables por criterios particulares, aun cuando los mismos pertenezcan a una cofradía esotérica de intérpretes de la voluntad constituyente, ni aun cuando se nos garantice que entre ellos se encuentran juristas de la talla de los que hemos debido mencionar a lo largo de este trabajo.

Dejar de prevenirnos en cuanto a tales excesos, tarde o temprano nos llevará a propiciar y aceptar la posibilidad de que volvamos a la prisión por deuda, o a la consagración de los monopolios, o a la adopción de la poligamia o a otras tantas

---

104 Hoyos, o.c. p. 39.

reprochables y abominables instituciones que se tienen por superadas, en fin a la extinción de las democracias.

Lo dicho hace aconsejable pensar en un sistema que en resumen permita, en caso de lagunas, contradicciones o expresas causas en las cuales sea menester integrar o interpretar el sentido de las normas constitucionales, a que deba convocarse a la Sala Plena para que esa decisiones propuestas por la Sala Constitucional, sean ratificadas por una especial y notoria mayoría y que, de acogerse el criterio de modificación propuesto, ello deba remitirse por igual a la Asamblea Nacional para que por igual en ella se las discuta y apruebe, dándoles así cuando menos una mayor legitimación popular.

Como me permití destacarlo desde el inicio de estas breves consideraciones, queda mucho por decir y escudriñar en esta materia, y espero que esta solemne Academia sea una vez mas, como lo ha venido haciendo últimamente, el foro adecuado, científico donde se debatan e inicien estas propuestas y desde donde se inste a la sociedad en general y a cada uno de los Poderes del Estado, para que se busquen adecuadas soluciones a problemas tan delicados como los que se dejan planteados y se proteja a la verdadera democracia.

Muchas gracias.

XI. BIBLIOGRAFÍA UTILIZADA

Alexy, Robert. *Teoría de los derechos fundamentales, el derecho y la justicia*, Centro de Estudios Político Constitucionales, Madrid, 2002.

Adrian H. Tomas M. APROXIMACION CRÍTICA A LOS SISTEMAS DE PRECEDENTES JUDICIALES VINCULANTES, Revista de Derecho Constitucional, Edit. Sherwood, Caracas, N. 8, 2003.-

BREWER CARIAS, Allan. LA CONSTITUCION DE 1999, EJV, Caracas, 2000.

———ESTADO DE DERECHO Y CONTROL JUDICIAL, Instituto Nacional de Administración Pública, Alcalá de Henares, España, 1987.

Duque Corredor, Román José. LA INTERPRETACION VINCULANTE DE LA JURISDICCION CONSTITUCIONAL Libro XXVII Jornadas Domínguez E., Instituto Estudios Jurídicos, Barquisimeto, 2002.

Escovar Leon, Ramón. EL PRECEDENTE Y LA INTERPRETACION CONSTITUCIONAL, Edit. Sherwood, Caracas, 2005.

———LA MOTIVACION DE LA SENTENCIA Y SU RELA-CION CON LA ARGUMENTACION JURIDICA, Biblioteca Academia de CPS, Caracas, 2001.

Febres Cordero, Adan. LA REVISION CONSTITUCIONAL, Libro Homenaje a José A. Fuenmayor G., Publicaciones del Tribunal Supremo de Justicia. 2002.

Ferrajoli, Luigi. DERECHO Y RAZON, EDI TROTTA, 5ª. EDIC. 1989, MADRID.

Fix Zamudio, Héctor. BREVES REFLEXIONES SOBRE LA INTERPRETACION CONSTITUCIONAL, en Obra Colectiva La Jurisdicción Constitucional, UNAM, México, 1993.

———LINEAMIENTOS ESENCIALES DE LA INTERPRETA-CION CONSTITUCIONAL, UNAM, México, Obra Colectiva, p. 2761.

García de Enterría, Eduardo. *La Constitución como norma y el Tribunal Constitucional*, 3ª Edic. Madrid, Civitas, 1985.

García Belaunde, Domingo. *Derecho Procesal Constitucional*, Temis, Colombia, 2001.

García Pelayo, Manuel. *Derecho Constitucional Comprado*, Edit. Alianza Editorial, Madrid, 1999.

Govea & Bernardoni. *Jurisprudencia compilada del Tribunal Supremo*, las respuestas del supremo a la Constitucion Nacional 1999, Edit. Semana Jurídica 2002.

______ *Las respuestas del supremo sobre amparo constitucional*, Edit. Semana Jurídica, Caracas, 2003.

Hoyos, Arturo, *La interpretación Constitucional*, Editorial Temis, Colombia, 1993, Isbn 84-8272-600-5.

Linares quintana, Segundo V. *Tratado de Interpretación Constitucional*, Abeledo Perrot, 1998

______ *La Constitución interpretada*, De Palma Editores, Buenos Aires, 1960.

Mejía, Miguel. *Errores constitucionales*, Universidad Nacional Autónoma de México, México, 1977.

Morelli, Sandra, *Jurisdicción Constitucional y forma al Poder Judicial en Colombia*, V Congreso Venezolano de Derecho Constitucional, Mérida, Venezuela, 1997.

OBRAS COLECTIVAS:

Apia Valdez, Jorge, *Hermenéutica Constitucional, La Interpretación de la Constitución en Suramérica*, Edit. Jurídica de Chile, 1973.

Brewer Carias, Allan R: La Justicia Constitucional en la Constitución Venezolana de 1999, en obra colectiva, *Derecho Procesal Constitucional,* Coordinador Eduardo Ferrer Mac Gregor, p. 1615.

Canosa U., Raúl, *Interpretación Constitucional y Voluntad Democrática*, en la misma citada Obra Colectiva, p. 2601.

Carmona T, Jorge U. *Algunos aspectos sobresalientes de la interpretación judicial constitucional*, en la misma citada obra colectiva, p. 2623.

Fernández Segado, Francisco, Reflexiones *En torno a la interpretación constitucional*, en la misma citada obra colectiva, p. 2713.

Ferrer Mac Gregor, Eduardo. *La Corte Interamericana de Derechos Humanos como interprete constitucional*, Obra Colectiva con Valades Diego y Gutiérrez Rivas, Rodrigo, Memoria IV Congreso Nacional de D. Constitucional, T. III, UNAM, MEXICO, 2001.

Ferrer Mac Gregor, Eduardo (coord.), *Derecho Procesal Constitucional*, Obra Colectiva, Porrua, México 3ª edic., 2001.

Fix-Zamudio, Héctor (coord.), "Ponencia General y comunicaciones al Primer Congreso Nacional de Derecho Constitucional", Guadalajara, México, Coordinador Héctor Fix-Zamudio, Instituto de Investigaciones de UNAM, México, 1975.

García Belaunde, Domingo, *La interpretación judicial como problema*, en la misma obra Colectiva, p. 2661.

Gozaini, Osvaldo A., *La justicia constitucional en Argentina*, en Obra colectiva antes citada, p. 2097

Guastini, Ricardo, *Peculiaridades de la interpretación constitucional*, Trad. Miguel Carbonell, en la misma obra colectiva reseñada, p. 2693

Haberle, Peter., *Métodos y principios de la interpretación constitucional*. Un catalogo de problemas, Trad. Hector Fix Fierro, en la misma citada obra colectiva, p. 2733

Landa, Cesar, *Teorías de la interpretación constitucional*, en la misma citada obra colectiva, p. 2801

Perelmann, CH., *La lógica jurídica y la nueva retorica*, trad. Luis Diez Picazo, Civitas, Madrid, 1988.

Rondon de Sanso, Hildegard, *Análisis de la Constitución Venezolana 1999*, Edit. Ex Libris, Caracas, 2001

Sagues, Néstor Pedro, *La interpretación judicial de la Constitución*, De Palma, Argentina, 1998.

Tamayo Salmoran, Rolando, *La interpretación constitucional*, en la citada obra colectiva, p. 2833

Tena Ramírez, Felipe, *Derecho constitucional Mexicano*, Edit. Porrúa, México 1995.

Vigo, Rodolfo Luis, *Directivas de la interpretación constitucional*, en la misma obra colectiva, p. 2875.

Wellington, Harry H., *Interpreting The Constitution, The Supreme Court AND The Process OF Adjudication*, Yale University, 1990

Wolfe, Christopher, *La transformación de la interpretación constitucional*, Trad. Rubio de Casas, María G, Valcárcel, Sonsoles, Edit. Civitas, 1991, España.

Roblewski, Jerzy, *Constitución y teoría general de la interpretación jurídica*, Civitas, Madrid, 1985.

SEGUNDA PARTE

DERECHO CONSTITUCIONAL

2.

ALGUNOS COMENTARIOS SOBRE COMO ACCEDER A LOS NUEVOS MODELOS DE JUSTICIA Y PROCESO CONTEMPLADOS EN NUESTRA VIGENTE CONSTITUCIÓN PARA EL LOGRO DE UNA TUTELA JUDICIAL EFECTIVA*

"La Justicia es, como la salud, un bien del cual se goza sin sentirlo, que nunca inspira entusiasmo, y cuyo precio se siente después de haberlo perdido"

Jean Jacques Rousseau (**)

Como ya debe resultar de todos conocido, la nueva Constitución Nacional[1] ha introducido profundos cambios en una serie de instituciones y conceptos[2] que interesan a todo el entorno Nacional, pero por supuesto con mayor énfasis a nosotros los abogados y a los demás hombres relacionados con la Justicia.

---

* Conferencia dictada el 28 de abril del 2000 en el evento Patrocinado por el Instituto de Estudios de Derecho Procesal de Acarigua, Delegación del Colegio de Abogados del Estado Portuguesa.

** *Considérations sur le Government de Pologne*, cit. por Rafael Vargas G., Jean Jacques Rousseau, Política y Cultura, a su vez cit. por Morello, Augusto M., La Reforma de la Justicia, Librería Platense, Argentina, 1991, Isbn 950-536-040-1.

1 Preámbulo y artículos (Arts.) 2, 7, 26, 49, 253, 255, 257 y 258 de la Constitución Nacional de la República Bolivariana de Venezuela (CN), Gaceta Oficial de la República Bolivariana de Venezuela (GO) N° 36.860 de fecha 30 de diciembre de 1999 y la cual fue modificada por errores de transcripción y hoy republicada en la misma citada GO con el N° 5.453, Extraordinaria, de fecha 24 de marzo del 2000.

2 Al respecto, nuestro trabajo "Las modificaciones de la Constitución Nacional. Aproximaciones en torno a algunos de sus efectos, en especial en lo atinente a los conceptos de "Norma Jurídica, Justicia, Administración de Justicia, Función del Poder Judicial y Proceso", entre otros", Apéndice en la obra, *III Jornadas de Derecho Procesal Civil, Arístides Rengel Romberg*, Edit. Fundación F. Pérez Llantada SJ y Fondo Edit. UCAB, Caracas, 2000, p. 149 ss.

Entre esos importantes nuevos conceptos y cambios, están los que atienen a los de Justicia, Proceso, Tutela Judicial efectiva, debida protección de los derechos procesales ciudadanos, etc. entre otros.

Todas estas modificaciones, como procuraremos ponerlo de manifiesto en el tiempo que se nos ha concedido para esta grata disertación ante Uds., confieren un especial papel protagónico al Poder Judicial y con ello a los Jueces y a nosotros los abogados.

En primer lugar, creo necesario comenzar por destacar que todos estos cambios y mutaciones responden a varios factores, no son pues producto de una determinada posición de los que ahora reivindican haber cambiado el Estado y la Democracia venezolana. Lo que sí puede ser cierto es que ellos tomaron la avanzada que no supieron encaminar los otros muchos que sentían desasosiego por cómo y en qué forma venía cumpliéndose la justicia y el sagrado ministerio de aquellos a quienes se tiene confiado implementarla.

Podemos afirmar, como lo señala acertadamente Adolfo Gelsi Bidart[3],

> "...si hay una nota que caracteriza toda nuestra época, es la del cambio acelerado, o, si se prefiere, la de la aceleración en el cambio. El cambio es propio de todo lo que vive en el tiempo y ha adquirido en el nuestro, un ritmo de aceleración tan acentuado, como tal vez nunca lo había experimentado el hombre. Se trata de un cambio universal que lo afecta todo, y, además, en profundidad, la transformación no queda en la superficie, ni, menos, en la apariencia, ni es propia de sectores del mundo o de la humanidad, ni patrimonio exclusivo de la juventud... El derecho, cauce de la vida social, no puede escapar a la necesidad de cambio profundo, renovador, so pena de que salten en pedazos las estructuras, que ya se están resquebrajando".

Por ello no debe causamos extrañeza, que no obstante contar con un Código de Procedimiento publicado apenas en 1987, con numerosas modificaciones a instituciones tradicionales en nuestro proceso civil, se esté pensando , y en ello no dudemos en afirmar que todos así lo sentimos, en la necesidad de cambiar muchas de sus estructuras e instituciones, porque, consideramos además que ese ordenamiento no satisface las necesidades de justicia, porque el modelo de proceso que regula no conduce a una justicia rápida y eficaz, porque, finalmente, en este mundo de comunicaciones globales, cada vez mas informado, nos enteramos que en otros países hay modelos de procedimientos más eficaces y expeditos que los contemplados en nuestro Código adjetivo.

De otra parte, por igual, todo proceso de cambio político institucional, que se ha declarado revolucionario, aun cuando pacífico y democrático, y ello es lo que hemos vivido y seguimos viviendo después de nuestras últimas elecciones, supone necesaria y correlativamente un colapso de las instituciones tradicionales. En especial podemos decir que en nuestra América Latina el fenómeno revolucionario no es una novedad, pero conviene encarar la situación del Poder Judicial, de la Justicia y del Proceso a ese respecto.

Comenzaremos por decir que, si bien el Poder Judicial no es, de entre los tres Poderes clásicos, el que hace la revolución cuando esta parte de los poderes constituidos; ni le corresponde en principio concebirla, ni aún ejecutarla en sus líneas fundamentales, vale la pena señalar algunos aspectos básicos de su relación con aquélla.

En materia de revolución, señala el maestro Gelsi[4]

---

3 Proceso y época de cambio, en *Libro Homenaje a Amílcar Mercader*, Problemática actual del Derecho Procesal, Editora Platense, Argentina, 1971, p. 421 ss.

"... desde el punto de vista jurídico y en lo que interesa al proceso, cabría distinguir entre el concepto puramente formal modificación violenta de los fundamentos jurídicos de un Estado que pone el acento en los medios (la violencia) utilizados para lograr la transformación, y el concepto material o sustantivo, "modificación profunda, de conjunto, de las estructuras de ese Estado, <que no se limita a cambiar los gobernantes, sino que introduce un nuevo estilo político, o un nuevo modo de vida socio-política, o instituciones totalmente nuevas o absolutamente renovadas>".

Por ello, según el citado Profesor, pierde sentido, aún desde el punto de vista jurídico, el medio con el cual se lleva a cabo aquella "la violencia o el modo pacífico"; la ruptura mediante un "acto revolucionario" en el procedimiento de cambio de gobierno según el ordenamiento jurídico anterior o la continuidad de éste, aunque no en los fines perseguidos.

Todo lo expuesto pone de manifiesto que el Derecho no queda al margen de las transformaciones, sino en el seno de las mismas como efecto e incluso como causa de ellas y también que con o sin revolución, el Derecho es cauce social indispensable, y por ende medio jurídico por antonomasia para su determinación en el conflicto concreto –el proceso– es siempre necesario.

Ahora bien, lo dicho, no me hace convicto y confeso de que los cambios que debemos desear, los que deben y tienen que producirse en torno a los conceptos de Justicia, Proceso, Tutela efectiva, etc., son los que deben producirse necesariamente como consecuencia de lo que ahora han impuesto los gobernantes de turno y sus seguidores, o de que estemos de acuerdo con los métodos para llevarlos a cabo y proclamados para afirmar que con los mismos se producirán esos cambios, como los más adecuados y necesarios[5].

Pero tampoco podemos dejar de reconocer, cuando menos, que ha sido durante la vigencia del mandato que ahora se ejerce el que se ha invocado la necesidad de tales cambios y se han consagrado sus enunciados en un nuevo texto constitucional, promulgada además con la anuencia de una considerable mayoría de votos de nuestros conciudadanos, que cuando menos en ese momento los apoyaban, y con lo cual se ha puesto de manifiesto la general postura de rechazo a las instituciones hasta entonces existentes, a los oprobios e injusticias que se habían venido cometiendo durante los últimos años, las cuales nadie podrá negar; a la existencia de leyes e instituciones anacrónicas y vetustas y a la evidente pérdida de todo control moral en la sociedad, desaguisados y entuertos estos con los cuales estuvo obligada a convivir nuestra sociedad civil durante los últimos pasados años y bajo las administraciones de los gobiernos auspiciados por la hasta entonces partidocracia tradicional existente y sobre lo cual, cabe destacar que nuestra clase media pensante y dirigente, nada hizo por eliminar o por luchar contra ese estado de cosas.

No quiero afirmar tampoco con esto que esas soluciones aportadas sean las adecuadas para solventar los problemas que nos aquejan, ni los mejores o más deseados caminos para que ellos produzcan los beneficios anunciados.

Por último, quiero ser igualmente enfático, en todo caso, en que la crisis enunciada, no necesariamente encuentra su fuente y causa eficiente en nuestro modelo de proceso ni en

---

4 *Opus cit.* p. 426.

5 Por el contrario, en nuestro comentado trabajo, afirmamos que es parte de nuestra convicción que tales modificaciones se introdujeron hasta inconscientemente y sin medir las graves repercusiones que ellas podrían traer.

sus defectos, ni en la justicia chucuta que con él se lograba, sino que la gran dosis de causa eficiente de todo ello debemos encontrarla en los hombres llamados a administrarla y en la postura cómoda de una sociedad, que si bien ausente de problemas económicos graves en la gran mayoría de los que la integraban, mantenía el valor justicia relegado en el catálogo de sus necesidades a un puesto que jamás debió corresponderle, bajo la excusa de que todo lo arreglaba o pretendía podía ser arreglado con dinero.

Por ello, pues, cuando menos era imaginable que quienes pretenden ahora reivindicar un nuevo Estado, crear la llamada Va. República, pensaran por igual en procurar cambiar las cosas en lo atinente a la justicia, al Poder Judicial, y a todo cuanto a ella se refiriese, interpretando así el sentir de un gran grupo de nuestro pueblo, a quienes precisamente se hacían mas extraños y añorados los conceptos de justicia, verdad procesal, equidad, normas ajustadas a las realidades sociales, tutela efectiva de los derechos de los justiciables, para procurar que los mismos retomen sus cauces deseables y que se desentumezcan de su letargo por la inutilidad en que se las contuvo durante tantos años.

Pero lo grave e importante de considerar en estos casos en que se proponen y someten a consideración profundos cambios, más cuando vienen precedidos e impulsados por movimientos que se dicen revolucionarios, generalmente imbuidos de ideas fijas, sordos a todo consejo y ciegos ante realidades ya probadas, es tomar debida conciencia de porqué, cómo y para que se quieren esas transformaciones y nuevas instituciones, a fin de que con las mismas se procuren efectivos logros y sin que puedan convertirse en perversión social sin obtener fines útiles y trascendentes.

Para ello, lo primero que debe considerarse, en particular cuando el manejo y conducción de los asuntos sujetos a modificaciones y cambios depende de factores humanos, como es el caso de lo que nos corresponde analizar, debe ser ponderar si efectivamente se cuenta con adecuados ejecutores, si se ha logrado la conciencia de aprobación social de los mismos, so pena de que todo cuanto se haga no resulte ser más que mascaradas para acceder a otros cambios en lo social o político, indeseados o no tempestivos y, en definitiva, causa de peores males de los que se procura librar a esa sociedad.

Precisamente por ello, en momentos como estos, en que se ponen de manifiesto esos graves conflictos y desagrados sociales, en que se sugieren y proclaman esos cambios y mutaciones en las estructuras sociales es cuando toma un papel protagónico en los procesos democráticos el Poder Judicial y con él también los Jueces, y adquiere papel preponderante y actualizado entrar a considerar asuntos tales como la necesidad de buscar un nuevo modelo de justicia, el dar otro fin y contenido al Proceso Judicial, el procurar obtener la efectividad de la tutela judicial, la igualdad ante la justicia y en todo caso buscar como ajustar las instituciones judiciales y procesales a todos esos cambios.

Repetimos, es en estos casos de conflictividad, donde los Jueces y el Poder Judicial, con especial prestancia, adquieren protagonismo inusitado, provocando impensados efectos en el colectivo, pues resultan ellos, a pesar de la crisis en que pudieren estar inmersos, los que pueden garantizar "Seguridad Jurídica, calidad de vida, certeza y justicia" por considerar y entender el colectivo, que son ellos los representantes del poder constituido que razonablemente pueden modelar, sugerir y adaptar dichos cambios con mayor serenidad y sensatez.

Como destaca Herrendorf[6]:

> "...cualquiera que sea el sistema jurídico imperante, el juez siempre será un protagonista activo y totalmente insoslayable del Derecho y de la Justicia, del mismo modo que su sentencia es la forma en que el Derecho se muestra así mismo, vitalmente".

Y concluye destacando:

> "Veremos que el Juez integra con su pensamiento el ordenamiento jurídico y de ese modo le da vida".

El porqué toma esa especial prestancia el Poder Judicial y todo lo relacionado con los "aspectos vinculados a la justicia y al proceso", encuentran clara explicación en las palabras de la Profesora Amparo Oviedo Arbeláez[7]:

> "El nuevo Derecho Procesal debe mirarse como una de las ramas del ordenamiento jurídico que presenta los mayores fenómenos de crítica y de crisis. Esto porque como ciencia autónoma dirige sus trabajos hacia la creación de métodos de juzgamiento y tiende a estabilizar instituciones aptas para el logro de la adecuada administración de justicia ...... La crisis de las instituciones se manifiesta de manera especial cuando se hace nugatoria burocrática y compleja la administración de justicia ... Pero no solamente se critica la cuestión de la administración de justicia como ejercicio del poder de juzgar sino como problema de conocimiento. Es decir, como fenómenos de investigación y análisis, ya sea desde el punto de vista de las normas existentes para conocer su significado, ya sea el de la elaboración de nuevas formas que perfeccionen el desarrollo de los principios y reglas admitidas por la comunidad como válidos y necesarios a la recta administración de justicia. No en vano el profesor Calamandrei titula su obra "Proceso y Democracia", porque el sistema del poder está directamente ligado a la tarea mas importante del Estado cual es la de juzgar".

Creo que en nuestro país, por mas que sintamos gran decepción por la forma como se ha venido cumpliendo la administración de justicia, con fundamento en el proceder de muchos de nuestros jueces, es menester tener claro que sólo el Poder Judicial puede garantizar la debida marcha de los procesos democráticos, de los cambios de estructuras, poner freno a los abusos, etc., todo ello, aún concluyendo con que a nivel de muchos países del mundo actual, pero en especial en nuestra Venezuela, como ya se lo ha señalado en variadas oportunidades: nadie puede discutir que la administración de justicia no puede seguir en las condiciones actuales y que la misma deja mucho que desear.

Pero en beneficio de esclarecer la tarea que me he propuesto al examinar estos tópicos, y dado que ahora con esta conversación con Uds. resultan ser ya varios los eventos que vengo dedicando a ello, antes de que se me tilde de que estoy con los partidarios de la nueva república o que comparto con ellos muchas de sus descabelladas ideas, y a quienes en mucho he enfrentado por sus deplorables procederes y falta de claros rumbos en la conducción del país, debo manifestar que mi posición, en lo que atiene precisamente a los

---

6 Herrendorf, Daniel, *El poder de los Jueces. Cómo piensan los jueces que piensan*, Abeledo Perrot, Argentina, 3a. Edición actualizada 1998, Isbn 950-20-1103-1, p 24 y ss.

7 Oviedo A., Amparo Alicia, *Proceso, Justicia y Libertad*, Publicaciones de la Pontificia Universidad Javeriana, Facultad de Ciencias Jurídicas, Edit. Javegraf, Colombia 1997, Colección Profesores, N-23, Isbn 958-9176-34-8, p. 16 ss.

cambios y modificaciones en materia de Justicia, Proceso, Poder Judicial y roles del mismo socialmente, dista en mucho de las simples proclamas de principios, enunciado de instituciones y figuras y porqué no, inclusive puesta en práctica de insensatas reformas, carentes de toda sustentación legal, impuestas impensadamente en sus consecuencias y producto de una atronadora actitud por marcar una diferencia , que se pretende hacer notoria con los gobiernos y gobernantes anteriores, sin importar "qué" ni "cómo" se lo logre.

Así, pues, que no enfrentamos a quienes consideran debe procederse a esos cambios, ni a la necesidad de realizarlos en la extensión y bajo los parámetros que han sido consagrados en la Constitución, pero no estamos convencidos de que en verdad las formas en que se proponen sean realizados sean las más convenientes, ni las que puedan implementarse con la urgencia que en algunos aspectos se requiere hacerlo.

Nos sentimos obligados en alertar que los precitados cambios ahora tildados de angustiosos e indemorables, no pueden ser objeto de improvisaciones, ni puede esperarse que ellos se produzcan sólo por la fría modificación del texto de la carta magna. En primer lugar, debemos analizar sensatamente si lo que debe cambiarse son los sistemas y conceptos o si lo procedente resulta ser revisar las maneras como el resto de los Poderes del Estado entienden y respaldan la función del Poder Judicial, y si por igual y en puesto primordial, lo que procede es hacer un sensato análisis sobre si los políticos del status, incluyendo los del Gobierno, tienen clara idea sobre la importancia y destacado papel que corresponde al Poder Judicial en la sociedad e inclusive en el apoyo y sustento del sistema político impuesto o por imponer.

Además de deber tener todo ello en claro, es menester para poder auspiciar esos cambios y contar con el éxito, el tener los hombres necesarios para implementarlos e implantarlos y contar con la aceptación que a ellos se les preste en el medio social donde serán impuestos.

La justicia, no es de esos bienes que se obtiene automáticamente por posturas o declaraciones, requiere entender que debe tenerse por justo, quiénes y cómo la aplicarán adecuadamente, por ello no puede improvisarse ni pretender sacar de la nada a los hombres que la hagan viable y útil, he allí el gran peligro de errar al pretender esos cambios.

I. EL NUEVO CONCEPTO DE JUSTICIA Y EL ROL DEL JUEZ ANTE AQUÉL

Quizá el más grande de los cambios que propicia el nuevo instrumento constitucional es el nuevo concepto de norma jurídica justa y del cual deviene el aún más romántico y seductor de que con aquella se logrará "la justicia social y un Estado democrático y social de Derecho y de Justicia".

Como lo destaca el texto constitucional, la nueva organización de la República debe procurar y velar porque la misma sea un ente democrático, y social de Derecho y de Justicia para lograr que la prestación de su servicio sea efectuada en forma gratuita, accesible, y la que así se obtenga sea imparcial, idónea, transparente, autónoma, independiente, responsable, equitativa y expedita, sin dilaciones indebidas, sin formalismos o reposiciones inútiles[8].

8 Art. 26 CN.

En definitiva, para que se obtenga la "justicia social" y en tal sentido, se entiende por ello, en los sistemas doctrinarios que analizan estas materias, el que la interpretación y contenido del mandato de la ley, no es el que resulta de su simple texto expreso, sino que debe ahondarse en el fin mismo de la norma y de lo que quien legisló tuvo en mientes para regular una determinada conducta, todo con miras a que con ello, en cada caso, se logre un perfecto acto de justicia, con lo cual se termina con el postulado de que justicia y ley son una misma cosa, conforme a los viejos sistemas existentes.

En el anterior sistema, se sostenía que cuando el Juez aplicaba la Ley al caso concreto, mientras más se apegaba al texto de la norma, se entendía cumplía el más perfecto acto de justicia. El postulado de justicia coincidía con el mandato legal, pues el más alto sentido de la justicia se entendía recogido en la voluntad legislativa[9].

II. EL NUEVO PERFIL DEL JUEZ QUE REQUIEREN LOS CAMBIOS CONTENIDOS EN LA CONSTITUCIÓN

A diferencia de lo que acontecía con el Juez del sistema de la jurisdicción de derecho, de la Justicia apegada al texto frío de la Ley, en el nuevo sistema proclamado por el constituyente, solo si la norma legal se compadece plenamente con la norma moral, y tiene aceptación en el colectivo, debe ser obedecida por el Juez por sobre cualquier otra consideración, solo esa será una norma justa plenamente.

Con el nuevo sistema propuesto, se da por tierra con todo lo que institucionalmente existía, y así lo venimos advirtiendo desde que conocimos en forma el texto de la Constitución respecto a tales temas[10].

A diferencia del sistema que ahora se abandona, donde el papel fundamental del Juez y del proceso radicaba en lograr aplicar de la manera más perfecta el texto de la Ley y con ello y sólo por ello se cumplía la mejor forma de justicia, en la nueva concepción de justicia social y equitativa, se encomienda a los jueces una difícil e importante tarea, esto es, que indaguen previamente si ese mandato es el más ajustado al sentimiento moral del pueblo, sobre la consecuencia jurídica de ese dispositivo, el cual como tal requiere ser el de mayor acento moral para ese lugar y tiempo determinados, y de no serlo, el Juez no debe aplicarlo o deberá ajustarlo para que lo sea, esto es, acomodará la Ley al concepto de justicia en función de la moral.

Y aquí viene el primer quid. Para lograr ese deseable propósito, requerimos y necesitamos un Poder Judicial que cuente con recursos humanos especialmente preparados y aptos, con jueces no solo activos, eficientes y debidamente preparados, sino proclives a lograr y producir esos cambios, convencidos de que ellos son necesarios y posibles, lo que en palabras de Berizonce convierte a ese Juez en un juez "activista", que no sólo demuestra tener una cualidad puramente mecanicista para lograr esos propósitos, sino que tengan un

---

9 Por supuesto que ello es lo que debe ocurrir en la teoría, aún cuando no sea necesariamente así en la práctica, pues no necesariamente la solución más próxima a la justicia es la recogida en el precepto legal.

10 Al respecto nuestro citado trabajo sobre los Cambios constitucionales, citado supra.

actuar enderezado a la obtención de una finalidad en la que predominan los valores fundamentales[11].

El juez que pronuncia sus decisiones y cumple sus deberes funcionales diligentemente, dentro de los plazos legales, es cierto que podrá ser considerado "activo"; por oposición a "pasivo", que lo implica como inactivo, por su quietud e indiferencia, pero en cambio podrá ser "activista" en positivo, si además de cumplir diligentemente con sus deberes, a partir de una visión progresista, evolutista, reformadora, sabe interpretar la realidad de su época y le confiere a sus decisiones un sentido constructivo y modernizador, orientándolas a la consagración de los valores esenciales en vigor[12].

Precisa por igual señalar que también encontraremos el que algunos de dichos jueces sean activos activistas "en negativo" cuando en cambio de mirar hacia el progreso, están comprometidos con el *status quo,* y colocan lúcidamente su empeño y actividad para oponerse a todo lo que es cambio o transformación social, y finalmente podrán haber también "jueces neutros", en el sentido de que con su postura nada agregan de contenido o sustancia a la actividad.

Por lo expuesto cabe destacar que en esas actitudes el Juez se comporta como un ser con "políticas", esa politicidad es un rasgo consustancial a la misión jurisdiccional y la sentencia constituye el "propio acto político" y de imperio, en tanto se dicta en nombre del Estado, además de tener una resolución que escoge entre varias alternativas, lo que la erige en un acto de gobierno que, por añadidura, implica una programación del comportamiento social.

Empero, como lo señala Berizonce[13] tal politicidad no significa "partidismo" ni sectorialización. Mas aún, puede decirse que el Poder Judicial, integrado por todos los Jueces, es, igualmente, un poder político, al menos en cuanto órgano del Estado y también por las funciones que le están asignadas, por ello, al menos en la Jurisprudencia Argentina, sin ambages, se ha dicho "Los jueces han de poseer <sensibilidad política> y deben recurrir a ella, sobre todo cuando analizan las bases de la organización del Estado democrático"[14].

Lo importante, además de todo lo dicho es que ese activismo se encarne no en uno sino en muchos de los integrantes del Poder Judicial, pues de lo contrario tales conductas no pasan de ser meras actitudes individuales, que no alcanzan a modificar el común denominador. Lo trascendente es hablar de una magistratura activista, no de unos activistas en la magistratura.

Ese "activismo", veremos, además que se verifica principalmente, aun cuando no de manera exclusiva, a través de la sentencia en cuanto a las reglas jurídicas materiales pero

---

11 Pero seamos sinceros. Detengámonos a pensar siquiera unos minutos sobre la quimera que resulta imaginarnos los hombres ciegos y de espada en ristra, que realizarán esas tareas, cuando que en el sistema ahora abandonado, donde simplemente debían encuadrar los hechos en los presupuestos de la norma, sin hacer siquiera ningún otro juicio de valor, no lo lograban, ¿qué podemos esperar entonces de a los que ahora confiaremos esas titánicas gestiones? ¿Dónde están los hombres preparados siquiera a nivel elemental para razonablemente esperar mejores resultados en la aplicación de la justicia y ponderarla con la equidad?

12 Berizonce, Roberto O, *Derecho Procesal Civil actual,* Librería Editora Platense y Abeledo Perrot, Argentina, 1999, Isbn 950-20-1187-2, p. 364.

13 *Opus cit.*, p. 365.

14 Fallos de la Corte Suprema Argentina, citados en Berizonce, *opus cit.*

también en la conducción del procedimiento, pero en uno y otro campo veremos que hay límites precisos que no pueden ser transgredidos por el Juez consciente y racional.

Como podemos visualizar en este estado de las observaciones y comentarios precedentes, pretender el cambio en las estructuras de justicia, hacer realmente efectiva la tutela judicial de los derechos, por vía de las declaraciones de esos nuevos principios y postulados, no parece del todo acertado, o quizá, cuando menos podemos decir, sin temor a equivocarnos, que el camino escogido no resultará ni el más fácil, ni el más expedito, pues supone una serie de requisitos, de elementos y de sujetos, especiales, preparados para llevar adelante esas modificaciones, y con los cuales sin lugar a dudas y sin llamarnos a engaños no se cuenta, y debemos adicionalmente, caer en cuenta de que formarlos y hacerlos no puede pretenderse tarea de unos días, ni del tiempo de urgencia en que se requiere el continuo e indispensable devenir de la justicia.

No es que dudamos de nuestros hombres, ni de muchos de los que ahora con deleite parecen disfrutar del ejercicio del poder, que no cumplir con la delicada tarea que ello impone, pero recordemos que para afrontar la crisis que pretendemos conjurar no se necesita uno, ni diez ni cien hombres, sino unos cuantos miles adecuadamente preparados y formados.

Insistiremos una y otra vez, lo más importante en la actividad judicial, es el Juez, porque como señala Carlos Cossio[15] "el derecho en parte es el propio hecho del juez ... (porque) no es algo hecho y concluido, sino algo que se hace siempre y quien lo tiene que hacer en sus términos más inmediatos es principalmente el Juez .... es en el juez donde están como realidad los sentidos jurídicos de justicia o de orden, etc. que tienen que ser vivenciados cuando se aplican las leyes...".

III. REQUISITOS DEL SUJETO JUEZ Y DE SU ACTIVIDAD EN LA NUEVA CONCEPCIÓN DE JUSTICIA Y PODER JUDICIAL

Para tener más claro cuanto decimos, continuemos examinando lo que el mismo Profesor Berizonce analiza seguidamente en su citado trabajo, esto es, cuales son las formas más comunes de manifestación de ese "activismo positivo" del cual requiere estar dotado el juez prototipo y conveniente para los cambios propuestos o para cualquier otro ejercicio de la magistratura en los tiempos actuales con miras al buen logro de la justicia.

En primer lugar, cabe destacar que esa postura de "activismo" se puede poner de manifiesto en multitud de formas, tantas cuantas variantes de los fenómenos jurídicos se puedan imaginar, pudiendo concluirse que no hay un solo modelo de activismo o de juez activista, sino una multiplicidad de modos en que tal postura se expresa.

En segundo lugar, vale la pena destacar marcadamente, que en el nuevo sistema propuesto, en adición, la función del juez no es meramente mecanicista en el sentido de que se limite a solo aplicar las normas jurídicas -más que la ley- para subsumir el caso concreto en los supuestos de aquella, cumpliendo así con la mera función garantística de los derechos subjetivos privados.

Mucho más allá de ello, la labor jurisdiccional tiene como característica la "interpretación creativa".

---

15 Carlos Cossio, *El Derecho en el Derecho Judicial*, segunda edición, Abeledo Perrot, Argentina, 1959, p. 53.

Ese protagónico desempeño, toma su máxima expresión tratándose de la defensa y control constitucional, por cuyo conducto los jueces se convierten en arbitradores y garantes del catálogo de valores constitucionales y aún del sistema político institucional que este organiza, a través de los derechos públicos subjetivos.

La crisis de la Ley, concluye Berizonce, no sólo por la inflación legislativa, sino también porque cada vez más se presenta como un penoso compromiso entre intereses sectoriales, no ha sido ajena a aquella evolución que condujera al relanzamiento de la judicatura y al reconocimiento de un verdadero "poder" para el ejercicio de las potestades de derecho público, que poco tiene que ver con el "poder inanimado" del modelo del cual nos hablaba Montesquieu[16].

En adición toca analizar un segundo asunto de particular interés y que choca con el sistema tradicional de la llamada "jurisdicción de derecho" y con la cual hubimos de convivir muchos años. En efecto, en esa nueva función de interpretación de la realidad social y de la moral que en ella flota, la función del juez se convierte en verdadera generadora de las normas jurídicas, esto es, en el nuevo sistema, ahora el Juez no sólo interpreta y decide sino que crea el derecho.

Pero aclaremos estos conceptos. Tanto antes como ahora, cuando el Juez aplicaba la norma al caso concreto, suponía un ejercicio de su discrecionalidad que implica siempre y necesariamente la creación de una norma de rango inferior, que viene a regir el caso concreto. La discusión entre uno y otro de los sistemas, no reside pues en este punto, sino en determinar si en la nueva concepción de las funciones del Juez, como tal intérprete participa en realidad de la función legislativa *latu sensu.*

Realmente resulta harto difícil distinguir entre interpretación y creación (descubrimiento del derecho), en primer término conviene destacar que toda interpretación contiene por su consustancial discrecionalidad, un acto *–lato sensu–* de creación, pero no es este el sentido que pretendemos destacar ahora con la nueva función judicial, sino otro diverso que tendencialmente, cada vez más lo acerca hasta confundirse, con la creación de sustancia y contenido legislativa, porque como demostrara CAPPELLETTI, no existe una diferencia de esencia, sino en todo caso de grado, entre la creatividad del Legislador y la del Juez.

Mas, debe destacarse y aclararse, para unos muchos que pretenden que con ello lo que se persigue es otra cosa, que por ese solo hecho tampoco podemos afirmar que el juez se transforma en legislador al interpretar creativamente el derecho (descubriendo el derecho), porque nunca le estará permitido establecer *ex novo* la norma.

En efecto, el juez podrá inteligir la norma, esclarecerla, inclusive integrarla o enriquecerla hasta transformarla, pero nunca estatuirla per se, porque ello es misión indelegable de la Ley. El legislador siempre ejercitará sus funciones *in abstracto,* para regular para la generalidad, mientras que el juez, hará tales pronunciamientos sólo para el *caso concreto.*

---

16 *Opus cit.* 366. En igual sentido como lo hacemos notar en nuestro trabajo sobre estos temas, los Federalistas norteamericanos, defensores a ultranza de la majestad del poder judicial, no obstante, lo concebían por igual como un poder inerme, manso y no peligroso (Hamilton, The Federalist, citado por Herrendorf, p. 25)

¿Mas, que ocurre cuando el juez se encuentra un precepto normativo absolutamente contrario a la realidad social, a la moral imperante? Es cierto que en teoría hay acuerdo en que el Juez tiene absolutamente excluida la facultad de creación normativa ***contra legem***, pero encontraremos que a menudo el Juez es impulsado a sobrepasar tales límites. Ojo, adviértase que no se trata de la declaratoria de inconstitucionalidad de una determinada norma vetusta o chocante contra la realidad moral imperante, sino de otros supuestos de inaplicación o sustitución de normas o de creación *pretoriana* de un derecho diverso, y hasta opuesto al de la Ley formal existente, que se ubican en la zona fronteriza entre lo autorizado y lo no permitido al Juez.

Destaca Verizon[17]:

> ".... suelen presentarse al intérprete situaciones extremas en que la aplicación lisa y llana del precepto conduce también a conclusiones groseramente injustas, que repugnen los valores esenciales que están en la cúspide del ordenamiento. El Juez se encuentra ante un verdadero *<estado de necesidad>,* generalmente por imprevisión del legislador que omite derogar una norma anterior o sustituirla por otra más adecuada a las realidades presentes[18].

Cabe, finalmente, destacar dos importantes cuestiones en torno al aspecto comentado, por una parte es cierto que esa función creadora del derecho en todo caso se pone de manifiesto en la sentencia, con virtualidad limitada al caso en concreto sometido a análisis y decisión, pero la otra cara de ese mismo asunto, resulta ser que, cuando por su buen sentido se hacen frecuentes y repetidos tales pronunciamientos, tales interpretaciones tienen cada vez más aceptación y por tanto se hacen repetitivas (se convierten en jurisprudencia) y adquieren cada vez más aplicación general -consecuencia del llamado "efecto expansivo" de las decisiones judiciales- y de tal manera, sin querer ni poder serlo, se convierten en precedentes que abstractamente rigen, de manera general para un número indeterminado de situaciones, y de allí la especial importancia que tenga el "activismo" de los jueces en éste ámbito, pero el grave peligro a que todo ello puede conducir.

Y he aquí otro particular caso en que cabe señalar que el Juez llamado a esa nueva función de juzgar debe ejercer ponderada y razonablemente la misión que tiene encomendada, pues de lo contrario se puede convertir en un tirano social, creador de normas voluntariosas y mutantes, aisladas de toda aceptación social, conformadoras del peligroso campo de la arbitrariedad descontrolada.

Cabe entonces hacerse nuevamente la pregunta ¿contamos con el elemento humano necesario para enfrentar estos nuevos derroteros? ¿no era preferible haber continuado bajo el viejo sistema de la jurisdicción de derecho, preparando a unos jueces activos y positivos activistas, llamados a mejorar y corregir los entuertos de la ley obsoleta y componedor razonable del conflicto cuya solución se ponía en sus manos?

---

17 *Opus cit.,* 388.

18 En nuestro país, aún dentro del anterior sistema encontramos claras manifestaciones de esa anomalía y atipicidad, pero que produjeron beneficios que nadie hoy pone en dudas, cuales son los casos de la interpretación de la Corte en la forma de hacer los cómputos de los lapsos procesales (cortos y largos - Sentencia Trejo Padilla) y la posición de haber aceptado y admitido, aún contra precepto de la Ley, el ajuste de los daños en casos de obligaciones de débito pecuniario (la célebre indexación).

IV. EL JUEZ COMO AMIGABLE COMPONEDOR

Otro papel y función que está llamado asumir el nuevo Juez, con o sin los cambios institucionales propuestos por el constituyente, es el nuevo rol que tiene como promotor de la composición del conflicto al margen del acontecer del procedimiento.

Es esta otra de las manifestaciones de su activismo positivo, se trata en verdad de procurar extinguir el conflicto de intereses por verdaderos medios alternativos de la vía jurisdiccional (conciliación, mediación y amigable composición), para brindar satisfacción adecuada a cierto tipo de controversias, como las denominadas de "coexistencialidad", las de menor cuantía, aún cuando de subida importancia social.

Son en general conflictos en los que se persigue una decisión de equidad y sobre todo "no traumática" por la necesidad de mantener y no frustrar un vínculo de duración para que perviva mas allá del proceso y en los que la actuación del juez está encaminada a la composición equitativa de la litis, antes de la de un "trancher" que resolviendo para el pasado deje el sabor amargo de la ecuación entre el vencedor y el vencido.

El problema de tal papel no es sólo entenderlo y practicarlo, sino luchar contra los pobres esquemas vigentes de que con ello el juez compromete su neutralidad y por tanto pone en duda su imparcialidad, que siempre hemos criticado y objetado. La tendencia, es cada vez mayor por adoptar dichas fórmulas al menos para sistemas de justicia vecinal, o de pequeñas causas, que especialmente reivindiquen el rol de amigable composición de los jueces[19].

Nada de esto comporta como se lo ha pretendido por allí, la conveniencia de prescindir de los abogados y de los jueces letrados, volviendo a la primitiva justicia y puesta de manifiesto recientemente con la prohibición de que los abogados y juristas formen parte de los jurados en la nueva organización judicial penal venezolana.

Seguro quienes así piensan no han tenido oportunidad de leer las sabias palabras del maestro Satta cuando al referirse a la función del abogado frente al juez, señala: "el abogado conoce para hacer conocer; el juez conoce, según lo que le es hecho conocer"[20].

V. OTRA MISIÓN DE ESE NUEVO JUEZ ES LA DE SER UN VERDADERO COLABORADOR DE LAS PARTES

Esta actividad encuentra especial consagración dentro de la ahora denominada justicia "auxiliadora o de colaboración o de acompañamiento".

Se caracterizan estas posturas, cuyos precisos límites, según lo anota Berizonce[21] no están aún totalmente definidos, por la posición que asumen los jueces de apoyo y colaboración para con las partes, a través de la información y aún el auxilio técnico por

---

19 Una expresa manifestación de dicho fenómeno, la encontramos en nuestra Justicia de Paz, si bien en la vigente Ley la figura del Juez se evapora entre la de un buen ciudadano conocedor de las realidades, más que en la de un buen hombre de leyes.

20 Salvatore Satta, Poesía e veritá nella vita del notaio, Oración de los notarios, citado por Santiago Sentís Melendo, El abogado y la prueba, *Libro Homenaje a Amílcar Mercader*, Problema actual del Derecho Procesal, Editorial Platense, Argentina, 1971, p. 586.

21 *Opus cit.* p.368.

órganos de la propia oficina judicial, que se brinda a las partes con el fin de compensar las desigualdades de los contrincantes, particularmente en aquellos conflictos de marcado interés social (laboral, menores, familia, seguridad social, alimentos) donde el papel del Juez toma especial importancia en todo lo relacionado con las etapas de preparación del proceso, pruebas, dentro de un esquema del proceso, necesariamente desformalizado, y al cual estamos seguros deberán hacer especial defensa esos nuevos jueces activistas para poder doblegar las posiciones antagónicas que impone el modelo del juez neutral tradicional, y so pena de no romper con la imparcialidad que debe prevalecer en los procesos.

Los seguidores de estas posturas, de más avanzada, hablan inclusive del Juez como verdadero Ingeniero social, partícipe calificado de las transformaciones del derecho y de la sociedad, pues ellos están llamados cada vez más a contribuir con el diseño de la nueva sociedad[22].

La función judicial no puede apartarse de las transformaciones históricas, sociales; la realidad viviente de cada época perfecciona el espíritu y las instituciones de cada país o descubre nuevos aspectos no contemplados antes, sin que pueda oponérseles el concepto medio de una época en que la sociedad actuaba de diferente manera.

VI LOS NUEVOS PODERES DEL JUEZ EN EL PROCESO. LÍMITES DE DICHOS PODERES ANTE LAS OBLIGACIONES Y CARGAS DE LAS PARTES

El nuevo texto constitucional[23] nos destaca que para lograr ese estado de justicia ideal, las leyes procesales establecerán la simplificación, uniformidad y eficacia de los trámites y adoptarán un procedimiento breve, oral y público. No se sacrificará la justicia por la omisión de formalidades no esenciales.

En tal sentido, finalmente, determina el constituyente: El proceso constituye un instrumento fundamental para la realización de la justicia.

De cierto tenemos que señalar que nada lograríamos con esos destacados jueces activistas, conscientes de sus deberes profesionales y sociales, si no ponemos en sus manos los adecuados instrumentos para lograr en forma expedita la determinación de la verdad y con ello la justicia, para todo ello resulta obvio que debemos y tenemos que pensar en un nuevo proceso y en una reglas para su conducción adecuadas a los nuevos roles que pretendemos sean desempeñados por aquellos, todo dentro del respeto que debe mantenerse a los papeles, deberes y poderes de las partes, en el proceso civil.

Pero nuevamente nos toca destacar aquí que pretender endilgar responsabilidades al Poder Judicial, o a la deplorable justicia que se ha obtenido por no acatar esos lineamientos o actuar por los procederes contrarios a lo que se propugna debe ser obtenido con el nuevo ordenamiento, resulta igualmente injusto, y tan errada posición nuevamente puede provocar lamentables consecuencias al procurar que ellas se corrigen imponiendo trabas y reglas al funcionamiento del proceso y al actuar del Poder Judicial.

---

22 Berizonce, *opus cit.* p 369.

23 Art. 257 CN.

En efecto, se destaca que lo ideal será que los nuevos procesos sean sencillos, simples y uniformes, con todo lo cual seguros estamos no pueden haber opiniones disidentes.

Mas ¿son los jueces quienes fijan las reglas del proceso? ¿es que acaso no se ha dicho hartas veces que la función de legislar es cosa seria, no de politiqueros, ni de asamblea populares? ¿quiénes si no los políticos legisladores son los encargados de demorar las leyes que requiere urgente consagración, enredar los proyectos legislativos que se someten a su consideración para que en la práctica no produzcan los resultados deseados? ¿quiénes, si no los ignaros pretenden que una rama del Derecho no es tal de no contar con un procedimiento adjetivo especial y separado del ordinario y común? ¿quién, si no nuestros ilustres legisladores, no han llenado de sin número de procesos, procedimientos, incidentes y trabas para lograr precisamente que se cumpla la justicia?

Definitivamente que esa vieja moraleja castellana de "Hechos y no buenas palabras" no tuvo seguidores en nuestra pasada flamante Asamblea Nacional Constituyente.

Y, si vamos al otro aspecto, a las formas, cabe otro tanto que decir. En primer lugar, debemos señalar que la forma no tiene objeción alguna dentro de ningún sistema en el que se ponga como valores a escoger la necesidad de obtener mecanismos ad hoc para proteger la seguridad y la certeza, con los de las formas esenciales que garanticen el debido ejercicio del derecho. Repetimos, formas, no ritualismos, destacamos, las reformas que al respecto introdujo nuestro vigente Código de Procedimiento, claramente ponen de manifiesto tales propósitos, el problema, una vez más estuvo y seguirá estando en la politiquería.

En efecto, se dice que el mal ejemplo en la materia comenzaba en el viejo estamento estatal, en la misma Corte Suprema y en el Recurso de Casación, la cual virtualmente, trabaja por así decirlo apegada más a latonería (vicios de forma y ausencia de formalidades del proceso) que a los problemas de fondo de los juicios. Pero nos preguntamos ¿Quién escogía los magistrados y qué criterios se siguieron para hacerlo? ¿Es que acaso no medraron en la Corte magistrados incapaces, ajenos a la sabiduría del Derecho, amigotes de los políticos de tumo, y quienes por supuesto, a manga ancha cumplían escasa o sobradamente con los deberes de su cargo dictando reposiciones y recursos de forma con lugar?

Y ¿es que acaso no son sólo las decisiones jurisprudenciales "voteras" (que dan, promueven o generan votos) las que nuestros señores legisladores toman en cuenta para modificar leyes absurdas con evidentes errores de promulgación?

Cuantas veces durante los años de vigencia del nuevo Código no se señalaron por la misma Sala de Casación, por la Doctrina y por los propios recurrentes los ¿destemplados errores en que se incurrió en la redacción del artículo que regulaba los requisitos y vicios de la sentencia. Nos preguntamos ¿si no bastó el escándalo de un juicio de un expresidente de la República para corregir algunas de esas disposiciones, podrá pretenderse que otras disquisiciones y comentarios de autores y especialistas logren esas modificaciones?

Finalmente, y ya anunciándonos lo que nos espera por este tortuoso camino de las novedades de lo que es Ley justa y Ley injusta ¿han tenido Uds. oportunidad de leerse algunas de nuestras recientes decisiones de la hoy Sala Social de nuestro Tribunal Supremo? ¿Sabían Uds. que hoy, conforme reciente decisión del 16 de marzo pasado, las violaciones aún de orden público no aparejan nulidad si los actos alcanzan su fin?

¿Conocen Uds. que ahora en dicha Sala primero se examinan las denuncias de fondo y luego las de forma?

Por igual, ¿se han enterado Uds. de que ahora procede por vía de aclaratoria, inclusive la reforma de oficio del contenido de fallos, ya firmes, cuando se detecta las evidencias de errores, que pueden ser subsanados por vía de enmienda, siempre que no se modifique el sustrato de la decisión de fondo y dado que de lo contrario pueden impedir la debida ejecución del fallo?[24]

La verdad es que tenemos que congratularnos con los efectos de estos fallos, entendemos la valentía de los juzgadores de alzarse contra expresa norma en contrario, pero no deja de preocupamos el que por esa vía se establezca: un indeseable poder derogatorio de nuestra nueva jurisprudencia y con ello estemos dando paso al bochinche y a la inseguridad jurídica.

Ya los sempiternos maestros del procesal, Camelutti, Calamandrei y Couture, entre otros, hace unos cuantos años, marcaban claros linderos en lo que tenía que ser el debido proceso, la importancia de las verdaderas formas procesales, el papel insustituible de las partes y sus apoderados en el juicio y los campos que a ellos estaba reservado, así como el destacado rol del verdadero juez como conductor del proceso[25]. Pareciera que todo ello se olvida, que carece de fundamento ante el ímpetu de los cambios revolucionarios, ante el clamor de justicia, y la necesidad de que procuremos que ella se consiga no importa cómo ni a sacrificio de que.

Esos nuevos lineamientos que impone la CN al proceso y a su modo de conducción, es cierto que en parte pueden reproducir algunos de los elementos e instituciones de los modelos de juicios contemplados en el todavía vigente Código de Procedimiento Civil de 1987, pero en verdad, no puede decirse que coincide o reproduce los modelos del juicio breve o del juicio oral contemplados en el actual Código de rito.

Son muchas, nuevas, claras y diversas las actitudes que caracterizan a ese nuevo proceso, y al Juez que debe dirigirlo y conducirlo y serán por igual diferentes las normas que deberá adoptar a la brevedad el legislador ordinario para adecuar el Código adjetivo a esas nuevas instituciones.

Pero el texto expreso de la nueva normativa constitucional pone de manifiesto que el gran protagonista de los cambios deberá ser el Juez en el nuevo proceso, dependerá de la correcta instrucción de la causa el debido esclarecimiento de los hechos y la más ajustada decisión a la verdad.

Sólo un juez que asuma protagónicamente su rol activo de conductor del proceso, director y autoridad, puede garantizar los fines de ese proceso. Por ello se hace indispensable reconocer mayor intervención al Juez en la dirección del proceso, para ponerse en contacto con las partes, determinar con ellas los puntos en conflicto, favorecer

---

24 Sobre estas materias véanse dos interesantes fallos de la nueva Sala Social, fechados ambos el 16 de marzo del 2000, ambos siendo una de las partes Seguros Venezuela. Respecto a la nueva figura de permitir la revocatoria, inclusive enmendando e innovando elementos, ya existe un movimiento de Doctrina consolidado. Al respecto véase Peyrano, Jorge W, *Estado de la Doctrina Judicial de la Reposición in extremis*, en Revista de Estudios de Derecho Procesal, N° 2, Julio-diciembre 1999, Edit. Livrosca, Venezuela, 2000, Issn 13169777, p. 3 ss.

25 Al respecto véanse Calamandrei, Proceso y Democracia, Carnelutti, Como se hace un proceso y Oviedo Arbelaez Amparo, *opus cit,* todo citados y comentados en nuestro mentado trabajo Las modificaciones de la Constitución Nacional..., p. 190 ss.

la eventual conciliación y proceder con las partes a eliminar los aspectos accesorios, colaborar con la realización de la prueba (inclusive con iniciativa probatoria, etc.)[26]

Por ello mismo al papel de las formas en el proceso se da su verdadero rol de instrumentabilidad de los logros de aquél, ellas deben ajustarse al fin mismo a que estos se enderezan, contribuir a la más efectiva realización del derecho, que no traducirse en el cumplimiento de ritos caprichosos, sino de vías adecuadas para acceder en la forma más presta a la verdad objetiva, todo con miras a lograr la concreción del valor justicia en cada caso.

Los jueces deben asumir el papel de dirección, gobierno y ordenación del procedimiento, para evitar que el mismo sea una especie de juego ficción librado a la habilidad ocasional de los litigantes, por ello el juez necesariamente debe y tiene que estar dotado de poderes suficientes para encauzar la controversia, asegurando la igualdad de las armas y el contradictorio (debido proceso legal), en concreto velar por la concurrencia de los presupuestos procesales, ordenar adecuadamente el cumplimiento de los actos procesales, desmalezar el trámite e impedir y subsanar nulidades, prevenir y sancionar conductas maliciosas y temerarias, vigilar para que se procure la mayor economía procesal, etc.[27]

Es cierto que la mayoría de las leyes procesales modernas otorgan tales instrumentos de conducción al Juez, pero por igual encontraremos que ello será insuficiente, cuando tales deberes por parte del Juez no son observados con toda la fuerza que ello requiere, en razón de prevalecer las enraizadas ideas sobre "neutralidad y pasividad judicial". Un Juez activista, por oposición a dicha postura, debe ejercer en profundidad sus potestades desde que se inicia y hasta que termine el proceso.

El juez no debe ser un tirano, pero debe poseer las facultades necesarias para que su autoridad sea eficaz en todas las etapas del proceso, a lo largo del mismo y en su culminación.

VII. PODERES DEL JUEZ PARA EL ESCLARECIMIENTO DE LA VERDAD

En los países de tradición romano-canónica como la mayoría de los latinoamericanos, y entre ellos, por supuesto el nuestro, la llamada doctrina de la neutralidad del juez ha impuesto como dogma, la prevalencia del principio dispositivo, con la consiguiente limitación de las potestades judiciales en el campo probatorio de los hechos, la vinculación, y por ende la limitación de no poder actuar ex officio, en la actividad probatoria del contradictorio y la regla casi general del valor tasado de las pruebas por el Legislador, pero tales esquemas han quedado hoy superados, si bien es cierto que se respetan dogmáticamente asuntos relevantes como lo son la reserva del inicio de la acción al poder absolutamente particular, la fijación y determinación de los hechos, pero en todo lo demás obviamente que se han superado las viejas trabas, y el Juez, hoy, abandonando los viejos esquemas de neutralidad se convierte en un indispensable instrumento técnico científico para la búsqueda y adquisición de las pruebas, sin que por ello se ponga en dudas la igualdad ni la neutralidad, todo lo cual se entronizó por vía de los llamados procesos sociales (trabajo, seguridad, familia, menores) y con ello nació la necesidad de acentuar la

---

26 Gelsi Bidart, *opus cit*. p. 444.

27 Exposición de Motivos del Código Procesal Argentino (1867/68) citado por Berizone, *opus cit*, p. 372.

tutela de ciertos derechos y el auge de una verdadera función auxiliadora procesal, cuyo epicentro son los poderes del juez en el aporte probatorio y máxima conquista radica en la libre valoración de ese material.

Observamos que a pesar de todo lo dicho queda expresamente a reserva aún, la clara delimitación de los poderes del juez en lo que atañe, a las cargas y deberes de las partes de aportar los hechos y la prueba de los mismos, pues la función del juez no será la de cubrir la negligencia de las partes (debido proceso) ni sustituirse en deber de aportar los hechos adecuados, que integra la garantía de la bilateralidad y del debido proceso legal.

La misión de los jueces no será ocupar la posición de las partes en la faena probatoria, sino integrar, contribuir, complementar, si bien es cierto que día a día tiende a sustituirse ese lindero ante la exigencia de procurar el esclarecimiento de la verdad de los hechos controvertidos (ya ello por lo general tiene clara aceptación en procesos especiales como lo son los relacionados con las áreas del laboral, menores, familia, etc.). Todas estas tareas en adición se perfeccionan y mejoran con la irrenunciable y consustancial necesidad de la inmediación en los nuevos procesos orales y donde el juez tiene amplia oportunidad de ejercer debidamente esa potestad de auxilio en la actividad probatoria.

Todo lo anterior, viene apuntalado con las nuevas tendencias, cada vez de mayor aceptación, en conceder al juez la libertad de apreciación de las pruebas y el abandono de los sistemas de las pruebas tasadas.

VIII. EXTENSIÓN DE LOS PODERES DEL JUEZ PARA INTERPRETAR LA VERDADERA INTENCIÓN CONTRACTUAL DE LAS PARTES

No puede extrañar tampoco a los curiosos estudiosos de este tema, la tendencia, también actual, dentro del Estado social del bienestar, el que cada vez más la Ley reconozca a los jueces potestades para inmiscuirse en los negocios jurídicos que anudan a las partes, partiendo de una concepción que entiende el vínculo obligacional como instrumento para la cooperación social, restringiendo con ello en cierto modo el señorío de la autonomía de la voluntad de las partes, siempre claro está bajo el señorío de los principios también recogidos legalmente de la buena fe en la contratación, la prohibición del abuso de los derechos, la confianza en la apariencia jurídica, el equilibrio del sinalagma de las contraprestaciones, el deber de colaboración y el de conservación de los bienes, etc.

Dentro de todo ese nuevo caudal de concepciones y teorías, el Juez adquiere un singular protagonismo que lo lleva a intervenir en la relación obligatoria, exorbitando la típica tarea de resolver la litis y convirtiéndose en verdadero experto arbitrador y componedor económico de los intereses en conflicto, actuando a menudo principios de equidad y de justicia distributiva. La ruptura del equilibrio de las prestaciones convenidas, la excesiva onerosidad sobrevenida, el fenómeno de la desvalorización de las monedas, etc., son, entre otros factores, operantes de la ineficacia o la frustración negocial, cuya recomposición se pone a cargo de los jueces[28].

El peligro en todos estos casos resulta ser no contar con jueces debidamente preparados y con ideas claras sobre su papel, o a falta de aquellos, de adecuadas normativas que regulen de modo específico cuando y como deben ser ejercidos esos poderes por los jueces, o cuando no pudiendo desconocer la realidad social y económica, aún sin preceptos

---

[28] Berizonce, *opus cit.*, p. 390.

que los faculten para ello, imponen a los jueces activistas, precisamente en resguardo de esa posición de vanguardia, el asumir la obligación de regular dichas materias, pronunciándose sobre ellas jurisprudencialmente, bajo una notable y notoria dosis de ponderación y sabiduría[29].

IX. LOS PELIGROS DE EXCESOS Y LOS LÍMITES RACIONALES A LAS POTESTADES QUE SE QUIEREN CONFERIR

Como puede apreciarse, de lo dicho y desarrollado hasta ahora, sostenido por reputada y consolidada doctrina, resulta que una mejor justicia, y una tutela efectiva de los derechos de los ciudadanos, no solo se logra por la vía de ese cambio trascendental y peligroso, si bien reconocemos de avanzada, que resulta de conferir al Poder Judicial esa difícil y delicada tarea de aplicar la Ley, inclusive creando la que mejor se ajuste a la realidad social, la que resulte más equitativa de acuerdo al momento histórico, sino que por igual, con unos jueces debidamente capacitados, que cuenten con los mecanismos funcionales necesarios, que no se encuentren acogotados por el órgano judicial que los controle, perseguidos por la sociedad en la que se desenvuelven y a quien están llamados a servir que los juzga sin tomar en cuenta las carencias que le impone, ni presionados por las partes que pretenden dominarlos, o acosados por las necesidades y angustias económicas.

La primera de las vías, la que propone el cambio radical, subyugante, acorde a las más modernas posiciones doctrinarias, pero estamos convencidos no será más que una ilusión en el caso de nuestro país. Consideramos que hubiera resultado menos traumático y más fácil de lograr el que con jueces debidamente formados, produjéramos una justicia "más justa, expedita y racional" y con un Estado consciente de las necesidades de una tutela judicial más efectiva, contar con un Poder Judicial más completo, perfeccionado y adecuado a las crecientes necesidades del país, todo dentro del sometimiento a unas leyes modernas, ajironadas, cuando menos, todo lo cual comportaba menos dificultad para su consecución.

En el mismo expresado orden de ideas de provocar un verdadero juicio de valor sobre todo lo que se está discutiendo, vale la pena examinar algunas de las posiciones en contra de los cambios que proponen en el nuevo texto constitucional.

1. La primera de las críticas que se hace a estos sistemas resulta ser contra el papel de los jueces de creadores de las normas de conducta, en tanto que con ello, se sostiene, se erosiona el principio de legalidad, generando una brecha sensible que so color de equidad puede fácilmente degenerar en arbitrariedad.

El problema se torna más grave y álgido si por ejemplo se toma en consideración que con los cambios propuestos en la Constitución, se supone que *ipso facto* debe contarse con un poder legislativo, apto, competente y expedito, llamado a modificar una serie de leyes que obviamente deberán ajustarse a los nuevos principios. Obviamente que resulta ilusorio pensar que todo ello se producirá en un corto plazo y ni aún en el necesario para evitar el

---

29 Al respecto véanse las serias advertencias de José Melich Orsini, en "La revisión judicial del contrato por onerosidad excesiva" en Revista de la Facultad de Derecho de la Universidad Católica Andrés Bello, N° 54. p. 96 ss e interesantes comentarios sobre el papel del juez en la interpretación de los contratos. *III Jornadas de Derecho Procesal Civil Dr. Arístides Rengel R.*, Obra ya citada, p. 37 y ss.

escándalo de las modificaciones jurisprudenciales, aún contra normas vigentes, que establezcan precisamente lo contrario de lo que se persigue con el nuevo estado de justicia.

Pero ¿Quid en el Interim? ¿Lo prudente es que esos jueces están llamados a llenar esos vacíos y tomen la iniciativa de pronunciar, propiciar y convalidar esos cambios por vía meramente jurisprudencial?

Para mitigar las serias objeciones que se hacen a que tales procedimientos arremeten contra la legalidad, se dice que quienes así piensan olvidan que el ordenamiento jurídico no se agota en la Ley, ni ésta puede ser ya concebida como la fuente acabada, omnicomprensiva y perfecta donde se prevén todas las soluciones.

Se dice en tal sentido, que la Jurisprudencia en cambio, permite flexibilizar los contenidos de la Ley, armonizarlos con otras fuentes jurígenas y, más aún, brindar soluciones adecuadas llenando las lagunas de la Ley e interpretándola mutativamente a partir de su letra y de su espíritu.

Concluye Berizonce señalando: "... así se evita la cristalización a que conduce el aferramiento indeliberado a su pura literalidad"[30].

Pero nos preguntamos ¿Contamos con el elemento humano necesario para contar con una seria, responsable y valiosa fuente jurisprudencial del derecho?

2. Una segunda acerba critica es la relacionada con que la creación del derecho en las manos de los jueces, atenta contra la seguridad jurídica. Esta se estremece porque las reglas jurídicas pierden su certeza, con lo que los derechos se toman imprevisibles, al quedar librados a una interpretación errática y tan libre que hasta permite que sean mutados por la ulterior decisión del mismo juez.

3. |Quienes así opinan, para los que postulan el activismo judicial, se valen de periclitadas posiciones garantistas conferidas a la Ley, a la cual se otorgan exclusivas finalidades de protección y represión, visualizando la misión del juez a partir del paradigma de su objetividad y neutralidad, visión históricamente emparentada con la tutela de los solos derechos patrimoniales, dentro del esquema de los Conflictos Interindividuales.

4. En verdad con el activismo judicial enmarcado en sus justos límites, no se enfrenta ni menoscaba la seguridad jurídica, que ya no puede entenderse como seguridad estática, sino dinámica, porque el contexto de pertenencia es precisamente fluido y cambiante por esencia, en un medio en que la sociedad y el Estado asumen roles que son acordes con esa realidad, de la cual, como se enfatiza por parte de la Suprema Corte Argentina, "los jueces no son fugitivos"[31].

5. La inconveniencia de que con el otorgamiento de tales ilimitados poderes, se confiera a los jueces la determinación de "políticas de gobierno".

Sin que afirmemos que quienes aprobaron tales cambios, hayan pensado en tales implicaciones, es obvio y así lo pone de relieve Berizonce en sus atinados comentarios sobre estos temas, que la atribución de tales poderes a los jueces, hace que en efecto se confiera al Poder Judicial un preponderante papel en el establecimiento de las políticas de

---

[30] *Opus cit*. p. 391.

[31] Berizonce, *opus cit* p. 392.

gobierno, en los lineamientos filosóficos del mismo, y ello supone algo que para muchos, no puede ser, sobre todo si se toma en cuenta de que el nuevo equipo de gobierno no tenía al Poder Judicial en sus manos (ni sus manos en el Poder Judicial), aún cuando hoy, luego de los procedimientos, por demás indeseables, de podas y selección a dedo de los nuevos jueces, ha cambiado el panorama[32].

Efectivamente, se invoca por quienes adversan dicha posibilidad, que dejar en manos de los jueces que sean ellos quienes fijen las políticas de gobierno, desarticula la división de los poderes, menoscabando las potestades legislativas y la primacía de los preceptos constitucionales, generando el llamado "imperialismo judicial".

Creo que los gobernantes de turno, a mi modo de ver todavía sin saber la trascendencia de los cambios que aprobaron, no llegaron siquiera a pensar en tales problemas, y en todo caso, lo cual compartimos, muy a pesar de lo que se sostenga de nuestro poder judicial, el mismo sigue siendo el que Constitucionalmente está llamado a mantener el equilibrio orgánico del Estado, y por ello el texto supremo les confía el resguardo de la legalidad y la primacía de la protección de los preceptos constitucionales (art. 334 CN) y que en su evolución, ante la innegable macrocefalia de los otros poderes, al judicial indiscutiblemente le ha correspondido un correlativo ensanchamiento de las misiones jurisdiccionales.

En todo caso, aún ante las críticas que se hagan por la forma como se escogen los jueces, como lo demostró Cappelletti[33], la legitimación democrática de sus pronunciamientos no proviene de tal acto, sino de la forma y método que aplican al dictado de sus decisiones y, además, a la receptividad y acatamiento de las mismas por la comunidad. Además, la creatividad de los jueces no es limitada ni puede ser arbitraria, por el contrario reconoce límites y restricciones que la encuadran y surgieron casi siempre, de la prudente autolimitación *(self restraini, political questions, ex officio).*

En añadido a lo dicho, como lo sostiene Berizonce, en el caso del Poder Judicial no hay irresponsabilidad por sus actos, porque con el mismo funciona el control político (responsabilidad política), el disciplinario (responsabilidad disciplinaria) y el de la opinión pública (responsabilidad social), lo que no ocurre con tan prolífica sumisión en los demás Poderes[34].

Negar en todo caso capacidad a los jueces para resolver sobre asuntos de tal naturaleza, que solo dependen de sagacidad, prudencia y fino olfato político, es desconocerles cualidades por lo demás comunes en cualquier ciudadano, y a quienes debe presumirse cuando menos una mayor dosis de aptitud para hacerlo, en tanto, por su oficio se les confía en específico la resolución de conflictos de mucha mayor entidad.

Lo cierto del caso, como concluye Berizonce[35] es que resulta notorio que, en las sociedades contemporáneas de fines del pasado siglo, incluyendo la nuestra, el ciudadano

---

32 Pero por igual y sin temor a equivocarnos consideramos que los nuevos hombres designados para tales cargos, no precisamente por vía de los procederes más aconsejables. no resultan ser precisamente los más capacitados ni quienes puedan representar esbozar e implantar las confusas filosofías por la que parecen transitar los nuevos gobernantes.

33 Así lo afirma Berizonce, sin referir exactamente la fuente. *Opus cit.* p. 393.

34 *Idem, Opus cit.* 393.

35 Idem, *Opus cit.* p. 393.

común todavía piensa que el Poder Judicial, es quien tiene las soluciones no sólo para los conflictos individuales, sino también como gestor de los intereses públicos generales[36], a conciencia de que, en muchos casos, los otros poderes políticos, son incapaces de brindar tales soluciones.

Todo lo dicho, y aún cuando deja abiertas las interrogantes de quien controla a esos proclamados custodios, justifica el llamado movimiento de la "jurisdiccionalización de las disputas" cada vez más conocido en varias latitudes y países, y, que en todo caso, a favor de lo que todo ello implica, supone a favor del Poder Judicial, su sometimiento a los ya aludidos mecanismos de responsabilidad (política, disciplinaria y social - *vid supra),* ausentes en los demás poderes del Estado.

X. LA CLAVE PARA QUE TODOS ESTOS MECANISMOS FUNCIONEN Y TENGAN ÉXITO LOS NUEVOS O LOS ANTERIORES CONCEPTOS E INSTITUCIONES RELACIONADOS CON LA JUSTICIA, EL PROCESO Y EL PODER JUDICIAL

La creación judicial en tanto proviene de una actitud discrecional[37] es legítima, si, además, exhibe un fundamento racional. Por ello, la conducta del Juez en esa labor debe y tiene que estar circunscrita a precisos criterios materiales y metodológicos, so pena de que se la repute arbitraria y caprichosa.

El verdadero problema que plantea la interpretación judicial creativa no radica en el método de hermenéutica a aplicar, sino más bien en lograr que la necesaria valoración que se contiene en la sentencia pueda ser calificada como *objetiva,* es decir verdadera, si se prefiere, científica.

Desde luego que la conciencia del Juez estará siempre presente en su decisión, pero de lo que se trata es que tenga fuerza de convicción por coincidir con las valoraciones -la conciencia jurídica- predominante en la comunidad. Y, que ello se demuestre con hechos perceptibles que pongan de manifiesto esa vigencia, a través de las llamadas fuentes del derecho.

Queda, pues, excluido todo voluntarismo autoritario del Juez, insuficiente para justificar el acto de creación pretoriana, como la recurrencia a simples eslóganes genéricos que no autorizan prescindir de la legalidad.

Y es precisamente en este aspecto que se requiere que nuestros hombres del Poder Judicial estén especialmente dotados de conocimientos, prudencia y sensatez, en todos los

---

36 Por lo demás así lo puso de manifiesto la posición de la entonces Corte Suprema de Justicia, la que, a pesar de los embates del nuevo gobierno, hasta que se promulgó la nueva Constitución, fue requerida y sus pronunciamientos sirvieron de gula, a fin de que la ciudadanía tuviera un cauce para fijar sus derroteros. Los gobernantes de los demás poderes no dejaron jamás de considerar peligrosos los pronunciamientos de dicha entidad, lo cual demuestra que ante el pueblo resonaba el eco de sus decisiones, y ante los políticos adversarios, no dejaba de pesar la posibilidad de cualquier decisión en contra de sus posiciones y eventuales arbitrariedades. Aún hoy, a pesar de que se acusa al equipo del hoy Tribunal Supremo de su definida parcialidad por los que apoyan el gobierno de turno, el pueblo e inclusive los políticos de oposición siguen recurriendo al mismo para que fijen posiciones, impida atrocidades y restrinja los abusos que encuentra fundamento en las mayorías.

37 "Intersticial", en palabras de Holmes, tal como lo apunta Berizonce, *opus cit*, p. 395.

niveles e instancias. Los cambios que requiere la justicia y la equidad no son inventos, ni innovaciones sin fundamento, ni improvisaciones, las fuentes de la interpretación creadora cumplen con el fin esencial de dar objetividad a la sentencia.

Abrevan, sea en los principios generales del derecho o que informan a las leyes análogas, en las costumbres o en los estándares comunes, o ya en la opinión de los juristas (Doctrina de los Autores) ... la decisión judicial no puede prescindir de lo criterios científicos, ni contrariar las reglas de la técnica, aun cuando estos parámetros puedan variar con el momento y el lugar, y deben tener como fundamento por igual, las formas de manifestación del conjunto social, expresados mediante los llamados estándares comunes, que sin tener consagración en normas escritas, son de observancia consentida en el núcleo social. Pero por igual deberá tenerse presente, que esos estándares o conducta, si son contra *legem,* aún encuentran rechazo para admitirlas como reglas derogatorias del derecho vigente.

Estos principios y reglas, producto de consagrada doctrina y jurisprudencia del Tribunal Supremo Argentino, son válidos en todas las latitudes, y por ende perfectamente aplicables al caso nuestro.

Son de especial significación y cuidado, aquellos cambios e interpretaciones, cuando se ponen en juego valores similares de rango constitucional, que atienden a la necesidad de velar por su respeto para poder mantener el orden institucional e inclusive la adecuada protección de los mismos.

En la práctica hace pocos días atrás tuvimos la oportunidad de enfrentar un pronunciamiento de nuestra Sala Político Administrativa, la cual en un pronunciamiento cautelar, anticipativo, sin más miramientos pone por sobre toda otra consideración el derecho a la educación, aun cuando con el pronunciamiento en el caso concreto, se atropella la cosa juzgada impuesta en un fallo del mismo Supremo Tribunal, en el cual por igual se sostiene y resguarda la necesidad del orden y tempestividad de los actos que deben cumplirse para tener derecho a esa educación, so pena de producirse el caos y desconcierto social[38].

Es allí donde se requiere de Jueces prudentes, sensatos y maduros, alejados de todo furor político, de todo ánimo de cambiar por cambiar o de cambiar por repudiar lo que antes existía.

Pero en adición a lo dicho, de la necesidad del fundamento racional de los actos del poder judicial, se hace necesario por igual el empleo de adecuados principios metodológicos, de observancia por igual inexcusable y que tienden a acentuar ciertas características comunes a la Ley.

Veamos:

a) En primer lugar, la interpretación objetiva reniega de cualquier subjetivismo o voluntarismo individual que conduciría a una descalificable arbitrariedad.

b) El presupuesto de racionalidad en la labor intelectiva es no menos esencial. La sentencia –ni siquiera la ley– es un *fiat* arbitrario emanado del Juez, sino que por esencia ha de ser un producto de la razón. La fundamentación racional remite a las leyes de la sana

---

[38] Caso Amparo Constitucional Fiscalía de la República vs. Colegio H. Clay, aun pendiente de decisión de fondo Sala Político Administrativa, Tribunal Supremo de la República. Abril 2000.

razón (sana crítica), a las reglas del recto entendimiento humano, a la lógica y a la propia experiencia.

Son execrables en tal sentido los fallos carentes de fundamentos, los fundados en razones caprichosas, con omisiones sustanciales para la adecuada solución del pleito, los que incurren en manifiesta irrazonabilidad o que se apoyan en fundamentos claramente insostenibles[39].

d) El adecuado activismo judicial es tendencialmente proclive a la generación, a través de sentencias, de establecer reglas generales abstractas, al modo de la Ley. El *dictum* apunta siempre, además de a la solución del caso, a implementar recomendaciones más o menos explícitas sobre directivas de conductas institucionales o comunitarias.

e) La creatividad judicial solo se legitima, en último análisis, por la aceptación y el consenso que recogen las decisiones en el seno de la comunidad a la que están destinadas. Aun cuando el juicio público no siempre es fácilmente perceptible y su veredicto a menudo no resulta mensurable, no puede negarse su trascendencia[40].

f) Todos los anteriores presupuestos metodológicos, señala Berizonce, serían insuficientes, sin embargo, si se omitiera satisfacer el deber político jurídico de motivar la decisión, explicitando el raciocinio llevado a cabo por el Juez el emitir el juicio de valor que representa la sentencia.

"La motivación es presupuesto democrático y republicano de su validez, posibilitando el control de la actividad jurisdiccional, no solo en relación a las partes, que tienen derecho a exigirlo, y están habilitadas para reclamar su revisión, sino también para la comunidad –juez de jueces– por la responsabilidad política, social y moral comprometida"[41].

XI. CONCLUSIONES

Como puede apreciarse, la nueva Constitución fija y exige acatar nuevos principios, conceptos y posiciones ante la función del Juez, el concepto de Justicia, aplicación de la equidad, y en todo ello supone y requiere un definitivo cambio de actitudes y conductas en nuestros hombres vinculados a la Justicia: Jueces, abogados y justiciables.

La tarea que corresponde iniciar no es nada fácil, ni puede considerarse cuenta con los mecanismos de implementación más adecuados. Notaremos seguramente a corto plazo la gravedad de no haber formado un Poder Judicial siquiera medianamente capacitado, nos arrepentiremos de la selección y destitución de jueces a dedo y porrazo, como hemos estado acostumbrados a que se lo haga.

No desearía tener la razón, pero creo que lamentablemente lo apresurado de los cambios propuestos y la forma como se ha pretendido imponerlos, de manera general, sin

---

39 Principios jurisprudenciales extraídos de fallos de la Corte Argentina, citados en Berizonce, *opus cit.* p. 398.

40 Lamentablemente esto es poco tornado en cuenta en el ámbito judicial nacional, en todos los niveles y grados de las manifestaciones jurisdiccionales. De allí que hemos insistido siempre en la conveniencia de mantener adecuados medios de información en los que se hagan comentarios favorables o no a fallos y decisiones de los órganos judiciales, en tal forma, la colectividad tiene un importante medio de control sobre el proceder de los jueces.

41 Berizonce, *opus cit.* p. 399.

tomar en cuenta limitaciones obvias, creo que impedirán el triunfo quizá de buenas ideas, que han dado apetecibles resultados en otras latitudes, donde por lo demás se contaba con un Poder Judicial mucho más competente y preparado que el nuestro.

Por todo lo dicho una vez más llamo la atención sobre lo que nos ha entregado en esta materia la ilustre Asamblea Nacional Constituyente, no sé si consciente o inconscientemente. Ojalá que la prudencia y la sensatez priven en algunos de los hombres que tienen en sus manos ahora la aplicación de la justicia, sobre todo al más alto nivel de nuestro Supremo Tribunal, en el cual por lo demás hemos visto tomar derroteros de difícil aplicación e inteligencia, que aún investidos de las mas puras intenciones y adecuados a novísimas posiciones doctrinarias, chocan no sólo con preceptiva legal vigente todavía, sino que atentan contra realidades nacionales que no pueden quedar pretermitidas, más en una Venezuela hoy llena de problemas y con una cuadro económico deplorable, a pesar de los múltiples recursos con los que nos ha dotado la noble naturaleza.

Quiera que la irresponsable alegría de muchos por esos inesperados cambios, no se tome en lamentos y llantos para las futuras generaciones.

Estábamos y seguimos estando convencidos que los cambios necesarios en la administración de justicia, no van por el camino de conceder a nuestro aún incipiente Poder Judicial responsabilidades que están aún lejos de su formación y experiencia, seguimos convencidos que primero que todos esos cambios, es menester formar y apoyar a los hombres de nuestro poder judicial, ennoblecer la función justicia, despolitizarla, y todo ello, aún con los nuevos derroteros que se han fijado a la Justicia, al Proceso y al Poder Judicial, lo vemos lejano y extraño a tales modificaciones.

Me será profundamente reconfortante saber que he podido dejar en Uds. las inquietudes que todos estos problemas me han venido procurando desde el momento mismo en que se comenzó a publicitar sobre los cambios en nuestro Poder Judicial así como todo lo que atiende a la Justicia y que lo expuesto les sea de utilidad para profundizar más en el estudio de dichos temas.

BIBLIOGRAFÍA

Alvarado Veloso, Adolfo. *El Juez, sus deberes y facultades, Los derechos procesales del abogado frente al Juez*, Edit. Depalma, Argentina, 1982.

Arazi, Raúl. *El proceso civil de fin de siglo en Derecho Procesal Civil en vísperas del Siglo XXI*, Editorial Ediar, Argentina, 1997.

Autores Varios, *Problemática actual del Derecho Procesal, Libro Homenaje a Amilcar Mercader*, Coordinador Augusto M. Morello, Morello, Antonio, Morello, Augusto, Gelsi Bidart, Adolfo, Alcala-Zamora y Castillo, Niceto y otros, Editora Platense, Argentina, 1971

Baumeister Toledo, Alberto José. "Las modificaciones de la Constitución Nacional. Aproximaciones en torno a algunos de sus efectos, en especial en lo atinente a los conceptos de "Norma Jurídica, Justicia, Administración de Justicia, Función del Poder Judicial y Proceso", entre otros," Apéndice en la obra, III Jornadas de Derecho Procesal Civil, Arístides Rengel Romberg, Edit. Fundación F. Pérez Llantada SJ y Fondo Edit. UCAB, Caracas, 2000.

____ "Algunas consideraciones sobre el fin del Proceso. La verdad procesal y la verdad material histórica. El objeto de la prueba en el proceso civil. Control de la actividad judicial en el juzgamiento" en *Anuario de ARCA*, 1994, Edit. Jurídica Alva, Venezuela, 1995.

Berlzonce, Roberto. *Derecho Procesal Civil actual*, Librería Editora Platense y Abeledo Perrot, Argentina, 1999, Isbn 950-20-1187-2

_____ *La enseñanza del Derecho Procesal y Tutela Anticipada y Definitoria, ambos en Derecho Procesal Civil en vísperas del Siglo XXI*, Editorial Ediar, Argentina, 1997.

Calamandrei, Piero. *Estudios sobre el Proceso Civil*, Traduce. De Santiago Sentís M., Edit. Bibliográfica Argentina, Argentina, 1945.

_____ *Proceso y Democracia*, Traduc. de Felix Fiz Zamudio, Edit. Ejea, Argentina, 1960.

_____ *Los Estudios de Derecho Procesal en Italia*, Traduc. Santiago Sentis M., Edit. Ejea, Argentina, 1959.

_____ *Opere Giuridiche, a cura di Mauro Cappelletti*, Morano Editore, Italia, 1965, Seis volúmenes.

Cappelletti, Mauro. *Le puvoir des Juges,* Trad. de René David, Edit. Económica, Presesses Universitaires D' Marseille, Francia, 1990.

Carnelutti, Francesco, *Derecho y Proceso*, Traduc. de Santiago Sentis Melendo, Edit. Ejea, Argentina, 1971, tres volúmenes.

_____ *Sistema de Derecho Procesal Civil*, Traduc. Niceto Santiago Sentis Melendo, Edit. Uteha, Argentina, volúmenes.

_____ *Instituciones del Proceso Civil*, Traduc. de la Va Edición Italiana, por Santiago Sentis Melendo, Edit. Ejea, Argentina, 19590, tres volúmenes.

_____ *Como se hace un Proceso*, Trad. Santiago Sentis Melendo y Marino Ayerra Rendín, Edit. Ediciones Jurídicas Europa América, Argentina, 1959.

Chiovenda, Giuseppe, *Instituciones de Derecho Procesal Civil*, Traduc. y notas de Derecho Español por E. Gómez Orbaneja, Edit. Revista de Derecho Privado, España, Tres volúmenes, 1954.

Cossio, Carlos, *El Derecho en el Derecho Judicial*, Segunda edición, Abeledo Perrot, Argentina, 1959.

Couture, Eduardo J., *Estudios de Derecho Procesal Civil*, Edit. De Palma, Argentina, 1978, tres volúmenes.

Entrena Klett, Carlos María, *La Equidad y el Arte de Juzgar*, 2a. Edición, Edit. Aranzadi, España, 1990.

Gelsi BIDART, Adolfo, "Proceso y época de cambio," en *Libro Homenaje a Amílcar Mercader, Problemática actual del Derecho Procesal*, Editora Platense, Argentina, 1971, p. 421 ss.

Herrendorf, Daniel E., *El Poder de los Jueces, Como piensan los Jueces que piensan,* Abeledo Perrot, Argentina, 1998, 3a edición actualizada.

Morello, Augusto M., *La Reforma de la Justicia*, Librería Platense, Argentina, 1991, Isbn 950-536-040-1. Constitución y Proceso, La Nueva Edad de las Garantías Jurisdiccionales. Edit. Abeledo-Perrot, Argentina, 1998.

Ovledo Arbeláez, Amparo Alicia, *Proceso, Justicia y Libertad*, Publicación de la Pontificia Universidad Javeriana, Colección Profesores, N- 23. Edit. Javegraf, Colombia, 1997.

Peyrano, Jorge W., "Estado de la doctrina judicial de la reposición in extremis, Muestreo Jurisprudencial." En *Revista de Estudios de Derecho Procesal* N° 2, Jul - Dic. 99, Edit. Livroscaj Invedepro, Venezuela, 2000, Issn 1316-9777, P 3 ss.

Picardi, Nicola, "1I mutamenti del ruolo del giudice nei nostri tempi," en *Derecho Procesal en vísperas del siglo XXI*, Temas Actuales en memoria de los Profesores Isidoro Eisner y Joaquín A. Salgado, Editorial Ediar, Argentina, 1997, p. 397.

Velásquez, Juan G, Briseño S, Humberto, Devis Echandía, Hernando, y otros, *Derecho Procesal Moderno*, Editorial Biblioteca Jurídica Díke-Univer. Pontificia Bolivariana Panamericano de Derecho Procesal, 1988.

3.

LAS MODIFICACIONES DE LA CONSTITUCIÓN NACIONAL. APROXIMACIONES EN TORNO A ALGUNOS DE SUS EFECTOS EN ESPECIAL EN LO ATINENTE A LOS CONCEPTOS DE "NORMA JURÍDICA, JUSTICIA, ADMINISTRACIÓN DE JUSTICIA, FUNCIÓN DEL PODER JUDICIAL, Y PROCESO", ENTRE OTROS*

"Conozco algo peor que un idiota:una Asamblea de idiotas".

Voltaire

INTRODUCCIÓN

Quiero expresar que no me anima al hacer estos comentarios ningún espíritu de aberrante oposición al régimen o sistema de gobierno actual, pues ni soy ni he sido político jamás, ni estoy sumido en ese pesimismo extremo, con el cual suele acompañarse toda posición en contra de las gestiones del Gobierno de turno, aún cuando con ese mote, o con el de "profetas del desastre", suelan calificarse en nuestro país a quienes de alguna manera sensatamente advierten ciertos errores, vicios y problemas en cualquier asunto o institución.

Por esencia soy abogado, toda mi vida he ejercido mi profesión, es lo que pretendo saber hacer y por ello mismo he procurado enseñar y divulgar lo poco que de ella he conocido como bueno y sensato, y por supuesto que como venezolano, padre y abuelo, me preocupa el futuro de mi país, pero sin que nada me importe quien lo rija, pues he estado acostumbrado siempre, como ahora, una vez más, que eso de las elecciones es un simple cuento de los regidores de turno, una simple dictadura de las mayorías, y contra lo cual, además, sensatamente, nuestras clases no políticas o lejanas al "negocio de esa índole", han resultado siempre incapaces para defenderse activa y eficientemente.

He perdido y he ganado juicios con o sin justicia, pero estoy en este país, donde las cosas ocurren y tienen que llevarse así, y para lo cual lo que me he trazado como norma conductual, es y ha sido no callarme la boca en resaltar los disparates que se cometen, ni los desaguisados en que se incurre, sea que los mismos los ejecuten, mis amigos, enemigos, letrados o legos. Lo que no he sido jamás es Alcahueta o Celestina, pues en ello creo radica

---

* Trabajo de investigación presentado al Instituto Venezolano de Estudios de Derecho Procesal (INVEDEPRO), de conformidad con las normas estatutarias y para dar cumplimiento a la obligación impuesta a los Miembros de dicho Instituto a fin de permanecer en la categoría en la cual han resultado calificados. Diciembre 1999.

el tremendo mal que nos aqueja. En nuestro país parece ser la regla que todo debe perdonarse siempre en beneficio de un algo, moral o inmoralmente justificable o aceptable.

Me ha dado, pues, lo mismo que haya mandado Medina, el maestro Gallegos, el General Pérez Jiménez, Rómulo Betancourt, Leoni, Caldera, Pérez, Lusinchi y ahora el gran Chávez, pues en todos esos gobiernos, y a pesar de ellos, he sobrevivido.

El país y nuestro sistema de justicia, es y ha sido siempre más de lo mismo, y el desiderátum, lamentablemente, por la ideología, educación e idiosincrasia de nuestro pobre pueblo ha debido ser siempre el de tener que escoger, dentro de lo peor, lo menos malo, y no de resolver entre lo bueno y lo que no lo sea.

De absoluta buena fe y con espíritu crítico y científico, hago pues estas mis Aproximaciones, al nuevo régimen de Justicia en nuestra Constitución, y sobre el cual he llegado a la conclusión, por demás triste, que estamos por el camino equivocado, que nada produciremos positivo con los cambios propuestos y que, de ello, nos daremos cuenta antes de lo que tenemos imaginado y con lamentables consecuencias para todos.

Los papeles aguantan todo, como dice nuestro soberano. Revisemos nuestros textos constitucionales anteriores, nuestros Códigos de Procedimientos y veremos que las pobres normas con unas que otras modificaciones y declaraciones rimbombantes, siguen siendo las mismas, hechas de buena voluntad, pues no soy quien para presumir lo contrario, pero eso sí, aplicadas, cada vez por esos gobiernos de turno, en forma más atroz e insensata por hombres que no hemos querido que estuvieren preparados para ello, designados a como se le ha venido en gana a esas mayorías: a las adecas, a las copeyanas o a las del actual sistema y de paso sea dicho, nadie ha hecho nada tampoco para que ello no ocurra así. Por lo demás, lo que digo y sostengo en las líneas que siguen, poco tiene de mi talento y creación, me he limitado a ordenar y exaltar lo expuesto ya hace muchos años por grandes maestros y especialistas; lo que ya ha sido probado por sistemas políticos que procuraron exaltarlos, promulgarlos y los vivieron y aplicaron ya la larga tuvieron que modificarlos.

Sólo llamo a reflexión a quienes de alguna manera están realmente interesados en el país, en el triunfo del derecho y de la justicia, en que no se continúe engañando a este pobre pueblo tan vituperado y olvidado, para ver si nos da tiempo corregir entuertos o evitar mayores males.

Sí me entristece profundamente que, en este proceso de modificación de la Constitución, en el cual se propusieron nuevas ideas, a como vinieran, participaron muchas personas, algunos por supuesto los tradicionales tirapiedras ignaros que las exaltaron y propugnaron porque les sonaban bien o les daban nota, pero otros muchos entiendo que fueron serios y doctos colegas, inclusive Profesores de nuestras Universidades, que no son del caso nombrar.

Esto último si me resulta imperdonable, al igual que la falta de respuesta, por parte de nuestro Instituto, cuando en su momento hice un llamado a la Junta Directiva ampliada, para que de alguna manera nos pronunciáramos ante las ya desafinadas notas y acordes producidas por los desaguisados que ya hacían tronar las trompetas de los menos estudiosos ni favorecidos para opinar sobre los delicados tópicos que ahora analizaremos.

LOS CAMBIOS CONSTITUCIONALES

Establece el preámbulo de la recién promulgada Constitución de la REPUBLICA BOLIVARIANA DE VENEZUELA[1], como ahora ha quedado rebautizada la patria, gústenos o no, que:

Con el fin Supremo de refundar la República para establecer una sociedad democrática, participativa, y protagónica, multiétnica y pluricultural en un Estado de justicia, federal y descentralizado, que consolide los valores de la libertad, la independencia, la paz, la solidaridad, el bien común, la integridad territorial, la convivencia y el imperio de la ley para ésta y las futuras generaciones; asegure el derecho a la vida, al trabajo, a la cultura, a la educación, a la justicia social y a la igualdad sin discriminación ni subordinación alguna; promueva la cooperación pacífica entre las naciones e impulse y consolide la integración latinoamericana de acuerdo con el principio de no intervención y autodeterminación de los pueblos, la garantía universal e indivisible de los derechos humanos, la democratización de la sociedad internacional, el desarme nuclear, el equilibrio ecológico y los bienes jurídicos ambientales como patrimonio común e irrenunciable de la humanidad; ....".

De su parte, el Artículo (en lo sucesivo Art.) dos (2) del mismo texto constitucional, formando parte del Título I, Principios Fundamentales:

> "Venezuela se constituye en un Estado democrático y social de Derecho y de Justicia, que propugna como valores superiores de su ordenamiento jurídico y de su actuación, la vida, la libertad, la justicia, la igualdad, la solidaridad, la democracia, la responsabilidad social y en general, la preeminencia de los derechos humanos, la ética y el pluralismo político".

En el Art. 7, se dispone:

> "La Constitución es la norma suprema y el fundamento del ordenamiento jurídico. Todas las personas y los órganos que ejercen el Poder Público están sujetos a esta Constitución".

En lo que resulta ser evidente desarrollo de los principios y postulados antes enunciados, el Art. 26 consagra:

> "Toda persona tiene derecho de acceso a los órganos de administración de justicia para hacer valer sus derechos e intereses, incluso los colectivos o difusos, a la tutela efectiva de los mismos y a obtener con prontitud la decisión correspondiente.
>
> El Estado garantizará una justicia gratuita, accesible, imparcial, idónea, transparente, autónoma, independiente, responsable, equitativa y expedita, sin dilaciones indebidas, sin formalismos o reposiciones inútiles".

El artículo 49, dispone:

> "El debido proceso se aplicará a todas las actuaciones judiciales y administrativas y, en consecuencia:

---

[1] Constitución de la República Bolivariana de Venezuela 1999, *Gaceta Oficial* No. 36.860 del 30 de diciembre de 1999, en lo adelante CN, que por lo demás reproduce el texto preparado y divulgado con ocasión del proceso electoral para aprobarla, con pie de imprenta de Edit. Talleres Gráficos del Congreso, Venezuela, 1999.

1. La defensa y la asistencia jurídica son derechos inviolables en todo estado y grado de la investigación y del proceso. Toda persona tiene derecho a ser notificada de los cargos por los cuales se le investiga, de acceder a las pruebas y de disponer del tiempo y de los medios adecuados para ejercer su defensa. Serán nulas las pruebas obtenidas mediante violación del debido proceso. Toda persona declarada culpable tiene derecho a recurrir del fallo con las excepciones establecidas en esta Constitución y la Ley.

2. Toda persona se presume inocente mientras no se pruebe lo contrario.

3. Toda persona tiene derecho a ser oída en cualquier clase de proceso, con las debidas garantías y dentro del plazo razonable determinado legalmente, por un Tribunal competente, independiente e imparcial establecido con anterioridad. Quien no hable castellano o no pueda comunicarse de manera verbal, tiene derecho a un intérprete.

4. Toda persona tiene derecho a ser juzgada por sus jueces naturales en las jurisdicciones ordinarias, o especiales con las garantías establecidas en esta Constitución y en la ley. Ninguna persona podrá ser sometida a juicio sin conocer la identidad de quien la juzga, ni podrá ser procesada por tribunales de excepción o por comisiones creadas para tal efecto.

5. Ninguna persona podrá ser obligada a confesarse culpable o declarar contra sí misma, su cónyuge, concubino o concubina, o pariente dentro del cuarto grado de consanguinidad y segundo de afinidad.

La confesión solamente será válida si fuere hecha sin coacción de ninguna naturaleza.

6. Ninguna persona podrá ser sancionada por actos u omisiones que no fueren previstos como delitos, faltas o infracciones en leyes preexistentes.

7. Ninguna persona podrá ser sometida a JUICIO por los mismos hechos en virtud de los cuales hubiese sido juzgada anteriormente.

8. Toda persona podrá solicitar del Estado el restablecimiento o reparación de la situación jurídica lesionada por error judicial, retardo u omisión injustificados. Queda a salvo el derecho del o de la particular de exigir la responsabilidad personal del magistrado o magistrada, juez o jueza y del Estado, y de actuar contra éstos o éstas."

Finalmente, en el Capítulo III del Título IV que regula lo atinente al Poder Judicial y el sistema de Justicia, se contempla en el aparte primero del Art. 253, aparte final del Art. 255, Art. 257 y Art. 258, lo siguiente:

> "Artículo 253: La potestad de administrar justicia emana de los ciudadanos o ciudadanas y se imparte en nombre de la República por autoridad de la Ley.
>
> Corresponde a los órganos del poder Judicial conocer de las causas y asuntos de su competencia mediante los procedimientos que determinen las leyes, y ejecutar o hacer ejecutar sus sentencias ......".
>
> "Artículo 255:...Los jueces o juezas son personalmente responsables, en los términos que determine la ley, por error, retardo u omisiones injustificadas, por la inobservancia sustancial de las normas procesales, por denegación, parcialidad, y por los delitos de cohecho y prevaricación en que incurran en el desempeño de sus funciones".

“Artículo 257: El proceso constituye un instrumento fundamental para la realización de la justicia. Las leyes procesales establecerán la simplificación, uniformidad y eficacia de los trámites y adoptarán un procedimiento breve, oral y público. No se sacrificará la justicia por la omisión de formalidades no esenciales”.

“Artículo 258: La Ley organizará la justicia de paz en las comunidades. Los jueces y juezas de paz serán elegidos o elegidas por votación universal, directa y secreta, conforme a la ley.

La Ley promoverá el arbitraje. la conciliación, la medicación y cualesquiera otros medios alternativos para la solución de conflictos”.

EL SIGNIFICADO Y REPERCUSIÓN DE DICHOS CAMBIOS

Lo antes transcrito, contiene fundamentalmente todos los cambios que se han introducido en lo que atiene a los conceptos e instituciones relacionados con la Justicia, la forma de impartir la jurisdicción, el concepto y desarrollo de las normas jurídicas aplicables para resolver los conflictos, el concepto, uso y fines del proceso y quienes y como impartirán esa justicia.

Esos cambios, esas nuevas ideas y concepciones han sido producto de la voluntad del grupo de hombres a quienes el país confirió, sensata o insensatamente, la tarea de repensar el ordenamiento normativo general de la República, y son de una importancia y efectos inmediatos tales que deben llamar seriamente a reflexión, pues estoy seguro que pocos, entre ellos los propios constituyentistas, han dedicado algo de tiempo a cuantificar y medir los profundos cambios que comportan esos nuevos principios y enunciados que se han dejado promulgados para sustentar, regir y declarar cual es el régimen de derecho aplicable en lo adelante, bajo cuales reglas se administra y aplica la ley, cual es la verdadera función del Poder Judicial y como y cuál es el concepto de lo justo y del derecho aplicable por los Jueces.

Es preciso hacer constar que si lo aprobado no tuvo esa intención por parte de quienes lo propusieron, o si aquellos no cayeron en cuenta de la trascendencia e importancia de los cambios que se estaban aprobando, ello no tiene excusa alguna ni puede producir otros efectos que los seguidamente comentados, pues, pacífica doctrina y sin número de especialistas en la materia, los analizan, comentan y explican bajo tales resultados y para producir precisamente esos efectos.

Si lo hicieron pues de tal forma, resultan además unos solemnes irresponsables y lamentablemente dudo mucho que ello pueda lanzarse atrás o sea interpretado de manera diferente a lo que dejaremos indicado.

Todas esas normas que nos hemos permitido transcribir precedentemente, consagradas en el ordenamiento Constitucional, instrumento bajo el cual subyace todo el resto del ordenamiento legal futuro, y al cual vienen todas ellas sometidas sin excepciones de naturaleza alguna, fijan, postulan y establecen el marco dentro del cual debe desarrollarse la actividad de ese importantísimo y destacado tercer Poder del Estado, el Poder Judicial, y a él vienen vinculados, sin ambages ni excepciones de ninguna clase todos los órganos públicos y los ciudadanos de nuestra patria, pues aún cuando por desgracia, históricamente a dicho Poder siempre se le ha negado la importancia y jerarquía que le corresponden en el entorno social y político, en la práctica, resulta imposible desconocer su rol e importancia.

Pero esta actitud frente al Poder Judicial no es nueva, inclusive Montesquieu, como lo anota Herrendorf[2] que era juez y conocía muy bien el funcionamiento de los *Parlements,* en su libro sobre la Judicatura, ni siquiera parece tener claro el sentido del control que él mismo ejercía como Juez. Jamás pensó que los jueces podían elevarse a la jerarquía de detentadores del poder; y consideraba al Poder Judicial como invisible y casi nulo (Libro XI, Cap. 6, Libro XXVIII).

Y mas curioso aún, en el país del Norte, cuna del constitucionalismo, uno de los países donde mas respeto y culto se rinde al Poder Judicial y a sus integrantes, tampoco los redactores de los documentos de la Unión, y doctrinarios del Federalismo, sospecharon esto. La exposición de Hamilton en "El Federalista", sobre el poder judicial lo trasluce claramente:

> "La Judicatura por la naturaleza de su función, será siempre el menos peligroso para los derechos políticos de la Constitución porque tendrá la mínima capacidad de dañarlos o violarlos la Judicatura no tiene influencia sobre la espada o la bolsa, ni mando sobre la fuerza o la riqueza de la sociedad y no puede tomar ningún tipo de resolución. Se puede decir verdaderamente que no tiene fuerza ni voluntad, sino simplemente juicio .... Esto prueba incontestablemente que la judicatura es sin comparación el más débil de los tres departamentos del poder"[3].

De allí precisamente lo importante que resultaba analizar y diseñar concienzuda y reposadamente cuales eran los cambios que se querían entronizar en materia de administración de justicia, del Poder Judicial, del concepto y contenido de las normas jurídicas y todo cuanto a ello hacía referencia obligada, pues a pesar de esa minusvalía en que se ha tenido siempre lo relacionado con el Poder Judicial, resulta que el papel del Juez dentro de las democracias, dentro de la conflictividad que se desarrolla en los conglomerados sociales que estallan ante oprobios, injusticias, leyes anacrónicas, vetustas y la pérdida de todo control moral, siempre ha tenido primordial importancia, y todo cuanto a ello atañe reviste entonces un protagonismo inusitado y provoca unos efectos impensados en el colectivo: seguridad jurídica, certeza, calidad de vida, etc. aún cuando pretendan negársele o soslayárselos.

Cualquiera que sea el sistema jurídico imperante, el juez siempre será un protagonista activo y totalmente insoslayable del derecho y de la Justicia, del mismo modo que su sentencia es la forma en que el Derecho se muestra a sí mismo vitalmente. Como concluye Herrendorf, "veremos que el Juez integra con su pensamiento al ordenamiento jurídico y de ese modo le da vida"[4].

Pero estos comentarios no pueden extenderse a todas las consideraciones que nos merecerían todos los aspectos relacionados con el Poder Judicial, la justicia, y sus vinculaciones y relaciones con los demás poderes y actividades del Estado, por ello, de una vez debemos advertir que nos limitaremos en el desarrollo de nuestras Aproximaciones al

---

2 Herrendorf, Daniel E., *El poder de los jueces. Como piensan los jueces que piensan*, Abeledo Perrot, Argentina, 3a Edic. actualizada, 1998, ISBN-9S0-20-1103-1, p.24.

3 Hamilton, *The Federalist*, num.78, citado por Herrendorf, *opus cit.* p. 25.

4 *Opus cit,* p. 20. En los nuevos papeles que está llamado a cumplir el Poder Judicial, véase el interesante trabajo del Profesor Nicola Picardi, Il mutamenti del ruolo del giudice nei nostri tempi, en *Derecho Procesal en vísperas del Siglo XXI, Temas Actuales*, en memoria de los Profesores Isidoro Eisner y Joaquín Alí Salgado, Edit. Ediar, Argentina, 1997, p. 397 ss.

aspecto puramente "procesal y judicial propiamente dicho" de los efectos y consecuencias derivados de las reformas habidas y lo que ellas comportan para la Ciencia del Proceso y la administración de justicia propiamente, pues de lo contrario haríamos demasiado extenso el estudio que nos hemos propuesto y perdería sentido el principal fin que nos ha movido a efectuar estos comentarios.

¿POR QUÉ ANALIZAR LA PROBLEMÁTICA DE LOS CAMBIOS CONSTITUCIONALES A TRAVÉS DE LOS ASPECTOS PROCESALES QUE ELLOS PUEDAN CONLLEVAR?

Como lo destaca airosamente Amparo Oviedo Arbelaez[5]:

> "El nuevo Derecho Procesal debe mirarse como una de las ramas del ordenamiento jurídico que presenta los mayores fenómenos de crítica y de crisis. Esto porque como ciencia autónoma dirige sus trabajos hacia la creación de los métodos de juzgamiento y tiende a estabilizar las instituciones aptas para el logro de la adecuada administración de justicia. Sin embargo, sus normas se ven constantemente sometidas al incumplimiento en la medida que los procedimientos señalados en la Ley, por más perfectos que sean aparejan complejísimas interpretaciones y aplicaciones ...... La crisis de las instituciones se manifiesta de manera principal cuando se hace nugatoria, burocrática y compleja la administración de justicia ...... Pero no solamente se critica la cuestión de la administración de justicia como ejercicio del poder de juzgar sino como problema de conocimiento. Es decir como fenómeno de investigación y análisis, ya sea desde el punto de vista de las normas existentes para conocer su significado, ya sea el de la elaboración de nuevas formas que perfeccionen el desarrollo de los principios y reglas admitidas por la comunidad como válidos y necesarios a la recta administración de justicia. No en vano el Profesor Calamandrei titula su obra "Proceso y Democracia", porque el sistema del poder está directamente ligado a la tarea mas importante del Estado cual es la de Juzgar".

Con el Derecho Procesal ocurre algo curioso que ya ha sido anotado por consagrada doctrina: la divulgación de su ciencia, la de los procedimientos establecidos y las prácticas judiciales, se hace desde diversos foros y ello produce necesariamente diversos enfoques sobre un mismo fenómeno. Diferente visión se tendrá de él, desde el punto de vista de la Magistratura, del de la profesión de abogado, del escritor jurista, de lo que pueda comentarse en una revista, y ahora hasta en forma de dar look a programas de televisión y en argumentos de novelas, pues también en ellos se opina sobre el derecho y la justicia. Quizá esto justifique en parte las grandes distorsiones que presenta su estudio y examen, pero fundamentalmente el debido y concienzudo examen del mismo debe serlo a través de las Cátedras en las Facultades de Derechos[6].

---

[5] Oviedo A., Amparo Alicia, *Proceso, Justicia y Libertad,* Publicaciones de la Pontificia Universidad Javeriana, Facultad de Ciencias Jurídicas, Edit. Javegraf, Colombia 1997, Colección Profesores, N-23, Isbn 958-9176-34-8, p. 16 ss.

[6] En el mismo sentido Oviedo Arbeláez, *opus cit.,* p. 17. En ese orden de ideas, por ejemplo, vale la pena destacar que en la actualidad se presenta un desconcertante e insólito programa, y el cual parece tener muy buen *rating,* en el cual un sujeto "a quien se denomina arbitro" imparte justicia a su leal saber y entender, inclusive sobre materias en las cuales expresamente está prohibido el arbitraje, tales como asuntos relacionados con familia, menores, etc. Pero nada

Pero diseñar la debida enseñanza del Derecho Procesal no ha sido tampoco tarea fácil, en tanto ha resultado difícil fijar el contenido y alcance de la materia a impartirse, el método para su estudio, y podemos decir que casi se ha mantenido en el olvido la enseñanza del verdadero Derecho Procesal, prefiriéndose trasmitir el conocimiento práctico y útil de las normas procedimentales, como una mera exégesis, que aún hoy, a pesar el gran vuelco de las escuelas contemporáneas de Derecho Procesal, sigue teniendo definitiva preponderancia, pues son muchos los que aún enseñan el Procesal, tal como aparece formulado en las Leyes y Códigos, olvidándose que cuando un juez juzga en el caso concreto, en vez de recitar normas con fruición de letanía, lo que debe pretender es hacer un acto de justicia, porque, como señala Herrendorf: ".... tratándose de derechos fundamentales, se juega el problema de ser o no ser"[7].

El fenómeno del "debido proceso" se identifica en estos casos, de manera constante con la sujeción absoluta a las normas y el abogado litigante se vuelve un experto en el conocimiento de todos los vericuetos de la Ley y contribuye a hacer del Derecho Procesal la ciencia del procedimiento, mas que la ciencia del proceso entendido como método para juzgar, dejando a un lado el fenómeno institucional, ni menos el significado o análisis de cada problema del Derecho Procesal, lo que lleva a concluir a nuestra citada autora, con estas lamentables frases: "Es por ello que si de una parte, en la Universidad se ha desarrollado una ciencia procesal, prevalece el dominio de la práctica que brota de la aplicación estricta de la ley, pero históricamente se sabe que los procedimientos se convierten poco a poco en maraña inextricable y contraria a las necesidades de Justicia"[8].

Cuan duro resulta todo esto a quienes nos hemos dedicado a la docencia y al ejercicio profesional por muchos años, pero resulta ser una verdad tan cierta como el que todos los días debe salir el sol y oscurecer. Históricamente puede apreciarse que las leyes de procedimiento fueron unitarias y de un tronco común nacieron las especialidades modernas (civil, penal, laboral, administrativo, etc.). Pero cada especialidad, como lo anota la Profesora Oviedo, "se llevó consigo todo lo común al desarrollo del proceso.

Cada Ley construyó sus propias reglas de jurisdicción, competencia, régimen probatorio, actos procesales y al final se convirtió en un repetitivo sistema disperso en leyes diferentes. Además, unos procedimientos se movieron dentro del criterio de oralidad, otros de la escritura, unos dentro del sistema inquisitivo, otros dentro del acusatorio, unos dentro de la tarifa legal de pruebas otros dentro del criterio de la libre apreciación. Fue forzoso, así llegar a una Teoría General del Proceso que abarcara científicamente todo el tema de la manera de impartir justicia, partiendo de los fenómenos reales que integran el sistema constitucional y la realidad de que el juzgar debe ser una ciencia independiente de la materia que se juzga"[9].

---

importa, ni a las autoridades, ni a la empresa que patrocina el programa, ni al insólito gremio de abogados, que una vez más muere callado, como habitualmente suele ocurrir.

7 *Opus cit*, p. 12.

8 *Ibídem* Oviedo Arbeláez, p. 18. En añadido, parecer ser esa la misma tesis de nuestra Corte Suprema de Justicia en Sala de Casación Civil, a quien con frecuencia se la acusa de exagerar el ritualismo en sacrificio desmedido del derecho sustancial y de la verdadera solución de los casos. Los nuevos preceptos constitucionales, expresamente ahora repudian esa tendencia, tal como se verá mas adelante.

9 *Opus cit* p. 18. Que hermoso y bien concebido pensamiento y cuanta similitud con lo que hemos venido viviendo y continuaremos viendo en nuestra Venezuela.

Lo antes dicho parece olvidarse con mayor frecuencia que lo deseado, las democracias de nuestro entorno sur y centro americano, porqué no, como la nuestra, se han venido perfeccionando durante el Siglo XX, pero no han logrado aún hacer real ni posible el verdadero sistema que traduzca la idea de unos poderes en los cuales el ciudadano tenga efectiva participación y en que se dispense verdadera justicia e igualdad. Mas opinamos que ello no es en razón del sistema bajo el cual pretende impartirse la justicia, sino por la falta de un adecuado e idóneo Poder Judicial, capacitado, consciente de sus funciones, y para alcanzar el cual falta todavía mucho por transitar, pues no es ese precisamente el modelo de Poder que han deseado ni desean nuestros políticos.

En cuanto a tales aspectos se refiere es cierto que no podemos dejar de cuestionar el hasta hace muy poco vigente sistema de justicia y su pobre y deplorable funcionamiento. No entremos a considerar las causas ni sus responsables. Pero lo cierto del caso es que para el nuevo grupo constituyentista, lograr las aspiraciones de que tengamos una adecuada y eficaz administración de justicia, que satisfaga al conglomerado nacional, era una idea cardinal, y para ello lamentablemente se pensó era necesario, comprometer un nuevo concepto de Juez, de justicia, y de proceso, porque por igual tenemos que estar claros de que con el solo reconocimiento en nuestros textos constitucionales, de los derechos fundamentales del hombre y el que forman parte de los sistemas normativos los Tratados suscritos válida y eficazmente por los países, no basta, ni ello permitirá superar las crisis de justicia. Es menester que exista un régimen de garantía y protección de aquellos.

Esto no puede ni debe olvidarse, y menos aún pretender que con el solo enunciado y consagración de algunos de esos postulados en el nuevo texto constitucional tendremos resueltos los problemas. Son muchos, muy importantes y trascendentes los cambios que deben venir aparejados a todas esas reformas del sistema, pues de lo contrario nuevamente estaremos ante el fracaso de los nuevos modelos o sistemas.

Pero ¿cuál de los dos sistemas más conocidos para la administración de justicia, admisibles en doctrina, resulta mejor, o más adecuado a la idiosincrasia y realidad de nuestro país? He allí el quid del asunto. No puede creerse que por el solo hecho de cambiar unos postulados e instaurar nuevas ideas, el éxito está garantizado. Sobre esto, precisamente es que nos proponemos llamar la atención en estas primeras aproximaciones que hacemos sobre el tema de los cambios constitucionales en lo atinente a los conceptos de Justicia, Jueces, Proceso, etc.

Una de las fórmulas que se ha buscado para paliar, mitigar o prevenir los males del indebido o insuficiente funcionamiento de los sistemas de justicia, puede observarse que es hoy, como un fenómeno constante, que en el orden internacional se haya constituido un cuerpo de normas orientadas por la comunidad de naciones a desarrollar todas las garantías necesarias al proceso como "método de impartir justicia dentro de la democracia" y que se cuenta con una definitiva tendencia a consagrar esos principios y fundamentos bajo los cuales se pretende garantizar la administración de justicia en los textos constitucionales.

Pero obviamente que con ello no se logra realmente el propósito final; una mejor administración de justicia. Lo que sí se pone de manifiesto, en forma obvia, es que todo ello dependerá siempre del juez, del hombre a cuyo cargo está el manejo, aplicación y ejecución de la justicia[10].

Al final de cuentas, como concluye Oviedo, "juristas y abogados deben ser personas altamente capacitadas en la teoría y en la práctica en el oficio de juzgar. Nada más crítico en las democracias que el Proceso. Al ciudadano lo que mas le importa es que haya justicia en todos los órdenes: justicia social y justicia política, entendida ésta como el ejercicio legítimo del poder garantizador de los derechos reconocidos en la Constitución democrática y en las Leyes obtenidas de modo que interpreten los derechos ciudadanos y sociales[11].

Creemos, como lo hemos dejado dicho antes, que en este tema, allí ha estado el error siempre, se ha olvidado ese particular pero indispensable factor en la actividad judicial, la calidad, preparación e idoneidad del hombre a quien se confía la administración de justicia. Se ha creído indebidamente que el asunto va mas por el lado de equipamiento, sedes, de buscar otras vías para el juzgamiento, de conferir más poderes, a quien no puede siquiera ejercer debidamente los pocos que se le tienen confiados por la Ley. Ese ha sido el problema no sólo en Venezuela, sino en muchos de nuestros países del entorno americano.

La solución del problema para lograr una mejor y más adecuada justicia, no estará en cambiar por cambiar el prototipo de la forma como debe administrársela, ni cual resultará la norma jurídica aplicable, ni si la mejor de éstas resulta la más apegada al texto frío de la Ley, o a la más apegada a las costumbres sociales por vía de la equidad, sino plantearnos realmente si tenemos el elemento humano necesario con el cual podamos lograr esos cambios, o si en lugar de propiciarlos y auspiciarlos , lo que debería hacerse es mejorar lo que tenemos, darle mayor apoyo a ese sustrato humano, precisar sus campos de acción y función, levantar ese amellado espíritu con el cual siempre han ejercido la investidura nuestros jueces y lograr bajo un sistema -objetivamente serio- los cambios necesarios, en lugar de adentrarnos a un cambio radical con otro sistema, para el cual a nuestro modo de ver -igualmente en forma objetiva- no estamos preparados, ni adecuados para soportarlo ni implementarlo y menos engañarnos con que a través del mismo se lograrán beneficios a corto o mediano plazo.

¿CUALES SON LOS CAMBIOS PROPUESTOS?

Dentro del expresado orden de ideas y vista la problemática general de la administración de justicia que nos acompañó durante estos últimos años, los quebrantos que con ello padece la ciudadanía, y las frustraciones políticas que todo ello ha significado, resultaba pues evidente que la Asamblea Nacional Constituyente, consciente de esa problemática según lo vociferaron varios de sus integrantes y lo sostiene y mantiene nuestro señor Presidente de la República, de todo lo cual es preciso que todos

---

10 Al respecto véanse los interesantes trabajos de Augusto Morello, *Constitución y Proceso, La Nueva Edad de las Garantías Jurisdiccionales*, Abeledo Perrot, Argentina, 1998, Raúl Arazi, El proceso civil de fin de siglo, Roberto Berizonce, *La Enseñanza del Derecho Procesal*, Tutela anticipada y definitoria, Adolfo Gelsi Bidart, *Indicación sobre fundamento de la Anticipación Procesal*, todos los últimos cuatro en Derecho Procesal Civil en vísperas del Siglo XXI, Edit. Ediar, Argentina, 1997.

11 *Opus cit.* p. 20.

estemos claros, resultamos “todos responsables” y no solo los partidos de los últimos 40 años, a quien tanto ahora se les achaca, tomara nuevas alternativas que según ellos garantizaran realmente la recta administración de justicia y para lo cual, repetimos, habían dos vías: Una, analizar, estudiar a profundidad y proponer soluciones bajo el sistema imperante, el cual por lo demás es el aplicable en un sin número de otros países, y con base a ello fijar toda una estrategia para la formación y mejora de los hombres a quienes se confiarían esas tareas, o la otra, llegar a cambios más profundos, estableciendo, consciente o inconscientemente, inclusive, un nuevo orden institucional, y sin que por ello por supuesto tampoco pudiere dejarse a un lado el mismo problema humano de fondo, esto es, a quien y como se confiaría la forma de administrarlo y aplicarlo.

De lo que hemos transcrito de los textos constitucionales, parece que fue esta última la vía escogida, y de allí que fuere menester ordenar y postular los nuevos principios necesarios aplicar por parte del Poder Judicial, todo con miras a corregir los entuertos y satisfacer realmente al conjunto de venezolanos que confirieron esos soberanos poderes para reencaminar la República, como se dice y cacarea en estos tiempos.

En efecto y como lo dejamos expresado supra, nos encontramos que se insertan en la Carta Magna una serie de nuevas ideas, principios y postulados, bajo los cuales el Estado se compromete a administrar y aplicar la Justicia, y los fines y objetos para lo cual se lo hará en esa forma, la manera como para tales fines deberá ser interpretada y aplicada la Ley, todo lo cual se resume en adjetivos y calificativos repetidos en la nueva normativa constitucional y encontramos entonces ahora importantes y novedosas alteraciones de lo que venía haciéndose, bajo declaraciones de principios como la siguiente:

> “Refundar la República para establecer una sociedad democrática, participativa y protagónica, multiétnica y pluricultural en un Estado de Justicia que consolide los valores de la libertad ...... y el imperio de la Ley para esta y las futuras generaciones; asegure el derecho a la vida .... a la justicia social y a la igualdad sin discriminación ni.... (Preámbulo)”.

> “En atención a ello, Venezuela se constituye en un Estado democrático y social de Derecho y de Justicia .... que propugna como valores superiores de su ordenamiento jurídico y de su actuación la vida, ... la justicia ...... y en general la preeminencia de los derechos humanos. (Art 2)”.

¿Que pretende señalarnos la Constitución con la reiterativa mención a que debe procurarse un Estado de Justicia ... el Imperio de la ley que asegure la justicia social y la igualdad ... para que exista un Estado democrático y social de Derecho y de justicia?

En los sistemas procesales clásicos como el que hasta hace poco estuviera vigente en Venezuela, es decir, el regulado por el principio de la jurisdicción de Derecho, o de apego en la función de juzgar al texto legal vigente, cuando el Juez aplica la Ley en el caso concreto se entiende que cumple con el más perfecto acto de justicia, pues debe entenderse que coincide el mandato legal con el postulado de justicia que se presume recogido en la Ley. Entendamos que esto es lo normal, pero que en la práctica puede no ocurrir así.

En estos casos, el Estado cumple con su deber de administrar justicia, fomentando, propiciando y auspiciando un ordenamiento jurídico actualizado, y garantizando y manteniendo un Poder Judicial en manos de hombres capacitados, cuya función será la de velar por que se aplique al caso concreto la ley en la forma más expedita y diáfana, y estableciendo los mecanismos recursivos que garanticen precisamente la recta aplicación de la Ley.

Pero sabemos que esa es una utopía, en primer lugar un Poder Judicial sustentado en factores humanos que no son precisamente de primer orden o siquiera de la más deseada formación, presionado por múltiples factores sociales, políticos, económicos y desatendidos y menospreciados por su propio entorno social, no es precisamente el mejor garante de que las cosas ocurran en la forma como se debe suponer operen dichos mecanismos.

En segundo lugar, el postulado filosófico recogido en el encabezamiento de lo afirmado, no resulta ser tan cierto. No necesariamente la solución más adecuada a la justicia es la reflejada en el texto de la Ley vigente. Sólo la norma legal que se compadece plenamente con la moral, que resulta la que debe ser obedecida sobre cualquier otra consideración, es una norma justa plenamente. Se debe obrar de tal modo que la razón de obrar pueda valer al mismo tiempo como fundamento de la legislación. Sin embargo, como la libertad bajo el imperio de las leyes morales se identifica con la moral, resulta que si las leyes se dictan como resultado de la moral, de sus principios aparece la Ley con contenido absoluto de justicia, equiparándose así justicia y libertad[12].

Si la voluntad al hacer las Leyes contraria a la moral, del ejercicio legislativo surge la Ley injusta. Por el contrario, la Ley será justa, si ha sido determinada por la voluntad de hacerla conforme a los principios morales o éticos.

Y lo antes dicho según la Profesora Oviedo, resulta de particular importancia cuando se trata de la administración de justicia, y también respecto a cuáles deban ser las leyes que se apliquen para juzgar. En relación con estas existen ciertos principios que nacen de la naturaleza de las cosas y que deben identificarse con la moral, por ejemplo, no sería justo establecer la tortura como medio para obtener la confesión, porque se violarían principios fundamentales de la ética ......por igual, la razón del debido proceso se inspira en la idea de un derecho justo para juzgar[13].

Con bases a estas otras ideas se ha desarrollado el otro sistema para la administración de la justicia, el que propicia e insiste en una Justicia social, en la que debe procurarse que las soluciones a los conflictos se hagan en forma más apegada a las conductas sociales imperantes en el lugar y momento en que ocurran los hechos, con la templanza de la equidad y, en fin, procurando que las soluciones de la Ley, sean mas apegadas a la moral, al sentimiento de igualdad, a una justicia más humana, como lo han pretendido calificar algunos.

Pero viene aquí lo interesante: En estos sistemas donde se propugna e insiste en la razón de la Justicia, de la ética y de la moral equiparable al propio texto de la Ley ¿cuál es la misión de los Jueces?

Si partimos del supuesto de que la Ley es justa el Juez sería intérprete de la moral, resultaría que él, en posesión de la verdad alcanzada a través del proceso y en relación con los hechos, no tendría otra cosa que hacer sino establecer el silogismo predicado por Montesquieu.

---

12 Recuérdese que es Kant quien sostiene que Una voluntad libre y una voluntad bajo leyes morales es la misma cosa. Kant es en efecto el único filósofo que vincula la libertad con la justicia.

13 *Opus cit* p. 21.

Pero ¿qué si la Ley es injusta? En la teoría el Juez tendría que rebuscar la moral por encima de la Ley y aplicarla de modo que acomodara la Ley al concepto de justicia en función de la moral.

Pero ¿hasta donde es permisible que el Juez actúe de esta manera, se constituya en creador de normas de derecho positivo y no usurpe funciones del Poder Legislativo? ¿Dónde queda la seguridad jurídica en estos casos?

Y es que entonces volvemos a los mismos problemas de otros sistemas de administración de justicia. En efecto, para poder contar con la eficacia y seguridad necesarias en un Estado donde se aplique ese sistema de Justicia, obviamente tenemos que estar pensando en países donde el Poder Judicial esté confiado a hombres preparados, moralmente intachables, idóneos, y a los cuales el Estado precisamente preste todo su apoyo en su gestión de administrar justicia.

¿Y es ese el caso de Venezuela? ¿Podemos darnos el lujo de sostener sin peligro alguno, que estamos en capacidad de confiar esa nobilísima pero titánica tarea de escudriñar cual sea la ley más justa, más apegada a la moral, más equitativa, a nuestro poder Judicial?

¿Es que acaso en este sistema no debe suponerse con mayor imperativo, que un factor de indiscutible importancia para la administración de justicia, lo sea el de calidad, preparación y formación del Juez?

En los regímenes políticos como el imperante hasta la promulgación de nuestra reciente Constitución, en los cuales el Derecho es simplemente la Ley, el Estado de Derecho es aquel que está regido por las Leyes, las cuales nacen en función de los intereses políticos impuestos por quienes detentan el poder del Estado. La Ley obliga así a los jueces de manera total. El juez no puede salirse de la tiranía del precepto legal: lex est lex sed dura lex. Y ya hemos visto que ni aún así se logra muchas veces la recta aplicación de esa Ley y su último fin, la justicia y la paz social.

No obstante, en ese otro sistema donde la justicia es el reflejo de la moral, y donde se supone que el Juez es libre e independiente ¿Será admisible que use de su libertad para interpretar la Ley y acomodarla a los intereses de la justicia, cuando la ley no se corresponda con la moralidad de la decisión que debe tomarse?

Es cierto que la Ley, aun bajo el espíritu Montesquiano, no se concibe injusta, sino que según el espíritu del sistema bajo la cual se la concibe (emanación del poder del pueblo) ésta debe corresponderse con la naturaleza, y en tal sentido no puede ser injusta, mas es el caso de que las leyes cambian al ritmo de las circunstancias y su interpretación resulta entonces un axioma necesario a la administración de justicia. De ahí que no puede el juez limitarse a ser la boca de la Ley sino a ser el intérprete de la justicia como reflejo de la moralidad de los comportamientos.

Pero todo ello tiene particular importancia a la luz de la filosofía constitucional que quiera hacerse imperar, pues lo que se quiera que haga el juez dependerá del alcance y significado que las leyes le otorguen sus misiones y a lo que al respecto establezca el ordenamiento constitucional imperante.

Entre nosotros ahora, como ocurrió también en Colombia, según lo reseña Oviedo, con los cambios propuestos en las nuevas Constituciones de ambos países se ha hecho nacer un intrincado problema muy interesante. Es a saber, que viniendo nuestras Repúblicas de un sistema de leyes de inspiración francesa, las reglas legales se constituyeron en la expresión no solamente cultural, sino en la expresión de La Justicia. A los jueces sólo les correspondía aplicar esas leyes, en la medida en que esas leyes interpretaron el pensamiento legislativo y afincaron reglas de comportamiento, se constituyeron al mismo tiempo en regla moral[14].

Al cambiar la Constitución y promulgar ella la búsqueda de Un Estado de Justicia ...... el Imperio de la ley que asegure la justicia social y la igualdad .... para que exista un Estado democrático y social de Derecho y de justicia se ha confiado a esta, y a su modo de administración otro significado.

En primer lugar, debe entenderse que el Estado democrático debe garantizar a sus ciudadanos un método de juzgamiento que conduzca siempre a una sentencia justa, que respete la personalidad humana dentro del proceso, el derecho a la defensa, la independencia e imparcialidad del Juez todo con miras a lograr la justicia social e igualitaria para todos los ciudadanos.

En tal sentido anota Calamandrei[15] el Derecho Procesal deberá entenderse como un método impuesto por la autoridad para llegar a la justicia; es un método de razonamiento que debe estar siempre previamente establecido por la Ley, el cual tanto las partes como el juez deben seguir, etapa por etapa y dentro de una coordinación dialéctica con el fin de obtener una sentencia justa. Magistralmente, culmina sus comentarios: "Derecho Procesal es el método, la Ciencia Procesal la metodología y el Proceso una operación conducida según el método".

Y todo esto comporta serias y profundas diferencias entre uno y otro sistema de los que tienen aplicación en la materia.

En el sistema que recién abandona nuestra nueva Constitución, el de legalidad, las reglas de derecho son máximas lógicas de buen sentido y de habilidad técnica, convertidas en obligatorias para las partes y el Juez que enseñan como se debe proceder para obtener justicia, y cuando menos, como lo destaca Mirkine Guetzevitch: "revela la necesidad que tiene la justicia de los hombres para realizar su función clarificadora y pacificadora, de procurar que la sentencia no solo sea, sino parezca, justa"[16]. De allí la importancia del buen razonamiento judicial, y de que la decisión siempre sea necesaria, excluyendo toda posibilidad de terminar un proceso por un *non liquet* (no sentenciar bajo la excusa de falta de pruebas), valiéndose para ello bien de normas de lógica natural, o bien de otros mecanismos procesales artificiales para lograr la certeza necesaria o provocada (normas sobre carga de la prueba, presunción de inocencia, etc.).

Entre las ventajas del sistema de apego a la legalidad en la conducta de los jueces, y en estricto acogimiento a los sistemas de división de los Poderes, el citado mecanismo, supone un aparato estático y racionalizado de la creación legislativa del derecho, que pretende la separación entre política y justicia. Entre ambas, está precisamente la Ley. La labor del juez consiste en encontrar la coincidencia entre un caso concreto y la hipótesis establecida en forma abstracta en la norma: este sistema va contra el posible abuso de los jueces y garantiza la certeza de los derechos y la libertad personal.

---

14 *Opus cit* p. 22.

15 Calamandrei, Piero, *Proceso y Democracia*. Traduc., Héctor Fix Zamudio, Edit. Ejea, Argentina, 1960.

16 Citado por Oviedo A. *opus cit,* p. 31.

El legislador será imparcial porque, desde lo alto, y obrando anticipadamente, no puede prever quien será el vencido y quien el vencedor por lo dispuesto en la Ley.

El Juez resultará igualmente imparcial porque al juzgar no puede hacer otra cosa que referirse a la ley. Sentencia justa no significa sentencia conforme al sentimiento social, sino conforme a la Ley y si, con posterioridad llegara a ocurrir que la Ley no corresponde al sentimiento social, esto no es asunto del juez, sino del Legislador: dura lex sed lex.

Este sistema, aparentemente tan claro y justificable es susceptible de numerosas críticas y objeciones y muchas las injusticias que con él pueden cometerse, siendo por igual incontables los casos en que un buen juez, consciente de su oficio y responsabilidad tendrá que tomar posición ante supuestos de leyes injustas, ausencia de regulación, desadaptación de la norma a las realidades sociales, provocando así crisis de legalidad.

Por ello, aún dentro de este sistema de la jurisdicción de legalidad, siempre se ha observado que la función del Juez no puede resultar solo de aplicar la racionalidad y el apego al texto de las normas y letra de los códigos. Los Códigos escritos a veces resultan solo moldes vacíos que asumen diferentes figuras al traducirse a la realidad y de acuerdo a lo que a ellos se vierte. En ocasión la práctica ignora las innovaciones de los Códigos, o pueden hacer procedentes modos de actuar no escritos en la Ley.

Como destaca Calamandrei, "para que exista verdaderamente una democracia se requiere que detrás de la Ley fundamental se encuentre la laboriosa presencia de las costumbres democráticas".

Serán muchos los casos en que el Juez, sin hacer suya la causa, manteniendo su absoluta imparcialidad, ante el hecho de no existir norma expresa que provea la solución, o cuando así lo mande el propio legislador, deberá escudriñar cual sea la solución justa, aplicando bien principios de equidad o escudriñando su íntimo sentido de justicia, pues serán varios los supuestos en que la fría norma del Código no le proveerá de solución alguna.

Aquí el Juez, según la Profesora Oviedo, sentencia y resuelve realmente por "sentimiento, por su sentimiento de orden político", dentro de la misma idea que envuelve el sentido etimológico de sentencia: con sentimiento. Esta justicia tiene "mérito si el juez sabe ser fiel intérprete de la sociedad en que vive, pero es una justicia ALEATORIA, falta no sólo la certeza sino también la probabilidad del derecho no existe la garantía de un tratamiento igual de los similares, la persona se encuentra a merced del Juez"[17].

Solventar estos problemas de la adecuación de la Ley a las realidades sociales, del verdadero papel del Juez ante esas realidades, ha costado muchas horas de discusión, se ha puesto en juego la bondad o el fracaso del sistema, se han sugerido muchas posibles soluciones y caminos para mitigar las injusticias. Ciertamente debe reconocerse, además, que humanamente, hay una resistencia a ese papel especial de moderador que debe llevar a cabo el juez. Socialmente tampoco termina de entenderse muchas veces esa necesidad y se arremete injustamente contra los valientes jueces que tornan esos senderos, se les acusa de excederse en sus poderes, de no apego a la Ley, de crear inseguridad jurídica, etc.

Ante esas realidades es que los nuevos sistemas han conducido a soluciones diferentes y se ha partido para ello de estudiar la conveniencia de dar mayor poder a los Jueces a fin de que logren una mejor interpretación de la Ley con ello un mayor acercamiento a la

---

[17] *Opus cit*, p. 35.

justicia. En estos casos lo importante será que lo decidido por el Juzgador, sea acorde con el sentimiento social, y con ello la sentencia será acertada.

De las nuevas disposiciones constitucionales venezolanas, pareciera ser esa la idea que se plasmó en las normas que deberán regirnos para el futuro. Se vislumbra que, contra el sentimiento individualista histórico, por ejemplo, debe prevalecer la idea social de la economía, la idea social de la democracia y la fórmula de los derechos humanos fundamentales y su respeto y se remite al Juez, y al propio legislador, a buscar el verdadero espíritu de las normas en el desarrollo del espíritu de la constitución.

Se pretende abrir así un nuevo campo generoso a la buena y debida actuación de los Jueces para lograr un Estado más justo, una verdadera justicia social.

Pero, para lograr es Estado mas justo, esa administración de justicia más apegada a la moral y a la realidad social, bastará con esos simples enunciados de la Constitución. ¿Se ha olvidado acaso que, para siquiera pensar en todo ello, debe contarse de manera más prioritaria aún con la eficiencia, calidad, madurez e idoneidad de un Poder Judicial, que no se logra de un día para otro, ni se crea "declarando simplemente la emergencia judicial"?

Definitivamente estimo que, de buena o mala fe, se está cometiendo un engaño. Con la simple declaración de postulados, palabras rimbombantes y buenas intenciones (para no pensar en que las hay malas) no se logrará una mejor administración de justicia, ni obtendremos un Estado de justicia social, ni nada que se le parezca, para todo ello se debe presuponer, al igual que en el otro sistema de administración de justicia, el contar con una organización de jueces idóneos, preparados, aptos, estudiosos, con claras ideas sobre sus roles y funciones, que ya sabemos no existe en Venezuela y no existirá tampoco a corto ni mediano plazo, pues eso no se improvisa, ni se importa, ni se crea por Decretos de Emergencia.

En añadido a lo anterior, en estos nuevos sistemas de administración de Justicia, aún suponiendo mitigada o inexistente la anotada falla, debemos contar con problemas adicionales ad látere, que por igual parece que no fueron muy tomados en cuenta por los propagadores de dichos cambios.

En efecto, las Leyes tradicionales y fundamentales hoy existentes permanecerán durante algún tiempo en vigencia, mientras se ajusta y cambia el ordenamiento jurídico, quizá ritualmente largo, ante las complejidades que debe afrontar el nuevo Cuerpo Legislativo que también contempla la novísima Constitución. Esto es, muchas de las leyes vigentes se conservarán de manera integral, con sus injusticias y desadaptaciones, por ejemplo, con su sentido individualista.

Con vista a ello, puede afirmarse entonces, que para defender la nueva ideología constitucional, no bastará con la simple declaratoria de que se hará imperar la "justicia social", será menester pensar en extender o conceder un nuevo poder particular a los jueces, cual es el de tener que adaptar las normas vigentes al nuevo espíritu constitucional, si es que dichas leyes no se corresponden con aquél.

Como lo señala la Profesora Oviedo, en Colombia, donde ocurrió un fenómeno similar al que ahora vivimos con nuestra nueva Justicia, se lograron tales objetivos en parte con la acción de tutela (Amparo), pero con el límite individual de la decisión, que no tiene carácter general. El juzgamiento de las leyes desde el punto de vista constitucional ha dado también oportunidad a la creación de un derecho constitucional que tiende a enmarcarse en las reglas constitucionales y a propósito de ello la nueva normativa Constitucional ha dispuesto precisamente la creación de una Sala Constitucional en el ahora Tribunal

Supremo de la República, que en mucho apoyará y desarrollará el apoyo necesario para los cambios en cuanto al comentado aspecto que nos ocupa. Pero a la larga, por este camino, indica Oviedo, va resultando en muchos campos insuficiente, porque las leyes vigentes no todas corresponden al espíritu Kantiano de la identidad de la moralidad con la Ley de allí la carga de injusticia que aún brotará de muchas leyes fundamentales que son bastión del sistema jurídico. ¿Podrá la acción de los jueces, llegar hasta el desconocimiento de tales leyes?[18].

Si se acordara un poder absoluto a los jueces en la tarea de adaptar las leyes y aún cambiarlas por medio de sus decisiones, se estaría ante la "dictadura de los jueces" que repugna dentro de la concepción política tradicional montesquiana de los tres poderes independientes y con funciones propias. Pero no puede negarse la necesidad de que las leyes se adapten al nuevo orden constitucional y así los jueces deben en todo caso hacer que la justicia se imponga sobre la letra de la Ley y proyectar la función de la justicia hacia el parlamento, para procurar la expedición de las leyes justas, o sea, aquellas que se acomoden a la ética general o universal[19].

La gravedad de este importante y subsistente problema lo pone de manifiesto magistralmente la misma Profesora, cuando sostiene: "Ha correspondido a la filosofía del derecho y a las doctrinas sociales explorar de modo pleno el campo de los derechos fundamentales, de los derechos humanos, de los derechos sociales y hacer entender que dentro de la igualdad está el secreto de la justicia social.

Pongamos, por ejemplo, el caso de la distribución de la riqueza ¿se logrará ella solamente con la fuerza de la libertad de comercio y de cambio? ¿o será necesario imponer leyes que modifiquen los conceptos tradicionales sobre la propiedad individualista? Las leyes de apertura económica ¿no van acaso en contravía con el sistema social de la economía? La concentración de la riqueza en pocas manos ¿va contra la ética y así menoscaba la libertad, porque impide al hombre su real participación en la vida económica con el ejercicio pleno de sus derechos? Los jueces tienen que hacer la justicia en función de las necesidades sociales antes que en función del criterio individual, según el nuevo texto constitucional.

Ahora bien, coincidimos entonces con la Profesora Oviedo, cuando al respecto observa:

> "..... las leyes que regulan los procesos en los cuales se administra justicia, deberían mirar con más amplitud a la necesidad de este tipo de administración de justicia, de tal manera que condujeran a la posibilidad de que los jueces pudieran en todo caso crear cierto tipo de derecho que resolviera los conflictos, sin necesidad de esperar el cambio de la Ley dentro del pesado sistema parlamentario. El Parlamento debería constituirse de alguna manera en recogedor de las interpretaciones judiciales, para que las leyes sean entonces justas. Recogerán entonces las leyes el sentimiento colectivo que es la regla general del fundamento ético de las leyes....."[20].

Y finalmente. aún resuelto ese problema, queda otro quizá mas profundo de atender, pues siempre quedará abierta la discusión acerca del poder de los jueces en la aplicación de

---

18 *Opus cit* p. 23.

19 Oviedo *opus cit*, misma página antes citada.

20 Oviedo, *opus cit.* p. 24.

las leyes en cuanto las valoran no solamente, desde el punto de vista de su validez constitucional y de su concordancia con el caso en función de la realidad en que éste haya acontecido, sino también en cuanto a la validez de las leyes en función de la moral, es decir, si estas se conforman o no con los valores éticos, que sería lo mismo que encontrarlas injustas, según la doctrina kantiana que supone que toda Ley para que sea justa tiene que encontrarse a la moral.

La solución a este otro tipo de obstáculos corresponderá también a la Filosofía del Derecho que deberá elaborar la adecuada doctrina para resolver el alcance y significado de dichos problemas, y de ello resultará por igual la apropiada elaboración y delimitación de los poderes del Juez, según la concepción política que se tenga del Estado. Como puede apreciarse, no es nada fácil el panorama que se nos avecina en cuanto a la recta administración de Justicia y su la adecuación de la misma a los nuevos postulados constitucionales.

Y es en ello que queremos centrar la atención de nuestros comentarios. Son muchos y diversos los intrincados problemas que surgen en esa nueva filosofía del sistema de justicia, su modo de trámite y quienes deben aplicarla, y definitivamente, por igual, o quizá en más, debe y tiene que pensarse en la necesidad de un Poder Judicial independiente, preparado, capaz, bien formado, autónomo, etc. del cual estamos ciertamente lejos, muy lejos, de poder pensar en él. Por eso desde ya nos atrevemos a vaticinar las grandes frustraciones y fracasos que deberemos experimentar al tratar de implementar esos nuevos principios e ideas.

Y, ¿qué de la seguridad jurídica, ¿cuál es el régimen de certeza y seguridad que pueden esperar nacionales y extranjeros en la aplicación de las leyes?

¿Será que acaso nadie sensatamente pensó en todo lo que acabamos de exponer cuando se propusieron los hoy preceptos constitucionales que deben regir lo relacionado a la Justicia, al Poder Judicial, a la interpretación y aplicación de la Leyes? ¿Será que la Asamblea Constituyente actuó, como se lo ha dicho, apresuradamente; o que fue sorprendida por la avalancha de ideas que de buena o mala fe se le hicieron llegar a la "Soberana" pero que ésta no tuvo la necesaria capacidad para analizar?

Magistralmente sellan la gravedad de nuestras preocupaciones las ideas expuestas por el Profesor Manuel Atienza al respecto:

> "La actividad de los jueces no consiste en hablar acerca del derecho, sino en adoptar decisiones que afectan a otros y en justificar tales decisiones. En este contexto, cabe que el Juez diga que la decisión adoptada por él es jurídicamente correcta, pero moralmente injusta. Ello significa tanto como reconocer que su decisión no está en última instancia justificada pues el que ciertas instancias de poder hayan prescrito algo no es por sí mismo ninguna razón que justifique actuar conforme con tal prescripción. Esto no quiere decir que el juez haya de asentir moralmente al contenido de cualquier disposición jurídica para considerarse moralmente autorizado a aplicarla"[21].

---

[21] Atienza, Manuel, *Tras la justicia*, Edit. Ariel SA, España, 1995, p. 57.

¿A QUE MAS ESTA OBLIGADA LA NUEVA REPUBLICA A GARANTIZAR BAJO EL NUEVO RÉGIMEN DE JUSTICIA PROPUESTO?

Como lo dejamos reseñado, el Art. 26 CN en su última parte, dispone que "El *Estado nos garantiza una justicia* gratuita, accesible, imparcial, idónea, transparente, autónoma, independiente, responsable, *equitativa* y expedita, sin dilaciones indebidas, sin formalismos o reposiciones inútiles".

Con estas nuevas ideas, por igual, se agrava más la situación que hemos dejado descrita en tomo al nuevo sistema de justicia, a los poderes de los jueces, al sistema de administración de justicia, y no es que vamos a entrar a examinar uno por uno de esos adjetivos con los cuales estará investida la nueva forma de administración de justicia, unos de los cuales resultan obvios, otros sobreabundantes o explicados por los propios términos que los definen, sino que nos vamos a referir a aquellos que por su conceptuación o significado, si requieren de examen porque hasta pueden resultar contradictorios con lo que se establece en otras normas de la misma Constitución.

Nos referimos en concreto, al mandato de que esa nueva justicia que se nos ofrece para zanjar y resolver los conflictos, para mantener la paz social, deba ser "equitativa" y con ello surgen otra serie de interrogantes que parece fueron totalmente desatendidos por los señores Constituyentistas y sus asesores.

En efecto, aún dentro del sistema de "justicia igual a ley", cuando el legislador así lo determina o cuando las mismas partes lo acuerdan, se faculta Juez para que ante la laguna normativa, o el supuesto especial expreso, o para lograr una decisión más justa se aplique al caso concreto una solución de equidad, no necesariamente apegada al duro e inflexible texto de la Ley, Y que diera a las partes una solución mas satisfactoria a sus intereses (Artes. 1160, 593, 701, etc. Código Civil y 12 Y 13 del Código de Procedimiento Civil).

Mas era este dentro del régimen de apego a la legalidad, un verdadero caso de excepción. Con ello se buscaba preservar una vez más el que las decisiones de los conflictos no fueren resultado del capricho de los jueces, ni de su más o menos adecuado criterio sobre lo que debía ser lo justo y lo equitativo y bajo la advertencia, entonces, de que las decisiones así proferidas escapaban a toda censura, pues el Juez al resolver el conflicto de intereses no sólo aplicaba (interpretaba) el sentido y propósito de la Ley para el caso concreto, sino que además creaba el precepto aplicable, y por tanto no era susceptible de ser censurado por ningún otro orden o instancia[22].

Pero apliquemos ahora esos principios al nuevo sistema que pregona y establece la Constitución Nacional y en conformidad con la forma como se lo establece. Hemos dicho, de entrada, que ya el juez no tiene la atadura estricta al precepto legal, que él debe y tiene que buscar el verdadero concepto de justicia, el de la justicia social, y en tal sentido no solo aplicará la Ley y la interpretará, sino que generará auténticamente un acto de creación de la norma aplicable al caso concreto, con miras a buscar la solución más justa socialmente, y si con ello, en adición, como lo manda el mismo texto Supremo, debe tener por norte

---

[22] Para un completo y exhaustivo examen del concepto y sus efectos véase Calamandrei, Piero, El significado constitucional de las jurisdicciones de equidad, en *Estudios sobre el Proceso Civil*, Trad. Santiago Sentis Melendo, Edit. Bibliográfica Argentina, Argentina, 1945, p. 51 ss. Precisa advertir que la Doctrina acepta el control de lo que debe conceptuarse como "equitativo" cuando se trata de las extensiones concedidas al Juez para interpretar la Ley, y para asegurar el sentido socialmente admitido de lo que es equitativo.

conseguir "la equidad", sin duda alguna se le está extendiendo aún más esos poderes de interpretación y creación de la norma de conducta aplicable, pues con vista a ello, debe y tiene que buscar o crear la norma que socialmente, resulte más adecuada y razonable al caso en concreto, y con la advertencia como lo dejamos advertido antes, de que ella podrá ser inclusive contraria a lo que hoy exprese el texto vigente de la Ley.

Debemos precisar finalmente, que a pesar de todo cuanto se ha dicho, del apoyo que quiera buscarse a las decisiones "en equidad" y aún cuando pudiere dar lugar a imaginar lo contrario, no debe creerse que las jurisdicciones de equidad están llamadas a realizar, ni siquiera por delegación del legislador, la misma función de formulación general del derecho, que en nuestro ordenamiento constitucional continúa estando reservada a los órganos legislativos. En efecto, estas jurisdicciones, como bien lo anota el maestro Calamandrei,

> ".... si tienen la función de encontrar, caso por caso, la norma aplicable a un hecho específico concreto, parten necesariamente de la afirmación de un principio general: no tienen el poder de imponer para todos los casos semejantes futuros el principio formulado por ellos, con el carácter de precedente obligatorio que se atribuye a las decisiones judiciales en el sistema anglosajón: el poder de fijar el derecho en fórmulas generales y abstractas queda, pues, siempre, en obsequio al principio de la separación de poderes, reservado al Legislador"[23].

Lo dicho no significa tampoco que en ese tipo de jurisdicciones de equidad, pueda negarse que las mismas no participan en forma muy especial en el papel "formulador de la normativa", pues si bien es cierto que será el Legislador quien pueda siempre preparar y declarar el derecho en forma abstracta y general, pueden sin embargo las decisiones judiciales llevar el derecho hasta aquel punto de madurez social, después del cual no falta más que volcarlo en fórmulas legales (el llamado fenómeno de la transformación de la equidad en derecho consuetudinario, por lo demás frecuente en las ramas del derecho social: trabajo, agrario, etc.).

Y quiero concluir en este aspecto y citar con Calamandrei a Angelo Maiorana, en escritos que datan de hace más de noventa años, que no deben ni pueden olvidarse nunca:

> " ... las jurisdicciones de equidad y sus soluciones, no pueden ser otra cosa que un "fenómeno temporal", propio de periodos de transición en los que la sociedad, oscilando entre los viejos principios de un derecho que se hunde y los nuevos principios de un derecho que sea mas justo, que busca afanosamente un nuevo estable asentamiento, la función de estas jurisdicciones, propia de los elementos históricos en los que el ordenamiento jurídico se transforma rápidamente, contribuye, pues, mas que a sustituir la obra del legislador, a "prepararla" para el día en que el derecho nuevo, ya fijadas sus normas y principios en la jurisprudencia, esté en condiciones de transformarse en leyes definitivas"[24].

Líbrenos el destino y el Supremo creador, si ha sido otra la intención de la Soberana Asamblea Nacional Constituyente, como lo sería, por ejemplo, lo que pretendió imponerse en la Rusia revolucionaria y preconizante del derecho libre, en la cual, "el motivo para imponer ese sistema lo fue no para hacer mas o mejor justicia, sino para reforzar la dictadura de una clase sobre todas las otras, para reconstruir, bajo apariencia de justicia,

---

23 *Opus cit*. p. 92

24 Citado por Calamandrei en El significado de las jurisdicciones..., *opus cit,* p. 99.

una tiranía no menos férrea que la del régimen pasado ..... y quiera que ello lo haya sido, como ocurrió en la Italia comentada por el maestro Calamandrei, no para lograr dictaduras, sino que con muy distinto respeto a la justicia, sirven para preparar, a través de la directa cooperación de las clases en conflicto, el advenimiento gradual y pacífico de un orden social mejor que el presente"[25].

¿PERO QUE SUPONE ADICIONALMENTE EL QUE LA JUSTICIA POR ADMINISTRARSE DEBA SER PROCURADA CON MIRAS A LA EQUIDAD?

Pues, como resulta obvio y ya dicho, tales pronunciamientos no serán susceptibles de censura alguna, ni siquiera por el control de Casación, la cual ciertamente vendrá reducida como institución quizá a mantener la "uniformidad de la jurisprudencia o del precedente judicial", en tanto que aquella otra que tradicionalmente tuvo confiada, del control de aplicación de la Ley, no podrá ser ejercida, dado que si se delega al Juez, la creación y aplicación de la norma jurídica aplicable al caso concreto, no tendrá sentido ni razón de ser que otro órgano, aún el de la cúspide del Poder Judicial pueda censurar lo que en derecho se ha dejado al Juez escudriñar y resolver, esto es, cual sea la norma de conducta que debe aplicarse al caso concreto, por ser la más justa y equitativa, la moralmente procedente, y ello no puede tener otro control, ni ser objeto de censura.

Y nos preguntamos ¿acaso la Soberana Asamblea Nacional constituyente se paseó por esta problemática? ¿acaso se tomó previsión alguna para ejercer el poder de control de lo que socialmente debe entenderse por regla moral, esto es, por regla justa? ¿será que entre otras de sus aberrantes ideas como máxima representación de la voluntad y querer del pueblo tendrá pensado atribuirse el derecho de Revisión del contenido y concepto de los principios normativos?

Si leemos nuestro actual texto Supremo, observaremos que no pareciera que nada de la anotada problemática derivada de la puesta en vigencia del nuevo sistema y sus ideas rectoras fue tomado en cuenta, aun cuando si vale la pena destacar el contenido del artículo 255 de la C.N., que al establecer la responsabilidad en que pueden incurrir los jueces, precisa, que ellos lo serán: "en la medida que lo fije la Ley, pero solo por *error, retardo u omisiones injustificadas*, así como por *inobservancia sustancial de las normas procesales, por denegación, parcialidad y por los delitos de cohecho y prevaricación* en que puedan incurrir en el ejercicio de sus cargos.

Y es que si lo que veníamos afirmando antes, resulta cierto, lo de esa responsabilidad, debe y tiene que ser así, pues ahora al Juez no se le podrá sancionar por no aplicar la Ley sustancial escrita, de la cual solo él está autorizado para apartarse o declarar cual sea la aplicable, declarándola ajustada o no a la moral que la imponga; y por cuanto la Ley sustancial aplicable al caso concreto será la que él mismo determine y cree, con la observación que ello no será igual respecto a la norma procesal que le imponga determinada conducta en el juicio, la cual sí parece tiene existencia y exigibilidad formal, y en adición, responderá también, por error, retardo u omisiones injustificadas (Pero cabe preguntarse en la medida que lo determine quien: ¿el Tribunal Supremo, las instancias disciplinarias *ad hoc,* o El Poder Ciudadano?).

Consideramos que obviamente el primer problema de fondo, grave, inmediato y urgente a resolver, lo será, el de cómo, que y cuál será la vía o fórmula para establecer el

---

25 Calamandrei, *opus cit.* p. 104.

control de lo que debe ser la Ley justa, la ley apegada a la moral, pues de lo contrario estaremos ante una evidente contradicción en el propio sistema que nos hemos dado para administrar justicia, ante la más absoluta incertidumbre y falta de seguridad jurídica.

O el Juez, como órgano individual, crea, interpreta y aplica lo que debe y tiene que ser el precepto legal (el mas apegado a la moral), o este tendrá que provenir o devenir de los pronunciamientos reiterados del más alto Tribunal (creándose así el sistema del precedente judicial), o deberá entenderse que en todo caso. ese concepto de legalidad o de apego del principio legal aplicable al de moral, será enjuiciable, interpretable y determinante en cada una de las instancias en que deba haber pronunciamiento judicial sobre la materia de que se trate, con todo lo cual, la inseguridad jurídica aumentará, y la falta de certeza sobre la norma aplicable se hará más patente y critica, y todo ello al margen de no entrar en consideraciones sobre los conceptos de equidad, que por igual deben y tienen que tomarse en cuenta ahora, y que a la luz de lo que hemos venido señalando, tendrán que ser interpretados bajo la óptica de otros conceptos, bien diferentes por cierto hasta los hoy conocidos, pues esa equidad, entonces, no será "el leal saber y entender que tenga el juzgador, sino la que devenga como consecuencia del pronunciamiento de la más alta instancia que deba conocer del caso concreto, y quiera que la razón los ilumine para cuando menos así resulte interpretado, y no se pretenda como en su momento y tiempo ocurrió en la Rusia revolucionaria, la cual bajo la pretensión de reformar y reconstruir el Poder Judicial, lo hizo entre otras bajo las siguientes ideas fundamentales, que sirvieron de inspiración a los comunistas:

> "... rechazado el sistema de separación de los Poderes, el cual bajo la apariencia de justicia igual para todos, sirve, en realidad, para consolidar el predominio de los capitalistas a través de un Código lleno de leyes inmutables que una casta de leguleyos interpreta sistemáticamente a favor de la clase dominante, la justicia debe ser en la sociedad comunista un instrumento en manos del proletariado, que se servirá de ella declaradamente para reafirmar en todo momento su dictadura contra las fuerzas de la reacción. Las sentencias, deben ser el espejo fiel del sentimiento del pueblo, que, en la lucha por su libertad, se inspira en las exigencias políticas del momento; por esto no hay ya necesidad de leyes situadas por encima de las masas, porque el derecho debe surgir inmediatamente del sentimiento natural de clase ínsito en las mismas clases; ya no hay necesidad de jueces juristas, porque el verdadero derecho popular no puede ser sentido y palpado más que por genuinos representantes del pueblo, salidos, sin garantía alguna de cultura jurídica, de sus propias filas y tan más apreciados cuanto más incultos"[26].

Y no hago una suposición en vano, nuestro Texto Fundamental, declara como parte del sistema de justicia, los medios alternativos de la misma, entre los cuales cabe, por supuesto, la conciliación, la mediación y el arbitraje, el que inclusive, tratándose del derecho en el caso de asuntos Comerciales, puede ser pronunciado por árbitros no abogados y por igual, se declara, como tiene que ser, que la Justicia de Paz, la cual será organizada en las Comunidades, a cargo del Poder Municipal, en la que ya sabemos se proscribe la intervención de jueces abogados, y se ratifican como medios de solución

[26] Resumen que hace el maestro Calamandrei de las ideas del Profesor Reisner, en su artículo "Principii ed organizzazione della Giustizia della Russia dei Soviet, en la *Revista italiana "Comunismo"*, número cuatro, año 1920, Calarnandrei. El significado constitucional…., *opus cit,* p. 97. Y no sé porque, tengo idea de haberme oído escuchando al Ciudadano Presidente en palabras muy similares a las transcritas.

alternativa para solución de los conflictos: el arbitraje, la conciliación, la mediación y cualquiera otros alternativos (Artic.258 CN)[27].

¿CON CUALES INSTITUCIONES Y BAJO QUE PRINCIPIOS Y FUNDAMENTOS DEBE SEGUIRSE EL NUEVO PROCESO JUDICIAL? (ROL DE LAS PARTES, LA IMPORTANCIA DE LA MOTIVACIÓN DE LOS FALLOS, EL RÉGIMEN DE LAS PRUEBAS, LOS RECURSOS).

Quiero finalmente aclarar, que de no resultar yo el equivocado, en cuanto a la interpretación de cual sea el nuevo sistema de administración de Justicia, los poderes del Juez, y el rol del Poder Judicial, en todo caso, esos procesos en los cuales descolle la nueva justicia, deberán continuar cumpliéndose a través del desarrollo de una serie de instituciones y principios que estuvieron vigentes en el ahora derogado sistema de jurisdicción de derecho.

En primer lugar, respecto a la forma de conducción del Proceso en sí, existe un mandato constitucional evidente para que con miras a ello, se modifique y se encauce toda la administración de justicia, y tal mandato a nuestro modo de ver obliga al órgano legislativo, de inmediato a iniciar la reforma del ordenamiento procesal en todas las materias que lo tengan o requieran.

En efecto, el artículo 257 CN prescribe:

> "El proceso constituye un instrumento fundamental para la realización de la justicia. Las Leyes procesales establecerán la simplificación, uniformidad y eficacia de los trámites y adoptarán un procedimiento breve, oral y público. No se sacrificará la justicia por la omisión de formalidades no esenciales".

Tales ideas deben desarrollarse, a su vez, a la luz de lo prescrito en el artículo 26 de la CN, el cual dispone, que se "garantizará una justicia, adicionalmente gratuita, accesible, imparcial, idónea, transparente, autónoma, independiente, responsable, equitativa y expedita, sin dilaciones indebidas, sin formalismos o reposiciones inútiles".

Analicemos con detenimiento estos nuevos e interesantes mandatos: En primer lugar, creemos que el Constituyente hace una llamado serio y evidente al legislador para que de una vez por todas terminemos con la ignominiosa manía de que cada Ley, y con ello la materia en ella tratada, debe y tiene que tener un procedimiento ad hoc, porque de lo contrario no tiene la independencia o justificación científica necesaria para ser propiamente una materia "especial".

Una y mil veces hemos sostenido que las reglas y principios del proceso tienen que ser todos manejados y establecidos bajo unas mismas reglas iguales, unificadas y que permitan justamente, hacer del proceso un camino diáfano para que a través de él se logre la justicia y la paz social, que no un conjunto de reglas y vericuetos en cada ciencia o especialidad, para lograr que el más vivo llegue al final y logre el éxito.

El Constituyente, opta además por destacar y señalar que para lograr esa uniformidad, simplificación y eficacia lo procedente es ceñirse a un procedimiento BREVE, ORAL y

[27] En adición y a pesar de los múltiples comentarios que se produjeron en su momento, recuérdese que a los integrantes Escabinos de los jurados en el nuevo ordenamiento Procesal Penal, se les impide ser abogados.

PUBLICO y en el cual esté garantizado REAL y EFECTIVAMENTE la IGUALDAD de las partes (Art. 21, numeral 2), la efectiva tutela de los derechos individuales, así como de los intereses difusos o colectivos, y todo ello dentro de términos expeditos –para que la decisión sea OPORTUNA (Art. 26)– para lo cual la misma deberá ser impartida "sin dilaciones indebidas, sin formalismos o reposiciones inútiles" (Arte 26 CN).

Respecto a los últimos caracteres con los cuales quiere revestirse el modo de actuación de la justicia, precisa destacar que el sistema propuesto no desecha o deja a un lado el principio del imperio de las "formas necesarias" garantes de la igualdad y seguridad procesal, las cuales a nuestro entender quedan expresamente reconocidas (Art. 255 y 257 CN, aparte final), sino lo expresamente excluido y proscrito resulta ser el mero ritualismo, esto es, hacer imperar formas no esenciales a los actos o instituciones, o la observancia de las que no resulten sustanciales. Quedan por último expresamente proscritas cualesquiera conductas del órgano y su titular, que pongan en duda su imparcialidad, idoneidad, transparencia, autonomía e independencia (Art. 2, 26, 30 y 255 CN).

Y todo ello, nos obligará a preguntarnos si en el futuro debe entenderse necesario el establecimiento de un Recurso de Revisión, que proceda inclusive de oficio o por abocamiento, en el caso de fallos absurdos, aberrantes, o que establezcan injusticias notorias[28].

Creemos en adición, que en un sistema como el propuesto, y con los delicados problemas que supone su implementación en nuestro medio, no siendo precisamente éste el más adecuado para implantarlo, que sin duda alguna debe cuanto antes procurarse la legislación ad hoc en que se establezca es "Recurso de suma injuria o de injusticia notoria" pues de lo contrario estaremos seguros de que no solo no habremos adelantado ante el fracaso del viejo sistema de administración de justicia, sino que hemos caído en una situación aún peor, abriendo la puerta a nuevos motivos de injusticia, falta de seguridad y certeza, frustraciones, etc.

Todo lo indicado, además, nos pone de manifiesto el deber del Poder Legislativo de proceder a adecuar de *ipso facto* los procedimientos vigentes, los que deberán adaptarse a esos tres claros, simples y diáfanos pero significativos principios: brevedad, oralidad y carácter público de los mismos.

Estimamos necesario precisar algunos otros aspectos, en torno a como debe cumplirse el nuevo proceso, pues tales reglas y principios son imprescindibles de aplicar, sea cual fuere uno cualquiera de los sistemas comentados todo con miras a lograr lo que se estima sea la más recta y adecuada administración de justicia.

Así, por cierto, tendremos que manifestar que ella no se logrará con la sola participación del órgano judicial y las demás dependencias oficiales que tengan a su cargo su debida aplicación, sino integrando e involucrando a todos los que deben y tienen que formar parte del llamado sistema de la justicia[29].

---

28 En tales supuestos, inclusive en los sistemas del Common Law, el juez no debe aplicar el precedente judicial (son los llamados supuesto de "bad law" que impiden que un derecho absurdo se convierta en precedente, el bad law no es derecho". Herrendorf, Daniel, *opus cit.* p. 92.

29 Hoy por cierto claramente definido en el Art. 253 CN y entre las cuales sea de resaltar se consideran incluidos, los ciudadanos y ciudadanas que participan conforme a la Ley en ella, y los profesionales de la abogacía autorizados para su ejercicio.

Por ello, tanto Calamandrei, como Francesco Carnelutti y otros grandes especialistas del Derecho Procesal, se han encargado de destacar y recalcar, que para lograr los cometidos de la verdadera justicia, será indispensable contar entre otras instituciones y principios con: el carácter dialéctico del proceso, con la debida y apropiada motivación de los fallos, con la adecuada participación y compostura de las partes, con la importancia de las pruebas y sus sistemas de aportación , control y apreciación y con el establecimiento de un adecuado régimen de impugnaciones contra las decisiones judiciales, etc.[30].

Como puede apreciarse, no bastará solo con cambiar el rolo papel que quiera atribuirse al Juez en la búsqueda de la solución al caso concreto, para lograrlo resultará indispensable contar con el apoyo de las partes, con el aporte de sus razones y argumentos, con el contradictorio. Será menester, adicionalmente, que los pronunciamientos judiciales que se dicten, ciertamente logren y provoquen el convencimiento social sobre lo resuelto y como quedó resuelto[31], pues no podrá apreciarse la justicia del fallo sin conocer las razones por las cuales se lo hace conforme a lo que dispone el juez, no puede haber buena justicia sin motivación de los fallos. Permitir que una sentencia o laudo sean inmotivados, hoy en día, es reconocer la justicia arbitraria e irracional[32].

La actividad de las partes, fuere cual sea el sistema de administración de justicia, resulta indispensable y frente a ellas se establece un sistema de vínculos ineludibles derivados del poder del Estado en esta materia. La obligación principal de las partes según Carnelutti, es la de obedecer y someterse al juicio del Juez.

El gran Procesalista sostiene: "... el juez, frente a las partes, representa al todo y la parte desaparece frente al todo; la parte puede contradecir a la otra parte pero no al juez. El Juez tiene en su mano la balanza y la espada, si la balanza no basta para persuadir, la espada sirve para constreñir...."[33].

---

30 Así se lo puede apreciar claramente en sus respectivas obras, Proceso y Democracia, *opus cit.* en lo que atañe al primero y en cuanto al gran Carnelutti en "Como se hace un Proceso, Trad. Santiago Sentis Melendo y Marino Ayerra Rendín, Edit. Ediciones Jurídicas Europa América, Argentina, 1959. y de lo cual se encarga de exaltarlo notable y magistralmente la Profesora Oviedo Arbeláez, *opus cit,* p 29 ss.

31 Lo que se ha denominado "socialización del convencimiento". Al respecto nuestro trabajo: "Algunas consideraciones sobre el fin del proceso: La Verdad Procesal y la Verdad Material histórica. El objeto de la prueba en el Proceso Civil. Control de la actividad judicial en el juzgamiento", Anuario ARCA, 1994, Edit. Jurídica Alva, Venezuela, 1995, ISSN- 1315-8619, p. 261 ss.

32 Calamandrei, *opus cit,* pp. 128 ss. En ese mismo sentido nos hemos declarado acérrimos críticos contra el lamentable texto de la vigente Ley de Arbitraje Comercial que admite los laudos no motivados. Vid. Baumeister T. Alberto, Conferencia sobre las Ley de Arbitraje Comercial Boliviana y Venezolana, pronunciada en la Cámara de Comercio de Cochabamba, Bolivia, 1998. Algunas consideraciones sobre el Procedimiento Aplicable en los casos de arbitrajes regidos por la Ley de Arbitraje Comercial, Seminario sobre la Ley de Arbitraje Comercial, Publicaciones de la Academia de Ciencias Políticas y Sociales, Venezuela, 1999, p. 63 ss y Conferencia sobre el mismo tema pronunciada en el Instituto de Estudios Jurídicos del Colegio de Abogados del Estado Lara con motivo de la celebración de los X años de la Primera Promoción de especialistas en Derecho Mercantil, Estado Lara, julio 1999.

33 Destaca con ello la importancia del principio de garantía de la ejecución de los fallos, que hoy forma parte del derecho de acción y de la garantía jurisdiccional de acceso a la justicia.

En torno a las pruebas, fuere cual sea el sistema que se procure poner en vigencia y los poderes que en procura de un fallo más justo quieran extenderse a los jueces, no debe olvidarse jamás que el juicio de los Jueces será siempre un juicio histórico. El Juez siempre será un historiador que debe encontrar en el pasado como ocurrieron las cosas. Sus juicios, son juicios de realidad, de existencia: en otras palabras, ante todo debe el juez realizar una actividad perceptiva, y esos hechos así percibidos, que el juez debe mirar y valorar, son las pruebas.

Y por ello, el gran maestro Italiano, advierte, "Un juicio sin pruebas no se puede pronunciar: un proceso no se puede hacer sin pruebas"[34].

Sea cual fuere el sistema en que pretendamos sustentar la administración de justicia, el Juez siempre deberá en primer lugar "percibir las pruebas y luego las valorará. Tales actividades deben culminar siempre en la llamada "crítica de las pruebas" que necesariamente imponen al Juez, como ya lo anotáramos la obligación de juzgar. Siempre será necesario juzgar, emitir un juicio, la justicia no puede reconocer su impotencia, no puede dejar conflictos sin resolver. Sería sumamente peligroso para la vida pacífica en sociedad.

Cuando las pruebas no son suficientes, como lo anota la Profesora Oviedo, parafraseando al maestro Carnelutti, y por lo tanto el Juez no puede formarse convicción sobre los hechos, el juez debe resolver absolviendo, pues es mejor absolver a un culpable que condenar a un inocente. Es este el principio del *favor reí.*

Los juristas formulan este principio diciendo que la parte tiene la carga de suministrar las pruebas de los hechos de los cuales depende el efecto jurídico que se pida al juez constituya o decida.

Como el juez, no sabe como ocurrieron los hechos o las cosas, debe investigar hasta llegar a la certeza de la ocurrencia o no de los hechos. Si el Juez conociera como ocurrieron los hechos, no sería juez sino testigo[35].

Por último, sea que esté contemplado en el texto constitucional, o sea sobreentendido como formando parte del concepto de debido proceso y derecho a la justicia, tendremos que reconocer la necesidad y conveniencia de garantizar adecuadamente un saludable y robusto sistema de recursos, remedios a la injusticia, a la consagración de lo absurdo e irreverente, a los dislates que, como lo hemos dicho, seguramente continuarán produciéndose.

Precisa reconocer que en la consagración de principios procesales como garantías constitucionales, nuestro vigente texto Constitucional mejora el anterior, con todo lo cual se deja amplio margen a la interpretación y aplicación de la Ley y del texto constitucional, para poner bajo segura salvaguarda toda posible intención de burlar esos sanos e imprescindibles principios ya reconocidos en numerosas constituciones americanas.

En torno a la Impugnación, es este un derecho o garantía de absoluta necesidad, claro está, entendida la misma como una nueva revisión o reiteración del juicio y que la misma

---

34 Carnelutti, *opus cit*, p. 72.

35 *Opus cit,* p. 57. En el mismo sentido véanse los magistrales comentarios del maestro en su trabajo "Il Giudice e lo Storico, en Opere Giuridiche, a cura di Mauro Cappelletti, Morano Editore, Italia, 1965, Tomo 1, p. 393.

debe ser facultativa y no necesaria, y cuya iniciativa, salvo expresa excepción corresponderá siempre a la parte vencida[36].

Concluimos, pues, destacando y poniendo de manifiesto que aún bajo los nuevos principios del sistema que pretende ahora entronizarse, no podremos olvidar viejos cánones, reglas y doctrinas que regulaban el papel de la intervención de las partes en el proceso, las normas de debida conducción del proceso, etc. todo lo cual redundará para lograr su verdadero objeto: la Justicia.

REALIDAD VS. BUENAS INTENCIONES

No puedo concebir que sobre todo esto que hemos dejado comentado no se hayan planteado los señores constituyentistas los problemas anotados, las graves, para no decir insuperables, dificultades que tendremos en nuestro medio para lograr poner en práctica esos nuevos métodos de aplicación de la justicia, que se han proclamado aplicables, ni se haya meditado sobre el tiempo que pasaremos procurando crear, mantener y propiciar un Poder Judicial adecuado, competente, idóneo, etc., capaz de aplicar esos nuevos principios y postulados.

Y cabe entonces hacemos seriamente la pregunta que nos ha motivado a presentar nuestras consideraciones sobre los cambios constitucionales en ésta materia. ¿Esos cambios aprobados resultaban los adecuados al momento, oportunidad y situación histórica de la patria? El solo error cometido en los regímenes pasados, los lamentables desaguisados y disparates de los precedentes años democráticos en el manejo de la Justicia, en la conducción del Poder Judicial y por la sola modificación de la denominación de República de Venezuela a la República Bolivariana de Venezuela, eran suficientes motivos para pensar que estamos ante un nuevo país en el cual pueden implantarse, sin duda alguna novedosos e interesantes sistemas, pero inalcanzables a corto o mediano plazo.

¿No estamos engañándonos y con ello burlándonos de nuestro ingenuo e inculto pueblo? ¿Basta decir que somos un pueblo noble, digno continuador del que acompañó a nuestro Libertador, para con ello lograr esos cambios?

Realmente pareciera que la reforma constitucional resultó ciertamente apresurada, que no se tomaron muy en serio los cambios, que hubo mucho material que se agregó sin miramientos y sin meditar sobre lo que ello comportaba.

Por eso termino mis comentarios con la célebre frase con la cual encabece estas ideas, la dura e insensible sentencia de Voltaire: "Conozco algo peor que un idiota: una asamblea de idiotas".

BIBLIOGRAFÍA

Arazi, RAUL, "El proceso civil *de* fin *de* siglo," en *Derecho Procesal Civil en vísperas del Siglo XXI*, Editorial Ediar, Argentina, 1997.

Baumeister Toledo, Alberto José, "Algunas Consideraciones sobre el Procedimiento aplicable en los casos de arbitraje regidos por la Ley de Arbitraje Comercial," en *Seminario sobre la Ley de Arbitraje Comercial*, Publicaciones de la Academias *de* Ciencias Políticas

[36] En tal sentido véanse los comentarios de Oviedo A., opus cit. p. 69.

y Sociales, Serie Eventos, Edit. Anauco, Venezuela, 1999. (Conferencias sobre las normas de Procedimiento *en* la nueva Ley de Arbitraje Comercial, dictada en el Instituto de Estudios Jurídicos del Colegio de Abogados del Estado Lara, Julio 1999).

——— "Algunas consideraciones sobre el fin del Proceso. La verdad procesal y la verdad material histórica. El objeto de la prueba en el proceso civil. Control de la actividad judicial en el juzgamiento" en *Anuario de ARCA*, 1994, Edit. Jurídica Alva, Venezuela, 1995.

Berizonce, Roberto, "La enseñanza del Derecho Procesal" y "Tutela Anticipada y Definitoria," ambos en *Derecho Procesal Civil en vísperas del Siglo XXI*, Editorial Ediar, Argentina, 1997.

Calamandrei, Piero, *Estudios sobre el Proceso Civil*, Traduce. De Santiago Sentis M., Edit. Bibliográfica Argentina, Argentina, 1945.

——— *Proceso y Democracia*, Traduc. de Felix Fiz Zamudio, Edit. Ejea, Argentina, 1960.

——— *Los estudios de Derecho Procesal en Italia*, Traduc. Santiago Sentis M., Edit. Ejea, Argentina, 1959.

——— *Opere Giuridiche*, a cura di Mauro Cappelletti, Morano Editore, Italia, 1965, Seis volúmenes.

Carnelutti, Francesco. *Derecho y Proceso,* Traduc. de Santiago Sentis Melendo, Edit. Ejea, Argentina, 1971, tres volúmenes.

——— *Sistema de Derecho Procesal Civil*, Traduc. Niceto Alcala Z y Santiago Sentis Melendo, Edit. Uteha, Argentina, 1944, tres volúmenes

——— *Instituciones del Proceso Civil,* Traduc. de la Va Edición Italiana, por Santiago Sentis Melendo, Edit. Ejea, Argentina, 19590, tres volúmenes.

———*Como se hace un Proceso*, Trad. Santiago Sentis Melendo y Marino Ayerra Rendín, Edit. Ediciones Jurídicas Europa América, Argentina, 1959.

Chiovenda, Giuseppe, *Instituciones de Derecho Procesal Civil*, Traduc. y notas de Derecho Español por E. Gómez Orbaneja, Edit. Revista de Derecho Privado, España, Tres volúmenes, 1954.

Couture, Eduardo J., *Estudios de Derecho Procesal Civil,* Edit. De Palma, Argentina, 1978, tres volúmenes.

Gelsi Bidart, Adolfo, *Indicación sobre fundamento de la Anticipación Procesal, en Derecho Procesal Civil en vísperas del Siglo XXI*, Editorial Ediar, Argentina, 1997.

Herrendorf, Daniel E, *El Poder de los Jueces, Como piensan los Jueces que piensan*, Abeledo Perrot, Argentina. 1998, 38 edición act.

Morello, Augusto M., *Constitución y Proceso, La Nueva Edad de las Garantías Jurisdiccionales*. Edit. Abeledo Perrot, Argentina, 1998.

——— "Las Garantías del proceso justo y el Amparo, en relación a la efectividad de la tutela judicial," en *Derecho Procesal en vísperas del siglo XXI, Temas Actuales en memoria de los Profesores Isidoro Eisner y Joaquín A. Salgado*, Editorial Ediar, Argentina, 1997.

Oviedo Arbeláez, Amparo Alicia, *Proceso, Justicia y Libertad*) Publicación de la Pontificia Universidad Javeriana, Colección Profesores, N. 23. Edit. Javegraf, Colombia, 1997.

Picardi, Nicola, "Il mutamenti del ruolo del giudice nei nostri tempi," en *Derecho Procesal en vísperas del silgo XXI, Temas Actuales en memoria de los Profesores Isidoro Eisner y Joaquín A. Salgado*, Editorial Ediar, Argentina, 1997, p. 397.

4.

ALGUNAS CONSIDERACIONES SOBRE LAS MODIFICACIONES DEL TEXTO CONSTITUCIONAL EN TEMAS RELACIONADOS CON EL PODER JUDICIAL, JUSTICIA Y PROCEDIMIENTO Y SUS EFECTOS EN EL PROCEDIMIENTO ADMINISTRATIVO Y JUDICIAL TRIBUTARIO*

*"El abogado conoce para hacer conocer; el juez conoce, según lo que le es hecho conocer".**

I. OBJETIVO DE LA PRESENTE COMUNICACIÓN

Los presentes comentarios no tienen la pretensión de ser una verdadera ponencia, más bien constituyen el motivo de una Comunicación a este importante evento de la Asociación Venezolana de Derecho Tributario, que, ojalá genere el estudio y discusión de los temas en ella esbozados, todo lo que complementado con el parecer de otros muchos colegas especialistas en Derecho Financiero, Constitucional y Procesal, producirá el efecto que he pretendido lograr con ella, esto es, poner de relieve la importancia de los cambios, nuevas instituciones y puesta en vigencia de novedosos principios en la reciente Constitución de Venezuela.

Respecto a este tema, hace ya algunos meses atrás me ocupé de analizar con cierta seriedad el esbozo de ciertos cambios previamente anunciados por los propiciantes de la hoy denominada Quinta República, y que a lo largo del tiempo, y ahora convertidos en normas constitucionales vigentes, en efecto quedaron instaurados en nuestros sistema jurídico y por supuesto han entrado en vigencia con sendas publicaciones que de la Exposición de Motivos y de la propia Constitución han sido hechos en la Gaceta Oficial[1].

---

* Ponencia presentada al Evento Nacional de la Asociación Venezolana de Derecho Tributario (AVDT) en octubre del año 2000.

* Salvatore Satta, "Poesía e veritá nella vita del notaio", Oración de los notarios, citado por Santiago Sentis Melendo, *El abogado y la prueba*, *Libro Homenaje a Amílcar Mercader, Problema actual del Derecho Procesal*, Editorial Platense, Argentina, 1971, p. 586.

1 En efecto, el texto de la Constitución y su Exposición de Motivos fue menester publicarlos y republicarlos (Gacetas Oficiales Ordinaria N° 36.860 y Extraordinaria N° 5.453 de fechas 30 de diciembre de 1999 y 24 de marzo del 2000) situación a la que por demás ya venimos acostumbrados en nuestro medio, y la que siempre se excusa, alegando como motivos "errores de transcripción" pero que la mas de la veces resultan ser omisiones graves de partes de la normativa u otras causas de mayor envergadura, como lo son el caer en cuenta de deplorables

Ya publicados los cambios, y visto el acontecer de la nueva organización judicial la interpretación que inclusive ya se ha venido dando a dichos cambios y a la normativa hasta entonces vigente por el que hacer judicial a la luz de algunas decisiones del más alto Tribunal de la República, he venido repasando y revisando tanto los cambios dispuestos por el constituyente, como los comentarios que me obligaron a formular los mismos y en el camino, insertadas al texto original de la exposición de motivos de la nueva Constitución, las modificaciones que se consideraron omitidas en la primera de sus publicaciones. Con sorpresa debo confesar que me he encontrado colegas y amigos que me han comentado las exageraciones en que incurrí en mis mencionadas apreciaciones hechas públicas en Diciembre pasado, por estimar, quienes así piensan, que el constituyente había hecho clara ratificación de que Venezuela seguía siendo un Estado de Derecho, sometido a la legalidad y que por tanto deberán entenderse vacías de contenido y sin valor alguno las menciones y alusiones que se hacen a los cometidos del Poder Judicial y al Sistema de Justicia, en el sentido de que nuestro Estado "... es un estado democrático y social de Derecho y de Justicia, donde imperan la Constitución y las Leyes como expresión de la soberanía popular, sujeción de todos los poderes públicos a los derechos humanos y a las libertades públicas para lo cual requiere la existencia de unos órganos que, institucionalmente caracterizados por su independencia, tengan la potestad constitucional que les permita...". Lo expresado, que no sufrió modificación alguna en los enunciados cambios, para mí sigue siendo lo grave y delicado de todo cuanto pretendo poner de relieve.

Deploro nuevamente tener que destacar lo profundamente confundidos que estuvieron y siguen estando los constituyentistas que discutieron y aprobaron la nueva Carta Magna, así como quienes todavía consideran hoy que lo contemplado en ese texto constitucional no implica considerables e importantes cambios en toda la estructura Judicial, en el funcionamiento y operación de la Justicia, en el concepto y contenido de la Jurisdicción y en los del Proceso diseñado como necesario para llevar a cabo esas funciones y cometidos.

Para nosotros, todo lo hasta ahora dicho y establecido como principios en materia de los conceptos de Justicia, Proceso, Poder Judicial y principios reguladores de aquellos, comporta profundas modificaciones en el sistema de justicia que venía aplicándose bajo el imperio de la constitución de 1961, y en especial en el sistema jurisdiccional aplicable a partir de diciembre del 1999, que ya no resulta no ser el de "jurisdicción de derecho" que impone al juez la precisa labor de encuadrar el caso concreto dentro de o de acuerdo a lo preestablecido en la Ley escrita preexistente.

Lo que ahora se proclama en sustitución del viejo esquema en el cual, cuando menos en teoría lo justo era lo legal, y de que el Juez aplicando adecuadamente la Ley, estaba haciendo un acto de perfecta justicia, es precisamente que esos órganos de justicia, ejecuten y apliquen imparcial e igualitariamente, las normas que verdaderamente expresen la voluntad popular, y a ello están sometidos todos los poderes públicos y la actuación administrativa con lo cual se entenderá entonces se está ofreciendo a todas las personas tutela efectiva de sus derechos e intereses legítimos. Esa ley, no será otra que la norma que coincida con la conciencia moral de un pueblo, como justa, buena y equitativa, que deberá estar en el ambiente de la sociedad concreta en que se planteare el conflicto para un

---

errores cometidos en la redacción del texto original de las normas. De su parte, el trabajo en referencia de nuestra autoría se encuentra inserto en la publicación denominada *III Jornadas de Derecho Procesal Civil Dr. Arístides Rengel Romberg, Ciclo de Conferencias en Homenaje al Profesor Alberto Baumeister Toledo*, p 148 ss., publicaciones UCAB & Fundación F. Pérez Llantada. Venezuela. 2000.

momento determinado. Será esa la mejor norma moral y con ella la mejor directriz de conducta legal que debe imponerse en la sociedad.

El Juez en estos sistemas no sólo está llamado a aplicar las Leyes, sino tiene que asumir la labor creativa de escudriñar cuáles son los principios sociales aplicables y con ello, constatar si las normas vigentes se avienen a aquellos, en cuyo declararán dichos principios y normas como "normas jurídicas aplicables al caso concreto" realizando así una verdadera función "creativa del Derecho", si bien limitada para el caso concreto.

Al legislador, siempre y por excelencia, en este o en cualquier otro sistema en que se respete la división de los Poderes, corresponderá indagar, adecuar y proclamar las normas jurídicas abstractas, ex novo y para todos los casos en general.

Esa forma armónica y general de determinar las normas de conducta social del nuevo Estado es el llamado sistema de "justicia social y de equidad" que procura y fija como cometido la nueva Constitución Nacional.

Que el sistema jurisdiccional aplicable sea el que sostenemos ahora proclamado por la Constitución, en nada se opone a que el proceder de nuestras autoridades y en especial la de los jueces deba ser el apegado a la "legalidad". Cuestión diferente será el precisar y determinar cuál será esa Ley aplicable y si de ello pueda o no derivar profunda inseguridad jurídica para nacionales y extranjeros.

En razón de lo dicho, en el concreto campo del Derecho Fiscal y Tributario o de modo general en el Derecho Financiero[2] esas mismas serán las reglas que deban regular al sistema de justicia establecido como control de legalidad y apego a la justicia tributaria y como garantía para los contribuyentes y de los ciudadanos en general. A esas mismas instituciones de Derecho Financiero, y en concreto a lo que derivado de él sea menester debatir judicialmente, se aplicarán los mismos mencionados principios y para lo que será menester igualmente, imponer el nuevo concepto de Proceso y sus fines, tal cual se los define también en el ahora vigente texto constitucional3.

Ese nuevo acontecer jurisdiccional a texto expreso de lo que dispone la nueva Constitución, es y tiene que ser el que resulte aplicable en todos los ámbitos en que ello resulte necesario, esto es, donde para la resolución de los conflictos entre particulares o entre particulares y entes del Estado, o entre entes de éste último, se presenten, cualquiera que sea su especie o índole y donde para su debida y definitiva resolución sea menester la declaración de un órgano judicial o su equivalente previsto en el ordenamiento.

Pretender no ver la gravedad que le hemos atribuido en nuestros citados comentarios a tales cambios es desconocer lo que la doctrina, y de acuerdo a la filosofía en que aquella se inspira, se propugna para esta clase de justicia y sus efectos no son otros que los atribuidos y analizados en nuestro estudio sobre esa materia y los que por igual he continuado

---

2 En lo adelante utilizaremos esta denominación para referirnos a todo lo que supone y abarca la actividad Tributaria. Fiscal y Presupuestaria del Estado, en tanto estimamos que es esta la correcta y apropiada y rechazamos y protestamos el indebido uso que resulta hacer parte de los doctrinantes de dicho término para referir a la actividad que tiene que ver con el Derecho de las Finanzas públicas o privadas y más concretamente con el que resulta más apropiado para el derecho económico, el mercantil bancario o de las entidad financieras y crediticias, con los cuales pretende arroparse aquél.

3 Título V, Capítulo III de la Exposición de Motivos y artículos 257 y ss CN.

realizando sobre el tema y los que he hecho del conocimiento de los interesados en otras Conferencias y Exposiciones4.

Sostener que eso no fue lo que tuvo en mientes la Asamblea Constituyente ni los propagadores de esos cambios, resulta ser desconocer el significado y contenido de los principios y filosofía de las instituciones tal como se aplican en la universalidad jurídica, y si en el peor de los casos, deba sostenerse que en ello no cayeron en cuenta los constituyentistas ni los afanados propugnadores del cambio pertenecientes a los nuevos idearios de gobierno, habrá que concluir insistiendo en la frase de Voltaire con la cual inicié mis trabajos de análisis de los Cambios Constitucionales en materias relacionadas con el Poder Judicial, Justicia, Proceso, etc.,[5] diciendo que "Conocemos algo peor que un idiota, una Asamblea de idiotas".

Toda vez que en materias de Derecho Financiero, por igual y en garantía de la legalidad y debida aplicación de sus principios y efectos, existe y tiene que aplicarse un procedimiento administrativo y judicial, no me cabe tampoco la menor duda de que en esos procesos administrativos y judiciales, que forman parte de la Administración de Justicia proclamada como fin esencial de nuestro Estado Soberano, han quedado afectados por tales cambios y a ellos resultan aplicables cuantas reformas se han propiciado y puesto en vigencia por el constituyente.

Teniendo oportunidad en este año 2000, fin del pasado siglo para algunos o inicio del nuevo para otros, la celebración del evento anual de la Asociación Venezolana de Derecho Tributario, primero luego de la promulgación de la nueva Constitución Nacional que contempla esos cambios y donde se hizo declaración de principios e instituciones, no cabe duda que el tema aludido reviste particular interés y estimo mi deber alertar por igual a los colegas especialistas de lo que al respecto dijo y puso en práctica el nuevo constituyente para estas materias y de las repercusiones que todo ello pueda comportar, todo lo cual resultará ser además la declaración y puesta en vigencia de la nueva filosofía procesal tributaria, y que comporta la necesidad de promulgar una serie de leyes y normas de rango sub constitucional para adecuar la legislación vigente a aquellos y en especial para poder adecuar el proceso tributario al modelo paradigmático propiciado y querido por el Constituyente, en tanto, toda norma, cualquier autoridad y toda aplicación de las mismas, a texto expreso de la Constitución y como debe ser, está sometida a ella y resulta ser de inexorable cumplimiento[6].

Debo advertir igualmente, como lo hace consagrada doctrina que analiza estos temas[7] que el hecho de que el legislador no proceda *ipso facto* y en el término de la distancia a adecuar la legislación, ello no obsta ni libera a los Jueces de su impretermitible deber de,

---

4 Al respecto nuestras Conferencias en abril y mayo del presente año auspiciadas por los Colegios de Abogados de Portuguesa y Sucre, respectivamente, las cuales hemos denominado "implementación de los cambios propuestos en la nueva Constitución en materia de Poder Judicial, Justicia, Proceso. etc.".

5 Mi citado trabajo en III Jornadas de Derecho Procesal Civil, p. 149.

6 Artículos 7, 25 y 334 entre otros de la Constitución Nacional vigente, conforme publicación del 24·3-2000 (en lo sucesivo "Art." y "CN", respectivamente) y en todo sustentado por la Exposición de Motivos de dicho texto (Capitulo VII de la misma citada publicación).

7 Vid nuestro citado trabajo, p. 158 ss y en especial Oviedo Arbeláez, Amparo Alicia, *Proceso, Justicia y Libertad*; Publicaciones de la Pontificia Universidad Javeriana, Colombia, Edit. Javegraf, 1997.

en primer lugar desaplicar toda y cualquiera norma jurídica que vaya contra los principios y enunciados constitucionales y, en segundo lugar, proceder a escudriñar en el entorno ético social, cual sea el principio que deba regir la situación concreta objeto de ese caso y ordenar aplicar dichos principios como "norma social" que deba resolver el conflicto en el caso concreto, en tanto resulta ser ello uno de los esenciales postulados del Estado social de derecho en el que debe imperar la Justicia Social y la equidad[8].

Finalmente, adquiere preponderante papel la función judicial, en tanto esa obligación de adecuación de la norma a la realidad y exigencias sociales, reiterada, constituye un impulso definido a fin de que el Poder Legislativo, reconociendo la realidad de esos cambios, permanentemente esté preparado para la modificación y puesta en vigencia de las nuevas normas que requieran los cambios sociales.

En consecuencia, afirmamos y confirmamos que a nuestro entender, en materia de Proceso Administrativo y Proceso Judicial Tributario, rigen y se aplican los principios, enunciados, nuevas filosofías y cambios que al respecto proclama y ha puesto en vigencia nuestra Constitución, y que así mismo, las instituciones de la Jurisdicción, el proceso y los principios y normas que los informan, deben y tiene que adecuarse a los nuevos modelos, prototipos y senderos que han quedado definidos en el texto constitucional, pues ninguna norma de ese mismo rango los exceptúa de aquellos, y en tanto que, de otros enunciados, principios e instituciones típicas financieras, tratadas en el propia Constitución, se evidencia por el contrario, que aquellos son aplicables a estos, y es más que el constituyentista puso especial empeño en la más pronta adecuación de los mismos a esos nuevos principios, e instituciones, para lo cual basta revisar el texto de las disposiciones transitorias de la Carta Magna, y en especial la Disposición Transitoria Quinta de ella, en la que se fija término para que se adapte y adecué el Código Orgánico Tributario a toda la nueva preceptiva constitucional y las contenidas en las disposiciones Cuarta, Décimo Tercera y Décima Cuarta en las que por igual se fijan lineamientos y principios de derecho intertemporal para todo lo relacionado con las Haciendas estadales y municipales.

II. CONSIDERACIONES SOBRE LOS PRINCIPALES CAMBIOS PROPUESTOS EN LO ATINENTE A PROCESO, PODER JUDICIAL Y SUS EFECTOS SOBRE LA MATERIA DE DERECHO FINANCIERO

En primer lugar, debemos insistir en que los cambios a que nos referimos, no son los específicos, atinentes a los de tinte meramente sustantivo tributarios y fiscales[9] sino, más bien, a los que atienen de modo general a las manifestaciones del ejercicio del Poder Judicial, de sus órganos y del Proceso en lo que se refiere al Derecho Financiero.

Comenzaré por destacar que en toda esta materia, nos resulta obvio que los principios que regulan la actuación del Poder Judicial en general, tienen plena aplicación para aquellos de sus órganos y actuaciones que deban cumplirse dentro del ámbito del Derecho Financiero, y *en* especial del Tributario y Fiscal, Nacional, Estadal y Municipal, pues en efecto ninguna excepción existe en la Ley por el contrario encontramos que hoy existen elementos de interpretación suficientes como para que las normas de rango legal fijen y

---

8 Art. 2 C.N.

9 Tales como resultan ser los principios que deben regular las materias tributarias y hacendísticas, ex artículos 133, 299 ss y 316 ss CN.

establezcan una perfecta coordinación en el acontecer jurisdiccional a los tres niveles de manifestación vertical del Poder[10].

Así, a nuestro juicio debe desprenderse de las normativas consagradas en los artículos 49, 253, 257, 259, 267, 268 y 269 CN entre otros[11], que no hay lugar a excepciones o dudas de ninguna naturaleza para reputar aplicables dichos principios y postulados en los tres niveles en que resulte o pueda resultar utilizable el ejercicio del Proceso Judicial Tributario.

Pero en esta materia quizá vale la pena escudriñar, aun cuando de manera muy resumida y rasante, ciertos cambios y aclaratorias contenidas en el nuevo texto constitucional, para dejar sentados cuales son los nuevos principios, filosofías y procedimientos aplicables.

En primer lugar, en cuanto a la organización Judicial especializada relacionada con el Derecho Financiero, no me cabe la menor duda de que, la misma es y sigue formando parte del sistema Judicial nacional, más hoy, cuando claramente la CN de forma general en el artículo 253 proclama y aclara que debe entenderse por función propia del Poder Judicial, y por tanto la que para ello se despliega con ocasión de garantizar, juzgar y someter a la legalidad Tributaria el proceder administrativo y ciudadano, ello es JUSTICIA y la misma se imparte por los órganos del PODER JUDICIAL y la ejecución de sus actos y sentencias tiene y debe ordenarla ese mismo Poder.

No tenemos duda alguna en sostener y mantener lo dicho frente a cualquier posición en contrario, pues hoy, consideramos definitivamente aclarado por igual que el CONTENCIOSO JURISDICCIONAL incluyendo por ello el CONTENCIOSO TRIBUTARIO, es parte del ordenamiento jurisdiccional, y tienen funciones y cometidos propios, que si bien pueden reputarse diferentes a los del resto de los órganos del Poder Judicial, no por ello la CN lo ha considerado separado o exceptuado de los principios por ella establecidos para la actividad judicial, para la prosecución de la justicia y el modo de aplicar el Proceso.

En lo particularmente "tributario" y en particular en el "contencioso tributario *strictu sensu",* conforme lo determina el Art. 259 CN su función continuará siendo la de anular o ratificar la legalidad de los actos administrativos tributarios.

En tal sentido somos de opinión que no se modificó, a pesar de lo establecido en el artículo 253, el impedimento impuesto para que tales órganos jurisdiccionales del Contencioso Tributario puedan llegar a establecer inclusive el correcto proceder tributario, reputándose aún que continuará siendo una garantía más para el ciudadano administrado o contribuyente, obtener que sea el órgano ad hoc de la Administración tributaria activa, quien deba rehacer el procedimiento administrativo tributario y con ello perfeccionar los vicios que afectaban el acto jurídico tributario.

Insistimos en esta posición en tanto que por igual, ya discutida la Constitución vigente, aun cuando no ratificada por el Referéndum, se dictó por el Ejecutivo Nacional con base a

---

10 Arts. 165, 166,178, 182 y 185 CN, entre otros.

11 Por igual así debe deducirse de los dispuesto en la Exposición de Motivos de la CN, Capítulos III y IV del Título IV y Capítulo II, del Título VI.

la Ley Habilitante, la Ley de Arrendamientos Inmobiliarios[12], en la que por igual al Contencioso Tributario de anulación, la actividad jurisdiccional reconocida para dichos conflictos queda limitada en los efectos de sus sentencias, al anular los actos impugnados, al solo efecto de que los inferiores competentes, vuelvan a rehacerlos subsanando los vicios y errores declarados existentes en esa sede jurisdiccional, lo que quiere decir, que sigue estando vedado "rehacer plenamente el acto, subsanando los errores detectados y ordenar su ejecución", como si ocurre en sede jurisdiccional ordinaria civil y penal e inclusive en el Contencioso de plena jurisdicción.

Pareciera, en buena interpretación de la Ley, que en ésta materia, expresamente se dejó una excepción al ahora declarado "principio constitucional" de buscar un "fin útil al proceso", de no sacrificar la justicia por el mero establecimiento de principios formales no esenciales, ni de que la efectividad de la tutela judicial (en cuanto a tiempo se refiere) pudiere entenderse lesionada, a pesar de ese proceder dentro de lo Contencioso Administrativo y con ello por igual en el Contencioso Tributario.

III. LOS CARACTERES ESPECÍFICOS DEL NUEVO PROCESO JUDICIAL Y LA JURISDICCIÓN CONTENCIOSO TRIBUTARIA

Creemos que en esta materia se han producido profundos cambios, en lo meramente procesal, de importantísima trascendencia. En efecto, la categórica consagración de las garantías procesales de los ciudadanos, en todos los niveles y estadios judiciales, independientemente de la naturaleza de los procesos de que se trate, ex artículo 49 CN, claramente permite sostener a nuestro entender la no aplicabilidad de los célebres Sumarios Administrativos Fiscales.

Todo y cualquier ciudadano o contribuyente a quien se abra un procedimiento fiscal tiene *ipso facto* derecho a ser informado sobre el motivo y naturaleza del mismo, a los hechos sobre los cuales versa y a que se le entregue documentación relacionada con las imputaciones que se le hagan, so pena de violarse el debido proceso con lo cual además se violentan sus derechos y garantías constitucionales.

Por los mismos motivos y a tenor de lo dispuesto en el artículo 257 CN, el proceso judicial tributario, sea contencioso o de cobro o reintegros, debe cumplir y se regula por los nuevos principios constitucionales de simplicidad, uniformidad, eficacia de trámites, brevedad, oralidad y publicidad, y sin que en ningún momento pueda justificarse el sacrificio de la justicia por la omisión de formalidades no esenciales.

Para quien formula estos comentarios, tales principios hacen necesario que de inmediato el Poder Legislativo se dedique al estudio y puesta en vigencia de todo un nuevo sistema de procedimiento unificado o se le haga, como ocurrió en España y otros países, una reforma global de urgencia a la Legislación procesal general vigente, a fin de adecuarla a esos definitivamente deseables principios de UNIFORMIDAD, SIMPLICIDAD Y EFICACIA de los procesos actualmente existentes en nuestro entorno judicial y de que nos habla el nuevo artículo 26 de la CN.

Precisamos igualmente, que para nosotros esos prototipos de juicio y procesos judiciales, no son los modelos de juicio breve ni del oral contemplados en el Código de

---

12 Decreto Ejecutivo con Rango de Ley 427, G.O. 36845 del 7-12-99. con vigencia a partir del 1-1-00.

Procedimiento Civil[13] en tanto que los mismos no satisfacen ni las necesidades declaradas en el nuevo concepto de justicia, ni pueden incorporar los principios de brevedad, oralidad y publicidad con los cuales ha querido sean investidos el constituyente y que adecuadamente sirvan para lograr una justicia más eficaz, equitativa y expedita.

A la fecha, contamos hoy con unas nuevas modalidades de procesos que pudieran estar mas a tono con las pretensiones constitucionales de ese modelo casi perfecto para obtener una justicia eficaz y una tutela efectiva, cuales son los prototipos contenidos en el Código Orgánico Procesal Penal y en el también novísimo procedimiento contencioso civil y laboral contemplado en la Ley Orgánica para la Protección del Niño y del Adolescente[14] en los cuales es de reconocer se establecen una serie de principios y nuevas modalidades para el trámite de dichos procesos, se incrementan los poderes y facultades del órgano judicial, se establecen nuevos principios para la aportación, evacuación y evaluación de las prueba; persiguiéndose en definitiva una mejor calidad de proceso y la procura más inmediata de la solución de los conflictos[15].

Quizá la correcta forma de afrontar estas necesidades de un proceso apto para producir la verdadera justicia, es estructurar un modelo único de proceso en el cual clara y debidamente se regule la Audiencia preliminar, con plena facultades para que el Juez logre el Despacho Saneador, y una audiencia Preliminar oral, en la que libre de zancadillas procesales, el Juez y las partes, puedan precisar, deslastrar y procurar la determinación de los hechos debatidos, de los mejores medios probatorios para demostrarlos y fijar de manera clara y certera la forma de lograr la verdad real y la procesal.

Respecto a estos puntos, estimo procedente efectuar algunas certeras aclaratorias, a reserva de que con mayor detenimiento y en otro evento, más procesal que de índole Tributaria, se haga un enfoque mas de fondo sobre los mismos. En efecto, en primer lugar, brevedad, oralidad, simplicidad y publicidad, no pueden ni debe significar jamás el sacrificio de otros postulados de garantía de la justicia, como lo son los de inicio e impulso de los respectivos procesos, ni deben confundirse con los propios que regulan el tipo inquisitivo o a instancia de parte de los procesos de que se trate. Tampoco pueden suponer la perversión o alteración del concepto de "obligación de oportuna y suficiente alegación" so pena de que por igual entonces se entorpezca el debido derecho de defensa o se hagan interminables los procesos, ni de que el Juez, aún con potestades oficiosas, pueda sustituirse en las cargas impuestas por la Ley a cada una de las partes.

Eso sí, ahora como antes, ese Poder Judicial debe y tiene que estar integrado por hombres preparados, aptos y capaces de asumir posturas de avanzada, pro activos con la función judicial del nuevo Juez, del magistrado que antes que solucionar un litigio vea como fin último del proceso, la necesidad de satisfacer la justicia y procurar la efectiva solución al conflicto no solamente desde el punto de vista jurídico sino también desde el ángulo social[16].

---

13 Arts. 881 ss y 859 ss Cpc.

14 GO Ext. 52.208, 1998 y GO 5.266 Ext. del 02-10-1998.

15 Respecto a la última mencionada Ley y el procedimiento a que se hace alusión véanse nuestros comentarios en III Jornadas de Derecho Procesal Civil, Dr. Arístides Rengel Romberg, Edit. UCAB & Fundación Pérez Llantada, Caracas, 2000. pp. 91 ss.

16 Al respecto véase nuestra Conferencia Acarigua y Cumaná. Abril y mayo 2000 y a los interesados los remitimos a los amplios y sustanciosos trabajos de Gelsi B., Adolfo. "Proceso y

En adición, la nueva Constitución claramente establece como postulado, el no sacrificio de la justicia por la omisión de formalidades no esenciales y sobre esta materia por cierto ya nuestro actual Tribunal Supremo de la República ha tenido oportunidad de pronunciarse y, sobre este tema, queremos ser enfáticos que el peligro estará en diáfanamente poder separar lo que es formalismo y ritualismo, de lo que resultan ser formas útiles y esenciales para la preservación de la seguridad jurídica y el propio ejercicio del Derecho de la Defensa, pues no compartimos por ejemplo las afirmaciones contenidas en uno de los recientes fallos antes aludidos, en los que en forma genérica, pareciere sostenerse que aún siendo de orden público la forma, si el acto cumple su fin útil, no procede la reposición.

Pero nuevamente nos toca destacar aquí que pretender endilgar responsabilidades al Poder Judicial, o a la deplorable justicia que se ha obtenido por no acatar esos lineamientos o actuar por los procederes contrarios a lo que se propugna debe ser producto del nuevo ordenamiento, resulta igualmente injusto, y tan errada posición nuevamente puede provocar lamentables consecuencias al procurar que ellas se corrigen imponiendo trabas y reglas al funcionamiento del proceso y al actuar del Poder Judicial.

En efecto, se destaca que lo ideal será que los nuevos procesos sean sencillos, simples y uniformes, con todo lo cual seguros estamos no puede haber opiniones disidentes.

Mas ¿son los jueces quienes fijan las reglas del proceso? Es que acaso no se ha dicho hartas veces que la función de legislar es cosa seria, no de politiqueros, ni de asamblea populares ¿Quienes si no los políticos legisladores son los encargados de demorar las leyes que requieren urgente consagración? ¿Quién si no, ellos, han sido los responsables de enredar los proyectos legislativos que se someten a su consideración para que en la práctica no produzcan los resultados deseados? ¿Quiénes, si no los ignaros pretenden que una rama del Derecho no es tal de no contar con un procedimiento adjetivo especial y separado del ordinario y común?

¿Quién, si no nuestros ilustres legisladores, nos han llenado de sin número de procesos, procedimientos, incidentes y trabas para lograr precisamente que se cumpla la justicia?

Respecto de estas anotaciones sobre las formas en el proceso, cabe mucho por decir. En primer lugar, debemos señalar que la forma no tiene objeción alguna dentro de ningún sistema en el que se ponga como valores a escoger la necesidad de obtener mecanismos ad hoc para proteger la seguridad y la certeza, con los de las formas esenciales que garanticen el debido ejercicio del derecho.

Repetimos, formas, no ritualismos. En este punto es importante destacar las reformas que al respecto introdujo nuestro vigente Código de Procedimiento sobre estos temas, donde claramente se ponen de manifiesto tales propósitos. El problema, una vez más, estuvo y seguirá estando en la politiquería.

En efecto, se dice que el mal ejemplo en la materia comenzaba en el viejo estamento estatal, en la misma Corte Suprema y en el Recurso de Casación, con el cual aquella,

---

época de cambio", en *Libro Homenaje a Amilcar Mercader, Problemática actual del Derecho Procesal. Editora Platense*, Argentina, 1971, p. 421 SS., Berizonce. Roberto O, Derecho Procesal Civil actual, Librería Editora Platense y Abeledo Perrot, Argentina. 1999, Isbn 950-20-1187-2, p. 364. referidos en nuestras citadas exposiciones.

virtualmente, trabaja por así decirlo apegada más a latonería (vicios de forma y ausencia de formalidades del proceso) que a los problemas de fondo de los juicios. Pero nos preguntamos ¿Quién escogía los magistrados y qué criterios se siguieron para hacerlo? ¿Es que acaso no medraron en la Corte magistrados incapaces, ajenos a la sabiduría del Derecho, amigotes de los políticos de turno, y quienes por supuesto, a manga ancha cumplían escasa o sobradamente con los deberes de su cargo dictando reposiciones y recursos de forma con lugar?

¿Es que acaso no son sólo las decisiones jurisprudenciales "voteras" (que dan, promueven o generan votos) las que nuestros señores legisladores toman en cuenta para modificar leyes absurdas con evidentes errores de promulgación?

Cuantas veces durante los años de vigencia del nuevo Código no se señalaron por la misma Sala de Casación, por la Doctrina y por los propios recurrentes los destemplados errores en que se incurrió en la redacción del artículo que regulaba los requisitos y vicios de la sentencia. Nos preguntamos ¿si no bastó el escándalo de un juicio de un expresidente de la República para corregir algunas de esas disposiciones, podrá pretenderse que otras disquisiciones y comentarios de autores y especialistas logren esas modificaciones?

Finalmente, y ya anunciándonos lo que nos espera por este tortuoso camino de las novedades de lo que es Ley justa y Ley injusta ¿han tenido Uds. oportunidad de leerse algunas de nuestras recientes decisiones de la hoy Sala Social de nuestro Tribunal Supremo?

¿Sabían Uds. que hoy, conforme reciente decisión del 16 de marzo pasado, las violaciones aún de orden público no aparejan nulidad si los actos alcanzan su fin?

¿Conocen Uds. que ahora en dicha Sala primero se examinan las denuncias de fondo y luego las de forma?

Por igual, se han enterado Uds. de que en lo sucesivo procede por vía de aclaratoria, inclusive la reforma de oficio del contenido de fallos, ya firmes, cuando se detecta la evidencia de errores, siempre que no se modifique el sustrato de la decisión de fondo y dado que de lo contrario pueden impedir la debida ejecución del fallo17.

La verdad es que reconocemos la valentía de los juzgadores de alzarse contra expresa norma en contrario, pero no deja de preocuparnos el que por esa vía se establezca un indeseable poder derogatorio en manos de la jurisprudencia y con ello estemos dando paso al bochinche y a la inseguridad jurídica.

Ya los sempiternos maestros del procesal, Carnelutti, Calamandrei y Couture, entre otros, hace unos cuantos años, marcaban claros linderos en lo que tenía que ser el debido proceso, la importancia de las verdaderas formas procesales, el papel insustituible de las partes y sus apoderados en el juicio y los campos que a ellos estaba reservado, así como el

---

[17] Sobre estas materias véanse dos interesantes fallos de la nueva Sala Social, fechados ambos el 16 de marzo del 2000, ambos siendo una de las partes Seguros Venezuela. Respecto a la nueva figura de permitir la revocatoria, inclusive enmendando e innovando elementos, ya existe un movimiento de Doctrina consolidado. Al respecto véase Peyrano, Jorge W., "Estado de la Doctrina Judicial de la Reposición in extremis", en *Revista de Estudios de Derecho Procesal*, N° 2, Julio-Diciembre 1999, Edit. Livrosca, Venezuela, 2000, Issn 13169717, p. 3 ss.

destacado rol del verdadero juez como conductor del proceso18. Pareciera que todo ello se olvida, que carece de fundamento ante el ímpetu de los cambios revolucionarios, ante el clamor de justicia, y la necesidad de que procuremos que ella se consiga no importa como ni a sacrificio de qué.

Finalmente, debemos alertar que, para lograr verdaderos cambios en los conceptos de proceso y justicia, será menester también un cambio de mentalidad en nuestro gremio y en la sociedad. El Juez debe ser un aliado más de las partes, en especial de la que pueda resultar menos apta para la defensa de sus intereses, debe procurar en primer lugar la verdadera conciliación judicial de los intereses en discusión, tomar posición de avanzada para procurar encontrar la verdad en beneficio de una sentencia más justa, apartando toda esa trágica y periclitada mojigatería de que con ello puede tildarse rompe la igualdad y la neutralidad con la cual debe ejercer su función[19].

Si no se deslastra nuestra sociedad de viejos vericuetos y con ella nuestro gremio de esos anacrónicos y sintomáticos pretendidos males, continuaremos con un juez pasivo, fuera de lugar en el actual entorno mundial y con una justicia que seguirá siendo disminuida.

Otro mérito indudable que sí debe reconocerse a los nuevos principios constitucionales referidos al Proceso y a la Justicia, resulta ser la consagración de las vías alternas procesales como medios autorizados para poner fin a los conflictos sociales.

Con ello en ratificación a lo que ya mucho se había venido discutiendo20, pero no se había entronizado claramente en las leyes vigentes, se aclara que ciertamente la administración de Justicia no se realiza únicamente por el Estado bajo la responsabilidad de sus órganos jurisdiccionales, sino que también lo es a través de la conciliación, el arbitraje, la mediación y cualquiera otros medios alternativos para la solución de conflictos (Art. 258 CN), con lo que, adminiculado a lo ya previsto en el Código Orgánico Tributario vigente, donde el Legislador pone de manifiesto la posibilidad de celebrar válidamente la transacción como vía de autocomposición del proceso Contencioso Tributario, resulta ahora indudable que en materias específicas Tributarias o de índole Financiera, con la sola excepción de lo que atiene al establecimiento de la base tributaria y el hecho generador de los tributos, (sostenemos nosotros, en general, donde se trate del *ius imperium)* puede buscarse solución a los conflictos de esta índole por la vía arbitral y demás medios alternativos para la solución de los conflictos[21].

---

18 Al respecto véanse Calamandrei, Proceso y Democracia, Carnelutti, Como se hace un proceso y Oviedo Arbeláez Amparo, *opus cit*, todo citados y comentados en nuestro mentado trabajo Las modificaciones de la Constitución Nacional..., p 190 ss.

19 Al respecto los atinados comentarios de Berizonce, *opus cit.* y las observaciones que formulamos en nuestra disertación sobre Mecanismos para entronizar los cambios Constitucionales, Conferencias abril y mayo 2000 citadas.

20 Al respecto véase nuestro trabajo sobre el Procedimiento en la ley de Arbitraje Comercial, Publicaciones de la Academia de Ciencias Políticas y Sociales, Caracas, 1999.

21 Lamentablemente la reciente Ley de Arbitraje Comercial, como su nombre lo indica, destinada al ámbito de lo comercial, no contribuyó a la aclaratoria de esta problemática, la que a nuestro juicio fue indebidamente estudiada y analizada inclusive por nuestra antigua Corte Suprema de Justicia, hoy Tribunal Supremo, que siempre rehuyó a este tipo de soluciones en un prurito inexplicable por defender que la mejor justicia para el Estado y los asuntos que le eran propios debía ser la del propio Estado, explicable esto, no por razón diferente a la de las lamentables

IV. ALGUNAS CONCLUSIONES QUE VALEN LA PENA SER ANALIZADAS

En primer lugar, aclaremos que con todo lo que hemos dejado examinado y comentado no queremos hacernos solidarios con los cambios y modificaciones que' han sido puesto en vigencia por la nueva Constitución, así lo hemos venido expresando concreta y diáfanamente en todos los eventos y trabajos que hemos realizado y presentado relacionados con todo el proceso de cambios por el cual atraviesa nuestro país.

Independientemente de toda consideración sobre las bondades del sistema jurisdiccional que parece haber sido el acogido por la nueva Constitución, con el cual puede que efectivamente se obtenga una justicia más justa (perdónese la redundancia) y una leyes mas apegadas a la realidad social, en materias tan delicadas como las relacionadas con el Derecho Financiero, Tributos, Deberes y Derechos Fiscales, resulta realmente peligroso e inquietante no adecuar las conductas judiciales a texto expreso escrito d., la Ley, más en un momento histórico en el que se clama por la necesidad de inversiones extranjeras, en confianza en el país y peor aún si el Poder Judicial con el cual se cuenta no resulta precisamente ser el mejor o el más adecuadamente preparado. Con esto puede expresarse toda la inquietud que debe producimos el tema de los cambios en lo atinente a Proceso, Justicia, función Judicial, etc.

Si bien opinamos y estamos conscientes que es y sigue siendo menester enfrentar seriamente las crisis que vienen azotando a nuestra patria, en especial las de moral ciudadana, la del Poder Judicial, la de valores que afectan directamente la calidad de vida del hombre en nuestra sociedad, la institucional sobre el manejo y conducción de nuestro país, no somos partidarios de considerar adecuados los mecanismos y sistemas que para ello adoptó la Constitución.

Insistimos que ese proceso de reformas fue producto del apresuramiento y del desespero político, no tomó en cuenta ponderadas y serias posiciones de autores, ciudadanos y grupos sociales y más que un proceso de formación de opinión ciudadana, me atrevo a calificar lo producido como un aborto político, como otras veces ya ha ocurrido en Venezuela.

En lo relativo al Poder Judicial, sin entrar a desdeñar las bondades del sistema jurisdiccional de creación del derecho por el Juez, ni declararme timorato ante el denominado "Imperialismo Judicial", pues creo sea ese el único poder que en estos casos de crisis, dentro de una democracia, puede aportar soluciones útiles y verosímiles para la sociedad, estimo que al propiciar tales cambios, dejó de tomarse en consideración el más importante de los factores para lograr su éxito, esto es, el factor humano. Los jueces no

---

experiencias de arbitrajes en que fueron partes empresas y entes del Estado, en los que por indebido manejo de dichos asuntos, no apropiada escogencia de los árbitros, entre otras razones constituyeron nefastos precedentes para los casos resueltos, como será de imaginar en contra del Estado o sus entes. Para profundizar sobre este tema, Vid. Brewer Carias Allan, *Arbitraje y Derecho Administrativo en Seminario sobre la Ley de Arbitraje Comercial*, *opus cit.* y Fraga Pittaluga, Luis, Una aproximación hacia el estudio del Arbitraje en materia Tributaria, Libro Homenaje a José A. Octavio, Publicaciones de la AVDT, Edit. Tormo, Caracas, 1999.

Consideramos que la comentada disposición constitucional. dejará ahora sin lugar a dudas el carácter jurisdiccional del arbitraje y permitirá. así lo esperamos, se faciliten y se impongan como vinculantes las instancias de conciliación y arbitraje para una serie de conflictos que deben y tienen que ser resueltos por estas vías.

nacen, se hacen. Nuestros políticos siempre han desdeñado al Poder Judicial, todavía hoy, en lo ahora llamado la Quinta República, no se tiene claro que se quiere y que se persigue con el Poder Judicial, y para muestras un botón, la recién promulgada Ley Orgánica de Protección al Niño y al Adolescente, en su aspecto judicial, no ha podido lograr su plena vigencia, pues a pesar de que tanto se especuló políticamente con ella, nuestros políticos de tumo no tuvieron interés en pensar cuanto costaba lograr activar sus mecanismos, que personal judicial requería, donde y cuando lo formarían, etc.

Insistiremos una y otra vez, lo más importante en la actividad judicial, es el Juez, porque como señala Carlos Cossio22 "el derecho en parte, es el propio hecho del juez ...(porque) no es algo hecho y concluido, sino algo que se hace siempre y quien lo tiene que hacer en sus términos más inmediatos es principalmente el Juez... es en el juez donde están como realidad los sentidos jurídicos de justicia o de orden, etc. que tienen que ser vivenciados cuando se aplican las leyes...".

En la materia que ha suscitado los precedentes comentarios, donde se pone en juego el interés de preservar la adecuada marcha y formación de la hacienda pública, el derecho ciudadano a que le respete entre otros principios su capacidad tributaria, el de racionalización de las cargas tributarias, el asunto sube de tono y clase, y el concepto justicia se potencia aún más en su rango de necesidad y prioridad.

Quiera que la nueva Asamblea Nacional, que habrá de poner al día las leyes, ajustar las instituciones legales a la realidad social y el tan cacareado nuevo poder judicial tengan éxito en sus nuevas y delicadas misiones.

A criterio nuestro, ni la composición de aquella, ni los trámites que se han iniciado para fijar los rumbos del segundo, no precisamente garantizan su buena marcha y funcionamiento, sino que por el contrario todo parece conspirar contra nuestra dolida patria y pareciera, sin querer ser pesimistas, que los nuevos rumbos no procurarán mejores resultados de aquello que hasta ahora resalta a la vista.

Espero que nuestras ideas de alguna manera sean material útil de reflexión en este importante evento y de él puedan producirse algunas ideas dignas de ser tomadas en cuenta para beneficio de la patria y que una vez mas den lustre y reconocimiento al buen nombre de nuestra Asociación Venezolana de Derecho Tributario.

BIBLIOGRAFÍA

Alvarado Veloso, Adolfo. *El Juez, sus deberes y facultades. Los derechos procesales del abogado frente al Juez*, Edit. Depalma, Argentina, 1982.

Arazi, Raul. El proceso civil de fin de siglo, en *Derecho Procesal Civil en vísperas del Siglo XXI*, Editorial Ediar, Argentina, 1997.

Autores Varios

_______ *Problemática actual del Derecho Procesal, Libro Homenaje a Amílcar Mercader*, Coordinador Augusto M. Morello, Morello Antonio, Morello Augusto, Gelsi Bidart, Adolfo Alcalá-Zamora y Castillo Niceto y otros, Editora Platense, Argentina, 1971

22 Carlos Cossio, *El Derecho en el Derecho Judicial,* segunda edición, Abeledo Perrot, Argentina. 1959, p. 53

______ *Derecho Procesal Moderno*, Velásquez Juan G. Briseño S. Humberto, Devis Echandía Hernando, y otros, Edit. Biblioteca Jurídica Dike-Universidad Pontificia Bolivariana e Instituto Panamericano de Derecho Procesal, 1988

______ *La aplicación efectiva del COPP*, Terceras Jornadas de Derecho Procesal Pena: en Homenaje al R. P. Fernando Pérez-Llantada, Edit. UCAB, Caracas, 2000, Vasquez G. Magaly, Guzmán Juan Vicente, España Rose M. y otros.

______ *Homenaje a José Andrés Octavio*, Publicación de la Asociación Venezolana de Derecho Tributario, Editorial Torino, Caracas, 1999, Anzola, Oswaldo, Carmona B. Juan C., Fraga Pittaluga, Luis y otros. ISBN-980-07 -6231-0

Baumeister Toledo, Alberto José. Las modificaciones de la Constitución Nacional. Aproximaciones en tomo a algunos de sus efectos, en especial en lo atinente a los conceptos de "Norma Jurídica, Justicia, Administración de Justicia, Función del Poder Judicial y Proceso", entre otros, Apéndice en la obra, *III Jornadas de Derecho Procesal Civil*, Arístides Rengel Romberg, Edit. Fundación F. Pérez Llantada SJ y Fondo Edit. UCAB, Caracas, 2000.

______ Anotaciones sobre la nueva normativa de la Ley Orgánica para la Protección del Niño y del Adolescente relacionadas con los Procedimientos en materia de familia y menores, en *Libro III Jornadas de Derecho Procesal Civil*, citado.

______ Algunas consideraciones sobre el fin del Proceso. La verdad procesal y la verdad material histórica. El objeto de la prueba en el proceso civil. Control de la actividad judicial en el juzgamiento" en *Anuario de ARCA*, 1994, Edit. Jurídica Alva, Venezuela, 1995. Reproducción mecanográfica Conferencias sobre Implantación de los cambios constitucionales en el Proceso Civil, Acarigua y Cumana, abril / mayo 2000.

______ *Consideraciones sobre el Procedimiento en la Ley de Arbitraje Comercial, Seminario sobre la Ley de Arbitraje Comercial*, Publicaciones de la Academia de Ciencias Políticas y Sociales, Caracas 1999

Berizonce, Roberto. *Derecho Procesal Civil actual*, Librería Editora Platense y Abeledo Perrot, Argentina, 1999, Isbn 950-20-1187-2

______ *La enseñanza del Derecho Procesal y Tutela Anticipada y Definitoria, ambos en Derecho Procesal Civil en vísperas del Siglo XXI*, Editorial Ediar, Argentina, 1997.

Brewer Carias, Allan R. *La Constitución de 1999*. Comentada por Allan R. Brewer C. Editorial Arte, Caracas, 2000.

Calamandrei, Piero. *Estudios sobre el Proceso Civil*, Traduce De Santiago Sentis M., Edit. Bibliográfica Argentina, Argentina, 1945.

______ *Proceso y Democracia*, Traducción de Felix Fiz Zamudio, Edit. Ejea, Argentina, 1960.

______ *Los estudios de Derecho Procesal en Italia*, Traduc. Santiago Sentis M., Edit. Ejea, Argentina, 1959.

______ *Opere Giuridiche, a cura di Mauro Cappelletti*, Morano Editore, Italia, 1965, Seis volúmenes.

Cappelletti, Mauro. *Le puvoir des Juges*, Trad. de René David, Edit. Económica, Presesses Universitaires D' Marseille, Francia, 1990.

Carnelutti, Francesco. *Derecho y Proceso*, Traduc. de Santiago Sentis Melendo, Edit. Ejea, Argentina, 1971, tres volúmenes.

________ *Sistema de Derecho Procesal Civil*, Traduc. Niceto Alcala Z y Santiago Sentis Melendo, Edit. Uteha, Argentina, 1944, tres volúmenes

________ *Instituciones del Proceso Civil*, Traduc. de la Vª Edición Italiana, por Santiago Sentís Melendo, Edit. Ejea, Argentina, 19590, tres volúmenes.

________ *Como se hace un Proceso*, Trad. Santiago Sentís Melendo y Marino Ayerra Rendín, Edit. Ediciones Jurídicas Europa, América, Argentina, 1959.

Chiovenda, Giuseppe. *Instituciones de Derecho Procesal Civil*, Traducción y notas de Derecho Español por E. Gómez Orbaneja, Edit. Revista de Derecho Privado, España, tres volúmenes, 1954.

Cossio, Carlos. *El Derecho en el Derecho Judicial*, Segunda edición, Abeledo Perrot, Argentina, 1959.

Couture, Eduardo J. *Estudios de Derecho Procesal Civil*, Edit. Depalma, Argentina, 1978, tres volúmenes.

Entrena Klett, Carlos María. *La Equidad y el Arte de Juzgar*, 2ª Edición, Edit. Aranzadi, España, 1990.

Gelsi Bidart, Adolfo. *Proceso y época de cambio*, en *Libro Homenaje a Amílcar Mercader*, Problemática actual del Derecho Procesal, Editora Platense, Argentina, 1971, p. 421 ss.

Giuliani Fonrouge, Carlos y Navarrine, Susana C. *Procedimiento Tributario*, Depalma, Argentina, 1995, ISBN 950-14-0815-9, 6ª Edición

Herrendorf, Daniel E. *El Poder de los Jueces, Como piensan los Jueces que piensan*, Abeledo Perrot, Argentina, 1998, 38 edición actualizada.

Morello, Augusto M. *La Reforma de la Justicia*, Librería Platense, Argentina, 1991, Isbn 950-536-040-1.

________ Constitución y Proceso, *La Nueva Edad de las Garantías Jurisdiccionales*. Edit. AbeledoPerrot, Argentina, 1998.

Oviedo Arbeláez, Amparo Alicia. *Proceso, Justicia y Libertad*. Publicación de la Pontificia Universidad Javeriana, Colección Profesores, N. 23. Edit. Javegraf, Colombia, 1997.

Peyrano, Jorge W. Estado de la doctrina judicial de la reposición in extremis. Muestreo Jurisprudencial. En *Revista de Estudios de Derecho Procesal* N° 2, Jul - Dic. 99, Edit. Livrosca/ Invedepro, Venezuela, 2000, Issn 1316-9777, p. 3 ss.

Picardi, Nicola. Il mutamento del ruolo del giudice nei nostri tempi, en *Derecho Procesal: en vísperas del Siglo XXI*, Temas Actuales en memoria de los Profesores Isidoro Eisner y Joaquín A. Salgado, Editorial Ediar, Argentina, 1997, p. 397.

Sentis Melendo, Santiago. *El abogado y la prueba*, en *Libro Homenaje a Amílcar Mercader* citado, p. 586

Vásquez González, Magaly. *Nuevo Derecho Procesal Penal Venezolano*, Editorial UCAB y Edit. UCAB Táchira, Caracas, 1999.

5.

ALGUNOS ASPECTOS DE DERECHO COMPARADO DE ESPECIAL CONSIDERACIÓN SOBRE LA FIGURA DEL DEFENSOR DEL PUEBLO EN LA CONSTITUCIÓN VENEZOLANA DE 1999*

Dedicatoria

A la grata memoria del Dr. Jesús M. Casal, quien nos honró con su amistad.

"El que busca un amigo sin defectos, se queda sin amigos".

Proverbio Turco

I. CONSAGRACIÓN DE LA FIGURA DEL DEFENSOR DEL PUEBLO EN LA VIGENTE CONSTITUCIÓN NACIONAL

La nueva Constitución de la hoy República Bolivariana de Venezuela, o Constitución de 1999[1] contempla por vez primera la institución del Defensor del Pueblo en nuestro país dedicándole cuatro artículos (280 al 283) del Capítulo IV de la Carta fundamental, relativo al "Poder Ciudadano", del cual resulta ser uno de sus expresos integrantes, conforme lo determina el Art. 273 CN.

En varias ocasiones la atención pública de los proyectistas constitucionales y legales en Venezuela habían considerado la conveniencia de insertar la figura de esta nueva institución, cuya función primordial, calcándolo del modelo internacional tradicional no es otra que la defensa, protección y difusión de los derechos y garantías ciudadanos, establecidos en la CN y en los tratados internacionales sobre derechos humanos, además de atender a la protección y defensa específicamente de los intereses legítimos, colectivos o difusos de los ciudadanos (Art. 280 CN).

Además, como integrante del Poder Moral tiene a su cargo prevenir, investigar y sancionar los hechos que atenten contra la ética pública la moral administrativa, velar por la buena gestión la legalidad en el uso del patrimonio público, el cumplimiento y la aplicación del principio de la legalidad en toda la actividad administrativa del Estado e,

---

* Trabajo preparado para el Libro Homenaje al Dr. Jesús M. Casal, coordinado por el Dr. Jesús Ma. Casal H. Publicado en *Boletín de la Academia de Ciencias Políticas y Sociales* / Academia de Ciencias Políticas y Sociales, Caracas, No. 144 (2006). pp. 57-71.

1 Conocida bajo esa denominación por haber sido publicada en diciembre de 1999(Constitución de 1999), pero en verdad republicada con su exposición de Motivos en Marzo del 2000, Gaceta Oficial 5453 del 24-03-00, en lo adelante "CN".

igualmente, promover la educación como proceso creador de la ciudadanía, así como la solidaridad, la libertad, la democracia, la responsabilidad social y el trabajo (Art. 274 *ejusdem*).

Resumidamente, y como lo catalogan acertadamente algunos autores, su función primordial radica en garantizar extrajudicialmente los derechos y garantías fundamentales, gestión esta que por lo demás es cometido esencial al propio Estado moderno, quien no solo debe procurar la cabal consagración de aquellos, sino su debida y cabal realización. En efecto, en la mayoría de los ordenamientos, la protección de dichos derechos fundamentales se suele procurar por mecanismos activos jurisdiccionales, para lo cual se crean y legitiman una serie de instituciones que tienen como cometido fundamental la efectiva protección y defensa de los derechos y libertades de los ciudadanos[2] sin atender a otra instancia, por denominarla de alguna manera: "preventiva y permanente", como la que se logra con la consagración de la institución del Defensor del Pueblo

II. UBICACIÓN DE LA TEMÁTICA EN TORNO A LA FIGURA DEL DEFENSOR DEL PUEBLO EN EL ORDENAMIENTO CONSTITUCIONAL VENEZOLANO

Como en otros ordenamientos de esta misma generación que la CN, la defensa de tales derechos, que cada vez escalan mayor jerarquía frente a otros, se procura con la intervención conjunta o separada de varios de los entes institucionales de la organización estatal.

En tal sentido, quizá el mejor logro y expresión de lo dicho lo tiene la Constitución Española de 1978, que contempla una "tutela genérica", que se deriva en adición a la especifica confiada a la comentada institución por antonomasia de la del Defensor del Pueblo, a los medios de control parlamentario del gobierno en el cumplimiento del orden constitucional, en el cual van insertos esos derechos fundamentales; a la vez que coetáneamente los impone al propio Monarca (Art. 6.1); a los Cuerpos y Fuerzas de Seguridad del Estado (104 *ejusdem*) y al propio Ministerio Público (Art. 124.1). Igual situación podemos observarla en la Constitución Colombiana de 1991, donde la tal protección de los derechos y garantías fundamentales queda confiada a diversos entes del Estado, pero esencial y primordialmente al Defensor del Pueblo, tal cual lo hace la CN a tenor de lo regulado en el Art. 280.

Tal situación no tiene tal arraigo ni extensión en Venezuela, si bien se confiere, en adición al Defensor del Pueblo, el vigilar por la tutela de los derechos fundamentales, a otras instituciones del Estado, tales como Poder Judicial, al Ministerio Público y al Poder Moral.

En torno a la naturaleza y características de las funciones del Defensor del Pueblo o también denominado "El Ombudsman" se tienen variadas teorías y se adoptan igualmente sin número de denominaciones y figuras en los diversos ordenamientos que lo consagran.

---

[2] Figueruelo B., Ángela, "Bases para un análisis comparado de la institución del Defensor del Pueblo" en *Anales del V Congreso Iberoamericano de Derecho Constitucional*, Vol. I, Universidad Externado de Colombia, Isbn 958-616-365-2, 1998, p. 753.

Para hacer una breve rasante histórica cabe recordar que la figura del Ombudsman (es un vocablo sueco que significa "representante") aparece en Suecia a mediados de 1809 y se la reproduce en Finlandia con algunos matices.

Luego, adquiere dimensiones universales después de la II Guerra y se lo regula en Dinamarca, Nueva Zelanda, Noruega y adquiere carta de ciudadanía en toda la comunidad europea en 1995 cuando se lo consagra por el Parlamento Europeo para toda la Unión.

Coincidimos con Figueruelo que la definición mas relevante de las funciones de esta figura se encuentra en un informe de las Naciones Unidas,[3] que copiado a la letra expresa:

> "el papel tradicional del ombudsman es proteger los derechos del individuo que cree ser víctima de actos injustos de la administración pública... tiene a menudo un papel superior en nombre del mismo. Esencialmente en todos los países, el ombudsman sigue procedimientos similares en el desempeño de sus obligaciones. Recibe quejas de las partes agraviadas y luego inicia una investigación si la demanda tiene mérito y cae dentro de su jurisdicción. Generalmente el Ombudsman tiene acceso a los documentos de todas las autoridades, dentro de su jurisdicción, que sean pertinentes para la investigación, luego emite una declaración de recomendación, basada en sus investigaciones, la cual es entregada al quejoso y a la oficina o autoridad contra la que se ha presentado la queja. Si la recomendación no surte efecto, por lo general el Ombudsman puede presentarla al Parlamento".[4]

Procuraremos en éste breve análisis demostrar que si bien la consagración de la figura del Defensor del Pueblo u Ombudsman en los nuevos ordenamientos aparece como una institución de garantía que no procura duplicar en forma costosa ni superflua aquellos remedios de que ya dispone el ciudadano para la protección de sus derechos frente a las administraciones públicas, en el ordenamiento constitucional venezolano tiene funciones propias que asumir, lo cual modela y caracteriza a la institución con miras a darle rango especial y procurar fines específicos e inmediatos, fenómeno que no es el mismo en otros ordenamientos que lo consagran, pues en el nuestro aparecen mas acentuadas las modalidades de la institución que se establecen para lograr la efectiva tutela que se persigue con la misma.

Dentro de los motivos o causas que generan esa nueva versión de la institución obviamente se encuentra el recrudecimiento que por una u otra causa, se ha producido sobre todo a nivel de Latinoamérica, de violaciones de los derechos humanos, causados por el resurgir de ciertos regímenes de fuerza, o inclusive la implantación de nuevos sistemas, si bien de origen democrático, con tendencias a posiciones extremas de izquierda, y que para lograr imponerse atacan o arrasan contra algunas de las libertades ciudadanas.

La otra destacada causa de su necesidad, modificaciones y acentuación de sus funciones, lo es la siempre la permanente y desastrosa existencia, cada vez con mayor fuerza, de la destructora corrupción administrativa imperante en la gran mayoría de los Estados latinoamericanos; la cual quiere minimizarse, perseguirse y aislarse contando con la existencia de una figura institucional que asuma el rol de investigadora y prosecutora en contra de los supuestos en que aquella suele acontecer.

---

3 *Opus cit.*, p. 759.

4 (E/CN.4.1991/23) citada en la obra aludida, p. 759.

Lamentablemente también es de reconocer que principalmente en todos los nuevos ordenamientos que consagran la institución, los poderes confiados al Defensor del Pueblo, no son más que disuasorios, o lo que como bien lo cita Figueruelo, algunos autores denominan, "magistratura de persuasión" (La Pergola), "instancia de opinión" (De Vega), "instancia de influencia" (Napíone, Rideau), etc.[5]

Lo antes señalado en cambio dentro de la CN y de la propia Ley especial que regula las funciones del Defensor,[6] no resulta así o al menos no es del todo claro, pues admite y tolera, que el Defensor no solo investigue de oficio o a instancia de parte las posibles violaciones (numeral 1, Art. 281 CN) o inste a otras autoridades para ejerzan las acciones que sean pertinentes según el caso (numerales 4, 5, 6 y 10 Art. 281 CN) sino también y de manera muy especial, tiene legitimación para incoar las acciones necesarias a fin de exigir el resarcimiento de los daños a las personas que han debido soportar aquellos con ocasión del funcionamiento de los servicios públicos (numeral 2, Art. 281 CN), las que corresponden a los pueblos y comunidades indígenas (numeral 8 *ejusdem*), por igual interponer las acciones de inconstitucionalidad, amparo, habeas corpus y habeas data y otros recursos necesarios para ejercer las atribuciones señaladas en los precitados numerales (numeral 3 del 281CN) realizar por igual visitas de inspección, iniciativas legislativas en las materias de su competencia (numeral 7 *ejusdem*) y la promoción y ejecución de políticas públicas para hacer mas eficaz la protección de los Derechos y Garantías (numeral 10, *ejusdem*).[7]

---

5 Citados todos por Figueruelo, Angela, *opus cit.*

6 Ley Orgánica de la Defensoría del Pueblo *Gaceta Oficial de la República Bolivariana de Venezuela Ordinaria* N° 37995 del 05082004, en lo sucesivo LDP.

7 La misma enumeración de facultades se repite en el artículo 15 de la LDP, que establece al respecto: Artículo 15. *Competencias de la Defensoría del Pueblo*. En el cumplimiento de sus objetivos, la Defensoría del Pueblo tendrá las siguientes competencias:

1. Iniciar y proseguir de oficio o a petición del interesado o la interesada, cualquier investigación conducente al esclarecimiento de asuntos de su competencia, de conformidad con los artículos 2 y 4 de la presente Ley.

2. Interponer, adherirse o de cualquier modo intervenir en las acciones de inconstitucionalidad, interpretación, amparo, hábeas corpus, hábeas data, medidas cautelares y demás acciones o recursos judiciales, y cuando lo estime justificado y procedente, las acciones subsidiarias de resarcimiento, para la indemnización y reparación por daños y perjuicios, así como para hacer efectiva las indemnizaciones por daño material a las víctimas por violación de derechos humanos.

3. Actuar frente a cualquier jurisdicción, bien sea de oficio, a instancia de parte o por solicitud del órgano jurisdiccional correspondiente.

4. Mediar, conciliar y servir de facilitador en la resolución de conflictos materia de su competencia, cuando las circunstancias permitan obtener un mayor y más rápido beneficio a los fines tutelados.

5. Velar por los derechos y garantías de las personas que por cualquier causa hubieren sido privadas de libertad, recluidas, internadas, detenidas o que de alguna manera tengan limitada su libertad.

6. Visitar e inspeccionar libremente las dependencias y establecimientos de los órganos del Estado, así como cualquiera otra institución o empresa en la que se realicen actividades relacionadas con el ámbito de su competencia, a fin de garantizar la protección de los derechos humanos.

Lo expresado pone de relieve que independientemente del sistema que se analice, las funciones propias del Defensor del Pueblo no son siempre de naturaleza jurisdiccional y ello ocurre por igual en sistemas como el Colombiano y el Español.[8]

En otras palabras, en la mayoría de los sistemas, el Defensor del Pueblo carece de poderes resolutorios, y sus decisiones en la mayoría de los supuestos no son vinculantes, ni aun ante la propia Asamblea Nacional, sus funciones no equivalen a las de un órgano judicial, ni tiene las potestades de un Juez, por lo cual para hacer efectivas sus decisiones y recomendaciones, requerirá siempre del apoyo o respaldo moral de otros órganos del Estado.[9]

---

7. Velar por los derechos de los pueblos indígenas y ejercer las acciones necesarias para su garantía y efectiva protección.

8. Solicitar a las personas e instituciones indicadas en el artículo 7 de esta Ley, la información o documentación relacionada al ejercicio de sus funciones, sin que pueda oponérsele reserva alguna y, formular las recomendaciones y observaciones necesarias para el cumplimiento de sus objetivos.

9. Denunciar ante las autoridades correspondientes al funcionario o funcionaria o particular que incumpliere con su deber de colaboración preferente y urgente, en el suministro de información o documentación requerida en ejercicio de las competencias conferidas en el numeral 8 de este artículo o que de alguna manera obstaculizare el acceso a los lugares contemplados en el numeral 6 de este artículo.

10. Velar por el correcto funcionamiento de los servicios públicos, amparar y proteger los derechos e intereses legítimos, colectivos o difusos de las personas, contra las arbitrariedades, desviaciones de poder y errores cometidos en la prestación de los mismos, interponiendo cuando fuere procedente las acciones necesarias para exigir al Estado el resarcimiento a las personas de los daños y perjuicios que le sean ocasionados con motivo del mal funcionamiento de los servicios públicos.

11. Solicitar ante el órgano competente la aplicación de los correctivos y las sanciones a que hubiere lugar por la violación de los derechos del consumidor y el usuario.

12. Promover la suscripción, ratificación y adhesión de tratados, pactos y convenciones relativos a derechos humanos, así como promover su difusión y aplicación.

13. Realizar estudios e investigaciones con el objeto de presentar iniciativas de ley u ordenanzas, o formular recomendaciones de conformidad con lo establecido en el artículo 4 de esta Ley.

14. Promover, divulgar y ejecutar programas educativos y de investigación para la difusión y efectiva protección de los derechos humanos.

15. Velar por la efectiva conservación y protección del medio ambiente, en resguardo del interés colectivo.

16. Impulsar la participación ciudadana para vigilar los derechos y garantías constitucionales y demás objetivos de la Defensoría del Pueblo.

17. Ejercer las acciones a que haya lugar frente a la amenaza o violación de los derechos humanos de las mujeres, niñas, niños y adolescentes.

18. Las demás que establecen la Constitución de la República Bolivariana de Venezuela y las leyes

[8] Figueruelo, *opus cit.* p. 773, ss.

[9] En Venezuela, si bien sus resoluciones no son recurribles ante ningún órgano judicial, por igual carece de poder resolutorio, que cuando menos, evidentemente, representan considerable poder persuasorio (Art. 13 LDP).

Precisa advertir que las funciones del Defensor, normalmente vienen acompasadas en algunos ordenamientos con una potestad sancionadora modesta, que en ningún caso resultaría siquiera disuasiva de los graves efectos que pueden causar las consecuencias derivadas de las conductas reprimidas.

En conclusión puede sostener que la consagración venezolana de la institución, da un paso adelante respecto otros sistemas, cuando que, si bien de una manera no clara ni terminante, establece que el Defensor, puede instar (con ello entendemos "proseguir") las acciones y recursos especiales para la protección de los derechos, e inclusive las de resarcimiento de daños, con la sola excepción de las Penales, reservadas si de modo exclusivo en nuestro sistema al Ministerio Público, logra un mecanismo de efectivo control, prevención y represión contra lo que daña, deturpa o viola los derechos humanos o provoca o produce corrupción administrativa o dilapidación de los fondos públicos.

III. OBJETIVOS Y PRINCIPIOS QUE REGULAN LA ACTUACIÓN DE LA DEFENSORÍA DEL PUEBLO

Vienen contemplados a mero título enunciativo en el Art. 9 de la LDP, que los consagra así:

> La Defensoría del Pueblo asume como fundamento de su moral y sus valores de libertad, igualdad, justicia y paz, la doctrina constitucionalmente establecida como principios rectores de su actuación, la progresividad, la no discriminación, el goce pleno, el ejercicio irrenunciable, indivisible e interdependiente de los derechos humanos y los principios universalmente reconocidos por el Derecho Humanitario Internacional.

Cabe destacar que bajo esa misma óptica nuestra CN hace el reconocimiento de los Derechos y Garantías, admitiendo por igual con ello, que son tales, no solo los consagrados en el ordenamiento nacional, sino cualesquiera otros reconocidos en los Tratados Internacionales.

IV. PRINCIPIOS PROCESALES POR LOS QUE SE DEBE REGIR TODA ACTUACIÓN ANTE LA DEFENSORÍA DEL PUEBLO

Para garantizar la debida fluidez, celeridad y logros perseguidos con las actuaciones de la Defensoría, el legislador no regula un detallado proceso adjetivo general o especial, sino opta por hacer el enunciado de principios por los cuales debe regirse el proceder ante dicha institución (Art. 8 LDP), destacando que el mismo se regulará por los principios de oralidad, inmediatez, gratuidad, accesibilidad, celeridad, informalidad e impulso de oficio.[10]

Con base a lo así dispuesto, debe entenderse que para actuar ante dicho organismo, todo tiempo será hábil y en una forma que no terminamos de comprender exactamente lo

---

[10] En torno a las características que debe llenar su desempeño, véase Gil Rendón Raymundo, *El ombudsman y Derechos Humanos*, p. 1006 ss, en obra colectiva, *Derecho Procesal Constitucional*, Edit. Porrúa, México, tomo I, 3ª Edición, Coordinador Eduardo Ferrer Mac Gregor, p. 990.

que supone, dispone que en la tramitación de "quejas, reclamos y denuncias", su recepción se realizará conforme a los principios de justicia permanente.[11]

V. INDEPENDENCIA Y AUTONOMÍA EN EL ACTUAR DE LA DEFENSORÍA DEL PUEBLO

Indiscutiblemente que la independencia y autonomía de la institución condicionan en grado sumo la eficacia del ente y sus procedimientos, y así lo regulan los diferentes ordenamientos que se refieren en Derecho Comparado a la institución, con la observación de que el sistema venezolano propicia esa clarísima independencia y autonomía en el proceder del ente, en forma hasta mas drástica que la legislación española, considerada de verdadera avanzada, cuando en el artículo 6 de la Ley Orgánica de la Defensoría Pública, destaca "el defensor del pueblo desempeñará sus funciones con autonomía y según su criterio", regulación de conducta que obviamente tiene destacada importancia en torno a sus actuaciones ante los órganos Judiciales y la Asamblea Nacional, lo cual queda por igual ratificado en el mismo ordenamiento, que en torno a dicho aspecto destaca "el Defensor del Pueblo no estará sujeto a mandato imperativo alguno" y añade para mayor precisión: "no recibirá instrucciones de ninguna autoridad". De estos dos atributos esenciales a las funciones y desempeño de la Defensoría, como bien lo señala Jorge Carpizo, depende el verdadero éxito de la gestión del Defensor del Pueblo: Si no hay autonomía, no hay Ombudsman.[12]

En el ordenamiento venezolano, como lo hemos destacado, se logra mayor precisión, a nuestro entender, al estipular una sola norma que lo establece así:

> **Artículo 18. *Principio de independencia.*** El Defensor o Defensora del Pueblo es independiente y actuará bajo la libertad de conciencia, en el ejercicio de sus facultades constitucionales y legales. No estará sujeto a mandato imperativo ni a instrucciones provenientes de ninguna autoridad. Deberá ajustar sus actuaciones a la Constitución de la República Bolivariana de Venezuela y a las leyes.

Para evitar todo tipo de imprecisiones, por igual nuestro sistema al respecto contempla para el Defensor del Pueblo una clara y terminante inmunidad, lo cual recoge en el Art. 23, en los siguientes términos:

> El Defensor o Defensora del Pueblo gozará de inmunidad en el ejercicio de sus funciones, desde su designación hasta la conclusión de su mandato. En tal virtud, no podrá ser perseguido o perseguida, detenido o detenida ni enjuiciado o enjuiciada por las opiniones que emita o por los actos que realice en el ejercicio de sus atribuciones constitucionales y legales. En los casos de presunta comisión de un delito, conocerá en forma privativa el Tribunal Supremo de Justicia, única autoridad que podrá ordenar su detención y continuar su enjuiciamiento. En caso de delito flagrante, la autoridad competente lo o la pondrá bajo custodia en su residencia y lo comunicará de inmediato al Tribunal Supremo de Justicia.

---

[11] Imaginamos que esta nueva modalidad de actuación equivale a que en todo tiempo deben tramitarse y recibirse las mismas, obviando toda consideración en torno a si las horas o los días para la actuación son hábiles o no, para lo cual entendemos deberán implementarse en todo despacho de las Defensorías, turnos permanentes de atención al publico.

[12] Carpizo, citado por Barreda S, Luis, Los desafíos del Ombudsman, en la comentada obra colectiva cuyo coordinador es el Dr. Ferrer Mac Gregor citada supra p. 990.

Por último y para garantizar esa inmunidad, se establece en la ley venezolana, además del fuero privilegiado a que se alude en la norma precedente, una responsabilidad penal especial por quienes violen dicha inmunidad, con las penas que determina el ordenamiento.[13]

VI. A TÍTULO DE CONCLUSIONES

Hemos procurado hacer un breve y preciso análisis de la institución a nivel de Derecho comparado, sobre todo con dos de los sistemas que posiblemente sirvieron de base para la introducción y consagración de la Defensoría del Pueblo en el sistema constitucional actual, esto es, las regulaciones españolas y colombianas, haciendo énfasis en los aspectos mas resaltantes, dado que el alcance del presente trabajo no permitiría otros análisis.

Al igual que el sistema colombiano, consideramos que la institución en la CN, se separa claramente de la figura del Ombudsman clásica, y viene revestida de caracteres especiales, que la reputan como institución típicamente constitucional, afuera de los tres poderes tradicionales del Estado y con absoluta independencia y autonomía.

Si lo anterior es indiscutible en torno a naturaleza y elementos definidores de la figura, en torno a procedimientos, averiguaciones e investigaciones, limitaciones en el poder decisorio, etc. encontramos más semejanzas que diferencias con la figura clásica de los Ombudsman.

Por las anotadas limitaciones que sí deben reconocerse impuestas al proceder de la Defensoría, no cabe duda que la efectividad de las funciones confiadas a la institución, los buenos resultados que deben esperarse de sus procederes, definitivamente dependerán del talante personal de quienes ocupen el cargo de DEFENSORES.

Y esta es una consideración de particular interés, sobre todo a la luz de la Institución que tiene a su cargo la designación de la autoridad competente, en el caso venezolano la Asamblea Nacional, pues no pueden ser sujetos aptos para dichos cargos, quienes no demuestren absoluta neutralidad, pero a la vez solo podrán serlos quienes demuestren por igual recio e indoblegable carácter y claro conocimiento de los cometidos que debe asumir.

En el sentido indicado, así como ocurre con otras instituciones, debemos reconocer que la experiencia inmediata nacional venezolana, no ha sido alentadora, el designado como primer Defensor luego del reconocimiento de la institución, ha dejado mucho que desear, se ha revestido de un inadecuado manto de silencio y no figuración, y ha sido renuente a ocuparse de causas estelares, que le hubieren dado renombre y brillo a su gestión y con ello investir de poderosa ***auctoritas*** el cargo por él desempeñado.

El agregado especial venezolano de otorgar a la Defensoría del Pueblo facultades de investigación, seguimiento, prevención y sanción de los hechos que atenten contra la ética pública, como integrante que es la institución del Poder Moral Ciudadano, es a nuestro juicio un bienvenido logro, que si bien hasta la fecha poca o ninguna actividad ni logro ha permitido visualizarse en nuestro país, está llamado para ser pilar fundamental de la democracia y del verdadero Estado Soberano, si bien en la regulación específica de dicha

---

13 Art. 24 LDP. De paso es preciso destacar que la remisión que en materia de penas hace dicha norma no encuentra sustento legal, dado que el Código Penal no las contempla expresamente.

competencia del Defensor del Pueblo, solo se le reduce a mera instancia de promoción de las acciones y el poder sancionatorio limitado que contempla la LDP.

Esperamos así haber cumplido con el deber de aportar algunas ideas útiles para el examen de la institución de la Defensoría del Pueblo, y con ello haber hecho útil este modesto trabajo en homenaje al amigo y apasionado cultivador del Derecho Constitucional, Dr. Jesús María Casal.

Dejamos las puertas abiertas, para que al igual que con todos estos nuevos temas constitucionales se abra el dialogo franco y la crítica constructiva que aporte luces para el mejor manejo y comprensión de estas instituciones.

VII. BIBLIOGRAFÍA

Alzaga Villamil Oscar. *La Constitución española de 1978*, Edit. El Foro, España, 1978.

Baumeister Toledo, Alberto J. Algunas consideraciones sobre la figura del Ombudsman en Derecho de Seguros (Protección al Asegurado) en *Libro Homenaje a Dr. Fernando Pérez Llantada,* UCAB-Fundación Fernando Pérez-Llantada, Venezuela, 2003.

Brewer Carías, *Allan R. Constitución Venezolana de 1999*, comentada, EJV 2 edición 2004.

Carpizo, Jorge. *Derechos Humanos y Ombudsman*, México, Comisión Nacional de Derechos Humanos, 1993.

Casal H. José M. *El derecho a la Libertad y a la Seguridad personal,* Publicaciones del Colegio Abogados del Estado Lara, Instituto de Estudios Jurídicos, Jornadas Domínguez E., Venezuela, 2000.

Casal H., Jesús M. Los actuales desafíos de la justicia constitucional, en *Libro Homenaje al Rev. José Del Rey Fajardo S.J.*, EJV, Venezuela, 2005, en prensa.

De La Barreda S., Luis, Los desafíos del Ombudsman, en obra colectiva *Derecho Procesal Constitucional*, T. I, Eduardo Ferrer Mac Gregor, coordinador, p. 985 ss. Edit. Porrúa, 2002.

Fairen Guillén, F. *Posibilidad y conveniencia de introducir a los Ombudsman en los ordenamientos jurídicos de naciones de habla ibérica*, R.E.P. 14, 1980.

Figueruelo Burrieza, Angela. Bases para un Análisis comparado de la Institución del Defensor del Pueblo en España y en Colombia, en *Memorias del V Congreso Iberoamericano de Derecho Constitucional,* T I, Universidad Externado de Colombia, Colombia, 1998 p. 753 ss.

Fiz Zamudio, H. *La protección procesal de los Derecho Humanos ante las jurisdicciones nacionales. La solución escandinava. El Ombudsman*, Civitas-Unam, España, 1982.

García Pelayo Manuel. *Derecho Constitucional comparado*, España. Alianza editorial, 1991.

Gil Rendón, Raymundo, *El Ombudsman y los Derechos Humanos*, en la misma antes citada obra colectiva, p. 999.

Gil Robles y Gil Delgado A. *El Defensor del Pueblo*, Cuadernos Civitas, España, 1979.

Martinez Buyé G., Víctor. *El procedimiento ante los organismos autónomos protectores de los derechos humanos*, misma obra colectiva, p. 1023 ss.

Osuna Patiño, N.I. *Apuntes sobre el concepto de Derechos Fundamentales*, N° 37, Temas de Derecho Público, I.E.C, Carlos Piedrahita, Universidad Externado de Colombia, 1995.

6.

COMENTARIOS SOBRE EL SISTEMA DE JUSTICIA CONSTITUCIONAL EN VENEZUELA

Partamos del hecho de que la mayoría de los países de nuestro entorno, y con ellos los países modernos, tiene y establecen como modelo paradigmático de sus sistemas de gobierno, garantías al ciudadano, modelos económicos y justificación del rol del Estado, en el texto constitucional, con ello, se coloca las CN como el texto supremo y fundamento de todo el ordenamiento jurídico de dichos países.

En Venezuela así se lo establece y reconoce en el Art. 7 de la CN del 99[1] y adicionalmente así lo declara en forma expresa su Exp Motivos[22].

A su vez, y como protección de ese instrumento garante de la estructura del Estado, se entiende que esa CN establece los principios de supremacía y la fuerza normativa, y que como tal es la norma de mayor jerarquía y rango y alcanza su vigencia por intermedio de esa fuerza normativa y modus operandi (Brewer C, El sistema de Justicia Constitucional en la CN 1999).

Precisamente para garantizar esa supremacía y lograr que la CM tenga plena efectividad, la misma CN regula todo un sistema de justicia constitucional, mediante la asignación a todos los jueces de la República, en el ámbito de su respectiva apetencia conforme lo determina la Ley y la CN, de la obligaron de asegurar la integridad de la CN (Art 344).

En Venezuela pues esa justicia no sólo la ejerce el Supremo, sino todos los jueces de la República, con motivo de cualquier causa o proceso del que conozcan y además y en particular cuando conozcan de acciones de amparo constitucional, de las del contencioso administrativo al contar con potestad para anular actos administrativos por contrariedad a la CN (Art. 259).

Adicionalmente, y como es también parte del P. Judicial, el TSJ en materia de J. constitucional en todas sus salas, tiene como cometido garantizar la supremacía y efectividad de las normas y principio constitucionales, correspondiéndole en tales materias, el rol de ser el máximo supremo organismo y velar por su uniforme interpretación y aplicación (Art. 335).

---

1 Llamada así, pero con la advertencia de que la misma se la república con notas y Exposición de Motivos en marzo del 2000, cuya constitucionalidad a la vez se discutió en su momento, en tanto aparentemente esas correcciones y texto de la Exposición de Motivo no derivó de la Constituyente ni de organismo de ella delegado.

2 Por cierto, particularmente criticada en este aspecto, por haber introducido comentarios, ajenos a la propia constituyente.

Dice Brewer (oc.) que en tal sentido no es cierto como pretende atribuírselo la Sala Constitucional del TSJ que sólo él sea máximo y último intérprete, ni se ajusta al citado 335 CN, sino que ella conjuntamente con las demás Salas ejerce esas potestades (226 ord la y 336).

Conforme las precedentes afirmaciones pueden decirse que la expresión justicia constitucional es un concepto material que equivale al control judicial de la constitucionalidad de leyes y demás actos estatales, el cual ha sido ejercido en Venezuela por todos los tribunales pertenecientes a todas las Jurisdicciones.

En cambio se entenderá por Jurisdicción constitucional la noción orgánica que tiende a identificar un órgano específico del Poder Judicial que tiene, en forma exclusiva, la potestad de anular ciertos actos estatales por razones de inconstitucionalidad, en particular leyes, y demás actos con rango de ley o de ejecución directa inmediata de la Constitución.

A diferencia en los países europeos, dicha Jurisdicción Constitucional corresponde a los Tribunales o Cortes Constitucionales (en la mayoría de los países fuera del control del Poder Judicial, lo que no ha sido así en Venezuela, que siempre ha conservado para el TS ahora a través de su Sala Constitucional.

De lo dicho concluiremos que son cosas diferentes justicia y jurisdicción constitucional.

TERCERA PARTE

DERECHO PROCESAL

7.

ALGUNAS CONSIDERACIONES SOBRE EL FIN DEL PROCESO: LA VERDAD PROCESAL Y LA VERDAD MATERIAL HISTÓRICA. EL OBJETO DE LA PRUEBA EN EL PROCESO CIVIL. CONTROL DE LA ACTIVIDAD JUDICIAL EN EL JUZGAMIENTO*

Por prestarse a discusiones de toda índole entre los autores y quienes transitan por el Derecho Procesal, he considerado prudente hacer algunas especulaciones sobre el fin último del proceso, ya no como solución al conflicto de intereses sino en cuanto a la verdad que resulta establecida en el proceso.

No pretendemos ser originales en el tema ni agotar la materia sobre sus tópicos, simplemente el mérito de este trabajo está en exponer ideas que al respecto ya han sido elaboradas por conocida doctrina.

La decisión judicial persigue, al solucionar el conflicto, hacer una declaración de certeza sobre la verdad de los hechos que han servido de fundamento a esa sentencia. Cabe preguntarse ¿es esa verdad la misma que respalda como ocurrieron los hechos invocados por las partes?

La labor del Juez en esa función se cumple de modo diverso en las distintas modalidades como se ejecuta la actividad jurisdiccional, en particular en sus cuatro modos de manifestación, esto es, la contenciosa, la voluntaria, la de equidad, hoy representada formalmente por la Jurisdicción de Paz, y la arbitral.

El Derecho Procesal y sus instituciones van más allá de un simple acontecer de actos procesales, oportunidades, ejercicio de defensas y ataques, tienen un contenido propio sin el cual no podría concebirse el rol del Estado de administrar justicia.

---

* El presente trabajo reproduce la Conferencia dictada por el autor con ocasión de la celebración de la colación de Especialistas en Derecho Procesal Civil de la UCAB, en el curso dictado en la Unellez, Barinas, julio de 1994. Publicado en *Anuario ARCA* / Asociación de Abogados ARCA. Caracas, Editorial Jurídica ALVA, 1 (1994), pp. 265-285.

El Derecho Procesal es un hacer trascendente con finalidad propia, importantísima y cuyo fin último es obtener de todo ese intercambio de posiciones, cargas, deberes y ejercicio de potestades, la verdad, y con ello el cumplimiento de la ley, la que de principio debemos considerar persigue la justicia.

Pero he aquí el origen de las verdaderas contiendas doctrinarias y lo que nos permite formular, entre otras, las siguientes interrogantes: ¿de qué verdad estamos hablando? En ese proceso, la labor de Juez, la intervención de las partes y las reglas que para ello impone la Ciencia Procesal ¿garantizan realmente el cumplimiento de tales objetivos, esto es, el logro de la verdad real y en especial, lograr el del ideal de la justicia?

¿Son los sistemas de impulso privado del proceso civil y los que regulan las pruebas previstos en nuestras leyes medios adecuados para que las partes y el Juez realmente lleguen a alcanzar la verdad?

Esa verdad, mediatizada por el interés de los particulares en obtener el triunfo de su derecho reclamado, que puede no coincidir con el interés de la sociedad en que se obtenga la verdad real y con ello el fin de la justicia ¿cómo se compagina con la verdad en puridad de conceptos?

Las limitaciones impuestas al Juez bajo los parámetros del sistema del proceso mercenario o a impulso de parte, el de valor de la prueba legal tasada y el establecimiento de normas para evitar la posibilidad de que el Juez incurra en extralimitación de sus potestades al juzgar sobre la prueba libre, en el sistema llamado "*valoración libre de la prueba*" ¿son suficientes y eficientes para lograr la seguridad perseguida con la Administración de Justicia?

I. LA VERDAD FORMAL PROCESAL, FRENTE A LA VERDAD REAL

Comenzaremos por decir que, en efecto, toda la doctrina, excluyendo a la llamada escuela del "*Socialismo Real*"[1] ha convenido en denominar *verdad formal* a la verdad obtenida en el proceso y con ello referirse a AQUELLA QUE SE LOGRA EN LA SENTENCIA, y conceptuándola como separada de la que cabría entender a su vez como verdad material o histórica de los hechos. Es, pues, esa especie de verdad ficticia, lograda artificialmente con el único propósito de obtener la seguridad jurídica, la que puede obtenerse como resultado de las pruebas en el proceso, y de la valoración que de ellas debe hacer el Juez.

Esta tesis de la VERDAD FORMAL cuya propugnadora inicial fue la Escuela Procesal Alemana del Siglo XIX, encuentra su fundamento en la contención del peligro que supone dejar a los jueces la libre iniciativa y valoración de la prueba y ante la inseguridad jurídica que podría aparejar un proceso carente de reglas. Las leyes procesales para ellos deben fijar cualidades a los medios de prueba que permitan contar de una forma constante y socialmente aceptable con una "CERTITUD JURÍDICA", para que un Estado

---

1 Sus propugnadores seguidores del materialismo histórico sostienen que en efecto la verdad procesal en el sistema socialista puede coincidir con la verdad histórica (vid: Stalev Zhivko, Vichinsky Andrei). No obstante, es de advertir que nunca han podido justificar como en dichos sistemas existen limitaciones en tales ordenamientos que impiden al Juez absoluta libertad respecto a la apreciación de determinados medios de prueba (v.gr. documentos).

y sociedad prefijados y en determinado momento histórico, y para que ella valga igual que la verdad real. Es un derecho de necesidad para lograr la tranquilidad humana.

Para los continuadores de esta Escuela los medios de prueba y los poderes del Juez para su valoración deben reposar en las máximas del derecho formal y tienen que ser contemplados desde ese ángulo. El Juez declara el derecho y con ello la verdad, por imperio de la ley, y al margen de su criterio personal[2].

Si a todo lo anterior le agregamos los principios axiológicos conforme a los cuales la real verdad no puede ser sino una, parecería que el acontecer procesal y el logro que a través de él hacemos de la simple verdad formal, carecería de sentido. Eso es así, si precisamente concebimos el derecho procesal como una ciencia vacía de contenido profundo, sin fines postreros, pero si analizamos detenidamente que ella es una más de las ciencias humanas, y buscamos en ello el quid o la necesidad de optar por esa vía y las razones que conducen a ello, veremos que en definitiva es una ciencia trascendente.

En efecto, lo que procede es reconocer que existe ciertamente una verdad, llámese judicial o procesal, la cual bajo las reglas con que se la obtiene y con las limitaciones que se imponen a las partes y al Juez para su logro, procede reconocerle un definitivo valor y una particular importancia.

Esa verdad así obtenida no debe considerársela únicamente como el RESULTADO LÓGICO del proceso (en el que se la contrapone a la verdad material, histórica), sino más bien la que se logra como resultado de un conjunto de INSTRUMENTOS (sistemas de las pruebas) y PRINCIPIOS RECTORES (EL DISPOSITIVO) que aceptan, como consecuencia necesaria un mayor margen teórico de escisión frente a la posibilidad de que sea alcanzada la verdad histórica.

Y ello en efecto, tiene que ser así, pues el Juez siempre tendrá como rol el RECONSTRUIR los hechos en el proceso, pues jamás se pretenderá que pueda estar presenciando ante sí los hechos, tal como originalmente han acontecido. El Juez trabaja sobre la base de las afirmaciones, de relatos facticos; en la mayoría de los casos, de hechos contradichos por las posiciones de cada una de las partes, y aun cuando se les diera, al Juez y a las partes, potestad para llevar a los autos todos los medios de comprobación imaginables para fundar la decisión, tampoco podría afirmarse con ello que se han llevado al juicio TODOS LOS HECHOS NI LAS MEJORES O NECESARIAS PRUEBAS PARA QUE EL JUEZ DICTARA SU FALLO CON BASE A ESA VERDAD REAL.

Adviértase, pues, que no es que no exista la verdad absoluta o que el proceso deba conformarse con una verdad formal, más bien relativa, sino sencillamente que NO ES POSIBLE DETERMINAR QUE TIPO DE VERDAD SE ALCANZA.

El problema, pues, siempre será el del control de la verdad, o mejor dicho, de la pureza de la verdad obtenida. En ocasiones, el alegato de una de las partes será un evento enteramente cierto y las pruebas inclusive preconstituidas serán casi perfectas o perfectísimas, abonando ese relato verdadero. El fallo del Juez en este caso estará ciento

---

2 Carnelutti: La Prueba Civil. Este autor sostiene que esa aparente contradicción entre verdad formal y real no es más que una metáfora. Dice: la verdad no puede ser mas que una, por ello la labor del proceso no es más que la de fijación de los hechos, y éstos pueden o no coincidir con la verdad.

por ciento ajustado a la verdad real, pero en ningún caso el Juez podrá tener la certeza de si ha decidido sólo sobre lo que le parece verdad o si ha fallado realmente sobre lo verdadero.

El problema del fin del proceso, entonces, no debe referirse a si puede o no llegarse a la verdad absoluta, bastará reconocer que él permite una labor apreciativa sobre los hechos basada en un nexo de aproximación, mas no de identidad, respecto de la verdad discutida en ese proceso. El Juez siempre buscará la verdad material, pero no puede vivir atormentado con la idea de si en cada caso concreto la ha alcanzado o no. Lo relevante es su convencimiento sobre los hechos, sin darle trascendencia a que la verdad real haya sido percibida en un pequeño o gran porcentaje de los casos sometidos a su consideración.

Como destaca Levy[3], ***el mejor medio de llegar a la verdad es el de buscarla y el mejor medio de continuar en la búsqueda es el de no creer jamás que la hemos hallado definitivamente.***

Concluiremos diciendo que, en el Proceso Civil, el Estado y los ciudadanos han aceptado como suficientes que la sentencia otorgue la razón a alguna, ambas o ninguna de las tesis de hecho. No se exige como un plus o adición, el averiguar si existe una tercera verdad, adicional a la alegada en autos. El proceso, como se ha sostenido, no procurará un juicio de valor sobre la realidad de las afirmaciones de las partes, sino la declaratoria positiva o negativa de las pruebas de ambas.

Como corolario de lo dicho, igualmente es procedente destacar que la verdad, más que un fin del proceso, será un principio rector del mismo, será la directriz que lo guíe, y con ello igualmente que ella, será EL IDEAL de la prueba.

II. ¿CUÁL ES EL FIN ESPECÍFICO DE LA PRUEBA CIVIL?

Con esta pregunta responderemos a la interrogante de ¿cuál será la contribución o el papel de las pruebas para el logro de los fines del proceso, esto es, de la función jurisdiccional?

En primer lugar, debemos destacar que el fin de la prueba debe ser ante todo un objetivo procesalmente realizable. Si la prueba en el proceso tuviera como único cometido el logro de la verdad material, conforme lo hemos visto en el capítulo precedente, deberíamos concluir que con ella se tiene un fin irrealizable, y ello implicaría que la prueba carece de sentido.

Desde hace ya muchos años uno de los estudiosos precursores de la materia de pruebas, Framarino de Maltesta, se refería en cuanto a la prueba penal, al concepto de socialización del convencimiento judicial que por supuesto, aclaro, nada tiene que ver con el *"comunismo como ideología de los miembros del poder judicial"*. Con tal concepto, preciso, se alude a que

> *"importa para la noción del convencimiento judicial añadir que las razones que han de determinarlo deben ser de una naturaleza tal que resulten capaces de generar el convencimiento en cualquier hombre razonable a quien fueran expuestas... en esta conciencia social radica la legitimación del derecho de castigar..."*

---

[3] LEVY, Jeann P.: *Evolución de la Prueba desde los orígenes a nuestros días*, citado por Cabañas García, Juan: *La Valoración de las Pruebas*. Trivum Procesal, España, 1992.

LEVY BRUHL[4] fiel seguidor moderno de esa tesis, advierte que la *"socialización* "de la persuasión judicial es el fin específico de la prueba. Agrega:

> *"por audaz y revolucionaria que sea una alegación o descubrimiento, ellos se reputarán PROBADOS si encuentran la ADHESIÓN DEL GRUPO SOCIAL, restringido o extendido, donde ella desee penetrar".*

Toda prueba al margen mismo de su función de orden intelectual, que es generalmente el único ángulo bajo el cual se la rinda, tiene una función social que consiste en hacer aceptar la tesis que se sostiene, y así debe concluirse que PROBAR ES HACER APROBAR. Una proposición admitida, aceptada, es una proposición probada. Si tal es el papel esencial de la prueba judicial, se entenderá entonces porque la búsqueda de la verdad pasará a un segundo plano, la verdad, así adquiere un papel secundario, ella será el objetivo mediato y no el objeto directo de la prueba judicial.

La *"socialización del convencimiento"* operará, pues, como una verdadera Institución Procesal: La fijación del hecho se produce porque es aceptada y compartida por el grupo, pero asimismo, porque es pronunciada por el Juez, quien como representante del Estado, arrastrará con su pronunciamiento, a la vez, a la comunidad, la que la aceptará sin mayores miramientos.

La potencial circunstancia de que cualquier grupo o estamento de la sociedad pudiera interesarse en determinar lo acertado o no de la decisión, hará a su vez que la magistratura y las propias partes se esfuercen por resolver del modo más idóneo la controversia, acogiendo los criterios más acertados de la sociedad. Recuérdese que en definitiva la sentencia es, o al menos debe ser, la emanación del sentimiento colectivo del grupo ...[5].

Es precisamente esto lo que impide al Juez tomar como elemento de convencimiento su propio conocimiento de los hechos, en tanto que los mismos quedan sustraídos del control de las partes y del de la colectividad.

La consecuencia de cumplir con estos objetivos se traduce en un doble corolario dentro del proceso.

Uno formal, externo, que se plasma en la ineludible e imperativa obligación de orden público de MOTIVAR LAS SENTENCIAS , única vía para permitir el control de esa recta aplicación de los principios de valoración de la prueba, tanto a nivel de la instancia superior (control judicial de la verdad), así como ante las partes y la ciudadanía, pues resulta el medio idóneo para controlar de este modo, las labores lógicas por la aplicación de los principios procesales a la fijación de los hechos y a la valoración de las pruebas, y para determinar si esta tarea la cumplió el Juez y como lo hizo; y otro material, intrínseco, cual es la adecuada presentación del relato táctico, estructurado de tal modo que sea realmente capaz de provocar la ACEPTACIÓN del grupo social.

Concluiremos señalando entonces que:

1. El fin inmediato de la prueba será la obtención de un estado psicológico de persuasión o convencimiento en el intelecto del Juez, apto para llevarle a resolver acerca de la existencia o inexistencia de los hechos sometidos a su consideración.

---

4 LEVY BRHUL, Henry: La Preuve Judiciaire, Paris, 1964, p.22.

5 PATTI, Salvatore: Libero Convincimento e valutazione delle prove, Revista di Diritto Processuale, N° 3,1985, p. 518.

2. El fin último de la prueba, consiste en permitir que se dicte una sentencia que pueda contar con la adhesión de los miembros de la colectividad nacional en cuyo seno actúa el órgano judicial que la pronuncia, en cuanto ella se configura como auténtica legitimadora de esa decisión.

3. La Significación de la prueba en el proceso civil, descansa sobre la base de ser uno de los tres mecanismos (junto con el de la autocomposición y las formas de fijación extra-probatorias -el notorio-) que puedan servir de base para la declaración de certeza de los hechos, presupuesto indispensable para producir la sentencia tuteladora de los derechos justiciables.

III. LA MOTIVACIÓN DE LAS SENTENCIAS. LA MOTIVACIÓN COMO GARANTÍA PROCESAL. CALIFICACIÓN DE DICHO REQUISITO COMO DE ORDEN PÚBLICO. ¿EN QUÉ CONSISTE LA VERDADERA MOTIVACIÓN DEL FALLO?

Hemos dejado procedentemente sentado que uno de los requisitos indispensables para que la sentencia adquiera aquiescencia social y para que, además ,se logre el control del pronunciamiento judicial, es precisamente que el fallo sea motivado, lo que a su vez es la garantía de que el magistrado a cuyo cargo ha estado el pronunciamiento de la sentencia, lo haya hecho atenido en un todo a los principios que formen su convicción, y que los hechos en los cuales se ha sustentado la decisión han sido debida y legalmente apreciados, de tal manera que el pronunciamiento haga aparecer la decisión adoptada como ajustada a la verdad real.

Ese proceso de convencimiento del Juez, ya sabemos que no se produce en un momento único del proceso, aun en los sistemas que imponen como vía de sustanciación, la no inmediación entre Juez y las partes; pero ciertamente, la oportunidad de preparar la sentencia es el momento más crítico para el Juez, en el que debe analizar, confrontar y calibrar los hechos alegados y las pruebas que sobre los mismos le hayan sido presentadas, o resolver sobre la aplicación de los principios de la carga de la prueba, lo será en la oportunidad de preparar su sentencia.

Ese momento a su vez tiene una doble forma de cumplirse, una intelectiva, interna, del Juez que prepara la sentencia con el detenido análisis del expediente, de los alegatos, de lo jurídicamente trascendente y de aquello que se le somete a su consideración como elemento de convicción para fijarlos hechos, así como en la labor de comparación que debe realizar entre los hechos jurídicamente relevantes, y para cuya convicción se ha valido de las pruebas legalmente admitidas y evacuadas de acuerdo a los supuestos o premisas de la normativa legal.

Y la segunda de dichas formas que consistirá en la manifestación externa que haga de todo ese proceso al explanar en el fallo como y porque ha llegado a tales conclusiones.

En toda la fase interna, psicológica, el Juez aplicará, además las máximas de experiencia que le permitan reforzar sus criterios relativos a la manera de valorar, y las normas de la sana crítica que le conducirán a través de todo ese proceso como un todo orgánico, lógico y racional que le sustenten su resultado: su pronunciamiento de condena o absolución, esto es, hacer la concreta manifestación de la voluntad de ley (todo ello convertido en un juicio intelectivo)[6].

La sentencia, pues, no puede ser producto exclusivo de una *"voluntad del Juez"*, lo que él quiera o no, respecto al conflicto de intereses, sino que su papel fundamental será, a través del juicio lógico, el de aplicar el espíritu y finalidad de la norma material.

La posición extrema de los autores en esta materia, ha conducido a considerar la función del Juez bajo la sola perspectiva de una visión racionalizada de la decisión judicial, pretendiendo considerar todo este proceso como simple expresión deductiva silogística, automática o mecanizada, como simple proceso matemático sin tomar en cuenta el preponderante y predominante papel de la etapa valorativa para la ponderación de las dos premisas empleadas en dicho silogismo. La reacción a tal postura ha llevado a quienes enfrentan dicha posición, en especial al gran sociólogo y filósofo del derecho, Luis Recasens S.[7], a proponer la sustitución de la terminología indicada y a sostener que

> *"la sentencia es más bien una intuición intelectiva que entraña varios juicios de valor... y para quien la labor del Juez no está sólo limitada a combinar ulteriormente las premisas de ley, sino a determinar cada una de ellas, sin que pueda admitirse como posible la discriminación de la fase de fijación de los hechos de aquélla que consiste en su calificación jurídica..."*.

Todo este proceso de formación de la sentencia, *denominado "génesis lógica de la sentencia"*, comenta el gran maestro Calamandrei,[8] se desarrolla en una cadena de intelecciones con el siguiente orden lógico:

1. Alegación inicial de los hechos sugerida con una consecuencia jurídica favorable a los intereses del actor, y con vista a los cuales, en el proceso ordinario, debe el juez juzgar a priori, con los solos indicios de *"buen derecho* "para pronunciarse sobre la admisión de la demanda, en tanto que aquellos sean suficientes para generar potencialmente efectos jurídicos que justifiquen la movilización del aparato judicial;

2. A ello ha de seguir la actividad de fijación de los hechos, mediante la práctica, la interpretación y la valoración de la prueba propuesta;

3. Con la masa de datos probatorios disponibles, el Juez debe hacer una selección de aquéllas fuentes de pruebas que corresponden a los hechos principales discutidos (los denominados por el autor *"Jurídicamente relevantes")*, estructurando así el hecho probado que pueda confrontarse con el supuesto de hecho de la norma (sea éste constitutivo de la acción o la defensa). Se advierte, por lo demás, que este proceso, debe repetirse a posteriori en el fallo en el llamado proceso de subsunción del hecho en los supuestos de la norma aplicable.

4. La confrontación de los hechos alegados fijados como ciertos con el conjunto de normas aplicables, esto es, la propiamente subsunción de los hechos en el derecho y la consiguiente deducción de la consecuencia jurídica que proceda.

---

6 Rocco, Alfredo: La Sentencia Civil, México, 1944, pp. y ss.

7 Recasens Siches, Luis: Introducción al Estudio del Derecho, México, 1970, p. 80.

8 Calamandrei, Piero: La Génesis Lógica de la Sentencia Civil, en Estudios de Derecho Procesal Civil. Vol. III, 1945, Ejea, pp. 376 ss.

Es de señalar que el propio autor y otros que no concuerdan con la totalidad de su tesis, admiten que entre las citadas fases transcurren etapas intermedias (depuración de los hechos relevantes de aquéllos que no lo son, o las variaciones que ocurren en el orden exacto de la consumación de las mismas). Para otros, en cambio, la función del Juez es totalmente ajena a lo lógico, calificándola inclusive de extralógica, como lo hace Calogero[9] quien considera que con aquélla se dejan de tomar en cuenta las influencias inclusive personales que el Juez debe afrontar, como lo son sus angustias. Para Taruffo[10] tal función es de mera *"justificación o de motivación de la resolución tomada"*.

Pero sea cual fuere la posición que al respecto se adopte, lo cierto del caso es que de alguna manera, ese proceso intelectivo no puede quedar en meras elucubraciones internas del Juez, sino que es menester que tales labores intelectivas, motivaciones o razonamientos se exterioricen, y que tengan una secuencia o argumentación lógica, por ser el único medio que permite a las partes y a las instancias superiores judiciales controlar la eficacia y juridicidad de la decisión tomada, a la vez que sirve de primer elemento de persuasión de la sentencia[11].

Esa exteriorización, es precisamente la motivacion, que resulta ser la forma escrita de aquel proceder intelectivo que garantiza, ante todo, el pensamiento del juzgador y que hace suya la cosa juzgada, en cuanto a su forma y contenido.

No puede hablarse de sentencia justa o apegada a derecho si no se conocen los motivos por los cuales se ha fallado conforme a una determinada solución, ello es, pues, la manifestación del criterio del juez o del árbitro inveterado o interesado del magistrado.

Pero ¿en qué consiste la motivación y que se expresa con ella?

Algunos autores han pretendido distinguir cuando se habla de motivación, las razones de orden psicológico que ha tenido presentes el Juez para la determinación de las premisas (motivación externa –*strictu sensu—),* y la posterior labor que se ofrece con ocasión de la redacción de la sentencia. Tal posición pretende destacar que lo cuestionado es si la sentencia debe producir los fundamentos reales de la decisión, o por si el contrario la motivación debe ser apenas la expresión de un conjunto de argumentos formalmente coherentes, presentados de tal manera que puedan servir de escudo protector a fin de evitar la impugnación del fallo, pero sin que ello tenga que coincidir realmente con la expresión de las verdaderas razones que se tuvieron para dictar la sentencia, con lo cual la motivación más bien es una mera justificación de la validez del fallo, antes que una sincera expresión de los motivos y de los argumentos reales analizados por el Juzgador[12].

---

9 *La Lógica del Giudicce e il suo Controlle in Casazzione*, Cedam, 1964, p. 50.

10 Citado por Cabañas García, opus cit., p. 224.

11 Así, nuestra Casación ha sostenido: "... En la ejecución de su obligación de analizar y juzgar todas cuantas pruebas se han producido en el proceso, los Jueces tienen el deber de expresar a cabalidad los elementos de convicción que obtienen de las pruebas, o las razones por las que no tienen eficacia probatoria ...Por lo tanto no cumplen ese deber cuando no examinan la totalidad de una prueba, bien sea, porque omite el análisis de alguno de sus elementos; o porque lo expresado por el Juez no permite deducir cuáles son las razones por las que desecha un elemento de una prueba... Sentencia 19-01-94, citada en Jurisprudencia de la Corte Suprema de Justicia, Enero 1994, N° 1, Edit. Distribuidora Samadi SRL, Venezuela, abril 1994, p. 65 ss.

12 Taruffo, opus cit, y en igual sentido, SATTA, Salvatore, *Comentario al Códice di Procedura Civile*, Libro II, Edit. Vallardi, Milano, 1966. p 549.

Sea cual fuere la posición que al respecto se adopte, lo que sí resulta destacar, como lo señala Cabañas García[13] es que puede darse un desfase entre los motivos internos y externos, o que los mismos sean equivalentes, pero ello no es obstáculo para entender lo que quiere significarse con la motivación, en tanto que si lo expresado en el fallo no permite hacer una equilibrada constatación de los argumentos dados en la sentencia con las razones de sana crítica que debió emplear el Juez para precisar los hechos alegados, al confrontarlos con las pruebas promovidas, evacuadas y valoradas, el juicio exterior será absurdo y existirá así la oportunidad de depurarlo o que la sociedad le reste el apoyo lógico a la sentencia así pronunciada. Por tanto, el Juez está más interesado que nadie en expresar en su fallo, las razones claras que utilizó para llegar a sus conclusiones, de modo tal que su sentencia pueda aparecer como racionalmente fundada y sustentada[14].

En todo caso, la configuración de una situación falaz, como la que se pretende introducir con esas disquisiciones terminológicas, y las que pueden ocurrir en la práctica en tanto que impartir justicia sigue siendo una actividad humana susceptible de esas imperfecciones, quedará subsanada con la eficacia del sistema de recursos jurisdiccionales, precisamente instrumentados para poner coto a esas desviaciones, ya que éstos se encargarán eficientemente, como ha ocurrido con copiosa jurisprudencia de nuestra Casación Civil al precisar que:

a) El Juez que dicte la sentencia, coincida o no su juicio con el criterio exteriorizado en la misma, debe saber que lo manifestado en la resolución es lo que se va a criticar y lo que va a servir de fundamento a un eventual juicio de nulidad.

b) Los justiciables no tienen por qué preocuparse por conocer si existe o no tal correspondencia entre motivo/motivación, sino que centrarán su interés en el contenido del texto de la sentencia, que representa el material a controlar[15]; y

c) Como quiera que sea, difícilmente podrá fundamentarse la impugnación del fallo invocando la falta de bondad y claridad de las razones íntimas del propio Juez que, en pro de una *justicia,* de algún modo, haya disfrazado los verdaderos argumentos bajo los cuales examinó realmente los hechos.

---

13 Cabañas García, opus cit.

14 En el expresado sentido recuérdese el contenido de la citada Sentencia del 19-01-94 supra. La misma Sala de Casación ha resaltado que lo importante no es dar el porqué de cada motivo," la razón de cada razón, pero destacando que lo transcendente es que los fundamentos expuestos sean demostraciones de lo dispositivo, y que no consistan en meras afirmaciones... ni en expresiones vagas, tales como "consta de autos, resulta demostrado de las pruebas evacuadas... aparece comprobado...", pues las mismas constituyen peticiones de principio. Sentencias 27-06-62,12-12-60, 26-02-64, 19-10-67, 25-04-68,05-03-69, 08-04-70, y 06-08-70, todas citadas por Bustamante Miranda, Maruja, 15 años de Jurisprudencia de la Corte Suprema de Justicia, S.P.I., p. 632 y ss.

15 La Corte Suprema de Justicia (Sala de Casación) al respecto ha destacado "el vicio de inmotivación se caracteriza como obvio, por la falta de razones de hecho y de derecho que justifiquen, en el orden formal, la declaración contenida en la sentencia". Sentencia del 16-11-72, citada en Bustamante Miranda, Maruja, Sentencia N° 3518, p. 632, opus cit.

IV. PRINCIPALES BENEFICIOS QUE APORTA LA MOTIVACIÓN DE LAS SENTENCIAS

1. Desde el punto de vista político, la motivación no sólo representa una garantía para los justiciables porque les da a conocer los fundamentos del fallo, sino que principalmente, y antes que nada, es el instrumento a través del cual la sociedad puede evaluar la buena marcha de uno de sus poderes públicos.

Llama la atención que la consagración expresa del principio de la motivación de los fallos fue enunciado en el artículo 15 de la Ley del 16 de Agosto de 1790 con el advenimiento de la Revolución Francesa, seguido de su reconocimiento como ahora lo tienen otras Constituciones modernas, en la Constitución Francesa del año III, en la que se le califica de principio ordenador de la actividad jurisdiccional[16].

Por ello se ha afirmado que este deber de motivación encama en sí mismo la fuente de legitimidad de los órganos del Poder Judicial[17] y mediante su cumplimiento queda preservada de forma directa o indirecta:

a) La interdicción de la arbitrariedad en el ejercicio de la potestad jurisdiccional[18];

b) La motivación adquiere así la condición de garantía procesal, en tanto que guarda íntima relación con el derecho a obtener una tutela judicial efectiva con miras a obtener la pretensión ejercida y el derecho a que se tramite un proceso con todas las garantías; y

c) Por supuesto, la entronización de la majestad judicial en sus justos y adecuados límites.

2. El respeto al deber de motivación, desde el punto de vista procesal, permite comprobar que el Juez ha decidido de acuerdo con el principio de la congruencia, o en términos más precisos, que gracias a ella sea viable el control sobre dicha correlación.

3. La motivación del fallo, además es presupuesto indispensable para la eficacia del sistema de impugnación de las decisiones judiciales, porque ambas instituciones están íntimamente vinculadas, casi causales la una de la otra.

4. Desde el punto de vista del Derecho Probatorio, y concretamente en el aspecto de la fijación por medio de la prueba de los hechos declarados como ciertos, el texto motivado del fallo constituye *conditio sine qua non* para lograr la vigilancia de la recta valoración de las pruebas, tanto si son de las controladas o tasadas por tarifa legal, como de las sujetas a libre examen.

---

16 En España un Decreto de Felipe V, de 1715 ya la consagraba.

17 Salvando las distancias, acota Cabañas García, citando a Luis Prieto Sánchez, que mientras el Parlamento ostenta una legitimidad de origen, el Juez la adquiere en su ejercicio, al primero se lo controla a través de su elección, al segundo mediante la crítica de su comportamiento, opus cit., p. 228.

18 Así lo ha calificado expresamente nuestra Sala de Casación en sentencia del 12- 02-63, opus cit., p. 636, N° 3543.

Es preciso destacar a este respecto que nuestro CPC del 87, mientras tajantemente indica que el Juez está obligado expresar sus razonamientos lógicos al valorar la prueba no tasada (507 CPC), parece relevarlo de hacerlo cuando se trata de las pruebas con tasación legal.

No obstante lo dicho, no consideramos que dicha norma lo está librando de la obligación de analizar detalladamente aquellas y de expresar sus razonamientos al respecto, en tanto que el artículo 509 dispone que el Juez deberá analizar, y por tanto exteriorizar ese razonamiento, respecto a todas cuantas pruebas se hayan producido, aun aquéllas que a su juicio no fueran idóneas para ofrecer algún elemento de convicción -y por tanto, señalamos nosotros-, las de valor tasado, en tanto no quedan excluidas del adjetivo *"todas"*. Y añade, expresa y categóricamente: *"expresándose siempre cual sea el criterio del Juez respecto de ellas*".

Todo lo dicho concuerda, pues, con el expuesto criterio en torno a la finalidad de la prueba, en tanto que con ello se destaca el preponderante papel de la persuasión social (socialización) de los argumentos del Juez, lo que sólo es posible en tanto exista un mecanismo que permita su difusión tanto a las partes como a terceros[19].

Esta parece, pues, la tesis acogida por nuestro legislador procesal, al proclamar entre los requisitos sustanciales del fallo la expresión de los *"motivos de hecho y de derecho de la decisión*", hoy claramente fijados como requisitos de orden público procesal por reiterados fallos de nuestra Sala de Casación Civil y que consecuentemente han llevado a dicho órgano a pronunciar inclusive de oficio la nulidad de los fallos por adolecer de dicho requisito o no ser suficientes los expresados.

Es preciso señalar finalmente, que si bien nuestro texto constitucional, a diferencia de otros (el español, por ejemplo) no consagra expresamente como garantía procesal constitucional la *"motivación de los fallos*, la misma debe considerarse que está incluida dentro del concepto del *debido proceso,* el que sí tiene reconocimiento expreso y está proclamado como garantía constitucional, condición *sirte qua non* para que un pronunciamiento judicial sea válido, en tanto que sólo en la medida que el fallo proferido en aquél (en el proceso), llene todos los requisitos para ser tal, es que podrá sostenerse que ese pronunciamiento judicial se ha dictado dentro del "proceso debido", e inmerso asimismo dentro del concepto de la "tutela efectiva de los derechos de los ciudadanos" consagrada en la Declaración de los Derechos Fundamentales del Hombre, en tanto que ésta absorbe u subsume el de la motivación, como elemento de efectiva tutela de los derechos del ciudadano, y por una relación de afinidad entre ambas figuras, en tanto que ambos se enlazan entre sí para contribuir por igual a facilitar al justiciable el control de los fundamentos de la decisión que la afecta.

---

19 Nuestra Casación no ha sido constante en sus interpretaciones al respecto y menos aún consecuente con cual debe ser realmente la verdadera motivación, pues ha señalado en numerosos fallos que aún siendo lacónicos, erróneos e insuficientes, ello no constituye inmotivación ni causan vicio al fallo (Sentencias 01-12-67; 06-02-69; 13-08-70; 08-06-70; 04-04-61; 08-05-61; 07-07-6l; 02-11-61 y 10-08-71, citadas Bustamante Miranda, M., opus cit., p. 634 ss) y destacando que sólo debe considerarse inmotivada la sentencia cuando hay falta absoluta de motivos, cuando resulten de tal manera contradictorios que se excluyan mutuamente (sentencias citadas inmediatamente antes, opus cit). En otras oportunidades, en cambio, ha reputado como inmotivada la sentencia cuyos motivos son erróneos (Sentencia 21-07-68, opus cit., p. 635).

También se debe destacar igualmente que en España, donde la consagración de ese derecho constitucionalmente es expresa, como ya se lo ha señalado, el Tribunal Constitucional, en varios fallos ha destacado inclusive la simbiosis existente entre la aludida figura de la motivación y la también garantía constitucional a obtener una tutela efectiva de los derechos[20].

Es de advertir que la motivación en los términos en que ha sido considerada en nuestra anterior exposición abarca por igual los razonamientos para fijar los hechos y para determinar el derecho aplicable a la solución del caso controvertido, así se desprende de las palabras del legislador (vid ord. 4° del artículo 243 CPC) y ello resulta aún más evidente, cuando en la nueva regulación del recurso de casación, se reputan como motivos de este recurso el que los medios de prueba libres no se hayan promovido y evacuado de acuerdo a las normas previstas para medios semejantes contemplados en el Código Civil, y a falta de éstos, por las que hubiera indicado el Juez (ex artículo 395 CPC) o cuando las haya apreciado sin tomar en cuenta las reglas de la sana crítica (ex artículo 507 CPC), con lo cual por lo demás, se ha introducido la posibilidad de que Casación, a nuestro juicio, entre a revisar los pronunciamientos sobre los hechos efectuados por los jueces de la instancia, y no obstante la soberanía que a los mismos reconoce la Ley en esa materia.

Sobre tales temas aún nuestra Casación no parece estar todavía convencida de sus nuevos poderes, pero estamos seguros de que será motivo de enjundiosa jurisprudencia en el futuro por la importancia del tema, y la repercusión que el mismo comporta.

También vale la pena destacar otro punto que aparece particularmente interesante, en efecto, el artículo 243 CPC no precisa si los hechos sobre los cuales el Juez debe explanar su motivación son los "hechos probados", o si indistintamente, si su pronunciamiento debe abarcar también los que no lo fueron. Tal asunto, a nuestro entender, carece de orden práctico, en tanto que, a pesar de la no discriminación del texto legal, ello no excluye el deber de examen de ambos, y por cuanto que al pronunciarse sobre los primeros, necesariamente al hacer su valoración y acogerlos para la subsunción en el supuesto legal, con ello, indirectamente lo estará haciendo y expresando "motivo" sobre los no probados, que entonces deben reputarse desechados y, finalmente, porque el artículo 509 *eiusdem*, sí los ordena analizar al disponer que el Juez debe pronunciarse sobre todas cuantas pruebas hayan sido aportadas, inclusive las no idóneas (por ilegalidad o impertinencia) con lo cual se exige pronunciamiento expreso sobre los hechos no probados. Debe advertirse, no obstante, que será innecesario un pronunciamiento positivo o negativo, si del mismo fallo, se deduce, admitida la existencia de un hecho que excluya a otro.

En resumen, y concluyo con ello, el deber de motivación debe ser interpretado a la luz de los siguientes parámetros:

1. Es aplicable a las sentencias de todos los órganos jurisdiccionales (contenciosa ordinaria, no contenciosa, de equidad y en la arbitral), con la advertencia de que si bien en la de equidad y en la arbitral, se podría discutir la obligación o no de aplicar la normativa del 243 *eiusdem,* no puede negarse la imperativa obligación de motivación, en tanto que todas ellas requieren el necesario respaldo de la convicción de la sociedad, so pena de que se consideren injustos y arbitrarios los pronunciamientos efectuados, porque si bien las normas procesales, parece, no imponen el acatamiento de las disposiciones legales, esto

[20] Entre otros los de fechas 15-12-82,03-06-91,15-06-83, citados por CABAÑAS GARCIA, opus, p. 233.

ocurriría sólo en el supuesto de que no se trate de disposiciones de orden público, o cuando no pongan en duda la seriedad de las instituciones en cuanto a que el conflicto sometido a la consideración de las mismas, se solucionó conforme a derecho.

Si tales fallos no acataran a cabalidad el principio de la motivación, aparecerían, pues, como injustos, y no satisfacerían al colectivo quien al analizarlas las rechazaría.

Por supuesto que tal actividad tendrá especial relevancia cuando el pronunciamiento lo ha sido tomando en cuenta los hechos fijados como ciertos y/o probados en la medida que haya sido necesaria la actividad probatoria.

2. Esa declaración deberá ir acompañada del relato explicativo acerca de las fuentes de convicción utilizadas por el Juzgador, es decir, por la motivación propiamente dicha.

3. En definitiva, cuando la Ley se refiere a los motivos de hecho y de derecho, en aquéllos se refiere preponderantemente a los que recaen sobre los hechos probados, con la única excepción de que no será menester tal relato, pero si de la calificación de tales, y el porqué de ello, cuando se trate de hechos que han quedado fijados al margen de la actividad de la prueba (por admisión expresa o tácita, o por notoriedad). La aludida mención impretermitible, lo será en tanto que ello sea lo que permita la subsunción de ellos en la norma).

Dejo, a la acuciosidad del lector el continuar especulando sobre estos interesantes temas, y en particular el determinar hasta donde la motivación del fallo ha de ser prolija y amplia para cumplir con su verdadero cometido.

8.

LA IMPOSICIÓN CONSTITUCIONAL DE LA ORALIDAD EN LOS PROCESOS JUDICIALES*

Dedicatoria:

"A quienes nacidos o radicados en estas hermosas y acogedoras tierras de Aragua, me concedieron el privilegio de ser su Profesor en los estudios de Pre y Post Grado en Derecho, hoy mis colegas en dicho Estado"

EXORDIO

No puedo iniciar mi disertación sin expresar mi contento y felicitar al Instituto Venezolano de Estudios de Derecho Procesal (INVEDEPRO) por haber resuelto realizar este su Segundo Congreso, para rendir un justo y merecido homenaje a mi respetado y apreciado Profesor, el Dr. Leopoldo Márquez Añez, prominente figura de nuestro moderno Derecho Procesal Venezolano, por muchos años insigne y abnegado Profesor de nuestras facultades de Derecho y connotado escritor de magníficas obras sobre dicha materia.

Por esas extrañas circunstancias que suelen ocurrir en nuestro país, han sido muchos los homenajes rendidos a otros Profesores y colegas, que por supuesto sin entrar a negar o desconocer los méritos considerados para ello, lo que sí es cierto es que con los así rendidos, se han puesto de manifiesto con mayor razón los que se adeudan a personas como el Profesor Márquez Añez.

Con una profunda humildad, propia y digna de los grandes en saber, nuestro citado maestro, paso a paso, dejó su huella en nuestra ciencia procesal, sembró su semilla en cientos de sus hoy alumnos y ha facilitado la formación de otros muchos con sus acertados y destacados trabajos sobre derecho procesal y en especial los que ha dedicado a nuestro Recurso de Casación.

Como legislador, conjuntamente con otro lucido grupo de Profesores, formó parte de la Comisión redactora de nuestro actual Código Adjetivo, en cuyas reformas, por lo que atiene igualmente al mencionado recurso extraordinario, está plasmada parte de su ideología y claro criterio.

---

* Ponencia presentada al II Congreso de Derecho Procesal en Maracay, Estado Aragua, auspiciado por el Instituto Venezolano de Estudios de Derecho Procesal (Invedepro), Noviembre del 2000.

A la labor legislativa, Márquez Añez, en un gesto más de maestro, durante mucho tiempo dedicó parte importante de su vida profesional a procurar explicar, enseñar y poner de relieve los cambios en el entonces Proyecto de Código y su significado.

En sus transcendentes trabajos y comentarios sobre el Recurso Extraordinario, Márquez Añez siempre ha puesto en evidencia que dicho recurso no tiene como fin único velar para la corrección de los puros errores in procedendo, sino, por el contrario, cuidar fiel y cabalmente por la recta aplicación de las normas de fondo, alertando con ello sobre la distorsión que comporta dedicar inadecuadamente dicho remedio procesal a esos solos inadecuados fines.

Lamentablemente nuestro Profesor, entiendo que por razones de salud, hubo de retirarse prematuramente de la cátedra y no ha podido continuar brindándonos lo mucho que sabe y le queda aun por enseñarnos.

Este acto me produce profunda emoción, pero a la vez tranquilidad íntima. Lo primero, por que quienes hemos sido formados por grandes maestros deseamos vivamente le sea reconocidos los justos méritos que a ellos corresponde en esa abnegada labor y lo segundo porque es justo honrar a quien con tantos méritos lo merece.

Estoy seguro que cuanto siento lo comparten hoy quienes fueron alumnos de Márquez Añez. Todos deseábamos en lo más íntimo ver reconocidos los méritos a un hombre que lo merece por lo mucho que supo brindarnos y entregarnos a quienes fuimos sus discípulos.

Para mi constituye además un privilegio poder intervenir en este acto, porque como alumno que fui del mismo, con mi participación en este evento, quiero poner de manifiesto ante todos cuantos a él asisten o lean las Ponencias y debates, el especial e infinito agradecimiento por todo cuanto hizo por mi educación y formación y por el especial empeño que supo crearme para el estudio del Derecho Procesal y espero de alguna manera con mi humilde aporte intelectual dejar en alto su nombre como maestro.

Consecuentemente les destaco que si algún mérito puede tener lo que a continuación exponga y si de alguna manera mis palabras y pensamientos no resultaren estériles para Uds. y quienes luego los lean y mediten, tengan todos muy de presente que en todo ello mucho tiene que ver mi apreciado Profesor Leopoldo Márquez Añez.

En razón de todo lo antes dicho me tomo la licencia de solicitar de Uds. un caluroso y efusivo aplauso para el extraordinario hombre que resulta ser nuestro homenajeado.

I. ALGUNAS ACLARATORIAS PRELIMINARES

1. *El mandato Constitucional*

El artículo 257 de la Constitución Nacional[1] dispone expresamente:

---

1 Gaceta Oficial de la República Bolivariana de Venezuela (en lo sucesivo GO) N° 5453 del 24 de marzo del 2000 (en lo adelante abreviadamente CN), que contiene algunas reformas al texto

"El proceso constituye un instrumento fundamental para la realización de la justicia. Las Leyes procesales establecerán las simplificación, uniformidad y eficacia de los trámites y adoptarán un procedimiento breve, oral y público. No se sacrificará la justicia por la omisión de formalidades no esenciales."

Mientras para algunos la comentada norma podrá considerarse una disposición programática, otros piensan se trata de un mandato constitucional dirigido imperativamente al legislador para implementar modificaciones más de fondo, que están contempladas como ideales del nuevo ordenamiento constitucional de la república, y dar paso a lo que en el argot político, ahora de moda, se denomina la "V República" la cual tiene por objeto al decir del mismo Constituyente soberano, "refundar la República para establecer una sociedad democrática, participativa y protagónica, multiétnica y pluricultural en un Estado de justicia, federal y descentralizado.....(Preámbulo de la C.N. y por igual así se lo contempla en la EMCN, Título I)

Como se observa un objetivo concreto de esa nueva organización es el logro de una "nueva Justicia", para la que precisamente el constituyente consideró necesario diseñar por igual el paradigma de un proceso especial, adecuado y expedito, caracterizado fundamentalmente por su a - formalismo (formalismo innecesario), buscando la verdad y con ello la mejor justicia, proclamando la estructuración también de un nuevo Poder Judicial, caracterizado por su independencia, que tenga la potestad constitucional que le permita ejecutar y aplicar imparcialmente las "normas que expresan la voluntad popular", sometiendo a todos los poderes públicos al cumplimiento de la Constitución y las Leyes, controlar la legalidad de la actuación administrativa y ofrecer a todas las personas tutela efectiva en el ejercicio de sus derechos e intereses legítimos"[2].

Según el soberano constituyente, el nuevo modelo de proceso debe estar regido por los siguientes principios:

> "......... Las Leyes procesales establecerán las simplificación, uniformidad y eficacia de los trámites y adoptarán un procedimiento breve, oral y público. No se sacrificará la justicia por la omisión de formalidades no esenciales".

Con el aludido objetivo, como se observa, el constituyente no solo establece una nueva manera de obtener justicia, sino además impone la forma como debe lograrse la misma, caracterizando su operatividad con los siguientes elementos típicos:

> "El Estado garantizará una justicia gratuita, accesible, imparcial, idónea, transparente, autónoma, independiente, responsable, equitativa y expedita, sin dilaciones indebidas, sin formalismos o reposiciones inútiles".

De lo antes normado, Art. 26 *ejusdem*, se desprende claramente que el legislador opta por imponer, para el trámite de los procesos, el principio de la oralidad, elección esta, como bien lo señalara el insigne Giuseppe Chiovenda (Principios de Derecho Procesal Civil, 1922, t. II, p. 128) que debe entenderse formulada como una decisión técnico jurídica, que no, como simple elección política de los constituyentistas, pues ella responde a una

---

original de la misma publicado en GO 36860 del 30 de diciembre de 1999 y a la que se añadió por igual el texto de la Exposición de Motivos (EMCN). En todo caso vale la pena destacar que dicha Constitución se la conoce en el ámbito popular como "la Constitución Nacional de 1999 o la Constitución Bolivariana".

2 Exposición de Motivos de la CN, Título V, Capitulo III

adhesión de los gobernantes, legisladores y estudiosos a la beneficiosa influencia de la oralidad en el desarrollo de los juicios.

Se advierte que en tal sentido, nuestro Constituyente acoge la posición Constitucional, conforme la cual, para poder alcanzar la convivencia pacífica de la comunidad, se deben adoptar principios que lleven al afianzamiento de la justicia, entre ellos precisamente el de la "Oralidad"[3].

Pero de una vez, y antes de que pueda plantearse duda alguna, aclaremos que ni en nuestro sistema procesal, ni en el Derecho Comparado no se ofrecen ejemplos de procesos escritos u orales puros, siempre y en todas partes, como lo anota Jorge Peyrano (El Proceso Civil, 1978, p 304) "la realidad nos muestra procesos mixtos, con predominio de la oralidad o de la escritura, pero sin que dicha preponderancia excluyera la incidencia del principio antitético al prevaleciente".

Ya por igual destacaba Eduardo J. Couture: "En el derecho procesal moderno, la antítesis de todas esas soluciones (aludiendo a los diferentes principios que regulan el proceso) es solo aparente. Puede afirmarse que como acontece en lo relativo al dilema oralidad-escritura, en el cual no existe ya oposición porque no hay procesos orales puros, en las otras posibilidades, mas que de una antítesis se trata de un problema de "dosificación". El legislador se sitúa, naturalmente, dentro de una de las dos soluciones; pero su empresa consiste, primordialmente, en determinar en que grado atenúa sus conclusiones y en que medida da entrada a las soluciones de la fórmula opuesta"[4].

2. *La regulación vigente de los procesos orales*

De lo dicho por igual podría destacarse que todo lo expuesto no resulta totalmente nuevo dentro de nuestro sistema procesal, en tanto nuestro Código de Procedimiento Civil vigente[5] en su Libro IV, Parte Primera, de los Procedimientos Especiales Contenciosos, Titulo XI, en cuatro capítulos, artículos 859 al 880 ya contempla el denominado por el mismo Legislador "PROCEDIMIENTO ORAL" si bien es cierto que se lo destinaba a regir para cierta clase de juicios que sin tener cuantía superior a Bs. 250.000 estuvieren comprendidos dentro de una de las categorías enunciadas por los ordinales 1 al 4 del artículo 859 Cpc. y con la expresa advertencia de que el último de dichos ordinales,

---

3 En el mismo sentido opina Jairo Parra Quijano, "La oralidad en el Proceso Civil con miras al nuevo milenio", en *Relatorías y Ponencias sobre Derecho Procesal, XVII Jornadas Iberoamericanas de Derecho Procesal*, Costa Rica, Octubre 2000, t. I, Imprenta Poder Judicial, p. 345, quien además alerta que la procura de la oralidad es inclusive tema de los Congresos del Instituto Iberoamericano de Derecho Procesal desde 1950 y de las propias Conferencias Internacionales de Derecho Procesal (V III Congreso Internacional, 1970).

4 Proyecto Couture, Exposición de Motivos, p. 61 (citado por Jorge W Peyrano, *El Proceso Civil, Principios y Fundamentos*, Edit. Astrea, Argentina, 1978, nota 2, p. 304).

5 G.O. 4.209 Ext. del 18 de septiembre de 1990, que publica la última ley de reforma parcial de dicho Código (G.O. 4196 Extraordinaria del 2 de agosto de 1990), conocido como el Código de Procedimiento Civil del 87, en lo adelante "Cpc".

claramente contemplaba que bien la Ley[6] o el convenio de los particulares podrían determinar que otros asuntos debieran tramitarse por ese mismo procedimiento oral[7].

No obstante lo expuesto, consideramos que la intención del actual constituyente no fue la de dar preeminencia a esa forma en que deba conducirse el proceso, ya consagrada en la Ley (Cpc), sino, de modo general, que la oralidad (entre otras una pudiere ser esa misma que contempla el Cpc.), se adaptará como modo, rito o método de tramitación de todos los procesos en general, de tal modo, que como se lo ha dejado dicho antes, fuera ella la forma predominante de realizar todos los actos en el proceso judicial (civil, penal, o de otra índole) en tanto que por su intermedio debe entenderse se lograrían los demás postulados de la nueva Justicia (acceso garantizado a ella, celeridad, a-formalismos, etc).

Aclaramos igualmente que en nuestro criterio, la oralidad propugnada, no puede ser tampoco la conocida en algunos sistemas como "oralidad actuada", especie esa que al decir de Díaz[8] convierte a la oralidad en verdadera caricatura de ella, que al intentar erigirse en una formula transaccional entre el principio escriturario y el de oralidad, sólo logra convocar los defectos de que ambos adolecen y ahuyentar las virtudes que los adornan, cual sería por ejemplo el caso citado por Peyrano (*opus cit*, p. 305) en que "un testigo depusiera oralmente en la sede jurisdiccional, pero no ante quien debe decidir la causa, sino ante un funcionario subalterno, que se limita a actuar (transcribir en un acta) sus dichos, cuando que obrando de tal modo se priva al sentenciador del derecho y del deber de hacer realidad uno de los principios más caros del proceso moderno: el de inmediación."

A nuestro entender tal declaración no se compadecerá tampoco con la preeminencia numérica de los actos que deban o tengan que cumplirse de una u otra forma dentro de un proceso, entendiendo como lo hace por igual Peyrano (*opus cit* p.306) que lo realmente caracterizador de un proceso oral, es la inclusión de una audiencia en el curso de la cual se producirán ante el órgano jurisdiccional todas las probanzas que por su naturaleza fuera posible diligenciar en ese acto, sin que por ello no se niegue el necesario proceder previo e actos escritos preparatorios, recalcando así idéntica opinión de Cappelletti[9], así como también las exposiciones de las partes sobre el mérito de las pruebas producidas y la previsión de que el decisorio será pronunciado dentro de un breve plazo a contar desde la celebración de aquella. Únicamente un proceso que cuenta con tales características puede

---

6 En este caso entiéndase la Ley Orgánica del Poder Judicial o la que deba hoy sustituir la del entonces denominado Consejo de la Judicatura

7 Por cierto, resulta interesante observar que es esta otra de las extrañas disposiciones del mismo Código, en que el Legislador opta, no obstante estar referida la materia en cuestión al "tramite del proceso" en dejar en manos de las partes fijar las reglas o formas de procedimiento, a pesar de que como se lo conoce indiscutidamente, las normas que atienen a la forma y regulación del proceso deban entenderse de orden público y por tanto no relajables por las partes ni por el propio Juez.

8 Clemente Díaz, *Instituciones de Derecho Procesal Civil*, Abeledo Perrot, Argentina, 1968 (citado por Peyrano, opus cit., p. 305). Por oralidad actuada debe entenderse un género híbrido que carece de las respectivas ventajas de ambos tipos procesales; en ella se dicta, no se habla, y se dicta para que se lea, no para que se escuche, perdiéndose así simultáneamente las ventajas de la escritura y las de la oralidad.

9 Cappelletti Mauro, *El proceso civil en el derecho comparado*, trad. S. Sentis Melendo, EJEA, Argentina, 1973, p. 56

ser justamente encuadrado como "oral" toda vez que concretará las dos metas que le son más caras: la inmediación y la concentración[10].

Como bien lo señala Parra Quijano (*opus cit* p, 350) "la oralidad surgida como necesidad en el Siglo XIX, se sustenta hoy en el deseo de poner al procedimiento civil a tono con el nuevo modelo de derecho que se presenta y sobre todo con las preceptivas incorporadas en el ordenamiento superior ...los procesos mas que espacios de agresión deben tornarse hoy en medios ágiles para la solución de los conflictos, agregado a lo cual, el proceso debe ser entendido como escenario pleno de participación ciudadana, socialmente visible dentro del cual existen valores de convivencia..."[11]

3. *La necesaria complementariedad de la Oralidad con otros principios que regulan el proceso:*

Pero allí tampoco podrá concluir toda la caracterización de ese nuevo prototipo oral de proceso, pues a las precedentes notas, será menester añadir por vía de complementariedad, como operan precisamente los principios del proceso[12], la actuación conjunta que caracteriza en la práctica la implementación de uno cualquiera de ellos con otros principios tales como los de inmediación, concentración, y publicidad, so pena de caer en "la oralidad por la oralidad misma", cuestión o posición sin sentido alguno, tal como ya había sido advertido entre otros por Chiovenda (*opus cit.* t. II, p. 127) y Fairén Guillén. Este último, advertía[13] que tanto la oralidad como la escritura "producen a su vez otra serie de consecuencias, nuevos principios procedimentales, a agregar a los ya expuestos. La oralidad produce la necesidad de evacuar todo el material de la instrucción en una o varias sesiones ante el Tribunal lo mas próximas posibles, es decir, promueven la concentración del material y del procedimiento, hecho posible también gracias a la facultad del principio oficial".

Con lo dicho pretendemos insistir y recalcar que el solo enunciado del principio de la oralidad, per se, no logra siquiera permitir su adecuada inserción e implementación dentro de un prototipo de proceso, de no contar precisamente con la necesaria e indispensable colaboración de los efectos de otros principios que cooperaran con el mejor logro de los resultados perseguidos por aquél, y por igual, cabe destacar y tenemos que ser enfáticos en que ese modelo prototipo no podrá ser aplicado con éxito y sin discriminación a cualquier tipo de procesos vigentes dentro de un sistema procesal, pues los habrá que por su objeto, cometido y contenido, resultará mas seguro y prudente tramitarlos bajo el principio de la escrituralidad o en un sistema mixto donde predomine la celebración de mayor número de actos escritos Vg. Los procesos tributarios, quizás lo contencioso administrativo en algunas de sus modalidades, etc., como lo veremos más adelante[14].

---

10 En igual sentido Peyrano, *opus cit.* p. 306.

11 En igual sentido, cita Parra Quijano a Edgardo Villamil Portilla, *Teoría Constitucional del Proceso*, Edic. Doctrina y ley, Ltda Colombia, s/f. p. 340.

12 Al respecto Peyrano, *opus cit.* p. 40

13 Víctor Fairén Guillén, La elaboración de una doctrina general de los principios del procedimiento, en *Revista de Derecho Procesal*, Año VI, 1949, N° 1 y 2, p. 185

14 En tal sentido vid. Parra Quijano, Jairo, *opus cit,* t. I, p 353, Roland Arazi, *opus cit*, t. I, p. 357.

En lo expuesto es preciso que nuestro Poder Legislativo y el propio Ejecutivo estén claros, y ello, por lo demás es una situación corriente y existente en otros ordenamientos jurídicos, y por igual ha sido constantemente advertido por reputada Doctrina procesal[15].

II. ¿CÓMO IMPLEMENTAR LA MEJOR VIGENCIA DE UN SISTEMA PREDOMINANTEMENTE ORAL?

Repitiendo a Peyrano (*opus cit* 307) examinaremos algunas de las soluciones que deben implementarse para poder asegurar la vigencia y preeminencia del "principio oralista" y que suponen la cohorte de otros principios que coadyuven a los propósitos finales de aquél.

Así, por ejemplo, como lo destacaba Chiovenda (*opus cit.* t. II, p. 134), será imprescindible aplicar por igual y coetáneamente con la oralidad aquel de la exigencia de la "Identidad física que debe mediar entre quien compone el órgano receptor de la prueba y quien emitirá el decisorio"[16].

Tal exigencia tiende a respetar el principio de la inmediación, que parte de la hipótesis de que la impresión personal recibida por quien preside la producción de ciertas pruebas (la confesional y la testimonial, entre otras) es absolutamente incomunicable.

En el mismo sentido afirma categóricamente, por ejemplo, el maestro José Rodríguez U. (*El proceso civil y la realidad social*, Edit. UCV, Venezuela, 1957, p. 125) que una de las condiciones imprescindibles de la oralidad es la "identidad permanente de la persona del Juez, ya que fundada su convicción en las apreciaciones personales de lo ocurrido, mal podría otra persona decidir el asunto de acuerdo a aquella convicción".

En ese nuevo rol que debe jugar la oralidad en el nuevo proceso, y a tono con las modernas teorías de constitucionalización del proceso, viene al caso citar al maestro Parra Quijano (*opus cit*, p. 350) para quien la oralidad, garantiza la aptitud para el cumplimiento de uno de los nuevos principios constitucionales regentes en materia procesal, cual es la *tutela judicial efectiva*, con todas las garantías que ella involucra, cuales son, por ejemplo, la obtención de decisiones motivadas del conflicto, la debida celeridad del proceso y facilitadora de la formación de una mejor convicción en el Juez.

Un grave inconveniente para los sistemas con procedimientos predominantemente orales:

Pero si lo antes dicho resulta claro e indiscutible en algunos supuestos, cuando concurrimos en el mismo orden de ideas a implementar otros que deben operar con la oralidad, las cosas realmente se complican, tal como ocurre cuando se trata de aplicar los

---

15 Al respecto, habiendo sido el tema de " La Oralidad con miras al nuevo Milenio" objetivo específico de las recién concluidas XVII Jornadas Iberoamericanas de Derecho Procesal en Costa Rica, tanto las exposiciones en ella formuladas como Ponencias o Comunicaciones, como las múltiples y variadas exposiciones de sus delegados, destacan precisamente ese claro criterio que debe prevalecer en las diferentes legislaciones nacionales, en cualquiera de las manifestaciones del proceso (civil, mercantil, fiscal, etc.) Vid. *Relatorías y Ponencias... opus cit*, t. I, p. 345 ss.

16 En nuestro país, que conozcamos, se recepta por primera vez, bajo ese nombre tal principio, en la Ley Orgánica de Protección del niño y del adolescente – G.O. 5266 del 2 de octubre de 1998, Art. 450, literal "h", que, como se lo aprecia, precedió a la vigente CN.

que para otros autores, resulta por igual principio inescindible que debe aplicarse con el de oralidad para lograr sus eficientes resultados y efectos.

Así, se dice, que íntimamente relacionado con el principio de la oralidad, se encuentra el problema de conceder o denegar un segundo grado de conocimiento jurisdiccional en los asuntos que se ventilan oralmente. Destacan los autores que sostienen tal postulado, que oralidad e instancia única, resultan ser principios que van de la mano[17]

Y es que, como bien lo advierte Peyrano[18], pese a la autorizada voz de Carnelutti, no parecen compatibles oralidad con doble instancia, si se pretende conservar la identidad a que antes se ha hecho alusión.

Señala en tal sentido De La Colina[19] "Si la justicia hubiera de administrarse en dos instancias, es preferible la forma escrita, porque conserva los alegatos y las pruebas para el estudio del Juez de la alzada. De otro modo habría que hacer otra segunda instancia con la reproducción del debate y las pruebas, para el estudio del Juez de la Alzada".

De otro modo habría que hacer en segunda instancia una reproducción del debate y las pruebas de la primera o dar a los jueces superiores por única base para su fallo, las actas elaboradas ante el inferior. Si las mismas son muy minuciosas, habrá que aplicar en segunda Instancia una reproducción del debate y pruebas de la primera instancia, en tanto que ellas darán idea cabal del pleito porque si fueren lo suficientemente amplias, para evaluarlas en sí mismas, tampoco darán idea cabal al sentenciador, y si lo son es porque el Juicio ya se vuelve escrito, de lo cual puede inferirse que la oralidad es propia para la instancia única y la forma escrita para cuando haya dos o más grados[20].

A pesar de lo dicho, casi dogmáticamente por amplios sectores de la doctrina, no escapan voces en contra, y así, por ejemplo, Roland Arazi, en Argentina, claramente declara: No se debe insistir en los tribunales colegiados de instancia única, pues ellos no dieron el resultado esperado, inclusive en Alemania, donde se propugnó inicialmente ampliamente dicho sistema, se ha dado paso atrás iguales consideraciones caben haber en el fuero laboral y de familia en Buenos Aires[21]. Quiero expresamente poner de manifiesto que no es este un problema meramente teórico, en la actualidad con la implementación de los procesos especiales de niños y adolescentes (proceso prototipo), en el cual a pesar de la predominante oralidad que se procuró dar a los mismos, se dejó el recurso de apelación ante órganos igualmente especializados, los que, hasta donde entendemos, se han visto realmente en situaciones delicadas para resolver casos en los cuales aparentemente no sólo era procedente y deseable el recurso contra el fallo de la instancia inferior, si no, que se ha dificultado hartamente la forma y condicionamientos bajo los cuales deben analizarse los recursos[22].

---

17 Berizonce, o c.

18 *Opus cit.* pag. 308.

19 Salvador De la Colina, *Derecho y Legislación Procesal*, Edit. Lajouane, Argentina, 1925, citado por Peyrano, *opus cit*, p. 308.

20 De La Colina, *opus cit.* p. 309

21 Roland Arazi, La oralidad con miras al nuevo Milenio, en *Relatorías y Ponencias*... t. I, p. 356.

22 De hecho, se nos refirió en los Tribunales del Circuito Judicial del área Metropolitana, un caso de divorcio, con niños habidos en la pareja, en el que siendo la prueba fundamental de la instancia , la testimonial, por error, desconocimiento, o en todo caso por impericia de las partes

Pero lo dicho, lleva a su vez a Peyrano (*opus cit.* p. 309) a destacar que la irrecurribilidad relativa de las decisiones de los órganos jurisdiccionales en procesos de instancia única, obliga a que los órganos judiciales intervinientes en los procesos orales se encuentren representados en un Tribunal Colegiado y no por Jueces unipersonales, pues es que guste o no, el segundo grado de jurisdicción involucra una mayor garantía de justicia en la resolución de la causa que solo se inspira a los justiciables por una composición plurilateral del Tribunal que prácticamente resolverá en definitiva las controversias.

Y es que la oralidad como instancia única requiere una organización judicial propia, que atienda con notoria suficiencia técnica las exigencias del sistema y al mismo tiempo disipe el temor de que con la supresión del segundo grado, se resienta el acierto o la justicia de sus pronunciamientos.

Ello a su vez, para verdadera eficiencia del trámite oral, supondrá en el decir de Peyrano, incorporar a los órganos judiciales la figura del Juez de trámite, quien operará no como juez de instructor segregado del órgano, sino como integrante del órgano judicial plural, so pena de perderse también la inmediación.

Resumiendo, la complementariedad del principio de la Oralidad, se trasunta en el hecho de que su correcta implantación requiere, al par que la vigencia plena de inmediación y la concentración procesal, también la de varias soluciones particulares congruentes, así como también el montaje de mecanismos que permitan asegurar la identificación física de quien interviene en el diligenciamiento de las pruebas y la de quienes emiten el fallo (Peyrano, opus cit. p. 311).

Como lo comentaremos luego, lo dicho supone, por supuesto, mayores costos de la justicia oral que la escrita y de allí que la implementación y puesta en práctica de uno u otro de los indicados principios oralidad, escrituralidad, suponga la necesaria comparación de una serie de ventajas y desventajas, que no pueden ser eliminadas fácilmente.

III. ARGUMENTOS A FAVOR Y EN CONTRA DE LA ORALIDAD

Debido a lo bien descrito y resumido que se analizan dichos puntos en la obra de Peyrano a que hemos venido haciendo referencia, seguiremos sus comentarios, con algunos añadidos[23].

1. *Las razones a favor*

Se estiman a favor de la oralidad, entre otras, las siguientes razones:

1. Mayor celeridad en el trámite y resolución de los asuntos: Desde siempre fue este un fuerte argumento de los propiciadores de la oralidad[24], si bien es de reconocer que la mayoría de tales comentarios se formularon en la época del proceso civil escrito clásico, con una serie de actos y ritos que luego fueron siendo eliminados. En todo caso, W. Kisch (Elementos de Derecho Procesal Civil, trad. L. Prieto Castro, 2 edición, Revista de

---

y del órgano judicial, se efectuó la evacuación de la prueba en la audiencia oral, sin dejar siquiera registro del resumen de la forma como se cumplió y se denunció en la alzada justamente la indebida apreciación de dicha prueba.

23 *Opus cit*, pp 312 ss.

24 Entre otras en la obra de Chiovenda (*opus cit*, t. II, p. 127 ss) se destaca dicho fenómeno.

Derecho Privado, Madrid, 1940, p. 128, citado por Peyrano, opus cit, nota 21, p. 312) advertía: "Pero a cambio de esto la reducción a escrito exige mucho más tiempo, la lectura es incómoda, la sustanciación se hace pesada por el continuo traslado de escritos de las partes al Tribunal y viceversa, etc.".

En ese mismo orden de ideas vale la pena reseñar el enfoque que hace recientemente Parra Quijano de la oralidad en su ponencia a las Pasadas XVII Jornadas Iberoamericanas de Derecho Procesal (*opus cit*, p. 350), cuando advierte "la misma facilita una reconstrucción mas fidedigna de los hechos objeto de juzgamiento, lo que permite a su vez al funcionario judicial, una valoración jurídica más acertada... aporte que no se obtiene en el sistema escrito, en el cual dicha tarea es asignada a empleados y subalternos, según se revela en la práctica, en un ejercicio que en muchas veces resulta además deficiente".

2. La justicia escrita, se dice, es justicia "muerta". En efecto no cabe duda que siempre se ha ponderado que en el juicio oral es evidente el mayor contacto entre los justiciables y el juez, y ello indudablemente entre otros beneficios permite al magistrado emplear sus conocimientos psicológicos y sociales para la mejor resolución del caso, esto es, de manera directa se beneficia de todos los buenos comentarios atribuibles a la inmediación.

3. Mayor publicidad del proceso, lo que beneficia la transparencia y seguridad para las partes y el colectivo social.

Al permitir ese contacto más directo entre jueces y partes y sus apoderados, es evidente que se realizará un control más perfecto a través del pueblo, que evitará desviaciones o arbitrariedades atribuibles a uno u otros de los sujetos intervinientes en el proceso, pero indiscutiblemente hará que el comportamiento del juez sea más apegado a su función y al mandato de legal.

4. Favorece el ejercicio del poder de dirección conferido a los Jueces para la conducción del proceso civil contemporáneo.

Tal modalidad de conducción de los procesos indiscutiblemente hará más forzado el trabajo del juez en la conducción del proceso, el Juez no puede reposar su falta de atención al juicio en los papeles que se acumulan en los expedientes, debe dar la cara a las partes y sus apoderados paso a paso.

Es lo que ha dado en llamarse de diferente manera en toda la doctrina contemporánea procesal, predominantemente como la actitud pro-activa del Juez contemporáneo, o conocida también como tesis del "Protagonismo activo del Juez"[25].

5. Mas debe atribuirse al efecto inercia, la oposición al sistema, que a razones de otra índole. Ya destacamos que en mucho, la vigencia de la escritura no es más que producto de la tradición histórica de los procesos con origen en los modelos hispánicos. Para cambiar, debemos deslastrarnos de esos esquemas.

6. Evita en mayor medida que el proceso escrito, la inconducta procesal.

---

[25] Al respecto Vid. Perrot, Roger y Couture Eduardo J, "El principio de neutralidad del Juez en el Derecho francés y uruguayo" en Rev. De Derecho Procesal, 1955, p. 213; Morello, Augusto, "Los poderes del Juez en la Reforma Procesal civil en curso en la Provincia de Buenos Aires", Berizonce, Roberto, "Informe al XI Congreso Internacional de Derecho Procesal", Viena, 1999.

Quienes así opinan, estiman que el sistema escrito se presta a generar mayor número de incidentes y embrollos por parte, obviamente de abogados y partes poco apegadas a la ética y respeto profesional[26].

7. Favorece la aplicación del principio de Concentración:

Al contrario de la dispersión que supone el proceso escrito, la Audiencia que debe realizarse necesariamente en el decurso del proceso oral, permite coronar todo dicho sistema oral en la concentración que supone la ejecución del comentado acto dentro del proceso regido por las formas predominantes de la oralidad.

8. Añadiremos a los anteriores conceptos, observaciones que por igual hace el maestro Parra Quijano al comentar las bondades de la oralidad (*opus cit.* p. 351) en torno a que "la misma permite garantizar una mayor independencia del Juez, en tanto al encontrarse su actividad sometida al control de la colectividad, se obtiene un distanciamiento de las presiones ejercidas en la resolución de los conflictos .... permitiéndole en definitiva adoptar una actitud creadora y audaz, en la cual, junto al derecho se conjugue el buen juicio y la razonabilidad de sus fallos".

9. Finalmente, el mismo Parra Quijano, añade, "que dicho sistema permite fortalecer el principio de inmediación, concede mayor eficacia a la administración de justicia al facilitar mayor relación directa entre juzgador y partes y permitir con ello una mejor evaluación de los medios de prueba en los cuales va a fundar su decisión" [27].

2. *los argumentos en contra*

Se han mencionado como contrarios a las ventajas de la oralidad,

1. Lentitud en la práctica del proceso oral:

Quienes en la doctrina se agolpan a favor de la escrituralidad, advierten que en la morosidad judicial tiene escasa relevancia que el juicio sea oral o escrito. La puesta en vigencia de la oralidad no necesariamente ha provocado mayor celeridad, por el contrario es frecuente se haya producido efecto contrario e inclusive citan al sistema de los Estados Unidos de Norteamérica, donde es notable la congestión, a pesar de los adelantos tecnológicos que acompañan la oralidad[28].

2. No supone la recomendable ponderación que debe existir en los Jueces para resolver los casos, en tanto que la premura por decidir en la misma forma oral, rápida y expedita, puede provocar pronunciamientos poco madurados.

---

[26] Así lo destaca sólidamente De La Colina, *opus cit.* t. I p. 376.

[27] *Opus cit*, p 351.

[28] Ayarragaray, Carlos, Acerca del Juicio oral, citado por Peyrano, opus cit, p. 316, hace especial hincapié de que en USA, a pesar de la implementación del proceso oral, existe gran congestionamiento de la justicia y concluye destacando "Nadie podrá salvar mediante la imposición del sistema oral los defectos de la justicia y vencer la lentitud ni aún acordando poderes dictatoriales a los jueces".

3. Se presta al uso y abuso de la oratoria vacía, y más grave aún, que ello pueda provocar decisiones estériles e injustas[29].

4. La imposición de la realidad: Bien sea por la tradición latina de la cual devienen nuestros sistemas, donde sus leyes adjetivas imponían o imponen la escritura, sea por la tendencia humana de los que ejercen la actividad a considerar preferible la escritura, puede demostrarse que de realizarse una encuesta, la opinión dominante será la que privilegia el sistema escrito.

Lo dicho es particularmente importante en torno al éxito en la implantación del sistema, en efecto, lo explicado lleva a considerar que no bastará pues que el legislador fije o instituya la modalidad oral, si esta no cuenta con el consenso dentro del medio respectivo, claro está, refiriéndonos realmente a ese sistema, con las previas aclaratorias que hicimos al inicio de este estudio, pues ya Couture, refiriéndose al sistema entonces denominado oral en el Procedimiento uruguayo, señalaba "Es de todos sabido que el juicio oral del actual Código no es otra cosa que una farsa en la cual se llevan las exposiciones escritas y cuando tal cosa no ocurre, el Juez, las partes, los abogados, y los testigos tienen por penosa misión la de esperar a que un escribiente termine de copiar lo que uno de ellos les dicte" (Proyecto citado, Exposición de Motivos, p. 65).

5. La mayor onerosidad del proceso oral: Si pretendemos realizarlos con todas las garantías del caso, no hay duda que resulta ser mas oneroso que el proceso escrito, al exigir: mayor número de Tribunales, los que a su vez deberán contar con mayor número de empleados, de equipos especializados de grabación (video y sonido).

Los Jueces, en criterio de Mario Masciotra (La oralidad en el Proceso Civil, Relatorías y Ponencias .... citada p. 383), deben estar preparados para enfrentarse a los nuevos cambios tecnológicos, para asumir por igual nuevas responsabilidades en la conducción del proceso. Para todo ello, advierte, "se exige una voluntad política que garantice la estructura humana, material y tecnológica adecuada que asegure el correcto funcionamiento del poder judicial".

6. Finalmente el proceso oral exige una judicatura verdaderamente especializada y preparada:

Destaca Peyrano (*opus cit,* p. 318) que para quienes así opinan, no basta ser un buen juez en el sistema donde impere la oralidad. Las particularidades del mismo (acentuación de la celeridad, la inmediación, etc.), requieren de una formación técnica especial en el juez actuante, so pena de desaprovechar los beneficios teóricos que ofrece el proceso oral. No basta una vasta cultura jurídica, sino una serie de conocimientos (psicológicos, sociológicos, etc.) que no siempre se reúnen en una misma persona (Peyrano, *opus cit.* p. 318).

Por igual el maestro Rodríguez U. (obra mencionada, p. 127) advertía desde hace ya tiempo atrás: "el proceso oral requiere un aparato técnico adecuado, una formación especialísima en el personal llamado a dirigirlo. Para el proceso oral es necesario que el Juez conozca los aspectos más remotos y generales...... Ello, nos está afirmando, tanto a nosotros como a muchos países de Latinoamérica, que no disponemos de material humano suficiente para asegurar el rendimiento y la idoneidad del proceso oral".

---

29 Ayarragaray, Carlos, obra citada, comenta que desde el Egipto, los faraones llegaron a suprimir los juicios orales, por razón de la mímica retorcida de los defensores, lo que desviaba la imparcialidad de los jueces.

A lo antes destacado, súmanse los comentarios de Mario Masciotra (*opus cit,* p. 382 ss) quien inclusive llega más allá, al sostener que tal formación y adecuación de la mentalidad por igual debe abarcar, a Jueces y abogados, entrañar modernización de los pensum académicos, rutinas de enseñanza del derecho, etc.

Fueron estas por igual las conclusiones generales de las ponencias y comunicaciones a las ya comentadas XVII Jornadas de Derecho Procesal Iberolatinoamericanas[30], así como el resultado de las numerosas y variadas intervenciones que se produjeron en el seno de las mismas, con la advertencia de que por igual se las refirió al proceso civil y al penal.

IV. LAS TENDENCIAS ACTUALES

A pesar de lo dicho y de manera indiscutible debe reconocerse que desde fines del Siglo XVIII la tendencia del proceso civil moderno es hacia la oralidad, atribuyéndose su origen y consagración textual a la Ordenanza procesal Austríaca de 1895 , y si bien es cierto que continúan siendo a nuestro juicio mayores los beneficios que los problemas que el mismo puede generar, una vez más debemos y tenemos que alertar que el inconveniente más grave de su implementación exitosa no es otro que el factor humano.

Mas que la contraposición entre sistemas y principios de oralidad y escritura, como formas de comunicación en los procesos, hoy la preocupación está centrada, como lo destaca acertadamente Roland Arazi (La oralidad con miras al nuevo milenio, en Relatorías y ponencias ..., t. I, p. 355) en la eficacia de los diferentes tipos de procesos, reconociéndose las distintas clases de estos y sus diferentes etapas para determinar si resulta más conveniente el trámite oral o el escrito.

Iguales consideraciones formula Oscar José Martínez (Las nuevas herramientas procesales y tecnológicas y la superación de la dicotomía entre oralidad y escritura, Ponencia a las XVII Jornadas ... *opus cit.* p. 387 ss), para quien a pesar de las desventajas que se procuran achacar a la oralidad en el viejo sistema de contraponerlo al sistema de la escritura, deben y tienen que analizarse sus eventuales beneficios a la luz de los nuevos medios tecnológicos, organización de sistemas etc. que llevan además a examinar dicho sistema, más en algunos aspectos e instituciones que le son propias, que en el solo modo de lenguaje con el cual se pretende debe conducirse el proceso ante el órgano jurisdiccional.

Martínez da destacada importancia a la celebración de la Audiencia Preliminar, la aplicación del sistema de oralidad debe verse mejorada por la simplificación que deben aportar a los procesos los medios alternativos de solución a los conflictos, los nuevos sistemas de organización de las oficinas judiciales, facilitamiento de trámites por vías modernas (notificaciones, copias de actos, traslados, por vía internet, etc.) que definitivamente contribuirán a la desconcentración de litigios y a una mejor aplicación de las bondades del sistema oral, a todo lo cual además debe añadirse la conveniencia cada vez mas manifiesta de asignar a los procesos Monitorios, la resolución de diferentes tipos de conflictos, con lo cual, la tramitación oral de dichos juicios se hace mucho mas sencilla.

No hay duda que como lo destacamos en su momento, hay unanimidad en los tratadistas y comentaristas, tanto del Derecho Procesal Civil, como del Derecho Procesal Penal, que para la debida puesta en práctica del principio y sistema de la oralidad se requiere de los órganos judiciales necesarios y adecuados, y más grave aún, de que los

---

[30] Vid t. I, Relatorías y Ponencias...citado.

mismos cuenten en primer lugar con los jueces y personal debidamente formados y preparados para el correcto desempeño de su encargo, pero en adición, es menester igualmente que el Estado en que se lo implante tome clara conciencia de las necesidades económicas para su debida adecuación y funcionamiento, dotación de equipos, formación continua de personal, sedes apropiadas, etc.

Por lo demás, resulta indiscutible también, que para cierto tipo de asuntos y procesos, como se lo dejó previamente señalado, no se piense siquiera en la tramitación oral de los mismos, sino bajo un sistema predominantemente escrito que garantice su seguridad, publicidad y permita su recta y fácil decisión, con garantía de todo el exámen probatorio necesario.

V. CONCLUSIONES

En primer lugar, que conste que no soy de los que opino en contra de la instauración de los procesos orales, en particular para determinados tipos de juicio y asuntos sometidos a resolución judicial, por el contrario, soy un convencido de sus bondades y cualidades, debidamente entendida y aplicada cuando sea posible.

En segundo término, no me considero manido por trauma alguno que me impida ejercer la profesión en los procesos orales o en los escritos. Que conste, finalmente, que me he probado en los dos sistemas y con buen éxito, tanto en Venezuela como en el Exterior. No le temo, pues, al cambio.

En lo que no puedo estar de acuerdo es en pretender que se lograran buenos propósitos y éxitos en una reforma de nuestro sistema Judicial y en particular en nuestro Proceso, con la simple decisión de imponer los juicios predominantemente orales, sin tomar en cuenta todo cuanto queda dicho.

Las cosas, una vez más, se han extremado por considerar que con ello se logrará un pretendido cambio objeto y fin de un malentendido proceso revolucionario, que por el camino andado, nada garantiza que se cumpla; por el contrario se avizora complejidad de sus soluciones, frustraciones y desengaños.

No pueden existir tantos equivocados al apreciar la realidad de esos hechos y circunstancias bajo los cuales debe analizarse la conveniencia de adoptar uno u otro de los sistemas con los cuales se cumpla el proceso: oralidad o escritura. Son muchos y en muchas partes del mundo los que han venido estudiando y destacando los problemas para la implantación de tales cambios. Los mismos en todo caso deben enfocarse con toda seriedad científica, ajeno en todo caso cualquier propósito político[31].

Tal como lo hemos venido sosteniendo antes y luego de la puesta en vigencia de la actual CN, estimamos que la simple proclamación de que el nuevo proceso judicial venezolano deberá ser oral, para aspirar a una verdadera justicia social, a un Estado de Derecho, de Justicia y de equidad, no será mas que una aspiración o mera declaración de principios, al menos durante considerable tiempo y mientras se tome clara conciencia de la incapacidad , insuficiencia y falta de formación de nuestro Poder Judicial, de sus

---

31 Remitimos a los trabajos publicados en el tomo I de las Relatorías y Ponencias a las XVII Jornadas de Derecho Procesal Iberoamericanas y las agudas y persistentes opiniones formuladas durante la discusión del tema Oralidad y Futuro, en el cual participaron 76 miembros del Instituto Iberoamericano y más de 225 delegados de toda Iberoamérica.

necesidades de dotación, especialización por áreas, y adecuada dotación para su más adecuado funcionamiento[32].

En varias oportunidades en Conferencias, artículos y escritos nos hemos venido pronunciando al respecto. Lamentablemente debo reseñar mi profunda tristeza y desaliento una vez más, puesto que las meras consideraciones que de buena fe pueden estar contenidas en la Carta Magna, no parecen compaginarse adecuadamente con las conductas asumidas por los órganos que vienen implementando esos postulados constitucionales.

Los procesos de selección de los jueces, su evaluación, la forma como han sido designado quienes deben reemplazarlos, la falta de ética profesional de los postulados y aceptantes para llenar dichos cargos, al recibir tan delicado encargo sin estar preparados para ello, el que a esta fecha aún no se cuente con los recursos necesarios para modificar el funcionamiento de nuestros Tribunales, formar los jueces, sin tener el apoyo logístico mínimo, nos hacen augurar un negro futuro para la oralidad y para la tan ansiada sed de justicia de los venezolanos.

Una vez mas quedará demostrado que los cambios estructurales, por ajustados a la ciencia, a la técnica y por sus bondades no se logran simplemente por su proclamación en Leyes, Decretos y Resoluciones.

Con profunda tristeza debo reconocer que hombres a quienes respetamos por su conducta universitaria y profesional, ciegos quizá ahora por la pasión política o por la necesidad de justificar lo que está dispuesto en una Constitución chucuta, dictada con el más sórdido apresuramiento, llena de contradicciones, para ello deban trastocar de nuevo ideales que gritaban y tomaban como banderas y seguirán senderos que conducen al vacío, cual es el caso por ejemplo de pretender una vez mas que la formación de esos nuevos jueces no recaiga en la Academia sino se pretenda formarlos fuera de ella, siguiendo ejemplos e instituciones no reconocidas en nuestro país, y en todo caso, contradiciendo lo que la lógica y las prudencia indican.

Cuando menos lo prudente era seguir los pasos del Legislador adjetivo del 87, en el sentido de ir instaurando los procesos predominantemente orales paso a paso, quizá primero para cierto tipo de asuntos, luego por regiones, dentro de estas por zonas y luego llevarlos a nivel nacional. En eso si hubiera sido deseable un buen espaldarazo del constituyente para evitar los eternos argumentos agoreros de ruptura de igualdad, falta de normativa expresa, inconstitucionalidad, etc.

Posiblemente debió haberse dejado madurar más la idea de que y como era lo que debía perseguirse como ideal de administración de justicia para la nueva o vieja República, al fin y al cabo, ajena a los graves problemas de la justicia que se cumple en ellas

Considerar por ejemplo las interesantes y graves anotaciones recientes de Peyrano en las XVII Jornadas, al plantearse si lo correcto es hablar hoy de oralidad (o mejor como él lo califica de "procedimiento por audiencias") debe más bien buscarse como paradigma final la adecuada "inmediación", aún fuera de la oralidad e implementando parcialmente la

---

32 Al respecto mis Conferencias sobre el tema de los cambios constitucionales Justicia, Proceso y poder Judicial, Implementación de las reformas y publicaciones en *Revista de la Facultad de Derecho de la UCAB*, 1999 y 2000, Libro de las III Jornadas de Derecho Procesal, Dr. Arístides Rengel R., 1999. Conferencias sobre dichos temas en Barquisimeto, Acarigua, Cumaná, Por La Mar, etc.

privatización de la justicia, o la desjudicialización de trámites existentes sin sentido en nuestros procesos actuales[33].

Sobre tales posiciones, más bien puede argumentarse que existen sólidos y recomendables antecedentes en algunos de los sistemas modernos procesales, que abarcan variadas áreas de los servicios de justicia (notificaciones, producción de las pruebas, modos de ejecución cautelar y definitiva de las providencias judiciales, manejos de las crisis de insolvencias mercantiles, etc.) sobre lo cual cabe destacar ya existe experiencia en Argentina[34].

Concluye Peyrano destacando que inclusive la oralidad, o mejor la adaptación de nuestros sistemas vigentes al proceso por audiencias, debe ir sufriendo un proceso de adecuación o adaptación a la digitalización de la era actual, que en definitiva y de cierta manera ponen de manifiesto una vuelta a la simbología, a lo escrito, no por ello desechable y siempre y cuando con ello se procure una mejor obtención de la verdad

En igual sentido, y para redondear aún más las ideas expuestas, cabe citar nuevamente a Mario Masciotra (*opus cit.* p. 383), quien, al referirse a la necesidad de la implementación de un adecuado sistema de oralidad procesal, advierte no sólo de la necesidad ya comentada de contar con una especial formación de jueces y abogados, sino "un cambio en las pautas culturales y una real toma de conciencia sobre los nuevos roles que impone el nuevo proceso a los sujetos que intervienen en el mismo".

Hablar hoy pura y simplemente de oralidad pareciere no tener sentido, como lo destaca Sergio Artavia B. (El Proceso Civil por audiencias y la oralidad, Relatorías y Ponencias ... *opus cit.,* t. I, p. 423 ss) a estas alturas del cambio de Siglo deben exaltarse formas propias que se cumplen en dicho proceso, y que permiten y facilitan un mejor desenvolvimiento de los procesos, como es el caso precisamente de su desarrollo mediante el cumplimiento de Audiencias, incluyendo la Preliminar, pero no dejando que la misma sea la única; la exaltación per se de los principios de concentración e inmediación, la eliminación de ciertos trámites pétreos innecesarios y sin sentido en un proceso adecuadamente controlado por los Jueces; incremento de los Jueces dentro del servicio de Justicia, mecanismos todos ellos, los cuales ha sido pretendido incorporar en el nuevo modelo de Código adjetivo para la República de Costa Rica.

Lo expuesto a nuestro modo de ver pone de manifiesto lo inconveniente que puede resultar el haber postulado dentro de rígidos parámetros la manera como debía producirse

---

33 Peyrano, La oralidad con miras al nuevo milenio. La privatización, transferencia o tercerización de funciones judiciales, en *Relatorías y Ponencias...*, t I p. 359 ss.

34 De paso sea señalar por ejemplo los buenos resultados que se han logrado en la última reforma procesal, con las notificaciones y citaciones vía notarial y con la ahora puesta al día, conforme a la Ley de la función de los funcionarios ejecutores de medidas, a pesar de algunas imperfecciones. En materia Concursal, y a nivel internacional, cabe destacar los importantes estudios realizados por organismos como el Banco Mundial, Banco Interamericano de Desarrollo, en los que ya se propone un modelo de armonización sobre regulación de mecanismos para prever, contener y remediar la Insolvencia a nivel Mundial, como adecuados mecanismos para lograr el adecuado flujo de crédito internacional y contrarrestar los nefastos efectos de la pobreza a nivel del Mundo entero, y cuyo último y más reciente evento tuvo lugar en Octubre del presente año en México, Seminario sobre Mecanismos de Insolvencia efectiva, Ejemplares mimeografiados de las ponencias discutidas elaborados y distribuidos por The World Bank, Departamento Asesoría Legal. México, 2000.

el proceso con miras a solucionar los conflictos de intereses, debiendo haber simplemente fijado parámetros, pero no preestableciendo modos de producirse el proceso.

Cabría por ejemplo preguntarse, que en el supuesto de que no pueda cumplirse, como seguramente ocurrirá, la tramitación de todos los procesos en forma oral ¿habrá lesión constitucional? ¿deberían los jueces continuar aplicando como modo de tramitar el juicio el actual modelo predominantemente escrito? ¿deberá entonces solicitarse al respecto un Recurso de Interpretación ante la novísima Sala Constitucional de nuestro Tribunal Supremo?

No creo que la representación Jurídica del Gobierno actual tenga el tupé de pronunciarse en el sentido de invocar que como todavía estamos en proceso de cambio y provisionalidad, deberá entenderse que no es ese el sentido de lo regulado en la CN y que la Comisión especial que quedara designada para regir el interinato hasta que se constituyera la Asamblea Legislativa, dispondrá lo pertinente al respecto, y hasta podrá optar por decir que no es eso lo que quiere significar el texto expreso de los artículos de la Constitución con los cuales iniciamos nuestra exposición.

De pronto, una vez mas será la mentada Sala Constitucional del Alto Tribunal, ya acostumbrándose a enmendar el muñeco por los disparates de la Constituyente, quien soberanamente y a veces con atinada mano, llegará a "interpretar" lo de la oralidad en toda esa nueva concepción contemporánea, ajena por supuesto a quienes decidieron redactar sin sindéresis ni recato alguno el contenido de las normas referidas a Justicia, Proceso, Poder Judicial, etc.

Pero a todas estas, nos preguntaremos: ¿esa es la Seguridad Jurídica que estamos llamados a reflejar en el momento actual para beneficio y engrandecimiento de la Patria?

Queda finalmente por observar, que subsanados todos esos escollos, cuando se entre a redactar y preparar la nueva normativa adjetiva, debe dejarse dicha tarea a personal académica y técnicamente preparado, conocedores de la materia, para que no ocurra lo que hoy se constata en la citada Ley Orgánica sobre Protección del Niño y del Adolescente, al regular el modelo de Procedimiento Contencioso en asuntos de Familia y Patrimoniales (Art. 450 ss) en el cual se propugna el dominio de la oralidad, inmediación, identidad del Juez, incremento de poderes del órgano judicial, etc., entre otros, el cual como se lo ha venido destacando en Foros y Conferencias, adolece de graves fallas, no ha logrado su cabal implementación en la práctica, no cuenta con el apoyo funcional ni institucional necesario y para opinión de muchos, en especial del dolido y engañado pueblo venezolano, no dejará de ser sino un nuevo intento de corregir algo por una vía inadecuada y lo cual se confió quizá a personal muy calificado, pero no especialistas en derecho procesal.

Por lo demás quiero destacar que tales errores y defectos no son imputables a las autoridades del actual Gobierno, pues como se aprecia de la fecha de publicación de la mentada normativa, la misma correspondió a la mal llamada IV República, pero sin lugar a dudas que la inadecuada implementación de aquélla, ni el haber tomado las providencias necesarias para las correcciones que debieron adoptarse, sí pertenecen a las autoridades actuales.

Quiera que las demás reformas procesales necesarias para adecuar el funcionamiento de la Justicia, Poder Judicial y Proceso al nuevo orden Constitucional no se tomen tan a la ligera ni haciendo caso omiso a las observaciones, críticas y principios que la más novedosa y reciente doctrina han venido produciendo sobre la forma de lograr una mejor administración de justicia y sobre los pro y los contra de la oralidad, pero más importante aún, que no se olvide ni desmerezca el elemento esencial de esa y cualquier otra reforma en materia que afecte a la Justicia, esto es: "***Preparar, mejorar, adecentar y formar un adecuado Poder Judicial, darle credibilidad y apoyo, de lo contrario, ni con la oralidad, ni con la escritura, ni con el lenguaje tecnológico del internet ni los similares de la nueva tecnología se obtendrá siquiera una incipiente justicia.***

Si los constituyentistas no cayeron en cuenta de tan significativos y claros problemas como los expuestos y desconocían los comentarios que hasta ahora hemos dejado reseñados (los que como se observa, simplemente nos hemos permitido transcribir de diferentes autores, que no haberlos inventado con el mero prurito de criticar lo dispuesto en la nueva Constitución), una vez mas tendremos que decir lo ya destacado hace mucho por Voltaire: "***hay algo peor que un idiota, una Asamblea de idiotas".***

BIBLIOGRAFIA GENERAL CONSULTADA

Alvarado Veloso, Adolfo. *El Juez, sus deberes y facultades, Los derechos procesales del abogado frente al Juez*, Edit. De Palma, Argentina, 1982.

Arazi, Raúl. *El proceso civil de fin de siglo, en Derecho Procesal Civil en vísperas del Siglo XXI,* Editorial Ediar, Argentina, 1997.

AUTORES VARIOS

_____ *Estudios de Derecho Procesal,* Edit. Revista de Derecho Privado, España, 1955.

_____ *Los estudios de Derecho Procesal en Italia*, Traduc. Santiago Sentís M., Edit. Ejea, Argentina, 1959.

_____ *Principios de Derecho Procesal Civil,* trad. José Casáis Santaló, Editorial Reus, España, 1922, 3 tomos.

_____ *Proceso y Democracia,* Traducción de Félix Fiz Zamudio, Edit. Ejea, Argentina, 1960.

_____ "Algunas consideraciones sobre el fin del Proceso. La verdad procesal y la verdad material histórica. El objeto de la prueba en el proceso civil. Control de la actividad judicial en el juzgamiento" en *Anuario de ARCA*, 1994, Edit. Jurídica Alva, Venezuela, 1995.

_____ "Consideraciones sobre el Procedimiento tipo en materia de Familia y Patrimonio en la Ley Orgánica sobre Protección al Niño y al Adolescente, en *Libro III Jornadas Derecho Procesal Civil Dr. Arístides Rengel R.*, Edit. UCAB, Fundación Pérez Llantada, Venezuela, 2000.

_____ Algunas consideraciones sobre el fin del Proceso. La verdad procesal y la verdad material histórica. El objeto de la prueba en el proceso civil. Control de la actividad judicial en el juzgamiento" en *Anuario de ARCA*, 1994, Edit. Jurídica Alva, Venezuela, 1995.

Baumeister Toledo, Alberto José. *Las modificaciones de la Constitución Nacional. Aproximaciones en torno a algunos de sus efectos, en especial en lo atinente a los conceptos de "Norma Jurídica, Justicia, Administración de Justicia, Función del Poder Judicial y Proceso"*, entre otros, Apéndice en la obra, III Jornadas de Derecho Procesal Civil, Arístides Rengel Romberg, Edit. Fundación F. Pérez Llantada SJ y Fondo Edit. UCAB, Caracas, 2000.

Berizonce, Roberto. *La enseñanza del Derecho Procesal y Tutela Anticipada y Definitoria, ambos en Derecho Procesal Civil en vísperas del Siglo XXI*, Editorial Ediar, Argentina, 1997.

Calamandrei, Piero. *Estudios sobre el Proceso Civil*, Traduce. De Santiago Sentís M., Edit. Bibliográfica Argentina, Argentina, 1945.

Cappelletti, Mauro. *El proceso civil en el derecho comparado*, trad. S. Sentís Melendo, EJEA, Argentina, 1973.

Carnelutti, Francesco. *Derecho y Proceso*, Traduc. de Santiago Sentís Melendo, Edit. Ejea, Argentina, 1971, tres volúmenes.

Chiovenda, Giuseppe. *Instituciones de Derecho Procesal Civil*, Traduc. y notas de Derecho Español por E. Gómez Orbaneja, Edit. Revista de Derecho Privado, España, Tres volúmenes, 1954.

_____ Como se hace un Proceso, Trad. Santiago Sentís Melendo y Marino Ayerra Rendín, Edit. Ediciones Jurídicas Europa América, Argentina, 1959.

_____ *Constitución y Proceso, La Nueva Edad de las Garantías Jurisdiccionales*. Edit. Abeledo Perrot, Argentina, 1998.

Couture, Eduardo J. *Estudios de Derecho Procesal Civil*, Edit. De Palma, Argentina, 1978, tres volúmenes.

Cuenca, Humberto. *Derecho Procesal Civil*, Edit. UCV, Venezuela, 1981.

De Santo, Víctor. *El Proceso Civil*, Edit. Universidad, Argentina, 1981.

Derecho Procesal Moderno, Velásquez, Juan G., Briseño S., Humberto, Devis Echandía, Hernando, y otros, Edit. Biblioteca Jurídica Dike, Univer. Pontificia Bolivariana e Instituto Panamericano de Derecho Procesal, 1988.

Devis Echandia, Hernando. *Tratado de Derecho Procesal Civil*, Edit. Temis, Colombia, 1961.

Duque Corredor, Román José. *Anotaciones sobre el Procedimiento Civil Ordinario*, Edit. Jurídica Alva, Venezuela, 1990.

Fairen Guillen, Víctor. La elaboración de una doctrina general de los principios del procedimiento, en *Revista de Derecho Procesal*, Año VI, 1949, N. 1 y 2, p. 185

Gelsi Bidart, Adolfo. *Indicación sobre fundamento de la Anticipación Procesal, en Derecho Procesal Civil en vísperas del Siglo XXI*, Editorial Ediar, Argentina, 1997.

Henríquez LA Roche, Ricardo. *Código de Procedimiento Civil*, Edit. Universidad del Zulia, 1996.

Herrendorf, Daniel E. *El Poder de los Jueces, Como piensan los Jueces que piensan*, Abeledo Perrot, Argentina, 1998, 3ª edición actualizada.

_____ Instituciones del Proceso Civil, Traduc. de la Va. Edición Italiana, por Santiago Sentís Melendo, Edit. Ejea, Argentina, 19590, tres volúmenes.

_____ Las Garantías del proceso justo y el Amparo, en relación a la efectividad de la tutela judicial, en Derecho Procesal en vísperas del siglo XXI, Temas Actuales en memoria de los Profesores Isidoro Eisner y Joaquín A. Salgado, Editorial Ediar, Argentina, 1997.

Morello, Augusto M. *La Reforma de la Justicia*, Librería Platense, Argentina, 1991, Isbn 950-536-040-1.

_____ *Opere Giuridiche, a cura di Mauro Cappelletti*, Morano Editore, Italia, 1965, Seis volúmenes.

Oviedo Arbeláez, Amparo Alicia. Proceso, Justicia y Libertad, Publicación de la Pontificia Universidad Javeriana, Colección Profesores, N- 23. Edit. Javegraf, Colombia, 1997.

Palacio, Lino. Manual de Derecho Procesal Civil, Abeledo Perrot, Argentina, 1965.

Peyrano, Jorge W. El Proceso Civil, Principios y Fundamentos, Edit. Astrea, Argentina, 1978.

Picardi, Nicola. II mutamenti del ruolo del giudice nei nostri tempi, en Derecho Procesal en vísperas del silgo XXI, Temas Actuales en memoria de los Profesores Isidoro Eisner y Joaquín A. Salgado, Editorial Ediar, Argentina, 1997, p.397.

_____. II mutamenti del ruolo del giudice nei nostri tempi, en *Derecho Procesal en vísperas del silgo XXI*, Temas Actuales en memoria de los Profesores Isidoro Eisner y Joaquín A. Salgado, Editorial Ediar, Argentina, 1997, p.397.

_____ *Problemática actual del Derecho Procesal, Libro Homenaje a Amílcar Mercader*, Coordinador Augusto M. Morello, Morello, Antonio, Morello, Augusto, Gelsi Bidart, Adolfo, Alcala-Zamora y Castillo, Niceto y otros, Editora Platense, Argentina, 1971.

_____ Relatorías y Ponencias sobre Derecho Procesal, XVII Jornadas Iberoamericanas de Derecho Procesal, Edit. Publicaciones Poder Judicial, Costa Rica, octubre 2000, t. I.

Rengel Romberg, Arístides. *Tratado de Derecho Procesal Civil Venezolano*, según el Código de Procedimiento Civil de 1987, Edit. Arte, 1987, Caracas, 2ª Edición.

Rodríguez U, José. *El Proceso Civil y la Realidad Social*, Edit. UCV, Caracas, 1957, p. 125.

Sentis Melendo, Santiago. *El abogado y la prueba, en Libro Homenaje a Amílcar Mercader* citado, p. 585

_____ *Sistema de Derecho Procesal Civil*, Traduc. Niceto Aléala Z y Santiago Sentís Melendo, Edit. Uteha, Argentina, 1944, tres volúmenes

9.

VICISITUDES EN TORNO A LA ORALIDAD EN LOS PROCESOS JUDICIALES VENEZOLANOS*

***Dedicatoria*:**

"A la memoria del muy apreciado Dr. Cipriano Gómez Lara, maestro de quien tanto libamos de Derecho Procesal y quien siempre nos hizo disfrutar de esa rama del Derecho."

I. ALGUNAS ACLARATORIAS PRELIMINARES

1. *El mandato Constitucional*

El artículo 257 de la Constitución Nacional[1] dispone expresamente:

"El proceso constituye un instrumento fundamental para la realización de la justicia. Las Leyes procesales establecerán las simplificación, uniformidad y eficacia de los trámites y adoptarán un procedimiento breve, oral y público. No se sacrificará la justicia por la omisión de formalidades no esenciales."

En el inicio de esto que ahora ha dado en llamarse en Venezuela una revolución política en todos los campos del Estado y la Economía, como ahora las denominan los adeptos al Partido Socialista Único de Venezuela, un "socialismo del siglo XXI, la mentada norma Constitucional, podría calificarse como una norma programática de la Constitución, mientras que para otros, y concretamente en estos días, la misma debe considerarse un mandato constitucional dirigido imperativamente al legislador para implementar modificaciones más de fondo, que están contempladas como ideales del nuevo ordenamiento constitucional de la república y en el orden ideológico de la hoy llamada

---

* Trabajo especial para el *Libro Homenaje al Profesor Dr. Cipriano Gómez Lara*, con quien compartimos buenos años en el Instituto Iberoamericano y Panamericano de Derecho Procesal y quien nos honrara con su amistad. - Material de estudio ajustado y puesto al día sobre Conferencia de temática similar pronunciada en el II Congreso del Instituto Venezolano de Derecho Procesal, Maracay, Estado Aragua, Venezuela, 2000.

1 *Gaceta Oficial de la República Bolivariana de Venezuela* (en lo sucesivo GO) N° 5.453 del 24 de marzo del 2000 (en lo adelante abreviadamente CN), que contiene algunas reformas al texto original de la misma publicado en GO 36.860 del 30 de diciembre de 1999 y a la que se añadió por igual el texto de la Exposición de Motivos (EMCN). En todo caso vale la pena destacar que dicha Constitución se la conoce en el ámbito popular como "la Constitución Nacional de 1999 o la Constitución Bolivariana".

Revolución socialista del Siglo XXI, que ha caracterizado lo que ahora también ha dado en denominarse en el argot político, la organización de la "V República" para separarla de los períodos anteriores donde prevalecieron determinadas características en el modo y estilo de gobierno, de alguna manera perceptiblemente identificados en la historia de nuestro país, si bien no puede aspirarse en realidad a que hayan constituido verdaderas "republicas" con sus caracteres propios y definitivos. Esta última y actual forma de gobierno, ha estado caracterizada por elevar como bandera, al decir del propio constituyente soberano "refundar la República para establecer una sociedad democrática, participativa y protagónica, multiétnica y pluricultural y dar lugar a un Estado de justicia, federal y descentralizado...(Preámbulo de la CN y por igual así se lo contempla en la Exposición de motivos de la citada Constitución de 1999, Título I, en lo adelante identificados, respectivamente PCN99 Y EMCN99).

Como se observa un objetivo concreto de esa nueva organización es lograr una "nueva Justicia", para la que precisamente el constituyente consideró necesario diseñar por igual el paradigma de un proceso especial, adecuado y expedito, caracterizado fundamentalmente por su "a – formalismo" (formalismo innecesario), buscando la verdad y con ello la mejor justicia, proclamando la estructuración también de un nuevo Poder Judicial, caracterizado por su independencia, que tenga la potestad constitucional que le permita ejecutar y aplicar imparcialmente las "normas que expresan la voluntad popular", sometiendo a todos los poderes públicos al cumplimiento de la Constitución y las Leyes, controlar la legalidad de la actuación administrativa y ofrecer a todas las personas tutela efectiva en el ejercicio de sus derechos e intereses legítimos"[2].

Según el soberano constituyente, el nuevo modelo de proceso debe estar regido por los siguientes principios:

> "... Las Leyes procesales establecerán las simplificación, uniformidad y eficacia de los trámites y adoptarán un procedimiento breve, oral y público. No se sacrificará la justicia por la omisión de formalidades no esenciales".

Con el aludido objetivo, como se observa, el constituyente no solo establece una nueva manera de obtener justicia, sino además impone la forma como debe lograrse la misma, caracterizando su operatividad con los siguientes elementos típicos:

> "El Estado garantizará una justicia gratuita, accesible, imparcial, idónea, transparente, autónoma, independiente, responsable, equitativa y expedita, sin dilaciones indebidas, sin formalismos o reposiciones inútiles".

De lo antes normado, Art. 26 *ejusdem*, se desprende claramente que el legislador opta por imponer, para el trámite de los procesos, el principio de la oralidad, elección esta, como bien lo señalara el insigne Giuseppe Chiovenda[3] que debe entenderse formulada como una decisión técnico jurídica, que no, como simple elección política de los constituyentistas, pues ella responde a una adhesión de los gobernantes, legisladores y estudiosos a la beneficiosa influencia de la oralidad en el desarrollo de los juicios.

A pesar de que algunos trataditas sostienen que, nuestro Constituyente acoge la posición, conforme la cual, para poder alcanzar la convivencia pacífica de la comunidad, se

---

2 Brewer Carías, Allan R., La Constitución de 1999, 2ª edición, Caracas 2008, Exposición de Motivos de la CN, Título V, Capítulo III, en la Constitución de 1999.

3 Chiovenda, Giuseppe, Principios de Derecho Procesal Civil, 1922, t II, p. 128.

deben adoptar principios que lleven al afianzamiento de la justicia, entre ellos precisamente el de la "Oralidad"[4] para otros, a pesar de que el vigente Código de Procedimiento Civil de 1987[5] ya hacía referencia y entronizaba el llamado Juicio Oral, "mantuvo sin embargo el paradigma del procedimiento civil predominantemente escrito como técnica rectora del proceso civil, proponiendo el juicio oral como alternativa subsidiaria para posterior evolución, hibernando en un sueño en el que n siquiera los cambios producidos en la Constitución de 1999 y su comentado expreso mandato sobre el paradigma de la oralidad lograron despertar al legislador natural, esto es, la Asamblea Nacional para que procediera a implementar la vigencia del procedimiento oral que se había vivido a través del Amparo y también con dramáticas marchas y contramarchas, que se habían impuesto en el Código Procesal Penal, en la Ley sobre protección al Niño y Adolescente, en la Ley del Transporte y Tránsito Terrestre y con resonante éxito en la Ley Orgánica Procesal del Trabajo"[6].

Pero de una vez, y antes de que pueda plantearse duda alguna, aclaremos que ni en nuestro sistema procesal, ni en el Derecho Comparado no se ofrecen ejemplos de procesos escritos u orales puros, siempre y en todas partes, como lo anota Jorge Peyrano[7] "la realidad nos muestra procesos mixtos, con predominio de la oralidad o de la escritura, pero sin que dicha preponderancia excluyera la incidencia del principio antitético al prevaleciente".

Ya por igual destacaba Eduardo J. Couture: "En el derecho procesal moderno, la antítesis de todas esas soluciones (aludiendo a los diferentes principios que regulan el proceso) es solo aparente. Puede afirmarse que como acontece en lo relativo al dilema oralidad-escritura, en el cual no existe ya oposición porque no hay procesos orales puros, en las otras posibilidades, más que de una antítesis se trata de un problema de "dosificación". El legislador se sitúa, naturalmente, dentro de una de las dos soluciones; pero su empresa consiste, primordialmente, en determinar en que grado atenúa sus conclusiones y en que medida da entrada a las soluciones de la fórmula opuesta"[8].

2. *La regulación vigente de los procesos orales*

De lo dicho por igual podría destacarse que todo lo expuesto no resulta totalmente nuevo dentro de nuestro sistema procesal, en tanto nuestro Código de Procedimiento Civil

---

4 En el mismo sentido opina Jairo Parra Quijano, "La oralidad en el Proceso Civil con miras al nuevo milenio", en *Relatorías y Ponencias sobre Derecho Procesal, XVII Jornadas Iberoamericanas de Derecho Procesal*, Costa Rica, Octubre 2000, t. I, Imprenta Poder Judicial, p. 345, quien además alerta que la procura de la oralidad es inclusive tema de los Congresos del Instituto Iberoamericano de Derecho Procesal desde 1950 y de las propias Conferencias Internacionales de Derecho Procesal (V III Congreso Internacional, 1970).

5 Publicado y puesto en vigencia en GO 4.209 EXT del 18 de septiembre de 1990, que contiene la última ley de reforma parcial de dicho Código (G.O. 4.196 Extraordinaria del 2 de agosto de 1990), conocido como el Código de Procedimiento Civil del 87, en lo adelante "Cpc.

6 Molina Galicia, René, "Los riesgos de la Oralidad en el sistema Civil venezolano", en *VII Congreso venezolano de Derecho Procesal, Pruebas y Oralidad en el Proceso*, Librería J. Rincón, Venezuela, 2007., p. 164.

7 Peyrano, Jorge W, El Proceso Civil, 1978, Edit. Astrea, Argentina p. 304.

8 Proyecto Couture, Exposición de Motivos, p. 61 (citado por Jorge W Peyrano, El Proceso Civil, Principios y Fundamentos, Edit. Astrea, Argentina, 1978, nota 2, p. 304).

vigente[9] en su Libro IV, Parte Primera, de los Procedimientos Especiales Contenciosos, Titulo XI, en cuatro capítulos, artículos 859 al 880 ya contempla el denominado por el mismo Legislador "PROCEDIMIENTO ORAL" si bien es cierto que se lo destinaba a regir para cierta clase de juicios que sin tener cuantía superior a Bs. 250.000 estuvieren comprendidos dentro de una de las categorías enunciadas por los ordinales 1 al 4 del artículo 859 Cpc. y con la expresa advertencia de que el último de dichos ordinales, claramente contemplaba que bien la Ley [10] o el convenio de los particulares podrían determinar que otros asuntos debieran tramitarse por ese mismo procedimiento oral [11].

A pesar de lo expuesto, consideramos que la intención del actual constituyente no fue la de dar preeminencia a esa forma en que deba conducirse el proceso, ya consagrada en la Ley (Cpc), sino, de modo general, que la oralidad (entre otras una pudiere ser esa misma que contempla el Cpc.), se adaptará como modo, rito o método de tramitación de todos los procesos en general, de tal modo, que como se lo ha dejado dicho antes, fuera ella la forma predominante de realizar todos los actos en el proceso judicial (civil, laboral, penal, o de otra índole) en tanto que por su intermedio debe entenderse se lograrían los demás postulados de la nueva Justicia. (Acceso garantizado a ella, celeridad, a-formalismos, etc.).

Aclaramos igualmente que en nuestro criterio, la oralidad propugnada, no puede ser tampoco la conocida en algunos sistemas como "oralidad actuada", especie esa que al decir de Díaz[12] convierte a la oralidad en verdadera caricatura de ella, que al intentar erigirse en una formula transaccional entre el principio escriturario y el de oralidad, sólo logra convocar los defectos de que ambos adolecen y ahuyentar las virtudes que los adornan, cual sería por ejemplo el caso citado por Peyrano (*opus cit*, p. 305) en que "un testigo depusiera oralmente en la sede jurisdiccional, pero no ante quien debe decidir la causa, sino ante un funcionario subalterno, que se limita a actuar (transcribir en un acta) sus dichos, cuando que obrando de tal modo se priva al sentenciador del derecho y del deber de hacer realidad uno de los principios más caros del proceso moderno: el de inmediación."

A nuestro entender tal declaración no se compadecerá tampoco con la preeminencia numérica de los actos que deban o tengan que cumplirse de una u otra forma dentro de un proceso, entendiendo como lo hace por igual Peyrano (*opus cit* p.306) que lo realmente caracterizador de un proceso oral, es la inclusión de una audiencia en el curso de la cual se producirán ante el órgano jurisdiccional todas las probanzas que por su naturaleza fuera posible diligenciar en ese acto, sin que por ello no se niegue el necesario proceder previo e

---

9 *Opus cit*".

10 En este caso entiéndase la Ley Orgánica del Poder Judicial o la que deba hoy sustituir la del entonces denominado Consejo de la Judicatura.

11 Por cierto, resulta interesante observar que es esta otra de las extrañas disposiciones del mismo Código, en que el Legislador opta, no obstante estar referida la materia en cuestión al "tramite del proceso" en dejar en manos de las partes fijar las reglas o formas de procedimiento, a pesar de que como se lo conoce indiscutidamente, las normas que atienen a la forma y regulación del proceso, deban entenderse de orden público y por tanto no relajables por las partes ni por el propio Juez.

12 Clemente Díaz, *Instituciones de Derecho Procesal Civil*, Abeledo Perrot, Argentina, 1968 (citado por Peyrano, *opus cit.*, p. 305). Por oralidad actuada debe entenderse un género híbrido que carece de las respectivas ventajas de ambos tipos procesales; en ella se dicta, no se habla, y se dicta para que se lea, no para que se escuche, perdiéndose así simultáneamente las ventajas de la escritura y las de la oralidad.,

actos escritos preparatorios, recalcando así idéntica opinión de Cappelletti [13], así como también las exposiciones de las partes sobre el mérito de las pruebas producidas y la previsión de que el decisorio será pronunciado dentro de un breve plazo a contar desde la celebración de aquella. Únicamente un proceso que cuenta con tales características puede ser justamente encuadrado como "oral" toda vez que concretará las dos metas que le son más caras: la inmediación y la concentración [14].

Como bien lo señala Parra Quijano (*opus cit.* p, 350) "la oralidad surgida como necesidad en el Siglo XIX, se sustenta hoy en el deseo de poner al procedimiento civil a tono con el nuevo modelo de derecho que se presenta y sobre todo con las preceptivas incorporadas en el ordenamiento superior ... los procesos mas que espacios de agresión deben tornarse hoy en medios ágiles para la solución de los conflictos, agregado a lo cual, el proceso debe ser entendido como escenario pleno de participación ciudadana, socialmente visible dentro del cual existen valores de convivencia..."[15].

Según Molina Galicia, el salto cualitativo de mayor importancia obtenido por la oralidad en Venezuela se logra con la puesta en vigencia de la Ley Orgánica Procesal del Trabajo, promulgada el 13 de agosto del 2002. En esta, según el mencionado autor, se evidencia como la oralidad no excluye la escritura del proceso, es mas, aconseja y exige una proposición de demanda escrita, una fase introductoria y preparatoria como garantía de precisión, puso en evidencia los riesgos y las virtudes de la conciliación, los riesgos en un juez amenazante y mas ocupado de lograr la conciliación por cualquier vía, inclusive la de la amenaza no tan velada, con el fin de recrear su estadística. Pero también advertimos la virtud de la oralidad en el área de la conciliación, ambas partes sus fortalezas y debilidades, orientándoles para llegar a un entendimiento que les permita lograr una amigable transacción y evitar un litigio"[16].

Mas el comentado autor, también advierte seguidamente: " Así como también hemos presenciado sus patologías, jueces empeñados en limitar y reducir la oralidad, hasta convertirla en una burla concediendo como una gracia de 5 a 10 minutos en casos que no son de rutina, casos complejos, difíciles, como los de accidentes y enfermedades profesionales, en una franca violación del derecho a la defensa y en una caricatura sangrienta de la oralidad que tiene su máxima expresión cuando el juez sentencia, no con visa a la audiencia, sino con una sentencia preelaborada, prejuiciada que le quita todo el sentido a la audiencia oral porque no hay oralidad si esta se limita a una exposición oral de argumentos jurídicos o a una exhibición de oratoria forense, porque en definitiva en la oralidad de lo que se trata es de un coloquio, de un diálogo sobre los hechos, sus pruebas y finalmente su alegación"[17]

Finalmente acota Molina G.[18], "el letargo en que permaneció el proceso civil venezolano, no obstante los cambios constitucionales, sufre su primera alteración el 14 de

---

13 Cappelletti Mauro, *El proceso civil en el derecho comparado*, trad. S. Sentis Melendo, EJEA, Argentina, 1973, p. 56.

14 En igual sentido Peyrano, *opus cit* p. 306.

15 En igual sentido, cita Parra Quijano a Edgardo Villamil Portilla, Teoría Constitucional del Proceso, Edic. Doctrina y ley, Ltda Colombia, s/f. p. 340.

16 Molina Galicia, René, *opus cit.* P. 168 ss.

17 *Opus cit.* p. 169.

18 *Opus cit.* p. 169.

junio del 2006, cuando el Tribunal Supremo de Justicia invocando el Art 267 de la CN99, en ese proceso de desdibujamiento institucional[19] y en concordancia con lo previsto en los artículos 1 y 20 in fine de la Ley Orgánica del Tribunal Supremo de Justicia, mediante Resolución N. 2006-00038 de dicho Tribunal y ante la incapacidad del Legislador ordinario resuelve la adopción del procedimiento oral en materia civil y mercantil (patrimoniales y de créditos que no tengan un procedimiento especial establecido en el Libo Segundo del CPC tomando como áreas piloto algunos determinados tribunales de Municipio y los de Primera Instancia en el área de Caracas y Maracaibo.

3. *La necesaria complementariedad de la Oralidad con otros principios que regulan el proceso*

Pero allí tampoco podrá concluir toda la caracterización de ese nuevo prototipo oral de proceso, pues a las precedentes notas, será menester añadir por vía de complementariedad, como operan precisamente los principios del proceso[20], la actuación conjunta que caracteriza en la práctica la implementación de uno cualquiera de ellos con otros principios tales como los de inmediación, concentración, y publicidad, so pena de caer en "la oralidad por la oralidad misma", cuestión o posición sin sentido alguno, tal como ya había sido advertido entre otros por Chiovenda (*opus cit.* t. II, p. 127) y Fairén Guillén. Este último, advertía[21] que tanto la oralidad como la escritura "producen a su vez otra serie de consecuencias, nuevos principios procedimentales, a agregar a los ya expuestos. La oralidad produce la necesidad de evacuar todo el material de la instrucción en una o varias sesiones ante el Tribunal lo mas próximas posibles, es decir, promueven la concentración del material y del procedimiento, hecho posible también gracias a la facultad del principio oficial".

Con lo dicho pretendemos insistir y recalcar que el solo enunciado del principio de la oralidad, *per se*, no logra siquiera permitir su adecuada inserción e implementación dentro de un prototipo de proceso, de no contar precisamente con la necesaria e indispensable colaboración de los efectos de otros principios que cooperaran con el mejor logro de los resultados perseguidos por aquél, y por igual, cabe destacar y tenemos que ser enfáticos en que ese modelo prototipo no podrá ser aplicado con éxito y sin discriminación a cualquier tipo de procesos vigentes dentro de un sistema procesal, pues los habrá que por su objeto, cometido y contenido, resultará mas seguro y prudente tramitarlos bajo el principio de la escrituralidad o en un sistema mixto donde predomine la celebración de mayor número de actos escritos Vg. Los procesos tributarios, quizás lo contencioso administrativo en algunas de sus modalidades, etc., como lo veremos más adelante[22].

---

19 Molina interpreta como tal," el que los órganos del Poder del Estado, han quedado reducidos a los caprichos del Ejecutivo, al punto que mas allá del 50% de la Legislación vigente es producida por el Poder Ejecutivo, la desaparición de la división de los Poderes Públicos y su confiscación o tutela por el Ejecutivo es lo que caracteriza nuestra menguada vida ciudadana." (*opus cit*, nota 8, página 171).

20 Al respecto Peyrano, opus cit. p. 40.

21 Víctor Fairén Guillén, "La elaboración de una doctrina general de los principios del procedimiento", en *Revista de Derecho Procesal*, Año VI, 1949, N° 1 y 2, p. 185.

22 En tal sentido *vid.* Parra Quijano, Jairo, *opus cit,* t. I, p 353, Roland Arazi, *opus cit*, t. I, p. 357.

En lo expuesto es preciso que nuestro Poder Legislativo y el propio Ejecutivo estén claros, y ello, por lo demás es una situación corriente y existente en otros ordenamientos jurídicos, y por igual ha sido constantemente advertido por reputada Doctrina procesal[23].

II. ¿CÓMO IMPLEMENTAR LA MEJOR VIGENCIA DE UN SISTEMA PREDOMINANTEMENTE ORAL?

Repitiendo a Peyrano (*opus cit.* 307) examinaremos algunas de las soluciones que deben implementarse para poder asegurar la vigencia y preeminencia del "principio oralista" y que suponen la cohorte de otros principios que coadyuven a los propósitos finales de aquél.

Así, por ejemplo, como lo destacaba Chiovenda (*opus cit.* t. II, p. 134), será imprescindible aplicar por igual y coetáneamente con la oralidad aquel de la exigencia de la "Identidad física que debe mediar entre quien compone el órgano receptor de la prueba y quien emitirá el decisorio"[24].

Tal exigencia tiende a respetar el principio de la inmediación, que parte de la hipótesis de que la impresión personal recibida por quien preside la producción de ciertas pruebas (la confesional y la testimonial, entre otras) es absolutamente incomunicable.

En el mismo sentido afirmaba categóricamente, por ejemplo, el maestro José Rodríguez U.[25] que una de las condiciones imprescindibles de la oralidad es la "identidad permanente de la persona del Juez, ya que, fundada su convicción en las apreciaciones personales de lo ocurrido, mal podría otra persona decidir el asunto de acuerdo a aquella convicción".

En ese nuevo rol que debe jugar la oralidad en el nuevo proceso, y a tono con las modernas teorías de constitucionalización del proceso, viene al caso citar al maestro Parra Quijano (*opus cit*, p. 350) para quien la oralidad, garantiza la aptitud para el cumplimiento de uno de los nuevos principios constitucionales regentes en materia procesal, cual es la *tutela judicial efectiva*, con todas las garantías que ella involucra, cuales son, por ejemplo, la obtención de decisiones motivadas del conflicto, la debida celeridad del proceso y facilitadora de la formación de una mejor convicción en el Juez.

1. *Un grave inconveniente para los sistemas con procedimientos predominantemente orales*

Pero si lo antes dicho resulta claro e indiscutible en algunos supuestos, cuando concurrimos en el mismo orden de ideas a implementar otros que deben operar con la

---

23 Al respecto, habiendo sido el tema de "La Oralidad con miras al nuevo Milenio" objetivo específico de las VII Jornadas Iberoamericanas de Derecho Procesal en Costa Rica, tanto las exposiciones en ella formuladas como Ponencias o Comunicaciones, como las múltiples y variadas exposiciones de sus delegados, destacan precisamente ese claro criterio que debe prevalecer en las diferentes legislaciones nacionales, en cualquiera de las manifestaciones del proceso (civil, mercantil, fiscal, etc.) *Vid.* Relatorías y Ponencias... *opus cit*, t. I, p. 345 ss.

24 En nuestro país, que conozcamos, se recepta por primera vez, bajo ese nombre tal principio, en la Ley Orgánica de Protección del Niño y del Adolescente, GO. 5266 del 2 de octubre de 1998, Art. 450, literal "h", que, como se lo aprecia, precedió a la vigente CN.

25 Rodríguez U., José, *El proceso civil y la realidad social*, Edit. UCV, Venezuela, 1957, p.125.

oralidad, las cosas realmente se complican, tal como ocurre cuando se trata de aplicar los que para otros autores, resulta por igual principio irrescindible que debe aplicarse con el de oralidad para lograr sus eficientes resultados y efectos.

Así, se dice, que íntimamente relacionado con el principio de la oralidad, se encuentra el problema de conceder o denegar un segundo grado de conocimiento jurisdiccional en los asuntos que se ventilan oralmente. Destacan los autores que sostienen tal postulado, que oralidad e instancia única, resultan ser principios que van de la mano[26].

Y es que, como bien lo advierte Peyrano[27], pese a la autorizada voz de Carnelutti, no parecen compatibles oralidad con doble instancia, si se pretende conservar la identidad a que antes se ha hecho alusión.

Señala en tal sentido De La Colina[28] "Si la justicia hubiera de administrarse en dos instancias, es preferible la forma escrita, porque conserva los alegatos y las pruebas para el estudio del Juez de la alzada. De otro modo habría que hacer otra segunda instancia con la reproducción del debate y las pruebas, para el estudio del Juez de la Alzada".

De otro modo habría que hacer en segunda instancia una reproducción del debate y las pruebas de la primera o dar a los jueces superiores por única base para su fallo, las actas elaboradas ante el inferior. Si las mismas son muy minuciosas, habrá que aplicar en segunda Instancia una reproducción del debate y pruebas de la primera instancia, en tanto que ellas darán idea cabal del pleito porque si fueren lo suficientemente amplias, para evaluarlas en sí mismas, tampoco darán idea cabal al sentenciador, y si lo son es porque el Juicio ya se vuelve escrito, de lo cual puede inferirse que la oralidad es propia para la instancia única y la forma escrita para cuando haya dos o más grados[29].

A pesar de lo dicho, casi dogmáticamente por amplios sectores de la doctrina, no escapan voces en contra, y así, por ejemplo, Roland Arazi, en Argentina, claramente declara: "No se debe insistir en los tribunales colegiados de instancia única, pues ellos no dieron el resultado esperado, inclusive en Alemania, donde se propugnó inicialmente ampliamente dicho sistema, se ha dado paso atrás iguales consideraciones caben haber en el fuero laboral y de familia en Buenos Aires[30]." Quiero expresamente poner de manifiesto que no es este un problema meramente teórico, en Venezuela, en la actualidad, con la implementación de los procesos especiales de niños y adolescentes (proceso prototipo), en el cual a pesar de ser predominante la oralidad que se procuró dar a los mismos, se dejó el recurso de apelación ante órganos igualmente especializados, los que, hasta donde entendemos, se han visto realmente en situaciones delicadas para resolver casos en los cuales aparentemente no sólo era procedente y deseable el recurso contra el fallo de la instancia inferior, si no, que se ha dificultado hartamente la forma y condicionamientos bajo los cuales deben analizarse los recursos[31].

---

26 Berizonce, o c.

27 *Opus cit.* p. 308.

28 Salvador De la Colina, *Derecho y Legislación Procesal*, Edit. Lajouane, Argentina, 1925, citado por Peyrano, *opus cit*, p. 308.

29 De La Colina, *opus cit.* p. 309.

30 Roland Arazi, La oralidad con miras al nuevo Milenio, en Relatorías y Ponencias..... t. I, p. 356.

31 De hecho, se nos refirió en los Tribunales del Circuito Judicial del área Metropolitana, un caso de divorcio, con niños habidos en la pareja, en el que siendo la prueba fundamental de la

Pero lo dicho, lleva a su vez a Peyrano (*opus cit.* p. 309) a destacar que la irrecurribilidad relativa de las decisiones de los órganos jurisdiccionales en procesos de instancia única, obliga a que los órganos judiciales intervinientes en los procesos orales se encuentren representados en un Tribunal Colegiado y no por Jueces unipersonales, pues es que guste o no, el segundo grado de jurisdicción involucra una mayor garantía de justicia en la resolución de la causa que solo se inspira a los justiciables por una composición plurilateral del Tribunal que prácticamente resolverá en definitiva las controversias.

Y es que la oralidad como instancia única requiere una organización judicial propia, que atienda con notoria suficiencia técnica las exigencias del sistema y al mismo tiempo disipe el temor de que con la supresión del segundo grado, se resienta el acierto o la justicia de sus pronunciamientos.

Ello a su vez, para verdadera eficiencia del trámite oral, supondrá en el decir de Peyrano, incorporar a los órganos judiciales la figura del Juez de trámite, quien operará no como juez de instructor segregado del órgano, sino como integrante del órgano judicial plural, so pena de perderse también la inmediación.

Resumiendo, la complementariedad del principio de la Oralidad, se trasunta en el hecho de que su correcta implantación requiere, al par que la vigencia plena de inmediación y la concentración procesal, también la de varias soluciones particulares congruentes, así como también el montaje de mecanismos que permitan asegurar la identificación física de quien interviene en el diligenciamiento de las pruebas y la de quienes emiten el fallo[32].

Como lo comentaremos luego, lo dicho supone, por supuesto, mayores costos de la justicia oral que la escrita y de allí que la implementación y puesta en práctica de uno u otro de los indicados principios oralidad, escrituralidad, suponga la necesaria comparación de una serie de ventajas y desventajas, que no pueden ser eliminadas fácilmente.

III ARGUMENTOS A FAVOR Y EN CONTRA DE LA ORALIDAD

Debido a lo bien descrito y resumido que se analizan dichos puntos en la obra de Peyrano a que hemos venido haciendo referencia, seguiremos sus comentarios, con algunos añadidos[33].

1. *Las razones a favor*

Se estiman a favor de la oralidad, entre otras, las siguientes razones:

1. Mayor celeridad en el trámite y resolución de los asuntos: Desde siempre fue este un fuerte argumento de los propiciadores de la oralidad[34], si bien es de reconocer que la mayoría de tales comentarios se formularon en la época del proceso civil escrito clásico,

---

instancia, la testimonial, por error, desconocimiento, o en todo caso por impericia de las partes y del órgano judicial, se efectuó la evacuación de la prueba en la audiencia oral, sin dejar siquiera registro del resumen de la forma como se cumplió y se denunció en la alzada justamente la indebida apreciación de dicha prueba.

32 Peyrano, Jorge W, *opus. cit.* p. 311.

33 *Opus cit*, pp 312 ss.

34 Entre otras en la obra de Chiovenda (*opus cit*, t. II, p. 127 ss) se destaca dicho fenómeno.

con una serie de actos y ritos que luego fueron siendo eliminados. En todo caso, W. Kisch (Elementos de Derecho Procesal Civil, trad. L. Prieto Castro, 2 edición, Revista de Derecho Privado, Madrid, 1940, p. 128, citado por Peyrano, *opus cit*, nota 21, p. 312) advertía: "Pero a cambio de esto la reducción a escrito exige mucho más tiempo, la lectura es incómoda, la sustanciación se hace pesada por el continuo traslado de escritos de las partes al Tribunal y viceversa, etc.".

En ese mismo orden de ideas vale la pena reseñar el enfoque que hace recientemente Parra Quijano de la oralidad en su ponencia a las Pasadas XVII Jornadas Iberoamericanas de Derecho Procesal (*opus cit*, p. 350), cuando advierte "la misma facilita una reconstrucción mas fidedigna de los hechos objeto de juzgamiento, lo que permite a su vez al funcionario judicial, una valoración jurídica más acertada ... aporte que no se obtiene en el sistema escrito, en el cual dicha tarea es asignada a empleados y subalternos, según se revela en la práctica, en un ejercicio que en muchas veces resulta además deficiente".

2. La justicia escrita, se dice, es justicia "muerta". En efecto no cabe duda que siempre se ha ponderado que en el juicio oral es evidente el mayor contacto entre los justiciables y el juez, y ello indudablemente entre otros beneficios permite al magistrado emplear sus conocimientos psicológicos y sociales para la mejor resolución del caso, esto es, de manera directa se beneficia de todos los buenos comentarios atribuibles a la inmediación.

3. Mayor publicidad del proceso, lo que beneficia la transparencia y seguridad para las partes y el colectivo social.

Al permitir ese contacto más directo entre jueces y partes y sus apoderados, es evidente que se realizará un control más perfecto a través del pueblo, que evitará desviaciones o arbitrariedades atribuibles a uno u otros de los sujetos intervinientes en el proceso, pero indiscutiblemente hará que el comportamiento del juez sea más apegado a su función y al mandato de legal.

4. Favorece el ejercicio del poder de dirección conferido a los Jueces para la conducción del proceso civil contemporáneo.

Tal modalidad de conducción de los procesos, indiscutiblemente hará más forzado el trabajo del juez en la conducción del proceso, el Juez no puede reposar su falta de atención al juicio en los papeles que se acumulan en los expedientes, debe dar la cara a las partes y sus apoderados paso a paso.

Es lo que ha dado en llamarse de diferente manera en toda la doctrina contemporánea procesal, predominantemente como la actitud pro-activa del Juez contemporáneo, o conocida también como tesis del "Protagonismo activo del Juez"[35].

5. Mas debe atribuirse al efecto inercia, la oposición al sistema, que a razones de otra índole. Ya destacamos que en mucho, la vigencia de la escritura no es más que producto de la tradición histórica de los procesos con origen en los modelos hispánicos. Para cambiar, debemos deslastrarnos de esos esquemas.

---

[35] Al respecto *Vid* Perrot, Roger y Couture Eduardo J., "El principio de neutralidad del Juez en el Derecho francés y uruguayo" en *Revista de Derecho Procesal*, 1955, p. 213; Morello, Augusto, Los poderes del Juez en la Reforma Procesal civil en curso en la Provincia de Buenos Aires, Berizonce, Roberto, Informe al XI Congreso Internacional de Derecho Procesal, Viena, 1999.

6. Evita en mayor medida que el proceso escrito, la inconducta procesal.

Quienes así opinan, estiman que el sistema escrito se presta a generar mayor número de incidentes y embrollos por parte, obviamente de abogados y partes poco apegadas a la ética y respeto profesional[36].

7. Favorece la aplicación del principio de Concentración:

Al contrario de la dispersión que supone el proceso escrito, la Audiencia que debe realizarse necesariamente en el decurso del proceso oral, permite coronar todo dicho sistema oral en la concentración que supone la ejecución del comentado acto dentro del proceso regido por las formas predominantes de la oralidad.

8. Añadiremos a los anteriores conceptos, observaciones que por igual hace el maestro Parra Quijano al comentar las bondades de la oralidad (*opus cit.* p. 351) en torno a que "la misma permite garantizar una mayor independencia del Juez, en tanto al encontrarse su actividad sometida al control de la colectividad, se obtiene un distanciamiento de las presiones ejercidas en la resolución de los conflictos .... permitiéndole en definitiva adoptar una actitud creadora y audaz, en la cual, junto al derecho se conjugue el buen juicio y la razonabilidad de sus fallos".

9. Finalmente, el mismo Parra Quijano, añade, "que dicho sistema permite fortalecer el principio de inmediación, concede mayor eficacia a la administración de justicia al facilitar mayor relación directa entre juzgador y partes y permitir con ello una mejor evaluación de los medios de prueba en los cuales va a fundar su decisión"[37].

2. *Los argumentos en contra*

Se han mencionado como contrarios a las ventajas de la oralidad,

1. Lentitud en la práctica del proceso oral:

Quienes en la doctrina se agolpan a favor de la escrituralidad, advierten que en la morosidad judicial tiene escasa relevancia que el juicio sea oral o escrito. La puesta en vigencia de la oralidad no necesariamente ha provocado mayor celeridad, por el contrario es frecuente se haya producido efecto contrario e inclusive citan al sistema de los Estados Unidos de Norteamérica, donde es notable la congestión, a pesar de los adelantos tecnológicos que acompañan la oralidad[38].

2. No supone la recomendable ponderación que debe existir en los Jueces para resolver los casos, en tanto que la premura por decidir en la misma forma oral, rápida y expedita, puede provocar pronunciamientos poco madurados.

---

[36] Así lo destaca sólidamente De La Colina, opus cit. t. I p. 376.

[37] *Opus cit*, p 351.

[38] Ayarragaray, Carlos, Acerca del Juicio oral, citado por Peyrano, *opus cit*, p. 316, hace especial hincapié de que en USA, a pesar de la implementación del proceso oral, existe gran congestionamiento de la justicia y concluye destacando "Nadie podrá salvar mediante la imposición del sistema oral los defectos de la justicia y vencer la lentitud ni aún acordando poderes dictatoriales a los jueces".

3. Se presta al uso y abuso de la oratoria vacía, y más grave aún, que ello pueda provocar decisiones estériles e injustas[39].

4. La imposición de la realidad: Bien sea por la tradición latina de la cual devienen nuestros sistemas, donde sus leyes adjetivas imponían o imponen la escritura, sea por la tendencia humana de los que ejercen la actividad a considerar preferible la escritura, puede demostrarse que de realizarse una encuesta, la opinión dominante será la que privilegia el sistema escrito.

Lo dicho es particularmente importante en torno al éxito en la implantación del sistema, en efecto, lo explicado lleva a considerar que no bastará pues que el legislador fije o instituya la modalidad oral, si esta no cuenta con el consenso dentro del medio respectivo, claro está, refiriéndonos realmente a ese sistema, con las previas aclaratorias que hicimos al inicio de este estudio, pues ya Couture, refiriéndose al sistema entonces denominado oral en el Procedimiento uruguayo, señalaba "Es de todos sabido que el juicio oral del actual Código no es otra cosa que una farsa en la cual se llevan las exposiciones escritas y cuando tal cosa no ocurre, el Juez, las partes, los abogados, y los testigos tienen por penosa misión la de esperar a que un escribiente termine de copiar lo que uno de ellos les dicte" (Proyecto citado, Exposición de Motivos, p. 65).

5. La mayor onerosidad del proceso oral: Si pretendemos realizarlos con todas las garantías del caso, no hay duda que resulta ser mas oneroso que el proceso escrito, al exigir: mayor número de Tribunales, los que a su vez deberán contar con mayor número de empleados, de equipos especializados de grabación (video y sonido).

Los Jueces, en criterio de Mario Masciotra (La oralidad en el Proceso Civil, Relatorías y Ponencias ... citada p. 383), deben estar preparados para enfrentarse a los nuevos cambios tecnológicos, para asumir por igual nuevas responsabilidades en la conducción del proceso. Para todo ello, advierte, "se exige una voluntad política que garantice la estructura humana, material y tecnológica adecuada que asegure el correcto funcionamiento del poder judicial".

6. Finalmente el proceso oral exige una judicatura verdaderamente especializada y preparada:

Destaca Peyrano (*opus cit,* p. 318) que para quienes así opinan, no basta ser un buen juez en el sistema donde impere la oralidad. Las particularidades del mismo (acentuación de la celeridad, la inmediación, etc.), requieren de una formación técnica especial en el juez actuante, so pena de desaprovechar los beneficios teóricos que ofrece el proceso oral. No basta una vasta cultura jurídica, sino una serie de conocimientos (psicológicos, sociológicos, etc.) que no siempre se reúnen en una misma persona (Peyrano, *opus cit.* p. 318).

Por igual el maestro Rodríguez U. (obra mencionada, p. 127) advertía desde hace ya tiempo atrás: "el proceso oral requiere un aparato técnico adecuado, una formación especialísima en el personal llamado a dirigirlo. Para el proceso oral es necesario que el Juez conozca los aspectos más remotos y generales... Ello, nos está afirmando, tanto a

[39] Ayarragaray, Carlos, obra citada, comenta que desde el Egipto, los faraones llegaron a suprimir los juicios orales, por razón de la mímica retorcida de los defensores, lo que desviaba la imparcialidad de los jueces.

nosotros como a muchos países de Latinoamérica, que no disponemos de material humano suficiente para asegurar el rendimiento y la idoneidad del proceso oral".

A lo antes destacado, súmanse los comentarios de Mario Masciotra (*opus cit,* p. 382 ss) quien inclusive llega más allá, al sostener que tal formación y adecuación de la mentalidad por igual debe abarcar, a Jueces y abogados, entrañar modernización de los pensum académicos, rutinas de enseñanza del derecho, etc.

Fueron estas por igual las conclusiones generales de las ponencias y comunicaciones a las ya comentadas XVII Jornadas de Derecho Procesal Iberolatinoamericanas[40], así como el resultado de las numerosas y variadas intervenciones que se produjeron en el seno de las mismas, con la advertencia de que por igual se las refirió al proceso civil y al penal.

IV. LAS TENDENCIAS ACTUALES

A pesar de lo dicho y de manera indiscutible debe reconocerse que desde fines del Siglo XVIII la tendencia del proceso civil moderno es hacia la oralidad, atribuyéndose su origen y consagración textual a la Ordenanza procesal Austríaca de 1895 , y si bien es cierto que continúan siendo a nuestro juicio mayores los beneficios que los problemas que el mismo puede generar, una vez más debemos y tenemos que alertar que el inconveniente más grave de su implementación exitosa no es otro que el factor humano.

Mas que la contraposición entre sistemas y principios de oralidad y escritura, como formas de comunicación en los procesos, hoy la preocupación está centrada, como lo destaca acertadamente Roland Arazi (La oralidad con miras al nuevo milenio, en Relatorías y ponencias ...z, t. I, p. 355) en la eficacia de los diferentes tipos de procesos, reconociéndose las distintas clases de estos y sus diferentes etapas para determinar si resulta más conveniente el trámite oral o el escrito.

Iguales consideraciones formula Oscar José Martínez (Las nuevas herramientas procesales y tecnológicas y la superación de la dicotomía entre oralidad y escritura, Ponencia a las XVII Jornadas .... *opus cit.* p. 387 ss), para quien a pesar de las desventajas que se procuran achacar a la oralidad en el viejo sistema de contraponerlo al sistema de la escritura, deben y tienen que analizarse sus eventuales beneficios a la luz de los nuevos medios tecnológicos, organización de sistemas etc. que llevan además a examinar dicho sistema, más en algunos aspectos e instituciones que le son propias, que en el solo modo de lenguaje con el cual se pretende debe conducirse el proceso ante el órgano jurisdiccional.

Martínez da destacada importancia a la celebración de la Audiencia Preliminar, la aplicación del sistema de oralidad debe verse mejorada por la simplificación que deben aportar a los procesos los medios alternativos de solución a los conflictos, los nuevos sistemas de organización de las oficinas judiciales, facilitamiento de trámites por vías modernas (notificaciones, copias de actos, traslados, por vía internet, etc.) que definitivamente contribuirán a la desconcentración de litigios y a una mejor aplicación de las bondades del sistema oral, a todo lo cual además debe añadirse la conveniencia cada vez mas manifiesta de asignar a los procesos Monitorios, la resolución de diferentes tipos de conflictos, con lo cual, la tramitación oral de dichos juicios se hace mucho mas sencilla.

No hay duda que como lo destacamos en su momento, hay unanimidad en los tratadistas y comentaristas, tanto del Derecho Procesal Civil, como del Derecho Procesal

---

40 *Vid* t. I, Relatorías y Ponencias...citado.

Penal, que para la debida puesta en práctica del principio y sistema de la oralidad se requiere de los órganos judiciales necesarios y adecuados, y más grave aún, de que los mismos cuenten en primer lugar con los jueces y personal debidamente formados y preparados para el correcto desempeño de su encargo, pero en adición, es menester igualmente que el Estado en que se lo implante tome clara conciencia de las necesidades económicas para su debida adecuación y funcionamiento, dotación de equipos, formación continua de personal, sedes apropiadas, etc.

Por lo demás, resulta indiscutible también, que para cierto tipo de asuntos y procesos, como se lo dejó previamente señalado, no se piense siquiera en la tramitación oral de los mismos, sino bajo un sistema predominantemente escrito que garantice su seguridad, publicidad y permita su recta y fácil decisión, con garantía de todo el examen probatorio necesario.

V. CONCLUSIONES

En primer lugar, que conste que no soy de los que opino en contra de la instauración de los procesos orales, en particular para determinados tipos de juicio y asuntos sometidos a resolución judicial, por el contrario, soy un convencido de sus bondades y cualidades, debidamente entendida y aplicada cuando sea posible.

En segundo término, no me considero manido por trauma alguno que me impida ejercer la profesión en los procesos orales o en los escritos. Que conste, finalmente, que me he probado en los dos sistemas y con buen éxito, tanto en Venezuela como en el Exterior. No le temo, pues, al cambio.

En lo que no puedo estar de acuerdo es en pretender que se lograran buenos propósitos y éxitos en una reforma de nuestro sistema Judicial y en particular en nuestro Proceso, con la simple decisión de imponer los juicios predominantemente orales, sin tomar en cuenta todo cuanto queda dicho.

Las cosas, una vez más, se han extremado por considerar que con ello se logrará un pretendido cambio objeto y fin de un malentendido proceso revolucionario, que por el camino andado, nada garantiza que se cumpla; por el contrario se avizora complejidad de sus soluciones, frustraciones y desengaños.

No pueden existir tantos equivocados al apreciar la realidad de esos hechos y circunstancias bajo los cuales debe analizarse la conveniencia de adoptar uno u otro de los sistemas con los cuales se cumpla el proceso: oralidad o escritura. Son muchos y en muchas partes del mundo los que han venido estudiando y destacando los problemas para la implantación de tales cambios. Los mismos en todo caso deben enfocarse con toda seriedad científica, ajeno en todo caso cualquier propósito político[41].

Tal como lo hemos venido sosteniendo antes y luego de la puesta en vigencia de la actual CN, estimamos que la simple proclamación de que el nuevo proceso judicial venezolano deberá ser oral, para aspirar a una verdadera justicia social, a un Estado de Derecho, de Justicia y de equidad, no será mas que una aspiración o mera declaración de

---

[41] Remitimos a los trabajos publicados en el tomo I de las *Relatorías y Ponencias* a las XVII Jornadas de Derecho Procesal Iberoamericanas y las agudas y persistentes opiniones formuladas durante la discusión del tema Oralidad y Futuro, en el cual participaron 76 miembros del Instituto Iberoamericano y más de 225 delegados de toda Iberoamérica.

principios, al menos durante considerable tiempo y mientras se tome clara conciencia de la incapacidad, insuficiencia y falta de formación de nuestro Poder Judicial, de sus necesidades de dotación, especialización por áreas, y adecuada dotación para su más adecuado funcionamiento[42].

En varias oportunidades en Conferencias, artículos y escritos nos hemos venido pronunciando al respecto. Lamentablemente debo reseñar mi profunda tristeza y desaliento una vez más, puesto que las meras consideraciones que de buena fe pueden estar contenidas en la Carta Magna, no parecen compaginarse adecuadamente con las conductas asumidas por los órganos que vienen implementando esos postulados constitucionales.

Los procesos de selección de los jueces, su evaluación, la forma como han sido designado quienes deben reemplazarlos, la falta de ética profesional de los postulados y aceptantes para llenar dichos cargos, al recibir tan delicado encargo sin estar preparados para ello, el que a esta fecha aún no se cuente con los recursos necesarios para modificar el funcionamiento de nuestros Tribunales, formar los jueces, sin tener el apoyo logístico mínimo, nos hacen augurar un negro futuro para la oralidad y para la tan ansiada sed de justicia de los venezolanos.

Una vez mas quedará demostrado que los cambios estructurales, por ajustados a la ciencia, a la técnica y por sus bondades no se logran simplemente por su proclamación en Leyes, Decretos y Resoluciones.

Con profunda tristeza debo reconocer que hombres a quienes respetamos por su conducta universitaria y profesional, ciegos quizá ahora por la pasión política o por la necesidad de justificar lo que está dispuesto en una Constitución chucuta, dictada con el más sórdido apresuramiento, llena de contradicciones, para ello deban trastocar de nuevo ideales que gritaban y tomaban como banderas y seguirán senderos que conducen al vacío, cual es el caso por ejemplo de pretender una vez mas que la formación de esos nuevos jueces no recaiga en la Academia sino se pretenda formarlos fuera de ella, siguiendo ejemplos e instituciones no reconocidas en nuestro país, y en todo caso, contradiciendo lo que la lógica y las prudencia indican.

Cuando menos lo prudente era seguir los pasos del Legislador adjetivo del 87, en el sentido de ir instaurando los procesos predominantemente orales paso a paso, quizá primero para cierto tipo de asuntos, luego por regiones, dentro de estas por zonas y luego llevarlos a nivel nacional. En eso si hubiera sido deseable un buen espaldarazo del constituyente para evitar los eternos argumentos agoreros de ruptura de igualdad, falta de normativa expresa, inconstitucionalidad, etc.

Posiblemente debió haberse dejado madurar más la idea de que y como era lo que debía perseguirse como ideal de administración de justicia para la nueva o vieja República, al fin y al cabo, ajena a los graves problemas de la justicia que se cumple en ellas

Considerar por ejemplo las interesantes y graves anotaciones recientes de Peyrano en las XVII Jornadas, al plantearse si lo correcto es hablar hoy de oralidad (o mejor como él lo califica de "procedimiento por audiencias") debe más bien buscarse como paradigma final

---

42 Al respecto mis Conferencias sobre el tema de los cambios constitucionales Justicia, Proceso y poder Judicial, Implementación de las reformas y publicaciones en *Revista de la Facultad de Derecho de la UCAB*, 1999 y 2000, Libro de las III Jornadas de Derecho Procesal, Dr. Arístides Rengel R., 1999. Conferencias sobre dichos temas en Barquisimeto, Acarigua, Cumaná, Por La Mar, etc.

la adecuada "inmediación", aún fuera de la oralidad e implementando parcialmente la privatización de la justicia, o la desjudicialización de trámites existentes sin sentido en nuestros procesos actuales[43].

Sobre tales posiciones, más bien puede argumentarse que existen sólidos y recomendables antecedentes en algunos de los sistemas modernos procesales, que abarcan variadas áreas de los servicios de justicia (notificaciones, producción de las pruebas, modos de ejecución cautelar y definitiva de las providencias judiciales, manejos de las crisis de insolvencias mercantiles, etc.) sobre lo cual cabe destacar ya existe experiencia en Argentina[44].

Concluye Peyrano destacando que inclusive la oralidad, o mejor la adaptación de nuestros sistemas vigentes al proceso por audiencias, debe ir sufriendo un proceso de adecuación o adaptación a la digitalización de la era actual, que en definitiva y de cierta manera ponen de manifiesto una vuelta a la simbología, a lo escrito, no por ello desechable y siempre y cuando con ello se procure una mejor obtención de la verdad.

En igual sentido, y para redondear aún más las ideas expuestas, cabe citar nuevamente a Mario Masciotra (*opus cit.* p. 383), quien al referirse a la necesidad de la implementación de un adecuado sistema de oralidad procesal, advierte no sólo de la necesidad ya comentada de contar con una especial formación de jueces y abogados, sino "un cambio en las pautas culturales y una real toma de conciencia sobre los nuevos roles que impone el nuevo proceso a los sujetos que intervienen en el mismo".

Hablar hoy pura y simplemente de oralidad pareciere no tener sentido, como lo destaca Sergio Artavia B. (El Proceso Civil por audiencias y la oralidad, Relatorías y Ponencias .....*opus cit.*, t. I, p. 423 ss) a estas alturas del cambio de Siglo deben exaltarse formas propias que se cumplen en dicho proceso, y que permiten y facilitan un mejor desenvolvimiento de los procesos, como es el caso precisamente de su desarrollo mediante el cumplimiento de Audiencias, incluyendo la Preliminar, pero no dejando que la misma sea la única; la exaltación per se de los principios de concentración e inmediación, la eliminación de ciertos trámites pétreos innecesarios y sin sentido en un proceso adecuadamente controlado por los Jueces; incremento de los Jueces dentro del servicio de Justicia, mecanismos todos ellos, los cuales ha sido pretendido incorporar en el nuevo modelo de Código adjetivo para la República de Costa Rica.

---

43 Peyrano, "La oralidad con miras al nuevo milenio. La privatización, transferencia o tercerización de funciones judiciales", en *Relatorías y Ponencias*..., t I p. 359 ss.

44 De paso sea señalar por ejemplo los buenos resultados que se han logrado en la última reforma procesal, con las notificaciones y citaciones vía notarial y con la ahora puesta al día, conforme a la Ley de la función de los funcionarios ejecutores de medidas, a pesar de algunas imperfecciones. En materia Concursal, y a nivel internacional, cabe destacar los importantes estudios realizados por organismos como el Banco Mundial, Banco Interamericano de Desarrollo, en los que ya se propone un modelo de armonización sobre regulación de mecanismos para prever, contener y remediar la Insolvencia a nivel Mundial, como adecuados mecanismos para lograr el adecuado flujo de crédito internacional y contrarrestar los nefastos efectos de la pobreza a nivel del Mundo entero, y cuyo último y más reciente evento tuvo lugar en Octubre del presente año en México, Seminario sobre Mecanismos de Insolvencia efectiva, Ejemplares mimeografiados de las ponencias discutidas elaborados y distribuidos por The World Bank, Departamento Asesoría Legal. México, 2000.

Lo expuesto a nuestro modo de ver pone de manifiesto lo inconveniente que puede resultar el haber postulado dentro de rígidos parámetros la manera como debía producirse el proceso con miras a solucionar los conflictos de intereses, debiendo haber simplemente fijado parámetros, pero no preestableciendo modos de producirse el proceso.

Cabría por ejemplo preguntarse, que en el supuesto de que no pueda cumplirse, como seguramente ocurrirá, la tramitación de todos los procesos en forma oral ¿habrá lesión constitucional? ¿deberían los jueces continuar aplicando como modo de tramitar el juicio el actual modelo predominantemente escrito? ¿deberá entonces solicitarse al respecto un Recurso de Interpretación ante la novísima Sala Constitucional de nuestro Tribunal Supremo?

No creo que la representación Jurídica del Gobierno actual tenga el tupé de pronunciarse en el sentido de invocar que como todavía estamos en proceso de cambio y provisionalidad, deberá entenderse que no es ese el sentido de lo regulado en la CN. y que la Comisión especial que quedará designada para regir el interinato hasta que se constituyera la Asamblea Legislativa, dispondrá lo pertinente al respecto, y hasta podrá optar por decir que no es eso lo que quiere significar el texto expreso de los artículos de la Constitución con los cuales iniciamos nuestra exposición.

De pronto, una vez mas será la mentada Sala Constitucional del Alto Tribunal, ya acostumbrándose a enmendar el muñeco por los disparates de la Constituyente, quien soberanamente y a veces con atinada mano, llegará a "interpretar" lo de la oralidad en toda esa nueva concepción contemporánea, ajena por supuesto a quienes decidieron redactar sin sindéresis ni recato alguno el contenido de las normas referidas a Justicia, Proceso, Poder Judicial, etc.

Pero a todas estas, nos preguntaremos: ¿esa es la Seguridad Jurídica que estamos llamados a reflejar en el momento actual para beneficio y engrandecimiento de la Patria?

Queda finalmente por observar, que subsanados todos esos escollos, cuando se entre a redactar y preparar la nueva normativa adjetiva, debe dejarse dicha tarea a personal académica y técnicamente preparado, conocedores de la materia, para que no ocurra lo que hoy se constata en la citada Ley Orgánica sobre Protección del Niño y del Adolescente, al regular el modelo de Procedimiento Contencioso en asuntos de Familia y Patrimoniales (Art. 450 ss) en el cual se propugna el dominio de la oralidad, inmediación, identidad del Juez, incremento de poderes del órgano judicial, etc., entre otros, el cual como se lo ha venido destacando en Foros y Conferencias, adolece de graves fallas, no ha logrado su cabal implementación en la práctica, no cuenta con el apoyo funcional ni institucional necesario y para opinión de muchos, en especial del dolido y engañado pueblo venezolano, no dejará de ser sino un nuevo intento de corregir algo por una vía inadecuada y lo cual se confió quizá a personal muy calificado, pero no especialistas en derecho procesal.

Por lo demás quiero destacar que tales errores y defectos no son imputables a las autoridades del actual Gobierno, pues como se aprecia de la fecha de publicación de la mentada normativa, la misma correspondió a la mal llamada IV República, pero sin lugar a dudas que la inadecuada implementación de aquélla, ni el haber tomado las providencias necesarias para las correcciones que debieron adoptarse, sí pertenecen a las autoridades actuales.

Quiera que las demás reformas procesales necesarias para adecuar el funcionamiento de la Justicia, Poder Judicial y Proceso al nuevo orden Constitucional no se tomen tan a la ligera ni haciendo caso omiso a las observaciones, críticas y principios que la más novedosa y reciente doctrina han venido produciendo sobre la forma de lograr una mejor administración de justicia y sobre los pro y los contra de la oralidad, pero más importante aún, que no se olvide ni desmerezca el elemento esencial de esa y cualquier otra reforma en materia que afecte a la Justicia, esto es: "***Preparar, mejorar, adecentar y formar un adecuado Poder Judicial, darle credibilidad y apoyo, de lo contrario, ni con la oralidad, ni con la escritura, ni con el lenguaje tecnológico del internet ni los similares de la nueva tecnología se obtendrá siquiera una incipiente justicia.***

Si los constituyentistas no cayeron en cuenta de tan significativos y claros problemas como los expuestos y desconocían los comentarios que hasta ahora hemos dejado reseñados (los que como se observa, simplemente nos hemos permitido transcribir de diferentes autores, que no haberlos inventado con el mero prurito de criticar lo dispuesto en la nueva Constitución), una vez mas tendremos que decir lo ya destacado hace mucho por Voltaire: "***hay algo peor que un idiota, una Asamblea de idiotas".***

10.

APUNTACIONES SOBRE EL DERECHO PROCESAL EN AMÉRICA Y SUS NUEVAS TENDENCIAS*

Se me ha brindado la grata oportunidad de venir a charlar informalmente con Uds. sobre el estado de nuestra ciencia en estos momentos y lugares de nuestro complejo mundo y mas concretamente en ese trozo de tierras donde brota por todas partes la generosa y también voluptuosa naturaleza y las oportunidades que también, y muy a pesar de muchos de nosotros mismos, brindan nuestras tierras, aguas, cielos y talentos.

No saben Uds. el profundo e inmenso placer que siento de poder estar ante este foro, lejano de mi país, pero respetado y conocido en él por la prestancia y adelanto de sus instituciones, por la grandeza de sus riquezas materiales y espirituales, por el haber podido desarrollarse en condiciones mas favorables que aquel que nos vio nacer, y el que, a pesar de lo lejos que distan nuestra fronteras, unas de las otras, tiene tanto que aportarnos y permitirnos fijar nortes en sus progresos, adelantos, logros y decepciones.

Pero en no acoger los buenos ejemplos, ni los esfuerzos ya cumplidos de otros mas avezados que el resto de nuestro entorno, eso casi parece una costumbre propia de nuestros pueblos de este continente. Parece mentira lo que cuesta imponer, difundir o analizar lo que se ha hecho en otros países cercanos a los nuestros, a pesar de que sabemos, o cuando menos tenemos que intuir una clara comunidad de orígenes e instituciones en mucho de lo que hay, existe y vendrá en nuestras patrias.

Es una manía disociadora y discriminatoria sin sentido alguno de la cual padecemos no solo nuestros países, sino los hombres de todas nuestras tierras, es como una suerte de postura por desacreditar todo lo que posiblemente bueno pueda tener lo del vecino o el mas cercano, porque debemos presumirlo cuando menos de inferior calidad o menos puesto al día de lo que venga de otro mas lejano y sin vinculación alguna con los nuestros.

Me atrevería a decir en la intimidad de dos buenos amigos, que es una especie de pena por pensar que aprovechar lo bueno o lo malo de quien gira en nuestro entorno, constituye un motivo de vergüenza, pues equivale a reconocer que lo emulado, lo hacían mejor que nosotros mismos y que por tanto al hacerlo reconocíamos nuestras carencias y deficiencias.

No tiene por intención esta mi disertación y análisis, hacer una cátedra magistral, ni mucho menos pretender impresionar a un culto y conocedor auditorio sobre la materia que es objeto de comentario, con prosapia de palabras y nombres. Pretendo más bien un intercambio de ideas con gente de nuestro entorno, para discutir y buscar razón a cambios,

---

* Junio 2006.

instituciones, evolución y extinción de figuras y de instituciones en el Derecho Procesal que se estudia y aplica en nuestros estados americanos.

En mi intervención prescindiré pues de citas y referencias bibliográficas, pues repito, se trata de llevar adelante una conversación sobre el tema, mas que de hacer planteamiento de índole científico, que por lo amplio del tema a escudriñar, haría entonces imposible hacer un breve recorrido que nos impusiera del acontecer general de la materia a nivel de América.

Dentro de la temática pertinente si me parece imprescindible destacar una insólita conducta observable en todos los países. Parece mentira que estando tan cerca unos de otros, solemos despreciar lo poco o lo mucho de lo ya trajinado por otros de nuestro mismo continente, donde cuando menos debemos admitir existe una comunidad de origen histórico, en otros absolutamente indiscutible de carácter racial y en los que menos, la de origen y destino que nos mantiene unidos en lo bueno, en lo desesperanzado y hasta en lo malo que a veces nos toca vivir en nuestros destinos.

Yo diría que como un rasgo trascendente de nuestro acontecer hacia el pasado, debemos citar como cuestión curiosa el que a pesar de haber tenido la mayoría de nuestros países un origen cultural y de colonial común, presenta un panorama vario pinto y atípico de instituciones y sistemas que regulan nuestros sistemas procesales.

Insólitamente, en lugar de haber aprovechado experiencias y caminos per recorridos, cada uno ha optado por caminos diferentes, si bien buscando siempre el mismo general y común, la obtención de una justicia mas apropiada y razonable, más humana y ajustada a nuestros requerimientos de nuevo mundo, que la impuesta de una u otra forma por quienes nos descubrieron y colonizaron.

Digo yo, por tratar de justificar en algo tan curioso fenómeno, que sus raíces deben estar en la injusta imposición por quienes nos descubrieron y colonizaron, al procurar implantar en las sociedades de nuestros ancestros, estatutos ajenos a nuestra idiosincrasia, costumbres y creencias, a la fuerza, porque ese ideal de una justicia aplicada en otras latitudes era y tenía que ser la vigente y aplicable en estos lados de la América, sin caber discusión alguna.

Esa imposición sin discriminación tiene que haber provocado esa tendencia disociadora y encarnadura luego de sistemas múltiples y variados, sistemas que luego debieron aplicarse en las geografías de cada uno de los países de nuestra América, a pesar de los próximos a la experiencia y el acontecer de nuestros vecinos, a sus experiencias y bondades, despreciando así lo mucho y rico que podíamos obtener de quienes ya habían trajinado con problemas idénticos o cuando menos muy parecidos.

Preciso destacar que aun las honrosas excepciones que se pueden encontrar en los esfuerzos de un Andrés Bello en Chile, y de algunos de los prohombres de estas hermosas y acogedoras tierras Argentinas, mucho mejor preparados e informados en el acontecer de Europa e inclusive de Norteamérica, que como es nuestro caso en VENEZUELA, se encuentra por igual muy pocos ordenamientos autóctonos que de cierta manera razonable demostraran la preocupación del creador de la norma por la sociología y filosofía de sus habitantes y moradores.

Impusieron pues por igual LOS COLONIZADORES los modelos tradicionales vigentes en algunos de los países de Europa, y esos sistemas y sus instituciones, en la mayoría de nuestros países permanecieron inmutables a pesar del transcurrir del tiempo y costumbres, como por un miedo de tocar aquello intocable que casi nos llegó como legado, hasta que caemos en cuenta de la falta de sintonía y sinergia entre dichos sistemas y la realidad de nuestros pueblos.

No encontraremos tampoco el fenómeno de la comunicación de los logros culturales en la ciencia procesal, y así veremos como teniendo normas e instituciones probadas y de excelentes resultados en algunos de nuestros países del entorno americano, preferimos los carentes de ellas, acudir a modelos del exterior, de culturas inclusive ajenas al mas mínimo contacto con las americanas o sus modelos, antes de optar por un modelo ya probado y adaptado a la zona.

Creo que a estas alturas de nuestro pasado y actual siglo como primera cuestión relevante sobre el acontecer del Derecho Procesal del ayer, tenemos que tomar en cuenta su carácter meramente individual y la tendencia a enfocarlo como la vía ad hoc para la resolución de conflictos particulares, ajenos a su repercusión en la sociedad. Yo diría que sus rasgos característicos eran los de un proceso frío e individualista, donde cada parte e inclusive el Juez, solo se planteaban la necesidad y conveniencia de poner fin a los conflictos privados, se tenía en la mira a los intereses particulares en juego, a punto de lesión o ya lesionados ante la falta de un Estado que asumiera sus roles o por la simple práctica social.

En una sociedad incipiente como aquella a la que correspondía presenciar el conflicto de intereses solo le tocaba regir a ese espíritu normatista, poco tenían que ver con los resultados y trascendencia de esa litis, y solo se preocupaba por el aspecto externo de los juicios y el que se aplicaran estándares de justicia que mas o menos complacieran las costumbres de los pueblos y se mantuvieran dentro del orden legítimo pre establecido.

Fuera de las extrañas figuras que derivaban del reconocimiento de las legitimaciones especiales o anómalas, sonaba ajeno al mundo del derecho y mas del procesal, todo lo relacionado a procesos donde lo lesionado resultaban ser intereses colectivos y donde los efectos del proceso trascendían a sujetos que no formaron parte de la litis.

Ese nuevo proceso, por igual comenzó a tomar mas en cuenta el aspecto humano del conflicto, y en especial el modo como en ejercicio de la pretensión podían preterirse y lesionarse derechos individuales, o de que modo se afectaban los mismos con el acontecer del proceso, y nace así toda una corriente destinada a proteger y llamar la atención sobre la necesidad de preservar los Derechos Humanos de las partes en el proceso.

Y por sentado que ni pensar entonces que comienza a profundizarse en la idea de un Derecho Constitucional Procesal de una incidencia por demás especial del Derecho Constitucional dentro del proceso. Con anterioridad a estos últimos años, el Derecho Constitucional era una rama del Derecho fundamentalmente de contenido Público y organizacional del Estado, y si bien consagraba y contenía el enunciado de garantías y derechos fundamentales, ello para nada se vinculaba al acontecer del proceso, ni de otras ramas del Derecho en General.

Lo contrario paso a producirse y provocarse a finales del siglo pasado, y el derecho constitucional ha tomado un rol eminentemente activo y proteccionista, ampara así primordialmente al hombre en todos los aspectos de su desarrollo y en especial en los temas donde se lo juzga como responsable de hechos y conductas, donde se le exige responsabilidades ante el estado o terceros, donde se le puede vulnerar de manera mas ostensible sus derechos y libertades o donde esta mas expuesto a que ello ocurra.

El derecho constitucional ha pasado a tomar ahora una posición de avanzada y mas que ocuparse fundamentalmente de las libertades del hombre en torno al acontecer el estado, se dedica a consagrar y defender las instituciones y sistemas bajo los cuales pueda garantizar su mejor calidad de vida y felicidad, irrumpiendo con normas y principios que afectan sin diferenciar toda y cualquiera de sus actividades y debemos reconocerlo muy especialmente, con marcado énfasis en el acontecer procesal, y como permanente vigilante del fin humano del proceso, pues aun independientemente de a quien asista la razón, se procura de manera eficaz y eficiente el debido respeto a la igualdad de las partes, el tramite mas ajustado a la ley y a la seguridad del proceso, para que en verdad sea el proceso debido y no el querido proceso por una de las partes, generalmente la mas fuerte y poderosa.

En la búsqueda de mecanismos eficientes para la verdadera protección del hombre y los derechos humanos y garantías ciudadanas, ha pasado a tomar rol de particular importancia la normativa adjetiva y la efectiva implementación del amparo judicial, el cual en el caso de Venezuela, tomo un particular desarrollo, y auge, tanto que se habló del fenómeno del amparismo, pues la tendencia, y debo reconocer que aun hoy se mantiene, ante la inercia y tozudo andar del proceso ordinario regular, ha sido la de sustituir con el amparo cualquier auxilio natural de los mecanismos procesales para evitar, subsanar o reprimir las violaciones de derecho.

Lo dicho ha puesto y sigue poniendo de manifiesto a nuestro modo de ver dos importantes asuntos, por una parte que ciertamente es necesario un mecanismo realmente eficaz y expedito para la debida garantía de los derechos ciudadanos, ante la oleada de atropellos que directa o indirectamente se causa a los mismos, sea por conductas irregulares de los particulares, sea por la de órganos inclusive judiciales actuando en procura de restablecer el derecho violado de otros (para no referir a los burdos casos en que precisamente se lo utiliza como instrumento de vulneración de los derechos) con lo cual debo reconocer que con todas las dudas que arroje su procedencia y justificación y muy a pesar de las afrentas directas que pueda provocar al funcionamiento del poder judicial, soy de los que opino de manera terminante, que si es conveniente dejar instrumentado el mecanismo del amparo contra sentencias y actos judiciales, pues al menos en nuestro país, han sido muchos los casos, en que gracias a ese amparo contra sentencia, se ha preservado realmente el derecho y mas que el desamparo del poder judicial se ha producido la efectiva tutela del derecho de los ciudadanos.

A pesar del efecto no restablecedor del amparo judicial constitucional el mismo ha servido de útil dique para frenar los abusos contra los derechos del ciudadano y el mal uso de los poderes que la ley confiere al titular de derechos y a quien ejerce la potestad judicial la ciudadanía se ha sentido indiscutiblemente mas a favor de apoyar la institución que criticarla a pesar de la dura afrenta que se puede pensar causa la decisión de amparo, y el corto tiempo y modalidades bajo la cual se cumple el proceso de amparo.

Creo que como en Venezuela, en Argentina, como ocurrió recientemente, serán mas los aplausos que las censuras que puedan hacerse a los fallos de amparo que evitaron, contuvieron o ejemplarizaron que no podían cometerse abusos como los que fueron hechos públicos en torno a medidas monetarias.

Todo esto y ya a un buen tiempo de tener en operación los procesos de amparo y sus regulaciones quizá plantean la conveniencia hoy de revisar algunos conceptos sobre dicha institución, la manera de ajustarla aun mas a sus verdaderos fines, y procurar alguna forma que haga mas útil el fallo de amparo, que trascienda mas que su mero efecto restablecedor, es un importante reto que deja la justicia en manos de la sociedad y de los entes a cuyo cargo se encuentra el estudio y promulgación de las leyes.

Eso sí, es un tema particularmente sensible y delicado, que no puede quedar en manos inescrupulosas de políticos disfrazados de legisladores ni de legisladores incapaces escondidos bajo la túnica de hombres a quienes el pueblo ha confiado la delicada tarea de legislar.

Otro aspecto particular del nuevo derecho procesal americano, puede encontrarse en la nueva concepción de la creación y efectos de la institución de la cosa juzgada, asunto que por igual se ha puesto de manifiesto justamente con el uso y efectos del amparo.

No es hoy el mismo concepto el de la cosa juzgada analizada por los clásicos Chiovenda, Calamandrei, Carnelutti, mucha agua ha pasado bajo el puente, como suele decirlo el refrán popular.

Este concepto clásico, cede hoy ante la conveniencia y necesidad de entronizar nuevas figuras e instituciones qué facilitan la defensa de los justiciables, tales como los juicios ejecutivos, los de cognición abreviada, y la situaciones que derivan del poder cautelar anticipativo , pues evidentemente que en tales casos todo pronunciamiento que se haga en estado previo, critico o anticipado, debe y tiene que ser objeto de revisión posterior y en ello estará precisamente la garantía del justiciable.

Unos rasgos generales que inspiran los movimientos legislativos y judiciales americanos si tomamos cualquier obra nueva de derecho procesal, si asistimos a la cátedra de los hoy profesores de dicha ciencia, estoy seguro que encontraríamos unos rasgos comunes en todo nuestro entorno entre esos rasgos comunes seguro estoy que todos coincidiríamos en establecer los siguientes conceptos y elementos comunes:

PRIMERO: Justicia para qué y para quienes

Especial preocupación por el derecho de acceso a la justicia. Nuestra podrecía no solo toca en nuestras puertas para procurar ayuda al estómago del mendigo, habitante de nuestros ranchos o favelas, lo hace también para implorar justicia civil y penal, para que se le solventen problemas humanos iguales, pero en mayor importancia afectantes de sus vidas, a los que padecen y sufren las clases de mayor jerarquía

Lo dicho replantea la existencia de instituciones como las de declaratoria de pobreza o litigio en condiciones especiales para los desamparados, de manera tal que en efecto si se garanticen su presencia en estrados cuando sea menester.

Los dramas de abandono de niñez, abuso contra la mujer y la familia, son retrato vivo y justificantes de esa necesidad. Las estadísticas son aterradoras.

La dispensa de asesorías gratuitas, instituciones que publiciten y lleven al grueso de nuestros pueblos el que y el para que del derecho (Ministerio de Justicia canadiense).

Obligaciones éticas de los colegios y agremiaciones de abogados para asumir un papel de verdadero soporte de la ciudadanía, en especial de la que no puede o no tiene como llegar a defenderse.

SEGUNDO: Como y de que manera se puede garantizar el proceso justo o el debido proceso.

Este especial asunto trae con las manos en la cabeza a la nueva ciencia procesal. debatimos todos los días entre justicia, seguridad, celeridad, oralidad, formalidades, no ritualismos, escrituralidad, deficiencias organizacionales, etc.

No hay proceso justo sin juez capaz de administrar buena justicia. merman contra el quid la falta de capacitación judicial, la alta concentración de casos, la falta de políticas adecuadas para tercerizar la justicia (deslustramiento judicial)

La paradoja sustanciar y decidir, inmediación y deslastre del proceso, a quien y como confiar sensatamente las necesidades para un buen fallo.

El mito del juez para la verdad (que siempre debió ser su norte) y juez del expediente. Para nosotros, salvo contados casos que no creo pasarían de los dedos de las manos, ni aun el incremento de la potestad probatoria del juez (plena iniciativa probatoria) ni el sistema de formarse convicción son la solución. Es bueno ciertamente que el juez tenga y disponga de iniciativa probatoria, pero no es la panacea ni mucho menos. El mejor ejemplo es la justicia inquisitoria penal.

¿Es que acaso estamos contentos con nuestras justicias penales? nuestras damas blancas con esposas grilletes y armas?

TERCERO: La crisis del concepto cosa juzgada

Ya destacaba el maestro Cappelletti refiriéndose al tema: hay que reformar la noción tradicional de cosa juzgada para que sea posible la defensa de los intereses difusos, y por ello cada vez mas las legislaciones procuran dar reconocimiento a las legitimaciones especiales y a la protección de intereses difusos (vg. Brasil, Uruguay cgp).

Mucho se ha escrito sobre el tema y ciertamente no podemos decir se lo ha hecho mal, pero lo cierto es que el mundo como destaca el tango, gira y gira, y las realidades son otras.

Ante elementos esenciales de la figura como inmutabilidad. Efectividad, oponibilidad, intangibilidad, no revisabilidad, se hace preciso revisar y estudiar detenidamente consecuencias que hemos venido imponiendo con la cosa juzgada que de pronto se nos hacen inaceptables, intolerables, o injustamente exigibles (vg. valor de la cosa juzgada de un fallo en un juicio administrativo, con vista a lo discutido sobre supuestos similares en otro de contenido civil.

El efecto extensivo de la cosa juzgada abarca hoy a terceros cuando el juicio es promovido en defensa de intereses difusos y se trata de idénticos objetos y misma causa.

Todo esto potencia y vivifica la problemática de la motivación de la sentencia, pues la cosa juzgada, finalmente, debe buscarse en el fallo, y solo en el fallo.

la novedad e importancia de las teorías de Fallabrini, Liebman, Proto Pisani y Pugliesse sobre la temática de los efectos reflejos para terceros de los fallos (extensión de los efectos del fallo) y que facilita la explicación de las legitimaciones anómalas y de las colegitimaciones.

Sobre tan particulares como escabrosos temas nos traen una brillante síntesis nuestro apreciado profesor y amigo Dr. Jaime Greif (temas de Derecho Procesal Civil), que nos consumen en su lectura, sin permitirnos separar la vista de sus densas líneas y certeros análisis.

Otro problema derivado de toda esta nueva conceptualización surge con ocasión de otro tema de relevante interés, cual es el de los procesos sumarios propiamente dicho, y los alcances que en ellos adopta el concepto de cosa juzgada y de lo cual deriva toda la nueva especulación sobre inmutabilidad del fallo e imperatividad del fallo, dependiendo fundamentalmente de que en tal clase de juicios especiales quepa o no a posteriori de la sentencia juicio ordinario que revise, sustancie y resuelva los conflictos ya decididos en el fallo precedente (caso de alimentos, juicios sumario de paternidad, etc.

CUARTO: Los procesos de revisión de la cosa juzgada en supuestos de fraude procesal, acciones o recursos revocatorios: consagración de los recursos extraordinarios de revisión (vg Uruguay)

Que en todo caso hacen necesaria una cuidadosa y excepcional regulación para evitar definitivamente la burla a la institución de la cosa juzgada (en Venezuela recién en la ley org proc trabajo) y creación jurisprudencial del TSJ.

QUINTO: El poder cautelar especial (sentencia anticipativa)

El remedio y los recursos, el uso y el abuso, reparabilidad y responsabilidad del juez.

SEXTO: Acomodamiento y promoción de las figuras de autocomposición y medios alternativos para la solución de los conflictos

Los problemas del arbitraje (inadecuada regulación, mentalización de una verdadera solución útil en particular desde el punto de vista gremial), definir de una vez por todas el rol del juez frente a los medios alternativos.

A título de conclusión con otro problema, el de mas fondo:

El rol del Juez (creador de derecho, como salvaguarda del arbitrio legislativo, donde la ley es un elemento de decisión, pero el Juez tendrá la última palabra.

El derecho no es ni puede confundirse con la ley ni con el juicio, deben establecerse ciertas jerarquías, incluyendo la justicia y los principios generales del derecho y de allí derivar el poder del juez.

Me confundo y entiendo que confundo por igual cuando toco temas tan escabrosos, aun cuando ciertamente apasionantes como estos del papel del juez y del derecho, del concepto de justicia y de equidad.

Por mucho que leo a Perelman, siento un respiro agradable en el alma, pero en la razón, no termino de ubicarme ni justificar tampoco un derecho al libre albedrío del intérprete.

Como explicarnos eso de interpretar las reglas con espíritu de justicia, evitando lo irracional y distinguiendo legalidad y legitimidad.

11.

ALGUNOS ASPECTOS PROCESALES DEL JUICIO DE RENDICIÓN DE CUENTAS EN EL CÓDIGO DE PROCEDIMIENTO CIVIL VENEZOLANO VIGENTE*

INTRODUCCIÓN

El tema que he escogido para esta disertación, que no pasa de ser una conducción a todos Uds. para analizar algunos de los problemas procesales de este procedimiento especial, está limitado precisamente al análisis de las particularidades mas resaltantes de nuestro juicio de cuentas, en su versión como procedimiento ejecutivo especial, también conocido como juicio de ejecutivo de cuentas o procedimiento ejecutivo de rendición de cuentas.

No entraré a profundizar en los aspectos sustantivos del objeto de la pretensión sino en lo que resulte estrictamente indispensable, ni dirigiré mi atención a la segunda etapa de ese procedimiento especial, en tanto que, como todos lo sabemos, ella se desarrolla bajo los principios que regulan el juicio ordinario, y con la sola particularidad de los problemas que atañen a la naturaleza de las "observaciones a las cuentas" y a la especial prueba de experticia a que alude la Ley para resolver esas diferencias.

I. ÁMBITO DE APLICACIÓN DEL PROCESO DE RENDICIÓN DE CUENTAS Y MECANISMOS ADJETIVOS PARA PROTEGER ESE DERECHO DEBER

— Consideraciones sobre la naturaleza jurídica de la obligación de rendir cuentas:

Comenzaremos por indicar que el derecho a recibir cuentas y su deber correlativo de presentar dichas cuentas, deviene de fuentes diversas: unas, contractuales, otras cuasi contractuales (gestión de negocios) y otras, de un imperativo legal impuesto con ocasión del desempeño o ejercicio de una determinada actividad, en la cual por las particularidades que supone el que con ella se hace entrega de bienes con un fin específico, y por entrañar que de ello uno de los sujetos de relación viene vinculado a dichos bienes de modo especial (y eso es también sustento de las anteriores relaciones de la que deviene), la ley le impone el deber de presentar un resultado de esa gestión y la obligación de restituir parte o todos esos bienes o el saldo de ellos.

---

* Congreso de Derecho Procesal Civil patrocinado por el Instituto de Estudios Procesales José Rodríguez U. Puerto La Cruz, Edo. Anzoátegui, 23 Octubre 1998.Publicado en *Revista de la Facultad de Derecho,* Universidad Católica Andrés Bello, No. 54, Caracas 1999, pp. 127-154.

Precisa observar como bien lo apuntó fallo de la Corte Suprema de Justicia Colombiana[1]: "La obligación de rendir cuentas la establece la ley civil respecto de aquellas personas que sin tener ánimo de dueños administran bienes ajenos, bien por convención, como acontece respecto del mandatario; bien por cuasi contrato, como en la agencia oficiosa *(sic* gestión de negocios); bien por disposición de la ley, como en lo que respecta a los guardadores y a los ejecutores testamentarios *(sic* albaceas) pero la ley no impone la obligación a quien ha usufructuado una cosa por su cuenta creyéndose dueño de ella".

Con esa misma fundamentación, podemos recomendar como concepto sobre la Rendición de Cuentas, entre otras, una definición descriptiva como la que nos hace Palacio[2], "Denominase rendición de cuentas, en general, a la obligación que contrae quien ha realizado actos de administración o de gestión por cuenta o en interés de un tercero y en cuya virtud debe suministrar a éste un detalle circunstanciado y documentado acerca de las operaciones realizadas, estableciendo, eventualmente, el saldo deudor o acreedor resultante en contra o a favor del administrador o gestor".

Precisa advertir del anterior concepto, que no necesariamente tiene que tratarse de negocios ajenos o de un tercero, pues por ejemplo modernamente cada vez más se entiende que en el comercio, la obligación de rendir cuentas en las operaciones de esa índole, es una obligación profesional típica de la actividad, diferente inclusive de la que deriva del mandato o la gestión de negocios[3].

Finalmente, nada obsta para que por igual se entienda existe esa especial obligación aún tratándose de negocios donde existan intereses propios del gestor o administrador.

En todo caso en tales supuestos se exige del sujeto obligado a las cuentas, haber desplegado una conducta diligente en el cuido y manejo de los bienes y haberes que se le tienen confiados, su destino, manejo de sus frutos civiles o naturales, y la debida imputación que se haya hecho con los mismos.

Lo común y genérico en todos los supuestos resultará ser que en cabeza del sujeto activo de la obligación está latente el derecho a recibir detalle de cómo, cuándo y para qué se usaron y destinaron los mismos, y el derecho a recibir el saldo de aquellos si lo hubiere y del deber del sujeto pasivo de llevar un control razonable de las actividades cumplidas con los mismos, su destino, monto y el devolver o reintegrar los que queden al final de la ejecución de la actividad o negocio realizado.

Es de observar también que para que surja esa obligación de rendir cuentas, debe tratarse necesariamente de que con ocasión al ejercicio de las actividades convenidas, se hayan entregado o recibido bienes (dineros u objetos) con y para un destino específico, no bastando pura y simplemente que conlleven la ejecución o realización de conductas (hacer o no hacer), pues la omisión o indebida ejecución de las mismas, si bien pueden dar lugar al cumplimiento o incumplimiento de un contrato, cuasicontrato, o las responsabilidades derivadas de una imposición legal, y que a la larga pueden derivar en una obligación de resarcir daños, no comporta ese deber de dar detalle sobre cómo, cuándo y cuales resultados se obtuvieron en la realización de esas conductas.

---

1 Francisco Morales Casas, *La Rendición de Cuentas*, Edit. Temis, Colombia, 1984, p.14, S. Dic. 1923.

2 Lino Enrique Palacio, *Derecho Procesal Civil*, Edit. Abeledo Perrot, Argentina, 1983, Tomo VI, p 256.

3 Palacio, opus cit. p. 256, nota b.

Por lo demás, debe observarse también que en sí, tal derecho y deber, resultan obligaciones dependientes que no accesorias de otras principales, cuya vida y acontecer son totalmente independientes de las segundas, que entonces deviene derivada de estas y la que por ello en decir de la doctrina subsisten independientemente de ellas y no son simplemente accesorias.

Como lo destaca Morales Casas, debe quedar claro que "la rendición de cuentas no nace por virtud de un contrato típico de rendición de cuentas, que no existe, sino como una obligación derivada, propia de algún contrato, como el de mandato, o de fiducia, u otro"[4].

La titularidad para exigir cuentas, continúa el mentado autor, nace dentro de un conjunto de obligaciones típicas, y no como una obligación aislada. Esto es, se es titular del derecho de exigir cuentas no aisladamente, sino sólo en la medida en que existan otras obligaciones (ordinariamente de hacer)[5].

Tampoco puede sostenerse que tiene origen directo en el cuasi contrato de la cual deviene o del imperativo legal que la impone. En todos los casos, la verdad es que ella es consecuencia de que el obligado haya realizado la administración de determinados bienes, ello es verdaderamente su causa eficiente. Esa tarea en sí misma es un fenómeno jurídico, el cual genera objetivamente la obligación de rendir cuentas.

Lo dicho tiene particular relevancia si se piensa que por ejemplo, celebrado un contrato de administración delegada para una construcción determinada, entregado como fuere con ocasión de ello sumas de dinero destinadas a adquirir materiales para la obra y para la ejecución de los trabajos que aquella supone, si se declarare la nulidad del citado contrato principal, por igual el sujeto obligado (administrador), deberá no obstante entregar o bien el monto íntegro de lo recibido, o sus saldos, con detalle de cómo, cuándo y para qué destinó lo percibido[6].

La protección adjetiva prevista por la Ley .en garantía del cumplimiento de ese derecho y la carga del deber que comporta, como en todo caso, la encontrará el sujeto de la relación sustancial en la variada gama de garantías jurisdiccionales contempladas en el ordenamiento que le garantizan la exigibilidad de su derecho a pedir el cumplimiento del contrato, a que se declare con fuerza de verdad, a falta de otro mecanismo, la existencia o inexistencia de una prestación o derecho derivado de esa relación, y a la condena del pago eventual de sumas adeudadas con relación a dicho convenio.

Siendo, como puede serlo una de ellas, por razón de las prestaciones a que se obligaron las partes, la indicada "dependiente" de rendir la cuenta del destino de bienes o dinero entregado con ocasión de aquel acuerdo de voluntades, el acreedor de la obligación a recibir el informe del manejo de esos bienes, tendrá derecho de accionar ante el órgano jurisdiccional para garantía de ese débito, por la vía ordinaria ante el órgano jurisdiccional, *y* como en cualquier otro supuesto en el que se discuta la ejecución no voluntaria de una obligación.

Pero en adición a esa vía procesal ordinaria, también el ordenamiento admite el carácter incidental con la cual en veces aparece el deber de cumplimiento de esa obligación especial, sin que deba iniciarse separadamente el juicio ordinario, tal como ocurre en los

---

4 Morales, opus cit. p. 17.

5 Cfr. Morales, p. 18.

6 Morales, opus cit. p. 19.

casos en que el Depositario Judicial viene obligado a hacerlo, dentro del decurso de otro juicio y con ocasión de la que él rinda voluntariamente, le sea solicitada por la parte que dio lugar a la medida cautelar o ejecutiva, o finalmente le requiera el Juez, como rector del proceso y responsable de la actividad de dicho auxiliar de justicia[7].

En el caso del Depositario Judicial, la Ley especial[8] regula dicho procedimiento como una incidencia con particularidades muy especiales que a su vez se apartan tanto del juicio ordinario como de otros supuestos en que la Ley consagra la protección adjetiva del derecho deber a pedir y dar las cuentas.

Resumidamente, la normativa contempla que la pretensión se inicie con la simple cuenta que presenta el obligado y la petición de que se la imponga al obligado a pagar los emolumentos y gastos del depósito, para lo cual fija además una especie de término de caducidad que se cuenta a partir de haber terminado su gestión como depositario, y a fin de que quien venga obligado a pagarlas, la objete o no en el término de diez días y en el entendido de que si no fuere objetada dentro de él, la misma quedará firme y con fuerza de sentencia ejecutoriada.

Si por el contrario la cuenta se objetare, se abrirá una incidencia probatoria de ocho días en el juicio ordinario y de cuatro si el proceso en la cual se insertare fuere breve, debiendo resolverse la incidencia en única instancia, pero pudiendo cualquiera de las partes pedir que la sentencia lo sea con Asociados.

Como se advierte, este extraño procedimiento pareciera gozar de las características de los procesos ejecutivos, pero como se lo observa no se exige la preexistencia del título típico que de costumbre suelde ser exigido por la Ley en estos casos *(vid infra),* y en adición, lo que de no quedar contradicho sirve de sentencia, no es el auto del Tribunal que ordene darle trámite al procedimiento incidental, sino a "la cuenta presentada por el depositario", lo que ciertamente es un verdadero caso extraño en nuestra normativa vigente, y del cual francamente tampoco hemos encontrado similitud en otros ordenamientos.

La única razón que podemos dar para sustentar tan extraña concepción de ese proceso, lo es que se supone que los gastos y emolumentos del depositario, viene a su vez regulados en la Ley, y por tanto asumimos que el Legislador debió presumir que los mismos al no ser objetados se conforman con los del ordenamiento, y de allí que simplemente los declare líquidos y exigibles.

Pensamos que salvo el indicado caso no existen en nuestro ordenamiento otros similares en que la cuenta pueda ser presentada y/o exigida incidentalmente, pues si bien en

---

7 En doctrina nacional y extranjera se admite por igual dicho proceso incidental de cuentas, si bien se lo refiere a supuestos que dan lugar a la misma diferentes al que es objeto de comentarios. Vid. Palacio, opus cit. p. 276 y dentro de los autores patrios, así lo acepta Arminio Borjas, *Comentarios al Código de Procedimiento Civil Venezolano*, Tomo VI, p. 41, Editorial Biblioamericana, Argentina, 1947.

Finalmente debemos destacar que es esta también una posición que encuentra respaldo jurisprudencial en decisiones de nuestra CSJ, cual es el caso de la Sent. fechada el 21-11-96 transcrita en Henríquez La Roche, Código de Procedimiento Civil, tomo V, Edit. Centro de Estudios Jurídicos del Zulia, Caracas, 1998, p. 205.

8 "Ley de Depósito Judicial", GO. 28.213 del 16-12-1966, arts. 13 ss.

materia de tutela[9] se prescribe la obligación y se alude a que el Tutor deberá rendir las cuentas de su gestión, y en tanto el procedimiento de tutela permanece en el tiempo abierto, nada lleva a concebir que aquellas deban presentarse incidentalmente, sino por el contrario a que se las exija o se las rinda conforme a las reglas generales a que venimos haciendo referencia en este capítulo. Por supuesto que el Cpc nada estatuye tampoco al respecto dentro de los procedimientos especiales de familia (Arts. 726 ss).

En otras ocasiones así mismo podremos observar que quien puede pedir en acción de declaración de condena, y ante la ausencia de una norma sustantiva que regule el supuesto, lo será quien por Ley, contrato o cuasicontrato, venga obligado a rendirlas, para que "le sea recibida y aprobada la cuenta"[10].

En tales supuestos obviamente, la acción deberá tramitarse y sustanciarse por las vías del juicio ordinario, con todas las garantías de la Ley para las partes.

Finalmente, el ordenamiento adjetivo regula otra forma más para exigir el cumplimiento del deber de rendir cuenta, y para el cual establece determinados requisitos, nos referimos ahora al propiamente dicho "procedimiento ejecutivo de rendición de cuentas".

En este caso, el presupuesto básico para la procedencia de la garantía jurisdiccional es el de la existencia de una prueba calificada (documento auténtico) del que pueda deducirse presuntivamente y de modo cierto que existe la obligación de rendir las cuentas, de que se ejerció la actividad, y de que se lo hizo en relación o uno o más negocios determinados, esto es, no solo de que existe el supuesto genérico para rendir la cuenta, derivado de la existencia de una relación jurídica en la que se supone existe ese deber de administrar bienes, sino de que efectivamente se lo realizó en una determinada época y para uno o más negocios específicos, o bien que se encuentra en un supuesto legal que le impone esa obligación, y en adición a que efectivamente lo ejecutó en un tiempo dado y con ocasión de determinadas operaciones.

Como lo dejamos ver, de la prueba, o documentos que se consignen parece no ser suficiente que solo evidencien la existencia del derecho deber de rendir la cuenta, sino por igual se entienda y comprenda el haber ejercido la actividad de administración durante un cierto período definido, y que en realidad realizó el o los negocios para los cuales se contemplaba la entrega de esos bienes, o el recibo de los mismos[11].

---

9 Arts. 376 ss, "Código Civil", GO 2990 Ext del 26-7-82 (en lo sucesivo Cc).

10 En legislaciones foráneas, como es el caso de Argentina, se contempla en norma expresa tal derecho, Art 657 Código Procesal de la Nación. Vid. Palacio, opus cit. p. 278, procedimiento que se denomina "Demanda por aprobación de cuentas". Borjas, opus cit. p. 41, por igual admite la posibilidad de dicha acción, sin cita de fuente legal.

11 Nuestra jurisprudencia no es muy clara respecto a que debe entenderse por "auténtico" y ha sido vacilante al respecto, sin embargo, hoy, puede decirse que la tesis dominante es la de reputar tal prueba escrita de fecha cierta y paternidad indubitable. Sobre el concepto de auténtico, en su problemática procesal remitimos a los interesados a los enjundiosos estudios de los profesores Brewer Carías, Rengel Romberg y Cabrera Romero. En adición, la norma tampoco es del todo clara y parece que el requisito abarca no sólo al documento del cual derive la obligación de la rendición de cuentas (el contrato: mandato, cuentas en participación, comisión, etc.) sino a los demás extremos a que alude la norma: la duración del ejercicio de la actividad, el o los negocios involucrados. Nuestra Corte Suprema ha sostenido: "no basta la simple demostración del título o carácter conferido al demandado para administrar negocios

En estos casos, el ordenamiento adjetivo no es que le quita al sujeto con derecho a recibir las cuentas la acción para pedirlas en vía ordinaria, sino que le facilita, en forma optativa a la vía ordinaria, mas no concurrente con ella, otra vía más expedita para lograr la presentación de las cuentas y por tanto que antes que nada quede garantizado el cumplimiento de ese débito, a través de medios ágiles, dotados de especial celeridad que conducen al mismo efecto.

Tales mecanismos procesales constituyen el procedimiento ejecutivo especial de rendición de cuentas y es en este que centraremos nuestros comentarios.

En resumen, quien tiene el derecho a que se le presenten cuentas, puede lograrlo bien a través del proceso ordinario, con todas las garantías del proceso, mediante el ejercicio de una acción de condena, cuyo resultado será que el demando, obligado a rendirlas, se le tenga por tal, y que como consecuencia de las declaraciones de certeza previas en el proceso, venga obligado a devolver determinados bienes, o su equivalente en dinero, con cualesquiera otras peticiones accesorias: daños, intereses, costas, etc., bien por una vía incidental en ciertos casos contemplados en la Ley, y dentro del decurso de otro juicio, como incidencia autónoma.|

Finalmente, si cuenta con los medios probatorios calificados por la Ley, que le permitan deducir al órgano judicial la existencia presuntivamente indiscutible del deber de rendir las cuentas, la normativa adjetiva pone a su disposición la vía de un proceso ejecutivo especial, en el cual, constatado sumariamente por el juez, con la minuciosa revisión del medio probatorio y la convicción que en el produzca de la existencia del débito de rendir cuenta, del efectivo ejercicio de las actividades que comporta la administración o manejo de bienes o dinero, derivados de uno o más negocios determinados en un período de tiempo, sea compelido en un breve lapso, sin necesidad de que transcurra todo un período para la formación de esa convicción (el del juicio ordinario), para que las presente, y seguidamente se abra un término especial judicial, en el cual se analicen, se objeten, y en su caso por la vía de una experticia, se determine si están o no conformes, y con vista a ello, se concluya si existe o no la obligación de reembolsar un saldo de bienes o dinero, derivado del negocio mismo o del indebido manejo de dichos negocios, para que resulte condenado a pagar ese saldo judicialmente determinado.

Para buscar de alguna manera justificación a la especial concesión que hace el legislador a esta obligación, y para lo cual contempla esa vía " ejecutiva " para exigir su cumplimiento, podemos argüir, que se lo hace en consideración a que el deber mismo de rendir cuenta se sobrepone a toda incidencia misma relativa a la vida de la relación negocial o del deber legal del cual deriva, y de sus resultados (que existan o no saldos acreedores) si queda demostrado presuntivamente y con un medio de prueba calificado que él existe, que efectivamente se cumplió la labor o gestión que genera ese débito obligacional durante un cierto período y actividad, independientemente de cualquier defensa o reclamo derivado del contrato o relación legal subyacente, debe acatarse ese débito u obligación de presentar la cuenta.

---

ajenos, como lo sostiene la formalización, sino que es necesario, conforme a nuestra pacífica doctrina, que se evidencie de autos la efectividad de la administración o gestión cumplida por el cuentadante dentro del lapso en que pudo ejercer las facultades pertinentes". Corte Suprema de Justicia (CSJ) Sent. 16-6-76, *Repertorio Forense* 3530, pp 1 ss, *cit.* por Henríquez La Roche, *opus cit.* p.203.

— Relaciones jurídicas tipo de las cuales nace la obligación de rendir cuentas:

Precisadas así las cosas, merece la pena referirnos o catalogar aquellos casos en que la voluntad de las partes, la Ley o el cuasi contrato hacen nacer la obligación derivada de rendir cuentas, con la observación, de que ellos no son los únicos, puede ocurrir que con ocasión del desarrollo de otro contrato típico o atípico y por razón de esa especial gestión de administración de bienes que con relación a aquél pueda surgir, nazca también la comentada obligación.

En cuanto a la fuente contractual, pueden citarse entre, otras de las cuales deriva el deber, en el contrato de sociedad en cuanto a sus administradores, con la advertencia de que algunos entienden que la legitimación activa para exigirla durante la vigencia ordinaria de la sociedad corresponde a la asamblea, y durante la etapa de liquidación a los socios, a los liquidadores de las sociedades, independientemente de que hayan sido o no sus administradores, a los Síndicos en las quiebras, en las cuentas de participación mercantiles al asociante y más propiamente al que actúa como gestor, en el mandato al mandatario e incluyendo al factor mercantil, en el de corretaje de seguros, en el de fideicomiso, en el contrato de edición, en la venta por consignación de mercancías (conocido en algunas legislaciones como "estimatorio"). Precisa destacar, repetimos que no es la anterior enumeración taxativa, y que en otros muchos contratos, típicos o atípicos, puede surgir la obligación, si de alguna manera una de sus partes asume esa función de administración de bienes vinculados al mismo (pe. en el de prenda, en el de Depósito especial <Almacenes de depósito>), etc.

Es importante destacar que uniformemente en cambio, no se admite que nace tal obligación en el contrato de cuenta corriente bancaria, regido por legislación y principios especiales.

Respecto a la fuente legal de la obligación, pueden citarse entre otros, por igual, los casos entre el cónyuge administrador por la administración de los bienes comunes, la de los padres por los bienes propios de sus hijos, el de los tutores y curadores, del albacea testamentario, el administrador de bienes del ausente, el curador de la herencia yacente, los administradores especiales de la herencias, los depositarios judiciales, los administradores *ad hoc* en el caso de medidas innominadas, etc.

Finalmente, con origen en el cuasi contrato, se mencionan igualmente como fuentes del derecho deber de entregar y recibir cuentas, entre otros los casos del gestor de negocios, el de los administradores de la sociedad de hecho o de la irregular, la de los comuneros que gestionan la administración de la cosa común, etc.

Precisa también destacar, que salvo los casos en que la obligación tiene origen legal[12], es perfectamente posible que voluntariamente se dispense de la obligación de rendir cuenta al cuenta dante por el cuenta habiente, admitiéndose que dicha renuncia pueda ser inclusive tácita[13].

12 Salvo el caso del curador de bienes designado en testamento para un menor o entredicho ex art. 311 del Código Civil, (Cc) GO. Ext 2990 del 26-7-82.

13 Palacio, opus cit. p. 258. Respecto a la renuncia, la doctrina entiende que en tal caso debe entenderse se trata de una liberalidad y por tanto deberá atenerse en tales supuestos a determinar si el renunciante tiene o no la capacidad para hacer liberalidades y si el cuentadante tiene la propia para recibir aquellas. Cf. Palacio misma página.

Finalmente debe señalarse que existirán casos en los cuales la gestión administrativa de los bienes o haberes esté confiada por la Ley o el contrato, o inclusive de hecho a más de una persona, supuestos en los que obviamente, vienen obligados a cuenta, solidariamente, a los que así deben hacerlo y que efectivamente la hayan ejercido, produciéndose los efectos de un litisconsorcio.

Todo lo anteriormente expresado reviste particular importancia en tanto, que de ello deviene la cualidad pasiva o activa para intentar o soportar los efectos de los correspondientes procesos de rendición de cuentas, debiendo por último resaltar que por igual en veces resultará inocuo que el derecho habiente a la cuenta no resulte ser o estar colocado en la posición sustancial de titular de la propiedad de los bienes o haberes entregados en administración, pues puede serlo, con derecho a pedir las cuentas un tercero, que por cuenta de otro detenta tales bienes[14].

II. LA ESPECIALIDAD DEL PROCESO EJECUTIVO DE RENDICIÓN DE CUENTAS

Este procedimiento ejecutivo de rendición de cuentas está contemplado en nuestro Código de Procedimiento Civil vigente en los artículos del 673 al 689 en el Libro Cuarto, De los Procedimientos Especiales, Parte Primera, De los Procedimientos Contenciosos, Título II, De los Juicios Ejecutivos[15], resulta ser de vieja data en nuestra normativa procesal, en términos más o menos parecidos se lo contempla en otras legislaciones y tiene sus orígenes según algunos en el procedimiento romano de la *"reditio rationum"*[16].

Como proceso especial, tiene determinadas características peculiares, que precisamente lo hacen apartarse de otros procedimientos especiales, y a su vez de los demás procedimientos ejecutivos y por ello reviste particular interés, en tanto representa una mezcla de situaciones sustantivas y procesales poco comunes en nuestro sistema, el cual se lo concibe así como un modo especial que regula el Legislador para garantía del cumplimiento de esa "obligación derivada" de otras nacidas en virtud de determinados contratos, cuasi contratos o de la Ley.

Una de esas particularidades es, en efecto y como lo veremos, el ejercicio acumulado de dos tipos de acciones autónomas, una, la pretensión meramente declarativa, dirigida a obtener el pronunciamiento del juez, sobre la pura obligación del demandado de que resulta ser sujeto de la obligación genérica de rendir cuentas y otra, subsiguiente y consecuencia de la anterior, que deviene en pretensión de condena, y que viene a generar eventualmente una obligación de restituir determinada suma de dinero o bienes, y que surgirá como resultado del examen y verificación de la entrega y presentación de los recaudos que origina la gestión de administración que fue invocada y sobre cuya existencia ha quedado presuntivamente demostrado ha sido cumplida y está referida a un período dado y a unos negocios determinados.

---

14 Borjas, opus cit. p. 40.

15 Código de Procedimiento Civil (en lo sucesivo Cpc), GO 3694 Ext. del 22 de enero de 1986 al cual se hicieron insignificantes reformas en el hoy vigente, GO 4196 Ext. del 2 de agosto de 1990.

16 Gabriella Rampazzi Gonnet, *Il Giudizzio Civile di Rendiconto*, Edit. Giuffre, Italia, 1991, p. 10.

Como debe colegirse de lo antes expuesto, también cabe advertir que en este caso el "título fundamental de la pretensión" necesariamente debe acompañar al libelo de demanda, no pudiendo aceptarse inclusive siendo público el que lo sea, pueda presentarse dentro del lapso excepcional contemplado en la Ley, pues como requisito impretermitible de esa pretensión inductiva de la primera etapa del juicio ejecutivo de cuentas, el Juez necesariamente tiene que revisar, analizar y deducir de dicho instrumento si se dan las excepcionales razones para poder admitir por esa vía la pretensión deducida.

Esa misma especial característica, hace que el desarrollo del procedimiento se cumpla también bajo condiciones particulares, pues como lo veremos, el mismo se cumple en dos etapas, claramente diversificadas, y con dos modalidades de procedimiento nítidamente definidas, una bajo la premisa de una cognición breve y sumaria, que concluye con el pronunciamiento de que existe en cabeza del llamado a juicio la obligación de presentar las cuentas, y de que por tanto soporta la condición de ser sujeto de una relación sustantiva que la genera (administrador de bienes, tutor, mandatario, gestor de negocios) que queda confirmada con la declaración de certeza inductiva que le impone y le insta a presentarlas dentro del plazo que fija la Ley; y otra, que nace como consecuencia de las objeciones que él puede presentar a la orden del juez de que así lo haga, que debe hacerla valer dentro del mismo plazo que se le ha fijado para presentarlas, so pena de que su actitud remisa o no ejercicio de defensas que la contradigan o nieguen, hagan quedar firmes y definitivas las declaraciones de certeza que en *in limine* contiene el Decreto inicial del órgano judicial, o que, formulada contra la misma, la pertinente contradicción (por vía de la oposición), hacen que deban ser discutidas en un proceso ordinario, al cual resulta condicionalmente llamado.

Derivado de esas notas especiales que rodean el proceso de rendición de cuentas ejecutivo, en su procedimiento se observan las siguientes particularidades:

1. *En cuanto a la competencia del órgano judicial que conoce del mismo*

En el caso de la rendición de cuentas, en general, y por igual en el supuesto particular del juicio ejecutivo de rendición de cuentas, para ciertos supuestos en que nace la obligación de darlas (en general en el supuesto de tutela y los de administraciones concedidas, entendiendo por tal nosotros las que derivan de un supuesto legal, no de la voluntad de las partes), el Cpc establece como fuero electivo para el demandante, el del lugar donde se hayan conferido o se la haya ejercido, o el del domicilio del obligado, dejando a salvo, respecto a este último que fueren varios los demandados y no tuvieren el mismo domicilio (art. 43 *ejusdem).*

Borjas se plantea como caso curioso, cuando coinciden los fueros *especiales del forum apertae sucessionis y el gestae administrationis* (el de apertura de la sucesión y el del domicilio social) con el contemplado para la rendición de cuentas ex artículo 45), resolviendo el caso así: Si se trata de acciones principales de cuentas, predominarán los fueros especiales en cada caso, pues tal competencia no es potestativa, y si se tratase de un proceso incidental, obviamente atraerá el ejercicio de la nueva acción el del juicio principal ante el juez que esté conociendo del caso (partición o acción de origen societario)[17].

En lo atinente a cuantía y materia son aplicables las normas generales de competencia establecidas en el Cpc y reglas especiales de distribución de las competencias.

---

17 Borjas, *opus cit.* p. 41.

Debe observarse que hoy, con las recientes medidas de distribución de competencias, estimamos que los casos de rendición de cuentas en procesos relacionados con familia y sucesiones, el competente para conocer de dichos juicios resultan ser los jueces de Bienes, que no los de familia y menores, aun cuando la obligación de rendir las cuentas surja de relaciones típicamente de Derecho de Familia o del Derecho de Menores o incapaces.

2. *Título que se invoca como fundamento de la pretensión y documento fundamental de la demanda*

Como ya lo esbozáramos precedentemente, es esta una de las particularidades especiales del juicio ejecutivo de rendición de cuentas.

En efecto, ya dijimos que, de no existir esa especial prueba documental, el procedimiento no puede ser tramitado por la vía de cognición sumaria, o por la vía ejecutiva, que consagran al mismo.

Esa prueba auténtica exigida por la Ley hace las veces del título ejecutivo que se requiere en procedimientos de esta naturaleza.

En efecto, como buena pretensión ejecutiva, la misma persigue modificar una situación de hecho existente en forma de adecuarla a una situación jurídica resultante sea de una sentencia condenatoria, sea de un documento que, en razón de su contenido, goza de una presunción favorable con respecto a la legitimidad del derecho del acreedor, con ella no se trata de obtener un pronunciamiento acerca de un derecho discutido, como ocurre en el proceso cognitivo ordinario o pleno, sino de actuar, de traducir en hechos reales un derecho, que pese a haber sido voluntariamente o legalmente reconocido o creado para ciertos acreedores quienes se confiere un poder de supremacía, permanece insatisfecho.

Por consiguiente, desde que en la base de toda pretensión ejecutiva se encuentra un derecho ya cierto o presumiblemente cierto, aquella reviste, desde el punto de vista de sus efectos, una característica que la distingue de la pretensión de un proceso de conocimiento.

Mientras en la última el efecto inmediato es que el sujeto contra quien se la dirige presente sus defensas, la pretensión ejecutiva incide o puede incidir en forma directa en la esfera patrimonial del deudor o provoca la adopción inmediata de medidas coactivas sobre bienes o conductas del sujeto pasivo de la relación procesal.

Los juicios ejecutivos para notable doctrina procesal son y gozan de las características de los procesos de ejecución y no simplemente son de "conocimiento limitado"[18].

La ley admite que en estos casos la tutela pueda concederse en virtud de una declaración de certeza que suple la voluntad del mismo deudor, la administración pública o la naturaleza de público del documento en la cual conste dicha declaración, se atribuye en estos casos un valor particular al documento, en cuanto tiene un determinado contenido del cual resulta que el acreedor, en virtud del mismo documento pueda dirigirse al Juez para obtener la tutela ejecutiva, sin necesidad de proveerse de una declaración autoritativa[19].

Doctrinariamente se ha discutido si el título ejecutivo configura un acto o un documento. La primera postura defendida por Liebman, para quien el documento no es más

---

[18] Palacio, opus cit. T. VII, p. 222.

[19] Micheli, Curso de Derecho Procesal Civil, t.I, p. 32, Trad. S. Sentis.

que el aspecto formal del acto y este, en tanto tiene una eficacia constitutiva que consiste en otorgar vigor a la regla jurídica sancionatoria y en posibilitar la actuación de la sanción en el caso concreto crea una nueva situación de derecho procesal que no debe confundirse con la del derecho material preexistente entre las partes[20].

Carnelutti, en cambio, adhiriendo a la segunda tesis, sostiene que el titulo ejecutivo es un documento que representa una declaración imperativa del juez o de las partes y agrega que siendo tal declaración un acto, con el intercambio acostumbrado entre el continente y el contenido y, por tanto, entre el documento y el acto que en él está representado, se explica la costumbre corriente de considerar como título al acto en vez del documento[21].

Desde el punto de vista formal, el título ejecutivo, como documento que acredita la existencia de un acto jurídico determinado, es suficiente para que el acreedor, sin necesidad de invocar los fundamentos de su derecho, obtenga los efectos inmediatos que son propios a la interposición de la pretensión ejecutiva.

Desde el punto de vista sustancial, el acto constatado en el documento, le brinda al deudor la posibilidad de demostrar la falta de fundamento del derecho del acreedor, debiendo distinguirse según se trate de títulos ejecutivos judiciales o extrajudiciales, pues los segundos son susceptibles de perder eficacia en tanto en esa hipótesis como en la consistente en acreditarse, aunque en un proceso posterior a la ejecución, que el derecho del acreedor nunca existió, mientras que los primeros sólo son susceptibles de atacarse mediante la demostración de hechos posteriores a su creación[22].

Lo dicho sobra para explicar el porqué, la pretensión ejecutiva de la rendición de cuenta debe y tiene que nacer con la invocación y consignación de un título especial, con tales características, esto es, auténtico, que debe ser examinado sumaria y brevemente por el Juez, a fin de precisar si de él deviene esa condición de cuenta dante del demandado, sea de origen contractual, cuasi contractual o de fuente legal, para aparejar esa orden de ejecución inmediata de que sea presentada la cuenta, sin recurrir al proceso de cognición pleno.

En este caso, como bien lo anota Borjas[23], con mas rigurosidad que en el resto de los juicios ejecutivos, el documento presentado con la pretensión, a pesar de que no siempre hace fe pública y puede ser apreciada soberanamente por el Juez, no es discutida en el debate probatorio de primera instancia sino cuando se le opone una prueba auténtica contraria, porque en todo otro caso, el demandado, que no puede promover contra ella sino las pruebas admisibles en alzada , como el recurso no le es oído sino en el efecto devolutivo, se ve obligado a rendir las cuentas en impretermitible acatamiento a una decisión sumaria, ejecutiva y peligrosa.

Dicho autor, que tilda no de equidad ni apegado a lo jurídico tal proceder legislativo, justifica el sacrificio de la justicia en tales casos, para proteger la obligación contractual, cuasicontractual o legalmente contraída de presentar las cuentas, de cierto modo perjudicando así al reo e imponiéndole adelantar las pruebas con las cuales pretende

---

20. Citado por Palacio, opus cit. t. VII, p. 223.

21. Francesco Camelutti, *Instituciones del Proceso Civil,* 1.1, p. 269, Edit. Ejea Argentina.

22. Palacio, opus cit. p. 225.

23. Opus cit. p. 47.

contrarrestar las peticiones del actor, para que no queden burlados o pretermitidos sus deberes de entregar las cuentas.

Lo anterior es tan importante que el mismo Borjas admite que existiendo por ejemplo evidente falta de representación en el apoderado demandante, no podrá hacerse valer con éxito dicha defensa para enervar el mandato del Juez si no presenta la prueba auténtica que enerve el derecho demandado[24].

Nada dice Borjas, y por no tener modelo similar ninguna de las legislaciones extranjeras a nuestro alcance, queda sin justificar el enredoso texto de nuestra normativa, en cuanto a si el documento fundamental de la acción debe comprender por igual que de ellos se desprenda el efectivo ejercicio de la administración cuya cuenta se demanda y él o los negocios en los cuales se ejerció aquélla[25].

La apertura del procedimiento ejecutivo de cuentas, pues, supone la existencia de una presunción calificada de que existe la obligación de rendir esa cuenta, de que el demandado califica dentro de uno de los supuestos de los sujetos obligados a rendirla, que a tal efecto menciona la norma, a título enunciativo, y agrega la Ley, así como el período en que se le exige y debe presentarla y el negocio o negocios que debe comprender, y todo ello que conste de manera fehaciente, dimanante, de un medio o norma dispositiva que así lo consagre (de modo auténtico)[26].

3. *Las dos etapas del juicio ejecutivo de rendición de cuentas*

Todo lo antes dicho explicará entonces por qué entre las peculiaridades de este proceso, está su desarrollo previsto en dos etapas totalmente diversas y con fundamento a dos pretensiones acumuladas con efecto y objeto mediato diferente.

La primera etapa, en la que al Juez sólo corresponde examinar, con vista al documento que se le consigna, si se dan esos elementos característicos del documento que apareja ejecución, y que se contrae en el mejor de los casos a que en efecto el demandado es cuenta dante por voluntad de un contrato, por la existencia de una relación de cuasi contrato o por imperio de la relación legal en el contenida, que deberá examinar cuidadosa y sumariamente él o los recaudos acompañados, y de encontrar que si llenan tales extremos le obligan a pronunciar a admitir esa acción especial y a pronunciar la orden de intimación para que comparezca el demandado a presentar la cuenta en el lapso que fija la Ley.

En este caso, la pretensión ejercida, lo es para que se constate que en efecto el llamado a juicio viene obligado a rendir las cuentas, por ese determinado período y en razón de haber ejecutado operaciones relacionadas con un determinado negocio, y constatado ello en un breve conocimiento, a través del examen de la prueba consignada, la orden de inyunción emanada del Tribunal se convierta en un procedimiento de mera declaración de certeza, de que ello es así, y con lo cual se satisface esa primera pretensión.

---

24. Opus cit. p.46.

25. Véanse los comentarios en nuestra nota 9 supra.

26. "Exposición de Motivos del Código de Procedimiento Civil de 1986", en Conferencias sobre el nuevo Código de Procedimiento Civil, Academia de Ciencias Políticas y Sociales, Caracas, 1986, en lo sucesivo EMCPC.

Ese mandato, como puede colegirse de la Ley, es condicional, pues el Juez lo emite, en tanto no se le demuestre tampoco con un medio calificado de prueba, de que tal pretensión no tiene sustento en derecho, como lo veremos, no solo por la demostración contraria a que no se era obligado a la cuenta, o que la misma no se corresponde con el período por el cual se la solicita, o que no lo es por los negocios en los que se afirma se motiva la misma, sino que por igual puede enervársela por cualquier otra defensa, como lo sería la existencia de cuestiones previas u otras defensas de fondo que atacaren el fundamento mismo de la pretensión (haberlas ya rendido, estar exento de presentarlas, haber prescrito el derecho a exigirlas, etc.), conforme a los cuales, darán derecho entonces al demandado a discutir en una incidencia probatoria el fundamento de sus razones, y para que luego el Juez , resuelva al fondo, ratificando o no entonces su mandato original de que las cuentas sean presentadas en la forma que lo exige la Ley.

Contra tal determinación preliminar, y ante la fuerza del documento consignado, solo admite recurso de apelación la Ley en el solo efecto devolutivo (Art. 674 Cpc).

Como lo esbozamos, durante ese término y dentro de esa misma primera etapa solo se permite al demandado para enervar esa disposición y dejarla sin efecto, de modo tal que no adquiera fuerza definitiva de cosa juzgada la orden de rendir las cuentas, el que haga oposición con fundamento a prueba escrita, de que las cuentas que se le piden ya fueron presentadas, o de que las mismas corresponden a un período diferente a aquél afirmado en el libelo por el actor, o que se corresponden con negocios diferentes a los que las imputa el demandante.

Si el intimado a cuentas no compareciere, o si haciéndolo no hubiere ejercido la oposición con fundamento a las prueba que le requiere la Ley, ni presentare las cuentas dentro del lapso indicado en el decreto inyuntivo, se tendrán por ciertas, la obligación de presentar las cuentas, el período por el cual las hubiere reclamado el actor y por los negocios a que en él se les impute, salvo que en el breve lapso de promoción de pruebas de cinco (5) días nada probare que le favoreciere (no importa con cual tipo de prueba), debiendo el juez, además, pronunciarse sobre la petición de condena acumulada de que fuere resarcido el demandante en los bienes y saldos reclamados como resultado de esa cuenta por el actor. De no haberse promovido pruebas en dicho término el Juez dictará sentencia definitiva, abarcando así las dos pretensiones deducidas en los quince días siguientes al vencimiento del mentado término probatorio.

Si se hubieren promovido pruebas, su evacuación deberá concluirse en los veinte días siguientes al de admisión de aquellas, debiendo sentenciar el juez en el quinceavo siguiente al de terminación del de evacuación, salvo que se promoviere la de experticia, en cuyo caso se procederá conforme lo prevenido en el Capítulo V, Título II del Libro Segundo y por igual se dictará sentencia en el mismo término indicado con las modificaciones que derivan de la indicada salvedad.

Igual procedimiento se seguirá en el supuesto de que el demando no presentare las cuentas en el término fijado en el artículo 675 si la apelación hubiere sido desestimatoria (Art. 677 aparte final).

Como se observa, en todos los citados casos, el juicio especial en su fase primera quedará concluido, sin entrar a la segunda etapa, con la observación de que además habrá también el indicado pronunciamiento de condena, en ese abreviado término que se fija para la incidencia total del procedimiento.

En cambio, si se presentaren las cuentas, o bien se admitiere la oposición y se desecharen las defensas esgrimidas y desestimaren los alegatos que contradijeren la pretensión de fondo, y en consecuencia hubiere condena a rendirlas, se abre la segunda etapa del juicio especial, ahora plenario, contradictorio y con todo lo que supone el pleno proceso de cognición, a fin de que por igual se presenten las cuentas en la forma que indica la Ley, las cuales podrán ser objeto de examen y observaciones por parte del demandante, quien así mismo podrá optar por aprobarlas o en su caso objetarlas, total o parcialmente.

Precisa destacar, además, que la obligación de rendir cuentas se cumple presentándola en la forma que lo determina expresamente la Ley, que no a como le venga en ganas al llamado a juicio, y en esto es importante resaltar, que entregándolas en una forma que se separe a los parámetros establecidos por la Ley, no es que el juicio no prosiga en ésta etapa, ni que el Juez deberá pronunciarse como si se tratare de rebeldía, sino que conforme a la Ley (Art. 687) el actor deberá acudir a las vías de prueba de exhibición y de informe (436 y 433 Cpc) para que con vista a ello el Juez se forme criterio sobre cuales debieron ser los resultados de esa gestión y pronuncie su condena.

De lo dicho cabe destacar que en este supuesto consideramos que la Ley defiere al Juzgador el análisis a la conducta del obligado a presentar dichos documentos, para juzgar presuntivamente sobre los hechos que se tratan de demostrar, lo cual como sabemos ha sido recibido con reservas por la doctrina nacional y nuestra jurisprudencia, como medio de convicción, pero que para nosotros, tal mandato expreso, así permite sean aceptados en nuestro sistema probatorio.

En efecto, tratándose de una obligación de hacer, a la cual físicamente no puede ser compelido el demandado, la única forma en que la Ley adjetiva pueda garantizar el débito obligacional, es darle un sentido positivo a ese silencio u obstáculo para que se realice la prueba adecuada, y deducir, con los elementos que tenga en autos, la veracidad de las afirmaciones que haga el actor en su demanda, pues de lo contrario jamás podrá tener lugar la satisfacción de ese deber.

Para terminar, en cuanto a este aspecto se refiere, llamamos la atención de que en este proceso, y en el ordinario de cuentas, tiene particular importancia la forma del libelo, y el cumplimiento de las exigencias de la Ley y la prudencia, pues resalta como obvio la importancia de que en aquél se explanen, de la manera más perfecta y completa posible, que fue lo entregado, como se entiende debió ser imputado, que resultados resultan probados de las operaciones aludidas en el negocio , cuales son los eventuales saldos acreedores o deudores de dichas operaciones, o cuales los que normalmente se pueden esperar de negocios similares en el mercado, y finalmente, precisar con detalle y fundamento, cual sea el monto en que se deben estimar los saldos favorables al demandante.

Sólo así, y de la conducta contraria al deber de demostrar lo contrario por parte del obligado a cuentas, podrá el Juez deducir racionalmente, los efectos de las pruebas de exhibición y de informes, si de alguna manera resultare no rendida la cuenta en la forma que lo exige la Ley, o del entorpecimiento a presentar los recaudos y documentos que se hubieren solicitado en exhibición o por vía de informe, y valorando la conducta remisa del obligado.

En cambio, si se presentare la cuenta, en la forma prevenida por la Ley, y surgieren desavenencias en cuanto a monto, calidad de la prueba en cuanto a imputación de los haberes, etc., a falta de acuerdo respecto a los hechos a que den lugar las observaciones, se ordenará una prueba única de experticia, a la cual la doctrina le ha dado un carácter limitado y específico, pues es un "peritaje contable" puro y simple cuyo objeto será procurar desentrañar las divergencias y "presentarán la cuenta" conforme a sus conocimientos prácticos y científicos, y con base a ella y a las observaciones que las partes formulen a dicho trabajo, el Juez adoptará las decisiones pertinentes en cuanto a la misma, resolviendo las oposiciones y observaciones y condenando al pago de los saldos que a su juicio sean procedentes y de cuya determinación se oirá entonces apelación libremente, siguiéndose el juicio en las demás instancias a que diere lugar.

Esa segunda etapa, pues, es de conocimiento pleno, y si bien presenta particularidades en cuanto al objeto de lo controvertido y las defensas limitadas que pueden ejercerse por las partes, y con vista a las pruebas igualmente especiales que consagra la Ley, resuelve la petición definitiva sobre las cuentas y condena al pago de los eventuales saldos.

4. *Las pruebas en el juicio especial ejecutivo de rendición de cuentas*

Como también ha quedado palpable de lo expuesto, en dicho procedimiento, por tratarse del ejercicio de esas dos pretensiones de contenido diverso y dirigidas a un objeto mediato tan especial, las pruebas tienen sus particularidades.

En las que se presentan en la primera de las etapas, para dar curso a la negativa de presentar las cuentas o que enervan la pretensión de que se las deba presentar, la Ley exige, para darle ese efecto inmediato y suspender el proceso de cuentas, a fin de entrar en la segunda etapa, de que solo sean admisibles las pruebas escritas.

Obsérvese que el Legislador no dijo documentos, pues pueden ser libros, copias de actos contables, equivalentes a escritos (hasta podría pensarse en magnéticas que puedan ser reducidas a escritos: proceso mecanizado o computarizado de contabilidad).

Admitida la oposición, y abierta la segunda etapa, para que se dilucide ya en forma definitiva a cual período debe referirse la obligación de rendir las cuentas, y sobre cuales negocios diferentes de los esgrimidos por el actor, entonces, si se admiten cualesquiera de los medios probatorios previstos en el juicio ordinario.

Finalmente, de presentarse la cuenta y surgir observaciones no conciliables, la Ley también parece reducir las pruebas a exhibición e informes de terceros relacionadas con asuntos atinentes a las cuentas (Art. 687) y a una experticia especial (peritaje contable) para procurar ordenarlas indebidamente presentadas o conciliar las que presentadas tuvieren objeciones de alguna naturaleza (678 y 681 Cpc).

5. *Modo de emplazamiento al juicio*

Como también puede deducirse de lo expuesto y así lo determinan las normas aplicables, la orden de comparecer ante el Tribunal se realiza por una sola vez, en principio, a través de una intimación, en la cual ya se contempla que si se ejerciere la oposición y ella lo fuere con los fundamentos y pruebas requeridos por Ley, antes examinadas, las partes ya quedan además citadas y emplazadas a la segunda etapa del juicio para dar contestación a la demanda.

Lo dicho comporta, conforme jurisprudencia de nuestra Casación, que en estos casos no se trata de un emplazamiento ordinario, ni debe admitirse la intimación tácita[27] lo que ha pretendido justificarse en mayor seguridad y celeridad del proceso especial.

Nada se opone sí a que una vez lograda esa intimación originaria para trabar la litis luego se produzcan los llamados a juicios por suspensión u otras causas contempladas en la Ley por las vías ordinarias de citación establecidas en el Cpc.

6. *Recursos*

Por razones obvias y dados los efectos de los diferentes pronunciamientos del órgano judicial en las diferentes etapas y estadios de este procedimiento especial entenderemos que el régimen de los remedios ordinarios y extraordinarios aplicables resulta también atípico.

Así, contra la providencia que admite la demanda y ordena la presentación de las cuentas, por llenarse en el caso concreto los extremos de Ley, que no pone fin al juicio, y permite en todo caso el ejercicio de las defensas del demandado, solo se oye apelación en un solo efecto, aun cuando con ello pudiere pensarse que se pone fin a un primer estadio del litigio (Pronunciamiento sobre que hay lugar a presentar las cuentas).

En la que sigue a la anterior por la cual se desecha la oposición en tanto no se fundamentó en los documentos exigidos por la Ley, o la que si se lo hizo así, no la reputare el Juez fundada y que por igual resuelve la pretensión dirigida a que se repute existente la obligación y por tanto ha lugar a la presentación de las cuentas, también se la oye en un solo efecto, porque el juicio continuará en su nueva etapa.

En ya reiteradas oportunidades nuestra Corte Suprema en Sala de Casación ha venido negando el recurso extraordinario inmediato contra tales providencias, en tanto reputa no ponen fin al juicio (si bien con ello concluye esa etapa especial) y por cuanto no niega al recurrente continúe en el ejercicio de sus defensas en la nueva etapa del juicio[28].

Obsérvese como bien lo ha debido aclarar la jurisprudencia, en un fallo de Amparo Constitucional[29] que desechada la oposición y ordenada la presentación de la cuenta, no convierte ese mandato en un nuevo título ejecutivo que ampare embargo ejecutivo sobre bienes ni condena a pago alguno. Lo que simplemente se declara es que hay o no lugar a la presentación de la cuenta.

Finalmente, en cambio, la sentencia que resuelva sobre las observaciones a las cuentas e imponga la condena sobre la pretensión de esa índole, ordenando o no el pago de los saldos resultantes, si es una sentencia de fondo que pone fin al juicio y por tanto contra ella

---

27 Reiterada jurisprudencia de nuestra Sala de Casación se ha venido produciendo después de la célebre ponencia del maestro Trejo Padilla (17-7-91) en la que distinguió los llamados a juicio en nuestro sistema, y el que no podía aceptarse la intimación tácita, por ser ello un llamado muy especial ajuicio. Esta posición de la Corte ha sido criticada, y entendemos con razón, pues crea una dicotomía en los sistemas de citación en nuestro sistema, para muchos inexistente. Vid. Henríquez La Roche, opus cit. p 118.

28 CSJ SC 7-6-95, Ramírez & Garay, 2 T 1995, tomo 134, p. 456 # 621-95, en tanto no cumple los requisitos contemplados en el Art. 312, ord 2 Cpc.

29 Juzgado Superior Segundo en lo Civil y Mercantil Área Metropolitana de Caracas, 18-8-94, Ramírez y Garay, T. 131, 3er Trini. 1994, p. 26.

se oye recurso libremente y contra la que confirme o niegue en la Instancia superior por igual se concede Casación.

Creemos igual conveniente llamar la atención sobre la apelabilidad del auto de admisión de la demanda en vía ejecutiva, la cual estimamos procedente, en tanto ella no se ejerce contra un mero auto de trámite, como lo hemos venido sosteniendo desde tiempo atrás, sino contra ese pronunciamiento que casi es una condena, en el cual se intima al demandado a que cumpla con el objeto de la pretensión ejercida.

Es este un caso típico que puede ponerse de ejemplo general a que los autos de admisión en muchos y determinados casos, si debe y tiene que ser apelable, sin esperar a la sentencia definitiva ni tener que transcurrir todo el proceso para juzgar sobre su procedencia o improcedencia y ello se lo hace ahora con previsión expresa de la Ley[30].

En efecto, si en algún caso se justifica este recurso, a pesar de que se sostenga que el auto de admisión es de mero trámite, lo es en este tipo de juicios. En ellos, tal como lo hemos dicho el pronunciamiento del juez trasciende del mero rito, del solo ordenar "la admisión salvo su apreciación en la definitiva", pues como lo hemos dejado demostrado antes, se trata de una especie de pre-condena, acorde a la pretensión ejercida, que pronuncia el Juez con vista a la especial prueba, ordenando intimar para que se demuestre el cumplimiento de la obligación que se denuncia como violada, esto es, se pronuncia -condicionalmente a favor de la existencia del derecho invocado, y ya sabemos que esa orden debe cumplirse, no obstante apelación.

III. PARTICULARIDADES DE LA ETAPA EJECUTIVA DEL JUICIO EJECUTIVO DE RENDICIÓN DE CUENTAS

1. *Modos de hacer valer la oposición*

Como cabe colegir de los antecedentes comentarios, la oposición que formula el llamado a juicio tiene como objeto procurar enervar la orden de presentar las cuentas providenciada en el mismo auto de admisión, con un conocimiento sumario, pero que la Ley protege en razón del título con la cual se fundamenta la pretensión, de allí que la Ley sea tajante al establecer que el modo por excelencia con el cual puede atacarse la misma debe constar de prueba escrita y ser fundada.

Durante muchos años, apegados a la interpretación literal de la Ley, nuestro jueces sólo admitían como fundamento de la oposición, que o bien el demandado no estuviere obligado a cuentas, o que el período por el cual se le pedían no se correspondía realmente con el demandado en la pretensión o, finalmente, que no era el negocio sobre el cual se pretendía derivar aquella, al que se aludía en el libelo, que por supuesto son franca defensa en contra de los fundamentos mismos de la pretensión, y que obviamente , por destruir la presunción que dimanaba del título con el cual se las fundaba, enervaban la de la existencia misma de la obligación de rendir las cuentas.

Tal posición fue modificada a posteriori ante el hecho evidente de que por igual daban pie a ello una serie de cuestionamientos más que atacaban bien la acción deducida, bien sus

---

30 Al fin parece que tanto la Sala de Casación como los Tribunales Superiores han ido aceptando esa lógica y jurídica posición. Al respecto véase la sección de Jurisprudencia, *Revista de la Facultad de Derecho de la UCAB* No. 51, comentarios sobre fallos que así lo consagran.

fundamentos, no necesariamente con base a la contraprueba de lo que constituía el motivo fundamental de la acción o contradecían los que dimanaban del título acompañado. Nuestra propia Casación cayó en cuenta de lo antes dicho y declaró expresamente que las defensas enumeradas en la Ley no eran únicas, ni la determinación de las mismas era taxativa, posición con la cual se atentaba contra el derecho de defensa y por ello sostuvo que se admitía toda otra previa o de fondo siempre que se sustentara en prueba auténtica[31].

Somos del parecer que por igual afectan lo discutido en su esencia, la falta de cualidad pasiva, defectos del título, litis pendencia, prescripción, extinción por existencia de finiquito, aceptación expresa o tácita de la cuenta, etc.

Como en otros casos de los juicios ejecutivos, nada dice la Ley de cómo debe formularse la oposición, lo cual ha generado varias interpretaciones que van desde la más simple, conforme la que basta con alegar la simple, oposición y acompañar la prueba escrita sobre el hecho que contradice las afirmaciones del libelo, reservándose que la explanación y fundamentación de la oposición pueda hacerse en la contestación de la demanda propiamente, o la más conservadora, conforme a la que deben exponerse los motivos de la oposición, sus fundamentos y cualquier otro hecho que fortalezca la contradicción, a reserva de que nuevamente en la contestación se formalicen otros, se amplíen y ratifiquen los invocados.

La norma concede amplio término al demandado para hacer valer la oposición, esto es, el mismo concedido para que en su lugar se presente la cuenta (20 días de despacho), el cual en todo caso debe dejarse transcurrir íntegramente, por razones de seguridad procesal, y dentro de los cinco días adicionales que transcurran luego del decurso íntegro de aquél, se procederá a recibir la contestación de la demanda propiamente en los términos que exige el Cpc para el juicio ordinario.

Analizadas por el Juez las causas de la oposición y la prueba con la cual se hubiere sustentado, la declarará pertinente, suspendiéndose entonces el juicio especial de cuentas y dará curso al término probatorio para luego resolver sobre dichas defensas, declarando procedente o improcedente la exigencia de presentar las cuentas.

Dentro de ese lapso puede ocurrir también que el demandado opte por no hacer valer las defensas anunciada o simplemente no de contestación a la demanda.

También puede ocurrir que, desechada como hubiere, sido la oposición, o firme la providencia que ordena la rendición de cuentas el demandado no presente las cuentas ordenadas por el Juez tempestivamente, lo que por igual, a nuestro entender, lo que hace es dar lugar al nacimiento de una presunción *iuris tantum* de que efectivamente la obligación si existe, de que se refiere a los períodos por los cuales se la demanda y se relaciona con él o los negocios realizados, y debe declararse procedente se abra el lapso de pruebas para definir los saldos que deberán pagarse por el demandado al actor.

---

31 CSJSCC de 06-12-60, Ramírez y Garay, tomo I, pp. 170 ss, ratificada por la del 29-3-89, opus cit. T. 107 pp. 353, 364, y por igual repetidas en la Jurisprudencia de Tribunales Superiores, como lo son las difundidas en la misma citada obra, del 29-6-94, en el tomo 130 p. 49 ss. y en el T. 124, p. 31, del 30-6-93, con la advertencia de que se alude en la primera a prueba auténtica por estar referido al viejo Cpc, que así lo estatuía en sus artículos 654 y 656 hoy sustituidos por el 673 Cpc.

El ejercicio de la defensa no modifica la carga de la prueba, pues toca siempre al demandado demostrar la falta de veracidad en los hechos o en el derecho que fundamentan la pretensión.

2. *Sobre que deben versar las pruebas en dicha etapa*

a) Desechada la oposición que se hubiere formulado conforme lo prevé el Art. 675 o en el caso de que no se presentaren las cuentas en el plazo indicado en dicha norma, si la apelación resultare desechada, el fallo no puede dictarse sin más, siendo menester dar curso al período probatorio contemplado en la Ley (677), no puede dictarse el fallo a que se contrae la norma del mismo citado artículo.

b) Las pruebas de esta incidencia no tienen limitación legal, pueden utilizarse cualquiera de los medios probatorios contemplados en el ordenamiento ordinario, y no necesariamente las escritas.

Con ellos se procurará demostrar al juez los fundamentos y procedencia, sean de las defensas esgrimidas, sean de las cuestiones previas que enerven el ejercicio de la acción y pueden atacar por supuesto la procedencia de la pretensión, los presupuestos de la acción o cualquier otra defensa atinente a desvirtuar los fundamentos de la pretensión ejercida, inclusive para desvirtuar la existencia de la obligación de cuentas, que no pudo quedar desvirtuada o que quedó desechada por el Juez al no haberse acompañado el medio probatorio exigido en la Ley.

3. *Sobre que deben versar los recursos y sus efectos*

A este respecto, por lo que se refiere al contenido del recurso contra la providencia del Juez ordenando rendir la cuenta, Henríquez La Roche sostiene con todo fundamento que la revisión de la alzada solo puede referirse en la existencia o no de la obligación de rendir la cuenta, en tanto que lo referente a haberlas rendido ya, corresponder la exigida a un período diferente a aquel que se señala en la petición libelar o a negocios diferentes, son cuestiones que deben debatirse con ocasión de la oposición y deben estar apoyados en la prueba escrita que alude el artículo 673, por tanto no deben revisarse en la alzada en virtud del efecto devolutivo con el cual concede la Ley el recurso[32].

En cuanto a la segunda apelación especial que contempla la Ley en el artículo 675, referente a la providencia que desecha la oposición por no acompañarse prueba escrita o no encontrar fundada el Juez la que se ejerciere, y la que por igual se ordena oír en un solo efecto, atiene y confiere potestad a la alzada para revisar si son o no valederos los motivos de la oposición, indicados en la norma enunciativamente, como lo hemos dejado dicho.

Esta apelación destaca nuevamente Henríquez La Roche, se oye en el efecto diferido, pues, aunque no se suspende el curso del término de los días fijados para presentar la cuenta, sí se suspende o difiere el lapso de promoción de pruebas (677) a la espera del resultado de la interlocutoria de segunda instancia[33].

---

[32] Opus cit, p. 206.

[33] Opus cit. p. 206.

OTRAS OBSERVACIONES PERTINENTES

No considero prudente terminar estos breves comentarios al juicio ejecutivo de cuentas sin llamar la atención de Uds. de ciertas situaciones irregulares que pueden presentarse con ocasión del mismo, a las cuales solo me referiré brevemente, pues propiamente no son cuestiones de índole procesal, pero que definitivamente inciden en la solución de tales procesos, y que entre otras son las siguientes:

1. La doctrina ha discutido arduamente sobre si ciertas formalidades con las cuales se informan los resultados de una gestión constituyen o no el modo correcto de presentar las cuentas quien viene obligado a ello. Por ejemplo: Los balances y estados financieros que se entregan por los administradores a la asamblea de socios y a los Comisarios[34].

En esta materia no parece existir acuerdo unánime, para algunos, aquellos son simples informes que no cuentas, luego, obviamente, aún aprobada la gestión con base a dichos instrumentos, para quienes así opinan, siempre 'es factible exigir la debida presentación de las cuentas.

Entre quienes objetan esa postura, se esgrime que ello no es posible, en tanto que la sociedad tiene mecanismos *ad hoc* para revisar y escudriñar como y de qué manera se formaron esos informes y cuentas (Pe. El Comisario, en el caso de las sociedades anónimas se supone tiene esa labor)[35] y por lo tanto, si se aprobaren aquéllas, se supone que se otorgó conformidad con esa cuenta, por ese período y para los negocios realizados durante el mismo.

2. Si bien lo anterior pudiere ser aceptable en el caso del funcionamiento ordinario de la sociedad, y entendiendo que la legitimada pasiva para aceptar y recibir esa cuenta lo es la Asamblea[36], no ocurre ello así cuando se trata de que la sociedad entra en disolución y se ordena o procede la Liquidación, en tanto que en tales supuestos, al menos a texto literal de nuestra normativa societaria, cesan los poderes del órgano societario, ya no prevalece el interés social sobre el individual, sino que los entonces socios, ahora condueños del patrimonio en liquidación, tienen derecho a recibir cuentas del liquidador[37] (o de los administradores entonces convertidos en tales) y a quienes no puede presentárseles como "cuenta" el simple balance y estados financieros, sino todo aquello que la Ley regula y determina como modo adecuado de presentarla y consignarla (Art. 676 Cpc).

En fin, como puede observarse son múltiples los supuestos particulares que caben analizarse con ocasión del juicio de cuentas, ordinario y el especial ejecutivo, y estoy seguro, que con lo expuesto, queda sembrado el interés para que otros muchos escudriñen sobre tales aspectos y ayuden a desentramar todo lo interesante de estos casos.

CONCLUSIÓN

Para nosotros, como tradicionalmente se lo ha venido haciendo, en los casos y bajo los requisitos que establece la normativa vigente, se justifica que se dé el trato especial del

---

34 Art. 265 y 304 "Código de Comercio" (Cco).

35 Art. 304, 309 Cco.

36 Art 310 Cco.

37 Art. 350 Cco, ords. 3 y 8.

Juicio Ejecutivo de Cuentas, a la garantía adjetiva para exigir el cumplimiento de ese deber de rendir cuentas.

Consideramos que la sola demostración de la existencia de las relaciones contractuales, cuasi contractuales o legales de los cuales derive ciertamente el deber de rendir las cuentas, permite al Legislador facultar al juez para que sumariamente resuelva que se cumpla el mandato sustantivo de que deben ser presentadas las cuentas, salvo que de modo escrito, por igual quede evidenciado el haber dejado cumplido dicho deber, el que las reclamadas no se corresponden con el período que se señala fue realizada la gestión, o que no son esos los negocios en los cuales se gestionó el patrimonio.

Si bien debe admitirse que la redacción de la norma en cuanto a las defensas ejercibles, no es la más adecuada, la jurisprudencia ha venido haciendo de adecuado instrumento para una mejor interpretación de la Ley, y ya hoy no queda duda en cuanto que el uso de los medios defensivos no está solo restringidos a los hechos referidos en la norma.

La forma como se regula el proceso especial, en sus dos etapas tradicionales, no resulta inadecuada o injusta, y consideramos, permite deducir la misma causa en dos momentos diferentes, con objeto y efectos distintos, en razón de lo que resulta objeto de la pretensión en cada una de ellas.

Esperamos que nuestros humildes razonamientos y observaciones sobre esta materia, puedan servir en algo a nuestros pacientes oyentes y le sirvan de instrumento para la mejor comprensión de ese especial tipo de juicio ejecutivo en nuestro sistema procesal y de todo cuanto el entraña.

Cierro mi intervención, felicitando una vez más a los colegas de Oriente, en especial al Colegio de Abogados del Estado Anzoátegui y en particular a su Instituto de Investigaciones, quienes con la ya reiterada celebración de eventos como éste y la continua promoción de conferencias sobre temas de actualidad, ponen de manifiesto su interés por conocer las últimas novedades en materia procesal, impulsan el estudio de las nuevas instituciones y sus regulaciones y, en fin, propician el mejoramiento de los integrantes de nuestro gremio, cuestiones estas tan necesarias dentro de una Venezuela en crisis y a punto de iniciar tránsito en el nuevo Siglo.

12.

ANOTACIONES SOBRE EL JUICIO EJECUTIVO DE RENDICIÓN DE CUENTAS* (PRIMERA PARTE)

INTRODUCCIÓN

El tema que nos hemos propuesto analizar en esta ocasión no tiene las pretensiones de un estudio exhaustivo sobre el ámbito general de la rendición de cuentas, sino una simple conducción a los interesados para revisar algunos de los problemas que se presentan con ocasión a uno de los procedimientos que contempla nuestro ordenamiento para exigir la rendición de cuentas y al análisis de las particularidades mas resaltantes en concreto de nuestro Juicio de Cuentas, en su versión como procedimiento ejecutivo especial, también conocido como juicio ejecutivo o procedimiento ejecutivo de cuentas o procedimiento ejecutivo y juicio ejecutivo de rendición de cuentas.

No entraré a profundizar en los aspectos sustantivos del objeto de la pretensión sino en lo que resulte estrictamente indispensable, ni dirigiré la atención de Uds. a la segunda etapa de ese procedimiento especial, en tanto que, como todos lo sabemos, ella se desarrolla bajo los principios que regulan el juicio ordinario, y con la sola particularidad de los problemas que atañen a la naturaleza de las "observaciones a las cuentas" y a la especial prueba de experticia a que alude la Ley para resolver esas diferencias.

I. ÁMBITO DE APLICACIÓN DEL PROCESO DE RENDICIÓN DE CUENTAS Y MECANISMOS ADJETIVOS PARA PROTEGER ESE DERECHO DEBER

1. *El derecho a pedirlas y la obligación de rendir las cuentas*

Comenzaremos por destacar que el término "Cuentas" tiene el significado general de cálculo o cálculos y su representación en forma escrita en la cual tales cálculos o sus resultados son transcritos; cuando se refiere a "cuentas de una administración", se alude a representaciones gráficas (estados) en los que figuran especificadamente los cálculos exactos que representan los resultados de esa gestión[1].

---

* Versión ampliada de la Conferencia dictada en las *Primeras Jornadas de Derecho Procesal Civil José R. Urraca*. Puerto La Cruz, 23 de octubre de 1998. Publicado en: *Revista de la Facultad de Derecho de la Universidad Católica Andrés Bello* / Universidad Católica Andrés Bello, Facultad de Derecho.- Caracas, 54 (1999), pp. 127-154.--

1 En Enciclopedia Legale, voz "Conto" y en igual sentido Mancini, Pisanelli, Sialoja, Comentario del Códice di Procedura civile per gli Stati Sardi, citados en *Il Digesto Italiano*, Vol. XX, Prima Parte, voz Rendimento di Conti, ps. 1134 ss., Edit. Unione Tipograf. Torinense, Italia, 1925.

Aún cuando parezca contradictorio con lo que terminamos de expresar en el párrafo precedente, estimo imprescindible entrar a analizar de inmediato un aspecto más sustantivo que procesal, como es el enunciado en el título que encabeza esta sección, pero que está íntimamente vinculado a la naturaleza de este procedimiento especial, nomenclatura con la cual igualmente identificaré en lo adelante al procedimiento ejecutivo de rendición de cuentas, omitiendo utilizar la denominación juicio[2], para no chocar con una considerable parte de la doctrina que en tal aspecto considera se encuentra otro de los elementos característicos de este peculiar procedimiento[3]. Pero sobre tal aspecto volveremos más adelante.

Insistiendo ahora en lo que resulta el tema central de este primer aspecto que analizamos, esto es, lo que resulta ser el objeto mediato central de dicho procedimiento especial, comenzaremos por indicar que el derecho a recibir cuentas y su deber correlativo de presentar dichas cuentas, deviene de fuentes diversas: unas, contractuales, otras cuasi contractuales (gestión de negocios) y finalmente, otras, de un imperativo legal impuesto con ocasión del desempeño o ejercicio de una determinada actividad o función, y los cuales derechos y obligaciones, independientemente de la fuente que los impone y declara, se caracterizan por la particularidad que supone el que en todas ellas se hace entrega de bienes con un fin específico, lo que a su vez entraña el que uno de los sujetos de la relación viene vinculado a dichos bienes de modo especial (yeso es también sustento de las anteriores relaciones de la que deviene), por lo cual la ley le impone el deber de presentar un resultado de esa gestión y la obligación eventual de restituir parte o todos esos bienes o el saldo de ellos.

Precisa observar como bien lo apuntó fallo de la Corte Suprema de Justicia Colombiana[4] que "La obligación de rendir cuentas la establece la ley civil respecto de

---

2 Quienes así opinan, estiman que el término "juicio" debe reservarse para los procedimientos ordinarios de "cognición", pues en ellos ciertamente desde su inicio, los sujetos intervinientes debaten claramente sus derechos en igualdad de condiciones, a diferencia de lo que ocurre en los llamados procedimientos "ejecutivos".

3 Destaca en tal sentido, Lino Enrique Palacio, *Derecho Procesal Civil*, Tomo VII, p. 334, Abeledo Perrot, Buenos Aires, Argentina, Primera Reimpresión, 1983: "Esta modalidad de juicios que en Derecho Argentino tuvieron su origen en la Legislación Española, se trata de un proceso mixto de ejecución y de conocimiento limitado". Advierte el mismo autor en la nota 1 de esa misma página que Gómez de la Serna y Montalbán (Tratado Académico Forense de los procedimientos judiciales, Madrid, 1886, T. II p. 337) objetan la denominación de juicio ejecutivo, más bien reservada para las contiendas entre partes, en que por medio de una discusión lata y solemne recae la declaración de un derecho controvertido, no siendo por tanto exacta su aplicación cuando se supone incontrovertible la existencia del derecho y solo se trata ya de llevar a debido efecto el cumplimiento de la obligación." Objetan los mismo autores sin embargo, que" basta exista contradicción a una demanda y oposición a una ejecución sobre la cual deba oírse a las partes para que el nombre de juicio dado al ejecutivo no sea ya tan extraño a este procedimiento". Hacemos la precedente advertencia con el ánimo de que se la tenga presente al analizarlos doctrinantes extranjeros, pero no por ello compartimos dicha postura, en tanto consideramos que, aún en los juicios ejecutivos propiamente dichos, en los que no quede lugar a dudas de esa naturaleza especial del proceso, por la especialidad con la cual se tramitan, no por ello dejan de ser tales juicios, ni tampoco puede considerarse propiamente no existan partes contradictorias en dichos procedimientos.

4 Francisco Morales Casas, *La Rendición de Cuentas*, Edit. Temis, Colombia, 1984, p. 14, S. dic. 1923.

aquellas personas que sin tener ánimo de dueños administran bienes ajenos, bien por convención, como acontece respecto del mandatario; bien por cuasi contrato, como en la agencia oficiosa (sic gestión de negocios); bien por disposición de la ley, como en lo que respecta a los guardadores y a los ejecutores testamentarios (sic albaceas) pero la ley no impone la obligación a quien ha usufructuado una cosa por su cuenta creyéndose dueño de ella"[5].

Con esa misma fundamentación, podemos recomendar como concepto sobre la Rendición de Cuentas, entre otras, el que nos aporta Palacio[6], "Denomínase rendición de cuentas, en general, a la obligación que contrae quien ha realizado actos de administración o de gestión por cuenta o en interés de un tercero y en cuya virtud debe suministrar a éste un detalle circunstanciado y documentado acerca de las operaciones realizadas, estableciendo, eventualmente, el saldo deudor o acreedor resultante en contra o a favor del administrador o gestor".

Del anterior concepto caben hacerse las siguientes precisiones:

a. No necesariamente tiene que tratarse de negocios ajenos o de un tercero, pues, por ejemplo, modernamente cada vez más se entiende que en el comercio, la obligación de rendir cuentas en las operaciones de esa índole, es una obligación profesional típica de la actividad, diferente inclusive de la que deriva del mandato o la gestión de negocios[7].

b. Nada obsta para que por igual se entienda existe esa especial obligación aún tratándose de negocios donde existan intereses propios del gestor o administrador.

c. Se entiende que en todos esos casos el sujeto obligado a las cuentas, debe haber desplegado una conducta diligente en el cuido y manejo de los bienes y haberes que se le tienen confiados, su destino, manejo de sus frutos civiles o naturales, y la debida imputación que se haya hecho de los mismos.

d. Lo común y genérico en todos los supuestos resultará ser que en cabeza del sujeto activo de la obligación está latente el derecho a recibir detalle de cómo, cuándo y para qué se usaron y destinaron los mismos, y el derecho a recibir el saldo de aquellos si lo hubiere y del deber del sujeto pasivo de llevar un control razonable de las actividades cumplidas con los mismos, su destino, monto y el devolver o reintegrar los que eventualmente quede al final de la ejecución de la actividad o negocio realizado.

---

5 En ese mismo sentido nuestra Casación en Sentencia (Sent) del 30 de enero de 1914 (Memoria 1915, p. 134 citada por A Valdivieso Montaña, Obras Jurídicas Completas, Tomo 1. Tipografía T. c. P., Caracas, Venezuela, 1962) se expresó: "El juicio de cuentas tiene por objeto en primer lugar obligar al administrador o encargado de intereses ajenos a presentar las cuentas de su administración y, luego de presentadas, proceder a su examen y al debate judicial hasta sentencia". Debe igualmente observarse, que, en efecto, si el pretendido obligado a rendirlas ha ejecutado los negocios como propios, ello será inclusive una defensa en el procedimiento especial de cuentas, que necesariamente deberá invocar, pues de lo contrario precisamente se deducirá que abandona su postura, al reconocer debe rendir cuenta de gestiones sobre bienes que él dice le pertenecerían de manera exclusiva, excluyendo aquél deber.

6 Cfr. Lino Enrique Palacio, Tomo VI, p. 256. Como lo veremos más adelante ese concepto viene repitiéndose desde el origen más remoto de las normas que contemplan los procedimientos de rendición de cuentas.

7 Palacio, *opus cit.* p. 256, nota b.

Es de observar también que para que surja esa obligación de rendir cuentas, debe tratarse necesariamente de que con ocasión al ejercicio de las actividades convenidas o reguladas por la Ley, en efecto se hayan entregado o recibido bienes (dineros u objetos) con y para un destino específico. La simple asunción de obligaciones de hacer, no bastan, pura y simplemente, para considerar ha nacido la otra obligación "dependiente" de rendir cuentas del negocio, pues no necesariamente comportan recibir bienes, dinero u otras especies, destinarlas a un determinado fin, y devolver al co-contratante los saldos eventuales.

Ello independientemente de que la omisión o indebida ejecución de aquellas pueden dar lugar al cumplimiento o incumplimiento de un contrato, cuasicontrato, o las responsabilidades derivadas de una imposición legal, y que a la larga pueden dar lugar a una obligación de resarcir daños, pero sin que en modo alguno comporte ese específico deber de dar detalle sobre como, cuando y cuales resultados se obtuvieron en la realización de esas conductas, que son atinentes e inherentes a la sola responsabilidad de cada una de las partes y sin que venga obligada a dar razón de ellas a su contra parte.

e. Por lo demás, debe también advertirse que en sí, tal derecho y deber, da lugar al nacimiento de obligaciones *dependientes que no accesorias* de otras principales, cuya vida y acontecer son totalmente autónomas de las segundas, que entonces devienen derivada de aquella y las que por ello, en decir de la doctrina, subsisten independientemente unas de otras y de allí que se sostenga no son simplemente "accesorias"[8].

f. Como lo destaca Morales Casas, debe quedar claro que "la rendición de cuentas no nace por virtud de un contrato típico de rendición de cuentas, que no existe, sino como una obligación propia derivada de algún contrato, como el de mandato, o de fiducia, u otro"[9].

La titularidad para exigir cuentas, continúa el mentado autor, nace dentro de un conjunto de obligaciones típicas, y no como una obligación aislada. Esto es, se es titular del derecho de exigir cuentas no aisladamente, sino sólo en la medida en que existan otras obligaciones (ordinariamente de hacer)[1010].

Tampoco puede sostenerse que tienen origen directo en el cuasi contrato de la cual devienen o del imperativo legal que las impone. En todos los casos, la verdad es que ellas son consecuencia de que el obligado haya realizado la administración de determinados bienes, ello es verdaderamente su causa eficiente. Esa tarea en sí misma es un fenómeno jurídico, el cual genera objetivamente la obligación de rendir cuentas.

Lo dicho tiene particular relevancia si se piensa que por ejemplo, celebrado un contrato de administración delegada para una construcción determinada, entregado como fuere con ocasión de ello sumas de dinero destinadas a adquirir materiales para la obra y para la ejecución de los trabajos que aquella supone, si se declarare la nulidad del citado contrato principal, por igual el sujeto obligado (administrador), deberá, no obstante,

---

8 Ese por lo demás parece ser el sentido que ha dado Casación a ese género de relaciones derivadas de la administración de negocios ajenos, cuando se lo vincula a otras derivadas de contratos coetáneos o no. Vid S. 12-2-70 Casación Civil, Sala Accidental, en Gaceta Forense (GF) N- 67, p. 349, citada por Juana Martínez Ledezma, Código de Procedimiento Civil, Arts. 446-802, Imprenta Universitaria UCV, 1983, p. 363.

9 Morales, opus cit. p. 17.

10 Cfr. Morales, p. 18.

entregar o bien el monto íntegro de lo recibido, o sus saldos, con detalle de cómo, cuándo y para qué destinó lo percibido[11].

La protección adjetiva prevista por la Ley en garantía del cumplimiento de ese derecho y la carga del deber que comporta, como en cualquier otro caso, la encontrará el sujeto de la relación sustancial en la variada gama de garantías jurisdiccionales contempladas en el ordenamiento que le garantizan la exigibilidad de su derecho a pedir el cumplimiento del contrato, a que se declare con fuerza de verdad, a falta de otro mecanismo, la existencia o inexistencia de una prestación o derecho derivado de esa relación, y a la condena del pago eventual de sumas adeudadas con relación a dicho convenio.

Siendo, como puede serlo una de ellas, por razón de las prestaciones a que se obligaron las partes, la indicada "dependiente" de rendir la cuenta del destino de bienes o dinero entregado con ocasión de aquel acuerdo de voluntades, el acreedor de la obligación a recibir el informe del manejo de esos bienes, tendrá derecho de accionar ante el órgano jurisdiccional para garantía de ese débito, por varias vías que fija la Ley, una de las cuales , obviamente lo será , la vía ordinaria ante el órgano jurisdiccional, como en cualquier otro supuesto en el que se discuta la ejecución no voluntaria de una obligación.

Pero en adición a esa vía procesal ordinaria, también el ordenamiento admite en ciertos casos el que pueda exigírsela por modo incidental, en cuyo caso quedará garantizado el deber de cumplimiento de esa obligación especial, sin que deba iniciarse separadamente el juicio ordinario, tal como ocurre en los casos en que el Depositario Judicial viene obligado a hacerlo, dentro del decurso de otro juicio y con ocasión de la que él rinda voluntariamente, le sea solicitada por la parte que dio lugar a la medida cautelar o ejecutiva, o finalmente le requiera el Juez, como rector del proceso y responsable de la actividad de dicho auxiliar de justicia[12].

En el caso del Depositario Judicial, la Ley especial[13] regula dicho procedimiento como una incidencia con particularidades muy especiales que a su vez se apartan tanto del juicio ordinario como de otros supuestos en que la Ley consagra la protección adjetiva del derecho - deber a pedir y dar las cuentas.

Resumidamente, la citada normativa contempla que la pretensión se inicia con la simple cuenta que presenta el obligado a rendirlas y la petición de que se la imponga al deudor del pago de los emolumentos y gastos del depósito, para lo cual se fija además una especie de término de caducidad que se cuenta a partir de haber terminado su gestión como depositario, y a fin de que quien venga obligado a pagarlas, la objete o no en el término de diez días y en el entendido de que si no fuere objetada dentro de él, la misma quedará firme y con fuerza de sentencia ejecutoriada.

---

11 Morales, opus cit. p. 19.

12 En doctrina nacional y extranjera se admite por igual dicho proceso incidental de cuentas, si bien se lo refiere a supuestos que dan lugar a la misma diferentes al que es objeto de comentarios. Vid. Palacio, opus cit. p. 276 y dentro de los autores patrios, así lo acepta Arminio Borjas, Comentarios al Código de Procedimiento Civil Venezolano, Tomo VI, p. 41, Editorial Biblioamericana, Argentina, 1947. Finalmente debemos destacar que es esta también una posición que encuentra respaldo jurisprudencial en decisiones de nuestra CSJ, cual es el caso de la Sent. fechada el 21-11-96 transcrita en Henríquez La Roche, Código de Procedimiento Civil, tomo V, Edit. Centro de estudios jurídicos del Zulia, Caracas, 1998, p. 205.

13 Ley de Depósito Judicial, GO. 28213 del 16-12-1966, arts. 13 ss.

Si por el contrario la cuenta se objetare, se abrirá una incidencia probatoria de ocho días en el juicio ordinario y de cuatro si el proceso en la cual se insertare fuere breve, debiendo resolverse la incidencia en única instancia, pero pudiendo cualquiera de las partes pedir que la sentencia sea pronunciada con Asociados.

Como se advierte, este extraño procedimiento incidental pareciera gozar de las características de los procesos ejecutivos, pero como se lo observa, por una parte, no se exige la preexistencia del título típico que de costumbre suele ser exigido por la Ley en estos casos, esto es el llamado "título ejecutivo" (vid infra), y de otra parte, en adición, de no quedar contradicha la cuenta así presentada, tal pedimento sirve de "sentencia declarativa de certeza y condena", esto es, lo que adquiere tales caracteres no es una providencia o auto del Tribunal que ordena darle trámite al procedimiento incidental o que reconozca como ciertos los términos de dicha cuenta, sino "la cuenta misma presentada por el depositario", lo que ciertamente es un verdadero caso extraño en nuestra normativa vigente, y del cual francamente solo hemos encontrado similitud en el llamado proceso sumarísimo especial de "cuenta jurada" regulado por la Ley procesal española y al cual nos referiremos más adelante.

La única razón que podemos dar para sustentar tan extraña concepción de ese proceso, lo es que los gastos y emolumentos del depositario, vienen a su vez regulados en la Ley, y por tanto asumimos que el Legislador debió presumir que los reclamados, al no ser objetados se conforman con los del ordenamiento, y de allí que simplemente se los declare líquidos, exigibles e indiscutidos.

Pensamos que salvo el indicado caso no existen en nuestro ordenamiento otros similares en que la cuenta pueda ser presentada y/o exigida incidentalmente, pues si bien en materia de tutela[14]*[14]* se establece la obligación de rendirlas y se alude a que el Tutor viene obligado a dar cuentas de su gestión y en tanto el procedimiento en tal caso permanece en el tiempo abierto, nada lleva a concebir que aquellas deban presentarse incidentalmente, sino por el contrario a que se las exija o se las rinda conforme a las reglas generales a que venimos haciendo referencia en este capítulo. Por supuesto que el Cpc nada estatuye tampoco al respecto dentro de los procedimientos especiales de familia en el caso de la tutela (Arts. 726 ss)[15].

[14] Art. 376 ss Código Civil, GO 2990 Ext. del 26-7-82 (en lo sucesivo Cc).

[15] El Código de Procedimiento Civil (Cpc) derogado (1916), Art. 585, contemplaba igualmente que con ocasión al juicio de partición, si las partes del mismo objetaren las cuentas del administrador o depositario, se procederá al juicio de cuentas conforme a lo prevenido en el Título de la materia, suspendiéndose entre tanto la partición; o se procederá a ésta al mismo tiempo si así lo resolviere la mayoría de los herederos ... omisis; deduciéndose por tanto de dicha disposición que tampoco esa rendición de cuentas era incidental, sino que debía tramitarse bien por juicio ordinario, si no se contaba con prueba que demostrare de modo auténtico la obligación de rendir dichas cuentas, los negocios que comprendía y el tiempo en por e! cual debía rendírselas, o por el Procedimiento Ejecutivo de cuentas, regulado ahora entre los procedimientos (llamados por e! Código de Procedimiento Civil "juicios) ejecutivos dentro del Libro Cuarto de dicho Código, en los cuales se regulan aquellos y todos los demás no ordinarios, bajo la denominación de " Procedimientos especiales contenciosos".. Dicha disposición fue eliminada con la reforma del CPC de 1987. (Código de Procedimiento Civil vigente (en lo sucesivo Cpc), GO 3694 Ext. del 22 de enero de 1986al cual se hicieron insignificantes reformas en el hoy vigente, GO 4196 Ext. del 2 de agosto de 1990.

En otras ocasiones así mismo podremos observar que quien puede pedir en acción de declaración de condena, por vía principal y ante la ausencia de una norma sustantiva que regule el supuesto, lo será quien por Ley, contrato o cuasicontrato, venga obligado a rendirlas, para que "le sea recibida y aprobada la cuenta que él viene obligado a presentar[16]".

En tales supuestos, a falta de regulación expresa de dicha situación, obviamente, la acción deberá tramitarse y sustanciarse por las vías del juicio ordinario, con todas las garantías del contradictorio para las partes, sin que por ello deba ser una pretensión de mera certeza, pues puede conllevar por igual petición de resarcimientos, con lo cual la misma perfectamente puede catalogarse por igual como pretensión de condena.

Finalmente, el ordenamiento adjetivo regula otra forma más para exigir el cumplimiento del deber de rendir cuenta, y para el cual establece determinados requisitos, nos referimos ahora al propiamente dicho "Procedimiento ejecutivo de rendición de cuentas" o como lo denomina el Legislador, juicio de cuentas contemplado en los artículos 673 al 689 del Libro Cuarto, De los procedimientos especiales, Parte Primera, Título 11,correspondiente a los Juicios Ejecutivos, Capítulo VI del Código de Procedimiento Civil vigente.[17]

En este caso, el presupuesto básico para su procedencia es que el demandante acredite de un "modo auténtico" la obligación que tiene el demandado de rendir las cuentas que se le reclaman, así como el período y el negocio o negocios determinados que deben comprender, -supuestos estos todos que deben constar del modo auténtico que exige la Ley- de tal manera que el Juez a la vista de esa prueba calificada pueda deducir presuntivamente y de modo cierto que existe la obligación de rendir las cuentas, de que se ejerció la actividad, de que se lo hizo durante un determinado período y de que se lo cumplió en relación o uno o más negocios determinados, tal como lo invoca el actor en su petición o libelo.

Como puede observarse , para la admisibilidad por ésta vía, no basta demostrar de modo auténtico que existe el supuesto genérico para rendir la cuenta, derivado de la existencia de un contrato o relación jurídica de la que deviene ese deber de administrar bienes, o de que determinada norma jurídica así lo contempla, sino de que efectivamente se lo realizó así(esto es que efectivamente recibió bienes, dinero o especies para aplicarlos a un determinado fin (el negocio o negocios para lo cual era ello pertinente) y que se lo hizo en una determinada época y para uno o más negocios determinados,o bien que se encuentra en un supuesto legal que le impone esa obligación, y en adición a que efectivamente lo ejecutó en un tiempo dado y con ocasión de determinadas operaciones.

Como resulta evidente del texto actual del artículo 673 que venimos glosando, la prueba que se consigne no será suficiente, si de ella solo aparece en menor o mayor grado evidencia que cree cierta convicción suficiente al juez sobre la existencia del derecho deber de rendir la cuenta, sino por igual debe extenderse y comprender elementos que permitan deducir que efectivamente tal sujeto ha ejercido la actividad de administración de los

---

16 En legislaciones foráneas, como es el caso de Argentina, se contempla en norma expresa tal derecho, Art. 657 Código Procesal de la Nación. Vid. Palacio, opus cit. p. 278, procedimiento que se denomina "Demanda por aprobación de cuentas". Borjas, opus cit. p. 41, por igual admite la posibilidad de dicha acción, sin cita de fuente legal.

17 Cpc 1987

bienes que se le confiaron y que ello ocurrió durante un cierto período definido de tiempo, y que en realidad realizó el o los negocios para los cuales se contemplaba la entrega de esos bienes, o el recibo de los mismos[18].

Efectivamente no basta solo que se haya pactado o convenido el que se entregarían los bienes, especies o dinero para aplicarlos a una determinada actividad o negocio, sino que efectivamente se lo haya hecho y que en tal virtud el obligado los dispuso y manejo con el propósito de destinarlos para el supuesto fin convenido o a los objetos contemplados en la norma concreta para la cual se ordenó o dispuso esa entrega y que ello efectivamente se cumplió dentro de un interregno de tiempo, si bien no necesariamente sucesivo o ininterrumpido.

Con el establecimiento de esa especial modalidad de procedimiento, en estos casos, el ordenamiento adjetivo no es que le quita al sujeto con derecho a recibir las cuentas la acción para pedirlas en vía ordinaria, sino que le facilita, en forma optativa a la vía ordinaria, mas no concurrente con ella, otro medio más expedito para lograr la presentación de las cuentas y por tanto, antes que nada quede garantizado el cumplimiento de ese débito, a través de medios ágiles, dotados de especial celeridad que conducen al mismo efecto.

Tales mecanismos procesales constituyen el procedimiento ejecutivo especial de rendición de cuentas y es en este que centraremos nuestros comentarios.

En resumen, quien tiene el derecho a que se le presenten cuentas, a falta de que le sean entregadas extrajudicialmente por quien deba hacerlo, puede llograrlo bien a través del proceso ordinario, con todas las garantías del proceso, mediante el ejercicio de una acción de condena, cuyo resultado será que el demando, obligado a rendirlas, se le tenga por tal, y que como consecuencia de las declaraciones de certeza previas en el proceso, venga obligado eventualmente a devolver determinados bienes, o su equivalente en dinero, con cualesquiera otras peticiones accesorias: daños, intereses, costas, etc., bien por una vía incidental en ciertos casos contemplados en la Ley, y dentro del decurso de otro juicio, como incidencia autónoma.

---

18 Es de observar que en la reforma se añadió al texto anterior de la norma, "... el o los negocios en los cuales intervino el obligado a rendir las cuentas" y se mantuvo como requisito de procedencia de dicho procedimiento que el demandante acreditare de modo "auténtico la obligación y el tiempo en el cual se ejerció efectivamente la gestión. Nuestra jurisprudencia no es muy clara respecto a que debe entenderse por "auténtico" y ha sido vacilante al respecto, sin embargo, hoy, puede decirse que la tesis dominante es la de reputar tal una prueba escrita otorgada ante un funcionario público, que le confiera a la misma fecha cierta y paternidad indubitable. Sobre el concepto de auténtico, en su problemática procesal remitimos a los enjundiosos estudios de los profesores Brewer Carias, Rengel Romberg y Cabrera Romero. En adición, la redacción de la norma no es precisamente la más feliz ni técnicamente redactada en lo que atañe a que la acreditación auténtica debe abarcar no solo la obligación de la rendición de cuentas (el contrato: mandato, cuentas en participación, comisión, auto de órgano judicial en la que se defiera el nombramiento del obligado, y otros elementos probatorios que acrediten por igual, que en efecto se ejerció esa administración de negocios o intereses ajenos y el período o períodos en los cuales se la cumplió. Nuestra Corte Suprema ha sostenido: "no basta la simple demostración del título o carácter conferido al demandado para administrar negocios ajenos, como lo sostiene la formalización, sino que es necesario, conforme a nuestra pacífica doctrina, que se evidencie de autos la efectividad de la administración o gestión cumplida por el cuentadante dentro del lapso en que pudo ejercer las facultades pertinentes". Corte Suprema de Justicia (CSJ) Sent. 16-6-76, Repertorio Forense 3530, pp. 1 ss., cit. por Henríquez La Roche, opus cit. p. 203.

Finalmente, si cuenta con los medios probatorios calificados por la Ley, que le permitan deducir al órgano judicial la existencia presuntivamente indiscutible del deber de rendir las cuentas, y los demás extremos que hemos dejado reseñados precedentemente, la normativa adjetiva pone a su disposición la vía de un proceso especial que como hemos visto la misma Ley denomina "ejecutivo", en el cual, constatado sumariamente por el juez, con la minuciosa revisión del medio probatorio y la convicción que aquél produzca de la existencia del débito de rendir cuenta, del efectivo ejercicio de las actividades que comporta la administración o manejo de bienes o dinero, derivados de uno o más negocios determinados en un período de tiempo, sea compelido en un breve lapso, sin necesidad de que transcurra todo un período para la formación de esa convicción (el del juicio ordinario), para que se las presente, y seguidamente se abra un término especial judicial, en el cual se analicen, se acepten o se objeten, total o parcialmente, y en su caso por la vía de una experticia, se determine si están o no conformes, y con vista a ello, se concluya si existe o no la obligación de reembolsar un saldo de bienes o dinero, derivado del negocio mismo o del indebido manejo de dichos negocios, para que resulte condenado a pagar ese saldo judicialmente determinado.

Para buscar de alguna manera justificación a la especial concesión que hace el legislador a esta obligación, y para lo cual contempla esa vía " ejecutiva " para exigir su cumplimiento, podemos argüir, que se lo hace en consideración a que en sí, el deber de rendir cuenta, se sobrepone a toda incidencia misma relativa a la vida de la relación negocial o del deber legal del cual deriva, y de sus resultados (que existan o no saldos acreedores) si queda demostrado presuntivamente y con un medio de prueba calificado que él existe, que efectivamente se cumplió la labor o gestión que genera ese débito obligacional durante un cierto período y actividad, independientemente de cualquier defensa o reclamo derivado del contrato o relación legal subyacente, y por tanto debe acatarse ese débito u obligación de presentar la cuenta.

Conforme lo destaca Valdivieso Montano [19] el origen de nuestro procedimiento ejecutivo especial de rendición de cuentas, fue la normativa francesa de Procedimiento Civil de 1806, y la misma se repite en los Códigos Venezolanos de 1916, 1904,1897, 1880, 1873 Y la Ley VI de 1836, al igual que los artículos 657,658 y 665 del Código del 16 derogado, que son los pilares fundamentales del ahora "procedimiento ejecutivo de cuentas" del vigente Código (artículos 673,676 y 677, respectivamente)[20].

Precisa destacarse igualmente que si bien la rendición de cuentas, responde en el lenguaje común" a entregar o presentar a otro razón de una administración ejercida, demostrando cuanto dinero o bienes fueron dispuestos o recibidos y por cual causa y con cuales fines se dispuso y recibieron dichos fondos o bienes, para una determinada actividad que el presentante de las mismas asumió realizar", en lenguaje jurídico, en cambio, se reserva dicho término a " la obligación de presentar y entregar los resultados de esa gestión del manejo de fondos y bienes, ante un órgano judicial competente, por parte de quien los ha administrado por cuenta de otro, a quien pertenecen o a quien fue encomendado hacerlo por cuenta de él, en una forma, clara, sencilla, pero a su vez suficiente, para discutirla con ese interesado en la entrega de la gestión de tal manera de precisar cuales han sido los

---

[19] Opus cit. p. 277 ss.

[20] Curiosamente cabe observar que el Código Italiano tomó igualmente el modelo del juicio ejecutivo de rendición de cuentas del mentado modelo francés, tal como lo destaca Lanciotto Rossien Il Digesto Italino, opus cit. p. 1134 ss.

resultados de esa actividad que le fuera confiada y convenirse en que dichos resultados son los que debieron haberse producido como consecuencia de la buena gestión cumplida, establecer cuantitativamente y acordarse cuales fueron los resultados y los saldos a favor o en contra por lo recibido y lo entregado, o para precisar y zanjar cualquiera desavenencias que se tengan al respecto y fijar cual ha sido su resultado"[21].

Debe advertirse que esos conceptos de saldos, resultados a favor o en contra, constituyen en términos técnicos contables las denominadas partidas de ingresos y egresos de la actividad cumplida, y que en la rendición de cuentas siempre existirá un sujeto obligado a presentarlas y otro que se las reciba, es decir frente a frente intereses de dos partes, que en lenguaje del legislador francés original se denominan "ayant y rendant", términos que en ese idioma describen perfectamente a quien debe entregarlas y quien debe recibirlas, que no tienen traducción similar ni en castellano ni en italiano a decir de Rossi[22].

Las cuentas en todo caso pueden ser entregadas amigable y extrajudicialmente, y de no existir desavenencias, hacen que se reputen debidamente presentadas y rendidas, más si existiere divergencia no susceptible de zanjarse, será entonces menester recurrir al órgano jurisdiccional, a fin de requerir que sean entregadas o "rendidas judicialmente" en la forma y términos que fija la Ley, en cuyo caso esa entrega de cuentas se la denomina propiamente "Procedimiento de rendición de cuentas".

Destaca Rossi[23] que dicho proceso jurisdiccional se fundamenta en un principio de derecho, indiscutido inveteradamente, de que quien ha administrado bienes pertenecientes a otro, debe responder de su gestión, fuere Cual sea la cualidad bajo la cual ejecutó esa actividad, salvo que de ello se lo hubiera dispensado expresa o tácitamente.

Que por igual, es otro principio general indiscutido de Derecho, que el obligado a presentar las cuentas, como cualquier otro "obligado", puede liberarse de su obligación, cumpliéndola regularmente.

De dichos dos principios de derecho derivan dos eventuales pretensiones (sic. acciones) una correspondiente al obligado a presentarlas y la otra a quien tiene el derecho a recibirlas. Cuando dichos intereses no se compaginan voluntariamente, la sentencia que declare las existencia de dichas pretensiones, por el solo hecho de que con fuerza de certeza judicial, declare la existencia de dichas obligaciones y derechos, no autoriza por sí sola a iniciar ejecución de una condena que se materializa en medidas ejecutivas o cautelares preparatorias de aquellas sobre bienes, ni aparejan directamente la ejecución de bienes y derechos de los entonces condenados, sino que en nuestras normas adjetivas precedentes a las actuales, como por igual en la de los sistemas que nos sirvieron de modelo a las nuestras, esa negativa a presentar las cuentas en la forma regulada por la Ley, daba lugar a que se admitiera la " razón jurada del demandante como instrumento suficiente para proceder contra el remiso (sic. demandado) por vía ejecutiva, y aún para el remate de bienes y consiguiente pago, si no se hubiere contradicho la obligación, o si contradichas se las hubiere declarado sin lugar tales objeciones o defensas por sentencia ejecutoriada[24].

---

[21] Cfr. LanciottoRossi, p. 1134.

[22] Opus cit misma página.

[23] Opus cito

[24] Cfr. Rossi, Cap. 1, # 3. Advierte el mentado autor que por ello los tratadistas antiguos y el sistema francés modelo reputaban que en tal caso el procedimiento de rendición judicial de

2. *Relaciones jurídicas "tipo" de las cuales nace la obligación de rendir cuentas*

Precisadas así las cosas, merece la pena referirnos o catalogar aquellos casos en que la voluntad de las partes, la Ley o el cuasi contrato hacen nacer la obligación derivada de rendir cuentas, con la observación, de que ellos no son los únicos supuestos en que ella existe, pues, en efecto, puede ocurrir que con ocasión del desarrollo de otro contrato típico o atípico y por razón de esa especial gestión de administración de bienes que con relación a aquél pueda surgir, nazca también la comentada obligación.

En cuanto a la fuentes contractuales de las cuales puede derivar el deber, caben citarse entre otras: a.- los casos del contrato de sociedad en cuanto a los administradores de las mismas, con la advertencia de que algunos entienden que la legitimación activa para exigirla durante la vigencia ordinaria de la sociedad solo corresponde a la asamblea, mientras que en la etapa de liquidación ella legitima a los socios frente a los liquidadores de dichas personas jurídicas, independientemente de que hayan sido o no sus administradores y la de los ex-administradores, frente a los liquidadores de dichas sociedades; b.- en los contratos (o sociedades especiales) de cuentas de participación mercantiles por el asociante y más propiamente al que actúa como gestor de los negocios; c.- en el de mandato para el mandatario, incluyendo al factor mercantil; d.- en el de corretaje de seguros para el corredor; e.- en el de fideicomiso para el fiduciario; f.- en el contrato de edición para el Editor que imprime y distribuye y g- en la venta por consignación de mercancías (conocido en algunas legislaciones como "contrato estimatorio", para quien recibe los bienes en consignación).

Precisa recalcar, repetimos, que la anterior enumeración no es taxativa, y que en otros muchos contratos, típicos o atípicos, puede surgir la obligación, si de alguna manera una de sus partes asume esa función de administración de bienes vinculados al mismo (pe. en el de prenda, en el de Depósito especial <Almacenes de depósito>), etc.

Es importante destacar que uniformemente en cambio, no se admite que nace tal obligación, en los casos del contrato de cuenta corriente bancaria, regido por legislación y principios especiales.

Respecto a la fuente legal de la obligación, pueden citarse entre otros los siguientes casos: a.- el del cónyuge administrador por la administración de los bienes comunes cuya

---

cuentas se regulaba como una modalidad del de juicio de partición en lo relacionado con la entrega de capitales y frutos regulados para el mismo como un proceso "ejecutivo".En cuanto a tal apreciación se refiere, continúa señalando el autor citado, es por ello que Mattirolo consideraba que era evidente error aplicarle a ese proceso especial, las normas sobre" procedimiento ejecutivo", en tanto que tal situación lo que aparejaba era dar lugar a la razón jurada del demandante, y con base a ella, que no a la rendición de cuenta, autorizar la ejecución forzada en sí. (Trattatodi diritto giudiziario civile, 5ª Edic,Vol.III, n. 884, Torino 1904) Si se examinan nuestros Cpc anteriores al vigente, encontraremos que también se daba ese tratamiento a la figura, pues en ellos, dados los supuestos contemplados en la Ley, de no haberse dado cumplimiento a la obligación de presentarlas, bastaba la "razón jurada" del actor para proceder contra el demandado en "vía ejecutiva" dando lugar al remate de bienes y consiguiente pago (artic 669 Cpc 1916, que repetía los contenidos desde 1836 y subsiguientes hasta el citado Código). Cabe observar por lo demás que ese procedimiento así regulado, tenía mayores similitudes con un verdadero proceso de ejecución anticipada, pues aparejaba realmente el inicio de ejecución, en esa etapa del juicio, y que así mismo, por ello quizá se ha sostenido que el modelo de la norma fue la Legislación procesal española" de cuentas juradas".

administración tenga confiada; b.- la de los padres por los bienes propios de sus hijos; c.- el de los tutores y curadores por la administración de los bienes del pupilo; d.- del albacea testamentario por los bienes que se le confiaron de la herencia; e.- el administrador de bienes del ausente; f.- la del curador de la herencia yacente por los bienes que de ésta se le confiaron; g- los administradores especiales de la herencias, los depositarios judiciales, los administradores ad hoc en el caso de medidas innominadas, la de los Síndicos en las quiebras etc.

Finalmente, con origen en el cuasi contrato, se mencionan igualmente como fuentes del derecho deber de entregar y recibir cuentas, entre otros los casos: a- del gestor de negocios; b- el de los administradores de la sociedad de hecho o de la irregular; c- la de los comuneros que gestionan la administración de la cosa común, etc.

Precisa también observar, que salvo los casos en que la obligación tiene origen legal[25], es perfectamente posible que voluntariamente se dispense de la obligación de rendir cuenta al cuenta dante por el cuenta habiente, admitiéndose que dicha renuncia pueda ser inclusive tácita[26].

Por último, cabe advertir, que existirán casos en los cuales la gestión administrativa de los bienes o haberes esté confiada por la Ley o el contrato, o inclusive de hecho a más de una persona, supuestos en los que obviamente, vienen obligados a cuenta, solidariamente, a los que así deben hacerlo y que efectivamente la hayan ejercido, produciéndose los efectos de un litisconsorcio.

No parece en cambio tener sentido pensar en la posibilidad de que se la exijan mutuamente quienes ejercieron una administración conjunta[27].

Todo lo anteriormente expresado reviste particular importancia en tanto, que de ello deviene la cualidad pasiva o activa para intentar o soportar los efectos de los correspondientes procesos de rendición de cuentas, debiendo por último resaltar que por igual en veces resultará inocuo que el derecho habiente a la cuenta no resulte ser o estar colocado en la posición sustancial de titular de la propiedad de los bienes o haberes entregados en administración, pues puede serlo, con derecho a pedir las cuentas un tercero, que por cuenta de otro detenta tales bienes[28].

---

25 Salvo el caso del curador de bienes designado en testamento para un menor o entredicho ex art. 311 del Código Civil, (Cc) GO. Ext. 2990 del 26-7-82

26 Palacio, opus cit. p. 258. Respecto a la renuncia, la doctrina entiende que en tal caso debe entenderse se trata de una liberalidad y por tanto deberá atenerse en tales supuestos a determinar si el renunciante tiene o no la capacidad para hacer liberalidades y si el cuentadante tiene la propia para recibir aquellas. Cf. Palacio misma página

27 Tuvimos a nuestro cargo un caso judicial ante el Juzgado de Primera Instancia Civil y Mercantil de la Circunscripción Judicial del Estado Guárico, con sede en Valle La Pascua, (GrainTrade vs. Sumaca, 1997)en el cual esgrimimos como defensa en proceso que por rendición de cuentas se incoara con fundamento a un titulado "contrato de cuentas en participación", una de cuyas cláusulas expresamente contemplaba que la administración de los negocios sería ejercida conjuntamente por un representante de cada una de las partes, la aludida improcedencia de dicho procedimiento. Lamentablemente el procedimiento concluyó por acuerdo entre las partes, sin dar lugar al pronunciamiento del órgano judicial.

28 Borjas, opus cit. p. 40.

II. NATURALEZA DEL PROCESO EJECUTIVO DE RENDICIÓN DE CUENTAS

Ese procedimiento ejecutivo de rendición de cuentas, contemplado como se dijo en nuestro Código de Procedimiento Civil vigente en los artículos del 673 al 689[29], como un procedimiento Contencioso, y como uno de los "Juicios Ejecutivos" regulado por dicha normativa adjetiva, resulta ser de vieja data en nuestra normativa procesal, el que, en el devenir de las diversas modificaciones que ha sufrido nuestro Código, desde que se lo contempló por primera vez en nuestro ordenamiento hasta nuestros días, más o menos ha permanecido idéntico en sus elementos característicos esenciales, con solo algunas modificaciones, pero que ahora se lo ha ubicado dentro del Cpc, en un capítulo y sección diferentes, de manera diferente a como se lo hacía antes y el que, en las legislaciones extranjeras que contemplan una modalidad similar, por igual observamos esa diferente ubicación dentro de la normativa procesal, y efectos diferentes que permiten diferenciarlo de esos otros modelos y de todo lo cual deriva una polémica en cuanto su verdadera naturaleza.

En cualquier caso, aparentemente tiene sus orígenes más antiguos, según algunos, en el procedimiento romano de la "reditio rationum"[30].

Lo cierto resulta ser que cada sistema tiene una particular forma de ubicar dicho procedimiento dentro de su normativa adjetiva, que obliga a examinar detenidamente cada prototipo en concreto para poder explicarse la diversidad de opiniones que existen en torno a la materia.

Debido a esas particularidades en su ubicación y en su trámite, hemos encontrado en doctrina extranjera que no existe uniformidad entre los autores, respecto a si tal procedimiento resulta realmente un "procedimiento ejecutivo", si es más bien un proceso de cognición abreviada, o si se trata de un híbrido que goza de algunas características de ambas modalidades, esto es un procedimiento "mixto" y con la advertencia adicional que el regulado en nuestra Ley adjetiva, tiene a su vez particularidades que lo diferencian del que contemplan dichas legislaciones aun cuando puedan tener nombres parecidos o que produzcan efectos similares al de nuestro ordenamiento.

En tal sentido, Palacio[31], al referirse al denominado proceso de "Cuentas aprobadas o reconocidas" de la legislación Argentina, que lo ubica entre sus procedimientos ejecutivos, advierte que el mismo es uno de los supuestos en que el título ejecutivo debe integrase mediante el cumplimento de una diligencia preparatoria que consiste en la citación del presunto deudor a fin de que manifieste conformidad o disconformidad con la cuenta presentada por el ejecutante, bajo apercibimiento de que de no ser esta aprobada, de incomparecencia injustificada o de falta de una contestación categórica se ordenará ejecución. Producida cualquiera una de estas contingencias, o reconocido expresamente el saldo deudor, el juez debe fijar plazo para su pago. Si el demandado por el contrario desconoce expresamente la cuenta presentada, no procede la vía ejecutiva y éste debe hacer valer sus derechos en el proceso ordinario, sumario o sumarísimo, según corresponda.

---

29 Código de Procedimiento Civil citado.

30 Gabriella Rampazzi Gonnet, *Il Giudizzio Civile di Rendiconto*, Edit. Giuffre, Italia, 1991, p. 10.

31 Cfr.p. ***221***.

Este es el proceso aplicable a las cuentas simples y a la cuenta corriente mercantil.

Ahora bien, tal procedimiento, no es propiamente, según el mentado autor una verdadera pretensión "ejecutiva", que consiste fundamentalmente, en modificar una situación de hecho existente en forma de adecuarla a una situación jurídica resultante, sea de una sentencia condenatoria, sea de un documento que, en razón de su contenido, goza de una presunción favorable con respecto a la legitimidad del derecho del acreedor.

En la legislación española, el procedimiento que podemos asimilar al que es objeto de nuestro examen, resulta ser el llamado de "cuenta jurada" o el de los que se conocen y regulan por igual en dicho sistema como procedimientos de "apremio en negocios de comercio" (entre otros los correspondientes a las reclamaciones que pueden derivar de la cuenta corriente mercantil).

A los primeros mencionados, Jaime Guasp[32], considera se tratan de verdaderos procesos de ejecución, y en lo que toca al contenido del precepto que los regula, los califica como un verdadero proceso en miniatura.

Referente a los segundos, pese a su nombre, no son procesos de ejecución auténtica, sino una vía sumaria, reservada a títulos y relaciones mercantiles especiales diferentes a las que dimanan de los verdaderos títulos de crédito.

En la legislación italiana, como lo destacamos precedentemente[33] el procedimiento de rendición judicial de cuentas se regulaba como una modalidad del de partición en lo relacionado con la entrega de capitales y frutos regulados para el mismo como un proceso "ejecutivo", en lo cual se seguía el modelo francés.

Por lo que a tal apreciación se refiere, Mattirolo[34] consideraba que era evidente error aplicarle a ese proceso especial, las normas sobre "procedimiento ejecutivo", en tanto que tal situación lo que aparejaba era dar lugar a la razón jurada del demandante, y con base a ella, que no a la obligación de rendir la cuenta, incumplida, se autorizaba la ejecución forzada en sí.

En nuestro sistema procesal anterior al vigente Código, parece haber sido esa la intención del legislador, éste siguió el mismo modelo francés[35] que no el italiano ni el español y en efecto, al igual que en el hoy vigente Código adjetivo, si bien, dados los supuestos de existencia del medio auténtico con el cual se debe demostrar presuntivamente la obligación de presentar las cuentas, el período en el que se realizó la gestión y los negocios realizados, la admisión de la demanda ya comportaba un apremio, para imponer el que fueren presentadas ante el Tribunal en lapso fijado por la Ley, ello no bastaba para dar lugar tampoco al inicio o anticipación de ejecución(elementos típicos en nuestro sistema anterior y en el vigente de los denominados procedimientos ejecutivos), sino que era menester prestar la razón jurada del actor sobre el importe de lo reclamado, añadido al desacato de haberlas presentado, para que solo entonces se pasara a la fase de anticipación de la ejecución, de no haberse contradicho aquella, con la advertencia así mismo que el

---

32 Derecho Procesal Civil, Tomo II, p. 130, Tercera edición corregida, Edit. Instituto de Estudios Políticos, Madrid, España, 1968 y Comentarios a la Ley de Enjuiciamiento Civil, tomo 1, Edit. Aguilar, Madrid, 1948 p. 146 y 147 comentarios.

33 Vid nota 2l.

34 *Trattato di dirittogiudiziario civile*, 5ª Edic. Vol.III, n. 884, Torino 1904, citado por *ROSSI.*

35 En tal sentido vid. Valdivieso, opus cit.

franco desacato expreso o presunto en cumplir el apremio, solo se sancionaba con multas, que solo cesaban si se presentaban o se aportaban al Tribunal los documentos con las cuáles se formaran o se diere fiador abonado para responder de todo ello (Art. 658 Cpc 1916).

Por igual debe observarse que en dichos códigos, el procedimiento especial ejecutivo de cuentas, no se encontraba formando parte de los procedimientos ejecutivos regulados por aquéllos, sino en sección aparte (Título X del mismo citado Libro del Cpc) si bien se lo reputaba por ello como un "procedimiento "especial" diferente por tanto del ordinario.

Finalmente, en el vigente Código en el cual ya hemos ubicado a nuestro actual procedimiento ejecutivo de cuentas, se lo introduce sí en la Sección de los especiales ejecutivos y sin embargo, se eliminó lo relativo a la posibilidad, ante el desacato del apremio de presentarlas, para prestar razón jurada y con ello dar inicio propiamente a la fase ejecutiva.(Art. 687), dado que ahora, como se lo observará, lo procedente, será que la parte actora promueva diligencias probatorias, preferiblemente de informes, a fin de que con lo que se reciba al respecto de los terceros, pueda reconstruirse la cuenta.

En otras palabras será menester cumplir con toda la actividad probatoria necesaria, a fin de que el Juez, concluido aquél dicte sentencia y se siga el procedimiento conforme las reglas del juicio ordinario.

Igualmente el desacato de entregarlas por haber quedado firme el apremio, por igual se lo norma de manera diferente y se lo sanciona también en el vigente Cpc de manera distinta, eliminándoselas "astreintes" que se disponían en los anteriores y determinando el artículo 677, "se tendrá por cierta la obligación de rendirlas, el período que deben comprender y los negocios"invocados, todo conforme se lo hubiere solicitado en la pretensión del actor, una vez cumplido lapso probatorio reducido en cuanto al de promoción y con vista a todo lo cual el juez dictará su fallo ordenando el pago reclamado o las restituciones pretendidas en la solicitud del demandante.

Como se lo puede advertir entonces, tanto en los Códigos anteriores venezolanos, como en el vigente, el tratamiento dado a éste juicio de rendición de cuentas, realmente obligan a catalogarlo como un proceso especial en sus trámites, que si bien tiene algunas modalidades que podrían llevamos a pensar que se trata de un verdadero "procedimiento ejecutivo", adolece de la falta de otros elementos que tipifican e identifican aquéllos de manera más precisa y categórica, no por ello en el fondo está ausente, un verdadero iter de conocimiento y debate del derecho de las partes, y lo más importante, no da lugar propiamente a "un anticipo de la ejecución del fallo" salvo que pueda reputarse tal el que, con solo a la vista del medio auténtico que evidencie presuntivamente la obligación de presentar las cuentas, el período en el cual se ejerció la gestión y los negocios que comprende, NECESARIAS IRREMISIBLEMENTE, no haberse hecho oposición, VENDRÁ OBLIGADO a acatar el pronunciamiento del Tribunal que lo conminó a PRESENTARLA que como resulta claro a todas luces es solo uno de los objetos de aquella de las pretensiones ejercidas tendiente a obtener que el demandado y a falta de él, el órgano judicial, se pronuncie para declararlo con fuerza de verdad indiscutida que si se deben presentar las cuentas reclamadas.

En torno al segundo de los objetos mediatos de las pretensiones deducidas, esto es, de que existiendo aquella primera, inmediatamente antes examinada, en efecto se presenten y hagan las cuentas, se las discuta si fuere el caso y se determinen los saldos y eventuales obligaciones de restitución o pago, que sería la segunda de las pretensiones ejercidas en este atípico procedimiento, las cosas son totalmente diferentes, y de la Ley pueden extraerse, se cumplen del modo siguiente:

a. Siempre será susceptible de discutirse el importe, las partidas, los saldos y la forma de determinarlos, aún en el supuesto de que haya franco desacato a las disposiciones del Tribunal, o por no haber ejercido la oposición pertinente. De esa sola conducta remisa, solo nacerá en el mejor de los casos una presunción *juris tantum* en cuanto a las afirmaciones contenidas en el libelo al respecto (677 Cpc vigente).

b. Siempre el demandado, aún bajo tales condiciones, tendrá derecho a discutir esas pretensiones, a aportar pruebas que lo contradigan (677 *ejusdem*), y sobre ello volveremos más adelante, sin que aparentemente su conducta remisa o eventual confesión, limiten esa potestad probatoria,

c. La condena en cuanto a tales aspectos (fijación de las partidas: ingresos y egresos y los eventuales saldos) solo quedarán precisados con la sentencia del órgano judicial.

d. Cuando se las presente no en la forma prescrita por la Ley(ordenadas y suficientes) conforme al artículo 678, tampoco aparejará anticipo de ejecución, ni dará lugar al establecimiento de presunciones diferentes a las que resulten propias de los medios de prueba utilizados por el actor (informes, ex artículos 687, 433 y 437 *ejusdem* y experticia especial) y en todo caso, lo que debe obtenerse del proceso pareciere ser la mas fiel reproducción de las que debieron haberse producido (argumento ex artículo 678, 681 y 686 *ejusdem*).

e. Sólo entonces, en cuanto a la segunda de las pretensiones, se podrá proceder a ejecución propiamente, previa decisión firme del Tribunal, esto es, existiendo el título de ejecución por excelencia: La Sentencia, conforme ocurre en cualquier otro procedimiento ordinario sin abreviación de lapso alguno y sin que no se contemple legítimo contradictorio.

De todo lo dicho, en cuanto a la naturaleza de nuestro procedimiento ejecutivo de cuentas, puede concluirse destacando, que propiamente no goza de las características esenciales del verdadero proceso “ejecutivo tipo” de nuestro ordenamiento[37], con la sola salvedad en cuanto a lo dicho del carácter de indiscutido que toma entonces la orden de apremio contenida en el auto de admisión de la demanda y con la sola consideración de la naturaleza del medio probatorio auténtico con el cual se hubiere acompañado el libelo.

Por igual, en cuanto a ese medio auténtico que exige la Ley para dar curso a la admisión de dicho procedimiento tampoco se compadece plenamente con el concepto de título ejecutivo que de ordinario tiene nuestra Ley, pues en efecto en este caso no se exige que de él dimane la existencia de una obligación de pagar o entregar bienes determinados, líquida y exigible, sino todo lo contrario, de la necesidad de precisar cuales son tales obligaciones, sus montos, y saldos, de tal manera que su sola existencia, haga innecesario el proceso de cognición para que el Juez se forme criterio, como ocurre en el juicio ordinario.

Con la sola excepción anotamos nosotros, del juicio de rendición de cuentas incidental en el caso del depósito judicial a que nos referimos supra, en tanto como lo vimos, no hecha oposición al apremio, se reputan líquidas y exigibles las estimaciones consignadas por el depositario y se ordenará sin más el pago, esto es, dará lugar a ejecución.

Nos atrevemos pues a proponer que ese procedimiento especial, pues realmente que por su atipicidad, de esencia resulta serlo, es una mezcla de elementos de uno y otro en cada una de sus dos definidas fases y en que, por igual sus pretensiones, son dos, acumuladas una a la otra, la primera de las cuales se basta con la declaración de certeza plena de la existencia de la obligación genérica de rendir o presentar las cuentas, sea que ello resulte del desacato sin oposición a la orden del Tribunal contenida en el auto de admisión, en cuyo caso cesa la necesidad de entrar al plenario ordinario común y en un proceso "ABREVIADO" (Art. 677) se resuelve lo relacionado con la segunda de las pretensiones acumuladas, no exenta de contradictorio, ni de la necesidad de que exista sentencia para que pueda aparejar ejecución lo discutido: conformación de las partidas, existencia de los saldos y obligación o no de restituir. En el indicado sentido coincidimos con los que lo catalogan como un procedimiento "mixto", pero ciertamente que bien poco puede atribuírsele de los caracteres propios del prototipo del juicio ejecutivo.

Como puede colegirse entonces, en cuanto a las pretensiones que en él se desarrollan, será dicho procedimiento un procedimiento de "conocimiento" con pretensión de condena como objeto principal de esa otra acción acumulada.

Finalmente, por último, si se hiciere oposición en la forma prescrita por la Ley y con los medios probatorios establecidos en ella, se dejaba sin efecto, la fase del apremio ejecutivo que nacía de la orden o llamado a juicio para que se las presentara y tanto la pretensión de que se las rinda y de que existen los supuestos para que así se lo repute, como las de la segunda de las pretensiones acumuladas, referida anteriormente, sean discutidas entonces con todas las formalidades, garantías y trámites de un juicio contencioso ordinario en el cual sus objetos inmediatos son las garantías jurisdiccionales declarativa de la existencia de la obligación de presentar las cuentas, y de condena, a entregar dichas cuentas y los eventuales saldos que de ello resulten.

Bajo esa óptica, somos de opinión que dicho procedimiento no debió haberse modificado en su ubicación dentro de los Capítulos que conforman ese Libro del Cpc, sino debió habérselo dejado como una modalidad más de un juicio especial, para lo cual si existían sobradas razones de reputarlo como tal, como se ha visto y no encuadrarlo dentro de los procesos "ejecutivos tipo", de los cuales por igual se aparta y sin que goce cuando menos de otros elementos que de normal se contemplan para la procedencia de aquellos y que justifican los especiales efectos en cuanto adelanto de "la ejecución" de lo que en ellos se reclama.

Con lo dicho, pareciere pues mas acertada la posición de Guasp al entender que esta modalidad de procedimiento, se asemeja más al proceso de cognición común, pero sumario por razones cualitativas que está destinado a satisfacer pretensiones dotadas de una fehaciencia legalmente privilegiada.

Destaca el comentado autor como notas características de ese tipo de procedimientos, que:

a. En primer término, es un verdadero proceso, pues se lo tramita y decide por un juez, que no realiza una función administrativa o de jurisdicción voluntaria, sino judicial auténtica;

> Que es un proceso de "cognición", porqué con lo que en él se tiende a obtener es una declaración de voluntad del órgano judicial, es decir una sentencia, y no una manifestación de voluntad, o conducta física, que sería una ejecución propiamente dicha.

Y por ello resulta razonable que concluya Guasp advirtiendo el equívoco que encierra la denominación de este proceso, tal como se contiene en la Ley y se utiliza en la práctica.

Se le llama juicio ejecutivo, con lo cual parece que no se trata de los juicios declarativos, sino de una figura afín a los verdaderos procesos de "ejecución", pero tal creencia debe considerarse totalmente equivocada. La finalidad propia del juicio ejecutivo no es la de conseguir directamente medidas de ejecución a cargo del juez, a las que el pretendiente, de momento, todavía no tiene derecho, sino la de conseguir una resolución judicial de fondo que imponga al demandado una cierta situación jurídica, y cuyo incumplimiento será el que determine verdaderamente la apertura de la ejecución.

Ahora bien, si de lo que se trata era de ubicar en una sola sección todos aquellos procesos atípicos contemplados por la Ley, cuyo efecto final propio lo fuera el de abreviar de cierto modo términos o plazos en su tramitación, o en los que por la conducta de las partes se modificaran los demás trámites del juicio ordinario, independientemente de los efectos mismos que se producían con tales modalidades de acción, entonces si convendríamos en que el haberlos juntado en una sola Sección de ese Libro del Cpc resulta atinado. Esa parece haber sido la verdadera razón tomada en cuenta por los Proyectistas y el Legislador, pues recuérdese que por igual se contempla hoy entre los procesos ejecutivos, el de "inyunción ss o intimatorio", en el cual tampoco se anticipa propiamente la ejecución, sino que se da a la decisión de admisión de la demanda efectos especiales, cuando se la acompaña de las pruebas que contempla la Ley, en cuyo caso parecieran proceder las medidas cautelares no a libre discreción del Juez, y se omite todo el trámite del proceso ordinario de cognición, dando efectos de definitivo al pronunciamiento de admisión de la demanda, tal como si fuera la declaración misma indiscutida de lo reclamado (especie de admisión de los hechos y derecho en que se la funda, con base a una especie de presunción de confesión tácita, derivada del no ejercicio de oposición o defensa alguna).

En Italia, como se lo advirtió, según el viejo Código de procedimiento se lo consideraba como proceso especial, con determinadas características peculiares, que precisamente lo hacen apartarse de los procedimientos ordinarios contenciosos de cognición, de otros procedimientos especiales, y a su vez de los demás procedimientos ejecutivos y por ello reviste particular interés, en tanto representa una mezcla de situaciones sustantivas y procesales poco comunes, con lo que se lo concibe así como un modo especial que garantiza en primer lugar el cumplimiento de esa "obligación derivada" de otras nacidas en virtud de determinados contratos, cuasi contratos o de la Ley.

Una de esas particularidades es, en efecto y como lo mencionamos, el ejercicio acumulado de dos tipos de acciones autónomas, una, la pretensión meramente declarativa, dirigida a obtener el pronunciamiento del juez, sobre la pura obligación del demandado de que resulta ser sujeto de la obligación genérica de rendir cuentas y otra, subsiguiente y consecuencia de la anterior, que deviene en pretensión de condena, y que viene a generar eventualmente una obligación de hacer "presentar las cuentas de esa administración de bienes que le fuere confiada" y luego de proceder a su examen y al debate judicial, si fuere el caso, a restituir determinada suma de dinero o bienes, y que surgirá como resultado del examen y verificación de la entrega y presentación de los recaudos que origina la gestión de administración que fue invocada y sobre cuya existencia ha quedado presuntivamente demostrado ha sido cumplida y está referida a un período dado y a unos negocios determinados[36].

---

36 Como bien lo destaca la citada Sentencia de enero de 1914 aludida en la nota 5, supra.

Como debe colegirse de lo antes expuesto, también caber advertir que en este caso el "título fundamental de la pretensión" necesariamente debe acompañar al libelo de demanda, no pudiendo aceptarse inclusive siendo público, el que lo sea, que el mismo pueda acompañarse dentro del lapso excepcional contemplado en la Ley, pues como requisito impretermitible de esa pretensión inyuntiva de la primera etapa del juicio ejecutivo de cuentas, el Juez necesariamente tiene que revisar, analizar y deducir de dicho instrumento si se dan las excepcionales razones para poder admitir por esa vía la pretensión deducida.

Esa misma especial característica, hace que el desarrollo del procedimiento se cumpla también bajo condiciones particulares, pues como lo veremos, el mismo se cumple en dos etapas, claramente diversificadas, y con dos modalidades de procedimiento nítidamente definidas, una bajo la premisa de una cognición breve y sumaria, que concluye con el pronunciamiento de que existe en cabeza del llamado a juicio la obligación de presentar las cuentas, y de que por tanto soporta la condición de ser sujeto de una relación sustantiva que la genera (administrador de bienes, tutor, mandatario, gestor de negocios) que queda confirmada con la declaración de certeza inyuntiva que le impone y le insta a presentarlas dentro del plazo que fija la Ley; y otra, que nace como consecuencia de las objeciones que él puede presentar a la orden del juez de que así lo haga, que debe hacerla valer dentro del mismo plazo que se le ha fijado para presentarlas, so pena de que su actitud remisa o no ejercicio de defensas que la contradigan o nieguen, hagan quedar firmes y definitivas las declaraciones de certeza que en *in limine* contiene el Decreto inicial del órgano judicial, o que, formulada contra la misma, la pertinente contradicción (por vía de la oposición), hacen que deban ser discutidas en un proceso ordinario, al cual resulta condicionalmente llamado.

13.

ANOTACIONES SOBRE EL JUICIO EJECUTIVO DE RENDICIÓN DE CUENTAS EN EL CÓDIGO DE PROCEDIMIENTO CIVIL VENEZOLANO* (SEGUNDA PARTE)

III. NOTAS CARACTERÍSTICAS QUE LLEVAN A REPUTAR AL PROCEDIMIENTO EJECUTIVO DE RENDICIÓN DE CUENTAS COMO UN PROCEDIMIENTO ESPECIAL

Derivado de esas notas especiales que rodean el proceso de rendición de cuentas ejecutivo, en su trámite se observan las siguientes particularidades:

1. *En cuanto a la competencia del órgano judicial que conoce del mismo*

En el caso de la rendición de cuentas, en general, y por igual en el supuesto particular del juicio ejecutivo de rendición de cuentas, para cienos supuestos en que nace la obligación de darlas (en general en el supuesto de tutela y los de administraciones concedidas, entendiendo por tal nosotros las que derivan de un supuesto legal, no de la voluntad de las partes), el Cpc establece como fuero electivo para el demandante, el del lugar donde se hayan conferido las potestades para administrar o en el que efectivamente se haya ejercido esa potestad de administrar bienes, fondos, etc. (se las haya ejercido), o el del domicilio del obligado, dejando a salvo, respecto a este último que fueren varios los demandados y no tuvieren el mismo domicilio (art. 43 *ejusdem*).

Borjas se plantea como caso curioso, cuando coinciden los fueros especiales del *forum apertae sucessionis y el gestae administrationis* (el de apertura de la sucesión y el del domicilio social) con el contemplado para la rendición de cuentas (ex artículo 45), resolviendo el caso así: Si se trata de acciones principales de cuentas, predominarán los fueros especiales en cada caso, pues tal competencia no es potestativa, y si se tratase de un proceso incidental, obviamente atraerá el ejercicio de la nueva acción el del juicio principal ante el juez que esté conociendo del caso (partición o acción de origen societario)[1].

En lo atinente a cuantía y materia son aplicables las normas generales de competencia establecidas en el CPC y reglas especiales de distribución de las competencias.

---

* Versión ampliada de la Conferencia dictada en las *Primeras Jornadas Internacionales de Derecho Procesal Civil, José R. Urraca*. Puerto La Cruz, 23 de octubre de 1998, publicada en: *Revista de la Facultad de Derecho de la Universidad Católica Andrés Bello*, UCAB, Facultad de Derecho, N° 55, Caracas 2000, pp. 141-173.

1 Borjas, *opus cit.* p. 42.

Debe observarse que hoy, con las recientes medidas de distribución de competencias, estimamos que los casos de rendición de cuentas en procesos relacionados con familia y sucesiones, el competente para conocer de dichos juicios resultan ser los jueces de Bienes, que no los de familia y menores, aun cuando la obligación de rendir las cuentas surja de relaciones típicamente de Derecho de Familia o del Derecho de Menores o incapaces[2].

2. *Título que se invoca como fundamento de la pretensión y documento fundamental de la demanda*

Como ya lo esbozáramos precedentemente, es esta una de las particularidades especiales del juicio ejecutivo de rendición de cuentas.

En efecto, ya dijimos que de no existir esa especial prueba AUTENTICA, el procedimiento no puede ser tramitado por la vía de cognición sumaria, o como se lo denomina, por vía de un procedimiento ejecutivo, tal como se lo contempla en ese Capítulo de la Sección de los procedimientos ejecutivos.

Esa prueba auténtica exigida por la Ley hace las veces del título ejecutivo que se requiere en procedimientos típicos de esta naturaleza.

En efecto, como buena pretensión especial, en la que se busca agilizar el proceso, o dotarlo de una fuerza especial desde su inicio, la misma persigue modificar una situación de hecho existente en forma de adecuarla a una situación jurídica resultante sea de una sentencia condenatoria, sea de un documento que, en razón de su contenido, goza de una presunción favorable con respecto a la legitimidad del derecho del acreedor, con ella no se trata de obtener un pronunciamiento acerca de un derecho discutido, como ocurre en el proceso cognitivo ordinario o pleno, sino de actuar, de traducir en hechos reales un derecho, que pese a haber sido voluntariamente o legalmente reconocido o creado para ciertos acreedores a quienes se confiere un poder de supremacía, permanece insatisfecho, nos referimos por supuesto con ello a la pretensión de que el demandado está obligado a presentar las cuentas a que en efecto el sujeto pasivo de la obligación de rendirlas efectivamente actuó como tal durante determinado período de tiempo y en los negocios o en el negocio para lo cual se lo contempló.

Por consiguiente, en ese sentido, en el procedimiento ejecutivo de rendición de cuentas, al igual que en los de las verdaderas pretensiones ejecutivas, en ellos se encuentra un derecho ya cierto o presumiblemente cierto, de allí que aquel reviste, desde el punto de vista de sus efectos, una característica que hace distinguir la pretensión en ellos debatida, de la que es objeto de un proceso de conocimiento.

Mientras en la última el efecto inmediato es que el sujeto contra quien se la dirige presente sus defensas, la pretensión ejecutiva, en cambio, incide o puede incidir en forma directa en la esfera patrimonial del deudor o provocar la adopción inmediata de medidas coactivas sobre bienes o conductas del sujeto pasivo de la relación procesal.

---

[2] A pesar de lo dicho, nuevamente, por razón de la promulgación de la Ley Orgánica de Protección al Niño y al Adolescente, hecho que no estaba planteado al momento en que dictáramos la mencionada conferencia, a la luz y principios de esa nueva legislación el fuero especial Minoril, nuevamente atrae el conocimiento de dichos asuntos, y los mismos, en adición deberán ser tramitados por el nuevo "prototipo de juicio especial en la materia y ante los nuevos órganos que deban conocer de la aplicación de la nueva normativa. La ley en referencia, entrará en vigencia a partir del abril del año 2000.

Los juicios ejecutivos para notable doctrina procesal son y gozan de las características de los procesos de ejecución y no simplemente son de “conocimiento limitado”[3].

La ley admite que en estos casos la tutela pueda concederse en virtud de una declaración de certeza que suple la voluntad del mismo deudor, la administración pública o la naturaleza de público del documento en la cual conste dicha declaración. Se atribuye en estos casos un valor particular al documento, en cuanto tiene un determinado contenido del cual resulta que el acreedor, en virtud del mismo instrumento pueda dirigirse al Juez para obtener la tutela ejecutiva, sin necesidad de proveerse de una declaración autoritativa[4].

En este sentido, para comprender mejor la problemática de la naturaleza y especiales características del “medio auténtico” con el cual debe acompañarse la pretensión (petición) vale la pena examinar las posiciones que respecto al mismo se plantean conocidos y serios autores:

Se sostiene en primer lugar que el título ejecutivo configura “un acto” y para otros en cambio de lo que se trata es de “un documento”. La primera postura defendida por Liebman, determina que el documento no es más que el aspecto formal del acto y este, en tanto tiene una eficacia constitutiva que consiste en otorgar vigor a la regla jurídica sancionatoria y en posibilitar la actuación de la sanción en el caso concreto crea una nueva situación de derecho procesal que no debe confundirse con la del derecho material preexistente entre las partes[5].

Carnelutti, en cambio, adhiriendo a la segunda tesis, sostiene que el titulo ejecutivo es un documento que representa una declaración imperativa del juez o de las partes y agrega que siendo tal declaración un acto, con el intercambio acostumbrado entre el continente y el contenido y, por tanto, entre el documento y el acto que en él está representado, se explica la costumbre corriente de considerar como “título al acto” en vez del documento[6].

Desde el punto de vista formal, el título ejecutivo, como documento que acredita la existencia de un acto jurídico determinado, es suficiente para que el acreedor, sin necesidad de invocar los fundamentos de su derecho, obtenga los efectos inmediatos que son propios a la interposición de la pretensión ejecutiva.

Desde el punto de vista sustancial, en cambio, el acto constatado en el documento, le brinda al deudor la posibilidad de demostrar la falta de fundamento del derecho del acreedor, debiendo distinguirse según se trate de títulos ejecutivos judiciales o extrajudiciales, los primeros sólo son susceptibles de atacarse mediante la demostración de hechos posteriores a su creación[7], mientras que los segundos son susceptibles de perder eficacia tanto en esa hipótesis como en la consistente en acreditarse, aunque en un proceso posterior a la ejecución, que el derecho del acreedor nunca existió.

Si bien es cierto que la prueba auténtica de la obligación de presentar las cuentas, los períodos en los que se ejerció la gestión, y el o los negocios que se cumplieron con ello, no requiere de los demás requisitos de los verdaderos títulos ejecutivos (obligación de entrega

---

3 Palacio, *opus cit.* T. VII, p. 222.

4 Micheli, Curso de Derecho Procesal Civil, t. I, p. 32, Trad. S. Sentís.

5 Citado por Palacio, *opus cit.* T. VII, p. 223

6 Francesco Carnelutti, Instituciones del Proceso Civil, 1.1, p. 269, Edit. Ejea Argentina

7 Palacio, *opus cit.* p. 225.

de dinero o bienes determinados, que resulten líquidas y exigibles), la pretensión de la rendición de cuenta por ese procedimiento, debe y tiene que nacer con la invocación y consignación de un título especial, con esa modalidad, esto es, auténtico, para que pueda ser examinado sumaria y brevemente por el Juez, a fin de precisar si de él deviene esa condición de cuenta dante del demandado, sea de origen contractual, cuasi contractual o de fuente legal, para aparejar esa orden de ejecución inmediata de que sea presentada la cuenta, sin recurrir al proceso de cognición pleno.

En este caso, como bien lo anota Borjas[8], con mas rigurosidad que en el resto de los juicios ejecutivos, el documento presentado con la pretensión, a pesar de que no siempre hace fe pública y puede ser apreciada soberanamente por el Juez, no es discutida en el debate probatorio de primera instancia sino cuando se le opone una prueba auténtica contraria, porque en todo otro caso, el demandado, que no puede promover contra ella sino las pruebas admisibles en alzada, como el recurso no le es oído sino en el efecto devolutivo, se ve obligado a rendir las cuentas en impretermitible acatamiento a una decisión sumaria, ejecutiva y peligrosa.

Dicho autor, que tilda "no de equidad ni apegado a lo jurídico" tal proceder legislativo, justifica el sacrificio de la justicia en tales casos, para proteger la obligación contractual, cuasicontractual o legalmente contraída de presentar las cuentas, de cierto modo perjudicando así al reo e imponiéndole adelantar las pruebas con las cuales pretende contrarrestar las peticiones del actor, para que no queden burlados o pretermitidos sus deberes de entregar las cuentas.

Lo anterior es tan importante que el mismo Borjas admite que existiendo por ejemplo evidente falta de representación en el apoderado demandante, no podrá hacerse valer con éxito dicha defensa para enervar el mandato del Juez si no presenta la prueba auténtica que enerve el derecho demandado[9].

Nada dice Borjas, y por no tener modelo similar ninguna de las legislaciones extranjeras a nuestro alcance, queda sin justificar el texto poco claro de nuestra normativa, en cuanto a si el documento fundamental de la acción debe comprender por igual que de él se desprenda el efectivo ejercicio de la administración cuya cuenta se demanda y él o los negocios en los cuales se ejerció aquélla[10].

La apertura del procedimiento ejecutivo de cuentas, pues, supone la existencia de una presunción calificada de que existe la obligación de rendir esa cuenta, de que el demandado califica dentro de uno de los supuestos de los sujetos obligados a rendirla, que a tal efecto menciona la norma, a título enunciativo, y agrega la Ley, así como el período en que se le exige y debe presentarla y el negocio o negocios que debe comprender, y todo ello que conste de manera fehaciente, dimanante, de un medio o norma dispositiva que así lo consagre (de modo auténtico)[11].

---

8 *Opus cit. p.* 47.

9 *Opus cit.* p.46.

10 Véanse los comentarios en nuestra nota 17 supra.

11 Exposición de motivos del Código de Procedimiento Civil de 1986, en Conferencias sobre el nuevo Código de Procedimiento Civil, Academia de Ciencias Políticas y Sociales, Caracas, 1986, en lo sucesivo EMCPC.

Esa prueba auténtica exigida por la Ley, debe ser cuando menos un acto de parte que " contenga una auto declaración de certeza, ya sea por que persiga de aquel que resulte ser deudor, el claro reconocimiento de su obligación (confesión) ya porque se formule el reconocimiento de su existencia ante un funcionario público que dé fecha cierta y carácter indubitable a las declaraciones de la parte que reconozcan la existencia pura y simple de aquella, de los negocios para los cuales se han contraído esos vínculos y del tiempo en que efectivamente se la deba cumplir o se la haya ejecutado.

Consideramos oportuno señalar que esos medios auténticos de demostrar la exigencia legal pueden provenir de un único documento o de varios con iguales características, sin que por ello se modifique lo requerido por el Legislador.

El valor que debe desprenderse de esa declaración auténtica, al igual que en el caso de un verdadero título ejecutivo, se funda en una regla de experiencia según la cual "quien declara algo contra su propio interés, está obligado por un principio de auto responsabilidad, a responder en los términos por él declarados"[12].

Estimamos que aquí la noción de título ejecutivo debe analizársela desde el punto de vista de "PRUEBA INTEGRAL", el título servirá aquí no como prueba "de los hechos singulares", sino de la relación obligatoria en que se fundamente la pretensión deducida, que ponga en evidencia la existencia misma de la obligación reclamada y de que el portador o acreedor legitimado es quien sin lugar a dudas puede reclamar su cumplimiento y puede pedir esa determinada tutela jurídica, como lo asienta Michelli[13].

Solo así el Juez, procediendo en una *cognitio sumaria,* ante esa prueba de particular valor, idónea para cuando menos presuntivamente demostrar tales extremos, podrá hacer su inmediato pronunciamiento con una decisión susceptible de adquirir fuerza de ejecutiva, pero solo en lo que atañe a lo que es materia de tal decisión.

Por último coincidimos también con Rampazzi[14] en que de ninguna manera puede pretenderse que ni el título que se presenta para instrumentar el fundamento de la demanda se consigna con el ánimo de que al mismo se le dé carácter de reconocimiento de una deuda, ni el procedimiento especial que analizamos pueda entenderse dirigido a tales efectos, pues como ya lo veremos en la segunda fase del proceso, solo previo conocimiento del Juez y su declaración de certeza al respecto es que eventual mente pueden resultar saldos o débitos a favor de una u otra de las partes de la rendición de cuentas que sea presentada, y ello es así, aún en los casos a que hemos aludido, en los que puede producirse la eventualidad de la negativa a presentarlas o de la rebeldía o desacato a la intimación de hacerlo.

3. *Las dos etapas del juicio ejecutivo de rendición de cuentas*

Todo lo antes dicho explicará entonces el porque entre las peculiaridades de este proceso, está también la especial modalidad de su desarrollo, lo cual está previsto sea cumplido en dos etapas totalmente diversas y con fundamento a dos pretensiones acumuladas con efecto y objeto mediato diferentes.

---

12 Glosamos en tal sentido a Michelli, opus cit. T III, p.383.

13 *Opus cit.* p.9.

14 *Opus cit,* p. 187 ss

La primera etapa, en la que al Juez sólo corresponde examinar, con vista al medio auténtico que se le consigna, si se dan esos elementos característicos del título que apareja ejecución, y que se contrae en el mejor de los casos a que en efecto el demandado es cuenta-dante por voluntad de un contrato, por la existencia de una relación de cuasi contrato o por imperio de la relación legal de la que devenga. Por ello es pertinente advertir que en esta especial clase de procedimientos la Ley es más rigurosa al exigir al Juez un mayor esfuerzo en la admisión inicial de la pretensión y le impone examinar cuidadosa y sumariamente él o los recaudos acompañados, a fin de que, de encontrar que si llenan tales extremos se obliga a pronunciar la admisión de esa acción especial y por los trámites de ese peculiar procedimiento con vista a lo cual dictará la orden de intimación para que comparezca el demandado a presentar la cuenta en el lapso que fija la Ley. Tal pronunciamiento como se observa, no es para que se comparezca a discutir las pretensiones ejercidas, sino para que de una vez se ejecute una determinada conducta, la de presentar las cuentas, con lo que materialmente se le está ordenando "ejecutar" la providencia judicial, como si se tratare ya de una decisión que ha resuelto sobre el fondo del asunto (al menos el de una de las pretensiones), pero sin prejuzgar sobre la existencia o no del derecho mismo discutido, que a la postrer de hacerse la debida oposición, si entrará a discutirse y hasta pueda resultar que aquél es inexistente, dando lugar a desechar en el mérito la pretensión.

En este caso, la primera de las pretensiones ejercida, lo es para que se constate que en efecto el llamado a juicio viene obligado a rendir las cuentas, por ese determinado período y en razón de haber ejecutado operaciones relacionadas con un determinado negocio, y constatado ello en un breve conocimiento, a través del examen de la prueba consignada, la orden de inyunción emanada del Tribunal se convierta en un procedimiento de mera declaración de certeza, de que ello es así, y con lo cual se satisface esa primera pretensión.

Ese mandato, como puede colegirse de la Ley, es condicional, pues el Juez lo emite, en tanto no se le demuestre tampoco con un medio calificado de prueba, de que tal pretensión no tiene sustento en derecho, como lo veremos, no solo por la demostración contraria a que no se era obligado a la cuenta, o que la misma no se corresponde con el período por el cual se la solicita, o que no lo es por los negocios en los que se afirma se motiva la misma, sino que por igual puede enervársela por cualquier otra defensa, como lo sería la existencia de cuestiones previas u otras defensas de fondo que atacaren el fundamento mismo de la pretensión (haberlas ya rendido, estar exento de presentarlas, haber prescrito el derecho a exigirlas, etc.), conforme a los cuales darán derecho entonces al demandado a discutir en una incidencia probatoria el fundamento de sus razones, y para que luego el Juez , resuelva al fondo, ratificando o no entonces su mandato original de que las cuentas sean presentadas en la forma que lo exige la Ley.

Como puede observarse, tal determinación se basta así misma y no compromete pronunciamiento alguno sobre si deben o no restituirse bienes, pagarse saldos o de que las cuentas sean o no ajustadas a como exige la Ley deban ser presentadas.

Contra la indicada determinación preliminar, y ante la fuerza del medio auténtico consignado, solo admite recurso de apelación la Ley en el solo efecto devolutivo (Art. 674 Cpc).

Nótese con ello, que es esta otra peculiaridad de este tipo de procedimiento de rendición de cuentas especial, esto es, el que cuando menos en el solo efecto devolutivo puede impugnarse la determinación del juez de que se presenten las cuentas, y con ello la admisión de la demanda que la motiva, constituyendo ello una excepción a lo contemplado en el artículo 341 Cpc. solo explicable por la naturaleza de tal pronunciamiento y en tanto que si contra ella no proceden las limitadas y condicionadas defensas previstas en la Ley, la misma se hace firme y definitiva, tal como si fuera la decisión final sobre la pretensión deducida[15].

Como lo esbozamos, durante ese término y dentro de esa misma primera etapa solo se permite al demandado para enervar esa disposición y dejarla sin efecto, de modo tal que no adquiera fuerza definitiva de cosa juzgada la orden de rendir las cuentas, el que haga oposición con fundamento a prueba escrita, con cualquiera cuestión previa, con la impugnación del medio auténtico en que se hubiere fundado la pretensión o con los aludidos alegatos de que las cuentas que se le piden ya fueron presentadas, o de que las mismas corresponden a un período diferente a aquél afirmado en el libelo por el actor, o que se corresponden con negocios diferentes a los que las imputa el demandante (673 y 675 Cpc vigente). Las primeras de dichas defensas en todo caso demorarían el cumplimiento de la orden impartida, las demás atacarían el fondo mismo de la primera de las pretensiones a que nos hemos referido.

Debe destacarse por cierto respecto a las comentadas disposiciones, que en la reforma del Cpc, se eliminó la exigencia de que las defensas que podían prosperar para enervar la pretensión de la obligación de rendir las cuentas, por igual debía fundarse en "prueba auténtica (654 y 655 Cpc 1916) y ahora solo exige que dicha prueba sea "escrita" con lo cual en cierto modo pareciera que el legislador rompe la igualdad entre las partes y la dureza con la cual la Ley pretende defender la institución de la obligación de rendir las cuentas; mas sin embargo, también es cierto que ahora la nueva normativa dispone por igual que el solo hecho de haberse presentado esa prueba escrita, no bastará para declarar con lugar la defensa ejercida, toda vez que la Ley deja a la potestad del juez apreciar si ella es o no suficiente, a pesar de constar en escrito (art. 675, sic. o si el Juez no la encontrare fundada).

Si el intimado a cuentas no compareciere, o si haciéndolo no hubiere ejercido la oposición con fundamento a las pruebas que le requiere la Ley, ni presentare las cuentas dentro del lapso indicado en el decreto inyuntivo, se tendrán por ciertas, la obligación de presentar las cuentas, el período por el cual las hubiere reclamado el actor y por los negocios a que en él se les impute, salvo que en el breve lapso de promoción de pruebas de cinco (5) días algo probare que le favoreciere (no importa con cual tipo de prueba), debiendo el juez, además, pronunciarse sobre la petición de condena acumulada de que fuere resarcido el demandante en los bienes y saldos reclamados como resultado de esa cuenta por el actor. De no haberse promovido pruebas en dicho término el Juez dictará sentencia definitiva, abarcando así las dos pretensiones deducidas en los quince días siguientes al vencimiento del mentado término probatorio.

Si se hubieren promovido pruebas, su evacuación deberá concluirse en los veinte días siguientes al de admisión de aquellas, debiendo sentenciar el juez en el quinceavo siguiente al de terminación del de evacuación, salvo que se promoviere la de experticia, en cuyo caso se procederá conforme lo prevenido en el Capítulo V, Título II del Libro Segundo y por igual se dictará sentencia en el mismo término indicado con las modificaciones que derivan de la indicada salvedad (Arte. 677 Cpc).

---

15 Acotamos nosotros, que igual regla debía ser aplicable en el resto de los llamados procedimientos ejecutivos contemplados en la Ley, todos los cuales de una u otra forma tienen como característica esencial, que la admisión materialmente se constituye en un adelanto de la sentencia de fondo, al imponer la intimación para que se acredite el pago de lo reclamado o la entrega de los bienes específicos que son objeto mediato de tales pretensiones.

Igual procedimiento se seguirá en el supuesto de que el demando no presentare las cuentas en el término fijado en el artículo 675 si la sentencia recaída con motivo de la apelación hubiere sido desestimatoria (Art. 677 aparte final).

Como se observa, en todos los citados casos, el juicio especial en su fase primera quedará concluido, sin entrar a la segunda etapa, con la advertencia de que además habrá también el indicado pronunciamiento de condena, en ese abreviado término que se fija para la incidencia total del procedimiento.

En cambio, si se presentaren las cuentas, o bien se admitiere la oposición y se desecharen las defensas esgrimidas y desestimaren los alegatos que contradijeren la pretensión de fondo, y en consecuencia hubiere condena a rendirlas, se abre la segunda etapa del juicio especial, ahora plenario, contradictorio y con todo lo que supone el pleno proceso de cognición, a fin de que por igual se presenten las cuentas en la forma que indica la Ley, las cuales podrán ser objeto de examen y observaciones por parte del demandante, quien así mismo podrá optar por aprobarlas o en su caso objetarlas, total o parcialmente.

Precisa recalcar, además, que la obligación de rendir cuentas se cumple presentándola en la forma que lo determina expresamente la Ley, que no a como le venga en ganas al llamado a juicio, y en esto es importante resaltar, que entregándolas en una forma que se separe a los parámetros establecidos por la Ley, y objetadas como lo fueren por el cuentahabiente, no es que el juicio no prosiga en esta etapa, ni que el Juez deberá pronunciarse como si se tratare de rebeldía, sino que conforme a la Ley (Art. 687) de no haber acuerdo en las diferencias , la Ley contempla que las mismas sean zanjadas por vía de experticia, sin que por cierto nada se diga en cuanto a la oportunidad y forma en cuanto deba quedar promovida y realizada la prueba en referencia , sino que simplemente aparece del texto de la Ley que hechas las observaciones el Juez fijará día y hora para proceder a la designación de los expertos, y que la misma en todo caso será tramitada y evacuada conforme se lo dispone en el Capítulo VI, Título II del Libro Segundo del Cpc, esto es en un todo como la prueba de experticia ordinaria. De ello hablaremos más adelante.

Con los resultados de la prueba, el Juez resolverá la forma y resultados de la cuenta con vista a las observaciones y a las peticiones contenidas en la segunda de las pretensiones ejercidas, esto es, las afirmaciones atinentes a los eventuales saldos de las cuentas, y la eventual condena a reembolsar o no determinados saldos.

Para terminar, en cuanto a este aspecto se refiere, llamamos la atención de que en este proceso, y en el ordinario de cuentas, tiene particular importancia la "forma del libelo", y el cumplimiento de las exigencias de la Ley y la prudencia, pues resalta como obvio la importancia de que en aquél se explanen, de la manera más perfecta y completa posible: que fue lo entregado, como se entiende debió ser imputado y / o aplicado, que resultados resultan admitidos o negados de las operaciones ejecutadas con relación al negocio, cuales son los eventuales saldos acreedores o deudores que derivan de tales operaciones, o, cuales los que normalmente se pueden esperar de negocios similares en el mercado, y finalmente, precisar con detalle y fundamento, cual sea el monto en que se deben estimar los saldos favorables que pretenda reclamar el demandante.

En lo atinente a los acuerdos que puedan celebrar las partes del juicio en cuanto a aceptar o convenir en los resultados de la cuenta bien respecto a ciertas partidas, sus saldos, o grupos de operaciones o partidas incluidas en la cuenta, existen serias controversias en doctrina extranjera sobre la naturaleza de tales acuerdos y si constituyen "confesiones, convenimientos, o desistimientos parciales sobre lo que es materia del petitum[16].

Puede ocurrir igualmente no que se hayan presentado inadecuadamente las cuenta, o en forma diferente a la que lo ordena la Ley, pero que no obstante cualquiera de las partes tenga observaciones en cuanto a ciertas partidas o los rubros que la integran, en cuyo caso, pareciera que por ello, por igual no resultará suficiente la simple labor de los expertos, quienes eventualmente no tendrían elementos para poder rehacer las cuentas o presentarlas conforme la técnica y la Ley lo exigen, y por ello, el artículo 687 *ejusdem*, dispone entonces que hechas las observaciones en tal sentido, –y nosotros agregamos por igual- si ello así resultare del trabajo de los expertos; el cuenta dante deberá recurrir a las pruebas de exhibición y a la de informes de terceros a fin de obtener los datos necesarios para ordenar y preparar la cuenta (Arts. 436 y 437 *ejusdem*).

Respecto a tales trámites, hacemos las siguientes observaciones:

1. No queda claro, repetimos, cuando se realiza esa conducta probatoria, pues puede ocurrir, como resultará obvio, que: a- o de la forma desordenada y sin comprobantes en que haya sido presentada, resulte obvia la ausencia o carencia de elementos y datos para poder rehacer la cuenta debidamente; o b- que ello solo ocurra con ocasión de la revisión que con mayor detalle hayan hecho los expertos tratando de ordenarlas.

En el primero de los casos no tenemos dudas en cuanto a que la petición de pruebas se la hará en la etapa subsiguiente a la de los 30 días aludidos en el 678 Cpc, con la advertencia de que ante lo poco claro de la Ley en la materia, en cuanto a cual será el término para promover, admitir y evacuar las pruebas, las partes debe solicitar del órgano se pronuncie sobre la materia, conforme lo dispone el artículo 7 *ejusdem*[17], dado que de lo contrario pueden exponerse a que las pruebas promovidas puedan resultar extemporáneas en su promoción o evacuación, y el Juez sensatamente y para seguridad del proceso y mantener la igualdad procesal, deberá en efecto pronunciarse sobre cual será el término probatorio en cada una de sus fases.

Respeto a las pruebas de exhibición y de informes que deberán rendirse, consideramos que la Ley defiere al Juzgador el análisis a la conducta del obligado a presentar dichos documentos, para juzgar presuntivamente sobre los hechos que se tratan de demostrar, lo cual como sabemos ha sido recibido con reservas por la doctrina nacional y nuestra jurisprudencia, como medio de convicción, pero que para nosotros, tal mandato expreso, así permite sean aceptados en nuestro sistema probatorio, despejando toda duda al respecto.

En efecto, tratándose de obligaciones de hacer las referidas de presentar cuentas, documentos, comprobantes y material del que puedan justificarse aquellas, o con los cuales puedan inclusive hacerse las cuentas, a las cuales físicamente no puede ser compelido el demandado, la única forma en que la Ley adjetiva pueda garantizar el débito obligacional, es darle un sentido positivo a ese silencio u obstáculos para que se realice la prueba adecuada, y deducir, con los elementos que tenga en autos, la veracidad de las afirmaciones que haga el actor en su demanda, pues de lo contrario jamás podrá tener lugar la satisfacción de ese deber.

---

16 Vid Rampazzi, opus cit p. 177 ss.

17 Dicha norma establece que: Los actos procesales se realizarán en la forma prevista en este Código y en las leyes especiales. Cuando la ley no señale la forma para la realización de algún acto, serán admitidas todas aquellas que el Juez considere idóneas para lograr los fines del mismo."

Sólo así, y de la conducta opuesta al deber de demostrar lo contrario por parte del obligado a cuentas, podrá el Juez deducir racionalmente, los efectos de las pruebas de exhibición y de informes, si de alguna manera resultare no rendida la cuenta en la forma que lo exige la Ley, o del entorpecimiento a presentar los recaudos y documentos que se hubieren solicitado en exhibición o por vía de informe, y valorando la conducta remisa del obligado.

2. El segundo de los problemas que puede discutirse es si en tales supuestos solo pueden admitirse tales medios probatorios a las partes, o si por el contrario ellas pueden valerse de los demás establecidos en el ordenamiento, dado el silencio de la Ley y la expresa insistencia normativa en referirse a solo los que ella menciona.

Somos de opinión, ante el uso del tiempo del verbo utilizado por la norma en ambos casos (678 y 687) "se procederá", que solo esos medios probatorios son los que pueden ser llevados a los autos, y a nuestro juicio no coartando el derecho de pruebas de las partes, sino en cierto modo apremiando al obligado, demandado, a que ejecute su obligación de presentar las cuentas en la forma que lo exige la Ley, pues con los permitidos de exhibición y de informes, le previene de que si no actúa en la forma que le impone de la Ley, asumirá las consecuencias de que el Juez deba calificar su renuencia en forma que él mismo resulte perjudicado, pues deberá tener por admitido lo afirmado por su contraparte.

Nuevamente en esta etapa del procedimiento y ocurridos los hechos en la forma que se dejan comentados, deberá el Juez dictar decisión sobre el asunto de fondo, esto es sobre la forma como se presentaron las cuentas y los resultados que ellas arrojen.

El Juez resolverá conforme a su convicción, adoptando las decisiones pertinentes en cuanto a los puntos en discordia, resolviendo las dudas, oposiciones y observaciones, e inclusive sobre aquello que no hubiere sido objeto de contestación, tal como lo dispone la norma del artículo 686 Cpc y condenando al pago de los saldos que a su juicio sean procedentes y de cuya determinación se oirá entonces apelación libremente, siguiéndose el juicio en las demás instancias a que diere lugar.

No escapará de la lectura de dicha norma la particularidad atinente a su curiosa redacción, pues siendo nuestro juez mercenario y atenido al principio dispositivo, encontramos en él artículo comentado la peculiar situación de que un hecho o situación no controvertidos (no contestados), por igual deban quedar resueltos por el órgano judicial, sobre lo que francamente no hemos encontrado antecedentes ni posiciones doctrinarias nacionales o extranjeras y que deja abierto a los interesados el análisis para la discusión y propuesta de soluciones.

Esa segunda etapa, pues, es de conocimiento pleno, y si bien presenta particularidades en cuanto al objeto de lo controvertido y las defensas limitadas que pueden ejercerse por las partes, y con vista a las pruebas igualmente especiales que consagra la Ley, está llamada a resolver la petición definitiva sobre las cuentas y condena al pago de los eventuales saldos (segunda de las pretensiones en discusión).

4. *Las pruebas en el juicio especial ejecutivo de rendición de cuentas*

Como también ha quedado palpable de lo expuesto, en dicho procedimiento, por tratarse del ejercicio de esas dos pretensiones de contenido diverso y dirigidas a un objeto mediato tan especial, las pruebas tienen sus particularidades.

En las que se presentan en la primera de las etapas, para dar curso a la negativa de presentar las cuentas o que enervan la pretensión de que se las deba presentar, la Ley exige, para darle ese efecto inmediato y suspender el proceso de cuentas y no entrar en la segunda etapa, de que solo sean admisibles las pruebas escritas, esto es, se hace excepción al sistema general de la amplitud de los medios de prueba y se exige una prueba "cualitativamente calificada", tal como lo es la prueba escrita.

A pesar de que antes habíamos dado opinión contraria, repensado el asunto, en el supuesto ahora admitido por la propia Casación de que se hagan valer otras defensas en el juicio de cuentas, consideramos que por igual los hechos alegados solo podrán ser demostrables por vía de la prueba escrita.

En efecto, fundamentamos nuestra posición ahora, en que sería injusto hacer una discriminación no justificable, si para que resulte enervada la orden de intimación y ante alegatos tan contundentes como lo son el de que no exista la relación de "administración de bienes y haberes", o de que el tiempo al cual debe imputarse la solicitud resulta diferente al exigido en el libelo, o los negocios diferentes, la Ley impone que deba limitarse la prueba a los medios escritos, la tolerancia jurisprudencial no puede llevar al extremo contrario de inclusive liberalizar las pruebas calificadas que contempla la Ley.

Obsérvese sí, que el Legislador no dijo respecto de la prueba especial exigida para impugnar la pretensión que debía ser la específica documental, sino la escrita, pues pueden ser libros, copias de actos contables, equivalentes a escritos (hasta podría pensarse en magnéticas que puedan ser reducidas a escritos: proceso mecanizado o computarizado de contabilidad, etc.).

En cambio, ordenada la presentación de la cuenta, o en el supuesto contemplado por la Ley de entender debe ser dada por no haberse formulado la oposición, o no presentada la misma dentro del término fijado por la Ley para ello, se abre un debate probatorio amplio el que debe entenderse destinado no a discutir en sí la obligación de rendirlas, el período al que se corresponden o a los negocios a los que se refieren, sino con el objeto de procurar demostrar cuales deben ser las mismas, desvirtuar cualquier observación que hubieren hecho las partes respecto al contenido de ciertas partidas, o los saldos de operaciones, o que permitan aclararlas y presentarlas en una determinada manera, en este estadio pues, y por esas razones, el legislador acepta puedan ser usados cualesquiera medios probatorios, sin aparente limitación, a no ser la oportunamente anotada del término para promoción de las mismas, todo conforme se deduce del artículo 677 *ejusdem*.

Así mismo, las cosas también son diferentes si en el supuesto de haberse presentado la cuenta con todos sus anexos (678) no hubiere acuerdo entre las partes sobre sus resultados, en cuyo caso, conforme al texto de la Ley y lo dejáramos esbozado someramente antes, la Ley impone que las diferencias sean resueltas con base a una "experticia" la que a nuestro juicio, si bien se rige y regula por las de la experticia ordinaria tiene rasgos y características propias para ese juicio.

En efecto en ella los expertos actuarán como simple técnicos a nuestro modo de ver, y conforme a su ciencia y técnica limitarán sus funciones a ordenar las entregadas que dieren lugar a diferencias pues a texto expreso de la Ley no podrán emitir su criterio sobre cuestiones atinentes a la procedencia o improcedencia en derecho de determinadas partidas o su justificación, ni recomendar o realizar adjudicaciones o aplicaciones no establecidas por las mismas partes, dentro o fuera de juicio, en otras palabras su labor será las de unos simples técnicos y conocedores del oficio contable, y deberán presentar los resultados de las operaciones analizadas de manera de encuadrarlos contablemente y formar la cuenta y separadamente informar al Juez y a las partes sobre cuales no pudieron ser debidamente representadas, o en cuales tienen dudas, o cuales partidas dejaron de asentarse y cuales no (681 Cpc).

Como puede apreciarse, la verdadera función pericial, queda un poco disminuida, limitada a solo uno de sus aspectos (el de la técnica contable), impidiendo la Ley que los criterios científicos o del arte y oficio que pudieren producir variaciones sobre las cuentas presentadas o las observaciones formuladas, sean objeto de su pronunciamiento, lo que no ocurre en otros casos, y los que a todo evento, evidentemente, como en toda prueba de experticia, podrá o no acoger el juez.

Una tercera situación puede presentarse con motivo de la segunda etapa, la cual hemos dejado por igual advertida antes, que en nuestro criterio se corresponde con la siguiente situación: O bien no se presenta documento alguno relacionado con la cuenta, o bien se presentan formalmente sus representaciones escritas, magnéticas o de otra forma, pero no se consignan los soportes correspondientes a aquellas.

Decimos que resulta ser ese nuestro criterio, en tanto que por la redacción de las normas debe deducirse sea tal la situación fáctica, pues de lo contrario se hubiere optado simplemente por decir "en el supuesto de no entregarse las cuentas" pura y simplemente, por ello, y por considerar que quizá sea el supuesto más corriente, entendemos que sea procedente la interpretación que dejamos comentada antes.

Pues bien, en cualquiera de esas alternativas, señala la Ley que el cuenta-habiente procederá a promover las correspondiente prueba de exhibición sea al cuenta dante, sea a terceros en poder de quienes puedan existir documentos, libros o comprobantes que sirvan de demostración de aquellos hechos que puedan contribuir a esclarecer, formar o modificar la información que permita hacer la cuenta o que haga como complemento de aquello que hubiere sido consignado, y en cuanto a los últimos citados, por igual a través de la prueba de "informes" (Arts. 687, 436 y 433)

En este juicio y en tales supuestos, repetimos, se pone de manifiesto la especial potestad deferida al juez para apreciar el valor de las conductas remisas de la parte y los terceros en cuanto a facilitar los elementos de prueba necesarios para que quede dilucidado el derecho en discusión, pues ciertamente como cabe observar, será en primer lugar la actitud contraria a la Ley por parte del obligado a presentar la cuenta, y los obstáculos que puedan poner los terceros, los que permitan o no hacer que quede resuelto el conflicto de intereses, no resultando justo que por la dificultad o imposibilidad de imponer conductas a las partes o a los terceros, quede sin protección el derecho reclamado. De allí, insistimos que el Juez podrá utilizar su experiencia, sensatez y buen criterio para sacar las presunciones que su prudente arbitrio le aconsejen, materia esta en la que nos abstenemos de profundizar por exceder del propósito de nuestro examen en este caso[18].

---

[18] A título de comentario especial, todo este detallado procedimiento de como y en que forma debe presentarse la cuenta, como objetarla, y como demostrara lo necesario para formarla adecuadamente nos lleva al convencimiento cada vez de mayor arraigo de lo errado que resulta toda tesis en la que se pretenda que en ciertas ocasiones, sujetos llamados a " rendir las cuentas" puedan entenderse o pretendan haberlo hecho, con la simple presentación de informes, resúmenes, Balances o Estado de Ganancias y pérdidas, sin ningún anexo o soportes, como se lo ha pretendido defender frente a las cuentas que suelen presentar los administradores, Gerentes, Presidentes o Directores en la sociedades mercantiles, civiles, etc. Para nosotros, sin lugar a dudas que en tales casos tienen derecho la sociedad como sujeto que entrego bienes,

5. *Modo de emplazamiento al juicio*

Como también habrá quedado claro de todo lo que hemos expuesto, y así lo determinan las normas aplicables, la orden de comparecer ante el Tribunal en este procedimiento, se realiza por una sola vez, en principio, a través de una *"intimación"*, en la cual debe y tiene que contemplarse que si se ejerciere la oposición y ella lo fuere con los fundamentos y pruebas requeridos por Ley, antes examinadas, las partes ya quedan además citadas y emplazadas a la segunda etapa del juicio para dar contestación a la demanda, sin necesidad de otro llamado a juicio.

Lo dicho comporta, conforme jurisprudencia de nuestra Casación, que en estos casos no se trata de un emplazamiento ordinario, ni debe admitirse la intimación tácita[19] lo que ha pretendido justificarse invocando para ello razones de mayor seguridad y celeridad del proceso especial.

Nuestra Casación ha llevado a extremar su indicada posición sosteniendo que aún en casos de reforma de la demanda en estos juicios, no procede tampoco la intimación tácita, pues nuevamente ha lugar a ese nuevo y especial llamado "para acreditar cumplimiento de la obligación", que lleva implícita esa especial modalidad de requerimiento[20]

Nada se opone, sí, a que una vez lograda esa intimación originaria para trabar la litis luego se produzcan los llamados a juicios por suspensión u otras causas contempladas en la Ley, con la indicada excepción que dé lugar a nuevo requerimiento, por las vías ordinarias de citación establecidas en el Cpc. incluyéndose la tácita[21].

---

haberes y derechos ante actos que no se corresponden con la rendición de cuentas a que alude la Ley ni a la que para que fueren manejados y usados a determinados fines, y con la obligación de presentar cuentas sobre su gestión a que las mismas sean presentadas como lo manda la ley. Consideramos que todo esto da lugar a un serio, amplio y detenido estudio que obviamente excederá los fines que nos hemos propuestos al abordar en éste para el examen de los problemas generales que el mismo supone.

19 Reiterada jurisprudencia de nuestra Sala de Casación se ha venido produciendo después de la célebre ponencia del maestro Trejo Padilla (17-7-91) en la que distinguió entre las diversas formas de las llamadas a juicio en nuestro sistema, y el que no podía aceptarse la intimación tácita, por ser ello un llamado muy especial al proceso. Esta posición de la Corte ha sido criticada, y entendemos con razón, pues crea una dicotomía en los sistemas de citación en nuestro sistema, para muchos inexistente. *Vid.* Henríquez La Roche, *opas cit.* p 118. En el mismo sentido que la citada jurisprudencia, véanse Casación 1-6-89 y 1-4-98, todas en Pierre Tapia, T. 6- 89 y 4-98.

20 Véase Casación Sen. 29-2-72, GF. 75 p. 336 y 337 con voto salvado y la comentada del 17-7-91.

21 Debemos precisar que somos del criterio de que en supuestos como los que son objeto de comentario no aplica la restricción contemplada en el artículo 640 Cpc, en el sentido de que no pueda incoarse este procedimiento especial ejecutivo de rendición de cuentas, o de que no pueda utilizarse el mecanismo de citación del no presente en la República, por no existir los mismos motivos que en aquél han impedido que el Legislador permita la intimación del no presente en la República, en tanto que consideramos esa limitación solo a esa especial modalidad de procedimiento por las razones en que se fundamenta dicho proceso (la certeza de que el deudor al no optar por realizar oposición se entienda abandone voluntariamente su defensa, entre otros) lo cual producirá injustificadamente el que no pueda utilizarse este mecanismo procesal ante el remiso que opte por salir del país para evadir sus responsabilidades.

6. *Recursos*

Por razones obvias y dados los efectos de los diferentes pronunciamientos del órgano judicial en las diversas etapas y estadios de este procedimiento especial, entenderemos que el régimen de los remedios ordinarios y extraordinarios aplicables resulta también atípico.

Así, contra la providencia que admite la demanda y ordena la presentación de las cuentas, por llenarse en el caso concreto los extremos de Ley, que no pone fin al juicio, y permite en todo caso el ejercicio de las defensas del demandado, solo se oye apelación en un solo efecto, aun cuando con ello pudiere pensarse que se pone fin a un primer estadio del litigio (Pronunciamiento sobre que hay lugar a presentar las cuentas).

En la que sigue a la anterior por la cual se desecha la oposición en tanto no se fundamentó en los documentos exigidos por la Ley, o la que si se lo hizo así, no la reputare el Juez fundada y que por igual resuelve la pretensión dirigida a que se repute existente la obligación y por tanto ha lugar a la presentación de las cuentas, también se la oye en un solo efecto, porque el juicio continuará en su nueva etapa.

En ya reiteradas oportunidades nuestra Corte Suprema en Sala de Casación ha venido negando el recurso extraordinario inmediato contra tales providencias, en tanto reputa no ponen fin al juicio (si bien con ello concluye esa etapa especial) y por cuanto no niega al recurrente continúe en el ejercicio de sus defensas en la nueva etapa del juicio[22].

Obsérvese como bien lo ha debido aclarar la jurisprudencia, en un fallo de Amparo Constitucional[23] que desechada la oposición y ordenada la presentación de la cuenta, no convierte ese mandato en un nuevo título ejecutivo que ampare embargo ejecutivo sobre bienes ni condena a pago alguno. Lo que simplemente se declara es que hay o no lugar a la presentación de la cuenta.

Finalmente, en cambio, la sentencia que resuelva sobre las observaciones a las cuentas e imponga la condena sobre la pretensión de esa índole, ordenando o no el pago de los saldos resultantes, si es una sentencia de fondo que pone fin al juicio y por tanto contra ella se oye recurso libremente y contra la que confirme o niegue en la Instancia superior por igual se concede Casación, si se dieren los demás extremos cuantitativos que hoy hacen de requisito de admisibilidad del Recurso.

Ratificamos así mismo lo dicho, pero ahora aclaramos, que inclusive procede separadamente del ejercicio de las defensas, la apelabilidad del auto de admisión de la demanda en vía ejecutiva, la cual estimamos procedente, en tanto ella no se ejerce contra un mero auto de trámite, como lo hemos venido sosteniendo desde tiempo atrás, sino contra ese pronunciamiento que casi es una condena, en el cual se intima al demandado a que cumpla con el objeto de la pretensión ejercida.

Es este un caso típico que puede ponerse de ejemplo general a que los autos de admisión en muchos y determinados casos, si debe y tiene que ser apelable, sin esperar a la

---

22 CSJ SC 7-6-95, *Ramírez & Garay*, 2 T 1995, tomo 13, p. 45, 621-95, en tanto no cumple los requisitos contemplados en el Art. 312, ord. 2 Cpc.

23 Juzgado Superior Segundo en lo Civil y Mercantil Área Metropolitana de Caracas, 18-8-94, *Ramírez y Garay*, T. 131, 3er. Trim. 1994, p. 26.

sentencia definitiva ni tener que transcurrir todo el proceso para juzgar sobre su procedencia o improcedencia y ello se lo hace ahora con previsión expresa de la Ley[24].

En efecto, si en algún caso se justifica este recurso, a pesar de que se sostenga que el auto de admisión es de mero trámite, lo es en este tipo de juicios. En ellos , tal como lo hemos dicho el pronunciamiento del juez trasciende del mero rito, del solo ordenar "la admisión salvo su apreciación en la definitiva", pues como lo hemos dejado demostrado antes, se trata de una especie de pre-condena, acorde a la pretensión ejercida, que pronuncia el Juez con vista a la especial prueba, ordenando intimar para que se demuestre el cumplimiento de la obligación que se denuncia como violada, esto es, se pronuncia - condicionalmente a favor de la existencia del derecho invocado, y ya sabemos que esa orden debe cumplirse, no obstante apelación.

IV. OTRAS PARTICULARIDADES DE LA PRIMERA FASE DEL JUICIO EJECUTIVO DE RENDICIÓN DE CUENTAS

1. *Modos de hacer valer la oposición*

Como cabe colegir de los anteriores comentarios, la oposición que formula el llamado a juicio tiene como objeto procurar enervar la orden de presentar las cuentas providenciada por el Juez en el mismo auto de admisión a través de un conocimiento sumario, deber éste, que como hemos dicho protege la Ley en razón de la naturaleza del título con la cual hemos dicho debe estar fundamentada esa pretensión especial, de allí que la norma sea también tajante al establecer que el modo por excelencia con el cual puede atacarse la misma debe constar de prueba escrita y ser fundada.

Durante muchos años, apegados a la interpretación literal de la Ley, nuestro jueces sólo admitían como fundamento de la oposición, que o bien el demandado no estuviere obligado a cuentas, o que el período por el cual se le pedían no se correspondía realmente con el demandado en la pretensión o, finalmente, que no era el negocio sobre el cual se pretendía derivar aquella, al que se aludía en el libelo, que por supuesto son franca defensa en contra de los fundamentos mismos de la pretensión, y que obviamente , por destruir la presunción que dimanaba del título con el cual se las fundaba, enervaban la de la existencia misma de la obligación de rendir las cuentas.

Tal posición fue modificada a posteriori ante el hecho evidente de que por igual daban pie a ello una serie de cuestionamientos más que atacaban, bien la acción deducida, bien sus fundamentos; no necesariamente con base a la contraprueba de lo que constituía el motivo fundamental de la acción o contradecían los que dimanaban del título acompañado.

Nuestra propia Casación cayó en cuenta de lo antes dicho y declaró expresamente que las defensas enumeradas en la Ley no eran únicas, ni la determinación de las mismas era taxativa, posición con la cual se atentaba contra el derecho de defensa y por ello sostuvo

---

[24] Al fin parece que tanto la Sala de Casación como los Tribunales Superiores han ido aceptando esa lógica y jurídica posición. Al respecto véase la sección de Jurisprudencia, Revista de la Facultad de Derecho de la UCAB N-51, comentarios sobre fallos que así lo consagran.

que se admitía toda otra defensa previa o de fondo siempre que se sustentara en prueba auténtica[25].

Somos del parecer que por igual afectan lo discutido en su esencia, la falta de cualidad pasiva, defectos del título, litis pendencia, prescripción, extinción por existencia de finiquito, aceptación expresa o tácita de la cuenta, etc.

Como en otros casos referidos a la modalidad de los juicios ejecutivos, nada dice la Ley de cómo debe formularse esa " oposición", lo cual ha generado varias interpretaciones que van desde la más simple, conforme la que basta hacer valer en forma clara e indubitable la simple expresión de " oponerse" y acompañar la prueba escrita sobre el hecho que contradice las afirmaciones del libelo, reservándose que la explanación y fundamentación de la oposición pueda hacerse en la contestación de la demanda propiamente, hasta la más extrema y conservadora, conforme a la que deben exponerse "los motivos de la oposición", sus fundamentos y cualquier otro hecho que fortalezca la contradicción, a reserva de que nuevamente en la contestación se formalicen otros, se amplíen y ratifiquen los invocados, todo ello por supuesto sustentado en la prueba exigida por la Ley.

La norma concede amplio término al demandado para hacer valer la oposición, esto es, el mismo concedido para que en su lugar se presente la cuenta (20 días de despacho), el cual en todo caso debe dejarse transcurrir íntegramente, por razones de seguridad procesal, y dentro de los cinco días adicionales que transcurran luego del decurso íntegro de aquél, se procederá a recibir la contestación de la demanda propiamente en los términos que exige el Cpc para el juicio ordinario.

Analizadas por el Juez las causas de la oposición y la prueba con la cual se hubiere sustentado, la declarará pertinente, suspendiéndose entonces el juicio especial de cuentas y dará curso al término probatorio para luego resolver sobre dichas defensas, declarando procedente o improcedente la exigencia de presentar las cuentas.

Dentro de ese lapso puede ocurrir también que el demandado opte por no hacer valer las defensas anunciadas o simplemente no de contestación a la demanda.

También puede ocurrir que, desechada como hubiere sido la oposición, o firme la providencia que ordena la rendición de cuentas el demandado no presente las cuentas ordenadas por el Juez tempestivamente, lo que por igual, a nuestro entender, lo que hace es dar lugar al nacimiento de una presunción *juris tantum* de que efectivamente la obligación si existe, de que se refiere a los períodos pollos cuales se la demanda y se relaciona con él o los negocios realizados, y debe declararse procedente se abra el lapso de pruebas para definir los saldos que deberán pagarse por el demandado al actor

El ejercicio de la defensa no modifica la carga de la prueba, pues toca siempre al demandado demostrar la falta de veracidad en los hechos o en el derecho que fundamentan la pretensión.

---

[25] CSJSCC de 06-12-60, Ramírez y Garay, tomo I, pp. 170 ss, ratificada por la del 29- 3-89, *opus cit.* T. 107 pp. 353, 364, y por igual repetidas en la Jurisprudencia de Tribunales Superiores, como lo son las difundidas en la misma citada obra, del 29-6-94, en el tomo 130 p. 49 ss y en el T. 124, p. 31, del 30-6-93, con la advertencia de que se alude en la primera a prueba auténtica por estar referido al viejo Cpc, que así lo estatuía en sus artículos 654 y 656 hoy sustituidos por el 673 Cpc.

Cabe también plantearse cual deba ser la conducta del Juez cuando la pretensión deducida en la demanda no se acompaña de la prueba auténtica que hemos examinado como requisito esencial de este procedimiento especial, esto es, si deberá rechazar la admisión de la demanda, pura y simplemente, o si por el contrario debe admitirla, pero por la vía de juicio ordinario, aun cuando no se lo hubiere deducido así en el libelo.

Como debe suponerse casos similares suelen ocurrir cuando la Ley contempla dos o más vías de accionar, con presupuestos de procedencia y efectos diferentes (caso de los interdictos, demanda de títulos de crédito, etc.) habiéndose sostenido en algunos fallos y defendiéndose tal posición por autores, que el Juez, con fundamento en el *iura novit curia*, lo que debe resolver es admitirla pero por el procedimiento al que no obste la falta del requisito de que se trate[26].

2. *Sobre qué deben versar las pruebas en dicha etapa?*

a) Desechada la oposición que se hubiere formulado conforme lo prevé el Art. 675 o en el caso de que no se presentaren las cuentas en el plazo indicado en dicha norma, si la apelación resultare desechada, el fallo no puede dictarse sin más, siendo menester dar curso al período probatorio contemplado en la Ley (677).

b) Las pruebas de esta incidencia, independientemente del fundamento de la oposición hecha valer, tienen las mismas limitaciones legales ya citadas y establecidas por la Ley, esto es, solo pueden utilizarse las escritas, y además deberán ser idóneas, a los efectos de demostrar el extremo que enerve el contenido de las pretensiones de defensa.

En tal sentido, por ejemplo, deberá tenerse como válida la prueba escrita derivada de una certificación expedida por el Registro de las Actas de Asamblea de una sociedad en las que consten que en los diversos ejercicios cumplidos en una sociedad, no se habían repartido dividendos y de elle se concluya en que deba reputarse excluida la pretensión de rendición de cuentas que se formulaba contra el depositario de acciones emitidas por aquella, en tanto con la expresada prueba , escrita, pertinente e idónea, resultaba lógico que no había cuentas que rendir, sino se había percibido ningún tipo de frutos durante el período a que se refería la reclamación.

En cambio con toda falta de buen sentido, Casación consideró, en cambio, idónea como prueba para suspender el procedimiento de cuentas, la declaración del Presidente de una sociedad anónima, contenida en documento autenticado, mediante el cual se hace constar que dicha compañía no repartió dividendos, con lo cual dio a un medio probatorio inadecuado (justificativo unilateral de perpetua memoria) el carácter

---

[26] Cfr. Palacio, *opus cit*, T.VII, p. 30. Posiciones estas que no compartimos en todos los casos, al considerar que cuando el ordenamiento fija vías alternativas, solo las partes pueden en ese estado del proceso calificar la vía escogida o impugnar a la que se hubiere dado curso sin que pueda sostenerse prive el enunciado principio del *iura novit curia*, pues con ello el Juez estará intempestivamente, ejerciendo una facultad en detrimento del derecho de las partes. Cuestión diferente es aquella en que si resulta aplicable dicho sano criterio, cuando por ejemplo, en razón de lo difuso que pueden resultar los supuestos en que la Ley encuadra ciertos hechos que dan lugar a uno u otro modo de encuadrar la garantía jurisdiccional, las partes habiendo optado por uno concreto, el Juez luego observe que en realidad encuadra en otro de los tipos consagrados en la norma: pe. en los interdictos de amparo y los de despojo.

que no le correspondía de prueba escrita y auténtica, siendo a nuestro juicio perfectamente válidos los argumentos que sustentan el Voto Salvado que acompaña dicho fallo y el cual se fundamenta en la falta de adecuación de dicha prueba a los requisitos legales, en tanto su carácter de simple "declaración de un tercero", que solo puede incorporarse al juicio mediante testimonial[27].

En conclusión, tales pruebas, deben procurar demostrar al juez los fundamentos y procedencia, sean de las defensas esgrimidas, sean de las cuestiones previas que enerven el ejercicio de la acción y pueden atacar por supuesto la procedencia de la pretensión, los presupuestos de la acción o cualquier otra defensa atinente a desvirtuar los fundamentos de la pretensión ejercida, inclusive para desvirtuar la existencia de la obligación de cuentas, que no pudo quedar demostrada de otro modo, o que quedó desechada por el Juez al no haberse acompañado el medio probatorio exigido en la Ley.

c) Por igual ratificamos lo advertido precedentemente al hablar sobre este mismo tema, en referencia al correcto sentido que deben darse a los efectos de lo dispuesto en el artículo 677 Cpc. En efecto, esa conducta remisa del demandado hará que se tenga por cierta la obligación de rendir las cuentas, el período que deben comprender y los negocios determinados por el demandante en su libelo, pero no comporta una presunción de confesión, lo cual si limitaría el caudal probatorio y lo que pueda ser objeto de prueba, sino que simplemente lo que constituye es una presunción legal *juris tantum*, sobre la admisión de los hechos de que se trate, absolutamente desvirtuable por cualquier medio probatorio y sobre cualquiera de los hechos abarcados por la presunción.

3. *Sobre que deben versar los Recursos y sus efectos*

A este respecto, por lo que se refiere al contenido del recurso contra la providencia del Juez ordenando rendir la cuenta, Henríquez La Roche sostiene con todo fundamento que la revisión de la alzada solo puede estar referida al examen de la existencia o no de la obligación de rendir la cuenta, en tanto que lo referente a haberlas rendido ya, corresponder la exigida a un período diferente a aquel que se señala en la petición libelar o a negocios diferentes, son cuestiones que deben debatirse con ocasión de la oposición y deben estar apoyados en la prueba escrita que alude el artículo 673, por tanto no deben revisarse en la alzada en virtud del efecto devolutivo con el cual concede la Ley el recurso[28].

En cuanto a la segunda apelación especial que contempla la Ley en el artículo 675, referente a la providencia que desecha la oposición por no acompañarse prueba escrita o no encontrar fundada el Juez la que se ejerciere, y la que por igual se ordena oír en un solo efecto, atiene y confiere potestad a la alzada para revisar si son o no valederos los motivos de la oposición, indicados en la norma enunciativamente, como lo hemos dejado dicho.

Esta apelación destaca nuevamente Henríquez La Roche, se oye en el efecto diferido, pues, aunque no se suspende el curso del término de los días fijados para presentar la

---

27 Véase la comentada sentencia de Casación del **29-2-72**. Casación Sen. **29-2-72**, Gaceta Forense 75 p. 336 y 337 con voto salvado.

28 *Opus cit.* p. 206.

cuenta, sí se suspende o difiere el lapso de promoción de pruebas (677) a la espera del resultado de la interlocutoria de segunda instancia[29].

V. OTRAS OBSERVACIONES ATINENTES A LOS JUICIOS DE RENDICIÓN DE CUENTAS

No considero prudente terminar estos breves comentarios al juicio de cuentas sin llamar la atención de Uds. de ciertas situaciones irregulares que pueden presentarse con ocasión del mismo, a las cuales solo me referiré brevemente, pues propiamente no son cuestiones de índole procesal, pero que definitivamente inciden en la solución de tales procesos, y que entre otras son las siguientes:

1. La doctrina ha discutido arduamente sobre si ciertas formalidades con las cuales se informan los resultados de una gestión de bienes y negocios ajenos, constituyen o no el modo correcto de presentar las cuentas por quien viene obligado a ello. Por ejemplo: Los balances y estados financieros que se entregan por los administradores a la asamblea de socios y a los Comisarios[30].

En esta materia no parece existir acuerdo unánime, para algunos, aquellos son "simples informes" que "no cuentas", luego, obviamente, aún aprobada la gestión con base a dichos instrumentos. Para quienes así opinan, siempre es factible exigir la debida presentación de las cuentas.

Entre quienes objetan esa postura, se esgrime que ello no es posible, en tanto que la sociedad tiene mecanismos ad hoc para revisar y escudriñar como y de que manera se formaron esos informes y cuentas (Pe. El Comisario, en el caso de las sociedades anónimas se supone tiene esa labor)[31] y por lo tanto, si se aprobaren aquéllas, se supone que se otorgó conformidad con esa cuenta, por ese período y para los negocios realizados durante el mismo.

2. Si bien lo anterior pudiere ser aceptable en el caso del funcionamiento ordinario de la sociedad, y entendiendo que la legitimada pasiva para aceptar y recibir esa cuenta lo es la Asamblea[32], no ocurre ello así cuando se trata de que la sociedad entra en disolución y se ordena o procede la Liquidación, en tanto que en tales supuestos, al menos a texto literal de nuestra normativa societaria, cesan los poderes del órgano, ya no prevalece el interés social sobre el individual, sino que los entonces socios, ahora condueños del patrimonio en liquidación, tienen derecho a recibir cuentas del liquidador[33] (o de los administradores entonces convertidos en tales) y a quienes no puede presentárseles como "cuenta" el simple balance y estados financieros, sino todo aquello que la Ley regula y determina como modo adecuado de presentarla y consignarla (Art. 676 Cpc).

En fin, como puede observarse son múltiples los supuestos particulares que caben analizarse con ocasión del juicio de cuentas, ordinario y el especial ejecutivo, y estoy

---

29 *Opus cit.* p.206.

30 Art. 265 y 304 Código de Comercio (Cco).

31 Art. 304, 309 Cco

32 Art 310 Cco

33 Art. 350 Cco, ord. 3 y 8

seguro, que con lo expuesto, queda sembrado el interés para que otros muchos escudriñen sobre tales aspectos y ayuden a desentrañar todo lo interesante de estos casos.

VI. CONCLUSIONES

Para nosotros, como tradicionalmente se lo ha venido haciendo, en los casos y bajo los requisitos que establece la normativa vigente, se justifica que se dé el trato especial a la pretensión de cuentas, como una modalidad de juicio asimilable a los procedimientos ejecutivos, con las particularidades que han quedado anotadas, cuando se acompañan los medios probatorios especiales que tienen los extremos que exige la Ley.

Consideramos que la normativa sobre dicho juicio, a pesar de su especialidad, no permite calificar propiamente a ese procedimiento especial, de pretensiones mixtas, abreviado y de conocimiento sumario como un "Juicio Ejecutivo", y por tanto debió habérselo dejado contemplado en Capítulo aparte, como se lo hada antes y bajo la simple denominación de " Juicio especial de Cuentas"[34].

A nuestro entender, la consagración como requisito adicional, la presentación de medio auténtico que demuestre el período en el cual se ejerció la administración de los negocios ajenos, y él o los negocios realizados, dificulta los buenos efectos que se persiguen con esa vía jurisdiccional para garantía de la obligación del deber de rendir cuentas.

Ciertamente serán escasos los supuestos en que de forma auténtica pueda demostrarse aun presuntivamente, el período en el cual se ejerce una actividad, o los negocios que se realicen con ocasión de aquellos, bastando a nuestro juicio para ello que lo requerido, en cuanto a tales extremos, sea la prueba escrita que acredite el período dentro del cual se ejerció la gestión o los negocios en los que se cumplió aquella. Difícilmente podrá encontrarse un caso en el que las partes previsiblemente preparen la prueba del negocio ejecutado en forma auténtica, y menos aún que pueda demostrarse en esa misma forma el período en el cual se desempeña la actividad.

Aún cuando Casación haya moderado tal exigencia a que basta demostrar no que la misma se la haya ejercido durante todo un período, sino el inicio y el final dentro del cual se afirma ha sido realizada, no por ello deja de dificultarse el beneficio perseguido de la protección a la obligación de rendir las cuentas[35].

Lo anterior justifica el que por igual consideramos que no debió haber el legislador exigido que coetáneamente la prueba escrita o auténtica deba versar sobre esos dos últimos extremos de Ley, pues basta uno cualquiera de ellos para hacer más viable la presunción de la existencia del deber de rendir las cuentas, cual es la institución que realmente debe tener protección.

Consideramos que la sola demostración de la existencia de las relaciones contractuales, cuasi contractuales o legales de los cuales derive ciertamente el deber de rendir las cuentas, permite al Legislador facultar al juez para que sumariamente resuelva que se cumpla el mandato sustantivo de que deben ser presentadas las cuentas, salvo que de

---

[34] Por lo demás, y como lo dejamos anotado en su oportunidad y así lo aconsejaba reputada doctrina extranjera sobre la adecuada ubicación que debía darse a dicho procedimiento en la legislación de la época que sirvió de modelo a nuestro Legislador. Vid. Rossi, p. 1135

[35] Casación, Sent. 16-6-76 citada en Juana Martínez Ledezma, *opus cit*. p. 361.

modo escrito, por igual quede evidenciado el haber dejado cumplido dicho deber, el que las reclamadas no se corresponden con el período que se señala fue realizada la gestión, o que no son esos los negocios en los cuales se gestionó el patrimonio.

Si bien debe admitirse que la redacción de la norma en cuanto a las defensas ejercibles, no es la más adecuada, la jurisprudencia ha venido manejando la interpretación en forma razonable, y ya hoy no queda duda en cuanto que el uso de los medios defensivos no está solo restringidos a los hechos referidos en la norma.

La forma como se regula el proceso especial, en sus dos etapas tradicionales, no resulta inadecuada o injusta, y consideramos, permite deducir la misma causa en dos momentos diferentes, con objeto y efectos distintos, en razón de lo que resulta objeto de la pretensión en cada una de ellas.

Esperamos que nuestros razonamientos y observaciones sobre esta materia puedan servir en algo a nuestros lectores y sirvan de instrumento para la mejor comprensión de ese especial tipo de juicio en nuestro sistema procesal y de todo cuanto él entraña.

Cierro mi intervención, felicitando una vez más a los colegas de Oriente, en especial al Colegio de Abogados del Estado Anzoátegui y en particular a su Instituto de Investigaciones, quienes con la ya reiterada celebración de eventos como éste y la continua promoción de Conferencias sobre temas de actualidad, ponen de manifiesto su interés por examinar las últimas novedades en materia procesal, impulsan el estudio de las nuevas instituciones y sus regulaciones y, en fin, propician el mejoramiento de los integrantes de nuestro gremio, cuestiones estas tan necesarias dentro de una Venezuela en crisis y a punto de iniciar tránsito en el nuevo Siglo.

Sobra decir que en adición a todo lo anterior me uno al merecido homenaje que con la realización de estas Jornadas tributa el citado Colegio y su Instituto al maestro José Rodríguez Urraca, pilar fundamental de los nuevos estudios de Derecho Procesal en Venezuela y quien ha dedicado toda su vida a difundir la ciencia procesal, cuyo nombre dará lustre a estas jornadas y a las que en su nombre continúen celebrándose y que será siempre motivo legitimo para contar con la presencia de los otros ilustrados colegas, extranjeros y nacionales que nos han acompañado en esta oportunidad y quienes por igual deparan respeto y amistad al citado maestro.

Una vez mas reitero mi agradecimiento por el honor de que se hayan servido incluir mi nombre para acompañarlos en esta celebración y con ello permitirme también retribuir en algo al homenajeado y a todos Uds. la cálida amistad que siempre me han brindado y las generosas palabras sobre mi persona con las cuales ha sido precedida mi intervención.

14.

HIPOTECA JUDICIAL*

CARÁCTER DE LA SENTENCIA QUE DEBE SERVIR DE TITULO A LA HIPOTECA JUDICIAL

Doctrina de la Corte Suprema de Justicia en Sala de Casación Civil, Mercantil y del Trabajo contenida en el fallo de fecha 5 de diciembre de 1963. La sentencia de la Corte Superior del Trabajo de la Circunscripción Judicial del Distrito Federal y Estado Miranda (Sala Accidental) de fecha 17 de marzo de 1964.

I. ESPECIAL INTERÉS DE LAS DECISIONES COMENTADAS

En primer lugar tienen especial interés las sentencias a que nos referiremos en este análisis, por constituir unas de las pocas decisiones judiciales de nuestro país en esta materia, lo cual de por sí ya justificaría este comentario, y por otra parte, y ello es de mayor relevancia aún, porque resulta ser el fallo de Casación el primero que se pronuncia expresamente en cuanto el carácter de las sentencias susceptibles de servir de título a las hipotecas judiciales según nuestro ordenamiento jurídico.

Además, la doctrina sentada por Casación en el caso concreto viene a contrariar la interpretación que hasta la fecha habían venido dando los tribunales de Instancia al artículo 1.886 del Código Civil, por lo que se refiere concretamente a las sentencias susceptibles de servir de título a las hipotecas judiciales, que precisamente coinciden con la interpretación de dicha norma en la sentencia casada, y con la interpretación que manifiestan los Jueces de la Corte Superior Accidental del Trabajo del Distrito Federal y Estado Miranda, en los considerandos de dicho fallo donde "disienten" de la doctrina del Supremo Tribunal de la República; interpretaciones éstas con las cuales está de acuerdo el suscrito, por considerarlas ajustadas a la intención de nuestro legislador, y conformes con la doctrina más aceptada en la materia.

Finalmente, también representa especial interés el fallo de la Corte Superior del Trabajo (Accidental) por lo que se refiere al contenido mismo de dicho fallo, y especialmente a lo que la sentencia establece como "derecho a disentir de la doctrina de Casación" y no obstante ello, ordena aplicar el criterio de nuestro Tribunal Supremo, posición con la cual en forma alguna estamos de acuerdo por las consideraciones que se transcribirán en este comentario, las cuales son meros enunciados en esta oportunidad, para

---

* Véase en *Revista de la Facultad de Derecho de la Universidad Católica Andrés Bello*, UCAB, Facultad de Derecho, N° 3, (1966-1967), pp. 255-268, Caracas

evitar salimos del tema central que nos hemos propuesto tratar en este análisis, pero que sin duda alguna sembrarán graves inquietudes en los lectores que nos presten atención.

II. DOCTRINA DE CASACIÓN RESPECTO DE LA INTERPRETACIÓN QUE DEBE ATRIBUIRSE A LA EXPRESIÓN "SENTENCIA EJECUTORIADA" EN EL ARTÍCULO 1.886 DEL CÓDIGO CIVIL

En este capítulo nos permitiremos resumir los considerandos que llevaron a nuestra Corte Suprema de Justicia en Sala de Casación Civil, Mercantil y del Trabajo a dictar la doctrina en referencia, y el contenido de la misma, en su fallo de fecha 5-XII-1963, remitiendo al lector interesado a consultar la totalidad del mismo en la fuente.[1]

Sostiene la sentencia: "Estima en consecuencia esta Sala que en el artículo 1.886 del Código Civil, así como en los artículos 415, 443 y 448 del Código de Procedimiento Civil, la expresión "sentencia ejecutoriada" no tiene la significación de sentencia definitivamente firme, sino la sentencia no susceptible de ser atacada mediante el recurso ordinario de apelación.

La mencionada doctrina se sienta con fundamento a la denuncia formalizada por la parte interesada, concebida en los siguientes términos: "... los sentenciadores confunden el concepto de "sentencia ejecutoriada" con el de sentencia definitivamente firme pasada en autoridad de cosa juzgada; y que el artículo 1.886 del Código Civil no admite interpretaciones reñidas con el sentido que aparece evidente del significado propio de las palabras, según la conexión de ellas entre sí y la intención del legislador, al tenor del artículo 4° del Código Civil citado".

Por supuesto que la sentencia impugnada sostuvo que "la sentencia ejecutoriada de que trata el artículo citado (sic. 1.886 C.C.) es la sentencia definitivamente firme contra la cual no existía recurso alguno".

Los argumentos invocados por nuestro Tribunal Supremo los copiamos de seguidas: "Es lo cierto que esa expresión (sic. "sentencia ejecutoriada") no tiene en la legislación venezolana una significación precisa, pues unas veces la emplea el legislador con relación a los fallos no susceptibles de ser impugnados por el recurso ordinario de apelación, y en otras ocasiones, en el sentido de sentencia definitivamente firme, esto es, no es atacable ni mediante el recurso ordinario de apelación ni tampoco mediante el recurso extraordinario de casación". A tal efecto, nuestra Corte Suprema entiende que en el artículo 1.886 C.C. la expresión "sentencia ejecutoriada", viene empleada en el primero de los sentidos mencionados antes, esto es, aquella sentencia no susceptible de ser impugnada por el recurso ordinario de apelación, lo cual apoya en un argumento histórico y en la misma interpretación que al respecto trae nuestro comentarista patrio Aníbal Dominici.[2]

Por virtud de la referida doctrina, aplicada como veremos luego al caso concreto por el fallo de la Corte Accidental Superior del Trabajo del D.F. y E.M. de fecha 17-3-1964, quiere decir que toda sentencia contra la cual se hubiere agotado el recurso ordinario de

---

1 Véase la transcripción parcial de dicho fallo en la sentencia N° 322-63, p. 409, tomo VIII, año 1963, segundo semestre, Jurisprudencia de Ramírez & Garay, Editorial Ramírez y Garay, S.A Caracas 1966.

2 Dominici, Anibal. *Comentarios al Código Civil Venezolano*, tomo IV, p. 319, Editorial Logos, C.A., Reproducción offset del original de Primera Edición, Caracas, 1951.

apelación, es susceptible de producir hipoteca judicial y será éste[3] el criterio que en principio deberán aplicar nuestros tribunales de instancia cuando se les solicite la constitución de hipotecas judiciales.

Como consecuencia de este fallo, evidentemente que la institución de la hipoteca judicial en nuestro ordenamiento jurídico deja de ser una institución que garantiza la ejecución de los fallos que producen cosa juzgada, definitivamente firmes, interpretación esta que había sido la que se aplicaba con anterioridad a la decisión de Casación, para convertirse en una providencia cautelar más, propia de tales sentencias[4], y por consiguiente susceptible de quedar sin efecto en el curso subsiguiente del juicio por la revocación del fallo consecuencial a la declaratoria con lugar del recurso de casación eventualmente interpuesto contra el mismo.

Igualmente, con tal interpretación de la norma comentada se estarían creando privilegios no consentidos por la Ley a los acreedores quirografarios, que por el sólo hecho de haber sido más diligentes que los demás en la reclamación de su crédito encontrarían una causa de preferencia para el pago de sus créditos, mediante la obtención de una sentencia, que podría estar sometida para el momento de la declaratoria de la quiebra a la revisión de Casación, y por supuesto que en este caso cabría plenamente la crítica que en este mismo sentido se ha hecho a la institución de la hipoteca judicial, motivo por el cual incluso ha sido abolida la institución en algunas legislaciones como la belga[5] y objeto de fuerte oposición el que se le mantenga dentro de otras legislaciones, en oportunidades en que se ha planteado la reforma de los códigos que la consagran.[6]

Pero lo más importante de esta decisión, es que los fundamentos de la misma vienen reñidos absolutamente con normas de nuestro Código Civil, pues si bien es cierto, como lo observa el fallo de Casación, que la expresión sentencia ejecutoriada, no tiene en la legislación venezolana (y creo que debería precisarse: en la "procesal") una significación precisa, lo cierto es que existe en nuestro Código Civil normas y principios generales, –(como bien anotan los Sentenciadores de la Corte Accidental del Trabajo)—, que no dejan lugar a dudas en cuanto a la interpretación de la expresión "sentencia ejecutoriada" en nuestro ordenamiento sustantivo, en el sentido de que la misma se refiere a aquellas sentencias "definitivamente firmes, no susceptibles de ningún género de impugnación". Nos reservamos presentar la argumentación correspondiente a este respecto al ir

---

3 Al menos moralmente debe sostenerse que existe esta vinculación para los jueces de instancia, puesto que sabemos que en nuestro ordenamiento jurídico la doctrina de casación sólo es obligatoria para el caso concreto.

4 Las sentencias contra las cuales no puede intentarse el recurso ordinario de apelación, sea por haberse agotado el mismo con su ejercicio, o por no haberse ejercido aquél en tiempo oportuno.

5 *Ley belga de 16-XII-1851*, *Ley de Ginebra de 6-1-1851*; e igualmente en Portugal y España, citadas por Riper Boulanger, Tratado de Derecho Civil según el tratado de Planiol, p. 387, tomo VII, Derechos Reales, segunda parte, Editorial La Ley, Argentina, 1965.

6 En Francia: (Reforma de 1850) ...la hipoteca judicial modifica injustamente la situación respectiva de los acreedores, haciendo nacer a favor de quien obtiene sentencias en primer término, una causa de preferencia sobre los demás. El pago es en consecuencia, "el precio de la diligencia". (Valette, discurso del 28 de diciembre de 1850). Cita de Ripert - Boulanger, opus cit., p. 386.

En Italia, en igual sentido se pronunciaba Chiese, citado por Bruno, Tomasso, en voz HIPOTECA, 11 Digesto Italiano, Volume Tredicesimo, Torino 1927, p. 398, N° 163.

comentando el fallo de la Corte Accidental del Trabajo[7] en la opinión en que disienten los jueces sentenciadores de la doctrina de Casación.

Finalmente, queremos dejar expresado nuestro criterio por lo que se refiere a la actual regulación de la hipoteca judicial, en el sentido de que entendemos, salvo la eventual justificación que pueda hacerse a la institución, con base a la ventaja que representa para el acreedor poder esperar para cobrar su crédito, en oportunidades en que el mercado le ofrezca mejor posibilidades de venta del inmueble de su deudor, y la no necesidad de una inmediata ejecución de su deudor, con todas las garantías de que su crédito será cobrado satisfactoriamente[8], que en el futuro la hipoteca judicial debe regulársela de modo tal que pueda considerársela en realidad como una medida conservatoria,[9] y es en tal sentido que estaríamos en cierto modo de acuerdo con el efecto final que debe deducirse de la doctrina del fallo de Casación que hemos comentado antes.

Para el caso de que en el futuro nuestro legislador adoptara tal criterio[10], consideramos así mismo que deberíamos volver al sistema del Código de 1873, siguiendo el modelo francés[11], con lo cual la hipoteca judicial podría ser solicitada con el fallo dictado aun en la primera instancia, todo lo cual llevaría en la práctica a utilizar más esta institución, hoy en día prácticamente desterrada de nuestra práctica forense.

III. SENTENCIA DE LA CORTE ACCIDENTAL SUPERIOR DEL TRABAJO DE LA CIRCUNSCRIPCIÓN JUDICIAL DEL DISTRITO FEDERAL Y ESTADO MIRANDA QUE ORDENA APLICAR LA DOCTRINA DE CASACIÓN ANTERIORMENTE COMENTADA

Con fecha 17 de marzo de 1964, la referida Corte Accidental Superior, constituida conforme lo dispuesto en los artículos 436 del C.P.C. y 67 de la Ley Orgánica del Poder Judicial, procedió a dictar la correspondiente sentencia, acatando la doctrina de Casación, y ordenando constituir la hipoteca judicial.

Este fallo, como decíamos al comienzo de este trabajo, reviste una peculiaridad muy especial, pues en la primera parte de sus considerandos, no obstante declarar expresamente

---

7 Véanse al respecto las opiniones sostenidas por los autores Ripert-Boulanger, opus cit., p. 386. Y en igual sentido Pescatore, citado por Bruno, Tomasso, opus cit., p. 399; Marty, Gabriel, Derecho Civil, Garantías Accesorias, Editorial Cajica, México 1952, especialmente p. 265.

8 Claro está, tomando las providencias necesarias para dejar a salvo los derechos de otros acreedores, y respetando el principio de igualdad de los acreedores, para lo cual el Legislador tendría que adoptar medidas especiales.

9 Esta ha sido la solución adoptada en la práctica por la Jurisprudencia Belga, bajo otra forma: condena del deudor a constituir una hipoteca dentro de un plazo dado, bajo pena de daños y perjuicios. Véase Riper-Boulanger, opus cit., p. 387.

10 Decreto Ley de 4-I-1955, vigente en Francia, citado por Ripert-Boulanger, opus cit., p. 385, que también coincide prácticamente con el sistema italiano actual, artículo 2.818 del Código Civil Italiano 1942.

11 Véase transcripción parcial del fallo comentado en sentencia N° 97-64, p. 273, tomo IX, año 1964, primer semestre, Jurisprudencia Ramírez & Garay, Editorial Ramírez & Garay, S.A., Caracas, 1966, en su primer considerando.

el acatamiento y respeto a la doctrina del Tribunal Supremo, disienten de la misma,[12] a lo cual, según sostiene la Corte Superior Accidental, "tienen derecho".

Precisamente, en esto que llamaremos "una especie de VOTO SALVADO" de la Corte en referencia, los sentenciadores se apartan de un todo del criterio sustentado por Casación en cuanto a la interpretación de la expresión "sentencia ejecutoriada" contenida en el artículo 1.886 del Código Civil, y que como igualmente decíamos anteriormente, consideramos es el criterio ajustado a nuestro ordenamiento positivo, y nos adherimos en un todo a los argumentos invocados en tal sentido por los juzgadores.

A los efectos del análisis de este fallo, y puesto que ya hemos dejado dicho que el mismo aplica en un todo la doctrina de Casación, nos limitaremos a examinar especialmente los argumentos de los sentenciadores en cuanto disienten de nuestro Supremo Tribunal, en primer término, haciéndole los correspondientes comentarios, y en segundo lugar, haremos algunas consideraciones respecto al pretendido "derecho de disentir" que invocan los sentenciadores, para expresar su criterio en contra de la doctrina de Casación.

Interpretación de la expresión "sentencia ejecutoriada" en el artículo 1.886 C.C. según los sentenciadores de la Corte Superior Accidental del Trabajo del D.F. y E.M.

Podemos clasificar en dos los tipos de argumentos utilizados por la Corte Superior Accidental: 1) Uno de carácter netamente procesal, según los cuales por la propia voluntad del legislador procesal, la expresión "sentencia ejecutoriada" no siempre tiene el significado de sentencia contra la cual no sea susceptible la impugnación por el recurso ordinario de apelación, y concretamente, cuando se refiere a disposiciones que versan sobre la ejecución de los fallos, propiamente dicha, la referida expresión conlleva el concepto de la cosa juzgada, el de sentencia definitivamente firme, y en consecuencia, siendo la hipoteca judicial en nuestro ordenamiento "un acto de ejecución", es sólo este tipo de sentencias la que puede servir de título a tal hipoteca;

2) Los otros, son de carácter sustancial, y se deducen de varias disposiciones del Código Civil, en las cuales necesariamente debe interpretarse que la expresión sentencia ejecutoriada contenida en el artículo 1.886 C.C., y en otros del mismo Código, hacen referencia exclusivamente a las sentencias contra las cuales se han agotado tanto los recursos ordinarios, como el extraordinario de Casación, y por supuesto, que siendo el Código Civil posterior en fecha al de Procedimiento Civil, es evidente que la norma aplicable, y el sentido que debe atribuirse a la citada expresión es el que resulta de la voluntad del Legislador del Código Civil.

Veamos estos argumentos:

A. De tipo procesal:

Sostiene la Corte: I.—"El artículo 415 del Código de Procedimiento Civil establece que la sentencia de segunda instancia causará ejecutoria cuando sea conforme con la de primera''; y agrega que "si se admitiere recurso de casación contra la sentencia que quede ejecutoriada, se le dará curso". Y la secuela procesal de la norma anterior la determina el artículo 443 *ejusdem* al consagrar que "pendiente el recurso de casación, el Juez o Tribunal ante el cual se haya anunciado, dictará, a solicitud de la parte interesada, todas las medidas preventivas necesarias, a fin de que no se haga ilusoria la ejecución de la sentencia contra

---

[12] Y en consecuencia no susceptible de aplicaciones analógicas.

la cual se haya intentado. Al efecto la parte favorecida por la sentencia definitiva ejecutoriada podrá pedir que se verifiquen los actos de embargo de bienes suficientes, los avalúos y demás diligencias de ejecución, con excepción de los de remate y adjudicación de bienes aún a la misma parte favorecida. Estos últimos actos quedarán diferidos hasta la decisión del recurso de casación, y, de consiguiente subordinados a lo que en el fallo de dicho recurso se decida.

Como se observa, efectivamente, aquí la norma hace referencia a la sentencia contra la cual se han agotado los medios normales de impugnación (apelación), y contra la cual se ha anunciado el recurso de casación, en este sentido es que aquí se habla de sentencia ejecutoriada. El legislador en este caso, permite a la parte solicitar y obtener medidas "preventivas", "conservatorias", al punto que expresamente deja a salvo entre las providencias que pueden llevarse a cabo, aquellas que entrañen la "EJECUCION".

Si entre estas medidas pudiera incluirse la de solicitar la hipoteca judicial, llegaríamos al absurdo de tener que concluir con que si la parte a cuyo favor se ordenó la constitución de la hipoteca judicial comenzará el juicio de ejecución de la misma, este procedimiento debería interrumpirse, hasta tanto fuera pronunciado el fallo de casación, puesto que tal derecho de intentar la ejecución asiste al acreedor favorecido por la hipoteca, pero no podríamos llegar tampoco al error de sostener que mientras se suspenden las vías de ejecución de sentencia ordinaria (remate, adjudicación), no tienen porque paralizarse las de ejecución de hipoteca constituida en ejecución del fallo.

Continúa la Corte: ..."No es lo anterior, no puede serlo en manera alguna, lo mismo que, en el Título VII (Libro Segundo, relativo al juicio ordinario), cuando trata "De la ejecución de la sentencia'', estatuye el Código de Procedimiento Civil. En efecto, el artículo 446 dice que: "El juez a quien toque el conocimiento de la causa en primera instancia... cumplirá la sentencia ejecutoriada o cualquier otro acto que tenga fuerza de tal"; y el artículo 448 dice: "cuando la sentencia ejecutoriada haya quedado definitivamente firme, el Tribunal pondrá un decreto mandándola a ejecutar". En este caso se trata de la sentencia definitivamente firme ejecutoriada (subrayado nuestro), es decir, pasada en autoridad de cosa juzgada, contra la cual no existe ningún recurso, ni ordinario, ni extraordinario. Pero en el caso anterior es distinto, esa, "sentencia definitiva ejecutoriada" no tiene el carácter de cosa juzgada, ya que contra la misma está pendiente el recurso de casación; y si bien es cierto que el legislador, al referirse a la misma, emplea los términos de "sentencia definitiva o ejecutoriada", ello en absoluto puede interpretarse en el mismo sentido de cuando en el Título VII, al referirse a la ejecución de la sentencia, emplea también los términos de sentencia "ejecutoriada" y "cuando la sentencia ejecutoriada haya quedado definitivamente firme".

Bastaría, para que en forma meridiana aparezca la diferencia entre uno y otro instituto procesal, con señalar que, cuando está pendiente el recurso de casación, el legislador solamente concede al actor el derecho a pedir que "se verifiquen los actos de embargo de bienes" (artículo 443); únicamente embargo que es "embargo ejecutivo", aun cuando la norma se refiere a "medidas preventivas", y se practican todas las diligencias de ejecución, pero las mismas exceptúan los actos de remate y de adjudicación de bienes, porque éstos quedan diferidos hasta la decisión del recurso de casación, que puede ser adverso y entonces ese "embargo ejecutivo", que tuvo solamente el carácter de "una medida conservatoria" y no de un acto de ejecución, propiamente dicho, desaparece completamente, pierde todo su efecto o valor jurídico, es como si no hubiese existido jamás. Lo cual no ocurre en la otra situación, porque allí si se trata de la ejecución de una sentencia definitivamente firme, pasada en autoridad de cosa juzgada y los actos de remate que se realicen en virtud de esa ejecución y los subsiguientes, tienen un carácter irrevocable, a fin de que el acreedor, –actor en el juicio—, se pague con los bienes del deudor, –demandado que ha sido condenado—, y quien no tiene ningún recurso para oponerse al cumplimiento de la sentencia ejecutoriada.

Todo lo anteriormente expresado es válido máxime si se examina a la luz del contenido del artículo 187 del Código de Procedimiento Civil que estatuye: "La sentencia de la tercera instancia (de segundo grado, en nuestro actual ordenamiento procesal) quedará en todo caso ejecutoriada, a menos que se intentare y fuere admisible contra ella el recurso de casación". De consiguiente, es claro que, cuando el artículo 415 establece que "la sentencia de segunda instancia causará ejecutoria cuando sea conforme con la de primera", lo cual permite solicitar las medidas preventivas de "embargo de bienes" "a la parte favorecida con la sentencia ejecutoriada (Artículo 443) se trata de una sentencia ejecutoriada contra la cual está pendiente el recurso de casación y no de la sentencia que queda ejecutoriada, es decir, definitivamente firme, pasada en autoridad de cosa juzgada, porque no se ha intentado este recurso extraordinario, –u otro que la ley consagre—, porque todo recurso ha quedado terminado dentro del ordenamiento procesal, o porque cualquier recurso interpuesto ha sido declarado sin lugar".

Finalmente y para concluir, en esta parte, la Corte Superior Accidental, hace unos considerandos de tipo histórico en cuanto a la evolución de la norma del artículo 1.886, para concluir diferenciando las medidas conservatorias propiamente dichas (Artículo 443) de la hipoteca judicial, lo cual quedó definitivamente claro a partir de 1896, pero a nuestro parecer los mismos no son de mayor importancia, a excepción del que pudiera deducirse del hecho de que siendo la norma del artículo 443 del C.P.C. una norma de excepción[13] al principio de que al dictar su fallo el Juez pierde toda jurisdicción sobre el caso, y no estando mencionada dentro de las medidas que puede dictar el Juez la hipoteca judicial, no es factible pretender que dentro de tales medidas preventivas,, conservatorias, también se encuentre incluida la de ordenar la constitución de la hipoteca judicial.

Dice la Corte, efectivamente: ..."Pero cuando el Legislador, el principio de toda sentencia que condena, lo modificó en el sentido de "toda sentencia ejecutoriada que condena" y dejó vigente en el Código de Procedimiento Civil el derecho del actor, a solicitar, pendiente el recurso de casación, todas las medidas preventivas necesarias, pidiendo esa parte favorecida por la sentencia definitiva ejecutoriada, embargo de bienes, es evidente que estableció dos procedimientos radicalmente diferentes. Uno, el del embargo de bienes, pendiente el recurso de casación; y el otro el de la hipoteca judicial cuando exista sentencia ejecutoriada, esto es, definitivamente firme, pasada en autoridad de cosa juzgada: Porque no debe olvidarse que el juez al dictar su fallo, pierde toda jurisdicción en el proceso. En este caso, la Ley se la atribuye, de manera expresa, para que pueda acordar embargo de bienes, exclusivamente eso, no para que acuerde una hipoteca judicial, para lo cual carece de facultad, pues ha perdido su jurisdicción en la causa".

"Por otra parte, contra el embargo de bienes que autoriza el artículo 443 citado, puede ejercerse el derecho de oposición, o actuarse por la vía de tercería. Lo cual no ocurre en el caso de la hipoteca judicial. Y es más, para evidenciar lo correcto de la interpretación que se le está dando a los textos legales, supongamos el caso de que, pendiente el recurso de casación, acaezca la quiebra del demandado. El juicio de quiebra por ser universal, arrastra tras sí todos los juicios existentes contra el fallido. Si existe una medida de embargo de

---

[13] Véase el fallo citado (11), p. 275 en Jurisprudencia Ramírez & Garay, opus cit.

bienes, el actor concurre a la quiebra en igualdad de condiciones con todos los demás acreedores (nos referimos en tesis general, pues en materia laboral existe un privilegio, independientemente de las medidas dictadas, a favor del trabajador), sin privilegio de ninguna clase. Situación que no ocurriría –sí, en lugar del embargo de bienes que es lo único que la ley autoriza, se hubiese constituido una hipoteca judicial. En este caso el actor concurriría a la quiebra en situación privilegiada, lo cual estaría reñido con las más elementales normas de equidad y de justicia''.

B. De tipo sustancial:

Sostiene la Corte Superior Accidental a este respecto: I.— [14] "El Código Civil es una ley sustantiva que consagra derechos, que establece normas. Por ello, cuando se refiere a las consecuencias de una sentencia, le bastaría con decir simplemente "sentencia", ya que por ello debe entenderse que se trata de la sentencia definitivamente firme, de la sentencia ejecutoriada, pasada en autoridad de cosa juzgada. Lo demás corresponde reglamentarlo, por así decirlo, a la ley adjetiva: el Código de Procedimiento Civil".

"De allí que, cuando el Código Civil se refiere a sentencia ejecutoriada, la misma es, exclusivamente la sentencia definitivamente firme, contra la cual no existe recurso, ni ordinario ni extraordinario. Así, por ejemplo, lo vemos en el artículo 128, cuando dice: que "ejecutoriada la sentencia que anula el matrimonio"; o en el artículo 475, cuando expresa que "también se insertará la sentencia ejecutoriada que declara la existencia, nulidad o disolución del matrimonio, anotándose al margen de la partida correspondiente". Y para que no quede duda alguna al respecto, en la reforma de 1942, al establecer diversas normas de orden público, en relación con el estado y capacidad de las personas, ya el legislador para referirse a la sentencia ejecutoriada, en el artículo 507 del Código Civil, dijo: "Las sentencias definitivamente firmes recaídas en los juicios sobre estado civil y capacidad de las personas". Por manera que, cuando el artículo 1.886 establece que "toda sentencia ejecutoriada que condene al pago de una cantidad determinada, ...produce hipoteca sobre los bienes del deudor...", es evidente que está determinando la "sentencia definitivamente firme".

II.—[15] Continúa la Corte: "...Además, el Código Civil al establecer cuáles son los títulos que deben registrarse, no deja lugar a dudas en relación con el criterio que se viene sosteniendo. En efecto, los numerales 7° y 8° del artículo 1.920 consagra que, están sometidos a la formalidad del registro, "los actos y las sentencias de los cuales resulte la liberación o la cesión de alquileres o de rentas aún no vencidas, por un término que exceda de un año", y "las sentencias que declaren la existencia de una convención verbal de la naturaleza de las enunciadas en los números precedentes". Habla, pues, la ley sustantiva solamente de "sentencia", y aun cuando el artículo 1.922 *ejusdem*, consagra que "toda sentencia ejecutoriada que pronuncie la nulidad, la resolución, la rescisión o la revocación de un acto registrado, debe registrarse, y se hará referencia de ella al margen del acto a que aluda" necesariamente hay que concluir que esta sentencia ejecutoriada, –como se desprende— del propio contenido de la disposición—, es la sentencia definitivamente firme, contra la cual no existe recurso alguno para impugnarla o dejarla sin los efectos que ha establecido. Ya que sería inoperante el registro de un acto que posteriormente puede

---

[14] Remitimos al lector interesado a la lectura de los considerandos históricos de los sentenciadores que preceden estos argumentos, en el fallo comentado, Ramírez & Garay, tomo IX, p. 274 y ss.

[15] Supra II, encabezamiento.

carecer de eficacia, si pendiente un recurso contra el mismo, es revocado y anuladas sus consecuencias jurídicas. Y el legislador no consagra nada inoperante o superfluo".

La claridad de los argumentos expuestos por los sentenciadores no requieren comentario de ninguna especie, y creo que no dejan la menor duda sobre la mente del jurista para concluir definitivamente con que la sentencia "ejecutoriada" a que se refiere nuestro artículo 1.886 *ejusdem*, es la sentencia definitivamente firme, contra la cual no cabe recurso ordinario o extraordinario, y en tal sentido, como decíamos anteriormente, la institución de la hipoteca judicial recobra su carácter de "acto de ejecución" y no de medida conservatoria, como resultará de la aplicación de la doctrina de Casación a que nos hemos referido en este análisis.

Consideraciones generales acerca del derecho invocado por los sentenciadores de la Corte Superior Accidental, de disentir de la doctrina dictada por Casación.

Como decíamos al comienzo de este capítulo[16] en el fallo que ahora comentamos, y con el objeto de formular los razonamientos que hemos transcrito inmediatamente con anterioridad, la Corte Superior Accidental, no obstante ordenar aplicar la doctrina de Casación en la interpretación correspondiente del artículo 1.886 del Código Civil, "se permite disentir" de la doctrina del Supremo Tribunal, "a lo cual tienen derecho" según sostiene la sentencia.

Esta situación realmente nos parece reñida con el contenido del artículo 439 del C.PC., y especialmente con el hecho de que no obstante manifestar los sentenciadores su parecer contrario a la doctrina de Casación y prácticamente emitiendo opinión contraria antes de ordenar la aplicación del criterio de nuestro Tribunal Supremo, proceden a aplicar lo dispuesto en la sentencia de Casación.

Como Calamandrei[17], entendemos que la disposición del artículo 439 del C.P.C. no permite a los jueces de instancia otra alternativa distinta a la de aplicar la norma jurídica en la forma que ordena el fallo de Casación, particularmente en los casos en que el pronunciamiento de Casación ha sido fundamentado en errores "in procedendo" de la sentencia casada, e igualmente en aquellos casos de errores "*in iudicando*", cuando Casación expresamente se ha pronunciado sobre la correcta interpretación y aplicación que debe darse a una norma de carácter sustancial en el caso concreto[18], y esto es lo que nuestro legislador ha consagrado indirectamente en el artículo 436 del C.P.C.

Concretamente en el caso que nos ocupa, consideramos que ese –derecho a disentir— invocado por los sentenciadores de la Corte—, es inexistente, para los casos en que los jueces están fallando a los solos efectos del artículo 436 del C.PC. (lo que se denomina en otras legislaciones y en doctrina extranjera "juicio de reenvío")- Efectivamente, estando los jueces de instancia obligados a acatar lo resuelto en el fallo de Casación (artículo 438 C.PC.), salvo el caso de abierta "rebelión" a la doctrina de Casación, en cuyo caso será procedente el recurso de nulidad (previsto en dicha norma), los jueces no tienen modo o forma de manifestar su criterio en contra, en cierto sentido, por así decirlo, los jueces en estos casos pierden su independencia soberana (característica de los órganos del Poder

16 Calamandrei, Piero, *Casación Civil*, traducción de Santiago Sentis Melendo y Mariano Ayerra R., Colección Breviarios de Derecho, N° 27, Ediciones Jurídicas Europa América, Buenos Aires, 1959, pp 184 y ss., en especial N° 60.

17 Calamandrei, Piero, opus cit., p. 208.

18 Calamandrei, Piero, opus cit., p. 209.

Judicial), para convertirse en órganos subordinados a la decisión del Supremo Tribunal de la República, en ese concreto caso.

Claro está, repetimos, no estamos considerando el caso de incorrecta aplicación de la doctrina (por mala aplicación de la ley, o por falta de aplicación de la misma), en los casos de rebelión, cuando la casación se hubiese hecho por errores "*in iudicando*" sobre una norma de derecho procesal, o cuando se trata de errores "*in iudicando*" cuando se refieren a cuestiones de derecho diversas de aquellas en que se funde el primer recurso, que no son por cierto los supuestos del caso que nos ha ocupado en este análisis, pues tales situaciones dan lugar a lo que nuestra Corte de Casación admite hoy como "Segunda Casación", y llamada por Calamandrei con forma a la legislación Italiana "segundo reenvío".

Para concluir, ya que no es este el objeto particular de este análisis, creemos que el único derecho que teman los jueces sentenciadores de la Corte Superior Accidental del Trabajo del D.F. y E.M. en el caso objeto de análisis, era el de inhibirse de conocer del asunto, pero no el establecer como premisa de un fallo (obsérvese que no decimos fundamento lo que prácticamente constituye un "voto salvado" al ordenar ejecutar el fallo de Casación).

Dejamos este problema planteado con la esperanza de que nosotros, o algún otro interesado en la materia, desarrolle en el futuro este apasionante tema.

15.

LOS PRINCIPIOS GENERALES QUE RIGEN EL NUEVO PROCESO LABORAL CONFORME LA LEY ORGÁNICA PROCESAL DEL TRABAJO*

«*Cuanto más talento tiene el hombre más se inclina a creer en el ajeno*»

Blaisse Pascal, 1623-1662

I. INTRODUCCIÓN. EL OBJETO DE ESTE ESTUDIO

En Venezuela recientemente fue promulgada una importante y novedosa Ley Orgánica Procesal del Trabajo[1] normativa que fue el resultado de discusiones, foros, y análisis de un proyecto que de la misma partió del Poder Judicial, concretamente como iniciativa de la Sala Social del Tribunal Supremo de Justicia.

Tanto el proyecto en su momento, como el nuevo texto legal, han dado mucho que comentar. A unos los turbó visiblemente, otros todavía no terminan de comprender las razones y fundamentos del cambio y en que consisten los mismos, y finalmente, como siempre hay un grupo que alegremente ha interpretado y seguirá interpretando los principios e instituciones, a su leal saber y entender, o haciendo mas graves y extensivos los efectos de los cambios, o acortando sus consecuencias, porque irresponsablemente no encuentran aún la justificación ni utilidad de lo modificado.

En verdad, de manera general, puede destacarse que los cambios en su mayoría resultan drásticos y chocan con los principios ordinarios del proceso civil general, aun luego de adaptado a las nuevas directrices impuestas por la Constitución Nacional. En general, puede decirse pues, que fue un cambio brusco que no solo afecto el contenido y principios que regulan la materia, sino por procurar, y así se lo hizo conocer en foros y eventos, ventajas procesales y sobre protección para la parte débil de la relación, esto es, para el trabajador, con lo cual en cierto modo se coloca a dicha parte en posición privilegiada, fue además aliñado con intervenciones, discursos y foros aupados por los propios Magistrados, donde se vendió, a nuestro modo de ver infelizmente, que la nueva

---

* Estudio en Homenaje al Profesor Dr. Arístides Rengel Romberg, (versión corregida y aumentada de conferencia dictada en Maracay, Edo. Aragua, nov. 2003). Publicado en *Derecho y Sociedad. Revista de Estudiantes de Derecho de la Universidad Monteávila*, Facultad de Ciencias Jurídicas y Políticas, 5, Caracas, 2004, págs. 113-131.

[1] Dicha Ley fue promulgada en la Gaceta Oficial de la República Bolivariana de Venezuela (en lo sucesivo «GO») ordinaria No. 37.504 del 13 de agosto del 2002, a la cual nos referiremos en lo adelante como «LOPT».

competencia del Trabajo, era por y para el trabajador, y que con ella se derrumbaba el sempiterno iter procesal civil del juicio ordinario, andamiaje jurídico que se ha venido en tildar injustificadamente como antiguo, obsoleto y hasta desleal.

Lo dicho provocó desde su inicio un bloqueo a toda consideración ponderada del nuevo instrumento legal, amén de ponerse en duda la igualdad procesal que es principio y fundamento de ese y de cualquier otro proceso, pues no puede haber proceso, como medio para resolver los conflictos individuales, dar cumplimiento al sagrado deber de impartir justicia y procurar la paz de la sociedad con una toma de posición o declaración de principios que se fundamente en ese proceder inicuo, esto es, la balanza de la justicia pre-inclinada hacia una de las partes.

Lo cierto del caso resulta ser que ya amainada la marea inicial, y por disposición de dicha Ley, luego de la vacante que la misma contemplaba para ir introduciendo los cambios formales y estructurales tanto en la competencia laboral, como en la implementación de las reformas adjetivas, medidas, equipos, sedes físicas, etc. que exige la nueva conformación de la Competencia Laboral, ya tendrá que aplicarse la nueva Ley, con todas sus novedades, principios e instituciones, pese a que hayan sido o no polémicos, que le hayan gustado o provocado desconcierto a la parte patronal, especialistas y doctrinantes.

En esta modesto estudio, al examinar su temario, podemos vislumbrar que se hará un breve recorrido de todo ese nuevo bagaje de instituciones, principios y novedades de la LOPT, ello explica el porqué limitaremos nuestra trabajo al examen detallado de algunos de los principios generales reguladores del nuevo proceso, al menos los mas relevantes y de paso sea decir, ello ya es bastante y delicado, pues como veremos, en los estudiados, vienen insertados, gran parte de los cambios sustanciales que provoca dicha normativa y, por tanto, de lo que a la larga creará los nuevos derroteros en la Competencia Laboral para la mejor defensa de los derechos en juego.

Advertimos de una vez, no obstante, lo reciente del nuevo ordenamiento legal y del cuidado que se tuvo en el tiempo de preparación y discusión del proyecto y sus reformas ulteriores, que no todo quedó dicho, ni tampoco todo lo dicho acaparó adecuadamente cuanto tenía que decirse en la materia.

Hay conceptos confusos, redacciones un poco desacertadas. De todo ello procuraremos en este y sucesivos trabajos alertar, informar y dar soluciones, cuando así pueda hacérselo, o los destacaremos con nuestras observaciones en procura de que se busquen soluciones e ir interpretando en la mejor forma la voluntad auténtica del Legislador, sin que tampoco pretendamos que en el corto espacio de este trabajo, agotemos el tema, ni dejemos expuesta la última palabra en la materia.

En todo caso iniciaremos nuestras observaciones destacando que la nueva Ley en materia de nuevos principios que regulan el proceso laboral, está llena de novedades, se aparta del modelo paradigmático del proceso civil ordinario, y de lo que hasta ahora, por igual, eran principios especiales frente al Proceso Civil Ordinario, que dan un perfil muy propio al nuevo proceso laboral.

Advertimos por igual, a pesar de las innovaciones, que no resultan ellas la panacea para solucionar y mejorar definitivamente los problemas derivados de una justicia lenta, y de la necesidad de que las decisiones sean además expeditas y las mas adecuadas, ello depende obviamente de otros factores ajenos en sí al Proceso y al procedimiento laboral, tanto nuevo como viejo.

De una vez alertamos sobre la existencia de problemas graves que se harán presentes con ocasión del trámite del nuevo proceso, y quiera la suerte, que realmente se haga uso de la potestad evaluadora y consecuencialmente correctora de la nueva Ley[2], si es que tales problemas realmente son causa del fracaso, desmedro o mal empeño en la aplicación de la Ley, o si los cambios que se vislumbren procedentes, son los menester para mejorar las nuevas instituciones, todo en beneficio de una mejor administración de justicia.

Precisa recordar aquí, además, que muchos de esos cambios, han sido inducidos, o encuentran su requerimiento, en la propia Constitución Nacional[3], pues no tienen raíces en el sistema tradicional procesal venezolano, ni en la anterior Ley que regula dicho campo[4] e igualmente otros son producto de un nuevo posicionamiento del Derecho Procesal Venezolano Laboral, dentro de los principios y garantías constitucionales para afianzar lo que se quiere sea la nueva justicia laboral, obviamente parte de todo el tinglado de la nueva justicia a la luz de la Constitución vigente.

Como ya lo hemos sostenido en oportunidades anteriores en que nos ha tocado de alguna manera referimos al nuevo Procesal Laboral venezolano, los cambios de la LOPT, como en la mayoría de otras leyes procesales vigentes en el país para la fecha de promulgación de la CN en efecto, en tomo a la modalidad y principios que deben regularlos han ameritado considerables ajustes, entre otras razones, porque la nueva carta fundamental ha proclamado como modelo de proceso más justo y expedito para lograr la justicia un nuevo prototipo cuyos caracteres relevantes han de ser la inmediación, la oralidad, su brevedad, y exigiéndose que por igual sea público[5] pero en verdad en el campo de lo procesal laboral, modestamente estimamos que en alguno casos se pecó por desconocimiento de lo que se proponía, y en otros en la extensión de lo que debía entenderse era voluntad del Constituyente.

II. EL FUNDAMENTO CONSTITUCIONAL DE LOS CAMBIOS. EXPRESO RECONOCIMIENTO EN LA CARTA MAGNA DE LOS PRINCIPIOS QUE REGULAN EL PROCESO Y LA COMPETENCIA LABORAL

La disposición transitoria Cuarta, numeral 4 de la CN, determina claramente:

Dentro del primer año, contado a partir de su instalación la Asamblea Nacional aprobará:(...)

---

2 Art. 207 de la LOPT, conforme al cual «Se fija un lapso de cinco (5) años contados a partir de la entrada en vigencia de esta Ley, para que la Asamblea Nacional conjuntamente con la Sala de Casación Social del Tribunal Supremo de Justicia realice una evaluación integral de los resultados obtenidos y del texto de la presente Ley».

3 Constitución Nacional de 1999, luego republicada con algunas modificaciones y su exposición de Motivos en marzo del año siguiente, sobre cuya constitucionalidad se han tejido muchas dudas, en tanto se comenta la misma fue realizada sin revisión por los constituyentistas ni órgano delegado alguno autorizado para hacerlo, y que la Exposición de Motivos, por igual, no fue tampoco del conocimiento de la Asamblea Constituyente, ni de organismo alguno por ella delegado. En adelante, en todo caso, nos referiremos a la segunda y la citaremos como «CN».

4 Ley Orgánica de Tribunales y Procedimiento del Trabajo.

5 Art. 257 CN «El proceso constituye un instrumento fundamental para la realización de la justicia. Las leyes procesales establecerán la simplificación, uniformidad y eficacia de los trámites y adoptarán un procedimiento breve, oral y público. No se sacrificará la justicia por la omisión de formalidades no esenciales».

4.- «Una Ley Orgánica Procesal del Trabajo que garantice el funcionamiento de una jurisdicción laboral autónoma y especializada, y la protección del trabajador o trabajadoras en los términos previstos en esa Constitución y en las leyes. La Ley Orgánica Procesal del Trabajo estará orientada por los principios de gratuidad, celeridad, oralidad, inmediatez, prioridad de la realidad de los hechos, la equidad y rectoría del juez o jueza en el proceso».

Adicionalmente, recordemos que el artículo 2 de la misma CN, precisa:

«Venezuela se constituye en un Estado democrático y social de Derecho y de Justicia, que propugna como valores superiores de su ordenamiento jurídico y de su actuación, la vida, la libertad, la justicia, la igualdad, la solidaridad, la democracia, la responsabilidad social y en general la preeminencia de los derechos humanos, la ética y el pluralismo político».

Como puede observarse, el contenido de dichos mandatos constitucionales no debe dar lugar a dudas sobre cuál debe ser la conducta de los jueces, y los mismos tienen pleno reconocimiento como derechos (y/o garantías) constitucionales e inspiran a todo el ordenamiento positivo vigente o por venir.

A tenor de lo expuesto y contemplado en las normas analizadas, pareciera que en materia procesal laboral, y toda otra donde así se lo ordene, el Juez no debe aplicar fría y tajantemente la norma jurídica contemplada en el ordenamiento jurídico, sino, por el contrario debe buscar los principios de equidad aplicables al caso con el objeto de resolver o no el caso sometido a su consideración, ello, independientemente de que pudiere existir una norma del ordenamiento general que de aplicarse pudiere crear una solución diferente, pero de alguna manera no del todo justa, esto es, que la conducta decisoria del magistrado, debe estar en cierto modo al margen del precepto legal concreto si lo hubiere, o si no existiere, inclusive, deberá crear la norma aplicable mas justa aplicable a dicho caso, independientemente del texto expreso de la Ley, y en la medida que con ello se ajuste mas la solución a lo que conforme la equidad pareciere mas justo para las partes, pues la justicia o no de ese mandato, no necesariamente es la comprendida en el texto estricto de la norma, o si esta no es clara, deberá el juez, conforme a los principios de equidad buscar cual sea el mandato aplicable para el mejor logro de la justicia.

En otras palabras, aun cuando se quebrante la seguridad jurídica formal, si de alguna manera se debe o puede lesionar el derecho para resolver el caso concreto, lo pertinente es que así lo sea, en la medida que con ello se tenga un trato mas apegado a la justicia real, a la verdad, a la verdadera intención del legislador para una mejor solución del caso.

Conforme al nuevo mandato constitucional, es este el nuevo sentido que debe darse a las disposiciones constitucionales que ordenan que en la búsqueda de la justicia, el juez, no solo se atenga a lo dispuesto en una norma del sistema, pues si de la aplicación de la misma resultare una lesión o menoscabo a los derechos debe y tiene que acudir a la equidad en búsqueda de la justicia (equidad correctiva)[6].

Ello lo será en adición a los demás casos en que bien la Ley, o la inexistencia de norma, lo faculten para llenar los vacíos, o interpretar el mandato, con apoyo en la equidad,

---

[6] Es ese el lenguaje de CASTÁN, citado por LONGO, Paolo, «Equidad y el proceso laboral. Implicaciones», en libro *Homenaje* III JORNADAS DE DERECHO PROCESAL CIVIL DR. ARÍSTIDES RENGEL ROMBERG, Editorial Universidad Católica Andrés Bello y Fundación Fernando Pérez-Llantada, Caracas, 2000, p. 13 y ss.

sin que por esto deba ponerse en duda que la justicia aplicada no sea «de Derecho», en los cuales no resulta tan aberrante observar la conducta del magistrado, ante su obligación de resolver el caso, sin excusa de ambigüedad o no existencia de norma precisa, así como tampoco resultara extraño que al encontrar contradicción entre el mandato concreto de una norma con la superior constitucional, opte por desaplicar la primera, para con ello solventar de modo más diáfano el caso concreto y producir con ello un fallo mas apegado a la justicia.

Ahora, bien resumidamente, para poner aún mas en claro la problemática que de todo ello deriva, materia que sería suficiente para ocupar todo el tiempo de este estudio, pensemos que esa solución especial lograda por vía de una interpretación correctiva puede no ser la misma que se aplique por un juez distinto, o en otro caso similar, que corresponda al mismo juez, dejando entonces la duda sobre cual será la mas justa solución y la certeza de que ello lo será siempre o no así. Cabe pues preguntarse, con toda razón ¿Dónde queda la Seguridad Jurídica?

Sobre este tema, para muchos simple gazapo que se le pasó al poder constituyente, para otros por el contrario adopción de un nuevo orden de cosas, que supone una madurez judicial de mayor grado que con la que contamos en Venezuela, pero al fin y al cabo ordenada aplicar, nos permitimos observar hace ya algún tiempo, concretamente antes de salir la CN hacer clara advertencia sobre el dislate que se estaba cometiendo[7], o para que en todo caso entonces se procurara una mejor calidad de hombres en el poder Judicial.

Lamentablemente fueron pocos los que prestaron entonces atención al problema, y hoy, con cada vez mas fuerza y denuedo vemos que el legislador viene delegando al Juez esa potestad de juzgar conforme a equidad, tal como ocurre en el caso de los poderes de los jueces de Protección de Niños y Adolescentes, o en la ahora novísima regulación procesal laboral.

Y con ello termina por igual de resaltarse una duda que a todo el pueblo inquieta, esto es, ¿cuál es hoy el sistema jurisdiccional aplicable en Venezuela ¿si el de jurisdicción de Derecho o el de jurisdicción de equidad?, debiendo concluirse en lo segundo, pues conforme a la nueva normativa, el poder judicial, debe y tiene que dictar su fallo, independientemente del derecho aplicable, esto es, buscando en los principios de la equidad, bien la norma ausente o el mejor modo de interpretar aquella que es confusa o deficiente, o finalmente, aquella interpretación que haga producir la solución del caso, de una manera mas apegada a la equidad.

Pues bien, al buen entendedor sobran palabras, dichas normas establecen los parámetros generales que deben tomar en cuenta los Jueces en su gestión ordinaria, con el objeto de fijar unos parámetros de actuación para resolver el conflicto de intereses que le es planteado, y sobre lo cual, como todos los sabemos, hasta antes de la promulgación de la CN, teníamos claro que debía ser mediante la aplicación de la Jurisdicción de Derecho,

---

7 Trabajo sobre los conceptos de "justicia" y "proceso" en la nueva Constitución, «Las modificaciones de la Constitución Nacional, aproximaciones en tomo alguno de sus efectos en especial en lo atente a los conceptos de norma jurídica, justicia, administración de justicia, función del poder judicial y proceso, entre otros», en III Jornadas de Derecho Procesal Civil Dr. Arístides Rengel Rómberg, Puerto Ordaz, Estado Bolívar, ciclo de conferencias en homenaje al profesor Alberto Baumeister Toledo, Editorial Universidad Católica Andrés Bello y Fundación Femando Pérez-Llantada, Caracas, 2000.

esto es, la resultante de lo establecido por la premisa mayor y la conclusión del silogismo eventualmente aplicables al caso de que se tratara.

La solución necesariamente debía ser extraída por el Juez del ordenamiento vigente a cualquiera de sus niveles, debiendo el Juez comparar los hechos del caso concreto, los cuales deben y tienen que estar contemplados en una norma jurídica del ordenamiento nacional, sin que el Juez pueda permitirse llenar o crear tales supuestos, salvo el único caso de una verdadera laguna de la Ley, por cualquiera de los métodos y recursos que contempla ese mismo ordenamiento para solventar dichos problemas, esto es, la analogía, la equidad, el uso, entre otros de los medios con los cuales el creador de las normas le fija caminos al magistrado para el cumplimiento de su misión.

Pero no hay acuerdo unánime sobre tales poderes del Juez, pues como lo dice reputada y autorizada doctrina en torno a la interpretación y hermenéutica de la Ley, y como ampliamente lo ha difundido un foro, no muy lejano en el tiempo, realizado en el más alto Tribunal de la República, con lucida intervención y exposiciones del maestro Delgado Ocando, « el Juez no puede ni debe ocurrir a la «equidad» para crear en nuestro sistema, la norma jurídica aplicable o el precepto que debe dar solución al conflicto de intereses, salvo que expresamente las partes o la ley hayan convenido en lo contrario y específicamente hayan autorizado el juzgamiento por equidad.

La equidad como vía de solución de los conflictos sociales, jurídicos o de otra índole es una hermosa vía para poner término a las desavenencias entre las partes, pero para que la misma sea la más justa y apropiada, debe quedar en manos de un hombre muy sabio, justo y ponderado, que busque como modo de resolver el conflicto lo que tiene como base aquel viejo aforismo de dar a cada uno lo que en justicia corresponde, esto es, casi supone que el aplicador del precepto esté entre los sabios y más prudentes hombres, de esos que hoy precisamente escasean y son difíciles de encontrar, para no decir casi imposible tenerlos a mano para enfrentarlos con la exagerada litigiosidad que caracteriza nuestra sociedad[8].

En adición, no precisamente la crema y nata de nuestro poder judicial ha encontrado buen recinto en la competencia laboral, con muy escasas excepciones.

Si lo que pretendió el constituyente fue decir cosa diferente, y referir su mandato al caso de necesidad de interpretar la Ley o dar preferencia al método y principios de la equidad, la verdad es que la frase estuvo tristemente mal construida en tema tan delicado como lo es el resolver cual sistema de justicia debe aplicarse en nuestro país[9].

La pretendida excusa de que eso no fue lo que tuvo en mientes el Legislador, o no es la manera de interpretar la voluntad del Constituyente, tan no nos convence que ahora ya vemos en varias de nuestras leyes la clara intención de que la aplicación del mandato dependa de la ingeniosa mentalidad del juez a quien se encomienda la solución de los casos en esa área, como ocurre en la Ley que ahora estamos examinando, y la que, para nosotros,

---

8 Para profundizar mas sobre ese concepto de equidad y sus múltiples aristas e interpretaciones, remitimos a nuestros lectores al completo trabajo del profesor Paolo Longo, antes citado y a la importante y calificada opinión del profesor Henríquez La Roche, Ricardo, Nuevo Proceso Laboral Venezolano, Edic Liber, Venezuela, 2003, p. 46 y ss.

9 Al respecto oportunamente nos permitimos alertar sobre dicho asunto, aún antes de la vigencia de la CN en nuestro citado trabajo «Las modificaciones de la Constitución Nacional...», en III Jornadas de Derecho Procesal Civil Dr. Arístides Rengel Romberg, p. 147 y ss.

como lo continuaremos viendo, no deja lugar a dudas en que es así como pretende aplicarse dicho principio rector del nuevo proceso laboral.

Como se observa, de ser ciertas o tener fundamento nuestras apreciaciones, se pone en manos de una competencia eminentemente proteccionista, pro sujeto beneficiario (pro operario)[10].

En fin para recalcar aun más nuestras observaciones sobre cuanto dejamos dicho, nos permitimos citar una vez más al famoso maestro Calamandrei, quien con meridiana claridad, al respecto, explana: «El Derecho Procesal deberá entenderse como un método impuesto por la autoridad para llegar a la justicia; es un método de razonamiento que debe estar siempre previamente establecido por la Ley, el cual tanto las partes como el juez deben seguir, etapa por etapa y dentro de una coordinación dialéctica con el fin de obtener una sentencia justa. Derecho Procesal es el método, la Ciencia Procesal la metodología y el Proceso una operación conducida según el método»[11].

Esperemos pues con paciencia y fe en la buena razón para ver que resultará de todo este desaguisado y mezcolanza de conceptos, que de buena o mala fe, por error o con deliberado propósito declaró primero el constituyente y ahora repite el legislador especial procesal del Trabajo. Quiera el destino que sea para la mejor y más clara aplicación del Derecho y la más justa resolución de los conflictos, que no para incrementar la litigiosidad

---

[10] Y así claramente lo reconoce el mismo legislador especial, artículos nueve, diez y once, entre otros, en los que mandatoriamente establece para el juez que en casos de duda, en la aplicación de normas, o a falta de ellas, o en la valoración de las pruebas, cuando no resulte claro cual de ellas deba producir convicción, o finalmente cuando se trate de aplicar por analogía otras normas para resolver las lagunas en materia adjetiva laboral, siempre deberá darse preferencia al interés del trabajador, a la prueba que mas lo favorezca o a la interpretación más apegada a los fines proteccionistas de la legislación laboral y adjetiva laboral. Como dice nuestro refranero popular: «a buen entendedor, sobran palabras».

Para nosotros pues, eso no es justicia, y si de algún modo, en épocas anteriores, o bajo el sistema actual, no siempre la justicia debió favorecer al trabajador, quien todo respeto nos merece, y así lo hacemos constar formalmente, no por ello justifica que un nuevo régimen que se lo establece para dilucidar los conflictos que de la actividad laboral emergen, este fundado en la presunción nada seria ni ajustada a sistema de derecho ni justicia alguno, de que toda duda debe ser resuelta a favor de una sola de las partes del contrato laboral.

Tal manera de pensar y legislar, por lo demás están muy, pero muy alejadas de la verdadera justicia y del principio de igualdad que todas la anteriores Constituciones, pero en especial ésta, promueven y alardean de ser sus difusoras y defensoras.

Lo lamentable de todo esto, a nuestro entender, resulta, que difícilmente podrá solicitarse del Supremo Tribunal la adecuada y mas justa interpretación constitucional alguna, sobre dicha materia, pues como se dejó indicado, demencialmente, quienes fueron forjadores del Proyecto de ley adjetiva laboral, son los propios miembros de la Sala Social, de ese mismo Tribunal, asunto que obviamente no hace nada fácil a la Sala Constitucional adoptar posición alguna contraria a lo que repetidamente, desde el primer ante proyecto atribuido a la primera de dichas Salas, hasta el último, comentado en ese mismo sentido en el aludido evento realizado por el TSJ sobre la LOPT, han repetido dichas disposiciones y el criterio público expuesto por dos de sus integrantes, tal como el suscrito con un nutrido grupo de asistentes a dicho evento pudo constatar de viva voz de dichos funcionarios judiciales.

[11] Calamandrei, Piero, *Proceso y Democracia*, traducción Héctor Fix Zamudio, Edit. Ejea, Argentina, 1960.

y el descontento de una cualquiera de los partes que deberán resolver sus problemas a la luz de tan delicado asunto.

La extensión de esas facultades, y la confusión que con ello se produce, se ponen de manifiesto en la amplitud que a dichos poderes reconoce mi apreciado y distinguido profesor y amigo Dr. Román José Duque C.[12].

III. ENUNCIADO DE ALGUNOS DE LOS PRINCIPIOS

1. *El Principio de Inmediatez en la nueva organización de la primera instancia del proceso laboral*

Siguiendo con el examen de los principios procesales, creo debemos ahora examinar el de INMEDIATEZ, sobre el cual, a nuestro modo de opinar, por igual, se presta a problemas su cabal interpretación y aplicación, partiendo de la forma como ha sido concebido el acontecer del juicio en la primera instancia.

Lo que pretendemos llamar la atención en este caso, es sobre como y de que manera entender se cumplen los roles de los ahora dos jueces que deben prestar su oficio en la primera instancia del proceso laboral, esto es, del Juez de Sustanciación, Mediación y Ejecución del Trabajo, con el propio Juez de Juicio, en tanto que mal entender las tareas a su cargo, podría dar lugar a dejar sin sentido alguno y de la manera más chabacana el tan importante principio de la inmediatez, fundamento y garantía de la mejor justicia oral (o «por audiencia», como correctamente debe denominársela).

En efecto, al primero de dichos Jueces se le atribuye competencia de sustanciación, tal como lo induce uno de los nombres que le fija la misma Ley (Art. 123) pero tal sustanciación lo es solo y para el trámite de admisión, depuración de los vicios procesales en el manejo e introducción del juicio, y la puesta en marcha de cualquiera de los procesos de auto composición procesal por vía de la mediación que está autorizado para usar en el trámite de esa fase del juicio (Arts. 133,134 y 135 LOPT), pero allí cesa su competencia para continuar, proseguir o alterar el curso del proceso laboral del que venía conociendo, pues de no lograrse el fin del juicio con la mediación o a través de la conciliación o el arbitraje, o para nosotros, por cualquier otro medio de auto composición[13] cesa totalmente toda intervención suya en ese proceso (Art. 136 *ejusdem*)[14], hasta, y de nuevo en fase de ejecución, que de ser pertinente, corresponderá a él cumplirla.

---

[12] En efecto, refiriéndose a la importancia de este principio, al que conjuntamente con los de «especialidad y de la prioridad de la realidad de los hechos» reputa de progenie constitucional, y considera son los que efectivamente permiten distinguir el nuevo proceso laboral frente a los demás de su misma categoría y por igual orales, precisa que al permitir al juez fallar en equidad, se facilita aplicar las normas mas favorables al trabajador, tal como lo precisan los Art. 2 y 9 de la misma Ley (« Apuntaciones sobre el Procedimiento Oral», en el citado libro homenaje III Jornadas de Derecho Procesal Civil Dr. Arístides Rengel Romberg, p. 406).

[13] En efecto del análisis que puede hacerse de la LOPT no encontramos de manera alguna limitado ningún modo de auto composición procesal, sea de los acogidos por las partes o de los sugeridos o inducidos por los Jueces Laborales.

[14] Debería entenderse que esa fase corresponde al Juez de Sustanciación, mediación y ejecución, tal como debe desprenderse del último nombre que el Legislador le impone, más de la lectura atenta del Capítulo VIII del Título VII de la LOPT, arts. 180 al 186, no se deduce lo dicho, sino

Con lo dicho pretendemos destacar y poner en claro que realmente el proceso de captación y evaluación de los hechos y recepción, evacuación y valoración de las pruebas, corresponde y es de la exclusiva competencia, de no existir arreglo por vía extrajudicial del proceso, al Juez de Juicio, y en efecto así lo demuestran cierta y cabalmente entre otros los artículos 152 y 158 de la LOPT.

Únicamente nos permitimos advertir como inapropiado el establecer a cargo del juez la función mediadora, pues resulta contrario a las técnicas de auto composición procesal, que el mediador, intermediario, componedor, sugeridor de soluciones, o póngasele el nombre que se desee, dotado de autoridad, sea quien impulse, dirija, o induzca el proceso de auto composición, pues se considera en extremo indeseable, que las partes interpreten que dichas vías les son impuestas por la autoridad de tales funcionarios, que no son ellas, quienes optan libremente por establecerlo, en tanto que con lo dicho, se merma la posibilidad de lograr soluciones por esa vía.

Perfectamente pudo haber dispuesto la Ley, que tales funciones fueran impuestas por el Juez de Juicio (y con ello se ahorraba la función judicial intermedia del sustanciador) y que se cumplieran ante una calificada Sala de especialistas en tramitar medios alternativos de justicia, dependiente del o de los órganos judiciales en cada circuito judicial, tal como ocurre en derecho Anglo Americano, y como lo sostiene autorizada y reputada doctrina extranjera[15].

2. *Impulso procesal a cargo del juez (Art. 6)*

Este nuevo proceder del juez, ya el Código de Procedimiento Civil de 1987[16], lo contempló, propugnó, aclaró e impulso, a fin de que el Juez, dejara ese papel pasivo, que nunca de paso le ha correspondido, lo refuerza enérgicamente el Art. 6 de LOPT, disponiendo que el Juez Laboral (en cualquiera de sus roles) es el rector del proceso, y debe impulsarlo personalmente bien a instancia de parte o de oficio, hasta su conclusión.

En el mismo sentido añade ahora una importantísima nueva potestad, que se le reconoce como «rector» del proceso, en el sentido de que advierte que durante el decurso del juicio, podrá el Juez promover la utilización de medios alternativos de solución del conflicto, tales como la conciliación, la mediación y el arbitraje, definitivamente con miras a que de manera adelantada pueda quedar resuelto el conflicto de intereses y se restablezca la paz.

---

que pareciere que el juez ejecutor lo será entre otros el juez de juicio de primera instancia, sin que por ello tampoco lo sea el de sustanciación, mediación y ejecución. Para quien escribe, no nos cabe duda que ello fue un lapsus del legislador y debe y tiene que entenderse que entre las funciones propias del Juez de Primera Instancia de sustanciación, mediación y ejecución, está precisamente la de disponer la ejecución forzada del fallo firme del Juez de Juicio, del Superior o de la Casación sin Reenvío.

15 Vid. Caivano, Gobbi y Padilla, Negociación y Mediación, Edit. Ad hoc, Argentina, 1997; Jaramillo, Carlos Ignacio, Solución alternativa de conflictos en el seguro y el reaseguro, Edit. Fundación Cultural Javeriana, Colombia, 1998, p. 249; CÁRDENAS, Sara F. de, y Leonardi DE Herbón, Hebe, El Arbitraje, Edit. Abeledo Perrot, Argentina, 1998; entre otros.

16 Código de Procedimiento Civil (Cpc) GO Extr. Nro. 3.694 del 22/01/1986, al cual se hicieron algunas reformas en el hoy vigente GO Extr. Nro. 4.196 del 02/08/1990 en lo adelante identificado «Cpc».

3. *Dentro de su potestad decisoria y con base al principio de la búsqueda de la verdad, se le exime del deber de congruencia para ciertos pronunciamientos*

El parágrafo único del mismo Art. 6 contempla que el juez de juicio, independientemente de lo que le hubieren podido alegar o invocar las partes, podrá ordenar el pago de conceptos, como prestaciones o indemnizaciones, distintos de los requeridos cuando estos hayan sido discutidos en el juicio y estén debidamente probados o condenar al pago de sumas mayores que las demandas, cuando aparezca que estas son inferiores a las que corresponden al trabajador de conformidad con esta Ley y con lo alegado y probado en el proceso, siempre que no hayan sido pagadas.

Conforme Henríquez La Roche[17], esa ampliación en el poder de conocer y declarar los hechos alegados por parte del Juez, corresponde solo al Juez de Juicio[18], a quien no lo exime de respetar que lo acordado sea lo pedido en juicio so pena de que si fuere una cosa diferente o si omitiere pronunciarse sobre lo pedido, incurre en incongruencia (vicio que queda comprendido a su juicio en una acepción amplia de la ultrapetita, ex Art. 160).

4. *Oralidad*

Comencemos por destacar que solo a lo muy importante de este trillado principio, haremos referencia. La oralidad, es de reconocer ha tomado ahora un rol preponderante, resulta exigible por mandato constitucional e implantada en la totalidad de los nuevos procesos a posteriori de la promulgación de la CN.

Si bien es cierto que no es la pildorita maravillosa que todo lo resuelve, por igual cabe señalar que resulta ser la mejor vía reconocida para facilitar, viabilizar y permitir al Juez, la mejor conducción del proceso, y permitir y obviar, por igual, la obtención de la verdad real, en adición, como lo señala Duque C.[19] su existencia no supone la eliminación del procedimiento, por el contrario, se trata también de otra forma procesal, solo que reduce la problemática del proceso, a tratar verbalmente, en pocos actos conjuntos, obligatorios y concentrados, todo lo debatido, quedando reducido el uso de lo escrito a los actos realizados, a la documentación de la sentencia y a la síntesis de aquellos actos. Según el comentado autor, esta concentración de actos, permite garantizar el derecho a una sentencia mas justa, facilita el acceso a la justicia, al debido proceso y a través de su vía, se garantiza la inmediación.

Anota también Duque C. acertadamente, que ese modelo de proceso ordinario oral, dotado de inmediatez el Juez, concentrado, etc., que es el prototipo del proceso laboral, no implica "Uniformidad", por lo tanto, sus peculiaridades son principios generales para todos los procesos (ex 257 CN), lo que no impide que se prevea para una misma materia un proceso ordinario, general y supletorio y otro u otros tantos procedimientos especiales,

---

17 Opus cit., p. 55.

18 Según el mismo Henríquez La Roche, tal limitación deviene para evitar que con un pronunciamiento como ese en instancia del superior o por Magistrado del Tribunal Supremo, se cree indefensión del interesado. Destaca igualmente el mencionado profesor, que la nueva Ley expresamente declara de orden público las normas procesales de dicho instrumento, para evitar así que el propio juez laboral, use argumentos y excusas no invocadas o que no le sean solicitadas para acordar reposiciones o pruebas.

19 Opus cit., p. 405.

según la índole de lo en ellos discutido, tal como será por ejemplo el proceso arbitral que deba implementarse con ocasión de un juicio, en el que el fallo o laudo sea dictado en plazos y condiciones diferentes a las del juicio ordinario laboral[20].

5. *Indubio pro operario*

El artículo 9 LOPT consagra dicho principio, aplicable en los casos de dudas sobre interpretación de una norma legal, o en caso de colisión entre varias normas aplicables al mismo supuesto del caso, disponiendo que el asunto se resuelva de la manera más favorable al trabajador.

En el mismo dispositivo legal, se determina también que en caso de dudas en cuanto a la apreciación de los hechos o de las pruebas, se aplicará igualmente la interpretación que mas favorezca al trabajador y determinando que en todos esos supuestos, la norma adoptada se aplicará en su integridad.

El artículo en referencia como lo sabemos repite el 59 de la Ley Orgánica del Trabajo, al que solo se le agregan las disposiciones relacionadas con los hechos y las pruebas.

Aún cuando el caso suscite dudas legales, ya sabemos que no puede el juez abstenerse de resolver, sino que deberá llenar la laguna, aún con el principio de equidad que resulte pertinente a su juicio.

Estos principios antes enunciados, forman llave y se complementan con el principio de "primacía de la realidad"[21].

6. *Gratuidad (Art. 8)*

Solamente nos referiremos a él, para precisar que la Ley aclara que todas las actuaciones, ante órganos judiciales y demás órganos fedatarios, son gratuitas, sin que puedan cobrarse tasas, aranceles ni pago alguno por otorgamiento de poderes ni registros ni actuaciones en los Tribunales.

No obstante, lo dicho, y dado que no son propiamente ni integrantes del poder judicial ni del fedatario, debe aclararse que si deben pagarse los honorarios a expertos (94), Prácticos 115 y los estipendios u honorarios de los árbitros (143).

7. *Sana crítica (Art. 10)*

En torno a esto simplemente cabe recordar que sana crítica, apreciación razonada o libre apreciación razonada, son una misma institución que vienen a tener como significado común, el que se pueden apreciar las pruebas libremente de acuerdo con la lógica y reglas de la experiencia, que el juez deberá expresar, y que precisamente son principios opuestos a la arbitrariedad, caprichos, independientemente del medio de prueba de que se trate, y aun cuando en el sistema procesal que se lo contemple sea o no prueba tasada.

---

20 Opus Cit., p. 409.

21 Así lo acogió la Sala Social en sentencia del 15/03/2000, N- 99-663).

8. *Averiguación de la verdad (Art. 5)*

Lo importante de destacar no es que sea ella el norte de las actividades judiciales, sino el deber impuesto al juez de requerirla e inquirirla por todos los medios a su alcance, sin dejar de tomar en cuenta la irrenunciabilidad de los derechos del trabajador, debiendo intervenir en forma activa, dando impulso y ejerciendo el poder de conducción en forma adecuada, y conforme la naturaleza de los derechos protegidos.

Lo dicho no significa que el juez no debe guardar absoluta imparcialidad cuando se trate de atender asuntos cuya carga de la prueba sea de una contra parte, y dichos asuntos no se correspondan con una actividad de orden público.

Destaca Henríquez La Roche, que en estos casos la clave resultara en precisar en que asuntos se encuentre o no involucrado el orden público[22].

IV. CONCLUSIÓN

Son muchas las interrogantes que arrojan algunos de los preceptos de la nueva normativa procesal del trabajo. Consideramos, que debió prestársele mayor atención a su redacción y a la inserción de novedosas figuras en ella contemplados. No hemos podido ser exhaustivos por la índole informativa del presente estudio, pero sentiría lleno el cometido propuesto con el mismo, si pude haber creado a los lectores las inquietudes que a su vez me han surgido a mí de la revisión de esta novísima Ley procesal.

Como ya lo he venido sosteniendo en eventos similares, ojalá la Jurisprudencia y la Sala Constitucional, cuanto antes, tomen la iniciativa de corregir esos pequeños desafueros, o que en su caso, en el término que la misma Ley ha fijado para su revisión y exhaustivo examen (Art. 207) se puedan enmendar esas dudas, exageraciones y dislates.

22 Opus Cit.

16.

PRECISIONES SOBRE EL RÉGIMEN DE LAS PRUEBAS EN EL NUEVO PROCESO LABORAL ORDINARIO DE LA LEY ORGÁNICA PROCESAL DEL TRABAJO (LOPT)*

I. INTRODUCCIÓN

Es de todos conocido la puesta en vigencia recientemente de la Ley Orgánica Procesal del Trabajo[1] novedosa normativa que ha sido el resultado de discusiones, foros, y análisis de un proyecto que de la misma partió del Poder Judicial, concretamente como iniciativa de la Sala Social del Tribunal Supremo de Justicia.

Hemos sostenido en foros anteriores sobre esta importante materia que «tanto el proyecto en su momento, como el nuevo texto legal, han dado mucho que comentar, a unos los turbó visiblemente, otros todavía no terminan de comprender las razones y fundamentos de algunos de sus cambios ni en que consisten los mismos, y finalmente, como siempre hay un grupo que alegremente ha interpretado y seguirá interpretando los nuevos principios e instituciones, a su leal saber y entender, o haciendo mas graves y extensivos los efectos de aquellos o acortando sus consecuencias, porque irresponsablemente no encuentran aún la justificación ni utilidad de lo modificado»[2].

En verdad, de manera general, puede destacarse que los cambios en su mayoría resultan drásticos y chocan con los principios ordinarios del proceso civil general, aun luego de adaptado a las nuevas directrices impuestas por la Constitución Nacional. De modo general, puede decirse que han sido cambios estructurales, que no solo han afectado el contenido y principios que regulan la materia, sino que incurren en el despropósito de desprestigiar lo que con ello se supone debe buscar toda norma procesal, esto es, la verdadera igualdad y la justicia, así vemos que por procurar «ventajas procesales y sobre-protección al trabajador», aún todavía considerado «parte débil de la relación jurídica

---

* Versión ampliada de charla dictada sobre el mismo tema en las Jornadas de actualización sobre la LOPT, Puerto Ordaz, Venezuela, el 21-11-2003. Publicado en la *Revista Ética y Jurisprudencia*, Universidad Valle del Momboy, Facultad de Ciencias Jurídicas y Políticas, Valera, No 1, enero-diciembre 2002.

1 Dicha Ley fue promulgada en la Gaceta Oficial de la República Bolivariana de Venezuela (en lo sucesivo "GO") ordinaria No. 37504 del 13 de agosto del 2002, a la cual nos referiremos en lo adelante como "LOPT" y derogó la antigua Ley Orgánica de Tribunales y Procedimientos del Trabajo, GO No. 26.116 del 19 de noviembre de 1959, que en lo adelante identificaremos como ALOTPT.

2 Cfr. nuestra Conferencia sobre la LOPT en Maracay, Estado Aragua, 13-11-2003. Evento propiciado por el Centro de Certificación Industrial.

laboral», con lo cual en cierto modo se coloca a dicha parte en posición privilegiada, (así se lo hizo conocer en foros y eventos por algunos de los autores del Proyecto de dicha Ley, todo lo que además ha sido aliñado con intervenciones, discursos y foros aupados por los propios Magistrados de la Sala Social del Tribunal Supremo de Justicia) se ha vendido infelizmente, que la nueva competencia del Trabajo, era «por y para el trabajador», y que con ella se derrumbaba el obsoleto y enmarañado aparataje jurídico del antiguo, iter procesal civil ordinario (al cual hasta se lo tildó de desleal).

Lo dicho provocó desde su inicio un bloqueo a toda consideración ponderada del nuevo instrumento legal, amén de ponerse en duda la igualdad procesal que es principio y fundamento de ese y de cualquier otro proceso, pues no puede haber proceso, como medio para resolver los conflictos individuales, dar cumplimiento al sagrado deber de impartir justicia y procurar la paz de la sociedad, con una toma de posición o declaración de principios que se fundamenten en ese proceder inicuo, esto es, la balanza de la justicia pre-inclinada hacia una de las partes.

Lo cierto del caso resulta ser que ya amainada la marea inicial, y por disposición de dicha Ley, luego de la vacante que la misma contemplaba para ir introduciendo los cambios formales y estructurales tanto en la competencia laboral, como en la implementación de las reformas adjetivas, medidas, equipos, sedes físicas, etc. que exige la nueva conformación de la Competencia Laboral, ya viene aplicándose la nueva Ley, con todas sus novedades, principios e instituciones, pese a que hayan sido o no polémicos sus motivos, nuevas instituciones y forma en que se han regulado algunos de sus principales estamentos, hayan o no gustado o provocado desconcierto a la parte patronal, especialistas y doctrinantes y no obstante las necesarias correcciones que habrán de hacerse a esos principios indebidamente creados o interpretados.

En este modesto estudio analizaremos y daremos nuestros comentarios y observaciones sobre uno de los temas más trascendentes del nuevo proceso ordinario laboral, esto es, el relacionado con la primera de las fases probatorias en el nuevo proceso laboral y los Medios Probatorios autorizados conforme la nueva LOPT.

Como lo hemos venido sosteniendo, advertimos de una vez, no obstante lo reciente del nuevo ordenamiento legal y del cuidado que se tuvo en el tiempo de preparación y discusión del proyecto y sus reformas ulteriores, que no todo quedó dicho, ni lo dicho acaparó adecuadamente cuanto tenía que decirse en la materia.

Hay conceptos confusos, redacciones un poco desacertadas, y procuraremos señalar todo ello para ir buscando soluciones e ir interpretando en la mejor forma la voluntad auténtica del Legislador, sin que tampoco pretendamos con ello dejar agotado el tema y mucho menos que solo nosotros tengamos la última palabra sobre dichos asuntos.

En todo caso iniciaremos nuestras observaciones destacando que la nueva Ley en la materia objeto de este artículo contiene importantes novedades tanto respecto de la ahora ley derogada, como con relación al modelo prototipo del proceso civil ordinario, al cual de paso sea destacar ni siquiera se lo reconoce como modelo paradigmático en la LOPT y por tanto se le deja sin el carácter de fuente supletoria que tradicionalmente se ha venido dando al «procedimiento civil ordinario» en las normas que consagran «procedimientos especiales», lo cual solo se explica por una denotada posición de excluir y reputar inadecuado, injusto e insuficiente todo lo relacionado con el esquema de funcionamiento del «Proceso Civil Ordinario», tal como si el mismo fuera la causa aun remota de la no adecuada marcha de la justicia en nuestro país, o de los «desaguisados», que día a día con mayor frecuencia se cometen en nuestros órganos judiciales bajo la excusa de que se está cumpliendo con la función de impartirla para resolver los conflictos de los justiciables.

Podemos afirmar entonces que en esta materia la LOPT tiene su perfil muy propio y especial, ajeno al modelo tradicional del Código de Procedimiento Civil de 1987[3].

Advertimos por igual, a pesar de esas innovaciones, que la LOPT no resulta la panacea para solucionar y mejorar definitivamente los problemas derivados de nuestra justicia, ni de su lentitud, ni de su falta de calidad, ni de que en lo adelante se logrará la deseable prontitud con la cual aspiran los justiciables sean resueltos sus problemas, ni que con ella se logrará de manera mas adecuada y efectiva la paz social.

Estamos convencidos que tales beneficios y buenos deseos para nuestra justicia, dependen de otros factores ajenos en sí al Proceso y al procedimiento laboral (tanto del nuevo como del viejo).

De una vez alertamos también sobre la existencia de problemas graves que se harán presentes con ocasión del trámite del nuevo proceso laboral, y quiera la suerte, que realmente se haga uso de la potestad evaluadora y consecuencialmente correctora de la nueva Ley[4], si es que tales problemas realmente son causa del fracaso, desmedro o mal empeño en la aplicación de la Ley, o si los cambios que se vislumbren procedentes, son los menester para mejorar las nuevas instituciones, todo en beneficio de una mejor administración de justicia.

Precisa recordar aquí, además, que muchos de esos cambios, han sido inducidos, o encuentran su requerimiento, en la propia Constitución Nacional[5], pues no tienen raíces en el sistema tradicional procesal venezolano, ni en la anterior Ley que regula dicho campo[6] e igualmente otros son producto de un nuevo posicionamiento del Derecho Procesal

---

3 Código de Procedimiento Civil, GO 4.196 Extraordinaria, del 5 de agosto de 1990, contentiva de la penúltima de las reformas ciertamente de fondo, de unas cuantas que se hicieron al citado instrumento legal, en lo adelante "CPC", pero que inicialmente fue promulgado en 1986 para entrar en vigencia en 1987, de allí su nombre. Las indicadas reformas, fuera de la reseñada y ahora citada, son sobre temas puntuales, por ello la forma en que hacemos la cita y porque la damos como definitiva del citado instrumento legal.

En dicho CPC está plasmado el nuevo modelo de Proceso Civil ordinario, así como el de un modelo especial de juicio oral, que lamentablemente no fue puesto en vigencia en el tiempo, así como los nuevos esquemas del juicio breve civil, también con considerables reformas sobre su antiguo modelo, vigente para la fecha en que se promulgo la derogada Ley Orgánica de Tribunales y Procedimientos del Trabajo.

4 Art. 207 de la LOPT, conforme al cual se fija un lapso de cinco (5) años contados a partir de la entrada en vigencia de la comentada Ley, para que la Asamblea Nacional conjuntamente con la Sala de Casación Social del Tribunal Supremo de Justicia realice una evaluación integral de los resultados obtenidos y del texto de la presente Ley."

5 Constitución Nacional de diciembre de 1999, luego republicada con algunas modificaciones y su exposición de Motivos en mayo del año siguiente, sobre cuyo proceso formativo se han tejido muchas dudas, en tanto se comenta que el mismo fue realizado sin revisión por parte de los constituyentistas ni órgano delegado para hacerlo, y que la Exposición de Motivos, por igual, no fue tampoco del conocimiento de la Asamblea Constituyente, ni de organismo alguno por ella delegado. En adelante, en todo caso, nos referiremos a la segunda y la citaremos como "CN".

6 Ley Orgánica de Tribunales y Procedimientos del Trabajo.

Venezolano Laboral, dentro de la nueva corriente del constitucionalismo procesal para afianzar lo que se quiere sea la nueva justicia laboral.

Como ya lo hemos sostenido en oportunidades anteriores en que nos ha tocado de alguna manera referirnos al nuevo Procesal Laboral venezolano, los cambios de la Ley Orgánica Procesal del Trabajo, en lo sucesivo LOPT, como en la mayoría de otras leyes procesales vigentes en el país para la fecha de promulgación de la CN en efecto, en torno a la modalidad y principios que deben regularlos han ameritado considerables ajustes, entre otras razones, porque la nueva carta fundamental ha proclamado como modelo de proceso más justo y expedito para lograr la justicia un nuevo prototipo cuyos caracteres relevantes han de ser la inmediación, la oralidad, su brevedad, gratuidad, ausencia de ritualismo formal y exigiéndose que por igual sea público[7] pero en verdad en el campo de lo procesal laboral, modestamente estimamos que en esos cambios quizás realizados en búsqueda de aquellos objetivos, en algunos casos se pecó por desconocimiento de lo que se proponía, y en otros en la extensión de lo que debía entenderse era la voluntad del Constituyente.

II. EL FUNDAMENTO CONSTITUCIONAL DE LOS CAMBIOS EN EL NUEVO PROCESO LABORAL: EXPRESO RECONOCIMIENTO EN LA CARTA MAGNA DE LA COMPETENCIA LABORAL Y DE LOS PRINCIPIOS QUE DEBEN REGULAR EL PROCESO Y LA COMPETENCIA LABORAL

A diferencia de otras materias, tanto o más importantes que la laboral y que la procesal laboral, la CN fue expresa en contemplar para ellas un tratamiento especial y expreso, precisando la necesidad de dicho cambio y hasta fijando un término para que realizaran dichas reformas, en efecto así se lo evidencia de lo contemplado en la disposición transitoria Cuarta, numeral 4° de la CN, que determina claramente:

> «Dentro del primer año, contado a partir de su instalación la Asamblea Nacional aprobará: ...
>
> 1.- ....
>
> 2.- ....
>
> 3.- ....
>
> 4.- "Una Ley Orgánica Procesal del Trabajo que garantice el funcionamiento de una jurisdicción laboral autónoma y especializada, y la protección del trabajador o trabajadoras en los términos previstos en esa Constitución y en las leyes. La Ley Orgánica Procesal del Trabajo estará orientada por los principios de gratuidad, celeridad, oralidad, inmediatez, prioridad de la realidad de los hechos, la equidad y rectoría del juez o jueza en el proceso"».

El primer planteamiento sobre el cual vale la pena destacar la atención en cuanto al pensamiento del constituyente es sobre lo que pareciera el fundamento que él pretende dar al nuevo sistema de impartir justicia en Venezuela, esto es, si la base de la nueva justicia es ahora la del Estado de Derecho y Justicia Social, donde debe imperar «la equidad», o si aún continuamos mas bien bajo el esquema del «Estado de Derecho» estrictamente apegado al texto y espíritu de la Ley formal.

---

[7] Art. 257 CN "El proceso constituye un instrumento fundamental para la realización de la justicia. Las leyes procesales establecerán la simplificación, uniformidad y eficacia de los trámites y adoptarán un procedimiento breve, oral y público. No se sacrificará la justicia por la omisión de formalidades no esenciales"

Al respecto es conveniente recordar igualmente el contenido del artículo 2 de la misma CN, el cual precisa:

> «Venezuela se constituye en un Estado democrático y social de Derecho y de Justicia, que propugna como valores superiores de su ordenamiento jurídico y de su actuación, la vida, la libertad, la justicia, la igualdad, la solidaridad, la democracia, la responsabilidad social y en general la preeminencia de los derechos humanos, la ética y el pluralismo político».

Pero por ahora sólo queremos llamar la atención sobre esas disposiciones de contenido constitucional en torno al proceso laboral, así como en lo atinente a como debe manejarse e impartirse esa justicia.

Obviamente que aplicar uno u otro de los mencionados sistemas da lugar a profundas modificaciones en lo que atiene al modo de administrar justicia, y en el de interpretar y aplicar las leyes.

Ese tema y sus consecuencias pueden dar lugar sobradamente a un estudio aparte y muy especialmente en torno ya no al sistema probatorio y los medios probatorios sino más bien al relativo a «los modos de apreciación y valoración de las pruebas».

De la simple lectura del nuevo instrumento normativo, puede observarse fue mandato expreso del legislador, crear una JURISDICCION (sic)[8] «COMPETENCIA ESPECIAL JUDICIAL» LABORAL, expresamente recalcada por la CN., exclusiva y excluyente, fuero atractivo de todo lo que se relaciona con lo laboral y con seguridad social en lo relativo a los trabajadores, por lo tanto, se preservo cuando menos el interés especial y muy particular de que todo lo relacionado con esta competencia sea manejado, interpretado, aplicado y ejecutado por jueces especiales, en contra de la ahora deplorable tendencia a generalizar las competencias en Venezuela[9].

III. LOS MEDIOS DE PRUEBA EN LA LOPT. REGLAS PARA SU PROMOCIÓN Y EVACUACIÓN

1. *Finalidad de los medios de prueba*

La nueva LOPT en su Artículo 69 precisa atinadamente y con una nueva e interesante redacción, el objeto y fin de los medios probatorios en el proceso, destacando, en palabras

---

8 Un lamentable dislate del constituyentista repetido por el legislador especial, e inclusive los proyectistas. Se trata de una COMPETENCIA, que no debe confundirse con Jurisdicción, pues esta es una dentro del ámbito nacional, que se ejerce por varias competencias generales o especiales. Los problemas de jurisdicción pueden plantearse frente a otros Poderse del Estado, frente a la que se imparte por medios alternativos de justicia, aceptados por la CN y las leyes (Vgr. arbitral) o ante la de jueces de otros países, que por nuestras normativas resultan competentes para conocer del concreto problema judicial.

9 Este reconocimiento Constitucional tiene particular importancia, en tanto que a juicio de Doctrina dominante, el legislador ordinario, y mucho menos la alta dirección del Poder Judicial puede modificar o alterar esa competencia especial, para unificarla a otras o disponer que ella se desempeñe por otros jueces diferentes a los laborales, lo que vendría en franco deterioro de una mejor justicia para los trabajadores.

del maestro Ricardo Henríquez La Roche[10] la triada de objetivos de la actividad probatoria, esto es, que los mismos son para: acreditar los hechos alegados, convencer al juez sobre la existencia de esos hechos y a partir de esa convicción, servir de fundamento al sentenciador para aplicar la norma cuyo supuesto normativo subsume a tales hechos comprobados.

Con esta clara enunciación de objetivos, se brindan al juez específicos criterios para el manejo de la incorporación de los medios probatorios al juicio y la importancia de su adecuada manipulación en el proceso, en efecto, como sostiene el versado profesor Henríquez La Roche, a partir del primero, se colige la inadmisibilidad de las pruebas por impertinencia, en tanto que si las promovidas no tienen relación con los hechos relevantes alegados y que son objeto de la litis, son del todo inútiles en ese proceso, y así debe declarárselo.

Conforme al segundo, según lo anota el citado profesor, se deduce la también inadmisibilidad por la inidoneidad (o "no conducencia") del medio probatorio, esto es, que por naturaleza propia, los mismos carecen de la aptitud para producir en el juez una valoración positiva y el establecimiento de uno o mas hechos de los discutidos en ese proceso.

Debe entenderse por tal conductibilidad de las pruebas, el sentido de «disponibilidad del medio acreditatorio», que no solo su aptitud o fuerza de convicción en cuanto tal , de manera que, por ejemplo, si bien es cierto que los medios instrumentales serían los mas seguros para demostrar los hechos, no siempre serán los mas conducentes en tanto su disponibilidad en materia laboral será mas conspicua, no siempre serán disponibles para las partes, en tal sentido la testimonial será mas conducente en materia laboral, si bien no la exclusiva.

Finalmente, conforme al tercer elemento, en efecto con los medios probatorios el juez debe fundar su convicción y fundamentar el fallo expresamente, por ello el juez queda sujeto a la necesaria valoración de cuantas pruebas cursen en autos (Art. 509 CPC), las cuales deben ser apreciadas conforme al principio de la sana critica (Art. 10 LOPT) y es quizás este último aspecto el mas delicado e importante del medio probatorio, pues si no se lo aprecia lógicamente, exponiendo razonadamente en el fallo los criterios usados para su valoración y el valor de convencimiento producido, se irrumpe contra la regularidad del fallo, y el mismo carecerá de valor apodíctico ante la ciudadanía y las mismas partes, al no quedar debidamente justificada la subsunción de los hechos controvertidos en las premisas de las normas jurídicas dispuestas aplicar.

2. *La mecánica de incorporación de las pruebas en la nueva LOPT*

Del nuevo texto legal se desprende que son perfectamente definibles y diferenciables los tres estadios clásicos en torno al proceso de incorporación de las pruebas al proceso, esto es, el de promoción, el de admisión y el de evacuación de dichos medios probatorios en el proceso laboral, y en torno al como y ante quien se cumplen dichos estadios, algunos autores ven por igual especiales características que diferencian el proceso laboral de otros.

[10] Henríquez La Roche, Ricardo. *El nuevo Proceso Laboral Venezolano*. Caracas, Ediciones Liber, Isbn 980-6571-03-7. Impresión, Editorial Torino (2003) 212.

En efecto Humberto Enrique Tercero Bello Tabares[11] expresa:

> «Por su parte, la fase o etapa probatoria, estará conformada por los actos procesales de proposición o promoción de las pruebas; incorporación de los medios probáticas a las actas procesales; oposición o contradicción a la admisión de los medios de pruebas propuestos; admisión o providenciación de las pruebas; y evacuación o materialización de las pruebas propuestas, incorporadas a las actas procesales y admitidas por el operador de justicia; actos procesales éstos que se realizarán en la audiencia preliminar y en la audiencia de juicio, ante el juez de Sustanciación, Mediación y Ejecución y ante el juez de Juicio respectivamente».

Como cuestión particular y tal como lo señala el mencionado autor, observamos que las gestiones de alegato y aportaciones probatorias se cumplen ante los dos jueces que ahora intervienen en el juicio laboral, esto es, ante el de Sustanciación, Mediación y Elección, y también ante el Juez de Juicio del mismo.

A causa del ahora impuesto constitucionalmente «sistema de oralidad» y su consecuente efecto de inmediación, y por la forma como vienen divididas ahora las diferentes fases del nuevo proceso laboral, observaremos igualmente que mientras la fase de aportación se cumple plenamente ante el primero de dichos citados jueces, a pesar de que para nada puede considerar, juzgar u opinar sobre dicho material, (ello, también en forma inexplicable a nuestro juicio al igual que criterio de otros autores que tratan el tema[12]) tal alegación o aportación de las pruebas se la hace, aun antes de conocerse propiamente la contestación de la demanda, lo que además de carecer de buen sentido, pues no sabremos entonces para que aportamos esas pruebas, mas desconociendo los hechos que enervarán la pretensión del demandante, y en adición, ello, hasta resulta perjudicial al propio accionante, que como sabemos en la generalidad de los casos lo será el trabajador, presunto débil jurídico al cual la Ley pretende darle especial trato para mantener la estricta igualdad ante la justicia.

Tal acto de promoción se cumple en la audiencia preliminar (Art. 73), correspondiendo incorporarlas físicamente al expediente a dicho Tribunal de sustanciación, mediación y ejecución para que su admisión y evacuación sea cumplida por el Juez de Juicio (Art. 74); siendo este último quién deberá decidir sobre la admisión de las pruebas, dentro de los cinco (5) días hábiles siguientes al recibo del expediente, y cuya decisión negativa sobre admisión será apelable. (Art. 75 y 76). Esto es, la oportunidad para resolver sobre la recepción de las pruebas para ambas partes, conforme a lo normado en el artículo 73, lo será en la propia audiencia preliminar, sin que puedan proponerse medios probatorios en otra oportunidad procesal, salvo que la Ley disponga lo contrario.

En efecto, la norma en comento expresa:

> «La oportunidad de promover pruebas para ambas partes será en la audiencia preliminar, no pudiendo promover pruebas en otra oportunidad posterior, salvo las excepciones establecidas en esta ley».

---

11 Cfr. «Análisis del Régimen Probático en el Marco de la Nueva Ley Orgánica Procesal del Trabajo». En: *Conferencia ante el Tribunal Supremo de Justicia, sobre la LOPT*. Caracas. Copia original del trabajo suministrada por su autor.

12 Bello Tabares, H. *Ob. Cit.*, y Marín B., *Ob Cit.*

En este sentido, en la propia audiencia preliminar las partes deben proponer o promover todos y cada uno de los medios probatorios que utilizarán para demostrar sus alegatos sobre los hechos controvertidos, caso en el cual, conforme a lo previsto en el artículo 74 *ejusdem*, el juez de Sustanciación, Mediación y Ejecución, concluida como haya sido la audiencia preliminar, en ese mismo acto, deberá incorporar a las actas procesales los medios probatorios ofrecidos por las partes.

También en esa misma audiencia preliminar, una vez agotados los intentos de mediación y arreglo voluntario del proceso, y agotados los trámites y diligencias del Despacho Saneador, el juez de sustanciación, una vez concluida la audiencia preliminar, dentro de los cinco (5) días de despacho siguientes, le recibirá al demandado la contestación a la demanda, situación esta que nos lleva a determinar, que las pruebas en el novedoso proceso laboral, son propuestas o promovidas sin que todavía se encuentre trabada la litis, lo que como dejamos anotado y destaca Bello T.[13], resulta sin sentido, pues sin que exista contestación de la demanda, sin que se haya trabado la litis, sin que se sepan cuales hechos han sido expresa o tácticamente admitidos por el demandado, las partes deben desplegar su actividad probatoria, específicamente aportar los medios de pruebas tendientes a demostrar aquellos hechos que a esa altura o momento del proceso, no se saben aún si serán objeto o no del debate y contradicción[14].

En torno a este particular tratamiento que se da a la fase de promoción, vale la pena señalar igualmente lo que advierte Henríquez La Roche[15], en tanto que siendo la audiencia preliminar un verdadero estado del proceso, que no «un acto del mismo» el cual puede durar hasta cuatro meses, las pruebas ya promovidas deben permanecer separadas del expediente, en poder del Tribunal, y solo se agregarán, según lo dispone el legislador, cuando concluya el estado de la audiencia preliminar.

Nada dice la LOPT tampoco en cuanto a si deben o no reputarse reservadas las pruebas, como si lo hace en cambio el Art. 110 CPC, entendiendo nosotros, que las mismas deben agregarse al expediente al percibirse, al recibirlas el Tribunal, en tanto que el nuevo deseo del legislador y constituyente, lo es el de la plena transparencia del juicio en búsqueda de la real verdad, siguiendo así el llamado sistema del *discovery* (que en definitiva también favorece la mediación judicial). Dejamos constancia que no parece ser esa en cambio la posición del Profesor Henríquez La Roche[16], quien entiende serán agregadas a los autos solo al terminar la audiencia preliminar.

---

13 *Opus Cit.*

14 Sobre la anotada anomalía de disponer recibo de pruebas aun sin haberse cumplido la contestación, destaca Bello T en su comentado trabajo: En este sentido, consideramos incongruente que sin que se hayan fijado los hechos, sin que se sepan aún cuales son los hechos controvertidos y sin que se haya trabado la litis, las partes deben proponer los medios de prueba tendientes a demostrar sus extremos de hecho, circunstancia esta que se agudiza aún más, puesto que en esta etapa del proceso, no puede determinarse la relevancia ni la pertinencia de los medios probatorios que se proponen, lo cual influye directamente en la actividad procesal de las partes referida a la promoción de las pruebas, pues al momento de proponerlas lo harán sin poder saber si los medios probatorios elevados al conocimiento del juzgador, son relevantes, pertinentes, conducentes o idóneas, es decir, si sencillamente las pruebas propuestas son útiles.

15 *Opus Cit., p.* 235.

16 *Ob Cit., p.* 235.

El mismo Juez de Juicio (Art. 74) deberá decidir sobre la admisión de las pruebas, dentro de los cinco (5) días hábiles siguientes al recibo del expediente, siendo apelable la decisión sobre la negativa de admisión (Arts. 75 y 76).

3. *¿Cuáles son los medios de prueba en la LOPT?*

Igualmente, en esta materia se separa la LOPT del modelo prototipo del juicio ordinario procesal civil. Conforme a su Título VI (Arts. 69 al 122) se regula todo lo relacionado con la prueba por escrito; la exhibición de documentos; la tacha de instrumentos; el reconocimiento de instrumento privado; la prueba de experticia y la de testigos; la tacha de testigos; la declaración de parte; las reproducciones, copias y experimentos; la inspección judicial y los indicios y presunciones.

Para poder hacer un recorrido rápido del tema propuesto en este trabajo, en torno a la materia probatoria en general en la LOPT, solo nos limitaremos a referirnos a algunos tópicos particulares de los medios probatorios específicos y a cuestiones relevantes de las modificaciones que ahora se contemplan, pues de lo contrario haremos interminable nuestra intervención y estaríamos incursionando mas bien en la temática probatoria. En tal sentido haremos las siguientes consideraciones:

1.- Exclusión de medios probatorios: Comenzaremos por destacar que quedan excluidas de las pruebas admisibles en el juicio del trabajo, las posiciones juradas y el juramento decisorio (Art. 70) con motivos invocados en la Exposición de Motivos poco claros y menos aún sensatos[17]. En efecto en nada se sustentan los epítetos que contra dichos medios de prueba son expresados en la citada Exposición de motivos, para demostrar lo afirmado basta hacer un pequeño recorrido sobre la doctrina probatoria vigente y a nivel de Derecho Comparado, donde encontraremos ampliamente utilizados dichos medios de pruebas.

2.- Nuevos medios probatorios: Por igual se reconoce ahora como novedoso medio probatorio la llamada «declaración de parte» (Art. 103 LOPT), que para algunos es un nuevo modo de obtener la confesión[18], con lo cual por lo demás no estamos de acuerdo, en tanto las «declaraciones de partes» no son ni siquiera remotamente actos probatorios procesales con mecánica ni finalidad de confesión, si bien es de advertir que es un adecuado medio para mejor ilustrar al Juez que conoce del caso, sobre la verdad de los hechos[19].

En torno a este nuevo medio de prueba, observamos lo siguiente:

Si bien hemos dicho la LOPT excluye la prueba de posiciones juradas o confesión provocada, lo cual a nuestro juicio y el de otros autores[20] parece injustificado, se regula en el artículo 103 una particular modalidad de la prueba de declaración de parte, conforme a la

---

[17] Advierte la Exposición de Motivos, en torno al juramento decisorio: es un «fósil jurídico», y en cuanto a la primera, por la conveniencia de «redimensionar la función de la confesión como medio de prueba».

[18] Marín, B. *Opus Cit.*

[19] Para profundizar más sobre el tema de la «prueba de declaración de las partes» remitimos a la recién editada obra de Mauro Capelletti. *El Testimonio de la Parte en el Sistema de la Oralidad (Trad. Santiago Sentís Melendo).* Buenos Aires, Lib. Platense. 2 Vol. (2002).

[20] Bello Tabares, *Ob. Cit.*

cual se permite que en la audiencia de juicio, el juez de Juicio pueda realizarle preguntas a las partes, pudiendo extraer de las respuestas a las mismas «confesiones», todo en el entendido que las partes se considerarán juramentadas para responder las preguntas.

Henríquez La Roche adversa esta posición, con base a que el Art. 76 prohíbe las confesiones y solo lo califica de interrogatorio libre, citando adicionalmente al respecto las razones históricas bajo las cuales se ha administrado dicho medio de prueba y la potestad judicial para ejercerlo[21] pero sin embargo entiende que son tales las excepciones que contempla respecto al mismo la LOPT, que reputa a dicho medio como algo diferente al testimonio de parte[22].

Empero, a nuestro juicio, de la lectura del Art. 104, seguido del antes examinado, no nos cabe duda que para el legislador «si es una confesión con plenos efectos», con la sola salvedad de que pretenda utilizársela con miras a la aplicación de las sanciones que se contemplan en la Ley Orgánica de Prevención, Condiciones y Medio Ambiente del Trabajo (donde punitividad es la finalidad esencial de dicho proceso y acto)

De esta manera, no se les permite a las partes proponer la prueba posiciones juradas o confesión provocada, pero el operador de justicia sí puede extraer de las preguntas que les formule a las partes en la audiencia de juicio, las confesiones correspondientes, circunstancia ésta que según la letra de la propia Ley, solo puede versar sobre la «prestación de servicios», lo cual equivale a que la confesión que pueda obtenerse de las partes solo puede ser sobre hechos referente a la «prestación de servicios».

Esta particular limitante para Bello T. resulta cuestionable, por carecer, según lo alega, de sustento jurídico y lógico, en tanto ciertamente que el juez pudiera extraer de las respuestas de las partes, cuando estas fueran desfavorable a sus intereses, la confesión sobre cualquier clase de hecho, y no exclusivamente sobre la «prestación de servicios».

En este sentido, dicho autor advierte que no parece claro cual sea el motivo, la razón lógica y más aún ni causa jurídica de excluir la prueba de posiciones juradas, dejándole esa facultad exclusivamente al operador de justicia, quien por demás estará limitado –injustificadamente, pues en la exposición de motivos nada se dijo al respecto– a hechos que versen sobre la «prestación de servicios».

Aunado a lo anterior Bello Tabares formula igualmente otras valiosas observaciones, y destaca que tampoco fue tomada en consideración por la nueva Ley Orgánica Procesal del Trabajo, la eliminación del juramento para las preguntas que pueda formularle el juez de Juicio a las partes, con relación a la «prestación de servicios».

Así, la doctrina tanto nacional como extranjera, de antigua data, dentro de las cual podríamos precisar el pensamiento de los ilustres procesalistas Hernando Devis Echandía[23] y Eduardo J. Couture[24], se ha venido pronunciando sobre la problemática que trae consigo la juramentación de las partes para que respondan en el interrogatorio de parte, por ser un resabio, un elemento anacrónico y un fósil jurídico, lo cual a la luz de la nueva Constitución y como expusiéramos, pudiera traer como consecuencia un infundado alegato

---

21 *Ob, Cit. p.* 277 y ss.

22 *Ob. Cit., p.* 282.

23 Devis Echandía, Hernando. *Teoría General de la Prueba Judicial.* Tomo I.

24 Couture, Eduardo J. *Estudios de Derecho Procesal Civil.* Tomo II: «Pruebas en materia civil», p. 290, 291 y 292.

de inconstitucionalidad de la confesión obtenida de las declaraciones de las partes, ello conforme al numeral 5° del artículo 49 Constitucional, por lo que hubiese sido más idóneo dejar no solo la viabilidad de la proposición de la prueba de posiciones juradas o eventualmente el interrogatorio libre de las partes, sino que también hubiese sido prudente eliminar el juramento previo, bien en la forma tradicional, o por imperativo de Ley como sucede en la Ley Orgánica Procesal del Trabajo, todo lo cual evitaría eventuales problemas al respecto[25].

4. *Consideraciones sobre otros medios de prueba*

1.- *Sobre la prueba de exhibición de documentos*, está establecido que cuando se trate de documentos que por mandato legal se encuentren en poder del empleador, bastará que el trabajador solicite su exhibición, sin necesidad de acreditar prueba alguna al efecto (Art. 82).

2. *La tacha de falsedad de instrumentos*, debe ser propuesta en la audiencia de juicio (Art. 84). Esto es razonable, *ya* que como se indicó, es al finalizar la audiencia preliminar, cuando se incorporan las pruebas promovidas, e informan las partes sobre los instrumentos en cuestión. El mismo criterio aplica en cuanto a la oportunidad para reconocer o negar la existencia de un documento privado (Art. 86).

Sin embargo, estimamos que tal como *ocurre* en el caso de la LOPNA, y dado que la Audiencia de juicio debe estar despejada de incidentes e incidencias, que hubiere sido mas adecuado, que en el supuesto de que existieren motivos para tachar, desconocer, reconocer, etc., al igual que el trámite de la prueba de experticia, estos deberían cumplirse antes de la audiencia de juicio, con la presencia del Juez de Juicio, y solo su apreciación y control, dejarla para la mentada audiencia, teniéndolas o dándoles el tratamiento como si fueran unas especies de pruebas anticipadas.

3. *En cuanto a la prueba de experticia*, está dispuesto que los Jueces no están obligados a seguir el dictamen pericial, si su convicción se opone a ello, pero que deberán razonar los motivos (Art. 93). Se establece ahora como obligación inherente al cargo *desempeñado*, la obligación de los funcionarios públicos con conocimientos periciales sobre una determinada materia, el aceptar el cargo de experto y rendir declaración cuando lo requiera el Tribunal (Art. 95). También, sobre la obligación en ese sentido de los expertos no funcionarios públicos, estando prevista una sanción, ante el incumplimiento en este último caso (Art. 96).

En aras de la celeridad necesaria, está establecido que es inexcusable la presentación oportuna de la experticia y *de* la declaración del experto, por la falta de pago de los honorarios correspondientes (Art. 97).

4. *La tacha de testigos* también debe promoverse en la audiencia de juicio (Art. 100).

5. Como lo adelantamos antes, *la declaración de parte* es una nueva prueba prevista en la Ley (Arts. 103 al 106), que resulta de las respuestas que en la audiencia de juicio formulen las partes a las preguntas del Juez, y se considera que «*las* respuestas de aquellos (trabajador y empleador) se tendrán como una confesión sobre los asuntos que se les

---

[25] Son partidarios también de la tesis de la eliminación del juramento de la prueba de declaración de parte, los desaparecido probacionistas patrios, Humberto Bello Lozano y Humberto Bello Lozano-Márquez.

interrogue en relación con la prestación de servicio...» (Art. 103). En caso de negativa o evasiva a contestar, el efecto es «tener como cierto el contenido de la pregunta formulada por el Juez de Juicio" (Art. 106). En todo caso representa "el cambio radical que se le da a la confesión...», conforme la Exposición de Motivos. Remitimos a lo dicho antes con ocasión del examen de la eliminación del a prueba de confesión.

6. *Con relación a la inspección judicial*, a diferencia de los previsto en el CPC (Segunda Parte Art. 234), es posible comisionar a un tribunal de la jurisdicción para que la practique (Parágrafo Único Art. 112).

7. Se contemplan y regulan conceptos y principios en cuanto a los *indicios y presunciones* (Arts. 116 al 118), así como el efecto de las presunciones con carácter absoluto (Art. 119) y relativo (Art. 120). También sobre el razonamiento del Juez basado en las reglas de experiencia o en sus conocimientos (Art. 121) y la posibilidad que éste extraiga conclusiones en relación con las partes, atendiendo a su conducta procesal (Art. 122).

En torno al valor de las presunciones, conviene recordar como lo advierte Henríquez La Roche[26] y lo destaca la Exposición de Motivos de la nueva LOPT, la aplicación del principio de la realidad del hecho trabajo, y por tanto todo lo relacionado con la apreciación de dichos medios probatorios, viene regido por los principios pertinentes que disponen lo siguiente:

> «Debe el juez regir sus actos en la apreciación de las pruebas, bajo el prisma de la realidad de los hechos, cuando deduzca la existencia de la relación laboral, deberá indagar en los hechos la verdadera naturaleza de la relación jurídica existente, para verificar que se trata de una prestación personal de servicios independientemente de la apariencia o simulación formal que las partes puedan haberle dado a dicha relación, y así expresamente lo precisa la Exposición de Motivos».

IV. INCORPORACIÓN DE LAS PRUEBAS (EVACUACIÓN DE LAS PRUEBAS)

Tal como lo norma el artículo 74 de la Ley Orgánica Procesal del Trabajo, una vez finaliza la audiencia preliminar, es ese mismo acto el juez de Sustanciación, Mediación y Ejecución, procederá a agregar las pruebas a las actas del proceso.

Propuestas o promovidas las pruebas ante el juez de Sustanciación, Mediación y Ejecución, y una vez que han sido incorporadas a las actas procesales, vencido como haya sido el lapso para la contestación de la demanda, el expediente será remitido al juez de Juicio, a los efectos que se pronuncie sobre la admisión de las pruebas propuestas.

De esta manera, llegado los autos al juez de Juicio, tal como lo dispone el artículo 75 de la Ley Orgánica Procesal del Trabajo, dentro de los cinco (5) hábiles siguientes al recibo del expediente, deberá producirse el pronunciamiento sobre la admisión o no de los medios probatorios propuestos, a cuyo efecto deberán admitirse aquellas pruebas que no sean manifiestamente ilegales ni impertinentes.

Algunas observaciones pertinentes en esta etapa:

---

26 *Ob. Cit.*, p. 300 y Exposición de motivos de la LOPT.

1. Destaca Bello Tabares[27]: La Ley Orgánica Procesal del Trabajo, no reguló en forma alguna en que oportunidad procesal las partes pudieran oponerse a la admisión de las pruebas propuestas, es decir, cual sería el lapso procesal para que las partes pudieran ejercer su derecho constitucional de la defensa que en materia probatoria se traducen en contradicción y control de la prueba, circunstancia esta que no puede traducirse que ante el vacío o silencio de la ley, las partes no pudieran ejercer dicho derecho, pues de ser así se estaría lesionando el contenido del artículo 49 de la Constitución de la República Bolivariana de Venezuela, así como el principio probatorio de la contradicción de las pruebas.

Pero no obstante al silencio de la Ley, a los fines de garantizar el derecho de contradicción de las pruebas, sostiene el comentado autor, que las partes pudieran perfectamente oponerse a la admisión de las pruebas propuestas desde el mismo momento en que éstas se promovieran en la audiencia preliminar, ante el juez de Sustanciación, Mediación y Ejecución, hasta antes que se produzca la admisión de las mismas por parte del Juez de juicio, es decir, que desde la proposición de las pruebas hasta el momento anterior en que se produzca su admisión, es tiempo hábil y útil para oponerse a la admisión de las pruebas, siendo indiferente que la oposición se presente al juez de Sustanciación, Mediación o Ejecución o al juez de Juicio.

2. En segundo término, destaca por igual Bello T., que la norma en estudio únicamente reguló como causales o motivos por los cuales el operador de justicia pudiera declarar la inadmisibilidad de los medios probatorios propuestos, la manifiesta ilegalidad y la impertinencia de los mismos, sin que se hubiesen tomado en consideración otros elementos que decretan igualmente la inadmisibilidad de los medios probáticas, tales como la inconducencia o inidoneidad del medio, la ilicitud, la irrelevancia, la irregularidad en su promoción o la falta de identificación del objeto de la prueba, como lo ha venido exponiendo la doctrina del Tribunal Supremo de Justicia, especialmente de la Sala de Casación Civil, aplicable a los procesos laborales.

La creación de éste nuevo instrumento procesal, según el transcrito autor, era la oportunidad para que se incluyeran como motivos o causales de inadmisibilidad de los medios de prueba propuestos por las partes, la irrelevancia, ilicitud, inidoneidad o inconducencia del medio probático, la irregularidad en su proposición y la falta de identificación del objeto de la prueba, mas observamos que se desperdició la misma, por lo que seguirá siendo la doctrina y la jurisprudencia quienes determinen otras causales de inadmisibilidad de las pruebas, diferente a la ilegalidad y la impertinencia manifiesta.

V. ALGUNAS CONSIDERACIONES EN TORNO AL DEBATIDO PROBLEMA SOBRE SI DEBE O NO INVOCARSE EL OBJETO DE LA PRUEBA, AL PROMOVERSE EL MEDIO PROBATORIO (ANUNCIO DEL OBJETO DE LA PRUEBA)

En cuanto a que debe entenderse por tal, esto es, la identificación del objeto de la prueba o apostillamiento de la prueba como expresa el profesor español Luis Muñoz Sabaté[28], la misma consiste en el razonamiento que debe hacer el proponente de la prueba al momento de su promoción, señalando qué se pretende demostrar con el medio probático

[27] *Ob. Cit.*

[28] Luis Muñoz Sabaté. *Fundamentos de la Prueba Judicial Civil.* L.E.C. 1/2000.

propuesto, para de ésta manera, no solo convencer al operador de justicia de su necesidad, evitando una posible inadmisión de la misma, sino también garantizar a la parte contraria, el derecho constitucional de la defensa traducido en la posibilidad de oponerse a la admisión de la prueba por inútil, dado que solo mediante la identificación del objeto de la prueba, mediante el señalamiento de la finalidad del medio propuesto, es que podrán las partes y el operador de justicia verificar si las pruebas solicitadas no son manifiestamente ilegales, impertinentes, irrelevantes, inidóneas, inconducentes o ilícitas.

De esta manera señala Bello Tabares,[29] la falta de identificación del objeto de la prueba producirá inevitablemente la indefensión del no proponente e impedirá al decisor controlar su utilidad, siendo éste el criterio que ha venido expresando la doctrina mas acreditada en nuestro foro probatorio y procesal y que ha sido proclamada primero por la Sala Plena del Tribunal Supremo, luego por la Sala Constitucional y finalmente acogida por la Sala de Casación Civil del Tribunal Supremo de Justicia[30], pero así mismo ha venido siendo debatida y rechazada por la Sala Social, quien invoca para ello, que no existe

---

29 *Opus Cit.*

30 Sentencia dictada por la Sala de Casación Civil del Tribunal Supremo de Justicia, de fecha 16 de Noviembre de 2.001, con ponencia del Magistrado Franklin Arrieche G., en el caso Cedel Mercados de Capitales C.A., contra Microsoft Corporation, expediente N° 00-132, donde se señaló, que en relación a las pruebas, además de exigirse los requisitos valederos para todos los actos procesales, existen igualmente requisitos y condiciones propias de los medios de prueba en específico, contenidos en los artículos 396, 397, 398, 399 y 400 del Código de Procedimiento Civil, de donde se puede inferir, que los medios de pruebas se encuentran sujetos a condiciones intrínsecas que inciden directamente en su admisión y que están previstas en el citado artículo 398, relativas a la legalidad o pertinencia, ello a propósito del modo, lugar y tiempo de los actos procesales.

De esta manera, expresa la sentencia, se observa que el artículo 396 del Código de Procedimiento Civil, exige, salvo los casos especiales, que todas las pruebas sean promovidas en el lapso de quince días de proposición, lo cual involucra el respeto al principio de preclusión de los lapsos procesales; Igualmente, las diligencias probatorias deben ser realizadas por los interesados, siendo las partes quienes deben promover las pruebas de las cuales quieran hacerse valer; también, e indistintamente que las pruebas sean promovidas en tiempo oportuno, por los interesados y redactadas en la forma señalada en la ley, existen requisitos de naturaleza intrínseca no del medio de prueba sino de la diligencia por medio de la cual se lleva a los autos, ya no sobre su admisibilidad, sino sobre su validez, con lo cual se produce el requisito de la identificación del objeto de la prueba.

Por tales motivos, para poder dar cumplimiento al contenido del artículo 397 del Código de Procedimiento Civil, en el sentido de poder manifestar la parte si conviene o no con los hechos que su contrario trate de probar y para que el Juez pueda fijar con precisión los hechos en que estén de acuerdo las partes, ordenando al efecto la omisión de toda declaración o prueba sobre ellos, establece la decisión en comento, que es necesario en el escrito de promoción de pruebas que cada una de las partes indique de manera expresa y sin duda de ningún tipo, los hechos que pretenden demostrar con cada medio de prueba promovido, siendo incluso ésta la única forma de garantizar el cumplimiento de los derechos de lealtad y probidad procesales impuestos a las partes, para impedir de esa manera que el contrario del promovente y el propio Juez sean sorprendidos al utilizar un determinado medio probatorio para verificar hechos diferentes a los que ellos creyeron cuando se promovió.

Concluye la Sala expresando, que al momento de promoverse las pruebas, las partes deben señalar en forma expresa cual es el objeto de la prueba promovida, sin lo cual, no existirá prueba válidamente promovida, hecho éste que se equiparará al defecto u omisión de promoción de prueba.

norma expresa, que establezca dicho requisito, y que resulta un exceso ritualista rechazar la prueba por ese solo motivo, cuando que algunos medios, reproducen su objeto mismo[31].

---

[31] Sala Social (Sentencia Nº 535 del 18/09/2003, expediente Nº 2002-0568, http://www.tsj.gov.ve/decisiones/scs/Septiembre/RC535-180903-02568.htm).

PARTE PERTINENTE DEL FALLO

- III -

Se denuncia la casación prevista en el ordinal 2° del artículo 313 del Código de Procedimiento Civil, en concordancia con el 32 eiusdem, por haber infringido la recurrida el artículo 397 del mismo Código.

Con referencia a doctrina de la Sala de Casación Civil de este Tribunal Supremo, sostenida en sentencia N° 363 de fecha 16 de noviembre de 2001, así como recogida en fallo de la Sala Plena del mismo Tribunal de fecha 08 de junio de 2001, los formalizantes argumentan del modo siguiente:

"Apoyados en tal doctrina, acusamos la ilegalidad de algunas pruebas promovidas por la parte actora y valorada por la recurrida sin reparar en dicha ilegalidad, a saber: los Contratos Colectivos de Trabajo del Banco Mercantil correspondientes a los años 1983-85; 1986-88; 1989-91 y 1992-94, 1995-1997, producidos en copia simple por la accionante junto con su escrito de promoción de pruebas marcados con las letras "C", "D", "E", "F" y "G".

En efecto, consta del escrito mediante el cual la parte actora promovió pruebas, que en el capítulo II, numeral "segundo", produjo documentales marcadas "C", "D", "E", "F" y "G", constitutivas de copias simples de los Contratos Colectivos de Trabajo del Banco Mercantil correspondientes a los años 1983-85; 1986-88; 1989-91, 1992-94 y 1995-1997, sin que fuera indicado el objeto de la promoción de cada una de esas documentales en juicio, es decir, los hechos concretos contenidos en las mismas que pretendían probarse con su producción en autos.

Cabe advertir que la parte actora, al promover las referidas pruebas documentales, no expresó cuál era la finalidad de las mismas, lo cual incumplió con el requisito que exige el artículo 397 del Código de Procedimiento Civil, en cuanto a la indicación individualizada de los hechos que, con cada prueba, se pretende aportar al proceso. En efecto, dicho artículo exige a las partes promovente expresar: "...alguno o algunos de los hechos que trata de probar... determinándolos con claridad...", de modo de que pueda surgir para la contraparte la oportunidad de expresar si conviene o no en alguno o algunos de esos hechos que trata de probar la contraparte.

«A pesar de la legalidad que infectó a la promoción de dichas pruebas documentales, la recurrida, las valoró es decir, no reparó en la ilegalidad habida en la promoción de las mismas, en franco desconocimiento del requisito exigido en el artículo 397 del Código de Procedimiento Civil».

La Sala observa:

No comparte esa doctrina esta Sala de Casación Social, porque interpreta que en ninguna parte se establece la indicación del objeto de la prueba como requisito de validez de su promoción, y que el artículo 398 del Código de Procedimiento Civil, sólo autoriza a inadmitir las pruebas que aparezcan manifiestamente ilegales o impertinentes, lo cual no es cosa que pueda considerarse derivada de la circunstancia de no indicarse en la promoción el objeto de las mismas. Por lo demás, los hechos a que pueden referirse y sobre los que pueden tener beligerancia las pruebas, quedan delimitados en el libelo y la contestación, quedando para la sentencia definitiva el análisis y apreciación integral de las mismas y de su congruencia con el planteamiento del debate, en lo cual no estará el juzgador obligado por lo que el promoverte pueda señalar que es el objeto respectivo; a lo que cabe añadir que en la casi totalidad de los casos el propio medio probatorio revelará claramente su objeto.

Es improcedente, en consecuencia, la presente denuncia, y así se declara.

Precisamente dicha discusión, aconsejaba entonces, que este requisito debió ser previsto en forma expresa en la Ley Orgánica Procesal del Trabajo, pues a través del señalamiento de los hechos que pretenden demostrarse con las pruebas propuestas, es que podría –como señaláramos– determinarse la legalidad, relevancia, pertinencia, conducencia, idoneidad, licitud y en general, la utilidad de los medios probáticos, lo cual trae como consecuencia, que en el futuro pudieran presentarse en la práctica, luego de admitidas éstas pruebas irregularmente promovidas, en la oportunidad de su materialización o evacuación, como lo es en la audiencia de oral de juicio o probatoria, oposiciones diferidas con el objeto que en esa altura del proceso, el juzgador de pronunciare diferidamente de la inadmisibilidad sobrevenida de los medios probatorios propuestos, oposición ésta que se haría por conducto de las reclamaciones a que se contrae el artículo 189 del Código de Procedimiento Civil, aplicado por vía analógica y que obligaría al juzgador a pronunciarse en el mismo momento en que se produjera la oposición.

En torno a este asunto, Bello Tabares[32] opina que si el juez de Juicio observa que las pruebas han sido propuestas sin el correspondiente apostillamiento, deberá declarar su inadmisión, fundamentado en la irregularidad en la proposición de la prueba, todo ello a propósito, que no obstante a que la Ley Orgánica Procesal del Trabajo solo estableció como causales de inadmisión de las pruebas la manifiesta ilegalidad e impertinencia, sostenemos que el operador de justicia está en la obligación no solo de verificar el cumplimiento de estos extremos, sino también de verificar si las pruebas propuestas no son impertinentes, inidóneas, inconducentes, ilícitas y han sido promovidas regularmente.

Aunado a lo anterior, la única forma de dar cumplimiento al postulado legal contenido en la última parte del artículo 75 de la Ley Orgánica Procesal del Trabajo, conforme al cual el juzgador deberá ordenar la omisión de toda declaración o pruebas sobre hechos en que aparezcan claramente convenidas las partes, es decir, pruebas sobre hechos no controvertidos, es mediante el apostillamiento o señalamiento del objeto de la prueba, lo cual se traduce, en que éste requisito resulta impretermitible para dar cumplimiento a la norma en comento, y de no cumplirse con el mismo, la prueba habrá sido irregularmente promovida y deberá decretarse su inadmisión.

VI. NEGATIVA DE ADMISIÓN DE PRUEBAS

Respecto a la negativa de admisión, también vale la pena observar otra particularidad: En efecto la norma que lo contempla pareciera conceder la apelación solo contra la negativa de admisión de los medios probatorios, más pudiera pensarse que la admisibilidad de los mismos, no estaría sujeta a recurso de apelación, circunstancia esta totalmente irregular y que podría presentar problemas en la práctica judicial, pues el gravamen o el perjuicio que pudiera causar la inadmisibilidad de los medios probatorios propuestos, también pudiera producirlo la admisibilidad de los medios probatorios promovidos que no obstante a su admisión, fueran manifiestamente ilegales, impertinentes, irrelevantes, idóneos, inconducentes, o irregularmente promovidos, por lo que Bello Tavares, entiende «que lo procesalmente correcto hubiese sido que se concediera la apelación no solo contra la negativa de la admisión de las pruebas, sino también contra la admisión de los medios probatorios propuestos, ya que nuevamente reiteramos, que el gravamen o el perjuicio a los

---

[32] *Ob. Cit.*

intereses de las partes, no solo se produce por la inadmisión de los medios de prueba, sino también por su irregular admisión»[33].

En todo caso, para el comentado autor, «si bien no se previó la apelación contra el auto que admitiere las pruebas propuestas, lo cierto es que tampoco fue prohibido, lo cual nos motiva a sostener, que el juzgador debe conceder la apelación cuando se produzca la admisión de los medios de prueba».

VII. OTRAS OBSERVACIONES EN TORNO A LA EVACUACIÓN DE LAS PRUEBAS

En cuanto a la evacuación propiamente dicha de las pruebas propuestas y providenciadas por el juez de Juicio, conforme a lo dispuesto en el artículo 152 de la Ley Orgánica Procesal del Trabajo, y es ello una de las características especiales de este proceso oral especial, las mismas se harán en la audiencia de juicio de manera oral, oportunidad en la cual, luego de oídas las exposiciones o alegatos de las partes, se procederá a la evacuación de las pruebas, comenzándose por el accionante o demandante, en la forma y oportunidad que determine el Tribunal.

A tal efecto la norma en comento expresa:

> «La audiencia es presidida personalmente por el juez de Juicio, quien dispondrá de todas las facultades disciplinarias y de orden para asegurar la mejor celebración de la audiencia. Oídos los alegatos de las partes, se evacuarán las pruebas, comenzando con las del demandante y en la forma y oportunidad que determine el Tribunal...»

De esta manera, en la audiencia oral de juicio, se procederá a la evacuación de todos los medios probatorios propuestos, pero es pertinente señalar, que dada la naturaleza de algunos medios probatorios –como se verá– pudiera suceder que algunos no fueran evacuados o materializados en ese momento, como sería –por ejemplo– el caso de la experticia y de la inspección judicial –entre otros–, pruebas éstas que pudieran no concentrarse en la propia audiencia, lo cual traería como consecuencia que su evacuación debiera realizarse antes de la audiencia de juicio, para que las resultas de su evacuación, efectivamente fueran discutidas en forma oral en la audiencia de juicio o probática.

Atinadamente observa Bello Tabares, como también lo advertimos nosotros anteriormente, en cuanto al procedimiento de la evacuación, que la Ley Orgánica Procesal del Trabajo, a diferencia de otras leyes que contemplan procesos orales, no se hizo señalamiento alguno en cuanto aquellas pruebas que por su naturaleza debían ser evacuadas en forma anticipada, esto es, antes de la audiencia de juicio, como lo serían las mencionadas pruebas de experticia e inspección judicial, por lo que consideramos, que de proponerse alguna de estas pruebas, en el caso de la experticia, una vez designados y juramentados los expertos, estos deberían realizar los actos pertinentes antes de la audiencia oral o de juicio, y obtenidas las resultas de la misma –dictamen pericial–, se procediera a su debate, contradicción o tratamiento en forma oral, en la audiencia de juicio.

De no procederse de esta manera, llegado el caso de proponerse y admitirse la prueba de experticia, si llegada la oportunidad de su evacuación – audiencia de juicio– los expertos solicitarán por lo complicado del asunto, que le concedieran unos días adicionales para realizar y consignar el dictamen pericial, se fragmentaría el principio de concentración de

---

33 *Opus Cit.*

los actos procesales y de las pruebas, contenido en el artículo 2 de la Ley Orgánica Procesal del Trabajo, lo cual a su vez se traduciría, en que la audiencia de juicio tendría inevitablemente que diferirse y no podría dictarse en ese mismo momento el dispositivo del fallo, circunstancia ésta alejada del pensamiento de los proyectistas de la Ley y que va contra el espíritu y propósito de la audiencia oral o de juicio, dado que lo ideal es que al momento de la audiencia de juicio, se traten todos los hechos controvertidos, de evacuen las pruebas, se realicen las observaciones finales y sin diferimientos o prolongaciones se produzca el dispositivo del fallo.

En este sentido, con el objeto de evitar prolongaciones o diferimientos innecesarios de la audiencia de juicio, dando cumplimiento al principio de concentración contenido en el artículo 2 de la Ley Orgánica Procesal del Trabajo, sostiene Bello T que «ante la ausencia de norma expresa, el juzgador –juez de Juicio– al momento de pronunciarse y admitir las pruebas, de advertir u observar la proposición de la prueba de experticia, que por su naturaleza no podría evacuarse en la propia audiencia de juicio, deberá ordenar su materialización en forma anticipada para que de esta manera, obtenidas las resultas de la prueba, las mismas sean tratadas oralmente en la audiencia de juicio».

Estos comentarios son por igual válidos para el caso de la prueba de inspección judicial, la cual pudiera recaer sobre lugares u objetos o cosas que por su naturaleza no pudieran llevarse a la sede del Tribunal de Juicio para ser examinadas por los sentidos del decisor, a cuyo efecto, para garantizar o dar cumplimiento al principio de concentración en comento, consideramos que el juzgador deberá ordenar la evacuación de esta prueba en forma anticipada, para que obtenida sus resultas –acta de inspección judicial– la misma sea tratada y discutida en forma oral en la audiencia de juicio.

Con relación a lo anterior, coincidimos con el mencionado autor, en que la evacuación de aquellas pruebas que por su naturaleza no puedan concentrarse en la audiencia de juicio, deberán realizarse en forma anticipada a la audiencia, para que sus resultas sean tratadas, discutidas y controvertidas en forma oral en la audiencia de juicio, oral o probatoria.

VIII. CONCLUSIONES

Pretendemos haber dejado formulado un conjunto de observaciones y precisiones útiles en torno al nuevo estadio procesal de la promoción de pruebas y los medios probatorios que puede ser llevados al nuevo proceso laboral, que facilitaran el estudio y comprensión de la materia.

No deseamos si quiera se piense que aspiramos haber agotado la materia, el mismo examen que dejamos formulado de muchos de los temas, deja abiertas las puertas a nuevas consideraciones y opiniones. Solo aspiramos haber contribuido de manera eficiente a divulgar los nuevos principios, conceptos y procedimientos aplicables a esta novedosa materia.

17.

ANOTACIONES SOBRE EL TRASLADO DE PRUEBA (O PRUEBAS TRASLADADAS) EN EL PROCESO CIVIL*

I. CONCEPTO Y PRECISIONES

Según el maestro Devis Echandía, se entiende por prueba trasladada aquella que se practica o admite en otro proceso y que es presentada en copia auténtica o mediante el desglose del original, si la ley lo permite[1].

En tono a este medio probatorio, cabe hacer como anotación histórica, que originalmente no era aceptable reconocerle valor alguno, ello, según lo anota Bello T, por la existencia del principio de independencia de los procesos[2]. Pero luego, una vez analizado que dichas pruebas preservando su regularidad formal, y garantizando el derecho de control, nada tienen que objetar, fueron admitidas sin reproches, pero con sujeción a las limitaciones y requisitos bajo los cuales se entiende deben producirse.

La doctrina clásica probatoria internacional asumió igual posición, disponiendo que el valor de la probanza trasladada conservaba su eficacia en el juicio a la cual se la había trasladado en apoyo de lo cual inclusive se cita precedente de la Corte Suprema de Firenze, donde expresamente se hizo valer que a la prueba no podía darse el carácter de *"res inter alios acta"*, desde el momento que había sido producida inclusive en ciertas ocasiones entre las mismas partes de ambos procesos, admitiendo pues que si pudieren demostrarse los mismos hechos controvertidos en un proceso posterior, a aquel en que se hubiere recogido la probanza sobre los mismos, cumpliéndose requisitos mínimos exigidos para tales propósitos[3].

---

* Conferencia dictada en las *Jornadas sobre Derecho Procesal Civil*, celebradas en Araure, Estado Portuguesa, Venezuela, junio 2008 y fue publicada en el *Boletín de la Academia de Ciencias Políticas y Sociales* N° 146, 2008, Academia de Ciencias Políticas y Sociales, Caracas, pp. 165-184.

1 Devis Echandía, Hernando, *Teoría General de la Prueba Judicial*, Víctor F de Zavalía, Argentina, Sisbn, 1970, 1 edición, Vol. I, p. 367. Con esta definición también concuerda Humberto E. Bello Tabares, Tratado de Derecho Probatorio, Ediciones Paredes, Venezuela, V.I, Isbn 978-980-7111-06-5, vol. I, p. 428.

2 Bello Tabares, o.c., quien a su vez cita en igual posición a Bello Lozano, Humberto, *La prueba y su técnica*, Mobillibros, Venezuela, 1991.

3 Ricci, Francesco, Tratado de las Pruebas, tomo I, #S. 15 y 16, Edic Fotal, Caracas, 1962.

A pesar que ambas son formas de pruebas anticipadas, no debe confundirse el traslado de pruebas ss. con una figura parecida, admitida en el ordenamiento nacional[4] que es igualmente una "cierta forma de traslado" y que ocurre con ocasión del uso de pruebas ya existentes en autos del mismo juicio, sea en el Cuaderno del Asunto Principal o en el de Medidas o de Incidencias, que son usadas bien en el juicio principal o en los demás Cuadernos para dichas incidencias.

En estos casos resulta que la problemática que pueden generar dichas pruebas se limita al aspecto de la oportuna promoción, pues son producidas con ocasión de un proceso entre partes iguales y en un mismo juicio ya existente.

En torno a la defensa o contradictorio contra este medio de pruebas, por supuesto que es permisible la correspondiente nueva contra prueba conforme los principios generales[5].

De una vez puede acotarse, que se trata realmente de una prueba originalmente producida o provocada con ocasión de un juicio diferente a aquel en que, en el momento actual pretende de nuevo hacerla valer y como resulta igualmente obvio, no cabe duda que se trata de una prueba cuya evacuación ha sido extra litem, pero que se la lleva a otro proceso, con el rigor de cualquiera otra prueba normal, y que por tanto debe revestir todos los caracteres formales y materiales de una prueba producida en ese juicio.

De otra parte, como debe resultar evidente, se trata además, de que la inserción de la prueba en el nuevo proceso, no requiera formalidades difíciles de completar, y ahorre a las partes trámites innecesarios o imposibles de cumplir.

En el expresado orden de ideas, para nosotros resulta obvio que las pruebas presentadas en el proceso ajeno pueden llevarse sin problema alguno al nuevo, con la plena ratificación de la prueba, con los medios exigidos por la Ley y por las personas o sujetos intervinientes en aquellas si fuere el caso.

No siempre será posible la debida ratificación, aun cuando en cierta categoría de medios probatorios, para poder cumplir los demás extremos legales, será imprescindible cumplir con ella, como lo veremos luego.

En caso de la imposibilidad de ratificación, si bien a la prueba trasladada no podrá dársele el valor correspondiente del medio probatorio o alterno que resulte, según lo veremos más adelante, estimamos puede ser perfectamente apreciada como indicio, bajo los principios de la sana crítica, en tanto resultará a nuestro juicio mas grave dejar sin pruebas una pretensión o petición judicial, que aprovechar una que ya curso en un proceso y de la cual cuando menos comparándola contraponiéndola con otras nuevas, pueda arrojar algún convencimiento para el Juez.

Por lo dicho antes, un tema que tendremos que tocar en estas acotaciones, indiscutiblemente deberá serlo el del concepto, propósito y tramite de las "ratificaciones".

El problema planteado con el traslado de pruebas no es otro pues que procurar escudriñar si una prueba planteada con ocasión de un determinado litigio y entre los sujetos entre quienes controvierte, puede hacerse valer en otro proceso, con las mismas o

---

4 Corte Suprema de Justicia Vzla. Casación Civil, Sent. 05042000, literal b, en Ramírez & Garay, V. 164, p. 541. En igual sentido se cita en el referido fallo, sentencia del 13-12-95 Ardizone Paladino vs. Carlo Paladino.

5 En tal sentido Devis, o.c. p. 369.

diferentes partes, esto es, si una prueba puede ser traslada de uno a otro proceso y producir en este último efecto probatorios.

II. TRATAMIENTO EN DERECHO VENEZOLANO Y EN OTROS SISTEMAS DE DERECHO COMPARADO

A diferencia de otros ordenamientos, no encontramos en Venezuela, ni en materia procesal civil, ni penal, ni contencioso administrativo, ni tampoco en los más recientes ordenamientos adjetivos especiales, como lo son la Ley orgánica procesal del Trabajo, la Orgánica de Protección de Niños y Adolescentes, ni el Código Procesal Penal ni en el de Procedimientos marítimos una regulación específica sobre la materia.

No obstante lo dicho, a raíz de que con nuestra novísima Constitución Nacional de 1999, puede decirse que una serie de instituciones procesales resultaron constitucionalizadas, convirtiéndose por tanto las mismas en verdaderos derechos insoslayables e impretermitibles, a pesar de que concretamente no está mencionado el "derecho a la prueba", no nos cabe duda que estando en cambio claramente consagrado el derecho al "debido proceso y al proceso justo" y siendo ahora uno de los nortes del proceso, la búsqueda de la verdad, el derecho a la prueba es una de esas garantías constitucionales de nuestro proceso, y con ello, no podemos caer en dudas en torno a la pertinencia procedencia de este útil medio probatorio, por demás reconocido expresamente en otras legislaciones y sistemas procesales[6].

En Argentina, en cambio hay regulación particular sobre el tema que es objeto de comentarios expresos en la Doctrina de dicho país[7] con regulaciones similares a las que seguidamente examinaremos para el caso de Colombia[8].

En este último país, en cambio, según lo anota Parra Quijano, tanto en el código adjetivo ordinario, como en el procesal penal si se encuentra regulación concreta y específica[9].

Así, cita el mentado autor en el Código de Procedimiento Penal Colombiano, el artículo 255 que regla:

> "Prueba trasladada. Las pruebas practicadas válidamente en una actuación judicial o administrativa dentro o fuera del país, podrán trasladarse a otra con copia auténtica y serán apreciadas de acuerdo con las reglas previstas en éste Código".

Adicionalmente el mismo autor refiere que en el Código adjetivo civil colombiano se regula también la institución en el artículo 185, en los siguientes términos:

---

6 Al respecto pueden consultarse Bello Tabares, Derecho Constitucional a la Prueba, apuntes inéditos para una conferencia, y Pedro Saghy en XX años del Código de Procedimiento Civil, en Boletín 140-2006, Academia de Ciencias Políticas Sociales, Edit. Acienpol & Torino, Venezuela.

7 De Santo, Víctor, Vol. II, Edit. Universidad, Argentina, 1988, p. 595 ss. y Palacios, Lino, Derecho procesal Civil, T. IV, p. 410 y ss

8 De Santo, opus cit. T. II, p.595.

9 Parra Quijano, Jairo, Manual de Derecho Probatorio, Ediciones Librería del Profesional, Colombia, XI edición, 2001, Isbn. 958-635-357-5, p. 127 y ss

"Prueba trasladada: Las pruebas practicadas válidamente en un proceso, podrán trasladarse a otro en copia auténtica y serán apreciadas sin mas formalidades, siempre que en el proceso primitivo se hubieran practicado a petición de la parte contra quien se aducen o con audiencia de ella."

Igualmente vale la pena acotar que el Código Procesal Civil del Perú, según lo menciona Parra Quijano[10] en su artículo 198 regula la eficacia de la prueba en otro proceso, estableciendo que las pruebas obtenidas en un proceso tienen eficacia en otro. Para ello deberán constar en copia certificada por el auxiliar jurisdiccional respectivo y haber sido actuadas con conocimiento de la parte contra quien se invocan. Puede prescindirse de este último requisito por decisión motivada del Juez.

Finalmente, el artículo 135 del Código Procesal Civil Modelo para Ibero América, contempla igualmente la institución, estableciendo: Las pruebas practicadas válidamente en un proceso podrán trasladarse a otro y tendrán eficiencia similar a la que tendrían de haber sido diligenciadas en este último proceso, siempre que en el primitivo se hubieren practicado a petición de la parte contra quien se aducen o con audiencia de ella.

No obstante, lo dicho antes, en torno a la ausencia normativa en nuestro país, la jurisprudencia y autores patrios como Cabrera Romero, Humberto Bello Lozano y Humberto Bello T. no han puesto en duda la existencia y admisión del citado medio de prueba y la figura del traslado de pruebas la cual se puede y tiene que considerar un recurso útil procesalmente.

Por supuesto que el tratamiento jurisprudencial resulta mucho más prolijo en el ordenamiento colombiano, precisamente por la expresa consagración que de la institución se encuentra hecha[11].

Igualmente, y tal como se puede comprobar de la amplia cita de sentencias aludida en Bello Lozano y Bello Tabares[12], no puede caber dudas en torno a su aceptación en el medio judicial venezolano, si bien no parecen existir criterios indiscutidos en torno al tema de la forma de valoración de dicha modalidad probatoria[13].

III. REQUISITOS DE LA PRUEBA TRASLADADA

Para Parra Quijano, en Colombia, en el proceso Penal, los mismos pueden deducirse de la anotada consagración legal, que para dichas pruebas es menester, así:

1. Las pruebas no deben haber sido en el proceso de donde se trasladan, desconocidas o anuladas por ilegales o ilícitas, en otras palabras, deben haber sido válidamente practicadas.

2. Que en su aducción y contradicción se hayan respetado todas las ritualidades y formalidades previstas en la Ley.

---

[10] Opus Cit. p. 133, nota 8.

[11] Parra Quijano, en su antes citada obra trae considerable número de casos de uso de la figura, interpretaciones de los Tribunales de Instancia de la Corte Suprema. Opus cit. p. 129 y ss.

[12] O. c. p. 432, 441, en lo que atañe a Bello Tabares, y haciendo citas de Bello Lozano.

[13] Bello Tabares, p. 432.

Es decir que si se hacen por el procedimiento de la copia, el despacho solicitante, mediante providencia, ordene tal solicitud para que le envíen las copias y una vez aportadas ordene tenerlas como tales y por consiguiente quedan a disposición de los sujetos procesales y fundamentalmente de la defensa[14].

En materia procesal civil destaca el mismo Parra Quijano que del ordenamiento comentado antes, se deben tener en cuenta en todo caso los siguientes preceptos:

1. Si la prueba es traslada de un procedo donde coinciden las partes, por ejemplo, se traslada un testimonio rendido por J dentro de un proceso adelantado por X contra Y, a otro proceso adelantado por X contra Y, el testimonio se apreciará de conformidad con las reglas de la sana crítica y lo mismo con cualquier otro medio probatorio, porque se ha cumplido plenamente el derecho de contradicción.

2. Si las partes no coinciden, en cambio, deben tenerse en cuenta:

   2-1: Si coinciden parcialmente, por ejemplo, se traslada el testimonio rendido por J en un proceso entre X y Y a otro adelantado entre N contra Y, a petición de N. como existió contradicción de Y, se apreciará ese testimonio en conformidad con las reglas de la sana crítica; la misma solución para cualquier otro medio probatorio.

   2-2: Si se traslada una prueba a un proceso entre partes completamente o parcialmente distintas, se debe tener en cuenta la clase de prueba.

Así, si se trata por ejemplo de un testimonio, se debe aplicar el numeral 1 del art. 229 del Cpc, es decir que se hará la ratificación (para la ratificación se repetirá el interrogatorio en la forma establecida para la recepción del testimonio en el mismo proceso, sin permitir que el testigo lea su declaración anterior).

Si se trata de prueba pericial, se debe observar que de conformidad con el Art. 300 del Cpc, antes de la reforma de 1989, se valoraba como indicio. En efecto, se decía: el dictamen producido sin citación de la contraparte, tendrá el carácter de indicio.

La comentada regla de valoración no fue repetida en el nuevo ordenamiento y como cuando se solicita el dictamen pericial en forma anticipada, siempre se hará con citación de la persona contra quien se pretende hacerlo valer, no tendremos dificultad, porque es suficiente trasladarlo sin más observaciones al proceso correspondiente.

Lo que queda por resolver entonces, según Parra Q. es el valor que se le da cuando se traslada a un proceso y se hace valer contra una persona que no fue parte en el anterior. Se puede argumentar que como no se puede practicar prueba pericial en forma anticipada sin citación de la persona contra quien se pretende hacer valer esa prueba (inciso 2 del Art. 330 Cpc), tampoco se podría trasladar el dictamen pericial en las circunstancias anotadas[15].

Y añade," compartimos dicho criterio en tanto una cosa es que una persona solicite anticipar una prueba pericial y otra muy distinta que una parte se encuentre con un dictamen pericial ya practicado, en donde no fue parte la persona contra la cual lo quiere hacer valer, por eso consideramos que se puede trasladar y se valorará de conformidad con

---

14 En esto observa Parra, hay clara posición coincidente por parte de la Jurisprudencia de la Corte Suprema Colombiana (2 sem. 1998 o, 149.).

15 Opus Cid. p. 134.

su propia naturaleza y como tal debe ser valorado conforme las reglas de la sana critica, de ninguna mera como indicio (la prueba pericial tiene su propia naturaleza y como tal debe ser valorada). Ejemplo: si los peritos han dicho que el bien para esa época, valía ochenta millones de pesos, esa valoración de los peritos se tendrá en cuenta junto con las otras pruebas y si es del caso se puede practicar un nuevo dictamen pericial y el trasladado servirá de soporte o de guía para interpretar o valorar en mejor forma el nuevo dictamen[16].

En torno a Inspección Judicial, igualmente para Colombia, Parra sostiene: Si la prueba ha sido practicada sin audiencia de la persona contra la cual se hace valer, se valorará por el Juez de acuerdo con las reglas de la sana crítica. Por ejemplo: Se practicó una diligencia de inspección judicial en un proceso entre X y J- Se traslada a un proceso entre Z y W a solicitud de Z, en esa inspección judicial consta que para la época en que se practicó, en el respectivo inmueble existía siembra de pasto, este hecho inspeccionado se valorará por el juez en conjunto con las otras pruebas y le podrá servir para Interpretar los hechos ...inspeccionados en una diligencia mas reciente[17].

Con relación a los documentos, si obraron en un proceso y se exhibieron o hicieron valer contra el obligado, sin reclamo o cuando se tacharon y se declaró que eran auténticos, si se hacen valer contra esa persona, ya no pueden existir reclamo o tacha de falsedad. En cambio si se tuvo como auténtico o se apreció un documento que proviene de una persona a que no fue parte en el proceso, si se hace valer con posterioridad frente a esa persona ella podrá tacharlo de falso. Ejemplo: En un proceso entre A y B, se aporta un documento que proviene de C, por parte de A. En vista de que B no solicita su ratificación, el juez lo aprecia. El documento se podrá trasladar en un proceso que se adelante contra C, pero en ese caso C podrá tacharlo de falso[18].

Para el autor no es posible la ratificación de la prueba indiciaria, ni tampoco solicitarla por vía de traslado, pues ella resulta del resto de los medios probatorios, pero si la de la testimonial que por ejemplo sirve de sustento al indicio, pues como se sabe, esta toma su valor de la prueba que de él o de sus elementos pueda hacerse y ellos si pueden ser apreciados por el Juez ante quien se invocan.

Sobre esta temática, de su parte, el maestro Devis[19] tiene particulares consideraciones a veces coincidentes con las de Parra Q, y en otras, extrema otros requisitos y consideraciones, sobre las cuales vale la pena formular algunas observaciones.

El maestro parte de la conveniencia de distinguir entre procesos que han cursado entre los mismos sujetos o partes o entre partes total o parcialmente diferentes, siendo totalmente distintas las consecuencias según se trate de uno de esos dos casos citados pues mientras en el primero la prueba resulta controvertida por la parte contra quien se la invoca, en el segundo ocurre lo contrario, por lo tanto en el primer supuesto admite que bastaría con llevar la copia autentica de las diligencias probatorias o el desglose del original (si la ley lo permitiere), con las constancias necesarias para que se pueda conocer si realmente fueron practicadas dichas pruebas con las formalidades legales y entre las partes entre quienes hubo la controversia, sin que sea indispensable " ratificarlas", posición esta que destaca el

16 Ibidem, p. 134.

17 Parra Quijano, p. 134.

18 Parra Q. opus cit. p. 135.

19 Devis, o.c. p.367.

maestro es coincidente con las opiniones de Ricci y Lessona[20] sobre el mismo tema. En el otro caso, a su vez, deberá distinguirse si la parte contra quien se opone fue o no parte del proceso del que pretenden trasladarse, pues si lo fue, no será menester ratificar las pruebas, en cambio en el otro supuesto si resultará ello indispensable, aun cuando quien la aduzca no haya sido parte en ese proceso.

Destaca Devis que tal procedimiento no será aplicable cuando la prueba objeto de traslado se trate de documentos auténticos, ni privados reconocidos, aun cuando estos conservan su condición si provienen del oponente que no fue parte en el otro proceso, a pesar de que allí no hayan sido objetados ni tachados, o por el contrario declarados indubitados por el proceso pertinente, porque dichas pruebas no vinculan a quien no pudo contradecirlas, ni puede operar el reconocimiento tácito contra quien no pudo estar en ese proceso.

En cambio si el obligado es un tercero y fue parte en el otro proceso y no lo objetó ni tachó, adquiere autenticidad *erga omnes*, pudiendo hacérselo valer en el nuevo proceso sin exigirse ratificación., mientras que si la autenticidad deriva de las diligencias hechas en el primer proceso, solo obliga a quienes fueron partes en dicho proceso o a sus herederos a título universal y en el nuevo proceso se lo tendrá por no auténtico, hasta que se demuestre lo contrario, sea con las mismas pruebas esgrimidas en el anterior juicio o nuevas en el ahora en curso.[21]

Anota Devis en torno a la eventual ratificación de peritajes, que para que ello sea posible debe tratarse del caso en que la designación de los peritos haya sido atribuida al Juez y no a las partes, de suerte que el oponente no pueda alegar que en el nuevo juicio se le desconoce su derecho a participar en su nombramiento (en Venezuela es lo que ocurre en Procedimiento Laboral y Agrario) y que además se le otorguen en el nuevo proceso oportunidades para solicitar aclaratorias y formular objeciones, pues de lo contrario se le cercenará su derecho a contradicción[22].

En torno a los resultados de Inspecciones Judiciales destaca Devis, que los resultados de las apreciaciones del Juez y exposiciones en el Acta, solo son oponibles a las partes de ese proceso, y si en el nuevo, fueren las mismas partes, pues por igual le son oponibles. Pero la prueba no puede ratificarse, pues equivaldría a practicarla de nuevo por el nuevo juez en la causa y por tanto lo pertinente será solicitar una nueva inspección, no obstante frente a terceros constituyen indicios mas o menos graves en el nuevo proceso, según la naturaleza de los hechos examinados y la convicción que de ellos resulte, a juicio del juez de la causa[23].

En Colombia, señala Devis, en cuanto a la confesión, no se requiere de ratificación alguna, puesto que proviene de la parte contra quien se la aduce, pero como lo veremos mas adelante, no consideramos que ella pueda ser objeto de traslado en el sistema

---

20 Ricci, o.c, y Lessona, Carlo, *Teoría general de la prueba en derecho civil*, Madrid, Reus, 1957, 4ª Edic T -1, p. 12 ss.

21 En la misma posición Lessona, o.c. p. 13

22 O.c. p. 106.

23 Devis, o.c. 369.

venezolano, por igual en Colombia la confesión de un tercero, por tener en el juicio valor como testimonio, deberá ratificársela por el confesante[24].

¿QUE ES Y EN QUE CONSISTE LA RATIFICACIÓN?

La Ratificación anota Devis procede solo para los supuestos de testimoniales y consiste en llamar al testigo que declaró antes, para que bajo juramento manifieste si es cierto lo que entonces dijo o si ratifica lo dicho; sin ser necesario repetir las declaraciones, ni copiarlas de nuevo, ya que su texto obra en el expediente.[25]

Según Parra Quijano, probatoriamente y predicado de la testimonial, significa volver a recibir el testimonio, y en la legislación colombiana, se da en cuatro eventos:

Dos previstos en el Art. 229 Cpc, referidos a testimonios rendidos en otro proceso, sin citación o intervención de las personas contra quien se aduzcan en el posterior (obvio supuesto del traslado)

Cuando se hayan recibido fuera del proceso en los casos y con los requisitos previstos en los art. 298 y 299

Cuando se trate de documentos privados de contenido declarativo emanados de terceros (Ley 446 de 1998)

El caso de confesión de la parte con traslado a otro proceso de dicha prueba en no es parte, en cuyo evento, el confesante se transforma en testigo y por tanto debe ratificar su dicho.

Además de las particularidades señaladas por los Profesores Parra y Devis, coinciden por igual en que:

1. No puede suplirse jamás el traslado de la prueba con la relación y las conclusiones que sobre ellas aparezcan en las motivaciones de una sentencia anterior, aún dictada en proceso que curse entre las mismas partes.

Es el juez del nuevo proceso quien debe calificar la prueba para obtener su convicción personal, por lo cual no está vinculado de modo alguno con el parecer del juez anterior, por ello el traslado de la prueba debe ser en copias auténticas o desglose del expediente, si fuere permitido, para que las pueda estudiar el nuevo juez, independientemente de que tengan o no que ser ratificadas por no haber sido previamente controvertidas entre las mismas partes[26].

2. Si bien no es imprescindible, si resulta conveniente que las copias donde se haga el traslado se inserten las de las providencias que ordenaron las pruebas, las de su admisión, notificaciones, etc.

---

24 Devis, o.c. p. 369.

25 Devis o.c. p. 368. En Venezuela, puede invocarse situación similar, pues si bien no se contempla la ratificación expresamente, toda vez que un procedimiento para objeto similar se debe tomar en cuenta en el caso de retardo perjudicial, al autorizar expresamente a la parte demandada para repreguntar a los testigos, y por tanto corresponderá igual derecho a quien se le opone la prueba trasladada.

26 En tal sentido Devis, o.c. p. 369 quien es coincidente con idéntico parecer de Lessona, o.c. T I, # 13, p. 13-14.

3. Si resultan en cambio indispensables las copias de aquellas providencias y diligencias que demuestren que las mismas se evacuaron con audiencia de la parte contra quien se oponen en el nuevo proceso, y por tanto conviene acompañar el libelo, emplazamiento, la providencia que dio curso a la participación de ese sujeto, etc.

Si bien en la práctica suelen aceptarse las copias con la sola constancia inicial de que fueron expedidas en el juicio de "fulano contra sutano", en el fondo ello es una negligencia en la apreciación, pues tales menciones no constituyen demostración suficiente de quienes son los sujetos reales de los procesos, ni de sus notificaciones.[27]

Parra Quijano, acota además la conveniencia de que se alegue y sustente la conducencia o pertinencia de la prueba, salvo que sea evidente y así pueda apreciarlo el nuevo Juez[28]

IV. LA SITUACIÓN EN VENEZUELA

En torno a las expresadas reglas y no obstante que no existen en nuestra legislación patria el mismo número de normas expresas que deben aplicarse a las referidas por Parra Quijano, hay regulaciones legales que por analogía son perfectamente aplicables y otras que por formar parte de los "principios generales de las pruebas" deberán reputarse como preceptivas para este supuesto.

En relación a lo dicho, por ejemplo, el Art. 270 Cpcv. señala que "La perención no impide que se vuelva a proponer la demanda, *ni extingue los efectos de las decisiones dictadas, ni las pruebas que, resulten de los autos, solamente extingue el proceso."*

Por lo que se observa el legislador es claro al disponer que la prueba válida y eficazmente tramitada en un proceso, con el contradictorio de las partes, pueden ser incorporadas y apreciadas ("trasladadas") en otro proceso donde intervengan las mismas partes.

Igualmente, en el caso de retardo perjudicial hay una situación en el fondo y forma similares, esto es, se trata de dar valor a una probanza formada y evacuada extra-litem, la cual pretende hacerse valer en otro proceso diferente, y para salvaguarda de los derechos de aquél contra quien se pretende hacer valer, y de la seguridad jurídica, se imponen reglas en cuanto a la promoción y evacuación de dichas pruebas.

Por lo dicho, consideramos que *mutatis mutandi*, las reglas y limitaciones exigidas para algunos supuestos procesales en Venezuela, son perfectamente aplicables en el caso del Traslado de Pruebas.

Así por ejemplo, en materia de "retardo perjudicial" (Artículos 813 ss del Código de Procedimiento Civil Venezolano[29] si bien no tenemos normas concreta sobre traslado de pruebas, ni limitaciones sobre la pericia, como en Colombia, en cambio si pudiere

---

27 Devis o.c. 377.

28 Parra Q. o.c. p. 128.

29 Es el vigente Código adjetivo, denominado Código del 87, por haber sido publicado en ese año – Gaceta Oficial Extraordinaria 3970, del 13 de marzo de 1987, en lo adelante identificado como Cpcb.- no obstante haber tenido varias reformas parciales que lo enmendaron en fechas posteriores.

reputarse prohibido dar valor a un traslado de prueba de confesión judicial" en tanto ellas se reputan proscritas para usarlas por vía de retardo (Art. 816 Cpcv)[30].

Por igual y según los mismos citados preceptos venezolanos, entendemos que para dar validez al traslado a una prueba testifical, será menester que la contraparte a quien se opone, si no formó parte del proceso del cual se extrae la prueba a trasladar, deberá tener derecho a repreguntar a los testigos que depusieron y para ello, obviamente será menester que ratifiquen sus dichos[31] .

En general podemos decir que la doctrina y jurisprudencia patria, han venido admitiendo pacíficamente que los principios de derecho extranjero aplicables a dicha probanza, sean por igual exigibles en Venezuela, y con ello se garantiza la debida defensa de aquel contra quien se promueven dichas probanzas.

Igual anotación cabe hacer en torno a nuestra jurisprudencia, tal como puede deducirse de varios de los fallos invocados por Bello Lozano y Bello Tabares, a las cuales remitimos...

En el caso de la Doctrina, a nuestro juicio quien mejor tiene analizado dicho tema es Bello T. para quien inclusive, se añaden otros requisitos y elementos que, en pro de la garantía de la prueba, debido proceso y derecho de defensa, ha desarrollado, en adición a los requisitos generales para dichas pruebas consagrados en Derecho y Doctrina extranjera – vid infra – (en el caso concreto Colombia), y hace las siguientes afirmaciones:

I. Tratándose de pruebas trasladadas en procesos judiciales donde intervienen las mismas partes:

I.1: Que luego de haber sido admitido el medio probatorio, las partes hayan tenido la oportunidad de controlar la prueba, hayan hecho uso de ese derecho o no, pues lo necesario es que se les brinde ese derecho;

I.2: Que la prueba o pruebas ingresen al nuevo proceso-trasladen mediante copias certificadas o auténticas.

I.3: Que las pruebas hayan sido aportadas en el nuevo proceso en su oportunidad legal correspondiente, bien en el libelo de la demanda, si las mismas contienen demostración de hechos fundamentales, o bien la etapa probatoria, si no son de carácter fundamental, en respeto al principio que así lo dispone para garantizar la debida defensa.

II. Prueba trasladada en procesos judiciales donde intervienen partes diferentes:

En tales casos como resulta obvio, no se puede sostener ha existido un verdadero contradictorio en torno a las pruebas, pues las partes del juicio donde se produjeron,

---

30 Cabrera Romero, Jesus E., no es del mismo criterio, sino por el contrario, sostiene la mayor amplitud posible para la evacuación por dicho medio. Vid. La Prueba Anticipada o el Retardo Perjudicial, Edic. Badell Hnos., Isbn 980-212-089-9, Valencia, Venezuela, 1990.

31 En la misma forma que en el Cpcb., hay norma similar sobre prueba anticipada y su eventual necesidad de ratificación en el Código Orgánico Procesal Penal venezolano, ex Art. 339.

obviamente no son las mismas en aquel al cual se las traslada, no hay pues adecuado ejercicio del derecho de la defensa de las partes y por ello, según lo señala Bello T, las pruebas del proceso anterior son "*res inter alios acta*"[32].

En todos estos casos, no puede darse valor alguno a tales pruebas, salvo que medie expresa "ratificación", salvo expresas excepciones que se anotan seguidamente.

En este caso, como se lo anotó, la ratificación tiene por objeto garantizar al sujeto que no fue parte en el proceso donde se produjo la prueba, el derecho de la defensa, mediante la contradicción y el control del medio probatorio para que de esta manera pueda materializarse el principio de adquisición procesal o comunidad de la prueba.

La prueba trasladada deberá ser tratada como lo destaca Antonio Rocha Alvira[33] como si fuera una prueba nueva en el proceso de que se trata, con amplia potestad para contradecirla.

En todo lo demás, Bello sigue en la materia las observaciones y principios antes comentados por Devis y Parra Quijano[34] con especial referencia a cada determinado medio de prueba, de que se trate, como lo dejamos visto *supra.*

V. CASOS ESPECIALES DE TRASLADO DE PRUEBAS

1. *Traslado de pruebas de procesos donde ha operado la perención de la Instancia*

Tanto Devis, Parra Q y Bello Tabares hacen un especial análisis de algunos casos especiales en tono al traslado de pruebas, cuando las mismas provienen de procesos con situaciones anómalas, como lo son aquellos en los cuales su terminación se ha producido bajo los supuestos de perención de la instancia (Art. 267 Cpcv), entre otros.

En el supuesto de la perención, luego de la inactividad de las partes por más del tiempo establecido en la norma, la ley impone como sanción al litigante negligente la extinción del proceso.

A pesar de dicha fuerte sanción, la Ley preserva las pruebas propuestas y materializadas en dicho proceso, por lo que las mismas podrán ser usadas en otro proceso distinto, conforme lo previene el Art. 270 Cpcv.

Bello Lozano[35] acota que la facultad de traslado se fundamenta en que la prueba evacuada no pertenece ya a quien hubiere hecho su aportación, pues ya se encuentra integrada al proceso, siendo común a los litigantes, pudiendo ser invocada por cualquiera de las partes en otro juicio, tesis que según el comentado autor tienen su fundamento en el principio de la comunidad de la prueba, cuyo último fin es la obtención de la verdad, sin importar quien haya hecho o no ejercicio de los recursos del proceso.

---

32 Bello Tabares, o.c. p. 433.

33 Rocha Alvira, Antonio, De la Prueba en Derecho, Edit. Dike, Colombia, 1990, citado por Bello T. p. 434.

34 Bello T, o.c. p. 437.

35 O.c., citado por Bello Tabares.

2. *Pruebas extraídas de procesos penales*

Para todos los expresados tratadistas que hemos dejado mencionados, no cabe duda que ello es posible, siempre y cuando se hayan respetado los principios constitucionales de la defensa y contradicción de dichas pruebas en los cuales si bien el proceso termina anómalamente.

Esta comentada tesis encuentra igualmente apoyo en Ricci y hasta en una decisión de la Casación de Nápoles, según lo anota éste profesor, tal como se deduce de las citas que al respecto formula Bello Tabares[36].

Por supuesto que iguales reglas que para el proceso civil aplican para el traslado de los juicios civiles a los penales.

3. *Pruebas practicadas y materializadas en procesos declarados nulos*

Con fundamento en lo expuesto al respecto por Lessona, y tal como por igual lo acoge Devis[37], y partiendo del hecho de que la nulidad declarada no lo sea de los actos mismos que refieran a la promoción y evacuación de las pruebas, las mismas pueden ser usadas válidamente, pues preservan su eficacia[38].

Iguales criterios deben aplicarse cuando lo acaecido en el proceso sea producto de la incompetencia declarada del Juez ante quien cursaba el proceso, y siempre que con ello no se haya desfigurado el proceso probatorio directamente, e inclusive cuando el proceso se ha visto afectado por una declaratoria de ineficacia ante el dolo o fraude procesal que con motivo del mismo (salvo en lo que atañe a las pruebas) hubiere podido ocurrir, siempre y cuando el o la parte a quien se oponen pudiere haber controvertido y controlado las pruebas evacuadas en aquellos procesos.

Con idéntica opinión que Devis y Bello T, Ricci y Lessona, apoyan dicha posición[39].

4. *Pruebas en procesos acumulados*

Una suerte de traslado, según lo destaca Devis, ocurre en estos casos, pues lo que ha ocurrido en uno de los expedientes acumulados o anexados, con el concurso de las partes, puede llevarse válida y perfectamente al otro, e igual supuesto ocurre si quien hubiere manipulado la prueba lo fuere un litisconsorte, quien podrá hacerlo valer en el otro proceso, pues lo que éste ejecute, es válido y oponible frente a todos los demás, sobre puntos que los afecten a ellos, y destaca que ello ha sido así aceptado por la Corte Suprema de Colombia[40].

---

36 Bello T. o.c. p. 441.

37 Devis, o.c.

38 En igual sentido Bello Lozano, o.c.

39 Ricci, o.c., t. I, p. 49 y ss. y Lessona, o.c. T. I, p. 48 ss

40 Devis, o.c. p. 372 # 110,

5. *Pruebas en procesos desistidos o transigidos y en procesos arbitrales*

En torno a los primeros, si las pruebas se encontraban debidamente incorporadas y tramitadas el momento de concluir el proceso por esas causas anómalas, no hay duda que si hubo el debido control y presencia por parte de a quien se oponen, aquellas tendrán perfecto valor como si lo fueren en procesos ordinarios.

En el supuesto de pruebas en procesos arbítrales, estimamos que son aplicables los mismos principios en los casos de arbitramento civil, pero si se tratare de "arbitraje comercial" por lo general en los mismos se impone **obligación de secreto** habitualmente contemplada para dichos casos, en cuyo supuesto estimamos que tales pruebas, a pesar de llenar todos los demás requisitos, no podrán ser aportadas válidamente en el otro proceso por violación a los principios de legalidad. (Secreto de la prueba).

6. *Pruebas trasladas de procesos extranjeros*

A nuestro entender, y salvo prohibición expresa de la legislación extranjera del país donde curse el proceso, si hubo citación de las partes, y si estas tuvieron oportunidad de contradecir, pueden hacerse valer las pruebas del proceso que cursó en el exterior en el nuevo juicio en Venezuela, obteniendo sus copias, traduciéndolas, si fuere el caso, y debidamente apostilladas que estuvieren para hacerlas valer en Venezuela, y tal como el medio probatorio que se corresponda, que no como indicios, tal como lo pretende sostener Lessona[41], pues es perfectamente válido hoy que se produzcan copias y se les dé copia cumpliendo las normas sobre Pruebas en convenciones de carácter internacional y en nuestra propia Ley de Derecho Internacional Privado.

CONCLUSIONES

Tal como lo reseñamos al inicio, estimamos, que no obstante la escasa para no decir ninguna normativa específica, la figura del traslado de pruebas es una institución probatoria útil y reconocida en Derecho Venezolano.

La ausencia de normativa adecuada hace recomendar que una próxima reforma, así se lo contemple, o que en cualquier nueva Ley, donde se haga regulación procesal, se mejore y produzca aún de manera efímera normativa para dicha materia, con lo cual, siendo la nueva alusiva a lo probatorio y de medios de prueba, se le dará cuando menos cabida en los procesos habituales civiles y mercantiles, como medios de prueba libres.

En futura reforma obviamente es aconsejable expresamente se regule dicha materia en forma mas completa y concreta.

Esperamos con el estudio realizado crear el interés necesario para volver a examinar esta interesante materia en eventos similares.

---

41 O.c. tomo I p. 53.

18.

CONSIDERACIONES SOBRE CIERTAS PARTICULARIDADES EN ALGUNAS DE LAS NORMAS DE LA LEY ORGÁNICA PROCESAL DEL TRABAJO*

¿Acaso no debemos a los que nos han proporcionado los medios para instruirnos la misma gratitud que a quienes nos dieron vida?

(Federico El Grande, An Voltaire, 6-07-1739)[1]

INTRODUCCIÓN

Recientemente y luego de un considerable proceso de difusión, observaciones y discusiones, según se lo explico en un foro patrocinado por la Sala Social del Tribunal Supremo de Justicia, se hizo la promulgación de la hoy vigente Ley Orgánica Procesal del Trabajo[2] que ha llamado la atención de todo el mundo jurídico, y en especial por supuesto de los ius laboralistas y procesalistas, tanto nacionales como algunos del extranjero.

En dicha normativa se inserta multitud de cambios y nuevas instituciones, así como conceptos apartados de los sistemas ordinarios procesales y de los vigentes sistemas procesales ordinarios y especiales vigentes hasta la fecha en nuestro país.

Examinar todo ello en un trabajo para un libro homenaje, ciertamente escaparía a todo buen sentido, y llenaría unas muchas cuantas páginas de dicho libro.

Pero como en verdad hay una serie de particularidades y novedades que ya sea por aparente o real contradicción, por sus particulares efectos contrapuestos a los de otras instituciones, desconocidos hasta el presente en el sistema procesal patrio; o por la confusa redacción o entendimiento a que se prestan otras, nos hemos propuesto como tema central de este trabajo estudiar algunas de ellas, sin que tampoco con este modesto trabajo estemos afirmando que hemos pretendido agotar la materia, ni que lo dicho por nosotros sea la última palabra.

---

* Trabajo publicado en *Estudios sobre Derecho del Trabajo. Libro Homenaje a José Román Duque Sánchez.* Volumen I, TSJ Colección Libros Homenaje, N° 9, Caracas 2003.

1 En el Libro de los Mil Sabios, F. Palazzi y S. Spaventa Filippi, Cie, Dossat, 2000, 10ª edic. Isbn 84-95312-23-9, España, 2000, p. 451.

2 Dicha ley fue promulgada en la *Gaceta Oficial de la República Bolivariana de Venezuela* (en lo sucesivo "GO") ordinaria N° 37.504 del 13 de agosto del 2002, a la cual nos referiremos en lo adelante como "LOPT".

En todo caso, lo que sí resulta cierto reconocer es que la ley está llena de novedades, se aparta del modelo paradigmático del proceso civil ordinario, y crea un nuevo estilo para el manejo de lo que plantea como nuevo modelo del proceso laboral que, a nuestro juicio, y vivamente deseamos estar equivocados, excede en mucho las necesidades de un proceso más expedito y justo para la justicia laboral, todo lo cual estamos seguros tendrá serios problemas para su debida entronización y para solventar los verdaderos problemas que seguramente se tuvieron en cuenta cuando lo pensaron sus proyectistas.

Precisa recordar aquí que muchos de esos cambios han sido inducidos, o encuentran su requerimiento, en la propia Constitución Nacional,[3] pues no tienen raíces en el sistema procesal venezolano, ni en la anterior ley que regula dicho campo.[4]

En todo caso –por igual– la mayoría de las leyes procesales vigentes en el país para la fecha de promulgación de la CN en efecto, en torno a la modalidad y principios que deben regularlos han ameritado considerables ajustes, entre otras razones, porque la nueva CN ha proclamado como modelo de proceso más justo y expedito para lograr la justicia un nuevo modelo cuyos caracteres relevantes han de ser su brevedad, oralidad y exigiéndose que por igual sea público,[5] pero en verdad en el campo de lo procesal laboral, modestamente estimamos que en algunos casos se pecó por desconocimiento de lo que se proponía, y en otros en la extensión de lo que debía entenderse era inducido por el constituyente.

Lo positivo o negativo de los cambios no podrá apreciarse anticipadamente, la verdad final la dirá el decurso de los nuevos procesos bajo el imperio de dicha ley; la evolución de la jurisprudencia que se genere en la aplicación de la misma y la buena solución que la misma depare a la alta conflictividad laboral que viene produciéndose con más ahínco en nuestro país y que retroalimenta la congestión de los órganos de justicia laboral, así como a la calidad de los fallos y decisiones judiciales, produciendo sentencias realmente justas y apegadas a las disposiciones sustantivas y adjetivas, y a la vez que sus soluciones sean las más cercanas a la verdad de los hechos debatidos.

I. LA JURISDICCIÓN DEL TRABAJO: ¿JURISDICCIÓN DE DERECHO O DE EQUIDAD?

Comenzaremos nuestro trabajo con el examen de la disposición que consagra el artículo DOS de la LOPT, que textualmente establece:

> El juez orientará su actuación en los principios de uniformidad, brevedad, oralidad, publicidad, celeridad, inmediatez, concentración, prioridad de la realidad de los hechos y equidad.

---

3 Constitución Nacional de 1999, luego republicada con algunas modificaciones y su Exposición de Motivos en mayo del año siguiente, sobre la cual se han tejido muchas dudas, en tanto se comenta que la misma fue realizada sin revisión por los constituyentistas ni órgano delegado para hacerlo, y que la Exposición de Motivos, por igual, no fue tampoco del conocimiento de la Asamblea Constituyente, ni de organismo alguno por ella delegado. En adelante, en todo caso, nos referiremos a la segunda y la citaremos como "CN".

4 Ley Orgánica de Tribunales y Procedimiento del Trabajo.

5 Art. 257 CN "El proceso constituye un instrumento fundamental para la realización de la justicia. Las leyes procesales establecerán la simplificación, uniformidad y eficacia de los trámites y adoptarán un procedimiento breve, oral y público. No se sacrificará la justicia por la omisión de formalidades no esenciales".

Como puede observarse, el contenido de dicha norma viene inspirado por el constituyente, tal como resulta del texto de los artículos 257 y la Disposición Transitoria Cuarta, numeral 4° de nuestra CN, contentiva de un verdadero mandato del constituyente al legislador, conforme al cual:

> Dentro del primer año, contado a partir de su instalación, la Asamblea Nacional aprobará: ...
>
> 4°.- Una ley orgánica procesal del trabajo que garantice el funcionamiento de una jurisdicción laboral autónoma y especializada y la protección del trabajador o trabajadora en los términos previstos en esta Constitución y en las leyes. La Ley Orgánica Procesal del Trabajo estará orientada por los principios de gratuidad, celeridad, oralidad, inmediatez, prioridad de la realidad de los hechos, la equidad y rectoría del juez o jueza en el proceso".

Pues bien, al buen entendedor sobran las palabras, nos referimos al sistema que debe aplicar el Juez para resolver el conflicto de intereses que le es planteado, y sobre el cual, como todos lo sabemos, hasta antes de la promulgación de la CN, todos teníamos claro que debía ser mediante la aplicación de la Jurisdicción de Derecho, esto es, las premisas menor y mayor con las cuales el juez debía comparar los hechos del caso concreto, deben y tienen que estar contemplados en una norma jurídica del ordenamiento nacional, sin que el Juez pueda permitirse llenar o crear tales supuestos, salvo el único caso de una verdadera laguna de la ley, por cualquiera de los métodos y recursos que contempla ese mismo ordenamiento para solventar dichos problemas, esto es, la analogía, la equidad, el uso, entre otros, de los medios con los cuales el creador de las normas le fija caminos al magistrado para el cumplimiento de su misión.

Como lo dice reputada y autorizada doctrina en torno a la interpretación y hermenéutica de la ley, y como ampliamente lo ha difundido un foro, no muy lejano en el tiempo, del más alto Tribunal de la República, con lucida intervención y exposiciones del maestro Delgado Ocando, el Juez no puede ni debe ocurrir a la "equidad" para crear en nuestro sistema, la norma jurídica aplicable o el precepto que debe dar solución al conflicto de intereses, salvo que expresamente las partes o la ley hayan convenido en lo contrario y específicamente hayan autorizado el juzgamiento por equidad.

La equidad como vía de solución de los conflictos sociales, jurídicos o de otra índole es una hermosa vía para poner término a las desavenencias entre las partes, pero para que la misma sea la más justa y apropiada, debe quedar en manos de un hombre muy sabio, justo y ponderado, que busque como modo de resolver el conflicto lo que tiene como base aquel viejo aforismo de dar a cada uno lo que en justicia corresponde, esto es, casi supone que el aplicador del precepto esté entre los sabios y más prudentes hombres, de esos que hoy precisamente escasean y son difíciles de encontrar, para no decir casi imposible tenerlos a mano para enfrentarlos con la exagerada litigiosidad que caracteriza nuestra sociedad.

En adición, no precisamente la crema y nata de nuestro Poder Judicial ha encontrado buen recinto en la competencia laboral, con muy escasas excepciones.

Si lo que pretendió el constituyente fue decir cosa diferente, y referir su mandato al caso de necesidad de interpretar la ley o dar preferencia al método y principios de la equidad, la verdad es que la frase estuvo tristemente mal construida en tema tan delicado como lo es el resolver cuál sistema de justicia debe aplicarse en nuestro país.[6]

La pretendida excusa de que eso no fue lo que tuvo en mientes el legislador, o no es la manera de interpretar la voluntad del constituyente, tan no nos convence que ahora ya vemos en varias de nuestras leyes la clara intención de que la aplicación del mandato dependa de la ingeniosa mentalidad del juez a quien se encomienda la solución de los casos en esa área, como ocurre en la ley que ahora estamos examinando, y la que, para nosotros, como lo continuaremos viendo, no deja lugar a dudas en que es así como pretende aplicarse dicho principio rector del nuevo proceso laboral.

Como se observa, de ser ciertas o tener fundamento nuestras apreciaciones, se pone en manos de una competencia eminentemente proteccionista, pro sujeto beneficiario (pro operario)[7] y con ello ya hace turbia una forma con que supuestamente se debe buscar justicia.

---

6 Al respecto oportunamente nos permitimos alertar sobre dicho asunto, aun antes de la vigencia de la CN en nuestro trabajo. Las modificaciones de la Constitución Nacional, aproximaciones en torno a alguno de sus efectos, en especial en lo atinente a los conceptos de norma jurídica, justicia, administración de justicia, función del Poder Judicial y proceso, entre otros, en *III Jornadas de Derecho Procesal Civil, Dr. Arístides Rengel Romberg, Ciclo de conferencias en homenaje al Profesor Alberto Baumeister Toledo,* Editorial Universidad Católica Andrés Bello y Fundación Fernando Pérez-Llantada, sisbn, Caracas, 2000, p. 147 ss.

7 Y así claramente lo reconoce el mismo legislador especial, artículos nueve, diez y once, entre otros, en los que mandatoriamente establece para el juez que en casos de duda, en la aplicación de normas, o a falta de ellas, o en la valoración de las pruebas, cuando no resulte claro cuál de ellas deba producir convicción, o finalmente cuando se trate de aplicar por analogía otras normas para resolver las lagunas en materia adjetiva laboral, siempre deberá darse preferencia al interés del trabajador, a la prueba que más lo favorezca o a la interpretación más apegada a los fines proteccionistas de la legislación laboral y adjetiva laboral. Como dice nuestro refranero popular: a buen entendedor, sobran palabras.

Para nosotros, pues, eso no es justicia, y si de algún modo, en épocas anteriores, o bajo el sistema actual, no siempre la justicia debió favorecer al trabajador, quien todo respeto nos merece, y así lo hacemos constar formalmente, no por ello justifica que un nuevo régimen que se lo establece para dilucidar los conflictos que de la actividad laboral emergen, esté fundado en la presunción nada seria ni ajustada a sistema de derecho ni justicia alguno, de que toda duda debe ser resuelta a favor de una sola de las partes del contrato laboral.

Tal manera de pensar y legislar, por lo demás están muy pero muy alejadas de la verdadera justicia y del principio de igualdad que todas las anteriores constituciones, pero en especial ésta, promueven y alardean de ser sus difusoras y defensoras.

Lo lamentable de todo esto, a nuestro entender, resulta, que difícilmente podrá solicitarse del Supremo Tribunal la adecuada y más justa interpretación constitucional alguna, sobre dicha materia, pues ahora, demencialmente, quienes fueron forjadores del Proyecto de ley adjetiva laboral, lo han sido los miembros de la Sala Social, de ese mismo Tribunal, asunto que obviamente no hace nada fácil a la Sala Constitucional adoptar posición alguna contraria a lo que repetidamente, desde el primer anteproyecto atribuido a la primera de dichas Salas, hasta el último, comentado en ese mismo sentido en el aludido evento realizado por el TSJ sobre la LOPT, han repetido dichas disposiciones y el criterio público expuesto por dos de sus integrantes, tal como el suscrito con un nutrido grupo de asistentes a dicho evento pudo constatar de viva voz de dichos funcionarios judiciales.

En fin, para aclarar finalmente cuanto dejamos dicho, nos permitimos citar una vez más al famoso maestro Calamandrei, quien con meridiana claridad, al respecto, explana: "El Derecho Procesal deberá entenderse como un método impuesto por la autoridad para llegar a la justicia; es un método de razonamiento que debe estar siempre previamente establecido por la ley, el cual tanto las partes como el juez debe seguir, etapa por etapa y dentro de una coordinación dialéctica con el fin de obtener una sentencia justa. Derecho Procesal es el método, la Ciencia Procesal la metodología y el Proceso una operación conducida según el método".[8]

Esperemos, pues, con paciencia y fe en la buena razón para ver qué resultará de todo este desaguisado y mezcolanza de conceptos, que de buena o mala fe, por error o con deliberado propósito declaró primero el constituyente y ahora repite el legislador especial procesal del Trabajo. Quiera el destino que sea para la mejor y más clara aplicación del Derecho y la más justa resolución de los conflictos, que no para incrementar la litigiosidad y el descontento de una cualquiera de las importantes partes que deberán resolver sus problemas a la luz de tan delicado asunto.

II. PRESERVACIÓN DE LA INMEDIATEZ EN LA NUEVA ORGANIZACIÓN DE LA PRIMERA INSTANCIA DEL PROCESO LABORAL

En este otro caso objeto de nuestras observaciones, lo que pretendemos es llamar la atención sobre cómo y de qué manera entender se cumplen los roles de los ahora dos jueces que deben prestar su oficio en la primera instancia del proceso laboral, esto es, del Juez de Sustanciación, Mediación y Ejecución del Trabajo, con el propio Juez de Juicio, en tanto que malentender las tareas a su cargo, podría dar lugar a dejar sin sentido alguno y de la manera más chabacana el tan importante principio de la inmediatez, fundamento y garantía de la mejor justicia oral o por audiencia, como correctamente debe denominársela.

En efecto, al primero de dichos jueces se le atribuye competencia de sustanciación, tal como lo induce uno de los nombres que le fija la misma ley (Art. 123) pero tal sustanciación lo es sólo y para el trámite de admisión, depuración de los vicios procesales en el manejo e introducción del juicio, y la puesta en marcha de cualquiera de los procesos de autocomposición procesal por vía de la mediación que está autorizado para usar en el trámite de esa fase del juicio (Arts. 133, 134 y 135 LOPT), pero allí cesa su competencia para continuar, proseguir o alterar el curso del proceso laboral del que venía conociendo, pues de no lograrse el fin del juicio con la mediación o a través de la conciliación o el arbitraje, o para nosotros, por cualquier otro medio de autocomposición[9] cesa totalmente toda intervención suya en ese proceso (Art. 136 *ejusdem*),[10] hasta, y de nuevo en fase de ejecución, que de ser pertinente, corresponderá a él cumplirla.

---

8 Calamandrei, Piero, *Proceso y Democracia*, Traduce. Héctor Fix Zamudio, Edit. Ejea, Argentina, 1960.

9 En efecto, del análisis que puede hacerse de la LOPT no encontramos de manera alguna limitado ningún modo de autocomposición procesal, sea acogido por las partes o de los sugeridos o inducidos por los Jueces Laborales.

10 Debería entenderse que esa fase corresponde al Juez de Sustanciación, mediación y ejecución, tal como debe desprenderse del último nombre que el legislador le impone, más de la lectura atenta del Capítulo VIII del Título VII de la LOPT, Arts. 180 al 186, no se deduce lo dicho, sino que pareciere que el juez ejecutor lo será, entre otros, el juez de juicio de primera instancia, sin que por ello tampoco lo sea el de sustanciación, mediación y ejecución. Para

Con lo dicho pretendemos destacar y poner en claro que realmente el proceso de captación y evaluación de los hechos y recepción, evacuación y valoración de las pruebas, corresponde y es de la exclusiva competencia, de no existir arreglo por vía extrajudicial del proceso, al Juez de Juicio, y en efecto así lo demuestran cierta y cabalmente entre otros los artículos 152 y 158 de la LOPT.

Únicamente nos permitimos destacar como inapropiado el establecer a cargo del juez la función mediadora, pues resulta contrario a las técnicas de autocomposición procesal, que el mediador, intermediario, componedor, sugeridor de soluciones, o póngasele el nombre que se desee, dotado de autoridad, sea quien impulse, dirija, o induzca el proceso de autocomposición, pues se considera en extremo indeseable, que las partes interpreten que dichas vías les son impuestas por la autoridad de tales funcionarios, que no son ellas quienes optan libremente por establecerlo, en tanto con ello se merma la posibilidad de lograr soluciones por esa vía. Perfectamente pudo haber dispuesto la ley que tales funciones fueran impuestas por el Juez de Juicio (y con ello se ahorraba la función judicial intermedia del sustanciador) se cumplieren ante una calificada Sala de especialistas en tramitar medios alternativos de justicia, dependiente de los órganos judiciales en cada circuito judicial, tal como ocurre en derecho angloamericano, y como lo sostiene autorizada y reputada doctrina extranjera.[11]

III. MEDIOS DE LLAMADO A JUICIO EN EL NUEVO PROCESO LABORAL

La nueva LOPT crea una nueva forma de llamados a juicio que se aparta del sistema procesal civil tradicional, y sobre el cual vale la pena hacer algunas consideraciones prácticas.

En efecto, si bien ahora por igual "puede" gestionarse la citación personal del o de los demandados, conforme se lo puede deducir del parágrafo único del artículo 126, la misma debe y puede iniciarse con el trámite de emisión de cartel, que será dispuesto fijar en la puerta de la empresa, entregándole una copia al empleador o consignándolo en su secretaría o en su oficina receptora de correspondencia, si la hubiere. (Art. 126 encabezamiento).

También se lo podrá hacer por los medios electrónicos de los cuales se disponga, siempre y cuando éstos le pertenezcan (sic a las partes), todo lo cual deberá cumplirse conforme lo pauta la ley sobre mensajes de datos y firmas electrónicas, en todo cuanto le sea aplicable, atendiendo siempre a los principios de inmediatez, brevedad y celeridad de la LOPT, de todo lo cual, en este caso, el Juez certificará haberse cumplido el trámite de la notificación, y en el anterior por igual lo hará el Alguacil del Tribunal.

En cualquiera de los casos el lapso de comparecencia comenzará a contarse sólo a partir de las indicadas precedentes certificaciones.

---

quien escribe, no nos cabe duda que ello fue un lapsus del legislador y debe y tiene que entenderse que entre las funciones propias del Juez de Primera Instancia de sustanciación, mediación y ejecución, está precisamente la de disponer la ejecución forzada del fallo firme del Juez de Juicio, del Superior o de la Casación sin Reenvío.

11 *Vid.* Caivano, Gobbi y Padilla, Negociación y Mediación, Edit. Ad Hoc, Argentina, 1997, Carlos Ignacio Jaramillo, Solución Alternativa de Conflictos en el seguro y el reaseguro, Edit. Fundación Cultural Javeriana, Colombia, 1998, p. 249. Sara F. de Cárdenas y Hebe Leonardi de Herbón, El Arbitraje, Edit. Abeledo-Perrot, Argentina, 1998, entre otros.

También admite la ley la notificación voluntaria por medio de actuación directa de la parte o de sus apoderados con mandato expreso para ello (Art. 126, aparte primero), así como la realizada por intermedio del correo certificado con aviso de recibo con el rito que fija el Art. 127 de la LOPT, que lo distingue del contemplado entonces en el Código de Procedimiento Civil.

Tales trámites están contemplados para ser cumplidos con ocasión del llamado a comparecer a la Audiencia Preliminar ante el Juez de Sustanciación, mediación y ejecución, pero nada obsta, como de principio debe ser, que sea el usado para otro y cualquier llamado a juicio.

A nuestro modesto entender, no cabe aplicar por analogía ningún otro modo de llamado a juicio, ni aun los del Código de Procedimiento Civil,[12] en tanto deplorablemente, posiblemente por olvido, para no pensar en el exacerbado apartamiento que manifestaron algunos de los corredactores de la ley, voluntariamente fue procurado del Código de Procedimiento Civil, con lo cual quedan serias dudas de cómo proceder en algunos casos amplia y claramente resueltos en la ley adjetiva ordinaria común, como son los casos de citación de no presentes, ausentes y de eventuales sucesores desconocidos.

Por igual destacamos como contrario al debido ejercicio de la defensa, el que se autorice, sin agotar la vía de notificación personal, la de carteles, todo conforme a la más arraigada doctrina procesal, y que de manera alguna irrumpe contra los principios que regulan el nuevo proceso laboral.

Aclaramos también, que por ser de evidente hermenéutica jurídica, esas formas de llamado a juicio serán las utilizables cada vez que ello sea menester cumplirse en el proceso, y que las debidamente realizadas, como en derecho procesal ordinario, provocan los efectos de que las partes, en el resto del proceso, se entienden debidamente impuestas del mismo (están a derecho) lo cual se deduce, tanto de la falta de norma en contrario, como de la no aplicabilidad del CPC y expresamente del Art. 7 de la LOPT.

IV. EL ESPECIAL RÉGIMEN DE LA PERENCIÓN EN LA LEY PROCESAL DEL TRABAJO

En esta materia también trae una novedosa regulación la LOPT, así se establece:

> Artículo 201: Toda instancia se extingue de pleno derecho por el transcurso de un (1) año sin haberse ejecutado ningún acto de procedimiento por las partes. Igualmente en todas aquellas causas en donde haya transcurrido más de un (1) año después de vista la causa, sin que hubiere actividad alguna por las partes o el Juez, este último deberá declarar la perención.
>
> Artículo 202: La perención se verifica de pleno derecho y debe ser declarada de oficio por auto expreso del Tribunal.
>
> Artículo 203: La Perención no impide que se vuelva a proponer la demanda y solamente extingue el proceso. En tal sentido, no corren los lapsos de prescripción legalmente establecidos y no se aplica la consecuencia jurídica establecida en el artículo 1.972 del Código Civil".

---

[12] Código de Procedimiento Civil (CPC) GO 3.694 del 22 de enero de 1986, al cual se hicieron algunas reformas, la última publicada en la GO, N° 4.209 Extr. de 18 de setiembre de 1990.

Artículo 204: En ningún caso el demandante podrá volver a proponer la demanda, si no hubieren transcurrido noventa (90) días después de declarada la perención de la instancia.

Como puede colegirse de las disposiciones transcritas, la perención sigue siendo el castigo que impone la ley al descuido y abandono de las partes del proceso, con la sanción de que se pierden los efectos útiles del proceso, en beneficio de mayor seguridad jurídica y de ir depurando los órganos judiciales del trámite innecesario de discusión de derechos y situaciones jurídicas en la cual la voluntad tácita de las partes pareciera evidenciar su deseo de no continuar con tales litigios.

En la figura clásica, nacional y en la de la mayoría de los países del entorno americano, tal pérdida de los efectos procesales del proceso, implica *per se*, la de los efectos reflejos del proceso sobre la existencia sustancial de los derechos, y así, entre otros, el efecto de la perención, es el borrar la existencia de ese juicio, como si nunca lo hubiera estado, y con ello, hacía renacer y finiquitar los lapsos de prescripción y caducidad sustantivos impuestos por la ley para el ejercicio y preservación de los derechos sustantivos.

En la ahora vigente LOPT, por decisión expresa del legislador, y en nuestro entender atentando flagrantemente no sólo contra la seguridad jurídica, sino la debida administración de justicia, la perención pronunciada, de manera alguna afecta el derecho sustancial que podrá ser demandado cuantas veces se lo pretenda, en tanto que a pesar de la perención, debe suponerse que el accionar del derecho interrumpe per semper, el curso de las prescripciones de tales derechos (ex ártica. 203 LOPT) por ordenar la desaplicación expresa del artículo 1972 del Código Civil, de manera tal que los efectos de la citación, se perpetúan en el tiempo.[13]

COLOFÓN

Son muchas las interrogantes que arrojan algunos de los preceptos de la nueva normativa procesal del trabajo. Consideramos que debió prestársele mayor atención a su redacción y a la inserción de novedosas figuras en ella contemplados. No hemos querido ser exhaustivos, solamente nos hemos referido a las que de bulto nos llaman más la atención.

Como lo dijimos, ojalá la Jurisprudencia y la Sala Constitucional, cuanto antes, tomen la iniciativa de corregir esos pequeños desafueros, o que en su caso, en el término que la misma ley ha fijado para su revisión y exhaustivo examen (Art. 207) se puedan enmendar esas dudas, exageraciones y dislates.

---

[13] Por cierto que de igual manera alegre y sin medir las consecuencias, se ordena la desaplicación íntegra del artículo 1972 *ejusdem*, pero acaso se pensó en que por igual queda sin efecto ni aplicación la cosa juzgada de la sentencia absolutoria que no podrá hacer valer frente al trabajador.

19.

ANOTACIONES SOBRE LA NUEVA NORMATIVA DE LA LEY ORGÁNICA PARA LA PROTECCIÓN DEL NIÑO Y DEL ADOLESCENTE RELACIONADAS CON LOS PROCEDIMIENTOS EN MATERIA DE FAMILIA Y MENORES

I. CONSIDERACIONES GENERALES Y DELIMITACIÓN DEL ÁMBITO DE LA EXPOSICIÓN

Con la sanción y promulgación de la Ley Orgánica para la Protección del Niño y del Adolescente[1] se producen una serie de modificaciones de relevante importancia en los principios, conceptos y en los procedimientos utilizables ante los órganos jurisdiccionales aplicables en Derecho de Familia y de Menores.

Antes de entrar al análisis de dichas novedades, vale la pena destacar de una vez, las causas por las cuales se produjeron tales cambios y las modalidades bajos las cuales fueron realizados los mismos para lo cual bastará reproducir las razones esgrimidas por los redactores de su Proyecto, el cual como se deduce del contenido de la Exposición de Motivos de dicha Ley, fue convertido en Ley sin mayores cambios y después de haber pasado por un amplio período de consultas y observaciones formuladas por los organismos competentes involucrados en materia de Menores, especialistas internacionales y un equipo especial dirigido por el Centro de Investigaciones Jurídicas de la Universidad Católica Andrés Bello.

En tal sentido destaca la Exposición de Motivos de la LOPNA[2] que la idea perseguida con la introducción de los cambios en los procedimientos, como en los principios generales

---

[1] Dicha Ley fue publicada en la Gaceta Oficial de la República de Venezuela, en lo adelante GO No. 5.266 Extraordinaria de fecha 2 de octubre de 1998, con la advertencia de que la misma dispone su vigencia diferida al día primero de abril del año 2000 y con la observación de que a su vez, conforme es de consuno con nuestros principios constitucionales procesales sobre vigencia de la Ley procesal, se dispone que las normas sobre procedimiento civil en ellas contenidas son de aplicación inmediata a los procesos en curso. En lo sucesivo se identificará dicha Ley con las siglas "LOPNA".

[2] Contenida en la misma GO en que se promulgó la mencionada Ley. De paso conviene observar que dicha citada Ley, también en forma novedosa, dispone que su publicación, oficial o privada, necesariamente debe contener por igual la de su exposición de motivos y la de la Convención sobre los Derechos del Niño (Artículo -en lo sucesivo Art. 685), estilo legislativo éste sin precedentes en nuestro sistema, al menos que conozcamos nosotros y que sólo se puede justificar en nuestra opinión, por lo expuesto en la misma aludida Exposición de Motivos, en lo adelante "EMLOPNA", Capítulo V, para facilitar la mejor comprensión de dichas normas

que inspiran toda la nueva normativa, responden en primer lugar a la necesidad de adecuar la legislación interna, tanto sustantiva como adjetiva en materia de menores y adolescentes, a la Convención sobre los Derechos del Niño[3], la que presupone e impone, según los autores de la Exposición de Motivos, un radical cambio de posiciones frente a la concepción de los sujetos a los cuales va dirigida la protección que se persigue con la Ley, esto es, los Niños y los Adolescentes, a quienes de paso nada obsta para continuar denominándoles MENORES y , a los derechos, protección y tratamiento con los cuales se les crea su entorno de protección, todos los cuales suponen un profundo cambio frente a los conceptos y principios bajo los cuales se los regulaba en la legislación ad hoc hasta hoy vigente en la materia, con la ahora contenida en la nueva Ley, y que responde fundamentalmente a la transformación de los principios y declaraciones, que con carácter multinacional son reconocidos como paradigmas para lograr la verdadera protección de los niños y adolescentes contenidos en la citada CDN y todo lo cual implica per se transformar conceptos básicos propios de la materia "minoril" como lo son el de "necesidades" por el de "derechos" lo que comporta la "exigibilidad" de esos derechos, por sus propios beneficiarios, por el Estado y la sociedad en general, abandonándose con ello el antiguo concepto de niño como "sujeto tutelado" para adoptar el de niño como "sujeto de derechos", entendiéndose por talla habilitación para demandar, actuar y proponer y la necesidad de brindar en lo adelante una "protección integral, que abarque la plena protección social y jurídica de los menores y adolescentes".

Por igual se introducen novedosos conceptos que adquieren carácter preponderante en el tratamiento de toda la materia y los sujetos a quienes ella va dirigida y a los cuales la regulación concede especial consideración y relevancia. Dentro de aquéllos toman fundamental relevancia, los conceptos de "interés superior del niño", el de "prioridad absoluta que se concede a ese sujeto titular de tales derechos", para garantizar antes que nada las necesidades y derechos básicos de los niños, el "principio de participación" que comporta la distribución de las responsabilidades en la protección del niño entre Estado, la Familia y la Comunidad y el rol fundamental que se atribuye ahora a la Familia, principio que genera cambios fundamentales en las políticas hasta ahora implementadas respecto a dicha institución, privilegiándosela como el medio natural y primario que garantiza el desarrollo y la protección del niño y del adolescente, dando prioridad a la misma, de tal manera que se evite separarlos de ella ante cualquier circunstancia y sólo como última alternativa.

Bajo esa nueva óptica, por igual la Ley procura establecer que a esos titulares de derechos "de rango y condiciones especiales", como contrapartida de los derechos y prerrogativas que se les conceden, les nazcan y vayan asumiendo en su desarrollos las correspondientes responsabilidades frente a sus grupos familiares y sociales, con particular relevancia en lo que atiende a su responsabilidad por hechos ilícitos, anómalos socialmente, etc., los cuales si bien no serán analizados en nuestra presente exposición, por escapar del contenido central a que está dirigida, recomendamos su especial lectura en la Ley.

Dentro de esas mismas nuevas ideas se producen radicales cambios en las concepciones sobre Patria Potestad, Guarda, Visitas, Obligación Alimentaria, familia

---

(claridad de la Ley) y lograr la finalidad pedagógica de la misma, buscando expresar "de modo claro el nuevo paradigma de la protección integral".

3 GO N° 34541 de fecha 2 de agosto de 1990, en lo adelante "CDN".

originaria y sustituta y se da un nuevo tratamiento a la institución de la adopción, incorporando así mismo el concepto y principios que rigen para la novedosa figura de la "Adopción Internacional".

Precisa destacar, repetimos, ante la profusión de cambios y novedades que contiene la nueva legislación sobre Niños y Adolescentes que nuestro análisis se limitará sólo a aquellos aspectos referidos a la normativa Civil y en particular a los que atienen a los Procesos que no resultan de índole Penal, bajo los cuales deben debatirse los conflictos de intereses en los que se involucran a los niños y adolescentes y a las instituciones fundamentales que con ellos se relacionan algunas de las cuales son objeto de redimensionamiento y consideración en la LOPNA, no sin antes reconocer que quizá son mayores y de más trascendencia los cambios producidos en materia de organización administrativa, responsabilidades penales, organización jurisdiccional penal y procedimientos en ella utilizables, que las que atienen a los aspectos no penales, esto es, de naturaleza esencialmente civil, vinculados tradicionalmente al Derecho de Familia y al Derecho Procesal Civil.

Con las precisiones indicadas, y concretándonos al tema específico de nuestra exposición, resulta obvio que los citados cambios y modificaciones en las concepciones básicas del entorno relacionado con la normativa sustantiva aplicable a los Niños y Adolescentes, era menester concebir y poner en práctica una nueva "Competencia jurisdiccional propia para la materia de Niños y Adolescentes (antes Competencia de Menores, e indebidamente denominada "Jurisdicción Especial de Menores") la cual se pone en manos ahora de "órganos jurisdiccionales especiales y especializados" para conocer todos los asuntos que afecten directamente la vida civil de niños y adolescentes, entendiendo por tales, los relacionados con materia de familia, patrimoniales y laborales, así como para ejercer el debido control judicial sobre los nuevos "órganos administrativos encargados de la ejecución de los programas sobre la materia" (Consejos de Protección y Consejos Municipales de Derechos) y finalmente que puedan conocer en forma adecuada y de manera expedita todo lo relacionado con la "acción de protección", nuevo mecanismo concebido en la LOPNA, en resguardo a los derechos colectivos y difusos del niño y del adolescente[4], pretensión judicial similar a un "Amparo Judicial" con modalidades específicas y dirigido al efectivo logro de la verdadera protección que busca dar aquélla a los derechos del Menor y del adolescente frente a su familia, progenitores, parientes, la sociedad y el propio Estado.

Por igual tales cambios no pueden obtenerse sin concebir una nueva estructuración del sistema jurisdiccional de protección, y por ello la nueva normativa crea e implanta una novedosa concepción del mismo y en especial sobre la composición y funcionamiento de los órganos judiciales que en primera y segunda instancia están llamados a conocer de las controversias sobre la materia, tal como lo analizaremos más adelante en detalle.

Todo ello, así mismo, tenía que complementarse con el establecimiento de "nuevos principios" que inspiren y rijan las conductas en esos procesos tanto del Juez como de las partes y terceros que en ellos deban intervenir, con el objeto de garantizar la más pronta y justa resolución de los conflictos de esa naturaleza en que niños y adolescentes tengan relación, y de garantizar a éstos especialmente la más adecuada y recta aplicación de la justicia y en especial la efectiva protección de los sujetos protagónicos de dichos procesos, esto es, esos niños y adolescentes y a los demás legitimados para ejercer y responder de las

---

4 Cap. VI, 1, Estrategias, punto 2, literal b de la EMLOPNA.

responsabilidades que ahora contempla la Ley, esto es, a quienes están llamados a garantizar esos derechos y obligaciones, a quienes ejercen y detentan potestades y deberes frente a los mismos, incluyendo a la familia, parientes, a la sociedad, sus entes e instituciones y al propio Estado.

En adición, para lograr esos cometidos resulta obvio que era menester contar con nuevas formas de conducir y dirigir los procedimientos necesarios para resolver esos eventuales conflictos generados con ocasión a las nuevas instituciones y a los beneficiarios últimos de las mismas, esto es, los menores y adolescentes, y que ello se produjera en forma ágil, expedita y eficiente, pues de lo contrario como sostiene la misma EMLOPNA, "el sistema estaría incompleto y del todo inoperante", ya que a todas luces es menester procurar mecanismos eficientes para exigir ante autoridades y obligados a brindar esa nueva concepción sobre "protección al niño y al adolescente" el efectivo cumplimiento de los derechos que consagra la citada Ley[5].

En torno a todo este especial aspecto, el capítulo IX de la EMLOPNA concluye destacando resumidamente cuales son esos cambios fundamentales en materia de "procedimientos contemplados en la nueva ley", tanto desde el punto de vista general (organización judicial y principios aplicables que regirán a todos ellos) como en el específico relacionado con los procedimientos en concreto, contemplando las nuevas regulaciones para los ahora instituidos, la que atiene a los simplemente modificados o a los que sólo se han añadido algunas adecuaciones para ponerlos a tono con los nuevos principios y aquéllos que se mantienen inalterados, tal cual se los contemplan bien en el Código de Procedimiento Civil[6] o bien en el Código Civil[7], en los términos que transcribimos a continuación:

> "Los tres últimos capítulos del Título IV de la Ley están dedicados a los aspectos procesales y comprenden, respectivamente, un procedimiento contencioso en asuntos de familia y patrimoniales, un procedimiento para la adopción y un procedimiento para alimentos y guarda".
>
> "El procedimiento contencioso en asuntos de familia y patrimoniales resulta aplicable en asuntos de familia, excepto la adopción, obligaciones alimentarias y guarda, para los cuales se prevén procedimientos especiales, así mismo se aplica en asuntos patrimoniales dentro de los cuales se incluyen los conflictos laborales".
>
> "Dicho procedimiento se enmarca dentro de una serie de principios rectores destinados a lograr una eficaz y pronta administración de justicia en los casos en que se aplique. Como rasgos más relevantes de este procedimiento se pueden mencionar la oralidad, brevedad de los lapsos, gratuidad, amplitud de los medios probatorios, igualdad de las partes y ampliación de los poderes del juez para conducir el proceso. Dentro de este procedimiento se previó la procedencia de los recursos de revocación, apelación y del de Casación, con las particularidades propias de cada uno de ellos".
>
> "El procedimiento de adopción conserva los rasgos generales del procedimiento actualmente regulado en la Ley de Adopción, sin embargo, se incorporan al mismo

---

5 Punto 3 del mismo Capítulo antes referido de la EMLOPNA

6 GO 4196 Extraordinaria del 2 de agosto de 1990, en lo sucesivo "Cpc".

7 GO Nº 2990 Extraordinaria del 26 de julio de 1982, en lo adelante "Cc".

algunas previsiones dirigidas a responder a la adopción internacional y a las nuevas disposiciones consagradas para la adopción en general".

"Finalmente se decidió mantener el procedimiento especial de alimentos y de guarda de menores contenido en la Ley Tutelar de Menores, debido a los resultados prácticos que ha permitido obtener, adicionándole algunas previsiones que contribuyen a su mejor funcionamiento".

"Se estimó innecesario recargar el proyecto con una serie de procedimientos especiales aplicables a diversos asuntos, tales como, rectificación de los actos del estado civil, oposición o suspensión del matrimonio, autorizaciones para los padres y otros representantes, los cuales se encuentran debidamente regulados en el Código de Procedimiento Civil, motivo por el cual se limitó el proyecto a hacer la remisión correspondiente".

II. EXAMEN DE LAS PRINCIPALES MODIFICACIONES RELACIONADAS CON EL PROCEDIMIENTO CIVIL CONTEMPLADAS EN LA NUEVA LEY

1. *Consagración de derechos procesales fundamentales de los niños y adolescentes*

Tal como lo señalamos antes, la EMLOPNA señala como una de las estrategias asumidas por el Legislador para lograr los nuevos cometidos de la protección perseguida por la Ley, la expresa consagración de Derechos, garantías y deberes de los Menores y Adolescentes, a quienes en lo sucesivo identificaremos de modo general como "Los Beneficiarios", y en efecto, en el Título II de la LOPNA, artículos 10 al 93, hace una detallada descripción y definición de aquellos, y dentro de los mismos, en concreto, referidos al aspecto Procesal, consagra los siguientes:

1. El derecho de opinar y de ser oído (Art. 80), el cual se desarrolla a través de la libertad que a ellos se reconoce de expresar libremente su opinión en asuntos que tengan interés, y sin que en ningún caso pueda constreñirse a los beneficiarios a expresar tal opinión, lo que judicialmente comporta, conforme lo establecen los parágrafos primero y segundo del mismo comentado artículo, el ejercicio personal y directo de dicho derecho, en todo procedimiento judicial que conduzca a una decisión que afecte aquellos, sin más limitaciones que las derivadas de su interés superior[8]8, y el que en caso de verse afectado, pero para garantizar el susodicho derecho, obliga a oír por aquellos a sus padres, representantes o responsables, si no tuvieren intereses contrapuestos, o en tal caso, en sustitución de ellos a quienes por su profesión o especial relación de confianza con ellos puedan transmitir objetivamente su opinión. Tal opinión sólo se reputa vinculante cuando la Ley así lo establezca.

2. El Derecho de petición, consagrado en el artículo 85 *ejusdem*, que los faculta para presentar y dirigir peticiones por sí mismos y a obtener oportuna respuesta en asuntos de la competencia de aquéllos, sin más limitaciones que las impuestas de las facultades legales conferidas a sus padres o representantes (sic -sobre tales asuntos-).

---

8 Como se lo resaltó supra, es este un nuevo concepto fundamental en la nueva Ley, especie de concepto jurídico indeterminado, genérico, sobre el cual se hace una detallada descripción en el Arte. 8 *ejusdem*.

3. Derecho a defender sus derechos por sí mismo, ante cualquier autoridad en asuntos de su competencia, establecido en el artículo 86 *ejusdem*.

4. Derecho a la Justicia, en los términos contemplados en el Art. 87 *ejusdem* y que los faculta para acudir ante un Tribunal Competente, Independiente e Imparcial para la defensa de sus derechos, y a que éste resuelva dentro de los lapsos legales.

Destacamos expresamente el último párrafo, como un reconocimiento expreso a la necesidad de una "justicia oportuna" que toma particular relevancia tratándose de esta categoría de débiles jurídicos y por la especial importancia que supone el tomar tempestivamente medidas que les favorezcan o protejan; y que, así mismo la Ley reconoce una habilitación especial a los adolescentes para que se los repute "capacitados" para el ejercicio directo y personal de aquél, lo que hace pensar que el de los verdaderos menores, sólo puede ser ejercido por intermedio de sus padres, representantes o responsables, sin menoscabo de que puedan concurrir inclusive personalmente ante el Juez especial, y que éste les provea de la asistencia técnica necesaria, en el caso de que por cualquier circunstancia no puedan o no deban ejercerla sus representantes legales y siempre para escucharlos[9]

5. Derecho a la defensa y al debido proceso consagrado en el Art. 88 *ejusdem*, al primero mediante el acceso que tienen en todo grado e instancia de cualquier proceso y en cuanto al segundo, en los términos consagrados en la misma Ley y en el ordenamiento jurídico general.

6. La gratuidad de toda y cualquier actuación ante los órganos judiciales que conozcan de asuntos relacionados con la Ley y que sean tramitados por o para los "Beneficiarios" (Art. 9 *ejusdem*).

2. *Los nuevos órganos jurisdiccionales llamados a conocer de la materia contemplada en la Ley, en sus aspectos Civiles*

A. *Organización*

En primer lugar, conviene advertir que de acuerdo a la nueva Ley, los nuevos órganos jurisdiccionales en la materia toman especial significación en tanto que la misma los reputa formando parte esencial del Sistema de Protección del Niño y del Adolescente, esto es, del conjunto de órganos, entidades y servicios que contempla la Ley y llamados a formular, coordinar las políticas, programas y acciones de interés público relacionadas con Los Beneficiarios las Instituciones contempladas en la Ley, a todos los niveles de la organización del Estado, y quienes por tanto lo integran, orientan, supervisan, evalúan y controlan, todo ello con vista a obtener la debida protección y atención de Los Beneficiarios y quienes tienen a su cargo establecer los medios que aseguran el disfrute y goce de sus derechos y garantías[10].

En concreto la Ley los declara uno de los "Medios" para el logro de los objetivos del Sistema y como tales concibe esa forma del ejercicio de la potestad jurisdiccional, a través de los "órganos jurisdiccionales especiales a quienes atribuye esa competencia exclusiva y

---

[9] La nueva Ley distingue entre "niños y adolescentes" en el artículo 2, disponiendo que son los primeros, los menores de doce años de edad y adolescentes, los que tienen doce o más y menos de diez y ocho años.

[10] Art. 117 LOPNA.

excluyente, disponiendo que son tales los "Tribunales de Protección del Niño y del Adolescente" y la Sala de Casación Civil de la Corte Suprema de Justicia[11].

En el Capítulo VI del Título III, Sección Segunda de la nueva Ley, específicamente se desarrolla el ejercicio de la "Competencia y Organización de los órganos que la integran", precisándose que los mismos conocerán de todos los asuntos sobre la materia sometidos a su consideración conforme lo determina la Ley especial en el citado título, las leyes de organización judicial y su reglamentación interna[12].

Conforme al artículo 174 *ejusdem*, dichos Tribunales tendrán como sede Caracas y en cada una de las capitales de estado, además de las ciudades en que así lo determine el Consejo de la Judicatura.

Novedosamente en cuanto a estructura de los mentados órganos judiciales especiales, precisa la Ley, que cada uno de ellos estará constituido por una Sala de Juicio y una Corte Superior, cada una de las cuales, a su vez, contará con un Presidente y un Secretario.

Las Salas de juicio estarán integradas por Jueces profesionales que conocerán directa y unipersonalmente de los asuntos que les sean asignados por el Presidente (Art. 175 Parag. Primero).

Las Cortes Superiores estarán compuestas en cambio por una o más Salas de Apelaciones que se formarán por tres jueces profesionales, quienes actuarán colegiadamente para conocer de cada recurso de apelación asignado por el Presidente de las mismas. (Artc. 175 *ejusdem*, aparte final).

Finalmente se complementa la nueva organización de la Competencia especial atribuyendo a la Sala de Casación Civil de la Corte Suprema de Justicia el conocimiento de los Recursos de Casación contra los fallos dictados por los órganos Superiores de esta Competencia, cuando se refieran a asuntos relativos a materia de estado civil de las personas y en asuntos patrimoniales y laborales, en aquellos casos en los cuales dicho recurso proceda (obviamente referido a los patrimoniales) cuando fueren procedentes, conforme a las normas especiales de la Ley respectiva[13].

Además, también en forma innovadora, precisa la Ley que cada Tribunal de Protección contará con:

1. Servicios propios o, en su defecto, presupuesto para servirse de médicos, psicólogos, trabajadores sociales o cualquiera otros expertos necesarios;

2. Una Sala de citaciones y notificaciones, y

3. Funcionarios ejecutores de medidas cautelares o definitivas.

Nos permitimos señalar como imperfección en la redacción de la LOPNA, lo que seguramente dará lugar a confusión y requerirá las correspondientes aclaratorias judiciales y de interpretación administrativa por parte del Consejo de la Judicatura, la falta de

---

[11] Art. 119, literal b y 173 de la LOPNA.

[12] Art. 173 *ejusdem*.

[13] Entendemos que lo son la misma LOPNA, como es el caso de sus artículos 176, 490, 491, 509 Y 525 *ejusdem* y a las demás normas que sobre procedencia del Recurso Extraordinario contempla el Cpc., la Ley Orgánica de la Corte Suprema de Justicia y en sus casos la Ley Orgánica del Trabajo y la Ley Orgánica de Tribunales y Procedimientos del Trabajo.

precisión de la Ley en cuanto al establecimiento que como órganos auxiliares de los nuevos Tribunales especiales, hace de las Salas de citaciones y notificaciones.

En efecto, en primer lugar, con ello se irrumpe, a nuestro juicio innecesariamente, contra la organización tradicional de los Tribunales, desarticulando del órgano jurisdiccional en sí, las funciones del Alguacil, quien en los órganos judiciales ordinarios es el llamado por la Ley a cumplir con las citaciones y notificaciones, y que forma parte integrante del Tribunal, y en adición, porque al darles la Ley la condición de "Sala especial", como se lo hace en el Art. 179 *ejusdem*, por adecuada interpretación de la misma nueva Ley, nos hace pensar que esas funciones serán entonces cumplidas por otra especie de Juez que integre la correspondiente Sala de Juicio especial para tales efectos y que sólo tendrá como cometido el ejecutar las órdenes de citación y notificaciones[14].

No parece en cambio que pueda dar lugar a los mismos problemas la previsión referente a quien deba ejecutar los fallos y que la nueva Ley contempla sea efectuada por intermedio de "funcionarios ejecutores de medidas cautelares y ejecutivas", en tanto que la Ley no los reputa como integrantes de una Sala especial, sino simplemente los tilda de funcionarios auxiliares del órgano jurisdiccional, pero que al precisar que como tales formarán parte de los citados órganos especiales, cuando menos hace pensar que serán funcionarios especiales adscritos a esa sola Competencia especial de Niños y Adolescentes[15].

Para garantizar la efectiva constitución de la nueva organización y dotación de los órganos jurisdiccionales especializados, la LOPNA dispone en el Art. 180, la obligación de que cada Tribunal debe ser dotado de las instalaciones, equipos y personal necesario para el cumplimiento de sus funciones; en el Art. 682 ordena al Ejecutivo Nacional tomar las previsiones presupuestarias necesarias para ello en las Leyes de Presupuestos anuales a partir del año 2000 y en el 677 *ejusdem*, precisa que hasta tanto se produce la instalación del Tribunal de Protección del Niño y del Adolescente (sic. "Los Tribunales de Protección del Niño y del Adolescente"), sus funciones serán cumplidas por los órganos judiciales con competencia en materia de familia y menores, para el momento de la entrada en vigencia de la Ley.

B. *Asuntos propios sometidos al conocimiento de la nueva Competencia*

De conformidad con lo estatuido por el artículo 177 *ejusdem*, los Jueces que integran la Sala de Juicio, y conforme se los atribuya el Presidente de la misma, conocerán en

---

14 Argumento que necesariamente debe deducirse del contenido del Art. 175, Parágrafo Primero, antes citado de la LOPNA.

15 No obstante, por igual llama la atención que a pesar de que a la fecha de promulgación de la LOPNA ya se encontraba publicada la nueva Ley de Organización Judicial y del Consejo de la Judicatura, donde se contempla que ahora los funcionarios "Ejecutores" son verdaderos Jueces, la nueva normativa vuelve a referirse a la anormal situación que impero sobre el tema, cuando se crearon originalmente los aludidos funcionarios "ejecutores de medidas". En tal sentido quizá hubiere sido preferible que la nueva Ley de la materia considerare que cada Sala de Juicio, contaría, no sólo con los jueces necesarios para atender a la sustanciación y decisión de los conflictos, sino con uno o más que sólo ejercerían sus funciones como garantes de la ejecución de los fallos de ellas emanados y para la práctica de las cautelas judiciales dictadas en esa sede judicial y con una organización de funcionarios encargados de las actividades propias de los Alguaciles y quienes tendrían a su cargo todo lo relacionado con las citaciones y notificaciones y demás funciones propias de aquéllos según las Leyes vigentes.

Primera Instancia, de cinco categorías de asuntos clasificados por la Ley, en los cinco parágrafos del mencionado artículo, a saber:

1. *Asuntos de familia*

Catalogando entre ellos los relacionados con filiación; privación, extinción y restitución de patria potestad; guarda; obligación alimentaria; colocación familiar y en entidades de atención; remoción de tutores, curadores, protutores y miembros del Consejo de Tutela; adopción y nulidades de adopción[16].

Debe destacarse, que en materia de divorcio o nulidad de matrimonio, solo conocerán dichos órganos judiciales, cuando existan menores entre los cónyuges o cuando cualquiera de ellos sea adolescente[17].

Lo expuesto nos lleva a resaltar que aparentemente el Legislador especial olvidó los casos de Separación de Cuerpos (de Cónyuges con hijos menores o adolescentes o cuando cualquiera de ellos fuere adolescente) o debe interpretarse que conforme a la atribución de competencia residual a la que luego haremos alusión, por igual conocerán de los mismos dichos Tribunales especiales, cuando existan niños o adolescentes en el matrimonio, o cuando uno cualquiera de los cónyuges sea adolescente, pero en cambio queda la duda sobre los casos de Divorcios, nulidades de matrimonio y Separaciones, donde no se den las condiciones adicionales indicadas de progenie, los que en cambio a nuestro juicio parece que deberán ser resueltos por los demás jueces Civiles (sin que tampoco se aclare debidamente si la nueva organización obligará a mantener todavía la especialización entre Tribunales civiles ordinarios y civiles de Familia)[18].

Finalmente, la norma establece una atribución de competencia residual en el literal "k" al disponer que también conocerán de cualquier otro asunto a fin a esta naturaleza que deba resolverse judicialmente[19].

2. *Asuntos patrimoniales y del trabajo*

El mismo artículo en su Parágrafo Segundo, atribuye también competencia a los nuevos órganos sobre dichos asuntos cuando se refieren a los supuestos que indica la norma y a los que luego nos referiremos, pero se destaca, con la forma en que se redactaron este y el Parágrafo precedente, que en el anterior, genéricamente se refiere la Ley a

---

16 Parágrafo Primero artículo 177 LOPNA, literales de la a) hasta la h).

17 Literales i) y j) del mismo mentado Parágrafo y artículo.

18 Argumento per contra derivado de los mismos citados literales de la nota precedente.

19 Como cuestión idiomática, por igual nos cabe resaltar el inadecuado uso de los términos utilizados por el Legislador en el mentado último literal, que refiere esa afinidad a "esta naturaleza", dando lugar a confusión, en tanto que en correcta prosodia, en primer lugar pareciere que sólo conocerán por tal afinidad, aquellos asuntos de naturaleza similar a los dos últimos literales, habiendo sido preferible, y creemos que esa es la intención, de que hubiere sido redactado dicho literal en los siguientes términos: "cualquier otro asunto afín a los antes mencionados que deban resolverse judicialmente" con lo cual se abarcaría, como parece haber sido la intención del legislador, cualquier otro caso similar o relacionado con los descritos en el resto de los literales precedentes.

cualquier asunto de Familia, de contenido no patrimonial, mientras que en el que es objeto de examen, se lo hace exclusivamente para los atinentes a:

a) Administración de los bienes y representación de los hijos[20];

b) Conflictos laborales;

c) Demandas contra niños y adolescentes, y

d) Cualquier otro afín a esta naturaleza que deba resolverse judicialmente.

De este Parágrafo nos cabe hacer las siguientes observaciones:

En primer lugar, y tal como lo dejamos enunciado antes, se atribuye al Juez especial del Niño y Adolescentes, todo lo relacionado con la materia laboral en la cual estén ellos comprendidos, privándose así a la Competencia Laboral ordinaria especial de toda intervención en tales asuntos y es ese el espíritu que se desprende y aprecia de toda la nueva Ley, y así además se lo precisa en la EMLOPNA y lo ratifica el contenido expreso del artículo 684 *ejusdem*, en el cual al disponerse sobre el poder derogatorio de la misma, se dejan sin efecto disposiciones inclusive de la Ley Orgánica del Trabajo[21].

En segundo término, queda claro que hay un fuero atrayente a la misma nueva competencia, en todo lo que atañe a demandas en las cuales son partes demandadas. Los Beneficiarios, independientemente de su causa, tipo o cuantía, y,

En tercer lugar, respecto a la norma de competencia residual contemplada en el literal "d" del comentado Parágrafo, son procedentes las observaciones formuladas al que en idénticos términos contempla el Parágrafo precedente de dicho artículo y al que nos hemos referido supra y en el texto de la nota pertinente.

3. *Asuntos provenientes de los Consejos de Protección, o de los Consejos de Derechos (sic de "decisiones de los...")*

El Parágrafo Tercero del mismo artículo crea una especie de competencia contencioso administrativa minoril especial, atribuyendo a los Tribunales que contempla la LOPNA el conocimiento en vía judicial, de recursos contra actos emanados de los demás órganos que

---

20 Nuevamente hacemos alusión a la falta de técnica idiomática, lo que da lugar a dudas y confusiones innecesarias, debiendo interpretarse que, la última frase, por igual refiere los supuestos de conflicto a "representación de los hijos en esos solos asuntos patrimoniales", pues en los que no lo son, por ejemplo la duda sobre cuál de los padres ejerce esa potestad, debería encuadrarse entonces en los contemplados en el Parágrafo precedente (literal k, comentado supra).

21 Como cuestión curiosa debemos destacar que, a pesar de declararse expresamente en la LOPNA su poder derogatorio de otras disposiciones expresas, y finalmente preverse que por igual queda derogada "toda otra que colida" con sus dispositivos nada expresó el legislador sobre la Ley Tutelar del menor, lo que a nuestro juicio planteará serias dudas sobre la vigencia de los dispositivos de ésta, en lo que no colidan con ella o en lo que no haya quedado derogado parcialmente. Obviamente será necesario que el criterio jurisprudencial vaya corrigiendo las posibles interpretaciones que esto pueda ocasionar

en el ámbito de lo administrativo contempla la nueva Ley (por acción o por abstención o conflicto entre dichos órganos), Literales b, c y d del mismo citado Parágrafo[22].

En segundo término, también conocen por la misma norma atributiva de competencia, sobre conflictos de intereses derivados de "Desacato" a las medidas de protección impuestas por los Consejos de Protección y también se le concede en ese mismo orden de ideas, potestad sancionadora -en vía administrativa- aplicable a particulares, instituciones públicas o privadas y órganos del Estado[23].

Por último, el literal "f" del mismo Parágrafo in comento, vuelve a establecer una competencia residual, para asuntos de naturaleza afín con los antes mencionados asuntos, haciendo extensivos en cuanto a ello se refiere, nuestros comentarios formulados supra sobre la forma de redacción de dicha disposición.

4. *Otros Asuntos*

El Parágrafo Cuarto del mismo artículo 177, contempla también como cuestiones propias de esta competencia especial, bajo la indicada denominación, cuestiones de diversa índole, pero todas que siempre y tradicionalmente se habían considerado dentro del ámbito del Derecho de Familia o del Derecho de Personas, y que son los contemplados en los literales "a" hasta la "g", entre los cuales, para destacar solo algunos menciona: el procedimiento de tutela, régimen de visitas, autorizaciones requeridas para padres, tutores o curadores, y añade por supuesto la misma disposición de atribución de competencia residual a que se hace referencia en cada uno de los parágrafos anteriores.

Tal disposición nuevamente, cuando menos a nosotros, nos produce ciertamente confusión, en tanto que como lo hemos afirmado, las disposiciones atributivas de competencia residual de cada uno de los parágrafos precedentes, o tienen una interpretación restrictiva, que no parece ser lo que tuvo en mientes el Legislador, o con el establecimiento de esa competencia para conocer de "otros asuntos" se trata de hacer una repetición inútil, sólo justificable por el propósito educativo y facilitador para la aplicación de dicha nueva Ley, a que hace alusión la Exposición de Motivos de la misma, y a lo cual nos referimos en el Capítulo I de esta exposición, o por último, que con ello lo que se ha pretendido es hacer énfasis en que ciertos asuntos, bien referidos a la materia de niños y adolescentes, que no son

---

22 Afirmamos lo anterior con fundamento a la última parte del literal b del comentado Parágrafo, el que contempla dichos recursos "una vez agotada la vía administrativa", esto es, como una especie de revisión en sede jurisdiccional, de decisiones emanadas de los órganos administrativos del Sistema contemplado en la Ley.

23 Con lo dispuesto en el literal "a" del mismo citado Parágrafo, se confirma y afirma que la "ejecución forzosa" de las decisiones administrativas, al menos en asuntos atinentes a niños y adolescentes" en nuestro país, requieren de la intervención judicial. Lo patético de dicha situación resulta ser que nuestro Poder Judicial no tiene órganos de coacción efectiva, sino que nuevamente debe acudir a la "fuerza pública" para garantizar la debida ejecución de sus actos. Por último, en lo atinente a las facultades que les confiere el literal "e", obviamente que son las sanciones administrativas que contempla la misma Ley, pues las de índole penal, expresamente las remite ella a los órganos judiciales penales contemplados en el Capítulo IX, Sección 4ª de ese mismo Título.

objeto específico de regulación en la nueva Ley, si pertenecen a esa competencia y son por tanto del conocimiento de los Tribunales especiales creados en ella[24].

La otra interpretación que puede darse, al menos en lo referente a alguno de sus literales, es que específicamente quiso precisarse que los asuntos no contenciosos, pero vinculados de alguna manera a niños y adolescentes, si son por igual del conocimiento específico de los órganos de la nueva Competencia a que alude la Ley pero solo respecto a ellos y no encontraríamos explicación para los demás casos que si resultan contenciosos.

5. *La Acción de Protección*

El Parágrafo Quinto del mismo comentado artículo, finalmente, atribuye la competencia exclusiva a los nuevos indicados órganos judiciales del sistema, para conocer de esta novedosa y particular forma de protección judicial de los derechos de niños y adolescentes que ahora contempla la nueva ley, acción esta que puede ser incoada por Autoridades nacionales, estadales o municipales, por intermedio del Ministerio Público, si lo encuentra procedente; por el mismo ente de defensa de legalidad (Ministerio Público), por otros Órganos del Sistema y por cualquier particular, incluyendo organizaciones relacionadas con los asuntos objeto de protección en la Ley, destinada como se dijo, a ser una especie de "Amparo Minoril" para permitir el ejercicio de la protección de Los Beneficiarios, a través de la acción ejercitada por sujetos titulares de intereses difusos o derechos colectivos, cuando se pongan en peligro o exista amenaza contra los derechos de aquellos, y consagrada contra hechos, actos u omisiones de particulares, órganos e instituciones públicas o privadas y con la cual se faculta amplia e irrestrictamente al Poder Judicial Minoril para hacer cesar las amenazas o restituir el derecho amenazado o lesionado mediante imposición de obligaciones de hacer o de no hacer[25].

III. MODALIDADES DE LOS NUEVOS PROCEDIMIENTOS EN LA LEY Y NOVEDADES RESPECTO DE LOS QUE CONTINUARÁN RIGIÉNDOSE POR OTRAS NORMAS QUE LOS CONTEMPLAN

El capítulo IV del Título IV de la Ley se regula específicamente lo relacionado con los Procedimientos Contenciosos en Asuntos de Familia y Patrimoniales; en el Capítulo V el Procedimiento en materia de Adopción y en el VI el Procedimiento Especial en Alimentos y Guarda.

Con excepción del relativo a la materia de Adopción, el cual por su especificidad no consideramos necesario estudiarlo detenidamente en esta oportunidad y en tanto que así mismo responde a profundos cambios que se han hecho en la normativa sustancial de la

---

24 Como lo veremos más adelante, la misma LOPNA precisa que algunos procedimientos contemplados en otras leyes (C.c, Ley Tutelar, etc), continuarán cumpliéndose por los procedimientos en ellas establecidos pero obviamente, ante la nueva organización judicial de la competencia minoril.

25 La Acción en referencia está ampliamente regulada expresamente en los artículos 276 ss de la LOPNA y su procedimiento especial por igual se lo contempla en los artículos 318 y siguientes. El examen detenido de dicha Pretensión requeriría una expresa consideración, que escapa a la presente exposición o haría que no pudiéremos referirnos a otros asuntos propios del contenido de la misma.

institución, entraremos a examinar las novedades que en los demás Procedimientos aplicables a la materia de Niños y Adolescentes regula la LOPNA[26].

La sección primera del Capítulo IV en referencia contempla las Disposiciones Generales que deben regir la materia, referidas a los Principios aplicables, Normativa supletoria que debe regular los procedimientos, Materia específica a los que se aplican las nuevas disposiciones procedimentales y determinación general de la Competencia por el Territorio para dichas materias especiales.

1. *Principios*

A tono con toda la motivación que justifica la nueva Ley a la que nos referimos en el Capítulo Primero de esta exposición, el artículo 450 de la misma, precisa que la interpretación de la normativa procesal que regula la materia de los Procedimientos Especiales regulados en la Ley, deberá ser hecha conforme a los principios rectores de la misma y que se enuncian así:

a) Ampliación de los poderes del Juez en la conducción de dichos procesos;

b) Ausencia de ritualismo procesal;

c) Gratuidad, al cual debe unirse el de defensa y asistencia técnica gratuitas (literales "d" y "e");

d) Se mantiene no obstante la declaratoria de que debe privar el interés de Los Beneficiarios, el que dichos procesos se inician a petición de parte, salvo las excepciones contempladas en la Ley[27];

e) Oralidad

f) Inmediatez, concentración y celeridad procesal;

g) Identidad física del Juzgador,

h) Igualdad de las partes;

i) Búsqueda de la verdad real;

j) Amplitud de los medios probatorios;

---

26 En todo caso y para simple ilustración, destacamos que su "procedimiento" está contemplado en los artículos 493 y siguientes, en el cual se regula específicamente el contenido de la solicitud, el material probatorio que debe ser acompañado, la oposición, los legitimados para ejercerla y término dentro del cual se la admitirá. Ese procedimiento por igual se caracteriza por su brevedad, gratuidad, facultades especiales de conducción al Juez, e inmediatez. No logramos entender la razón por la cual se lo excluye del procedimiento tipo al que luego nos referiremos contemplado para los procesos de Familia y Patrimoniales, lo cual hubiere sido preferible, para unificar todos los procesos en materia Minoril, con la sola particularidad de dejar como excepciones para el caso de Adopciones, de las particularidades específicas que le son propias (Inicio por solicitud y no por demanda, legitimación especial para oposición, limitación de los recursos, recursos admisibles y su trámite).

27 Si bien es cierto que se ratifica el principio dispositivo en esta modalidad de procedimientos, la misma Ley, como se lo advierte, establece excepciones, y por igual dicho asunto se torna menos importante en sus efectos si tomamos en cuenta la consagración de la novedosa Acción de Protección consagrada en la nueva Ley.

k) Preclusión; y

l) Moralidad y probidad procesal.

Respecto a los principios enunciados, sólo haremos referencia a los que por su novedad resaltan en la consagración que de ellos hace la novedosa Ley que es objeto de estos comentarios.

Comenzaremos por señalar que el de Ampliación de los Poderes del Juez en la conducción del proceso, se compagina con los principios que ahora regulan la materia Minoril, y que hemos dejado expuestos anteriormente, a lo que añadiremos los comentarios que siguen:

Observamos, en primer lugar, que al Juez, como parte fundamental del Sistema de Protección Integral al Niño y al Adolescente, tal como se lo indica en la EMLOPNA, se le da definitivamente una participación más activa en la conducción de los procesos, ello además resulta especialmente corroborado, con el enunciado de dos de los principios hechos en la misma norma, esto es, con el de "búsqueda de la verdad real y amplitud de los medios probatorios", los que de por sí ponen de manifiesto que dichos jueces, en todas las instancias de esa competencia, ya no serán la simple figura fría simplemente ductora del proceso, a que estamos acostumbrados dentro del proceso civil (el juez mercenario) y en la nueva Ley llegará más allá de lo que hoy ya trató de corregir el vigente Cpc, y se le atribuye un rol realmente pro activo con el fin perseguido con el Sistema[28].

Como consecuencia de lo expresado, simplemente mencionaremos, a reserva de examinar con mas detalle la materia, que ahora al Juez, se le confiere potestad probatoria, no solo ad aclaradum, sino con vista a la necesidad que tiene de buscar la verdad real, contemplado ello por igual como nuevo principio y fin de dichos procesos, puede tomar parte activa en la incorporación de la prueba y control de la misma y por último en cuanto apreciación de las pruebas, se le permite dictar su decisión con fundamento a su libre convicción, razonada, siempre con miras a la aplicación de la equidad, se le concede potestad de apreciación al silencio y conducta remisa del confesante (Art. 473) y finalmente está facultado inclusive para fijar en la Sentencia, las medidas de "ejecución"

---

[28] Debemos hacer constar que no fue del todo claro el legislador en cuanto a los poderes del Juez respecto a la prueba, y existen regulaciones a nuestro juicio contradictorias o que se prestarán a dudas. En efecto, el artículo 474, al referirse a los poderes conferidos al Juez, establece que a él como conductor del debate, corresponderá "conducir la prueba en busca de la verdad real, tendrá los poderes de conducción, corrección a las partes y podrá admitir o rechazar preguntas si estimare que son inconducentes o impertinentes", a su vez, en el artículo 478, en forma amplia se le faculta para ordenar la prueba ofrecida pero no evacuada por las partes o "cualquiera otra que estime imprescindible para la decisión del caso y el esclarecimiento de los hechos", pero por igual en el mismo Art. 474 se precisa en cambio que el Juez sólo podrá repreguntar únicamente para aclarar o adicionar lo dicho por los declarantes, lo que a nuestro juicio no permite afirmar tajantemente que se le concedió plena potestad de aportación de pruebas.

Lo dicho no empece a que reconozcamos un definitivo paso de avance para el logro de una mejor justicia, al reconocerse al Juez en la nueva Ley, el establecimiento de su convicción, de acuerdo a su libre apreciación siempre que ella sea razonada (sic. "debidamente razonada"), el ampliar la posibilidad de que se aporten pruebas de hechos no alegados, hasta oportunidad posterior a la contestación de la demanda o a los alegatos de la pretensión, o de admitir la prueba intempestiva cuando ello resulte como consecuencia de un hecho justificable (Arts. 469, 474, 478 y 481 LOPNA).

que estime convenientes para la efectiva mejor protección de Los Beneficiarios, aun cuando se declara que la misma se llevará a cabo conforme a las normas generales de la "ejecución ordinaria" contemplada en el Cpc, en lo que sea compatible (Art. 492).

Con la misma idea y para lograr el más ágil desarrollo del proceso, se le concede potestad ex oficio, a fin de cumplir con la función del Despacho Saneador (Art. 459), evitando así con ello entorpecimientos innecesarios al proceso; por igual se le insta para favorecer el trámite del proceso desde su inicio, debiendo proceder a efectuar designaciones expeditas de representantes a Los Beneficiarios, cuando fuere menester (Art. 457); se le confiere mayor amplitud en las decisiones atinentes a cautela judicial, y como particular novedad, se le reconoce también ahora potestad cautelar anticipada (Art. 467), lo cual definitivamente contribuirá, particularmente en casos tan especiales como los de Niños y Adolescentes y a las instituciones a ellos **vinculadas**, una mas expedita solución de los asuntos, atreviéndonos a predecir que se lo logrará, además, sin la necesidad de los lentos e interminables procesos que hasta hoy hemos visto imperar en esas materias.

Expresión del principio de oralidad ahora efectivizado expresamente toda vez que el inicio de dichos procesos, puede ser por la simple exposición oral que se haga de la pretensión ante el Juez así como que los actos de evacuación de pruebas deben tramitarse en idéntica forma (Arts. 456 y 470) y en un acto especialísimo, en el cual tiene preponderante papel la exposición y consideración oral a través del cual se cumplan los pasos necesarios para su examen y evacuación, luego reducido a una simple síntesis o resumen escrito, y todo a reserva de que se dejen efectuadas las grabaciones respectivas (Art. 477) y en la misma forma se cumple con la evacuación material de la mayoría de los medios probatorios (Artes 471, 472 y 473). Lo así ahora establecido indudablemente hará efectivizarlos principios igualmente declarados para el nuevo proceso de "ausencia de ritualismos, inmediatez, concentración y celeridad".

En torno a la declarada celeridad de dichos procesos, se observa disminución de los términos procesales ordinarios (emplazamiento para el quinto día (Art. 461), notificaciones por cartel con una sola publicación (Art. 461), establecimiento de domicilio procesal presunto, por el simple hecho del transcurso de 24 horas siguientes a la fecha en que se dictaren las resoluciones que los afectan (Art. 461 in fine del encabezamiento), período de pruebas, señalado por el Juez (Art. 468), deslastre del trámite impidiendo incidencias de tacha de testigos (Art. 474) y se reduce el término para dictar Sentencia a cinco días siguientes a la fecha en que concluyere el de evacuación de las pruebas, o de haber sido aceptada afirmativamente la demanda (Art. 482).

En cuanto a ese mismo aspecto y en lo atinente al régimen de los Recursos, la nueva Ley consagra, aclara y dispone las formas apropiadas para el Recurso de Revocación, el cual puede ser propuesto por las partes o declarado de oficio, y siempre tratándose de asuntos de mera sustanciación o trámite (Art. 485).

Con el mismo objeto y para evitar recursos injustificados o por el simple prurito de dejarlos ejercido, se impone la obligación de formalizar las Apelaciones, si bien se amplía el espectro de los legitimados para ejercer dicho recurso, extendiéndose la posibilidad de ejercerlo a las partes, al Ministerio Público y a quienes tengan interés directo e inmediato en la materia del juicio (Arts. 489 y 488).

En cuanto a la gratuidad, además de lo que conlleva su expresa declaración vale la pena mencionar la novedad de la exoneración ope legis de costas para los niños y adolescentes (partes activas o pasivas) ex artículo 484 *ejusdem*.

En el literal "h" del comentado artículo 450, se incorpora ahora bajo el título de "Identidad física del juzgador", y a tono con los demás principios que deben regir los nuevos procesos de menores, esta importante regla, no atinente al "derecho de ser juzgado por los jueces naturales" o a la proscripción de que existan juzgamiento con los denominados en algunos sistemas "jueces ciegos o tapados", sino conforme al cual, conforme se lo dispone en el artículo 480 *ejusdem*, se pretende garantizar una mejor justicia, a través de que quien tenga mejor conocimiento de los hechos y haya tramitado y sustanciado la promoción y evacuación de las pruebas, esto es, el mismo juez que ha sustanciado el proceso, el que se ha ido formando criterio sobre el motivo del juicio, los hechos que lo fundamentan y sus pruebas, sea quien necesariamente deba pronunciar la sentencia del caso.

En otras palabras, dicho principio complementa el efecto perseguido con el de la efectiva "inmediatez" y en definitiva lo que persigue es que la convicción del Juez tenga mejor apoyo, y con ello se garantice una sentencia mas justa y apegada a la verdad[29].

Por último, y en cuanto a la consagración de los principios de Moralidad y Probidad Procesales, estimamos que al no contener dicha normativa especial, sanciones expresas a la violación de lo que entrañan 1 violación de tales postulados, no resulta ser su consagración sino una simple declaración de buenos propósitos.

2. *Materias o asuntos a los cuales resultan aplicables los indicados nuevos procedimientos para asuntos contenciosos*

La Ley establece que dichos procedimientos se aplicarán a todos los casos relacionados con asuntos de familia y los asuntos patrimoniales señalados en los parágrafos primero y segundo del mentado artículo 177 *ejusdem*, y expresamente excepciona los relacionados con "Adopción, guarda y obligaciones alimentarias".

Respecto a los aludidos en el Parágrafo Cuarto del mismo comentado artículo (Otros Asuntos), la LOPNA, determina que los mismos se tramitarán por los que para ellos regula el Cpc. con excepción de los relacionados con el Régimen de Visitas, a los cuales resultarán aplicables las disposiciones que al respecto contempla la mentada Ley especial.

Respecto los casos exceptuados del procedimiento general especial para las materias de Familia y Patrimoniales, en lo atinente en concreto a Adopción y a los de Alimentos y Guarda, la Ley especial es cierto que contempla algunas modalidades especiales para su trámite (Arts. 493 ss y 511 ss), que se apartan en cierto modo del previsto para los Asuntos de Familia y Patrimoniales, pero a nuestro juicio, como lo dejamos consignado supra al referimos al de Adopción, no estimamos conveniente el que se les haya dado tratamiento de procedimientos a su vez especiales y separarlos del general contemplado para los asuntos de Familia y Patrimoniales, más cuando que las excepciones frente al que debe

[29] A nuestro juicio, el enunciado y puesta en práctica de las consecuencias de ese principio, ha debido complementarse con las normativas necesarias que permitieran buscar una salida a los supuestos en que por causas ajenas a las partes y al decurso del proceso, ese Juez que sustanciación y tramitó el caso, no pudiere o estuviere efectivamente impedido de entrar a sentenciarlo. Nos preguntamos ¿en caso de sustitución del titular del órgano será necesaria una reposición al estado de que se inicie de nuevo el trámite probatorio y el debate sobre los hechos? ¿En tal caso, podrían de nuevo alegarse, modificarse o alterarse los hechos ya invocados? ¿Quid de los efectos de las pruebas ya evacuadas e incorporadas a juicio?

tenerse como procedimiento prototipo, no resultan de mayor consideración (sólo referidos a forma de inicio, reducción de términos concedidos para ciertos actos, limitación de los recursos y directrices para el poder cautelar) y poniendo en duda en cambio el que los mismos deban ser tramitados con base a los demás principios generales básicos bajo los cuales se pretende garantizar una mejor y más expedita justicia para Los Beneficiarios (oralidad, ampliación de los poderes de conducción del Juez, potestad probatoria del órgano jurisdiccional y libre convicción razonada para la apreciación de las pruebas) y los cuales claramente son los que deben ser aplicados a todos los casos en que figuren como partes "Los Beneficiarios".

Expresamente manifestamos nuestro criterio respecto de que, no obstante ser procedimientos excepcionales los de adopción, guarda y alimentos [Art. 452), para nosotros ello no comporta el que no se apliquen a los mismos los principios bajo los cuales ha querido el Legislador Minoril sea interpretada la normativa procesal regulada en la nueva LOPNA[30], mientras que en lo atinente a los del parágrafo cuarto del mismo artículo 177 (Otros asuntos) y con la excepción que se hace en la misma Ley sobre el establecido para tramitar el régimen de Visitas, no se aplicarán los mismos, toda vez que la voluntad expresa de la Ley, es que continúen tramitándose conforme al Cpc, y por cuanto, al no estar ellos regulados ni contemplados en el mismo Capítulo IV del Título IV de la Ley especial, no le resultarán por tanto aplicables los principios generales que ella declara aplicables para los que sí lo están.

A nuestro juicio, con la misma idea de mejorar la administración de justicia para Niños y Adolescentes, y para unificar los procedimientos, hubiera sido igualmente preferible, señalar que ello se tramitaría conforme al modelo del Contencioso para Familia y Patrimoniales, ya que ninguna razón existía para no darles igual trámite, salvo el solo caso de los regulados para inserción y modificación de partidas, el cual por la forma que hoy lo regula el Cpc. no era menester tramitarlo por el de la LOPNA.

En el expresado sentido disentimos de lo que al respecto proclama la EMLOPNA, de que ello lo fue para no crear nuevos procedimientos, cuando que por la afinidad y finalidad de dichos procesos con la materia regulada en la nueva Ley, por el contrario hacía conveniente que todos se los regulara bajo una misma óptica y con un mismo modelo o prototipo, a reserva de que supletoriamente se declarara aplicable lo dispuesto en el Cpc. en cuanto fuere compatible y ante lagunas de la norma procesal, tal como se lo dispone en el artículo 684 *ejusdem*.

En cuanto a los de Guarda, resulta mas ostensible la falta de motivos para la excepción, pues al revisar las disposiciones especiales que ahora trae para la materia la LOPNA, encontramos que salvo normas que se refieren a ciertos aspectos de la guarda, más sustantivas que procesales y antes reguladas en el C.c. y el Cpc., la misma Ley especial determina que será aplicable el Procedimiento previsto en el Capítulo VI del Título IV, al cual nos hemos referido precedentemente (Art. 363 *ejusdem*)[31] y en cuanto

---

[30] Argumento ex-artículo 450 *ejusdem*.

[31] Resaltamos sí la insistencia con la cual la Ley quiere referir el que todo pronunciamiento en la materia, debe ser objeto de decisión judicial cuando los padres o quienes deben detentarla no se hayan puesto de acuerdo en la forma de su ejercicio, el de que en forma sumaria y anticipada a todo juicio, el Juez de la Sala de Juicio, puede acordar su adjudicación a reserva de que la contra parte pueda intentar el correspondiente juicio de guarda; el que tales pronunciamientos o acuerdos no crean cosa juzgada material; la necesidad de que para ello, cuando deba alterarse el

que las disposiciones que se suponen sean aplicables a dicho proceso excepcional (Capítulo VI del mismo mentado título) prácticamente no se refieren a su trámite, a no ser en el enunciado de dicho capítulo, con la sola salvedad de lo dispuesto en el artículo 524.

En cuanto a los de Obligación Alimentaria, la nueva Ley también trae una serie de interesantes modificaciones sustantivas, las cuales sugerimos a nuestros oyentes revisar detalladamente en la Sección Tercera, Capítulo II del Título IV de la LOPNA, las cuales no podemos entrar a examinar por no ser propias del tema de nuestra exposición, y en cuanto al aspecto procesal, insistimos nuevamente, que con las solas excepciones de las modalidades bajo las cuales debe tramitarse dicho procedimiento, la de reducción del lapso de apelación y sus efectos y la improcedencia del Recurso Extraordinario de Casación, son más de índole sustantiva y de fijación de criterios por igual sustantivos para el juez, que de verdadero contenido procesal, todo lo cual por igual no justificaba haberlo regulado como procedimiento excepcional y no tramitarlo por el mismo del modelo prototipo, en el cual pudieran haberse hecho como salvedades, aquellas de verdadera índole procesal a las cuales dejamos hecha referencia.

Como mero asunto referencial y dada la importancia que comporta ahora el nuevo tratamiento regulado en la LOPNA, y valen la pena destacar las disposiciones contempladas en los artículos 367, literal c), que establece una nueva fuente de dicha obligación (presunción grave de vinculo de filiación apreciable por el Juez), el Art. 375, relacionado con la posibilidad de "establecer convencionalmente dicha pensión" y de que para que tenga fuerza vinculante y ejecutivo dicho convenio deberán ser homologados por el Juez Minoril; lo relacionado con la legitimación activa para accionar en la materia (376 *ejusdem*) y las medidas cautelares especiales que ahora se contemplan pueden ser adoptadas por dichos Jueces (Art. 381), así como las relacionadas con el contenido de la cautela a que se hace referencia en el artículo 521 de la misma Ley (constituir al deudor de salarios, pensiones, remuneraciones, en depositario y ejecutor de la obligación de entregar lo que fuere objeto de la medida; sometimiento a régimen de administración especial el patrimonio del obligado, etc.).

En cuanto a la a su vez excepción contemplada para tramitar lo relacionado con el Régimen de Visitas, carece de sentido el que en primer lugar no se lo hubiera contemplado entre los asuntos del parágrafo segundo del artículo 177, y sólo establecer como modalidad especial dentro del modelo prototipo que el mismo se lo tramitara en una especie de fase no contenciosa preliminar, salvo caso de oposición, en cuyo supuesto entonces debe abrirse una etapa contenciosa, que en todo caso pareciera más conveniente haber dejado su tramitación por la del citado prototipo. En todo lo demás, lo novedoso de dicha regulación, resultan ser disposiciones más de orden sustantivo que ahora aclaran el alcance y contenido de dicho régimen y sus legitimados activos.

Respecto a dichas novedades estimamos de interés reseñar algunos de dichos cambios, por establecer soluciones prácticas a problemas que venían suscitándose en la materia, cuales son los casos de fijar el contenido de ese derecho (Art. 386) que ahora aclara no es solo el de acceder a la residencia de Los Beneficiarios, sino trasladarlos a los sitios que

---

régimen establecido, se tome en cuenta el parecer de Los Beneficiarios y el que ahora al obligado alimentario a quién se haya impuesto dicha carga por decisión judicial, que la incumpla injustificadamente, no se le atribuirá la guarda, salvo rehabilitación demostrada por el cumplimiento efectivo de sus obligaciones por más de un año (Arts. 359, 360, 361 y 362 LOPNA)

para ello se establezcan; el de que comprende así mismo cualquier otro tipo de comunicación conveniente con Los Beneficiarios (comunicaciones telefónicas, epistolares, e inclusive "computarizadas"); el de que puede concederse inclusive a terceros, no parientes, cuando el interés de Los Beneficiarios así lo aconsejen (Art. 388); el de la improcedencia de su pretensión cuando lo solicite el progenitor a quien se le impuso la obligación alimentaria incumplida injustificadamente, salvo rehabilitación (Art. 389) y la facultad de "conminar judicialmente a cualquiera de los progenitores que no teniendo la guarda, sustraigan o retengan indebidamente a Los Beneficiarios(Art. 390).

Finalmente precisa destacar la insistencia con la cual el Legislador ha establecido en los capítulos o secciones en que regula la Guarda, la obligación de alimentos y el régimen de visitas, así como en las normas de carácter procesal referidas a las mismas, el que siempre debe darse preferencia a los acuerdos a que puedan llegar las partes, bajo control del poder Judicial, y el de que cualquier pronunciamiento en una u otra de esas vías (voluntario, conciliatorio o judicial) nunca aparejan cosa juzgada material, y por tanto son eminentemente revisables, y a la forma bajo la cual debe realizarse dicha revisión, lo que antes siempre había dado lugar a dudas y discusiones en nuestro foro.

3. *Determinación de la Competencia Territorial para los nuevos órganos que ejercen dicha Competencia*

En todos los casos en que se atribuye potestad jurisdiccional a los nuevos órganos de esta Competencia, esto es a los referidos en los cinco parágrafos del Artículo 177, precisa la Ley que será el que debe ejercerla territorialmente el mismo de la residencia de Los Beneficiarios, con la sola excepción de los casos de divorcio o nulidad de matrimonio, en los cuales lo será el del domicilio conyugal[32].

4. *Normas aplicables a los procedimientos especiales de la LOPNA en casos de lagunas*

El artículo 451 de la Ley, dentro de la misma Sección Primera que refiere a las Disposiciones Generales relacionadas con los Procedimientos en asuntos de Familia y Patrimoniales, precisa, que en tales casos resultarán aplicables las disposiciones del Cpc y Cc en cuanto no resulten opuestas a las reguladas expresamente en la nueva Ley, y en los asuntos laborales que vinculen a Los Beneficiarios, serán de aplicación supletoria las normas de la Ley Orgánica del Trabajo y las de la Ley Orgánica de Tribunales y Procedimientos del Trabajo[33].

---

32 A nuestro entender, dados los términos en que se concibe el dispositivo comentado, esa regla es por igual la aplicable a los casos inclusive con procedimientos excepcionados, a los contemplados como generales especiales en la LOPNA.

33 Recuérdese, como lo señalamos supra, que la misma LOPNA deroga una serie de disposiciones de la Ley Orgánica del Trabajo referidas al trabajo de menores (Art. 684 LOPNA).

IV. DESARROLLO DEL PROCEDIMIENTO ESPECIAL MODELO O PROTOTIPO) CONTEMPLADO EN LA LOPNA PARA LOS ASUNTOS DE FAMILIA Y PATRIMONIALES

Pasaremos seguidamente a efectuar un examen del decurso de ese "Procedimiento modelo o prototipo" que nos trae la nueva Ley para el trámite específico de los asuntos referidos a Niños y Adolescentes en materia de Familia y Patrimoniales, cuyos órganos judiciales llamados a tramitarlos y resolverlos, especificación de las materias en ellos contempladas y principios generales hemos dejado analizados en el Capítulo precedente.

Ese trámite está contemplado en la Sección Segunda del Capítulo IV del mismo Título IV de la LOPNA cuyo artículo 454 refiere las etapas en que deben cumplirse dichos juicios, señalando que las mismas son cinco, a saber:

1. Iniciación, contestación, reconvención y réplica;
2. Fase probatoria;
3. Sentencia
4. Impugnación, y
5. Ejecución.

1. *Fase de Iniciación, contestación, reconvención y réplica*

A. *Forma de presentación de las demandas*

Como resulta obvio la primera fase de dicha etapa comienza con el libelo de la demanda y su presentación.

Respecto aquél, su contenido resulta precisado detalladamente en el artículo 455 *ejusdem*, y sobre el cual sólo analizaremos aquellos asuntos novedosos que se apartan de los conceptos y normativa tradicional referida al contenido del Libelo de las demandas ordinarias de los juicios civiles (Artículo 340 Cpc), y en cuanto a ellos, precisa la Ley que en dicho libelo deberán indicarse los medios probatorios que serán utilizados por la parte demandante.

Esta disposición del anuncio de prueba no es novedosa tampoco en nuestro sistema procesal[34] tiene por objeto un doble propósito reconocido en la doctrina y jurisprudencia. En primer lugar que permite al Juez un mejor control y conducción del material probatorio desde el inicio del proceso, en segundo lugar facilita a la contraparte su mejor defensa, y desde el punto de vista finalista o teleológico, por igual está llamado a producir un efecto de llamado a la sensatez del demandado con el objeto de que percatado de los fundamentos de la pretensión y de los medios probatorios con los cuales cuenta el actor, lo lleven prudentemente o bien a provocar un arreglo o a perfeccionar su defensa, en tanto conoce cuales son los hechos que invoca su contrario y los medios de prueba con los cuales cuenta para demostrarlos.

---

[34] En efecto, la Ley Orgánica de la Corte Suprema de Justicia, GO N° 1893 Ext. de fecha 30-07-1976, contempla en el artículo 126, que regula el procedimiento de los juicios de nulidad de Actos Administrativos de efectos particulares, que por igual en el correspondiente libelo se explanen los hechos sobre los cuales la prueba.

En el indicado sentido, la nueva Ley, se ocupa de regular detalladamente en los literales "e" hasta el "g", ambos inclusive, la forma como deben enunciarse los medios probatorios, concretamente en lo referente a prueba testimonial, a la pericial y a la documental, Indudablemente que el propósito del enunciado de las pruebas inicial y la ahora detallada regulación de la forma de anunciarlas, responde a la conveniencia de que el Juez pueda inicialmente depurar el proceso, pronunciándose adecuadamente sobre la pertinencia y legalidad de las pruebas y ahora, también, para facilitar el régimen de evacuación que se establece para las mismas (Audiencia oral para la evacuación de las pruebas) y a lo que nos referiremos más adelante.

Por lo que respecta al enunciado de las testimoniales, señala la nueva regulación, que, además de indicarse claramente la identificación de los testigos que serán promovidos (nombre, apellido y domicilio), impone así mismo la obligación de detallar los hechos sobre los cuales dichos testigos rendirán sus deposiciones. En la pericial, precisar en forma concreta los puntos sobre los cuales los peritos deberán dictaminar, y respecto a la documental no aportada con el libelo deberán indicarse los lugares donde pueda el Juez solicitarla.

Respecto a esta última modalidad de la nueva Ley vale la pena observar entonces que la prueba documental podrá ser llevada directamente al juicio por las partes, cuando ésta, siendo actora la acompaña con el libelo o su reforma voluntaria, siendo demandada la consigna con su contestación o defensas; o impuesta como consecuencia de haberse esgrimido alguna cuestión previa declarada con lugar que así lo permita, o bien por la vía de que el Juez la solicite, asumiendo así su potestad probatoria, ni dando a la misma carácter de prueba de informes, pues la Ley no la califica como tal, sino que aún en tal caso dispone que se la repute como documental, ex literal "g" del citado artículo 455[35].

La citada normativa especial no dispone nada respecto a la "presentación del libelo escrito", por lo cual deberán aplicarse, a tenor de los principios que regulan la materia y analizados en el capítulo precedente, las normas ordinarias del Cpc al respectos[36].

Bajo el principio de oralidad con el cual destaca la Ley debe llevarse a cabo este nuevo tipo de procedimientos, si los demandantes fueren Los Beneficiarios, la demanda puede plantearse oralmente ante el Tribunal, levantándose un Acta que la contenga (Art. 456).

Debe observarse al respecto, que existe una clara diferencia entre la autoridad antes quien se presenten dichas pretensiones, en forma escrita u oral, pues la primera lo será ante la Secretaría, mientras que la segunda modalidad supone que se lo haga ante el Tribunal (Juez y Secretario)[37].

---

35 Una disposición equivalente se establece para el demandado en el acto de su comparecencia para darle contestación a la demanda (Art. 461).

36 Art. 433 Cpc.

37 Argumento ex artículo 456 citado.

B. *Trámite de admisión y diligencias saneadoras del proceso a cargo del Juez*

En lo referente al primer asunto, tampoco la Ley especial dispone concretamente nuevas reglas de procedimiento, lo cual significa que resultan aplicables las disposiciones contenidas en la materia en el Cpc para el juicio ordinario[38].

Conforme a lo antes destacado, obviamente que el Tribunal podrá pronunciarse de plano sobre la No admisión, en los supuestos que conforme al ordenamiento ordinario, ello procede[39].

Respecto a la potestad saneadora conferida al Juez, determina la Ley que la demanda oral o la escrita, serán revisadas por el Juez que deba conocer del asunto, y que de no llenar los extremos formales contemplados para cada asunto a tramitar, lo harán pronunciarse in límine, aún sin la admisión de la correspondiente demanda, a fin de que sea subsanado cualquier error que al respecto pueda detectarse y que pudiere constituir a futuro un motivo de incidencia o retraso para el procedimiento.

Podría preguntarse qué ocurre en el supuesto de que admitida la demanda, no apreciado por el Juez cualquier defecto, si ello podría dar o no lugar a la oposición de la cuestión previa por defectos de forma, a lo cual debe responderse de que el no pronunciamiento del Juez al respecto ni subsana los errores, ni impide el ejercicio de tales defensas, pero por el contrario y con base a la misma ley, debe sostenerse que apreciado el defecto u omisión por el Tribunal y corregido tempestivamente conforme lo dispuesto por el órgano, en cambio, a nuestro juicio, impide el que nuevamente se haga valer la Cuestión previa de defecto de forma sobre el mismo motivo o hecho en que se fundó el primer pronunciamiento, que crearía en tal sentido cosa juzgada respecto a dicho asunto.

La disposición saneadora del Tribunal debe ser fundada, razonada e indicativa de las correcciones pertinentes[40] que equivale por supuesto a una interlocutoria que puede causar gravamen irreparable, dado que la sanción al incumplimiento de la orden del Tribunal dictada al respecto debe cumplirse necesariamente en el plazo fijado por la Ley para ello, so pena de que no se de curso a la orden de comparecencia, y en adición, si hubiere sido menester proveer a designación de un representante judicial, que fuere remiso a acatar dicha disposición, aparejará por igual su destitución (Art. 460 *ejusdem*).

Como puede apreciarse obviamente que tal decisión no es de mero trámite o de simple sustanciación, y por tanto, a nuestro juicio sería apelable en un solo efecto y no reparable el agravio por vía del Recurso de Revocación (ex artículos 485 y 486 *ejusdem*).

Nada dice tampoco la nueva Ley sobre los incidentes subjetivos del órgano que puedan plantearse, ni los que deriven de los Conflictos de Competencia o Jurisdicción, lo que hubiera sido deseable fuera regulado en forma tal que no se entorpeciera la agilidad y

---

38 Arts. 341 ss Cpc.

39 Obviamente que tratándose de esta competencia especialísima, serán más los casos que puedan prestarse a consideración sobre si pueden o no admitirse por el Tribunal especial, debido a las exclusiones y régimen de excepciones que establece la misma Ley especial, y en adición todos los demás en que por igual debe rechazarse la admisión en la jurisdicción ordinaria civil.

40 Argumento Ex artículo 459 *ejusdem.*

celeridad necesaria con los cuales deben tramitarse estos procesos especiales, sobre todo tomando en cuenta el interés de los Beneficiarios[41].

C. *Admisión y emplazamiento*

Subsanados los errores o defectos conforme lo determinado por el Tribunal o si dicho órgano no apreciare la existencia de alguno, ordenará la orden de comparecencia con copia del libelo, fijando un plazo de cinco días para que se la conteste[42].

La Ley dispone que en dicha orden de comparecencia se prevendrá al demandado para que tal contestación sea dada en la forma prescriptiva y detallada que señala la Ley, so pena de que el Juez, pueda tener por ciertos los hechos invocados como fundamento de la pretensión. Por ello, la norma del artículo 461, dispone que esa contestación debe ser referida a los hechos (sic. Invocados), uno a uno, indicando sobre si se conviene total o parcialmente en alguno de los invocados, o si se lo hace con variantes y rectificaciones, previniéndose al demandado, así mismo, sobre el señalamiento de prueba en que fundamente su oposición.

La LOPNA nada dice respecto a las formas de citación ordinarias, y solo se refiere a la de carteles o edictos, disponiendo que en tales casos bastará con la publicación de uno solo en un diario de circulación nacional o local[43].

Respecto a la forma de las citaciones, manera de cumplirlas, orden de precedencia, forma de constatarla y sus efectos, son aplicables a nuestro juicio las disposiciones del Cpc[44].

Por lo que atiene a quien deba practicarla, a pesar de que la LOPNA contempla la existencia de una Sala de citaciones y notificaciones, como lo dejamos vista supra, ya

---

41 En tal sentido hubiera sido útil tomar en cuenta lo que al respecto regula la Ley de Amparo Constitucional o establecer mecanismos similares. Todos los que ejercemos conocemos que una de las tácticas desleales y dilatorias a la cual se recurre en estos casos, es la oposición de Recusaciones, interposición de Conflictos de Jurisdicción o Competencia, y lo demorado que resultan en la práctica las decisiones de dichas incidencias.

42 Es de observar que en los trámites especiales bajo los cuales deben sustanciarse los procesos de Visitas, Guarda y Alimentos, la citación se realizará por Boletas (514) en los de Guarda y Alimentos, y en los de visitas, así como todo otro aún en aquellos en que el Juez pueda actuar sumariamente, estimamos que siempre deberá oír a las partes afectadas, y si bien nada se regula al respecto, consideramos que por analogía con lo prevenido para los de Guarda y Alimentos, las mismas deberán ser llamadas al juicio por vía de Boletas, dada la similitud de dichos incidentes, con las maneras establecidas para resolver en forma expedita aquéllos.

43 En todo caso somos de opinión que hubiera sido preferible, en cuanto a los Carteles se refiere, y dado el alto costo que hoy supone la inserción de cualquier aviso en la prensa, que se tomara previsión adecuada para lograr que ello produjere el menor costo posible, y dado que en algunas oportunidades se incurre en la redacción de dichos carteles en extensión innecesaria. Quizá la norma pertinente debió quedar redactada en forma similar a la siguiente: "El cartel contendrá sucinta y brevemente los datos indispensables para enterar a la parte interesada de la existencia del proceso y la disposición de incorporarse al mismo en el plazo que señala la Ley". Por igual, de alguna manera debió establecerse un mecanismo expedito para que cuando Los Beneficiarios carecieren de recursos, de alguna manera se provea a tales gastos de juicio o se estableciere otro mecanismo alterno.

44 Recuérdese al respecto la norma remisoria a dicha normativa general analizada en el capítulo precedente 451 *ejusdem*.

hemos dicho que no queda claro si la misma es otra especie del mismo Tribunal o Sala de Juicio o simplemente un departamento a cargo de Alguaciles especializados, ello a nuestro modo de ver en absoluto modifica el régimen supletorio del Cpc aplicable al respecto por la mentada norma de remisión supletoria examinada antes, y por lo tanto somos de opinión que perfectamente puede realizarla el propio demandante con Notario u otro Juez competente, la forma de hacer constar en autos su efectiva ejecución, la necesidad de agotar la *in facien* en todos los casos, y las de notificaciones y citaciones presuntas a que también refiere la normativa Adjetiva general[45].

La orden de comparecencia supondrá siempre y en todo caso la notificación pertinente al Ministerio Público ex artículos 170 y 461, parágrafo tercero de la LOPNA y los artículos 129 ss del Cpc[46].

D. *Defensas del demandado. Cuestiones previas, contestación y reconvención*

De los artículos 462 y 475, se desprenden importantes novedades en este nuevo tipo de procedimientos que lo apartan del modelo paradigmático del juicio ordinario del Cpc.

En efecto, señala dicha normativa especial que en el acto de contestación puede ocurrir que el demandado comparezca o no al mismo, o que si lo hace no de su contestación en la forma que lo indica la Ley, detalladamente, o en desacato a la prevención del Tribunal, sin que por ello pueda considerársele confeso o le sea limitado su derecho a pruebas, pues si el mismo compareciere a la oportunidad de la audiencia fijada para recibir las pruebas (Arts. 468, 469 y 470 *ejusdem*) el juez le recibirá todas las que ofrezca en dicho acto y con la advertencia, no obstante, que en todo caso, la valoración de las mismas, en relación con los hechos tenidos como ciertos, deberá hacerla el Juez en la Sentencia (475 *ejusdem*)[47]

En ese mismo acto de comparecencia, podrá optar por hacer valer también las Cuestiones previas que estime pertinentes, pudiendo solicitar inclusive verbalmente que sean resueltas en ese mismo acto, siempre y cuando presente prueba que acredite su

---

45 Artículos 215 ss Cpc.

46 En nuestro criterio, en estos casos el requisito de notificación al Ministerio Público de Menores atiene a la de debida regularidad del proceso especial, y por tanto su falta, a pesar de que los Beneficiarios estén debidamente representados en juicio, inclusive por el representante que de oficio les hubiere designado el Tribunal, acarrea la reposición de dichas causas

47 Como puede apreciarse, no resulta del todo clara la intención del legislador en este aspecto, pues mientras en el Art. 461 se contempla que la falta de acatamiento a la forma en que debe darse contestación acarreará, que el Juez pueda tenerlos como ciertos, y el 475 pareciere ratificar dicho principio, de ese mismo artículo pareciere desprenderse que si de las pruebas aportadas, a juicio del juez resultare que los hechos no son como se los ha invocado, por cualquier medio de prueba, no operará tal reconocimiento de los hechos. En consecuencia puede sostenerse que solo podrá hablarse de confesión tácita, cuando la no comparecencia, o la indebida contradicción de los hechos invocados por el accionante, no son desvirtuados por cualquier clase de pruebas que fueren incorporadas a juicio, independientemente de la naturaleza de las defensas o hechos esgrimidos para contradecir aquellos (impeditivos, obstativos, novatorios o innovativos) o de los medios de prueba utilizados para ello, si de estos el Juez desprende elementos que le produzcan convicción, para lo cual gozará de absoluta libertad de apreciación, siempre y cuando dé razón fundada para ello, sin sujetarse al derecho común y siempre que se expresen materialmente en el fallo los motivos de equidad y derecho en los cuales se fundamente su apreciación (Art. 483).

alegato, si tal fuere el caso y el Juez, oyendo al demandado, si estuviere presente, decidirá el asunto con los elementos invocados y los que consten de autos, dejando constancia de todo lo actuado en Acta que se levante al respecto, debiendo las partes cumplir lo así decidido, sin apelación[48].

De ser rechazada dichas cuestiones previas la contestación se efectuará al día siguiente dentro de las horas fijadas por el Tribunal para despachar, sea en forma oral o por escrito, levantándose Acta al respecto en el primero de tales supuestos y si fueren resueltas a favor del demandado, se procederá como lo indica para tales supuestos el Cpc.

De alegarse reconvención, el Juez conferirá al demandante reconvenido tres días de plazo para contestarla, pero con la advertencia que respecto a la misma, el Juez deberá ejercer el control del Despacho Saneador anticipado, en la misma forma y con idénticas condiciones a las contempladas para la demanda principal, con la previsión de que si no se acataren las disposiciones del Tribunal para efectuar las correcciones, enmiendas o adiciones, sea declarada inadmisible dicha reconvención, y admitida esta, por igual al reconvenido se le reconoce el derecho de hacer valer cuestiones previas contra dicha nueva pretensión, las cuales se tramitarán conforme lo dispuesto en los Arts. 462 al 464 *ejusdem*) todo conforme lo previene el Art. 465 *ejusdem*.

E. *Fijación de los hechos que determinan el contenido de la litis*

Antes de que tenga lugar la fijación del Acto Oral para la Evacuación de las pruebas, con el cual se inicia la segunda etapa de estos JUICIOS, a diferencia de lo que ocurre también en los procesos ordinarios civiles, cualquiera de las partes podrá invocar hechos nuevos o sobrevenidos durante el proceso hasta antes de la realización del aludido acto de evacuación de las pruebas (Art. 469 *ejusdem*).

En tales supuestos y para mantener la igualdad de las partes, determina la Ley que dicha solicitud de incorporación de nuevos hechos se tramitarán como las incidencias reguladas en el 607 Cpc y la resolución admitiendo o denegando dichos pedimentos deberá dictarse antes de la fijación del inicio de la nueva comentada etapa de evacuación de las pruebas y sobre lo así resuelto solo se admitirá Recurso de Revocación[49].

2. *Fase probatoria*

En esta etapa la nueva Ley incorpora una serie de importantes novedades, para adecuar la nueva modalidad de proceso a los principios que se reconocen en ella deben aplicarse a los mismos.

---

[48] Nada dice la Ley para el caso de que el demandante no estuviere presente, pero por lógica deberá interpretarse que entonces será necesario fijar un término a aquél a fin de que exponga lo conducente, con miras a la necesidad de preservar la igualdad y el debido derecho a la defensa.

[49] Observamos al respecto que la decisión pertinente en modo alguno puede considerársela como acto de mero trámite o sustanciación, sino que por el contenido y efectos de la misma, obviamente que ella repercutirá considerablemente sobre la esfera de intereses de las partes pudiendo producirles evidentes gravámenes irreparables, por lo cual consideramos una inconsistencia lo así prevenido para tal caso y a la luz de lo normado para el citado Recurso de Revocación (Art. 485)

En primer lugar, no se establece un determinado lapso en la Ley para la promoción, admisión y evacuación de las pruebas, sino que contestada la demanda, o en su caso la reconvención y resueltas las Cuestiones previas si las hubiere, el Juez señalará una oportunidad única para que tenga lugar el acto Oral para evacuación de las pruebas.

A este acto, que como se señala es único y oral, se le da particular importancia, al extremo de determinar la Ley (Art. 480) que si el mismo no se lo celebra con las formalidades en ella contempladas y en especial si el mismo no se lo realiza en forma oral, o que las pruebas no hayan sido evacuadas por el mismo Tribunal, o si el juez que lo presencia no es el mismo que dicta el fallo, resultará nulo dicho acto y en su caso la aludida sentencia dictada en desacato a tales prevenciones.

En dicho acto que da lugar propiamente a la fase probatoria de estos nuevos juicios, deberán comparecer las partes, los testigos, peritos e intérpretes, y acto seguido se declarará abierto el debate, decidiendo en el mismo el Juez cuantas incidencias se pudieren presentar por las partes así como cualquier solicitud de nulidad que se hubiere formulado o se invocare en tal ocasión y despejadas dichas incidencias se procederá a recibir (incorporar) las pruebas, mediante una particular modalidad consistente, como se evidencia del texto de las normas pertinentes que regulan la materia, en el caso de las Documentales, en la lectura de un extracto (sic. "lectura de los documentos y haciendo un extracto de los mismos") conciso y concreto de las mismas.

En la pericial, mediante el recibo en dicho acto de los dictámenes rendidos por los expertos, de los cuales se incorporará como efectiva prueba sus conclusiones, con la previsión de que si el Juez lo estima pertinente se llamará a los peritos para cualquier aclaratoria pudiendo las partes interrogarlos directamente para aclarar puntos oscuros o contradictorios (Art.472).

En ese mismo acto luego de incorporadas como fueren la documental y la pericial en la forma ya analizada antes, podrán tener lugar los interrogatorios que podrán hacerse las mismas partes o los que a ellas haga el Juez, así como a los peritos y testigos, sobre los hechos de la demanda, contestación y réplica.

En él, también las partes podrán pedirse confesión recíprocamente, sin límites de preguntas, incorporándose el resultado de dicho interrogatorio a los autos, la misma solo podrá versar sobre los hechos debatidos e incorporados al proceso, sin que pueda serlo sobre hechos nuevos y para tales efectos se ordenará la citación de las mismas con tres días de anticipación a la celebración del Acto oral de pruebas, con la advertencia de que la no comparecencia, hará que el Juez pueda considerar por contestados afirmativamente los hechos del respectivo interrogatorio, siempre que se refieran a hechos personales del confesante y que no impliquen responsabilidades penales para los mismos[50].

En todo caso en dicha oportunidad, el Juez, como director del debate procesal conducirá dichas actuaciones, siempre en busca de la verdad, pudiendo rechazar o admitir

---

50 Dado que la Confesión en materias relacionadas con el orden público no produce efectos, en beneficio de una más clara aplicación de la ley ha debido dejarse aclarado cuando menos que: "la misma en todo caso será admisible y apreciada por el Juez, cuando no se trate de asuntos en que esté interesado el orden público", toda vez, que como es obvio en la mayoría de estos procesos, relacionados con familia y menores, aquél está especialmente vinculado a los asuntos en ellos debatidos.

las preguntas si fueren conducentes o impertinentes, pudiendo el Juez repreguntar con vista a aclarar o adicionar lo dicho por los declarantes.

En cuanto a los testigos el Juez podrá optar por reducir a dos los propuestos por las partes si estimare abundante la prueba, los cuales escogerán las partes de los por ellas ofrecidos, rechazar las pruebas intempestivas y no consignará en el Acta levantada al efecto los alegatos de las partes sobre rechazo o admisibilidad de las pruebas.

La no asistencia de las partes a dicho acto es regulada por la Ley, precisándose que si la ausencia es del demandante, injustificadamente, todo a juicio del Tribunal, podrá continuarse el acto solo con los presentes, y si lo fuere del demandado, el Juez, no obstante ordenará la continuación de dicho acto, sin necesidad de nuevo señalamiento.

En dicha ocasión así mismo, el Tribunal prescindirá de oficio de toda prueba que no haya podido evacuarse en dicho acto, salvo que la parte (sic interesada) no demuestre justo impedimento apreciado libremente (Art. 478 *ejusdem*).

En todo caso, conforme a la misma citada norma, el Juez está facultado para ordenar la prueba ofrecida por las partes y no evacuadas o cualquier otra que estime imprescindible para la decisión del caso y esclarecimiento de la verdad de los hechos.

Contra lo resuelto por el Juez en tal oportunidad no cabe recurso alguno, pero las partes pueden hacer constar su inconformidad en el acto de conclusiones.

De todo lo resuelto y acaecido en dicha ocasión, se dejará constancia en un Acta que se ordene levantar por el Tribunal, en la cual se incorporarán sucinta y resumidamente lo declarado por las partes, testigos, expertos, todo sin perjuicio de que se proceda a la grabación correspondiente (Artc.477).

Para entender todas estas novedosas disposiciones, francamente que a nuestro juicio no puede acudirse al texto literal de la Ley, la cual nuevamente no fue muy precisa ni técnica, pues de ello no podría concluirse sino con una gran confusión para el trámite y contenido del citado acto.

En efecto, consideramos que la Ley cuando se refiere a la fijación del acto oral de pruebas, indudablemente que no puede estarse refiriendo a una sola audiencia o día de despacho en el cual deba cumplirse con todo el proceso de evacuación de las pruebas.

Ello porque a tenor de la misma forma como regulan el resto de las disposiciones lo que debe acontecer en el mismo, resulta imposible que ello así lo sea, y dado que para incorporar muchas de las pruebas, o bien se lo deberá hacer antes de fijar aquel, o bien en él resultará solo posible fijar como y cuando puedan ser efectivamente evacuadas (caso de la confesión, los contemplados en el artículo 478 (ordenadas evacuar ex oficio por el Juez).

Pareciera, pues, que como debe entenderse esa nueva modalidad en materia de pruebas, es que fijándose una oportunidad que establecerá el Juez para dejar abierto el debate probatorio, en ella con la presencia imprescindible del Juez, deberán anunciarse o en su caso aportarse todas cuantas pudieren pretenderse llevar a juicio, sobre lo cual podrá pronunciarse el Juez en cuanto pertinencia, forma de evacuación, legalidad y mesuramiento de los medios de prueba (eliminación de interrogatorios, adicionamiento, reducción del número de testigos, etc.).

Con vista a ello y establecidas las oportunidades para la realización de las experticias, si fuere el caso, el Juez fijará uno o más días de despacho en los cuales, igualmente y con su presencia imprescindible, en forma oral, se rendirán las deposiciones de los testigos, se oirán los resultados de las experticias, se realizarán los interrogatorios confesionales de las partes, en todos los cuales podrá participar el Juez, y lo cual se hará en forma oral, pero de todo ello se dejará un breve resumen escrito en cada caso, sin menoscabo de disponer su grabación (477).

Lo que no quede así tramitado y sustanciado, no se admitirá luego como prueba (478) salvo causa no imputable a las partes y todo a reserva de que concluidas esas oportunidades, aquellas que no quedaron evacuadas, pero si anunciadas o toda otra que el Juez repute imprescindible para la decisión del caso o esclarecimiento de la verdad, puedan ser llevadas a juicio, claro está previa fijación de oportunidad a fin de que así se cumplan, con el objeto de que las partes puedan concurrir a controlar dichas pruebas, en tanto que si bien son pruebas de y para el proceso, aún aportadas por el Juez, de ellas pueden derivar daños o gravámenes para las partes, las que se evacuarán en la misma forma citada para las restantes, conforme lo visto precedentemente, sin poder admitirse ninguna otra.

Por igual se tramitarán aquellas que sean resultado de solicitudes para mejor proveer o autos del Tribunal en que así lo acuerde de oficio (481) con la peculiaridad como se deduce de la comentada regulación, que las mismas pueden ser resultado ahora de efectiva petición de las partes o por iniciativa del órgano judicial.

La disposición que realmente no encuentra para nosotros fundamento ni explicación es la referida a la evacuación de las documentales contemplada en el artículo 471 *ejusdem*, y según la cual su incorporación a juicio, no lo será con su material consignación en el proceso, sino como resultado de una especie de labor de resumen conciso y concreto del contenido del instrumento hecha por el Juez y el cual deberá quedar consignado en los autos en el Acta a que se refiere el artículo 477 ya citado.

Lo curioso es que esa labor, que mas bien pareciera ser la forma como debiera analizarse dicha prueba en la sentencia, se cumple con anterioridad a la misma e impone al Juez una labor de escudriñamiento y precisión de los hechos debatidos y los hechos a los que se refiera el medio documental específico, aún antes de conocer propiamente del asunto debatido y que para nuestra opinión carece de todo sentido haberla regulado en esa forma y que no debe responder sino a una indebida copia de algún precepto contemplado en ordenamiento diferente al nuestro y donde pueda tener una justificación muy especial.

Una vez ya tramitada la incorporación de todas las pruebas ofrecidas o aportadas por el Juzgador, en la oportunidad que para ello estuviere dispuesta, las partes deberán formular sus Conclusiones orales por el tiempo y en la forma que regula el artículo 481 y de no haber disposiciones para mejor proveer, el Juez procederá a dictar su sentencia dentro de un plazo no mayor de cinco días (482 *ejusdem*).

3. *La Sentencia*

La misma debe pronunciarse por escrito, pues nada señala la Ley al respecto, dentro del indicado plazo, so pena de ser ineficaz ante las partes, debe cumplir con los requisitos expresos de exhaustividad y sujetarse estrictamente al *thema decidendum* (483) con lo cual por igual se proscribe la infra, extra y ultra petita. Debe ser además expresa y materialmente motivada y se precisa al respecto que materialmente debe dejar constancia en el fallo de su análisis de las pruebas en relación con los hechos tenidos como demostrados y no demostrados (Art. 483).

En cuanto a la valoración y apreciación de las pruebas, se separa la LOPNA de los principios generales del proceso ordinario, y se admite que la convicción del juez se funde en su absoluta libertad de apreciación, sin importar cuál sea el medio probatorio y si lo es tasado o no, pero en todo caso en el fallo debe haber expresión concreta y precisa del análisis de las mismas y contener por igual expresa y materialmente los principios de equidad y derecho en los cuales se fundamenta su apreciación (483 *ejusdem*).

No ha sido muy feliz tampoco la redacción de la expresada norma. En efecto, al consagrarse el principio de libertad de apreciación (si bien bajo la exigencia de que ello sea producto de una labor racional, que debe constar en autos) se señala que esa razonabilidad debe derivar de la equidad o del derecho y que deben dejarse consignados en el fallo cuales han sido los principios aplicables para haber llegado a esa apreciación.

Las menciones a la equidad y al derecho contenidas en la normativa bajo examen, en nuestro criterio deben y tiene que ser entendidas sólo a los efectos de justificación de la labor intelectual de formación de la convicción del juez en cuanto a la apreciación de la prueba a su libre convicción, con lo cual pone de relieve que tampoco ello lo será producto de su libre albedrio y sin que quede debidamente justificado su proceder.

No comporta ello que la decisión sobre el asunto de fondo debatido, deba ser de "equidad" en lugar de tener que serlo como lo exige la Ley, apegado estrictamente a ella.

Repetimos, la nueva Ley no ha cambiado el que la justicia minoril sea una justicia apegada a la legalidad, ni ha creado un fuero excepcional a sus jueces para que dicten fallos inmotivados o a su leal saber y entender o con base a la equidad.

Creo que esto es particularmente importante, pues una de las críticas que siempre se formuló a la llamada Jurisdicción de Menores, fue su desapego a normas expresas contenidas en la Ley, el que sus fallos fueron poco ajustados a los principios ortodoxos ordinarios, todo lo cual se hizo siempre bajo la excusa de que lo era por ser fallos de equidad y con miras al mejor interés de los Menores.

La especial amplitud que si debe reconocerse a quienes desempeñan su competencia en materia de niños y adolescentes, antes y después de la LOPNA, lo ha sido en que para resolver ciertos casos, a falta de expresa norma legal, o para interpretar algunas instituciones contempladas en las leyes, siempre deberán tomar en consideración el interés protegido de los débiles jurídicos para los cuales prestan su Ministerio.

Pero ello lo será siempre razonando y motivando sus decisiones en cuanto a cómo y porqué se interpreta; el porqué y el cómo debe privar ese Interés Superior de Los Beneficiarios y, en todo caso, atenidos a las normas legales expresas que regulen determinada situación o institución, y sólo hacerlo bajo su discrecional criterio, cuando así para ello los faculte la Ley y sin menoscabo de que en tales casos, para su integración utilice la costumbre, los principios generales, la justicia y la equidad, como expresa y mandatoriamente determina nuestro ordenamiento.

4. *Etapa de Impugnación*

La nueva Ley regula para el procedimiento prototipo contencioso los medios bajo los cuales ha lugar a esta etapa, esto es, los Recursos de Revocación (485) y el de Apelación (486), eliminando como lo señala la Exposición de Motivos, la Consulta obligatoria.

Finalmente, como se lo indicó supra también prevé el de Casación, cuando así lo permite dicha Ley y es procedente conforme al ordenamiento especial que regula dicho remedio extremo.

El de Revocación equivale a un recurso o remedio impropio, que debe ser aplicado por el mismo Juez que dictó la decisión atacada, y está reservado para decisiones de mero trámite o sustanciación, siempre que no se haya dictado sentencia firme y el cual puede ser aplicado aún de oficio por el mismo Juez.

Se destaca como innovación que debe ser resuelto de inmediato cuando se lo interpone en el acto oral de evacuación de pruebas y en los demás, debe formularse por escrito dentro de los dos días a la fecha de que se dictó el auto que produjo agravio y resuelto por igual en idéntico término.

En cuanto a dicha norma debe destacarse otra imperfección al no precisar debidamente que el que debe ser resuelto de inmediato, pues no otra interpretación lógica cabe, tiene que ser el atinente a la promoción, admisión o no de pruebas y a su evacuación, pues una interpretación contraria y extensiva carecería de todo fundamento racional.

La decisión que recaiga sobre el mismo será ejecutada, salvo el solo supuesto en que se lo hubiere hecho valer, conjuntamente con el de Apelación, en cuyo caso, a pesar de que no lo dice expresamente la Ley, entendemos que será o no ejecutable, en la misma forma en que la Ley regule los efectos de esa apelación (485).

Sobre el Recurso de Apelación sólo vale la pena destacar que procede en ambos efectos cuando la decisión ponga fin al proceso, la cual deberá ordenarse oír en ambos efectos y contra las interlocutorias que produzcan gravamen irreparable lo serán en un solo efecto.

Los términos para interponerlo, serán de cinco días (de despacho, debe entenderse) para los que se interpongan contra las sentencias que pongan fin al juicio y en las demás en que es admisible en el de tres días (de despacho, debe entenderse). Arts. 486/487.

En cuanto a legitimación, expresamente se la extiende al Ministerio Público y a todo el que tenga interés directo e inmediato en la materia del juicio respectivo (488).

Para el trámite de la apelación se exige ahora la necesidad de Formalizar el citado recurso, lo cual será en forma oral y debe serlo tempestivamente, para lo cual se determina que la Corte Superior fijará para ello uno cualquiera dentro de los cinco días (de despacho) siguientes al recibo del expediente.

Nada se contempla sobre pruebas en este grado del proceso, y así mismo debe deducirse del texto del Art. 489, que si no comparece ni se hace parte el recurrido, en la fecha fijada para la formalización, por igual se dará curso al trámite, pero que si lo hace, se le oirá.

Dejaremos de analizar lo relacionado con el Recurso Extraordinario de Casación (490 y 491 *ejusdem*), en tanto la especialidad de su tramitación ameritaría todo un estudio especial, limitándonos sólo a destacar lo ya señalado en tomo a cuando debe reputarse procedente y cuando no, lo cual hemos dejado comentado supra.

5. *Etapa de ejecución*

Como ya tuvimos ocasión de señalar al inicio, la misma, en lo que resulte compatible se lo hará conforme las disposiciones contempladas en el Cpc para el juicio civil ordinario (523 al 584), y con la ya señalada advertencia de que el Juez en su Sentencia podrá así mismo disponer en ciertos casos la forma como debe cumplirse la ejecución con miras a la protección de Los Beneficiarios (483, 382, *ejusdem*).

V. Medidas Cautelares

Como en todo otro proceso, la garantía de ejecución está en la Potestad Judicial Cautelar, y aun cuando no entraremos a examinar dicho aspecto a fondo por considerarlo de tanto interés que debería ser objeto de análisis separado en otra exposición, no podemos dejar de referirnos a los aspectos generales y novedosos que ahora trae la LOPNA (466 y 467 *ejusdem*).

Entre esas novedades es indispensable señalar que se dota a la Competencia especial de Menores de Potestad Cautelar "anticipada", pero condicionada a que se intente la acción correspondiente dentro del término que fije el Juez que decrete aquella, lo cual como ya lo adelantáramos provee a esa Competencia de un útil, ágil y efectivo mecanismo para no solo atender oportunamente a la tutela de los intereses protegidos, sino que será en la mayoría de los casos un motivo adecuado para llegar la terminación del juicio voluntariamente o en vía conciliatoria, y ha sido esa la experiencia sobre la materia en otros países donde se reconoce ese medio de ejercicio de la cautela.

Por lo demás en algunos de los procesos típicos que son del conocimiento de esta Competencia especial, se han precisado al Juez límites y potestades para interpretar y aplicar esa potestad cautelar (360, 381 y 521 LOPNA).

CONCLUSIÓN

1. Consideramos haber hecho un examen sobre las novedades que atañen al procedimiento civil especial en los casos de la Competencia sobre Niños y Adolescentes, de lo cual a nuestro juicio puede justificarse el establecimiento de "procedimientos especiales" que garanticen los altos fines de esa normativa y una justicia expedita y lo más apegada a la verdad real que sea posible.

2. Consideramos que la nueva Leyes un serio intento de unificar la materia referida a menores (niños y adolescentes) en un solo instrumento, y el cual, al menos en la materia de "Procedimientos Judiciales", si bien hubieran podido evitarse ciertas confusiones que generará la inadecuada redacción en algunas de sus normas, constituyen una buena aproximación para mejorar la administración de justicia en lo que resulta propio de esa competencia y se introducen novedosas instituciones en procura de una justicia mas pura y efectiva. Si bien debe entenderse que el Juez en la materia sigue ceñido al principio de Legalidad y a la Justicia legal, en cambio se le han conferido las potestades probatorias, el poder de valoración por su libre convicción razonada, la cautela anticipada y la organización de un nuevo órgano judicial que la ejercerá.

En todo caso somos escépticos en cuanto a que el Estado efectivamente ponga a disposición de esa nueva Competencia los medios y recursos apropiados para su debido y efectivo funcionamiento.

3. Consideramos que todos los cambios que comporta la nueva regulación legal de la materia, en lo sustantivo y adjetivo, requieren fundamentalmente de Jueces debidamente preparados y especializados, no sólo por la alta responsabilidad que les impone la Ley al confiarles la tutela de los Niños y Adolescentes, semilla de nuestro futuro, sino para el mejor y más logrado funcionamiento de la nueva organización judicial y aplicación de los procedimientos para ello establecidos.

Si en alguna materia es menester la más adecuada, clara, apta y convincente administración de justicia, lo es en el delicado campo de los Niños y Adolescentes, de la

Familia y de las instituciones a ellos vinculadas, pues todos los integrantes de la sociedad de alguna manera estamos relacionados o vinculados con aquellos, y aun cuando no hayamos sido sujetos o partes de conflictos de intereses sobre los mismos, nos tiene que doler, perturbar y preocupar todo lo que a ello atañe.

Sin ofender ni señalar a ninguno y sin desconocer la meritoria labor que han cumplido muchos de los integrantes del Poder Judicial que se han desempeñado en la Competencia de Menores, debemos reconocer que también es mucho lo que se ha dicho de una inadecuada administración de justicia en esa materia, de la caprichosa forma en que suelen aplicar soluciones a problemas tan delicados como los relacionados con Matrimonio, Filiación, Guarda, Visitas, Obligación de Alimentos, etc. y más grave aún, hoy, hasta se oye hablar de una justicia de menores pagada, de adopciones costosísimas, de guardas de menores y fijación de alimentos que proveen de aborrecibles ingresos a quienes conocen y resuelven dichos casos.

Esta imagen cierta o falsa no debe existir en modo alguno respecto al Poder Judicial de ningún país, pero más grave aún si lo es respecto de aquel llamado a prestar protección a las categorías de débiles jurídicos a quienes se les confía su especial custodia y destino.

Me congratulo por contar hoy con esta nueva Ley, que con o sin errores, posibilidades de mejorarse o no, nos dota de un nuevo instrumento a nuestro juicio mejor que los existentes y espero y aspiro a que las nuevas generaciones de abogados tomen interés en el estudio de esta importante materia, y que nuestras Universidades se preocupen por la cabal formación de abogados para que atiendan a la defensa de los niños y adolescentes, que como hemos dicho son el futuro de nuestro país, y vinculados a la institución social de mayor proyección como lo es la familia.

El cometido que me he trazado con ésta mi exposición, lo daré por cumplido, si de alguna manera les he trasmitido las inquietudes que me ha causado la regulación procesal contemplada en la LOPNA, y el interés por que Uds. estudien con mayor detenimiento todo cuanto he dejado expuesto.

20.

ALGUNAS CONSIDERACIONES SOBRE LA ORGANIZACIÓN JUDICIAL Y PROCEDIMIENTOS APLICABLES EN LA LEY ORGÁNICA DE PROTECCIÓN AL NIÑO Y AL ADOLESCENTE (PARTE I)*

En octubre del pasado año, se publicó la citada Ley Orgánica, que en lo adelante identificaremos como LOPNA, la cual contempla su vigencia diferida para el día primero de abril del venidero año.

La nueva normativa aplicable a los Niños y Adolescentes, conviene señalarlo, resulta un compendio de los principios, regulaciones y procedimientos que regularán todo el nuevo sistema de protección de esos sujetos, esfuerzo de condensación normativa que es plausible y facilita el cumplimiento de sus altos objetivos y abarca materia civil, laboral, penal, administrativo y procesal para niños y adolescentes.

En la nueva regulación minoril, han sido sustituidos conceptos hasta ahora vigentes, como lo son el de niño como "sujeto tutelado" para adoptar el de niño como "sujeto de derechos", entendiéndose por tal la habilitación para demandar, actuar y proponer y la necesidad de brindar en lo adelante una "protección integral, que abarque la plena protección social y jurídica de los menores y adolescentes". La LOPNA consagra y declara como principio rector de toda la protección que quiere brindarse a los niños y adolescentes, el del "interés superior del niño", consagrado bajo la forma de "concepto jurídico indeterminado" que facilitará a los órganos públicos con ellos relacionados y a los integrantes del Poder Judicial bajo cuya responsabilidad recae fundamentalmente la garantía de esos nuevos mecanismos de defensa para esos especiales sujetos, una siempre adecuada interpretación de lo que se persigue con su Estatuto especial, esto es, brindar la "prioridad absoluta que debe dársele a todo lo que se refiera a los niños, a los adolescentes y a su entorno".

Complementan, entre otros, ese fundamental principio una detallada regulación de los derechos o garantías de los niños y adolescentes y el ahora llamado "principio de participación" que comporta la distribución de las responsabilidades en la protección del niño entre Estado, la Familia y la Comunidad y con el que se asienta por igual el rol fundamental que se atribuye a la Familia, privilegiándosela como el medio natural y primario que garantiza el desarrollo y la protección de tales sujetos y con lo cual se procura a toda costa el que se evite separarlos de ella ante cualquier circunstancia y sólo como última alternativa.

---

* Texto publicado en el *Boletín del Instituto Venezolano de Estudios de Derecho Procesal* (INVEDEPRO), N° 2, Caracas agosto-septiembre 1999, pp. 7-8.

Con vista a tan importantes modificaciones, se producen radicales cambios en los conceptos tradicionales de Patria Potestad, Guarda, Visitas, Obligación Alimentaria, familia originaria y sustituta y situación de abandono de esos niños y adolescentes y finalmente se da un vuelco a los conceptos de la familia sustituta, a la que se incorpora también toda la nueva normativa para la "Adopción Internacional".

Todo lo dicho obviamente tenía que complementarse con una ágil y nueva organización del Poder Judicial a quien se confía la interpretación y aplicación de todas esa nuevas regulaciones, así como a un profundo cambio en los procedimientos que ante ella deban cumplirse, renovando y adecuando instituciones y principios que tímidamente encontraron simple enunciado en el ya hoy no tan nuevo CPC, y los que ahora encuentran expresa y precisa consagración para todos los procesos en los que se involucran niños y adolescentes y en lo que resulta su entorno familiar.

Se modifica la organización y estructura de los órganos judiciales en sus dos instancias tradicionales, procurándose hacer más ágiles y expeditas sus actuaciones y contempla dotárselos de una organización de Auxiliares de sus funciones, directamente adscritas a cada uno de los nuevos Circuitos judiciales, que en lo adelante estarán integrados por las Salas de Juicio y las Cortes Superiores, las primeras con Jueces unipersonales y las segundas como órganos pluripersonales. Los órganos judiciales son verdaderos "Medios" del nuevo sistema de protección, y podemos afirmar, son los más importantes para la garantía de esa efectiva protección.

Para ello, como claramente lo destaca la Exposición de Motivos de dicha Ley, era indispensable regular esos órganos judiciales y los procedimientos que ante los mismos deban tramitarse, lo sean en forma ágil y expedita, pues de lo contrario, el sistema estaría incompleto y del todo inoperante, ya que a todas luces es menester procurar mecanismos eficientes para exigir ante autoridades y obligados el que efectivamente se cumpla esa nueva concepción sobre "protección al niño y al adolescente".

En la citada Exposición de Motivos, se resumen claramente cuales son esos grandes cambios, y resumidamente precisa:

> "La nueva estructura procesal, contemplada en los tres últimos capítulos del Título IV de la Ley están dedicados a los aspectos procesales y comprenden, respectivamente, un procedimiento contencioso en asuntos de familia y patrimoniales, un procedimiento para la adopción y un procedimiento para alimentos y guarda".

Aclara la Exposición de Motivos:

> "El procedimiento contencioso en asuntos de familia y patrimoniales resulta aplicable en asuntos de familia, excepto la adopción, obligaciones alimentarias y guarda, para los cuales se prevén procedimientos especiales, así mismo se aplica en asuntos patrimoniales dentro de los cuales se incluyen los conflictos laborales".
>
> "Dicho Procedimiento se enmarca dentro de una serie de principios rectores destinados a lograr una eficaz y pronta administración de justicia en los casos en que se aplique. Como rasgos más relevantes de este procedimiento se pueden mencionar la oralidad, brevedad de los lapsos, gratuidad, amplitud de los medios probatorios, igualdad de las partes y ampliación de los poderes del juez para conducir el proceso. Dentro de este procedimiento se previó la procedencia de los recursos de revocación, apelación y del de Casación, con las particularidades propias de cada uno de ellos".

> "Finalmente se decidió mantener el procedimiento especial de alimentos y de guarda de menores contenido en la Ley Tutelar de Menores, debido a los resultados prácticos que ha permitido obtener, adicionándole algunas previsiones que contribuyen a su mejor funcionamiento".

Como se observa, todo el procedimiento "minoril" viene ahora imbuido por los principios de oralidad, inmediación, informalidad, gratuidad, ampliación de los poderes del juzgador y se establece para los jueces la fundamental tarea de procurar por todos los medios la aproximación más estrecha entre verdad real y verdad procesal.

Se da un gran voto de confianza al Poder Judicial, para que procure esos superiores fines, se le otorga la responsabilidad de velar por el efectivo cumplimiento de las políticas de protección y amparo a niños y adolescentes para cuyo efecto se crea una especie de "Amparo Minoril" y se les dota de absoluta discreción para la apreciación de las pruebas bajo los principios de la sana crítica, se pone en sus manos un expedito, amplio y eficaz poder cautelar y, finalmente, se le conceden poderes para que conduzca *prima facie*, con simples presunciones y ante la necesidad de una justicia rápida y eficaz, juicios sumarios o de cognición abreviada para que sustancien y resuelvan ingentes problemas de los sujetos protegidos como son los relacionados con sus derechos alimentarios, "Guarda", el Derecho de Visita, etc. que no pueden permitirse sean discutidos en los largos y enrevesados procesos ordinarios.

Preparémonos, pues, Jueces y litigantes, para esos grandes cambios y comencemos de una vez a estudiar esas instituciones, procedimientos y procederes judiciales, pues también es bueno destacar que en dicha Ley existen aspectos confusos y contradictorios, los cuales será menester analizar y escudriñar en beneficio de la mejor interpretación y aplicación del nuevo ordenamiento legal.

21.

ALGUNAS CONSIDERACIONES SOBRE LA ORGANIZACIÓN JUDICIAL Y PROCEDIMIENTOS APLICABLES EN LA LEY ORGÁNICA DE PROTECCIÓN AL NIÑO Y AL ADOLESCENTE (PARTE II)*

Como podrán deducir de los comentarios precedentes entregados con el anterior Boletín, los cambios sustanciales en la materia de protección a niños y adolescentes y a la estructura del Estado e instituciones vinculadas, hubieron de provocar por igual una serie de modificaciones en lo atinente a organización de la competencia civil en materia de menores, los órganos que deben atenderla, y los principios aplicables a los procedimientos civiles que en ella se desarrollarán.

Un simple recorrido del articulado de la Ley, nos permitirá precisar la importancia de tales cambios y los efectos que de ello deben esperarse. En ese mismo orden que hemos dejado mencionado, consideramos pertinente acotar los siguientes aspectos:

1. *Organización de la competencia especial y sus órganos*

Devienen en esta materia cambios drásticos e innovaciones que llaman la atención. En efecto, la organización de las circunscripciones responde a nuevos conceptos que están llamadas a solventar aspectos prácticos de los asuntos propios de su conocimiento. Las nuevas circunscripciones estarán formadas por órganos judiciales especiales, cada uno de ellos constituido por una Sala de Juicio y una Corte Superior, y a su vez contarán con un Presidente y un Secretario.

La Sala de juicio, que hará de Primera Instancia, estará integrada a su vez por Jueces profesionales que conocerán directa y unipersonalmente de los asuntos que les sean asignados por el Presidente, Art. 175 Parag. primero.

La Corte Superior estará compuesta en cambio por una o más Salas de Apelaciones que se formarán por tres jueces profesionales, quienes actuarán colegiadamente para conocer de cada recurso de apelación asignado por el Presidente. Art. 175 *ejusdem*, aparte final.

Finalmente se complementa la nueva organización de la competencia especial atribuyendo a la Sala de Casación Civil de la Corte Suprema de Justicia el conocimiento de los recursos de casación contra los fallos dictados por los órganos superiores de esta

---

* Texto publicado en el *Boletín del Instituto Venezolano de Estudios de Derecho Procesal* (INVEDEPRO), N° 2, Caracas 1999, pp. 5-7.

competencia, cuando se refieran a asuntos relativos a materia de estado civil de las personas y en asuntos patrimoniales y laborales, en aquellos casos en los cuales dicho recurso proceda (obviamente referido a los patrimoniales) cuando fueren procedentes, conforme a las normas especiales de la Ley respectiva (entendemos se refiere al CPC y a la Ley Orgánica de la Corte Suprema de Justicia (Arts. 176 y 490 y 491 *ejusdem*).

Además, también en forma innovadora, precisa la Ley que cada Tribunal de Protección contará con: 1. Servicios propios o, en su defecto, presupuesto para servirse de médicos, psicólogos, trabajadores sociales o cualquiera otros expertos necesarios, 2. Una Sala de citaciones y notificaciones, y 3. Funcionarios ejecutores de medidas cautelares o definitivas.

2. *Principios rectores del nuevo proceso especial contencioso*

En torno a ésta materia el artículo 450 de la Ley, advierte que dicho proceso prototipo se regirá entre otros por los siguientes principios especiales: 1. Ampliación de los poderes del Juez en la conducción de dichos procesos; 2. Ausencia de ritualismo procesal; 3. Gratuidad, al cual debe unirse el de defensa y asistencia técnica gratuitas; 4. Se mantiene no obstante la declaratoria de que debe privar el interés de los beneficiarios, el que dichos procesos se inician a petición de parte, salvo las excepciones contempladas en la Ley; 5. Oralidad; 6. Inmediatez, concentración y celeridad procesal; 7. Identidad física del Juzgador; 8. Igualdad de las partes; 9. Búsqueda de la vendad real; 10. Amplitud de los medios probatorios; 11. Preclusión; y, 12. Moralidad y probidad procesal.

Simplemente nos permitimos resaltar que todos ellos son desarrollo del juicio oral que ya contemplaba nuestro CPC del 87, y el cual ha quedado pretermitido en todas las consideraciones que hasta la fecha se han venido haciendo en torno a la reorganización del Poder Judicial, modernización de nuestros procesos, etc., claro está, debemos reconocer que la nueva Ley, precisa, perfecciona y mejora muchos de los aspectos del prototipo del Código de procedimiento incrementa los poderes y facultades de control del Juez sobre el proceso, le fija como norte la preservación y consecución de la verdad real dentro del procedimiento, para lo cual le amplia los poderes de apreciación y valoración de las pruebas, y en fin le da un rol más activo al Juez dentro de un proceso ágil y en el cual privará la oralidad sobre la formalidad y lo escrito.

3. *Fases o etapas del juicio*

En torno al desarrollo de ese nuevo juicio, el artículo 454 de la nueva Ley precisa que sus etapas están claramente enmarcadas dentro de las siguientes fases: 1. Iniciación, contestación, reconvención y réplica; 2. Fase probatoria; 3. Sentencia; 4. Impugnación, y 5. Ejecución.

En cuanto a las particularidades bajo las cuales se desarrollan ellas, nos limitaremos a destacar que en la primera, toma parte activa fundamental el Juez, desde el inicio mismo del proceso, el cual en oportunidades podrá iniciarse aun verbalmente por la pretensión expuesta del sujeto protegido. Se facilitan y agilizan los medios de llamado a juicio. En cualquiera de sus formas de inicio, las partes deben hacer anuncio de sus pruebas con los actos introductorios, lo que facilitará el control de las pruebas y la igualdad. El Juez en la medida de lo posible puede ejercer despacho saneador hay concentración para hacer valer las defensas y cuestiones previas, todo con miras a depurar el proceso de simples retardos formales. En lo atinente al debate probatorio, el mismo se cumple en una audiencia oral, con la presencia y participación directa del Juez, deslastrando el proceso de toda formalidad inútil y facultando al juez con un amplio poder para el control de la prueba.

Referente a la determinación de la competencia territorial para los nuevos órganos que ejercen dicha competencia, en cada uno de los casos en que procederá el nuevo modelo o prototipo de juicio (cinco parágrafos del artículo 177) será ejercida territorialmente por el Juez competente de la residencia de los beneficiarios, con la sola excepción de los casos de divorcio o nulidad de matrimonio, en los cuales lo será el del domicilio conyugal.

En cuanto a la fase de los recursos, para evitar la consuetudinaria y anómala costumbre de apelar por apelar, la nueva normativa exige como requisito de admisibilidad, el que dichos recursos sean fundamentados, lo cual establece una excepción al régimen común recursorio de nuestro proceso civil ordinario.

Como puede colegirse, realmente se ha dado un cambio profundo a todo lo relacionado con la competencia de menores, que nos obliga a estudiarla detallada y concienzudamente y esperamos con estos comentarios haber dejado sentada la inquietud pertinente para ello, deplorando no poder hacerlos en mayor extensión, por razones de espacio.

22.

ANOTACIONES AL RÉGIMEN DE LAS POTESTADES CAUTELARES DEL ÓRGANO JUDICIAL EN LOS NUEVOS PROCEDIMIENTOS EN MATERIA DE NIÑOS Y ADOLESCENTES*

INTRODUCCIÓN Y PRECISIONES:

Como resulta de todos conocido, en materia de legislación sustantiva y adjetiva aplicable a los Niños y Adolescentes, esto es, 10 que antes fuera la denominada materia o competencia de menores, y extendido ahora por igual a los adolescentes (nuevo concepto que amplía el espectro de protección especial a estas categorías de débiles jurídicos - ex artículo 2 de la Ley Orgánica para la Protección del Niño y del Adolescente), nuestro Legislador optó por establecer un nuevo ordenamiento, que acogiera los principios fundamentales de la Convención sobre los Derechos del Niño[1], normativa multinacional ya adoptada y reconocida por Venezuela años atrás y que definitivamente clamaba por la modernización de todo el ordenamiento minoril, la adecuación de sus instituciones a las nuevas tendencias de los organismos multinacionales especializados, todo con miras a conceder una mejor y más efectiva protección a los sujetos a quienes está dirigida dicha normativa y con todo ello provocar un vuelco manifiesto a la modernidad para todo el aparataje jurídico involucrado en ese ordenamiento legal especial, en torno a 1o sustantivo, a 1o adjetivo y a los órganos administrativos y judiciales a quienes corresponde velar por la aplicación de tales dispositivos.

Ese nuevo ordenamiento es el regulado por la citada Ley Orgánica para la Protección del Niño y del Adolescente[2]. Dicha Ley, como todos lo saben se encuentra sancionada y publicada y entra en vigencia el primero de abril del año 20003[3].

---

* Ponencia presentada al *Primer Congreso de Derecho Procesal* patrocinado por el Instituto Venezolano de Estudios de Derecho Procesal (INVEDEPRO). Caracas, noviembre 25, 1999. Publicado en *Revista Venezolana de Estudios de Derecho Procesal*. Instituto Venezolano de Estudios de Derecho Procesal, Editorial Librosca, No. 3, 2000, pp. 109-123

1 Gaceta oficial de la República de Venezuela (en lo adelante GO) del 2 de agosto de 1990.

2 Dicha Ley fue publicada en la GO No. 5266 Extraordinaria de fecha 2 de octubre de 1998, con la advertencia de que la misma dispone su vigencia diferida al día primero de abril del año 2000. En lo sucesivo se identificará dicha Ley con las siglas “LOPNA”.

3 Conforme es de consuno con nuestros principios constitucionales procesales sobre vigencia de la Ley procesal, se dispone que las normas sobre procedimiento civil en ellas contenidas son de aplicación inmediata a los procesos en curso.

Como podrá colegirse, tales cambios son muchos y de considerable interés, 10cual en forma alguna podremos pretender analizar en el entorno de una exposición tan precisa como la que debemos realizar en este evento, circunscrito concretamente al Poder Cautelar, y dentro del mismo, referido sólo al que se ejercerá en el entorno de los procesos Civiles de Niños y Adolescentes.

Advertimos, pues, que nuestro análisis se limitará sólo al examen de los cambios y novedades, y dentro de ellos sólo a los relacionados con la normativa Civil y en especial a la Procesal Civil contemplados en la nueva ley, y por tanto, a pesar de que quizá puedan ser mayores y de más trascendencia las modificaciones producidas en materia de organización administrativa, responsabilidades penales, organización jurisdiccional penal y procedimientos en ella utilizables, tratándose de menores y adolescentes, los mismos no serán objeto de consideración alguna en nuestra siguiente exposición.

Así mismo nos adelantamos a señalar que en tales materias, en algunas ocasiones encontraremos que se han producido cambios fundamentales en las instituciones procesales civiles, mientras que en otros se han perfeccionado esas instituciones o sus manifestaciones, se han mejorado los supuestos de su aplicación o se ha complementado la que existía, todo con fundamento en las también radicales modificaciones provocadas en las instituciones sustantivas. En todo caso todo ello obliga a realizar nuevos enfoques sobre los problemas que derivan de instituciones ya existentes o algunos aspectos relacionados con ellas.

Llaman expresamente la atención las alteraciones en torno a la organización de la "nueva Competencia en materia de Menores" la cual cuenta en lo adelante con órganos jurisdiccionales especializados para conocer todos los asuntos que afecten directamente la vida civil de niños y adolescentes, entendiendo por tales, los relacionados con materia de familia, patrimoniales y laborales, así como para ejercer el debido control judicial sobre los nuevos "órganos administrativos encargados de la ejecución de los programas sobre la materia" (Consejos de Protección y Consejos Municipales de Derechos) y finalmente que para tales fines se les otorga competencia para conocer de manera expedita todo lo relacionado con la "Acción de Protección", nuevo mecanismo concebido en la LOPMA, en resguardo a los derechos colectivos y difusos del niño y del adolescente[4], pretensión esta similar a un "Amparo Judicial" con modalidades específicas y dirigido al efectivo logro de la verdadera protección que busca dar aquella a los derechos del Menor y del adolescente frente a su familia, progenitores, parientes, la sociedad y el propio Estado.

De lo dicho, puede colegirse que tales cambios no pueden obtenerse sin concebir también una nueva estructuración del sistema jurisdiccional de protección, y por ello la nueva normativa crea e implanta una novedosa concepción del mismo y en especial sobre la composición y funcionamiento de los órganos judiciales que en primera y segunda instancia están llamados a conocer de las controversias sobre la materia, tal como 10 analizaremos más adelante en detalle.

Todo ello así mismo, tenía que complementarse con el establecimiento de nuevos principios que inspiren el proceder judicial en la materia para resolver los conflictos de intereses que puedan presentarse con ocasión de la aplicación, interpretación y debida

---

4 Véanse artículos 276 ss y 318 ss de la LOPNA

ejecución de las nuevas instituciones con vista también a los legitimados para ejercer y responder de las responsabilidades que ahora contempla la Ley[5].

En adición, para lograr esos cometidos resulta obvio que era menester contar con nuevas formas de conducir y dirigir los procedimientos necesarios para resolver esos eventuales conflictos generados con ocasión a las nuevas instituciones y a los beneficiarios últimos de las mismas, esto es, los menores y adolescentes , y que ello se produjera en forma ágil, expedita y eficiente, pues de lo contrario como sostiene la misma Exposición de Motivos de la nueva Ley Orgánica de Protección del Niño y los adolescentes[6] 6, el sistema estaría incompleto y del todo inoperante, ya que a todas luces es menester procurar mecanismos eficientes para exigir ante autoridades y obligados a brindar esa nueva

---

5 Como bien lo señala la Exposición de Motivos de la comentada Ley especial, resumidamente esos cambios fundamentales en materia de "procedimientos contemplados en la nueva ley", tanto desde el punto de vista general (organización judicial y principios aplicables que regirán a todos ellos) como en el específico relacionado con los procedimientos en concreto, contemplando las nuevas regulaciones para los ahora instituidos, la que atiene a los simplemente modificados o a los que sólo se han añadido algunas adecuaciones para ponerlos a tono con los nuevos principios y aquellos que se mantienen inalterados, tal cual se los contemplan bien en el Código de Procedimiento Civil, o bien en el Código Civil, en los términos que transcribimos a continuación:

"Los tres últimos capítulos del Título IV de la Ley están dedicados a los aspectos procesales y comprenden, respectivamente, un procedimiento contencioso en asuntos de familia y patrimoniales, un procedimiento para la adopción y un procedimiento para alimentos y guarda".

"El procedimiento contencioso en asuntos de familia y patrimoniales resulta aplicable en asuntos de familia, excepto la adopción, obligaciones alimentarias y guarda, para los cuales se prevén procedimientos especiales, así mismo se aplica en asuntos patrimoniales dentro de los cuales se incluyen los conflictos laborales".

"Dicho Procedimiento se enmarca dentro de una serie de principios rectores destinados a lograr una eficaz y pronta administración de justicia en los casos en que se aplique. Como rasgos mas relevantes de este procedimiento se pueden mencionar la oralidad, brevedad de los lapsos, gratuidad, amplitud de los medios probatorios, igualdad de las partes y ampliación de los poderes del juez para conducir el proceso. Dentro de este procedimiento se previó la procedencia de los recursos de revocación, apelación y del de Casación, con las particularidades propias de cada uno de ellos".

"El procedimiento de adopción conserva los rasgos generales del procedimiento actualmente regulado en la Ley de Adopción, sin embargo, se incorporan al mismo algunas previsiones dirigidas a responder a la adopción internacional y a las nuevas disposiciones consagradas para la adopción en general".

"Finalmente se decidió mantener el procedimiento especial de alimentos y de guarda de menores contenido en la Ley Tutelar de Menores, debido a los resultados prácticos que ha permitido obtener, adicionándole algunas previsiones que contribuyen a su mejor funcionamiento".

"Se estimó innecesario recargar el proyecto con una serie de procedimientos especiales aplicables a diversos asuntos, tales como, rectificación de los actos del estado civil, oposición o suspensión del matrimonio, autorizaciones para los padres y otros representantes, los cuales se encuentran debidamente regulados en el Código de Procedimiento Civil, motivo por el cual se limitó el proyecto a hacer la remisión correspondiente".

6 En lo sucesivo EMLOPMA, y la cual por cierto por mandato de la misma Ley, se encuentra publicada en la misma Gaceta Oficial comentada 5266 Extr.

concepción sobre "protección al niño y al adolescente" el efectivo cumplimiento de los derechos que consagra la citada Ley[7].

En torno a todo este especial aspecto, el capítulo IX de la EMLOPMA concluye destacando resumidamente cuales son esos cambios fundamentales en materia de "procedimientos contemplados en la nueva ley", tanto desde el punto de vista general (organización judicial y principios aplicables que regirán a todos ellos) como en el específico relacionado con los procedimientos en concreto, contemplando las nuevas regulaciones para los ahora instituidos, la que atiene a los simplemente modificados o a los que solo se han añadido algunas adecuaciones para ponerlos a tono con los nuevos principios y aquellos que se mantienen inalterados, tal cual se los contemplan bien en el Código de Procedimiento Civil[8], o bien en el Código Civil[9], en los términos que transcribimos a continuación:

> "Los tres últimos capítulos del Título IV de la Ley están dedicados a los aspectos procesales y comprenden, respectivamente, un procedimiento contencioso en asuntos de familia y patrimoniales, un procedimiento para la adopción y un procedimiento para alimentos y guarda".

En cuanto al procedimiento en sí se refiere, y por manifiesta declaración de sus redactores[10], es obvio que esos cambios son de profunda relevancia y se manifiestan muy especialmente por los rasgos de un nuevo procedimiento predominantemente oral, donde al Juez se le incrementan sus potestades en pro del logro de la verdad procesal y para el beneficio de los altos intereses protegidos (Interés superior del niño y del adolescente[11]) todo arraigado a los principios básicos bajo los cuales quiere el legislador se sigan dichos procedimientos[12] y por supuesto que para todo ello resultaba indispensable igualmente dotar al Juez de normas y potestades que le facilitaran la primordial de sus funciones inherentes al desempeño de su encargo, esto es, un ágil, práctico y desenvuelto régimen de potestad cautelar, sin 10 cual obviamente, más en cuestiones tan delicadas y urgentes como

---

7 Punto 3 del mismo Capítulo V de la EMLOPMA.

8 GO No. 4196 Extraordinaria del 2 de agosto de 1990, en lo sucesivo "Cpc".

9 GO No. 2990 Extraordinaria del 26 de julio de 1982, en lo adelante "Cc".

10 Al respecto nuestra Conferencia en 111 Jornadas Rengel Romberg, Puerto Ordaz, 1999, Anotaciones sobre la nueva normativa de la Ley Orgánica para la Protección del Niño y del Adolescente relacionadas con los procedimientos en materia de familia y menores.

11 Este nuevo concepto juega preponderante rol en todo el desarrollo de la citada nueva normativa, a nuestro modo de ver resulta ser un concepto jurídico indeterminado y se regulan sus elementos y particularidades en el art. 8 de la mencionada Ley.

12 Según la nueva Ley, resumidamente dichos principios son los enunciados en el artículo 450 de la misma y que se enuncian así: Ampliación de los poderes del Juez en la conducción de dichos procesos; Ausencia de ritualismo procesal; Gratuidad, al cual debe unirse el de defensa y asistencia técnica gratuitas (literales "d" y "e"); Se mantiene no obstante la declaratoria de que debe privar el interés de Los Beneficiarios, el que dichos procesos se inician a petición de parte, salvo las excepciones contempladas en la Ley; Oralidad, inmediatez, concentración y celeridad procesal; Identidad física del Juzgador; Igualdad de las partes; Búsqueda de la verdad real; Amplitud de los medios probatorios; Preclusión; y, Moralidad y probidad procesal.

Cabe destacar a su vez, que ellos se desarrollan con fundamento a una serie de derechos fundamentales (Garantías procesales de los derechos del niño y del adolescente) que a su vez encuentran nueva consagración expresa en los artículos 10 al 93 de la LOPNA. Cfr. nuestra comentada conferencia de agosto 99 y Exposición de Motivos de la citada Ley.

el "frágil interés" del menor y los altos y complejos principios de la familia, célula fundamental en la cual debe desarrollarse aquél y germinar la sociedad, de nada servirían, en tanto que toda medida tardía o el aletargamiento en proveer sobre determinados aspectos atinentes a aquel (al sujeto) o a ésta (la familia y con ello a la sociedad) producirán luego efectos difíciles de eliminar o precaver o en todo caso irreversibles.

Veamos, pues, resumidamente 10 ocurrido con la "Potestad Cautelar", garantía definitiva del buen fin tanto del proceso Minoril, como de cualquiera otra de las manifestaciones de la actividad.

Prima facie cabe destacar, que si bien no hubo cambios drásticos o del todo innovadores, si puede apreciarse que se esbozan toda una serie de nuevos principios que regulan la Potestad Cautelar del órgano judicial de la ahora también nueva Justicia Minoril.

Examinemos, pues, en lo fundamental, la forma en que dicha potestad ha sido mejorada o modificada.

RASGOS RELEVANTES DE LA NUEVA POTESTAD CAUTELA MINORIL

La potestad cautelar en materia minoril, continúa desarrollándose a nuestro modo de ver bajo los principios tradicionales de la cautela ordinaria, habiendo quedado el legislador un poco atrás respecto a las nuevas tendencias doctrinarias y de Derecho Comparado que hoy se observan en materia Cautelar (pe. tutelas anticipadas), y en tanto que a pesar de la todavía reciente reforma de la Legislación General Adjetiva Civil, en ésta aún la potestad cautelar venezolana, sigue enmarcada por los principios de accesoriedad, temporalidad e instrumentalidad.

Pero aún con tal observación, si cabe destacar, que de acuerdo a algunas modificaciones, debe reconocerse que se amplia y se consolidan ciertos aspectos que otrora fueran discutidos y la mayor de esas novedades resulta ser la entronización de la posibilidad de adelantar el régimen de medidas, aún sin la existencia de proceso principal, condicionado a que se interponga la acción correspondiente en el plazo que fije el Juez, so pena de que las mismas decaigan[13].

En cuanto a los supuestos para declararlas procedentes, continúan sustentándose el sistema cautelar en los pilares clásicos del poder cautelar tradicional, esto es, el *periculum in mora* y la presunción de buen derecho, a LO cual, obviamente deben añadirse los demás elementos tradicionales e indiscutido s de procedencia (legitimación y capacidad de quien las solicita, etc.)[14], El órgano judicial en todo caso queda facultado para exigir y evaluar la prueba de dichos supuestos, y ahora, como novedad que vale la pena destacar, precisa la LOPNA, el Juez al decretarlas fijará el lapso o plazo dentro del cual deban permanecer vigentes o con efectos[15].

---

13 Artículo 467 LOPNA, conforme al cual dichas medidas pueden ser solicitadas en forma previa al proceso, en cuyo caso, el efecto de las mismas queda condicionado a la efectiva presentación de la demanda dentro del mes siguiente a aquel en que se las hubiere solicitado y decretado, o bien en cualquier estado y grado del proceso ya instaurado. En nuestro país la tutela anticipada, extra juicio ya tenía precedente en la Ley sobre Derecho de Autor.

14 Artículo 466 *ejusdem*.

15 Precisa destacar que este aspecto es de relevante interés, dado que por el carácter instrumental y temporal de la cautela ordinaria, deben considerarse dichas medidas sujetas a la existencia del

En materia de demostración del peligro o riesgo de que queden insatisfechos los efectos de las pretensiones, o del *bonus fumus juris*, no encontramos mayor avance y debemos entender en cierto modo que los únicos adelantos que pueden observarse resultan ser 10 que derivan de los nuevos poderes de los cuales está investido el Órgano Judicial para ejercer el control del proceso y efectiva defensa de los sujetos beneficiarios, en virtud de lo cual, motu propio, podrá adelantar trámites necesarios para decretar dichas medidas[16].

Igualmente, la nueva normativa establece supuestos en los cuales, el Juez debe entender queda demostrado el *periculum in mora*, cuando se dan ciertos supuestos objetivos normados en la nueva regulación, cual es el caso contemplado en el artículo 381 *ejusdem*, conforme al cual constando el conocimiento de la decisión judicial al respecto, se alegare el atraso o la falta de pago de dos cuotas sucesivas.

En cuanto a las modalidades de las medidas, encontramos por igual una diferencia con el régimen de la cautela ordinaria y por supuesto con la tradicional de la competencia de menores, que si bien en ciertos casos por la costumbre judicial, había venido permitiendo ciertas licencias, ahora las consagra específicamente para determinados casos, estableciéndose que el Juez será quien resuelva y decida cuales son las más conveniente y apropiadas para lograr el efecto perseguido[17] y no las que impone fríamente la Ley, como resulta ser en los casos ordinarios del poder cautelar civil, así como que en algunos supuestos serán dictadas a petición de parte, pero en otras, a nuestro entender quedan al absoluto criterio del Juez [18].

Para nosotros obviamente lo dicho se corresponde hoy tanto con las medidas nominadas como las innominadas, pues, como se desprende de la misma LOPNA, el ordenamiento procesal ordinario resulta supletorio del especial en todo aquello no consagrado en él, sin que veamos motivos expresos por los cuales deba considerarse no aplicable dicho régimen para el supuesto de niños y adolescentes.

Las modalidades de las innominadas y las que no lo son, no es más que una forma de extender, a nuestro juicio con denotada razón, el poder cautelar del juez, con miras al bien del proceso mismo, y no una mera manifestación formal de la extensión de tales poderes.

A uno y otro tipo de medidas, son pues aplicables cuantos comentarios quedan determinados antes, con la salvedad por supuesto de que en las innominadas, resulta más bien añadido un régimen más riguroso para su procedencia que en las nominadas, tal como se desprende del Art. 588, Parágrafo Primero del Cpc, en tanto que a los requisitos

---

juicio mismo en que se las dicta, y así pareciera repetirlo la nueva legislación cuando en la misma comentada norma precisa que en el juicio de Privación de Patria Potestad, dichas medidas durarán mientras subsista el juicio, más de acuerdo a lo comentado antes, pareciera y con justicia, que en otros casos, dichas medidas pueden y deben durar el tiempo que fije el Juez, y no el meramente pasajero y más o menos largo del juicio en el que se las dicte. Así, por ejemplo en uno de alimentos, las medidas decretadas y ejecutadas para garantizar su pago, pareciera van más allá y por todo el tiempo necesario para que se las cumpla, aún cuando haya terminado el juicio, y sin que las mismas pueda considerarse son propiamente de ejecución.

16 Tal parece ser el sentido de la norma contemplada en al artículo 381 LOPNA relativa a los juicios sobre pensión alimentaria, y a nuestro juicio, ese poder del Juez sería perfectamente posible cuando el accionante lo fuere el propio menor (376 *ejusdem*).

17 512 (podrá disponer las medidas provisionales que juzgue más convenientes al interés del niño), 521 todos LOPNA.

18 Artc. 512 citado, del cual no aparece necesariamente que medie solicitud del interesado.

ordinarios de procedencia (585 *ejusdem*) debe añadirse la necesidad de evidenciar, aun presuntivamente el temor de que puedan producirse lesiones graves o de difícil reparación al derecho de la otra parte, y que en todo caso tales medidas, efectivamente son conducentes y eficientes para evitar el daño o hacer cesar la continuidad de la lesión[19], todo a pesar de que para algunos no están del todo claras las expresadas ideas.

Una pequeña confusión de términos y conceptos pareciera deducirse de lo consagrado en el artículo 521 de la LOPNA, en tanto que pareciendo que el Legislador se refiere en tales supuestos a modos de cumplimiento de la sentencia (ejecución de lo resuelto) nuevamente hace referencia a medidas preventivas (literales b) y e) del mentado Art.) cuando obviamente de lo que se trata es de establecer los mecanismos definitivos que garanticen el adecuado cumplimiento de lo resuelto.

Estimamos que la redacción de dichas normas debió haber sido otra, clara y expedita, conforme a la cual por ejemplo se estableciera:

> "En tales casos el Juez tomará todas las providencias que fueren menester para que se cumpla el mandato de la sentencia, pudiendo ordenar someter a régimen de administración especial el patrimonio del ejecutado, fijar los mecanismos para el control y fiscalización del cumplimiento de lo ordenado por el Tribunal, o cualesquiera otras que estimare prudentes conforme a su arbitrio y con miras a lograr el efectivo cumplimiento de lo decidido, pudiendo afectar patrimonialmente bienes del obligado, hasta un máximo de 36 mensualidades adelantadas o más."

Todo lo demás contemplado en los mentados literales se presta a confusión y entorpece el buen ejercicio del control judicial.

En torno a la ejecución de las medidas y el efectivo logro del objeto perseguido con el ejercicio de la potestad jurisdiccional, consideramos que por igual vale la pena referirnos a lo dispuesto en el Art. 329 de la LOPNA.

En efecto, en esa fase del nuevo proceso de Menores, de Ejecución de lo resuelto y decidido, el Juez está facultado ahora para dictar las providencias de ejecución que fueren necesarias.

A nuestro entender esa última frase de la norma, no es una simple repetición de que el Juez del conocimiento es el de la Ejecución, por el contrario, formando parte de toda la nueva concepción de protección de los sujetos especiales de la Ley, se trata de que esas modalidades de ejecución no son la simples y claras detalladas en el ordenamiento procesal ordinario, sino que en este caso, el Legislador ha querido ser expreso y tajante, en encomendar al Juez el que lo por él juzgado y decidido, tenga efectivo cumplimiento, y de allí que entendamos que tal mandato, lo es para que el Juez, sea con las vías establecidas en el ordenamiento ordinario de ejecución, o sea por cualquier otro género de providencias, siempre con miras a obtener la protección del Interés superior del menor, haga que se produzca la adecuada ejecución de 10 por él resuelto.

En esta materia, pues, tratándose por ejemplo de cuestiones tan delicadas como ejercicio de potestades paterno filiales, modo de cumplir obligaciones alimentarias, etc., el Juez podrá usar cuantos mecanismos estén a su alcance y compatibles con el objeto de la protección a fin de lograr los efectos beneficiosos para el menor o la institución familiar de que se trate.

---

19 Tales consideraciones no son aceptables por todos los autores.

A nuestro criterio, finalmente, la disgresión que deja ver la norma del artículo 521 LOPNA, por ejemplo, entre uno y otro tipo de medidas, no es en tanto su carácter de cautelas preventivas o medidas de ejecución, sino la forma temporal o definitiva en que puedan afectar los bienes sometidos a la ejecución, pues a nuestro juicio esos modos de fijar la modalidad de cumplimiento, siempre podrán ser revisados y adecuados por el Juez, sin que sea menester un nuevo examen de los supuestos principales de la pretensión, sino disponiendo la adecuación de los mecanismos materiales que se dispusieron para lograr la efectividad de lo resuelto y decidido.

EJECUCIÓN DE LAS MEDIDAS CAUTELARES Y EJECUTIVAS

Como lo establece la nueva Ley, y ya lo hemos comentado someramente, los órganos de la competencia de Menores tienen una nueva organización, y dentro de ella, llama la atención que en el primer estadio o grado, las potestades cautelares y de ejecución están confiadas, como textualmente lo dispone dicha Ley a funcionarios especiales[20].

En efecto, precisa la Ley en esta materia, novedosamente, en cuanto a estructura de los mentados órganos judiciales especiales, que cada uno de ellos estará constituido por una Sala de Juicio y una Corte Superior, y cada uno de ellos, a su vez contará con un Presiden te y un Secretario.

La Sala de juicio estará integrada a su vez por Jueces profesionales que conocerán directa y unipersonalmente de los asuntos que les sean asignados por el Presidente. Art. 175 Parag. Primero.

La Corte Superior estará compuesta en cambio por una o más Salas de Apelaciones que se formarán por tres jueces profesionales, quienes actuarán colegiadamente para conocer de cada recurso de apelación asignado por el Presidente. Art. 175 *ejusdem*, aparte final.

Finalmente, se complementa la nueva organización de la Competencia especial atribuyendo a la Sala de Casación Civil de la Corte Suprema de Justicia el conocimiento de los Recursos de Casación contra los fallos dictados por los órganos Superiores de esta Competencia, cuando se refieran a asuntos relativos a materia de estado civil de las personas y en asuntos patrimoniales y laborales, en aquellos casos en los cuales dicho recurso proceda (obviamente referido a los patrimoniales) cuando fueren procedentes, conforme a las normas especiales de la Ley respectiva (entendemos se refiere al Cpc y a la Ley Orgánica de la Corte Suprema de Justicia (Artcs. 176 y 490 y 491 *ejusdem*).

Además, también en forma innovadora, precisa la Ley que cada Tribunal de Protección (Primera Instancia) contará con:

1. Servicios propios o, en su defecto, presupuesto para servirse de médicos, psicólogos, trabajadores sociales o cualquiera otros expertos necesarios;

---

[20] En nuestra comentada Conferencia sobre la nueva normativa procesal de esta novedosa Ley, llamamos la atención sobre el descuido del legislador, en tanto que para la fecha de publicación de la misma, ya se encontraban vigentes las nuevas normas sobre organización del Poder Judicial, en las cuales la potestad de ejercer el poder cautelar y de ejecución quedó confiada a Jueces especiales de ejecución, que no a simples funcionarios cuya potestad y competencia siempre quedó en dudas, con ocasión del célebre ordenamiento de rango sub legal que contempló y reguló sus funciones, emanado del Consejo de la Judicatura.

2. Una Sala de citaciones y notificaciones, y
3. Funcionarios ejecutores de medidas cautelares o definitivas.

Nos permitimos señalar como imperfección en la redacción de la LOPMA, el contenido de los numerales 2 y 3 precedentes, que seguramente se prestará a confusión y requerirá las correspondientes aclaratorias judiciales y de interpretación administrativa por parte del Consejo de la Judicatura.

En efecto, la falta de precisión de la Ley en cuanto al establecimiento que como órganos auxiliares de los nuevos Tribunales especiales, hace de las Salas de citaciones y notificaciones y el carácter que atribuye a los funcionarios de ejecución, no resultan del todo apegados a los parámetros generales de la nueva organización judicial en Venezuela, y con la observación de que en ésta materia, resultan más recientes los cambios en ésta que en la LOPNA.

En primer lugar, respecto a la creación de la llamada Sala de Notificaciones y Citaciones, con ello se irrumpe, a nuestro juicio innecesariamente, contra la organización tradicional de los Tribunales, desarticulando del órgano jurisdiccional en sí, las funciones del Alguacil, quien en los órganos judiciales ordinarios es el llamado por la Ley a cumplir con las citaciones y notificaciones, y que forma parte integrante del órgano, y en adición, porque al darles la Ley la condición de "Sala especial", como se lo hace en el Art. 179 *ejusdem*, por adecuada interpretación de la misma nueva Ley, nos hace pensar que esas funciones serán entonces cumplidas por otra especie de Juez que integre la correspondiente Sala de Juicio y que solo tendrá como cometido el ejecutar las órdenes de citación y notificaciones[21].

En segundo lugar, en torno a los funcionarios encargados de la ejecución, se presentará entonces un problema a nuestro juicio ya superado, cual será el de determinar la naturaleza de las funciones de aquellos, esto es, si los mismos son funcionarios administrativos especiales, o si realmente son jueces con competencia exclusiva y restringida solo para disponer y resolver en materia de poder cautelar y de ejecución. Es más, insólitamente, ya para la fecha de publicación de la LOPNA, se encontraba vigente la nueva Ley de Organización del Poder Judicial en la cual se da carácter de Jueces a los Ejecutores de medidas, resultando por tanto, cuando menos inidóneo, haberlos tratado de "funcionarios" en la Ley que es objeto de examen.

Para nosotros, las indicadas normas sobre la materia deberán interpretarse en el sentido de que los órganos jurisdiccionales de menores, deberán contar con funcionarios judiciales de ejecución especiales, que faciliten y hagan expedita la administración de justicia para los beneficiarios de dicha Ley, sin que por ello deba en tenderse que los mismos sean funcionarios de carácter administrativo, o que la nueva Ley ha procurado de nuevo plantear que la ejecución quede confiada ahora a funcionarios de esa índole y fuera de la competencia judicial.

INCIDENCIAS EN MATERIA DE MEDIDAS CAUTELARES

Nada contempla la nueva Ley al respecto, pero obviamente que a dicha materia deben resultar aplicables todos los principios fundamentales que regulan el nuevo proceso

---

21 Argumento que necesariamente debe deducirse del contenido del Art. 175, parag. Primero, antes citado de la LOPNA.

minoril, y con vista a ello será menester adecuar y amoldar las situaciones que se presenten a las disposiciones del Cpc que eventualmente resulten aplicables.

Para nosotros a priori, y dado que en materia de juicios orales, que debían ser la preferente en aplicación en este caso, tampoco nada se contempla, las incidencias de medidas deberán ser tramitadas, salvo mejor opinión con base a lo dispuesto en los artículos 601 y ss Cpc y todo bajo los principios de celeridad, igualdad, inmediatez, etc. aplicables al juicio principal, pues de lo contrario la incidencia de medidas resultara en exceso más compleja y demorada que la del juicio principal, que no puede ser la idea querida por el Legislador.

Por igual opinamos que todo asunto relacionado con Oposiciones y Tercerías, deberá ser admitido en el curso de los juicios de menores, donde resultaren planteados con fundamento en los principios de dichas instituciones, las cuales no deben entenderse alteradas por el solo hecho de acaecer con ocasión de juicios de niños o adolescentes, pero obviamente, que su trámite y desarrollo deberá ser efectuado, en lo que resulte aplicable, por los mismos del juicio ordinario de menores de que se trate, con la correspondiente abreviación de lapsos, facilitamiento de llamados a juicio, control de medios probatorios, etc., y con la ampliación de poderes que en tales materias ha atribuido la Ley especial a los Jueces en esa Competencia.

Por supuesto que en esta materia deberemos dejar la última palabra a la futura Jurisprudencia.

NATURALEZA CAUTELAR O ESPECIAL DE CIERTOS PRONUNCIAMIENTOS EN ALGUNOS DE LOS PROCEDIMIENTOS ESPECIALES CONTEMPLADOS EN LA LOPNA

Una lectura atenta de los artículos 359 y 387 de la LOPNA, parecieran permitir deducir que al Juez de la nueva Competencia se le confieren anticipadamente potestades para que en vía materialmente cautelar, urgente, resuelva en forma breve y expedita sobre el derecho de fondo que es objeto del debate en juicio, dando lugar a que ciertamente pudiere sostenerse de que se ha reconocido en nuestro ordenamiento la cautela anticipativa.

Para nosotros, a pesar de reconocer lo conveniente de las potestades ahora conferidas, al menos en el caso del Derecho de Guarda, ello no comporta el reconocimiento de esa potestad a nuestro Juez Minoril, pues, en efecto, siempre será menester escuchar a la otra parte y tal decisión en todo caso queda sometida a revisión a lo que en definitiva sea resuelto en el juicio plenario de Guarda, y no obstante que lo resuelto preventivamente no esté sujeto a apelación. Esto es, esa determinación será siempre instrumental, accidental y temporal. En otras palabras, para nosotros en estos casos se trata de un reconocimiento de facultades especiales al Juez para que en fase sumarísima, resuelva sobre el fondo, pero siempre, condicionado a los efectos de la sentencia que recaiga en el juicio de Guarda (359/363 *ejusdem*) y no propiamente puede hablarse de una cautela anticipativa[22].

---

22 Para precisar sobre el concepto de tutela anticipativa, medidas autosatisfactivas, etc., véase De los Santos Mabel, Medida autosatisfactiva y medida cautelar (semejanzas y diferencias entre ambos institutos procesales) en Revista 53 de la Facultad de Derecho UCAB, p. 273 ss, Publicaciones UCAB, Venezuela, 1998. En dicho trabajo en adición se precisa claramente la diferencia entre uno y otro tipo de instituciones y los elementos característicos de ellas. En igual sentido pueden consultarse Morello, Augusto, La Cautela Satisfactiva, Peyrano, Jorge W,

En cambio, en el supuesto del Derecho de Visitas, a nuestro modo de ver, sí pareciera que las determinaciones del Juez son típicas manifestaciones de los ahora llamados "procesos de urgencia, de cautela anticipativa", etc., al extremo de que planteado el asunto ante el Juez por quien pretenda el derecho, éste, previo oír a quien tiene la Guarda y vistos los informes técnicos que él estime pertinentes, impondrá el régimen que estime mas conveniente a los intereses del menor, actuando sumariamente.

Para nuestro criterio tal decisión es inapelable, y solo sujeta a revisión si se modifican las situaciones que dieron lugar a dicho pronunciamiento y por el mismo procedimiento en el cual se lo concedió previamente (387 *ejusdem*).

Iguales comentarios nos merece el caso de Autorizaciones para Viajes (393).

He allí pues dos regulaciones completamente diferentes de las cuales pareciere poder deducirse la admisión de la tutela anticipativa en nuestro actual sistema procesal de Menores.

CONCLUSIONES

Como puede observarse no han sido tan importantes como en otros tópicos los cambios habidos en materia de Poder Cautelar en la nueva Competencia de Menores, pero definitivamente se han entronizado modificaciones y principios que obligan a tomar nuevas posturas en esos procedimientos Especiales, tanto a Jueces como a los abogados.

Todo lo dicho no empecé, como lo venimos repitiendo en nuestras consideraciones al respecto, a que la Jurisdicción Minoril, siga siendo una Jurisdicción de Derecho, no de Equidad, y que por tanto, aún con el aumento de potestades al Juez, el reconocimiento de un mayor poder para apreciación de las pruebas, etc. no están dichos magistrados sustraídos a los principios legales que regulan las instituciones familiares y de menores, ni de su obligación de fundamentar debidamente sus fallos y pronunciamientos a fin de constatar si ellos resultan o no apegados a la Legalidad o a los principios reguladores de las materias, cuando la misma Ley faculta al Juez para escudriñar cuales sean los aplicables al caso concreto.

El Juez de la Competencia Minoril, sigue siendo un Juez que debe apegar sus conductas a la Ley, si bien debe juzgar y decidir conforme a los altos intereses que se le confían para velar por los menores y Adolescentes (Los Superiores intereses de los Niños y Adolescentes) y tales decisiones son revisables por la Instancia Superior y en su caso por la Casación, cuando haya lugar a dicho Supremo Recurso.

Espero que estos cortos comentarios logren despertar entre los oyentes el interés que amerita esta siempre apasionante materia.

Lo Urgente y lo Cautelar, y Berizonce, Roberto, La Tutela Anticipada y Definitioria, entre otros.

23.

CONSIDERACIONES SOBRE LOS PROCESOS CIVILES RELATIVOS A NIÑOS Y ADOLESCENTES EN LA NUEVA LEY ORGÁNICA DE PROTECCIÓN DEL NIÑO Y DEL ADOLESCENTE. MOTIVO DE LOS CAMBIOS ESTRUCTURALES EN TODO LO RELACIONADO AL RÉGIMEN DE NIÑOS Y ADOLESCENTES

CONCEPTOS E INSTITUCIONES

Los cambios en los conceptos necesidad por derecho (No se trata de débiles sino de titulares de Derechos y Deberes) contemplados en la Convención de la ONU sobre Derecho del Niño (1990) suponían para garantizar su implementación, modificación en los sustratos institucionales, subjetivos y objetivos de las nuevas figuras, organización y garantías que se querían dar a los beneficiarios.

Resumidamente puede señalarse al respecto que ahora la protección supone: La existencia de un sistema y de medios para lograr esa efectiva protección con miras siempre a los intereses superiores de los sujetos.

EL INTERÉS SUPERIOR DEL NIÑO Y ADOLESCENTE: (QUE SE CONTRAPONE AL VIEJO CONCEPTO DE INTERÉS DEL MENOR CONTEMPLADO EN LAS NORMATIVAS ANTERIORES)

Ya no se habla más del interés del menor a juicio del órgano de protección, ahora debe buscarse el principio bajo la óptica de un concepto jurídico indeterminado, el cual denomina al interés superior del menor, cuya creación se deja en manos del juez para cada caso concreto, y sobre el que el Legislador simplemente se ha limitado a establecer los parámetros sobre los cuales debe determinarse o precisarse cual sea él, en cada caso (Artic 8 LOPNA).

La ley limita de esa forma los poderes de interpretación del juez en torno a lo que debía ser el interés del menor (así lo determina expresamente. Exp Motiv. fija criterios y establece los derechos de los NA, para evitar interpretaciones, extensivas o restringidas, lo obliga a ajustar su conducta y declaración a los caminos en ella establecidos, terminar con la anarquía de una pretendida jurisdicción de equidad, que nunca por lo demás lo fue.

Es además un principio de interpretación y aplicación de la Lopna en general, para asegurar el desarrollo integral de los NA.

Ya contamos con interpretación jurisprudencial del mismo a nivel del TSJ S Cons 20-6-00 derecho a ser oído.

Otra es la del Juzgado Superior Primero FYM Área Metropolitana (6/00) declara prevaleciente el interés superior de los menores frente a los de una entidad dedicada a realizar ciertos actos de solidaridad social.

En adición está la de julio del 2000 de la Corte Sup de Protección Area Metropolitana de Caracas en que ordena oír al menor a pesar de la negativa en que insistió se lo hiciera por parte de la defensora del padre en proceso de abuso sexual, alegando que si era interés del menor declarar y exponer lo que estimare necesario ante tales hechos.

Finalmente, otra decisión de marzo en materia de declaratoria de abrigo a un menor abandonado en la cual se da preferencia a las pretensiones de guarda de una presunta madre que había mantenido al hijo, antes que remitirlo a una casa de abrigo

Como puede apreciarse la novedad consiste en que el concepto ha sido diseñado para que cada vez los jueces, con base a los parámetros de la Ley, deban hacer su juzgamiento sobre el tema, cada vez que esté en juego ese interés Superior.

BASES DE LOS CAMBIOS

SUSTRATO INSTITUCIONAL

1.1 Nueva concepción de los órganos que tienen a su cargo Control y Aplicación de la Ley y sus instituciones: Se involucra al Estado, la Sociedad, La Familia ya los propios menores.

1-2 Nuevos procedimientos expeditos para el logro de objetivos siempre con miras proteger a los beneficiarios.

1-3 Sistema de tutela efectiva en lo administrativo y judicial, que debe estar enmarcado por principios que garanticen la agilidad y eficiencia de dichos procedimientos.

Recientemente en Caracas termina de pronunciarse con lugar una acción de protección contra un ente público para garantizar la debida tutela y atención médica de unos menores (Hospital de Niños), donde se han sentado las bases para que se inicie la segunda etapa de consolidación de dicha Ley, en tanto se conmina al Edo. y se toman medidas para que afecte los recursos y elementos técnicos necesarios para dar la adecuada protección a los menores. (16-07-01) Tribunal Protección Sala 4 Civil, acogiendo además la legitimación anómala de intereses difusos (Provea y otros).

SUSTRATO SUBJETIVO O GARANTISTA

Con miras a la efectiva protección de los beneficiarios se estructura todo un conjunto de Garantías (Derechos Deberes - A 10 a 93) unos de contenido general otros de tipo netamente procesal, para protección de los sujetos beneficiarios, que por supuesto son desarrollo de los principios constitucionales en la materia. Obsérvese que la nueva CN en cuenta de la existencia del tratado y la nueva Ley, incluyó ex profeso sus principios y postulados.

Su desarrollo legislativo busca que no se deje a interpretación cuales son los básicos ni como se cumplen.

Dentro del espíritu general de la Ley, hay un principio inmanente en toda la nueva normativa, que toma particularmente en consideración los factores humanos y de convivencia: se da preferencia y prioridad a todo lo que es voluntad de las partes involucradas, siempre que no se produzca choque con o publico o interés superior (auto composición, mediación y conciliación)

CONSIDERACIONES ESPECIALES EN TORNO A LA POTESTAD CONCILIADORA

Como puede observárselo en todo el régimen de la Lopna, priva y debe privar la posibilidad de auto composición, por supuesto en todo aquello en que no se viole o atente contra el orden público (en especial el interés Superior del Menor), pero ¿cómo entonces entender el ejercicio de esa potestad conciliatoria de las partes?

Lo planteado tiene particular importancia cuando referimos por ejemplo a las materias que se debaten en los juicios vinculados a PP, Guarda, Alimentos, etc.

En primer lugar, con la sustentación filosófica y lógica necesarias, el Dr. Marcos Carrillo Perera (Consideraciones hermenéuticas sobre la normativa de la LOPNA en materia de conciliación: Los casos de patria potestad, guarda, obligación alimentaria y régimen de visitas, en Primer Año de Vigencia de la Lopna, autores varios, coord. Cristóbal Cornieles, Edit. UCAB, Venezuela, 2001, pp 201), cabe destacar que si fue definido propósito de la Ley y la Convención que en esta materia privaran las soluciones a través de conciliación y negociación, solo si ello fracasaba debe intervenir la solución judicial.

De no entenderse en la forma dicha la consagración de las soluciones auto compositivas, fueron un contrasentido y una alusión inútil al tema, en todos los casos, de manera alguna pueden entenderse quedan sin control los postulados mismos de las instituciones de que se trate, pues el Juez, último revisor de la materia (homologador) podrá rechazar lo resuelto si de manera alguna se lesiona el int. Sup. del Niño y Adolescente.

En adición, el propio 308 Lopna dispone que sólo pueden conciliarse los asuntos de naturaleza disponible, y se agrava aún mas el asunto si tomamos en cuenta que el Art. 12 *ejusdem,* dispone que los derechos reconocidos por la ley sor de orden público, irrenunciables e intransigibles.

Así, pues, que la interpretación literal de dichas normas harían absolutamente imposible de aplicar solución convencional alguna, salvo como lo entiende el Dr. Carrillo, "lo sean para proteger, potenciar y perfeccionar el ejercicio de tales derechos", de tal manera que faciliten arreglos que puedan establecer, respetando los principios, la forma mas adecuada para el mejor desarrollo y logro de los derechos, sin que ello conlleve a la renuncia de aquellos o a violentar las normas de orden público.

Carrillo opta como criterio que permite clara interpretación, que las resoluciones y decisiones en absoluto constituyan merma de los principios y garantías básicas (supervivencia, desarrollo, protección y derecho a la participación).

Un ejemplo clásico en materia de PP no podrá en manera alguna admitirse regulación o convenio en cuanto a titularidad, pero si el alcance que de ella se haga, para beneficio del interés de los niños (en el mismo sentido opina Aguilar Gorrondona J.L., Personas, p. 203). En tal sentido son además aclaratorias las disposiciones de la propia Lopna 351, 359, 360.- 368, 373 y 374 (en lo relativo a alimentos) - 387 (visitas)

Para tales efectos, repetimos, estarán dispuestos los poderes de las Defensorías del niño y adolescente (DNA) y el ejercicio de las potestades judiciales de los jueces de Protección.

En torno a la materia, en adición debe señalarse que los especialistas en la materia abogan por la separación de la función conciliadora de la judicial (Carrillo Perera, Morales, etc. en opus cit.). El primero citado inclusive destaca que la intención velada de la ley es auspiciar la separación de funciones como principio, y solo en forma supletoria admite la intervención del Juez (Perera *opus cit.* p. 221) y en tal sentido debe entenderse que cuando la Ley defiere al juez el uso de la conciliación es perfectamente posible que este lo remita a la DNA o a Centros especializados de Mediación.

En adición: Establecimiento formal y expreso de los Derechos y garantías procesales de los beneficiarios, los siguientes:

1. Derecho a Opinar y ser Oído (libertad expresión sobre sus derechos y que efectivamente pueda ser ejercido y debidamente considerado en todos los ámbitos en que se desarrolla, en este caso en EL procesal (80).

En tal sentido siempre debe ser oído, salvo que prive su interés superior, pero no es compulsivo (no impuesto) y solo vinculante cuando así lo establece la Ley. (Reciente reconocimiento jurisprudencial en SCONST.)

Una forma de manifestación Jurisdiccional es el derecho de petición (85) que puede ser ante justicia y con su correlativo que es el derecho a la defensa (86/88) a ser oido, pero no el único.

Debe entenderse en un doble sentido desarrollable: Derecho a Pedir y Derecho a defender sus derechos.

La efectividad se consagra permitiendo que se lo haga personalmente, o por intermedio de sus representantes, e inclusive, por las personas que por su profesión o relación especial de confianza, puedan transmitir objetivamente su opinión.

2. Derecho de acudir a la justicia, y en adición a que la misma sea prestada y administrada en forma eficaz y efectiva (TUTELA JUDICIAL EFECTIVA).

Que exista una protección impartida por ante órgano jurisdiccional competente, independiente, imparcial, con decisión oportuna y teniendo derecho a asistencia y Representación oportuna para su mejor ejercicio (87).

3. A través del DERECHO A UN PROCESO DEBIDO: Que siga un procedimiento especial, ad hoc para los intereses protegidos, pactado en la Ley, ante un Juez preestablecido, que garantice solución de los conflictos y satisfacción del D. Acción.

COMO GARANTÍA PARA ESE SUSTRATO SUBJETIVO

Se otorga Legitimación propia (DIRECTA) al menor y capacidad especial al adolescente y un sistema que garantice su ejercicio (capacidad) mediante régimen de asistencia a través del Representante Legal o aún por persona diferente a representante legal si hay contraposición intereses (Capacidad especial para el Niño y Capacidad Extraordinaria para el Adolescente).

Alguna parte de la Doctrina considera que es este un verdadero Derecho Constitucional, inmanente en dicho ordenamiento exista o no Ley especial que lo contemple o regule (Gelsi Bidart, Legitimación en los procesos Constitucionales).

Por igual se establece la posibilidad de que tal defensa sea ejercida en forma indirecta y por intermedio de sujetos *ad hoc*; representantes o personas que profesional o afectivamente puedan efectivamente manifestar objetivamente los intereses del Niño o Adolescente.

III. SUSTRATO OBJETIVO DEL SISTEMA (Sustrato orgánico)

Para ejecutar el sustrato institucional, la norma contempla, no sólo en lo procesal, sino social, administrativo, toda una compleja organización a diversos niveles, públicos y privados, conjunto de órganos e instituciones ad hoc eficientes y suficientes.

En material procesal.

Nueva concepción de la organización de los Tribunal encargados de impartir esa justicia especial: Los mismos son órganos judiciales especiales que forman parte del sistema de protección (117) como medios (NO ES NUEVO SINO RESPONDE AL CONCEPTO DE MAYOR EFICACIA Y EFICIENCIA DE LOS ÓRGANOS DE ADMINISTRACIÓN DE JUSTICIA Y EN GENERAL DE LA ADMINISTRACIÓN).

Se les atribuye la denominación de: TRIBUNALES DE PROTECCIÓN AL NIÑO Y ADOLESCENTES.

Características fundamentales: Competencia especial y Proceso especial

1.Competencia:

Por la Materia: Exclusiva, excluyente y de atracción conforme la Lopna, L. Org Judicial.

Por Territorio: Capitales de la República y Edos. y los fijados por Cons. Judicatura.

Estructura del órgano (Novedad).

Bajo criterio de eficiencia y economía: Una sede donde opera esa nueva organización integrada por Sala de Juicio y Corte Superior (Circuitos, Salas, etc).

Se mantiene Bi-instancialidad:

Primera Instancia:

A CARGO DE UNA SALA DE JUICIO: Jueces profesionales unipersonales regidos por Presidente y Secretario que conocen de los casos que éstos les asignan.

Segunda Instancia: Sala de Apelaciones con tres jueces profesionales, operan como órganos colegiados (175).

Funcionamiento Interno: Sala Citaciones

Funcionarios Ejecutores (ya el nuevo orden Judicial aclaró que lo hacían los ejecutores ordinarios. Primer borrón de la Ley.

Cuenta con Socios de apoyo: Médicos, Psicólogos, etc.

INSTANCIA EXTRAORDINARIA: Se mantiene R. Casación, restringido a ciertos casos por la materia 2do. Civil, patrimonio, laboral conforme normas PCC y 176, 490, 491, 509 y 525 LOPNA y en adición aplican los criterios de cuantías y naturaleza del fallo que se regulan por las normas propias del Recurso (Cuantía, tipo de sentencias, tipo de juicios, etc.). Por razón de la nueva organización Constitucional, su conocimiento corresponderá a la Sala Social.

DISTRIBUCIÓN DEL CONOCIMIENTO DE LOS ASUNTOS PROPIOS DE LA COMPETENCIA: (177) Concepciones novedosas que ya las encontramos en algunas leyes precedentes (Amparo Constitucional en Vela):

Con base a la afinidad a la materia a conocer.

La misma Ley hace una distribución u organización de los temas o materias y con vista a ello luego atribuye las competencias.

1. Asuntos familia (Filiación, Privación, reinstauración P. Potest. Colocación familiar, asuntos de Tutela, Adopción, nulidades, Div. y Nulidades con menores o adolescentes o con cónyuges menores o adolescentes, cualquier otro afín.

2. Asuntos patrimoniales y de trabajo: Administración y bienes del patrimonio de los niños y adolescentes, Competencia Laboral, Demandas contra niños y adolescentes (Atrayente). Otros que requieren decisión judicial.

3. Asuntos provenientes del Consejo Protección o Consejo de Derechos:

   - Desobediencia ordenes e instrucción en asunto donde se encuentre niño o adolescente involucrado
   - Abstenciones del D. de Protección.
   - Disconformidad con derechos
   - Aplicación de sanciones
   - Otros afines.

4. Otros asuntos:

Todo lo relacionado con:

- Tutela
- Autorización Matrimonio
- Diferencias entre Padres sobre ejercicio de poderes,

  Inserción y modificación de Partidas, otros afines por naturaleza

5. Acción de Protección (276)

6. Homologaciones de Actas de conciliación (315).

PROCEDIMIENTOS APLICABLES

Los de la LOPNA, a falta Cpc (178). De trascendental importancia, pues si bien se achacan ciertos defectos de técnica en la ubicación de los artículos, es indudable que esa norma permite afirmar que priva en todos los procedimientos, las estipulaciones y principios de carácter procesal y son de aplicación inmediata.

TIPOS DE PROCEDIMIENTOS

Fundamentalmente podemos decir que el legislador con vista a los nuevos derechos atribuidos y a la organización que ha fijado para atender las pretensiones de ello derivadas, crea varios prototipos de procesos *ad hoc,* así:

1. ACCIÓN DE PROTECCIÓN: Una especie de amparo para garantía cumplimiento ante responsables de deberes ante los BENEFICIARIOS (Trámite por LOPNA 318 para casos Par 3 y 5 del 177. Caracterizado por su brevedad y eficacia).

En todo caso, la Ley ordena tramitarlo por Lopna, Proc Cont. Familia y J. Oral.

Es de observar que por el mismo procedimiento se tramita, por así decirlo todo lo relacionado con proceso de desacato de deberes de sujetos y entes públicos o privados involucrados como Medios para garantizar los fines de la Ley (Órganos del SISTEMA) a la vez que de ULTIMA INSTANCIA, agotado el trámite administrativo para la resolución de determinados conflictos de intereses a nivel administrativo (Disconformidad con derechos y decisiones dictadas sobre los mismos).

2. PROC. CONTENCIOSO FAMILIA Y PATRIMONIO (450) FINALMENTE LOS OTROS PROCESOS ESPECIALES.

Este es un grupo de materias que el mismo legislador separó, los cuales quedan excluidos del modelo anterior prototipo general.

Concretamente son los provistos para resolver los problemas relacionados con Guarda, Adopción, Visitas, Alimentos, autorizaciones de viajes.

3. Otros regulados en el CPC, especiales que como se lo deja dicho regula el CPC y seguirán siendo regulados por dicho código (NO CONTENCIOSOS, CAMBIOS DE NOMBRE).

EL PROCEDIMIENTO CONTENCIOSO FAMILIA Y PATRIMONIO (450)

El mismo, tal como se desprende del propio texto de la Ley, hace de modelo o prototipo dentro de los nuevos procesos regulados (Normas remisorias a él).

1.NUEVOS PRINCIPIOS QUE LO RIGEN:

Aclaremos que si bien se encuentran dentro de la organización relativa a esos procedimientos en concreto, los mismos, deben entenderse aplicables a todos los que se cumplen con la finalidad de la LOPNA.

¿Cuáles son y en qué consisten?

1. Ampliación Poderes Juez.
2. Ausencia de ritualismos (a-formalidad): Entiéndase solo prevalecen las sustanciales (CN 99).
3. Oralidad (Predominantemente Oral, si se quiere: Mixto Escritura y oralidad (Diríamos que en el proceso tramitación priva la ORALIDAD) Recordemos toda la problemática que conforme a reputada doctrina supone esto: mejor calidad de jueces, mas costosa, mayor preparación, personal más calificado, etc. ¿Quid BI INSTANCIALIDAD? Se lo plantearían quienes tanto hablan de la oralidad, a-formalidad y celeridad.
4. Continúa predominando el Pcp dispositivo petición parte salvo excepciones legales.
5. Inmediatez, Celeridad, Concentración.
6. Gratuidad, Defensa y Representación. Dentro de esa concepción expresamente tienen régimen especial LAS COSTAS: (484) Nunca gravan al menor.
7. Igualdad.
8. Búsqueda Verdad real. (El problema de las dos verdades: Mito, propensión o aspiración ¿) Evidente cambio de actitud del Juez ante el proceso (Ahora lo contempla por igual la CN).

OBSERVACIÓN ESPECIAL SOBRE LA ESPECIFICIDAD DE LAS PRUEBAS EN MATERIA DE FAMILIA:

En esta materia probatoria, por igual vale la pena hacer referencia a cierta posición de conocida y reputada Doctrina Nacional, como es el caso de la valiosa opinión de la Dra. G. Morales, cuando bajo la denominación de "Especificidad de la prueba en materia de familia" aborda dicho asunto en su comentado trabajo (Procedimientos familiares....) pues si en efecto el fin último de los nuevos procesos es la BÚSQUEDA DE LA VERDAD, debemos deslastrar una serie de tabúes en cuanto a elaboración y consideración del material probatorio utilizable en los procesos de divorcio familia y la interpretación que conforme a ello debe darse a las limitantes impuestas a la prueba testimonial en el cpc (478/80) que nos llevaría a plantearnos el dilema admisión de la prueba bajo criterios de razón crítica por parte de los jueces, o definitiva inadmisión de la misma, toda vez que ella a lo que se presta es a una prueba preparada, elaborada, sin sentido real alguno.

En apoyo se cita reciente jurisprudencia de la Corte Superior de Protección de Caracas (19-02-01 Exp C0000189), con apoyo doctrinario de opiniones de Eisner, Valor probatorio del testimonio en el proceso civil citado en Morello (La Prueba, Arg 1996) y Parra Quijano (El testimonio, Bgta 1988) que reputan necesario admitir por vía excepcional esos medios, ante el carácter especialmente privado y reservado en que trascienden los hechos vinculados al acontecer de las familias.

9. Amplitud Probatoria (No claro como lo veremos luego) ¿Quid de la Segunda Instancia?
10. MORALIDAD Y PROBIDAD (Aspiración o realidad ¿)
11. Preclusión.
12. IDENTIDAD FÍSICA DEL JUEZ (480) Novedad aparente: CONSECUENCIA DE LA INMEDIATEZ Y DE LA ORALIDAD, pero va mas allá, concretamente vincula al juez del trámite, que conoce y aprecia directamente los hechos y las pruebas a la decisión del caso.

UNA PRECISIÓN NECESARIA:

Quid: ¿Será uno de los contemplados en el Cpc? (aún cuando tampoco lo es, se parece al Oral 859).

2.LEY PROCESAL APLICABLE: Los Ccv Cpc en lo civil y Lopna LOT y LTPT en lo LABORAL, en cuanto no SE OPONGAN A LA LOPNA. (451)

3. ATRIBUCIÓN DE ASUNTOS PARA TRAMITARSE POR DICHO PROCEDIMIENTO

Materia: 452.- 1 y 2 del 177.

Excep:

a. Fam. Sustituta: Coloc 396 - (por guarda)
b. Adop 406 y 493.
c. Guarda (358 y 511).
d. OB. Alim. (384 y 511)
e. 5- 4 del 177 con Proc. Del Cpc excep visita.

4. COMPETENCIA POR EL TERRITORIO

Residencia del menor, salvo Divorcios (último domicilio) 453.

CONFLICTOS DE COMPETENCIA Y JURISDICCIÓN: Como cuestión curiosa y defecto de redacción se omitió todo lo relacionado al trámite de los Conflictos de Jurisdicción y de Competencia. Por lo tanto y conforme lo determina el 452, se regulará por el Cpc. ¿Podrá aplicarse el sistema de la Ley de Inquilinato?

5. Etapas 454

(aparentemente sin sentido pues no se desarrollan)

TRAMITE DEL JUICIO ESPECIAL:

Inicio: Demanda / Prcp. Dispositivo. 455. Sigue siendo ESCRITO. Solo oral cuando acciona BENEFICIARIOS u oral reducido a Acta (456) Requisitos: (340) pero se añade mayor precisión a la determinación de la Pretensión y se introduce como modalidad El Alegato de Hechos: Es la oportunidad *ad hoc* para alegato de hechos para el actor, con la excepción del 469 (hasta antes de fijación Aud. Pbas con incidencia del 607). ANUNCIO DE PRUEBAS (poder de control Judicial sobre la prueba inicial).

El anuncio de Pruebas, va mas allá con miras al control inicial de la prueba por el Juez y las partes: Testimonio con los hechos que con ella pretendan demostrarse y su determinación personal, Experticia, con determinación de lo que sea objeto, los documentos, aún cuando no se los consigne debe exponerse de donde deben compulsarse (Puede llevarlos el Juez ajuicio). LA PRUEBA ES DEL PROCESO.

A esta norma excepcional, debe prestarse especial consideración, en tanto modifica el sistema tradicional y es de riguroso cumplimiento para que pueda operar debidamente la Audiencia Oral de Evacuación de las Pruebas (Dedúcese de lo prevenido en 471 a 473 y a pesar de aparente contradicción de 468 y 470).

Para el demandado la PROMOCIÓN debe cumplirse en la contestación (461).

Una particular excepción es la contemplada en el Art 475, donde se admite al renuente incorporarse y promover

La Norma obliga expresamente a la ESTIMACIÓN de valor de los daños, pero ello no debe confundirse con las normas sobre estimación y valoración de las cuantías (no se derogan los principios generales sobre esta materia, pero su importancia es relativa dado que la Competencia es solo una, atrayente, y no crea aplicación de procedimientos especiales, sino que todo debe tramitarse por el modelo prototipo).

Quid de Inyuntivos y los especiales con fases (Partición, Cuentas, etc.

LEGITIMACIÓN: Representa personal, legal o judicial (cont posi. int.)

DESPACHO SANEADOR DEL JUEZ (465 -459/60)

ADMISIÓN: Comporta inform. al Fiscal (461) nada dice de la no admisión (Consideramos que esta procede con más razón).

Emplazamiento y Citación:

Citación personal, con copia, debe agotarse. De no lograrse, se opta por la de Carteles, pero con la modalidad que solo exige la ley una sola Publicación.

Orden Comparecencia 5 días.

Contestación:

Detallada, y expresa, ídem para Libelo. Aportación pruebas.

ACTO DE CONTESTACIÓN: Caben cuestiones previas

Oral en el acto, con pruebas, que se entregan y decide en el mismo acto con constatación. Si es con lugar se aplica CPC-

Reconvención si en el fondo, se fija plazo para corregir o se declara inadmisible, 3 días para contestar, caben C. Previas y se resuelven con las principales. 465. Tramite 462

Forma Contestación al fondo: Expresa, con aportación de pruebas. Prs confesión.

Fijación de domicilio especial (norma excp CPC) hace presumir conocimiento pasado determinado número horas 461.

En divorcio cabe por tanto Cuestiones Previas y así mismo Reconvención, y adicionalmente se esclarece que son procedentes los actos de Reconciliación, todo conforme cpc 461 756/7 ANTES C. PREV.).

NO COMPARECENCIA:

No se le atribuyen efectos de presunción de Confesión ficta (475), pues en tal caso si comparece a la Audiencia Oral puede promover las pruebas que estime conducentes y podría alegar hechos nuevos antes del mismo (469).

LAS PRUEBAS

Puede decirse que en esta materia es donde verdaderamente se han introducido los grandes cambios en este nuevo prototipo de procedimiento: Tanto en la Promoción (anticipada, y tempestiva para mejor defensa y para que el Juez vaya manejándola) como en la Evacuación, la cual se cumple en un ACTO (NO AUDIENCIA) ORAL (Permite y garantiza: INMEDIATEZ Y CONTROL POR EL JUEZ).

Modalidades Específicas: En cuanto a medios: Son todos, y diríamos que más que en el Cpc y otras leyes, pues como lo hemos dejado señalado, se incrementan los P. del Juez y se le fija como Norte, búsqueda de la verdad real (478).

Promoción, con Libelo y Contestación, aún cuando en forma no muy clara se regulan las excepciones aludidas, para el demandado y el Juez (475 y 478).

Potestades Probatorias del Juez: no están muy claras: Por una parte se le da control de exclusión y promoción plena (475, 474, y 478) pero por otro se le restringe su intervención a los solos efectos de ACLARAR Y ADICIONAR A LO DICHO (474).

Tiene de oficio o a petición la potestad de A. MEJOR PROVEER (481) NUEVO CONCEPTO DE QUE LA PRUEBA ES DEL PROCESO, podemos encontrar en la no necesidad de la presencia de ninguna de las partes en el Acto de la Audiencia Oral para la evacuación (476)

Protección oralidad e inmediatez NULIDAD 480

Fijación 468.

Toda incidencia debe ser resuelta en ella

Pueden alegarse nuevos hechos con tramite 607.

No recurso, sí Revocación: Sólo inconformidad en el acto de Conclusiones (Nuevo concepto de protección contra el agravio).

Un resumen de lo ocurrido sin menoscabo de que se use medio de grabación. 477

Quid recurso por alteración o falsa apreciación de la prueba testimonial ¿Trámite el de la Ley?

FORMA DE EVACUACIÓN

Documental: 471 Doc ininteligible.

Pericial 472. Supone previa evacuación.

Confesión: 473 Confesión/Interrog. A nuestro entender ininteligible.

Testimonial No tacha, anuncio en DDA y cont. 474, 475.

Poder Juez especial, control y cese PBA inclusive reduce testigos, su intervención para aclarar y ordenar evacuar lo promovido.

No comparecencia de las partes: 476 Sin efecto.

CONCLUSIONES 8 DÍAS 481 y Auto Mejor Proveer

SENTENCIA Plazo para pronunciarla tempestivamente 482. Falta de técnica: Grave imprecisión.

Pareciera que caso de convenimientos (tácito o expreso) se omite el trámite y la sentencia debe ser al 5 DÍAS DESPUÉS DEL ACTO O LUEGO DE TERMINACIÓN DE AUDIENCIA ORAL DE PRUEBA.

Por el contrario, ejercida la defensa, deberá entenderse que es al 5 día siguiente al de conclusión del acto de CONCLUSIONES. CONTENIDO (483).

Congruencia y Exhaustividad: alegado y probado (violación da lugar vicio Ultra, Infra y Extra Petita)

Apreciación de la Prueba: Libre apreciación razonada, pero en el análisis debe dejar constancia (sic ESCRITA) DE LOS PRINCIPIOS DE equidad (¿) y normas de derecho EN QUE SE FUNDAMENTA.

Debe pronunciarse sobre lo tenido por demostrado y lo no demostrado, sobre EL DERECHO APLICABLE CON EXPRESO PRONUNCIAMIENTO SOBRE LO PETICIONADO Y LAS DEFENSAS.

Fija modo de ejecución.

RECURSOS:

Revocación: Mero trámite, 3 días, debe resolver en 2 días, de oficio o a petición de parte (de inmediato cuando es en la Audiencia Oral).

Apelación: 5 días definitivas gravamen, 1 solo efecto resolver en 3 días.

Legitimación Partes y Min Peo, quienes tengan interés directo.

FORMALIZACIÓN (489). Decisión 10 días

MEDIDAS 466 67. Se introducen las autónomas y a nuestro juicio las cautelares anticipativas (en algunos de los procedimientos especiales).

EJECUCIÓN 492. Por CPC pero con la expresa advertencia de que se faculta al Juez para ordenar los medios de ejecución que estime más conveniente para la protección de los intereses en juego, lo cual a nuestro juicio abre un gran espacio a la innovación seria a favor de los intereses de los menores.

ALGUNAS INQUIETUDES EN CUANTO AL TEMA DE LAS MODIFICACIONES Y LOS NUEVOS PROCEDIMIENTOS

1. Puede convenirse, conciliar se y modificarse lo ya resuelto en Sentencia en materia de Alimentos. Recordemos que lo intangible es la cosa juzgada no el modo como debe o pueda cumplirse, en todo caso, en esta materia, sobre dichos convenios y arreglos, debe necesariamente homologar el Juez especial.

2. Como se tramita un Amparo Constitucional donde hay menores o se discutan derechos de menores. Consecuentes con lo dicho, lo que es propio es el Juez que debe conocer (el de la nueva Competencia) que no el procedimiento que sigue siendo especialísimo, por su condición de protección Constitucional.

3. En un juicio de cobro de bolívares contra una sociedad, en la cual son accionistas unos niños y adolescentes ¿podrá el Juez ordenar la notificación del Fiscal y eventualmente plantear un conflicto de Competencia?

4. Adviértase que el juicio es contra una sociedad, persona diferente a los niños que son parte del capital de aquella. El competente sigue siendo el Juez Mercantil.

5. En una demanda por cumplimiento de Contrato de Arrendamiento, siendo que en el inmueble hay menores ¿cómo debe proceder el Juez y los apoderados de las partes?

Si el contrato lo celebró un BENEFICIARIO o la demanda debe entenderse contra uno de ellos por alguna razón (Sucesión, pe.) obviamente que debe conocer de ella el Tribunal especial de Protección, de lo contrario, aún cuando en el lugar existan Beneficiarios, en absoluto cambia el proceso, naturaleza del litigio, ni la condición y legitimación de quienes son partes.

6. Quid de aquellos casos en que so alegato de silencio, falta de claridad, el Juez especial toma y decide sobre los derechos, situaciones o condición de los BENEFICIARIOS. ¿Qué pasa con las llamadas autorizaciones Judiciales para viajes, disposición de fondos, etc.?

Ni el silencio, ni la ambigüedad justifican sustituirse en el bien de los BENEFICIARIOS, deberá oírse a éstos directa o indirectamente, y la decisión que se adopte, siempre tendrá que ser tomando en cuenta el INTERÉS DEL MISMO, que ya hemos visto tiene concepto y formación propia.

En cuanto a lo segundo, cuando lo contempla la Ley, siguen siendo procedentes, son decisión de judcc. voluntaria, en veces, y otras legales, si no son de las que atienen a los asuntos sometidos a la expresa competencia de los Tribunales Especiales por el juicio prototipo, debe tramitarse como lo manda el Cpc. Recordemos que la Jd. Vol. tiene hoy recursos y necesariamente supone no contención.

¿Cuál sería la reforma más importante y destacada de la nueva Ley?

La estructuración del sistema y los medios, la clarificación de cuales son las potestades y funciones judiciales.

7. Contra una decisión arbitraria de un Juez sobre tratamiento médico de un Beneficiario, que viole o menoscabe sus derechos ¿qué es conveniente incoar AMPARO CONTRA SENTENCIA, ACCIÓN DE PROTECCIÓN?

Depende la lesión y su origen, si lo es el fallo, cabe en efecto el amparo contra sentencia, de lo contrario lo procedente es LA APELACIÓN, como remedio propio del agravio procesal (al fondo o a la forma). En todo caso recuérdese además que el Juez debe y tiene que responder y con el Estado, por sus atropellos y violaciones burdas de la Ley (Cnac.).

8. En un Embargo Ejecutivo, se señala para embargar una Computadora la cual alega en el acto un BENEFICIARIO, ser de su propiedad o uso ¿Qué hace el Juez?

Salvo que se trate del supuesto de excepción en que en el momento mismo de la práctica se demuestre la propiedad de otro sobre el bien, la medida debe continuarse. Si el bien está en el bien, propiedad o instalaciones del embargado, hasta prueba expresa calificada en contrario, la medida preventiva o ejecutiva debe cumplirse sobre todos los bienes que allí se encuentren.

En el caso de la simple posesión alegada, menos aún, pues ya sabemos que el nuevo criterio es el de la propiedad pues resulta ser lo que queda afectado por el Remate, salvo que se trate de los juicios especiales posesorios.

9. ¿Hay Condena en Costas en los Juicios de Pensión de Alimentos?

Depende de quien es el vencido, si es un Beneficiario, aún en demanda temeraria o en defensa temeraria, no puede haber condenas de costas en su contra.

Aclaremos que por el hecho de ser Beneficiarios, no por eso están exentos de la obligación de alimentos frente a quien procede y cuando procede.

¿Puede promoverse en la Audiencia Oral una prueba omitida en el libelo o en la contestación?

Del texto del 478, pareciere que pueden admitirse inclusive las no presentadas en ese acto cuando por justa causa, a juicio del Juez no fueron presentadas, y no es clara la norma en cuanto a quien debe aportarla y como se incorpora (si es la parte o el Juez). En todo caso a nuestro juicio deberá darse oportunidad expresa de control a la contra parte y estimamos que lo más conveniente es la de que se la incorpore por la parte y con los mecanismos que garanticen el control. En todo caso, si es el demandado NO COMPARECIENTE a la contestación (Renuente), a nuestro modo de ver se le favorece dándole la potestad de aporte en la Audiencia Oral (475).

En un juicio laboral la viuda obra por sí y en representación de sus menores hijos ante un Tribunal Laboral para reclamo de prestaciones.

¿Debe conocer ese Juez o el fuero especial Tutelar de Protección es el competente y atrayente?

Obviamente que el competente lo será ahora siempre el Tribunal especial de PROTECCIÓN.

¿Cabe la Prueba anticipada en los juicios especiales de la LOPNA?

Recordemos que esta figura no es nueva, siempre ha existido y el único problema es que resultará siempre una prueba sin control que para surtir plenos efectos en el juicio donde se la presente, debe darse oportunidad a la contraparte para ese control. El camino para darle plena validez, aún anticipada, es la del proceso PREJUDICIAL (Retardo).

Si hay despacho saneador ¿qué hacer si el Juez no se da cuenta de un vicio, o que hacer si resuelto, la parte insiste en hacer valer el mismo vicio?

Recuérdese que D. Saneador no es un sustituto de las cargas de las partes, sino un medio para hacer más expedito el proceso. Si el juez lo omite por supuesto que la parte puede hacer valer la cuestión previa. Por el contrario, si ya hay pronunciamiento judicial, entonces habrá cosa Juzgada y no podrá reexaminarse lo que ya hubiere sido resuelto por el Juez al ordenar la corrección.

¿Quid en el caso de que la corrección no fue adecuada y deslucidamente el Juez no ordenó proceder en la forma que correspondía? Para mí cabe siempre la apelación o la revocación, según el caso, hoy, conforme reciente Jurisprudencia del Supremo, puede pedirse aclaratoria al incorporarse a juicio y el Tribunal debe proveer y subsanar.

¿Quid Contradicción entre norma de la LOPNA y la del Poder Judicial? Ambas son orgánicas, el problema es delicado, mas debe analizarse sobre cual es el tema de la presunta contradicción si es propio de la materia sustantiva o adjetiva de Protección NYA, prevalecerá el carácter orgánico de la LOPNA, por el contrario lo será la otra si predomina lo relacionado con la materia de organización Judicial.

¿En qué momento deben admitirse las pruebas en los procedimientos regidos por la Ley especial LOPNA, por ejemplo en un divorcio? Obviamente que aplicará lo dispuesto en la LOPNA si el divorcio es entre cónyuges con hijos niños o adolescentes, o si el vínculo es entre esos Beneficiarios y por tanto la promoción deberá ser hecha en todo caso antes de la Audiencia Oral, pues se supone, como lo evidencia la propia normativa especial que para dicho acto ya deben estar inclusive evacuadas algunas de ellas, salvo los casos excepcionales comentados.

¿Quid de la no comparecencia al acto de contestación en el divorcio especial regido por la LOPNA? Para nosotros, se trata de un procedimiento especial que se inserta en el juicio prototipo de familia, pero conserva los elementos propios de la especialidad, que es lo que procura defenderse en la normativa, por tanto, la no comparecencia del demandante, equivale a un desistimiento *ope legis,* como la del demandado será una contradicción genérica, en los términos del 758 Cpc.

17. ¿Quid régimen aplicable a los procesos en curso? Bueno, es este un caso típico de la falta de seguridad jurídica en nuestro país y de la irresponsabilidad de las autoridades. En la Gaceta se comieron el artículo 680, y que sepamos no ha sido ordenada re-publicar, por tanto esa norma no existe. En las publicaciones oficiales inclusive (y ello para mí sería delito) se incluye la norma intertemporal, como si hubiera estado en la Gaceta. Esa norma, como es lógico y se refiere a normas de procedimiento ordena aplicación inmediata, en el estado en que se encuentre, pero advierte que los recursos interpuestos, las pruebas ya admitidas y los términos o lapsos ya iniciados se regulan por las leyes bajo las cuales se cumplieron o iniciaron.

El problema pareciera estar en las pruebas, cuando ya habían sido admitidas pero no evacuadas. ¿Quid del régimen de evacuación? De lege escrita, sería la vigente para la admisión. Y más grave aún sería determinar como hacer con el principio de Identidad, que claramente determina que sentencia quien oyó las pruebas. Nuestro criterio en cuanto a lo segundo, cuando lo contempla la Ley, siguen siendo procedentes, son decisión de judcc. voluntaria, en veces, y otras legales, es que ello si es de orden público y aparejará la nulidad.

24.

RESUMEN PROCEDIMIENTOS ESPECIALES CIVILES EN LA LOPNA (PARTE II)

CRITERIOS

A pesar de que el intento es de unificar y mantener en estructuras sencillas todo lo atinente a N y A, la Ley opta en los procedimientos civiles, en fijar un prototipo para todos los asuntos generales de familia y patrimonio, salvo lo que ella misma excluya.

Las razones de exclusión: Según la EM no son mas, según ellos, que haber procurado mantener las estructuras y procedimientos vigentes en funcionamiento, no haciendo necesario probar otras instituciones.

A nuestro modo de ver, tal aserto es carente de sentido, pues como lo veremos es cierto que dichos procesos encuentran sustento en la antigua Ley Tutelar pero no se justifican hoy a la luz del nuevo modelo dotado de las modificaciones que se le introdujeron, y apuntalado en los nuevos principios de la LOPNA, en otras palabras, no se justificaba a nuestro modo de ver haber mantenido procedimientos diferentes.

En el análisis detallado de los mismos observaremos que son pocas las particularidades que justifican un procedimiento diferente y separado, en algunos de los cuales sólo encontramos diferencias en cuanto a los efectos del poder cautelar o en el trámite de incidencias que perfectamente hubieran podido contemplarse como modalidades dentro del mismo procedimiento prototipo.

Pretender que en estos procesos no existan incidencias o no admitirlas es desconocer las garantías básicas del proceso debido, del Derecho a la Defensa y de la igualdad de las partes, de tal manera que en todos estos casos el Juez de protección deberá abrir un debate que se seguirá por las pautas del proceso prototipo y sus principios, en lo que resulten aplicables y sean compatibles con el Interés superior del niño y adolescente, lo cual aún no ha tenido clara definición en nuestros Tribunales de Protección ni en las Cortes Superiores (Morales G, *opus cit.* p. 279).

Morales se plantea la posibilidad de aplicar la oralidad en una incidencia sobre derecho de visita (387) y destaca como antecedente pedimento que se formuló ante la CS Protc para el trámite de la apelación, lo cual fue aceptado por la Corte Superior del Área Metropolitana *(opus cit.,* p. 281).

LAS EXCEPCIONES

La misma Ley dice que se tramitarán por los procedimientos que ella fija, lo relacionado con ADOPCIÓN NACIONAL o INTERNACIONAL, GUARDA,

ALIMENTOS (452). Igualmente destaca que todos los demás serán por el Cpc con excepción de las VISITAS QUE SE RIGEN POR EL ESTABLECIDO EN LA LOPNA (452 *infine).*

Como lo examinaremos de seguidas, en adición, también encontraremos que la mayoría de esos procesos o sus objetos mediatos, se desarrollan en diversas modalidades, las cuales a nuestro modo de ver tampoco trató orgánicamente la Lopna, sino que lo hace en parte dentro de las normas sustantivas de las instituciones, en parte dentro de las relativas a procedimiento.

Es ello lo que ocurre por ejemplo con Guarda (Privación, revisión, Desacuerdo y rehabilitación) y en Alimentos (Fijación, revisión, cumplimiento).

LOS PRINCIPIOS QUE REGULAN LOS PROCESOS ESPECIALES

Como se lo observa desde un primer momento, en esta materia la Lopna pareciera no haber regulado de manera completa los procedimientos especiales en ella contemplados (visitas 387; cump. Alimentos 381, rest PP 355, restituc. niños 389).

En el indicado sentido fue esa la posición de la Dra. Georgina Morales, ahora ratificada en su trabajo Los procedimientos familiares contenidos en la Lopna, en Primer Año de Vigencia de la Lopna, autores varios, 410 ord. Cristóbal Cornieles, Edit. UCAB, Venezuela, 2001, pp. 278).

Lo expresado ha creado discusión entre los especialistas en torno a cuales deben ser los principios aplicables en tales casos y como llevar adelante dichos juicios.

La primera pregunta sería si le son aplicables los principios generales del juicio prototipo. Para nosotros, el hecho de que expresamente nada haya dicho la Lopna al respecto, no significa que la voluntad implícita del legislador no fuera que se los siguiera por el trámite del prototipo, ni se excluyó que a los mismos se apliquen los principios generales de los procesos de garantía para los derechos tutelados en la nueva Ley.

Es cierto que ella determina que a falta de norma se aplicarán las del Cc y Cpc, y en su caso las de LOPNA en todo lo que no resulte contrarios a ella, de allí sostenemos lo antes dicho (451). Pero es que si nos ajustamos a la realidad del sentido de las regulaciones, observaremos que los pretendidos juicios especiales son mas bien formas en que deben regularse las incidencias con las cuales pueden iniciarse o tramitarse, sin excluir que ellos, como tales, deban seguir el modelo prototipo.

Para nosotros, lo pretendido por el legislador fue mas bien facilitar, aminorar o mejorar el rigor del prototipo, en ciertos casos en que por razón del inicio de la incidencia (tutela autosatisfactiva) o éxito de la solución de las mismas partes, hacían innecesario entrar al proceso ordinario prototipo.

Lo expresado es importante, pues como lo veremos en los procedimientos especiales, encontraremos una serie de casos en que no hay previsión expresa del legislador, debiendo por tanto el Juez suplir la normativa adecuada} y deberá hacerlo con base a los principios generales, pues fue esa la intención, sin lugar a dudas, y no, como se lo podría pretender, llevarlos a la vieja temática del proceso ordinario civil, o los juicios ya extinguidos que contemplaban las normativas sobre Menores que precedieron la Lopna.

CARACTERES GENERALES COMUNES DE ESTOS PROCESOS

1. Por supuesto que todos se tramitan ante los órganos de la competencia especial (Trib de Protección).

2. Los pronunciamientos en ellos recaídos no generan cosa juzgada material y formal, son revisables cuando se modifican los supuestos en que se los sustentó.

3. La particular celeridad con la cual la Ley pretende sean tramitados.

4. Por lo general las determinaciones jurisdiccionales iniciales hacen de fallos definitivos a la larga, de no ser atacados o impugnados (parecen cautelares definitorias o anticipatorias).

5. Consideraciones especiales en torno a la **potestad CONCILIADORA.**

Como puede observárselo en todo el régimen de la LOPNA, priva y debe privar la posibilidad de auto composición, por supuesto en todo aquello en que no se viole o atente contra el orden público (en especial el interés superior del Menor). ¿Pero cómo entonces entender el ejercicio de esa potestad conciliatoria de las partes en materias tan delicadas como Patria Potestad, atributos de la guarda, Derecho de Alimentos, etc.?

En efecto, lo planteado tiene particular importancia cuando referimos, por ejemplo, a las materias que se debaten en los juicios vinculados a PP, Guarda, Alimentos, etc. En tanto es la misma Ley la que declara tales materias especialmente protegidas, y sus efectos irrenunciables.

En efecto, el propio 308 LOPNA dispone que sólo pueden conciliarse los asuntos de naturaleza disponible, y se agrava aún mas el asunto si tomamos en cuenta que el Art. 12 *ejusdem,* dispone que los derechos reconocidos por la ley son de orden público, irrenunciables e intransigibles.

En primer lugar, con la sustentación filosófica y lógica necesarias, el Dr. Marcos Carrillo Perera (Consideraciones hermenéuticas sobre la normativa de la LOPNA en materia de conciliación: Los casos de patria potestad, guarda, obligación alimentaria y régimen de visitas, en Primer Año de Vigencia de la LOPNA, autores varios, 411 ord.. Cristóbal Cornieles, Edit. UCAB, Venezuela, 2001, pp. 201), cabe destacar que si fue definido propósito de la Ley y la Convención que en esta materia privaran las soluciones a través de conciliación y negociación y solo por defecto, si tales soluciones no se obtenían, debe intervenir la solución judicial.

De no entenderse en la forma dicha la consagración de las soluciones auto compositivas, fueron un contrasentido y una alusión inútil al tema, en todos los casos.

De otra parte, debe dejarse claro que de manera alguna pueden entenderse quedan sin control los postulados mismos de las instituciones de que se trate, pues el Juez, último revisor de la materia (homologador) podrá rechazar lo resuelto si de manera alguna se lesiona el Int. Sup. Del Niño y Adolescente.

Así, pues, que la interpretación literal de las comentadas normas (308 y 12) harían absolutamente imposible de aplicar solución convencional alguna, salvo como lo entiende el Dr. Carrillo, "lo sean para proteger, potenciar y perfeccionar el ejercicio de tales derechos", de tal manera que faciliten arreglos que puedan establecer, respetando los principios, la forma mas adecuada para el mejor desarrollo y logro de los derechos, sin que ello conlleve a la renuncia de aquellos o a violentar las normas de orden público.

Carrillo opta como criterio que permite clara interpretación, que las resoluciones y decisiones en absoluto constituyan merma de los principios y garantías básicas (Supervivencia, desarrollo, protección y D. a la participación).

Un ejemplo clásico en materia de PP no podrá en manera alguna admitirse regulación o convenio en cuanto a titularidad, pero si el alcance que de ella se haga, para beneficio del interés de los niños (en el mismo sentido opina Aguilar Gorrondona J. L., Personas, p. 203). En tal sentido son además aclaratorias las disposiciones de la propia LOPNA, 351, 359, 360.- 368, 373 y 374 (en lo relativo a alimentos) – 387 (visitas).

Para tales efectos repetimos estarán dispuestos los poderes de las Defensorías del Niño y Adolescente (DNA) y el ejercicio de las potestades judiciales de los jueces de Protección.

En torno a la materia, en adición debe señalarse que los especialistas abogan por la separación de la función conciliadora de la judicial (Carrillo Perera, Morales, etc. En *opus cit.).* El primero citado inclusive destaca que la intención velada de la ley es auspiciar la separación de funciones como principio, y sólo en forma supletoria admite la intervención del Juez (Perera opus cit. p 221) y en tal sentido debe entenderse que cuando la Ley defiere al juez el uso de la conciliación es perfectamente posible que este lo remita a la DNA o a Centros especializados de Mediación.

ANÁLISIS DE LAS PARTICULARIDADES EN CADA TIPO ESPECIAL DE PROCEDIMIENTOS

V. GUARDA (511-525 Normativa Sustantiva:.. 358 ss).

Por mandato de la Ley todo lo que a ello se refiera debe ser resuelto en vía judicial (363).

La ley (364) exceptúa lo relacionado con ejercicio de dicho poder en lo relacionado a bienes, lo que se tramitará conforme 267 ss Ce (quiere decir, otra de las excepciones contempladas en la misma LOPNA).

Objeto de las pretensiones (Modalidades):

Privación, Revisión, Desacuerdo con las modalidades de ejercicio y Rehabilitación.

I.1 PRIVACIÓN

Legitimado pasivo: quien la ejerce

Trámite procesal:

Inicio petición escrita o verbal (beneficiario), en el entendido que si lo hace el beneficiario no requiere asistencia de abogado (511)

Igual que en el prototipo, debe acompañarse y anunciarse la prueba, lo que facilita el trámite y cautela en el juicio.

El órgano debe instar y hacer constar la instancia de conciliación (una vez mas resaltamos la preeminencia de la auto composición o poder de la voluntad de las partes en la solución de los problemas relacionados con NA). (516).

Si no se logró conciliación entra la fase de contestación y alegatos.

Pruebas:Libremente, el Juez siempre tiene alternativa de acudir a la de INFORME TÉCNICO. (513).

A nuestro modo de ver ello no obsta a que ejercida la oposición las partes tengan derecho a la apertura de la incidencia probatoria, regulada en un todo por lo dispuestos para el J. Prototipo.

En cuanto a la naturaleza de la prueba especial de Informe Técnico, según parte de la doctrina se trata de una pericia, no vinculante para el Juez, quien puede apartarse y en su caso resolver sobre la impugnación, la misma se cumple en forma ajena a las partes. De rechazarla, para ser consecuente con los principios, deben ser ordenadas practicar de nuevo.

I.2 REVISIÓN DE GUARDA (523-361)

Es cierto que obedece a no existencia plena de la Cosa Juzgada, pero siempre procederá con miras al Int. Sup. Del NA. Es uno de los casos en que se impone oírlo al igual que el Ministerio Público (361). Por lo demás deberá acreditarse cambio en los supuestos en que se fundamentó la regulación previa.

Lo novedoso es que ahora a diferencia de lo que ocurría en el anterior ordenamiento, es que el Juez que conoce no necesariamente tendrá que ser el mismo que la acordó.

I.3 DESACUERDO EN EL EJERCICIO DE LAS FACULTADES DE LA GUARDA (359)

No necesariamente supone Interés en la privación, ésta queda a reserva de los resultados. De allí que lo resuelto no permita apelación, en tanto que siempre podrá acudirse a esa alternativa, que se tramita como una especie de incidencia.

Son disputas sobre el contenido sustancial de la potestad de guarda (educación, poder de corrección, educación moral)

Dada la naturaleza del problema, agotada la conciliación sin resultado, el Juez oyendo a las partes o parientes, dentro de la oportunidad fijada para ello, tomará la decisión. El asunto se debate materialmente en una incidencia, sin apelación.

A nuestro juicio, existiendo hechos que probar, las partes tienen derecho a pedir articulación probatoria.

I.4 REHABILITACIÓN 362

Proceso consecuencia del ahora novedoso tratamiento de la obligación de alimentos. El obligado que no cumple no tiene derecho, salvo se rehabilite. En verdad la LOPNA no fija proc. A*d hoc,* y es precisamente aquí donde se plantea cuál será la vía adecuada, por ejemplo, G. Morales opina es incidencia simple 607, para nosotros no lo parece, dado que en efecto puede prevalecer el interés del menor y no es justo se tramite en incidencia debe ser modelo prototipo.

V. ALIMENTOS (365 "Trámite como guarda" 511-525)

II.1FIJACIÓN

Parte del principio de su establecimiento voluntario, a falta, establecimiento judicial por el procedimiento especial (375- 384) mismo que el de guarda pero no acumulables entre sí. NO tiene Casación -525.

OBSERVACIONES PRELIMINARES:

Comenzaremos por alertar los importantes cambios sustanciales, desde:

1. Su concepto (lo que abarca lo define ahora la Ley y debe interpretarse conforme al ISNA); medios de garantizar su efectivo cumplimiento

2. Extensión: Subsistencia – mayoridad, estudios (366);

3. Fuente de la obligación 367 (Decisión Jud., convenio, cuando a juicio del juez vinculo filiatorio resulte de hechos y circunstancias que sean indicios a su juicio suficientes 367).

4. Subsidiariedad y a quien tiene guarda 368;

5. Principios que regulan su aplicación Proporcionalidad, igualdad entre beneficiarios y prorrateo (371-73);

6. Irrenunciabilidad '377'-

7. Naturaleza especial de la institución (Afecta los conceptos de Pasivos hereditario, no extinción ¿Fiscalmente?

8. Principios para establecer su determinación, presunciones, Carga prueba dinámica 369/70

9. Carácter de Crédito privilegiado 379.

10. Medios para el pago Poderes extraordinarios al Juez de Protección para asumir funciones de admón. Del patrimonio del obligado 382.

11. Incremento de potestad cautelar para garantía del cumplimiento: cualquier medida, presume *periculum mora,* cuando está fijada y hay incumplimiento por dos cuotas consecutivas 381.

¿Quid si no son consecutivas, porque lo de consecutivas?

Legitimados activos: padre, madre, guardador, el propio NA si es mayor de doce el Ministerio Público y el Consejo de Protección (376).

Establecimiento: Norma el acuerdo de partes 375, siempre deberá establecerse por vía que garantice auto corrección, pero requiere de HOMOLOGACIÓN para convertirse en título ejecutivo.

Quid negativa ¿Será solo apelable o deberá dar lugar a conciliación o finalmente se abrirá proceso plenario prototipo?

Trámite:Remitimos a lo comentado para Guarda, pero advertimos las siguientes modalidades:En la ejecución se establecen una serie de potestades para garantía de cumplimiento 521, 382 y con establecimiento de responsabilidades a terceros designados como retenedores (solidaridad) 382-380 y 521.

Llama la atención extensión poderes para tomar previsiones aún mas allá del equivalente a 36 mens.

Apelación un solo efecto mismo día (rompe principio de apelación pero se ajusta a las nuevas doctrinas sobre la materia) 522.

II.2 REVISIÓN (523)

Al modificarse los supuestos, por la misma vía y lo resolverá la Sala de juicio.

III. VISITAS (385 ss.)

Redefinido por la Ley, como derecho a relacionarse, más allá de simple acceso físico, permanencia y compartir momentos, residencia y costumbres y cualquiera otros medios de comunicación (correspondencia, e mail, fax, etc.) -386- Por ello ahora se lo admite a personas diferentes a las del puro círculo familiar 388.

En cuanto a los vinculados a la obligación de alimentos, por igual se sanciona a quien no lo acata con la pérdida (rehabilitación) 389.

III.1 FIJACIÓN

Legitimados pasivos: quienes no tienen la guarda, los que pretenden el derecho sin ser padres por beneficio del menor 388.

Trámite: 387. De no lograrse acuerdo voluntario o en vía conciliatoria, por vía de una incidencia breve, oyendo al hijo y pidiendo informes, SUMARIAMENTE, fija el régimen. Siempre deberá tomar en cuenta nuevo concepto o sea que la fijación no rompa con el derecho a Ínter relacionarse con otros en concreto con el mismo que tiene la guarda.

III.2 REVISIÓN

Cuando se modifiquen los supuestos por la misma vía 387.

III.3 REHABILITACIÓN

Demostrar cumplimiento por la misma vía 389.

III.4 ABUSO Y EXTRALIMITACIÓN (Retención indebida). 390.

Conminación (intimación) judicial a restituir y pago de los daños por gastos incurridos.

La ley no define trámite, para algunos es incidencia 607, nosotros estimamos es por el Prototipo, la demanda es declarativa y de condena. Se aplican en materia internacional tratado especial 1996 Convención aspectos civiles de la sustracción internacional de Menores.

IV. AUTORIZACIÓN DE VIAJES 391 ss.

Interés, uso indebido o condicionamientos no convenientes a interés del NA. Al no haber acuerdo debe resolver el Juez 393. No fija cómo, estimamos que es una simple incidencia, debe oírse al que se le imponga, en el caso de que no pueda ser citado, estimamos que el Juez, tomando las medidas, debe y pude acordar la autorización, pues lo contrario fomenta la irregularidad y daño al NA.

V. ADOPCIÓN INAC O NACIONAL (406 ss=493)

Es igual para la nacional que la INAC, modalidad varia posiblemente con intervención de los organismos administrativos especiales nacionales y foráneos de trámite administrativo de los procesos.

TRÁMITE

Petición verbal o escrita, el trámite debe ser PERSONAL ANTE EL TRIBUNAL. Contenido, además del 340 y especiales del Prototipo, debe cumplir con los requisitos 494 y acompañar recaudos 495 (si faltaren de estos últimos el órgano judicial puede ordenarlos 496.

Se ordenará notificación MP y con ello se solicitarán consentimientos y se constatarán relaciones de parentesco, si las hubiere.

Oposición: sólo dentro del lapso para proveer 498 (10 d.) los que dan consentimiento mas el Ministerio Público (500=) da lugar apertura incidencia probatoria 10 días con medios del CPC.

De no haber convivencia previa (501) el Juez proveerá e igualmente podrá autorizar salida del país 502-3.

Decisión 504, inclusive prescindiendo de documentos si a su juicio no son indispensables.

Decreto: sí la declara pertinente se dictará y ordenará registro.

Recurso: La que la tolere o la negativa tienen recurso ordinario 506, también cabe el extraordinario de Casación 509

Oponibilidad, sólo corre contra terceros desde registro 510.

En la Internacional se relegitima intervención de los organismos especializados para opinión y control.

25.

REFLEXIONES EN TORNO A LA LEY SOBRE LA VIOLENCIA CONTRA LA MUJER Y LA FAMILIA CON ESPECIAL REFERENCIA A SUS ASPECTOS PROCESALES[*]

"en un mundo donde todos tratamos de defender y proteger a la naturaleza, parece inconcebible que algunos grupos de individuos se esfuercen por atentar contra la integridad y la dignidad de la expresión más alta y perfecta de la creación que es la persona humana, en este caso la mujer".

Monseñor Pasaggio Nuncio de su Santidad en Perú,
VIII Conferencia Regional de la Mujer de América Latina y el Caribe,
Lima, Perú

INTRODUCCIÓN

Estimo pertinente de alguna manera justificar el porqué y la razón por la cual haya escogido este tema dentro de unas jornadas de Derecho Privado, y en especial, para brindar justificado homenaje a un gran Profesor de Derecho Civil, esto es, a José Luis Aguilar Gorrondona, a quien tuve el placer de tener como maestro dos años de mi carrera y otros dos más en el Post Grado de entonces.

El Profesor, como conocemos todos, con particular celo dedicó y sigue dedicando muchas horas de desvelo al estudio e investigación y a la preparación de clases y exposiciones sobre el Derecho Civil Personas y Derecho Civil IV, Contratos y Garantías y quien así mismo sin temor a dudas se puede considerar como connotada autoridad en las demás ramas del Derecho Civil en especial la de Bienes y aun Derecho de Familia, en las que si bien no ha dejado tan profunda huella en libros, comentarios, dictámenes y sus brillantes clases, resulta ser por igual, consagrado y gran estudioso.

Por eso, cuando se me planteó qué investigar o qué comentar que pudiere tener el interés y el mérito suficiente para hacer un homenaje a mi apreciado profesor, la situación no me fue nada fácil. Hube de recurrir entonces a la novedad de un tema, pues con ello al menos podría presentar algo interesante a los oyentes y que de alguna manera resaltara el trabajo que pretendo sea un justo reconocimiento a quien tanto ha dado por la investigación y divulgación del Derecho en Venezuela.

(*) Texto ampliado de la Conferencia-Ponencia presentada en las *Jornadas en Honor al Dr. José Luis Aguilar Gorrondona*, Caracas. Abril 2002.

Se me vino a la mente entonces el tema de la Ley de protección contra la violencia a la mujer y la familia, que de alguna manera está vinculado a los sujetos integrantes de la familia, mujer, parientes, etc, por tanto, vinculados al Derecho de Personas.

Destaco, que aún cuando parezca extraño, el tema relacionado con la violencia contra la familia y la mujer, más que analizado desde el punto de vista del Derecho Penal, con el cual indiscutiblemente tiene especial relación, pues habitualmente hablar de ello, implica referirse a delitos causados a las víctimas, ha sido tratado con mayor ahínco por los Civilistas, quienes especialmente han venido advirtiendo la presencia de ese grave problema de los malos tratos en la familia y contra sus integrantes, fenómeno, que, de un tiempo a esta fecha, ha provocado gravísimos efectos sobre la institución familiar, los sujetos individuales que la integran, y de manera general, que es lo más delicado, provocando grave distorsión en el entorno social.

De su parte, su estudio tiene especial vigencia también, pues a pesar de que la violencia y los malos tratos en la familia y en contra de la mujer acompañan materialmente el curso de nuestras civilizaciones, poco o nada se ha logrado para reprimirla, controlarla o erradicarla, por el contrario, como lo citaremos brevemente mas adelante, tales anomalías parecen haber ganado terreno entre nuestras actuales sociedades, de allí que organismos especializados, mundiales, regionales y nacionales se hayan vuelto a ocupar recientemente del tema, en concreto hace pocos años se suscribió una Convención Interamericana para prevenir, sancionar y erradicar la violencia contra la mujer, y recientemente ha sido puesta también en vigencia en nuestro país la Ley sobre la violencia contra la mujer y la familia, instrumentos estos que, a pesar de lo trágico de los hechos que procuran regular, evitar y sancionar, no parecen ser muy conocidos ni han tenido el éxito dentro de la sociedad que con ellas se esperaba[1].

Por ello, pues, en procura de hacer algo novedoso y que llamara la atención del homenajeado, rebuscamos este tema que nos brinda la aludida nueva Ley para proteger a la mujer y la familia contra la violencia, pues si bien convencidos estamos de que de alguna manera y en alguno de sus estudios y obras nuestro profesor, acucioso investigador, seguramente lo debió haber analizado, al examinarlo nosotros desde la óptica procesal, nos permitirá presentar su estudio en forma diferente y trascendente en nuestra literatura jurídica y por tanto de utilidad para los estudiantes y estudiosos del Derecho.

Espero que mi modesta contribución en estas jornadas en su honor, de alguna manera satisfagan su espíritu de educador y considere que mi esfuerzo haya sido útil, y que, por tanto, lo que procuró transmitirme, en sus enseñanzas y desvelos por el Derecho Civil, sirvieron de algo; cuando menos despertaron en su alumno el interés por el estudio y la preocupación por la investigación, y en torno a esta última, lo particularmente insidioso que he sido en analizar algunos problemas del tema, ello es por igual resultado de su ejemplo, al inducirme su estilo, cuando benévolamente me permitió revisar las pruebas de

---

1 Para fundamentar en hechos lo comentado, los invito dar lectura a algunos pasajes de la propia Biblia, de los cuales se extrae la triste conclusión de que la mujer parecía ser un sujeto de segunda en esas sociedades primigenias, y en lo moderno, hace muy poco se conmovía el mundo con las tragedias provocadas por los malos tratos a la mujer en Afganistán, donde se las apaleaba públicamente por lo que en las creencias islámicas constituían faltas, y en estos últimos días, el colmo fue la reciente noticia de la condena a muerte denigrante (semi enterrada y apedreada) de una adolescente, por haber sido preñada en una violación de que fuera objeto. Y recordemos que estamos hablando hoy, abril del 2002.

imprenta de sus entonces Apuntes de Derecho Civil I, confiando obviamente no en mi sabiduría, sino en mi interés de que no se me escapara nada, ni siquiera error material alguno, para quedar bien con el maestro.

Si de cuanto expongo a continuación y quede escrito derivaran algunos méritos, son todos para el Profesor que tan acertadamente me supo transmitir sus enseñanzas y ejemplo de vida.

Todos esos reconocimientos, si algunos se merecen, los cedo a él, sin reserva alguna, con la alegría y humildad del alumno de siempre, empeñado en la idea de poder retribuir aún de manera efímera, todo lo que supo brindarme generosamente en sus inolvidables clases y consejos.

I. CONSIDERACIONES PRELIMINARES

En Venezuela, como en otras partes del mundo, esta problemática de la violencia contra la mujer y la familia, como lo veremos brevemente de seguidas, según las estadísticas, no sólo se ha incrementado inusitadamente, sino que provoca consecuencias impredecibles, responde a situaciones sociales dramáticas y crea daños hasta irreparables para el futuro, pues afecta especialmente a los niños y adolescentes que forman parte habitualmente del grupo familiar, legal o de hecho.

Añádanse en nuestro medio a los comentarios precedentes, la triste realidad del gran consumo alcohólico en nuestras clases sociales más bajas, excusa y motivo sobrado para caer en excesos intolerables dentro del seno de la familia, incumplir deberes familiares, procurar indeseables ejemplos, y arremeter brutalmente contra los demás integrantes de la familia, etc. y pensemos por unos minutos en la tragedia del grave hacinamiento y condiciones infrahumanas en que vive un gran sector de nuestro pueblo y tendremos un claro concepto de la importancia de este tema en Venezuela.

Como fenómeno por igual anómalo, destacamos que en nuestro país, a pesar de que ya son varios los años de vigencia del instrumento legal para prevenir, controlar la violencia y dirigido inclusive a erradicar esos inadecuados tratos, al mismo no parece haberse prestado la importancia que merece, ni parece habérsele dado la debida publicidad y notoriedad a los mecanismos y controles que contempla la citada ley, ni se han explicado y divulgado los beneficios y ventajas inmediatos que reporta dicha normativa para enmendar, corregir y en definitiva mitigar los indeseables efectos de los malos tratos y la violencia.

Poco o nada se ha tratado el tema desde el punto de vista doctrinario con siquiera mediana profundidad, y nos atrevemos a destacar que ningún estudio serio ha sido efectuado sobre sus mecanismos procesales ni como lograr adecuadamente la implementación jurisdiccional del sistema de protección y medidas sancionatorias contempladas en la Ley[2].

---

2 No desconocemos que quizá políticamente se le ha dado bombo y platillo, como se dice en nuestro argot popular, pues con frecuencia vemos en la prensa designaciones para cargos burocráticos relacionados con la materia y hasta boletines que se encuentran en las Prefecturas y algunos despachos policiales, pero hasta donde nos ha sido posible investigar, al menos en la Competencia Territorial del área metropolitana de Caracas, han sido muy escasos los problemas específicos ventilados a nivel de la Competencia Civil y de comentarios que he podido extraer de conferencias y cursos en que he participado sobre el tema, estoy enterado del poco éxito y

Recalcaremos por igual que la violencia y los malos tratos contra la mujer y los hijos, constituyen actos reprochables que me atrevería sostener acompañan a la humanidad desde sus más primigenios tiempos, con peculiaridades, modalidades y efectos particularmente curiosos y especiales, pero que, lamentablemente, no han podido erradicarse de las diferentes civilizaciones y culturas, todo lo cual, precisamente, hace que se pueda sostener que contemporáneamente el fenómeno de la violencia y los malos tratos a la mujer y a los hijos, y en definitiva los graves daños que todo ello supone a las relaciones familiares, constituyan hechos no suficientemente perseguidos ni regulados en los ordenamientos jurídicos[3].

Explicaciones para todo esto, suelen haber muchas, los casos o asuntos, además, se cumplen y ejecutan de manera oculta, reservada, pues tradicionalmente la familia y el lugar en el que el grupo familiar habita han pertenecido al ámbito de lo privado y la trasgresión de la privacidad ha sido reprobada socialmente al punto de que cuando el Derecho ha traspasado sus umbrales, con frecuencia ha sido para dar a las relaciones entre sus miembros un tratamiento diferenciado al resto de las conductas sancionadas por el ordenamiento jurídico[4].

Es un fenómeno constatable fácilmente, y no-solo de nuestro ámbito social, el que a pesar de lo reprochable que suelen ser los actos con los cuales se manifiesta la violencia y sus efectos, que todo lo que atiene a los mismos provoca , particular temor de la mujer y en los demás sujetos pasivos que la soportan, en especial cuando se trata de poder hacer valer sus derechos cuando ocurren circunstancias de violencia o de malos tratos, a todo lo cual se añade, así mismo, la poca fe que existe en el entorno social sobre la eficacia de los mecanismos para controlarlos y reprimirlos y la seriedad en la actuación de las autoridades competentes en la materia.

El fenómeno de la violencia y malos tratos no sólo se produce en las clases de extracción más baja, por el contrario, es notable su incremento entre sujetos de las clases más altas.

Curiosamente se reporta como motivo adicional para tales limitaciones, la convicción de una necesidad imperiosa de continuar la convivencia con el agente y responsable de tales reprochables hechos, aduciéndose las causas más inverosímiles por ellas inventadas para procurar justificar tan anómalas situaciones.

Resultado de todas estas consideraciones: el particular temor a denunciar los desafueros ocasionados, y la normal vía de terminación de los pocos procesos que por casualidad se abren, por renuncia o desistimiento de las propias lesionadas o denunciantes.

Todo lo dicho explica, que materialmente a escala mundial, las estadísticas en cuanto a existencia de tan indeseables situaciones, sean delatadoras de deplorables cifras y sean similares en los diferentes países y continentes, y finalmente, que demuestren, a pesar de la cada vez más creciente cantidad de casos reales por malos tratos, acosos sexuales, daños

---

dificultades que existen para imponer siquiera el adecuado cumplimiento de la ley en los organismos públicos a los que la ley atribuye competencia.

3 En sentido similar, Angela Cerrillos Valledor, Secretaria de la Asociación Española de Abogados de Familia, en Familia y Violencia, Enfoque Jurídico, Introducción, Autores varios (Angela Cerrillos V, Adolfo Alonso Carbajal, Carmen Pujol Algans, Rosario Carracedo B y otros), Edit. Dikinson, 1999, ISBN 84-8155-423-5, Madrid, España, p. 11.

4 Cerrillos Valledor, opus cit., p 12

físicos y morales a la mujer y a los hijos, el que solo un diez por ciento de los mismos, sean los que llegan a conocimiento formal de las autoridades, y peor aún, que en países donde la incidencia e incremento de tales casos llame particularmente la atención, sólo un veinte y cinco por ciento (25%) de ese diez por ciento es el que suele llegar a conocimiento y decisión de las autoridades judiciales[5].

Lo que adicionalmente llama por igual la atención, es de que tales hechos se produzcan en una asociación humana de naturaleza personalísima, y cuya esencia es el deber de mantener una comunidad integral de vida, amor y solidaridad, pero por el contrario, en ella suele imperar esa violencia ejecutada en conflicto inconciliable con tal ratio, por alguno o algunos de sus miembros, hacia otro y otros de los componentes[6].

Precisa destacarse, finalmente, que una verdadera explicación sensata a tan anómalo fenómeno, parece no existir, y mientras más se lee sobre ello, encontramos que unas veces se imputa para unos al amparo de ideas tradicionales erráticas acerca del papel de la mujer y del varón en la familia, mientras que para otros se lo achaca a distorsiones psíquicas, sexuales, malformación educativa, al alcoholismo, a la droga, etc.

Por lo demás precisa advertirse, igualmente, que suelen encontrarse casos en que ni la mujer ni el varón son sujetos exclusivos pasivos de esa violencia, los hechos revelan otros casos de violencias domésticas: la de los hijos, fundamentalmente "grandes menores o mayores no independientes" contra sus mayores, o por las personas que cuidan de ellos, o contra los padres enfermos o discapacitados, o de otros parientes mas lejanos al entorno familiar directo, pero contra las mujeres es que mas predominan estadísticamente los casos a nivel mundial, y en particular, insólitamente los casos de los llamados ultrajes a la esposa, convirtiendo pues a la mujer en el centro de la violencia doméstica[7].

También cabe referir, según Alonso Carbajal, que en excepcionales casos, resulta ella (la mujer) autora de los malos tratos y violencia, pero reconociendo que cuando se llega a actos extremos de violencia física, suelen hacerlo por legítima defensa, o tras soportar reiterados y continuados malos tratos físicos precedentes a ella o hacia sus hijos[8].

Por último y de manera por lo demás lamentable debe enfatizarse por igual como causa del incremento de dichos fenómenos, la conciencia de que por lo general las autoridades no actúan eficientemente en la prevención y represión de tan reprochables como cuotidianos casos.

Compartimos, pues, con el mismo citado autor, que la fuente de la violencia o sus raíces, en plural, admite una amplia pluralidad de causas y de allí que encontremos en los instrumentos jurídicos que se refieren a dichas materias, la necesidad de contemplar una amplia variedad de modalidades del fenómeno, para no excluir nada que la pueda impedir sancionar o reprimir (en tal sentido se regula y sancionan: amenazas, agresiones, simple ofensa, humillaciones, descalificaciones públicas o privadas, físicas o psicológicas,

---

5 En concreto las mentadas estadísticas tienen confirmación en España, pero igualmente y con especial relevancia se los informa en tríptico del Programa Regional Piloto de Prevención y Atención a la violencia intrafamiliar contra la mujer, Gráfica Krearts, Venezuela, 2000.

6 Adolfo Alonso Carbajal, *Violencia Familiar: Una reflexión profesional*, opus cit, p. 21.

7 Informe de las Naciones Unidas 1997 sobre la lucha contra la violencia doméstica y los malos tratos contra los trabajadores y trabajadoras del hogar, citado en Alonso Carbajal, opus cit. p. 23.

8 Alfonso Carbajal, opus cit, p. 22.

incluyendo o no conductas que amenacen o impongan relaciones de sexualidad –con o sin contacto o acceso– pues también se habla propiamente de violencia sexual)[9].

Todo lo dicho explica que la comunidad Mundial, Regional y a nivel Nacional, hayan dado la mejor recepción a los instrumentos que han venido poniendo en ejecución Naciones Unidas, organismos multilaterales regionales, así como los instrumentos autorizados por los Organismos Interamericanos, en especial la Convención Interamericana para Prevenir, Sancionar y Erradicar la Violencia Contra la Mujer (Convención de Belem Do Para)[10] y de allí que en Venezuela se le dio tan buena acogida a la promulgación de la Ley Sobre la Violencia contra la Mujer y la Familia de Septiembre de 1998[11].

Precisamente esa Ley es la que pretendemos analizar y escudriñar en sus particularidades y efectos en esta nuestra exposición y más concretamente en sus aspectos procesales civiles, en relación a la prevención, represión y tratamiento de supuestos de Violencia que puedan producirse contra la mujer o la familia en Venezuela.

II. MARCO JURÍDICO DE LA PROTECCIÓN

Efectivamente, antes de 1998 no existía en Venezuela una norma concreta y específica que regulara el fenómeno de la violencia y malos tratos a la mujer, hijos y aún a la familia, como ente, ni a los modos para prevenir, controlar y erradicar sus graves efectos, tal como lo hace la LVMF desde septiembre de 1998, si bien es cierto que ya con anterioridad Venezuela había suscrito la Convención mencionada supra, siendo por tanto aquella Ley vigente en la República, pero a cual poco o ningún cuidado se le había deparado[12] y que en todo caso, era casi coetánea con el citado instrumento legal, tal como lo hemos dejado analizado.

---

9 Alfonso Carbajal, opus cit e inclusive las definiciones de la Ley sobre la violencia contra la mujer y la familia, artículos 4 al 7, Gaceta Oficial de la República de Venezuela, N- 36531 del 3 de septiembre del 1998 (en lo sucesivo LVMF).

10 La convención es del 9 de junio de 1994 (correspondiente al Cuarto período ordinario de sesiones de la Asamblea General, y cuya entrada en vigor fue fijada para el 5 de marzo de 1995. La Ley de aprobación venezolana es del 16 de enero del 1995 y publicada en la Gaceta Oficial N 35632 de esa misma fecha.

11 LVMF vid nota 7.

12 Por supuesto que el Código Penal (Gaceta Oficial de la República de Venezuela 915 Extr. del 30-6-1964) regulaba ciertos tipos delictivos o agravantes que tenían relación directa con el fenómeno de maltrato y violencia, lesiones, abusos y daños en el seno de la familia, o en relación con sus miembros (Así, entre otros, tenemos los artes. 175 y 176, privación ilegítima de libertad, agravados cuando el sujeto pasivo se trata de cónyuge o parientes; artes. 375, 376, 377, 379, 381 ultrajes al pudor, violación, seducción y en general aprovechamiento de acto carnal con amenaza y violencia; arte 384 ss rapto arte. 388 corrupción; arte. 437 sobre abandono de niños y personas incapaces; arte. 442 malos tratos a menores. Se hace la salvedad de aún cuando pudiere pensarse ñeque algunos de los tipos delictivos se repiten en el nuevo ordenamiento, la nueva Ley a nuestro modo de ver, convierte a todos los tipos delictivos derivados de maltrato y violencia, en acciones de orden público, mejora y facilita la calificación del tipo delictivo o la falta y convierte en tales la amenaza, el delito frustrado e inclusive introduce toda la amplia gama de tales hechos cuando los mismos derivan de maltratos y violencia psicológica.

El mérito adicional de la mentada Ley, debemos reconocerlo así, ha resultado ser el de promover e instaurar la creación e implementación de todo un sistema para divulgar y llevar a conocimiento de la mujer y de la sociedad en general, la existencia de mecanismos expeditos y eficientes para lograr esa tan deseada protección a la mujer, los hijos y la familia; a la efectiva creación de entidades y organismos administrativos para dar cobijo al desamparo en que por lo general queda la mujer que toma la iniciativa de procurar protegerse en los mecanismos de la Ley, y los que bien o mal, de alguna manera, han mejorado el tratamiento de dicho grave problema en la sociedad y entorno venezolano, en el que, no obstante, con base a las mas disímiles causas, continúa teniendo palpable existencia y resonancia la violencia y malos tratos contra la mujer, los hijos, y algunos parientes del entorno familiar.

Advertimos de una vez, sin embargo, que aún no se le ha dado toda la publicidad y divulgación que merece la existencia de dicha Ley, ni se han impulsado de manera seria, contundente y eficaz los medios de protección, la instrucción a las autoridades competentes, ni a los demás mecanismos de la Ley, para lograr su cabal y efectiva aplicación.

Me atrevo a decir, sin temor a equivocarme que aún son muchos los abogados, y peor aún, los jueces, que conocen siquiera la existencia de la comentada Ley, sus beneficios y mecanismos de actuación.

1. ***Objeto especifico protegido y atribución de competencia especial sobre esta materia:***

Tal como lo determina la LVMF, ex artículo 1 "***ejusdem*** el propósito y objeto de la misma es prevenir, controlar, sancionar, lograr la justa compensación de los daños causados y erradicar la violencia contra la mujer y la familia, así como asistir a las víctimas de hechos de violencia previstos en la misma Ley.

De la norma antes referida, se puede deducir sin lugar a dudas:

I. El carácter preventivo, correctivo, represivo, y hasta extintivo del fenómeno de la violencia, así como garantizar de alguna forma la justa reparación de los daños que ocasione la práctica de la violencia, todo en los términos que la Ley regula tal anomalía social.

Por igual llamamos la atención que desde el punto de vista de los compromisos internacionales que comporta para Venezuela la suscripción de la Convención interamericana contra la violencia, supone ello, la obligación a cargo del Estado de garantizar la existencia de los organismos y autoridades necesarios para proteger adecuadamente a los sujetos protegidos, la actuación diligente para prevenir, investigar y sancionar la violencia (incluyendo la existencia de mecanismos judiciales justos y eficaces, para que quien haya sido sometido a violencia tenga oportunidad de seguir un juicio oportuno y la garantía de acceso al mismo, para asegurar la represión contra la violencia, y el resarcimiento o reparación de los daños causados), la adecuación de las legislaciones sobre la materia, y adoptar, finalmente, las medidas ***ad hoc*** para conminar a los posibles agresores a abstenerse de realizar conductas hostiles, intimidatorias, amenazas o puesta en peligro de dichos sujetos, garantizar, inclusive los cambios de patrones culturales sobre la conducta de hombres y mujeres, para contrarrestar los prejuicios de ello derivados, relacionados con las prácticas de violencia y similares[13]

No estimamos necesarios mayores comentarios sobre este tema para poner de relieve de que estos fines y postulados, resultan casi de mayor relieve e importancia que los demás cometidos específicos perseguidos por la regulación nacional e internacional contra la violencia.

II. Que los sujetos dignos de la regulación aludida lo son tanto la mujer, como otros miembros de la familia, así como la propia entidad familiar, agregaríamos nosotros.

III. El hecho contra el cual se concede la protección es la violencia, tal como la misma Ley la define, según lo veremos seguidamente, pero por igual se deduce del propio texto de la norma (que resulta ser también uno de sus fines) que con la misma se persigue prestar a las víctimas de tales anomalías, la asistencia necesaria y procurar mecanismos efectivos a fin de que las autoridades e instituciones vinculadas a la función y actividad de poner remedio a tan anómalas situaciones, a la vez, tengan la debida coerción, en el sentido de que si no acatan cabalmente sus deberes y funciones son pasibles de duras sanciones que van, desde multas, hasta la propia destitución de sus cargos.

Lo dicho precedentemente nos lleva a precisar lo siguiente:

1. Lo protegido no es solo la persona física o la entidad familia como institución, sino la procura de protección a la dignidad, integridad física, psicológica y sexual, así como lograr la efectiva igualdad de derechos entre el hombre y la mujer, tal como se desprende del artículo 2 LVMF.

Para nosotros, por igual consideramos pertinente destacar, que el derecho a la protección, nace también cuando lo lesionado es el ente institucional familia, el núcleo de sus integrantes, o sus valores morales o materiales propios. Por ejemplo, cuando la conducta inadecuada, incontrolada o desadaptada a los cánones ordinarios, provoquen amenaza o daño consistente en rotura, deterioro, menoscabo de los bienes que integran el moblaje de la casa, o que de manera general provoque deshonra, descrédito o menosprecio al ente familiar, como lo sería verbigracia difundir especies sobre el mal comportamiento general del grupo o atribuirle actos o conductas reñidas contra la moral o buenas costumbres.

2. Insistimos, así mismo, en que los sujetos protegidos, son tanto la persona física de cada uno de los miembros (personas naturales: cónyuges, hijos, y debe considerarse igualmente extendido a otros familiares cercanos, o mejor inmediatos, que integren el núcleo familiar por todos ellos constituido, así como el ente familiar ***strictu sensu***, ex artículo 2 LVMF.

En el expresado orden de ideas, también es objeto de la protección el marido, o la pareja masculina, en tanto no debe reputarse excluido, en primer lugar por resultar él, un sujeto natural dentro del grupo o núcleo familiar, y en segundo término, porque como ya se lo alertó, también se producen casos de violencia contra su persona, por parte de otros sujetos del mismo grupo, quienes de ninguna manera han quedado excluidos específicamente por el legislador, y a quien como hemos visto, se le pueden provocar maltratos físico, amenazas o en definitiva violencia en cualquiera de las manifestaciones

---

[13] Como se observa, la convención, en mucho supera la normativa nacional de la LVMF, para lo cual basta dar una lectura simple del artículo Ocho de la misma Convención.

contempladas en la Ley, y por tanto se los debe tener por sujetos beneficiarios de la regulación[14].

3. Se aclara también que el concepto familia, lo es en sentido amplísimo, abarcando no solo la legítima y natural, sino a quienes de manera permanente están unidos de hecho, de manera permanente, como mujer y hombre- esto es, se extiende a los concubinos y a las uniones concubinarias[15].

4. Por la propia interpretación gramatical que se haga del artículo 1 *ejusdem*, es de observar que la protección alcanza no solo a la amenaza y a la ejecución material inmediata de los actos, sino que debe extenderse o mantenerse hasta que se logre "la extinción" de los malos tratos, violencia u ofensas que las comporten, toda vez, que como lo previene el mentado artículo, las acciones deben procurar prevenir, controlar, sancionar y "erradicar", luego permitirá invocar la protección o exigir que se la mantenga hasta que exista plena convicción de que la misma, como lo advierte la ley se haya erradicado.

En torno al "ámbito de protección" establecido por la Ley, o si se lo quiere también, la "extensión de la competencia de las autoridades involucradas", debe sostenerse que la Ley no resultó muy afortunada en su precisión.

La novedosa Ley a que venimos aludiendo, establece en su artículo primero (1°.) el objeto mismo de la protección (prevenir, controlar, sancionar y erradicar la violencia contra la mujer y la familia); por igual en los artículos 8, 13, 14 y 15 determina en primer lugar el ente rector administrativo (Instituto Nacional de la Mujer) a cuyo cargo queda fijar y regular "administrativamente" los programas de prevención de la violencia y sus efectos y atención a las víctimas de aquella y destaca que los Municipios y los Estados cooperarán con aquel en tales funciones, y adicionalmente propiciarán la creación de centros locales para atención y tratamiento de las víctimas y para resguardarlas en caso de necesidad (refugios).

Así mismo, en el artículo nueve (9) se le atribuyen al Ministerio de Educación (hoy Cultura y Deportes) los deberes de procurar la educación y divulgación de planes vinculados a ella para difundir y educar sobre los derechos de los sujetos protegidos y la manera de inculcar los valores de mutua tolerancia, autoestima, comprensión y formas alternas de solución de los conflictos; en los artículos once y doce, impone a los Ministerios de Sanidad y al de Transporte y Comunicaciones (hoy Salud e Infraestructura, respectivamente) los planes de capacitación e información para una mejor prestación de los servicios de atención médica y psico-social, que sean requeridos para la mejor atención de la problemática de la violencia, así como para garantizar la adecuada difusión de noticias, instrucciones, y programas de prevención y eliminación de la violencia, en los medios de difusión.

---

[14] A nuestro juicio caben por igual los parientes afines, independientemente del grado con el cual se los vincule a los agentes de la lesión, pues tampoco la Ley hace tal excepción, y por el contrario, tal como quedó sostenido en la Introducción, consideramos que basta que el mismo forme parte del núcleo familiar, independiente de que su vínculo con él, resulte o no devenir de la sangre, o de la simple Ley.

Estamos por igual en la posición de sostener que poco importa el grado de parentesco con los integrantes principales de la familia, pues ello tampoco lo contempla la Ley, y por eso insistimos que el concepto familiares o integrantes de la familia, se extiende a toda persona natural, pariente legítimo, natural o adoptivo, pues lo contrario no resultaría justo, ni encuentra fundamento en el espíritu de la normativa protectora.

[15] Dedúcese del contenido del Art. 4 LVMF.

En el ámbito administrativo, además, declara entes competentes para recibir y tramitar las denuncias por violencia y sus efectos a las Prefecturas, Jefaturas Civiles, Órganos de Policía, Ministerio Público y a cualquiera otro a los que se atribuya tal competencia (Art. 32 *ejusdem).*

El artículo 35 de la misma Ley, da reconocimiento e intervención legitima en los procesos respectivos[16] a las Organizaciones no Gubernamentales[17] y a las Defensorías de la Mujer[18]

III. LOS CONCEPTOS DE VIOLENCIA CONTEMPLADOS EN LA LEY

La LVMF, nos presenta los respectivos conceptos de violencia que generan los mecanismos de prevención, sanción y proscripción contemplados por el Legislador, así:

En el artículo 5, se define la VIOLENCIA FÍSICA, como toda conducta que directa o indirectamente esté dirigida a ocasionar un daño o sufrimiento físico sobre la persona, tales como heridas, hematomas, contusiones, excoriaciones, dislocaciones, quemaduras, pellizcos, pérdida de dientes, empujones o cualquier otro maltrato que afecte la integridad física de las personas[19].

Igualmente se considera violencia física a toda conducta destinada a producir daño a los bienes que integran el patrimonio de la víctima.

---

16 Se observa que no hace diferencias la norma sobre cuales tipos de procesos, por lo cual debe interpretarse que son los de cualquier naturaleza y ante cualquier órgano (Art. 35), y, que además pueden intervenir aún sin haberse constituido como "querellantes" propiamente dichos.

17 En cuanto a éstas, advierte la Ley, como ya lo hace en otros casos similares en que da cabida y participación a esta especie de representantes de intereses colectivos, que solo podrán actuar como tales en los supuestos pertinentes, las que estuvieren creadas con anterioridad a la perpetración del hecho punible, con lo cual evita el que interesadamente puedan constituirse dichos grupos.

Por lo demás, cabe comentar también, que el señalamiento a "...anterioridad a la perpetración del hecho punible..." no implica que las mismas solo puedan intervenir en casos que se ventilen ante instancias "penales", si no, que en tanto la Ley sanciona como delito, "todos" los tipos de violencia imaginables, como se verá infra, dichas organizaciones, siempre estarán legitimadas para intervenir en los casos de violencia, aún cuando pueda o no haberse cometido en definitiva un ilícito penal específico, y por tanto ante las autoridades penales, pero también, ante cualquier otra competente para recibir y tramitar las denuncias por violencia.

18 Organismos que si bien se los alude en dicha norma no se les refiere nuevamente en ninguna otra disposición de esa ni de otras leyes vigentes en la actualidad, de lo cual debe deducirse que serán entes que regularán y dependerán del Instituto Nacional de la Mujer, pero sin descartar que por igual puedan depender del Ministerio Público, entidad estatal , de rango constitucional que en otros ramos, es el encargado de designar y controlar las Defensorías Penales y del Niño y del Adolescente, respectivamente.

19 Parece hasta utópico o resulta hasta increíble que sea menester hacer esta descripción en una norma, pues no resulta imaginable que puedan suceder hechos como los descritos en el tipo legal, pero la realidad de la vida, las noticias de prensa y televisión, son prueba fehaciente no solo de que ocurren hechos tan insólitos como los descritos, sino hasta peores aún (vbg. Encadenamiento de niños en las casas, sometimiento a permanecer en escondrijos y sitios kafkianos de reclusión, etc.).

La VIOLENCIA PSICOLOGÍCA, la describe el artículo seis (6), como toda conducta que ocasione daño emocional, disminuya la autoestima, perjudique o perturbe el sano desarrollo de la mujer u otro integrante de la familia a que se refiere la misma ley[20] reputando como tales a los sujetos aludidos en el artículo 4 ***ejusdem,*** esto es: cónyuge, concubinos, ex cónyuge, ex concubinos o personas que hayan cohabitado, ascendientes, descendientes y parientes colaterales, consanguíneos o afines[21].

Las conductas proscritas, conforme la norma, lo son, las que procuran deshonra, descrédito o menosprecio al valor personal o dignidad, tratos humillantes, vejatorios, vigilancia constante, aislamiento, amenaza de alejamiento de los hijos o la privación de medios económicos indispensables[22].

Finalmente, el artículo 7, dispone que se entenderá como VIOLENCIA SEXUAL, toda conducta que amenace o vulnere el derecho de la persona a decidir voluntariamente su sexualidad, comprendida en ésta no solo el acto sexual sino toda forma de contacto o acceso sexual, genital o no genital.

Las definiciones que preceden son de considerable amplitud y casi abarcan la totalidad de los supuestos que en la práctica pueden definirse como casos de "violencia", no obstante lo cual, alguno consideran que se dejan fuera, casos que comportan por igual violencia, como lo son los de " secuestro o traslado ilícito de menores", que constituyen tipificantes de aquella, sin lugar a dudas y que en el futuro deben ser objeto de previsión expresa dentro de este tipo de normas protectoras[23] pues tanto para los menores como para sus progenitores, se crean graves daños impidiendo el conveniente contacto y relaciones familiares que deben producirse entre los unos y los otros.

Para terminar estas breves nociones sobre los hechos que generan la protección legal, precisa además destacar que los mismos se producen tanto por la amenaza como por la consumación plena de los actos descritos en la ley, y así mismo, obviamente resulta sancionada la simple tentativa (ex artículos 16 y 19 de la LVMF y 80 ss del C. Penal) como la tipología del hecho frustrado y adicionalmente cabe destacar que para provocar la plena

---

[20] Curiosamente, esta norma, indirectamente, alude a quienes son los demás integrantes de la familia, por tanto, sujetos de la eventual protección de la Ley, al hacer una remisión, por cierto desatinada y desubicada a nuestro entender, en la definición que hace de la violencia psicológica, cuando determina que la misma puede producirse a los demás sujetos a que alude la norma del artículo 4 ejusdem, dirigida a precisar más bien quienes pueden producir o infligir tales daños.

[21] Evidentemente que con tal descripción, resulta obvia la inadecuada referencia que hizo el legislador a dicha norma para precisar quienes pueden ser además sujetos de la violencia, como integrantes del grupo de la familia o familia (ex art. 6 LVMF), pues si lo protegido es el núcleo familiar, tal como se lo destacó al inicio de este estudio, ningún sentido tiene dar protección a los ex concubinos, ex cónyuges y menos aún a quienes " hubieren cohabitado", resultando peor aún esta última referencia, pues no queda tampoco claro si el sujeto protegido es el que haya cohabitado con el agente o víctima del daño, en el sentido de haber mantenido relaciones, se supone sexuales, o por ser quienes hubieren cohabitado, pura y simplemente, por haber hecho uso de un mismo techo, con los demás sujetos a que alude la norma.

[22] Como puede deducirse del texto de la norma bajo comentario, provocan violencia psicológica los clásicos "ataques de celos que terminen en manía persecutoria contra las víctimas, o similares

[23] En tal sentido véase Adolfo Alonso Carbajal, *Violencia familiar: una reflexión profesional*, opus cit. p. 35

protección e instar a que se cumpla en toda su extensión la protección legal, por igual son sancionables los hechos encuadrados dentro de las conductas que demuestren inacción por parte de las autoridades competentes para conocer y resolver los casos sobre violencia, inclusive no adoptar los adecuados mecanismos que conduzcan a la efectiva prevención o sanción de los hechos (Art. 22 LVMF), la simple omisión de aviso sobre el acaecimiento de tales hechos por parte de profesionales de salud que deban o tengan que atender a la víctimas, y que en conocimiento de los mismos omitan transmitir dichos avisos a las autoridades competentes (Art. 23 ***ejusdem***) y hasta la omisión en dar oportuno y adecuado trámite a las denuncias (pretensiones), tal como lo dispone el artículo 24 ***ejusdem***.

Lo lamentable de la situación fáctica resulta ser, que esa amplia tipología de los delitos y faltas sancionables, permite a veces no aplicar con todo el rigor las sanciones queridas por la Ley en casos de violencia, en tanto se confunde la tipología de la falta grave con faltas meramente triviales[24].

IV. LA PROTECCIÓN JURISDICCIONAL CONTRA LA VIOLENCIA EN LA NUEVA LEY (COMPETENCIA DE LOS ÓRGANOS JURISDICCIONALES)

En el campo específico jurisdiccional, el artículo 32 de la Ley especial, designa como competentes para recibir las denuncias y por tanto deben entenderse por igual con competencia para tramitarlas y decidir, a los Juzgados de Paz y de Familia (numeral uno) y a los Juzgados de Primera Instancia en lo Penal (numeral dos).

Si bien, no los menciona esta Ley, pues en el momento de su promulgación, aún no estaba vigente la Ley Orgánica de Protección al Niño y al Adolescente, deben tenerse por igual con competencia para conocer sobre dichas materias si se tratare de casos en que las víctimas de la violencia son mujeres (esposas o parejas de las uniones estables de hecho) -niñas o adolescentes-, o si los víctimas de tales tratos resultaren niños o adolescentes de la pareja, supuestos en los cuales la competencia corresponderá a los tribunales de Protección de los Niños y Adolescentes de la entidad territorial donde ocurren los hechos[25].

En torno a la competencia de los Juzgados de Paz, la Ley especial de la materia[26] contemplaba ya como materia específica atribuida al conocimiento de estos Jueces, lo que se relacionaba con la conflictividad derivada de la violencia en la familia, y en efecto, su artículo 8, dispone:

> *"Los Jueces de Paz son competentes para conocer por vía de equidad:*
>
> *1.-…………*
>
> *2.- Del abuso en la corrección, la violencia y el maltrato familiar, así como de conflictos y controversias propias de la vida en familia que afecten la vida en comunidad, con la excepción de aquellos referidos al estado y capacidad de las*

---

24 En efecto así lo destaca claramente Begoña González Martín, El juicio de faltas y los malos.

25 En efecto dicha Ley, en adelante la LOPNA, publicada en la Gaceta Oficial de la República Bolivariana de Venezuela 5266 Extr. del 2 de Octubre de 1998, atribuye competencia exclusiva y excluyente a los citados Tribunales cada vez que exista involucrado en cualquier asunto de los regulados por dicha Ley un niño o un adolescente.

26 Ley Orgánica de Justicia de Paz, su última reforma en Gaceta Oficial de la República de Venezuela, N-4817 Extr. Del 21 de diciembre de 1994, que sustituyo la ley original de junio del 93, en lo sucesivo LOJP.

personas. Cuando el Juez de Paz considere que los hechos que le sean sometidos vulneran disposiciones legales cuyo conocimiento corresponde a la jurisdicción penal ordinaria o jurisdicciones especiales, deberá remitir sus actuaciones al Juez competente".

Como se lo observa, en primer lugar, dichos jueces tienen competencia para conocer por vía de equidad sobre asuntos relacionados con la conflictividad propia de la violencia, salvo que la competencia para conocer sobre los hechos aludidos corresponda a la jurisdicción penal ordinaria o a jurisdicciones especiales, en cuyo caso deben remitir sus actuaciones al Juez que resulte competente.

En segundo lugar, es evidente que la voluntad legislativa es que esa competencia cesa una vez que el mismo Juez de Paz[27] considera que los hechos sobre los cuales versa la controversia pueden ser calificados como ilícitos penales, o que corresponden al conocimiento de una jurisdicción especial [28] lo cual no significa que no pueda recibir las denuncias y tramitarlas para ante los Juzgados competentes, civiles o penales.

Para nosotros semejante situación opera hoy, cuando inclusive en materia de violencia los sujetos víctimas resultan ser niños o adolescentes, en razón de que dicho fuero es por igual exclusivo y excluyente.

Por igual entendemos que tal limitación opera inclusive para la sola función conciliadora, en tanto que no es lo operatividad con la cual se maneje el asunto lo que lo calificará como de su competencia o la de otro, sino la naturaleza de los hechos o los sujetos especiales involucrados en el caso concreto.

1. *¿Es posible conflicto derivado de concurrencia de competencias?*

Las complicaciones del asunto, sin embargo, pueden surgir de la indebida interpretación a que se presta el articulado de la Ley objeto de examen, en cuanto al modo de ejercer la potestad judicial en los casos en que los asuntos lleguen a conocimiento Judicial, y concretamente si las mismas deben o pueden ser ejercidas indistinta o separadamente por los Juzgados Civiles de Familia, los de Protección del Niño, y los Penales, esto es, si pueden conocer irrestricta e indistintamente sobre lo que resulte propiamente materia penal o materia civil (responsabilidad civil o asuntos propios que se susciten para prevenir, evitar o erradicar la violencia y sus efectos), lo cual podría deducirse de la redacción a nuestro entender pobre y confusa de los artículos que se refieren al tema (Vg. 34 y 40 LCVF), o en efecto deberá distinguirse siempre entre una especie de función "conciliadora, preventiva" y la propiamente represiva y correctiva con la cual se inicie o deba proseguir el caso denunciado.

Así, conforme al Art. 34 pareciere que con el ánimo de facilitar el inmediato conocimiento de dichos asuntos por parte de la autoridad judicial, cualquier juez (inclusive los de Paz, para nosotros) puede recibir la denuncia de los hechos y procurar la conciliación, pero caso de no obtenerse esta, no realizarse la audiencia conciliatoria para la

---

[27] Entendemos que por igual le puede ser planteado el conflicto por el Juez ordinario.

[28] Obsérvese que no dice la ley a "procedimientos especiales", luego puede conocer de dichos asuntos, a nuestro modo de ver, siempre y cuando aún no se hayan constituido en violaciones graves a la persona o bienes, o cuando simplemente se está en la fase de prevención del acaecimiento de hechos de mayor gravedad.

cual hubiere convocado a las partes o si no fuere el tribunal competente (si el receptor no es el tribunal que conocerá de la causa), enviará las actuaciones dentro de las cuarenta y ocho horas siguientes.

Los términos de la norma comentada (aparte único del artículo en referencia), no dejan lugar a duda, que aún siendo incompetentes, deben y tienen que admitir y tramitar la denuncia, con el objeto dicho, esto es, de inmediato procurar la conciliación y seguidamente, determinada su incompetencia o imposibilitado de lograr la conciliación, o en supuestos de reincidencia, remitirá entonces las actuaciones al tribunal que lo fuera, en el corto término de cuarenta y ocho hora, que como se sabe, son continuas y perentorias, y no responden a que existan o no días de despacho.

Igual comentario merece la redacción del artículo 40, de la cual podemos deducir sin lugar a dudas, que las medidas cautelares ordinarias propias para estos casos (contempladas en el artículo 39), pueden ser dictadas por el Juez que conoce de la denuncia, siendo o no competente, en tanto que las cautelares, que llamaremos nosotros "Adicionales, Complementarias o Especiales", tales como fijación de pensión especial de alimentos, régimen de guarda y custodia especial para los hijos, visitas y cualquier otra que se estime aconsejable al bienestar del grupo familiar, solo podrán dictarse por el Juez competente[29].

En conclusión, somos de opinión que en estos procedimientos anómalos y especiales de prevención, represión y erradicación de la violencia, que no son acciones ordinarias, ni se desarrollan como "demandas ordinarias", para facilitar el fin perseguido, se extiende la potestad de conocer y tramitar en una fase que pudiéramos llamar previa (hasta que no pueda lograrse la conciliación, o hasta tanto no se haya precisado la reincidencia o no se determine la incompetencia) el órgano receptor de la denuncia, puede procesarla y proveerla, para que luego de concluido en uno de los supuestos que así lo hacen pertinente, en el bravísimo plazo de 48 horas siguientes, remita las actuaciones al que realmente resulte competente, o en su caso le pudiere estar recabando el expediente y/o actuaciones que conforman el caso.

Por lo demás, somos de opinión igualmente que son perfectamente concurrentes y compatibles la existencia de los procesos civiles con los penales que pueda haber generado un mismo tipo de actos cometidos por uno o más miembros del grupo contra uno o más miembros del mismo, y así lo admite por igual la doctrina extranjera[30].

2. *Principios Procesales que rigen los procedimientos que tramitan las denuncias contra violencia en contra de la mujer o la familia*

El artículo 3 de la LMF, inicia la dispositiva especial, fijando los "principios procesales" que deben inspirar la *"aplicación e interpretación"* de dicha Ley, y establece que ellos son:

---

[29] Igual que los demás casos que venimos comentando, de inadecuada redacción, el 40, podemos decir que resulta ejemplo de lo no técnica legislativa, en tanto que si observamos con detalle, no aparece siquiera mencionado cual es el Juez facultado para adoptar tales medidas, salvo que optemos por interpretar que el "enunciado del artículo" fija el sujeto de las oraciones que sigue en el artículo, pues de lo contrario quedaría vacío el mandato normativo.

[30] Berizonce y otros, o.c. p. 93

a. **Gratuidad** de dichos procedimientos (no requiere ni papel sellado ni estampillas fiscales), recordando de una vez, que ya la Constitución Nacional a nuestro entender, dentro de la nueva concepción de la Justicia expedita y al alcance de todos los ciudadanos, abolió de manera general que dichos asuntos deban tramitarse causando la exacción por papel sellado y estampillas, y añadiríamos nosotros, por igual, arancel judicial de ninguna especie (numeral 1 del Art. 3).

b. **Celeridad,** y no solo para que se les tramite con urgencia, sino para que se dé preferencia al conocimiento de los hechos que contempla la LVMF (num.2 del mismo mentado artículo);

c. **Inmediación,** expresando como ahora se lo hace en todos los textos que vienen incorporando los procesos orales o mejor por audiencias, donde debe preceder la celeridad, oralidad y justicia expedita, que el Juez que sentencia solo puede ser quien haya presenciado la incorporación de las pruebas de las que han de extraer su convencimiento[31].

d. **Confidencialidad**, que impone a los órganos de justicia que conoce de la recepción de las denuncias, así como a los empleados de los entes que prestan su apoyo técnico a los jueces, la mas absoluta confidencialidad y reserva de los asuntos que son sometidos a su consideración. Con lo expuesto, no nos queda lugar a dudas, que se excepciona expresamente el principio de publicidad que la misma Ley y aún la Constitución desean sea cumplido en los procesos judiciales con miras a darles mayor seguridad y participación al pueblo, en quien se dice reside inclusive la soberanía para juzgar y decidir sobre los hechos contrarios al ordenamiento (num. 5, Art. 3);

e. **Oralidad,** en el sentido de que lo son predominante orales y por audiencia, sin que por ello no puedan reducirse a escrito algunas de las actuaciones que ocurran dentro de ellos (numeral 6 *ejusdem*)[32] y

f. **Conferimiento de "potestad cautelar especial y expresa"** para que aún los órganos antes quienes se interponga la denuncia, puedan cabalmente dictar inmediatamente, sin pérdida de tiempo, como se dice el argot popular, las medidas cautelares contempladas en el artículo 39 de la Ley, que no como erradamente señala la misma Ley, por error, en el artículo 38, pues si bien las que faculta al Juez adoptar en el caso concreto este último, pueden ser reputadas cautelas provisionales y anticipadas, tales como ordenar la evaluación del caso y de los sujetos en particular, diagnóstico de tratamientos posteriores, etc., las mismas no son la que en precaución de la verdadera protección de las víctimas son aconsejables de adoptar, cuales si corresponden a las señaladas en el artículo 39 *ejusdem*, que sí permiten adecuada, oportuna y pertinentemente, procurar el cese y remedios inmediatos a la violencia y sus actos que la materializan (extrañamiento del hogar común, fijar su residencia provisional en un refugio especial de los contemplados en la Ley, arresto transitorio, restitución de las víctimas en el lugar del cual hubieran sido compelidos a abandonar, etc. entre otros, mencionados detalladamente en los nueve numerales del artículo 39 *ejusdem*).

---

31 Principio también conocido como de la "identidad del juez que sustancia y decide";

32 Para mayores consideraciones sobre este tema, véanse Roberto A Berizonce, S. Patricia Bermejo y Zulma A Amendolara, Tribunales y proceso de familia (Ley 11.453, modificada por Ley 12.318), Librería Editorial Platense, ISBN 950-536-130-0, Argentina, 2001, p. 29 ss.

3. *Naturaleza Contenciosa y no de Jurisdicción Graciosa del Proceso Especial. Bilateralidad del Proceso contra la violencia*

Resulta ser éste quizá, el tema que produzca mayor polémica en torno a las novedades que contiene esta Ley. En efecto, dada la particular circunstancia de las condiciones en que ocurren los hechos con los cuales se manifiesta la violencia, la urgente necesidad de tomar las medidas inminentes y convenientes para proteger a los sujetos víctimas, el que casi se confunde el objeto mediato perseguido con la pretensión con el efecto mismo de las medidas judiciales que se dicten para proteger a personas o bienes, y la casi coincidencia entre el efecto logrado con la cautela y el fin mismo de la pretensión, podría pensarse en que el debate procesal no da lugar a un proceso contradictorio.

La forma de los actos que se cumplen ante el juez, la inmediatez de las providencias, el corto transcurso de tiempo que transcurre entre interposición de la denuncia, medidas y logro de los objetivos perseguidos, pareciera inducir a que no hay partes, no hay intereses contrapuestos, y por tanto que de lo que se trata es de una intervención judicial sólo para constatar unos supuestos de hecho contemplados en la Ley, que no requieren ningún contradictorio, y que en todo caso el pronunciamiento judicial resulta meramente formal, no crea cosa juzgada material, es perfectamente revisable, etc.

Pues bien, a nuestro juicio, resulta todo lo contrario. En efecto la repercusión de los pronunciamientos judiciales que se adoptan en dicho proceso, a título de cautela o definitivos, inclusive la extensión y efectos de las cautelas y los resultados finales del litigio ponen en delicada situación las frágiles relaciones humanas que vinculan el entorno familiar, los vínculos con pareja e hijos, los predecibles efectos sociales, dejan quizá lesiones graves para el futuro de esas uniones, y para las relaciones parentales.

Alegremente sería insensato sostener pues que no hay conflictividad, que no hay contrapartes, ni aun en los extremos casos en que uno de los intervinientes en el proceso esté acusado de las más atroces tropelías físicas contra el otro sujeto o bienes del entorno familiar, no resulta pues de manera alguna ajustado a derecho pretender que en estos casos no hay intereses contrapuestos, ni sujetos en posiciones diametralmente opuestas, por ello no cabe la menor duda que la relación procesal efectivamente se traba entre dos o más sujetos, con claros ribetes de un proceso eminentemente contradictorio, pues de coincidente entre ellos, solo lejanamente podría tildarse la existencia de un vínculo matrimonial, de parentela o de pareja.

Lo que suele ocurrir, lamentablemente para quienes piensan lo contrario, es que se confunden los modos y efectos como debe o tiene que cumplirse la cautela pertinente, con el manejo y conducción mismo de los intereses en contraposición, y es quizá ello lo que lleva a suponer o bien la inexistencia de contradictorio, o bien la ineficacia de los procesos si se entendiera menester que ellos deban cumplirse oyendo a la contraparte.

En efecto, no cabe la menor duda que las medidas cautelares pueden, y tienen que tomarse "inaudita pars" pero ello no comporta que cumplidas las mismas, satisfecho el interés protegido que con ellas se persigue, ambas partes tengan derecho a un contradictorio con plenas garantías, esto es, ejercer su derecho a defensa, alegar o contradecir a favor o en contra de lo peticionado y las resoluciones que puedan adoptarse.

Lo que ocurrirá en este proceso, al igual que por lo general se ocasiona en aquellos que tienen por objeto las relaciones familiares y los supuestos de intereses vinculados a niños o adolescentes, resulta ser, que solo producen cosa juzgada relativa, y por tanto, si cesan los motivos o causas que dieron origen a un pronunciamiento determinado, es que la situación jurídica conformada a raíz del pronunciamiento judicial, es perfectamente revisable, y con esa revisión puede que se logre o bien la revocatoria de la situación jurídica a que ella dio lugar o a su confirmación y permanencia en el tiempo.

Queremos alertar igualmente que la tramitación procesal de la protección contra la violencia no es un proceso "meramente cautelar" como piensan algunos y hasta lo hemos visto sostener por Jueces. En efecto, en primer lugar, en Venezuela, salvo realmente escasas excepciones no existe un proceso cautelar autónomo, y en segundo lugar porque la propia ley especial que analizamos no permite concebirlo así, por el contrario, da idea de que debe y tiene que cumplirse un *iter procesal* determinado que debe y tiene que concluir con un fallo que ponga fin a ese determinado conflicto.

El proceso de protección no es tampoco una mera incidencia, es un verdadero proceso, repetimos, en el que se juzga la existencia de la violencia, sus efectos, modo de corregirla, reprimirla e indemnizar y sancionar los hechos que ella provoca, y que termina con un pronunciamiento sobre ellos.

Es más, somos de la opinión que no deben acumularse las pretensiones que de ella deriven con otro u otros procesos que pudieren estar en curso entre las mismas partes, p.e. Divorcios, separaciones voluntarias o contenciosas, etc. pues, como lo venimos sosteniendo, se trata de un procedimiento muy peculiar, con trámites determinados y específicos, que lo hacen ajeno a cualquiera otro de los procedimientos de familia y no se diga de bienes, con ocasión de los cuales pueda presentarse la situación de violencia.

Los órganos judiciales, pues, debe y tienen que abrir expedientes separados, que se tramitarán independientemente de las otras causas en las cuales pudieren estar presentes idénticos sujetos.

Para nosotros, es, pues, indiscutible que en estos verdaderos proceso, además, cabe, existe y se justifica plenamente el ejercicio del derecho de defensa de la contraparte, a quien debe darse traslado de las causas que motivan el proceso, de los hechos en que se fundamenta la pretensión y la oportunidad, forma y condiciones con que cuenta para poderlas controvertir, rechazar y enervar, es decir, para que realmente se cumpla el debido proceso, y no se lesione el Derecho de Defensa, cuya consagración constitucional no tiene duda y que resulta perfectamente aplicable y exigible en estos casos, ex artículos 21, 25, 26, 27 y 29 de la Constitución Nacional.

Lamentablemente no ha sido este, ni parece ser el sentido que le viene dando la jurisdicción ordinaria civil al menos en el ámbito de la Circunscripción del área metropolitana, y en tal sentido podemos confirmarlo con la atención de un caso profesional que estuvo a nuestro cargo y en el que precisamente reseñamos, hicimos valer y discutimos lo imprescindible de que se oyera a la contraparte contra quien se solicitaban las medidas y a quien se imputaban los hechos de violencia[33].

Los planteamientos formulados, se fundamentaron entre otras en las siguientes razones: la falta de haberse tramitado sin dar cumplimiento a la vía de la obligada distribución que impone la normativa administrativa judicial vigente, el derecho a formular oposición a las medidas cautelares, independientemente del trámite de la causa principal y la violación de las garantías constitucionales del Debido Proceso, Derecho a la Defensa y presunción de la inocencia.

---

[33] Al respecto véase *Revista Facultad de Derecho de la Universidad Católica Andrés Bello*, N° 55, ISSN-0255-5328, Publicaciones UCAB, 2000, Venezuela, p. 343 ss.

El problema, repetimos, resulta en confundir la forma y manera en que deben o pueden cumplirse las cautelas o providencias cautelares que resulten pertinente adoptar, más por lo extremo de sus resultados, con el derecho mismo debatido en juicio. Así, mientras aquellas pueden adoptarse ***inaudita alteram pars,*** y sin que con ello pueda sostenerse se vulnera el derecho de Defensa, ni el debido proceso, no puede entenderse que el juicio termine con las mismas, y que no se confiera oportunidad alguna para que contra quien actúan tenga oportunidad de rebatir los fundamentos sobre las cuales se las dictó, ni las causas que se invocan para dejarlas vigentes.

Pretender, que por la forma en que se dispone sea atendido el acontecer judicial contemplado en los procesos en los que se debate la existencia de la violencia y las formas para hacerla cesar, controlarla y sancionarla, apegados al estricto texto de las normas de la LVMF (artes. 33, 39, entre otros) no exista oportunidad para que el acusado de agresión pueda defenderse, alegar y probar en contra de lo que se le atribuye como conducta lesiva a la ley, no tiene fundamento alguno, ni tales normas coartan ese ejercicio.

Imaginar siquiera que las sanciones y cargos a reparar que contempla la Ley (ex artes. 16 al 29 LVMF) se impongan y ejecuten sin escuchar las defensas de la contraparte no es más que una barbaridad, que no encuentra por lo demás fundamento alguno dentro o fuera de la Ley.

Toda la terminología usada en la ley atinente a premura, celeridad, facilitamiento de los trámites y el carácter de "inmediato" con los cuales deben cumplirse trámites y realizarse pruebas en el procedimientos de tal naturaleza y causa, lo que imponen y a lo que hacen referencia, es a LA DEBIDA CELERIDAD Y URGENCIA con los cuales deben cumplirse aquellos, pues cabe recordar una vez más que de lo que se trata en éstos casos es de prevenir los efectos VIOLENTOS de conductas humanas, de los que pueden derivar la puesta en peligro de la vida, el agravamiento de lesiones, la destrucción de bienes, etc, con los cuales no puede ni cabe pensar pueda marchar la habitual lenta conducta de la justicia del Estado.

Pero ese facilitamiento, la inducción a la celeridad que procura dar el legislador al cumplimiento de los trámites necesarios, y lo inmediato en que debe cumplirse y ejecutarse lo que se provea al respecto, no es incompatible de manera alguna, con el rito sagrado y sacrosanto de que ambas partes tengan igualdad de condiciones y oportunidades para alegar sus derechos y defensas, promover y evacuar las pruebas con las que se fundamenten sus razones a favor o en contra, y una vez logrado el que se impida la ejecución de daño mayor, o que se continúe el ya iniciado o provocado, nada obsta para que se cumpla con toda garantía el rito judicial necesario para que impere la justicia.

4. *El trámite y acontecer del proceso especial contra la Violencia*

Llegado a este punto, dictadas como fueron las medidas cautelares especiales o generales que el Juez consideró convenientes, pertinentes y suficientes para prevenir o evitar el daño, o impedir su prosecución, nos preguntaremos entonces, conforme a la comentada LVMF, como y de que manera se debe continuar el juicio, y si dicha normativa, en efecto, regula un rito procesal determinado para hacer que se produzca el fallo y por tanto cese el conflicto con el pronunciamiento judicial.

Es cierto, como lo vimos, que dicha regulación especial, habla de los principios procesales bajo los cuales debe cumplirse todo proceso que atañe a la prevención, sanción y erradicación de la violencia contra la mujer y la familia, que cita, refiere y regula modalidades de conductas para el Juez y las partes: requerimiento de informes científicos y técnicos especializados, para resolver (Art. 38), régimen de las pruebas en el respectivo proceso (artes. 41 y 42), facilitamiento para que la víctima y terceros vinculados al caso, o de apoyo a la defensa, participen en los procesos correspondientes (Art. 33 y 35) y proveimiento de medidas cautelares, típicas, o generales, más siempre accesorias y complementarias de lo que deba producirse en un proceso judicial principal (artes 39 y 40), por lo tanto, no autónomas, anticipativas o autosuficientes, conforme la novedosa doctrina contemporánea en la materia[34].

En efecto, en torno a los últimos aspectos enunciados, claramente debe concluirse de que en forma alguna dichas cautelas son propiamente autónomas, autosatisfactivas o anticipatorias, pues las mismas, tal como se las regula en la normativa examinada, son y tienen que dictarse dentro de un proceso principal, al cual se deben como tributarias, complementarias y accesorias, y debe y tiene que ser así, como ya lo anunciábamos, toda vez que con ellas puede no solo lesionarse, si no inclusive romperse el frágil y delicado entorno de los vínculos afectivos y especiales que supone la pareja, el matrimonio, la relación paterno filial, la parental, etc[35].

A pesar de todo lo expuesto, repetimos, no encontramos en la Ley mención siquiera a bajo cual trámite procesal debe debatirse ese proceso especial para prevenir, sancionar y evitar la violencia, y con la advertencia, claro está, de que procurar que lo sea bajo el tradicional rito del proceso ordinario, como modelo paradigmático, supletorio a falta de determinación de alguno por mandato legal, se romperían entonces los esquemas instados por la misma Ley, para que el que se cumpla lo sea oral, con celeridad, bajo régimen de inmediación, postulados que sabemos no son los propios del juicio ordinario de nuestra normativa adjetiva.

Debe, pues, y tiene que pensarse, en que tal laguna de la Ley debe cumplirse con otro de los modelos contemplados en el Código de Procedimiento, entre los cuales sobresaltan por lógica los del procedimiento Quicio) breve (ex artículos 880 ss Cpc) o el Oral a que refieren los artes. 859 ss. del mismo citado Código[36].

---

34 Al respecto véanse los completos trabajos sobre Medidas Cautelares autosatisfactivas, anticipadas, etc. a nivel nacional Rengel Romberg, Arístides, Medidas Cautelares Innominadas, *Rev. Fac. Der. UCAB*, N-51, p 287 ss, Venezuela, 1997, Ortiz, Ortiz, Rafael, *Tutela Constitucional Preventiva y Anticipativa*, Editorial Frónesis, CA., ISBN 980-07-7499-8, Venezuela 2001 y en el exterior, Sentencia Anticipada, Autores varios, Coordinación Peyrano, Jorge W, Carbone, Carlos, Edit. Rubinzal Culzoni Editores, Isbn- 950-727-267-9, Argentina, 2000, Berizonce, Roberto, *Tutela anticipada y definitoria*, Peyrano Jorge W, *La medida autosatisfactiva: uno de los principales ejes de la reforma Procesal Civil*, todos en Derecho Procesal en vísperas del S. XXI y Mabel de los Santos, Medida Autosatisfactiva y medida cautelar, en *Rev. Fac Der. UCAB* N. 53, 1999, p. 273.

35 Para que se tome idea de la gravedad que pueden comportar algunas de las medidas en materia de violencia, precisa recordarse, por ejemplo, que una de las contempladas en la Ley es el desalojo o abandono del inmueble que ocupa la pareja, en la cual una de las partes de ella puede ser el concubina adulto, a quien se impone el deber de dejar lo suyo, lo que para aluno ha sido inclusive criticado como exceso en las potestades judiciales, como es el caso de María V. Bertoldo de Fourcade y Angelina F de De la Rúa, o.c. p 418, quienes en todo caso concluyen destacando que la misma, debe ser adoptada por un tiempo limitado y solo en casos de verdadera urgencia.

36 Pretender que lo sea el novedoso, pero también lleno de problemas, prototipo del juicio modelo para asuntos de familia y patrimoniales de la Ley Orgánica para la Protección del Niño y el Adolescente, no resulta del todo ajustado a la hermenéutica, si se piensa que para el momento

En nuestro criterio, es este último el proceso que debe y tiene que ser aplicado, a falta de normativa expresa que regule el procedimiento especial para la aplicación de la Ley que analizamos y en tal sentido la autoridad máxima del manejo de lo judicial y el Poder Ejecutivo (ex art. 880 cpc), deben propiciar la regulación necesaria para que así se lo adopte a nivel de todo el territorio de la República, en tanto que, como resulta obvio, se adapta mejor a los principios procesales bajo los cuales el Legislador especial quiso centrar el desarrollo del ***iter procesal*** correspondiente a dichos asuntos.

Es lamentable que hasta la fecha exista un absoluto desorden en cuanto a la determinación del procedimiento que debe implementarse, y cada juzgado viene utilizando las más variadas interpretaciones al respecto, unos, insólitamente pretendiendo inclusive que las medidas del procedimiento para prevención y sanción de la violencia, es exclusivamente cautelar, y se lo inserta insensatamente en los demás juicios, o se lo aplica como cautela autónoma, produciéndose con todo ello falta de seguridad jurídica a la vez que verdaderos atropellos a las partes.

Por el contrario, aplicando el modelo del juicio oral del Cpc., una vez recibida la denuncia (arts. 31, 32, 33, 34, etc LVMF), nombre que usa el legislador para llamar la "pretensión de protección y condenas subsidiarias contra trato violento", incluyendo las peticiones sobre resarcimiento de daños a la persona o bienes (ex artes. 28 y 29 LVMF), la admitirá, sea presentada directamente por la presunta víctima (actor) o por los demás legitimados anómalos[37] (Art. 31 LVMF), asistidos o no de abogado (ex Art. 32 *ejusdem*)[38].

---

en que se promulgo la LVFM no existía si quiera la ley que regula el citado juicio de Niños y adolescentes.

El Código de Procedimiento es el de 1985, que con diversas reformas parciales de menor significación se conoce como Código de Procedimiento Civil de 1987 y cuya última versión corregida es la contenida en la Gaceta Oficial de la República de Venezuela N 4196 Extr. del 2 de agosto de 1990.

37 Para nosotros, la legitimación anómala que extiende el Legislador a los parientes consanguíneos o afines, Ministerio Público, Defensoría de los derechos de la Mujer y ONG, especiales, no lo es solo para las derivaciones penales que supongan los hechos que puedan calificarse de violentos, sino también al proceso civil, al cual somos de opinión deben extenderse los beneficios de ella, tomando en cuenta las naturales limitaciones y frenos que supone para el sujeto pasivo de tales conductas, tomar la iniciativa de accionar.

38 Se entiende que esa forma de actuar sin asistencia de abogado, lo es para la sola presentación de la denuncia, que no para ningún otro trámite aún en ese mismo juicio, y así lo avala reconocida doctrina extranjera (Vid. Berizonce y otros, opus cit p 128 y 109) lo que solo tiene por objeto facilitar el acceso a la justicia, pero para ocurrir a los demás actos del proceso, necesariamente deberá contar con la asistencia de abogado, que constituye, también por reiterada posición de la doctrina internacional, (Berizonce y otros, opus cit, p. 109) una garantía del debido derecho de defensa. Los referidos autores consideran inclusive imprescindible la asistencia de abogado para cumplir debidamente los actos conciliatorios, en tantos las partes en dicha oportunidad deben estar en condiciones de evaluar las consecuencias o efectos de una u otra decisión (Berizonce y otros, oc. p. 129).

En el mismo orden de ideas de lo antes expresado, no tenemos duda alguna en sostener por igual que deberá entenderse entonces que la participación o intervención de terceros en el proceso especial, legitimados anómalos, por igual, requerirá siempre la intervención de abogado, salvo claro está, la que por vía de excepción lo sea para iniciar el proceso a que se alude inmediatamente antes, pues en ambos casos debe pensarse de manera generosa, en cuanto

Se podrán ordenar, desde ese mismo acto y si se lo estima pertinente, la adopción de las medidas de adelanto de prueba e informes que se reputen conducentes (ex Art. 38 *ejusdem*), se tomarán o no las cautelares que se estimen necesarias (artes. 15, 39 y 40), se dispondrá la admisión y emplazamiento (Art. 883 Cpc), pero en cuanto a tal normativa, estimamos que a diferencia de lo contemplado para el modelo oral ordinario civil, deberá disponerse que la citación se haga por boleta, siguiendo lo dispuesto quizá para el juicio laboral especial o en todo caso, en ésta fecha, y ya siendo vigente la LOPNA, lo en ella contemplado para el juicio prototipo de familia en esa materia.

En la oportunidad legal oirá la contestación (ex Art. 889 y ss. Cpc), dando luego curso a la etapa probatoria, (ex artes 864 y 870 ss. Cpc) pero tomando en consideración el régimen ampliado de prueba (Art. 38, 41 y 35 LVMF).

Como particularidad fundamental en este proceso, recordemos que la evacuación de las pruebas se consumará en la Audiencia Oral (Art. 878 Cpc) y como peculiaridad especial, llamamos la atención del rol activo que pueden adoptar terceros calificados por la Ley en el curso del proceso, aún sin ser partes en el mismo, ex artículo 35 LVMF.

En torno a la decisión y demás incidentes que se produzcan en primera instancia se continuarán aplicando las disposiciones del Juicio Oral (875 ss Cpc) y en la segunda instancia, conforme a lo en él previsto, se seguirá, en lo que sea pertinente el procedimiento civil ordinario en esta etapa (879 Cpc), por supuesto tomando en consideración los especiales principios que fija la Ley para la tramitación del juicio especial sobre prevención a la violencia.

De manera alguna, a nuestro entender, puede sostenerse con fuerza de verdad procesal el que no exista segunda instancia, primero por ser la doble instancia una garantía del proceso venezolano, cualquiera sea su especialidad, salvo que la misma Ley la proscriba y segundo en tanto no existe tampoco norma alguna que lo impida.

5. *Algunas consideraciones sobre el apoyo técnico científico al órgano jurisdiccional*

Consideramos que merece especial consideración lo que atiene al apoyo técnico científico que prevé la Ley puede prestarse en este tipo de procesos, especialmente consagrado en el artículo 38 de la LVMF, y que se contempla para dichos juicios desde el momento mismo de la recepción de la denuncia, para la investigación de los hechos y para la evaluación y determinación de los daños físicos y psíquicos.

Empero, a nuestro entender son de tal gravedad la mayoría de las decisiones que debe adoptar el Juez competente en casos de maltratos y violencia, que solo al amparo de un calificado informe de especialistas en la materia, es que entendemos podría mantener tranquilidad de conciencia al proferir providencias que directamente estarán vinculadas al ámbito personal de los sujetos, a contravenir normativas sustanciales en materia de personas o bienes (cambio impuesto de domicilio, privación en el uso de bienes propios, etc)[39].

---

que lo perseguido resulta ser facilitar la inmediata puesta en conocimiento de la autoridad de los hechos constitutivos de la violencia o malos tratos proscritos por la ley.

[39] En igual sentido María V Bertoldi de Fourcade y Angelina Ferreira de De La Rúa, Régimen procesal del fuero de familia, De Palma, ISBN 950-14-1720-4, Buenos Aires, 1999, p 419

Creemos por igual necesario hacer constar que este apoyo se constituye en una verdadera prueba de informe calificado, a través de órganos especializados, típicos hoy en día en estos procesos delicados, que como tal prueba, debe garantizarse a las partes el ejercicio de su derecho al control de la misma, y por tanto entender que contra ella cabe cualquier prueba en contrario, todo lo cual evaluará el Juez en la oportunidad de sentencia.

A diferencia de como lo hacían antes algunas normativas referidas a menores o a materias especiales (drogas y estupefacientes), este informe no es obligatorio requerirlo al juez, pues en efecto, habrán casos en que los mismos no son necesarios y menos aún indispensables para que el juez adopte las medidas más prudentes y pertinentes, y , en tanto que las medidas definitivas que se adopten, entre otras tratamientos prolongados, perfectamente pueden ser aconsejados y acordados a posteriori, previa asistencia o no al Juez de opiniones de profesionales que se consulten al efecto, por igual cabe advertir de que si dicho informe fue solicitado y presentado, el mismo no vincula necesariamente al Juez en sus resultados, pero si lo obliga a tomarlo en cuenta y pronunciarse necesariamente sobre el mismo, bajo pena de incurrir en silencio de prueba, y por igual, ordenado el mismo, de constar en autos, somos de opinión que el Juez, ya comprometido a requerir un criterio técnico, no podrá dictar su fallo sin exigir la consignación del mismo o de otro que lo sustituya, de idéntico u otro organismo especializado, pues ya en su pronunciamiento de solicitarlo compromete a nuestro entender su opinión, al confesarse carente de los criterios técnicos necesarios para evaluar el caso o aplicar la más justa decisión.

Lo que si queda claro, tanto de la comentada norma, del espíritu general de la Ley, como de la Convención Interamericana, es que ese personal que emite su criterio, debe ser un personal especialmente formado y calificado para atender las especificidades de la problemática de la violencia contra la mujer y la familia, y de allí la importancia que a nivel nacional, los jueces competentes, en las áreas civil o penal, puedan contar con esos equipos multidisciplinarios, al os cuales por lo demás viene comprometido a formar y poner a disposición el Estado[40].

V. LAS MEDIDAS CAUTELARES ESPECIALES Y LAS MEDIDAS CAUTELARES COMPLEMENTARIAS

En esta materia, y en general en los procesos de familia, y en particular en el de niños y adolescentes, la esperada actitud del juez especial[41], se refleja como lo sostienen Berizonce - Bermejo y Amendolara, entre otros cuadrantes, en el de la tutela cautelar con notas típicas diversas y siempre destacables[42].

---

40 Artículos 7 y 8 de la Convención de Belem Do Para.

41 Magistrados por cierto denominados, a nuestro entender, muy adecuadamente, por la doctrina y práctica judicial Argentina, "jueces de protección y acompañamiento" para referirse a ciertos magistrados y procesos en los que se confieren ciertos poderes especiales al Juez que conforman precisamente eso que se denomina justicia de acompañamiento o protección, y la que se caracteriza, repetimos por la concesión al Juez de poderes especiales, atribuyéndoseles el manejo de las formas a fin de adoptar razonable y funcionalmente el orden de sus desarrollos a la finalidad prioritaria de que la protección se materialice, y ciertos principios procesales como el de la adecuación judicial de las formas y como corolario la flexibilización de las postulaciones de las partes en la etapa constitutiva del proceso . Vid Berizonce y otros, opus cit, p. 16.

42 Berizonce, y otros, opus cit, p 50.

Por ello observamos que en estos casos la examinada Ley especial faculta al Juez[43], para que en adición a las cautelares especiales del artículo 39 *ejusdem*, respecto a las cuales, o bien pueden adoptarlas, de no haber sido previamente dictadas, o bien pueden ratificar las ya providenciadas por las autoridades administrativas o por el funcionario jurisdiccional ante quien se inició el proceso, y ahora separado del conocimiento del mismo, para que pueda dictar igualmente otra serie de medidas cautelares sobre la base siempre del buen derecho aparente que ostente quien pretende el pronunciamiento.

Y es que coincidiendo con los citados autores[44], en estos casos resulta necesario que desde el planteamiento mismo del caso hasta el momento de la sentencia final, se vayan enhebrando respuestas "anticipadas y anticipatorias", casi siempre urgentes, que de modo "provisional", sobre la marcha y adecuándose a la versatilidad de requerimientos naturalmente dinámicos de las circunstancias, resuelvan siquiera "provisoriamente" los puntuales conflictos que se presentan, vinculados con la seguridad de las personas, derechos y bienes del núcleo conviviente.

En el párrafo que precede, cita a su vez de los mentados autores de Morello A., Sosa G. y Berizonce[45], se explanan de manera brillante los caracteres que debe tener el poder cautelar en estos casos, tal como lo veremos de seguidas.

Advierto sí, que hubiera sido deseable en esta Ley la consagración inclusive de la tutela cautelar anticipativa propiamente dicha, modalidad novedosa de la cautela judicial, implantada y reconocida ahora en nuestra novísima regulación de niños y adolescentes, en la que inclusive, adelantándose a la propia demanda, el funcionario judicial puede dictar las providencias cautelares necesarias para resolver *in limine,* con la urgencia que requiere el caso sometido a su consideración, dictando la cautela que estime necesaria para dar adecuada y expedita solución al caso (Vg. Artic. 467 de la Lopna, y 512 en materia de Alimentos) y facilitando así realmente la solución de la conflictividad derivada de la violencia y malos tratos a la mujer y demás sujetos de la familia, pero en verdad, hasta hace solo muy poco en nuestro país se ha ido avanzando en materia del poder cautelar innominado, autónomo, anticipativo y en los casos de poder cautelar de urgencia, uno de cuyos tímidos pasos de avanzada se encuentra precisamente en la Lopna[46].

Ya en otros países de nuestro entorno suramericano se encuentra plenamente consagrada el sistema de medidas provisionales y anticipadas, con las cuales se busca la inmediata satisfacción de la propia pretensión en razón de la gravedad de que la insatisfacción se extienda por más tiempo, dada la especial naturaleza del derecho violado[47].

---

43 Inclusive la simple autoridad administrativa que eventualmente conoce de la denuncia tiene competencia para dictar cautelas anticipativas tan drásticas como lo son la de obligar a una de las partes al abandono del lugar que sirve de hogar, arresto transitorio hasta por 72 horas, etc. (Art. 39 LVMF).

44 Opus cit p 50.

45 Códigos Procesales, citados por Berizonce y otros, Nota 87 p. 50.

46 Para profundizar mas en esta materia remitimos a nuestra cita supra y adicionalmente, Baumeister Toledo, Alberto, Breves anotaciones sobre el Derecho Procesal Constitucional y su necesaria complementación en las medidas autosatisfactivas, Conferencia en Colegio Abogados Valencia, Jornadas de Derecho Procesal Constitucional, 2000, Mimeografo, y en el exterior, Berizonce R., *Tutela anticipada y definitoria*, JA, 1996, IV y en Derecho Procesal Civil actual, p 481.

47 En efecto así lo contempla la reciente legislación brasileña sobre tutela anticipatoria, con amplísima bibliografía (Marinoni G, Tutela Cautelar e tutela anticipatoria, Sao Paulo, 1992,

Como lo sostiene el maestro Berizonce, la tutela cautelar se ha transformado en técnica de sumarización y, en último análisis, en remedio contra la ineficacia del procedimiento ordinario[48].

Por lo demás en estas materias donde prevalecen ciertos intereses de la sociedad, como lo son menores, protección de la mujer y la familia, encontraremos que las medidas que nos ocupan, en síntesis, sean de tutela personal o patrimoniales, están prioritariamente regidas por la legislación sustantiva. Sus causales son típicas, y con ellas se persigue asegurar de manera especial personas o bienes, y forman parte de lo que la doctrina moderna denomina tutelas urgentes, anticipadas o anticipatorias[49].

La posición de la doctrina dominante en la materia, diferencia entre medidas cautelares y providencias anticipatorias, con base a que aquellas son siempre accesorias e instrumentales por su dependencia en relación a la finalidad de asegurar le resultado útil del proceso, estas últimas, en cambio, resultan independientes, configurando un propio y autónomo proceso preventivo que tiende a conjurar el daño proveniente de la prolongación infructuosa del estado de insatisfacción del derecho reclamado.

En fin, como acertadamente lo refiere Rengel Romberg, en las medidas anticipatorias el peligro de la mora no consiste tanto en la dilación de la providencia de mérito sino mas bien en el peligro inminente de que ésta llegará tardíamente, cuando el daño infringido sea irreparable. Es ello lo que justifica la urgencia de la medida y la anticipación provisoria del objeto mismo de la pretensión contenida en la demanda[50].

Es en ese orden de ideas que a nuestro juicio han sido redactados los artículos 39 y 40 de la LVMF, donde se concede una amplia y delicada variedad de cautelas, entre las que se permiten dictar por cualquiera de los órganos receptores de la denuncia, sean judiciales o no, una o mas de las siguientes:

1. Emitir una orden de salida de la parte agresora de la residencia común, independientemente de su titularidad sobre la misma[51],

2. Remitir a la víctima a uno de los refugios de que trata el artículo 15 de la ley[52],

3. Arresto transitorio hasta por setenta y dos horas, que se cumplirá en la Jefatura Civil respectiva,

---

Dinamarco C.R., A reforma do Código de Processo Civil, Malheiros, Edit. Sao Paulo, 1995), e igualmente se la regula ya como institución ordinaria del proceso en el Código del Proceso de Uruguay de 1989 (art. 317).

48 Berizonce, Tutela anticipada definitiva, cit.

49 Berizonce y otros, Tribunales y procesos de familia, o.c. p. 53.

50 Rengel Romberg, Arístides, "Medidas cautelares innominadas", Rev Univ, Dere Proc, UNED, Madrid, 1990, pp 489.

51 Precisa destacar que conforme a la doctrina dominante poco importa que el bien de que se trate sea o no propiedad del sujeto a quien se ordena permanecer en el mismo.

52 Vid supra, garantía de existencia de instituciones municipales para proveer de refugios ad hoc a personas en caso de que su permanencia en los domicilios o residencias impliquen amenazas inminentes a la integridad física. (Art. 15 LVMF)

4. Ordenar la restitución de la víctima al hogar del cual hubiere sido alejada con violencia,

5. Prohibir el acercamiento del agresor al lugar de trabajo o estudio de la víctima,

6. Asesorar a la víctima sobre la importancia de preservar las evidencias,

7. Proveer a la víctima sobre información sobre los derechos que la Ley especial confiere y sobre los servicios gubernamentales o privados disponibles, en particular de las Unidades de Atención y Tratamiento a que se refiere el artículo 14 de la Ley,

8. Elaborar un informe de aquellas circunstancias que haya observado que sirvan al esclarecimiento de los hechos, el cual deberá acompañar a la denuncia, y

10. Cualquier otra medida aconsejable para la protección personal, física o emocional del grupo familiar o de la pareja.

No deseamos terminar este capítulo, sin llamar seriamente la atención sobre las lamentables confusiones en que suele incurrirse en la práctica en el trámite, consagración de las cautelares sustantivas especiales y la deformación y abusos a que se prestan las cautelas de no ser entendidas como tales.

En el expresado sentido, con todo el respeto que nos merecen sus Magistrados, hacemos referencia a la indebida interpretación que se ha dado inclusive a nivel de Segunda Instancia a la medida excepcional de autorización para separarse del hogar o sede de la pareja, al confundirla con un procedimiento autónomo, y más grave aún, al entenderla como resultado de un proceso jurisdiccional voluntario o gracioso, negándose todo recurso a los sujetos afectados por dicho pronunciamiento, lo que constituye a nuestro entender un craso error y que se presta a las más injustas consecuencias[53].

Al menos nos queda el respiro de conocer que cuando menos uno de los Magistrados intervinientes en el fallo ha salvado expresamente su voto, razonando para ello el carácter absolutamente contencioso del proceso en el cual debe y tienen que dictarse tales medidas, y la prevalencia de las garantías constitucionales del Debido Proceso y Derecho a la Defensa[54].

1. *Medidas cautelares adicionales*

El artículo cuarenta (40) de la misma Ley, determina que sin perjuicio de la facultad del juez que conoce de los hechos, de dictar y/o confirmar las medidas cautelares previstas en el artículo anterior, podrá adoptar preventivamente las siguientes:

1. Fijar pensiones de alimentos para el grupo familiar, para lo cual podrá ordenar al empleador o patrono las retenciones de los salarios y prestaciones de los presuntos agraviantes, a fin de asegurar el sustento familiar;

---

[53] Al respecto fallos de la Corte Superior del Tribunal de Protección del Niño y del Adolescente de la Circunscripción del Área Metropolitana de Caracas de 10 de abril del 2001, 19-02-2002 y 9 03-2001.

[54] Votos salvados de la Magistrado Dra. Georgina Morales, en los mentados fallos de 9-03-01 y 10-4-2001.

2. Establecer el régimen de guarda y custodia de los hijos, así como las visitas, de conformidad con las disposiciones que rigen la materia; y

3. Cualquiera otra medida aconsejable al bienestar del grupo familiar.

Respecto al desarrollo de este poder cautelar complementario cabe hacer las siguientes observaciones:

Nuevamente observamos que son medidas anticipatorias, previstas y determinadas en la normativa sustantiva, que anticipan los resultados finales y procuran el que no se causen daños irreparables.

Se advierte que son regímenes de excepción inclusive frente al orden sustantivo ordinario, pues puede que la medida en referencia se alteren regímenes fijados por la Ley, o por un juez competente, en procesos regulares especiales en los que se discuten dichas materias (alimentos, visitas, guarda, etc), medidas que en definitiva procurarán exitosamente complementar las protección perseguidas a la mujer y al grupo familiar, cuando como en los casos comentados se han producido hechos que alteran, desequilibran o producen daños en el grupo familiar o sus integrantes.

Nuevamente cabe observar que estas cautelas se dictarán bajo las técnicas de anticipación y que a diferencia de las medidas adoptadas en la cognición plena, se sustentan en un conocimiento fragmentario, o superficial, que privilegia el objeto de brindar tutelas urgentes.

Será bastante, según la doctrina[55] que se verifique una "fuerte probabilidad" del derecho para que se anticipe la tutela pretendida, a través de una providencia puramente interina aunque suficiente para componer de momento/temporalmente, y de modo solo provisional, la litis.

Y es que como se lo observa, la propia Ley, el ordenamiento sustantivo, regula medidas anticipatorias diversas, en todos esos casos el conferimiento de tales poderes al juez, deriva de la ley, y atiende casos específicos, que por las particularidades de los propios derechos sustantivos en cuestión, se tutelan de modo diferenciado.

Es más, como lo anotan Berizonce, Bermejo y Amendolara, todavía se propugna reconocer potestades cautelares genéricas y discrecionales más amplias, diversa a la cautelar específica examinada, para ser actuada en todos los indiferenciados supuestos en que concurren los presupuestos que la habilitan[56].

Y es que la regla debe ser, que, cada vez que exista convicción suficiente acerca del derecho invocado y se advirtiera un grado de urgencia tal que sí la medida no se adoptase en ese momento se causaría un daño mayor e irreparable, será procedente anticipar, luego de trabada la litis y a requerimiento de parte, total o parcialmente los efectos de la tutela pretendida.

En todo caso debe tenerse presente que tales tutelas permanecerán vigentes o serán modificadas durante la secuela del juicio, que continuará hasta su finalización y la tutela quedará sin efecto en cualquier tiempo si se modificaren las circunstancias en que se

---

55 Berizonce y otros, o.c. 53 ss.

56 Berizonce y otros, o.c. p. 54 y en igual sentido Bertoldi de Fourcade y Ferreira de De La Rúa, o.c. 389.

fundara su otorgamiento. Bajo tales supuestos, respetada la garantía de la defensa respecto de las partes, no cabe objetar el ejercicio de las potestades judiciales que se sustentan en la necesidad de asegurar la eficacia de la prestación jurisdiccional, a brindarse en tiempo razonable[57].

Concluiremos esta parte recordando que en todo caso, las tutelas preventivas en materia de protección contra violencia y malos tratos, deben cumplir con los demás caracteres ordinarios que las hacen procedentes, no bastando la sola consagración sustantiva o procesal de la figura que sea adoptada, sino, a que en el caso particular, tales providencias sean accesorias, provisorias, mutables, gocen de flexibilidad, y quizás lo más importante, que sean requeridas de manera "urgente" y ante hechos que sustenten "verosimilitud del derecho que se reclama y evidente peligro derivado del retardo en que se tomen las providencias que aseguren el derecho en conflicto[58].

2. *Otras consecuencias civiles derivadas del proceso contra la violencia*

Como se lo advirtió inicialmente, otro de los propósitos de la regulación contra la violencia, es el lograr la reparación integral de los daños producidos a la víctima, como consecuencia de los daños físicos y psicológicos, los cuales determinará el tribunal que conozca del hecho, quien fijará las pertinentes indemnizaciones, de acuerdo al daño causado, y sin perjuicio de tener que afrontar igualmente los pagos de los tratamientos correspondientes, tal como lo previene el artículo 28 de la LVMF.

La redacción de esta regulación obviamente se presta a confusión, así en primer lugar cabe preguntarse que si el Juez que conoce del asunto, por la naturaleza de los actos violentos es un Juez penal, si podrá él, directamente, y aún sin haberlo solicitado el denunciante, hacer condena sobre tales daños, los cuales ciertamente podría dar por probados en el proceso, con los exámenes y pruebas presentados con la finalidad de acreditar los hechos sancionables, y cuyo monto, de no haber sido especificados, podrá ordenar determinar por vía de experticia complementaria del fallo.

No consideramos que sea viable tal posición, ni que a pesar del carácter público de los delitos, pueda entenderse se subviertan los principios procesales, y a pesar de no haberlo solicitado la parte, pueda juez alguno (civil o penal) pronunciar condena sobre tales daños.

Por lo dicho, en todo caso, será menester que la víctima o quienes puedan ejercer la pretensión hayan exigido el reembolso de daños, y en su caso, hayan quedado debidamente probados los mismos, sea en vía civil, sea en vía penal, pues de lo contrario se estaría violando el Derecho de Defensa de la parte contraria.

Lo que si interesa destacar ahora, como cambios importantes que eventualmente facilitaran el recobro de tales daños, las nuevas vías que se consagran en materia penal, a raíz de la última reforma del Código Orgánico Procesal Penal[59] conforme a la cual, en vía de ejercicio de la acción de indemnización, establece ahora que concluido el proceso penal, bajo la nueva modalidad de ejercicio abreviado de la acción civil derivada del delito, pueda la víctima incoar entonces el correspondiente proceso especial para el reclamo de los daños

---

57 Berizonce y otros o.c. p. 54.

58 Para profundizar sobre tales requisitos y sus conceptos, véanse Bertoldi de Fourcade y Ferreira de De La Rúa, oc. p 375 ss.

59 Gaceta Oficial de la República de Venezuela, Extr. 5558 del 14 de noviembre del 2001.

civiles, ante el juez de la misma competencia, y solicitar la condena por los daños causados con costas y demás pronunciamientos ex artículo 422 *ejusdem*.

Adicionalmente deberá aclararse, que a pesar de que para algunas materias se contemple como causa de extinción de la acción penal que voluntariamente el agente del daño cumpla el deber de resarcimiento de los daños (Acuerdo reparatorio voluntario)[60], dada la naturaleza de los delitos y faltas cometidos en estos casos de violencia - acción pública-, salvo el caso de que se tratare del supuesto de daños contra bienes de los sujetos víctimas, estimamos que no será posible que por esta vía pueda lograrse la inmediata reparación de los daños.

El otro camino, obviamente, como se lo dejó señalado, lo será, una vez terminado el proceso penal, o en el curso del mismo, incoar la acción civil independiente para el resarcimiento de daños y exigencia de responsabilidad civil, dentro del proceso especial contra la violencia (ex artículos 28 y 29 LVMF).

El artículo siguiente, esto es, el 29, se refiere al sujeto que haya resultado condenado por los hechos punibles de maltratos y violencia, de los cuales ya hubiere sido juzgado, y quien adicionalmente ha provocado otros daños materiales (la ley habla de patrimoniales), para quienes dicha disposición consagra el deber de proceder a indemnizarlos, en la medida que resulten fijados por el Tribunal, y con el señalamiento de que cuando no sea posible la reparación natural de los mismos, deberá hacerlo por equivalente, conforme al valor de mercado.

Con ello, a nuestro modo de ver, se persigue lograr la indemnización total y completa de cuantos daños puedan ser provocados por la violencia, en forma rápida y expedita, precisamente para provocar un efecto ejemplarizante y desincentivar a los autores de tales felonías

Finalmente, en materia de acoso sexual, la comentada normativa, establece que las víctimas de acoso sexual tienen por igual derecho a ser indemnizadas por los agentes del daño, con montos pecuniarios por equivalente, ex artículo 30 de la referida Ley, lo cual por igual se determinará dentro del proceso especial civil.

VI. BREVES CONSIDERACIONES DE ALGUNOS ASPECTOS PENALES CONSAGRADOS EN LA LEY SOBRE LA VIOLENCIA CONTRA LA MUJER Y LA FAMILIA

Adicionalmente a cuanto queda dicho en materia civil, el legislador, da reforzamiento penal para sancionar las conductas lesivas derivadas de la violencia y malos tratos, cuando los hechos constituyen parte de los tipos delictuales que expresamente contempla la Ley como delitos especiales, o cuando remite el tipo a la normativa penal general, y reputa tipos penales, desde la tentativa, hasta el simple delito formal constituido por la sola propuesta de obtener para sí o un tercero, favores sexuales, bajo amenaza expresa o tácita de causarles un mal, y con reforzamiento de reputar agravantes del delito, con un incremento de pena en la mitad, cuando concurran circunstancias tales como de que la mujer de que se trate se encuentre embarazada, que sea perpetrado contra personas menores o mayores o discapacitadas, etc.

---

[60] Art. 40 Código Orgánico Procesal Penal.

En estos casos obviamente que la competencia será de los órganos jurisdiccionales penales y a diferencia de lo que ocurre y hemos dejado comentado sobre el procedimiento aplicable, la LVMF claramente precisa en sus artículos 36 y 37 cual deba ser el proceso aplicable para los delitos o faltas consagrados en la misma.

Y tratándose, como lo es, de situaciones muy particulares donde ocurre este tipo de delitos y faltas, y dado, que lo adelantamos en su momento, los sujetos normalmente se reinsertaran en el mismo grupo social, las normas especiales prevén modalidades especiales para el cumplimiento de las sanciones, bien para que se les permita cumplir ciertas sanciones, bajo un régimen que autorice la continuidad en la producción de salarios y remuneraciones, necesarios evidentemente para los débitos alimentarios familiares, y que garanticen la efectiva preeducación de los sujetos sancionados, todo conforme lo disponen los artículos 43 y 44 *ejusdem.*

CONCLUSIONES

Consideramos que el instrumento legal que hemos dejado estudiado, si bien presenta ciertas fallas técnicas y de redacción, constituye un invalorable instrumento para atacar cuando menos con mecanismos expeditos y de trámite perentorio, los insólitos casos de malos tratos provocados contra la mujer y la familia.

Es menester divulgar y fomentar campañas educativas en los estratos bajos de nuestro pueblo, a fin de que se conozcan los mecanismos, sanciones y tipos civiles y penales que aparejan responsabilidad por la ejecución de actos violentos o maltratos contra los integrantes del grupo familiar y en especial contra la mujer.

Precisa, con toda seriedad que se preparen organismos y funcionarios, y que se organice la sociedad civil, a fin de prevenir, asistir, y erradicar hechos tan denigrantes como los que son objeto de regulación en la Ley, por sus graves consecuencias para la célula fundamental de la sociedad, esto es, la familia, y contra el más destacado de sus integrantes, esto es, la mujer, y poder prestar a los mismos, adecuada, oportuna y tempestiva ayuda y apoyo técnico, económico y moral.

Es recomendable, que en los programas de Derecho Civil I, Personas y Derecho Civil IV Familia, en nuestras Universidades, de manera concreta se insista en el estudio, divulgación y análisis de este instrumento legal de protección a tan importante sector de nuestra sociedad, como lo es la familia (legal o de hecho) y sus diversos integrantes.

Un inagotable campo de acción social para nuestros estudiantes de Derecho, lo será la labor de apoyo, divulgación y educación de nuestras clases sociales más bajas, sin excluir por ello las de más altos estratos (no ajenas a la problemática comentada) de todo cuanto se refiere a la protección de la mujer, de la familia, de los menores y demás integrantes del grupo familiar, contemplados y regulados en la Ley sobre la Violencia contra la mujer y la Familia, que, por lo brevemente analizado en este estudio, jamás dejará de tener vigencia.

26.

ACOTACIONES PRÁCTICAS PROCESALES SOBRE LA VIGENCIA Y APLICACIÓN DE LA LEY DE PROTECCIÓN DE LA MUJER Y LA FAMILIA (EN COLABORACIÓN CON MARIOLGA QUINTERO TIRADO Y NILYAN SANTANA LONGA)*

DEL EVENTO

A raíz de una denuncia que conforme a la nueva Ley sobre la Violencia contra la mujer y la familia,[1] que a juicio de los suscritos comentaristas resultaba a todas luces inmotivada, basada en hostigamiento psicológico y como sustento de la cual únicamente se invocó el "dicho" de la denunciante de haberse producido ese evento con ocasión de una discusión suscitada entre ella y su cónyuge, el día 20 de diciembre de 1999, un Tribunal de Primera Instancia de Familia y Menores de la Circunscripción Judicial del Área Metropolitana de Caracas, el mismo día de propuesta la solicitud, decretó, basado en el artículo 39 de la LVMF, la siguiente medida:

Vista la denuncia formulada por la ciudadana (...), en atención a lo establecido en los artículos 32 y 34 de la Ley sobre Violencia contra la Mujer y la Familia, admítase cuanto ha lugar en derecho, désele el curso de Ley, en tal sentido, se acuerda comisionar amplia y suficientemente al Cuerpo Técnico de Policía Judicial, comisaría de la Parroquia Baruta, para que practique la notificación del ciudadano (...), a fin de comparezca por ante este tribunal a objeto de llevarse a efecto un acto conciliatorio entre las partes, conforme a lo establecido en el artículo 34 de la citada Ley, en horas de despacho al tercer (3er) día de despacho siguiente al de hoy. *Asimismo, se ordena la salida inmediata de la parte agresora de la residencia común y se le prohíbe el acercamiento a la misma, de conformidad con lo establecido en el artículo 39 numerales primera (1er) y cuarta (4to) ejusdem.* Asimismo, se ordena oficiar al Centro de Orientación y Docencia las Palmas, a los fines de que se realicen evaluaciones psiquiátricas y psicológicas a los ciudadanos (...), respectivamente y a la menor (...). Líbrese oficio y boleta.

Solicitada nuestra asistencia técnica, en consideración del malestar e interés del perjudicado por dejar sin efecto tan drástica como deshonrosa medida, el día de nuestra primera comparecencia acordamos con la Juzgadora levantar un acta, en la que el sujeto pasivo de la misma, se comprometía a una convivencia pacífica con la denunciante, teniendo por único objeto la suspensión inmediata de las cautelas, y sin alegar vicio alguno, procurando sólo enervar la medida otorgada, aún ante lo infundado que pudiere resultar

---

[1] Gaceta Oficial 36531 del 3/9/1998, en lo sucesivo identificada como la LVMF.

tanto aquella como sus fundamentos, y a posteriori, ocasión de la realización del acto conciliatorio que la misma Ley prevé, invocar esos vicios y defectos así como cualquier otra defensa.

Con miras a preparar la estrategia de defensa, desarrollamos algunas reflexiones sobre el tema, decidiendo su incorporación al expediente en el supuesto de que se insistiese en proseguir tal procedimiento en la inadecuada forma en que se lo venía haciendo, esto es en forma ajena a las pautas de un proceso justo (debido proceso).

A continuación, transcribimos algunas de dichas reflexiones con el ánimo de exponer los criterios que, a nuestro juicio, en casos como el comentado, debe seguir todo juez prudente, mas cuando la Ley lo ha dotado de amplios poderes, tomando en cuenta, sin lugar a dudas, la capacidad, seriedad y ponderación del titular del órgano judicial.

1. *De la necesidad de distribución administrativa de la solicitud*

Consideramos que uno de los primeros aspectos que debe examinarse, es el carácter o naturaleza de ese nuevo tipo de procedimiento a que da lugar la aplicación de la LVMF en los supuestos que contempla para aplicar las cautelas especiales en ella consagradas.

A nuestro parecer, tales procedimientos, a pesar de la simplicidad que implica el término "denuncias" bajo el cual se los denomina, los mismos son evidentemente contenciosos, y por tanto, desde el punto de vista formal de trámite, la petición o solicitud, necesariamente debe ser objeto de "Distribución".

En el caso bajo estudio, dicho trámite no fue cumplido, para lo cual se alegaba en el Tribunal que conocía de dicho asunto: "que dicho trámite no tenía porque acometerse, ya que "la ley" no lo exigía.

La banal argumentación expuesta nos llamó por igual la atención, ya que tal requisito deviene de una resolución vigente de un órgano competente en la esfera Judicial (Consejo de la Judicatura), cuya aplicación no distingue supuestos para el cumplimiento de esa distribución.

Precisa destacar que en el caso de autos, y debido a las razones por las cuales fue menester intervenir a priori, (con el solo pretexto de buscar suspender o enervar los efectos de la "cautela decretada"), insistimos en que si bien para el momento en que era formulada la denuncia, se trataba de nuestra segunda comparecencia en autos, la noción de orden público permite que en caso de revestir la omisión procesal en la que haya incurrido el Tribunal, esa naturaleza, la censura ante su inadvertencia por el Juzgador puede ser hecha en cualquier estado y grado del proceso y más aún decretada inclusive de oficio por el juez (Artículo 212 del Código de Procedimiento Civil).

Siendo así, la crítica a la resolución judicial de fecha 22 de diciembre de 1999, debía fundarse en una solicitud de nulidad y subsidiariamente como motivación fáctica para la revocatoria de la medida, destacar las violaciones a garantías jurisdiccionales de fuente constitucional.

Inicialmente como se indica en el subtítulo, nos referimos a la inadvertencia de la disposición de trámite, esto es, a la necesidad imperativa de someter el conocimiento de dicho asunto a la vía de Distribución Previa y no a que el Juez ante quien se la presentare, asumiere directamente, sin más trámites el conocimiento de dicho asunto.

El desarrollo de los argumentos que pueden o deben invocarse ante tal situación, estimamos deben ser del tenor siguiente:

En estos casos estamos ante una solicitud de naturaleza evidentemente contenciosa, y no como si se *tratare de una petición en sede de jurisdicción voluntaria, única que a todas luces puede estar exenta* de distribución. Si como en el caso de autos, dicho asunto se lo tramitó, siendo recibido directamente por el Tribunal que luego lo sustancia, sin que mediara justificación alguna para tal pretermisión, pues no constaba tal circunstancia en ninguna de las actas agregadas al expediente y menos aún, que, en su oportunidad haya sido presentado por ante el Juzgado (...) de Primera Instancia de Familia y Menores de la Circunscripción Judicial del Área Metropolitana de Caracas, distribuidor en esta competencia material y funcional para el día 22 de Diciembre de 1999, alguna evidencia o prueba inclusive circunstancial que diere motivo a la excepción.

Es claro, y así debe entenderse, que cuando medie "urgencia cierta o amparada cuando menos por "presunciones graves", sobre la posibilidad de prevenir con este procedimiento la violencia o amenaza, puede y tiene que admitirse que la víctima, presente directamente su denuncia por ante los órganos jurisdiccionales indicados en el Artículo 32 de la LVMF y en tales supuestos, el órgano directamente requerido, uno cualquiera de ellos, omitiendo la aludida distribución, ante la inminencia de prevenir daños mayores y ante la imposibilidad de fundamentarse en pruebas ciertas, o mas precisas y contundentes, acordará directamente las medidas del caso, sin que pueda sostenerse está violentado las normas de trámite antes comentadas.

En tales supuestos regulados por la Ley, como de inminencia cierta de violencia, debe pues concluirse en que resultará inobjetable que se introduzca la demanda por ante cualquier Tribunal de los referidos por la disposición (Artículo 32 LVMF) sin cumplirse los trámites obligatorios ante los Juzgados encargados de la distribución de causas, mas, cuando no se procede bajo tales supuestos, sin que haya *SIDO APORTADA* por la denunciante, probanza en cuanto a su condición de víctima de amenaza (Art. 16 *ejusdem*), violencia física (Art. 17 *ejusdem*), acceso carnal violento (Art. 18 *ejusdem*), acoso sexual (Art.19 *ejusdem*), o de violencia psicológica (Artic. 20 *ejusdem*), no puede eximirse del cumplimiento de los trámites de DISTRIBUCIÓN.

En consecuencia, de no existir tales supuestos, como había ocurrido en el caso bajo examen, y sin fundamento alguno proceder el Juzgado ante quien se hace la denuncia, pretermitiendo lo dispuesto en la Resolución N° 1.088 del Consejo de la Judicatura de fecha 19 de Septiembre de 1991, a la admisión de aquella y al decreto de las medidas peticionadas por la denunciante en la misma fecha de recepción en clara evidencia de celeridad procesal ajena a las circunstancias planteadas, es obvio que procede solicitar, como en efecto debe hacérselo, lo siguiente:

1° La nulidad de la admisión del acto inicial de dicho procedimiento y consecuentemente, de todos los actos siguientes al mismo, en base a lo establecido en el Artículo 212 del Código de Procedimiento Civil, en razón de ser, nulo por la violación de normas de orden público en materia de distribución, el auto de admisión señalado.

2° La reposición de la causa al momento en que la ciudadana denunciante presente su escrito inicial ante el Juzgado Distribuidor de Causas de Primera Instancia en materia de Familia en la Circunscripción Judicial del Área Metropolitana de Caracas.

2. *De la oposición a la medida cautelar*

En esos mismos supuestos, y sin renunciar al alegato precedentemente formulado, subsidiariamente caben invocar entre otros, los siguientes argumentos para sustentar oposición a la medida decretada:

A. *Nuevamente procede el alegato de la naturaleza "CONTENCIOSA" del procedimiento*

Es indudable que la naturaleza que reviste el procedimiento a que viene haciéndose referencia, no puede calificarse de jurisdicción voluntaria, ya que están presentes todos los elementos que lo trajean de contencioso, al extremo de que se dictan medidas contra quien se propone la denuncia.

Por ende, sin ser retóricos dentro de ese horizonte, **antes de tomar medida alguna conforme a la ley o al arbitrio dejado al magistrado procedía y procede escuchar la defensa de la otra parte o cuando menos imponerla de cuanto se le imputa.**

B. *Del mecanismo para contradecir la providencia judicial sobre la pretensión cautelar*

Tratamiento particular debe darse a este aspecto de la eventual oposición o impugnación, a falta de previsión expresa sobre dicha materia en la regulación de que es objeto este especialísimo procedimiento. En efecto la normativa, no establece una oportunidad para plantear la oposición a la medida cautelar.

Del texto normativo de la LVMF, no se desprende la existencia de un trámite para manifestar la contradicción a la medida cautelar dictada al amparo de esa norma, pero obviamente no podría ser asumido en sana interpretación jurídica y en apropiada aplicación del Derecho, una consideración que descarte esa oportunidad para el denunciado que resulta afectado por una medida cautelar.

De allí que a nuestro juicio, el denunciado, al incorporarse al proceso, le está permitido ejercer en esa fase del procedimiento la oposición a la medida cautelar dictada por el Tribunal, aún cuando por razones de extrema urgencia, como la que en el caso de autos, se impuso una conducta diferente, dado que en ese supuesto, la residencia constituía sitio de trabajo del denunciado, y puesto que la medida solicitada, a falta de los indicios probatorios referidos, solo debió dictarse una vez cumplido el acto conciliatorio prevenido en la Ley.

Esta actuación, sin consagración expresa en la referida Ley, encuentra regulación y adecuación en la realización de garantías jurisdiccionales de consagración constitucional, y en la opinión reiterada de la Corte Suprema de Justicia en Sala de Casación Civil, expuesta en sentencias de fechas 31 de Julio de 1997 y 23 de abril de 1998 (consultadas en original), que sientan la siguiente interpretación:

El corolario indefectible de todo el razonamiento hasta aquí formulado es evidente: desde el punto de vista del Derecho Constitucional Procesal –integrado por las denominadas garantías constitucionales del proceso de las cuales el técnicamente denominado principio del contradictorio ex único aparte del artículo 68 de la Constitución Venezolana (Artículo 49 numeral 1 de la nueva Constitución) es la principal todo proceso civil y sus asimilados– (incluido naturalmente el proceso cautelar), si bien no exige para su validez constitucional un trámite de segundo grado de jurisdicción vgr. procedimiento de invalidación si requiere impretermitiblemente al menos un trámite legal de primer grado de jurisdicción concebido de manera tal que le asegure a los justiciables todos los medios legales adecuados para el efectivo ejercicio del derecho constitucional a la defensa.

Con vista a tales señalamientos, somos de opinión que debe prosperar la oposición ejercida contra la medida cautelar acordada por el Juzgado de la causa, en la cual se impone al denunciado la salida inmediata de la residencia común y se le prohíbe el acercamiento a la misma.

C. *De la naturaleza de las medidas contempladas en la nueva Ley*

Precisa llamar la atención que a nuestro criterio en casos como el examinado a la luz de la LVMF, la tutela que pretende obtenerse en fase de cognición sumaria no reviste la naturaleza de cautelar, porque no persigue garantizar la efectividad de una sentencia, sino que la misma anticipa "el bien pretendido", para evitar la consumación de un daño irreparable[2].

En este sentido, poco importa la denominación asumida por la ley sobre la materia, ya que lo consagrado en ella es una técnica de sumarización.

Por ende, se requiere para que proceda tal género de medidas y con esos particulares efectos, el cumplimiento de requisitos en cierto sentido fundamentales, que difieren de los contemplados en la previsión del artículo 585 del Código de Procedimiento Civil.

En primer término, no se trata de que el denunciante demuestre la verosimilitud de su derecho, sino que muestre probanza que lleve al juzgador la convicción suficiente acerca del derecho que se alega. De otra parte, debe comprobarse el temor fundado que de no tomarse la medida el daño sería irreparable para el peticionante. Y por último, que la medida no comporte efectos gravosos para el demandado que no serían susceptibles de enmienda.

Adicionalmente, siendo en este caso una situación, de especial atención por tratarse de hechos tipificados como delitos, la medida que en protección del denunciante sea decretada, en correspondencia con la argumentación desarrollada en esta oportunidad, requiere de la condición de flagrancia en la comisión del delito, resolviendo así la exigencia que como extremo de probanza precisa la procedencia de la anticipación protectora, en estrecha vinculación afirmamos, con la presunción de inocencia consagrada a texto expreso de la normativa constitucional.

4. *De los fundamentos de la oposición dentro del marco de esos presupuestos*

En estos casos, consideramos que cabe igualmente la oposición a la medida, por razón atinente a la especial naturaleza de las medidas que contempla la Ley, en tanto ellas revisten la especial condición de una presunta tutela anticipatoria (por no denominarla

---

[2] Para profundizar sobre este tipo de cautelas, véanse entre otros los siguientes trabajos: Tutela anticipada y definitoria, Roberto Berizonce; Indicaciones sobre fundamento de la anticipación procesal, Adolfo Gelsi Bitlart; *La medida autosatisfactiva: Uno de los principales ejes de la reforma Procesal Civil*, Jorge W. Peyrano, todos en Derecho Procesal en vísperas del Siglo XXI, Temas actuales en memoria de los Profesores Isidoro Eisner y Joaquín A. Salgado, Editorial Ediar, Argentina, 1997 y *Medida Autosatisfactiva y medida cautelar (semejanzas y diferencias entre ambos institutos procesales)* , Mabel de los Sanios, en *Revista 53,* Universidad Católica Andrés Bello, 1999, p. 273.

autosatisfactiva) que coloca en jaque ciertos principios y garantías constitucionales que son la base misma del sistema jurisdiccional.

Es cierto, que toda la doctrina contemporánea sustenta que frente a una fuerte probabilidad de violencia se exigen respuestas jurisdiccionales urgentes, por la inminencia de un peligro grave en que se encuentre el o la denunciante con respecto a las conductas del denunciado. Ello explicaría el régimen *inaudita pars* con el cual suele ampararse la ejecución de estas medidas.

Sin embargo, no parece ajustado a la disciplina procesal que ante una simple denuncia inmotivada, y sin siquiera pruebas presuntivas, de las cuales resulte el supuesto acosamiento, se gesten y autoricen una red de medidas que precisamente al carecer de fundamentos ciertos, acometan contra la paternidad, dignidad, intimidad, trabajo y propiedad del imputado, sin tener además en cuenta que ello puede dar a quicio con el núcleo familiar lo que incluye a los hijos de los justiciables –que en este y similares casos, resultaría ser el centro de protección de todo juzgador– esto es, que debe proteger todo juridiscente avocado a sendas procesales en ese orden del derecho.

A este efecto, es obvio que la tutela discrecional y genérica, prevista en el artículo 39 de la Ley sobre la Violencia contra la Mujer y la Familia debe ser utilizada con la mayor prudencia y ponderación, en conocimiento que los individuos viven en un mundo humano y que de esa forma deben ser reconocidos en sus actitudes y como tales igualmente enjuiciados.

en casos como el que resulta ser objeto de estos comentarios, no podría sostenerse sensatamente que existía esa convicción suficiente que habría permitido a la juzgadora, ante un verdadero recelo de daño, ordenar la extromisión del denunciado, no sólo de su hogar, sino también de su lugar de desempeño laboral.

Por ello, si se actuó en franco desconocimiento de tales principios fundamentales, puede concluirse que el magistrado puede haber incurrido en ABUSO DEL EJERCICIO DE SU FUNCIÓN JUDICIAL Y DE LOS PODERES ESPECIALÍSIMOS QUE PARA CIERTOS CASOS SE LE CONCEDEN, porque la discrecionalidad que consagra la Ley, es para ser ejercida de modo ponderado y con buen sentido, esto es, razonablemente y con un objetivo finalista y sin causar daños irreparables a quienes resulten ser sujetos pasivos de dicha potestad.

Acoger sin mas las peticiones de la denunciante, como en el caso objeto de examen, por el solo alegato formulado, debe llevar a considerar que las potestades judiciales han sido ejercidas en abuso de la potestad conferida, pues el único fundamento posible es la apreciación subjetiva que del caso se hace, más cuando se lo realiza sin indicar las razones que sustentan la providencia anticipatoria.

3. *De las garantías procesales constitucionales vulneradas*

A. *Del derecho a la defensa*

De tres formas conculcan estos tipos de decisiones anticipatorias, carentes de fundamento y sin elementos de prueba que las sustenten, el principio del contradictorio, consagrado en el Artículo 49 numeral 1 de la nueva Constitución.

Primero, porque se privilegia la alegación petitoria de los denunciantes no edificada en armazón fáctica y probática alguna, sin darle audiencia al sujeto denunciado con lo cual se invade de manera insostenida su esfera privada.

Con tal proceder se hace caso omiso al derecho a contradecir las conductas inadecuadas que se imputan, todo lo cual atenta contra la garantía de contradecir y defenderse que constituye una garantía no sólo enraizada en la ley fundamental, sino en los tratados internacionales.

Segundo, porque se encorseta al denunciado en unas medidas sin apoyar su juzgamiento en un solo medio de persuasión y sin un ápice de razonamiento.

Tercero, porque se le niega al imputado la oportunidad de comparecer no sólo para hacer sus alegatos, como ya se indicó, sino para producir pruebas.

No puede la Juzgadora sostener plausiblemente que la audiencia conciliatoria es el carril para equilibrar la defensa negada, y que se ha limitado a seguir las pautas de la ley, porque ésta ni quien imparte jurisdicción pueden eliminarle al justiciable los tramos pautados o previsibles para lograr el debido proceso, y pare ello se le proporciona al Poder Judicial un modelo de control de constitucionalidad.

B. *De la presunción de inocencia*

Una de las claras omisiones detectadas en el procedimiento concreto objeto de análisis, lo es, la ausencia de toda consideración respecto a la presunción de inocencia que asiste de principio a todo justiciable, pero que al parecer EN UN CASO COMO EL DE AUTOS la misma resultó totalmente desatendida privándose de ella al ciudadano denunciado, con la simple enunciación que a los autos trajo la parte solicitante, en sólo seis (6) líneas, así:

> ... se ha dado a la tarea de hostigarme psicológicamente para que abandone nuestro domicilio conyugal, llegando al extremo de amenazarme con sacarme violentamente del hogar, si el 24 de diciembre de este año, continúo ocupándolo, peligrando mi integridad física y la de nuestra menor hija.

Dar el valor que se atribuyó a dichos alegados, constituye una situación de inexplicable acaecimiento, más cuando llanamente definida la presunción de inocencia nos informa sobre el derecho de cada individuo, cuya conducta sea establecida por la ley como quebrantamiento del ordenamiento jurídico, a ser considerado inocente, vale decir como no autor o no partícipe del hecho ilícito de que se trate mientras no sea probado lo contrario, y apuntamos al orden jurídico en general, pues este derecho supera cualquier PRETENSIÓN DE AJUSTAR la presunción de inocencia , por el solo hecho de estar consagrada ella para el ámbito del proceso penal.

La presentación de estas consideraciones, plantea junto a la imperatividad del derecho a la presunción de inocencia, el tratamiento de los medios de prueba para desvirtuarla; los cuales por estar referidos al marco de las garantías constitucionales del proceso, se resumen en el despliegue de una actividad probatoria, en sede jurisdiccional, con plena observancia de los principios que informan al debido proceso y la tutela judicial efectiva, ambos de rango constitucional, tales como el contradictorio, publicidad, igualdad e inmediación.

A mayor abundamiento la doctrina y jurisprudencia internacional, han fijado el siguiente contenido para esa presunción el derecho a la presunción de inocencia significa, como es sabido, que toda condena debe ir precedida siempre de una actividad probatoria impidiendo la condena sin pruebas.

Significa además, que las pruebas tenidas en cuenta para fundar la decisión de condena han de merecer tal concepto jurídico y ser constitucionalmente legítimas[3].

Huelga pues cualquier otra consideración para fundamentar, en casos como el de autos el inmediato levantamiento de la medida cautelar acordada.

CONSIDERACIONES FINALES

Se ha incorporado al sistema legislativo una importante regulación para las conductas atípicas que atenten contra la mujer y la familia, y en las que obviamente se enfoca la necesidad de esa protección, en la indisputable conveniencia del amparo al núcleo y epicentro de la institución familiar, de los hijos y de los seres más débiles que la integran.

Obviamente, que todo ello, en adición, debe ser para el logro y triunfo de la verdad y de la justicia, pues el procedimiento para lograr esa protección no puede escapar de las nociones del juicio justo, del derecho a la defensa y la presunción de inocencia como pilares de la actividad de realizar justicia.

En adición, tomando en cuenta los drásticos y expeditos mecanismos que otorga la Ley al Juez para conceder una efectiva protección, es evidente que el ejercicio de la potestad para imponerlos exige en extremo la prudencia judicial y el buen criterio que como jurista debe manifestar el juzgador a fin de que la protección que se confiera se encuentre claramente enmarcada dentro de los parámetros de adecuación y legalidad.

---

3 Picó i Junoy, Joan. *Las garantías constitucionales del proceso,* p. 155. José María Bosch Editor. Barcelona, 1997.

27.

BREVES CONSIDERACIONES SOBRE LOS PROCEDIMIENTOS EN DERECHO MARÍTIMO VENEZOLANO*

***Dedicatoria*:**

"Al Profesor Humberto Cuenca, cultivador del Derecho, humilde maestro quien con su esfuerzo provocó innegable riqueza al Derecho Procesal Civil vernáculo y cuyo ilustre padre, engendró por igual las ansias de cultura en mi progenitor".

"No basta con adquirir sabiduría, es preciso además, saber usarla. O sabes que nada sabes, o lo ignoras. Si lo ignoras, no puedes afirmarlo, Si lo sabes, algo sabes".

Cicerón[1]

CAPITULO I: ANTECEDENTES Y MOTIVO DE LA REFORMA

Con fecha 13 de noviembre del año 2001, en la Gaceta Oficial N° 5.554 Extraordinaria de la República Bolivariana de Venezuela, se puso en vigencia el Decreto Ley 1551 de fecha 12 de noviembre del 2001, contentivo de la Ley de Procedimiento Marítimo, el cual fue precedido de su Exposición de Motivos[2].

En nuestro país, el Derecho Marítimo y los Procedimientos de Derecho Marítimo, formaban parte de nuestro aún vigente Código de Comercio, tal como por igual ocurrió en la mayoría de los países latinoamericanos[3].

---

* Investigación realizada por el autor como contribución al *Libro Homenaje del Profesor Dr. Humberto Cuenca*

1 *Diccionario de Citas Célebres*, Luis Señor González, Edit. Espasa, Isbn 84-239-8634-9, España, 1998, p. 109.

2 En lo sucesivo, para facilitar sus citas, denominados, respectivamente: GO, la Gaceta Oficial, LPM el nuevo Decreto Ley y EMLPM la exposición de motivos.

3 En Venezuela, tal como lo hemos dejado afirmado en nuestro reciente trabajo "Aproximación al régimen de pruebas en el nuevo Procedimiento Marítimo Venezolano, (Conferencia en el Congreso del Instituto Venezolano de Estudios de Derecho Procesal, Estado Carabobo, Mayo 2002, sin publicar a esta fecha) el Código de Comercio (Cco) vigente si bien data, en su actual concepción del año 1955 (GO Ext 475 del 21 de diciembre de 1955), su conformación normativa e inspiración, en la mayoría de las instituciones, y en especial en lo que atañe al Derecho Marítimo y el Procedimiento es del pasado siglo XIX, y el mismo en materia de

Se puede afirmar que nuestro Cco. tiene como modelo el Código de Comercio Francés de 1808 con pequeñas reformas provenientes de los Códigos de Comercio Argentino y Chileno, que por igual precedieron al nuestro (por supuesto seguidores también de dicho modelo).

No obstante que nada se dice en la EMLPM sobre dicho aspecto para justificar los motivos de la reforma, no se requieren mayores comentarios, para destacar, como lo hace toda la doctrina nacional mercantil, lo vetusto y desajustado a la realidad social, técnica y jurídica de dicho cuerpo de normas y lo esperada y deseada que ha sido toda reforma al mismo, aún cuando fuere parcial de sus instituciones.

Una simple lectura de algunas de las normas de dicho instrumento legal en materia de Derecho Marítimo, nos permite situarnos en la expresada época, al constatar que muchas de ellas se refieren a la navegación a vela.

Después de la reforma parcial del citado Código en el 1955, la que adecuó entre otras las normativas sobre comerciante, fondo de comercio, sociedades y en especial la de responsabilidad limitada[4], y en la que para nada se aludió al Derecho Marítimo ni a sus procedimientos, sólo algunas leyes especiales modificaron y ajustaron algunos aspectos de la materia mercantil en Venezuela (aviación, marina mercante, Prenda sin desplazamiento, Almacenes de Depósito, entre otras), lo que no significó tampoco que curiosamente Venezuela se mantuviera alejada del acontecer mundial en materia de renovación de la legislación internacional de Derecho Marítimo, actitud demostrada con la permanente asistencia a Conferencias y encuentros Internacionales y por la suscripción de protocolos, tratados y convenciones internacionales y regionales sobre Derecho Marítimo, en las que además aceptó y suscribió convenios relacionados con procedimientos especiales por accidentes de navegación, convenciones sobre Derecho Internacional Privado, y hasta sobre medidas cautelares sobre naves, todos atinentes a dichas materias[5].

Concientizado el Ejecutivo Nacional sobre dichas realidades y con la presión ejercida por diversas instituciones gremiales y académicas, interesadas en dichos temas[6], desde 1980 se habían contratado los servicios de la Universidad Central de Venezuela (UCV), Facultad de Ciencias Jurídicas y Políticas, con el objeto de preparar y redactar un proyecto de Ley que adecuara y sustituyera el vetusto régimen de Derecho Marítimo y su procedimiento contemplado en el Código de Comercio. Tales trabajos concluyeron con la

---

Derecho Marítimo, tomó como base la Ordenanza Francesa de Colbert (1861). El citado Código, con algunos retoques ajenos a la mencionada materia, en las reformas parciales de 1938, 1942, 1945 y la citada última de julio de 1955, repetimos es aún el vigente en Venezuela. En ese sentido, Cova, Luis, *El Nuevo Régimen de la Navegación en Venezuela y la Ley de Comercio Marítimo*, Anauco Ediciones, Isbn 980-07-8201-X, Venezuela, 2002, 108 pp.

4 Reforma en la que tuvo especial papel, nuestro recordado maestro Dr. Roberto Goldschmidt, responsable de quizá la mas profunda modificación de las leyes mercantiles venezolanas, quien adicionó por igual la reforma y puesta al día de otras leyes e instituciones.

5 Curiosamente esta es una especie de constante en nuestro país, esto es, el absoluto divorcio normalmente existente entre legislación nacional y la normativa internacional aceptada por nuestro país, aún sobre un mismo tema. Aún cuando parezca paradójico resulta mas presto y oportuno tramitar, conciliar y acordar temas a nivel internacional, que lograr internamente que los órganos legislativos reformen o dicten una nueva Ley.

6 Comité Marítimo Nacional, Profesores de las Universidades Nacionales, en especial Central de Venezuela, Marina Mercante Nacional y sus asociaciones, etc.

presentación de un Proyecto de Ley Orgánica de la Navegación y el Comercio por Agua, en el cual tuvo especial participación el Dr. Luis Cova Arria[7].

Por razones que no viene al caso examinar, dicho proyecto había quedado rezagado, como tantos otros, primero en el Congreso de la República así como en la ahora pomposa, pero igualmente ineficiente Asamblea Nacional, y a raíz del cambio de nuestra Constitución de 1999 y con la promulgación en el 2000 de la Ley de reactivación de la Marina Mercante, por vía de las facultades extraordinarias concedidas al Ejecutivo Nacional[8], se procedió a convertir en forma de diversos Decretos Leyes, toda la materia atinente a espacios acuáticos e Insulares, Comercio Marítimo, Marina y actividades conexas e inclusive una sobre los Procedimientos Marítimos, con todo lo cual no sólo simplemente se adecuó y actualizo la normativa nacional a convenciones internacionales sobre Derecho Marítimo y se procuró compatibilizar nuestros regímenes a las soluciones impuestas por la navegación, tráfico, puertos y comercio internacional modernos, sino que por igual, y en especial, se acató el mandato del constituyente, para adecuar instituciones, programas y objetivos de dichas normas a las nuevas declaraciones y postulados constitucionales en cada una de las materias vinculadas a esos sectores, y por igual a la economía en general y al desarrollo del país, ampliamente vinculados o interdependientes de los antes mencionados.

Precisa destacar que el modelo original preparado por la Universidad Central, abarcaba de manera orgánica y general todo el régimen de principios generales, normas administrativas, privadas, civiles y comerciales, así como las procesales y de derecho internacional privado aplicable a todo tipo de navegación,(marítima, fluvial, portuaria y lacustre) y abarca todo el régimen de navegación venezolano[9] y por ello, la Ley Habilitante que delegó los poderes de la Asamblea Nacional en el Ejecutivo para la elaboración de dichas leyes, fue por igual comprensiva de todos esos aspectos en la delegación de facultades.

De acuerdo a lo que puede observarse como contenido propio de cada una de las nuevas leyes que ahora rigen la actividad, de manera general puede decirse que contienen la regulación general nacional sobre todo lo relacionado con la Navegación, el Comercio por agua, y todos los temas relacionados con ello. Así, puede decirse que, constituye una especie de Ley marco sobre la materia, la Ley Orgánica de los Espacios Acuáticos e Insulares; y contiene la nueva sistemática de la legislación marítima venezolana, mientras que las leyes de Comercio Marítimo, la General de Marina y Actividades Conexas, el Decreto Ley de Zonas Costeras, la General de Puertos y la propia de Procedimientos Marítimos, establecen de manera mas concreta las nuevas regulaciones por cada uno de dichos sectores y su respectiva actividad.

Así, la de Comercio Marítimo, atañe a lo relacionado con sujetos y objetos de la navegación, sistemas de propiedad y derechos sobre las naves, medidas cautelares especiales, contratos de utilización del buque, riesgos de la navegación, Seguros y régimen

---

7 *Ibídem*, El Nuevo Régimen de la Navegación..., p. 7

8 Ley Habilitante del 13-11-00 Gaceta Oficial de la República de Venezuela (GO) 37.076.

9 Debe destacarse que, según Cova, *opus cit*. p. 10, dichas regulaciones complementan todo el régimen de "navegación" general a las que debe añadirse por igual la regulación contemplada en las leyes de Aviación civil y la de Tránsito y Transporte terrestre, pues también estos son parte de aquella, que como se sabe comprende la navegación tanto acuática como el área y la terrestre.

de responsabilidades compartidas; en la de Marina y actividades conexas, todo lo concerniente al ejercicio de la autoridad acuática en lo concerniente al régimen administrativo de la navegación, la Gente de Mar, lo pertinente a los buques de bandera nacional en aguas nacionales, internacionales o jurisdicción de otros estados, donde se define claramente el concepto de Buque y el nuevo régimen de Registro Naval.

En la regulación sobre Zonas Costeras, se establece un plan de ordenamiento y gestión para las Zonas Costeras, al cual deberán adecuar el ejercicio de sus potestades las autoridades nacionales, estadales y municipales, por igual modifica los criterios de definición de la zona costera y por vez primera en nuestro país, aplica a las playas el régimen del *"litus romano"* (régimen de insusceptibilidad de apropiación privada, por ser *"res comunes omnio")*[10].

A pesar de que a dicha Ley se le hizo una corrección en la norma bajo comentario, con la consabida fórmula ya tradicional en Venezuela, de "errores de copia" en la que se dejan a salvo derechos de particulares pre-adquiridos, según Cova Arria, *opus cit* p. 23, tal declaratoria equivale a una "nacionalización" de toda porción de las costas más allá del litus en que exista cualquier género de propiedad privada, sin sentencia previa y sin indemnización, con evidente violación del artículo 115 de la Constitución de la hoy llamada República Bolivariana de Venezuela y a todo evento parece lesionar por igual el patrimonio de los Municipios sobre dichas zonas, donde aquellos resulten con derechos sobre esas zonas. Esta normativa que ha dado lugar a una amplia discusión a nivel nacional sobre algunos aspectos en ella regulados, y en la que de otra parte es la que establece conceptos y definiciones sobre buques, sus partes, elementos y régimen de navegación, referidos a los que desarrollan actividad pesquera, y que a juicio de Cova Arria *(opus cit)*, repiten inadecuadamente conceptos ya contemplados en las demás leyes precitadas.

El Decreto Ley General de Puertos[11], tiene como objetivo fundamental establecer los principios rectores que conforman el régimen de puertos de la República y su infraestructura con miras a garantizar la debida coordinación entre las competencias de Poder Nacional y Estadal, régimen de concesiones y autorizaciones, gestión ambiental en dichas zonas y régimen de responsabilidad portuaria, el cual sigue en líneas generales el Convenio de Naciones Unidas sobre responsabilidad de Operadores de Terminales en el Comercio Internacional.

Finalmente el Decreto Ley de Procedimientos Marítimos, establece propiamente el régimen procesal ordinario para ser aplicado en aquellos asuntos marítimos judiciales que

---

[10] A pesar de que a dicha Ley se le hizo una corrección en la norma bajo comentario, con la consabida fórmula ya tradicional en Venezuela, de "errores de copia" en la que se dejan a salvo derechos de particulares pre-adquiridos, según Cova Arria, *opus cit* p. 23, tal declaratoria equivale a una "nacionalización" de toda porción de las costas más allá del litus en que exista cualquier género de propiedad privada, sin sentencia previa y sin indemnización, con evidente violación del artículo 115 de la Constitución de la hoy llamada República Bolivariana de Venezuela y a todo evento parece lesionar por igual el patrimonio de los Municipios sobre dichas zonas, donde aquellos resulten con derechos sobre esas zonas. Esta normativa que ha dado lugar a una amplia discusión a nivel nacional sobre algunos aspectos en ella regulados, y en la que de otra parte es la que establece conceptos y definiciones sobre buques, sus partes, elementos y régimen de navegación, referidos a los que desarrollan actividad pesquera, y que a juicio de Cova Arria *(opus cit)*, repiten inadecuadamente conceptos ya contemplados en las demás leyes precitadas.

[11] GO 37929 del 27 septiembre del 2001.

no tienen previsto un procedimiento especial, entre cuyos caracteres generales cabe destacar considerables innovaciones en el trámite del procedimiento judicial aplicable, privando la oralidad y concentración en la sustanciación de los asuntos pertenecientes a la competencia especial marítima, la evaluación de la posición de las partes en el futuro eventual proceso, mediante los procedimientos de adelantos de prueba controlados, nuevo sistema que permite ahora a las mismas, inclusive, la modificación de sus alegatos en demanda y contestación de la pretensión, importantes reformas en materia de promoción de pruebas, que permiten hacer mas confiable y destinado a obtener la verdad dicho proceso, normas especiales sobre representación y las reglas para facilitar la transición de las competencias judiciales en el momento en que entren en funcionamiento los nuevos Tribunales especiales de la jurisdicción acuática.

Con el breve examen de las regulaciones comentadas, evidenciamos los considerables cambios habidos en dichas materias, pero por igual advertimos que con ello no se agotan las fuentes de los cambios sobre la materia, pues en efecto, como se dijo, dentro del marco de la misma Ley Habilitante, fueron dictadas por igual otras leyes relacionadas con el "régimen de la navegación", y que, por tanto, al escudriñar nuestra materia específica, hacen aconsejable su prudente revisión, en tanto que pueden existir normas dispersas que fijan procedimientos o establecen principios legales especiales, cuales son, por ejemplo, el Decreto Ley de Aviación Civil (navegación aérea)[12], Decreto Ley sobre Tránsito y Transporte Terrestre[13] y la polémica Ley de Pesca y Acuacultura[14], destacando por igual, que, como lo señala el principal impulsador de dicho proceso de formación de los Proyectos de dichos instrumentos legales (Dr. Luis Cova A.) la casi totalidad de estos últimos, en especial los de las Leyes de Pesca, Zonas Costeras, Tránsito y Transporte, etc. no tuvieron ni el mismo origen indicado para los demás, ni fueron objeto tampoco del extenso, participativo y amplio trabajo de formación a que estuvieron sometidos los que dimanaron del Proyecto Original de la Ley Orgánica de la Navegación y del Comercio por Agua[15].

De su parte y a pesar de lo variado y extenso que puede reputarse todo el tejido normativo que supone lo relacionado con la navegación, puertos, zonas costeras, normas de Derecho Marítimo y Comercio Internacional, no con ello se han dejado agotadas todas las posibles materias susceptibles de regulación, tal como lo destaca el Profesor José Domingo Ray, reputado especialista en Derecho Marítimo, quien expresamente destaca que aún ante lo prolijo del nuevo ordenamiento, quedan sin contemplarse soluciones legislativas para los nuevos problemas que se plantean con ocasión de la técnica en el transporte y comercio del mundo contemporáneo (transportador contractual y efectivo *forwarding agents,* terminales de carga y descarga, transporte *"door to door"* y el multimodal, etc.)[16]

En cuanto al origen de las disposiciones reformadas y sus fuentes, brevemente cabe destacar, para solos efectos de mejor comprensión del nuevo régimen, que la Ley Orgánica

---

12 GO 37293 de 28-09-02.

13 GO 37332 del 26-11-01 (reforma la original del 12 de noviembre del mismo año)

14 GO 37323 del 13 de noviembre del 2001

15 Observación del propio Cova Arria, *opus cit,* p.27.

16 Ray, José Domingo, El Decreto con Fuerza de Ley sobre Comercio Marítimo de la República Bolivariana de Venezuela, en *La Ley Habilitante del 13-11-2000 y sus Decretos Leyes*, Serie Eventos N° 17, Publicaciones de la Academia de Ciencias Políticas y Sociales, Editorial Anauco, Venezuela, 2002, ISBN 980-6396-17-0. p. 229 ss.

de los Espacios Acuáticos e Insulares[17], y la casi totalidad del resto de las leyes vinculadas a este sector, no son más que la puesta al día dentro de la legislación interna, de los principios sobre derecho del mar, derivados de Convenios Internacionales ya aprobados por Venezuela y de las costumbres y prácticas en Derecho Marítimo a nivel Mundial[18].

Esta Ley, en lo relativo a nuestra materia específica, esto es, Procedimientos Marítimos, ya contemplaba la organización de una jurisdicción nacional especial marítima, sustentada en una primera instancia, alzada y recurso extraordinario de casación.

En torno a lo relacionado con la misma materia y regulado en el Decreto Ley de Comercio Marítimo[19], cabe destacar que su elaboración y preparación contó con el esfuerzo del Comité de Derecho Mercantil de la Universidad Central, la Asociación Venezolana de Derecho Marítimo y las Cámaras de Armadores y de Aseguradores de Venezuela, entre otros entes participantes y el origen de cuyas reformas se puede encontrar en las leyes Argentina de Navegación(1973), Chilena sobre Comercio Marítimo (1987), Convenios Internacionales[20], así como con vista a los usos, costumbres, doctrina y jurisprudencia de países de intenso comercio marítimo, con cuyos criterios se modificaron por igual instituciones contempladas en el Libro II del Código de Comercio venezolano, con cuyas normas se reformó todo lo relacionado con el procedimiento jurisdiccional marítimo (Vg. embargos preventivos de buques[21], criterios de atribución de jurisdicción especiales[22], contratos de utilización de buques y naves, riesgos de la navegación, seguros marítimos en general, entre otros, y la consagración de la inderogabilidad de la jurisdicción venezolana para conocer lo relacionado con contratos de transporte de bienes o personas, cuando los mismos entran o están en territorio venezolano (artículo 10 de dicha Ley), las normas de atribución de competencia para acciones contra el buque y/o el capitán, que da lugar a una novedosa consideración de la nave como criterio atributivo de competencia transitoria , postergando la determinación de la persona que en definitiva deberá responder por el hecho o actos que originan controversias y, finalmente, para terminar este rasante examen que hacemos de esta novedosa Ley, nos referiremos a la consagración de una "unidad de cuenta única" (Derechos especiales de Giro), que sirve de criterio de valor y facilita la fijación y ajustes de las sumas correspondientes a pagos e indemnizaciones, reglas de convertibilidad a moneda nacional, etc.

En lo atinente a los "Procedimientos jurisdiccionales" en general, en dicho nuevo ordenamiento, se fijan novedosas instituciones para garantizar la representación de los armadores y propietarios, atribuyéndolas por vía de ficción al "capitán" y para la demostración de las "costumbres y usos marítimos y su procedencia y pertinencia, se

---

17 GO 37.290 del 25 septiembre de 2001

18 Con la sola excepción de la Convención de Montego Bay, no ratificada por Venezuela, al no haber podido solventar sus posiciones discrepantes en torno al concepto de "isla" referido a rocas o promontorios rocosos no aptos para mantener habitantes humanos o vida económica propia. Vid Cova Arria, *opus cit* p. 11, entre otras la Convención de Ginebra de 1958, que precisamente abarcaba todo lo relacionado con espacios acuáticos, Mar territorial, Zona contigua, Alta Mar, Pesca y Conservación de recursos.

19 Decreto con fuerza de Ley 1556 citado.

20 Comité Marítimo Internacional (CMI), Organización marítima Intergubernamental (OMI) y Organización de Naciones Unidas para el Comercio y Desarrollo (UNCTAD)

21 Que sigue la Convención Internacional sobre Embargos Preventivos de buques de 1999.

22 Por primera vez se regula el llamado *"forum non conveniens"* en caso de abordajes.

consagra la posibilidad de hacerlos demostrar por vía de una peculiar experticia ordenada por la jurisdicción especial acuática. Finalmente otro aspecto novedoso lo es el de establecer un novedoso sistema cuasi concursal jurisdiccional a fin de atender a la mas justa y equitativa reparación de daños por responsabilidad derivada de la contaminación del mar, por hidrocarburos, sustancias nocivas, etc. mediante el establecimiento de un novedoso sistema que opera como un fondo económico, que sirve de límite máximo de las responsabilidades de la nave, propietarios, armadores y fletadores.

De las citadas novedosas normativas, la tercera de las mencionadas que afectan la nueva regulación sobre procedimientos y pruebas en Derecho Marítimo, es la contenida en la Ley General de Marina y Actividades Conexas[23], la cual abarca materia antiguamente regulada en la Ley de Navegación y que entre una de sus importantes funciones, está la determinación y tratamiento de los conceptos de "buque y nave" y el sistema de "registro naval".

En torno a la también comentada Ley de Procedimientos Marítimos que como dijimos es la que concretamente regula lo relacionado con el sistema probatorio y el modelo procesal general, aplicable por tanto en los juicios relacionados con dichas materias y destinada como se lo dijo a regular el procedimiento ordinario para todo asunto marítimo judicial que no tenga previsto un procedimiento judicial especial, la misma encuentra sus raíces en parte en el sistema jurídico procesal norteamericano, y más atinadamente en las normas del Estado de Louisiana (Discoveries) y en la Ley Panameña sobre Procedimientos Marítimos, que por igual adoptó en gran parte ese mismo modelo y en algunos Convenios internacionales ya suscritos por la República.

Capitulo II: EL NUEVO RÉGIMEN ESPECIAL DE "PROCEDIMIENTOS MARÍTIMOS". CARACTERES FUNDAMENTALES Y NOVEDADES

A pesar de esa pluralidad de espacios en los que podremos encontrar regulaciones y principios procesales con referencia al Derecho Marítimo, puede decirse que la mayor concentración de normativa *ad hoc,* se encuentra en la Ley de Procedimientos Marítimos, que como terminamos de ver resulta ser el cuerpo normativo mas atinente con dicho tema y ser el que fija el régimen procesal ordinario para los asuntos que deban debatirse judicialmente sobre esos aspectos.

Según la novedosa Ley actual, podemos decir se regula y establece un prototipo de procedimiento marítimo, el que adopta como principios que lo rigen, los de oralidad, concentración, inmediación, gratuidad y publicidad a fin de cumplir con la sustanciación y decisión de dichos asuntos, problemas y conflictos[24].

Se establece igualmente como normativa supletoria general para dicho procedimiento la contenida en el Código de Procedimiento Civil para el juicio ordinario (Libro IV, título XI), abandonando así la especialidad contenida en las normas propias del Procedimiento

---

23 GO 37.321 del 9 noviembre del 2001

24 Art. 8 de la Ley. Precisa observar que ha sido una constante en la mayoría de las nuevas leyes que regulan procedimientos en Venezuela, a partir de la publicación de la CN de 1999, el atribuir idénticos principios y caracteres a toda nueva regulación sobre materia procesal.

Mercantil previstas en el Código de Comercio (arts. 1097 ss), obviamente mas antigua que las del nuevo Código de Procedimiento Civil[25].

De modo general, con una simple lectura sencilla, puede decirse que la reforma obviamente procura el facilitamiento del ejercicio de las acciones derivadas de lo Marítimo incluyendo verdaderas novedades en torno a los conceptos de representación, legitimación, trámite propio de la temática probatoria (incluyendo promoción anticipada y evacuación) y se atribuye el conocimiento de tales asuntos a órganos judiciales especiales, con todo lo cual se logrará una mejor justicia propia al Derecho Marítimo y así mismo se provocará mayor descongestionamiento en los tribunales ordinarios y un mejor conocimiento y decisión para asuntos vinculados a los temas contencioso marítimos.

A pesar de los innegables esfuerzos y logros en el remozamiento de la normativa procesal, y en la unificación de las normas, al extremo de haberse producido la mentada Ley de Procedimientos Marítimos, precisa observar que en las demás leyes relacionadas con la navegación, comercio, puertos, etc., ya aludidas, y como fue destacado en el capítulo anterior, se encuentran por igual una serie de normas adjetivas, en especial en la Ley de Comercio Marítimo[26], a pesar de que su artículo 1, expresamente aclara que el objeto principal de dicha regulación lo es la regulación de todas las relaciones jurídicas que origina el comercio marítimo y la navegación por agua.

En torno a este aspecto, el propio Cova Arria[27] al examinar las novedades de la nueva Ley, dedica apartes específicos relacionados con el contenido adjetivo de disposiciones de ella, destacando de una vez, y con ello adelantamos opinión respecto al tema principal, que esta regulación específica y especial adjetiva para el Derecho Marítimo, es una característica propia de dicha rama y de las necesidades marítimas, que deben procurar el funcionamiento satisfactorio de las relaciones que se suscitan con motivo de las diferentes actividades comerciales generadas en el comercio propio de esta actividad, considerablemente apartadas de las relaciones ordinarias del comercio y otras actividades ordinarias.

Señala Cova Arria que la experiencia jurídica en este ámbito hace necesario que se imponga un derecho formal distinto al derecho Común, pues la especialidad sustantiva de sus regulaciones necesita de unos procedimientos especiales y adecuados que permitan proteger eficazmente los derechos de los sujetos que intervienen en el.[28]

En el caso concreto que nos ocupa, o sea en los procedimientos atinentes al Comercio Marítimo, dicha ley regula específicamente en los artículos 52 a 74, las limitaciones de responsabilidad del Armador y la Constitución de un fondo de contingencia especial; en los artículos 92 al 112, lo relacionado con los "embargos preventivos de Buques", en los artículos 122 al 127, lo atinente al proceso de ejecución de privilegios sobre los Buques y venta forzosa de los mismos, en lo referente al juicio de ejecución de la Hipoteca de Buques, curiosamente, y a pesar de la especialidad que conduce a las modificaciones que

---

[25] Nuestro vigente Código (en lo sucesivo CPC) conocido como Código del 1987, por haber entrado en vigencia en dicho año, el cual, si bien fue publicado en 1986, con pequeñas reformas terminó oficialmente en la versión actual que es del 2 de agosto de 1990, GO 4.196 Extraordinaria.

[26] Decreto con fuerza de Ley 1506 de fecha 30 de octubre del 2002, GO 5554 Extraordinaria.

[27] *Opus cit* p. 31.

[28] *Ibidem*, p. 31.

venimos estudiando, la nueva Ley dispone que ella se tramite por las normas pertinentes en el Cpc (artículo 148), las normas sobre ejercicio de los derechos derivados de privilegios, los embargos y Depósito judicial sobre Mercancías (artículos 267 a 270), lo atinente igualmente a la Acción Ejecutiva para exigir la entrega de Carga (Arts. 271 al 273), lo relacionado con la Competencia y materias conexas a los Riesgos de Navegación, entre otros Abordaje, Salvamento, Recompensas (arts. 332 y 333, 355, 357, 364 y, finalmente, en las Disposiciones Generales, en lo relacionado con pactos sobre avería gruesa o común (Art. 370).

Precisa destacar que las disposiciones derogatorias de algunas de dichas leyes, expresamente declaran derogados la Ley sobre Privilegios e Hipotecas Navales, esto es, la de fecha 27-9-83, GO 23820 (LCM, Disposiciones Derogatorias, Primera), así como el Libro II del Código de Comercio y los artículos 1090, ordinales 3, 4, 5 y 6, último aparte del 1095, primer aparte del 1100 y los artículos 1116 al 1118, todos incluidos, del citado Código, cual es el caso de la LCM; por igual, pero con menos abundancias se encuentran otras normativas de excepción en algunas de las otras leyes especiales que regulan otras actividades relacionadas.

Desde este punto de vista puede sostenerse que el legislador no fue todo lo ordenado que hubiere sido deseable en la enunciación y consagración de las nuevas normas procesales aplicables al Derecho Marítimo y al de la navegación.

CAPITULO III: DE LAS INNOVACIONES PROCESALES EN LA LEY DE PROCEDIMIENTO MARÍTIMO

I. Jurisdicción y Competencia, régimen legal aplicable, normativa supletoria

A. *Jurisdicción y competencia de los tribunales*

En puridad de conceptos la norma que fija y atribuye jurisdicción a nuestros órganos jurisdiccionales es la contemplada en el artículo 5 de la LPM, conforme a la cual nuestros Tribunales Marítimos conocerán de los asuntos que les atribuyan la Leyes, tratados y convenciones internacionales, y no deberán entrar a conocer de ningún asunto cuyo conocimiento esté atribuido de manera exclusiva a un tribunal de otro Estado (sin aparente alternativa alguna).

Lo dicho nos permite llamar la atención de que si hubieren normas de atribución concurrente, el Juez Marítimo Nacional, no tendrá porqué declinar su jurisdicción en el del país extranjero que por igual se la atribuya, entendiendo que en tal caso, deberá predominar la Jurisdicción Nacional salvo la norma de exclusión que como veremos luego ahora se aplica en esta materia del ***forum non conveniens*** (disposición contemplada en el art. 333 de la Ley de Comercio Marítimo, proveniente del derecho anglosajón) y que deja a la libre discrecionalidad del juez competente para conocer de un abordaje el declinar su jurisdicción a favor de un juez extranjero, si el asunto está más vinculado con la jurisdicción extranjera.

En el artículo 2, se crea y establecen los criterios atributivos de la Jurisdicción[29] Especial Acuática, la que, salvo expresas excepciones de la ley, será ejercida por los Jueces Marítimos, de conformidad con las prescripciones de la LPM[30].

En cuanto a organización de esta nueva Competencia, vale la pena observar que la Ley Orgánica de Espacios Acuáticos e Insulares consagra la creación de tres (3) Tribunales Superiores marítimos y Cinco (5) tribunales de Primera Instancia para todo el territorio nacional, y los cuales, según la EMLPM, obligan a la elaboración, precisamente, de normas que regulen los procedimientos a seguir en la Jurisdicción Acuática, en aquellas circunstancias que originen el desarrollo de las actividades enmarcadas en la Ley General de Marina y Actividades Conexas, Ley de Comercio Marítimo, Ley General de Puertos, Ley de Costas y la Ley de Pesca y Acuacultura, con lo que a nuestro entender queda circunscrito el objeto propio de esa nueva Competencia, la que, antes, o bien correspondía a los Tribunales Mercantiles (de Comercio, según el CCo.), a los Civiles, en otros aspectos e inclusive a los Contencioso Administrativos, en lo que resultara propio y específico de esa actividad en lo que atiene, principalmente a Puertos, Permisos, etc. y a los Tribunales Agrarios, que por igual conocen por extensión de lo relacionado con el ambiente y recursos naturales renovables, en lo que aún conservan de su competencia originaria.

La organización y funcionamiento de dichos Tribunales en ambas instancias, viene detalladamente regulada en la Ley Orgánica de Espacios Acuáticos e Insulares (LOEAI), estableciendo por igual los requisitos para la elección de los jueces especiales en ambas Instancias[31].

El parágrafo primero de la norma bajo comentario, establece, tal como lo hace el Cpc, la obligación para dichos órganos de administrar justicia por igual a venezolanos que extranjeros, en la medida que las leyes (entiéndase nacionales o tratados o convenciones) les atribuyan competencia para conocer de los correspondientes asuntos.

En la EMLPM, expresamente se consagra y advierte que dichos órganos deberán conocer de asuntos derivados de actividades de buques inscritos en el Registro Naval venezolano, independientemente de las aguas donde se encuentren y sobre los buques extranjeros que se encuentren en aguas bajo jurisdicción nacional, y deberán conocer adicionalmente sobre todo asunto derivado de operaciones que tengan lugar en las zonas portuarias y de cualquier actividad sobre todo el espacio acuático nacional en la media que las mencionadas leyes del ámbito acuático les atribuyan jurisdicción[32].

De su parte los artículos 112 y 113 LOEAI complementan detalladamente cuales son las competencias propias de los Tribunales de Segunda Instancia Marítima y los de Primera Instancia y se detallan en diez y ocho numerales las causas y motivos de atribución de competencias que genéricamente va entre otras, desde los actos civiles y mercantiles relativos al comercio y tráfico marítimo, la actividad marítimo portuaria y las derivadas del transporte multimodal, así como la responsabilidad por daños ocasionados con motivo del

---

[29] Nuevamente el legislador, a pesar de los ya varios años de vigencia del Cpc, utiliza inadecuadamente el vocablo jurisdicción para referirse a COMPETENCIA.

[30] La redacción de la norma permite explicar el que en determinadas ocasiones, ciertas diligencias y materias propias de la Competencia Acuática, pueden ser ejercidas por otros Jueces de competencias diferentes.

[31] Arts. 109 al 111.

[32] EMLPM, GO aludida, párrafo segundo.

tráfico y transporte marítimo, cuido, manejo y daños a equipos e instalaciones para transporte, contratos y reclamaciones frente a armadores, capitanes, agencias, y navieras, asuntos derivados del seguro marítimo, juicios concúrsales especiales para determinar la limitación de las responsabilidades de propietarios y armadores, las derivadas de los servicios especiales cumplidos con ocasión de la navegación (pilotaje, remolques, lanchaje, señalización, etc.), las que atienen a propiedad y posesión buques y naves, las que versan sobre hipotecas y privilegios sobre aquellos, las relacionadas con la construcción, reparación modificación y hasta desguace de buques; y todas las relacionadas con el transporte y los hechos ilícitos ocasionados con motivo de actividades en los espacios acuáticos nacionales, así como toda y cualquier otra acción, medida o controversia regulada por la Ley.(Art. 113).

La clara y fácil redacción de dicha norma no amerita un examen detenido de dichos supuestos, por lo cual remitimos a su detenida lectura.

B. *Norma de prelación y aplicación de Procedimientos:*

Según el aparte final del articulo 2 y el artículo 3 de la LPM, a todos los asuntos que son del conocimiento de la Competencia Especial Acuática, se aplican los procedimientos especiales previstos en dicha Ley, salvo que las leyes especiales respectivas, señalen **normas diferentes a las de la LPM (esto es: especiales),** entendiéndose entonces que las mismas tienen poder derogatorio sobre las similares que sean de carácter general sobre los mismos asuntos.

El legislador, finalmente, declara de aplicación supletoria, a falta de regulaciones especiales o generales de Procedimiento Marítimo, las establecidas en el Código de Procedimiento Civil (Art. 3 LPM).

C. *Normas generales de trámite procesal*

Dentro de la Competencia Especial Acuática, conforme lo dispone el artículo 4, se entienden hábiles, todos los días y horas del calendario, pues las actuaciones sobre presentación de demandas, decretos, prácticas y levantamiento de medidas preventivas, así como de otras diligencias urgentes (entiéndase las así reputadas por las normas aplicables o las que por su naturaleza deben tenerse por tales, añadiríamos nosotros).

Ello tiene que ser y debe ser así, pues en efecto por lo general los hechos que tienen relación con la navegación, transporte y sus actividades conexas y relacionadas, no suelen tener horarios, y así vemos que los buques entran o salen de radas, cada vez en forma mas intempestiva, a veces por razones premeditadas, pero otras imputables a circunstancias que les son ajenas (corrientes marítimas, necesidad de despejar radas, etc.).

En este orden de ideas, los Tribunales de esta competencia, requerirán fijar en la tablilla a la puerta de sus despachos (dispuesta por el Cpc y la Ley Orgánica de Tribunales), la dirección y localización de sus funcionarios, a fines de que los usuarios puedan tener acceso al Juez en las oportunidades y tiempos que les sea oportuno y pertinente, e igualmente, no será pues menester jurar urgencia alguna, para lograr la actuación, cuando la misma Ley contemple tal urgencia, o en los casos referidos en la norma comentada (4 LPM) pero si lo será, debiendo alegarse e inclusive demostrarse con algún principio de prueba en otros casos no regulados en Ley, pero que en justicia y por su naturaleza supongan dicha urgencia[33].

II. Sistema de aplicación de la justicia acuática y marítima (Principio general de la doble instancia)

Como en el resto del ordenamiento procesal nacional, se acoge en la materia de administración de justicia acuática, el sistema de la doble instancia, lo cual se desprende y queda ratificado del contenido de los artículos 6 y 7 de la LPM y en lo dispuesto en la comentada Ley Orgánica de Espacios Acuáticos e Insulares.

En efecto, corresponderá a los Tribunales de la Primera Instancia de dicha competencia, todos los asuntos, actos, cuestiones y recursos que les atribuya la ley[34].

Según la EMLPM se recalca que a dichos órganos corresponde una especie de jurisdicción omnicomprensiva, esto es, para resolver sobre asuntos de naturaleza mercantil, marítima propiamente dicha, así como del contencioso administrativo que se susciten en relación con los asuntos antes mencionados que le son propios[35].

Así mismo precisa el legislador, que igualmente conocerán como Tribunales de Primera Instancia en los casos de amparos constitucionales que se susciten en las materias propias de su competencia, salvo que se correspondan con la jurisdicción contencioso administrativa[36].

El aparte final de dicho artículo deja establecida una disposición que permite vislumbrar el que cada ley vinculada al sector navegación, comercio marítimo, Derecho Marítimo, o aspectos relacionados, así como los tratados y convenciones internacionales, de acuerdo a lo especifico o especial -valga la redundancia- podrá establecer procedimientos especiales para el trámite judicial de dichos asuntos, si bien ante la misma Jurisdicción especial.

La redacción de la norma no es del todo clara, pues gramaticalmente se la construyó, pareciendo hacer referencia al párrafo precedente, y pareciera aludir el predicado, al de la oración final de la anterior composición gramatical, esto es, que ello ocurre así cuando se trate de amparos, lo cual sobra señalarlo, y si por el contrario, se refiere de modo general a la sustanciación de todo otro y cualquier asunto que deban conocer dichos órganos

---

33 En efecto, para nosotros, la determinación de la norma in comento no es taxativa.

34 Entiéndase en la materia propia “acuática” y de navegación.

35 Inclusive los derivados de ilegalidad que pudieren afectar la validez de los actos, con la sola excepción de los que deben ser resueltos por el Tribunal Supremo de Justicia.

36 Consideramos que no es correcta la redacción utilizada, pues como se sabe la competencia de amparo constitucional lo es en razón de la relación de la naturaleza del derecho o garantía lesionada o amenazados de lesión con la materia propia de la competencia de los tribunales que deban conocer (competencia afín) y, en verdad, con ello resulta torpe eximir de esa competencia, los propios de la que es del contencioso administrativo, que como afín, obviamente debe ser conocida por los Tribunales del Contencioso, cuando que muchas veces lo que planteará el conflicto será la duda, en cuanto a la naturaleza del acto o materia. En tal sentido entendemos que el artículo debió estar redactado así: “Salvo aquellos asuntos en que predominantemente, aun siendo propios de la competencia acuática, sean de naturaleza predominantemente administrativa o contencioso administrativa.”

judiciales, no era el lugar apropiado para destacar dicha disposición en ese artículo, para evitar una repetición inútil que acarrea confusión, sino incluirla en el artículo 8 que sí trata específicamente lo relativo al procedimiento.

En razón de lo dicho, la interpretación mas favorable que deberá darse a dicha última parte del artículo comentado, es la de que, como lo hemos visto, los Tribunales de la Competencia Acuática, conocerán de los asuntos propios de su competencia, y de otros que les atribuyan la misma o diferentes leyes, así como los casos de amparo constitucional afines a los asuntos de su materia específica, aplicando en uno y otros de los casos, los procedimientos especiales que según dichas leyes fueren procedentes para tales casos.

Los de segunda instancia en cambio, conforme al Art. 7 LPM, conocerán en alzada de los recursos, impugnaciones y demás actuaciones que se realicen contra las decisiones, autos y providencias dictadas por los de Primera Instancia en lo Marítimo, en las materias que le son propias y salvo lo atribuido al Tribunal Supremo de Justicia[37].

CAPITULO IV: DESARROLLO DEL PROCEDIMIENTO JUDICIAL MARÍTIMO PROPIAMENTE DICHO

Tal como lo destaca Cova Arria[38] en dicha Ley se consagra el régimen procesal ordinario a ser aplicado en aquellos asuntos marítimos judiciales que no tienen previsto procedimiento especial, en la misma Ley o en las demás que constituyen el tema de su entorno, con regulaciones verdaderamente revolucionarias en materia de procedimientos judiciales.

Se acoge para el juicio prototipo, independiente de la cuantía de los asuntos en discusión, el modelo del "juicio oral" y por tanto beberán aplicarse al mismo los principios de brevedad, concentración, inmediación, gratuidad y publicidad, conforme a las disposiciones del Libro Cuarto, Título XI del Cpc, con las modificaciones que derivan de la aplicación de la LPM (Art. 8).

Lo dicho significa que a falta de regla expresa, y salvo lo que al respecto modifica la nueva Ley, se aplica y conduce el proceso por las normas y principios del Juicio o procedimiento Oral o de Audiencias" y que cuando por excepción para llenar una laguna , deba aplicarse el prototipo del juicio ordinario civil, al que doblemente remiten tanto la novísima ley, como el propio texto de la regulación del juicio oral contemplado en el Cpc, lo será respetando siempre los principios que rigen el modelo por audiencias , esto es predominando la oralidad y sus principios consecuenciales (860 Cpc).

Por último, en torno al principio de identidad del juez que caracteriza el sistema de la oralidad predominante, aunado a la necesaria inmediación, siempre nos ha llamado la atención el contenido de la disposición contenida en el artículo 861 Cpc. en tanto a pesar de estar referido al nuevo sistema de los procesos orales, recién instaurados por el Código, contempla la existencia de " relatores o jueces" delegados, entendemos para coadyuvar en la sustanciación de dichos juicios, como lo dice el legislador, lo que se contradice con los

---

37 Excluye así toda duda en cuanto a que los recursos sobre decisiones de amparo corresponden al Tribunal Supremo en su Sala Constitucional, así como toda otra materia que por su Ley propia o leyes especiales, le esté atribuido de manera exclusiva al Supremo (Vg. pases a sentencias extranjeras, conflictos de jurisdicción y competencia, etc.)

38 *Opus cit*, p. 24.

dos aludidas características de dicha modalidad de juicio oral o de audiencias, pues tales relatores, o lo serían para el trámite de pruebas, o bien para preparar y predefinir las decisiones, lo que en ambos casos se contradice frontalmente con la idea de que sea el mismo juez que decide quien presencia la evacuación de las pruebas y viceversa.

Entender, como pareciera poder interpretarse, que su función será solo para coadyuvar en pruebas y diligencias *extralitem,* que son la excepción, en poco ayudarían a descongestionar las labores del juez ordinario.

De la manera expresada, se adecúa así mismo el prototipo del nuevo juicio al dispositivo de la nueva Constitución de la República[39] en torno a la modalidad preferida de juicio para lograr los objetivos de "simplicidad, uniformidad y eficacia de los trámites" para la mejor realización de la justicia (Art. 257 CN), a lo que debe agregarse, aún sin mención expresa en las nuevas normas sobre procesos marítimos, el restante principio constitucional enunciado en el Art. 26 *ejusdem,* esto es, que en ningún caso deberá sacrificarse la justicia por la omisión de formalidades no esenciales

1. *Principios que regulan el procedimiento y normativa supletoria*

Conforme lo antes expuesto y a tenor de lo determinado en el artículo 860 del Cpc. en este procedimiento marítimo oral, la forma escrita de los actos sólo será admitida en los casos expresamente contemplados en las disposiciones legales y cuando deban practicarse pruebas antes del debate oral, que necesariamente requerirán el levantamiento de un Acta.

En todo lo no previsto en las normas específicas que regulan el Procedimiento Marítimo, o en las normas procesales del resto de las leyes que constituyen su entorno propio, a las que hemos dejado hecho referencia, y que tampoco tengan regulación prevista en materia del juicio oral del Cpc. deberán aplicarse las disposiciones del Cpc para el juicio ordinario, procurando siempre el Juez, como lo dejamos dichos supra, asegurar la oralidad, brevedad, concentración e inmediación del procedimiento oral, ex artículo 860 *ejusdem.*

2. *Trámite*

De acuerdo a lo dispuesto en el artículo 862 *ejusdem,* las causas se tratarán oralmente en la audiencia o debate, con lo cual el citado Código ha querido destacar que todo lo relacionado con las pruebas, se practicará en dicho acto, salvo que por su naturaleza no sea posible, pero aun en tal caso, se hará referencia oral a las mismas en dicha audiencia, pudiendo la contraparte y el Tribunal hacer cuantas observaciones desearen sobre dichas pruebas y respecto al resultado o mérito de las mismas en un todo de acuerdo con las previsiones del Art. 862 Cpc.

En torno a la aludida posibilidad excepcional de trámite y evacuación de pruebas fuera de juicio y aún antes del mismo, la nueva LPM introduce un concepto novedoso en nuestro sistema de derecho, siendo que en el caso de Inspecciones Judiciales en torno a personas, cosas, lugares o documentos, si bien se rigen por las disposiciones del Cpc ordinarias, en la evacuación se ordenará citar siempre a aquellos a quienes se pretenda oponer la prueba y en los supuestos en que por la urgencia de la evacuación, no pudiere ello lograrse, se dispone la notificación de un "Defensor Judicial especial", para todo lo cual el Juez dictará las medidas conducentes (Art. 16 LPM).

---

[39] GO 5453 Ext del 24-3-2000.

Se impone, pues, con ello el principio de preservar el control de las pruebas, permitiendo o imponiendo el derecho de acceso a su trámite, a las partes eventualmente interesadas en sus resultados, y si ello no fuere posible, que cuando menos exista un representante, designado por Ministerio de la Ley, a fin de que garantice la legalidad del proceso de obtención de la prueba.

Por igual y con el ánimo de facilitar y agilizar la adquisición de la prueba, se trae como innovación en el Art. 20 *ejusdem,* el que las partes, de mutuo acuerdo y previa participación conjunta al Tribunal, pueden realizar las diligencias probatorias que se hubieren solicitado en juicio, o las que se hubieren requerido como medidas prejudiciales, fuera del proceso y con la sola modalidad de que para su válida evaluación se requiere el que se encuentren presentes los abogados de las partes *(sic* "ambas").

Si durante la evacuación surgieren desavenencias, se suspenderá el acto reservándose la decisión sobre lo controvertido para el juez que conoce del proceso o el que deba hacerlo (si fueren extrajudiciales) todo sin perjuicio de que se continúe el trámite de evacuación del resto de las no controversiales e inclusive continuar las interrumpidas, a posteriori, si así lo solicitaren de nuevo ambas partes[40].

3. *Introducción de la demanda y diligencias subsiguientes*

Conforme lo disponen los artículos 864 y 865 Cpc, el juicio comenzará por demanda, que al igual que su contestación deberán consignarse por escrito[41] los cuales por rito y mandato de la Ley, deben llenar los requisitos del Art. 340 *ejusdem,* debiendo acompañarse en ambos casos toda prueba documental de que se disponga y mencionar el nombre y caracteres de identificación de los testigos que deban rendir declaraciones en el debate oral, bajo apercibimiento de las sanciones que contempla la misma norma citada, si no se los acompañare o no se los indicare en la forma prevenida por la Ley.

Pero como modalidad también interesante y novedosa en el Procedimiento Marítimo para los efectos de la presentación y admisión de la demanda la representación de la parte demandante podrá ser demostrada por cualquier medio escrito o electrónico[42] siempre que

---

40 Tal como nos lo supieron informar colegas del Escritorio Cova Arria & Asociados, involucrados en el proceso de la reforma de dichas leyes, estas modalidades sobre pruebas aplicables al Derecho Marítimo Venezolano, tienen su origen en normas sobre Derecho Marítimo de Panamá y en similares del sistema norteamericano modelo por igual de ellas.

41 Como se observa el hecho de que el proceso marítimo acoja el modelo de juicio oral, no implica que no se ejecuten y cumplan actos en forma escrita, para garantizar cuando así se lo pueda la mayor seguridad jurídica, con lo que por igual queda ratificado que aún en los llamados procesos orales, estos no son tales, sino o bien predominantemente orales o predominantemente escritos, pues siempre, en los unos, se podrán cumplir actuaciones por escrito o viceversa.

42 Llama la atención de que se haya tomado la previsión de acreditamiento de tales extremos por vía electrónica, cuando que en Venezuela para poner en operación el sistema de acreditamiento de firma y documentos electrónicos se hacen menester el cumplimiento de ciertos requisitos técnicos, aún no empleados. Quedará así a nuestro juicio una diferencia en torno a las citadas innovaciones, esto es, podrá realizárselo, sin riesgo de que la prueba pierda eficacia, en aquellos países donde ya esté acreditado y en funcionamiento el sistema de firmas y documentos electrónicos, mientras que no lo podrá ser en Venezuela, hasta tanto entre en plena vigencia el sistema. Al respecto vid Ley de Mensaje de Datos y Firmas electrónicas (Decreto Ley 1204 de fecha 10 de febrero del 2001, GO 37.148).

sea acompañada de una garantía de diez mil unidades de cuenta y que dentro del plazo establecido por la misma norma (diez días siguientes a la admisión[43]) se consignen los documentos originales que acrediten la representación, conforme a la ley, o en su defecto el Tribunal declarará extinguida la instancia y ejecutará la garantía constituida (Artículo 18 LPM).

Esta norma, reconociendo la premura y velocidad con la cual se cumplen las modalidades del comercio marítimo contribuye a facilitar a las partes la protección y ejercicio de sus derechos, sin sacrificar por ello la seguridad y el derecho de defensa a las partes.

Deseamos precisar categóricamente que en lo atinente a las pruebas fundamentales, que deben y tienen que ser aportadas con dichos documentos (demanda y contestación) la ley no deja el asunto en un mero anuncio de la prueba, sino, que tal como lo disponen imperativamente las normas, se deberán acompañar, que no solo enunciar los documentos, determinar la identificación de los testigos que serán aportados e inclusive anunciar las posiciones juradas, si de dicha prueba se pretendiere valer el demandante.

La infracción a dicha norma trae como resultado, el que luego no se admitan dichas pruebas, si no han cumplido el expresado rito, con la sola excepción de que si se tratare de documentos públicos, se hubiere señalado de donde deban compulsarse, o la Oficina en la que se encuentren.

4. *Nuevos modos especiales para facilitar la Citación o Intimación*

Nuevamente, reconociendo una vez más la especial realidad del mundo marítimo, y la velocidad con la cual se cumplen los actos en dicha materia, expedición de buques, desembarco de mercancías, etc. la nueva Ley de Procedimiento Marítimo contempla en el artículo 17, en adición a los modos tradicionales de citación regulados en el Cpc, tratándose acciones sobre créditos marítimos o privilegiados, que las mismas puedan ser realizadas entregándose las correspondientes compulsas u órdenes de intimación a cualquier tripulante que se encuentre a bordo del buque, en presencia de dos testigos.

Respecto a esta modalidad de llamado a juicio hacemos las siguientes pertinentes observaciones:

a. La entendemos apropiada por igual a juicios ordinarios o especiales, inclusive de intimación al pago de sumas, en tanto que la misma Ley hace referencia a acciones cuyo sustento sean "créditos marítimos o privilegiados" en los que por regular se produce intimación a juicio que no mera citación, y ,

b. El proceso formal de la citación, por analogía, dado que no lo contempla la nueva Ley, será el que determina la norma para la citación con testigos ordinaria del Cpc (ex artículo 218 Cpc).

---

43 Por cierto el nuevo texto legal no precisa si se trata de días continuos, calendario, o días de despacho, inclinándonos nosotros a reputarlos continuos, pues resulta ser un término amplio y suficiente a los fines para los cuales se lo establece.

5. *Nuevas modalidades subsiguientes a la contestación de la demanda*

Sin poder determinar con certeza el origen de la nuevas normas, se consagra en los artículos 9 al 12 y 13 LPM, una peculiar institución conforme a la cual, se contempla una especie de adelanto del período de pruebas y con el ánimo de hacer un proceso más expedito y dirigido ciertamente a precisar la verdad real de los hechos que dan fundamento a la pretensión, una vez contestada la demanda y subsanadas o decididas la cuestiones previas, se entiende abierta una incidencia especial, con ocasión a la cual cualquiera de las partes pueda solicitar del Tribunal se requiera de la otra parte bien la exhibición de ciertos documentos, grabaciones o registros que se encuentren bajo su poder o control, relacionados con el objeto de la demanda, o permitir que sean reproducidos bajo cualquier medio, obviamente para ser incorporados a juicio (numeral 1 artículo 9); o permitir el acceso a un buque, muelle, dique seco, almacén, construcción o área portuaria con el fin de inspeccionar naves, mercancías o cualquier otro objeto o documento, medirlos, fotografiarlos o reproducirlos, con miras, por igual a incorporar dichas constancias en autos (ordinal 2, artículo 9 ejusdem).

En tales casos, determina el artículo 10 LPM, el Juez intimará a las partes requeridas para que faciliten la exhibición, grabaciones o registros o permitan el acceso al buque, muelles, etc. bajo apercibimiento de que así lo hagan en el término de veinte días de despacho siguientes.

Claro está que dentro de dicho término, y tal como lo reproduce la norma del mismo artículo, aparte primero, la intimada podrá oponerse en todo o en parte a la pretensión probatoria, sea por razones de legalidad, pertinencia o de orden público, y así mismo invocar y demostrar que bien los documentos u objetos no se encuentran en su poder ni están bajo su custodia (Art. 13 in fine).

La oposición formulada suspenderá el transcurso del término bajo la cual se hizo la intimación, y el lapso continuará, una vez decidida dicha oposición, o continuará respecto a los que no fueron objeto de ella (Art. 10 in fine).

La consecuencia más interesante que se deduce de este nuevo instrumento de prevalerse de pruebas útiles al proceso, lo es la posibilidad de reformar bien el libelo, bien la contestación, con miras a los resultados de esas probanzas y diligencias.

En efecto en una forma no muy clara ni consecuente, conforme al Art. 11 LPM, dentro de los cinco días de despacho siguientes a la declaratoria del Tribunal de haber concluido las diligencias a que se refieren los artículos 9 y 10, se concede al demandante el derecho a reformar su demanda, concediéndosele entonces nuevo término al demandado para contestar dicha reforma y así mismo, aún cuando no se hubiere hecho tal reforma, podrá también optar por reformar él su contestación[44].

---

[44] Destacamos la falta de claridad en la normativa, en tanto, recordemos que conforme a los artes. 9 y 10 pueden ocurrir varias cosas en tales supuestos, esto es, la oposición a la petición de adelanto de prueba, o bien que el mismo requerido invoque y demuestre que las cosas, documentos o actos no están en su poder o no son sometidos a su guarda, luego no queda claro si debe esperarse a la conclusión del término de los 20 días, o a los de haberse desechado la oposición, inclinándonos nosotros por lo primero, pues queda así despejada toda duda en cuanto a que las partes, tercamente no hubieron deducido adecuadamente sus defensas.

En todo caso, determina la Ley, que ante la negativa a cumplir con la exhibición, o conceder la autorización requerida para el acceso al lugar donde se encuentre los datos que deben, el Juez, extraerá las presunciones que su prudente arbitrio le aconsejen por la actitud negativa del sujeto contra quien se promovieron las pruebas ante la reticencia en la presentación de los documentos o el acceso a los lugares requeridos, de no haber motivos justificados para ello (Art. 13LPM).

Se observa, pues, que a esa conducta de la parte que niega el buen decurso a la prueba, se la sanciona con una presunción *juris tantum* que implica una valoración en su contra por la disconducta de ella, adminiculado a los demás recaudos o pruebas que curse en autos.

En nuestro criterio, en ningún caso podrá hacerse la reforma del libelo o de la contestación, si de alguna manera no se sustentara la misma en la consignación de ese nuevo material probatorio, pues lo contrario equivaldría a permitir, solapadamente una forma de reforma de dichos alegatos, sobrevenida y por hechos no justificados y con la observación de que así mismo, como el pronunciamiento sobre las presunciones no corresponderá hacerse sino en la sentencia de fondo, tampoco podrá entenderse que tales reformas sean hechas a posteriori del pronunciamiento judicial sobre la conducta no ajustada a la lealtad que permita la inspección o acceso.

Por supuesto que hechas las reformas correspondientes, si fueren pertinentes, será menester acompañar las nuevas pruebas en que se funden o puedan sustentarse los nuevos planteamientos, o ratificar las acompañadas originalmente, y con la advertencia ya acostumbrada por el Legislador para estos casos de que si no se acompañaren o indicaren los lugares donde se encuentran inclusive las documentales, no se admitirán después salvo que sean documentos públicos o se haya indicado el lugar de donde compulsarlos (Art. 11, 2°. y último aparte).

Si bien nada se dice al respecto, entendemos, por sana hermenéutica, que esa facultad extraordinaria, solo podrá ser usada por una sola y única vez.

Sobra destacar que en este proceso, caben como defensas todas las cuestiones previas y las defensas de fondo de la que quiera o pueda hacer valer el demandado, pero las mismas beberán ser opuestas de conjunto y se tramitarán como se lo dispone en los artículos 865 *in fine* y 866 y siguientes del Cpc.

6. Continuación del procedimiento

Una vez concluida la instrucción preliminar, en la cual debe quedar concluida la tramitación de las cuestiones previas siempre antes de la Audiencia Oral.

La ley regula por igual la inasistencia con el respectivo silencio ante la demanda o la indebida contestación de la demanda en que se hubiere podido incurrir, con la diferencia respecto al juicio ordinario, que no obstante ello, el demandado podrá promover todas las pruebas de quiera valerse en el término de cinco días siguientes a la contestación omitida, so pena entonces si de que opere la presunción de admisión de los hechos invocados en su contra (Arte 868 Cpc).

Ahora bien, constando en autos la contestación y decididas y subsanadas las cuestiones previas, el tribunal fijará oportunidad para que tenga lugar la primera de las audiencias orales, en este caso la preliminar, en la cual cada parte expresará que hechos reconoce, cuales rechaza, así como precisar y destacar que pruebas se harán valer, con que objeto y cualesquiera otras observaciones que se tengan.

De dicho acto se levantará un acta con el resumen de lo acontecido, y a la misma se agregarán cualesquiera escritos que hayan podido acompañar las partes.

La determinación de los hechos y fijación del debate probatorio, la hará el Juez, aún sin la comparecencia de las partes, en el plazo establecido por la Ley y, así mismo, dejará abierto el lapso para promoción y evacuación de las pruebas promovidas.

De haberse admitido pruebas de inspecciones y experticia, se fijará término especial para evacuarlas antes de la Audiencia Oral, en todo caso fijado por el Juez y en ningún supuesto por término mayor al del juicio ordinario, sin admitirse evacuación de las pruebas de testimoniales, ni posiciones juradas vía Comisionados. Respecto a los testigos, siempre la parte promoverte tendrá la carga de presentarlos, aún sin citaciones y para las posiciones juradas que se solicitaren, el Tribunal proveerá lo conducente pero siempre ordenará la previa citación (Arte 868 Cpc) y agregaríamos nosotros, con el objeto de que la evacuación lo sea para la Audiencia Oral de Prueba.

Constando en autos la contestación de la demanda o la resolución de cuestiones previas no subsanadas o declaradas sin lugar, se llevará a cabo la AUDIENCIA ORAL en la forma y condiciones que regula el Cpc (Art. 870 SS), con las únicas particularidades siguientes:

Las partes podrán siempre en cualquier oportunidad anterior a la citada Audiencia Oral promover testigos, inspecciones judiciales, experticias o reconocimiento, siempre que se justifique la urgencia, por el peligro de que desaparezca el medio probatorio, y en tales casos, siempre el juez fijará una oportunidad que no podrá ser menor a dos días de despacho, y la notificación de la contra parte (Art. 12 LPM).

En torno a las experticias, vale la pena reseñar el establecimiento de otra importante norma, esto es, la del artículo 19, conforme a la cual las partes podrán producir en juicio dictámenes de expertos calificados, ajenos al proceso, los cuales deberán de ratificarse por el experto en la oportunidad del debate oral, mediante testimonial.

Finalmente y como ya lo avanzáramos, cuando se trate de asuntos o temas relacionados con las materias propias del Procedimiento Marítimo, las partes de mutuo acuerdo podrán solicitar al Tribunal se les autorice para ser llevadas a cabo sin participación del órgano judicial, siempre y cuando queden en cuenta de que en ellas deben asistir los apoderados de las partes, y que si surge algún conflicto, el asunto pasará al órgano que deba resolver, todo sin menoscabo de que las diligencias se continúen respecto a otras pruebas no objetadas, si así se lo solicita.

En todo caso, las partes podrán acordar la ampliación, abreviación y concentración de los actos, lapsos y términos procesales, entre ellos, precisamente el de Pruebas, claro está tomando el Juez las providencias necesarias para mantener la igualdad entre las partes y la garantía de control de las pruebas.

Por último en el procedimiento marítimo, las partes pueden valerse de todos los medios probatorios, no prohibidos expresamente por la Ley y que consideren conducentes a la demostración de sus pretensiones, y en su evacuación, el Tribunal tomará las previsiones para garantizar el derecho de defensa de las partes, pero pudiendo inclusive, como lo dijimos y lo determina el artículo 20, evacuarlas fuera de juicio, siempre y cuando se garantice la presencia de los apoderados de las partes y en el entendido de que si surgiere conflicto alguno, se suspenderá aquella sobre la cual recaiga el reclamo, sin menoscabo de que se continúen sobre las demás hasta que se resuelva la incidencias, o para que terminen de evacuarse ante el Tribunal (Art. 20 LPM).

7. *Incremento de potestades del Juez Marítimo*

También, como ahora es casi una rutina en las nuevas disposiciones procesales de las Leyes promulgadas luego de la C.N del 2000, en la nueva regulación se amplían los Poderes del Juez en el control, manejo y apreciación de las pruebas, así, en cualquier estado y grado de la causa los jueces podrán dar por terminados los actos de examen de testigos posiciones juradas, cuando lo consideren pertinente, respetando el principio de igualdad de las partes, y tomar igualmente iniciativa probatoria para solicitar dictámenes a funcionarios expertos de los organismos públicos del sector acuático y de los colegios profesionales, y a tal efecto ordenar aún de oficio la evacuación de las pruebas que se estime pertinentes, atendiendo en todo caso la igualdad entre las partes sin que puedan suplir defensas o alegatos no formulados por éstas.(Art. 15 LPM)[45].

Finalmente, por igual, si se lo solicita por las partes, como lo vimos antes, puede autorizar evacuación de pruebas antes de juicio o en el curso del mismo, **aún sin su presencia,** siempre y cuando quede acreditada la presencia de los abogados de las partes, que cuando menos asistan al acto las mismas partes, o en su caso se les haya designado defensor judicial cuando no pudiere estar presente la parte, o permitir la evacuación de pruebas, solicitadas por ambas partes, previa autorización del Juez competente y en el entendido de que si surge algún conflicto en la materia, deberá suspenderse la prueba, para que el Juez lo resuelva y/o continúe la evacuación de la prueba (Art. 20 LPM).

En todo caso, en la apreciación de las pruebas, el Juez las analizará, valorará y apreciará en un todo conforme a las reglas de la "sana crítica" (Art. 19 LPM).

En lo demás vinculado a la forma de cumplir el acto de LA AUDIENCIA ORAL, forma y modo de dictar sentencia, su incorporación a juicio y régimen de apelación de los fallos, resultan aplicables las normas del Cpc, en tanto que nada se dispone sobre ello en la nueva Ley (Artículos 872 a 878 Cpc.)

8. *Trámite de Segunda Instancia*

Los mismos serán cumplidos ante los Tribunales Superiores Marítimos, en un breve proceso que contempla un lapso de pruebas de diez días para promover y evacuar pruebas *(sic* de despacho) inclusive las mismas que conforme a la Ley puede promover el Tribunal, vencido el cual, al día siguiente tendrá lugar el acto oral y público de Informes (exposiciones de las partes) y convertidas en Conclusiones escritas, para que la sentencia sea pronunciada dentro de los treinta (30) días *(sic* de despacho), sin perjuicio de la facultad de dictar autos para mejor proveer de que está investido el Tribunal (Art. 21 LPM).

De las decisiones de dicha instancia cabe Recurso de Casación, el cual se oye y tramita conforme las reglas del Cpc (Art. 22 LPM).

---

[45] Una vez más el Legislador deja de ser claro en ésta materia, sin autorizar ni precisar terminantemente de que naturaleza sean las facultades probatorias conferidas al Juez, si *ad aclarandum*, o verdadera potestad de aportación de hechos, lo cual quedará por resolver la Jurisprudencia.

CAPITULO V: ALGUNAS NORMAS DE PROCEDIMIENTO ESPECIALES

Como ya se lo indicó en algunas de las leyes especiales referidas al sector de la jurisdicción Acuática, se establecen ciertos ritos y modalidades especiales de procedimiento, pero en especial deben considerarse las contempladas en la Ley de Comercio Marítimo (LCM), que pareciera contemplar conjuntamente con la ley Orgánica de Espacios Acuáticos e Insulares un régimen complementario en una serie de aspectos donde ciertamente la Ley de Procedimientos Marítimos no parece haber llenado cabalmente sus requerimientos. A los fundamentales de la primera nos referimos de manera general en el encabezamiento de esta investigación, a los demás de la segunda, sin pretender agotarlos todos, vale la pena referirnos a continuación:

1. *Inderogabilidades*

En el artículo 10 de la LCM, se establece la inderogabilidad de la jurisdicción venezolana para conocer de las acciones en materia de contratos de transporte de bienes o de personas que ingresan al territorio venezolano, con lo cual podría alegarse la nulidad de cualquier cláusula contractual que establezca jurisdicción a Tribunales extranjeros, norma esta según señala Cova Arria[46] restrictiva de la autonomía de la voluntad de las partes, y justificable para dar efectiva protección al débil jurídico en contratos que como los de ésta naturaleza son verdaderos convenios de adhesión, para proteger intereses de nuestros nacionales en el comercio internacional, facilitándoles la elección del domicilio local, sin tener que ocurrir ante Tribunales de otras jurisdicciones, lo cual, una vez ocurrido, no obsta para que la misma parte opte por recurrir a ese otro fuero ex articulo 11 *ejusdem*.

Consideraciones proteccionistas contra los débiles jurídicos por igual se contienen en lo atinente a la fijación del carácter de orden público de las disposiciones que regulan la mayoría de los contratos de pasajeros y de mercancías, dado que el derecho de navegación, según lo anota Cova Arria, en su parte sustantiva requiere de un procedimiento especial y adecuado, si se quiere proteger eficazmente los derechos que en la ley se consagran, todo, tomando en cuenta la naturaleza y destino especial del buque o nave, esto es, el estar en movimiento de un puerto a otro, de su esencial movilidad (Artes. 199, 200, 201, 225, 244, 245, etc.)[47].

2. *Establecimiento de capacidad procesal especial*

Otra particular novedad la constituye lo dispuesto en el artículo 15 LCM, conforme a lo cual, independiente de quienes resulten propietarios o armadores, se faculta para incoar las acciones derivadas de dicha Ley, directamente contra el buque y su Capitán, en virtud de lo cual, según señala Cova Arria, se ha concedido una especie de capacidad procesal especial a una cosa como lo es el Buque, lo que equivale a acudir, tal como sucede en el Derecho Anglo Americano a los procesos **IN REM**, subterfugio de técnica jurídica mediante el cual se imputan acciones y responsabilidades al buque en ciertos casos,

46 *Opus cit* p. 15.

47 Cova Arria, *opus cit* p. 16.

postergando la determinación de la persona que en definitiva deba responder por el hecho o acto en cuestión[48].

En tratándose de situaciones como la comentada, este novedoso dispositivo lo entendemos vinculado estrechamente al nuevo concepto de limitación de las responsabilidades, que entonces se convierten en suerte de responsabilidades objetivas, se les fija o establecen montos topes dentro de los requisitos y con las formalidades previstas en la Ley (ex artículos 37 al 74 LCM), y que a su vez suponen como en el caso de estudio, un proceso judicial especial en el que se permite distribuir el monto de las garantías existentes en el fondo de responsabilidades, mediante una especie de prorrata entre los presuntos acreedores con derechos, en una especie de proceso concursal. Para ello, además, con el objeto de estandarizar las indemnizaciones y que se auto ajusten, se acude por igual a un sistema que permita fijar un autoajuste al valor del fondo mencionado, mediante un sistema forfatario y con unidades de cuenta que se conocen y establecen como "derechos especiales de giro", empleada por el Fondo Monetario Internacional en sus transacciones, e igualmente se establecen los procedimientos de conversión de la moneda nacional a dicha unidad de cálculo.

Refiriéndonos a tema similar, vale la pena destacar que la nueva Ley, al admitir el sistema de responsabilidad limitada de los armadores, sustituyendo así el viejo sistema del "abandono de la nave", debió regular, como en efecto lo hace, todo un procedimiento especial para los acreedores a fin de que hagan valer sus derechos sobre el monto del Fondo de limitación de responsabilidad, procedimiento este que como lo señala Cova Arria[4949] constituye una experiencia novedosa en la legislación marítima latinoamericana, regulando de ésta manera las limitaciones que establecen los diversos convenios de limitaciones de responsabilidad de los Convenios Internacionales[50].

Como se lo podrá constatar del texto de la Ley, se trata de un proceso "concursar, por el cual, una vez tramitado y establecidas las prorratas, se hace inmodificable la situación de los acreedores a los cuales afecta el mismo. El Fondo, aún con la forma de manejar los créditos y sus calificaciones, no pierde su condición de caución o garantía, pero a través de su constitución los responsables obtienen las limitaciones de sus responsabilidades. El manejo de dichos fondos, lo hace un Liquidador, mediante normas sencillas y claras y el procedimiento es el aplicable en ese y todo otro caso de limitaciones de responsabilidad resultantes de la aplicación de otras leyes o Convenios Internacionales (Artículos 52 a 74 LCM)[51].

3. *Embargo especial de buques*

Los artículos 96 al 113 regulan todo lo relacionado con el proceso de esta forma cautelar para garantizar los créditos y derechos sobre Buques, concretamente mediante medida de embargo preventivo y una antecedente y complementaria, conocida como

---

48 *Opus cit* p. 16.

49 Cova Luis, *opus cit* p. 18.

50 Para profundizar más sobre esta materia se recomienda la revisión de la Obra *La Responsabilidad civil derivada de Derrames de Hidrocarburos*, Cova A., Luis, Trabajo Incorporación del autor en la Academia de Ciencias Políticas y Sociales, Edit. Arauco, Caracas, junio 2000

51 Al respecto Cova Arria, *opus cit*, p 19.

“prohibición de *zarpe”* aplicable a buques, dando cabida en nuestra legislación a las más modernas disposiciones legales sobre la materia contempladas en ordenamientos extranjeros, y con base, en el caso concreto venezolano, a los términos de la Convención Internacional sobre embargos de Buques de 1999, tal como lo destaca Cova Arria[52].

Dichas medidas no excluyen el resto del régimen cautelar ordinario sobre dicho bien, con el cumplimiento de los requisitos legales de estilo. En este caso, la particularidad consiste en el derecho abierto a obtener las citadas medidas (prohibición de zarpe y embargo) con la sola existencia del crédito o existencia de la causas legales que autorizan al Juez especial para dictarla, la forma de cómo se cumple, el anticipo de ejecución para evitar en su caso deterioro del bien afecto a los rigores del agua, oposiciones, cautelas y contra cautelas, formas especiales para cumplir una expedita citación para los fines del juicio (Art. 110 LCM) destino del producto del remate anticipado, entre otras normativas novedosas.

4. *Régimen de privilegios y ejecución de Hipoteca Naval sobre buques*

Se establece un régimen especial de notificaciones para las purgas de privilegios (Art. 122) y la forma de hacer valer las mismas sobre los datos del Registro Naval (Art. 127).

Estas normas, según lo precisa Cova Arria[53] constituyen actualización del régimen legal vigente con base a los Convenios Internacionales sobre Privilegios Marítimos y la Hipoteca Naval de 1993, y la Decisión 487 de la Comunidad Andina de Naciones sobre Garantías Marítimas y Embargo Preventivo de Buques del 7 de diciembre del 2000.

En materia de ejecución de Hipoteca naval, vale la pena destacar que en caso de ejecución judicial, la misma Ley especial remite a las disposiciones del Cpc sobre Ejecución de Hipotecas (Art. 148 LCM) Como cuestión adicionalmente que llama la atención, la nueva normativa contempla que no puede concederse subrogación a los acreedores privilegiados sobre los pagos de las aseguradoras que paguen los daños causados o el importe de la responsabilidad, (A 121).

5. *Materia de Pruebas*

Vale la pena hacer referencia, a la flexibilización general del sistema de pruebas, que ya fuera objeto de comentarios, pero por igual destacar algunas disposiciones novedosas tales como la relacionada con la prueba de las costumbres y usos marítimos, conforme a la cual se admite el dictamen de peritos para la prueba de la costumbre (Art. 4 LCM), la que admite la prueba de la existencia del proceso, por cualquier sistema de intercambio de datos o electrónico (Art. 7)[54].

CONCLUSIONES

Independiente de que pueda o no parecer conveniente el sistema de referencias y el sometimiento al concepto de navegación que ha dejado hecho el legislador para todo el

---

52 *Opus cit*, p. 16.

53 *Opus cit* p. 19

54 Respecto a los documentos electrónicos hacemos la misma salvedad formulada supra sobre la materia de transmisión de datos y firmas electrónicas. Supra Nota 39.

enjambre de relaciones que dimanan del Derecho Marítimo, lo que tenemos en las nuevas Leyes que hemos dejado comentadas y en particular en la de Procedimientos Marítimos, es todo un cambio respecto al sistema que teníamos en vigencia y constituyen una verdadera actualización de la legislación venezolana en la materia[55].

Materialmente son escasos los supuestos en que se han conservado vigentes ideas o conceptos útiles para el manejo de lo relacionado con el Derecho Marítimo, y con ello su Procedimiento.

Definitivamente, en concreto, y en lo que atiene al procedimiento judicial, se ha optado por seguir los lineamientos claros de nuestra Constitución vigente acogiendo el modelo de juicio por audiencia, oral, a-formal, dotado de celeridad e instituciones que lo hagan apropiado a la velocidad y movilidad del Comercio Marítimo Moderno y la Navegación.

Estimamos que haber sustraído dichas materias del Código de Comercio (si bien podía haberse hecho con ellas un conjunto orgánico general, como el propuesto en el Modelo UCV) permitirá a futuro en todo caso manejar las necesidades de adaptaciones de esa normativa a los requerimientos técnicos y sociales y facilitará dichas reformas al no estar formando parte de cuerpos de leyes codificados, que imponen per sé una traba a las labores de revisión y puesta al día, ajustándose así dichas normas de manera más ágil y justa a las realidades comerciales, de la navegación, de Derecho Marítimo y a los cánones que resulten impuestos por los patrones de la globalización.

Por supuesto que quedará mucho por decir y hacer a la nueva Jurisdicción Marítima especializada y a los estudios que seguramente aportará de inmediato la Doctrina calificada en esta interesante materia.

BIBLIOGRAFÍA

Ascoli, Prospero, *Del Comercio Marítimo y de la Navegación*, DT. Tea, Buenos Aires, 1957.

Bolaffio, Rocco y Vivante, *Derecho Comercial*, Tomos 16 y 17, Editorial Ediar, Argentina, 1953.

Brewer Carías, Allan R. "El nuevo régimen de las Zonas Costeras (Inconstitucionalidades, Dominio Público, Limitaciones a la Propiedad Privada, e insuficiencias normativas)" en *La Ley Habilitante del 13-11-2000 y sus Decretos Leyes*, Autores varios, Serie Eventos, N° 17, Publicaciones de la Academia de Ciencias Políticas y Sociales, EDT. Arauco, Isbn 980-6396-17-0, Venezuela, 2002, p. 247 ss.

Brunetti, Antonio, *Derecho Marítimo Privado Italiano*, EDT Bosch, España, 1950.

Cervantes de Ahumada, Raúl, *Derecho Marítimo*, Editorial Herrero SA, México, 1970.

Cova Arria, Luis, *El nuevo régimen de la Navegación en Venezuela y la Ley de Comercio Marítimo*, Arauco Ediciones, Venezuela, 2002.

Choreley, Lord y Giles O.C., *Derecho Marítimo*, (Traducción por Fernando Sánchez Calero), Editorial Bosch, España, 1959.

[55] En el mismo sentido Cova A, *opus cit* p. 26.

Dominici, Aníbal, *Comentarios al Código de Comercio Venezolano*, EDT. El Cojo, Venezuela, 1891

Fernández Concheso, Aurelio E., *Régimen Administrativo de la Navegación*, Ediciones Marítimas Venezolanas, Venezuela, 1993.

Goldschmidt, Roberto, *Curso de Derecho Mercantil*, Editorial UCAB y Fundación Roberto Goldschmidt, Venezuela 2001 (reedición puesta al día Isbn 980-244-247-X.

Grisanti Luciani, Héctor y Montero, Manuel A. "La Hipoteca Naval", *Revista del Colegio de Abogados del Distrito Federal*, N-129.

Landaez Otazo, Leoncio y Ulloa Ferrer, Wagner, "El Estatuto de los Artefactos que operan en el mar, sobre los cuales se duda si son navíos", en *Ponencias Venezolanas al X Congreso Internacional de Derecho Comparado*, Editorial UCV, Venezuela, 1978.

Melich Orsini, José, "Decreto N° 1468 con fuerza de Ley de Zonas Costeras (GO. 37319 del 07-11-01)" en *La Ley Habilitante del 13-11-2000 y sus Decretos Leyes*, *opus cit*, p. 239 ss.

Morales Paul, Isidro, "Examen preliminar sobre la Ley Orgánica de los Espacios Acuáticos e Insulares y la Ley de Zonas Costeras y la Ley General de Marinas y Actividades Conexas", en *La Ley Habilitante del 13-11-2000 y sus Decretos Leyes*, *opus cit*, p 219 ss.

Pierre Tapia, Oscar, *El Comercio Marítimo según el Código de Comercio Venezolano*, Editorial Sucre, Venezuela, 1985.

Ray, José Domingo, "El Decreto con fuerza de Ley sobre Comercio Marítimo de la República Bolivariana de Venezuela", en *La Ley Habilitante del 13-11-2000 y sus Decretos Leyes*, citada, p. 229 ss.

Rodiere, M., Rene, Tours De Droit Maritime, Les tours de droit, París, 1961-1962.

Sanojo, Luis, *Exposición del Código de Comercio*, T. II, Imprenta Nacional, Venezuela, 1874.

Sosa, Cecilia, "Reflexiones sobre el Nuevo Derecho del Mar", en *Revista de Derecho Público* No. 10, 1982, Editorial Jurídica Venezolana, Venezuela, 1982.

28.

BREVES ANOTACIONES AL RÉGIMEN DE PRUEBAS EN EL NUEVO PROCEDIMIENTO REGULADO POR LA LEY DE PROCEDIMIENTOS MARÍTIMOS*

***In Memoriam*:**

"A la respetable memoria del insigne Maestro y cordial amigo Dr. Hernando Devis Echandía, y por el grato recuerdo del amigo y Profesor José de los Santos Michelena".

INTRODUCCIÓN Y BREVE RAZÓN HISTÓRICA DE LAS MODIFICACIONES SOBRE DERECHO MARÍTIMO Y EN PARTICULAR CON LO RELACIONADO AL PROCEDIMIENTO MARÍTIMO

En nuestro país, la materia de Derecho Marítimo y la de los Procedimientos de Derecho Marítimo, formaban normativas específicas del Código de Comercio, tal como lo fueron en la mayoría de los países latinoamericanos[1].

En el caso de nuestro Código, el mismo es todavía el redactado en el siglo XIX, inspirado en la Ordenanza Francesa de Colbert de 1861, por reflejo del modelo del Código Francés de 1808 y de sus derivados, en concreto los Códigos de comercio Argentino y Chileno.

No se requieren mayores comentarios, para destacar, como lo hace toda la doctrina nacional mercantil, lo vetusto y desajustado a la realidad social, técnica y jurídica de dicho cuerpo de normas y lo deseado que ha sido una adecuada reforma parcial o total de sus instituciones.

Una simple lectura de las normas de dicho instrumento legal en materia de Derecho Marítimo, nos sitúa en la época de la navegación a vela, y nos define daños que podían ocasionarse por los golpes o daños del foque de una nave a otra.

Después de la reforma parcial del citado Código en el 1955, la que adecuó las normativas sobre comerciante, fondo de comercio, sociedades y en especial la de

---

* Ponencia presentada al *Congreso de Derecho Procesal 2002* patrocinado por el Instituto Venezolano de Estudios de Derecho Procesal (INVEDEPRO), Valencia, Venezuela.

1 En ese sentido, Cova, Luis, *El Nuevo Régimen de la Navegación en Venezuela y la Ley de Comercio Marítimo*, Anauco Ediciones, Isbn 980-07-8201-X, Venezuela, 2002, 108 pp.

responsabilidad limitada[2], y en la que para nada se aludió al Derecho Marítimo ni a sus procedimientos, solo algunas leyes especiales modificaron y ajustaron la normativa mercantil a las realidades modernas (aviación, Marina, Prenda sin desplazamiento, Almacenes de Depósito, entre otras), lo que no significó tampoco que curiosamente Venezuela, asistiera a conferencias y convenciones nacionales y regionales en las que además aceptó y suscribió tratados y acuerdos relacionados con Derecho Marítimo, normas sobre procedimientos especiales por accidentes de navegación, convenciones sobre internacional privado, etc.

Por igual, desde 1980 el Ejecutivo Nacional había contratado los servicios de la Universidad Central, Facultad de Derecho con el objeto de preparar y redactar un proyecto de Ley que adecuara y sustituyera el vetusto régimen de Derecho Marítimo y su procedimiento contemplado en el Código de Comercio, esos trabajos concluyeron con la presentación de un Proyecto de Ley Orgánica de la Navegación y el Comercio por Agua, en el cual tuvo especial participación el Dr. Luis Cova Arria[3].

Por razones que no viene al caso examinar, dicho proyecto había quedado arrumado en el Congreso de la República, y a raíz del cambio de nuestra Constitución de 1999 y con la promulgación en el 2000 de la Ley de reactivación de la Marina Mercante, por vía de las facultades extraordinarias concedidas al Ejecutivo Nacional[4], se procedió a convertir en forma de Decretos Leyes, toda la materia atinente a espacios acuáticos e Insulares, Comercio Marítimo, Marina y actividades conexas e inclusive una sobre los Procedimientos Marítimos, con todo lo cual simplemente se adecuó y actualizo la normativa nacional a convenciones internacionales sobre Derecho Marítimo y adecuar nuestros regímenes a las soluciones impuestas por la navegación, tráfico, puertos y comercio internacional modernos.

Precisa destacar que ahora el citado conjunto de Decretos Leyes sobre tales materias, regulan de manera orgánica y general todo el régimen de principios generales, normas administrativas, privadas, civiles y comerciales, así como las procesales y de derecho internacional privado aplicable a todo tipo de navegación, (marítima, fluvial, portuaria y lacustre) y abarca todo el régimen de navegación venezolano[5].

Para los solos efectos de mejor comprensión del nuevo régimen, puede destacarse que la Ley Orgánica de los Espacios Acuáticos e Insulares[6], no es mas que la puesta al día

---

2 Reforma en la que tuvo especial papel, nuestro recordado maestro Dr. Roberto Goldschmidt, responsable de quizá la mas profunda modificación de las leyes mercantiles venezolanas, quien adicionó por igual la reforma y puesta al día de otras leyes e instituciones.

3 *Ibidem*, El Nuevo Régimen de la Navegación..., p. 7.

4 Ley habilitante del 13-11-00 Gaceta Oficial de la República de Venezuela (GO) 37.076.

5 Debe destacarse que, según Cova, *opus cit.* p. 10, dichas regulaciones complementan todo el régimen de navegación general a las que debe añadirse por igual la regulación contemplada en las leyes de Aviación civil y la de Tránsito y Transporte terrestre, pues también estos son parte de aquella, que como se sabe comprende la navegación tanto acuática como el área y la terrestre.

6 GO 37.290 del 25 septiembre de 2001.

dentro de la legislación interna, de los principios sobre derecho del mar, de Convenios Internacionales ya aprobados por Venezuela[7].

Esta Ley, en lo relativo a nuestra materia específica, esto es Pruebas y Procedimientos Mercantiles, ya contemplaba la jurisdicción especial marítima, con la organización de primera instancia, alzada y recurso extraordinario de casación.

También sobre la misma materia marítima, encontramos la ya citada regulación de Comercio Marítimo hoy contenida en el Decreto Ley de Comercio Marítimo cuya elaboración y preparación contó con el esfuerzo del Comité de Derecho Mercantil de la Universidad Central, la Asociación Venezolana de Derecho Marítimo y las Cámaras de Armadores y de Aseguradores de Venezuela, entre otras cuya inspiración se puede encontrar en las leyes Argentina de navegación (1973), Chilena sobre Comercio Marítimo (1987), Convenios Internacionales[8], así como con vista a los usos, costumbre, doctrina y jurisprudencia de países de intenso comercio marítimo, con cuyos criterios se modificaron por igual instituciones contempladas en el Libro II del Código de Comercio venezolano, entre cuyas normas y en lo atinente a nuestra investigación caben destacarse normas sobre embargos preventivos de buques[9], atribución de competencia especial[10] contratos de utilización de buques y naves, riesgos de la navegación, seguros marítimos en general, entre otros, y la consagración de la inderogabilidad de la jurisdicción venezolana para conocer lo relacionado con contratos de transporte de bienes o personas, cuando los mismos entran o están en territorio venezolano (artículo 10 de dicha Ley), las normas de atribución de competencia para acciones contra el buque y/o el capitán, que da lugar a una novedosa consideración de la nave como atributiva de competencia transitoria , postergando la determinación de la persona que en definitiva deberá responder por el hecho o actos que originan controversias y finalmente, para terminar este rasante examen que hacemos de esta novedosa Ley, nos referiremos a la consagración de una unidad de cuenta única (Derechos especiales de Giro),que facilita la fijación y ajustes de las sumas correspondientes a pagos e indemnizaciones, reglas de convertibilidad a moneda nacional.

En lo propio de procedimiento y pruebas, se fijan novedosas instituciones para la representación de los armadores y propietarios en cabeza del capitán y para la demostración de las " costumbres y su procedencia y pertinencia, vía experticia ordenada por la jurisdicción especial acuática, y se establece para atender a las necesidades de establecimiento de responsabilidades, un novedoso sistema cuasi concursal a fin de atender a la mas justa y equitativa reparación de daños por responsabilidad por daños derivados de la contaminación del mar, por hidrocarburos, sustancias nocivas, etc.

Finalmente, la tercera de las normativas que afectan la nueva regulación sobre procedimientos y pruebas en Derecho Marítimo es la contenida en la Ley General de

---

7 Con la sola excepción de la Convención de Montego Bay, no ratificada por Venezuela, al no haber podido solventar sus posiciones discrepantes en tomo al concepto de isla referido a rocas o promontorios rocosos no aptos para mantener habitantes humanos o vida económica propia. Vid Cova Arria, *opus cit.* p. 11, entre otras la Convención de Ginebra de 1958, que precisamente abarcaba todo lo relacionado con espacios acuáticos, Mar territorial, Zona contigua, Alta Mar, Pesca y Conservación de recursos.

8 Comité Marítimo Internacional (CMI) Organización Marítima Intergubernamental (OMI) y Organización de Naciones Unidas para el Comercio y Desarrollo (UNCTAD).

9 Que sigue la Convención Internacional sobre Embargos Preventivos de buques de 1999.

10 Por primera vez se regula el llamado "forum non conveniens" en caso de abordajes.

Marina y Actividades Conexas[11], la cual abarca materia antiguamente regulada en la Ley de Navegación y que entre una de sus importantes funciones, está la determinación y tratamiento de los conceptos de buque y nave y el sistema de registro naval.

Dentro del mismo paquete de leyes habilitadas sobre la materia, finalmente, se encuentra la Ley de Procedimientos Marítimos[12] que es la más específica y atinente al sistema probatorio y procesal en general, destinada a regular el procedimiento ordinario para todo asunto marítimo judicial que no tenga previsto un procedimiento judicial especial.

Precisa destacar que por igual contienen materia atinente directa o indirectamente con lo procesal y probatorio especial del Derecho Marítimo, tanto el Decreto con fuerza de ley General de Puertos[13], como el Decreto sobre Zonas Costeras[14] así como la Ley de Pesca y Acuacultura[15].

EL NUEVO RÉGIMEN ESPECIAL DE PROCEDIMIENTOS MARÍTIMOS. CARACTERES FUNDAMENTALES Y NOVEDADES

Como ya se lo dejó antedicho, es la Ley de Procedimientos Marítimos, la que mas directamente se refiere a dicho tema y fija el régimen procesal ordinario para los asuntos que deban debatirse judicialmente sobre dichos temas.

Según la novedosa Ley actual, se aplican al mismo, como todas las nuevas leyes procesales recién promulgadas, los principios de oralidad, concentración, inmediación, gratuidad y publicidad para la sustanciación de dichos problemas y conflictos[16].

Se establece igualmente como normativa supletoria general para dichos procedimientos el Código de Procedimiento Civil ordinario (Libro IV, título XI).

En especial se contempla el que las partes puedan evaluar las bases de su reclamo o de su defensa mediante el procedimiento de adelanto de pruebas, a través del cual ambas partes pueden solicitar una vez verificada la contestación de la demanda, y, antes del comienzo del período ordinario de pruebas, la exhibición o inspección de documentos o lugares, siendo que como resultado de dichas diligencias, los litigantes tienen la posibilidad de reformar la demanda inicialmente presentada o la contestación efectuada[17].

Así mismo se facilita y ductibiliza todo lo relacionado con el régimen probatorio, regulándose la posibilidad de captar la prueba aún antes del juicio, facilitando la evacuación de pruebas en manos de la contraparte, una vez iniciado el juicio, ampliando los poderes del juez para adquirir la verdad real en el proceso y desacramentalizando la evacuación de las pruebas, al extremo de que las mismas partes puedan asumir el rol de controlar su proceso de evacuación y debida incorporación de las mismas a juicio, aún sin

---

[11] GO 37.321 del 9 noviembre del 2001.

[12] GO Ext 5554 del 13-11-2001.

[13] GO 37292 del 27-09-2001.

[14] GO 37319 del 7-11-2001.

[15] GO 37323 del 13 noviembre 2001.

[16] Art. 8 de la Ley.

[17] Art. 11 LPM.

intervención del Tribunal, además, por supuesto de contemplar que las partes evacúen extrajudicialmente y por su sola cuenta las diligencias probatorias que hubiesen promovido con la única condición de que estén presentes en esas diligencias.

Para concluir con estas novedades, destácase por igual la consagración de un régimen que permite acreditar la representación de las partes actoras por cualquier documento escrito o electrónico, siempre que se acompañe la demanda o pretensión de la constitución de una garantía especial (derechos de giro) y a reserva de que se consigne en el plazo fijado por el Tribunal el original del instrumento de representación o mandato.

En otras palabras de modo general, se facilita el ejercicio de las acciones en justicia, y el trámite propio de la temática probatoria (incluyendo evacuación) se atribuye el conocimiento de tales asuntos a órganos judiciales especiales, con todo lo cual se logrará una mejor justicia y así mismo mayor descongestionamiento en los tribunales ordinarios y un mejor conocimiento y decisión para asuntos vinculados a los temas contencioso marítimos.

PRINCIPIOS Y REGLAS ESPECÍFICAS SOBRE PRUEBAS EN EL NUEVO PROCEDIMIENTO MARÍTIMO

La novedosa normativa comienza por fijar un abreviado término para el debate probatorio de promoción y admisión de la prueba (arts. 9 y 10), que es de cinco días, que si bien nada dice la Ley sobre la naturaleza de dichos lapsos, entendemos tienen que ser de despacho y de veinte días para evacuar, si calificados como de despacho, por la normativa.

Lo dicho, por lo demás no obsta a que las partes puedan aún fuera de dicho término, en casos de urgencia solicitar la evacuación de cualquier prueba, y para lo cual el Juez siempre tomará las providencias que garanticen a la otra parte conocer dicha circunstancia (notificación y término especial para ejecutar la prueba) ex art. 12 LPM.

Igualmente se opta por el sistema de amplia aceptación de cualquier medio de prueba (con la sola excepción de los prohibidos en la Ley, y debiendo el juez fijar las normas para la cabal evacuación y respetando la igualdad de las partes, incluyendo la presentación de opiniones y dictámenes de personas ajenas al juicio, pero cuyos pareceres deben ser ratificados por los autores de los mismos, por vía de una especie de testimonial ratificatoria (art. 19) en el acto del debate oral de prueba.

Al Juez de esta jurisdicción se le da amplio poder de apreciación y valoración, siempre debiendo aplicar la sana crítica (art. 19) y pudiendo deducir cualquier tipo de presunciones de las conductas omisivas, perturbadoras o injustificadamente negativas, cuando de consignar, facilitar o presentar pruebas que se demuestre se encuentran en su poder (art 13)

En torno al mejor control de la prueba, y para lograr efecto disuasivo con la solidez de los medios probatorios con los que se cuente, se impone el deber de adelanto de identificación de los medios de prueba que serán utilizados en juicio, obligándose a consignar las documentales, bajo sanción de no admitir los que no se consignen con el libelo o la contestación (art 11 ap fin), consignación de la lista de testigos a quienes se llevarán a la audiencia oral , el libre acceso a pruebas en manos de la contraparte o bajo la guarda o custodia de terceros (arts. 9, numerales 1 y 2 LPM), se consagra la posibilidad de adelantar pruebas extrajudiciales, cuando así sea imprescindible para dejar constancia del estado de personas, cosas, lugares y documentos, las que se tramitarán conforme al Código de Procedimiento Civil (art. 16) y para cuyo efecto el Tribunal dictará las medidas que estime conducentes, aun sin la presencia de la contraparte, pero designándose un defensor judicial para esos solos efectos de la evacuación de la prueba (art. 16).

Se posibilita a las mismas partes para que conduzcan las diligencias de evacuación de las pruebas, con el solo requisito de que se garantice la presencia de representantes de ambas en el acto, para debido control (art. 20), con la advertencia de que si surgieren diferencias u oposiciones, se interrumpirán las que sean objeto de ellas, para que el juez que deba conocer las resuelva y para continuarlas como pruebas judiciales a posteriori.

Las partes en todo caso, podrán siempre solicitar ampliación o abreviación de los lapsos de pruebas y por igual, con los poderes incrementados de control del juez, éste podrá hacer cesar actos, de testigos y posiciones, recabar informes y pronunciamientos técnicos de organismos especiales y colegios de profesionales, para mejor ilustrar su criterio, pero no siendo ellos vinculantes y respetando la igualdad de las partes (art 14).

Resultan claramente incrementados los poderes probatorios del juez, en beneficio de una mejor precisión de la verdad de los hechos, pudiendo ordenar aún de oficio evacuación de pruebas que estime pertinentes, respetando la igualdad de las partes, así como la prohibición de no suplir defensas ni alegatos de las partes[18].

En la segunda instancia hay las limitaciones a pruebas que reconoce el modelo ordinario civil del proceso judicial según el Cpc (art. 21 LPM).

Conclusiones

El nuevo proceso marítimo regulado en la Ley de Procedimientos Marítimos, procura acoger y regular todos los adelantos de los sistemas más sofisticados modernos, siempre en pro de que el proceso sea un adecuado método para reconocer la verdad real de los hechos, por igual se da un amplio margen a la participación de las partes, a fin de que ellas realicen de la manera más fácil y expedita, cuantas diligencias sean menester para llevar los hechos, todo sin menoscabo de velar por la seguridad jurídica del proceso.

Como en toda la nueva normativa procesal, se faculta la aplicación del modelo del juicio predominantemente oral. Se incrementan las posibilidades de obtener la verdad real, se exige una conducta leal a las partes en el proceso, derivando de su incumplimiento en potestades para el Juez, si la prueba no evacuada, lo es por hecho imputable a dicha parte, para sacar de ellos las presunciones que su prudente arbitrio aconseje.

---

18 Una vez más la redacción del legislador no es clara en asuntos vinculados a las potestades probatorias del juez, no quedando plenamente definido si son potestades puramente ad aclarandum o realmente de iniciativa probatoria plena. Para nosotros, pareciera que si es potestad plena incluyendo la de iniciativa, siempre y cuando lo sea sobre hechos o situaciones previamente alegadas por las partes y quedando realmente excluido todo posible caso en el cual con la conducta del juez se esté supliendo el deber de alegación de hechos al proceso.

29.

ALGUNAS CONSIDERACIONES SOBRE EL NUEVO PROCESO ORDINARIO EN MATERIA AGRARIA*

Dedicatoria

"A la grata memoria del Dr. José Rodríguez U. así como a su ilustrada formación procesal".

¿Acaso no debemos a los que nos han proporcionado los medios para instruirnos la misma gratitud que a quienes nos dieron vida?

Federico El Grande, julio 1739

I. INTRODUCCIÓN

Dentro del conjunto de normas que declaró el constituyente necesario ajustar al nuevo supra-ordenamiento Jurídico Nacional[1], y con la urgencia del caso, se encontró la relacionada con la materia Agraria, ahora extendida en su ámbito al llamado Derecho Agro Alimentario para cuyo efecto fue dictado el Decreto con Fuerza de Ley sobre Ley de Tierras y Desarrollo Agrario[2].

---

* Versión resumida del trabajo que sobre dicho tema fuere preparado con ocasión del Congreso de Derecho Procesal promovido por el Instituto Venezolano de Estudios de Derecho Procesal (Invedepro), San Cristóbal, Edo. Táchira, Venezuela, Junio 2003.

1 Conocida como Constitución de la República Bolivariana de Venezuela de 1999, si bien fue publicada de nuevo en la Gaceta Oficial Extraordinaria N° 5.453 el 24-03-2000, con consistentes reformas de redacción e incluyendo Exposición de Motivos, en manera y forma que para la mayoría de la Doctrina Constitucionalista Venezolana, dejó mucho que desear en tanto aparentemente tales reformas y la susodicha Exposición de Motivos, no fueron aprobadas ni sancionadas por la propia Asamblea Constituyente. En todo caso, en lo adelante identificaremos a la primera como "CN", y a la mentada exposición de motivos "EMCN".

2 Dicha Ley, fue promulgada como Decreto con Fuerza de Ley, por el Ejecutivo Nacional, por vía a su vez de una Ley Habilitante, en lo sucesivo la identificaremos como LTDA, que se encuentra publicada en la GO N. 37323 del 13 de noviembre del 2001. A pesar de la importancia del tema regulado, y más con los cambios que fueron vaticinados y publicitados dentro del objeto de la nueva Ley, no se pudo contener el Gobierno de promulgar dicha normativa de manera apresurada, casi sin consulta, aún cuando se vendió la idea de que se había discutido y recogido amplia opinión sobre su contenido y disposiciones e inclusive se la llevó para conocimiento de un Congreso de Derecho Agrario, en el cual curiosamente el propio Presidente de la República fue quien se confesó su autor fundamental, y justificó su modo de

En la novedosa normativa se introducen una serie de nuevas instituciones y reglas para su implementación y puesta en funcionamiento, a la par que se dejaron olvidadas otras, o se

publicación y puesta en vigencia en la especial urgencia que suponía el malestar y las injusticias que venían sintiéndose en el sector agropecuario, y en todo caso, porque con ello se daba cumplimiento al citado mandato constitucional.

En torno a la modalidad de aprobación de dicha Ley, así como de otras que se lo hizo bajo la referida modalidad de una Ley de Habilitación, o sea, se trata de lo que nuestro sistema Legislativo vigente considera un DECRETO CON RANGO Y FUERZA DE LEY, ya hemos señalado que con ello se estigmatizó la vigencia y aplicabilidad pacifica de dicha normativa. Con esa modalidad, en efecto, sin necesidad alguna para nosotros, nos atreveríamos a señalar que aquí comienza el conjunto de contradicciones y disparates vinculados a dicha normativa, en tanto que en lugar de haber sido promulgada y discutida como una verdadera Ley formal e inclusive con rango de Ley orgánica, como lo amerita la importancia y especialidad del tema Agrario y de lo Agroalimentario, siguiendo inclusive el deseo del por igual nuevo constituyente a partir de 1999, la misma se la promulgó bajo la primera fórmula citada, materialmente en contra de la voluntad de todos los sectores involucrados a excepción del oficial, y la que ha sido severamente cuestionada en su constitucionalidad, tanto por haberse pretermitido requisitos y formalidades para dar fuerza a la habilitación otorgada, como por múltiples innovaciones seriamente cuestionables al chocar frontalmente con disposiciones expresas sustantivas de la Constitución Nacional. Pero aclaremos, no es ese nuestro tema de examen, y simplemente a los interesados y curiosos sobre dichos aspectos los remitimos a una interesante, seria y completa obra patrocinada por la Academia Nacional de Ciencias Políticas y Sociales de Venezuela en la que se recogen comentarios y opiniones sobre dichos problemas de esa y las demás leyes habilitadas, que por la autoridad y seriedad de sus autores, la hacen reputar como una de las mas serias, completas y enjundiosas sobre dicho problema y el cuestionamiento que se ha hecho a las leyes de la habilitante, nos referimos a la obra denominada "Ley Habilitante del 13-11 del 2000 y sus Decretos Leyes", Autores varios: Melich O, José R; Planchart Manrique, Gustavo; Leañez Sievert, Carlos, Ramón Escovar León y otros, Serie Eventos, No. 17, Biblioteca de la Academia de Ciencias Políticas y Sociales, Arauco Ediciones, CA, Isbn 980-6396-17-0, Caracas, 2000, 308 p. a cuya lectura remitimos.

En adición, debemos señalar que la mencionada regulación no solo sustituyó el ordenamiento sustantivo agrario y añadió el nuevo concepto y regulación para lo agroalimentario, sino que por igual modificó y sustituyó íntegramente el sistema administrativo y contencioso administrativo agrario y por igual la materia procesal ordinaria general agroalimentaria, derogando así la hasta entonces vigente Ley de Reforma Agraria del 5 de marzo de 1960 y por igual, en la materia que es propia del Procedimiento Agrario, también la Ley Orgánica de Tribunales y Procedimientos Agrarios GO 3015 Extraordinaria del 13-09-1982, entre otras disposiciones relacionadas con la materia.

Sobre ese último aspecto, también se ha discutido la validez de dicha normativa, en tanto se sostiene que por vía de un Decreto Ley se ha derogado la que estaba contenida en una Ley Orgánica y se ha puesto en vigencia una nueva legislación adjetiva agraria, sosteniéndose, como de rito que las leyes orgánicas solo pueden ser derogadas por otras de esa misma naturaleza y destacándose que los Decretos con Fuerza de Ley no se caracterizan por ser orgánicos. En torno a dicho aspecto el Profesor Edgar Núñez Alcántara, en sus comentarios sobre la nueva LTDA, (Memorias del Congreso Latinoamericano de Derecho Procesal ACAMID-DEM, Mérida, 2002, Isbn 980-389-069-7, p 203) sostiene que si es factible tal derogatoria y cita en su apoyo fallo del Tribunal Supremo de Justicia (TSJ) Sala Constitucional del 19 de octubre del 2001, bajo ponencia del maestro Jesús E. Cabrera, conforme al cual debe concluirse que las leyes habilitantes, siendo leyes marco, las mismas no tienen límite en cuanto a la jerarquía al tipo de Decreto que pueda dictarse bajo su amparo.

omitieron, a nuestro entender, hasta por descuido, otra serie de instituciones y modalidades propias de lo que hasta ahora ha sido el Derecho Agrario Venezolano.

El objetivo central de las nuevas normas se constatará que ahora se encuentra ampliado a un campo mayor que rebasa el solo "Derecho Agrario" y a su entidad como fuente productora de riquezas y acomodos a una clase social de particular importancia en el desarrollo de Venezuela, esto es su vasta clase campesina que todavía tiene relevante importancia en Venezuela.

En tal sentido, como lo declara la propia Exposición de Motivos de la LTDA, se focaliza y desarrolla el concepto de la agricultura como base estratégica de un desarrollo rural sustentable, donde el valor del ámbito agrario, no se limita solo a los efectos económicos beneficiosos sobre la producción nacional, sino que trasciende dicha esfera y se ubica dentro de la concepción, mucho mas integral, del desarrollo humano y social de la población.

Como bien lo especifica dicha exposición de motivos, dentro de esa línea, la CN dispone que el Estado "deberá desarrollar la agricultura como medio de desarrollo social, garantía de la seguridad agroalimentaria, medio de desarrollo rural, elevación de la calidad de vida de la población campesina, etc..." y con lo cual, según se lo agrega en dicho documento, se manifiesta la decisión fundamental hecha por el soberano de constituirse en un Estado Democrático y Social de Derecho y de Justicia, en el cual a diferencia de los Estado s Liberales, la tierra y la propiedad no son privilegios de unos pocos, sino que están al servicio de toda la población, dentro de los valores de solidaridad e igualdad de oportunidades.

Con ello, según se lo enuncia en el mismo comentado documento, se condenan expresamente regímenes contrarios a la solidaridad social, tales como el latifundio y se imponen los principios y se establecen los medios para el Estado en el orden financiero y comercial, produzca la transferencia tecnológica, tenencia de las tierras, infraestructura, capacitación de la mano de obra, necesarias para producir el desarrollo del sector Agrario.

En efecto, son muchas y novedosas, y de una vez también lo señalamos, algunas atrevidas y en franca contraposición con las normas y principios constitucionales y otras hasta sin sentido las reformas formuladas y se entenderá entonces que el propósito de esta investigación es solo la de referirse a algunas de aquellas, pues sería realmente audaz pretender siquiera enunciarlas todas y darles cabida a su examen y de allí precisamente el nombre que hemos dado a este conjunto de ideas sobre el tema de los cambios procesales fundamentales en la LTDA[3].

De modo general, y siguiendo un poco la descripción de los objetivos de la Ley en su exposición de motivos, puede señalarse que entre esos cambios fundamentales se encuentran el reordenamiento del régimen legal de las tierras públicas y privadas afectas al desarrollo agroalimentario; el modo de provocar esa afectación, el sistema de uso -que no de propiedad- de las tierras que entregan los órganos de control y ejecución de la LTDA, y que forman parte de las que el mismo concede o reconoce como aptas para la actividad y que las asigna a particulares; el nuevo sistema de dotaciones, la creación de un impuesto para pechar las tierras que no cumplan su función agroalimentaria -tierras ociosas-

---

[3] Ya a la fecha, sea de paso destacar, se han incoado varios recursos por inconstitucionalidad de la Ley, uno de los cuales prosperó parcialmente en el fondo y se pronunció la nulidad por inconstitucionalidad de varias de sus normas.

(concepto de finca productiva y mejorable) se introducen algunas modificaciones al régimen de expropiación agraria[4], se crea todo un nuevo procedimiento destinado al rescate de tierras propiedad de los entes agrarios, indistintamente que estén legal o ilegalmente ocupadas, se cambia radicalmente la existencia, funciones y operatividad de los entes a cuyo cargo está la gestión de la administración, desarrollo, comercialización, financiamiento y operación del sistema agroalimentario y el título V de dicho Decreto Ley, compuesto por diez y nueve capítulos se lo dedica a todo lo relacionado con la Jurisdicción *(sic.* "Competencia") Agraria, Administrativa, Contencioso administrativa, Procesal Ordinaria, Recurso especial de Casación y Sala *ad hoc* para su conocimiento, y régimen temporal de su aplicación, entre otros temas.

II. PRECISIÓN DE LOS ALCANCES DE LA PRESENTE INVESTIGACIÓN

No escapará a los interesados en esta temática que hacer siquiera un examen general de todos los grandes rubros que integran los cambios de la nueva Ley, e inclusive lo propio de la materia procesal ordinaria, excedería cualquier razonable propósito de examinar los mismos en una charla dentro del ámbito de un Congreso y menos aún en el apretado tiempo y espacio que se nos ha impuesto cumplir para el examen fundamental de las materias que son tratadas como temas fundamentales en estas jornadas procesales y en el Libro que contendrá dichas ponencias.

Por esto, centraremos nuestro examen al solo tema de los cambios fundamentales en el proceso ordinario judicial agrario, no en el administrativo, y tampoco pretenderemos agotar dichas instituciones y novedades, pues, repetimos, han sido muchos los cambios, y todos merecen la debida consideración y análisis por lo cual sería extenuante nuestra exposición y la revisión escrita de esa diversidad de temas.

Por ello para quitar falsas expectativas sobre nuestro trabajo, advertimos clara y diáfana mente de una vez, que el mismo se destinará solo a examinar los aspectos que hemos considerado mas relevantes del Proceso Ordinario Judicial Agrario, a reserva claro está de que en el futuro, y en ocasiones que no tengamos esas necesarias limitaciones de tiempo y espacio, vayamos revisando y anotando las demás novedades, deficiencias y aciertos de toda esa novedosa regulación que nos trae la LTDA[5].

---

4 Sobre dicho tema hemos publicado un ensayo en el Libro Homenaje al Profesor Gonzalo Pérez Luciani, Publicaciones del Tribunal Supremo de Justicia, Venezuela, 2002, PS. en el que analizamos comparativamente el régimen anterior de dicha Ley, la aplicación de la Ley de Expropiación por causa de utilidad pública o social, y los principales inconvenientes y fallas que observamos al nuevo sistema.

5 Ya con éste sea de paso observar son seis (6) los estudios y análisis que nos hemos permitido hacer en torno a la mentada LTDA y diversos de sus tópicos. Así, en abril del 2002, examinamos las modificaciones habidas en el proceso ordinario agrario, en Primera y Segunda Instancia (Jornadas en honor al Dr. José S Núñez A., en Maturín, Estado Monagas); en el CELARA y con FUNDAGRARIO, nos correspondió examinar el nuevo régimen y regulación de la propiedad agraria (Caracas, 2002). Cosa similar hicimos en las Jornadas promovidas por la misma Fundación y el Colegio de Abogados del Estado Zulia (Agosto 2002) y en las charlas sobre Derecho Agrario organizadas por la Escuela Judicial (Octubre 2002, Caracas), en las que por igual examinamos el tema vinculado a las características propias del nuevo sistema de propiedad agraria dotacional y los efectos de la nueva normativa sobre los regímenes de tierras con vocación agraria nacidos al amparo de las leyes anteriores que regulaban dicha materia.

Seguros podemos destacar que esta Ley dará mucho que decir y provocará cuantiosas interpretaciones sobre su contenido, tanto por la novedad de sus instituciones, como por la necesidad de ir adaptando la realidad al nuevo régimen legal.

III. NOVEDADES EN EL NUEVO PROCESO JUDICIAL AGRARIO

1. *Competencia especial agraria*

En torno a la Competencia Agraria especial, comenzaremos por destacar con todo alborozo que se ha vuelto a los inicios de las conquistas logradas con las leyes de anterior vigencia y superando así los cambios sobrevenidos en los últimos diez años que precedieron a la CN, y donde por un prurito económico y una mal entendida economía judicial, se descuajaron los logros de la separación de la Competencia Agraria autónoma frente a las demás especialidades e inclusive la ordinaria procesal civil.

En efecto, conforme a la nueva LTDA, se declara la especialización de la "competencia y magistratura agraria", que conocerán de esta especial materia (Artículo 273 LTDA) exclusivamente, e impone al nuevo ente Judicial Supremo, esto es al Tribunal Supremo de Justicia, por vía de la Dirección Ejecutiva de la Magistratura, crear y dotar a los Juzgados de Primera Instancia con tales definidos propósitos.

En ese mismo orden de ideas, se concretiza e independizan del resto de los órganos judiciales, los que son agrarios, que deben conocer en primera instancia de la materia agraria, de manera específica y excluyente y por igual se lo hace con los de la Segunda Instancia Agraria, confiriendo el conocimiento de la misma a los Juzgados Superiores Regionales Agrarios, que deberán conocer en segundo grado de las decisiones habidas en dicha materia en la Primera Instancia y adicionalmente se les confiere la competencia para resolver el contencioso administrativo agrario y de las demandas contra los entes agrarios, todo de conformidad con lo establecido en la misma LTDA. (Art. 273 *ejusdem).*

La competencia así asignada abarca de modo general el conocimiento de todas las acciones que por cualquier causa sean intentadas con ocasión de la actividad u omisión de los órganos administrativos en materia agraria, incluyendo el régimen de los contratos administrativos, el régimen de las expropiaciones, las demandas patrimoniales y demás acciones con arreglo al derecho común que sean interpuestas contra cualesquiera de los órganos o los entes agrarios (Art. 172 LTDA).

La importancia y autonomía que se reconoce a la materia agro alimentaria, se patentiza finalmente en que el órgano judicial competente para conocer en vía extraordinaria de la revisión de los fallos de Segunda Instancia sobre asuntos agrarios, lo es ahora por igual una Sala Especial dentro del Tribunal Supremo de Justicia, y aún dentro de la misma especialidad de la Sala Social, que ya forma entidad aparte de la de Casación Civil, que conocerá tanto del Recurso de Casación en materia agraria (arts. 248 ss. LTDA) como del Recurso de interpretación que sea interpuesto sobre normas contenidas en la LTDA y como alzada definitiva del Contencioso Administrativo Agrario[6].

Adicionado a dichas conferencias, está finalmente nuestro comentado estudio sobre la Expropiación Agraria.

6 Por cierto estimamos propicio destacar igualmente reciente interpretación jurisprudencial de la Sala Social del Tribunal Supremo en torno a que lo agrario, no solo se debe deducir de la índole

Precisa observar que la Sala especial Agraria mantendrá relativa autonomía de la Especial Social, en tanto que para su integración requerirá componerla con dos de los magistrados de aquella y un (1) solo conjuez de la misma que fungirá como "ponente permanente" de los asuntos de esa competencia especial, y que será designado por igual de manera especial, por los propios integrantes de la Sala de Casación Social[7].

El recurso de Casación en materia Agro-alimentaria, a diferencia del tradicional del Procesal Civil, Mercantil, Tránsito ordinarios, solo procede contra los fallos definitivos de segunda instancia, que presenten disconformidad con los de primera, y siempre y cuando la cuantía de los asuntos sea igual o superior a Cinco millones de bolívares, al igual que contra los fallos interlocutorios con fuerza de sentencias definitivas, que extingan el proceso, agotadas que hubieren sido las vías ordinarias de recurribilidad, así como contra las decisiones de los Superiores Agrarios que declaren sin lugar los recursos de hecho (Art. 248).

Por igual vale la pena destacar lo relacionado con relevantes modificaciones en el trámite y efectos del Recurso de Casación en lo que atiene al trámite mismo del recurso extraordinario de Casación sobre esta materia, ahora regulado en modo diferente a como lo establece el Código adjetivo ordinario, en tanto que dispone la nueva regulación que no se casará el fallo por defectos de actividad, independientemente de que adolezca de vicios de forma , si el mismo no ha sido determinante en la producción del dispositivo del fallo, si no hace la sentencia inejecutable, y si no vulnera la garantía a la tutela jurisdiccional efectiva de las partes, acompasando dichas nueva reglas, en el aparte final del artículo 256 de la LTDA, con la disposición de que la Sala conocerá preferentemente de los vicios de fondo denunciados, procediendo a emitir directamente el fallo "sin reenvío".

---

especial agraria de los asuntos que conforme a la Ley deben ser objeto de conocimiento por parte de los Tribunales Agrarios, tal como se desprende del artículo de la LTDA, ni tampoco lo hace definitivo y excluyente, que el fundo o contratos o acciones de que se traten se refieran a inmuebles ubicados dentro de las poligonales que delimitan el ámbito agroalimentario en el país, En efecto, si el destino real del bien es el producción agroalimentaria, poco importara que el mismo se encuentre aún fuera de la poligonal que demarca lo que tiene destino agro alimentario, en tanto que a tenor de lo dispuesto en el Art. 23 de la LTDA se da por igual protección y trato preferencial a la actividad productiva agraria, aun cuando se efectúe la misma fuera de la citada poligonal rural (sent. 441 Espute 02-213 de fecha 11 de julio del 2002, Ramírez & Garay, tomo CXC, p. 657 ss).

7 Art. 200 LTDA. Admitimos que el entorno de lo Agrario y de lo Agroalimentario, tiene un amplio espectro social, pero definitivamente que no es lo mismo, salvo en la requerida especial sensibilidad humana para el trato de sus objetos, lo social laboral, de familia y niños y adolescentes que lo social agrario. En este último ámbito predominan fundamentalmente aspectos económicos de una actividad fundamental para el desarrollo de una colectividad o país. Por ello, en torno a este modo de constituir la Sala Especial y designar su integración, formulamos nuestras reservas, en primer lugar, porque no consideramos adecuado que esa Sala funcione con solo dos de los Magistrados, ojalá pues que en el momento de redactar la nueva Ley del Tribunal Supremo, se superen los problemas que ello originará y nada de ello encuentra solución ni en las normas transitorias de la CN ni en la vigente Ley Orgánica de la Corte Suprema de Justicia, así como tampoco estimamos conveniente que ese solo Conjuez así designado sea siempre el Ponente de los casos bajo conocimiento de dicha Sala, pues de tal manera, además de los problemas que generará cuando se produzca una crisis subjetiva del órgano, pondrá siempre en evidencia una sola posición en materia de interpretación agraria, pues solo a él corresponderá siempre la ponencia, y difícilmente se apartará del criterio de lo por él establecido alguno de los otros dos magistrados que componen dicha Sala.

A tenor de lo dicho, formalmente las modificaciones del régimen de la Casación Agraria conllevan la priorización de los motivos de fondo sobre los de forma, con las solas excepciones que dichos vicios hayan sido en primer lugar determinantes en la producción del dispositivo[8], que impidan la ejecución del fallo o que vulneren la garantía de la tutela jurisdiccional efectiva de las partes.

Finalmente, y en el mismo tono referido a novedades, como se observa de la mención que al efecto dejamos hecha antes, destacamos por igual, que siguiendo una de las modalidades incorporadas en la reciente CN, se establece también, ahora, para lo agroalimentario, el "Recurso de Interpretación" sobre normas contenidas en la LTDA, que facilitará la mejor aplicación e interpretación de sus normas y mandatos sean de índole sustantiva o adjetivos[9].

En torno al comentado artículo, ya la Sala Social ha pronunciado con carácter de interpretación jurisprudencial (no por vía de recurso de interpretación), que a pesar de lo expresamente señalado en el último párrafo de la norma comentada, no procede el recurso de casación contra las sentencias que declaren sin lugar los recursos de hecho propuestos, a pesar de lo dispuesto en contrario por el artículo 248[10] dejando así tapado el burdo contrasentido de haberlo reconocido, con lo cual se restaba toda importancia al sentido propio del "recurso de hecho".

2. *Fines y propósitos de la competencia agraria. Poder cautelar especial para la protección general agroalimentaria*

De una manera novedosa, la LTDA (Art. 168) consagra ahora cual es, por decirlo de algún modo, el fin último de la Jurisdicción *(sic.* Competencia) agraria, disponiendo que los Jueces, especiales, en cualquier estado y grado del proceso, conociendo de las acciones agrarias, de las demandas patrimoniales contra los entes estatales agrarios y de los recursos contenciosos administrativos agrarios, velará por:

— La continuidad de la producción agroalimentaria,

— La continuidad en el entorno agrario de los servicios públicos,

— La conservación de los recursos naturales y el medio ambiente,

— El mantenimiento de la bio-diversidad,

— La conservación de la infraestructura productiva del Estado,

— La cesación de actos y hechos que puedan perjudicar el interés social y colectivo, y

---

8 Frase esta última, por lo demás poco agraciada, pues suponemos que deberá entenderse que la intención del legislador no es mas que destacar el que en efecto el error haya sido determinante en el "contenido" del dispositivo.

9 Esta nueva concepción de la competencia, comprensiva de toda y cualquier materia vinculada a la especialidad, e inclusive con procedimientos propios, la denomina nuestro apreciado Profesor y amigo, Dr. Edgar Núñez Alcántara (Oc.p 206) "consagración de un fuero de juzgamiento integral".

10 Sentencia 438, Casación Social, Sala Agraria, 11 de julio del 2002, Exp.02-276 en Ramírez & Garay, tomo CXC, p. 655 ss, No. 1362-02

— El establecimiento de condiciones favorables al entorno social e intereses colectivos.

Dentro de esa misma novedosa idea, y haciendo suyo el mandato constitucional[11] el Art. 169 de la nueva Ley precisa que "El procedimiento agrario constituye un instrumento fundamental para la realización de la justicia. La omisión de formalidades no esenciales no dará lugar a la reposición de la causa".

Por igual, el mismo citado artículo 168 LTDA, con el objeto de garantizar los cometidos fijados por el Legislador, con ocasión de una cualquiera de las vías en que puede plantearse el conocimiento de asuntos relativos al derecho agroalimentario, le concede al Juez aún de oficio, una potestad cautelar especial, amplísima, en tanto destaca que para tales fines el juez podrá, conforme a las condiciones fácticas concretas, dictar aun de oficio las medidas preventivas que resulten adecuadas y conforme al supuesto de hecho de la norma que le sirva de fundamento contenida en el presente Decreto Ley, imponiendo ordenes de hacer o de no hacer a los particulares y a los entes estatales agrarios, según corresponda.

Entendemos que el nuevo reconocimiento de la denominada Potestad Cautelar especial general, ya existente en la Ley Orgánica de Tribunales y Procedimientos Agrarios (LOTPA), es mucho más técnico y preciso, con la advertencia de que por el solo hecho de proceder de oficio, ahora, como antes, tal poder, viene circunscrito a los estrictos límites que precisa el legislador, y como tal debe tener como finalidad inmediata, la protección del interés colectivo, la utilidad pública que supone la protección de los derechos del productor rural, y de sus bienes, así como de las materias vinculadas a dicha actividad, si a juicio del juez se estuvieren poniendo en peligro, como entidad, o ante la simple amenaza de afectarse la continuidad del proceso agroalimentario, o, finalmente, si de ello pudiere derivar un daño a los recursos naturales renovables.

Lo ahora claramente asentado en la Ley, será a nuestro juicio suficiente para que una simple buena dosis de prudencia de los magistrados, permita un adecuado uso de la potestad genérica cautelar en materia Agroalimentaria y de Protección de los Recursos Naturales, evitando así los viejos abusos y planteamientos insostenibles con los cuales se ejecutó dicha potestad en los ordenamientos jurídicos anteriores conde por lo general se confundía tan importante potestad con la proclamación de la cautela ordinaria, a falta de petición expresa de las partes, o donde se mezclaba el interés individual en la cautela, con el colectivo y general de la protección que reclamaba la producción agropecuaria o el de preservación de los recursos naturales en juego.

Ratificando esta alta misión conferida a la Judicatura Agraria, por igual el Art. 211 *ejusdem,* dispone: "El juez agrario debe velar por el mantenimiento de la seguridad agroalimentaria de la Nación y el aseguramiento de la biodiversidad y la protección ambiental. En tal sentido, el Juez agrario, exista o no juicio, deberá dictar oficiosamente las medidas pertinentes a objeto de asegurar la no interrupción de la producción agraria y la preservación de los recursos naturales renovables, haciendo cesar cualquier amenaza de paralización, ruina, desmejoramiento o destrucción. Dichas medidas serán vinculantes para todas las autoridades públicas, en acatamiento del principio constitucional de seguridad y soberanía nacional".

---

11 Art. 257 CN.

Para nosotros, tal declaratoria comporta inclusive una potestad que va mas allá de la potestad cautelar general del Juez, en efecto, conforme al nuevo dispositivo legal, aun sin existir juicio, supuesto necesario para el ejercicio ordinario de la potestad cautelar, el magistrado judicial agrario tiene poder para adoptar las medidas temporales e instrumentales que estime necesarias para la preservación del interés agroalimentario nacional, protección de los recursos naturales y evitar la interrupción del proceso de producción agroalimentaria, dirigiendo sus mandatos y cautelas al colectivo en general y a una o mas autoridades competentes según el caso, y ajeno ello a toda posible conflictividad particular o entre el Estado y los particulares.

Se tratará, en efecto, en más de una ocasión, de poner a salvaguarda los intereses del colectivo en torno a su alimentación y preservación, todo lo cual justifica la extraordinariedad de dichas potestades.

Repetimos, este poder cautelar del que venimos hablando, en cualquiera de sus dos versiones, esto es, el especialísimo general, y aun extrajuicio, y el extraordinario, salvo su naturaleza eminentemente instrumental y temporal, nada tiene de relacionado con el poder cautelar ordinario que contempla la Ley con miras a evitar la producción de daños mayores o de protección contra el *periculum in mora,* al extremo que como lo veremos seguidamente más adelante, inclusive en su modo de tramitación, no supondrá la necesidad de que las partes conozcan o no la decisión del Juez para aplicar dichas cautelas.

3. *Principios generales de índole procesal que debe entenderse rigen los procesos vinculados a lo agroalimentario*

Dispone por igual la Ley bajo comentario, y con ello también ajusta la regulación procesal agroalimentaria a las nuevas tendencias procesales constitucionales, que los procedimientos contemplados en dicha Ley, se regirán por los principios de inmediación, concentración, brevedad, oralidad, publicidad y carácter social del proceso agrario (Art. 170).

En efecto, siguiendo, repetimos las nuevas tendencias que en la materia recogió el constituyentista, se entronizan los procesos agrarios dentro de los sistemas cuyo modelo es predominantemente oral, de declarada participación directa del juez que conoce y debe resolver la controversia (identidad del juzgador) y que ratifica sí los lineamientos de gratuidad, celeridad y carácter social propios de este tipo de procesos.

Como resulta de principio en doctrina procesal general, lo predominantemente oral de dichos procesos, no resta toda importancia a determinadas actuaciones que deben y tienen que seguir siendo escritas (Arts. 176, 202, 220, 229, etc. LTDA), por igual, a pesar de que la evacuación de pruebas se la supone debe realizársela en la Audiencia oral, en esa forma, subsisten medios cuya evacuación seguirá siendo escrita (Arts. 239, 240, 202 citado)[12]

---

[12] Consideramos que entre los nuevos instrumentos que vienen consagrando como principio rector de los procesos, la oralidad, la LTDA es uno de los que con mejor criterio lo precisa y consagra es el de la LTDA, en tanto sanciona clara y categóricamente cual debe ser la regla de interpretación para tal normativa, y así, en efecto, el Art. 202 in fine, dispone: "Las disposiciones y formas del procedimiento oral son irrenunciables, no pudiendo relajarse por convenio de las partes ni por disposición del Juez. Su incumplimiento será causa de reposición de oficio o a instancia de parte".

4. *Preeminencia del interés en la composición voluntaria en los litigios de naturaleza agraria*

No obstante que por lo general en el proceso agrario se discutan o estén vinculados los derechos en reclamación a principios y temas de eminente orden público o relacionados con lo agroalimentario, que resulta de eminente interés nacional, el Art. 210 de la LTDA destaca que en cualquier estado y grado de la causa, antes de la sentencia, podrá el Juez instar a las partes a la conciliación, exponiéndoles las razones de conveniencia, fundamentando las mismas en la búsqueda de la eficacia de la justicia material, sin que pueda instarlas a conciliar cuando precisamente estén en juego asuntos sobre los cuales no puedan realizarse transacciones.

Esta norma viene complementada por lo dispuesto en el artículo 168 de la misma Ley, que dispone: "El juez agrario competente, de oficio o a instancia de parte, podrá acordar en cualquier estado y grado del proceso, la realización de una audiencia conciliatoria como mecanismo de solución alternativa del conflicto, quedando a salvo el cumplimento previo de las formalidades y requisitos que la legislación exige para la homologación de acuerdos sobre los intereses públicos".

Vale la pena llamar la atención que el mandato legislativo se aplica por igual, obviamente, a cualquiera de los procesos que se cumplen en sede agraria, esto es, tanto el ordinario, donde las partes pueden ser en efecto particulares que debaten intereses propios, vinculados a lo agrario, pero por igual lo será en casos donde quienes querellen sean entes del sector agropecuario, órganos que a su cargo tienen lo agroalimentario, o entre ellos y aquellos, sin que la Ley distinga, para que sea pertinente la posible solución conciliatoria.

Con ello, por igual se da ejecución a otra declaratoria constitucional, cual es la contenida en el artículo 258 CN, y es que esa debe ser la vía preeminente que prevalezca en la solución de los conflictos de intereses, borrando todo malestar futuro y provocando una verdadera posible reconciliación entre las partes que controvierten sus derechos, pues si en algún campo de la vida es menester borrar todo posible roce, es precisamente en el de las relaciones entre los hombres dedicados al campo, o entre las autoridades a él vinculadas y quienes lo explotan, pues son ellos los que mano a mano deben compartir, apoyarse y buscar las soluciones mas propicias a su actividad por la vía de la mutua concesión de prerrogativas y obligaciones.

5. *La perención en las causas agroalimentarias sea en sede ordinaria o en la del contencioso administrativo*

El Art. 197 *ejusdem* regula lo relacionado con la "Perención" de las causas de contenido Agroalimentario, disponiendo que la misma procederá de oficio o a petición de parte, cuando hayan transcurrido seis (6) meses sin que se haya producido ningún acto de impulso procesal por la parte actora. La inactividad del Juez después de vista la causa, o habiéndose producido la paralización por causas no imputables a las partes, no producirá la perención.

Tomando en cuenta la grave polémica que se ha generado en nuestro foro con la interpretación de la perención ordinaria del CPC, a nuestro modo de ver la LTDA no fue lo suficientemente clara.

Del ahora vigente dispositivo, debe deducirse entonces que, la perención ordinaria corre por el transcurso de seis (6) meses sin inactividad de la parte actora.

Consideramos pertinente destacar un desliz del legislador en la redacción de la nueva norma, al haber pretendido hacer imputable la inactividad a la sola parte actora, pues por igual producirá perención la in conducta de la demandada, al no instar el decurso del juicio, ni tampoco permitirá entender que si la demandada hubiere ejecutado algún acto de procedimiento no por ello no se entenderá interrumpido el decurso del término de la perención. Lo que en sentido contrario pueda deducirse no es producto sino de la mala redacción de la norma y en consecuencia a nuestro entender, no debe provocar una interpretación contraria a los principios que regulan la materia.

Se ratifica igualmente que el legislado hace inimputable a las partes el transcurso del tiempo sin actividad, cuando el caso ya se encuentre en estado de decisión o si ello ocurre por hecho no imputable a las mismas.

Entendemos que el segundo de los supuestos vendrá referido a los casos en que, si recurre el lapso de tiempo fijado en la Ley, y no se produce actividad por parte del Juez, por hecho inimputable a las partes, ello solo estará referido a casos en que ya el caso hubiere pasado la etapa de "vistos", pues de lo contrario carecería de sentido el principio regulado, que no establece excepciones de ningún tipo en lo que atiene a imputabilidad o no a las partes[13].

6. *Novedades en torno a la forma de ejecutar el poder cautelar ordinario en el proceso agrario*

En torno al poder cautelar tradicional, la nueva Ley por igual inserta una novedad carente de todo antecedente en el entorno procesal venezolano, quizás derivado de una polémica interpretación que vino haciendo la Sala Político Administrativa de la otrora Corte Suprema de Justicia, en torno al modo de ejercicio de la tramitación de las cautelas. En efecto, el artículo 183 *ejusdem,* dispone que cuando se solicite una medida cautelar, sin precisar de cual naturaleza[14] lo sea, el juez deberá llamar a las partes a una audiencia oral para conocer sus posiciones en torno a la solicitud. En ese mismo acto deberá tomar la decisión, salvo que estime necesario diferirla por un lapso no mayor de 48 horas, para un mejor conocimiento del asunto.

En otras palabras, conforme lo dicho termina en el proceso agrario el poder cautelar "inaudita pars", encontrando nosotros como motivación para dicha postura, que el legislador anda en procura de una solución adecuada a la actividad misma, cuando se trata de asuntos relacionados con lo agroalimentario. En la forma dicha, el juez , escuchando la posición de ambas partes, realmente tomará conocimiento de si se justifica o no la cautela, de si ella no modifica, altera o perjudica intereses de mayor entidad, etc. o, finalmente si de repente, con el solo hecho de acordarla, no procurara con ello la solución misma del asunto[15].

---

13 Para nosotros el supuesto legal solo estará referido a los casos en que aún en estado posterior a vistos, por ejemplo, se suspendiere el curso de la causa, por una crisis subjetiva del órgano, y por hecho que no le sea imputable, ello no hubiere sido del conocimiento de las partes

14 Con la advertencia de que Núñez Alcántara considera a priori excluida la cautelar para obtener la suspensión de los efectos del acto administrativo, en sede del contencioso administrativo, por el fin mismo de dicha medida *(opus cit.,* p. 215)

15 En ejecución del nuevo orden de las cautelares denominadas autosatisfactivas o anticipatorios del fallo. Para ver in extenso dicha temática, remitimos a la obra colectiva, Medidas

Dentro de lo cautelar administrativo, vale la pena por igual referir a otra novedad de la ley bajo examen, nos referimos a los supuestos y condiciones bajo los cuales procede la "suspensión de los efectos de los actos administrativos impugnados", con marcada diferencia en lo que al respecto estatuye la Ley orgánica de la Corte Suprema de Justicia, pero siguiendo una especie de nueva tendencia seguidora de la corriente ius tributarista sobre el tema.

En efecto, conforme al Art. 182 *ejusdem*... Podrán suspenderse en todo o en parte los efectos del acto administrativo recurrido, sólo cuando el peticionante compruebe que su inmediata ejecución comporta perjuicio o gravámenes irreparables o de difícil reparación por la definitiva y acompañé garantía suficiente dentro de los cinco (5) días hábiles siguientes al auto que se acuerde.

Por lo demás, también destaca el legislador que la suspensión será improcedente cuando el juez detectare que la falta d ejecución del acta comporte perjuicio al entorno social (182, aparte primero).

La indicada garantía en todo caso no será pertinente cuando el peticionante de la suspensión lo sean entes estatales agrarios, o beneficiarios de la Ley que carezcan de recursos económicos y lo comprueben fehacientemente (aparte final del mismo comentado artículo).

Así mismo se destaca que la falta de presentación de la garantía, que como se ha dejado visto, debe constituirse automáticamente, una vez decretada la suspensión, provocará la revocatoria de la misma, al igual que lo generan la falta de impulso procesal por la peticionante de la medida o si varían las causas por las cuales se la declaró (Art. 182 aparte tercero LTDA)[16].

7. *Modalidades en torno a la citación a juicio*

En torno al llamado a juicio en los procesos que conforme a la nueva competencia deban llevarse a cabo, la novedosa ley, ratifica que el mismo se realiza mediante simple boleta, tal como se lo hacía en la LOTPA, debiendo agotarse por supuesto la *in faciem* previamente, antes de proceder a la que con Carteles ahora se ordena tramitar para que comparezca o bien se le designe defensor especial.

El artículo 216 LTDA que la contempla, precisa que la misma debe llevarse a cabo en la morada o en el lugar donde se las encuentre, salvo que se encuentren en ejercicio de alguna función pública o en el templo.

El llamado por Carteles, regulado en el 217 *ejusdem,* procede cuando no ha podido lograrse la citación directa, mediante la emisión, fijación y publicación de carteles que

---

Autosatisfactivas, coordinada por Jorge Peyrano, Rubinzal Culzoni, Argentina, 2001, Isbn 950-727-208-9.

16 Para Núñez Alcántara, la última comentada posibilidad de revocatoria de la suspensión de los efectos del acto, establece una indeseable discrecionalidad, por insegura, en las facultades del Juez, según él demostración del marcado estatismo que imbuye la Ley. Opus cit. p 215.

deberán colocarse los primeros en la morada y en el Tribunal de la causa, y su publicación en la Gaceta Oficial Agraria[17].

El lapso para darse por citados, es de tres días de despacho, desde el día siguiente a aquel en que conste haberse efectuado las fijaciones, así como la consignación de la Publicación en la Gaceta Agraria.

Del texto del artículo, para nosotros, no cabe duda que lo último que ocurra de los dos hechos aludidos en la norma es la que desata el inicio del cómputo, que no la sola fijación, pues es la manera mas justa de interpretar la modalidad y que beneficia el mas claro derecho de la defensa.

Si no se apersonaren en dicho lapso, conforme la misma norma, procederá la designación de un Defensor, que curiosamente en este supuesto, la nueva Ley dispone que lo sea el funcionario que ahora por Ley tiene a su cargo la Defensa Especial Agraria, y que sustituyó de manera terminal la antigua Procuraduría Agraria Nacional, organismo aquel que formará parte ahora del nuevo ordenamiento judicial de la República y bajo el control de la Autoridad Ejecutiva de la Magistratura dependiente del Tribunal Supremo de Justicia. (Art. 274 LTDA) sin distingos por cierto de la condición de quien fuere el demandado (campesino, beneficiario o nov de la LTDA).

8. *Efectos de la rebeldía del demandado*

Otra novedad inserta la LTDA en su artículo 226, conforme al cual la falta de **contestación** tempestiva de la demanda no crea la presunción de confesión ficta que se produce en el juicio ordinario civil. En efecto, la nueva ley determina que en tales casos, simplemente se invertirá la carga de la prueba de los hechos, y solo si nada probare que le favorezca y la pretensión no fuere contraria a derecho, se le tendrá por confeso.

Para los efectos dichos sin embargo, y con el objeto de dar la celeridad que requiere el proceso agrario, determina el mismo legislador en la norma bajo comentario, que abierto el lapso probatorio de pleno derecho por cinco días de despacho, si el demandado no aportare ninguna prueba, solo entonces el Juez deberá entrar a sentenciar la causa sin más dilación dentro de los ocho días siguientes al lapso de promoción.

De manera, pues, que si se sanciona al demandado remiso, cuando habiendo podido ejercer actividad probatoria para favorecerlo con la inversión de la carga de la prueba de los hechos que contra él se invocaron, nada hiciere para desvirtuar dichos hechos, y es entonces, cuando vista su negativa expresa o presunta, le ordena la ley al Juez entrar a sentenciar, sin más miramientos y obviamente respetando siempre, aun a falta de toda prueba el que si la pretensión no fuere conforme a derecho, en ningún caso podrá declararse con lugar la pretensión.

---

17 Es esta otra de las novedades de la LTDA, esto es, la creación y puesta en funcionamiento de un órgano de publicidad especializado para todo lo Agrario (Arts. 277 y 278 y disposición transitoria décima sexta). Siendo de observar que por el hecho de que no esté en funcionamiento la aludida publicación, ello no implica que las publicaciones y medios de citación aplicables no se regulen por las nuevas reglas, y por tanto, en el caso de los Carteles, estos ahora, se estarán publicando en la Gaceta Oficial que no en los diarios de circulación en el país. Estas disposiciones han sido criticadas desfavorablemente, destacándose que ello no conducirá precisamente al mejor cumplimiento del debido proceso y del adecuado derecho de defensa para las partes, en tanto entorpecerá el conocimiento de dichos actos judiciales, etc.

9. *Facultades probatorias del Juez Agrario en los procesos regulados por la LTDA*

De nuevo en esta materia se incorporan principios novedosos, pero a nuestro modo de ver que no resultan suficientemente claros y se prestarán a discusiones y problemas de interpretación jurisprudencial.

En efecto, en primer lugar nada se estableció en cuanto a dichas potestades respecto al proceso contencioso administrativo o administrativo agrario, debiendo interpretarse que se seguirán aplicando las normas de la Ley Orgánica de Procedimientos Administrativos (LOPA) y de la Orgánica de la Corte Suprema de Justicia, de las que cabe deducir que el Juez administrativo y del contencioso goza de una plena potestad probatoria, tanto de iniciativa ss como *ad aclarandum*[18].

En el proceso ordinario agrario las cosas no resultaron igual, pues en efecto se introdujeron ciertos cambios, como son los casos de los artículos 205 al 207 LTDA, de los cuales resulta una verdadera confusión, que solo generará mayores problemas de interpretación que los ya existentes hasta esta fecha.

Así, conforme al 205, no cabe duda que el Juez agrario en los procesos agrarios ordinarios puede hacer uso de sus potestades probatorias *ad aclarandum* (esto es, para esclarecer, aligerar y conducir adecuadamente el proceso probatorio) y en tal sentido quedan facultados sin lugar a discusión alguna para hacer cesar actos de examen de testigos, posiciones juradas, así como solicitar opiniones y dictámenes técnicos, para ilustrar su criterio.

Igualmente, y sin que amerite discusión alguna, es claro que el Juez agrario en el juicio ordinario, podrá ordenar la evacuación y tramitación de pruebas invocadas por las partes y que por cualquier razón no hubieren quedado evacuadas (bien sea dentro de la misma oportunidad para la evacuación, o mediante autos para mejor proveer) tal y como expresamente lo contempla el Art. 207.

Finalmente, en esta materia, la Ley es mucho clara y terminantes que en otros preceptos legislativos que se refieren al tema cuando se refiere a la iniciativa probatoria plena del juez, cuando, resuelve casos en que según su buen criterio, dispone la práctica de cualquier medio probatorio, que estime simplemente necesario para el mejor esclarecimiento de la verdad, pues allí, realmente, a pesar de que el proceso pueda ser típicamente a impulso de parte o mercenario, como por igual los conoce la doctrina, y aún cuando tradicionalmente se había sostenido que las partes asumían la carga de la prueba de sus alegatos, la Ley los faculta para que en beneficio de obtener la real verdad, puedan tomar iniciativa de prueba y disponer lo conducente para que se evacúen las que él considera menester para tales fines.

La única limitación a nuestro modo de ver en tales casos, es que resultará imposible de alterar dentro del proceso ordinario agrario, la carga de la alegación de los hechos que será

---

[18] Con la sola reserva para nosotros en los casos de juicio del contencioso pleno ordinario, donde el Juez asume idéntica posición a la del Juez ordinario, debiendo respetar, como lo veremos y es hoy así, los principios de la carga de las alegaciones y de las pruebas, donde no puede justificarse la ruptura del principio de la igualdad de las partes y de la absoluta imparcialidad que debe guardar el juez en su sagrada función de administrar justicia.

única y exclusivamente a cargo de cada una de las partes interesadas, sin que el Juez pueda alterarlos o modificarlos.

De esta manera, por vez primera en forma clara y diáfana se reconoce al Juez Agrario en el proceso ordinario de esa materia, la iniciativa probatoria propiamente dicha, para alegar y traer a los autos pruebas sobre hechos alegados y discutidos en el proceso, de manera inconfundible y separada de la mera potestad *"ad aclarandum"* a la que nos hemos referido antes.

10. *Trámite de los juicios especiales en materia agroalimentaria*

Para ya no hacer mas larga nuestra exposición sobre estos temas especiales, queremos terminar nuestras observaciones sobre lo procesal en la LTDA haciendo alusión al nuevo tratamiento que se da en la misma a los casos establecidos para el trámite de los llamados juicios o procesos especiales, en la que por igual se ha producido innovación que ya ha llenado unos cuantos folios de sentencias dictadas en el corto tiempo de vigencia de la Ley.

La materia viene regulada en el Capítulo XVIII del Título que venimos examinando, y concretamente en el artículo 267 de la LTDA, que diáfanamente dispone:

> "Las acciones petitorias, el juicio declarativo de prescripción, la acción de deslinde de propiedades contiguas, se tramitarán conforme a los procedimientos especiales establecidos en el Código de Procedimiento Civil, adecuándose a los principios rectores del Derecho Agrario".

Para nosotros, lamentablemente dicha norma deja mucho que desear y será causal para mantener agitadas y vigentes recordadas viejas polémicas.

En efecto, de su simple lectura se desprende que sólo esos juicios no tienen los nuevos trámites especiales en su rito formal de la LTDA con la expresa salvedad de que, a pesar de lo confuso que ello pueda resultar, se tramitarán por igual bajo los principios y nuevas modalidades del juicio prototipo general agrario ordinario, esto es, bajo los principios de inmediación, concentración, brevedad, oralidad, publicidad y carácter social del proceso prototipo (Ex-Art. 170 *ejusdem).*

En cambio, a texto expreso de dicho mandato, por igual tendrá que sostenerse que todo y cualquier otro proceso donde esté involucrado lo agro alimentario, tiene que conducirse, sin excepción alguna, a pesar de las modalidades que pueda presentar en la legislación ordinaria el mismo, por los principios y el rito del modelo prototipo del agrario ordinario.

En ese sentido por ejemplo los célebres Interdictos en defensa de la posesión, tienen que ser tramitado por el juicio prototipo agrario, sin ninguna de las modalidades especialísimas que para aquel tiene contempladas el CPC, (que es casi un prototipo de cautelar autosatisfactiva).

Lo dicho no parece haber tenido oportunidad de discutirse a nivel del TSJ, en tanto que hay disposiciones transitorias de la LTDA que obligan a terminar de sustanciar dichos procesos en curso por el sistema procesal bajo el cual se iniciaron o se encuentran a determinada etapa de los mismos, conforme el principio de la *perpertuatio jurisdictionis*, pero ello no debe confundirse ni entenderse como si el Tribunal Supremo hubiere hecho interpretación diferente de lo antes afirmado.[19] [19]

Y creemos y estamos convencidos que en el caso del ejemplo es así, por cuanto inclusive, siendo el proceso de defensa de la posesión un procedimiento especialísimo, breve, urgente, casi cautelar, como lo hemos sostenido, resultará mucho más abreviado y simple el ejercicio de su rito por el prototipo de la LTDA que en el del CPC y ello es suficiente para justificar que se lo haya dejado para que su trámite no esté en las excepciones del Art. 267.

Claro está deberemos esperar la última palabra del TSJ para terminar por fijar claramente posición en tomo a esta interesante materia.

IV. OBSERVACIONES FINALES

No escapará a ninguno de los interesados en estos temas, ni a quien hayan dado una somera revisión a las ideas precedentemente expuestas que la LTDA constituye una verdadera novedad dentro del ordenamiento jurídico nacional, inclusive el promulgado luego de la puesta en vigencia de la CN en el cual se introducen una serie de novedades y nuevas instituciones, sin antecedentes en nuestra tradición legislativa, algunos quizás con sólido respaldo en nuevas tendencias mundiales o regionales en materia agraria e inclusive en materia Procesal, pero otros, absolutamente innovadores, y que debido a ello darán lugar a una enjundiosa doctrina e interpretación jurisprudencial.

Los cambios han sido polémicos y algunos inclusive ya han dado lugar a pronunciamientos anulatorios por reputarlos en franca violación de la CN[20].

En otros aspectos, consideramos se ha logrado conjugar adecuadamente la conveniencia e interés en que esta modalidad de proceso de evidente contenido social se adecúe mejor a las realidades agrarias, y estamos seguros que en el tiempo y con la debida interpretación que se haga de ciertas normas que se prestan a confusión, definitivamente se mejorará la Justicia ordinaria agraria.

Lamentamos si, una vez más, que el proceso de discusión y formación de esta importantísima Ley de la República, más ahora cuando la CN impone los mecanismos de participación ciudadana para la formación de las leyes, fuera cumplido tan atropelladamente y haciendo caso omiso a cualquier recomendación y observaciones que de hecho fueron formuladas a dicha Ley, en tanto iban escapando al público el motivo y redacción de algunas de sus normas.

---

19 En tal sentido por ejemplo véase el fallo de la Sala Social del 4-7-2002 donde se dispone claramente aplicar la normativa ordinaria del CPC (Ramírez & Garay, Tomo CXC, 1356-02, p. 644, Venezuela 2002).

20 En especial en materia de los procesos administrativos ordinarios que la Ley contempla para los nuevos entes del proceso Agroalimentario, tales como la figura de la 'intervención administrativa", desconocimiento de la indemnización por mejoras y bienhechurías en tierras de entes públicos, etc. Al respecto véase fallo de la Sala Constitucional del TSJ de fecha 20 de noviembre de 2002 que declara la nulidad total de los artículos 89 y 90 de la referida LTDA, lo cual si no constituye remedio total a los desaguisados de la mencionada Ley, cuando menos deja sin efecto dos de las mayores arbitrariedades que la misma consagraba.

Para el suscrito lo deseable debía ser un proceso de revisión completo y sensato de dicho Decreto Ley, en la Asamblea Legislativa, donde libre de todo perjuicio, se procuren concertar los intereses de productores, agroindustria y estado, a todos los niveles.

Por lo pronto, esperamos que en eventos como al que se dirige este modesto trabajo, pueda por igual lograrse en sus discusiones aportar luces y soluciones a los problemas de semántica contenidos en la ley así como a una más propia y adecuada interpretación de la LTDA.

CUARTA PARTE

DERECHO DE FAMILIA

30.

EL DIVORCIO EN DERECHO VENEZOLANO*

Alberto Baumeister Toledo**

I. INTRODUCCIÓN - NOCIONES GENERALES

El divorcio resulta ser uno de los factores que afectan el matrimonio, el quizá más peculiar de los que provocan su perturbación y definitivamente diferente a los otros dos que integran aquellos, esto es, la nulidad y la separación de cuerpos.

Con mayor precisión podemos destacar que el divorcio es una causa de disolución legal del matrimonio, que comporta su total extinción y como bien lo anota nuestro apreciado profesor Francisco López Herrera, sus efectos se producen a futuro, no afectando ni los efectos pasados ni los derechos adquiridos por los ex-esposos con motivo del matrimonio o con anterioridad a su desaparición[1].

Nuestro Código Civil[2] regula sendas causas de extinción expresamente en el artículo 184:

> *«Todo matrimonio válido se disuelve por la muerte de uno de los cónyuges y por divorcio.»*

---

* Estudio publicado en: *El Divorcio en el Derecho Iberoamericano*, Colección Biblioteca Iberoamericana de Derecho, Editorial Reus, Madrid 2009, pp. 647-671.

** Profesor de pre y post Grado en la Universidad Central de Venezuela, UCAB, y de post grado en las Universidades Fermín Toro, Universidad de Margarita, Católica del Táchira, Católica de Guayana, Profesor de Post Grado en la Universidad Privada de Cochabamba, Bolivia. Profesor Invitado en la Universidad Javeriana de Bogotá, San Salvador de Buenos Aires y Fasta de La Plata. Abogado en ejercicio.

1 López Herrera, Francisco, *Derecho de Familia*, tomo II, 2ª edición, Isbn 980-244- 419-7, Universidad Católica Andrés Bello (UCAB), 2006, p. 166.

2 El Código Civil referido es el de 1982, publicado en la Gaceta Oficial de la República de Venezuela, N° 2.990, Extraordinaria, de fecha 26 de julio de 1982.

La fuente remota de dicha norma parece haber sido el Código Civil Francés de 1804, en su artículo 227, a través del artículo 89 del Proyecto de Código Civil de España, Proyecto García Goyena[3].

Así pues que sólo la muerte, que supone la cesación de la vida de una persona natural y el divorcio, provocan esa disolución o extinción del vínculo y con la diferencia con este último, de que mientras la primera produce que las relaciones jurídicas de carácter patrimonial provoquen su sucesión, no así con el divorcio que pone definitivo fin a todas las relaciones de índole personal, las cuales terminan automáticamente[4].

Los efectos del divorcio se producen como consecuencia de un pronunciamiento judicial válido, dirigido expresamente a ese fin.

II. ANTECEDENTES HISTÓRICOS DE LA INSTITUCIÓN EN DERECHO VENEZOLANO

El divorcio aparece en Venezuela con el Código Civil de 1904, aun cuando con anterioridad se llamaba también divorcio a la simple separación de cuerpos entre esposos, lo cual se correspondía con el concepto etimológico de la palabra, pues *«divortium»* se traduce como separación y ya que el divorcio viene a ser la máxima de las separaciones, la más drástica[5].

Dicha separación conforme a los Códigos de 1862 y 1867 se tramitaba ante los Tribunales eclesiásticos y de acuerdo con el procedimiento establecido en el Derecho Canónico, y sólo pasa a la competencia exclusiva de los Tribunales civiles a partir de 1873 con la promulgación del Decreto Ley de matrimonio civil de enero de 1873, habiendo perdurado así hasta nuestros días.

La consagración de la institución en 1904 reguló por igual las causales únicas y taxativas admitidas por el legislador para que procediera el grave efecto del divorcio. En ese entonces también se preveía como sanción adicional a la extinción del vínculo el que la patria potestad de los hijos de menor edad, nacidos durante el matrimonio, correspondiese al esposo inocente, esto es, a quien no había dado lugar a la o a las causales.

Tal como se la consagró entonces, se ha repetido la institución en los Códigos posteriores de 1916 el de 1942, y el actualmente vigente de 1982.

En el último mencionado Código sólo se incrementaron las tradicionales causales del divorcio, introduciendo las de interdicción de uno de los cónyuges por defecto grave mental, y el expedito y novísimo sistema de divorcio por causa de separación de hecho

---

3 En Código Civil de Venezuela, artículos 184 al 185-A (antecedentes, comisiones codificadoras, debates parlamentarios, jurisprudencia y doctrina, concordancias), Obra Colectiva, Universidad Central de Venezuela, Imprenta Universitaria, Isbn 980-00-1282-6, 2ª edición, 1988, pp. 28 y ss.

4 Acertadamente el mismo López Herrera, advierte que la extinción sólo la producen la muerte y el divorcio, en tanto que la sola declaración de ausencia sólo provoca la disolución de los efectos patrimoniales (la comunidad de gananciales, si es que no existía otro) según lo dispone el artículo 173 del Código Civil.

5 Boccaranda E. Juan J., Guía informática, *Derecho de Fami*lia, tomo I, Tipografía Principios, Venezuela, 1994, p. 594.

prolongada por mas de cinco años e igualmente las consecuencias del divorcio sobre la patria potestad antes aludida.

Con el objeto de aclarar otro debatido tema sobre el divorcio, vale la pena acotar que nuestro sistema adopta y considera el divorcio, como una real excepción, toda vez que en la mentalidad del legislador y la convicción social, llevan a considerar el matrimonio como perpetuo, por su misma naturaleza para dar así sólido apoyo a la institución de la familia, perpetuidad esa no obstante, que no debe asimilarse a «indisolubilidad», pues precisamente se admite por vía de excepción que por las causales especificas del divorcio, aquel sea disuelto legalmente.

Quienes procuran una justificación teórica a su existencia, se han dividido en dos corrientes, la del divorcio como sanción, de aquellos que lo sustentan como divorcio-remedio, las que si bien no aportan nada particular a la esencia misma de la institución, reflejan consecuencias muy diversas en la regulación de electos y consecuencias, tal como ocurre con el establecimiento de las causales.

Dentro de quienes se alinean en torno al divorcio como sanción contra el cónyuge responsable del acaecimiento de las causales, se encuentra Venezuela, con la advertencia, no obstante, de que nuestro legislador vigente aceptó la inclusión de causales tales como la interdicción por defecto mental grave, la conversión de la separación en divorcio y la separación de hecho prolongada, con lo cual también reconoce la idea de la existencia del divorcio como remedio[6].

III. CARACTERES DEL DIVORCIO EN EL SISTEMA VENEZOLANO

No obstante, la separación de cuerpos sólo provoca la suspensión de algunos de los deberes que impone el vínculo matrimonial, mientras que el divorcio lo extingue. Hay caracteres especiales comunes a ambas instituciones que las califican y tipifican.

Así, en ambos casos:

1º.- Todo lo que atiende a las causales viene vinculado al orden público: se trata de instituciones de tal naturaleza, pues inciden sobre la normalidad y estabilidad del vínculo matrimonial, en el cual tiene interés la sociedad e igualmente pueden constituir factores negativos para la moral social, por el abuso a que se prestan, con lo que afectan a las buenas costumbres.

No obstante, el Estado considera menester reconocerlas y regularlas, por ser beneficiosas dentro de la situación de excepcionalidad que motivan.

Por igual debe entenderse que las reglas que regulan la institución son de carácter imperativo y no pueden ser relajadas, modificadas, o de ningún modo, renunciadas, ni por las partes ni por los magistrados[7].

Como expresa consecuencia, destaca LÓPEZ HERRERA, resultan absolutamente nulos cualesquiera acuerdos o pactos en virtud de los cuales se pretendan establecerse, relajarse o modificarse las causales del divorcio, o que establezcan limitaciones o adiciones (sea de manera general o sobre la base de determinadas causales), y también las cláusulas

---

6 En igual sentido López Herrera, op. cit., 181.

7 Artículo 6 del Código Civil.

penales convenidas para el caso de violación de dichas prohibiciones y limitaciones ilegales; etc.[8].

2°.- Requieren siempre de intervención judicial. Tanto en el divorcio como en la separación de cuerpos, es menester que una sentencia los pronuncie. Dado el carácter de orden público antes destacado, no pueden admitirse en ellos arreglos extrajudiciales en temas que les son propios.

3º.-Proceden sólo por causales determinadas taxativamente. La autoridad judicial competente sólo podrá declararlo cuando existan las causales taxativas que establece la ley (concretamente el Código Civil en el caso venezolano). Tratándose como lo hemos dejado dicho de instituciones de orden público, las causales son de interpretación restrictiva, no pueden, por tanto, extenderse por analogía[9].

Acota López Herrera, que obviamente no basta con el solo alegato de la causal contemplada en el ordenamiento, sino que deben ser probadas en proceso contencioso[10].

IV. CAUSALES DEL DIVORCIO EN DERECHO VENEZOLANO

Consagración legal:

Nuestro Código Civil contempla como causales, las taxativamente previstas en los artículos 185 y 185-A, a saber:

Artículo 185: *«Son causales únicas de divorcio:*

1° El adulterio.

2º El abandono voluntario.

3º Los excesos, sevicia e injurias graves que hagan imposible la vida en común.

4º El conato de uno de los cónyuges para corromper o prostituir al otro, o sus hijos, así como la connivencia en su corrupción o prostitución.

5º La condenación a presidio.

6º La adicción alcohólica u otras formas graves de fármaco-dependencias que hagan imposible la vida en común».

7º La interdicción por causa de perturbaciones psiquiátricas graves que imposibiliten la vida en común. En este caso el Juez no decretará el divorcio sin antes procurar la manutención y el tratamiento médico del enfermo.

También se *podrá declarar el divorcio por el transcurso de más de un año, después de declarada la separación de cuerpos, sin haber ocurrido en dicho lapso la reconciliación de los cónyuges (...)»*

---

8 Op. cit. p. 184.

9 Sobre este carácter de las causales existe unanimidad de los autores nacionales, así en adicción a López Herrera, pueden consultarse Nerio Perera Planas, *Causas de divorcio*, Edit. Magón, Caracas, 1972; Rico, José, *El Divorcio* (citado en el Código Civil Comentado), entre otros.

10 Op. cit., p. 185.

Artículo 185-A:

«Cuando los cónyuges han permanecido separados de hecho por más de cinco años, cualquiera de ellos podrá solicitar el divorcio alegando ruptura prolongada de la vida en común».

Algunas precisiones en torno a las causales

Se señala como origen de dicha norma la legislación francesa de 1804 (artículos 229, 231 y 233), la cual por la vía del Proyecto del Código Civil español de GARCÍA GOYENA (1852)[11] y en Venezuela puede decirse que aparecen redactadas como en principio hoy lo están desde el Código de 1867[12].

Advierte el Prof. López Herrera, que el sustento de la mayoría de dichas causales puede resumirse en el acaecimiento de **injuria civil grave** que haga imposible la vida en común, pues son todas ellas diferentes modos o formas de esa injuria, dejando exceptuado únicamente las dos últimas causales del artículo 185 y el supuesto del artículo 185-A[13].

Por razón de lo que venimos exponiendo en tomo a las características de la institución, ninguna otra causa, por grave y perdurable en el tiempo que sea, puede considerarse de lugar en vida a la disolución del vínculo entre los cónyuges, tampoco podrá autoridad judicial alguna dar curso ni admitir demanda de divorcio que no esté debidamente fundada en una de dichas causales y si, no obstante, lo hiciere, podrá oponerse entonces con éxito la cuestión previa de **prohibición de admitir la acción[14].**

Como se comenta *infra*, con la sola excepción de las causales de interdicción por defecto mental grave (ordinal 7 del artículo 185 del Código Civil) y la separación de hecho prolongada (artículo 185-A) y la conversión en divorcio de la separación legal de cuerpos (artículo 185, penult. aparte), en nuestro sistema se acoge la tesis que sostiene el fundamento de la institución como: **divorcio sanción,** pues dichas causales implican violaciones «graves» de los deberes conyugales por parte de quien da lugar a ellas y para que resulte así, es indispensable que el acto que constituye o da lugar a la causal, pueda imputarse al cónyuge que aparece como culpable o responsable de tales circunstancias, esto es, que procedida de manera consciente y voluntaria, por lo cual los actos de tal naturaleza realizados por un demente, un sujeto hipnotizado, sonámbulo, etc. no pueden dar lugar a la causal del divorcio[15].

Finalmente, cabe acotar otra particularidad entre las causales, esto es, que en las seis primeras reguladas en el artículo 185 del Código Civil, debe hacerse una diferencia entre

---

11 Código Civil Comentado, p. 54 ss.

12 Código Civil Comentado, p. 56.

13 Acota López Herrera en torno a la evolución de las causales, que estas se han repetido en los Códigos de 1904, 1916, 1922 y 1942, pero puede observarse una tendencia a facilitar progresivamente su práctica, de lo cual su más notable manifestación es la última reforma del Código Civil (1982) donde se agregaron dos causales más, que son típicas de las legislaciones que siguen el sistema del divorcio remedio (interdicción por defecto mental grave y separación de hecho prolongada, op. cit., p. 186.

14 Artículo 36. numeral 11, del Código de Procedimiento Civil vigente (1987).

15 En tomo a ello existe reiterada y pacífica jurisprudencia de los tribunales nacionales, que se inician desde 1913 y permanecen en idéntica posición hasta nuestros días. López Herrera difunde por igual dicha interpretación, op. cit., p. 187.

las de adulterio y condenación a presidio, que son causales perentorias de divorcio, con lo cual se quiere destacar que una vez comprobada cualquiera de ellas, la autoridad judicial viene obligada a declarar el divorcio, sin que le corresponda efectuar estimación alguna en torno a la gravedad en la violación de los deberes del matrimonio, lo cual ya ha hecho el legislador de manera general con su sola consagración, mientras que por el contrario, el resto de las causales son facultativas, en tanto que corresponderá al Juez que conoce del divorcio en cualquiera de dichos supuestos, analizar debidamente los hechos que constituyen fundamento de ellas, tanto en género como en especie, para determinar a su criterio si los hechos invocados como su sustento, dan o no lugar a infracción grave de los deberes conyugales.

En adición, y por último, cabe precisar que los actos constitutivos de las causales deben haber ocurrido después de la celebración del matrimonio, por tanto salvo especial excepción[16], sólo podrá haber incumplimiento de los deberes, una vez que ya existe el vínculo, y no antes de establecido.

V. BREVE EXAMEN DE ALGUNAS DE LAS CAUSALES TAXATIVAS

A continuación haremos un breve examen sólo de algunas de las causales, particularmente de aquellas que han sido objeto de inclusión en la reforma del Código, en 1982, o de las demás, cuando presentan atipicidades o interpretaciones de especial contenido, para no incurrir en innecesario volumen de anotaciones en tomo al tema y en tanto siendo su consagración, interpretación y contenido casi idéntico en el resto de nuestros países del entorno hispanoamericano y hasta mundial, no requieren para su mejor comprensión examen más detallado, ni de ninguna otra información adicional.

PRIMERA- Adulterio

Coincide la doctrina en señalar que ocurre tal como se lo define en nuestro idioma, es decir, por ayuntamiento carnal voluntario entre persona casada y otra de distinto sexo, que no sea su cónyuge[17].

Para que exista la causal es menester que se den dos elementos: la cópula carnal llevada a cabo por una persona casada que no es su cónyuge (elemento material) y la realización de tal acto de manera consciente y voluntaria (elemento intencional).

En tal sentido, una jurisprudencia reiterada sobre el tema considera que no existe conducta impropia, cuando se mantiene relación más o menos íntima de uno de los esposos con terceras personas, de no haber unión sexual, ni tampoco la habrá cuando tales actos ocurren contra la voluntad del afectado o de manera inconsciente (demente, hipnotizado o bajo efectos de sustancias tóxicas). Tampoco lo habrá si las prácticas sexuales con tales características lo son entre personas del mismo sexo (homosexuales), que en cambio sí

---

16 En efecto, la ocultación por uno de los cónyuges de hechos reputados gravísimos o muy bochornosos del pasado, puede dar lugar, según las circunstancias, a una causal de divorcio (injuria grave) como es el supuesto de ocultación o disimulación de la gravidez por la mujer, si ella no era imputable al ahora marido.

17 Diccionario de la Lengua Española. Coincide con dicho concepto Sojo Bianco, Raúl, *Apuntes de Derecho de Familia y Sucesiones*, Mobil Libro, Venezuela, 1990.

podrán dar lugar a injuria grave y que sí se reputan similares al adulterio en Derecho Canónico[18].

Con la reforma de nuestro Código Civil de 1982, la causal de adulterio es de carácter perentorio tanto para el hombre como la mujer, y aun cuando ello ocurra por una sola vez, independientemente de las circunstancias y de las repercusiones que puedan derivar de ello; lo que antes de dicha reforma legal no era así, pues sólo se producía la causal cuando el adulterio lo cometía la mujer, salvo que en el supuesto del hombre, diere lugar a situaciones que provocaran injuria grave (escándalo público) con lo cual se pretendía defender que por convencionalismos sociales, era mucho más delicada la infidelidad de la mujer casada que la de su marido, tanto desde el punto de vista personal, como familiar.

Vale la pena llamar la atención que lo más importante en torno a esta causal es su prueba, que implicará la demostración precisa de que se han mantenido relaciones carnales durante el matrimonio con pareja diferente a la propia, si bien no es menester demostrar si hay o no la intencionalidad, toda vez que debe presumirse sí lo hace bajo deliberada voluntad, salvo prueba en contrario de a quien se impute la infidelidad, todo lo cual hace realmente difícil la prueba, de un hecho, que de común resulta oculto o realizado con cautela.

Las anotadas dificultades probatorias han llevado a considerar la conveniencia de eliminar dicha causal de divorcio, y en todo caso, sus hechos constitutivos ya serían suficientes para la invocación de la «injuria grave»[19].

No cabe duda de la pertinencia de la causal en casos de condena penal por adulterio, o en supuestos de seducción o violación, detección del hecho *infraganti*, o de cosa juzgada civil (declaratoria con lugar de reclamación de filiación, o por las pruebas heredo biológicas entre el cónyuge y el presunto hijo, casos por lo demás poco frecuentes).

Por lo dicho, la demostración devendrá de presunciones *hominis* (hechos variados, pero precisos y concordantes) que lleven hasta el ánimo del juez, la convicción de la efectiva situación de adulterio, o como lo sostiene reiterada jurisprudencia nacional, por hechos directos y significativos que no hagan dudar que la unión sexual era inminente o terminaba de realizarse.

Por el contrario, se ha descartado la invocación de la causal, a pesar de haber quedado probado el embarazo de la mujer, o aun su propia infertilidad, pues no se probó adecuadamente que la infertilidad era permanente, ni la fecha en la cual comenzó, o aun habiendo hijos del *marido*, si en cambio no se había demostrado quién era la otra mujer o que la mujer habite en la casa de otro hombre[20].

SEGUNDA - Abandono voluntario:

Constituye ésta una de las causales más utilizadas dentro de nuestro sistema legal, para fundamental- los divorcios en Venezuela.

A pesar de su corta y precisa motivación o causa, es de amplio contenido el cúmulo de situaciones que dan lugar a ella.

---

18 López Herrera, *op. cit.,* p. 189.

19 En tal sentido. Viso, Luis René, *Derecho de Familia*, Cabimas, Impresora Petrolandia, Venezuela, 1985, pp. 141 ss.

20 Para mayor ilustración véase la obra de López Herrera, p. 191.

Se entiende por tal el incumplimiento grave, intencional e injustificado, por parte de uno de los cónyuges de los deberes de cohabitación o de asistencia o de socorro, derivados de la existencia del matrimonio.

Precisamos que para producirse la causal no necesariamente debe suponerse la separación del hogar conyugal de uno de los esposos, que si bien podría dar lugar a la causal, no es tampoco su único supuesto (lo que sí ocurría antes, en vigencia del Código Civil de 1942, el cual añadía a la actual consagración de la causal que ella ocurriera por abandono preciso «del hogar»), pues lo que sí debe quedar claro es que el abandono se produce por toda infracción grave de los deberes del matrimonio, con la sola excepción del deber de fidelidad, que da lugar a la causal independiente del adulterio.

La aludida interpretación es hoy reiterada pacíficamente por la jurisprudencia venezolana.

Para que exista tal causal, según la doctrina y jurisprudencia nacional dominantes, es preciso que la falta sea grave, intencional e injustificada. Toda vez que es una de las causales facultativas, el juez que conoce del asunto deberá con base a las pruebas, precisar si los hechos aducidos reúnen o no tales caracteres y si ellos son suficientes para declarar la existencia de la causal.

Debe hacerse hincapié en los siguientes aspectos:

a.- El abandono se entiende en doctrina y jurisprudencia que es grave cuando resulta de una actitud definitivamente adoptada por uno de los esposos, pues no lo es, cuando se lo adopta por circunstancias pasajeras, simples disgustos o pleitos casuales.

Así, por ejemplo, no son motivo de causal, el simple retiro del hogar, si ello no lo es con el propósito definido de no permanecer así definitivamente, sino que lo hace y se reintegra al cabo de un tiempo relativamente corto, o que la mujer se niegue a prestar el débito conyugal al marido, con motivo de un disgusto, pero no de manera permanente.

De igual manera, precisa aclarar que en tales circunstancias, «la tolerancia del cónyuge inocente», per *se,* no elimina la causal, sino que puede, según los casos y circunstancias, ser tomada en consideración a los efectos de declarar la no existencia de la gravedad, en tanto que aquella contradice la gravedad de los hechos.

b.- El abandono debe ser intencional, pues aun cuando sea grave, no es causal de divorcio si no es «voluntario» y en tal sentido no existirá abandono intencional, si el responsable no se encontraba en su sano juicio, o si el eventual causante está preso, detenido o privado ilegítimamente de su libertad, enfermedad, etc.

López Herrera afirma que para ello, tampoco es menester que el cónyuge inocente asuma la carga de probar esa voluntariedad, por considerar que tal prueba es materialmente imposible por estar referida a motivaciones, debiéndose ser invocado por parte de a quien se imputa el abandono, fundándose en la ahora reiterada posición de nuestra casación civil.

c.- El abandono debe ser injustificado y en tal sentido según la doctrina y jurisprudencia patria, no es injustificado si:

c.-1: se debe a que el cónyuge abandonado incurrió previamente en falta grave de sus deberes matrimoniales o amenazó seriamente a éste para obligarlo a cometer el abandono.

c.-2: tal separación del hogar ocurre por decisión judicial para proceder en tal forma con base a lo especialmente regulado en el artículo 138 del Código Civil o se debe a circunstancias que ponen en peligro su vida o salud (alcoholismo, drogas, etc.)[21].

Por igual cabe acotar que la citada autorización no puede ser por tiempo indefinido o de modo permanente que hace imposible el cumplimiento de los deberes matrimoniales de manera prolongada o definitiva[22].

c.-3: Caso de encontrarse en curso un juicio de nulidad del vínculo o de divorcio o separación de cuerpos o si existe sentencia de separación de cuerpos.

c.-4: Si el deber conyugal cuyo incumplimiento se alega se encontraba suspendido por cualquier motivo diferente de los antes señalados.

TERCERA - Excesos, Sevicia e Injurias graves

Constituyen los supuestos de la causal, «los excesos», entendiendo por tales actos de violencia ejercidos por uno de los cónyuges en contra del otro, que ponen en peligro la salud, la integridad física o la misma vida de la víctima. Se entiende igualmente por «sevicia» el maltrato y la crueldad, si bien no necesariamente que afecten a la vida o a la salud de quien lo sufre, hacen insoportable la vida en común. Por último, se entiende por «injurias» desde el punto de vista civil, los agravios o ultrajes físicos o inclusive de palabra (hablada o escrita), que lesionan la dignidad, el honor, el buen concepto o la reputación de la persona contra quien se dirige.

Los conceptos antes transcritos, que dan lugar a la causal, son de vieja data y reiterativos en nuestra jurisprudencia[23].

Expresamente desarrollamos esta causal por ser la que con el «abandono» es la de más uso en nuestro medio judicial. Genéricamente esta tercera causal de divorcio puede entenderse en todos sus aspectos cubierta con lo que podríamos denominar «injuria grave», en tanto que los actos de excesos y sevicia tienen en sí carácter injurioso.

Los supuestos de la causal constituyen así mismo, casos de violación de los deberes de asistencia y de protección entre los esposos (artículos 137 y 139 del Código Civil).

La causal, como se lo señaló anteriormente, es de índole **«facultativa»,** en tanto no todo caso de exceso, sevicia o injuria grave, darán lugar a una demanda de divorcio, y para que sea tal será imprescindible que sean hechos de tal naturaleza que hagan o impidan como imposible la vida en común. Por último, la apreciación de si ello cumple o no la indicada condición, será siempre de la libre apreciación del juez de la instancia.

Son caracteres de esta causal de divorcio que:

---

21 El comentado artículo dispone: «El juez de Primera Instancia en lo Civil podrá, por justa causa plenamente comprobada, autorizará cualquiera de los cónyuges a separarse temporalmente de la residencia común».

22 Ajuicio de esta interpretación judicial, en tales supuestos la autorización para separarse deja de surtir efectos. Vid. López Herrera, op. cit., nota 32, p. 195.

23 Una larga enumeración de conceptos y expresiones doctrinales sobre esta causal y sus particularidades pueden revisarse en Código Civil Comentado, p. 153 y ss. sobre lo que a su vez existe abundancia de jurisprudencia de los tribunales nacionales, los cuales parten de una sentencia de casación de 1944, y los que pueden revisarse en López Herrera, op. cit p 198

1° los hechos sean graves, no se admite con ello ningún otro grado de infracción. Esa gravedad deberá precisarse con base a cada caso en particular, esto es, tomando en cuenta las circunstancias propias de ellos: condición y posición social, nivel de educación, costumbres del medio donde se desenvuelve, edad y sexo de la víctima y victimario, y condiciones de lugar y data, etc.

Precisamos en torno a lo antes alegado, que será menester tomar en consideración la eventual tolerancia de la víctima respecto a esas aptitudes del cónyuge que los ocasione, que, asimismo, un mismo hecho concreto en algunos supuestos podrá ser calificado de exceso, sevicia o injuria, mientras que en otros casos podría ser totalmente irrelevante.

López Herrera[24] estima que el carácter de la gravedad de los excesos, de la sevicia o de la injuria, es algo sumamente variable y relativo, en apoyo a lo cual invoca decisiones que parten de 1944 con una sentencia de casación hasta las de reciente data.

Lo relevante, en todo caso, es que los hechos que dan lugar a la causal deben ser apreciados siempre de tal manera que creen la convicción de que por ello se hace imposible continuar la vida en común para aquél de los cónyuges que lo haya padecido.

Aclaramos también, que según reiterada jurisprudencia, para que se dé la calificación de esos hechos como constitutivos de la causal, no es menester que constituyan o revistan los supuestos de delitos penales[25].

En torno al sujeto pasivo de los hechos constitutivos de la causal, cabe aclarar que no sólo serán tales los cónyuges, sino que también puede derivar de actos llevados a cabo por uno de ellos contra parientes del otro o contra los hijos comunes, pero siempre que tengan el carácter de graves y lleguen efectivamente a que sea imposible la vida en común.

Dejamos también aclarado que para que el hecho se encuadre en los supuestos de la causal puede ser un hecho aislado o producto de su reiteración, siendo esto último debatido en nuestra doctrina nacional y con lamentable contradicción de algunos fallos[26].

2° Deben tratarse de actos intencionales por parte del cónyuge aparentemente culpable y para que ello sea así, es menester que fueren ejecutados de manera voluntaria y con plena intención de dañar u ofender. En tal sentido, no darán lugar a las causales, los actos de un demente, los ocurridos ocasionalmente o por intenso dolor.

3° Debe tratarse de actos injustificados y en tal sentido no habrá exceso, sevicia o injuria cuando lo que así pretende calificarse ha sido ejecutado por uno de los cónyuges en ejercicio de un legítimo derecho, en cumplimiento de un deber moral o legal o por virtud de obediencia legítima o debida.

En torno a este aspecto, también debe tomarse en cuenta que si las lesiones se producen para repeler la agresión del otro cónyuge, los actos del agredido sólo serían justificables cuando se empleen medios proporcionados al ataque y no cuando haya exceso en la defensa. En torno a ello, también sostiene la doctrina que no puede tolerarse como justificado repeler la injuria con otra injuria, lo que podría dar lugar, en dicho caso, a que son ambos los que se encuentran afectados por la causal.

---

[24] Op. cit., p. 199.

[25] Al respecto véase jurisprudencia citada por López Herrera, en su obra, p. 200.

[26] López Herrera, p. 200.

La jurisprudencia nacional ha calificado como casos concretos de excesos, sevicia o injuria grave: los golpes y heridas ocasionados por un cónyuge al otro, mantener incomunicado al otro cónyuge, privación de alimentos intencional (que además daría lugar al abandono voluntario), el abuso grave en las relaciones sexuales, el contagio intencional de enfermedades venéreas, las amenazas graves de un cónyuge al otro y, finalmente, el incumplimiento grave del deber de fidelidad aunque no se pueda encuadrar dicho supuesto en adulterio. También lo son las imputaciones calumniosas o injuriosas que realmente afecten la dignidad de los sujetos, las expresiones burdas y grotescas, ambas cuando son ofensivas, las proposiciones inmorales o degradantes, la negativa injustificada a consumar el matrimonio (también causal de abandono voluntario), los actos contra natura no consentidos por quien lo soporta, la contradicción permanente de las expresiones, pensamientos o actuar de la pareja, el tratamiento infamante público o privado y hasta la ocultación de hechos gravísimos acaecidos en el pasado aun antes del matrimonio.

Por último, y como casos curiosos, también constituyen la causal, la negativa a contraer matrimonio por ritos religiosos después de realizado el civil si esa era la intención de las partes previamente establecida y hasta el ocultamiento del matrimonio por rito religioso sin ponerlo de manifiesto al otro cónyuge, dependiendo de sus convicciones religiosas; la demanda de divorcio o separación de cuerpos infundada y maliciosamente incoada, así como, finalmente, la convivencia con un tercero aun cuando no pueda demostrarse que se mantienen relaciones carnales o la exhibición y presentación en público de sujetos como habidos extramatrimonialmente.

En torno a los supuestos antes transcritos ha sido enjundiosa y abundante la jurisprudencia nacional, recomendando al respecto revisar las notas y citas de la obra de López Herrera[27].

Para precisar aun más los hechos que dan lugar a esta tan invocada causal, estimamos conveniente resaltar la jurisprudencia también reiterada sobre en qué casos no debe entenderse que procede el alegato de esta causal, siendo de mencionar entre otros: uso de palabras vulgares aun cuando se dirijan de uno a otro cónyuge; el abandono voluntario, toda vez que éste es causal autónoma; los simples rumores sobre infidelidad de uno de los cónyuges; el adulterio alegado como injuria grave, porque también es ello causal autónoma; las prácticas de ritos de superstición sin que ello sea para imponerlas al otro cónyuge; ni, finalmente, la denuncia policial formulada por uno de ellos en razón de lesiones que le haya ocasionado el otro.

Las circunstancias de que la conducta injuriosa se haya prolongado en el tiempo no le quitan su carácter agraviante y da lugar al ejercicio de la causal, salvo verdadera reconciliación.

A pesar de los múltiples supuestos que se consideran dan lugar a la causal de la normativa legal, no siempre puede sostenerse que es fácil el aspecto probatorio del asunto, en tanto que, como puede deducirse de lo referido, la ejecución de muchos de ellos, casi suponen prueba imposible, toda vez que su acaecimiento sólo suele producirse en la intimidad de las relaciones conyugales.

Como cuestión de carácter meramente procesal, se tiene sostenido que el solo señalamiento genérico de que el demandado incurrió en «excesos», «sevicia» o que injurió gravemente, sin precisar cuáles hechos dan lugar a ello, puede dar lugar a que se declare

---

[27] Vid. pp. 202 al 204, op. cit.

sin lugar la demanda, toda vez que el juez no tendrá clara noción de cuáles son los hechos ni cuál la prueba que deba hacerse.

Por último, y en ello compartimos opinión con el doctor Profesor López Herrera, resulta contrario a toda consideración razonable en Derecho, la interpretación que ha venido haciendo nuestro Tribunal Supremo y la anterior Corte Suprema, por cierto en ambos casos no por la Sala de Casación Civil sino por la Sala Político-Administrativa, cuando examinando la solicitud de pase o ejecutoria a sentencias extranjeras de divorcio, ha pretendido subsumir la causal alegada de «incompatibilidad de caracteres» del fallo exterior, que no existe en la ley venezolana, bajo el manto de que ello se asimila a la causal que estamos ahora estudiando[28].

CUARTA.- Interdicción por perturbaciones psiquiátricas graves

Esta séptima causal la analizamos en tanto constituye una causal de naturaleza facultativa y como peculiaridad adicional requiere que se haya comprobado la interdicción del cónyuge demandado, así como también, la circunstancia de que el defecto mental que se le atribuya haga imposible la vida en común a la parte demandante, así como que tampoco se la declarará si no han sido tomadas todas las medidas apropiadas, necesarias y seguras que garanticen la manutención y tratamiento médico del esposo demente. Esas medidas, tal como se contempla expresamente en la causal, tienen que haber sido concretadas antes de que haya decretado el divorcio y pueden ser dictadas por la autoridad judicial aun de oficio (artículo 187 del Código Civil).

La causal aparece por primera vez en nuestra legislación civil, en la Ley de Reforma parcial del Código Civil, de 1982, si bien en el proyecto de 1941 ya se la contemplaba pero fue rechazada.

Como lo señalamos *infra* la causal no encuentra fundamento en la violación del deber de asistencia. Únicamente se la puede explicar con base a la idea del divorcio-remedio. En todo caso, debe tratarse de los supuestos de interdicción por defecto mental (artículo 393 del Código Civil) y no la que se decreta en el derecho venezolano, como pena accesoria de condena de presidio. Lo verdaderamente transcendente en este caso será que se pueda demostrar que esa condición mental del sujeto imposibilita la vida en común[29].

A juicio de la doctrina dominante la norma está afectada gravemente por falta de redacción y da lugar a confusiones que no tienen sentido: no se precisa cuál tipo de interdicción ya que en Venezuela hay dos; y la inserción de la gravedad de los hechos se hace innecesaria toda vez que para dar lugar a la interdicción debe demostrarse la gravedad del defecto mental.

QUINTA: Separación de hecho prolongada

Es esta causal otra innovación de la Ley de Reforma parcial del Código Civil de 1982, inspirada en las legislaciones: alemana (artículo 1.566), belga (artículo 232), española (artículo 86, 4ª), francesa (artículo 237), así como también, finalmente, por la ley italiana de diciembre de 1970 (artículos 1 y 3, 2-B).

---

28 Respecto a la SPA de la antigua Corte Suprema, fallo del 05-05-1965 y del actual TSJ, sentencia del 17-06-03, para abundar en el tema vid. López Herrera, op. cit., pp. 206 y 207.

29 Otros sistemas de Derecho tales como el francés, mexicano y suizo, contemplan también esta causal.

Se trata del reconocimiento de una realidad fáctica: «La permanencia de la separación no autorizada legalmente, por más de cinco años entre los cónyuges», con lo cual debe entenderse opera una ruptura prolongada de la vida en común. Si el supuesto es entre extranjeros cuyo matrimonio ha sido celebrado en el exterior, se exige constancia de prueba de residencia en el país por 10 años.

Se observa que basta el alegato de la separación fáctica durante el período indicado, sin tener que probar tal circunstancia. Otra particularidad procesal de esta causal resulta la que deviene que el trámite debe ser cumplido personalmente por el cónyuge invocante, y que para el proceso debe notificarse al Fiscal del Ministerio Público. La norma contempla, finalmente, que si el otro cónyuge no comparece personalmente en la oportunidad para ello fijada, o si niega el alegato de la pretensión no habrá lugar a la declaratoria del divorcio sino a la determinación del procedimiento e igual ocurrirá con la oposición oportuna del Fiscal.

A pesar de lo sencillo que debía suponerse el trámite del divorcio por esta causal, se han presentado serias discusiones de diversa índole en torno a ella, siendo la de más relevancia, la que atañe a las consecuencias de ese divorcio sobre los bienes de la comunidad matrimonial al igual que ocurre con la otra causal especial de conversión de la separación por mutuo consentimiento en divorcio.

Se dice que los acuerdos entre los cónyuges sobre bienes con ocasión del proceso a incoarse de divorcio no producen efecto legítimo alguno por contrariar el orden público que protege la comunidad de gananciales. Junto con López Herrera, consideramos que tal interpretación no se ajusta a Derecho puesto que tales pactos se los ejecutan para que surtan efectos luego de pronunciado el divorcio o la separación, de tal manera que no se puede pretender tengan efectos retroactivos y en tanto que expresamente se contemplan como excepción a la imposibilidad de reformar el régimen de comunidad por vía de declaración voluntaria, el que se disponga para el supuesto de separación de bienes como consecuencia de la de cuerpos. Y finalmente, las disposiciones que se contengan en el acuerdo sobre los bienes sólo surtirán efecto para después que sea declarada la liquidación de la comunidad conyugal con motivo del divorcio.

SEXTA: Conversión de la separación de cuerpos en divorcio

La causal está contemplada en los dos últimos apartes del artículo 185 del Código Civil, supone que una vez declarada judicialmente la separación (pues precisemos que sólo la provoca la declarada judicialmente), no exista reconciliación y que cualquiera de ellos la solicite expresamente de la autoridad judicial, convierta los efectos de la separación en divorcio.

Debe recordarse que nuestra legislación admite dos vías para la obtención de la separación legal de cuerpos: la contenciosa, similar a la del divorcio, y la de jurisdicción voluntaria o por mutuo consentimiento y se debe aclarar que en cualquiera de dichos dos supuestos, procede la ahora examinada causal de divorcio.

Es pertinente destacar también que la conversión procede respecto a la sentencia de separación de cuerpos dictada por un juez extranjero, siempre que estén llenos los demás extremos exigidos por el Código Civil, y así lo tiene admitido la jurisprudencia.

Como se destacó oportunamente estamos en presencia de una causal cuyo fundamento es el divorcio-remedio. Su trayectoria en nuestro sistema legislativo data de 1904, si bien se exigía mayor tiempo para la conversión.

En torno al punto de partida del lapso del año, con acierto debe señalarse que es el de la fecha de la declaración de la separación, no la fecha de la inscripción en el registro del Decreto.

Anotamos que con la reconciliación que impide el trámite de esta causal, por igual se borran los efectos de la separación totalmente y con ello también el derecho a solicitar su conversión en divorcio. En este aspecto también es pertinente señalar que no es requisito de la aludida reconciliación el que se haya reiniciado el deber de cohabitación.

VI. PROCEDIMIENTOS APLICABLES AL DIVORCIO EN LA LEGISLACIÓN VENEZOLANA: EL COMÚN A SIETE DE DICHAS CAUSALES, EL ESPECIAL PARA LA CAUSAL DE DIVORCIO POR CONVERSIÓN DE LA SEPARACIÓN Y EN EL DIVORCIO POR SEPARACIÓN DE HECHO PROLONGADA

- Procedimientos aplicables al divorcio en la legislación venezolana.

En todos los casos de divorcio, como se indicó previamente, es menester obtener un pronunciamiento judicial y por tanto, que haya transcurrido un debido proceso legal. Precisa destacarse que tal procedimiento será diferente según se trate del utilizado para el divorcio con base a las primeras siete causales del artículo 185 del Código Civil, en los cuales siempre habrá un procedimiento contencioso idéntico a aquellos otros divorcios cuyo fundamento sean los otros dos supuestos particulares, esto es, divorcio por separación de hecho prolongada que se inicia con un procedimiento de jurisdicción voluntaria con un pronunciamiento de divorcio, e igual, en la conversión de la separación de cuerpos en divorcio, donde se cumple un trámite judicial, en principio de jurisdicción voluntaria y que concluye también con el Decreto de Conversión, eso sí, con la advertencia de que este proceso puede convertirse en contencioso.

La competencia en todos los casos será siempre del juez con jurisdicción ordinaria civil de primera instancia en el lugar del domicilio conyugal (artículo 762 del Código de Procedimiento Civil[30]).

Con motivo de la promulgación de la Ley Orgánica de Protección al Niño y al Adolescente, originalmente del 2 de octubre del 1998 y recientemente reformada parcialmente[31], la aludida competencia especial y específica se cambia a los jueces de protección de la LOPNA si cualquiera de los cónyuges es aun menor de edad, o si en el matrimonio hay hijos comunes y alguno de estos es menor de 18 años.

- Procedimiento contencioso del divorcio.

Se tramita de acuerdo con el Código de Procedimiento Civil, y es un verdadero proceso jurisdiccional en el cual se conoce y declara el divorcio por alguna de las siete primeras causales del artículo 185 del Código Civil.

---

[30] El Código de Procedimiento Civil venezolano data de 1987 y se lo conoce como tal a pesar de que tuvo otras pequeñas reformas formales, la última de las cuales fue publicada en la Gaceta Oficial, N° 4.209, Extraordinaria, de 18 de septiembre de 1990.

[31] Gaceta Oficial de la República Bolivariana de Venezuela, N° 5859, Extraordinaria, de 10 de diciembre del 2007, en lo sucesivo LOPNA.

El proceso está contemplado en los artículos 754 al 761 del Código de Procedimiento Civil, con la sola salvedad de los particulares supuestos de que existan hijos menores o que los cónyuges sean menores, siendo que en ellos se aplicará el procedimiento general común de la LOPNA (artículos 454 al 492 LOPNA), que se aplican en adición a las normas del proceso ordinario.

Los demás supuestos se tratan por el juicio ordinario civil con escasas particularidades atípicas propias de la especialidad del divorcio. Por razón de lo dicho y para no exceder el objetivo de este trabajo, no examinaremos las disposiciones generales del juicio común civil, sino que destacaremos las normas especiales contempladas para el juicio de divorcio, veamos:

1.- Representación: Como se trata de acciones de carácter personalísimo, requieren de apoderado judicial especial y concretamente facultado para el ejercicio de la acción de divorcio. En tal sentido no basta el poder judicial general.

2.- Libelo de la demanda: La demanda debe estar fundada en una o más de las primeras siete causales del artículo 185 del Código Civil. Precisa destacar que no obsta al ejercicio de la demanda de divorcio el que previamente pudiera estar suscrita una separación de cuerpos, toda vez que puede sobrevenir el supuesto de alguna causal con posterioridad a la firma del decreto de separación, y en ello existe reiterada jurisprudencia.

Provoca igualmente especialidad la necesidad de que en la pretensión se explanen y reseñen detalladamente los hechos y circunstancias en las que se funde la causal.

3.- Intervención del Ministerio Público: Admitida que fuere la demanda, procede la notificación al Ministerio Público (artículo 132 del Código de Procedimiento Civil).

4.- Imposición de actos conciliatorios: Como situación atípica, la ley obliga a que se emplace a un acto conciliatorio, con lo cual se desplaza por 45 días a partir de la citación, el trámite ordinario del juicio. El efecto de la conciliación no es un requisito del juicio (artículo 756 del Código de Procedimiento Civil). El abandono a dicho acto por el demandante, provoca la extinción del proceso por desistimiento presunto (artículo 756 del Código de Procedimiento Civil).

Si no se produjere la conciliación, el tribunal emplazará para un segundo acto conciliatorio, para los 45 días siguientes a la realización del primero, con idénticos efectos y formalidades al antes examinado. De no lograrse tampoco la conciliación, deberá insistirse en la continuidad del proceso, so pena de reputar desistida la acción (artículo 756 del Código de Procedimiento Civil).

Agotados estos dos especiales actos conciliatorios, las partes quedan emplazadas para el de contestación de la demanda, la cual debe verificarse al quinto día siguiente (artículos 756 y 757 del Código de Procedimiento Civil).

5.- Rebeldía del demandante a comparecer en la contestación: La rebeldía del demandante a comparecer al acto de contestación da lugar a la extinción del proceso, mientras la inasistencia del demandado da lugar a que se la repute contradicha en todas sus partes la pretensión incoada (artículo 758 del Código de Procedimiento Civil)[32].

---

[32] Si hubiere habido reconvención, el juez deberá emplazar a las partes para la contestación en el término legal, sin cumplir los trámites conciliatorios y la no contestación a la reconvención producirá los mismos efectos que la no comparecencia al acto de contestación de la demanda

6.- Continuación del proceso: El trámite del resto del proceso lo es conforme al juicio ordinario civil (artículo 759 del Código de Procedimiento Civil).

7.- Lapso de pruebas: Contestada la demanda y con las particularidades para el caso de reconvención, se abre el juicio a prueba, tal como en el proceso ordinario común, salvo ciertas limitaciones derivadas de la especialidad del juicio: por ser de orden público el ejercicio de la acción de divorcio y la institución del matrimonio, no se puede convenir en los supuestos de las causales y por tanto no cabe la prueba de confesión sobre dichos hechos, así como ya dijimos, la inasistencia al acto de contestación equivale a contradicción total de la acción ni tampoco será admisible el «juramento», cuando se refiere a los elementos constitutivos de las causales.

8.- Naturaleza del fallo: En cuanto a la naturaleza de las sentencias, diremos que son de índole constitutiva, porque extingue el vínculo conyugal y crea un nuevo estado.

9.- Indisponibilidad de la acción: Siendo dichas acciones de orden público, son indisponibles para las partes, lo cual implica que está prohibido el sometimiento a la competencia arbitral (artículo 608 del Código de Procedimiento Civil y artículo 3 de la Ley de Arbitraje Comercial[33]) ni tampoco podrán ser objeto de transacción ni convenio (artículos 256 y 264 del Código de Procedimiento Civil). Lo dicho no comporta en cambio, que a las partes esté vedada la posibilidad de desistir de la acción, es más, ello es lo que se persigue en los actos conciliatorios.

- Carácter especial de dichas acciones.

i.- Son personales: En efecto, en primer lugar, dichas acciones son de tipo estrictamente **personal** (artículo 191 del Código Civil) por lo tanto no es susceptible de que familiares, herederos o acreedores de los cónyuges puedan interponer o seguir los juicios de divorcio ni serán objeto de transmisión por acto entre vivos o *mortis causa.*

ii.- Son acciones de índole punitiva: Es decir su existencia es independiente de que exista o no culpabilidad sobre los hechos.

iii.- Son acciones de naturaleza electiva: Quien las ejerce tiene el derecho de escoger una de las vías que se consagran para la defensa del derecho: o la del divorcio o la de separación de cuerpos, no ambas, con la sola excepción del divorcio por la causal de interdicción donde la ley permite usar el divorcio.

11.- Recurribilidad: El FALLO que en dichos juicios se produzca, será siempre apelable y en los supuestos de ley, dará lugar al recurso de casación.

- Procedimiento de divorcio en los casos de conversión de la separación.

En el supuesto de la causal contemplada en el apartado final del artículo 185, la conversión del Decreto de separación en divorcio, se tramita como un proceso de jurisdicción voluntaria, con la observación de que en ciertas ocasiones se puede revertir en un proceso

---

principal (artículo 759 del Código de Procedimiento Civil) sin ser tampoco menester nueva citación al representante del Ministerio Público, y aunque no lo establezca así la ley, coincidimos con López Herrera en la conveniencia de que el juez fije hora para el acto de contestación, evitando así el absurdo de que la parte deba permanecer todo ese día hábil pendiente del expediente y para garantizar la igualdad y no onerosidad innecesaria. Op. cit., p. 247.

33 Gaceta Oficial de la República de Venezuela. N° 36.430, Ordinaria, de 7 de abril de 1998.

contencioso, tal cual ocurre cuando se invoca por vía de opugnación con el alegato de existencia de reconciliación, o con el de no transcurso del plazo contemplado en la ley.

En el caso ordinario (sin oposiciones) bastará la simple solicitud escrita de cualquiera de los cónyuges al mismo juzgado de primera instancia que conoció de la separación para solicitarla. El pronunciamiento del juez se limitará a declarar que los hechos que dan lugar a la causal se cumplen conforme con la ley, solicitud ésta que podrá ser hecha a través de apoderados especiales para tal efecto.

Si el pedimento ha sido formulado por uno solo de los cónyuges, el juez dispondrá la notificación del otro, llamado a juicio que se cumplirá de acuerdo con las normas del proceso ordinario o a las de la LOPNA, según el caso. No es menester la comparecencia del citado en tanto ello equivaldrá a que no existen motivos para contradecir, pero si compareciere tendrá opción de aceptar la solicitud u oponerse a ella.

La oposición necesariamente sólo puede versar sobre los dos extremos que impiden la conversión: no haber transcurrido más de un año o haber ocurrido reconciliación.

Se admite que en estos procesos no es menester la citación del Ministerio Público, toda vez que no hay contención *prima facie.*

La decisión puede ser objeto de recurso cualquiera que sea su contenido pero no es susceptible de recurrirse en casación, salvo que hubiera existido oposición o cuando el trámite deba cumplirse de acuerdo con la LOPNA.

- Procedimiento de divorcio por separación de hecho prolongada.

Con motivo de esta ahora novedosa causal, el procedimiento de divorcio está regulado expresamente por el artículo 185-A del Código Civil, con meridiana claridad. Se entiende que es de jurisdicción voluntaria, pero a diferencia con el de conversión, éste nunca será susceptible de transformarlo a un proceso contencioso.

El trámite se inicia con una solicitud escrita que debe consignar el peticionante, sea personalmente o por apoderado con facultad expresa, también puede serlo por ambos esposos y así lo reconoce la jurisprudencia. El juez competente resulta ser el ordinario para el divorcio para el último domicilio conyugal, y debe contener expresa manifestación de requerir el divorcio y tiene que estar acompañada de la respectiva acta de matrimonio.

Si el supuesto se tratare bajo el régimen de la LOPNA, la solicitud, además, deberá expresar o la minoridad de uno de los cónyuges o la de existencia de un hijo menor, quien ha venido ejerciendo la guarda habitual, la manera como se ha ejercido el régimen de visitas y como se da ejecución a la obligación alimentaria. Esto, que para nosotros no tiene duda alguna, ha sido objeto de ardua discusión en los tribunales, quienes han desconocido la posibilidad de insertar cualquier hecho ajeno al reconocimiento de los dos extremos fundamentales, esto es, la existencia de la separación y que ella haya durado más de cinco años.

Admitida la pretensión, si ella lo fuere por uno solo de los esposos se dispondrá la citación del otro y del Fiscal, por boletas, acompañándose la copia del escrito contentivo del pedimento (artículo 185 A, aparte 3º del Código Civil).

El citado deberá comparecer por sí o por representante al tercer día del despacho y expondrá lo que estime pertinente. Igualmente, el Fiscal deberá comparecer al mismo efecto pero dentro de los diez días del despacho.

Si comparecen los emplazados y ejercen oposición, termina el proceso sin declaratoria sobre el divorcio, de tal manera que nunca se podrá transformar ese procedimiento en juicio contencioso, de allí que se haya sostenido que el pronunciamiento no es una sentencia formal, sino un «decreto de carácter *sui generis*».

Si hubiera hijos, jurisprudencialmente se ha establecido la obligación de que el Decreto contenga pronunciamiento sobre la guarda de los menores, alimentos y visita.

La decisión podrá ser recurrida, mas no revisada por vía del recurso de casación.

Este procedimiento especial es el mismo, sea que se lo tramite ante la jurisdicción civil ordinaria, o de acuerdo con la LOPNA (artículo 452).

VII. EFECTOS PROPIOS DEL DIVORCIO

El divorcio es obvio que provoca una serie de consecuencias y efectos propios, tanto desde el punto de vista personal como patrimonial, sea que el mismo se lo conceda en los casos de proceso ordinario o en los supuestos especiales de conversión o por separación de hecho prolongada.

- Efectos personales:

a) Disolución del matrimonio, siendo éste el de más relevancia e importancia (artículo 184 del Código Civil). Con tal extinción desaparece igualmente el estado conyugal que afectaba antes a quienes se encontraban unidos por el vínculo.

Siendo el divorcio en Venezuela de carácter vincular, una vez declarado y firme, ios esposos pueden contraer libremente nuevas nupcias, salvo en lo que corresponde a la mujer, con el impedimento para prevenir la *turbatio sanguinis* (artículo 57 del Código Civil).

b) Extinción de los deberes y derechos conyugales: firme la decisión de divorcio desaparecen los deberes legales, de cohabitación, fidelidad, asistencia, socorro y de protección entre los esposos. Adicionalmente la ley prohíbe a la mujer divorciada usar en adelante el apellido de su excónyuge (artículo 137 del Código Civil) a diferencia de lo que ocurre en el caso de viudez, pues podrá continuar usando los apellidos mientras no contraiga matrimonio.

- Efectos patrimoniales:

Los efectos de orden económico se refieren también al régimen patrimonial-matrimonial de los ex-esposos y al derecho-deber de alimentos que existió entre ellos:

a) Consecuencia sobre el régimen de bienes: Dado que el sistema es accesorio del matrimonio, disuelto el vínculo se extingue y desaparece el régimen de los bienes, sea éste cual haya sido. Los cónyuges nada pueden hacer para impedir, modificar o atenuarlo, se impone de derecho.

Si el sistema era de comunidad de gananciales u otro, admisible en Venezuela, ésta queda disuelta, pero debe procederse a su liquidación (artículo 187 del Código Civil).

b) Consecuencias sobre el derecho-deber de alimentos: Dicho derecho-deber legal se extingue entre quienes fueran esposos, independientemente de cuál sea en el futuro la posición económica de ellos.

A pesar de lo dicho hay dos especiales excepciones:

1°) Cuando la causal invocada para el divorcio es la del ordinal 7 del artículo 185 del Código Civil (interdicción por perturbaciones psiquiátricas graves), en cuyo caso no puede pronunciarse el divorcio sin antes tomar las medidas necesarias para asegurar la manutención y tratamiento médico del esposo enfermo.

2°) Si el divorcio es declarado con base a cualquiera otra de las causales, diferente a la antes comentada, y también distinta a la de conversión de la separación en divorcio y a la del divorcio por separación prolongada, el tribunal podrá conceder pensión alimentaria al cónyuge que no haya dado lugar al juicio, cuando éste por incapacidad física u otro impedimento estuviere imposibilitado para trabajar y no tener otros medios para sufragar sus necesidades. Tales alimentos serán temporales y mientras dure la incapacidad o contraiga nuevo matrimonio (artículo 195 del Código Civil).

VIII. CONCLUSIONES

Con el breve resumen que antecede sobre esta materia, y decimos breve porque la materia se presta a indiscutibles consideraciones, esperamos dejar satisfecha nuestra obligación de dar sucinta cuenta del régimen de divorcio en Derecho Venezolano de la forma más completa posible.

Si con lo expuesto creamos, cuando menos curiosidad, nos sentiremos doblemente complacidos, y seguro estoy que tendremos en la comunidad iberoamericana muchos momentos más para tratar temas tan apasionantes como los ahora revisados.

IX. BIBLIOGRAFÍA

Aguilar Gorrondona, José Luis, *Derecho Civil-Personas*, 11ª edición, UCAB, Caracas.

Colín, Ambrosio y Capitant Henry, *Curso Elemental de Derecho Civil,* traducción Revista General de Legislación y Jurisprudencia, Reus, Madrid, 1941.

De Page, Henry, *Traité Elementaire de Droit Civil belge,* Bruylant, Bruxell, 1948; DOMINICI, Aníbal, *Comentarios al Código Civil venezolano*, Imprenta Bolívar, Caracas, 1987.

Grisanti A., De Luigi, Isabel, *Lecciones de Derecho de Familia,* Vadell Hermanos Editores, Valencia, Venezuela, 1999.

López Herrera, Francisco, *Derecho de Familia,* Ediciones ÜCAB-Banco Exterior, Caracas, 2006.

Mélich Orsini, José, «El régimen de bienes en el matrimonio y la reforma del Código Civil de 1982», en Separata *Revista del Colegio de Abogados,* DF, N° 5, Caracas, 1982.

Sanojo, Luis, *Instituciones de Derecho Civil venezolano,* Imprenta Nacional, Caracas, 1873.

Torres Rivero, Arturo Luis, *Derecho de Familia,* Publicaciones UCV, Caracas, 1967.

QUINTA PARTE

DERECHO DE ARBITRAJE

31.

ALGUNAS CONSIDERACIONES SOBRE EL ARBITRAJE EN VENEZUELA. INFORME AL COMITÉ *AÍDA CILA* SOBRE APLICACIÓN DEL ARBITRAJE EN VENEZUELA*

ADVERTENCIA PRELIMINAR

Las anotaciones que seguidamente formulamos no pretenden ser un análisis de profundidad sobre el tema del arbitraje, sino la manera de expresar nuestras inquietudes sobre dicho asunto, con las cuales hube de complementar las respuestas a un cuestionario enviado al Comité Ibero Latino Americano de la Asociación Internacional de Derecho de Seguros (CILA AIDA) sobre la incidencia del Arbitraje en el Contrato de Seguros y de Reaseguros.

Con vista a ello, a la poco clara redacción de nuestro Código de Procedimiento Civil al respecto, a la en todo caso insuficiente regulación de la materia, y limitados como estábamos de hacer un estudio de mayor extensión sobre el tema en el cual no se centraba precisamente el objeto del Cuestionario, optamos por hacer estas "Consideraciones Procesales" sobre la institución del Arbitramento, en las cuales hemos procurado precisar y esbozar algunos tópicos sobre el trámite procesal del Arbitramento, la eficacia de los "acuerdos arbitrales y del convenio arbitral propiamente dicho" que por supuesto ni agotan el tema, ni pretenden sentar doctrina, sino justificar la reticencia a la incorporación en nuestro sistema de la institución arbitral y explicar de algún modo el porqué de las causas de su rechazo y no definitiva acogida como eficaz, ágil, rápido, serio y útil instrumento para resolver los conflictos y litigios entre las partes, características estas de la institución que cada vez ponen más de relieve la importancia de la misma a nivel mundial, el que haya sido materia principal del último Congreso Mundial de Derecho Procesal en Sicilia y tema fundamental del Congreso Ibero Latino Americano de Derecho Procesal en Roma.

---

* Trabajo presentado como Anexo al cuestionario remitido por la Asociación Venezolana de Derecho de Seguros (AVEDESE-AIDA) al COMITÉ IBERO-LATINOAMERICANO DE DERECHO DE SEGUROS DE AIDA (febrero de 1997) y publicado en la *Revista de la Facultad de Derecho de la Universidad Católica Andrés Bello*, N° 51, Septiembre 1997, Caracas 1997, pp. 317-343.

Espero que sean de utilidad estas cortas líneas sobre la materia y que produzcan la polémica y el entusiasmo necesario entre los estudiosos del derecho, para que surja la luz, y la idea definitiva de una reforma legislativa en que se entronice realmente el arbitramento, la conciliación y la mediación en nuestro medio, y seguros estamos que serán de mejor efecto que las tan publicitadas reformas de nuestro sistema judicial, otro enfermo grave de nuestra democracia, con impensables consecuencia en nuestro medio social.

Tales reflexiones son las que constituyen las líneas que seguidamente se transcriben.

I. ¿EXISTE EN VENEZUELA UNA JURISDICCIÓN ARBITRAL?

En nuestro país no puede hablarse en propiedad de una "jurisdicción arbitral" propiamente concebida como tal ni regulada en la Ley, en tanto que, en efecto, nuestra normativa adjetiva sólo contempla al Arbitraje dentro de los Procedimientos Especiales admitiéndolo en el sistema procesal venezolano como un medio convencional establecido por las partes para la resolución de sus conflictos de intereses, con miras a sustraer la decisión del caso concreto de la jurisdicción ordinaria, y por la vía de un medio de autocomposición procesal.

Tal como se constata de nuestra normativa procesal, la regulación que da nuestra Ley al Arbitraje (Código de Procedimiento Civil –reforma de 1987—, y Tratados Internacionales suscritos por Venezuela[1], la institución se la reconoce y acoge como "medio sustitutivo" del jurisdiccional, por el cual se obtiene solución a tales divergencias con la decisión pronunciada por árbitros de derecho o árbitros de equidad (arbitradores), en asuntos que no sean atinentes al estado de las personas, divorcio o separación de los cónyuges, o en aquéllos en que no esté impedida la celebración de la transacción (en otras palabras, asuntos en que no esté comprometido el orden público), tal como lo prevén expresamente los artículos 608 al 629 del comentado Código Adjetivo[2].

---

1 Código de Procedimiento Civil de Venezuela (Reforma), Gaceta Oficial de la República de Venezuela (GO) 4.196 Extraordinaria de fecha 2 de agosto de 1990, en la cual se hicieron pocas modificaciones al texto original de la reforma del Código de Procedimiento Civil publicado en la GO 3.694 Extra. de fecha 22 de enero de 1986, conocido como Código de Procedimiento Civil de 1987.

Tratados Internacionales. Ley Aprobatoria de la Convención sobre el Reconocimiento y Ejecución de las Sentencias Arbitrales Extranjeras. GO 4.832 Ext. del 29 de diciembre de 1994. Convención Inter-americana sobre la Eficacia Extraterritorial de las Sentencias y Laudos Extranjeros Arbitrales, GO 33.144 del 15 de enero de 1985- Convención Interamericana sobre Arbitraje Comercial, GO 33-120 del 22 de febrero de 1985. Convenio sobre Arreglo de Diferencias Relativas a Inversiones entre Estados y Nacionales de otros Estados, suscrito por los Países Miembros del Banco Internacional de Reconstrucción y Fomento, en vigor desde octubre de 1984. Publicaciones del CIADI, Banco Mundial, Washington, 1985. Ley de Empresas de Seguros y Reaseguros, GO 4822 Extr. del 23 de diciembre de 1994.

2 Al respecto nuestra normativa (Art. 1715 del Código Civil -CC-) declara ineficaz la transacción ante el Ministerio Público sobre lo que resulte materia de la acción penal, cuando aquélla se celebra con ocasión de la acción civil derivada del delito y ejercida conjuntamente con aquella en el juicio penal; en adición la misma Ley sustantiva la declara sin efecto ante la cosa juzgada proveniente de sentencia que resolvió sobre el mismo asunto (Art. 1722 ejusdem), también la que recae sobre un objeto que no está en el patrimonio de las partes (Art. 1723 CC), con las excepciones de Ley, así como la que versa sobre un título nulo (1720 CC) y en general sobre cuestiones atinentes al orden público, argumentos que se derivan de los artículos 2 y 256 CPC,

Así pues, las soluciones arbitrales contempladas en nuestro ordenamiento, constituyen una vía sustitutiva de la actividad jurisdiccional, de origen meramente convencional, limitada a ciertos asuntos y que opera como un medio de autocomposición procesal de esos conflictos, pero con la expresa advertencia de que declarado válido el compromiso en referencia y exigible la constitución del Tribunal Arbitral, las decisiones que éste pronuncie, ponen fin al conflicto de intereses y dan lugar a Cosa Juzgada.

No es ciertamente un medio "jurisdiccional" en tanto que como veremos adelante, los árbitros, per se, no pueden hacer ejecutar sus decisiones en forma independiente del órgano jurisdiccional ordinario, ni pueden ejercer potestad cautelar dentro de tales procesos, ni la existencia de dichos convenios da lugar en propiedad de términos a plantear una defensa *ad hoc,* por falta de jurisdicción, o de jurisdicción excluyente, por estar conociendo los árbitros del mismo asunto planteado luego ante un Tribunal ordinario, ni quitan "competencia" al órgano ante el cual se plantea su existencia y eficacia, al extremo de que suele ser él quien deba decidir sobre su exigibilidad y ordenar la constitución del órgano arbitral.

A pesar de la defectuosa y confusa regulación de la materia en nuestro ordenamiento, preciso es destacar que el mismo Legislador admite, que una vez constituido el Tribunal: a) el órgano arbitral actúa corno verdadero órgano jurisdiccional con la única particularidad que su poder de decisión del conflicto lo adquieren del convenio suscrito por las partes, acuerdo de voluntades éste en el cual le defieren a los árbitros esa potestad y en el que han establecido su voluntad de sustraerse de la decisión de la jurisdicción ordinaria; b) los árbitros que aceptan el cargo se convierten en verdaderos jueces, cuya conducta negligente o no diligente en el encargo asumido o las faltas en que incurran durante el desempeño de su encargo, los convierten en potenciales reos de denegación de justicia y sujetos a "recursos de queja"; y, c) finalmente, los demás órganos del mismo Poder Judicial y otras autoridades están en el deber de prestar su colaboración a esos órganos sustitutivos del poder judicial en el cumplimiento de las actividades propias del cargo (arts. 615, 622 CPC).

Ese convenio entre las partes es el resultado de un acuerdo de voluntades, formulado bien antes de la existencia del litigio judicial, corno un simple pacto individual, o en la forma de una cláusula o modalidad establecida en un contrato (cláusula compromisoria) o también, una vez existente el proceso litigioso, realizado entonces tal acuerdo, mediante manifestación de voluntad conjunta de ambas partes, ante el Juez de la causa, o por acto auténtico que luego se presenta ante el Tribunal que conoce del asunto. En cualquiera de sus modalidades, la Ley fija requisitos y formalidades que debe contener dicho acuerdo de voluntades.

Ese compromiso, en cualquiera de sus modalidades, o en su caso, el contrato del cual forme parte la cláusula, obviamente, son un negocio jurídico, y por tanto deberá exigirse para su validez y exigibilidad todos los requisitos ordinarios para tal clase de actos (capacidad ordinaria para disponer, consentimiento válido, legitimación) y las demás menciones formales que exige especialmente la normativa procesal

---

1157 CC y de los principios generales de derecho. Es de observar, por lo demás, que durante cierto tiempo predominó la posición de excluir por igual el Arbitraje en asuntos en los que tenía interés el Estado, aun cuando no fueren atinentes a sus irrenunciables obligaciones y poderes que lo caracterizan, pero ya, nuestra propia Corte Suprema ha venido admitiendo su procedencia en las demás materias en que ordinariamente el Estado actúa como cualquier particular y no atinentes a sus funciones propias de ente rector de la sociedad.

El convenio en referencia da viabilidad así a un "medio de autocomposición procesal", sustitutivo de la jurisdicción ordinaria.

El efecto de dichos acuerdos, según se trate, esto es, de un "compromiso antes de juicio para resolver los asuntos por árbitros" o el "convenio arbitral propiamente dicho, o sea, celebrado con ocasión de un litigio ya existente", será diferente.

Así, en el primero de los casos, el solo "compromiso de someter a árbitros, y la cláusula compromisoria contenida en contrato", sólo dará derecho a plantear una "INCIDENCIA" cuyo único objeto será determinar la exigibilidad judicial de declarar que el asunto debe ser resuelto por "árbitros", sustrayendo la decisión del asunto de la autoridad judicial ordinaria, y dando lugar a la conversión de ese simple compromiso extra juicio en el verdadero "compromiso arbitral" cuya validez, exigibilidad y complementación deberá cumplirse en la mencionada incidencia ante el órgano judicial competente.

En cambio, el convenio arbitral *strictu sensu,* celebrado en juicio o demostrado en el proceso su existencia con ocasión de él, hará *ipso facto* que se suspenda el proceso en sede judicial ordinaria, con la obligación para el juez de pasar los autos al conocimiento de los árbitros, y, agregaríamos nosotros, con el particular efecto procesal, que en lo adelante y como consecuencia de ello, hará nula e ineficaz toda actuación judicial sobre la materia[3].

En adición a lo destacado antes, debemos señalar, que en virtud de la existencia del primero, no necesariamente las partes vienen obligadas a cumplirlo, pues si tácita o expresamente dan curso a la reclamación judicial de lo litigado, sin hacer valer la existencia del compromiso arbitral, debe entenderse renunciada la validez y eficacia de este último, reasumiendo la jurisdicción ordinaria su competencia para conocer y resolver el asunto; por el contrario, existiendo el segundo, tales posibilidades resultan negadas, y sólo se concebiría la readquisición de la competencia judicial ordinaria, en el supuesto de que dicho compromiso fuere declarado nulo o ineficaz o que el laudo fuere declarado nulo y ante la falta de nueva determinación de las partes de que el asunto lo resuelvan árbitros[4].

En el expresado orden de ideas, en nuestro sistema procesal, en tales supuestos y bajo tales condicionamientos, las partes convencionalmente pueden resolver que sus diferencias y desacuerdos sean decididos por uno o mas árbitros, siempre en número impar, bien conforme a normas de derecho o por vía de equidad.

En el primer supuesto, los árbitros serán Árbitros de Derecho, y necesariamente deberán resolver conforme al contenido de las normas sustantivas y adjetivas del ordenamiento jurídico que regulen la materia objeto de litigio, y sólo podrán ser árbitros los abogados y en el segundo serán Árbitros Arbitradores y resolverán los asuntos conforme su leal saber y entender, por equidad, pudiendo ser los árbitros abogados o no (arts. 608 y 619 CPC).

---

3 No otro efecto puede derivarse de los términos en que están concebidos los artículos 608, 614, 617 y 2 CPC pero sería recomendable que en cualquier futura reforma de ley atinente al Arbitraje, claramente se estableciere así expresamente.

4 Tampoco la Ley es clara en tales supuestos, siendo las consecuencias enunciadas evidentes deducciones del autor de un examen somero que se haga de la normativa general sobre la materia. No podría llegarse al absurdo de mantener interminable el litigio. En tales casos, siendo inherente a la función del Estado garantizar la paz social, a nuestro entender él reasumirá la potestad jurisdiccional, y los jueces ordinarios readquirirán la competencia de la cual, las mismas partes, habían hecho excepción.

Cualquiera sea el supuesto, debemos agregar que la Ley exige que la aceptación de los árbitros y constitución del Tribunal Arbitral, lo sea ante un órgano determinado de la jurisdicción ordinaria, fijando al efecto como "Juez del Arbitraje", en forma exclusiva y excluyente a aquél que lo fuere para conocer del asunto sometido a arbitramento –obviamente, de no haber existido tales convenios-[5].

A diferencia de lo que ocurre en el Derecho Interno, desde el punto de vista del Derecho Internacional, nuestro país ha tomado posición diferente, pues en tales convenciones, que por igual admiten ese medio de resolución de conflictos, si parece reconocerse que la existencia de los mismos da lugar a una cuestión de falta de jurisdicción, susceptible, además, de ser controlada por vía del recurso especial de Regulación de Jurisdicción (Art. 2 CPC).

II. MECANISMOS DADOS A LAS PARTES PARA SUSTRAERSE EL CONOCIMIENTO DE LOS ASUNTOS ENTRE ELLAS DISCUTIDOS DE LA JURISDICCIÓN ORDINARIA

Dado por admitido lo comentado anteriormente, pasamos a relacionar el mecanismo previsto en la Ley a fin de regular la operatividad de esos compromisos arbitrales y del convenio de arbitraje propiamente dicho, con la advertencia que para la mejor comprensión de la situación en nuestro país de esa institución, analizaremos por separado, el problema mismo de la existencia de los mecanismos para hacer valer la voluntad de las partes de acogerse a esa vía sustitutiva de la jurisdicción ordinaria, y las de las formas y regulaciones para hacerlo en uno u otro de los casos en que procede.

I. Validez y efectos de los acuerdos arbitrales antes de juicio y de las llamadas cláusulas compromisorias, tal como han sido definidas antes, en el sistema venezolano y de los Compromisos judiciales estricta sensu (Convenios arbitrales judiciales)

I-1. Exigibilidad de los acuerdos arbitrales, antes de existir juicio y de las llamadas "Cláusulas compromisorias"

Como lo hemos dicho, las partes pueden regular, anticipadamente todo conflicto de intereses o desacuerdo entre ellas, el que si de alguna manera surgiere discusión entre las mismas sobre determinado asunto o la manera de interpretar o ejecutar un contrato entre ellas suscrito, la solución de tal diferencia sea realizada por Árbitros de Derecho o por Arbitradores.

Antes de la vigencia del Código de Procedimiento Civil de 1987, tales pactos carecían de eficacia, pues entonces, la Ley, por el prurito de reconocer el monopolio de la función jurisdiccional del Estado para resolver los conflictos entre particulares, se abstuvo de proveer ningún mecanismo legal y judicial que hicieren reconocer validez y eficacia a tales pactos.

Hoy, con la reforma de 1987, desde el punto de vista de derecho interno, sí existen mecanismos *ad hoc* para exigir compulsivamente ante la jurisdicción ordinaria, que se respete el contenido de dichos acuerdos de voluntad, a fin de que, surgido un conflicto

---

[5] En los casos de Convenio Arbitral propiamente dicho (judicial o con ocasión de juicio), pareciera que el Juez del Arbitraje lo será el mismo que siga conociendo en esa misma instancia del asunto.

entre las partes, la resolución del mismo, si se trata de asuntos susceptibles de arbitraje, puedan exigirse válida y compulsivamente, pero con el diferente efecto, frente al del que produce el convenio arbitral judicial, que es la otra modalidad para aplicar este medio sustitutivo jurisdiccional.

Mientras en el último caso hace cesar *ipso facto* el conocimiento que tenga el órgano jurisdiccional ordinario sobre el caso planteado, el primero sólo da lugar a una Incidencia Procesal, en la cual, como se verá, no impedirá al Juez continuar conociendo del juicio, ni evitará que otro asuma el conocimiento del mismo, sino que con ella, fundamentalmente se producirá una declaratoria de validez y eficacia del convenio, dará lugar a que se subsanen algunos vacíos sobre el procedimiento y modalidad de dicho acuerdo de voluntades, y sólo entonces, se designarán los Árbitros y se pasarán a éstos los autos o entrarán ellos a conocer sobre lo discutido entre las partes.

Esta irregular e imperfecta regulación de la institución, es precisamente una de las causas que impide un mayor uso y difusión del arbitraje en Venezuela.

III. LA INCIDENCIA DE LA EXISTENCIA DE ACUERDO ARBITRAL, COMO VÍA PROCESAL PARA HACER VALER LA VOLUNTAD DE LAS PARTES

En adición a los comentados problemas y dudas, es preciso señalar igualmente, que tampoco resulta claro el texto de la Ley, para dilucidar el problema de como invocar la existencia del convenio de arbitraje celebrado antes del juicio o de la cláusula compromisoria, según se trate de casos en los cuales, existiendo el mismo, deba exigirse a la contraparte que se avenga a la constitución del Tribunal Arbitral para dilucidar las posibles controversias, o si, no obstante existir dicho convenio o acuerdo, una de ellas se ve compelida a comparecer ante los órganos judiciales a responder de la acción incoada por la otra parte, quien con ello, obviamente desconoce la existencia de aquel compromiso.

La Ley, en forma no clara, se refiere a que, si lo suscrito fue el convenio antes de juicio, o lo existente es la sola "cláusula compromisoria", las partes deben proceder a "formalizar el compromiso" para dar cumplimiento a la verdadera existencia de un pacto arbitral contenido en un documento auténtico, que llene todos los requisitos exigidos para que el mismo sea considerado verdaderamente un "convenio arbitral" y en el que se encuentren llenos los aspectos fundamentales que para tal efecto fija la normativa, esto es, cuál será la materia objeto de decisión arbitral, cuáles y que tipo de árbitros deben resolver el asunto, las facultades que se les defieran y las normas que deben observar en el procedimiento.

Continúa destacando, que si tal acuerdo de voluntades, el cual puede constar de instrumento público o privado, no quisiere formalizárselo como "compromiso arbitral propiamente dicho" podrá ocurrirse ante el Juez que esté conociendo o que pueda conocer de la controversia, a fin de que éste abra la mentada incidencia, para declarar la validez y exigibilidad de aquél.

La aludida incidencia, repetimos, tendrá como único efecto, el que, resuelta la validez y exigibilidad del pacto o cláusula, el Tribunal que conozca del asunto, ordenará la designación de los Árbitros y la constitución del Tribunal Arbitral, quien entonces, en la forma que previene la Ley, continuará conociendo del asunto y lo decidirá mediante el Laudo.

En adición, dado que dicho pacto o convenio arbitral antes de juicio puede constar simplemente de documento privado –y así lo admite expresamente la Ley, ex-Art. 609

CPC— por razón de la incidencia, indudablemente, el citado documento adquirirá igualmente, de no ser desconocido, carácter de auténtico.

De lo dicho, resulta que no queda precisado si es esa la misma vía a utilizar, cuando una de las partes que suscribió dicho acuerdo, no sólo se niega a formalizarlo, sino que intenta efectivamente una acción judicial para dilucidar los asuntos que deberían quedar resueltos por el Arbitraje.

Esto es, no queda definido si la incidencia puede ser utilizada, con el objeto único de que el convenio quede formalizado, en cuyo caso la Incidencia podríamos tildarla de *Principal,* o si por igual es también el mecanismo *ad hoc,* para hacer valer la existencia de dicho Convenio, cuando una de las partes suscritora del mismo, de *improntas acude* a la vía jurisdiccional y llama al proceso a su contraria, en vía de acción judicial ordinaria, y con ello incurre en franco desconocimiento del citado pacto suscrito.

De ser esa la vía igualmente utilizable, diremos entonces que la Incidencia será *Accidental* dentro del proceso principal en que se hace valer dicho Convenio de Arbitraje.

Dado que, como se dijo, la ley venezolana no contempla la actividad arbitral como un medio jurisdiccional *strictu sensu,* es menester precisar que en nuestro sistema no se puede hacer valer la existencia del compromiso arbitral como una falta de jurisdicción (no da lugar a la regulación de la competencia *–sic—* jurisdicción), ni se la contempla como causa de pérdida o suspensión de la actividad jurisdiccional.

Lo dicho, según lo hemos venido sosteniendo en la cátedra y en los Tribunales de la República, y en apoyo de tal tesis, así lo hacen otros autores patrios, obliga a la parte demandada ante la jurisdicción ordinaria, a plantearla incidencia de existencia de la cláusula o compromiso arbitral extrajudicial, tan pronto es llamada a juicio, pues de lo contrario, se entiende prevalece el deber jurisdiccional.

Por igual, no existe en nuestro sistema, a pesar de la novísima regulación del Código del 87, una cuestión previa o defensa anticipada para plantear la existencia y oponibilidad del acuerdo arbitral, y por tanto debe reputarse que además de hacer valer la existencia de la cláusula compromisoria o del compromiso extrajudicial arbitral (ex art. 609), en la oportunidad de oponer las cuestiones previas (defensas antes del acto de contestación al fondo) sea recomendable plantear la existencia de "cuestión prejudicial", consistente precisamente, en la necesidad a todas luces evidente, de que sea resuelto previamente a la continuación del juicio ordinario en que se discute el asunto, el que en efecto existe y es válido el compromiso entre las partes de ese juicio, y que por tanto el asunto principal sea resuelto por la vía arbitral.

Ello, debe ser así, en tanto que nuestra Ley adjetiva no establece como causa de suspensión o paralización del procedimiento ordinario el que se haga valer la existencia de ese pacto o compromiso arbitral, y que inclusive se abra la Incidencia a que aludimos antes, pudiéndose llegar al absurdo de que el Juez –en lo sucesivo excluido de ese proceso, si prospera la incidencia de "existencia de compromiso arbitral''—avanzare en el conocimiento del asunto, resultando a la postre nulas y sin efecto alguno tales actuaciones.

Es importante destacar que no existe jurisprudencia de nuestro mas alto tribunal de la República acogiendo una definida posición al respecto, pues por los motivos que venimos exponiendo, entre otros, es de poco uso la institución arbitral en derecho interno venezolano.

I.1 Trámite de la incidencia de la existencia de acuerdo arbitral suscrito entre las partes

En todo caso, la Incidencia en referencia, con las anotadas acotaciones, es un accidente procesal breve, el cual se tramita conforme lo determinan los artículos 609 al 614 CPC, consistente en el llamado a juicio, por vía de citación, del renuente a fin de que conteste acerca del "compromiso" dentro del quinto día siguiente.

Con ocasión de la comparecencia pueden ocurrir una de las siguientes situaciones procesales:

A. Que el citado concurra al llamado judicial y convenga en la exigibilidad del convenio arbitral, en cuyo caso podrá indicar a su vez los temas sobre los cuales desea que verse el arbitraje, y en ese caso se procederá al día siguiente a la designación de los Árbitros a la hora que fije el Tribunal, y designados éstos y aceptado su encargo, conforme se lo indica en la misma Ley, al día siguiente de la constitución del Tribunal Arbitral comenzará a correr el lapso de pruebas –que será el ordinario a falta de norma en el convenio sobre la materia, y vencido aquél, el Tribunal Arbitral dictará su sentencia dentro de los treinta días siguientes— de no existir disposición diferente al respecto en el convenio (arts. 609 y 614 CPC).

B. Que el citado haga acto de presencia pero contradiga la obligación de acatar el convenio arbitral, disponiendo la Ley en tal caso el que se abra una articulación probatoria por quince días, vencidos los cuales el Tribunal procederá a dictar su decisión al respecto dentro de los cinco días siguientes. De dicho fallo se oirá recurso, pero la decisión que sobre ello recaiga producirá cosa juzgada.

Si el fallo reconoce la validez del convenio y su exigibilidad, dentro de los cinco días siguientes al de vencimiento del término para la apelación, si no la hubiere, o al de la fecha del recibo de los autos del Superior que ordenare reconocer la validez del convenio, el renuente deberá indicar las cuestiones que a su vez pretenda sean objeto de la decisión arbitral, y luego se seguirá el proceso de designación de los árbitros y demás trámites procesales, en la forma que se dejaron previstas para el supuesto anterior, hasta que se produzca el Laudo.

Al vencido se le impondrán las costas, que se declaran ejecutables una vez que quede firme la sentencia que las impone (arts. 6l 1,612 y 613 CPC)[6].

C. Que el citado renuente al reconocimiento del pacto resuelva no concurrir al acto a fin de reconocer o desconocer la exigibilidad del convenio:

En tal supuesto, la cláusula o el convenio se tendrán por válidos y exigibles y los árbitros procederán a resolver el asunto conforme a los temas que se hubieren fijado en la solicitud de la Incidencia, siguiendo los mismos plazos y términos fijados para el trámite en el supuesto de que se hubiere aceptado la validez de la cláusula (Art. 614 CPC).

---

6 Constituye esta modalidad de la ejecución de las costas una excepción en la regulación de la condena o efectos procesales del proceso en nuestro sistema procesal. En efecto, en los demás casos en las Incidencias, sólo pueden hacerse exigibles las costas a la contraparte al quedar firme la "sentencia definitiva" (Art. 284 CPC). Toma así la figura de la condena en costas en esa incidencia el carácter de "sanción ad hoc", dada su inmediata exigibilidad.

I.2. Regulación procesal del convenio arbitral propiamente dicho, suscrito existiendo litigio, mediante actuación ad hoc en ese proceso, o mediante la suscripción de instrumento auténtico en que se lo contemple y regule, el cual resulta presentado al tribunal que conoce del caso

En tales supuestos, esto es, en los de existencia de "convenio arbitral" propiamente dicho, el Juez ordinario al conocer el convenio suscrito en autos, o al serle consignado en la forma de Ley dicho acuerdo, debe suspender *ipso facto* el proceso y pasar los autos a los árbitros que deben resolver el conflicto (Art. 617).

La Ley impone que esa manifestación de voluntad conste de "documento auténtico", bien sea mediante la incorporación en el juicio de que se trate de una diligencia en la cual las partes así lo establezcan, o en acto documental suscrito ante otro funcionario con competencia para dar fe pública de la firma de las partes y fecha en que se lo celebra, en el cual resuelvan que ese asunto discutido en juicio sea resuelto por árbitros.[7]

Dicho documento deberá contener las menciones mínimas que exige la Ley y, en especial, la voluntad indisputable de que el asunto sea resuelto por árbitros.

Como puede observarse las diferencias de este tipo de acuerdo con las del simple compromiso arbitral o la existencia de cláusula compromisoria, entre otras, resulta ser que éste lo regula mayor número de formalidades y en cuanto a requisitos, como lo veremos luego, la Ley es más exigente.

II. Regulación de las formas procesales para uno y otro supuesto

II. 1. La cláusula compromisoria o el compromiso no judicial

Tal convenio debe contener la indiscutible voluntad de las partes de que en caso de existir divergencias en la resolución del asunto existente entre ellas, o para resolver determinados litigios sobre el asunto, la decisión del mismo quedará sustraída de la jurisdicción ordinaria, y la resolución del asunto sólo deberá ser adoptada por los árbitros. Podrán contemplarse cualesquiera otras modalidades, inclusive cuales serán los árbitros que deban o puedan conocer, normas de procedimiento, etc.

La Ley exige que el compromiso sea hecho por documento privado o auténtico, el cual deberá contener las menciones adicionales sobre número de árbitros que deban conocer del asunto, su carácter, asunto a resolver, las facultades que se le concedan y cualquier otra disposición adicional o complementaria.

A nuestro entender, no será imprescindible, que se fije el término dentro del cual deba dictarse el fallo, ni aún en los supuestos en que la decisión debe ser pronunciada por árbitros arbitradores.

En efecto, aún en tal caso, de resultar declarado válido y exigible el "compromiso", se aplicarán las normas supletorias, conforme a las cuales, vencido el término de pruebas que

[7] En Venezuela resulta controvertido el concepto de "documento auténtico ', pues a interpretación de algunos autores, por tal sólo debe entenderse el documento otorgado ante el funcionario competente para dar fe pública del acto y de los requisitos con los cuales se lo celebra ante él, coincidiendo así con el concepto de instrumento público, pero otros autores, y con ellos pareciere esa la posición de nuestra Corte Suprema de Justicia, son cada vez más proclives a considerar "auténticos", todos los otorgados ante cualquier funcionario con competencia para dar fe de la paternidad del documento y de su fecha

fija la Ley, los árbitros deberán resolver en el corto término que fija la ley y al cual nos referiremos luego.

Por igual, la ausencia de regulación de otros asuntos relacionados con el trámite de la decisión arbitral, no son esenciales a su validez, toda vez que la Ley trae regulación supletoria que deja cubierta toda otra falta de previsión expresa.

En efecto, siendo válido el compromiso, la regulación procesal de la materia, da solución a los supuestos de omisión de los siguientes aspectos relacionados con el trámite arbitral del asunto. Así:

A. Si no se determina qué tipo de árbitros debe resolver el asunto ni se fijan reglas para el procedimiento que deben seguir, se reputa en el primer supuesto que deberán ser Árbitros de Derecho, y que el laudo será inapelable (Art. 6l4, parágrafo 2° CPC)[8].

Conforme lo dispone el artículo 618 CPC, si se hubiere determinado el carácter de árbitros, a falta de reglas de procedimiento, si fueren arbitradores, pueden seguir las que estimen convenientes, sin mas limitaciones que las que resulten de la equidad, lo que no obsta para que se les puedan fijar reglas de procedimiento para tramitar el asunto. Los de Derecho, en cambio, deben acoger el procedimiento legal (juicio ordinario - 338 CPC) sin que obste ello para que las partes puedan también determinarles las formas y reglas de procedimiento que estimen pertinentes (art. 618, parágrafo 1°)[9].

B. El compromiso no judicial debe contemplar expresamente la materia que será sometida a decisión de los árbitros (art. 608).

No obstante, se contempla en los artículos 609 y 6l0 CPC que en la petición de la Incidencia para hacer valer dicho compromiso, la parte peticionante puede indicar también

---

8 Entendemos que la diversa regulación establecida por el Legislador para el caso de acuerdo arbitral antes de juicio y Convenio arbitral propiamente dicho (judicial), responde a la diferente ocasión en la cual se los estatuye. El primero, al ser antes de que exista litigio, a falta de regulación expresa en la materia, conduce al legislador a entender que esa ausencia de regulación hace presumir que lo aplicable, por voluntad tácita de las partes debe ser el procedimiento y juzgamiento conforme a la Ley, el segundo, produciéndose ya conociendo las partes la existencia de la *litis y* la asunción del conocimiento del asunto por parte de un Juez, pone de manifiesto que ante la ausencia de regulación lo que debe asumirse con sentido, es que las partes quieren sustraerse por razones de celeridad, y de poder lograr un fallo más atinente a lo justo, por vía de equidad, de allí que tal silencio se repute como una aceptación tácita de que los Árbitros deban ser Arbitradores y resolver como tales.(Arts. Ó14, parag. 2 y 618 parag. 3 CPC).

9 En todo caso reputamos que aún los Arbitradores tiene el deber de acatar ciertas normas consagradas en la Ley, en particular las atinentes a formas que garanticen la igualdad de las partes, la seguridad jurídica, en definitiva, relativas al "Derecho de defensa y al debido proceso" (igualdad procesal, derecho a las pruebas) y así mismo, a pesar de la libertad que se les deja para resolver conforme a conciencia, y a su leal saber y entender, cuando menos respetar algunos de los requisitos de fondo del "acto procesal sentencia", que si bien lo liberan de ciertas normas en cuanto a valoración de las pruebas, si le imponen impretermitiblemente el deber de sustentar sus fallos adecuadamente, expresar los motivos con los cuales se forma convicción y establecen una determinada norma de conducta, aún de equidad, como la más justa y adecuada para resolver el asunto, todo lo cual deducimos del texto expreso del artículo 626 CPC, que sanciona como causal de nulidad del fallo el que se pretermitan tales condicionamientos de conducta en el proceso, que el fallo resulte incoherente o inejecutable por su contradicción.

cual será ese tema o asunto y a su vez, el citado a la Incidencia, de no rechazar el compromiso podrá hacer constar también qué asuntos desea sean objeto de decisión por el arbitraje, o en su caso, resuelta la exigibilidad de aquél, en la oportunidad fijada por la Ley para que continúe entonces la incidencia, podrá hacerlas constar.

En todo caso, lo que sí resulta evidente es lo impermitible de que el tema sometido a decisión arbitral o bien conste expresa o tácitamente en el "convenio celebrado fuera de juicio" o en la petición del requirente de la incidencia, pues de lo contrario, obviamente no podrá dársele reconocimiento válido al compromiso, en tanto que los árbitros no tendrán materia sobre la cual decidir o en todo caso el laudo será susceptible de impugnación por nulidad (ex-art, 626 CPC)[10].

C. El mismo Código precisa

1. Que en todo caso la aceptación de los Árbitros y la constitución del Tribunal Arbitral, deberá cumplirse ante el Juez Arbitral.

2. Que al día siguiente de dicha constitución, entiéndase a falta de previsión especial en contrario, se iniciará el lapso probatorio, computadle en la forma que lo ordena la Ley adjetiva para los juicios no arbitrales (ordinarios).

3. El laudo deberá pronunciarse dentro de los treinta días siguientes –sic— agotado el término probatorio (art, 614 *ejusdem).*

4. En cuanto a recursos contra el laudo, a falta de regulación expresa sobre la condición del Arbitraje, se entenderá que el mismo es de derecho y la Ley lo declara inapelable, pero por igual agregaremos que siendo expresa la determinación de que el arbitraje será de equidad, éste igualmente resulta carente de recurso, por ser de esencia la irrevisabilidad del fallo fundado en "el leal saber y entender de quienes lo profieren".

Consideramos igualmente, que si el convenio determina que el arbitraje es de derecho, y apelable, así lo será y que en caso de no regularse ante quien lo sea, de él conocerá el natural de segunda instancia que hubiere conocido del caso de no existir convenio arbitral, a reserva de que las partes lo hubieren previsto expresamente para ante otro órgano arbitral, de derecho o arbitrador.

---

10 Aun cuando la Ley faculta al "Juez del Arbitraje" para resolver sobre ciertas dudas en cuanto a interpretación del laudo o desacuerdos entre los árbitros, no consideramos que sea el competente para resolver sobre tales asuntos (ex arts. 618 y 628 CPC). Esas potestades sólo lo serán para decidir sobre las cuestiones atinentes a la mera rutina procesal, al orden del juicio o procedimiento o a verdaderas contradicciones entre disposiciones fijadas por las partes, mientras que lo atinente a la materia en sí sobre la cual debe versar el arbitraje, es un elemento esencial al acuerdo, excepcional respecto a la institución que por ella se deroga o pretermite, y por tanto no susceptible de entender pueda regularse supletoriamente por la Ley, y menos aún quedar deferida al Juez del Arbitraje, a quien precisamente quiso sustraérselo del conocimiento del asunto. Recuérdese que aún en nuestro sistema el Arbitraje sigue sin ser un medio jurisdiccional admitido por la Ley, y dar una amplitud que no se justifica o que choca contra los principios fundamentales del Estado, su deber de administrar justicia, es, a nuestro juicio, atentar contra el Derecho de Defensa de las partes, entre otros el que sus asuntos queden resueltos por su "Juez natural". Es este problema otro de los que sustenta la aversión o no cabal aceptación del arbitraje en nuestro sistema, *y* que seguramente debe ser objeto de regulación expresa en una eventual reforma sobre los principios que regulen i a institución.

5. La publicación y ejecución del laudo será ordenada y cumplida por aquél Tribunal que conoció de la designación *–sic*— aceptación— de los árbitros[11].

6. En cuanto a efectos económicos del proceso arbitral, la normativa vigente determina que los gastos del arbitraje serán sufragados por la parte que solicite el arbitramento, sin perjuicio de su reembolso mediante la condena en costas (art. 629 CPC).

También determina la comentada norma, que las disputas sobre los honorarios de los árbitros, serán resueltas por el Juez del arbitraje (628 y 629 *ejusdem).*

Lo dicho, por supuesto, no empece a que las partes en el respectivo convenio antes de juicio, cláusula compromisoria o compromiso arbitral, puedan establecer normas o modalidades que regulen la materia, que serían válidas entre ellas y acuerdos con los árbitros sobre sus emolumentos, los que de ser aceptados por éstos excluirían por supuesto la intervención del Juez del Arbitraje.

7. Por último, es también importante destacar que la regulación adjetiva del Código de Procedimiento estatuye las vías para tramitar recusaciones e inhibiciones y la forma como deben manejarse los asuntos de sustanciación, cuando el Tribunal arbitral es pluripersonal (arts. 620 y 621 del CPC), aplicables en cualesquiera supuesto de arbitraje, independientemente de la forma en que se lo haya regulado.

II.2. Compromiso Judicial s.s. (celebrado en el juicio ya existente o con ocasión de él mediante documento auténtico)

En tales casos, como ya se lo señaló, constando el convenio de instrumento auténtico en que las partes resuelvan someterse a la decisión de árbitros, en el que se determine su número, carácter con el cual actuarán, el tema a decidir y término para hacerlo, con su consignación o suscripción el acuerdo ante el órgano judicial, simplemente el Juez tomará la aceptación y juramentación de los árbitros, constituirá el Tribunal Arbitral y pasará al mismo el expediente.

Sin embargo, la Ley también trae disposición supletoria de la voluntad de las partes para llenar los vacíos sobre ciertas materias que las partes debieron prever, pero que no constan en el citado Convenio. Así:

A. Si el acuerdo nada expresará sobre la cuestión sometida a arbitraje, no podemos hacer aplicables los comentarios formulados para el caso de convenio antes de juicio o Cláusula Compromisoria, en tanto que de los mismos autos del juicio de que se trate, será evidente que el asunto a resolver será el explanado en el libelo y el que eventualmente ya haya podido quedar definido por el demandado en su contestación a la demanda.

Si no se determina que tipo de árbitros debe resolver el asunto ni se fijan reglas para el procedimiento que deben seguir, se reputa en el primer supuesto, que deberán ser Árbitros Arbitradores y como consecuencia el laudo será inapelable (Art. 6l4, parágrafo segundo CPC)[12].

Tal como quedó expresado antes y lo dispone el artículo 618 CPC, los Arbitradores, a falta de reglas, pueden seguir las que estimen convenientes, sin mas limitaciones que las que resulten de la equidad, lo que no obsta para que se les puedan fijar reglas de

---

11 Es este el Juez que hemos denominado "Juez del Arbitraje". *Vid Supra.*

12 Ver los comentarios contenidos en la nota 8.

procedimiento para tramitar el asunto y si fueren de Derecho deben acoger el procedimiento legal (juicio ordinario 338 CPC) sin que obste ello, como se lo dejó dicho, para que las partes puedan determinarles las formas y reglas de procedimiento que estimen pertinentes (art. 6l8, parágrafo 1°).

B. Sobre otros aspectos, tales como reglas de decisión, la ley, por igual regula las soluciones para suplir los vacíos contenidos en el acuerdo de voluntades, sin afectar por ello la validez del convenio ni la del laudo. En efecto, precisa que los laudos deberán fundarse en disposiciones de derecho, y entre ellas, resultan aplicables las que regulan los requisitos de fondo y forma de la decisión. (arts. 618, 243 a 248, 49, 252 y 254 CPC)[12].

C. Los artículos 618 y siguientes del Código Adjetivo, establecen normas supletorias en cuanto "reglas de procedimiento aplicables, y recurribilidad de laudo, para el supuesto de que ello no estuviere contemplado en el "compromiso", con las particularidades, respecto al caso precedente de "convenio arbitral antes de juicio" o de cláusula compromisoria siguientes:

— La falta de especificación de los árbitros, hará presumir que la intención fue de que lo hicieran como arbitradores, y no como en el caso anterior de "Árbitros de Derecho" (ex arts. 618, parágrafo 3°).

— Por igual, en cuanto al término para dictar el laudo, pueden presentarse controversias no definidas por la Ley, pues si bien para el caso del "Convenio antes de juicio y Cláusula Compromisoria", por el efecto propio de que sólo da lugar a la incidencia en la que se debata la validez de dicho acuerdo y su exigibilidad, la Ley da un procedimiento a seguir, no pareciera que ello pueda resultar siempre aplicable en el caso de "compromiso arbitral s.s" en tanto que éste supone que ya el juicio se encuentre en curso, pudiendo resultar inaplicables las reglas supletorias establecidas y comentadas antes, pues no necesariamente deberán ser nulas las actuaciones cumplidas en el proceso, y éste pudiere estar ya superada la etapa de pruebas, lo que haría inaplicable la normativa del artículo6l4, parágrafo 4°. Lo anterior nos lleva a concluir que no resultaría razonable la aplicación por vía analógica del término de 30 días para dictar el laudo[13].

IV. ¿QUID EL CONVENIO ARBITRAL PARA RESOLVER ASUNTOS QUE SE ENCONTRAREN YA EN TRÁMITE DE SEGUNDA INSTANCIA?

La Ley adjetiva no parece dejar lugar a dudas en cuanto a tal posibilidad, pues en efecto determina el artículo 617 CPC que "en cualquier estado de la causa en que las partes se hayan sometido a árbitros, se suspenderá el curso de ella..."[14].

Sin embargo una vez más nuestro legislador se quedó corto y no tomó en cuenta problemas que surgen en cuanto a regías aplicables al caso.

---

13 En efecto, pudiere ser que el convenio se presentare ya después de pruebas, pues alude la Ley, que en cualquier momento puede celebrarse éste, en cuyo caso, obviamente no habría lógica en sustentar que los treinta días se computaran a partir del término de pruebas, el cual es el aludido en el CPC, a falta de convenio entre las partes, si bien puede admitirse que analógicamente ello fuere aplicable.

14 Algunos autores niegan esa posibilidad, a nuestro entender sin fundamento en la Ley, dado que ésta no deja lugar a dudas, ante los claros términos en que ella resulta concebida.

Así, el primer problema a resolver lo constituirá entonces cuál será el Tribunal ante quien deba constituirse el Órgano Arbitral, pues si bien cuando el asunto se encuentre en la Primera Instancia conforme lo dispone el artículo 628 del CPC, lo será para ello el Tribunal que deba conocer del caso sometido a arbitramento (sic. si no existiere tal acuerdo), en el supuesto de que el asunto se planteare en alzada, no queda claro cual es el Juez del Arbitraje, para conocer de la constitución del órgano arbitral. Cierto es que la lógica llevaría a considerar que lo fuere el Tribunal que está conociendo del litigio en curso, pero recordemos que el iter procesal puede estar planteado bien ante el de primera instancia que hubiere dictado la decisión recurrida para ante árbitros –en cuyo caso coincidiría este con el "Juez del Arbitraje'' previsto en la ley, o bien lo puede ser el de segunda instancia ante quien ya cursaren los autos por razón del recurso interpuesto[15].

En este último caso, es obvio que él ordenara la cesación del curso del juicio (recurso) pero no queda claro si dicho órgano resulta el competente para tramitar la aceptación y juramentación de los árbitros y en definitiva la constitución del órgano arbitral, con el añadido, de que, en todo caso, se complican más las cosas si pensamos en cual deba ser el que debe publicar el laudo y ordenar su ejecución.

En cuanto a este último tema, "decisión de ejecución del laudo", se presentarán también problemas, en tanto que si bien será el competente para recibir los autos y hacer público dicho fallo, pareciera que las normas sobre ejecución permanecen ajenas a los cambios instituidos para esa modalidad decisoria de los litigios y, por tanto, conforme las reglas de los artículos 523 y siguientes del Código de Procedimiento, el competente será el Tribunal de Primera Instancia Ordinario que hubiere debido conocer del asunto, de no existir acuerdo arbitral, quien deba impartir su decisión de ejecución y continuar conociendo de la misma.

Obviamente que en tales casos, pues, será menester que el convenio durante juicio se adapte a esa situación, y no necesariamente serán aplicables todas las disposiciones supletorias reseñadas para los casos en que el Arbitraje se planteare y debiere sustanciarse ante el Tribunal de Primera Instancia.

En efecto, resultará impensable que portal convenio pretenda irse contra el sistema de doble instancia, regulador de nuestro proceso civil y, por tanto, ese acuerdo sólo será válido para regular la decisión del asunto en segundo grado o alzada, por igual en cuanto al tema sometido al arbitraje, obviamente que el mismo quedará delimitado al que ha sido objeto del fallo recurrido o cuestión predebatida en la instancia inferior o algún aspecto del mismo, y dejará las mismas dudas que nos planteamos en cuanto a la oportunidad para dictar el laudo.

En todo lo demás, en cambio, entendemos perfectamente aplicables las normas supletorias y disposiciones de las partes para regular la decisión en ese estadio del proceso, tales como determinación de ¡a naturaleza del arbitraje a falta de fijación de esa condición

---

15 Es cierto que pueden resultar aplicables por analogía las disposiciones en cuanto a término de pruebas y lapso para dictar sentencia, toda vez que en la Segunda Instancia puede presentarse aquella incidencia, o en todo caso puede optarse por dejar correr dicha oportunidad, pero por igual se hacen procedentes los comentarios ya transcritos antes en cuanto que tratándose de convenio judicial arbitral, pudiendo ser celebrado éste en cualquier oportunidad antes de la sentencia, perfectamente sería pensable en la celebración del misino ya vencido el término de pruebas, en cuyo caso quedará la duda si puede o no aplicarse el término especial, supletorio previsto en la Ley.

por las partes (entendemos que lo será por vía de arbitradores a falta de su indicación –ex artículo 61S *ejusdem*)— y la regulación de las formas y reglas procesales aplicables –ex artículo 618 citado—, así como las potestades del Juez de Arbitraje, en este caso lo será el de Segunda Instancia que tuvo a su cargo la tramitación de aceptación y constitución del Tribunal arbitral –ex artículo 628 *ejusdem*—.

V. ORGANIZACIÓN DE LOS TRIBUNALES ARBITRALES

Ni el CPC ni la Ley Orgánica de Tribunales, establecen normas sobre la materia, sólo se hacen algunas alusiones simples en la normativa adjetiva a tales efectos organizativos, tales como que las partes pueden fijar reglas a los árbitros, a que si el órgano arbitral es de Derecho, los árbitros deben ceñirse a falta también de normas fijadas por las partes al proceso ordinario, a forma de suplir las eventuales ausencias de los árbitros (6l 6 CPC) y recusación de los árbitros (620 CPC) y que los árbitros pueden encomendar la sustitución a uno de los que integran el órgano, colegiado entonces, a cualquiera de ellos (Art. 621 CPC).

Lo expresado nos induce a pensar que la intención de la ley es que respecto a funcionamiento del órgano se sigan las disposiciones ordinarias del Código y Ley Orgánica de Tribunales.

Así las cosas cabe recordar que nuestro vigente Código considera que el Tribunal es un órgano complejo, integrado por el Juez, el Secretario y el Alguacil, a cada uno atribuye funciones propias, e inclusive, en algunos casos hasta excluyentes, y recordemos, que lo atinente a la marcha del proceso, son normas que deben reputarse de orden público en tanto garantizan certeza y seguridad para el debido ejercicio del derecho de defensa.

Con tales consideraciones concluiremos en que a falta de determinación sobre tales materias, que deben reputarse no sólo convenientes, sino casi impretermitibles en los acuerdos arbitrales, para evitar los efectos de una nulidad a tenor de lo prevenido en el ordinal tercero del artículo 626 CPC, pareciere natural y lógico interpretar que si los árbitros no toman decisiones al respecto, y en caso de duda así piden al "Juez del Arbitraje" lo provea, el órgano arbitral operará con el Secretario y Alguacil del Tribunal ordinario ante quien se lo constituya y en las horas y días de despacho en que el mismo lo hiciere, si tampoco nada quedare resuelto al respecto.

VI. RECURSOS ESPECIALES CONTRA LOS LAUDOS ARBITRALES

Tratándose de que las decisiones arbitrales son una excepción de los medios jurisdiccionales ordinarios, nuestro legislador, cónsono con la excepción establecida dota de un recurso anómalo y especial a las partes que soportan los efectos de los laudos arbitrales.

En efecto, el artículo 626 CPC regula un recurso de NULIDAD especial contra las decisiones arbitrales, en los supuestos taxativos que contempla la norma, a saber:

1. Que la sentencia se pronuncie sobre materia de un compromiso nulo o que haya caducado, o lo haga sobre materia no contemplada en los límites del compromiso;

2. Que la sentencia esté viciada de *infra petita,* o sea, que no haga pronunciamientos sobre todos los objetos del compromiso, o si estuviere concebida en términos de tal modo contradictorios que no pueda ejecutarse; y

3. Si en el procedimiento *–sic* seguido para dictar el laudo— no se hubieren observado sus formalidades sustanciales, siempre que la nulidad no se haya subsanado por el consentimiento de las partes.

El recurso es impropio por cuanto se lo anuncia, tramita y resuelve, por ante aquel Tribunal que haya publicado el laudo arbitral ejecutoriado, tal como lo dispone el artículo 627 *ejusdem,* y se lo debe anunciar e interponer dentro de los diez días siguientes a la publicación del mismo.

Dicho tribunal lo verá *–sic.* sustanciará y decidirá— dentro de los tres días.

Esa decisión tal como se desprende del mismo comentado artículo, es susceptible de recurso ante el Superior Jerárquico, lo que de plano nos pone de manifiesto el que no será susceptible de tal Recurso el arbitraje que resuelva el caso en segundo grado o alzada, en tanto que, al menos en nuestro sistema, no existe otro grado de jurisdicción después de la alzada ordinaria de segundo grado, y por cuanto nuestra Corte Suprema en forma reiterada ha venido insistiendo su no condición de Tribunal de Alzada ordinaria en ningún caso, ni aún en los de Amparo Constitucional.

Si se pretendiere pensar que el remedio en tales casos lo fuere el Recurso de Casación –vía extraordinaria para control de legalidad— como lo veremos mas adelante, el mismo no será procedente sino en los casos estrictamente en que la Ley lo admite (dependerá del tipo de juicio y cuantía –en nuestro país—) y en adición debemos recordar que la misma Ley adjetiva restringe dicho Recurso para conocer de decisiones arbitrales, al solo caso en que las decisiones de fondo (no las de nulidad especial) existentes hubieren sido revisadas en alzada por Tribunal de la jurisdicción ordinaria, esto es, en el solo supuesto de que siendo un laudo dictado por Árbitros de Derecho, contra él no se hubiere previsto expresamente recurso para ante el Superior Ordinario.

Per se sobra destacar que no será aplicable tal remedio si la decisión arbitral en segundo grado se la hubiere dictado por un Tribunal Arbitral de Arbitradores.

I.1. Recurso de casación contra los laudos arbitrales

Nuestra reglamentación adjetiva, establece la posibilidad del Recurso Extraordinario, sólo contra fallos de alzada que hubieren sido dictados por Tribunales ordinarios, en juicios en los cuales se admita el Recurso (no exceptuados del mismo por Ley, que tengan una cuantía determinada ,y contra los cuales se hubieren agotado previamente todos los recursos ordinarios), luego el primer requisito que salta a la vista, es el que la decisión arbitral ya haya sido revisada en alzada, y que tal revisión lo haya sido por un Tribunal de jurisdicción ordinaria, actuando como Superior (art. 312, numeral 4 CPC).

De plano queda excluida la revisión de los laudos de arbitradores por no haber lugar a recurso ordinario contra los mismos, ni la que aun pronunciada por los Superiores Ordinarios que conocieren en apelación de laudos de Árbitros de Derecho, hubieren resuelto las partes que se decidan conforme a equidad (caso excepcional contemplado en el artículo 13 CPC).

Ya comentamos por igual, que nada contempla nuestra legislación sobre el recurso contra las decisiones del Recurso Especial de Nulidad de Laudos Arbitrales, pero somos de la opinión de que si éstas las profiere un Tribunal de Alzada, en segundo grado, y en adición el asunto de que se trate es de los que puede discutirse en juicios en que no se niega el recurso extraordinario, y la cuantía del asunto es la admisible para el Recurso

Extraordinario conforme a la regulación vigente en la materia, si debe admitirse dicho Recurso.

En efecto, sería una decisión de un Tribunal Superior de la jurisdicción ordinaria, contra ella se agotaron los recursos ordinarios y si bien no se lo contempla en los supuestos que regulan la admisión del Recurso expresamente, tampoco prohíbe la Ley que de ellos conozca la Corte Suprema.

I.2. ¿Quid del recurso de invalidación contra laudos arbitrales?

También aquí guardó silencio el legislador, no obstante, el artículo 327 CPC que regula los supuestos de admisión de ese otro medio extraordinario recursivo, advierte que el mismo procede contra las sentencias ejecutorias "o cualquier otro acto que tenga fuerza de tal" y, dado que hemos dicho que los laudos arbitrales son medios sustitutivos de las vías jurisdiccionales ordinarias, que dan lugar a autocomposición procesal, que ponen fin a los litigios entre las partes produciendo cosa juzgada, reputamos indiscutible que las decisiones arbitrales infligidas por los vicios que dan lugar a la invalidación, son por tanto impugnables por vía de ese especial recurso, en un todo conforme los trámites que pauta la Ley para sustanciar los mismos, independientemente de que los fallos provengan de árbitros de derecho o de arbitradores.

VII. ALGUNAS MODALIDADES ESPECIALES QUE REGULAN EL ARBITRAJE EN VENEZUELA

En apoyo de lo expuesto y como modalidad muy particular, es preciso destacar que la Ley de Empresas de Seguros y Reaseguros[16] determina que las partes en el contrato de seguros, las aseguradoras y las reaseguradoras, y cualquiera de estas con las sociedades de corretaje de reaseguros y productores de seguros, pueden solicitar (y deben ser ambas partes) que el Superintendente de Seguros (representante del ente oficial que regula la actividad aseguradora) actúe como árbitro "arbitrador" para resolver las controversias que entre ellos puedan existir.

Precisamos entonces del texto de la normativa especial, que, ese arbitraje de arbitradores: Supone un convenio o acuerdo de voluntades entre las partes a que alude la ley, nada se opone a que el mismo sea antes del conflicto o después de surgido el mismo, por lo cual aplica el supuesto de que sea la misma póliza o contrato suscrito entre los legitimados, en el que se contemple dicho acuerdo, para que se cumpla dicho requisito.

Si tal convenio existe, el Superintendente "debe" asumir tal encargo, pues el tiempo del verbo utilizado por el legislador es imperativo.

Los asuntos que pueden estar sometidos a ese arbitraje por arbitrador, deben ser sólo los relacionados con la actividad aseguradora, y sólo con ocasión de ella.

La misma ley especial adviene que el procedimiento a seguir, no será el del "arbitraje" regulado como "procedimiento especial" en el CPC, sino que, el Reglamento de la LESR lo determinará en concordancia con aquél.

---

16 G.O. 4822 Ext de fecha 23 de diciembre de 1994, con la advertencia de que la misma tuvo una reforma en el año 1995 (G.O 4865 Ext de fecha 8-3-95), donde apenas se incorpora un numeral de un artículo, omitido en la primera versión de la Ley enviada por el Congreso a promulgación.

Particularmente llama la atención de que esa decisión no pareciere emanar de un órgano arbitral equiparable a) de la jurisdicción ordinaria sustituida en el caso concreto, sino por un arbitraje "administrativo" al cual se le otorga la misma fuerza que el medio sustitutivo arbitral, realizado con las formalidades de la actividad judicial y controlado, como lo hemos visto por el órgano judicial.

Las particularidades de trámite de ese arbitraje especial, consisten en que el Superintendente, en ejercicio de tal potestad o quien haga sus veces –por la designación que en casos especiales puede realizar aquél—, quedan eximidos de prestar su aceptación del cargo ante el Juez del Arbitraje y aquellos, según expresa la Ley, tendrán competencia para dirimir los problemas que surjan con ocasión de la validez, eficacia y exigibilidad de la cláusula compromisoria.

Con el objeto de dar extensión a las soluciones arbitrales así contempladas, se faculta al Superintendente para delegaren funcionario de su despacho, para casos en el interior de la República, la decisión y tramitación.

La ley hace silencio de todo lo demás relacionado con requisitos del "acuerdo arbitral" y trámites propios del proceso especial arbitral, con la sola excepción de la citación, sobre la que dispone la Ley sea ordenada y ejecutada por el mismo órgano administrativo.

Tampoco nada provee sobre quien da publicidad al laudo, ni quien ordena la ejecución.

La buena intención de dar a las partes en la actividad aseguradora un camino expedito para resolver sus conflictos quedó corta y son mayores los inconvenientes que puede aparejar su implementación que la misma que deriva del proceso arbitral contemplado en el CPC.

La eterna pretensión en Venezuela de que para que una especialidad, tenga rango propio, requiere de un procedimiento especial, nuevamente se cumple, y la regla que debió ser en este atípico caso, la aplicación del procedimiento establecido en el CPC, quedó pretermitida, creando aún más confusión y lagunas en cuanto a la institución[17].

---

[17] Preciso es destacar por igual, que ya la Ley anterior regulaba situación similar, pudiendo los asegurados solicitar de la Superintendencia el que sirviera de árbitro en instancia única —como decía el mismo artículo 37—, no obstante, no era de obligatoria aceptación ese encargo, las partes podían contemplar en el acuerdo si los árbitros eran arbitradores o de derecho, y previsivamente, determinaba que el laudo se consignaría para su ejecución ante el Juez del domicilio contra quien la sentencia pronunciaba condena.

Igualmente debe reseñarse que tanto antes como ahora, la mayoría de las pólizas contemplan cláusulas compromisorias, pero con la advertencia, que al no tener la Ley procesal anterior, los mecanismos para exigir el respeto al "acuerdo arbitral" prácticamente siempre fue letra muerta la regulación que al efecto se dio a la institución en esa materia.

32.

ALGUNOS COMENTARIOS SOBRE EL PROYECTO DE LA LEY DE ARBITRAJE COMERCIAL*

En el mismo orden de ideas con el cual hemos considerado procedente reproducir el Proyecto de Ley mencionado y su exposición de motivos, deseamos hacer públicas algunas consideraciones preliminares que formulamos a dicho Proyecto con ocasión de opinión que nos fuera solicitada por el Senador Pedro Pablo Aguilar, a quien debo reconocer su especial preocupación por el tema Justicia en nuestro país.

Sostuvimos en esa ocasión:

> En primer lugar, me siento obligado a reconocerle la importancia del Proyecto en referencia y le destaco que con ello Venezuela se entroniza dentro de la nueva corriente mundial para buscar una salida urgente y expedita al problema de congestión judicial y seguridad jurídica que se presentan como graves tálelos de la Justicia a nivel del mundo entero. Preciso recordar a Ud. que en el Congreso Mundial de Derecho Procesal y en el Ibero Americano del pasado año 1996, ambos tuvieron como tema central la necesidad y conveniencia de apoyar el Arbitraje y la Conciliación como medios sustitutivos, alternos, de la administración de justicia para poder cumplir con este último cometido del Estado. Nuestros comentarios y sugerencias no se refieren a nuestra posición frente al aludido proyecto, el cual desearíamos abarcara otras modalidades y regulaciones, empero, dado que conocemos lo difícil que resulta ser oídos por el Congreso cuando ya se trata de posiciones pre-adoptadas, me limito solo a efectuar ciertas recomendaciones en cuanto al orden de la normativa propuesta y respecto algunos aspectos que en ella se contemplan, que por relacionarse con la vigente normativa sobre el arbitraje, estimo deben tomarse previsiones que procuren aclarar ciertas dudas que se presentan en la actualidad y que como tales constituyen serias trabas para el mejor manejo de la institución arbitral.

Por razones de orden sistemático, consideramos que la ubicación de algunos artículos que componen el Proyecto, debe ser modificados, de tal manera que exista coherencia con el desarrollo de las diferentes normas que integran aquéllas y para el mas expedito funcionamiento de la institución.

En el expresado orden de ideas, el artículo 6 debe pasar a ser el artículo 4, y seguidamente deben incorporarse los artículos 4 y 5, con lo cual se obtiene una secuencia mas lógica de la normativa.

---

* Publicado en la *Revista de la Facultad de Derecho*, Universidad Católica Andrés Bello, No. 52, Caracas 1998, pp. 432-441

El artículo 7 continuará con su misma numeración, pero se eliminará el párrafo inicial, ya comprendido en el Art. 4.

Se introduce una nueva norma que sustituye el artículo 20 y se corre la numeración correspondiente;

CAMBIOS DE REDACCIÓN DE NORMAS DEL PROYECTO

Artículo 4. Sugerimos la siguiente redacción:

"De conformidad con las disposiciones de la presente Ley podrán someterse a arbitraje las controversias comerciales susceptibles de transacción que surjan entre personas naturales o jurídicas de Derecho Público o de Derecho Privado, con capacidad para disponer.

En tales supuestos, la República no asumirá responsabilidad alguna por los errores en la resolución de los conflictos de intereses, ni por el retardo u omisión injustificada en la tramitación de los procesos arbitrales, sin menoscabo del derecho de los particulares de exigir responsabilidad personal de los árbitros, ni del delito de denegación de justicia en que estos pudieren incurrir derivado de la omisión en el cumplimiento de sus deberes".

Observaciones: Coherente con el objeto mismo de la Ley, y para mayor precisión estimamos que es esa la redacción que debe adoptar el artículo propuesto, en tanto que la Ley especial, para ello regula la institución, esto es para los asuntos de índole comercial. En lo atinente a los demás agregados, resultan por igual indispensables, toda vez que si bien el arbitraje es un medio sustitutivo jurisdiccional, son las partes quienes lo establecen, no siendo entonces justo que el Estado asuma en modo alguno responsabilidad derivada de una función que le ha sido relevada por la propia voluntad de los interesados, y en tanto que nuestra Constitución la exige implícitamente por la prestación del servicio de justicia.

Entendemos igualmente más acorde a la importancia de las razones de exclusión, el que se redacten los motivos de excepción así:

"Quedan exceptuadas las controversias:

a) directamente concernientes a las atribuciones o funciones de imperio del Estado o de personas o entes de Derecho Público y expresamente las relacionadas con todo asunto de naturaleza tributaria;

b) que sean contrarias al orden público o de alguna manera versen sobre la determinación o calificación de delitos o faltas, excepción hecha de la fijación de la cuantía del daño derivado de la responsabilidad civil, salvo que ya ello hubiere sido determinado por sentencia firme;

c) que sean atinentes al estado y a la capacidad civil de las personas;

d) relativas a bienes o derechos de incapaces, sin haberse obtenido previa autorización judicial; y

e) sobre las que haya recaído sentencia firme."

Observaciones: Respecto a los cambios propuestos a esta parte de la norma del proyecto, estimamos indispensable, que en la exposición de motivos se haga clara alusión a que las exclusiones, no dejan de lado la posibilidad de que aquellos asuntos de naturaleza comercial en los que intervenga el Estado o sus entes descentralizados, por igual pueden ser objeto de resoluciones arbitrales, en tanto que, no obstante la claridad del encabezamiento de la norma, podría interpretarse que en cualquier asunto donde interviniese el Estado o algunos de sus entes descentralizados, por hacerlo como tal, quedarían amparados por la exclusión, al ser esas eventuales manifestaciones del *ius imperium*.

Hemos optado igualmente por eliminar las referencias al carácter de "definitivamente firmes" de los fallos que puedan producir exclusión, para evitar la ya hoy superada e indeseable diferencia entre "sentencias firmes y definitivamente firmes" a que daba lugar el viejo ordenamiento procesal.

Artículo 5: Consideramos que mejor redacción del párrafo final, lo sería:

"En estos casos, el acuerdo arbitral necesariamente determinará el tipo de arbitraje y se entenderá siempre que en ningún caso el número de integrantes del tribunal arbitral será inferior a tres árbitros."

Artículo 6: Se sugiere la siguiente redacción;

"El acuerdo de arbitraje estará constituido por la indubitable manifestación de voluntad escrita de las partes, contenida en cualquier documento o conjunto de instrumentos, conforme a la cual deciden que la resolución de todas o algunas de las controversias que puedan surgir o hayan surgido entre ellas, respecto de una relación jurídica contractual o no contractual, sea resuelta por árbitros arbitradores o de derecho, renunciado a hacer valer sus pretensiones ante la jurisdicción ordinaria.

Dicha manifestación de voluntad puede estar contenida en una cláusula contractual o ser producto de un acuerdo independiente en que se lo contemple.

El acuerdo de arbitraje es exclusivo y excluyente de la jurisdicción ordinaria y existiendo, se lo deberá hacer valer en la primera oportunidad de incorporarse al proceso por cualquiera de los interesados ante el tribunal que conociere sobre los asuntos que deban ser resueltos por arbitraje, so pena de que al no hacerlo se repute reasumida la jurisdicción por los jueces naturales.

El órgano judicial ante quien se hiciere valer oportunamente la existencia de un acuerdo de arbitraje, y constatada que fuere su existencia documental, suspenderá *ipso facto* el curso de la causa, ordenando a las partes tomar las providencias del caso para constituir el Tribunal Arbitral conforme a dicho acuerdo. Todo lo actuado hasta esa oportunidad será nulo y sin efecto alguno."

Observaciones: Optamos por la indicada redacción, con la cual se da una definición más completa y general y la norma añade otros aspectos relacionados con la incidencia a que puede dar lugar la existencia del acuerdo, hoy ausentes en la regulación adjetiva.

Artículo 7: Se eliminaría su primer párrafo, cuyo contenido ya forma parte del artículo 6 y el resto continuará con la redacción actual:

"La referencia hecha en un contrato a un documento que contenga una cláusula arbitral, constituirá un acuerdo de arbitraje siempre que dicho contrato conste por escrito y la referencia implique que esa cláusula forma parte del contrato.

En los contratos de adhesión y en los contratos normalizados, la manifestación de voluntad de someter el contrato a arbitraje deberá hacerse en forma expresa o independiente."

Artículo 9: Sugerimos la redacción de dicha norma del proyecto en sentido inverso, así:

"Los árbitros pueden ser de derecho o de equidad. Los primeros deberán observar en sus decisiones y en la tramitación del proceso las disposiciones de derecho que resulten aplicables según el caso. Los segundos procederán con entera libertad, según sea mas conveniente al interés de las partes, atendiendo principalmente a la equidad, pero debiendo siempre dar razón fundada de sus decisiones. Si no constare expresamente la voluntad de las partes sobre el carácter de los árbitros, se entenderá que decidirán como árbitros de equidad.

En todo caso los árbitros siempre tomarán en cuenta las estipulaciones del contrato y los usos y costumbres mercantiles."

Observaciones: Respecto a la modificación propuesta, hacemos las consideraciones siguientes:

Conforme al proyecto encontramos que a falta de determinación expresa de voluntad, debe entenderse que el arbitraje es de "derecho", no obstante, desde el punto de vista de filosofía jurídica, es preciso advertir que si las partes se han acogido a la solución arbitral, dejando a un lado la resolución jurisdiccional, pareciera que lo procedente es entender que esa misma voluntad es la de acoger una solución de equidad, tal cual se lo contempla en el ordenamiento adjetivo vigente, el cual muy por el contrario de tener una aparente contradicción, fundamenta su diferencia de tratamiento en el caso de "cláusula arbitral" y acuerdo arbitral "judicial ' precisamente en esa diversa manera de tratamiento del asunto.

En la primera de las normas, el silencio, hace presumir que la voluntad de las-partes fue acoger que la solución del mismo se la diere por vía de equidad, al extremo de haber suscrito el acuerdo de arbitraje, antes de juicio, en cambio, en el segundo, ya existiendo el proceso, a falta de tal determinación, la ley opta por entender que el deseo de las partes es que la decisión sea fundada en derecho, dado que el asunto ya se debate en un proceso judicial.

Por lo demás en materia comercial, pareciera que la solución mas ajustada a las diferencias comerciales es aquella que fundamenta la resolución del problema por la vía de equidad, y en tal sentido la propia redacción del proyecto, ^estaca que en la resolución del asunto, los árbitros tendrán en cuenta especialmente los usos y costumbres mercantiles.

Artículo 11: Se sugiere la siguiente redacción:

"Las partes podrán acordar libremente el idioma o los idiomas que hayan de utilizarse en el proceso arbitral, el cual salvo pacto en contrario de las partes o del Tribunal, será el utilizable para todos los escritos de las partes, el de los autos y audiencias que se cumplan en el proceso y aquél en que se redacte el laudo. A falta de tal determinación por las partes en cuanto al idioma a utilizarse, se reputará que el utilizable lo será el castellano. En todo caso del laudo que se pronuncie siempre se dejará un ejemplar auténtico en idioma castellano, el cual deberá remitirse al Tribunal de Primera Instancia que eventualmente hubiere resultado competente para conocer de no existir el acuerdo arbitral, quien lo insertará en el respectivo Libro copiador de sentencias.

El tribunal arbitral podrá ordenar que los documentos presentados para su consideración, estén acompañados de una traducción al idioma o los idiomas acordados por las partes."

Observaciones: Fundamentamos la redacción propuesta en razón de que la Ley se supone destinada a regular por lo general los laudos que deban dictarse en Venezuela, o con ocasión de litigios que tengan lugar en el país, por ello y de acuerdo a la normativa general de nuestro procedimiento, entendemos más razonable que el idioma, sea el castellano, tal como lo exigen las normas aplicables en el proceso ordinario jurisdiccional. Finalmente, consideramos prudente, que en todo caso quede un registro del fallo arbitral en Venezuela, ante el Tribunal que hubiere resultado competente, con el objeto de que pueda garantizarse a futuro obtención de copias del mismo.

Artículo 12: Por las razones que se insertan en las observaciones, sugerimos la siguiente redacción:

> "Las Cámaras de Comercio, las Facultades de Derecho de Universidades, Colegios de Abogados y demás asociaciones de industriales o comerciantes regularmente constituidas, así como las asociaciones internacionales con fines similares a aquellos, que legalmente funcionen en el país, o las que se crearen con posterioridad a la vigencia de esta Ley y los demás órganos que se crearen por leyes especiales y que establezcan el arbitraje como medio de solución de las controversias, podrán organizar sus propios centros de arbitraje. Dichos Centros fijarán los procedimientos y normas aplicables para los procesos arbitrales, copias de los cuales deberán remitirse en todo caso al Registro Mercantil de su jurisdicción, quien los mantendrá debidamente archivados y a disposición del público. Los centros organizados antes de la vigencia de la presente Ley, podrán continuar funcionando en los términos aquí establecidos y deberán ajustar sus reglamentos a los requerimientos de la misma."

Observaciones: Las modificaciones sugeridas encuentran fundamento en considerar procedente, que adicionalmente se contemple como organismos natos que puedan establecer institucionalmente el funcionamiento de los tribunales arbitrales, los Colegios de Abogados y las Facultades de Derecho de las Universidades e igualmente, por razones de seguridad jurídica, las reglamentaciones que sobre la materia procedimental tengan aprobadas en todos esos organismos, cumplan formalidades de publicidad y archivo en entes apropiados del Estado.

Art. 16: Reputamos indispensable la reforma que introducimos en su encabezamiento, así:

> "Cuando las partes no establezcan sus propias reglas de procedimiento para llevar a cabo un arbitraje independiente, serán aplicables las disposiciones contenidas en la presente Ley y las contenidas en el Código de Procedimiento Civil en materia de arbitraje, y a falta de una adecuada que resuelva el caso, las generales de dicho ordenamiento en lo que resulten aplicables. En los arbitrajes institucionales, en lo que resulte procedente, por igual resultará aplicable lo antes dispuesto.
>
> En estos casos el Tribunal arbitral quedará constituido ante el Tribunal de primera instancia con competencia territorial en el domicilio procesal especial fijado en el acuerdo, o en el de cualquiera de las partes involucradas en dicho acuerdo."

Observaciones: Las modificaciones sugeridas encuentran fundamento racional e institucional, en el hecho de que lo deseable es que siempre resulte aplicable el -modelo del procedimiento ordinario», el cual aún este caso sigue siendo paradigmático, no obstante tratarse del arbitraje, pues al fin y al cabo, es ese otro modo o procedimiento para dirimir las controversias.

Artículo 20: Entendemos debe incluirse el texto siguiente en dicho artículo y correrse la numeración de los siguientes:

> "Cuando surgiere el conflicto de intereses que deba quedar resuelto por arbitraje independiente, cualquiera de las partes del acuerdo, presentará el documento escrito que lo contenga ante el Tribunal de Primera Instancia que resulte competente conforme las normas de la presente Ley, quien ordenará de inmediato la citación de la contraparte, a fin de que proceda a constituir el Tribunal arbitral en la forma que lo contemple el acuerdo correspondiente, aplicándose en todo caso, las normas contempladas en los artículos 608 y siguientes del Código de Procedimiento Civil y las disposiciones de la presente Ley.
>
> Exigido judicialmente el cumplimiento de una prestación, o la interpretación de un contrato, cuando existiere acuerdo arbitral entre las partes, el llamado a juicio, en la primera oportunidad en que compareciere al mismo hará valer la existencia de dicho acuerdo. En tal caso el Tribunal que conociere del asunto suspenderá el procedimiento de inmediato y ordenará abrir la correspondiente incidencia sobre la existencia de "acuerdo arbitral" que tramitará conforme las previsiones de los citados artículos del Código de Procedimiento Civil, con preferencia a todo otro asunto y a cuya incidencia se acumulará cualquier otro proceso en que se estuviere discutiendo el mismo asumo por simple solicitud que de ello hicieren las partes o el Juez que conociere de aquella."

Observaciones: Sugerimos las modificaciones indicadas, en tanto que la falta de regulación sobre tales aspectos en la normativa adjetiva vigente, constituye precisamente uno de los motivos que han hecho imposible un adecuado uso de la institución arbitral, en particular lo relacionado con la forma de hacer valer el acuerdo arbitral, y los efectos de la existencia del acuerdo cuando se plantea discusión sobre el asunto que debe resolverse por decisión arbitral.

Artículo 21 del proyecto: Se sugiere la siguiente redacción:

> "El depósito se hará a nombre del órgano institucional que deba conocer del arbitraje o en su caso del Tribunal competente de Primera Instancia que deba conocer de la constitución del Tribunal arbitral, sumas estas que solo podrán ser dispuestas por orden del Presidente del órgano arbitral o del árbitro único, cuando se tratare de arbitraje independiente..."

Observaciones: Consideramos inadecuado que la consignación se haga a favor del Presidente del Tribunal arbitral, pues puede producir indeseables consecuencias (inclusive desde el punto de vista tributario).

Artículo 28 del proyecto: De acuerdo a la normativa procesal vigente, sugerimos modificar el párrafo final de dicho artículo así:

> "La pendencia de cualquier procedimiento de tacha documental no impide la continuación del procedimiento arbitral, pero en el mismo no podrá dictarse el laudo hasta tanto no haya sentencia firme sobre la tacha".

Observaciones: Entendemos que en este caso la redacción del proyecto no resulta ajustada al ordenamiento vigente, en tanto que la tacha documental interesa a la función fedataria y por ello al orden público, por tanto se impone la redacción recomendada. No resulta justificable que ante la objeción procesal de un documento pueda recaer un fallo que a la larga pudiere ser objeto a su vez de invalidación.

Artículo 29 del proyecto: Se sugiere la modificación del párrafo final de la redacción propuesta, así:

> "Los tribunales requeridos están en el deber de proveer con toda celeridad y conforme las normas aplicables del procedimiento ordinario las solicitudes que en tal sentido le formulen los órganos arbitrales"

Observaciones: No consideramos adecuada la redacción del proyecto pues de ella surgen dudas en cuanto a las potestades conferidas al órgano arbitral, en tanto pareciera dejar a la discreción del órgano requerido de la jurisdicción ordinaria, proveer o no las solicitudes del órgano arbitral, cuando que los mismos siempre vendrán obligados a proveerlas en virtud del principio de la colaboración que deben a otro ente que cumple la función jurisdiccional.

Artículo 31 del proyecto: Sugerimos la siguiente redacción:

> "El laudo arbitral siempre será motivado y constará en él la fecha en que se lo haya pronunciado y el lugar del arbitraje. En todo caso el laudo se reputará dictado en el lugar del arbitraje".

Observaciones: Consideramos indispensable la modificación en cuanto a la obligación de motivación del laudo, ínsita en la naturaleza misma de nuestro sistema de justicia. No estimamos procedente en nuestro sistema de derecho el que pueda considerarse ajustado que las partes opten por relevar a los árbitros del deber de "motivación del fallo" único elemento justificante de que el proceder del juez es adecuado a la justicia o a la equidad y medio eficaz para permitir el ejercicio del recurso que se provee contra las decisiones arbitrales.

Artículo 33 del proyecto: Sugerimos la siguiente redacción:

> "El laudo arbitral podrá ser aclarado, corregido y complementado por el Tribunal arbitral de oficio o a solicitud presentada por cualquiera de las partes, dentro de los quince días hábiles siguientes a aquel en que se lo hubiere notificado a las partes. En todo caso vencido el plazo para dictar la aclaratoria o corrección, el Tribunal arbitral pasará los autos que conforman el expediente arbitral, incluido el laudo dictado, al Tribunal de Primera Instancia competente para su archivo."

Observaciones: Recomendamos las modificaciones sugeridas en razón de que, el término establecido solo debe correr una vez notificadas todas las partes, para garantizar la igualdad y, en tanto que, en la forma indicada se preserva para las partes el derecho de poder obtener siempre copias del contenido del expediente o del laudo.

Artículo 45 del proyecto: Consideramos pertinente añadir como causales de anulabilidad del fallo, las siguientes:

> "g) La de haber sido dictado fuera del término fijado para ello, que el mismo no esté debidamente motivado, o que adolezca de ultra, infra o extra petita.
>
> h) Por las demás causales de invalidación contempladas en la Ley".

Observaciones: Las modificaciones sugeridas encuentran evidente razón de ser en los principios de seguridad jurídica, igualdad y debido derecho de defensa, pilares fundamentales de nuestra filosofía judicial, que no pueden verse menoscabados por el uso de esa alternativa jurisdiccional para poner fin a los litigios y en tanto que los anotados vicios se sancionan en el ordenamiento vigente con nulidad absoluta de los fallos judiciales y por tanto con mas razón se los debe contemplar como vicios insubsanables en esa vía substitutiva de la actividad jurisdiccional ordinaria, finalmente, por que, la invalidación, opera como remedio extremo, aún contra la cosa juzgada judicial, sin que exista justificación para no contemplar como causal de anulabilidad la existencia de tales vicios en el laudo arbitral, más cuando el proyecto determina que solo ese será el único recurso que cabe contra tal tipo de decisiones.

Artículo 48 del proyecto: Sugerimos añadir en el párrafo final la siguiente corrección para evitar toda duda al respecto:

> "Admitido el recurso y constituida la caución, el Tribunal Superior conocerá del mismo conforme a lo establecido en el Código de Procedimiento Civil para el trámite del procedimiento ordinario en segunda instancia"

Artículo 50 del proyecto: Se sugiere la corrección en su encabezamiento, ante la obvia omisión en que se ha incurrido:

> "El reconocimiento o la ejecución de un laudo arbitral, cualquiera que sea el país en que se lo hubiere dictado, solo se podrá denegar: ..."

Artículo 51 del proyecto: Sugerimos añadir un párrafo final en el que se establezca por igual el modo de ejecución especial que debe contemplarse para fallos que causen ejecutoria contra la República, los Estados y los Municipios, en los mismos términos que lo contempla la Ley Orgánica de Régimen Municipal y con el siguiente texto:

> "Cuando la condena que pronuncie un laudo afecte intereses de la República, de los Estados, o del Municipio, el Tribunal encargado de ejecutar el fallo, lo comunicará al Procurador General de la República, al Procurador General del Estado o al Alcalde, según el caso, quienes dentro del término señalado por el Tribunal, deberán proponer al Congreso de la República, a la Asamblea Legislativa o al Concejo o Cabildo, según se trate, la forma y oportunidad de dar cumplimiento a lo ordenado en la sentencia. El ejecutante, previa notificación de la respuesta dada al Tribunal, la aprobará o rechazará, y en este último caso, el Tribunal fijará otro plazo para presentar una nueva proposición. Si ésta tampoco fuere aprobada por el ejecutante, o el ejecutado no hubiere presentado alguna, el Tribunal determinará la forma y oportunidad de dar cumplimiento a lo ordenado por la sentencia, según los procedimientos siguientes:
>
> 1. Si se trata de cantidades de dinero, el Tribunal, a petición del ejecutante, ordenará que se incluya el monto a pagar en la partida respectiva en el próximo o próximos presupuestos, a cuyo efecto enviará al ente interesado, según el caso, copia certificada de lo actuado. El monto que se ordene pagar se cargará a una partida presupuestaria no imputable a programas.
>
> 2. El monto anual de dicha partida no excederá del cinco por ciento (5%) de los ingresos ordinarios del respectivo presupuesto. Cuando la orden del Tribunal no fuere cumplida o la partida prevista no fuere ejecutada, el Tribunal, a instancia del interesado, ejecutará la sentencia conforme al procedimiento ordinario pautado en el Código de Procedimiento Civil; y

Si se tratare de entrega de bienes el Tribunal pondrá en posesión de ellos a quien corresponda, pero si tales bienes estuvieren afectados al uso público, a un servicio público o a actividades de utilidad pública, prestados en forma directa por el correspondiente ente, el Tribunal acordará la fijación del precio del bien mediante avalúo que efectuará un solo perito designado por el Tribunal, quien para el cumplimiento de su encargo, aplicará, en lo que resultare aplicable lo dispuesto en la Ley de Expropiación por Causa de Utilidad

Pública o Social; y determinado el precio, ordenará su entrega a quien corresponda, conforme a lo previsto en la última parte del ordinal precedente. En este último caso, la fecha de la sentencia se equiparará a la fecha del decreto de expropiación."

33.

ALGUNAS CONSIDERACIONES SOBRE EL PROCEDIMIENTO APLICABLE EN LOS CASOS DE ARBITRAJES REGIDOS POR LA LEY DE ARBITRAJE COMERCIAL*

I. TEMA DE EXPOSICIÓN

Una vez más debo congratularme por estos eventos que últimamente viene patrocinando la Academia de Ciencias Políticas y Sociales, la que acertadamente, como lo ha venido haciendo, compenetrada con el acontecer nacional, se ha convertido en protagonista en el planteamiento, análisis y difusión de problemas, novedades y cuestiones que atañen a la vida ciudadana y al específico campo de lo jurídico.

En cuanto al tema relacionado con el Arbitraje, desde ya hace casi un año su Presidente, mi apreciado amigo Dr. Allan Brewer Carias, me había manifestado el interés de la Academia en dar un ciclo de conferencias sobre el Arbitraje, como vía alternativa para la solución de los conflictos entre las partes, y de alguna manera sugerir y promover en forma seria la solución de los conflictos Ínter partes, por medio de una solución alterna que coadyuvara a mejorar la grave congestión de los órganos judiciales, recuperar la confianza en el Derecho y, en fin, hacer algo para lograr una mas eficiente administración de justicia, delicada cuestión ésta tan relacionada con la institucionalidad, con la seguridad jurídica y la buena marcha económica del país.

En el interim y hasta esta fecha, asistimos al Congreso Mundial de Derecho Procesal en Italia, cuyo tema central precisamente fue el ya anotado, visitamos el Centro de Arbitraje de Bogotá, nos informamos del funcionamiento de Centros de Arbitraje Europeos, produjimos un cuestionario respecto al uso del Arbitraje en materia de Derecho de Seguros para la Asociación Internacional de Derecho de Seguros (AIDA) y de pronto se nos informó que en el Congreso, a toda prisa, se estaba discutiendo el Proyecto de Ley de Arbitraje Comercial conforme al modelo UNCITRAL. Lo dicho nos llevó, con un grupo de Profesores, colegas y representantes de nuestro Colegio de Abogados del Distrito Federal, a procurar que dicho proyecto culminara en un buen instrumento legal para mejorar la poca regulación existente en Venezuela sobre la materia, tratar de que en efecto el arbitraje se convirtiera en un medio alternativo eficaz para la solución de los conflictos, y para el nuevo arbitraje se contara con una regulación más clara y suficiente, liberada de los escollos de la actual y en la que se aclaran una serie de dudas que dejaba la vigente

* Conferencia auspiciada por la Academia de Ciencias Políticas y Sociales y Cámara de Comercio de Caracas. Caracas 21 de septiembre de 1998. Publicada en *Seminario sobre la Ley de Arbitraje Comercial*, Biblioteca de la Academia de Ciencias Políticas y Sociales, Serie Eventos 13, Caracas 1999, pp. 61-144.

regulación sobre el arbitramento como procedimiento especial, para procurar poner a disposición de los justiciables un procedimiento rápido, eficaz y seguro que garantizara una buena fórmula para poner fin a los conflictos de intereses, los cuales con la crisis económica e institucional que nos viene afectando de un tiempo a esta fecha, parecieran haber proliferado.

A pesar de todos esos esfuerzos, una vez más vimos con desesperanza como resulta imposible en Venezuela lograr que las cosas salgan bien, procurar prestar apoyo a ciertas instituciones y obtener logros en esas gestiones. No quiero referirme a ese calvario de lobbys, citas, tiempo perdido y frustraciones, ni explicar las razones que se nos adujeron para hacer caso omiso de cuantas diligencias se hicieron para lograr que se mejorara el proyecto, y se cumplieran todos los objetivos que nos habíamos trazado para contar con una Ley más perfecta y libre de desatinos.

Entre otros argumentos para adversar nuestras propuestas se nos esgrimieron razones tan banales como que podían engavetar el proyecto en el Congreso, que no era conveniente introducir cambios que atentaran contra lo dispuesto en el modelo UNCITRAL, ya aceptado y puesto en vigencia a nivel internacional, lo que a su vez impediría obtener la anuencia de aquellos a la nueva normativa con serias consecuencias, que llegaban, inclusive, a predecir el entrabamiento de las ayudas económicas internacionales y de organismos multilaterales ofrecidas al país y de las cuales estamos tan necesitados, etc.

A pesar de que algunos de nuestros interlocutores nos merecían todo respeto, no consideramos conveniente seguir luchando contra la marea, ni enfrentarnos con ellos, pues de plano al invocar razones como las expuestas, nos ponían en evidencia indiscutible que no habían siquiera tenido la curiosidad de revisar la Ley modelo UNCITRAL, ni su exposición de motivos y comentarios que a la misma se han hecho, ni la legislación de aquellos otros países en la cual ya se habían dictado leyes similares, y de todo lo cual resalta, precisamente, que ella es solo un "marco orientador, que permite a cada Estado adaptarlo sin perjuicio de mantener las características propias, peculiares de sus instituciones". Con ello abandonamos todo nuestro deseo de colaborar y procurar que el Proyecto se mejorara.

Olvidaron quienes de tal modo han pensado, y los responsables de su aprobación en los términos en que quedó promulgada, con desprecio de las serias y procedentes observaciones que se formularon al Proyecto, la acertada advertencia de las Profesoras Cárdenas y Herbón al sostener "Un Estado que regula satisfactoriamente el arbitraje, y convierte en fiable su empleo masivo, contribuye en manera decisiva a convertir a ese Estado en un potencial centro de arbitraje internacional"[1] y por supuesto huelgan los comentarios de los beneficios económicos y financieros que de ello deben esperarse.

Pero al margen de toda consideración ya contamos con la nueva Ley de Arbitraje Comercial[2], y con todo y sus desperfectos, resulta que es un nuevo instrumento que mejora lo existente y que ojalá, a pesar de las muchas trabas que como veremos tendrá la puesta en ejecución de sus instituciones no haga perder la fe en esa importante institución.

---

1 Sara F. de Cárdenas y Hebe Leonardi de Herbón, *El Arbitraje*, Edit. Abeledo Perrot, Argentina, 1998, p. 165.

2 Gaceta Oficial de la República de Venezuela, (*GO*) N° 36.430 del 7 de abril de 1998, que en lo sucesivo quedará identificada como LAC.

Debo aclarar que por razones del tiempo que se me ha concedido para la exposición, limitaré mi exposición estrictamente a su tema central, esto es, al del Procedimiento en la nueva Ley de Arbitraje Comercial, si bien en el texto escrito que de ella he entregado en la Academia, pueden evidenciar que me refiero extensamente a muchos de ellos y a otros temas que de alguna manera hacen referencia a algunas de las instituciones y normas de la Ley en lo que atiene a materias que si bien serán desarrolladas por otros expositores de este Ciclo de Conferencias, tienen íntima relación con el que me ha sido confiado analizar.

Por supuesto que mi examen a la Ley no pretende agotar los comentarios que pueden hacerse sobre la materia, ni estará pleno de citas doctrinarias y jurisprudenciales, pues a pesar de que la institución arbitral ya formaba parte de nuestro derecho, desde hace unos cuantos años, como procedimiento especial contemplado en el Código de Procedimiento, y a la que se hace referencia en algunas otras normas del mismo, y de alguna manera se lo alude en otras leyes especiales y que ha sido objeto de Tratados y Convenciones suscritos por Venezuela, ha tenido relativamente poco uso y ha generado poca Interpretación jurisprudencial.

Ojalá que este evento y los modestos aportes que en la materia podamos producir quienes hemos sido invitados como expositores, aclaren un poco los problemas que ya se avizoran con la puesta en vigencia de la Ley, contribuyan así mismo a despejar otras dudas del viejo Arbitramento y en definitiva despierten el interés por la institución.

Lamentablemente, como lo iremos reseñando a lo largo de nuestra intervención, a nuestro juicio se perdió una oportunidad muy especial para haber subsanado dudas que se generaban con la regulación existente antes de la Ley, y ciertamente manifiesto mi asombro ante ciertos defectos que claramente están presentes en el nuevo instrumento legal, en tanto que por habérsenos reiterado la misma resultaba copia del modelo redactado por UNCITRAL, conocida y reputada institución internacional, pensamos que en lo que no atentara contra el orden público interno, ni contra la filosofía de algunas de nuestras instituciones procesales, sería seguido fielmente, con una copia más fidedigna y que el Congreso al discutirla, tendría mayor cuidado e interés.

Como lo veremos, nada de ello ocurrió así y por tal motivo necesariamente tendré que centrar mis comentarios y observaciones en los problemas que se generarán en lo adelante con la nueva institución y los que han quedado sin resolver, relativos a la regulación del Arbitraje ordinario.

II ALGUNAS NECESARIAS PRECISIONES

En primer lugar, para todos los presentes no es nuevo que la institución del arbitraje ya se encontraba reconocida en nuestra legislación interna y en la internacional que nos vincula.

Todos recordamos que nuestro Código de Procedimiento Civil[3] dedica el Título I, de la Parte Primera del Libro Cuarto (De los Procedimientos Especiales) al "Arbitramento",

---

3 Código de Procedimiento Civil (Cpc) *G.O.* 3.694 del 22 de enero de 1986, al cual se hicieron algunas reformas en el hoy vigente –*G.O.* Extra. 4.196 del 2 de agosto de 1990- Artículos (arts.) 606 y ss, en el que se contempla el Arbitraje como uno de los Procedimientos Especiales de dicha Ley adjetiva. Ya en el anterior Cpc igualmente se contemplaba esta especie de "Procedimiento Especial" cuya reforma más significativa en el hoy Cpc vigente lo es el de establecer una incidencia especial para hacer valer el compromiso arbitral, aún contra la

que por igual se hace referencia a la misma en otras disposiciones relacionadas con la jurisdicción y a ella se refieren otros instrumentos jurídicos vigentes, como lo son la Ley Orgánica del Trabajo, la Ley de Justicia de Paz y la de Empresas de Seguros y Reaseguros, entre otras[4].

En el mismo orden de ideas, Venezuela tiene suscritos tratados internacionales y convenciones en los cuales se reconoce la institución arbitral, se establecen principios sobre reconocimiento y ejecución de los laudos arbitrales y formas de proceder tanto en arbitrajes internacionales, como el reconocimiento que merecen en el exterior los que eventualmente se dictan en nuestro país y de acuerdo a nuestras leyes, y yo diría, que salvo ahora en lo que atañe al arbitraje comercial, tales normas de derecho internacional, siempre resultaron de mayor avanzada que las incorporadas en nuestro ordenamiento adjetivo interno[5].

En segundo lugar, destacamos que la puesta en vigencia de la LAC, en lo adelante permitirá distinguir en nuestro país entre los "arbitrajes no comerciales", que en lo sucesivo denominaremos "ordinarios, comunes o no comerciales", indistintamente, de aquellos que se refieran de algún modo a lo comercial, sea en el ámbito interno o doméstico (como mejor los cataloga la doctrina especializada) o en el ámbito internacional, que en lo sucesivo identificaremos como "arbitrajes comerciales o especiales", también indistintamente.

Los primeros, continuarán a nuestro juicio rigiéndose y regulándose por lo dispuesto en el Cpc, y cuando sea procedente resultarán aplicables los tratados y convenios internacionales vigentes[6] mientras que los segundos se regulan por la LAC, pero a los que en nuestro criterio también se aplicará supletoriamente lo dispuesto en el Cpc, en casos de lagunas o necesidad de integración.[7]

---

voluntad de una de las partes, antes inexistente en razón de que se reputaba como irrenunciable el derecho de las partes de acudir siempre a la vía jurisdiccional ordinaria.

4 Ley de Empresas de Seguros y Reaseguros, *G.O.* 4.822 Ext. Del 23-12-94, Ley de Justicia de Paz, *G.O.* 4.817, Extra. del 21 diciembre 1994 y Ley Orgánica del Trabajo, *G.O.* 5.152 Ext. de fecha 19 de junio 1997. y recientemente en la Ley de Derecho Internacional Privado, *G.O.* 36.511 del 6-8-98.

5 Ley Aprobatoria de la Convención sobre el Reconocimiento y Ejecución de las Sentencias Arbitrales Extranjeras, *G.O.* 4.832 Ext. del 29 de diciembre de 1994; Convención Interamericana sobre la Eficacia Extraterritorial de las Sentencias y Laudos Arbitrales Extranjeros, *G.O.* 33.144 del 15 de enero de 1985; Convención Interamericana sobre Arbitraje Comercial, *G.O.* 33.120 del 22 de febrero de 1985; Convenio sobre Arreglos de Diferencias Relativas a Inversiones entre Estados y Nacionales de otros Estados, suscrito por los Países Miembros del Banco Internacional de Reconstrucción y Fomento, en vigor desde octubre de 1984, publicaciones del CIADI, Banco Mundial, Washington, 1985.

Al respecto pueden consultarse así mismo Félix Roland Mathies, Arbitrariedad *y Arbitraje*, Oscar Todtmann Editores, Caracas, Venezuela 1996; Alberto Baumeister Toledo, "Algunas consideraciones sobre el Arbitraje en Venezuela". Informe al Comité AIDA-CILA sobre aplicación del arbitraje en Venezuela, *Revista de la Facultad de Derecho de la Universidad Católica Andrés Bello* (RFDUCAB), número 51, p. 317 ss.

6 Recuérdese que conforme lo dispone el Art. 8 Cpc, los tratados internacionales son fuentes primarias de interpretación e integración de la norma procesal, en cuanto al punto en cuestión.

7 Así lo hemos expuesto en varias de las conferencias que nos ha correspondido dictar sobre el tema y concretamente en las que desarrollamos el pasado 5 de junio y en julio en los eventos

El nuevo instrumento legal incorpora también a nuestro sistema procesal nuevos principios e instituciones y conceptos respecto a la institución arbitral, y así, a pesar que no resulta del todo claro, parece que el Legislador optó por reconocer que el arbitraje comercial deja de ser un simple procedimiento especial más, o un medio substitutivo convencional del jurisdiccional ordinario y le concede un carácter más institucional, como modo de expresión propio de la actividad jurisdiccional, cuya característica fundamental lo será que el órgano judicial queda sustituido por personas ajenas al poder judicial, electas por las partes, por los Centros Institucionales, o inclusive por el propio órgano de justicia ordinario, y como tal, que efectivamente limita la potestad jurisdiccional[8].

En adición, también quedan determinadas cuando menos para una de sus modalidades, y a falta de las que puedan establecer las partes interesadas, reglas mas precisas que pautan el procedimiento, ajenas a las del juicio ordinario, y que aparecen como más expeditas que estas (Arbitrajes Independientes), o cuya fijación queda deferida a los llamados Centros de Arbitraje, en el caso de los Arbitrajes Institucionales[9].

Si lo anterior resulta sin lugar a dudas en cuanto al nuevo Arbitraje Comercial, la situación no queda tan clara para los casos de Arbitrajes ordinarios, los que en nuestro criterio continúan siendo un modo de heterocomposición procesal, y como tal un simple medio substitutivo de la actividad jurisdiccional, y que no tiene mecanismos procesales adecuados para enervar pronta y eficazmente, su desconocimiento ante la jurisdicción ordinaria, regulados por la normativa del "Procedimiento Especial de Arbitramento" contemplado en el Cpc, como ya lo adelantamos antes, que no resulta complementado ni derogado por las nuevas regulaciones de la LAC, ni la que se aplica, aún en aquellos (Comerciales) cuando resulta que son otras las pertinentes de acuerdo a un Tratado o Convención internacional bi o plurilateral, suscritos por Venezuela, antes o después de la LAC, a los cuales ésta reconoce expresa vigencia y preferente aplicación[10].

Conforme a lo expuesto, los "arbitrajes ordinarios" continuarán regidos por el procedimiento especial del Arbitramento, tal como lo contempla el Cpc, que al estar contemplado en ese cuerpo normativo adjetivo especial general, continuará siendo una especie de modelo o prototipo, será fuente de interpretación e integración, a falta de normas que puedan haber dejado establecidas las partes interesadas, y a la vez servirá de fuente supletoria para la interpretación e integración en la aplicación de la nueva Ley de Arbitraje Comercial, en todo lo que no resulte dispuesto al respecto bien por las partes o

---

sobre Arbitraje promovidos por la Federación de Colegios de Abogados y la Facultad de Ciencias Jurídicas y Políticas de la UCV, y en el Foro sobre Arbitraje Comercial patrocinado por el Instituto Venezolano de Estudios de Derecho Procesal (INVEDEPRO) los cuales entendemos darán a la publicidad las aludidas exposiciones.

8 En el mismo sentido Ricardo Henríquez La Roche, *Código de Procedimiento Civil*, Tomo V, p. 11, Edit. Centro de Estudios Jurídicos del Zulia, Organización Gráficas Capriles C.A., Venezuela, 1998.

9 En cuanto a los Arbitrajes Independiente, a decir de la doctrina especializada, es ésta una modalidad que permite una permanente adecuación del procedimiento arbitral a la realidad social, o como lo destacan Cárdenas y Herbón ".... debe reconocérsele una importante virtualidad al arbitraje libre o ad hoc, cual es la de servir de fuente del Derecho Procesal Arbitral. La creación de nuevas formas o la simplificación de las ya aceptadas encuentran en este tipo de arbitraje una vía fértil para su renovación" (*opus cit*, p. 15).

10 Arts. 1, 2,11,12 y 15 LAC. En el mismo sentido Henríquez La Roche, *opus cit*, p. 16.

por el Centro de Arbitraje, según se trate de arbitrajes comerciales Independientes o Institucionales[11].

III LAS NOVEDADES EN LA NUEVA REGULACIÓN DEL ARBITRAJE COMERCIAL

Podemos decir en una apretada síntesis que las novedades mas importantes contempladas en nueva Ley se refieren entre otros a los siguientes temas:

a) Establecimiento de nuevas modalidades y mecanismos para la realización de los arbitrajes, incorporación de conceptos, formas y regulaciones típicas de dichas figuras, ya reconocidas en legislación extranjera y que son reflejo de la evolución que ha ido teniendo el arbitraje. Arts. 2, 5, 11, 15, 25 LAC;

b) Auto-control por el órgano arbitral de la validez y exigibilidad de los compromisos o cláusulas arbitrales (convenios para someter a árbitros la solución de los conflictos) y para resolver sobre su propia competencia. Arts. 7 y 25 LAC.;

c) Consagración de mecanismos más adecuados para la defensa del convenio arbitral y trámite del proceso arbitral. Arts. 7, 9, 10, 22, 25, 27, 31, 37, LAC, entre otros;

d) Se procura un mayor Deslastre del proceso arbitral, evitando incidentes procesales. Artcs.27, 22, 24, 25 LAC., entre otros;

e) Se consagra un nuevo sistema para la ejecución de los laudos, se elimina así mismo la aplicación del régimen de recursos ordinarios. Arts. 43 y 48 LAC.;

f) Reconocimiento y ejecutoriedad de los laudos con menores trabas, sea que los mismos hayan sido dictados por órganos arbitrales internacionales o nacionales. Art. 48 LAC;

g) Disminución del poder de control sobre el proceso arbitral por parte de la Jurisdicción ordinaria. En efecto, ahora sólo cabe la intervención del órgano jurisdiccional ordinario en contados casos, tales como los contemplados en los artículos 17, 28, 38, 43, 48 LAC, pues ciertamente cabe resaltar que en el Arbitraje ordinario existe una marcada tendencia a recurrir a la jurisdicción ordinaria, con los consabidos retardos e incidentes que ello ocasiona; y

h) Se consagra, aun cuando no en forma clara y definida, el ejercicio de la potestad Cautelar para los árbitros (Art. 26 LAC).

---

[11] Al menos ese ha sido el criterio dominante de la Corte de Casación en Sala Civil, al disponer que el Cpc contiene las normas aplicables con carácter preferente y derogatorio, en todo lo atinente a instituciones propias del proceso, tal como lo reputó en los casos de fijación de los criterios para fijar la cuantía y el procedimiento aplicable a la cuantía para recurrir y de las normas que regulan el Recurso Extraordinario en casos de regulaciones especiales de procedimientos, tales como en materia de Tránsito, Agrario y Laboral. En tal sentido véase además Acuerdo de la Corte Suprema en Pleno del 29-3-87 copiado en Henríquez La Roche, *opus cit.*, p. 941.

IV. LAS NUEVAS NORMAS DE PROCEDIMIENTO APLICABLES A AMBAS MODALIDADES DE LOS ARBITRAJES COMERCIALES Y SUS DIFERENCIAS PRINCIPALES CON LAS QUE REGULAN LOS PROCEDIMIENTOS ARBITRALES ORDINARIOS

1. *Ámbito material de la LAC*

Antes de entrar en el problema mismo de cuales sean las nuevas normas de procedimiento aplicables, conviene precisar, que casos se regirán por la nueva Ley, y al respectó debemos señalar que la LAC, ni el modelo de la misma, en sus textos expresamente aclaran su ámbito de aplicación material.

En efecto, la Ley no precisa cual es su ámbito de aplicación material, simplemente destaca que ella será aplicable al "arbitraje comercial" sin que en su texto, ni por remisión a otro, pueda precisarse que asuntos quedan comprendidos en tal concepto, ni en el ámbito interno, ni en el internacional[12].

Hemos venido sosteniendo que uno de los recursos al cual podemos apelar para solventar dicha falta de precisión, a nivel de legislación interna, es entender por "arbitraje comercial" el ahora nuevo modo de expresión especial de la actividad jurisdiccional (*sic.* Arbitraje), llamado a resolver todos los casos que conforme a nuestro Código de Comercio correspondían ser decididos en sede de la indebidamente por él llamada "jurisdicción mercantil" o correctamente identificada como "competencia comercial o mercantil", tal como se la regula en los artículos 1090 y siguientes del Cco[13].

---

12 Esta ausencia de precisión se observa por igual en el modelo UNCITRAL sobre Arbitraje Internacional (texto y comentarios en la obra de Cárdenas y Herbón, *opus cit*, p. 181). Por igual encontraremos que esa manera de tratar dicho aspecto responde a una voluntad deliberada que a nuestro juicio persigue, precisamente, procurar darle el más amplio contenido a dicho término, y en adición, observaremos que es ese el mismo trato dado a dicho asunto en otras Convenciones y Tratados sobre la materia. Debemos reconocer que inicialmente consideramos inadecuada esa postura y así inclusive lo sostuvimos en algunas de nuestras conferencias y exposiciones, pero analizando con mayor detalle la Ley Modelo UNCITRAL (en lo sucesivo LMU), su exposición de motivos, las notas que se hacen a su articulado y los comentarios doctrinarios al respecto, hoy modificamos nuestro parecer y reconocemos que ello resulta beneficioso y concede la aludida amplitud generosa y necesaria para la mejor aplicación del Arbitraje Comercial. En efecto, en la "Nota" referente al artículo 1, inciso 1, de dicho instrumento internacional se define la expresión "comercial" a través de ejemplos que todos los autores coinciden deben interpretarse de manera flexible, y se mencionan como tales, sin que la intención de la enumeración sea de hacerlas taxativas: cualquier operación de suministro o intercambio de bienes o representación o mandato comercial, transferencia de crédito para su cobro (factoring), arrendamientos de bienes y equipos con opción de compra (leasing), consultaría, ingeniería, construcción de obras, inversión, financiación, banca, seguros, asociación de empresas, otras formas de operación comercial o industrial, etc., entre otras. Nuestra anterior posición al respecto en Conferencias, Vid. Algunos comentarios sobre el Procedimiento en la nueva Ley de Arbitraje Comercial, El Arbitraje Comercial, Colegio de Abogados de Anzoátegui, y El Arbitraje Comercial y el Derecho de Seguros, todas anteriores a la presente.

13 Código de Comercio vigente, de fecha 26 de julio de 1955, que reformó parcialmente el Código de Comercio de 1919, con algunas pequeñas modificaciones de fechas 30 de julio de 1938, 17 de agosto de 1942 y 19 de septiembre de 1945 (en lo adelante Cco).

A este respecto conviene recordar el contenido de dicha norma:

"Corresponde a la jurisdicción comercial el conocimiento:

1. De toda controversia sobre actos de comercio entre toda especie de personas.

2. De las controversias relativas a letras de cambio y a pagarés a la orden en que haya a la vez firmas de comerciantes y de no comerciantes, aunque respecto a éstos tengan el carácter de obligación meramente civil.

3. De las acciones contra capitanes de buques, factores, dependientes y otros subalternos de los comerciantes, sólo por hechos del tráfico de la persona a que están destinados.

4. De las acciones de capitanes de buques, factores, dependientes y otros subalternos de los comerciantes contra los armadores y comerciantes, sólo por operaciones del tráfico de la persona a quien sirven.

5. De las acciones de los pasajeros contra el capitán o el armador, y de éstos contra aquéllos.

6. De las solicitudes de detención o secuestro de una nave, aun por deudas civiles.

7. De las acciones del empresario de espectáculos públicos contra los artistas, y de éstos contra aquél.

8. De todo lo concerniente a los atrasos y a la quiebra de los comerciantes conforme a las disposiciones de este Código.

9. De las acciones entre comerciantes, originadas de hechos ilícitos relacionados con su comercio".

En adición el artículo 1.092 *ejusdem,* señala:

"Si el acto es comercial, aunque sea para una sola de las partes, las acciones que de él se deriven corresponden a la jurisdicción comercial".

Finalmente, el artículo 1091, precisa que sólo deben reputarse excluidos de la jurisdicción mercantil:

"... las acciones contra los agricultores y criadores por la venta de los frutos de sus cosechas y ganados, ni las intentadas contra los comerciantes para el pago de lo que hubieren comprador para su uso o consumo particular o para el de sus familias".

Con base a las disposiciones legales citadas, y a pesar de que las mismas por igual, en el ámbito de la actividad jurisdiccional ordinaria (mientras resultó aplicable la diferencia entonces existente entre Tribunales con competencia exclusivamente Mercantil y aquéllos que sólo la tenían para lo Civil) constituyeron fuente de variada y contradictoria interpretación y de demorados procesos sobre conflictos de competencia, ya hoy inexistentes como consecuencia de la unificación de competencias en el mismo órgano judicial, pareciera que lo más sensato para llenar ese aparente vacío que deja la Ley de Arbitraje Comercial sobre dicho asunto, resulta de reputar que la materia objeto de ella es la misma que conforme a dichas reglas corresponden conocer a los Tribunales Mercantiles, en tanto tales regulaciones atienen a asuntos referidos al mismo tema, concretamente las relacionadas con lo que el Código de Comercio considera son propios de la "jurisdicción comercial", dando así la mayor de las amplitudes a lo que puede ser sometido a arbitraje comercial.

En adición a lo dicho, y para dar mayor apoyo a dicha solución, puede ocurrirse como lo sosteníamos antes, a los antecedentes de nuestra Ley, esto es, el proyecto UNCITRAL (LMU) y a otros convenios internacionales suscritos por Venezuela[14] y a otras fuentes del derecho procesal internacional que tienen relación con el tema, y en ello es preciso recordar que Venezuela adhirió sin reservas, a la convención Interamericana sobre "arbitraje comercial"[15] la cual tiene como objeto aceptar y normar el arbitraje comercial internacional, y en la que se establece como objeto propio de los mismos resolver los asuntos relacionados con "transacciones comerciales", término que si bien tampoco resulta precisado a nivel de detalle en la Convención, se admite sin reservas alude a todo asunto que tenga conexión con el Comercio internacional, lo cual permite una amplia interpretación en cuanto a lo que forma parte de dicho concepto, y a nuestro modo de ver, sin ser necesario acudir a diferenciar entre dichos casos por razón de los sujetos que participan en dicha "relación comercial"[16].

Lo anterior, pues, sí nos debe llamar la atención en el sentido de que la aludida falta de precisión, si bien beneficia esa mayor amplitud, provocará cuando menos inicialmente una serie de incidentes en cuanto a la competencia o no de los árbitros dentro del ámbito del Arbitraje Comercial, tal cual se produjeron durante muchos años dentro de la actividad jurisdiccional ordinaria para determinar con precisión la naturaleza de ciertos asuntos para precisar si estaban o no dentro de la esfera de la competencia mercantil y anotamos que parecen ser los principios que dejamos indicados antes, los que permitirán resolver en forma más o menos clara dichos asuntos.

En todo caso, serán los pronunciamientos arbitrales o de la jurisdicción ordinaria al respecto los que irán despejando tales dudas e inconvenientes, sea que provenga de las decisiones de los órganos arbitrales, sea que lo fueren derivadas de resoluciones sobre "regulaciones de jurisdicción y competencia" que deberán producirse en casos que vayan presentándose a partir de esta fecha ante nuestros Tribunales ordinarios y ante la propia Corte Suprema[17].

---

14 Al respecto véanse los comentarios contenidos en la nota 11.

15 La citada Convención fue suscrita por todos los estados miembros de la Organización de Estados Americanos en Panamá el 30 de enero de 1975. La ratificación de Venezuela fue concedida por Ley (*G.O.* 33.170 del 22-2-1985).

16 Se debe destacar, asimismo, que en otros países donde se acepta el modelo y reconocen la institución arbitral, tampoco se encuentra precisado el concepto de "comercial" con el cual se delimita la competencia para este tipo de arbitrajes. Al respecto Cárdenas y Herbón, *opus cit*, pp. 48 a 53 y 125 a 148.

17 En efecto, tómese en cuenta que ahora los mismos órganos arbitrales serán competentes para resolver sobre tales conflictos de competencia e inclusive jurisdicción (Art.25 LAC), decisiones estas para las cuales la nueva Ley no contempla el recurso especial de Regulación de Competencia ante los órganos de la jurisdicción ordinaria, y que por igual, en el caso del Arbitraje no comercial, planteado dicho asunto con ocasión de la "Incidencia arbitral" con fundamento a la falta de potestad del órgano arbitral para conocer de dicho asunto, la decisión del Juez ordinario al respecto, perfectamente podrá ser objeto de Apelación (611 Cpc) si bien nada dijo la Ley de que pudiere intentarse contra dicha decisión la correspondiente Regulación de Competencia. En adición, recuérdese que nuestro Cpc admite el conflicto de jurisdicción con los Tribunales nacionales y los extranjeros o con órganos arbitrales convenidos en el exterior (Arts. 2, 53 ss y 59 Cpc, con la sola excepción de que se trate de bienes inmuebles situados en el país o sobre otras materias que tengan relación con el orden público o las buenas costumbres,

2. *Las dos nuevas modalidades de realizar los Arbitrajes regulados en la LAC*

Aclarado este primer interrogante que atiene al ámbito de aplicación de la Ley, a nuestro juicio, y ahora sí como consecuencia de un error o falla en la redacción, encontramos otros nuevos problemas.

En efecto, como lo dejamos señalado, la nueva Ley introduce dos nuevas modalidades de arbitraje, dentro de las vías que ella contempla para la realización de los mismos, atinentes al modo como quedará constituido el órgano arbitral y eventualmente a las normas por las cuales debe regirse el correspondiente procedimiento en uno u otro de los casos. Esas nuevas modalidades, acotamos, ya son conocidos en otras legislaciones y aceptados por la doctrina internacional sobre arbitraje, pero que no figuraban en nuestras normas sobre la materia ni tampoco en la LMU.

Así, la nueva Ley contempla la diferencia entre los llamados arbitrajes "Institucionales" y los arbitrajes "Independientes".

Según los Arts. 2 y 11 LAC, son "Arbitrajes Institucionales"[18] aquellos arbitrajes que pactan las partes sean realizados bajo el patrocinio y reglas de un Centro institucional de arbitraje, normalmente auspiciados en el ámbito nacional por las Cámaras de Comercio, asociaciones de comerciantes, instituciones gremiales profesionales, Universidades, etc. y en el ámbito internacional por organismos plurilaterales, entre cuyos objetivos está precisamente, promover como vía alternativa para la solución de conflictos entre sus agremiados, asociados, países vinculados o suscriptores de acuerdos y convenios, o en general entre los comerciantes, la vía arbitral[19].

---

vbg. Estado y capacidad de las personas) y en tal caso, las correspondientes decisiones si dan lugar a Regulación de Jurisdicción.

Abundan por igual sobre los comentados argumentos a favor de una amplia interpretación de lo que puede ser objeto de "arbitraje comercial" la norma sobre interpretación de las disposiciones contenidas en los asuntos objeto de decisión, contemplada en el artículo 8 de la LAC, aparte in fine, que determina que los árbitros tendrán necesariamente en cuenta "los usos y costumbres mercantiles", por lo que pareciere que pueden ser objeto de arbitraje comercial, todo género de asuntos relacionados con la materia comercial, independientemente de quienes hayan sido partes en las operaciones o entre quienes controvierta dicho asunto, prescindiéndose de considerar como tales sólo aquellos, asuntos que se controviertan entre comerciantes.

Vale la pena destacar, por último, que curiosamente mientras en materia de conflictos de trámite", ello aún en el caso de que la parte que la haga valer haya convenido inclusive en la designación de los árbitros, y finalmente, deja como potestativo del órgano arbitral, conocer de dicha defensa, aun fuera del indicado lapso, si consideran justificada la demora en promoverla.

18 También conocidos en doctrina arbitral como "institucionalizados o administrados" y entre los cuales han dado especial fama a dicha modalidad los que a nivel internacional operan como Centros de Arbitrajes especializados, bien interestatales (Corte Permanente de Arbitraje de La Haya, el Centro Internacional para el arreglo de diferencias relativas a inversiones), o promovidos y auspiciados por instituciones privadas (en lo domésticos, el que funciona y patrocina la Cámara de Comercio de Caracas, y en lo internacional, patrocinados por organismos multilaterales: la Comisión Interamericana de Arbitraje Comercial -CIAC-; la American Arbitration Association -AAA-; en España, la Corte Española de Arbitraje, entre otros).

19 La LAC no fue tampoco muy afortunada en el lenguaje utilizado para referirse a la figura, así, dice: "... Las Cámaras de Comercio y cualesquiera otras asociaciones de comerciantes, así

La Ley contempla que dichos Centros de Arbitrajes funcionen de acuerdo a ciertos requerimientos mínimos, a nuestro modo de ver procurando darle institucionalidad a los mismos, garantizando su pervivencia y funcionamiento organizado, escogencia de árbitros de calidad e idoneidad (Art. 14 LAC), y los cuales, además, están facultados para dictar las reglas que estimen pertinentes para regular el proceso arbitral (Arts. 12 y 13 LAC).

Los Arbitrajes Independientes, en cambio, conforme lo precisa el Art. 2 LAC, serán aquellos que no prevén las partes sean conocidos, regulados ni decididos por árbitros de los Centros de Arbitrajes, y en los que debemos entender (pues la Ley no resulta muy clara al respecto) que las reglas de procedimiento aplicables, serán las que se fijen las mismas partes, considerando que a falta de ellas, las que normarán el proceso arbitral, son las que supletoriamente y para tales efectos se contemplan en los Capítulos IV y V de la LAC[20].

Lo importante de destacar con todas estas innovaciones, y en particular que se faculte a las partes para establecer las normas de procedimiento que serán aplicables al proceso arbitral, es que pareciera que nuestro Legislador ha comenzado a reconocer la indiscutible importancia y vigencia de esta institución, al extremo de que a pesar de lo mucho que puede observarse le impone trabas al libre desenvolvimiento de los arbitrajes ordinarios (control que algunos consideran excesivo por parte del órgano judicial ordinario), ahora abiertamente concede esa facultad a las partes e inclusive permite que lo hagan los Centros de Arbitraje Institucional, y por tanto aceptadas tácitamente por aquellas al realizar la escogencia de los mismos[21].

---

como las asociaciones internacionales existentes, las organizaciones vinculadas a actividades económicas e industriales, las organizaciones cuyo objeto esté relacionado con la promoción de la resolución alternativa de conflictos, las universidades e instituciones académicas y demás asociaciones y organizaciones que se crearen con posterioridad a la vigencia de esta Ley que establezcan el arbitraje como uno de los medios de solución de las controversias, podrán organizar sus propios centros de arbitraje A simple vista se destaca que las cuatro primeras categorías de entes pueden crear sus Centros de Arbitraje, por el solo hecho de ser organizaciones del tipo de las previstas en el supuesto legal, independientemente de que en sus documentos constitutivos, o reglamentarios, contemplen o no las soluciones arbitrales para conflictos entre sus asociados, o entre ellas. Las demás, en cambio, no basta que sean entidades o corporaciones científicas o académicas, sino que su objeto esté relacionado con la promoción de las soluciones alternativas para resolver conflictos, y las restantes que en efecto establezcan la vía arbitral como un medio de solución de controversias. Ciertamente consideramos que todo ese enredo de categorías se hubiese evitado, simplemente disponiendo que "toda entidad, corporación o asociación que establezca y regule centros adecuados para resolver por vía de arbitraje conflictos entre sus asociados o entre terceros y que cumpla los demás requisitos formales fijados en esta ley, está autorizada para crear Centros de Arbitrajes Institucionales, los cuales están facultados para realizar tales arbitrajes". Todo lo demás sobra y se presta a confusiones.

20 También conocidos en la doctrina especializada como arbitrajes "libres" o "ad hoc" y a los que muchos le conceden preferencia frente a la otra analizada modalidad, aun a sabiendas de resultar mas lentos y complejos para lograr sus objetivos, por creer las partes que ella les permite controlar mejor su desenvolvimiento procesal. En tal sentido vid Cárdenas y Herbón, *opus cit.*, p. 15.

21 Arts. 18 y 19 LMU, el primero de los cuales claramente dispone: "Deberá tratarse a las partes con igualdad y darse a cada una de ellas plena oportunidad de hacer valer sus derechos". En el art 19, por igual, se regula: "1) Con sujeción a las disposiciones de la presente Ley, las partes tendrán libertad para convenir el procedimiento a que se haya de ajustar el Tribunal arbitral en sus actuaciones. 2) A falta de acuerdo, el Tribunal arbitral podrá con sujeción a lo dispuesto en

De tal manera que ahora queda reconocida y ratificada esa potestad, no obstante que en lo relacionado a normas de procedimiento siempre se han opuesto tabúes como los de que con ello se vulnera la potestad reguladora del proceso, se atenta contra la seguridad del proceso, y finalmente, se ponen en peligro las garantías procesales de las partes.

A pesar de lo dicho, pues, en adelante, en cuanto al Arbitraje Institucional se refiere, inclusive, no son las partes directamente quienes se dan esas regulaciones, sino que se faculta a los Centros Institucionales de Arbitraje para que establezcan esas regias en las que pueden contemplarse todo lo relacionado con el acontecer del proceso, incluyendo notificaciones, la propia constitución del órgano arbitral, la recusación y reemplazo de árbitros, y la tramitación del proceso, temas que si bien no se las menciona expresamente en el Art. 15 relativo a la modalidad del arbitraje "independiente" comercial, no por ello autoriza a considerarlas limitadas o excluidas para ser reguladas igualmente por las partes directamente.

Al respecto, nos cabe hacer otro comentario: Entendemos, y así lo tiene además repetido constante y diuturna jurisprudencia de nuestros Tribunales, que todo lo relacionado con el procedimiento es de orden público, que en ello tiene especial interés el Estado y la Sociedad, pues trátase precisamente de garantizar la administración de justicia, derecho de la defensa, la igualdad, el debido proceso, etc.

Precisa advertir que el modelo UNCITRAL, regula la materia de modo diferente y aclara el problema que es objeto del presente comentario preservando esos aspectos atinentes a la constitucionalidad y legalidad del procedimiento arbitral y evade el problema que se suscita por la inadecuada redacción en lo que atiene a las modalidades del arbitraje comercial que venimos examinando, en tanto que al no contemplarlas, como ya lo destacamos antes, de modo genérico si reguló lo atinente a esas garantías del proceso, y si bien concede esa libertad de establecimiento de las formas para las partes, determina la necesidad de que en todo casos se respeten esos principios del debido proceso: igualdad de las partes y su adecuado derecho de defensa (ex artículo 18 LMU).

No habiendo acogido a plenitud el Modelo UNCITRAL, nuestro Legislador hubo de ser más cuidadoso en estos aspectos y cuando menos, al consagrar tales potestades a los Centros Institucionales y a las partes, siempre debió dejar a salvo, que fuere la que fuere la modalidad adoptada para realizar el arbitraje comercial, ello lo era a reserva del debido resguardo de las garantías básicas constitucionales del proceso, esto es, igualdad, derecho a

---

la presente Ley, dirigir el arbitraje del modo que considere apropiado. Esta facultad conferida al Tribunal Arbitral incluye la de determinar la admisibilidad, pertinencia y valor de las pruebas".

Precisa destacar que también se encuentran posiciones divergentes en lo que refiere a la disponibilidad o no para las partes de fijar dichas reglas, a pesar de la túnica de orden público, con la cual se da cobijo a dichas normas y principio. Así, en la obra Panorama y perspectivas de la Legislación Iberoamericana sobre Arbitraje Comercial, que recoge la opinión de autores varios, publicación de la Cámara de Comercio de Bogotá, Colombia, Edit. de la misma Cámara, 1993, Colombia, p. 204, se lee: "En consecuencia, la voluntad de las partes excede el principio del orden público procesal. Reflejo de esto es que salvo Colombia y Ecuador, todos los procedimientos se rigen en primer término por las reglas de las partes y subsidiariamente por las reglas que supletivamente indique la Ley, que pueden ser normas especiales de arbitraje o una simple remisión a un proceso jurisdiccional". Tal opinión no la compartimos, salvo que se tomen en cuenta las especiales excepciones que se dejan expuestas en nuestra exposición.

la defensa, debido proceso, derecho a la prueba, etc., mas cuando en nuestra Constitución, no aparecen expresamente consagrados algunos de dichos derechos fundamentales[22].

En cuanto a las regias dispuestas ahora por los Centros Institucionales, estimamos que también hubiere sido prudente, tal como lo propusimos al Congreso[23] que un órgano *ad hoc* de la Administración Central, relacionado con la función jurisdiccional, tuviera la potestad para revisar dichos documentos e inclusive archivarlos y llevar un control de aquellos Centros, de tal manera que de alguna forma se garantizara que los mismos dieran cabal reconocimiento a dichos derechos constitucionales y por otra parte, los interesados tuvieran la certeza sobre cuales eran esas normas de los Centros Institucionales, y el que las mismas no fueran cambiadas o modificadas al solo arbitrio de los Directivos o patrocinantes de tales Centros.

Por todo lo dicho, nos cabe concluir destacando que en todo caso, respecto a ambas modalidades del arbitraje y tales regulaciones, somos de la opinión que esa insólita libertad en que se deja a los Centros de Arbitraje Institucional y a las mismas partes en el caso de los Independientes[24], para regular lo relativo al procedimiento arbitral, no es tal y viene limitada como lo preceptúa la LMU y lo acepta la doctrina en la materia por el respeto a las garantías y derechos constitucionales de las partes en el proceso[25].

En tal sentido, somos de la opinión de que, si esas regulaciones no se ajustan cuando menos a tales principios constitucionales procesales, dichas reglas coliden con el ordenamiento constitucional, y seguramente darán lugar a que los arbitrajes puedan ser impugnados por nulidad (Art. 44, literales b y c) o que los órganos jurisdiccionales ordinarios se abstengan de darle ejecución a los laudos de ellos emanados (Art. 49 literales b y c), sin entrar a considerar por supuesto la proliferación de Recursos de Amparo Constitucional a que los mismos darán lugar, unos justificados, otros utilizados como meras tácticas dilatorias y de entrabamiento, a los cuales ya venimos acostumbrándonos, sin que por ello critique los que obviamente son procedentes y pertinentes, pues nos declaramos fervientes defensores de esa institución.

No hago pronunciamiento respecto al numeral 2 del artículo 19 LMU, en tanto que oportunamente nos referiremos a ellos más adelante.

---

22 Vale la pena destacar que el hecho de no estar contemplado expresamente así, en forma alguna permite entender se encuentran conculcados o disminuidos, pues somos del criterio que el desconocimiento de tales derecho y garantías en absoluto empecé a su obligatorio reconocimiento, y a que si de alguna manera resultaren aquellos vulnerados, tales procedimientos carecerían de toda validez y eficacia, y así parecen reforzarlo las amplias causales que contempla la misma LAC para solicitar la nulidad de los laudos y la ejecución de aquéllos, no obstante haber sido dictados con base a un acuerdo bilateral entre las partes, y que hayan sido las mismas quienes limitaran, restringieran o conculcaran sus propios derechos. Por lo demás, parece ser ese el criterio unánime e indiscutido en la doctrina especializada. Vid Cárdenas y Herbón, *opus cit* y en igual forma se pronuncia Henríquez La Roche, *opus cit*, p.40.

23 Véase *Revista de la Facultad de Derecho de la UCAB* N° 52, 1998, pp. 431 ss, en la cual reproducimos algunos comentarios que remitiéramos al Senador Pedro Pablo Aguilar sobre el Proyecto de Ley.

24 Según Henríquez La Roche, *opus cit*, p. 11, ello es consecuencia del principio "*ubi partes sunt concordes nihil ab judicem*".

25 Véanse nuestros comentarios en la nota 22.

Por lo demás, respecto a las reglas aplicables al arbitraje en los Centros Institucionales, o en los Arbitrajes Institucionales, debe hacerse otra prudente advertencia que deriva de la enrevesada redacción de la última parte del Art 15 LAC y de la indebida ubicación que se da a otras normas en la LAC.

En efecto, el citado artículo, contenido en el Capítulo III de la Ley bajo el título "Del Arbitraje Independiente" y por efecto, suponemos, de haber omitido el ya destacado diverso tratamiento que da la Ley Modelo UNCITRAL al tema, precisa:

> "Cuando las partes no establezcan sus propias reglas de procedimiento para llevar a cabo un arbitraje independiente, las reglas aquí establecidas serán las aplicables. Así mismo, estas reglas podrán aplicarse a un arbitraje institucional, si así lo estipulan las partes".

De lo antes transcrito, a nuestro modo de ver surgen dos situaciones peculiares: En primer lugar, que en los Arbitrajes Institucionales, son las partes las que limitadamente resuelven cuáles sean las reglas aplicables al procedimiento arbitral a cumplirse, luego quiere decir, como lo adelantáramos antes, que no es un elemento característico de esa modalidad arbitral, el que las reglas de procedimiento en dicha modalidad de arbitraje sean las fijadas por el respectivo Centro, cuyos reglamentos al respecto sólo resultarán aplicables *"si las partes no hubieren fijado como formas del proceso correspondiente las que contempla la Ley para el arbitraje independiente"*.

Y ello a su vez, nos permitiría entrar a discutir otra situación especial, cual sería la de inquirir sobre si en lugar de esas reglas fijadas en la Ley supletoriamente para el caso de que ellas no hubieren dispuesto que esas fueran las aplicables, no podrían ser aplicables otras, tales como las que ellos mismos se fijen, tal como si es la solución en la LMU (Art.19).

Del texto de la LAC pareciera que no fue esa la intención del Legislador, no obstante, más con los comentarios precedentes, debe recordarse aquí la regla de que quien puede lo más puede lo menos, de tal manera que si en el Arbitraje Independiente, es factible que las partes se den sus propias reglas del arbitraje, y si ellas pueden disponer que sean las de esta modalidad las que se apliquen en el caso de los Institucionales, no resulta desatinado sostener, que también puedan ellas hacerlo libremente para el Arbitraje Institucional y ello cobra mayor fuerza si se analiza el texto que sirvió de modelo a nuestro legislador, tal como lo hemos dejado comentado precedentemente.

En todo caso la última palabra será la de la jurisprudencia que pueda irse produciendo en el futuro con la aplicación de la nueva Ley.

Finalmente, la segunda observación que debemos hacer, atiene a un aspecto meramente formal, de técnica legislativa, derivado de la inadecuada ubicación de la mentada norma, que a nuestro modo de ver crea serios problemas de interpretación y una vez más pone de manifiesto, la forma descuidada en que se aprobó la Ley.

En efecto, la estructura de la Ley parece ser la de todo cuerpo legal, esto es, parte de las Disposiciones Generales (Capítulo I), sigue con una institución especial de las que regula su normativa: El Arbitraje Institucional (Capítulo II), continúa con la segunda de las nuevas instituciones en ella contemplada, esto es, el Arbitraje Independiente (Capítulo III), y en el Capítulo IV y subsiguientes, se refiere al Procedimiento Arbitral, normas especiales aplicables para el caso de crisis subjetivas, obligaciones de los árbitros, recurso de anulabilidad, ejecución y transitorias.

Ahora bien, si el mandato del referido artículo 15 es que en los supuestos de arbitrajes Independientes, a falta de normas sobre el proceso dadas por las mismas partes, se aplican las establecidas en dicha Ley para tal tipo de arbitrajes, esto es, las contenidas en los Capítulos III y IV de la Ley, son las que el legislador dispuso fueren supletorias de las voluntades de las partes, y ellas se aplican a esa modalidad arbitral en el indicado supuesto y sólo por vía de excepción a los Arbitrajes Institucionales, cuando las mismas partes resuelven que sean ellas las que deben regularlo, no obstante que el caso se tramite ante un Centro Arbitral con sus propias reglas del procedimiento arbitral, si ello no resulta así, no podrá con fundamento racional sostenerse que esas normas de procedimiento sean las aplicables en caso de que nada dispusieren las partes, en tanto el Legislador las concibió sólo para esa modalidad (Arbitraje Independiente) y por tanto para solventar cualquier problema deberá acudirse a otras fuentes supletorias.

Hacemos la advertencia de que siendo benévolos, atenidos por igual al modelo seguido por el Legislador y para no complicar mas las cosas, entenderemos como Capítulos separados y comunes a ambas nuevas modalidades arbitrales, los correspondientes a los identificados con los ordinales VI, VII, VIII y IX, porque de lo contrario la confusión subiría de tono y efectos.

Como consecuencia de lo dicho, en primer lugar parece prudente anotar que no todas las disposiciones de los citados capítulos III al V tienen aplicación en los arbitrajes institucionales, o sea que no son normas generales, pues de haberlo sido estarían contempladas en el Capítulo II de dicha Ley y por igual parece lógico deducir que en caso de lagunas sobre el procedimiento aplicable en los supuestos de Arbitrajes Institucionales (indebida redacción del Reglamento o ausencia de normas para el caso concreto) se presentará la duda de si tales conflictos deben resolverse aplicando las disposiciones procesales para los Arbitrajes Independientes, o si por el contrario lo que debe aplicarse son las normas que sobre Arbitramento contempla el Cpc, normativa que como hemos dejado señalado antes no quedó derogada y la reputamos supletoria de la voluntad de las partes por su condición de modelo genérico para la institución arbitral.

Toda esta serie de inconvenientes se prestarán a incidentes que demorarán los nuevos Arbitrajes Comerciales, perjudican la buena imagen y utilidad de la institución y harán que las partes asuman prudentemente reservas para establecer el arbitraje como solución alternativa para la resolución de sus conflictos.

La verdad es que todos esperábamos con ansiedad la nueva Ley, que esta nos resolviera una serie de dudas o al menos que no diera lugar a problemas de interpretación, y cuando menos que fuera una mejor copia de su modelo internacional que se supone mas cuidadosamente analizado y estudiado que lo aprobado por nuestro Congreso.

Concluiremos, pues, sobre esta materia, resumiendo que en cuanto a procedimientos se refiere, la regla general será la de que las normas procesales para llevar a cabo los arbitrajes comerciales, serán, sin que ello se preste a discusión, las siguientes:

En el Arbitraje Comercial Institucional, las mismas partes pueden establecer que dichas reglas de procedimiento sean expresamente las contempladas en la LAC para los arbitrajes Independientes. A falta de tal determinación, serán aplicables las que estén establecidas en el respectivo Reglamento del Centro de Arbitraje Institucional.

A falta de normas expresas en dichos Reglamentos, quedará la duda sobre si son aplicables las del Cpc, para el Arbitraje ordinario, o si debe ocurrirse a otras fuentes de interpretación o a las que pudieren reputarse inmanentes de la misma LAC.

En el Arbitraje Independiente, las reglas de procedimiento aplicables serán las que se fijen las partes, libremente, y de no hacerlo serán aplicables las contenidas en la LAC para tal efecto y en caso de lagunas o ausencia de normativa cabrá por igual preguntarse si la interpretación o la integración deberá realizarse con vista a las disposiciones sobre Arbitramento del Cpc o si por el contrario debe acudirse a otras fuentes.

Por último, tendremos que concluir, igualmente, que las normas aplicables a las dos modalidades de arbitrajes, no son elementos esenciales o característicos de ellas, pues en ambos casos, como lo indicamos, puede perfectamente resultar aplicable como común denominador, que las reglas de procedimiento sean las establecidas por las partes.

Por supuesto que no entendemos aplicable a los supuestos de lagunas aludidos, las soluciones que dimanan de la LMU al respecto, esto es, que los mismos árbitros se entienden facultados para dirigir el arbitraje del modo que se considere apropiado, cuando que, expresamente fue desechada por el legislador la Ley modelo en esa materia y por supuesto que una vez más será la jurisprudencia arbitral la que podrá resolver en definitiva tales dudas y problemas sobre la interpretación de la Ley y la institución del arbitraje comercial.

Queda finalmente por advertir que en materia de Arbitraje "ordinario", las citadas reglas aplicables al mismo, contempladas en el Cpc, establecen por igual un amplio margen de disponibilidad a la voluntad de las partes que celebran el "convenio arbitral" (Artic 608 Cpc) pero precisa por igual que a falta de tales disposiciones expresas, las normas aplicables dependerán del tipo de arbitraje que se hubiere convenido, así, en el caso de Arbitrajes de Derecho, deberán ajustarse al procedimiento pautado en la Ley, esto es, a lo determinado en el CPC, y en concreto al del juicio ordinario (338 cpc) y en el supuesto de Arbitrajes de Equidad o de Arbitradores, se entenderá que los árbitros pueden obrar con entera libertad, según lo más conveniente al interés de las partes, atendiendo fundamentalmente a la equidad (618 Cpc).

Respecto a tales consideraciones, y en especial en cuanto refiere a las potestades de los arbitradores, por igual entendemos son válidos los comentarios que dejamos formulados precedentemente, pues si bien las partes o en su caso los arbitradores, pueden determinar las reglas aplicables, éstas deben establecerse respetando los principios constitucionales relativos a Derecho de la Defensa, Debido Proceso, etc., en tanto que de lo contrario tal arbitraje podrá ser impugnado por nulidad ya que el ejercicio de ese derecho no puede llevar a la arbitrariedad en el manejo del procedimiento y en tal sentido se entenderá que ese obrar con entera libertad, según lo más conveniente para el interés de las partes, en todo caso los vincula a ceñir sus procederes procesales a lo dispuesto en los artículos 7, 10, 12, 14 y 15 del Cpc entre otros, y a las señaladas garantías constitucionales del proceso.

A diferencia de lo que ocurre en el Arbitraje Comercial, en el Arbitramento ordinario, prudentemente el Cpc adicionalmente, que en caso de dudas sobre las reglas de procedimiento aplicables, en uno cualquiera de los casos examinados, deberá ocurrirse ante el llamado Juez del arbitraje (628 CPC)[26], quien resolverá sumariamente mediante decisión no recurrible (618 par 2 CPC).

---

26 La determinación del Juez competente para conocer de las incidencias relacionadas con el arbitraje, o Juez del arbitraje, como le denominamos nosotros, viene regulada en el mencionado artículo, que establece que lo será el Juez competente de Primera Instancia que hubiere conocido del asunto de no haber existido el "convenio arbitral".

Por no existir norma semejante expresa en la LAC, consideramos que podrían presentarse dos situaciones interesantes de examinar, así, en el caso de los Arbitrajes Institucionales que deban ser resueltos como arbitrajes de Derecho, de encontrar sustento la posición que hemos adoptado de reputar el Cpc como norma supletoria en la materia, deberán aplicarse las disposiciones del Juicio Ordinario, tal como lo dispone el Art. 618, parag. 1°, salvo que el Reglamento del Centro contemplara que las dudas sobre las reglas del procedimiento aplicables fueran resueltas por el Presidente del órgano Arbitral o por el Centro Institucional, en cuyo supuesto serán aquellos quienes establezcan lo pertinente, en tanto debe entenderse que al haber escogido dicha vía y órgano las mismas partes, éstas delegaron a aquéllos el poder de subsanar dichas lagunas, tal como si lo hubieren hecho ellas.

En el mismo orden de ideas, debo sostener que el solo hecho de que las partes se adhieran expresamente a tales normas, tampoco se deben entender se tengan por subsanados cualesquiera vicios o defectos que atenten contra el debido proceso o las garantías constitucionales que se consagran para sustentar los derechos fundamentales de aquellas, pues aún cuando el consentimiento implícito que comporta la elección del Centro, podría pensarse da un efecto convalidatorio a las infracciones formales, los principios en referencia deben entenderse de orden público, y por tanto no susceptibles de enmendar los defectos o anomalías que los violen o menoscaben, todo conforme a la temática general que rige la materia, y tal como lo ha venido disponiendo por igual reiterada jurisprudencia de la Corte Suprema.

En cambio, es nuestro criterio, tratándose de arbitrajes independientes, la solución en tales casos consideramos debe quedar deferida al pronunciamiento que habrá de solicitarse del Juez del Arbitraje, pues por aplicación de la fuente supletoria, esto es, el Cpc., en tales supuestos lo procedente resulta aplicar lo dispuesto en el artículo 618, parágrafo segundo, considerándose que en tal materia se limitó el poder de los árbitros.

Sea propicio señalar que no compartimos por cierto la opinión sustentada por nuestro apreciado y distinguido colega Dr. Ricardo Henríquez La Roche[27] en cuanto que la ausencia de reglas de procedimiento en el arbitraje ordinario, a tenor de lo dispuesto en los Arts. 618 en concordancia con lo dispuesto en el 614, ambos Cpc, hagan presumir que dicho arbitraje debe ser reputado de "equidad". Por el contrario, de lo sustentado por tan distinguido tratadista, estimamos que el parágrafo primero del comentado artículo 618 contradice lo así afirmado, y en todo caso, el parágrafo tercero de la misma norma, es el que permite suponer cuando debe entenderse que el arbitraje fue comprometido en equidad, y por esa sola causa, puesto que la de falta de normas aplicables se la regula de modo diferente.

V. DISPOSICIONES PROCEDIMENTALES COMUNES Y GENERALES A LAS DOS NUEVAS MODALIDADES ARBITRALES

Sin que quepa discusión a nuestro entender, consideramos que la institución arbitral comercial tiene como principios generales comunes que la regulan, las normas contenidas en los Artículos 1 al 11 LAC y damos por admitido que también le son aplicables las disposiciones contempladas en los Capítulos VI, VII, VIII y IX de la misma Ley, al no estar referidas exclusivamente a Procedimiento.

---

[27] *Opus cit.*, p. 45.

En cambio el Capítulo III, a tenor de lo dispuesto en el citado artículo 15, pareciera permitir como interpretación adecuada, que las normas del mismo y las contenidas en los siguientes Capítulos IV y V inclusive, son la especiales, supletorias de las que debieron haber contemplado las partes y aplicables sólo a los Arbitrajes Independientes, que sólo excepcionalmente regulan los Institucionales, cuando así expresamente lo han determinado aquellas, pero no constituyen principios generales aplicables a todos los arbitrajes comerciales en defecto de regulación expresa o de determinación pertinente de las partes.

Lo dicho también nos permite destacar como rasgo importante en la nueva institución arbitral, que una vez más, el Legislador no consideró realmente a la misma como un medio más de ejercicio de la actividad jurisdiccional y no obstante cierta mejora que en tal aspecto comporta ahora el tratamiento dado en la Ley a la validez y oponibilidad del acuerdo arbitral[28] en otras materias todavía no queda clara la situación.

Así, en lo que atiene a las medidas cautelares que pueden ser dictadas en los procesos arbitrales, observamos por ejemplo que la ubicación de la norma al respecto (Capítulo IV), solo viene referida a los Arbitrajes Independientes, que no a la otra modalidad arbitral, y en adición, la misma se la contempla, solo en la medida que las partes no la hayan excluido.

Apoyamos nuestra opinión, nuevamente, en que el legislador, al haberse apartado también en esta materia del Modelo UNCITRAL, expresamente dejó a un lado que el mismo dispositivo se aplicara a la citada modalidad.

Pretender que por estar contemplada dicha potestad, aún en la forma regulada por la LAC o en la que acoge la LMU, en los Reglamentos de los Centros Constitucionales, solventa dichos problemas, no deja de ser una peligrosa posición que puede dar lugar a inconvenientes, toda vez que afectando el poder cautelar el patrimonio de los particulares, aún siendo ellos partes del proceso, la interpretación de dichas potestades es y tiene que ser restrictiva, que no amplia o que pueda fundársela en la analogía.

Esto último nos hace considerar que la potestad Cautelar, reputada como implícita y esencial al desempeño de la actividad jurisdiccional ordinaria, no es plena en materia de arbitraje comercial, y totalmente ausente en la del arbitraje ordinario y en la modalidad del comercial institucional, salvo en lo que se refiere a ésta última, el que las partes la hayan extendido al mismo como consecuencia de reputar aplicable al arbitraje las normas de procedimiento del arbitraje independiente ex artículo 15 *ejusdem*[29].

---

28 Art. 15 *in fine* LAC.

29 En la práctica conocemos juicios en que sin fundamento alguno con motivo de arbitrajes ordinarios, no comerciales, el Juez del arbitraje que conoce de la incidencia arbitral ha procedido a dictar medidas cautelares, lo cual consideramos un craso error, no solo por las anotadas observaciones, sino por aplicación de los principios generales que regulan la potestad cautelar ordinaria, uno de los cuales precisamente exige sine qua non el que cuando menos exista un juicio principal con vista al cual es menester dictar la cautela. En tal sentido, entendemos que en la incidencia arbitral, no existe tal juicio propiamente, al contrario, precisamente se plantea al Juez que conoce de la incidencia que él carece de la potestad jurisdiccional y que el llamado a conocer del conflicto lo es un órgano arbitral, luego propiamente no puede decirse que existe tal litigio, ni que el mismo siquiera ha sido admitido, pues precisamente lo que se discute es quien debe conocer de él. Es más, en algunos supuestos, tal como se desprende del contenido de los artículos 608, 610 y 613 Cpc en tal estado de la controversia perfectamente es posible que ni se conozca siquiera cual es el objeto sometido a decisión.

Consideramos pues que en aún con la actual regulación de la institución a través de la nueva Ley de Arbitraje Comercial, todavía el Legislador no terminó de asimilar que la misma es un modo más de expresión de la actividad jurisdiccional, sino que continúa siendo un modo convencional, que se dan las partes para componer los litigios, substitutivo de la actividad jurisdiccional ordinaria, y en el que se encuentran por lo tanto ausentes otra serie de elementos esenciales y definidores de aquella, tal como resulta entre otras cuestiones, la muy limitada concesión de la potestad Cautelar a los árbitros; de que no exista aún un medio de defensa expedito para hacer valer la existencia del pacto arbitral cuando a pesar de la existencia del convenio, una de las partes acude ante el órgano judicial ordinario para entrabar la litis[30].

En adición a lo dicho, demostrativo por igual de las limitaciones con las cuales se concedió la potestad cautelar a los árbitros en el arbitraje comercial, el artículo 28 LAC, precisa que el Tribunal Arbitral o cualquiera de las partes con aprobación del mismo, podrá pedir asistencia al Tribunal de Primera Instancia competente, para la ejecución de las medidas cautelares que se soliciten, poniendo de manifiesto así, que sólo los Tribunales ordinarios, en ejercicio del ius imperium son los que pueden llevar a cabo la práctica y ejecución de las medidas cautelares. Lo dicho comporta que los árbitros que por igual carecen de la facultad de ordenar la ejecución de sus laudos (art. 48 LAC) no pueden pretender tampoco disponer de la potestad que garantice esa ejecución.

Finalmente, debe destacarse que a nuestro juicio prudentemente el Legislador nacional no optó por acoger la redacción de la LMU en su artículo 9, conforme al cual, y evidentemente adoptando un modelo sobre la potestad cautelar mucho más avanzado que el nuestro (no obstante que el modelo UNCITRAL es anterior en fecha a nuestro vigente Cpc), dispone que el proceso arbitral no será incompatible con que las partes, con anterioridad o coetáneamente a dicho proceso, puedan acudir y obtener de los órganos de la jurisdicción ordinaria la adopción de medidas cautelares. Definitivamente que hubiere sido deseable que la nueva Ley de alguna manera regulara ese poder Cautelar anticipado y controlado por la jurisdicción ordinaria, dando así no sólo cabida a esta moderna y novedosa institución del poder Cautelar autónomo, sino solucionando por igual en forma adecuada la problemática del poder Cautelar en los arbitrajes, que sigue siendo uno de los mayores obstáculos que se invocan contra la institución.

Henríquez La Roche, *opus cit.*, no es de tal criterio, y parece considerar que la potestad cautelar si puede ser ejercida por los órganos judiciales, lo cual nos extraña dada su reputada autoridad sobre Medidas Cautelares. No obstante el punto lo trataremos con mayor amplitud más adelante al referimos al ejercicio limitado del poder cautelar en materia del Arbitraje Comercial Independiente.

30 En efecto, ni en el arbitraje ordinario, salvo el caso de convenio judicial arbitral (ex-Art. 617 *ejusdem*) ni en el nuevo Arbitraje Comercial, en ninguna de sus dos modalidades, se contempla una vía defensiva ad hoc, que permita a las partes eficazmente hacer valer la existencia del convenio arbitral, y lo que resulta peor, la sola apertura de la incidencia sobre la existencia o no de convenio arbitral, no impide al Juez ordinario continuar conociendo de la causa en tales supuestos. A diferencia de lo dicho, en otros países en los que sí se considera que el arbitraje es un modo más de expresión de la actividad jurisdiccional, como es el caso de Colombia, por ejemplo, el respeto del convenio arbitral se impone a través de un modo específico de defensa, especie de cuestión previa, que se denomina "de existencia de compromiso arbitral", por virtud del cual, al igual que en caso de existir conflicto de competencia o cuestión de jurisdicción, queda suspendido el trámite del juicio principal hasta tanto se resuelve dicha defensa.

Es cierto que hoy, dentro de un proceso de arbitraje comercial, en cualquiera de sus modalidades, si se ejerciere la defensa con base a la no existencia del convenio, o a la no suspensión o derogatoria del poder de la jurisdicción ordinaria, a tenor de lo dispuesto en los artículos 5 y 25 LAC, el mismo órgano resolverá el asunto, y demostrada la existencia del

Hechas las anteriores pertinentes observaciones veamos cuales son esas normas de procedimiento común en ambas modalidades del arbitraje comercial.

VI NORMAS COMUNES Y GENERALES A LAS DOS MODALIDADES DEL ARBITRAJE COMERCIAL

1. *Asuntos que pueden someterse a arbitraje comercial*

A. *Principio General*

La nueva Ley, tal como lo hace el Cpc para el Arbitraje ordinario, claramente establece que sólo pueden someterse a Arbitraje comercial, los asuntos susceptibles de transacción que surjan entre personas capaces de transigir. De modo general, pues, podemos sostener que sólo son susceptibles de someterse a Arbitraje, los asuntos que no contraríen el orden público y que puedan ser objeto de transacción y que para comprometer en árbitros se requiere capacidad de obrar y poder de disposición[31].

B. *Exclusiones expresas*

La nueva Ley, es más perfeccionista que el Cpc y en su artículo 2 deja contempladas unas expresas EXCLUSIONES, las cuales son tan claras que de ellas sólo haremos algunos comentarios especiales:

a) De las del literal "a" conviene llamar la atención de que si bien queda excluido del arbitraje lo que verse sobre delitos y faltas (tipología, determinación de culpabilidad y culpable, declaratoria de que los supuestos fácticos encuadran en la normativa penal, etc.), en cambio si puede ser materia de arbitraje la determinación del

---

convenio arbitral este resulta exclusivo y excluyente de la jurisdicción ordinaria, pero no resulta igual ni extensible dicha norma a los supuestos en que dicho problema se ventile ante el juez ordinario, o cuando menos, si así se lo pretendió establecer, debió la Ley haber sido más clara y categórica.

En esta materia, por igual nuestra Corte Suprema ha vacilado, y no obstante haber reconocido expresamente que "el arbitraje es un modo de expresión de la función jurisdiccional, la cual desempeñan durante la sustanciación del arbitraje" (Sentencia 27-4-88, Gaceta Forense p. 1017, citada por Henríquez La Roche, opus cit. p,21) en otro caso ha sostenido que tratándose de arbitrajes convenidos por la República, el mecanismo arbitral se concentra al mero establecimiento de los hechos derivados de la ejecución del contrato, sin que puedan extenderse los árbitros arbitradores a atribuir a esos hechos, fijados por esa vía, consecuencias jurídicas -según les parezca (a los árbitros)- mas conveniente al interés de las partes, y concluyendo en el mismo fallo ".... correspondiendo en cambio al Tribunal competente, decidir sobre las consecuencias jurídicas que conforme a la Ley sean aplicables" (CSJ, Sala Político Administrativa, 6-11-97, caso Industrias Metalúrgicas Van Dam vs. Ministerio de la Defensa). Tal parecer, a nuestro entender, carece de todo fundamento en la vigente normativa sobre la institución y es ajeno y contrario a la institución arbitral. Más adelante, al tratar el tema relacionado con las "exclusiones" que contempla la LAC, examinaremos este aspecto con mayores detalles.

31 Art. 1713 ss del Código Civil (*G.O.* 2990 Ext del 26 de julio de 1982), en lo sucesivo identificado como "Cc". Es de observar que la doctrina dominante considera que no basta siquiera la capacidad de obrar, sino que es menester que quien se comprometa lo haga con poder de disposición (en tal sentido H.L. y J. Mazeau, Lecciones de Derecho Civil, parte III, Vol. IV, Argentina, 1962, p. 628).

monto o cuantía de la responsabilidad civil derivada de aquellos, siempre y cuando la misma no hubiere sido materia de pronunciamiento expreso en la sentencia (*sic*. Penal) definitivamente firme.

b) Las del literal "d" advertimos que es una exclusión parcial o relativa, pues sí media autorización judicial, si pueden ser sometidas a arbitraje, y

c) En cuanto al literal "e" debe advertirse por igual que no empece la exclusión, si pueden someterse a arbitraje, a pesar de la existencia de cosa juzgada, la determinación de los términos o modo de cumplir cabalmente con la ejecución de dichos fallos firmes, pero en tales casos, la extensión y límites fijados por los árbitros, solo tendrá validez en cuanto a las partes del proceso y siempre que la sentencia misma dictada no haya proveído al respecto.

d) En cuanto al literal b) la norma excluye todo lo concerniente a la atribuciones o funciones de imperio del Estado o de personas o entes de derecho público, y si bien este aspecto se corresponde con una de las conferencias confiadas a otro de los expositores invitados a este evento, deseo manifestar que luego de haber estudiado mejor el punto, y con vista a la posición de reputados autores nacionales y extranjeros sobre la materia, rectifico el criterio que había sostenido en mis exposiciones anteriores sobre el tema[32].

En efecto, ni la exclusión anotada, ni la norma del artículo 4 LAC a que luego nos referiremos, autorizan a pensar que la República, los Estados, los Municipios o los Institutos Autónomos, tratándose de asuntos que no sean propios de las atribuciones o funciones de su potestad de imperio, no puedan estipular válidamente convenios arbitrales, comerciales u ordinarios, y someter a dicha vía de solución los asuntos y controversias que tengan entre sí o con los particulares, si lo debatido en dichos casos, son operaciones, negocios o actos susceptibles, a su vez, de transacción, en tanto que bajo la vigencia del Cpc, la posición dominante en la doctrina, lo fue en el sentido de que dichos entes pueden perfectamente llegar a celebrar transacciones válidas, siempre y cuando la Ley no lo proscriba, o de estar limitada dicha potestad, se cumplan los requerimientos fijados en la normativa aplicable (en general quedan excluidos todos los que atenten precisamente contra la médula de la función pública, esto es, funciones propias del *ius imperium).*

Debo citar en apoyo de nuestra posición al Profesor Brewer Carías, quien admite inclusive que las cláusulas arbitrales formen parte de los contratos de la Administración, o que los conflictos de ellos derivados puedan ser sometidos a arbitrajes, si bien reconoce que no hay unanimidad al respecto entre los diversos autores que han tratado la materia[33].

---

32 Conferencias en Nueva Esparta, Anzoátegui, y la promovida por la Federación de Colegios de Abogados y la Facultad de Derecho de la Universidad Central de Venezuela, entre otras.

33 Brewer Carías, Allan R., *Contratos Administrativos*, Colección Estudios Jurídicos, N° 44, Editorial Jurídica Venezolana, Venezuela, 1992, p. 262 ss. El autor si bien en el momento preciso que la jurisprudencia no se había pronunciado sobre la materia admite la posibilidad del arbitramento en materia de contratos celebrados por la Administración. Hoy ya tenemos sentencia de la SPA de noviembre de 1997, caso Van Dam, que de plano lo admite, aún con las reservas, a nuestro modo de ver, absolutamente infundadas que contiene el fallo. Mas aún, un pronunciamiento de la Procuraduría General de la República (1959), admitía expresamente que la Nación podría transigir válidamente divergencias ajenas a los meros aspectos técnicos, siempre que contara con los requisitos y formalidades contemplados en la Ley Orgánica de la Hacienda Nacional, pero no obstante llega a la misma contradictoria posición de la comentada

Brewer Carías, acepta, que, luego de promulgado el Cpc vigente, el ilustre y bien recordado Profesor Moles Caubet tenía la razón cuando postulaba que "no existe en Venezuela prohibición alguna de la cláusula compromisoria y del subsiguiente procedimiento de arbitraje o arbitramento en los contratos de la administración, sea cualquiera su especie, contratos propiamente administrativos o contratos de derecho privado", para concluir claramente en que: "la administración tiene poderes para incluir, sea en un pliego de condiciones, sea en el contrato mismo, la cláusula compromisoria que abre entonces el procedimiento de arbitraje"[34].

Sostiene, en conclusión, Brewer, que el arbitraje, al menos ordinario, esto es, el regulado y contemplado en el Cpc, es aplicable a los entes públicos, y la única limitación que tienen en esta materia, derivada del artículo 608 Cpc, es de que los asuntos sobre los que verse el compromiso sean susceptibles de transacción[35].

Nuestra anterior posición contraria al respecto tuvo su fundamento en la interpretación que conforme al espíritu del legislador puede darse al citado artículo 4 LAC, reputando, que conforme a dicha Ley sólo pueden convenir en arbitrajes los entes a que dicha disposición se refiere, y bajo las limitaciones que la misma impone, pero obviamente hoy entendemos, con apoyo a toda la doctrina extranjera y las anotadas observaciones de Moles y Brewer, que es perfectamente posible deducir también lo contrario, y por tanto aún en la nueva modalidad del Arbitraje Comercial, pueden ser admisibles, siempre que el asunto de fondo discutido sea susceptible de transacción por parte de dichos entes, o lo que resulta ser lo mismo, siempre que la Ley o los principios generales de derecho público, no impidan que aquellos puedan transarse.

Con lo expuesto, sostengo hoy, que a su vez, el artículo 4 es aplicable y sólo aplicable a los sujetos en el mencionados, sin que nada autorice a extender la excepción a los entes territoriales del Estado, ni que las formalidades en él contempladas puedan considerarse por igual exigibles para aquéllos, pues la ausencia de alusión a ellos, no puede llevar al extremo de considerarlos incluidos genéricamente en las previsiones de esa norma, ni el literal b) comentado permite sacar tal conclusión, sino precisamente la que antes hemos dejado expuesta.

La interpretación que sin lugar a dudas admitía que bajo la vigencia del Cpc, facultaban a la República, los Estados, los Municipios y los Institutos Autónomos, para celebrar arbitrajes, nunca negada por nosotros, añadimos hoy, no se modifica por la nueva Ley sobre Arbitraje Comercial[36].

---

sentencia de no admitir que los arbitradores puedan pronunciarse sobre las consecuencias de derecho de una determinada divergencia surgida entre las partes.

34 Moles Caubet, Antonio, "El arbitraje y la contraloría administrativa", *Revista de la Facultad de Derecho UCV*, N° 20, Venezuela, 1960, p. 9.

35 Brewer, *opus cit.* p. 265.

36 Es más, como en efecto lo señalábamos en nuestras exposiciones sobre el arbitraje ordinario, resultaba chocante toda interpretación en contrario, cuando que la República tiene celebrados tratados en los que acepta el arbitraje como modo de solución de conflictos y reclamaciones de nacionales de otros Estados, tal cual es el caso de la Convención sobre arreglo de diferencias relativas a inversiones entre Estados y Nacionales de otros Estados (*G.O.* 35685 del 3 de abril de 1995), en la cual se contempla que en tales casos, tales diferencias quedan sometidas a la decisión de un organismo arbitral internacional, esto es, se acepta que el Estado dé por válidas las soluciones arbitrales, inclusive provenientes de un órgano internacional, sin otras

Antes como ahora, el asunto se limitará a examinar si en el supuesto concreto, lo que eventualmente pueda ser sometido a arbitraje podrá ser o no susceptible de transacción de acuerdo a las normas aplicables a cada caso, y si lo fuere es perfectamente válido el convenio arbitral, o el que las partes, incluyendo la República, los Estados y los Municipios, puedan contemplar válidamente en los contratos la cláusula o compromiso arbitral.

Es más, en materia donde la indisponibilidad es tan clara como resulta ser lo relacionado con la potestad tributaria, el vigente Código Orgánico Tributario[37] admite la transacción judicial tributaria, siempre que venga referida a "los hechos que dan lugar al litigio o reclamación, no en cuanto al significado de la norma aplicable", pero sólo esta y únicamente esta limitante encuentra texto legal expreso y referido al estricto campo de los hechos, lo cual por demás tiene razón de ser en cuanto a este aspecto, cuando de principio debe entenderse que "normativa que regula y establece la potestad tributaria y su ejercicio, así como aquella que se refiere a la potestad sancionadora, siempre han sido reputadas indisponibles y propias del *ius imperium*[38].

Doctrina y jurisprudencia extranjera se encargan así mismo de apoyar la tesis de la procedencia del arbitraje, en asuntos en los que el Estado no pone en juego los conceptos de: "poder público o atribuciones propias de la soberanía (policía, seguridad, moralidad o bienestar del pueblo) supuestos ellos en que, si se excluye la jurisdicción arbitral, no obstante que de las modalidades adoptadas por la administración puedan derivar efectos o consecuencias patrimoniales. En todos los demás, por el contrario, cuando el Estado actúa como persona jurídica que contrata como un ente de derecho privado puede válidamente pactar la jurisdicción arbitral, ello no obstante disponer la Constitución Nacional que los tribunales nacionales tienen competencia para conocer y decidir todos los asuntos en los cuales la Nación es parte[39].

En cuanto al artículo 4 LAC, cuyo ejemplo no encontramos en ningún otro texto extranjero de los que hemos podido analizar, ni a ello se hace referencia en el modelo

---

limitaciones ni formalidades. Respecto a las normas sobre Tutela de los organismos públicos y similares debe atenerse a lo dispuesto en el artículo 20, numeral 11 de la Ley Orgánica de Administración Central. Por lo demás, hacemos como observación nuestra que al imponer la mentada disposición de la LAC, la necesaria "autorización", se alude a un acto autorizativo, y por tanto previo a la celebración del convenio, no pudiendo por tanto convalidarse el vicio que afectará al convenio o compromiso arbitral, si el mismo se lo celebró sin la aludida autorización previa, con un acto ratificatorio -como lo sería en contrario-, si la Ley se hubiere referido a "aprobación" ni podrá alegarse la validez, derivada de la tácita aceptación del acuerdo arbitral.

37 *G.O.* 4.727 Extra. del 25-5-94, en lo sucesivo COT, art. 57.

38 Como cuestión interesante vale la pena reseñar que en un recurso ante los órganos jurisdiccionales especiales, sobre determinación de eventual evasión fiscal, se aceptó que la integración del órgano judicial que debía resolverlo, lo fuere con Jueces Asociados, y en efecto el órgano judicial así constituido fue quien dictó la decisión, cuyo pronunciamiento lo fije sobre el monto de lo que debía suponerse había sido o no evasión, con lo cual a nuestro modo de ver, con mayor razón permite pensar que la resolución de dicho asunto pueda haber sido confiada a un órgano de arbitraje (Primero Contencioso Tributario, caso Margarita Stelling). Para ampliar conceptos sobre el tema referimos a los interesados a la aludida obra de Brewer y a la amplia bibliografía por él citada.

39 Las anteriores son resúmenes de decisiones de la Corte Suprema de la República Argentina, citadas por Caivano, opus cit, p. 124 ss.

UNCITRAL, sólo nos cabe explicarlo por razón de un especial celo en velar porque no ocurran hechos al margen del conocimiento del Estado, particularmente cuando que hoy por la descentralización económica, las sociedades en las cuales mantiene interés el Estado, manejan intereses de gran envergadura y porque es de reconocer que existen algunos deplorables antecedentes en que los intereses de dichos entes no han salido bien parados y que el contenido de los laudos no ha sido precisamente modelo que deba seguirse[40].

En cuanto a los requisitos formales aplicables a los supuestos de convenios arbitrales celebrados por los entes a que se alude en el Artículo 4, la norma es clara.

Tratándose de que una de las partes en el contrato o convenio arbitral, sea una de dichas sociedades, o aquéllas en que a su vez, sean otras poseídas por ellas, se aplicarán las formalidades a que se alude en dicha disposición: autorización escrita del Ministerio de tutela, y debida aprobación expresa del órgano estatutario competente, con expresa mención en el acuerdo que sobre ello recaiga del tipo de arbitraje, número de árbitros que integrarán el órgano arbitral y que éste no lo sea en ningún caso con menos de tres árbitros[41].

Se observa de la misma disposición, que las limitaciones abarcan el primer y segundo grado de desconcentración pública.

Por lo demás, cabe señalar, que la misma Ley en su último artículo, expresamente precisa que no se aplican tales limitaciones, a los convenios y acuerdos arbitrales suscritos con anterioridad a la vigencia de la ley, como tenía que ser para evitar vicio de inconstitucionalidad derivado de la retroactividad que entonces se hubiera dado al citado nuevo mandato del Art. 4 LAC.

C. *Los arbitrajes comerciales se extienden a conflictos de esa índole, bien sea que tengan origen contractual o extracontractual*

Aclara el artículo 5 LAC que las controversias comerciales que pueden plantearse ante árbitros pueden provenir bien de una relación contractual o no contractual, dejando así abierto el campo para que puedan resolverse por vía de arbitraje comercial tanto las cuestiones contractuales como las provenientes de hechos ilícitos ocasionadas con motivo de esas relaciones comerciales, ampliándose así también el ámbito de la competencia arbitral, dejando definitivamente resueltas las dudas que se planteaban en torno a si por la vía del Arbitraje comercial pueden o no discutirse conflictos derivados de hechos ilícitos o

---

40 Estimamos que el Congreso incluyó la citada limitación con fundamento a esas lamentables excepciones, al igual que el condicionante sobre el número de árbitros que debe integrar el órgano arbitral, a que alude la última parte de dicho artículo, pues no otras razones pueden justificar dicha redacción. Nos referimos a un no lejano arbitraje pronunciado en referencia a las empresas del Aluminio, que ocupó durante algún tiempo a nuestra prensa local.

41 En cuanto a la limitación impuesta por el número de árbitros que integren el organismo arbitral, no puede encontrarse razón seria alguna que lo justifique. Si lo que se procuraba era garantizar una mejor y más confiable decisión, o que los órganos de nivel inferiores a los de manejo directo del Estado pudieren convenir en que los árbitros no fueran de toda la deseada idoneidad, era preferible establecer que la elección de los árbitros a designarse, en todo caso debía contar con las mismas aludidas aprobaciones y autorizaciones a que se alude en dicho artículo.

si sólo podían plantearse en esa vía aquéllos que derivaban de relaciones de carácter contractual[42].

2. *Los acuerdos o convenios de arbitraje*

Como puede observarse de la lectura del Art.5 LAC, por igual en la nueva Ley, siempre será menester, necesariamente, la existencia de un acuerdo de voluntades por el que las partes resuelven que todas o algunas de las controversias existentes entre ellas o que puedan surgir entre las mismas sean resueltas fuera de la jurisdicción ordinaria, esto es, que la solución sea dictada por árbitros[43].

La LAC, acogiendo el modelo UNCITRAL recibe ahora el nuevo término "acuerdo de arbitraje" como comprensivo de toda forma que lo contemple (sea cláusula compromisoria, compromiso arbitral o compromiso o convenio judicial arbitral). La moderna doctrina sobre arbitraje, desecha el uso de las dos tradicionales formas del acuerdo, en tanto que las diferencias reales o aparentes de aquellas, que tantos debates suscitaron, hoy en día se torna irrelevante.

Por tener su origen el vínculo a la jurisdicción arbitral en ese acuerdo o convenio, especie de contrato, ello ha dado pie para justificar una de las diversas teorías que procuran explicar la naturaleza del arbitraje, pero independientemente de tales posiciones doctrinarias, observamos que fuere cual sea el tipo de arbitraje convenido entre las partes, o la naturaleza de los asuntos que deban resolverse por el mismo, es menester la existencia de ese acuerdo de voluntades en el que las partes conviene en renunciar a que sea la jurisdicción ordinaria quien conozca de la solución del asunto discutido entre ellas.

Debe destacarse por igual que el arbitraje entre nosotros sigue siendo un asunto perteneciente al ámbito de los sujetos, no viene impuesto por la Ley ni en el caso del ordinario ni en arbitraje comercial[44].

Lo novedoso en la LAC resulta ser la amplitud con la cual se contempla debe interpretarse que las partes han resuelto que sus controversias sean decididas por la vía arbitral. En efecto, conforme al citado artículo, se repiten los principios generales que fijan las disposiciones contenidas en los Arts. 608 y 609 del Cpc., de acuerdo a las cuales, ese convenio puede ser o bien una cláusula o acuerdo contenido en un contrato (no necesariamente procesal) llamado entonces cláusula arbitral, o puede consistir en un acuerdo autónomo, exclusivamente para reglar dicho convenio arbitral "acuerdo de arbitraje, convenio arbitral propiamente dicho" y siempre debe ser por escrito.

---

42 Por supuesto que siempre deberán tenerse presentes las observaciones que respecto a este tema han venido haciéndose a nivel doctrinario y jurisprudencial, sobre cuales hechos ilícitos quedan sometidos al conocimiento de la jurisdicción mercantil. Al respecto Vid. Alfredo Morles Hernández, *Curso de Derecho Mercantil*, Tomo Primero, Editorial UCAB, 1992, Venezuela.

43 Es este uno de los elementos fundamentales que justifican el arbitraje. Respecto a la naturaleza y efecto de ese pacto, se tejen todas las teorías sobre la naturaleza jurídica de la institución. Al respecto, véase Cárdenas y Herbón, *opus cit*, p. 24 y ss.

44 Como curiosa excepción, en la cual el legislador no tuvo ningún miramiento para consagrarlo en forma de "imposición legal", conocido en tal caso dicho arbitraje como Forzoso, debe citarse el caso de la Ley de Justicia de Paz, en la cual, agotada la vía conciliatoria sin que se obtenga el avenimiento de las partes, el caso necesariamente será resuelto por vía de arbitraje en la forma que lo contempla dicha Ley.

En el "acuerdo arbitral propiamente dicho" contemplado en el arbitraje ordinario, debe ser además "auténtico"[45]. La diferencia entre el acuerdo arbitral o la cláusula arbitral del arbitraje comercial y la del arbitraje "ordinario", es que en este último (Art.608 Cpc), para que verdaderamente tenga el efecto vinculante que le atribuye el Cpc. requiere de alguna manera que se le dé carácter indiscutido a la firma y fecha, o se lo convierta en tal, para lo cual conforme al artículo 609 Cpc es menester abrir la llamada "incidencia arbitral" que entre otros efectos convierte dicho acuerdo escrito privado en un documento judicialmente reconocido, esto es, con paternidad absolutamente indiscutida, en tanto que obviamente una de las defensas que debe o puede esgrimir a quien se le opone, es que el mismo no emana de ella, o por el contrario, quedará "reconocido judicialmente".

Por igual acotamos, que, si se trata del convenio arbitral judicial, esto es, aquél producido en juicio, per se adquirirá el carácter de autenticidad, en tanto que se lo otorga y formula ante el Juez, funcionario que en definitiva goza de la competencia necesaria para presenciar su otorgamiento y dar fe del mismo.

Adicionalmente tenemos otra novedad en el Arbitraje Comercial, el cual regula otro modo de establecerlo, esto es, otra especie de convención arbitral, a la que podríamos denominar "refleja o indirecta" contemplado en el Art. 6 LAC, conforme al cual, "la referencia hecha en un contrato a un documento que contenga una cláusula arbitral constituirá un acuerdo de arbitraje siempre que dicho contrato conste por escrito y la referencia implique que esa cláusula forma parte del contrato".

Quiere, pues, decir que si en un acuerdo o convenio, hacen las partes referencia, por ejemplo, a que en caso de dudas en la interpretación o ejecución del acuerdo, se conviene que la solución del problema sea conforme lo establecido en el Contrato tal, o cual, en el que a su vez se contemple que las diferencias que surjan con ocasión de la interpretación o ejecución de aquél se resuelvan por arbitraje, esa cláusula arbitral, se reputa también escrita

---

[45] La Ley procesal habla de documento "auténtico" pero en realidad debe interpretarse "reconocido u otorgado ante autoridad capaz de dar fe de la firma y fecha", sin menoscabo por supuesto de que lo sea realmente auténtico en el sentido de que lo sea otorgado ante un funcionario con competencia para dar fe pública de la realización del acto, de su contenido, fecha y firma, pero debe darse la primera indicada interpretación, en primer lugar, por lo debatido que ha sido el tema de si en tales supuestos realmente puede hablarse de documento auténtico (en el sentido de público) y en ilustración de lo cual remitimos a los conocidos trabajos sobre la materia de Allan R. Brewer C., Arístides Rengel Romberg, y Jesús E. Cabrera R. y, en segundo término, porque del examen que se haga de los efectos de la incidencia arbitral contemplada en el Cpc, necesariamente llegaremos a la conclusión de que con ella sólo termina produciéndose un reconocimiento del documento privado que fuere suscrito entre las partes y sobre el cual pide el Juez que conoce de aquella a la contraparte a quien se opone, manifieste si lo reconoce como emanado de él y contentivo del mentado acuerdo o convenio, sin que por ello en sana interpretación pueda convenirse que por ello, el entonces documento privado adquiera el carácter de auténtico.

Consideramos por ello que la LAC, llega a una solución más práctica y sin discusiones, cuando simplemente exige que dicho convenio o cláusula arbitral, expresa o indirecta, simplemente conste por escrito, no haciendo alusión a que necesariamente deba ser auténtico, autenticado o reconocido.

o estipulada para aquél otro contrato en el que nada concreto han estipulado las partes sobre arbitraje[46].

Llamamos la atención que la LAC nada dice sobre si ese otro contrato tiene necesariamente que estar suscrito entre las mismas partes de aquél al cual se aplicará en virtud de la comentada nueva disposición, o si puede emanar de sujetos diferentes. Para la misma, lo importante resulta ser que no quede duda que la intención de las partes de este nuevo contrato con ello lo que pretendan establecer es que la resolución de las controversias hayan querido someterlas a esa modalidad alterna a la jurisdiccional ordinaria.

Finalmente, destacamos también el contenido de otra disposición de la LAC, no contemplada en las normas sobre Arbitramento (Cpc) ni en las de protección al Consumidor hoy vigentes, y es la que se refiere a una limitación formal en cuanto al modo de establecimiento de convenios arbitrales en los llamados contratos de adhesión o por adhesión o contratos normatizados, modalidad esta de convenios cada vez más importante dentro de las modalidades de celebración de contratos que encuentran su fundamento en la forma rápida y ágil en que hoy se los celebra, y la existencia cada vez más frecuente de grandes empresas de servicios, en que por la estandarización de sus modos de prestación, generalidad del servicios prestado, etc., ocurren a la modalidad de tener preestablecidas las condiciones de contratación, tarifas, etc.

Pues bien, en estos casos, siguiendo cierta tendencia general en las legislaciones que regulan la protección de los consumidores, y en especial las legislaciones Europeas, la LAC prescribe, que no tendrán validez dichas cláusulas o acuerdos arbitrales, salvo que sean producto de una manifestación de voluntad expresa e independiente (s/c de aquella contentiva del contrato de adhesión) lo que obliga a pensar en la necesidad de que el convenio de arbitraje sea estipulado fuera del contrato, en documento separado.

Nos permitimos observar sin embargo que poco o nada ayuda a eliminar el abuso que pretendió precaverse pueda ocurrir con esa modalidad de contratos normatizados, la redacción de esa norma en la LAC, pues si materialmente por la fuerza estamos obligados a aceptar los convenios por adhesión para poder recibir los servicios, donde poco o nada vale la voluntad del co-contratante débil jurídico, menos aún será tomada en cuenta cuando se les ponga ante la disyuntiva de que o firman el acuerdo independiente arbitral para ser aplicado a ese convenio o tampoco se suscribirá el contrato de tales servicios o adquisición de bienes al cual se aplicará el que regula la cláusula arbitral.

La solución adecuada quizá debió ser otra, por cierto, ya contemplada en ordenamientos extranjeros, conforme a la cual, independientemente de como se establece el acuerdo de arbitraje, si el juez o los árbitros aprecian que no ha sido producto de la absoluta, libre y reflexiva voluntad de ambas partes, en especial la del débil jurídico, tal cláusula carece de validez y debe reputarse no escrita[47].

---

46 Sobre esta modalidad de admitir la existencia del "acuerdo arbitral" algunos autores expresan sus reservas. Vid Cárdenas y Herbón, opus cit, p. 170.

47 Para mayor ilustración sobre este tema recomendamos la lectura de la obra *Solución Alternativa de Conflictos en el Seguro y el Reaseguro*, del Profesor Carlos Ignacio Jaramillo, Edit. Javegraf, Bogotá, Colombia, 1998, pp. 331 y siguientes, así como las notas de pie de página en dicha materia, en especial en lo que atiene a dicho aspecto por lo que se refiere a las cláusulas

Otro problema que resulta interesante plantearse en lo atinente al amplio margen que se deja a la voluntad de las partes para resolver en torno a la manera como desean resolver sus conflictos de intereses, resulta de procurar averiguar si también es susceptible de que una vez escogida la vía arbitral la misma pueda o no ser renunciable.

Ni la LAC ni el modelo UNCITRAL regulan nada al respecto, pero la doctrina y jurisprudencia si se lo han planteado tanto en torno al arbitramento (arbitraje ordinario) como en lo atinente al Arbitraje comercial.

Estimamos que en Venezuela, a pesar del contenido del artículo 5, último aparte, y de que su parte infine claramente determina que el acuerdo de arbitraje es exclusivo y excluyente, dado que la jurisdicción arbitral no es de orden público si puede renunciarse ya de manera expresa, sin que de ello tengamos dudas, y con ciertas consideraciones por igual suele admitirse la renuncia tácita.[48]

3. *Tipos de arbitraje*

Dentro de las mismas Disposiciones Generales comunes a las dos nuevas modalidades de arbitraje comercial, el Art. 8 de la LAC precisa que "los arbitrajes pueden ser de Derecho o de equidad", entendiendo por ellos, en el primer caso, que los árbitros deberán observar las disposiciones de derecho en la fundamentación de los laudos, mientras que en los segundos, "procederán con entera libertad, según sea más conveniente al interés de las partes, atendiendo principalmente a la equidad. Si no hubiere indicación de las partes sobre el carácter de los árbitros se entenderá que decidirán como árbitros de derecho".

La nueva Ley en el último párrafo de su citado artículo se aparta un poco de lo que se regula en el Cpc para el arbitraje ordinario (Art.618) en lo atinente al Arbitraje de derecho, pues a diferencia del ordinario determina que a falta de determinación expresa en cuanto a tal carácter de los árbitros, estos se entenderá deben decidir como árbitros de derecho, en adición, omite por una parte la norma del legislador adjetivo ordinario, que contempla para ese tipo de arbitraje que las partes puedan fijarle ciertas normas de procedimiento (parag. primero del citado artículo 618), y a los arbitradores, por igual, que pueden someterlo a ciertas reglas sobre el procedimiento[49], pero lo verdaderamente novedoso no resulta lo

---

arbitrales en el contrato de seguros, el cual clásicamente se reputa como típico contrato de adhesión.

48 Cuando menos ello ha sido aceptado en jurisprudencia reiterada en los tribunales argentinos. Vid. Marco A. Rufino, *El Proceso Arbitral*, Edit. Adhoc, Argentina, 1992, p. 38. En lo atinente al arbitraje ordinario, por igual así lo hemos sostenido, y sin lugar a dudas que en él, en lo que atañe al sistema procesal venezolano, inclusive cabe la renuncia tácita, cuando por ejemplo una de las partes acude a los órganos judiciales ordinarios y la otra comparece ante el Juez sin hacer valer la existencia del acuerdo o convenio arbitral y, en efecto así lo hemos sostenido en nuestro trabajo Algunas Consideraciones sobre el Arbitraje en Venezuela, opus cit, p. 320. Esa misma posición ha sido admitida expresamente en la jurisprudencia argentina, Sala de Casación 3-3-66, citada en Rufino, opus cit, p. 39 números 40 al 44.

49 A este respecto cabe señalar que la indicada normativa, repetida de un tiempo a esta fecha en algunos Códigos adjetivos extranjeros, crea polémicas, en tanto pareciera inconcebible que los árbitros de Derecho no tengan necesariamente que atenerse a la normativa ordinaria de rito, si bien para algunos ello es producto de otra de las diferencias entre árbitros y jueces, pues los últimos, independientemente de las normas que se le invoquen necesariamente deberán ceñirse al derecho vigente (*jura novit curia*) y en cambio se acepta que puedan imponérsele esas

dicho, sino que como lo veremos más adelante al examinar las normas de procedimiento propias del arbitraje Independiente, nos encontramos ahora que sea uno u otro el tipo que se hubiere escogido, las partes pueden relevarlos de que expresen los motivos del fallo, lo que nos parece absolutamente contrario a la filosofía procesal de nuestro sistema.

A reserva de lo que expondremos más adelante, nos permitimos llamar la atención sobre este aspecto. En efecto, estas disposiciones deben analizarse a la luz de lo dispuesto en el artículo 30 LAC, que si bien es aplicable específicamente al caso de Arbitrajes Independientes[50], regula una situación directamente atinente a los principios que deben entenderse aplicables a los "arbitrajes en general" y que merece especiales comentarios.

Efectivamente, al ser la norma del artículo 8 una disposición general aplicable a ambos tipos de arbitraje, esto es, al de árbitros de derecho y al de arbitradores, carece de todo sentido lo dispuesto en el artículo 30 ya citado, conforme al cual: "El laudo del Tribunal deberá ser motivado, a menos que las partes hayan convenido lo contrario...".

Siendo el arbitraje de derecho, aquél conforme al cual los árbitros deben resolver no con una norma sustantiva de su creación para buscar la solución al conflicto, sino conforme a las normas del ordenamiento vigente y además, en la sentencia atenidos a los principios de derecho que rigen en general la materia en el proceso ordinario, no concebimos como en nuestro actual sistema jurisdiccional, pueda sustentarse que los árbitros de derecho queden eximidos de motivar su laudo, aún con la anuencia de las partes.

La motivación, no sólo es un requisito esencial para poder precisar justamente si el pronunciamiento del Juez o del árbitro es o no conforme a derecho, sino con el cual se pretende buscar la aquiescencia del grupo social y de las partes sobre lo decidido, inclusive el pronunciamiento en equidad exige y requiere que los árbitros o el juez facultado para así decidir, expresen los motivos por los cuales establecen la norma que consideran aplicable al caso y aquellos en los que sustentan la decisión que con fundamento a ella se dicta en ese caso concreto.

Es cierto que conforme a lo prevenido en el Art. 618 del Cpc, en los arbitrajes ordinarios de Derecho "las partes pueden fijar ciertas normas de procedimiento a los árbitros", pero ello nunca puede llegar a extenderse a que se exima al árbitro de cumplir con tan delicado requisito propio del fallo en ley y justicia y característica esencial de la expresión de la jurisdicción de derecho.

Entendemos que con ello prácticamente se ha insertado otro tipo de arbitraje, dentro de la institución arbitral comercial, pero que no resulta de una modificación o alteración a los principios que regulan el verdadero arbitraje de derecho, pues al contemplar ahora el legislador laudos de árbitros de derecho ***"no razonados ni motivados"***, está aceptando en

libertades a los árbitros . Al respecto, Roque J. Caivano, *Arbitraje*, Edit. ADHOC, Argentina, 1993, p. 71.

50 Efectivamente, recordando las observaciones formuladas precedentemente en cuanto a la forma como se redactó la LAC, precisa destacar que dicho artículo pertenece al Capítulo IV de la Ley, es decir, a las normas supletorias aplicables a los Arbitrajes Independientes y que sólo por excepción, cuando así lo han pactado las partes resultan utilizables en los Arbitrajes Institucionales.

nuestro sistema por vez primera las decisiones *ad libitum,* tal cual en los sistemas de jurados, ajenos a nuestro procedimiento civil.[51]

A nuestro criterio, en propiedad, no puede admitirse esa particularidad en los arbitrajes de derecho, tal como se los debe entender en nuestro sistema procesal, lo contrario resulta reñido con nuestra filosofía procesal y el sistema de la jurisdicción de equidad, así como a la forma que nos tiene fijado el constituyente para la administración de justicia, esto es, no puede aceptarse que los arbitrajes de derecho, sea inmotivados, pues en ellos el razonamiento seguido por el Juez o el árbitro, es la mejor garantía de que la decisión se ajusta a la Ley y a la justicia[52].

Si bien en los nuevos arbitrajes comerciales no se contempla recurso ordinario alguno contra los laudos arbitrales, inclusive los de derecho, en garantía del cual se impone además en la jurisdicción ordinaria el deber de motivación de los fallos, no es esa la única razón para exigir tan destacado requisito de los fallos y laudos, sino la de que con ello se persigue precisamente obtener la aquiescencia de las partes y del grupo social sobre lo resuelto, como garantía de paz y seguridad jurídica.

---

[51] Como debemos ser absolutamente objetivos en esta exposición y procurar esclarecer cuanto pueda presentarse con ocasión de la nueva Ley, debemos destacar que quienes pretenden sustentar la tesis contraria, esto es, la existencia de fallos, aún de Derecho, sin motivación ni fundamentos, lo hacen invocando el propio interés de las partes, a quienes, "... puede interesar en determinados casos evitar que los árbitros hagan públicas las razones que determinaron el sentido del laudo...." pero aún para quienes así opinan, precisa destacar que ello lo consideran una excepción al principio general, que debe ser interpretada con carácter restrictivo, por resultar contraria a la naturaleza misma del acto. Vid Caivano, *opus cit*, p. 230.

[52] Abundan en esta materia argumentos de doctrina nacional e internacional para reputar inconveniente la adopción del sistema fundamentalmente anglo americano, de fallos no razonados o sin motivación, lo que inclusive debe reputarse un retroceso en nuestro sistema jurisdiccional y en nuestra filosofía del sistema judicial imperante en Venezuela, pero nosotros vamos más allá, y consideramos que pretender que los laudos arbitrales de árbitros de derecho, puedan ser inmotivados, atenta contra los principios constitucionales de nuestro proceso, salvo que aceptáramos entonces que por ese solo hecho estaríamos convirtiendo tal tipo de arbitraje en un arbitraje de arbitradores o que definitivamente la solución arbitral es ajena a todo modo de expresión de la actividad jurisdiccional. En fin, no encontramos a tan insólito desliz excusa diferente a la de un imperdonable olvido a nuestros principios procesales, respecto a lo que constituye la jurisdicción de derecho, lo que por lo demás no debe resultar extraño en la conducta de nuestros actuales legisladores quienes parecen actuar con el mas absoluto desprecio por la Legalidad demostrando con ello un evidente desconocimiento de los principios procesales, ya puesto de manifiesto en otras varias leyes y actos, y ello tiene que ser así si tenemos en cuenta que integrantes del órgano Legislativo han manifestado públicamente que poco interesa el lenguaje y la técnica jurídica en las Cámaras, no obstante lo cual había demostrado ser más justo y apegado a los principios legales que el Poder Judicial cuando de juzgar desafueros se trataba (intervención del Dr. Ramos Allup con ocasión de interpelación en el caso Preámbulo, Comisión de Contraloría del Congreso). Definitivamente, es esa otra muestra más de la crisis de valores imperante en nuestro desdichado país, y demostración del problema institucional que nos. afecta y que puede dar lugar a un conflicto de impensables consecuencias, tal como lo ha venido destacando esta Ilustre Academia de Ciencias Políticas y Sociales que hoy nos ha convocado a este evento.

A nuestro juicio, tan destacado error, a pesar de que conocemos de que en algunos sistemas que siguen el modelo UNCITRAL, se le ha dado cabida a la misma disposición[53], no obsta a que la figura así regulada tenga sus serias objeciones en nuestro país, siendo ello otra causa en contra más que pesará contra la nueva institución arbitral, pues en materia de composición procesal extra actividad jurisdiccional ordinaria, más que en ningún otro supuesto, debe tenerse por indispensable requisito que los laudos produzcan la sensación que las soluciones en ellos adoptadas, son las mas justas, apegadas a la Ley y cuando menos las que razonablemente pueden considerarse mas sensatas, lo cual de manera alguna podrá obtenerse con un fallo carente de motivación y fundamentos[54].

Manifestamos, pues, nuestras serias dudas en cuanto a la constitucionalidad de la norma en referencia, y así expresamente deseamos dejarlo consignado.

Estimamos, sin temor a equivocarnos que con ello, ciertamente se pone muy en duda la existencia del arbitraje de derecho en el arbitraje comercial, cuando menos en su modalidad de Arbitraje Independiente, y dudamos que ello pueda considerarse ajustado a los principios constitucionales, pues inclusive las partes carecen, en puridad de concepto de esa potestad, que entendemos por ser propia del sistema procesal, ni aún admitiéndolo la Ley puede ser materia de libre regulación.

Obviamente que los mismos comentarios resultarán aplicables al caso de los Arbitrajes Institucionales si el Reglamento del Centro respectivo llegare a contemplar norma similar o cuando por la voluntad de las partes, en uso de la disposición del artículo 15 se pretendan aplicables tales normas relativas a la fundamentación de los laudos, derivadas de las que contempla la Ley para el arbitraje independiente.

Finalmente, y acogiendo el modelo LMU, siendo estos arbitrajes atinentes a lo "comercial" se añade en el último aparte del mentado artículo. "Los árbitros tendrán siempre en cuenta las estipulaciones del contrato y los usos y costumbres mercantiles", sin

---

53 Cárdenas y Herbón, opus cit, p. 70, advierten que la tendencia mundial es la de acoger que los laudos deban ser motivados, y si bien reconocen que algunas legislaciones y sistemas admiten la inmotivación, inclusive otras convenciones internacionales, expresan serios argumentos en contra de la aceptación de dicha modalidad. En efecto, reputados autores en la materia discuten el que inclusive los árbitros arbitradores puedan ser dispensados de la obligación de motivar los fallos, entendiendo que en todo caso lo que con ello se persigue es "dispensarlos de la obligación de "comunicar a las partes esos motivos" pero no que ese acto de juzgamiento haya dejado de comportar la motivación y razonamientos necesarios "y solo por vía excepcionalísima, consideran ello posible en este tipo de arbitrajes". Vid. Caivano, opus cit. p. 75.

54 Si por el solo hecho de reconocer esa realidad, realmente excepcional, de admitirse los laudos sin motivación como una forma más de obtener la decisión del conflicto, somos de opinión que hubiere sido preferible acoger fórmulas como las admitidas en Brasil y Colombia, cuyas legislaciones si bien contemplan modalidades similares, en tales casos a tales modos de composición procesal le atribuyen inclusive denominaciones diferentes a la de arbitraje. Así, en Brasil, tal medio se le denomina de "amigables componedores" y la decisión que se pronuncia, no se le da el carácter de sentencia sino se asemeja a una forma de transacción y en Colombia, donde se le denomina "amigable composición", y cuya vía de arreglo es la de un contrato atípico y con regulación diferente a la del arbitraje. Vid. *Arbitraje Comercial*, Cámara de Comercio de Bogotá, opus cit. p. 198.

referir dicha norma a una u otra de las modalidades de dicho arbitraje ni a los tipos que son objeto de análisis[55].

En cuanto a la comparación de los dos sistemas arbitrales, y en lo referente a cual sea la norma aplicable en el supuesto de que las partes no hubieren dispuesto si el arbitraje por ellas consentido lo sea de Derecho o por equidad, debe resaltarse que las normas son diversas en lo que atañe a tal aspecto del procedimiento[56].

En efecto, en el caso del arbitraje ordinario (Art. 614, Parag. 2 Cpc), tratándose del acuerdo arbitral *extra litem o* cláusula arbitral, a falta de tal determinación por las partes, se entenderá que los árbitros son de derecho y que el laudo será inapelable, en cambio, tratándose del compromiso judicial arbitral, la falta de determinación de las partes en esa materia hará que los árbitros se reputen arbitradores, resultando por esa misma razón también inapelable el laudo.

4. *Lugar del Arbitraje*

También dentro de las normas generales comunes del procedimiento arbitral comercial la nueva Ley regula este aspecto, sobre el cual nada se contempla en el Procedimiento Arbitral especial del Cpc (ordinario), distinguiendo además las dos situaciones que pueden tener relevancia en la materia y disponiendo la norma supletoria para el caso de que las partes nada hubieren previsto al respecto en el primer aspecto comentado.

Así, conforme lo dispone el artículo 9 LAC en cuanto al lugar donde deba llevarse a cabo el arbitraje, la regla será atenerse a lo que fijen las partes, y a falta de previsión o de no haber acuerdo entre ellas al respecto, el órgano arbitral lo determinará no a su libre discrecionalidad, sino tomando en consideración las circunstancias del caso, inclusive la conveniencia de las partes.

En lo que atañe al segundo problema que puede suscitarse, esto es, el lugar donde deba actuar el órgano arbitral, la regla general, por igual será que prive lo determinado al respecto por las partes, y si no mediare expresa prohibición en contra de aquellas, se entenderá que podrá reunirse en cualquier lugar para deliberar y recibir pruebas (entendemos que la enumeración que la Ley hace de algunas de ellas, es meramente enunciativa y no taxativa, mas cuando genéricamente contempla las deposiciones de las partes, inspecciones del mismo órgano sobre bienes, declaraciones de terceros y experticias).

A nuestro entender no se hace menester una descripción de cual sea la forma de proceder cuando corresponda al órgano arbitral tomar las decisiones respectivas, una vez más entendiendo que ellas deben permitir y facilitar a las partes el debido ejercicio de sus derechos (adecuado ejercicio de la defensa, control de la prueba, etc.) en tanto que de lo

---

[55] Esta disposición anotan Cárdenas y Herbón, opus cit. p. 174, da lugar a dos posturas doctrinarias en cuanto al significado de la normativa legal que debe ser aplicada al litigio, una que limita la posibilidad de aplicar las normas nacionales, transnacionales o la llamada "lex mercatoria", otra que llega a la conclusión opuesta y sustenta que los laudos puedan apoyarse en el uso y la costumbre como Ley elegida por las partes o los árbitros, para concluir que dicho artículo LMU, abre las puertas a la "lex mercatoria".

[56] En derecho comparado latinoamericano, puede decirse que la mayoría de las legislaciones se inclinan por reputar que el arbitraje es de equidad a falta de determinación expresa en el convenio. Vid. *Arbitraje Comercial*, Cámara de Comercio Bogotá, opus cit. p. 198.

contrario, tales actuaciones viciarán de nulidad, el laudo o en su caso impedirán la ejecución del mismo, a tenor de lo dispuesto en los artículos 44 y 49, literales b) y f).

Para hacer una breve comparación respecto al mismo aspecto en materia del procedimiento de arbitraje ordinario, diremos que las normas aplicables dependerán del tipo de arbitraje de que se trate, de si las partes habían o no contemplado al respecto disposiciones expresas, y que en caso de dudas sobre la norma aplicable, el Tribunal del arbitraje sería quien decidiera al respecto, todo a tenor de la comentada norma del artículo 618 Cpc, y con la misma advertencia de que si de alguna manera con tal proceder se lesionara el derecho de defensa de las partes, pudiere dar lugar a la nulidad del laudo conforme al Art. 626 *ejusdem,* ordinal 3.

5. *Normas relacionadas con el idioma utilizable*

La LAC contempla en el artículo 9 la libertad de las partes para regular cual sea el idioma o Idiomas que puedan utilizarse en las actuaciones arbitrales y en los actos de las mismas partes y /o aquél en el cual deba quedar redactado el laudo, con las siguientes advertencias:

Los árbitros fijarán dicho idioma para uno y otro tipo de situaciones, a falta de disposición expresa al respecto por las partes;

La norma contempla que puedan utilizarse más de un idioma; y

En todo caso el órgano arbitral podrá ordenar que los documentos acompañados a los autos, puedan venir acompañados de traducciones a uno o más idiomas, sean los acordados por las partes o los que fije dicho órgano arbitral.

La normativa examinada debe complementarse con lo que al respecto determina el artículo 48 LAC, conforme al cual para solicitar y qué se acuerde la ejecución del laudo, independientemente de las disposiciones examinadas antes, deberá presentarse el mismo debidamente traducido al idioma castellano, si fuere necesario.

Las nuevas disposiciones fundamentalmente encuentran justificación sobrada si tomamos en cuenta que en el nuevo procedimiento arbitrar comercial, se contempla que los arbitrajes puedan realizarse dentro o fuera de Venezuela, que los árbitros sean o no residentes en el país, y puedan o no ser abogados y que su ejecución pueda o no ser en el país.

Por supuesto que tales disposiciones son ausentes y en cierto modo innecesarias en el procedimiento de Arbitramento (arbitraje ordinario) si tomamos en cuenta que el mismo rige como procedimiento arbitral especial que debe y tiene que cumplirse en Venezuela y del cual mantiene una especial tutela el órgano jurisdiccional ordinario (Juez del arbitraje). De acuerdo a lo dicho por supuesto que en ellos debe utilizarse el idioma castellano.

6. *En cuanto a los deberes y responsabilidades que impone el cargo a los árbitros designados y que han aceptado el cargo*

También hemos dicho que aceptamos para no confundir más las cosas que las disposiciones al respecto de la LAC, son por igual aplicables tanto al arbitraje Institucional como al Independiente, pero aquí debemos también manifestar nuestro profundo rechazo al régimen regulado en la ley.

En efecto, según el artículo 41 LAC, el incumplimiento de los deberes de los árbitros sin causa justificada, en concreto la inasistencia a dos audiencias del órgano arbitral, o en todo caso inclusive justificada la causa, la ausencia durante cuatro audiencias, se sanciona con la pérdida de la investidura del árbitro que incurrió en dichas faltas, y con la sanción económica consistente en el deber de reintegrar al Presidente del órgano arbitral el monto que éste determine de los honorarios que se le hubieren adelantado y se ordenará su inmediato reemplazo.

Ahora bien, hemos sostenido que ahora en la Ley de Arbitraje Comercial más que nunca debe entenderse que la función arbitral es propiamente un modo especial de manifestación de la potestad jurisdiccional, y sabemos que la renuencia a cumplir con los deberes propios del encargo judicial apareja inclusive un delito, y por tanto ello es atinente al orden público, luego a nuestro juicio, ese incumplimiento de los árbitros en lo comercial, en todo caso, e independientemente de ser causa de remoción y obligación de reintegro de honorarios, siempre hará que ese árbitro se encuentre incurso o esté en la posibilidad de lo que se lo juzgue como reo de denegación de justicia.

Esa falta de precisión de la Ley no puede llevar a considerar que los árbitros en los casos de arbitrajes regulados por la LAC están exentos de dicha responsabilidad penal, y por tanto lo que en ella se contempla, en todo caso debe tenerse como sanciones adicionales a las penales ya reguladas en la Ley especial, pero en ningún caso puede discutirse siquiera que el nuevo régimen deja a un lado la aplicación del tipo delictual.

En adición, observamos también la omisión normativa relacionada con ciertos problemas que obviamente debieron ser tomados en cuenta por el Legislador, tales como el del trámite de los supuestos de aplicación de las sanciones de remoción y devolución de los estipendios a él entregados; de cual fuere el procedimiento en el supuesto de que el arbitraje contemplare un árbitro único y de como se aplicarán las sanciones cuando el sujeto de las misma lo fuere el Presidente, si fuere colegiado el órgano[57].

En cuanto a deber de confidencialidad, ahora estipulado en el artículo 42 LAC, nada contempla el Cpc para el procedimiento arbitral ordinario, en cambio dicha nueva disposición crea expresamente el deber de confidencialidad en el proceso arbitral comercial, siendo ello verdadera excepción de la publicidad con la cual se cumple como norma el proceso ordinario, inclusive como garantía de seguridad de las partes, pero justificable, en tanto que por la materia que en ellos se resuelve, puede considerarse que toda infidencia perjudicaría innecesariamente la imagen o buen nombre comercial, que juegan papel tan destacado en la actividad mercantil.

Por lo demás, sobra destacar entonces que los árbitros, salvo acuerdo en contrario de las partes, e inclusive los órganos de justicia ordinarios que conozcan de algún modo de los procesos arbitrales comerciales, están obligados a tal confidencialidad, aparejando a nuestro juicio a favor de las partes acción de daños contra quien la vulnere.

---

57 De su parte tenemos que manifestar nuestras dudas sobre la constitucionalidad de la decisión que imponga la sanción económica que inclusive contempla la Ley, en tanto que al no fijar para su aplicación parámetros que deban servir a quien la disponga, seguramente darán lugar a los ya varios procesos en que se ha discutido y resuelto a favor de la inconstitucionalidad, en tanto que al ser normas sancionadoras, la potestad de la determinación de la pena no puede quedar pura y simplemente en manos de quien la aplique, por ser materia de expresa reserva legal.

7. *Normas atinentes al régimen de recursos y al reconocimiento y ejecución de los laudos arbitrales comerciales*

Por haber sostenido en esta exposición anteriormente, que reputábamos las disposiciones aplicables a tales aspectos, igualmente normas comunes procedimentales a todas las modalidades y tipos de arbitrajes comerciales, haré unas cortas y breves referencias sobre las mismas, sobre aquellos aspectos que considero más destacados en la nueva normativa de la LAC y dado que el análisis detallado de dichas instituciones se contempla sean desarrollados en otras exposiciones que deben cumplirse en este evento.

a) Respecto al régimen de recursos y en especial al recurso de anulabilidad de los laudos comerciales:

En la nueva Ley se consagra de modo indirecto la irrecurribilidad ordinaria contra las decisiones arbitrales comerciales, sea que provengan de órganos institucionales o de árbitros independientes, y no obstante sean arbitrajes de derecho o de equidad, lo que se desprende expresamente de lo dispuesto en los artículos 43 y 48 LAC.

En efecto, el primero de los mismos consagra que contra tales laudos arbitrales únicamente procede el recurso de nulidad y la segunda de dichas normas advierte que dichos laudos serán "reconocidos por los Tribunales ordinarios como vinculantes e **inapelables...".**

De tal modo que contra los laudos en materia comercial cabe sólo el mentado recurso de Anulabilidad, sobre cuya materia, también la nueva Ley trae importantes innovaciones:

Así, en primer lugar, lo denomina ahora Recurso de Anulabilidad, más acorde con el hecho de que de no instárselo, ese laudo adquiere firmeza, y la causal de anulabilidad no opera de pleno derecho, si bien su eficacia si puede quedar cuestionada, aun de oficio, como lo veremos al analizar las excepciones a la ejecutabilidad del laudo.

En segundo término, el Recurso ahora se lo interpone ante un Juzgado Superior, de la jurisdicción ordinaria, que concretamente lo será el competente del lugar donde se hubiere dictado el laudo, debe ser escrito y razonado (sustentado ex-artículo 45 LAC)[58] y el cual no suspenderá la ejecución de lo resuelto en dicho laudo, salvo que solicitado como ello lo fuere el Tribunal que conoce del recurso, así lo acordare, previa constitución de caución que garantice la ejecución y los perjuicios de la aludida suspensión, si dicho recurso fuere rechazado.(Art. 43 LAC)[59].

La misma ley fija un lapso para interponer dicho recurso (cinco días hábiles de la fecha de la notificación de habérselo dictado o aquélla en que hubiere recaído aclaratoria, ampliación o enmienda (Art. 43 LAC) y un término para consignar la caución si hubiere lugar a la constitución de ella, el cual es de diez días hábiles a partir de la fecha en que se la

---

[58] Es esta otra excepción, dentro de nuestro sistema adjetivo general, al principio de la no fundamentación de los recursos ordinarios, como lo son entre otros los casos del recurso de hecho y el de casación.

[59] Lo dispuesto en cuanto a que se provea sobre la suspensión contra la constitución de garantía, no agravia o lesiona los derechos constitucionales de las partes, pues como acertadamente lo anota Henríquez La Roche, (opus cit. p. 62) " el artículo 68 de la Constitución Nacional no consagra la defensa como un derecho público ilimitable" Advierte el ilustrado tratadista la existencia de otros casos en que el legislador dispone por igual una condición pecuniaria para el ejercicio del recurso, cual es el supuesto contemplado en el numeral 6 del artículo 599 Cpc.

hubiere fijado. Si el anuncio fuere extemporáneo o no se consignare la caución en el término fijado por la Ley, el Tribunal que conoce del Recurso lo declarará inadmisible en el primer caso o sin lugar, en el segundo supuesto.

Como en el caso del Arbitraje ordinario, el Recurso sólo procede por las causales taxativamente previstas en el Cpc o en su caso por la LAC.

Dos problemas deben considerarse con la nueva regulación del Recurso, en primer término, la Ley señala que el trámite del mismo será el establecido en la Ley para el Procedimiento Ordinario, pero no aclaró si es el consagrado para la segunda instancia o el ordinario de la instancia inicial, lo cual deberá ser también precisado por la Jurisprudencia. En segundo lugar, la misma Ley (Art. 33, numeral 3) señala que cesa la actividad de los árbitros, cuando se haya dictado el laudo o la providencia que lo corrija o *completamente* (*sic*. Complemente) en tanto que ella no contempla norma similar a la del artículo 625 Cpc. de que se pasen en todo caso los autos al Tribunal ordinario -Tribunal del Arbitraje- para que le de eficacia, y por tanto, salvo el caso de los arbitrajes institucionales, podría darse el supuesto de que difícilmente podrá lograrse el cumplimiento del requisito previsto en el artículo 43 LAC de que para el ejercicio del Recurso de Anulabilidad deba acompañarse el expediente correspondiente, sobre todo en el supuesto de arbitrajes independientes, en tanto que en los de arbitrajes institucionales se supone que la custodia del expediente quede a cargo del Centro Institucional respectivo.

Por último, debemos señalar que a pesar de que las causales son taxativas para dicho Recurso, las mismas, al igual que en la LMU, han sido redactadas con una gran amplitud lo que permitirá a los Jueces ordinarios una interpretación laxa de los motivos por los cuales procede, los que de modo general podemos señalar no se apartan en mucho de las causales de nulidad de los laudos del arbitraje ordinario (626 Cpc).

b) Del reconocimiento y ejecución del laudo:

Los artículos 48 y 49 LAC regulan la materia con las siguientes particularidades:

En primer término, se establece como novedad, que independientemente si el laudo ha sido dictado por un órgano arbitral nacional o internacional, dentro o fuera de Venezuela, el mismo será ejecutable, vinculante e inapelable con la sola petición escrita de ejecución ante un Tribunal ordinario en Venezuela, y sin requerir el exequátur que se exige para dar el pase a sentencias dictadas en el exterior, se ordenará y cumplirá su ejecución forzosa, para lo cual bastará con que se acompañe una copia certificada del laudo arbitral, emitida por el mismo órgano arbitral, con traducción al castellano, si fuere menester.

Curiosamente, y a pesar de lo celoso que resulta el Legislador en materias relacionadas con la derogación, delegación o sustracción de las normativas de la jurisdicción ordinaria ante el arbitraje, se da así un tratamiento preferencial a los laudos arbitrales comerciales frente a sentencias emanadas de órganos jurisdiccionales, y a la vez, no se hace menester que el laudo haya sido publicado o declarado eficaz por esos órganos jurisdiccionales ordinarios[60].

---

[60] Cabe destacar que a pesar de la novedad de la reciente Ley de Derecho Internacional Privado, en ella no se reforma el sistema de exequátur para las sentencias dictadas por órganos judiciales extranjeros, y por el contrario se ratifica la preeminencia de las disposiciones relacionadas con el Arbitraje Comercial internacional, reconociéndose que el mismo se rige por las disposiciones especiales que regulan esa materia (Art. 55 de la citada Ley. Comentarios al respecto, vid.

Nada dice tampoco la Ley sobre si las firmas de los árbitros deban ser legalizadas, autenticadas o certificadas por ningún órgano judicial, ni por autoridad consular, cuando el mismo fuere dictado en el exterior o ante Centros Institucionales de arbitraje.

En el artículo 49, nuevamente encontramos otro craso error de la Ley en el encabezamiento de dicha norma cuando al referirse a la posibilidad de denegatoria de ejecución de los laudos, destaca que "El reconocimiento o la ejecución de un laudo arbitral, cualquier que sea *el país que lo haya dictado* sólo se podrá negar..." cuando que obviamente lo que quiere decir es "cualquiera que sea el país en que se lo haya dictado".

Seguidamente establece siete causas por las cuales puede el Tribunal negar la ejecución, las cuales materialmente son las mismas de la Anulabilidad del laudo, con el añadido de la contemplada en el literal "g" referida a que el acuerdo de arbitraje no sea válido en virtud de la Ley a la cual las partes lo han sometido.

Respecto a la posibilidad de denegar la ejecución hacemos las siguientes observaciones y comentarios:

a) Se convierte al Juez de la primera instancia, materialmente en Juez que debe resolver sobre la anulabilidad del laudo, y en añadido, sin procedimiento ninguno, confiándole pues la grave responsabilidad de que *in limine,* juzgue sobre regularidad del acuerdo, examen de violación de normas substanciales en cuanto a forma del procedimiento, etc.

Pareciera que ante la ausencia de norma aplicable, dicha incidencia deberá tramitarse en el mejor de los casos conforme se lo dispone en el artículo 607 Cpc, aplicable ante el indicado vacío de la Ley, el cual en todo caso se nos hace insuficiente y peligroso.

b) A falta de norma expresa al respecto, en caso de denegatoria solo pueden caber dos alternativas, o bien considerar que las partes quedan sin recurso alguno, lo que nos suena absolutamente inconstitucional, si bien por igual, se admite que contra el laudo no exista recurso; o bien reputar que se aplicarán supletoriamente las normas sobre ejecución ordinaria de fallos judiciales, y por tanto se concederá recurso de apelación ante el Superior jurisdiccional e inclusive puede aparejar Casación, si por la cuantía y la materia estuviere contemplado el recurso extraordinario para tales casos (ex artículo 312, ordinal 3° Cpc)[61].

Así las cosas, pareciere que la institución del exequátur en el fondo tenía mayor solidez y fundamentación para el examen formal y pronunciamiento *in limine* sobre legalidad del laudo o sentencia, y no la institución ahora vigente, la cual si bien tiene como ventaja que la ejecución sea más expedita y libre de trabas, consideramos aporta menor

---

Autores varios, Proyecto de Ley de Derecho Internacional Privado (1996), Publicaciones de la Academia de Ciencias Políticas y Sociales, Serie Eventos, Caracas, Edit. Anauco, 1998).

61 Lo expuesto en esta materia constituye una modificación de lo que al respecto habíamos venido sosteniendo en conferencias previas sobre el Arbitraje comercial, y es que haciendo un examen más detenido de la referida ley, nos ha hecho buscar soluciones más acordes a la realidad y procurando sustentar la buena marcha del arbitraje en el ordenamiento existente. Reconocemos, pues, ese cambio de interpretación de algunas de las instituciones de la LAC, por considerar mas ajustados al derecho y convenientes a la pervivencia de la institución arbitral el que ahora hemos dado a las mismas y nos excusamos ante quienes fueron nuestros oyentes con anterioridad a esta Conferencia.

seguridad jurídica y que provocará mayores dificultades para la institución arbitral a mediano y largo plazo.

VII. NORMAS ESPECIALES DE PROCEDIMIENTO APLICABLES AL ARBITRAJE COMERCIAL INDEPENDIENTE

Después de haber hecho las consideraciones precedentes, nos explicaremos porqué hablar de normas de procedimiento aplicables al nuevo arbitraje comercial, implica referirnos casi exclusivamente al Arbitraje Comercial Independiente, pues solo en éstos, de no existir disposición expresa al respecto entre las partes que han fijado el arbitraje comercial, es a ellos a los que se aplican las nuevas normas sobre el procedimiento contempladas en la LAC.

En efecto, en el caso del Arbitraje Comercial Institucional, tales normas de procedimiento vendrán establecidas por lo general en los Reglamentos especiales de cada Centro Institucional de Arbitraje, salvo que las partes dispongan que en ellos se apliquen las contempladas en la LAC para los arbitrajes independientes, y por tanto para hacer un análisis de dichas normativas, será menester un estudio de los que las tengan promulgadas, pues ya hemos comentado que no existen en la Ley mecanismos que controlen la uniformidad de aquellos.

De seguidas pasamos, pues, a realizar un examen sobre cual son esas normas dispuestas para ser aplicadas en el arbitraje comercial, bien sea Independiente, cuando las partes nada dispusieron al respecto, o expresamente las hubieren acogido, bien sea Institucional, cuando expresamente las partes hubieren dispuesto que así fuere.

1. *Integración del órgano arbitral (Art. 16 LAC)*

La falta de determinación al respecto hará aplicar como norma supletoria, la contenida en el artículo 16 de la LAC, en el cual se contempla que, en esos supuestos, los árbitros, independientemente del tipo de arbitraje, serán tres.

Como observación especial diremos que, en este tipo y modalidad de arbitraje comercial, a diferencia del arbitraje ordinario de Derecho, pensamos que los árbitros pueden ser árbitros abogados o no abogados, mientras que en el ordinario, si el arbitraje es de Derecho, necesariamente tendrán que ser abogados (Art. 619 Cpc)[62].

Si bien expresamente no lo dice la disposición contenida en el artículo 17, de él se desprende que a falta de disposición en contrario, el nombramiento de aquellos será hecho conjuntamente por las partes o puede estar deferido a un tercero. A su vez, de no existir acuerdo, se entenderá que cada una elegirá uno y los dos designados escogerán el tercero, quien fungirá como Presidente del órgano arbitral.

---

[62] Tal argumento lo deducimos del silencio que guarda la LAC en cuanto a la capacidad de postulación de los árbitros, y en tanto que, como lo hemos venido destacando, si se trata de asuntos "comerciales" parecieran aplicables las disposiciones expresas que al respecto contempla el Código de Comercio (1086 Cco). Por lo demás, no debe especialmente llamar la atención esta norma, ni jamás ha sido criticada o atacada como antigremialista u opuesta a los intereses que regula la Ley de Abogados, pues el mismo Henríquez La Roche, opus cit. p 48, no hace comentario expreso al respecto.

La falta de acuerdo en la designación, o cuando los árbitros designados no pudieren llegar a la elección del tercero, queda solucionado a falta de disposición expresa de las partes, por la designación que de los mismos haga el Tribunal de Primera Instancia competente.

Cuando el arbitraje es por arbitro único y no existe acuerdo para su elección, la designación será hecha a petición de una cualquiera de las partes por la última citada autoridad judicial de Primera Instancia ordinaria.

A diferencia del arbitraje ordinario debe destacarse que en el arbitraje comercial independiente, no resulta claro como se tramita todo lo relacionado con la determinación del número de árbitros, ni la elección del tercero o la del árbitro único, pues de lo que puede desprenderse de la Ley, no surge incidencia alguna, ni procedimiento no contencioso para el trámite de dichos asuntos, ni ante los mismos árbitros designados, ni cuando debe resolver la cuestión el Tribunal de Primera Instancia ordinario.

A nuestro juicio, dicho asunto debe tramitarse de acuerdo a la incidencia especial contemplada en el artículo 607 del Cpc, el cual entendemos se aplica perfectamente a tal supuesto. El pedimento sólo debe ser atinente al propósito específico que da su origen, esto es, pedir que el Juez lo designe ante la afirmación, que debe contar con algún medio aún presuntivo de prueba, de que ha existido renuencia, y por igual el Juez debe rechazar toda defensa ajena al hecho mismo de lo que debe resolver, a fin de no enturbiar el proceso arbitral. La providencia que resuelva el caso, será un simple auto ordinario, cuya copia certificada entregada a las partes, permitirá servir para integrar el órgano arbitral de *ipso facto* (Art. 19).

En el caso de que no existiere documento preexistente en el cual se dispusiere la aceptación del cargo de los que deben servir como árbitros, los mismos tan pronto sean impuestos de su nombramiento deben proceder a aceptar el cargo, y notificar por escrito a quien los designó de su aceptación, para lo cual disponen de un lapso de diez días hábiles63. El silencio (omisión de contestar en el lapso o la no contestación escrita, agregaríamos nosotros) equivale a no aceptación.

Tampoco dispone la Ley, como si lo contempla el Cpc que la constitución del órgano arbitral deba ser ante el Tribunal, por tanto, los árbitros pueden simplemente reunirse en un mismo acto y de conjunto declararlo constituido, fijar las reglas *ad hoc* para continuar el procedimiento y resolver en ese primer acto todo lo atinente al proceso.

El artículo 18 *in fine* prescribe que en casos de no-aceptación, fallecimiento, renuncia, inhabilitación o recusación, se procederá a nueva designación en la misma forma que ha quedado descrito, luego debe entenderse que en cualquiera de tales supuestos no es que se extinga la vía arbitral, sino que la misma continuará, debiendo las partes tomar interés en

[63] Recuérdese que el concepto de día hábil en esta materia será el de día ordinario laboral, no de despacho, en tanto que la aceptación no impone la Ley sea cumplida ante el órgano jurisdiccional, sin que ello pueda considerarse impedimento para que el Tribunal así lo provea, dejando subsanado y sin discusión dicho aspecto. En cambio, los días en que deba actuarse por excepción ante el órgano judicial se computarán por días de despacho como resulta en las actuaciones judiciales. En cuanto a la forma de cómputo de dicho lapso ver los comentarios al respecto en notas precedentes. En el mismo sentido Henríquez La Roche, *opus cit*, p.51.

corregir o enmendar los presupuestos o requisitos faltantes para que aquella siga su curso normal[64].

2. *Constitución del órgano arbitral, gastos del proceso y honorarios de los árbitros (19 LAC)*

La norma bajo examen regula la forma en que queda constituido el Tribunal una vez aceptado el cargo por los árbitros, no obstante, como lo anotamos precedentemente, no fija que la constitución deba realizarse con determinada formalidad, o si de ello deben advertir los árbitros a las partes, cuestiones que si quedan obviadas en el arbitraje ordinario en tanto que tal acto debe y tiene que cumplirse ante el Juez del arbitraje, quien además tomará el juramento a los árbitros y tendrá a su cargo todo lo relacionado con el trámite de su constitución.

Estimamos por ello que lo procedente será que los árbitros se reúnan, den noticia a las partes de cuando y donde se constituirá el órgano, y en esa oportunidad se lo declare constituido con la presencia de aquellas, o al menos, habiéndolas notificado de tal hecho, asumiendo estas la carga de estar presentes.

La misma disposición prescribe que en esa oportunidad los árbitros fijen sus honorarios y las suma que estimen necesaria para gastos de funcionamiento (sede, secretaría, alguacil, papelería, etc.). Las partes tendrán derecho de objetar tales montos, en el término de cinco días hábiles65 término que se computará a partir de la fecha en que fuere notificada la providencia que los determine66.

La comentada norma dispone que tal objeción será hecha por escrito y precisando cuales montos se aprueban por justos, sin encontrar motivo racional para tal dispositivo, a no ser que con ello haya pensado el Legislador que los árbitros puedan reconsiderar aquellos "no justos".

Consideramos exagerada la disposición de la parte *in fine* del comentado artículo relacionada con el hecho de que ante la opinión unánime de los árbitros de rechazar la objeción inclusive de una parte (pues la ley no hizo discriminación alguna) deba reputarse que el órgano arbitral ha cesado en sus funciones.

Lo anterior se muestra más evidente, cuando que al analizar lo dispuesto en el artículo 20 LAC, relacionado con la consignación de los montos no objetados, se dispone que ante la falta de una de las partes en realizarla, queda subsanada la misma, si la otra lo hiciera por cuenta de la renuente; resultando ello más justo que disponer la cesación del órgano arbitral, y peor aún, sin aclarar que en tal caso, como en cambio si lo determina para el supuesto de no consignación de las sumas no objetadas pero no depositadas por ninguna de ellas, que en tales supuestos, con la cesación del órgano, las partes quedan en libertad de acudir a los jueces ordinarios o nuevamente reiniciar el proceso arbitral.

---

64 Anotamos que serían tales supuestos un caso típico de suspensión del procedimiento arbitral por causa sobrevenida, a los efectos contemplados en el artículo 22 LAC.

65 Hacemos la misma observación contenida en la nota 63.

66 De lo precisado en la Ley al respecto podría sustentarse la no-necesidad de que ese acto de constitución esté previamente notificado a las partes, pero pareciere que lo prudente, a fin de constatar el debido cumplimiento de la instalación y constitución del órgano arbitral, es que si lo estuvieren.

Es de advertir que nada dispone al respecto la LMU sin embargo vale la pena acotar que el Centro Internacional de arreglo de diferencias relativas a Inversiones, ente cuya existencia y funcionamiento se contempla en el ya aludido Convenio suscrito por Venezuela para el Arreglo de Diferencias relativas a Inversiones entre Estados y Nacionales de otros Estados67 mantiene vigente una serie de Reglamentos, entre los cuales está el que regula lo relacionado con la materia, y el que lo hace en una forma clara, más justa y equitativa, dando por supuesto el aludido derecho a que cualquiera de las partes asuma el compromiso de la otra a reserva de su reembolso con la condena definitiva, y concediendo un término razonable a fin de que la o las partes renuentes, puedan recapacitar y aceptar o consignar las sumas pertinentes[68].

El artículo 21 dispone cómo y quién debe recibir las consignaciones de gastos y honorarios y de que manera se suplen a los árbitros, entendiendo por supuesto que tratándose de un árbitro único, este las recibirá por el Presidente y determinará con las partes modalidades de pago, si fuere el caso, etc.

3. *Régimen de las costas procesales (Art. 20)*

El 20 LAC regula lo pertinente, precisando que sobre ello se hará pronunciamiento expreso en el laudo, definiendo a quien corresponden las costas y en cual proporción.

De lo dicho se deduce que el sistema de costas no es el de vencimiento total, contemplado en nuestro ordenamiento adjetivo ordinario[69] sino que los árbitros pueden considerar más justo repartir dichos cargos entre las partes, con fundamento a su conducta en el procedimiento y al pronunciamiento que se hubiere hecho sobre lo principal y/o accesorio.

A diferencia de lo así dispuesto, en el arbitraje ordinario, la parte que solicita el arbitraje (entendiendo la incidencia arbitral -o ambas-, cuando el convenio arbitral es judicial) debe sufragar los gastos, sin perjuicio de su reembolso mediante lo que disponga la condena en costas (629 Cpc).

4. *Término para decidir -duración del proceso arbitral- (Art. 22)*

Dispone la norma analizada que si las partes no hubieren dispuesto nada en el acuerdo arbitral, y entendemos igualmente que lo podrían subsanar también en el acto mismo de instalación del órgano arbitral, el mismo tendrá una duración de seis meses contados a partir de la constitución del órgano arbitral. Dicho lapso obviamente se computará conforme lo dispone el Código Civil en el artículo 12, y continúa determinando que dicho lapso podrá ser prorrogado por el órgano arbitral una o más veces, de oficio o a solicitud de las partes o apoderados si tuvieren facultad expresa para ello y con la advertencia de que dicho término o el de las prórrogas se complementará o adicionará con el número de días en que por cualquier circunstancia (s/c. ajena a la voluntad del órgano) quedare suspendido o interrumpido el proceso arbitral.

---

[67] Vid nota 5.

[68] Reglamento Administrativo -Financiero del CIADI, p. 37 ss, vigente desde 1967, Regla 14, Publicación del CIADI, Washington, USA, 1985.

[69] Art. 274 ss Cpc.

Como acotación interesante destacamos que nada se dispone entre las causales de anulabilidad del laudo o de denegación de su ejecución, respecto a que el laudo sea extemporáneo, lo que no ocurre así en el arbitraje ordinario, donde expresamente determina el Cpc. Artículo 626, ordinal 1°, que el mismo será nulo si se hubiere pronunciado sobre la materia de un compromiso nulo o que haya "caducado", término que ha interpretado sin discusiones la doctrina, como de que el laudo hubiere sido dictado extemporáneamente, en el sentido de que lo haya sido después de vencido el término que se hubiere establecido para pronunciarlo[70].

Finalmente, los casos de suspensión e interrupción a los que entendemos alude la Ley, serán aquellos tales como los de muerte o incapacidad de unas de las partes, separación voluntaria o determinada por la Ley o el Convenio de uno de los árbitros, algunas de las cuales determina expresamente el artículo 40 LAC, no considerando que ella comprenda las de interrupción, ni todas las que deban reputarse de suspensión.

5. *Emplazamiento e inicio del proceso arbitral (23 y 24 LAC)*

En cuanto al emplazamiento no podemos decir propiamente que la disposición que deben emitir los árbitros a fin de que las partes concurran ante el órgano arbitral es tal, ni que es equivalente al que debe hacerse en la vía jurisdiccional ordinaria y por tanto la que debe así mismo cumplirse en el arbitraje ordinario.

En efecto, la citación a que alude el artículo 23, es para que "ambas partes" concurran a la denominada por la LAC "primera audiencia de trámite", que como lo analizaremos es un acto por y para todas las partes del proceso.

Ese emplazamiento no señala la Ley cuando debe ser ordenado, pudiendo serlo, a nuestro entender en el mismo acto de la instalación del órgano o en oportunidad posterior, en tanto que de él, necesariamente deberá imponerse a las partes por vía de "citación", ex artículo 22.

Tal citación no sigue tampoco los trámites de la ordinaria jurisdiccional, sino que destaca la norma debe ser por escrito y dirigida a las partes o sus apoderados (22 LAC).

Si bien la norma no lo dispone expresamente, deberá entenderse obviamente que es a los apoderados constituidos en el proceso arbitral, pues de lo contrario no parece ser conducente deba reputarse se apliquen las disposiciones contempladas en el Cpc para la citación a través de apoderado, pero si bien tampoco lo ordena así, consideramos que para evitar supuestos de anulabilidad o denegación de ejecución, tal mandato debe contener facultad expresa para darse por citado o notificado.

Al concepto de que la citación debe ser por escrito, consideramos le son aplicables las mismas observaciones que dejamos transcritas supra respecto al Convenio arbitral.

---

[70] La LMU tampoco establece nada al respecto, no obstante destacamos que nuestro parecer es que la nulidad opera por igual a tenor de la causal IV, literal a, articulo 34, que dispone "... que el procedimiento arbitral no se ha ajustado al acuerdo entre las partes…", en tanto que la amplitud de los conceptos utilizados por dicha norma entendemos se extiende a dicho motivo de nulidad, que por igual se la repite entre aquellas que dan origen a denegar la ejecución (Art. 36,1, a, IV).

Al tampoco disponer nada al respecto la norma en cuestión, esa citación no necesariamente debe ser con traslado de las peticiones de las partes con las cuales se hubiere iniciado el proceso arbitral (compulsa del escrito de peticiones y auto de emplazamiento), y ello es así, en tanto, que entre otras razones, perfectamente pudiere no haber estado planteado el tema a decidir, tal como se deduce del artículo 24 y por lo tanto bastará la transcripción de la providencia ordenadora, o del efectivo llamado al proceso con la indicación de hora, lugar y fecha en que debe tener lugar el acto, tal como lo indica expresamente el mentado artículo 23 *ejusdem.*

La LMU dispone además que con dicho acto debe entenderse iniciado el proceso arbitral, y consideramos que por igual debe entenderse ello es así en la LAC[71], pues en el arbitraje independiente, salvo que el convenio contemplare ya la designación de los árbitros escogidos y toda la tramitación subsiguiente de fijación de gastos, honorarios, etc., difícilmente -pero no imposible- será imaginable que él proceso se inicie sin todos los trámites previos de constitución del órgano arbitral y por tanto formalmente se entenderá iniciado el proceso de arbitraje con la citación de todas las partes del mismo.

Sobra por igual indicar que si fueren varios los interesados como partes, estas citaciones deberán hacerse a tantos sujetos como partes estén legitimadas para comparecer al proceso y hayan suscrito el convenio arbitral, y que los cómputos para que corra el término de comparecencia, obviamente se regirá por lo prevenido en la normativa ordinaria del Cpc, esto es, a partir del último citado.

El término de comparecencia que fija la Ley, supletoriamente, por supuesto es de diez (10) días, que se contarán como lo tuviere dispuesto el órgano arbitral, o así se lo indique en el acto citatorio, y en defecto de ello conforme a las normas que ya hemos dejado comentadas antes, esto es, diez días laborables, continuos.

Tampoco dice nada la Ley en cuanto a de que manera debe dejarse constancia de haber operado la citación, pero estimamos que obviamente lo será la que tuvieren prevista las partes en el acuerdo o en las reglas fijadas a los árbitros y a falta de ello, cualquiera que acredite fehacientemente el recibo de la comunicación del órgano arbitral[72].

6. *La audiencia de trámite (24 LAC)*

La Ley dispone que esa primera audiencia (oportunidad de oír, no día u oportunidad en la que el tribunal u órgano arbitral despache) sea la dispuesta para conocer el convenio arbitral, entre árbitros y partes (por ello ordena a que en la misma se lo leerá) y las cuestiones sometidas a decisión arbitral (debe quedar determinado el *thema decidemdum),* se expresarán las pretensiones de las partes, estimando (*sic.* cada una de ellas) razonablemente su cuantía.

De lo dicho deducimos y observamos lo siguiente:

a) No es propiamente un acto para contestar las pretensiones de las partes, pues como resulta obvio se entiende que las mismas no conocen esas pretensiones. Es una

---

71 Art. 21: "Salvo que las partes hayan convenido otra cosa, las actuaciones arbitrales respecto de una determinada controversia se iniciarán en la fecha que el demando haya recibido el requerimiento de someter esa controversia a arbitraje".

72 La LMU tampoco dispone nada al respecto, pero entendemos que lo sano será aplicar, como lo hemos venido indicando, supletoriamente, lo que al respecto dispone el Cpc.

audiencia por el contrario, para enterarse de las pretensiones de las contrarias, y entre las cuales se encuentra, de no estar clara y precisamente determinadas, que es lo que deben resolver los árbitros, fijar el valor de lo discutido y hacer valer, en adición cualquier defensa que pueda esgrimirse diríamos de trámite para el arbitraje, en tanto que el fondo se deduce que lo están conociendo en esa oportunidad, tales como incompetencia, falta de jurisdicción, nulidad del contrato o de la convención arbitral, recusaciones, etc.[73]

Como recomendación diremos resultará prudente, y antes de terminar dicho acto pedir al órgano arbitral fije la oportunidad para dar contestación a las pretensiones de la parte contraria, si es que ello no quedare establecido por el mismo[74].

b) En la misma podrá adelantarse el o los medios probatorios que deseen usarse (anuncio de prueba) o inclusive consignar las que se tengan disponibles -promoción- (24 *in fine*);

c) Se objetarán las pruebas presentadas y si fuere del caso, se anunciarán tachas de documentos[75];

d) Pedir al órgano arbitral fije cualquier norma de procedimiento que fuere menester o avenirse con la contraparte para fijarlas y determinarlas, entre otras, y a reserva de lo que comentaremos luego, sobre régimen probatorio, apreciación y valoración de las pruebas, etc.; y,

e) Se podrán solicitar las medidas cautelares del caso (26 LAC).

---

73 Abona nuestra tesis el contenido del Art. 25 encabezamiento in fine, LAC, al disponer que la excepción de incompetencia del órgano arbitral será opuesta dentro de los cinco días hábiles siguientes a la primera audiencia de trámite, con lo cual, por lo demás también advertimos que no es la misma tampoco la llamada “Audiencia de saneamiento” puesto que para hacer valer entre otras la cuestión de incompetencia queda diferida para la mentada oportunidad.

Respecto al requerimiento de la determinación de la cuantía por cada parte, no encontramos nada al respecto en la LMU, entendiendo que la regulación debe ser propia de nuestro sistema, dado que en la forma que se lo contempla permite a cada parte controvertir cual sea, y sobre ello deberá existir pronunciamiento del órgano arbitral, y en cuanto a la razón de la previsión, cabe justificar la previsión en atención a que con ello se fijará la regla de competencia para determinar el Superior competente en materia de anulabilidad, y así mismo porque nuestro sistema, como lo sabemos fija un límite en cuanto a las costas, que salvo previsión en contra de las partes, como regla de procedimiento perfectamente válida, obligará a respetarla en los arbitrajes.

74 El artículo 27 LAC permite deducir que en esa misma oportunidad el órgano arbitral fijará si deben o no realizarse otras audiencias, inclusive para recibir pruebas, hacer alegatos orales, régimen probatorio a utilizarse, etc., y dado que la normativa no tiene claramente establecido el principio de que las partes están a derecho después de esa citación para conocer del proceso, y a fin de evitar nuevas citaciones, a nuestro entender imprescindibles de no quedar fijadas las reglas de defensa en ese acto, lo sensato parece ser que en esa misma Primera Audiencia de Trámite, queden debidamente fijadas y establecidas dichas reglas, mas cuando que la misma Ley dispone que en el proceso arbitral “no se admitirán incidencias”.

75 Por supuesto que lo serán las que quieran ejercerse en ese acto contra documentos consignados por la contraparte, para que sea substanciada en el mismo arbitraje, en tanto que si hubiera procesos de tacha (entiéndase principales, o incidentales en otros juicios o arbitrajes, si bien deben advertirse al órgano arbitral, ese proceso, en el que se las anuncie, no se interrumpirá (27 in fine).

Somos del parecer que en ese mismo acto, precisamente para hacerlo del conocimiento de las partes, si no estuviere fijado en el convenio arbitral, o se lo hubiera determinado en la constitución del órgano arbitral, el órgano deberá pronunciarse sobre el lugar donde actuará, el idioma a utilizarse, si tampoco constare en el convenio, la forma en que quedará constituido, si se designará a uno de los árbitros sustanciador, si se nombrará Secretario, Alguacil, determinará la forma de computar los lapsos, días en que actuará, y toda otra providencia ordenadora, incluyendo además, por ejemplo la del lapso en el cual se pronunciará el laudo, si tampoco estuviere establecido, o si se reputare pudiere reducirse el convenido, o debiera prorrogárselo o extendérselo, etc.[76]

7. *Los alegatos de falta de competencia y de nulidad del convenio arbitral (arts. 7 y 25 LAC)*

Obviamente que entre las defensas que pueden hacerse valer en la oportunidad fijada por el órgano arbitral para oír los alegatos de las partes, o inclusive en la Primera Audiencia de Trámite, en tanto que cuando menos se entenderá que las partes conocerán si existe o no el convenio arbitral, o si el mismo adolece de vicios o defectos que lo hayan hecho nulo, ellas podrán hacer valer la falta de competencia, y sostenemos que ahora, tratándose de arbitrajes comerciales, inclusive la falta de jurisdicción del órgano arbitral al cual han sido llamadas las partes[77].

Las novedades que ahora consagra la LAC están contempladas en los artículos 7 y 25 de la misma. El principio general en lo relacionado con la "competencia "es que siguiendo el modelo UNCITRAL y la tendencia moderna en la institución, se confiere al órgano arbitral la potestad para resolver sobre su propia competencia (principio de la competencia de la competencia), así como decidir sobre la defensa que se fundamente en la nulidad del convenio.

Estas modalidades, definitivamente constituyen una garantía de autotutela de la institución arbitral y desembaraza los procesos arbitrales de largas demoras ante la jurisdicción ordinaria, que todos conocemos.

Hecho el pronunciamiento correspondiente, y afirmada la competencia del órgano arbitral, debe entenderse excluida toda posibilidad de discutir el asunto en vía ordinaria jurisdiccional y, al menos cuando la decisión se profiere en sede arbitral, la misma no está sujeta a "Regulación".

En cuanto a la defensa de nulidad del convenio, resta destacar que la LAC y el modelo UNCITRAL contemplan que el pronunciamiento que se haga inclusive sobre nulidad del contrato que contiene el convenio arbitral no afecta la decisión arbitral al respecto (Art. 7).

No obstante reconocer las mejoras institucionales en el tratamiento de la institución, como ya lo anotáramos *supra,* no queda determinada una solución clara para cuando el problema de la defensa arbitral debe plantearse ante el Juez ordinario ante quien se ha presentado la pretensión sobre lo que debe ser objeto de arbitraje, en tanto que en tal supuesto, lo procedente como lo hemos sostenido[78] inclusive en el arbitraje ordinario, es hacer valer la existencia del convenio arbitral, vía la incidencia que contempla el Cpc, y

---

[76] La LMU tampoco fija precisamente esas materias. Arts. 20 al 24.

[77] Recuérdese ahora el contenido del artículo 5, in fine LAC.

[78] Vid nuestro trabajo sobre el Arbitraje en el Seguro, Rev. Fac Der. UCAB 51.

para evitar que el Juez continúe conociendo del asunto, plantear inclusive la existencia de cuestión prejudicial, en tanto que la correcta decisión del problema deberá esperar el pronunciamiento del órgano arbitral convenido por las partes.

Lamentablemente la LAC no copió la norma contenida en el artículo 8 ni en el numeral 3 del Art. 16 LMU, que daban solución a tales inconvenientes, y en todo caso manteniendo absoluto respeto a la actividad jurisdiccional ordinaria, permiten la continuación del proceso arbitral, y curiosamente, si el órgano arbitral opta por decidir sobre su competencia *in limine litis,* antes del fondo, la parte afectada puede solicitar pronunciamiento del Tribunal ordinario competente[79].

En cuanto al ejercicio de otras defensas y oportunidad para hacerlas valer, dado que el proceso arbitral comercial procura la sencillez y la agilidad del proceso, si bien no hay norma expresa al respecto, es evidente que las partes deben hacer valer en el mismo acto que opongan eventuales cuestiones previas, impugnen la validez del convenio o aleguen la nulidad del contrato que lo contenga, toda otra defensa o excepción y ello se desprende de lo dispuesto en el artículo 27 LAC, que dispone que en el proceso arbitral no deben admitirse incidencias.[80]

Idéntica razón que la última expresada sirve de fundamento para negar por igual toda posibilidad a que se hagan valer en el proceso arbitral, citas de terceros y tercería, en tanto, ellas darían lugar a las reprochables e inadmisibles incidencias, y en segundo término porque obligaría a terceros a incorporarse a los efectos del acuerdo o convenio arbitral, o entender que ellos por igual han renunciado a la jurisdicción ordinaria, que a todas luces resulta inclusive inconstitucional.

8. *Contestación de las pretensiones*

La LAC nada dispone al respecto, y en razón de ello recomendábamos antes la expresa petición que debe formularse al respecto en la Primera Audiencia de Trámite, a diferencia de la LMU que si regula expresamente al respecto, incluyendo lo relativo a reformas y adiciones a las pretensiones deducidas[81].

---

79 Posiblemente no se adoptó el modelo por suponerse que chocaba con la institución de la Regulación de la competencia y jurisdicción, pero el problema por igual se hubiera subsanado disponiendo simplemente, que si el órgano arbitral se declaraba competente, in limine litis, tal decisión sería revisable por vía de regulación de competencia ante el Tribunal Superior a quien hubiere correspondido conocer de la materia, planteado como fuere conflicto similar en juicio ordinario.

80 Cárdenas y Herbón sostienen en su citada obra, al hacer las recomendaciones de modificación al reglamento de arbitraje de la Cámara de Comercio de Buenos Aires, que es recomendable precisar detalladamente qué defensas y excepciones pueden hacerse valer, para evitar así incidentes innecesarios en el arbitraje y dar mayor seguridad a las partes.

81 Arts. 23 y 24 LMU. Dichas normas regulan prácticamente al detalle la materia y no entendemos porqué se prescindió en la LAC de tales disposiciones, cuando literalmente se copiaron parte de las disposiciones de aquella (Art 24), y regula inclusive, con toda razón, otra norma de particular importancia desde el punto de vista del debido ejercicio de la defensa, como lo es la del numeral 3 del Art. 24, relativa a que a las partes debe darse traslado de toda declaración, petición , documentos que presente la contraria, así como poner a disposición de las mismas cualquier material probatorio producido al margen de la actividad de las partes (control de la prueba).

9. *Contumacia y rebeldía*

Tampoco la nueva normativa dispone nada al respecto, creando un silencio que a nuestro juicio no tiene otro camino que el de interpretarla inexistente so pena de infringir el ordenamiento constitucional, a diferencia de lo que si hace la LMU (Art. 25) en el que se regula que la rebeldía (entendiendo por tal desacato a comparecer, ausente de justificación en su causa, como lo hace el encabezamiento de la citada norma), a falta de acuerdo en contrario, pueda dar lugar a que el órgano arbitral pueda dar por terminadas sus actuaciones (falta de requisitos formales en la presentación de las pretensiones), que continúe el proceso, sin que tal ausencia pueda reputarse como aceptación presunta de los alegatos de la parte contraria, o que opte por resolver con vista a las solas pruebas que existan en los autos (si las partes dejaron de comparecer a presentarlas).

Lo dicho lleva a considerar además, si realmente en nuestro sistema, no obstante entender que el proceso arbitral es un proceso "convencional donde se concede particular relevancia a la voluntad de las partes" pueden llegar a fijar normas sobre pruebas, como lo será admitir se establezca la "confesión ficta" derivada de la no regulada rebeldía, etc.

A este respecto nos atrevemos a pronunciamos a priori, de que ello no parece legalmente posible, pero será la jurisprudencia arbitral y derivada de los procesos de anulabilidad y denegación de ejecución, la que dispondrá de la última palabra en tan interesantes temas.

10. *Régimen de pruebas (24, 27 y 28 LAC)*

Tampoco encontramos regulación expresa sobre esta materia, lo cual consideramos doblemente delicado y una imprudencia imperdonable de nuestros legisladores, cuando si bien es cierto que ahora en Venezuela se ha instaurado el sistema mixto de libertad de medios probatorios y medios legales de prueba, se mantiene sin embargo y así lo sostiene reiterada y profusa jurisprudencia de nuestra Casación que el régimen de valoración de la prueba es el Legal[82].

Al respecto tenemos que ser muy concretos, pues el tema debería corresponder a otro de los conferencistas quien podría decirnos mucho sobre la especialidad del Derecho Probatorio, pero no podemos dejar de expresar nuestra opinión respecto a algunos problemas que necesariamente deberán confrontarse con los arbitrajes en materia de pruebas, y manifestar que en lo a ello atinente, salvo acuerdo de las partes en contrario, que equivale a los supuestos contemplados en los ordinales 3 y 4 del artículo 389 Cpc. en los arbitrajes de Derecho, ante árbitros Independientes o los Institucionales necesariamente deben aplicar los principios legales en materia de pruebas y por tanto:

---

82 Al respecto recordamos que la LMU dispone un régimen de absoluta libertad (A. 20), que ya objetábamos anteriormente, y que pareciera además extender las potestades probatorias a los árbitros ilimitadamente, lo cual consideramos posible en otras legislaciones que aceptan el régimen libre de apreciación y valoración de las pruebas o el de libre convicción para los juzgadores, y recuérdese que como bien lo dejamos destacado antes, el modelo UNCITRAL deja en absoluta libertad a los Estados que lo adopten fijar las reglas propias e inderogables que lo complementen. Casi nos lleva a atrevemos a formular la aseveración, de que la señalada omisión de reglas sobre la materia, responde a que tanto los proyectistas como los señores Legisladores poco conocen de procesal y menos de Derecho Probatorio.

a) Sólo pueden aceptar las pruebas legales y libres, pertinentes, legales y oportunamente incorporadas a los autos;

b) Creemos que resulta posible ampliar las llamadas potestades probatorias de los árbitros, para que no sólo queden limitados con las llamadas potestades *"ad aclarandum"*, sin embargo tenemos dudas si puede con ello obviarse lo relacionado con los temas de la carga de la prueba, en tanto entendemos que tal aspecto tiene íntima relación con los principios que regulan la "valoración de las pruebas" y que a nuestro juicio debe resolverse conforme lo señalamos seguidamente.

c) En la valoración, necesariamente, deben acatar los principios establecidos en la Ley, y en especial que la misma, debe y tiene que ser hecha conforme a la Ley en las legales, y aplicar la sana crítica en los medios libres y en los legales a los cuales la misma no fija tarifa;

d) Consideramos imposible que a falta de acuerdo en contrario los árbitros puedan proveer al respecto y manifestamos nuestras serias dudas sobre si resulta o no disponible para las partes regular las normas sobre valoración de las pruebas, a reserva de un mejor y más detallado estudio sobre la materia.

Por último llama la atención el contenido del artículo 28 LAC[83] en lo atinente a las pruebas, y a la fecha ya algunos han emitido controvertidas opiniones al respecto, tal como resulta que puede entenderse de la intervención de la jurisdicción ordinaria, que ello será menester para la evacuación y substanciación de ciertas pruebas revestidas de requisitos en los que necesariamente puede entenderse imprescindible la intervención de la judicatura ordinaria, como lo será en las de confesión, testimoniales, peritajes, etc. donde la Ley impone como requisito para validez de las mismas que se preste juramento, lo cual debe ser ante un funcionario con competencia para requerirlo y recibirlo, o la otra posición, que destaca que esa intervención es producto del reconocimiento de la función jurisdiccional desempeñada por los árbitros y la norma regula el deber de cooperación de los demás órganos de la actividad.

11. *Poder cautelar en el proceso arbitral (26 y 28 LAC)*

Nuevamente en este aspecto trascendental y de particular importancia debo reducir mi intervención a los mas estrictos y necesarios comentarios, pues son otros los que tienen asignado en específico el tratamiento de este apasionante tema.

Comenzaré por recordar que ya antes destacaba que la novedad en la materia consiste en que por lo menos la LAC trata específicamente el debatido problema de si pueden o no dictarse medidas preventivas con ocasión de los juicios arbitrales, los árbitros como verdaderos detentares, aun precarios, de la potestad jurisdiccional, podían o no ejercer la

---

83 Con evidente similitud al 27 LMU y con la advertencia de que la parte final del mismo, pone aún más de manifiesto que la norma permite deducir que el modelo contempla su aplicación a países donde la regulación de la materia probatoria es diferente a la de nuestro país, y que, esa participación del Juez ordinario, deberá serlo para coadyuvar en la evacuación y substanciación de las pruebas, no para que solo él pueda evacuar algunos medios probatorios revestidos de especiales formalidades (testigos, posiciones juradas, deposiciones de las partes, juramento deferido, etc.), y que cuando lo hace deberá hacerlo estrictamente sometido a las normas sobre evacuación de las pruebas, las cuales no puede relajar o modificar como si puede serlo dentro del proceso arbitral y por los árbitros.

potestad cautelar, y en adición a que la regulación nueva, tampoco deja del todo aclarado el asunto.

Por el contrario, somos de opinión de que la forma en que se la regula pone todavía en evidencia de que la justicia arbitral sigue siendo manida y sometida a la de la actividad jurisdiccional ordinaria, de que la misma solo claramente quedó conferida al arbitraje comercial en su modalidad de Independiente –que no a la institucional– y que en la forma que se la regula para dicha primera modalidad , no solo se lo hizo insuficiente e incoherentemente, sino que se prestará a una serie de trabas y que por tanto continuará siendo un serio obstáculo al arbitraje esa inadecuada e insuficiente regulación.

Precisa por igual advertir que la materia no es tratada en la misma forma en el modelo UNCITRAL, la cual en su artículo 9 se refiere a la cautela que puede solicitarse coetánea o anticipadamente al proceso arbitral en cuestión ante la jurisdicción ordinaria y sin que ello suponga incompatibilidad con la justicia arbitral *(sic.* renuncia tácita al convenio arbitral) y en el Art. 17, a diferencia de la LAC, deja un amplio poder cautelar a los árbitros, quienes a la sola petición de una de las partes pueden dictar las medidas que se estimen convenientes "respecto del objeto del litigio" así como tomar las medidas necesarias en cuanto a contra cautela.

El artículo 26 LAC defiere el poder cautelar a los árbitros independientes, salvo que las partes expresamente se lo excluyan en el convenio, y en adición:

a) Las mismas proceden solo para garantizar el cumplimiento del laudo (así debe entenderse la frase... que consideren necesarias respecto del objeto en litigio");

b) Se da por sentado que los árbitros la concedan previo a pronunciamiento razonable atenidos al *bonus fumus iuris* y al *periculum in mora*;

c) Que los árbitros solo las decretan y resuelven potestativamente sobre la procedencia de la contracautela para responder de los daños; y,

d) Que al acordarlas remitirán o proveerán para que la jurisdicción ordinaria las lleve a cabo, en tanto que su ejecución comporta potestad del *ius imperium,* atinente a la garantía de ejecución, sobre la cual no tienen potestad los árbitros.

En lo que atiene a la norma del modelo UNCITRAL, volvemos a insistir que lo en él dispuesto resultara aplicable o desaplicable, según el caso, de acuerdo a la filosofía del sistema judicial del Estado que adopte el modelo, en consecuencia, en lo referente a Venezuela, donde el poder cautelar nominado o innominado, aún no goza de la autonomía plena que se le reconoce en otros ordenamientos, y por tanto sigue siendo una potestad accesoria, limitada, accidental e instrumental del poder de juzgar en el juicio principal, no pueden pretenderse aplicables sus normativas[84].

En este último sentido si debemos reconocer la prudencia de nuestro legislador, que sensatamente, no admitió esa suerte de pronunciamiento aislado sobre el poder cautelar, ajeno al conocimiento que el Juez ordinario tendrá del asunto arbitral, y por ello, no se acogió al modelo, sino que lo regula en la forma limitada y estricta en que lo condicionan sus comentados supuestos, esto es:

---

[84] Ya destacamos que en este aspecto Henríquez La Roche (*opus cit*, 38) parece opinar lo contrario, y que de él nos apartábamos en esa posición.

Que las partes no la proscriban, en tanto que en puridad de conceptos, la tendrá que dictar un órgano carente de potestad ejecutoria y en tal sentido sin poder propio para someter a limitaciones el patrimonio privado, y sin eventual "interés procesal para ello" en tanto él no tiene ejecución que garantizar; y

Que juzguen sobre su procedencia o no, pero que dispongan lo necesario para que las ejecute el órgano de jurisdicción ordinario, que si detenta la potestad y el interés para garantizar la ejecución.

Si bien reconocemos el mérito y prudencia en lo atinente a lo dicho, destacamos su desatino al no haber previsto las incidencias con ocasión de la medida, frente a terceros, a las mismas partes, etc., lo cual hace pensar que quedarán a juicio de la jurisdicción ordinaria, quien entonces entrará a conocer de un asunto que no cursa ante su sede, lo cual ya explica los inconvenientes que surgirán para el trámite y decisión correspondiente, puesto que deberá juzgar sin los elementos que tuvieron los árbitros para considerar lo pertinente al respecto.

A los preocupados en el tema no me resta sino recomendarles esperar a quienes les toque disertar sobre este importante tema que seguro estoy ampliarán con lujo de detalles todo cuanto se deja dicho resumidamente antes y en todo caso les remito a los interesantes comentarios y problemas que se plantean las profesoras Cárdenas y Herbón[85].

12. *El laudo (ARTS. 29 AL 32 LAC)*

Es el pronunciamiento o providencia dictada por los árbitros, con fuerza de cosa juzgada, culminación del "proceso arbitral", por tanto el acto procesal más trascendente de ese modo en que se manifiesta la actividad jurisdiccional cumplida por ellos, o el modo sustitutivo de solventar el conflicto de intereses por medio de esta modalidad que se dan las partes para terminar sus desavenencias, que debe ser escrito y firmado por él o los integrantes del órgano arbitral, motivado, salvo acuerdo en contrario de las partes, que deberá contener necesariamente la fecha en que se lo haya dictado y el lugar del arbitraje (Arts. 29 y 30 LAC)[86].

El laudo conforme al ya citado artículo 8 *ejusdem*, si lo han proferido árbitros de derecho, en la solución del problema deberá estar apegado a las disposiciones de derecho, si las partes no los relevaron de motivarlo, y debe entenderse por igual debe llenar los requisitos que fija la Ley para la Sentencia (243, 244 Cpc); los segundos, en la solución del problema de fondo estarán sustentados principalmente en la equidad, con entera libertad, en el fondo y en la forma, atenidos fundamentalmente al interés de las partes, y en ambos casos tomando siempre en cuenta las estipulaciones del contrato y los usos y costumbres mercantiles[87].

---

85 *Opus cit*, p, 84 ss, recomendándose igualmente los interesantes comentarios de Caivano, opus cit. p. 213.

86 De idéntica redacción al Art. 31 LMU.

87 El modelo UNCITRAL es mucho más completo y claro en la materia (Art. 28 y 31) si bien con las mismas observaciones que dejamos hechas en cuanto al problema de conceder, al igual que la LAC, la potestad a las partes de relevar a los árbitros de la obligación de motivar el fallo, contempla igualmente que esa Ley aplicable al fondo en todo caso serán las elegida por las partes, obviamente pensando en el aspecto internacional, o que el lugar del fallo no sea el del país del cual son nacionales, domiciliadas o de algún modo vinculadas ellas o el contrato, al

En cuanto a la posibilidad de las partes de eximir a no a los árbitros (de derecho o de equidad) para motivar los laudos, remitimos a nuestros comentarios anteriores al respecto (Supra lo relacionado con los "tipos de arbitrajes")[88].

Respecto a los requisitos de firma cuando el órgano es colegiado, la LAC mejora nuestro Cpc y contemplo siguiendo el modelo UNCITRAL, que el mismo se reputará válido con las firmas de la mayoría, siempre que se deje constancia de las razones de la falta de una o más firmas y de los votos salvados consignados (Art. 29 *in fine).*

Nada determina la LAC sobre otras formalidades del fallo, por lo cual deberá atenerse a las normas de procedimiento que al respecto hayan podido fijar las partes tanto a los árbitros de Derecho como a los de Equidad, pero entendemos que en esta materia, respecto a los arbitrajes de Derecho, no cabe otra solución que la de aceptar que tales formalidades son las contempladas en la Ley Adjetiva Ordinaria.

La aludida falta de precisión es grave por cuanto recordemos que entre las causales de anulabilidad del laudo están las contempladas con considerable amplitud en el literal "c" del artículo 44 LAC.

Se observa por igual que la ultra petita y la extra petita son por igual eventuales causas de anulabilidad, tal como se desprende del literal "d" del mismo comentado artículo.

En cuanto eficacia del laudo proferido, en el arbitraje comercial el laudo la adquiere con la notificación que del mismo se haga a cada una de las partes mediante entrega de su copia y agrega la Ley, "el mismo será de obligatorio cumplimiento", habiendo sido deseable que usara más bien, y el mismo causará cosa juzgada.

La norma del artículo 32 LAC se refiere a que el laudo puede ser aclarado, corregido y complementado por el mismo órgano arbitral, de oficio o a petición de parte, dentro de los quince días siguientes a la expedición del mismo.

En esta última materia solo llamamos la atención de Uds. en cuanto que se admite "complementación" del laudo pronunciado, lo que entendemos no como simple aclaratoria, sino pronunciamiento sobre algo decidido en adición o no contemplado por el laudo original.

Igualmente se observa que el lapso para solicitarla o aquél en que la haga el órgano arbitral de oficio, es de quince días, no de despacho, como lo hemos venido sosteniendo, sino laborables, o de acuerdo a lo fijado por las partes.

Debo consignar que en. la materia mucho más completa, y obviamente hubiere sido preferible acogerla por nuestro Legislador, resulta la LMU (Art. 33) que desarrolla claramente los supuestos de aclaratoria, correcciones de errores materiales, "ampliación" (en lugar de complementación), de la necesidad de que en tales casos se notifique de dichas peticiones a la contraparte y en cuales casos puede el órgano arbitral actuar de oficio o solo a petición de parte, además de establecer diferenciadamente los lapsos que corren para

---

país donde se debate el problema, lo cual se complementa con las demás disposiciones contenidas en la LMU sobre la materia.

En adición, agrega la coletilla del aparte in fine del artículo 8 LAC, lo cual plantea el interesante problema de la aplicación o no de la Lex mercatoria. Para profundizar sobre dicho tema, vid Cárdenas Herbón, *opus cit.* p. 174.

88 En adición véanse los comentarios de Caivano, *opus cit.* p.219 ss.

ejercer contra la ampliación, esto es aquello que seguramente será innovación sobre lo previamente resuelto, con evidente independencia del que transcurre para impugnar el laudo original.

Terminamos los comentarios referidos en esta materia, consignando nuestra opinión de que hubiera sido preferible acoger el modelo UNCITRAL en lo relacionado con el deber de los árbitros de pronunciarse sobre la "transacción" a que las partes en el arbitraje hubieren podido celebrar, así como a la modalidad de un arbitraje cuyo único objeto fuera el de "interpretar o complementar la voluntad de las partes en casos de contratos", lo cual permite en el primero de los casos dar mayor seguridad porque con ello se garantiza la ejecución (sería una especie de pronunciamiento homologatorio) y en el segundo, porque admitiría una especie de pronunciamiento de mera certeza sobre la extensión y contenido de la voluntad de las partes en los contratos, con lo cual se evitarán litigios o arbitrajes futuros.

CONCLUSIÓN

Creo así haber dejado examinados los aspectos mas importantes de nuestra nueva Ley. Espero que mis observaciones, y las que otros puedan hacerle conduzcan a su mejor aplicación para el buen éxito de la institución arbitral que estimamos de tanta importancia para mejorar nuestra administración de justicia.

Finalmente, quiero terminar llamando la atención de Uds., en que a ese otro aspecto negativo que pretende atribuírsele al arbitraje de que "es justicia para ricos", debe salírsele al paso con el buen razonamiento de las Profesoras Cárdenas y Herbón, quienes afirman que si por el contrario se toma en cuenta los beneficios que produce el corto tiempo en que se dilucidan los conflictos y la seguridad de la calidad de los fallos con que cuentan las partes, el arbitraje es un medio adecuado también para los menos favorecidos económicamente.

34.

ALGUNAS CONSIDERACIONES SOBRE EL PROCEDIMIENTO ARBITRAL EN LA NUEVA LEY DE ARBITRAJE COMERCIAL*

INTRODUCCIÓN

Como podemos imaginarlo, en el Instituto Venezolano de Estudios de Derecho Procesal (INVEDEPRO) hemos recibido con beneplácito la puesta en vigencia de la Ley de Arbitraje Comercial recientemente publicada[1] la cual esperamos sea de uso general en nuestro medio, pues pone a disposición de los justiciables una vía alterna expedita para resolver sus conflictos de intereses, mas cuando estamos presenciando una crisis más aguda en nuestra administración de justicia ordinaria y todos conocemos los buenos resultados que se han venido obteniendo con el arbitraje como modo alterno de composición de los conflictos.

También tenemos que advertir de una vez, que la nueva Ley no soluciona todos los problemas que se confrontaban con la institución arbitral, pues entre otras cosas y como lo analizaremos más adelante, la misma regula, como su nombre lo indica "el arbitraje comercial" y tampoco podemos decir que por virtud de aquélla, quedan aclaradas ciertas cuestiones atinentes a los principios esenciales de la institución en Venezuela, las cuales continuarán discutiéndose.

Lamentablemente, como lo iremos reseñando en nuestros comentarios sucesivos, a nuestro juicio se perdió una oportunidad muy especial para haber subsanado ciertas dudas y así mismo para evitar confusiones que ahora deja también la nueva Ley.

Dentro de los temas que se analizarán en nuestro evento, se me asignó el del Procedimiento del Arbitraje en la nueva Ley, y ello me impone ceñirme estrictamente a dicha materia, para no hacer demasiado extensa mi exposición, pues mucho hay que decir sobre esta interesante institución.

Por lo demás, como lo veremos al examinar el tema objeto de mis reflexiones, debo destacar de una vez que la novedad que comporta la recién promulgada Ley me obliga a poner de relieve que las consideraciones y criterios que exponga sobre el "procedimiento arbitral" son producto de un análisis preliminar y por supuesto, que salvo aquellos aspectos, que en legislaciones extranjeras se asemejen a los de nuestra nueva Ley y en los cuales ya existan pareceres doctrinarios foráneos, no podré traer a colación comentarios o

---

* Ciclo de Conferencias auspiciado por el Instituto Venezolano de Estudios de Derecho Procesal, Auditorio Seguros La Previsora, Caracas, 17 de julio de 1998.

1 Gaceta Oficial de la República de Venezuela (GO) 36.430 del 7 de abril de 1998, en lo sucesivo denominada LAC.

criterios de especialistas y mucho menos hacer citas de jurisprudencia de nuestros órganos judiciales ordinarios ni de pronunciamientos arbitrales.

Finalmente, como lo refiere el nombre de mi disertación, aclaro que sólo analizaré los aspectos prácticos que a mi juicio resultan más relevantes del nuevo procedimiento arbitral de la LAC, obviando discusiones teóricas, y otros temas, que si bien se refieren a lo que será objeto de nuestra exposición, no consideramos se prestan a dudas o confusiones, todo sin menoscabo de dejar abierta la posibilidad de cualquier discusión al finalizar nuestra exposición.

I. OBSERVACIONES PRELIMINARES

Hasta la fecha de promulgación de la nueva Ley, como todos lo sabemos, la institución del arbitraje se encontraba reconocida en nuestra legislación interna y en la internacional que nos vincula.

Todos recordamos que nuestro Código de Procedimiento Civil[2] dedica el Título I, de la Parte Primera del Libro Cuarto (De los Procedimientos Especiales) al "Arbitramento", que por igual se hace referencia a la misma en otras disposiciones relacionadas con la jurisdicción y a ella se refieren otros instrumentos jurídicos vigentes, como lo son la Ley Orgánica del Trabajo, la Ley de Justicia de Paz y la de Empresas de Seguros y Reaseguros, entre otras[3].

En el mismo orden de ideas, Venezuela tiene suscritos tratados internacionales y convenciones en los cuales se reconoce la institución arbitral, se establecen principios sobre reconocimiento y ejecución de los laudos arbitrales y formas de proceder tanto en arbitrajes internacionales, como el reconocimiento que merecen en el exterior los que eventualmente se dictan en nuestro país y de acuerdo a nuestras leyes, y yo diría, que salvo ahora en lo que atañe al arbitraje comercial, tales normas de derecho internacional, siempre resultaron de mayor avanzada que las incorporadas en nuestro ordenamiento adjetivo interno[4].

---

2 Código de Procedimiento Civil (Cpc) GO Extr. 3694 del 22 de enero de 1986, al cual se hicieron algunas reformas en el hoy vigente –GO Extr. 4196 del 2 de agosto de 1990-. Artículos (Art. Arts.) 606 y ss., en el que se contempla el Arbitraje como uno de los Procedimientos Especiales de dicha Ley adjetiva. Ya en el anterior Cpc igualmente se contemplaba esta especie de "Procedimiento Especial" cuya reforma más significativa en el hoy Cpc vigente lo es el de establecer una incidencia especial para hacer valer el compromiso arbitral, aún contra la voluntad de una de las partes, antes inexistente en razón de que se reputaba como irrenunciable el derecho de las partes de acudir siempre a la vía jurisdiccional ordinaria

3 Ley de Empresas de Seguros y Reaseguros, GO 4822 Extr. del 23-12-94, Ley de Justicia de Paz, GO 4817, Extra. del 21 diciembre 1994 y Ley Orgánica del Trabajo, GO. 5152 Extr. de fecha 19 de junio 1997.

4 Ley Aprobatoria de la Convención sobre el Reconocimiento y Ejecución de las Sentencias Arbitrales Extrajeras, GO 4832 Extr. del 29 de diciembre de 1994; Convención Interamericana sobre la Eficacia Extraterritorial de las Sentencias y Laudos Arbitrales Extranjeros, GO 33144 del 15 de enero de 1985; Convención Interamericana sobre Arbitraje Comercial, GO 33120 del 22 de febrero de 1985; Convenio sobre Arreglos de Diferencias Relativas a Inversiones entre Estados y Nacionales de otros Estados, suscrito por los Países Miembros del Banco Internacional de Reconstrucción y Fomento, en vigor desde octubre de 1984, publicaciones del CIADI, Banco Mundial, Washington, 1985.

En segundo término, diremos que con la LAC en lo adelante podemos distinguir en nuestro país entre los "arbitrajes no comerciales", que en lo sucesivo denominaremos "ordinarios, comunes o no comerciales", indistintamente, de aquellos que se refieran de algún modo a lo comercial, sea en el ámbito interno o doméstico (como mejor los cataloga la doctrina especializada) o en el ámbito internacional, que en lo sucesivo identificaremos como "arbitrajes comerciales o especiales", también indistintamente.

Los primeros, continuarán a nuestro juicio rigiéndose **y** regulándose por lo dispuesto en el Cpc, y cuando sea procedente resultarán aplicables los tratados y convenios internacionales vigentes[5] mientras que los segundos se regulan por la LAC, pero a los que en nuestro criterio también se aplicará supletoriamente lo dispuesto en el Cpc, en casos de lagunas o necesidad de integración[6].

El nuevo instrumento legal incorpora también a nuestro sistema procesal nuevos principios e instituciones y conceptos respecto a la institución arbitral, y así, a pesar que no resulta del todo claro, parece que el Legislador optó por reconocer que el arbitraje comercial deja de ser un simple procedimiento especial más, o un medio substitutivo convencional del jurisdiccional ordinario y le concede un carácter más institucional, como modo de expresión propio de la función jurisdiccional, cuya característica fundamental lo será que el órgano judicial queda sustituido por personas ajenas al poder judicial, electas por las partes, por los Centros Institucionales, o inclusive por el propio órgano de justicia ordinario, y como tal, que efectivamente limita la potestad jurisdiccional.

En adición, también quedan determinadas cuando menos para una de sus modalidades, y a falta de las que puedan establecer las partes interesadas, reglas mas precisas que pautan el procedimiento, ajenas a las del juicio ordinario, **y** que aparecen como más expeditas que éstas (Arbitrajes Independientes), o cuya fijación queda deferida a los llamados Centros de Arbitraje, en el caso de los Arbitrajes Institucionales[7].

Si lo anterior resulta sin lugar a dudas en cuanto al nuevo Arbitraje Comercial, la situación no queda tan clara para los casos de Arbitrajes ordinarios, los que en nuestro criterio continúan siendo un modo de heterocomposición procesal, y como tal un simple

---

Al respecto pueden consultarse así mismo Felix Roland Mathies, *Arbitrariedad y Arbitraje*, Oscar Todtmann Editores, Caracas, Venezuela 1996; Alberto Baumeister Toledo, "Algunas Consideraciones sobre el Arbitraje en Venezuela". Informe al Comité AIDA-CILA sobre aplicación del arbitraje en Venezuela, *Revista de la Facultad de Derecho de la Universidad Católica Andrés Bello* (RFDUCAB), número 51, p. 317 ss.

5 Recuérdese que conforme lo dispone el Art. 8 Cpc, los Tratados Internacionales son fuentes primarias de interpretación e integración de la norma procesal, en cuanto al punto en cuestión.

6 Así lo hemos expuesto en varias de las conferencias que nos ha correspondido dictar sobre el tema y concretamente en las que desarrollamos en el Colegio de Abogados del Estado Bolívar, Jornadas Rengel Romberg, el pasado año, y recientemente en los Colegios de Abogados de Nueva Esparta y Anzoátegui, así como el pasado mes de junio en evento patrocinado por la Federación de Colegios de Abogados y la Facultad de Ciencias Jurídicas y Políticas de la UCV.

7 En cuanto a los Arbitrajes Independientes, a decir de la doctrina especializada, es ésta una modalidad que permite una permanente adecuación del procedimiento arbitral a la realidad social, o como lo destacan las profesoras Sara F de Cárdenas y Hebe Leonardi de Herbón, El Arbitraje, Edit. Abeledo Perrot, Argentina, 1998, p. 15 "debe reconocérsele una importante virtualidad al arbitraje libre o ***ad hoc,*** cual es la de servir de fuente del Derecho Procesal Arbitral. La creación de nuevas formas o la simplificación de las ya aceptadas encuentran en este tipo de arbitraje una vía fértil para su renovación"

medio substitutivo de la actividad jurisdiccional, y que carece de mecanismos procesales adecuados para enervar pronta y eficazmente, su desconocimiento ante la jurisdicción ordinaria, regulado por la normativa del "Procedimiento Especial de Arbitramento" contemplado en el Cpc, que como ya lo adelantamos antes, no resulta complementado ni derogado por las nuevas regulaciones de la LAC, ni la que se aplica, aún en aquellos (Comerciales) cuando resulta que son otras las pertinentes de acuerdo a un Tratado o Convención internacional bio plurilateral, suscritos por Venezuela, antes o después de la LAC, a los cuales ésta reconoce expresa vigencia y preferente aplicación[8].

Conforme a lo expuesto, los "arbitrajes ordinarios" continuarán regidos por el procedimiento especial del Arbitramento, tal como lo contempla el Cpc, que al formar parte de ese cuerpo normativo adjetivo especial general, continuará siendo una especie de modelo o prototipo, y siendo fuente de interpretación e integración, a falta de normas que puedan haber dejado establecidas las partes interesadas, y a la vez servirá de fuente supletoria para la interpretación e integración en la aplicación de la nueva Ley de Arbitraje Comercial, en todo lo que no resulte dispuesto al respecto bien por las partes o por el Centro de Arbitraje, según se trate de arbitrajes comerciales Independientes o Institucionales[9].

II. LAS NOVEDADES EN LA NUEVA REGULACIÓN DEL ARBITRAJE COMERCIAL

Podemos decir en una apretada síntesis que las novedades más importantes contempladas en nueva Ley, se refieren entre otros a los siguientes temas:

a) Establecimiento de nuevas modalidades y mecanismos para la realización de los arbitrajes, incorporación de conceptos, formas y regulaciones típicas de dichas figuras, ya reconocidas en legislación extranjera y que son reflejo de la evolución que ha ido teniendo el arbitraje Arts. 2, 5, 11, 15, 25 LAC;

b) Auto-control por el órgano arbitral de la validez y exigibilidad de los compromisos o cláusulas arbitrales (convenios para someter a árbitros la solución de los conflictos) y para resolver sobre su propia competencia. Arts. 7 y 25 LAC;

c) Consagración de mecanismos más adecuados para la defensa del convenio arbitral y trámite del proceso arbitral. Arts. 7, 9, 10, 22, 25, 27, 3 1, 37, LAC, entre otros;

d) Se procura un mayor deslastre del proceso arbitral, evitando incidentes procesales. Arts. 27, 22, 24, 25 LAC, entre otros;

e) Se consagra un nuevo sistema para la ejecución de los laudos, se elimina así mismo la aplicación del régimen de recursos ordinarios. Arts. 43 y 48 LAC;

---

8 Arts. 1, 2, 11, 12 y 15 LAC.

9 Al menos ese ha sido el criterio dominante de la Corte de Casación en Sala Civil, al disponer que el Cpc contiene las normas aplicables con carácter preferente y derogatorio, en todo lo atinente a instituciones propias del proceso, tal como lo reputó en los casos de establecimiento de los criterios para fijar la cuantía y el procedimiento aplicable a la cuantía para recurrir y de las normas que regulan el Recurso Extraordinario en casos de regulaciones especiales de procedimientos, tales como en materia de Tránsito, Agrario y Laboral.

f) Reconocimiento y ejecutoriedad de los laudos con menores trabas, sea que los mismos hayan sido dictados por órganos arbitrales internacionales o nacionales. Art. 48 LAC;

g) Disminución del poder de control sobre el proceso arbitral por parte de la Jurisdicción ordinaria. En efecto, ahora sólo cabe la intervención del órgano jurisdiccional ordinario en contados casos, tales como los contemplados en los artículos 17, 28, 38, 43, 48 LAC, pues ciertamente cabe resaltar que en el Arbitraje ordinario existe una marcada tendencia a recurrir a la jurisdicción ordinaria, con los consabidos retardos e incidentes que ello ocasiona; y

h) Se consagra, aun cuando no en forma clara **y** definida, el ejercicio de la potestad cautelar para los árbitros (Art. 26 LAC).

III. LAS NUEVAS NORMAS DE PROCEDIMIENTO APLICABLES A AMBAS MODALIDADES DE LOS ARBITRAJES COMERCIALES Y SUS DIFERENCIAS PRINCIPALES CON LAS QUE REGULAN LOS PROCEDIMIENTOS ARBITRALES ORDINARIOS

1. *Ámbito material de la LAC*

Antes de entrar en el problema mismo de cuales sean las nuevas normas de procedimiento aplicables, conviene precisar, que casos se consideran dentro del ámbito de aplicación de la nueva Ley, y al respecto debemos señalar que la LAC, ni el modelo de la misma, en sus textos expresamente aclaran su ámbito de aplicación material, lo que será fuente de cuestionamientos.

En efecto, la Ley no define que asuntos pueden ser objeto de su aplicación, no precisa lo que constituye su objeto, ni remite a otro texto para tal determinación, esto es, no aclara diáfanamente que debe entenderse por "arbitraje comercial" y esto generará problemas inclusive iniciándose la vigencia de la Ley y al comenzar los nuevos procesos arbitrales[10].

Uno de los recursos para solventar dicha falta de precisión, a nivel de legislación interna, se me ocurre, será el de entender por "arbitraje comercial" el ahora nuevo modo expresión especial de la actividad jurisdiccional (sic Arbitraje) llamado a resolver todos los casos que conforme a nuestro Código de Comercio correspondían ser decididos en sede de la indebidamente por él llamada "jurisdicción mercantil" o correctamente identificada como "competencia jurisdiccional comercial", tal como se la regula en los artículos 1090 **y** siguientes del Cco.[11]

---

10 Esta ausencia de precisión se observa por igual en el modelo UNCITRAL sobre *Arbitraje Internacional* (texto y comentarios en la obra de Cárdenas y Herbón. opus cit, p. 181). Por igual encontraremos que esa manera de tratar dicho concepto, se encuentra también en la Ley Modelo UNCITRAL (LMU), pero por su carácter internacional y de modelo para una variada gama de países, se explica que poco cuidado se tuviera con dicha falta de precisión, en tanto que en algunas Otras legislaciones o bien el concepto de comercial está mejor precisado que en Venezuela. o ya se ha superado el criterio atributivo de competencia con base a los sujetos, comerciantes o no que intervienen en el proceso.

11 Código de Comercio vigente, de fecha 26 de julio de 1955, que reformó parcialmente el Código de Comercio de 1919, con algunas pequeñas modificaciones de fechas 30 de julio de 1938, 17 de agosto de 1942 y 19 de septiembre de 1945 (en lo adelante Cco.).

A este respecto conviene recordar el contenido de dicha norma:

"Corresponde a la jurisdicción comercial el conocimiento:

1. De toda controversia sobre actos de comercio entre toda especie de personas.

2. De las controversias relativas a letras de cambio y a pagarés a la orden en que haya a la vez firmas de comerciantes y de no comerciantes, aunque respecto a éstos tengan el carácter de obligación meramente civil.

3. De las acciones contra capitanes de buques, factores, dependientes y otros subalternos de los comerciantes, sólo por hechos del tráfico de la persona a que están destinados.

4. De las acciones de capitanes de buques, factores, dependientes y otros subalternos de los comerciantes contra los armadores y comerciantes, sólo por operaciones del tráfico de la persona a quien sirven.

5. De las acciones de los pasajeros contra el capitán o el armador, y de éstos contra aquéllos.

6. De las solicitudes de detención o secuestro de una nave, aun por deudas civiles.

7. De las acciones del empresario de espectáculos públicos contra los artistas, y de éstos contra aquél.

8. De todo lo concerniente a los atrasos y a la quiebra de los comerciantes conforme a las disposiciones de este Código.

9. De las acciones entre comerciantes, originadas de hechos ilícitos relacionados con su comercio".

En adición el artículo 1092 *ejusdem,* señala:

"Si el acto es comercial, aunque sea para una sola de las partes, las acciones que de él se deriven corresponden a la jurisdicción comercial".

Finalmente, el artículo 1091, precisa que sólo deben reputarse excluidos de la jurisdicción mercantil:

"..... las acciones contra los agricultores y criadores por la venta de los frutos de sus cosechas y ganados, ni las intentadas contra los comerciantes para el pago de lo que hubieren comprado para su uso o consumo particular o para el de sus familias".

Con base a las disposiciones legales citadas, y a pesar de que las mismas por igual, en el ámbito de la actividad jurisdiccional ordinaria constituyeron fuente de variada y contradictoria interpretación y de demorados procesos sobre conflictos de competencia, ya hoy inexistentes como consecuencia de la unificación de competencias en el mismo órgano judicial, pareciera ser la aplicable para solventar dicho asunto, pero ya nos deja ver la serie de inconvenientes que entonces y ahora se presentarán en cuanto al ámbito de aplicación de la Ley.

En adición a lo dicho, y para dar mayor apoyo a dicha solución, puede ocurrirse por igual al modelo de Ley internacional que tomó en consideración nuestro legislador[12] y a

---

12 Al respecto véanse los comentarios contenidos en la nota 9.

otras fuentes del derecho procesal internacional que tienen relación con el tema, y para ello es preciso recordar que Venezuela adhirió sin reservas, a la convención Interamericana sobre "arbitraje comercial"[13] la cual tiene como objeto aceptar y normar el arbitraje comercial internacional, y en la que se establece como objeto propio de los mismos resolver los asuntos relacionados con "transacciones comerciales", término que si bien tampoco resulta precisado al nivel de detalle en la Convención, se admite sin reservas alude a todo asunto que tenga conexión con el comercio internacional, lo cual permite una amplia interpretación en cuanto a lo que forma parte de dicho concepto, y a nuestro modo de ver, sin ser necesario acudir a diferenciar entre dichos casos por razón de los sujetos que participan en dicha "relación comercial"[14]

Será la jurisprudencia en último término quien deba resolver los conflictos que se vayan generando tanto en el ámbito de los futuros arbitrajes comerciales, como las resoluciones judiciales sobre "regulaciones de jurisdicción y competencia" que deberán producirse en las reclamaciones judiciales que se presenten a partir de esta fecha ante nuestros Tribunales ordinarios e inclusive ante la propia Corte Suprema[15].

---

13 La citada Convención fue suscrita por todos los estados miembros de la Organización de Estados Americanos en Panamá el 30 de enero de 1975. La ratificación de Venezuela fue concedida por Ley, GO 33170 del 22-21985.

14 Se debe destacar asimismo, que en otros países donde se acepta el modelo y reconocen la institución arbitral, tampoco se encuentra precisado el concepto de "comercial" con el cual se delimita la competencia para este tipo de arbitrajes. Al respecto Cárdenas y Herbón, ***opus cit,*** ps. 48 a 53 y 125 a 148

15 En efecto tómese en cuenta que ahora los mismos órganos arbitrales serán competentes para resolver sobre tales conflictos de competencia e inclusive jurisdicción (Art.25 LAC), decisiones éstas para las cuales la nueva Ley no contempla el recurso especial de Regulación de Competencia ante los órganos de la jurisdicción ordinaria, y que por igual, en el caso del Arbitraje no comercial, planteado dicho asunto con ocasión de la "Incidencia Arbitral" con fundamento a la falta de potestad del órgano arbitral para conocer de dicho asunto, la decisión del Juez ordinario al respecto, perfectamente podrá ser objeto de Apelación (611 Cpc) si bien nada dijo la Ley de que pudiere intentarse contra dicha decisión la correspondiente Regulación de Competencia. En adición, recuérdese que nuestro Cpc admite el conflicto de jurisdicción con los Tribunales nacionales y los extranjeros o con órganos arbitrales convenidos en el exterior (Arts. 2, 53 ss y 59 Cpc, con la sola excepción de que se trate de bienes inmuebles situados en el país o sobre otras materias que tengan relación con el orden público o las buenas costumbres, vbg. Estado y capacidad de las personas) y en tal caso, las correspondientes decisiones si dan lugar a Regulación de Jurisdicción.

Abundan por igual sobre los comentados argumentos a favor de una amplia interpretación de lo que puede ser objeto de "arbitraje comercial" la norma sobre interpretación de las disposiciones contenidas en los asuntos objeto de decisión, contemplada en el artículo 8 de la LAC, aparte *in fine,* que determina que los árbitros tendrán necesariamente en cuenta "los usos y c o s t u m bres mercantiles", por lo que pareciere que pueden ser objeto de arbitraje comercial, todo género de asuntos relacionados con la materia comercial, independientemente de quienes hayan sido partes en las operaciones o entre quienes controviertan dicho asunto, prescindiéndose de considerar como tales sólo aquellos asuntos que se controviertan entre comerciantes.

Vale la pena destacar, por último, que curiosamente mientras en materia de conflictos de jurisdicción derivados del conocimiento de asuntos en los que se haya convenido que la solución sea dictada por árbitros en el exterior, se suscita claramente un "conflicto de jurisdicción", no se da igual tratamiento a los supuestos en que las partes hayan convenido, que

2. *Las dos nuevas modalidades de realizar los Arbitrajes regulados en la LAC*

Aclarado este primer interrogante que atiene al ámbito de aplicación de la Ley, a nuestro juicio, y ahora si como consecuencia de un error o falla en la redacción, encontramos otros nuevos inconvenientes.

En efecto, como lo dejamos señalado, la nueva Ley introduce dos nuevas modalidades de arbitraje, dentro de las vías que ella contempla para la solución de conflictos en materia comercial, atinentes al modo como quedará constituido el órgano arbitral y al procedimiento que para el trámite de dicho proceso deba aplicarse en uno y otro caso, ya conocidos en otras legislaciones y aceptados por la doctrina internacional sobre arbitramento, pero que no figuraban en nuestras normas sobre la materia ni tampoco en la LMU.

Así, la nueva Ley contempla la diferencia entre los llamados arbitrajes "Institucionales" y los arbitrajes "Independientes".

Según los Arts. 2 y 11 LAC, son "Arbitrajes Institucionales"[16] aquellos arbitrajes que pactan las partes sean realizados bajo el patrocinio y reglas de un Centro Institucional de Arbitraje, normalmente auspiciados en el ámbito nacional por las Cámaras de Comercio, asociaciones de comerciantes, instituciones gremiales profesionales, Universidades, etc. y en el ámbito internacional por organismos plurilaterales, entre cuyos objetivos está precisamente, promover como vía alternativa para la solución de conflictos entre sus agremiados, asociados, países vinculados o suscriptores de acuerdos y convenios, o en general entre los comerciantes, la vía arbitral.[17]

---

dicha solución sea dictada por vía de arbitraje pactado para ser resuelto en Venezuela, donde ya hemos anotado que no existe una defensa *ad hoc,* ni una cuestión previa para hacer valer la falta de competencia o jurisdicción del órgano judicial ordinario ante la existencia del convenio o acuerdo arbitral.

Tal defensa ante los órganos arbitrales, establece además el artículo 25 LAC, debe hacerse valer dentro de los cinco días hábiles siguientes a la ahora denominada "audiencia de trámite", ello aún en el caso de que la parte que la haga valer haya convenido inclusive en la designación de los árbitros, y finalmente, deja como potestativo del órgano arbitral, conocer de dicha defensa, aun fuera del indicado lapso, si consideran justificada la demora en promoverla.

16 También conocidos en doctrina arbitral como "institucionalizados o administrados" y entre los cuales han dado especial fama a dicha modalidad los que a nivel internacional operan como Centros de Arbitrajes especializados, bien interestatales (Corte Permanente de Arbitraje de La Haya, el Centro International para el arreglo de diferencias relativas a inversiones), o promovidos y auspiciados por instituciones privadas (en lo domésticos, el que funciona y patrocina la Cámara de Comercio de Caracas, y en lo internacional, patrocinados por organismos multilaterales: la Comisión Interamericana de Arbitraje Comercial -CIAC-; la American Arbitration Association -AAA-; en España, la Corte Española de Arbitraje, entre otros).

17 La LAC DO fue tampoco muy afortunada en el lenguaje utilizado para referirse a la figura, así, dice: "Las Cámaras de Comercio y cualesquiera otras asociaciones de comerciantes, así como las asociaciones internacionales existentes, las organizaciones vinculadas a actividades económicas e industriales, las organizaciones cuyo objeto esté relacionado con la promoción de la resolución alternativa de conflictos, las universidades e instituciones académicas y demás asociaciones y organizaciones que se crearen con posterioridad a la vigencia de esta Ley que establezcan el arbitraje como uno de los medios de solución de las controversias, podrán

La Ley contempla que dichos Centros de Arbitrajes funcionen de acuerdo a ciertos requerimientos mínimos, a nuestro modo de ver procurando darle institucionalidad a los mismos, garantizando su pervivencia y funcionamiento organizado, escogencia de árbitros de calidad e idoneidad (Art.14 LAC), y los cuales, además, están facultados para dictar las reglas que estimen pertinentes para regular el proceso arbitral (Arts. 12 y 13 LAC).

Los Arbitrajes Independientes, en cambio, conforme lo precisa el Art. 2 LAC serán aquellos que no prevén las partes sean conocidos, regulados ni decididos por árbitros de los Centros de Arbitrajes, y en los que debemos entender (pues la Ley no resulta muy clara al respecto) que las reglas de procedimiento aplicables, serán las que se fijen las mismas partes, considerando que a falta de ellas, las que normarán el proceso arbitral, son las que supletoriamente y para tales efectos se contemplan en los Capítulos IV y V de la LAC.[18]

Lo importante de destacar con todas estas innovaciones, es que pareciera que nuestro Legislador ha comenzado a reconocer la indiscutible importancia y vigencia de esta institución, al extremo de que a pesar de lo mucho que hemos dicho impone trabas y reservas a su buen funcionamiento, ahora abiertamente concede esa facultad a las partes e inclusive permite que lo hagan los Centros de Arbitraje Institucional, y por tanto aceptadas tácitamente por aquellas al realizar la escogencia de los mismos, separando así el trámite del arbitraje de las anacrónicas y lentas instituciones del proceso ordinario jurisdiccional.

De tal manera que ahora queda reconocida y ratificada esa potestad, siendo ello un avance y no obstante que en lo relacionado a normas de procedimiento siempre se han opuesto tabúes como los de que con ello se viola la potestad reguladora del proceso, se atenta contra la función jurisdiccional, etc.

En adelante, inclusive, se faculta a los Centros Institucionales de Arbitraje para que sus reglas contemplen todo lo relacionado con el acontecer del proceso, incluyendo notificaciones, la propia constitución del órgano arbitral, la recusación y reemplazo de árbitros, y la tramitación del proceso, materias que si bien no contempla expresamente el

---

organizar sus propios centros de arbitraje". A simple vista se destaca que las cuatro primeras categorías de entes pueden crear sus Centros de Arbitraje, por el solo hecho de ser organizaciones del tipo de las previstas en el supuesto legal, independientemente de que en sus documentos constitutivos, o reglamentarios, contemplen o no las soluciones arbitrales para conflictos entre sus asociados, o entre ellas. Las demás, en cambio, no basta que sean entidades o corporaciones científicas o académicas, sino que su objeto esté relacionado con la promoción de las soluciones alternativas para resolver conflictos, y las restantes que en efecto establezcan la vía arbitral como un medio de solución de controversias. Ciertamente consideramos que todo ese enredo de categorías se hubiese evitado, simplemente disponiendo que "toda entidad, corporación o asociación que establezca y regule centros adecuados para resolver por vía de arbitraje conflictos entre sus asociados o entre terceros y que cumpla los demás requisitos formales fijados en esta ley, está autorizada para crear Centros de Arbitrajes Institucionales, los cuales están facultados para realizar tales arbitrajes". Todo lo demás sobra y se presta a confusiones.

18 También conocidos en la doctrina especializada como arbitrajes "libres" o "ad hoc" y a los que muchos le conceden preferencia frente a la otra analizada modalidad, aun a sabiendas de resultar mas lentos y complejos para lograr sus objetivos, por creer las partes que ella les permite controlar mejor su desenvolvimiento procesal. En tal sentido ***vid*** Cárdenas y Herbón, ***opus cit.,*** p. 15.

Art. 15 relativo a la modalidad del arbitraje "independiente" comercial, no por ello autoriza a considerarlas limitadas o excluidas.[19]

Al respecto, nos cabe hacer otro comentario: Entendemos, y así lo tiene además repetido constante y diuturna jurisprudencia de nuestros Tribunales, que todo lo relacionado con el procedimiento es de orden público, que en ello tiene especial interés el Estado y la Sociedad, pues trátase precisamente de garantizar la administración de justicia, derecho de la defensa, la igualdad, el debido proceso, etc.

Planteada la situación, pura y simplemente, pareciera un desatino que el legislador no haya tomado en cuenta tales consideraciones y alegremente deje a las partes y a los Centros de Arbitraje, la libre regulación de tan importantes aspectos. Pero en el fondo las cosas no deben verse en esa forma, la idea no es otra que la de procurar que el proceso de los arbitrajes sea rápido y expedito, sin que ello suponga conculcar derechos y principios básicos para una buena y segura administración de justicia. Conforme a lo dicho, si de alguna manera éstos quedan a buen resguardo, nada se opone a ese necesario paso de avance.

Lo procedente debió haber sido dejar a salvo lo atinente a dichos principios, mediante una norma expresa que así lo estatuyera, como se lo contempla en la LMU y que lamentablemente obvió nuestro legislador.

A pesar de la indicada omisión, no comporta ella que no se deba mantener el respeto a esos derechos **y** garantías constitucionales del proceso, que por tanto deben entenderse implícitos en el contexto de la ley.

Precisa advertir que el modelo UNCITRAL[20] regula la materia de modo diferente y aclara el problema que es objeto del presente comentario preservando esos aspectos atinentes a la constitucionalidad y legalidad del procedimiento arbitral y evade el problema que se suscita por la inadecuada redacción en lo que atiene a las modalidades del arbitraje comercial que se viene examinando, en tanto que al no contemplarlas, de modo genérico reguló lo atinente al procedimiento, **y** estableció la necesidad de que se respetara la igualdad de las partes en dicho proceso, y su adecuado derecho de defensa (ex artículo 18 LMU).

En otras palabras, el modelo UNCITRAL, da solución concreta a este problema, pero debe señalarse que por igual su redacción plantea ciertos escollos que lo hacen en algunos aspectos irreconciliable con los principios procesales vigentes en nuestro país, tal como resulta de lo que estatuye en materia de pruebas, y cuyas regulaciones no tienen cabida en nuestro sistema, tal como lo veremos mas adelante[21]

---

19 Precisa recordar como lo indican las profesoras Cárdenas y Herbón *(opus cit,* p 61 ss) "En la Constitución es donde esa libertad encuentra sus límites infranqueables. El propio Derecho, sea interno o internacional, hace mucho ha marcado que para que un proceso jurídico de solución de controversias sea tal, debe respetar la bilateralidad, el derecho a ser oído, la igualdad de las partes, el derecho a ofrecer pruebas, a producirla y a que ella sea valorada, como el requerimiento de imparcialidad del órgano decisor".

20 El Art. 18 LMU, claramente dispone: "Deberá tratarse a las partes con igualdad y darse a cada una de ellas plena oportunidad de hacer valer sus derechos".

21 En el art. 19 LMU, por igual, se regula: "1) Con sujeción a las disposiciones de la presente Ley, las partes tendrán libertad para convenir el procedimiento a que se haya de ajustar el Tribunal arbitral en sus actuaciones. 2) A falta de acuerdo, el Tribunal arbitral podrá con sujeción a lo

No habiendo acogido a plenitud el Modelo UNCITRAL, nuestro Legislador hubo de ser más cuidadoso en estos aspectos y cuando menos, al consagrar tales potestades a los Centros Institucionales y a las partes, siempre debió dejar a salvo, que ello lo era a reserva del debido resguardo de las garantías básicas constitucionales en materia de los procesos, esto es, igualdad, derecho a la defensa, debido proceso, derecho a la prueba, etc., mas cuando en nuestra Constitución, no aparecen expresamente consagrados algunos de dichos derechos fundamentales como tales garantías procesales [22]

En cuanto a las reglas dispuestas ahora por los Centros Institucionales, estimamos que también hubiere sido prudente, tal como lo propusimos al Congreso[23] que un órgano *ad hoc* de la Administración Central, relacionado con la función jurisdiccional, tuviera la potestad para revisar dichos documentos e inclusive archivarlos y llevar un control de aquellos Centros, de tal manera que de alguna forma se garantizara que los mismos dieran cabal reconocimiento a dichos derechos constitucionales y por otra parte, los interesados tuvieran la certeza sobre cuales eran esas normas de los Centros Institucionales, y el que las mismas no fueran cambiadas o modificadas al solo arbitrio de los Directivos o patrocinantes de tales Centros.

Por todo lo dicho nos cabe concluir destacando que en todo caso, (respecto a ambas modalidades del arbitraje y tales regulaciones) somos de la opinión que esa insólita libertad en que se deja a los Centros de Arbitraje Institucional y a las mismas partes en el caso de los Independientes[24], para regular lo relativo al procedimiento arbitral, no es tal y viene limitada como lo acepta la doctrina en la materia por el respeto a las garantías y derechos constitucionales de las partes en el proceso[25].

En tal sentido, es nuestro criterio que, aun consintiéndolo las partes, si esas regulaciones no se ajustan cuando menos a tales principios constitucionales procesales, dichas reglas coliden con el ordenamiento constitucional, y seguramente darán lugar a que los arbitrajes puedan ser impugnados por nulidad (Art. 44, literales b y c) o que los órganos jurisdiccionales ordinarios se abstengan de darle ejecución a los laudos de ellos emanados (Art. 49 literales b y c), sin entrar a considerar por supuesto la proliferación de Recursos de Amparo Constitucional a que los mismos darán lugar, unos justificados, otros utilizados

---

dispuesto en la presente Ley, dirigir el arbitraje del modo que considere apropiado. Esta facultad conferida al Tribunal Arbitral incluye la de determinar la admisibilidad, pertinencia y valor de las pruebas".

22 Vale la pena destacar que el hecho de no estar contemplado expresamente así, en forma alguna permite entender se encuentran conculcados o disminuidos, pues somos del criterio que el desconocimiento de tales derechos y garantías en absoluto empecen a su obligatorio reconocimiento, y a que sí de alguna manera resultaren aquellos vulnerados, tales procedimientos carecerían de toda validez y eficacia, y así parecen reforzarlo las amplias causales que contempla la misma LAC para solicitar la nulidad de los laudos y la ejecución de aquéllos, no obstante haber sido dictados con base a un acuerdo bilateral entre las partes, y que hayan sido las mismas quienes limitaran, restringieran o conculcaran sus propios derechos. Por lo demás, parece ser ese el criterio unánime e indiscutido en la doctrina especializada. ***Vid*** Cárdenas y Herbón, ***opus cit.***

23 Véase Revista de la Facultad de Derecho de la UCAB N° 52, 1998, p. 431 ss, en la cual reproducimos algunos comentarios que remitiéramos al Senador Pedro Pablo Aguilar sobre el Proyecto de Ley.

24 Definitivamente que esta normativa guarda relación con la tesis contractualista del arbitraje.

25 Véanse nuestros comentarios en la nota 22

como meras tácticas dilatorias y de entrabamiento, a los cuales ya venimos acostumbrados, sin que por ello critiquemos los que obviamente son procedentes y pertinentes, pues nos declaramos fervientes defensores de esa institución.

Por lo demás, respecto a las reglas aplicables al arbitraje en los Centros Institucionales, o en los Arbitrajes Institucionales, debe hacerse otra prudente advertencia que deriva de la enrevesada redacción de la última parte del Art. 15 LAC

En efecto, el citado artículo, contenido en el Capítulo III de la Ley bajo el título "Del Arbitraje Independiente" y por efecto, suponemos, de haber omitido el ya destacado diverso tratamiento que da la Ley Modelo UNCITRAL al tema, precisa:

> "Cuando las partes no establezcan sus propias reglas de procedimiento para llevar a cabo un arbitraje independiente, las reglas aquí establecidas serán las aplicables. Así mismo, estas reglas podrán aplicarse a un arbitraje institucional, si así lo estipulan las partes".

De lo antes transcrito, a nuestro modo de ver surgen dos situaciones peculiares: En primer lugar, que en los Arbitrajes Institucionales, son las partes las que limitadamente resuelven cuáles sean las reglas aplicables al procedimiento arbitral a cumplirse, luego quiere decir que no es un elemento característico de esa modalidad arbitral, el que las reglas de procedimiento en dicha modalidad de arbitraje sean las fijadas por el respectivo Centro, cuyos reglamentos al respecto sólo resultarán aplicables si las partes no hubieren fijado como formas del proceso correspondiente las que contempla la Ley para el arbitraje independiente.

Y ello a su vez, nos permitiría entrar a discutir otra situación especial, cual sería la de inquirir si en esa misma modalidad institucional, las partes no podrán tomar la alternativa de fijar ellas mismas la norma procedimental que resulte aplicable, y no las que supletoriamente impone la LAC, como si parece posible que ello ocurra en los arbitrajes regulados en la LMU (Art.19).

En todo caso la última palabra será la de la jurisprudencia que pueda irse produciendo en el futuro con la aplicación de la nueva Ley.

Finalmente, la segunda observación que debemos hacer atiene a un aspecto meramente formal, de técnica legislativa, derivado de la inadecuada ubicación de la mentada norma, que a nuestro modo de ver crea serios problemas de interpretación y una vez más pone de manifiesto, la forma descuidada en que se aprobó la Ley.

En efecto, la estructura de la LAC parece ser la de todo cuerpo legal, esto es, establece unas Disposiciones Generales (Capítulo I), sigue con una institución especial de las que regula su normativa: El Arbitraje Institucional (Capitulo II), continúa con la segunda de las nuevas instituciones en ella contemplada, esto es, el Arbitraje Independiente (Capítulo IU) y en el Capítulo IV y subsiguientes, se refiere al Procedimiento Arbitral, normas especiales aplicables para el caso de crisis subjetivas, obligaciones de los árbitros, recurso de anulabilidad, ejecución y transitorias.

Ahora bien, si el mandato del referido artículo 15 es que en los supuestos de Arbitrajes Independientes, a falta de normas sobre el proceso dadas por las mismas partes, se aplican las establecidas en dicha Ley para tal tipo de arbitrajes, esto es, las contenidas en sus Capítulos III y IV, son esas las que el legislador dispuso fueren supletorias de aquellas voluntades y ellas se aplican a esa modalidad arbitral en el indicado supuesto y solo por vía de excepción a los Arbitrajes Institucionales, cuando las mismas partes resuelven que serán ellas quienes dispongan sean esas las aplicables, no obstante que el caso se tramite ante un Centro Arbitral con sus propias reglas del procedimiento arbitral.

Hacemos la advertencia de que siendo benévolos, atenidos por igual al modelo seguido por el Legislador y para no complicar mas las cosas, entenderemos como Capítulos separados y comunes a ambas nuevas modalidades arbitrales, los correspondientes a los identificados con los ordinales VI, VII, VIII y IX, porque de lo contrario la confusión subiría de tono y efectos.

Como consecuencia de lo dicho, en primer lugar parece prudente anotar que las disposiciones de los citados capítulos III al V no tienen aplicación en los arbitrajes institucionales, pues las mismas son específicas y supletorias para la modalidad de los "independientes", y porque de haber dispuesto lo contrario, las mismas hubieren estado contempladas en el Capítulo II de dicha Ley; y, por igual, parece lógico deducir que en caso de lagunas sobre el procedimiento aplicable en los supuestos de Arbitrajes Institucionales (indebida redacción del Reglamento o ausencia de normas para el caso concreto) se presentará la duda de si tales conflictos deben resolverse aplicando las disposiciones procesales para los Arbitrajes Independientes, o si por el contrario lo que debe aplicarse son las normas que sobre Arbitramento contempla el Cpc, normativa que como hemos dejado señalado antes no quedó derogada y la reputamos supletoria de la voluntad de las partes por su condición de modelo genérico para la institución arbitral.

Tales dudas, que obviamente pudieron quedar aclaradas con una buena redacción en la Ley, y por el contrario, ahora darán lugar a incidentes que demorarán el trámite de los nuevos Arbitrajes Comerciales, perjudicando la buena imagen y utilidad de la institución

La verdad es que todos esperábamos con ansiedad la nueva Ley, y que ésta resolvería una serie de inquietudes derivadas de la anterior normativa, que como observamos continuaran vigentes y sin solución.

Por último, volvemos a ratificar, igualmente, que las normas aplicables a las dos modalidades de arbitrajes no son elementos esenciales o característicos de ellas, pues en ambos casos, como lo indicamos, puede perfectamente resultar aplicable como común denominador, que las reglas de procedimiento sean las establecidas por las partes.

Por obvio que no entendemos aplicable a los supuestos de lagunas aludidos, las soluciones que dimanan de la LMU al respecto, esto es, que los mismos árbitros se entienden facultados para dirigir el arbitraje del modo que se considere apropiado, cuando que, expresamente fue desechada por el legislador la Ley modelo en esa materia y por igual una vez más será la jurisprudencia arbitral la que podrá resolver en definitiva tales dudas y problemas sobre la interpretación de la Ley y la institución del arbitraje comercial.

Precisa refrescar finalmente, que en materia de Arbitraje "ordinario", las citadas reglas aplicables al mismo, contempladas en el Cpc, establecen por igual margen a la voluntad de las partes que celebran el "convenio arbitral" (Artic 608 Cpc) y en todo caso a falta de tales disposiciones expresas, las normas aplicables dependerán del tipo de arbitraje que se hubiere convenido, así, en el caso de *Arbitrajes* de *Derecho,* deberán ajustarse al procedimiento pautado en la Ley, esto es a lo determinado en el CPC, y en concreto al del juicio ordinario (338 cpc) y en el supuesto de *Arbitrajes de Equidad o de Arbitradores,* se entenderá que los árbitros pueden obrar con entera libertad, según lo más conveniente al interés de las partes, atendiendo fundamentalmente a la equidad (618 Cpc).

Respecto a tales consideraciones, y en especial en cuanto refiere a las potestades de los arbitradores, por igual entendemos son válidos los comentarios que dejamos formulados precedentemente, pues si bien las partes o en su caso los arbitradores, pueden determinar las reglas aplicables, éstas deben establecerse respetando los principios constitucionales relativos a Derecho de la Defensa, Debido Proceso, etc., en tanto que de lo contrario tal arbitraje podrá ser impugnado por nulidad ya que el ejercicio de ese derecho no puede llevar a la arbitrariedad en el manejo del procedimiento y en tal sentido se entenderá que ese obrar con entera libertad, según lo más conveniente para el interés de las partes, en todo caso los vincula a ceñir sus procederes procesales a lo dispuesto en los artículos 7, 10, 12, 14 y 15 del Cpc entre otros, ya las señaladas garantías constitucionales del proceso.

A diferencia de lo que ocurre en el Arbitraje Comercial, en el Arbitramento ordinario, prudentemente el Cpc regula que en caso de dudas sobre las reglas de procedimiento aplicables, en uno cualquiera de los supuestos examinados, deberá ocurrirse ante el llamado Juez del arbitraje (628 CPC)[26], quien resolverá sumariamente mediante decisión no recurrible (618 par. 2 CPC).

Por no existir norma semejante expresa en la LAC, consideramos que podrían presentarse dos situaciones interesantes de examinar, así, en el caso de los Arbitrajes Institucionales que deban ser resueltos como arbitrajes de Derecho, de encontrar sustento la posición que hemos adoptado de reputar el Cpc como norma supletoria en la materia, deberán aplicarse las disposiciones del Juicio Ordinario, tal como lo dispone el Art. 618, parag. 1°, salvo que el Reglamento del Centro contemplara que las dudas sobre las reglas del procedimiento aplicables fueran resueltas por el Presidente del Órgano Arbitral o por el Centro Institucional, en cuyo supuesto serán aquellos quienes establezcan lo pertinente, en tanto debe entenderse que al haber escogido dicha vía y órgano las mismas partes, estas delegaron a aquellos el poder de subsanar dichas lagunas, tal como si lo hubieren hecho ellas.

En el mismo orden de ideas debo sostener que el solo hecho de que las partes se adhieran expresamente a tales normas, tampoco se deben entender se tengan por subsanados cualesquiera vicios o defectos que atenten contra el debido proceso o las garantías constitucionales que se consagran para sustentar los derechos fundamentales de aquellas, pues aún cuando el consentimiento implícito que comporta la elección del Centro, podría pensarse da un efecto convalidatorio a las infracciones formales, los principios en referencia deben entenderse de orden público, y por tanto no susceptibles de enmendar los defectos o anomalías que los violen o menoscaben, todo conforme a la temática general que rige la materia, y tal como lo ha venido disponiendo por igual reiterada jurisprudencia de la Corte Suprema.

En cambio, es nuestro criterio, tratándose de arbitrajes independientes, que la solución en tales casos debe quedar deferida al pronunciamiento que habrá de solicitarse del Juez de Arbitraje, pues por aplicación de la fuente supletoria, esto es, el Cpc, en tales supuestos lo procedente resulta aplicar lo dispuesto en el artículo 618, parágrafo segundo.

IV. DISPOSICIONES PROCEDIMENTALES COMUNES Y GENERALES A LAS DOS NUEVAS MODALIDADES ARBITRALES

Sin que quepa discusión, consideramos que la institución arbitral comercial tiene como principios generales comunes que la regulan las normas contenidas en los Artículos 1 al 11 LAC y damos por admitido que también le son aplicables las disposiciones

[26] La determinación del Juez competente para conocer de las incidencias relacionadas con el arbitraje, o Juez del arbitraje, como le denominamos nosotros, viene regulada en el mencionado artículo, que establece que lo será el Juez competente de Primera Instancia que hubiere conocido del asunto de no haber existido el "convenio arbitral".

contempladas en los Capítulos VI, VII, VIII y IX de la misma Ley, al no estar referidas exclusivamente a Procedimiento, por una parte, y por la otra por argumento a contrario de lo dispuesto en el Art. 12 LAC.

En cambio el Capítulo III, a tenor de lo dispuesto en el citado artículo 15, pareciera permitir como interpretación adecuada, que las normas del mismo y las contenidas en los siguientes Capítulos IV y V inclusive, son la especiales, supletorias de las que debieron haber contemplado las partes y aplicables sólo a los Arbitrajes Independientes, que solo excepcionalmente regulan los Institucionales, cuando así expresamente lo han determinado aquellas, pero no como principios generales aplicables a todos los arbitrajes comerciales en defecto de regulación expresa o de determinación pertinente de las partes[27].

Lo dicho también nos permite destacar como rasgo importante en la nueva institución arbitral, que una vez más, el Legislador no consideró realmente a la misma como un medio más de ejercicio de la actividad jurisdiccional pues no obstante cierta mejora que en tal aspecto comporta ahora el tratamiento dado en la Ley a la validez y oponibilidad del acuerdo arbitral[28] el mismo no es aplicable a todos los casos previsibles y por tanto, todavía no queda clara la situación.

Así, en lo que atiene a las medidas cautelares que pueden ser dictadas en los procesos arbitrales, observamos por ejemplo que la ubicación de la norma al respecto (Capítulo IV), sólo viene referida a los Arbitrajes Independientes, que no a la otra modalidad arbitral, y en adición, la misma existe, sólo en la medida que las partes no la hayan excluido. Apoyamos nuestra opinión, nuevamente, en que el legislador, al haberse apartado en esta materia nuevamente del Modelo UNCITRAL expresamente dejó a un lado que el mismo dispositivo se aplicara a la citada modalidad.

Pretender que, por estar contemplada dicha potestad, aún en la forma regulada por la LAC o en la que acoge la LMU, en los Reglamentos de los Centros Constitucionales, solventa dichos problemas, no deja de ser una ilusión y se puede prestar a inconvenientes, toda vez que afectando el poder cautelar el patrimonio de los particulares, aún siendo ellos partes del proceso, la interpretación de dichas potestades es y tiene que ser restrictiva, que no amplia o que pueda fundársela en la analogía.

Esto último nos hace considerar que la potestad cautelar, reputada como implícita y esencial al desempeño de la actividad jurisdiccional ordinaria, no es plena en materia de arbitraje comercial, y totalmente ausente en la del arbitraje ordinario y en la modalidad del comercial institucional, salvo en lo que se refiere a ésta última el que las partes la hayan extendido al mismo como consecuencia de reputar aplicable al arbitraje las normas de procedimiento del arbitraje independiente ex artículo 15 *ejusdem*[29].

---

27 En efecto, el capítulo IV propiamente se refiere al "proceso arbitral", esto es, las reglas aplicables al procedimiento (***sic.*** En esa modalidad arbitral) y el V a la Recusación e Inhibición de los árbitros, para lo cual expresamente pueden regular lo pertinente los Reglamentos del Arbitraje Institucional (Art. 12 LAC), lo que impone deducir que dichas normas no resultan aplicables a este tipo de modalidad arbitral.

28 Art. 15 in fine LAC.

29 En la práctica conocemos juicios en que sin fundamento alguno con motivo de arbitrajes ordinarios, no comerciales, el Juez del arbitraje que conoce de la incidencia arbitral ha procedido a dictar medidas cautelares, lo cual consideramos un craso error, no sólo por las anotadas observaciones, sino por aplicación de los principios generales que regulan la potestad

Consideramos, pues, que aún con la actual regulación de la institución a través de la nueva Ley de Arbitraje Comercial, todavía el Legislador no terminó de asimilar que la misma es un modo más de expresión de la actividad jurisdiccional, sino que continúa siendo un modo convencional de resolver los conflictos, substitutivo de la actividad jurisdiccional ordinaria, y en el que se encuentran por lo tanto ausentes otra serie de elementos esenciales y definidores de aquella, tal como resulta entre otras cuestiones, de la concesión, muy limitada, de la potestad Cautelar a los árbitros; y de que no exista aún un medio de defensa expedito para hacer valer la existencia del pacto arbitral cuando a pesar de la existencia del convenio, una de las partes acude ante el órgano judicial ordinario para plantear la litis[30].

---

cautelar ordinaria, uno de los cuales, precisamente, exige ***sine qua non*** el que cuando menos exista instaurado un juicio principal con vista al cual es menester dictar la cautela. En tal sentido, entendemos que en la incidencia arbitral, no existe tal juicio propiamente, al contrario, precisamente se plantea al Juez que conoce de la incidencia que él carece de la potestad jurisdiccional y que el llamado a conocer del conflicto lo es un órgano arbitral, luego propiamente no puede decirse que existe tal litigio, ni que el mismo siquiera ha sido admitido, pues precisamente lo que se discute es quien debe conocer de él. Es mas, en algunos supuestos, tal como se desprende del contenido de los artículos 608, 610 y 613 Cpc en tal estado de la controversia perfectamente es posible que ni se conozca siquiera cual es el objeto de lo que será sometido a decisión de los árbitros.

En adición a lo dicho, demostrativo por igual de las limitaciones con las cuales se concedió la potestad Cautelar a los árbitros en el arbitraje comercial, el articulo 28 LAC, precisa que el Tribunal Arbitral o cualquiera de las partes con aprobación del mismo, podrá pedir asistencia al Tribunal de Primera Instancia competente, para la ejecución de las medidas cautelares que se soliciten, poniendo de manifiesto así, que sólo los Tribunales ordinarios, en ejercicio del ***ius imperium*** son los que pueden llevar a cabo la práctica y ejecución de las medidas cautelares. Lo dicho comporta que los árbitros que por igual carecen de la facultad de ordenar la ejecución de sus laudos (art. 48 LAC) no pueden pretender tampoco disponer de la potestad que garantice esa ejecución.

Finalmente debe destacarse que a nuestro juicio prudentemente el Legislador nacional no optó por acoger la redacción de la LMU en su artículo 9, conforme al cual, y evidentemente adoptando un modelo sobre la potestad Cautelar mucho más avanzado que el nuestro (no obstante que el modelo UNCITRAL es anterior en fecha a nuestro vigente Cpc), dispone que el proceso arbitral no será incompatible con que las partes, con anterioridad o coetáneamente a dicho proceso, puedan acudir y obtener de los órganos de la jurisdicción ordinaria la adopción de medidas cautelares. Definitivamente que hubiere sido deseable que la nueva Ley de alguna manera regulara ese poder Cautelar anticipado y controlado por la jurisdicción ordinaria, dando así no solo cabida a esta moderna y novedosa institución del poder Cautelar autónomo, sino solucionando por igual en forma adecuada la problemática del poder Cautelar en los arbitrajes, que sigue siendo uno de los mayores obstáculos que se invocan contra la institución.

30 En efecto, ni en el arbitraje ordinario, salvo el caso de convenio judicial arbitral (ex-Art. 617 *ejusdem*) ni en el nuevo Arbitraje Comercial, en ninguna de sus dos modalidades, se contempla una vía defensiva ***ad hoc,*** que permita a las partes eficazmente hacer valer la existencia del convenio arbitral, y que impida a los jueces ordinarios continuar conociendo de la *litis*, aun en conocimiento como estuvieren de la existencia del convenio arbitral, y lo que resulta peor, la sola apertura de la incidencia sobre la existencia o no de convenio arbitral, no impide al Juez ante quien ella se platea continuar conociendo de la causa en tales supuestos. A diferencia de lo dicho, en otros países en los que si se considera que el arbitraje es un modo más de expresión de la actividad jurisdiccional, como es el caso de Colombia, por ejemplo, el respeto del convenio arbitral se impone a través de un modo especifico de defensa, especie de cuestión previa, que se denomina “de existencia de compromiso arbitral”, por virtud del cual, al igual

1. *Asuntos que pueden ser objeto de convenio en el arbitraje comercial:*

A. *Principio general:*

La nueva Ley, tal como lo hace el Cpc para el Arbitraje ordinario, claramente establece que solo pueden someterse a Arbitraje comercial, los asuntos susceptibles de transacción que surjan entre personas capaces de transigir. De modo general pues, podemos sostener que sólo son susceptibles de someterse a Arbitraje, los asuntos que no contraríen el orden público y que puedan ser objetos de transacción y que para comprometer en árbitros se requiere capacidad de obrar y poder de disposición.[31]

B. *Exclusiones expresas:*

La LAC, es más perfeccionista que el Cpc y en su artículo 2, precisa en adición a la limitación genérica que establece la disposición antes comentada, expresas EXCLUSIONES, las cuales son tan claras que de ellas sólo haremos algunos comentarios especiales:

a) De las del literal "a" conviene llamar la atención de que sí bien queda excluido del arbitraje lo que verse sobre delitos y faltas (tipología, determinación de culpabilidad y culpable, declaratoria de que los supuestos fácticos encuadran en la normativa penal, etc.), en cambio sí puede ser materia de arbitraje la determinación del monto o cuantía de la

---

que en caso de existir conflicto de competencia o cuestión de jurisdicción, queda suspendido el trámite del juicio principal hasta tanto se resuelve dicha defensa.

Es cierto que hoy, dentro de un proceso de arbitraje comercial, en cualquiera de sus modalidades, si se ejerciere la defensa con base a la no existencia del convenio, o a la no suspensión o derogatoria del poder de la jurisdicción ordinaria, a tenor de lo dispuesto en los artículos 5 y 25 LAC, el mismo órgano resolverá el asunto, y demostrada la existencia del convenio arbitral este resulta exclusivo y excluyente de la jurisdicción ordinaria, pero no resulta igual ni extensible dicha norma a los supuestos en que dicho problema se ventile ante el juez ordinario, o cuando menos, si así se lo pretendió establecer, debió la Ley haber sido más clara y categórica.

En esta materia, por igual nuestra Corte Suprema ha vacilado, y no obstante haber reconocido en algunos casos, expresamente, que "el arbitraje es un modo de expresión de la función jurisdiccional, la cual desempeñan durante la substanciación del arbitraje" (Sentencia 27-4-88, Gaceta Forense p. 1017) en otro caso ha sostenido que tratándose de arbitrajes convenidos por la República, el mecanismo arbitral se concentra al mero establecimiento de los hechos derivados de la ejecución del contrato, sin que puedan extenderse los árbitros arbitradores a atribuir a esos hechos, fijados por esa vía, consecuencias jurídicas -según les parezca (a los árbitros)- mas conveniente al interés de las partes " y concluyendo en el mismo fallo " correspondiendo en cambio al Tribunal competente. decidir sobre las consecuencias jurídicas que conforme a la Ley sean aplicables" (CSJ, Sala Político Administrativa, 6-11-97, caso Industrias Metalúrgicas Van Dam Vs. Ministerio de la Defensa). Tal pronunciamiento, a nuestro entender, carece de todo fundamento en la normativa sobre el arbitraje y es ajeno y contrario a la institución arbitral. Más adelante, al tratar el tema relacionado con las "exclusiones" que contempla la LAC, examinaremos este aspecto con mayores detalles.

31 Artículo 1713 ss del Código Civil (GO. 2990 Ext. Del 26 de julio de 1982) en lo sucesivo identificado como "Cc". Es de observar que la doctrina dominante considera que no basta siquiera la capacidad de obrar, sino que es menester que quien se comprometa, lo haga con poder de Disposición (en tal sentido H.L. y J Mazeaud, Lecciones de Derecho Civil, Parte III,. Vol. IV, Argentina, 1962, p. 628).

responsabilidad civil derivada de aquellos, siempre y cuando la misma no hubiere sido objeto de pronunciamiento expreso en la sentencia *(sic.* Penal) definitivamente firme.

b) Las del literal "d" advertimos que es una exclusión parcial o relativa, pues si media autorización judicial, si pueden ser sometidas a arbitraje[32].

c) En cuanto al literal "e" debe advertirse por igual que no empece la exclusión, si pueden someterse a arbitraje, a pesar de la existencia de cosa juzgada, la determinación de los términos o modo de cumplir cabalmente con la ejecución de dichos fallos firmes, pero en tales casos, la extensión y límites fijados por los árbitros, sólo tendrá validez en cuanto a las partes del proceso y siempre que la sentencia misma dictada no haya proveído al respecto[33].

d) En cuanto al literal b) la norma excluye todo lo concerniente a la atribuciones o funciones de imperio del Estado o de personas o entes de derecho público, y si bien este aspecto se corresponde con una de las conferencias confiadas a otro de los expositores invitados a este evento, deseo manifestar que luego de haber estudiado mejor el punto, y con vista a la posición de reputados autores nacionales y extranjeros sobre la materia, rectifico el criterio que había sostenido en mis exposiciones anteriores sobre el tema[34].

En efecto, ni la exclusión anotada, ni la norma del artículo 4 LAC a que luego nos referiremos, autorizan a pensar que la República, Los Estados, los Municipios o los Institutos Autónomos, tratándose de asuntos que no sean propios de las atribuciones o funciones de su potestad de imperio, no puedan estipular válidamente convenios arbitrales, comerciales u ordinarios, y someter a dicha vía de solución los asuntos y controversias que tengan entre sí o con los particulares, si lo debatido en dichos casos, son operaciones, negocios o actos susceptibles, a su vez, de transacción, en tanto que bajo la vigencia del Cpc, la posición dominante en la doctrina, lo fue en el sentido de que dichos entes pueden perfectamente llegar a celebrar transacciones válidas, siempre y cuando la Ley no lo proscriba, o de estar limitada dicha potestad, se cumplan los requerimientos fijados en la normativa aplicable (en general quedan excluidos todos los atenten precisamente contra la médula de la función pública, esto es, funciones propias del *ius imperium).*

Debo citar en apoyo de nuestra posición al Profesor Brewer Carias, quien admite inclusive que las cláusulas arbitrales formen parte de los contratos de la Administración, o que los conflictos de ellos derivados puedan ser sometidos a arbitrajes, si bien reconoce que no hay unanimidad al respecto entre los diversos autores que han tratado la materia[35].

---

32 Anotamos que la autorización debe ser previa a la celebración del acuerdo, entendiendo que la posterior no subsanará los vicios del acuerdo suscrito sin aquélla.

33 Somos de opinión que tampoco excluye efecto vinculante el arbitraje frente a aquellos terceros que hayan sido partes en el proceso, o que de algún modo, como tales, hayan intervenido en él, sea durante la fase de cognición o en la etapa de ejecución, quienes al tener su derecho en duda puedan haber convenido en que la vía arbitral fuera la adecuada para despejar la incertidumbre de sus derechos.

34 Conferencias en Nueva Esparta, Anzoátegui, y la promovida por la Federación de Colegios de Abogados y la Facultad de Derecho de la Universidad Central de Venezuela, entre otras.

35 Brewer Carias, Allan R., *Contratos Administrativos*, Colección Estudios Jurídicos, N° 44, Editorial Jurídica Venezolana, Venezuela, 1992, p. 262 ss. El autor si bien en el momento precisa que la jurisprudencia no se había pronunciado sobre la materia admite la posibilidad del arbitramento en materia de contratos celebrados por la Administración. Hoy ya tenemos

Brewer Carias, acepta, que, luego de promulgado el Cpc vigente, el ilustre y bien recordado Profesor Moles Caubet tenía la razón cuando postulaba que "no existe en Venezuela prohibición alguna de la cláusula compromisoria y del subsiguiente procedimiento de arbitraje o arbitramento en los contratos de la administración, sea cualquiera su especie, contratos propiamente administrativos o contratos de derecho privado", para concluir claramente en que: "la administración tiene poderes para incluir, sea en un pliego de condiciones, sea en el contrato mismo, la cláusula compromisoria que abre entonces el procedimiento de arbitraje"[36].

Sostiene, en conclusión, Brewer, que el arbitraje, al menos ordinario, esto es, el regulado y contemplado en el Cpc, es aplicable a los entes públicos, y la única limitación que tienen en esta materia, derivada del articulo 608 Cpc, es de que los asuntos sobre los que verse el compromiso sean susceptibles de transacción[37].

Nuestra anterior posición contraria al respecto tuvo su fundamento en la interpretación que conforme al espíritu del legislador puede darse al citado artículo 4 LAC, reputando, que conforme a dicha Ley solo pueden convenir en arbitrajes los entes a que dicha disposición se refiere, y bajo las limitaciones que la misma impone, pero obviamente hoy entendemos, con apoyo a toda la doctrina extranjera y las anotadas observaciones de Moles y Brewer, que es perfectamente deducir también lo contrario, y por tanto aún en la nueva modalidad del Arbitraje Comercial, pueden, siempre que el asunto de fondo discutido sea susceptible de transacción por parte de dichos entes, o lo que resulta ser lo mismo, siempre que la Ley o los principios generales de derecho público, no impidan que aquellos puedan transarse.

Con lo expuesto, sostengo hoy, que a su vez, el artículo 4 es aplicable y sólo aplicable a los sujetos en él mencionados, sin que nada autorice a extender la excepción a los entes territoriales del Estado, ni que las formalidades en el contempladas puedan considerarse por igual exigibles para aquellos, pues la ausencia de alusión a ellos, no puede llevar al extremo de considerarlos incluidos genéricamente en las previsiones de esa norma, ni el literal b comentado permite sacar tal conclusión, sino precisamente la que antes hemos dejado expuesta.

La interpretación que sin lugar a dudas admitía que bajo la vigencia del Cpc, facultaban a la República, los Estados, Los Municipios y los Institutos Autónomos, para celebrar arbitrajes, nunca puesta en dudas por nosotros, añadimos hoy, no se modifica por la nueva Ley sobre Arbitraje Comercial[38].

---

sentencia de la SPA de noviembre de 1997, caso Van Dam, que de plano lo admite, aún con las reservas, a nuestro modo de ver, absolutamente infundadas que contiene el fallo. Mas aún, un pronunciamiento de la Procuraduría General de la República (1959), admitía expresamente que la Nación podría transigir válidamente divergencias ajenas a los meros aspectos técnicos, siempre que contara con los requisitos y formalidades contemplados en la Ley Orgánica de la Hacienda Nacional, pero no obstante llega a la misma contradictoria posición de la comentada sentencia de no admitir que los arbitradores puedan pronunciarse sobre las consecuencias de derecho de una determinada divergencia surgida entre las partes.

36 Moles Caubet, Antonio, "El arbitraje y la contraloría administrativa", *Revista de la Facultad de Derecho UCV*, N° 20, Venezuela, 1960, p. 9.

37 Brewer, ***opus cit.*** p.265.

38 Es mas, como en efecto lo señalábamos en nuestras exposiciones sobre el arbitraje ordinario, resultaba chocante toda interpretación en contrario, cuando que la República tiene celebrados

Antes como ahora, el asunto se limitará a examinar si en el supuesto concreto, lo que eventualmente pueda ser sometido a arbitraje podrá ser o no susceptible de transacción de acuerdo a las normas aplicables a cada caso, y si lo fuere es perfectamente válido el convenio arbitral, o el que las partes, incluyendo La República, Los Estados y Los Municipios, puedan contemplar válidamente en los contratos la cláusula o compromiso arbitral.

Es más, en materia donde la indisponibilidad es tan clara como resulta ser lo relacionado con la potestad tributaria, el vigente Código Orgánico Tributario[39] admite la transacción judicial tributaria, siempre que venga referida a "los hechos que dan lugar al litigio o reclamación, no en cuanto al significado de la norma aplicable", pero solo esta y únicamente esta limitante encuentra texto legal expreso y referido al estricto campo de los hechos, lo cual por demás tiene razón de ser en cuanto a este aspecto, cuando de principio debe entenderse que "normativa que regula y establece la potestad tributaria y su ejercicio, así como aquella que se refiere a la potestad sancionadora, siempre han sido reputadas indisponibles y propias del *ius imperium*[40].

En cuanto al artículo **4 LAC,** cuyo ejemplo no encontramos en ningún otro texto extranjero de los que hemos podido analizar, ni a ello se hace referencia en el modelo Uncitral, solo nos cabe explicarlo por razón de un especial celo en velar porque no ocurran hechos al margen del conocimiento del Estado, particularmente cuando que hoy por la descentralización económica, las sociedades en las cuales mantiene interés el Estado, manejan intereses de gran envergadura y porque es de reconocer que existen algunos

---

tratados en los que acepta el arbitraje como modo de solución de conflictos y reclamaciones de nacionales de otros Estados, tal cual es el caso de la Convención sobre arreglo de diferencias relativas a inversiones entre Estados y Nacionales de otros Estados (GO 35685 del 3 de abril de 1995), en la cual se contempla que en tales casos, tales diferencias quedan sometidas a la decisión de un organismo arbitral internacional, esto es, se acepta que el Estado dé por válidas las soluciones arbitrales, inclusive provenientes de un órgano internacional, sin otras limitaciones ni formalidades. Respecto a las normas sobre Tutela de los organismos públicos y similares debe atenerse a lo dispuesto en el artículo 20, numeral 11 de la Ley Orgánica de Administración Central. Por lo demás, hacemos como observación nuestra que al imponer la mentada disposición de la LAC, la necesaria "autorización", se alude a un acto autorizativo, y por tanto previo a la celebración del convenio, no pudiendo por tanto convalidarse el vicio que afectará al convenio o compromiso arbitral, si el mismo se lo celebró sin la aludida autorización previa, con un acto ratificatorio -como lo sería en contrario-, si la Ley se hubiere referido a "aprobación" ni podrá alegarse la validez, derivada de la tácita aceptación del acuerdo arbitral.

39 GO 4727 Extraord. del 25-5-94, en lo sucesivo COT, art. 57

40 Como cuestión interesante vale la pena reseñar que en un recurso ante los órganos jurisdiccionales especiales, sobre determinación de eventual evasión fiscal, se aceptó que la integración del órgano judicial que debía resolverlo, lo fuere con Jueces Asociados, y en efecto el órgano judicial así constituido fue quien dictó la decisión, cuyo pronunciamiento lo fue sobre el monto de lo que debía suponerse había sido o no evasión, con lo cual a nuestro modo de ver, con mayor razón permite pensar que la resolución de dicho asunto pueda haber sido confiada a un órgano de arbitraje (Primero Contencioso Tributario, caso Margarita Stelling). Para ampliar conceptos sobre el tema referimos a los interesados a la aludida obra de Brewer y a la amplia bibliografía por él citada.

deplorables antecedentes en que los intereses de dichos entes no han salido bien parados y que el contenido de los laudos no ha sido precisamente modelo que deba seguirse[41].

En cuanto a los requisitos formales aplicables a los supuestos de convenios arbitrales celebrados por los entes a que se alude en el Artículo 4, la norma es clara.

Tratándose de que una de las partes en el contrato o convenio arbitral, sea una de dichas sociedades, o aquellas en que a su vez, sean otras poseídas por ellas, se aplicarán **las** formalidades a que se alude en dicha disposición: autorización escrita del Ministerio de tutela, y debida aprobación expresa del órgano estatutario competente, con expresa mención en el acuerdo que sobre ello recaiga del tipo de arbitraje, número de árbitros que integrarán el órgano arbitral y que éste no lo sea en ningún caso con menos de tres árbitros[42].

Se observa de la misma disposición, que las limitaciones abarcan el primer y segundo grado de desconcentración pública.

Por lo demás, cabe señalar, que la misma Ley en su último artículo, expresamente precisa que no se aplican tales limitaciones, a los convenios y acuerdos arbitrales suscritos con anterioridad a la vigencia de la ley, como tenía que ser para **evitar** vicio de inconstitucionalidad derivado de la retroactividad que entonces se hubiera dado al citado nuevo mandato del Art. 4 LAC.

C. *Aplicación de la LAC de acuerdo a la fuente del conflicto:*

Los arbitrajes comerciales se extienden a conflictos que tengan su fuente indistintamente derivada de relaciones contractuales o a aquellos de índole extracontractual. En efecto, aclara el artículo 5 LAC que las controversias comerciales que pueden plantearse ante árbitros pueden provenir bien de una relación contractual o no contractual, dejando así abierto el campo para que puedan resolverse por vía de arbitraje comercial tanto las cuestiones contractuales como las provenientes de hechos ilícitos ocasionadas con motivo de esas relaciones comerciales, ampliándose así también el ámbito de la competencia arbitral, dejando definitivamente resueltas las dudas que se planteaban en torno a si por la vía del Arbitraje comercial podían o no discutirse conflictos derivados de hechos ilícitos o si estaban restringidos a los provenientes de relaciones de carácter contractual[43].

---

41 Estimamos que el Congreso incluyó la citada limitación con fundamento a esas lamentables excepciones, al igual que el condicionante sobre el número de árbitros que debe integrar el órgano arbitral, a que alude la última parte de dicho artículo, pues no otras razones pueden justificar dicha redacción. Nos referimos a un no lejano arbitraje pronunciado en referencia a las empresas del Aluminio, que ocupó durante algún tiempo a nuestra prensa local.

42 En cuanto a la limitación impuesta por el número de árbitros que integren el organismo arbitral, no puede encontrarse razón seria alguna que lo justifique. Si lo que se procuraba era garantizar una mejor y más confiable decisión, o que los órganos de nivel inferiores a los de manejo directo del Estado pudieren convenir en que los árbitros no fueran de toda la deseada idoneidad, era preferible establecer que la elección de los árbitros a designarse, en todo caso debla contar con las mismas aludidas aprobaciones y autorizaciones a que se alude en dicho artículo.

43 Por lo demás es esa la misma redacción del Art. 7 LMU. Vale la pena recordar si, en cuanto a los que tengan origen en responsabilidad extracontractual, las precisiones que ha venido señalando nuestra jurisprudencia en cuanto a aquellos casos que realmente tengan índole

2. *Tipos de arbitraje:*

Dentro de las mismas Disposiciones Generales comunes a las dos nuevas modalidades de arbitraje comercial, el Art. 8 de la LAC precisa que "los arbitrajes pueden ser de Derecho o de equidad", entendiendo por ellos, en el primer caso, que los árbitros deberán observar las disposiciones de derecho en la fundamentación de los laudos, mientras que en los segundos, procederán con entera libertad, según sea más conveniente al interés de las partes, atendiendo principalmente a la equidad. Si no hubiere indicación de las partes sobre el carácter de los árbitros se entenderá que decidirán como "árbitros de derecho".

La nueva Ley se aparta un poco de lo que se regula en el Cpc para el arbitraje ordinario (A.618*)* en lo atinente al Arbitraje de derecho, el cual consecuente con la regulación que da al procedimiento arbitral en tales casos, precisa que en el de Derecho" los árbitros deben observar el procedimiento legal y en las sentencias, las disposiciones del Derecho". mas en ello no se confronta un verdadero cambio, si recordamos por igual que el mismo artículo en su parágrafo primero advierte que las partes "pueden indicar a los árbitros de derecho, las formas, reglas y normas de procedimiento que deban seguir y someter a los arbitradores a algunas reglas de procedimiento" y lo cual analizaremos con más detalle en adelante.

Finalmente, como resultaba lógico, siendo estos arbitrajes atinentes a lo "comercial" se añade en el último aparte del mentado artículo. "Los árbitros tendrán siempre en cuenta las estipulaciones del contrato y los usos y costumbres mercantiles", sin referir dicha norma a una u otra de las modalidades de dicho arbitraje ni a los tipos que son objeto de análisis.

Estas disposiciones deben analizarse a la luz de lo previsto en el artículo 30 LAC, que si bien es aplicable específicamente al caso de Arbitrajes Independientes[44], regula una situación directamente atinente a los principios que deben entenderse rigen para los "arbitrajes en general" y que merece especiales comentarios.

Efectivamente, al ser la norma del artículo 8 una disposición general aplicable a ambos tipos de arbitraje, esto es, al de árbitros de derecho y al de arbitradores, carece de todo sentido lo dispuesto en el artículo 30 ya citado, conforme al cual: "El laudo del Tribunal deberá ser motivado, a menos que las partes hayan convenido lo contrario ".

En efecto, siendo el arbitraje de derecho, aquél conforme al cual los árbitros deben resolver no con una norma sustantiva de su creación para buscar la solución al conflicto, sino conforme a las normas del ordenamiento vigente y además, en la sentencia apegados a los principios de derecho que rigen en general la materia en el proceso ordinario, no concebimos como en nuestro actual sistema jurisdiccional, pueda sustentarse que los árbitros de derecho queden eximidos de motivar su laudo, aún con la anuencia de las partes.

"comercial". Vid Alfredo Morles H. Curso de Derecho Mercantil, Tomo I, Editorial UCAB, Caracas, 1996.

[44] El artículo 31 LMU contempla idéntica disposición con la advertencia, debemos recordar, que en ella no se estipulan las dos modalidades del arbitraje comercial que establece la LAC, pero ello es justificable en cualquier otro sistema que a diferencia del nuestro no imponga como requisito de orden público del fallo en derecho, que deba estar motivado (ex artículos 243 y 244 Cpc) o en la expresa excepción a que alude la primera norma citada sobre "laudos que se dicten en los términos convenidos por las partes conforme al artículo 30 de la misma Ley", modalidad por lo demás no contemplada en la LAC.

La motivación, no sólo es un requisito esencial para poder precisar justamente si el pronunciamiento del Juez o del árbitro es o no conforme a derecho, sino con el cual se pretende buscar la aquiescencia del grupo social y de las partes sobre lo decidido, inclusive el pronunciamiento en equidad exige y requiere que los árbitros o el juez facultado para así decidir, expresen los motivos por los cuales establecen la norma que consideran aplicable al caso y aquellos en los que sustentan la decisión que con fundamento a ella se dicta en ese caso concreto[45]

Es cierto que conforme a lo prevenido en el Art. 618 del Cpc en los arbitrajes ordinarios de Derecho "las partes pueden fijar ciertas normas de procedimiento a los árbitros", pero ello nunca puede llegar a extenderse a que se exima al árbitro de cumplir con tan delicado requisito propio del fallo en ley y justicia y característica esencial de la expresión de la jurisdicción de derecho.

En cuanto a la comparación de los dos sistemas arbitrales, y en lo referente a cual sea la norma aplicable en el supuesto de que las partes no hubieren dispuesto si el arbitraje por ellas consentido lo sea de Derecho o por equidad, debe resaltarse que las normas son diversas en lo que atañe a tal aspecto del procedimiento.

En efecto, en el caso del arbitraje ordinario (Art. 614, Parag. 2 Cpc), tratándose del acuerdo arbitral extra litem o cláusula arbitral, a falta de tal determinación por las partes, se entenderá que los árbitros son de derecho y que el laudo será inapelable, en cambio, tratándose del compromiso judicial arbitral, la falta de determinación de las partes en esa materia hará que los árbitros se reputen arbitradores, resultando por esa misma razón también inapelable el laudo[46]

3. *Lugar del Arbitraje:*

También dentro de las normas generales comunes del procedimiento arbitral comercial la nueva Ley regula este aspecto, sobre el cual nada se contempla en el Procedimiento Arbitral especial del Cpc (ordinario), distinguiendo además las dos situaciones que pueden tener relevancia en la materia y disponiendo la norma supletoria para el caso de que las partes nada hubieren previsto al respecto en el primer aspecto comentado.

Así, conforme lo dispone el artículo 9 LAC en cuanto al lugar donde deba llevarse a cabo el arbitraje, la regla será atenerse a lo que fijen las partes, y a falta de previsión o de no haber acuerdo entre ellas al respecto, el órgano arbitral lo determinará no a su libre discrecionalidad, sino tomando en consideración las circunstancias del caso, inclusive la conveniencia de las partes.

En lo que atañe al segundo problema que puede suscitarse, esto es, el lugar donde deba actuar el órgano arbitral, la regla general, por igual, será que prive lo determinado al

---

45 Iguales consideraciones hemos dejado expuestas en nuestro citado trabajo sobre El Arbitraje, *Revista Fac. Derecho UCAB* N° 51, ***opus cit.***

46 Al respecto en nuestro comentado trabajo sobre El Arbitraje, Revista Fac Der UCAB N° 51, sostenemos que ello no es una contradicción, sino consecuencia de la lógica interpretación de los principios sobre la materia, pues si en efecto las panes ya se encuentran en juicio en este caso, lo procedente ante el silencio de las partes, es reputar que ellas no quieren darse la solución jurisdiccional y que prefieren una solución de equidad, de aquélla que por lógica debían esperar de la jurisdiccional, apegada a la Ley.

respecto por las partes, y si no mediare expresa prohibición en contra de aquellas, se entenderá que podrá reunirse en cualquier lugar para deliberar y recibir pruebas (entendemos que la enumeración hecha en la Ley de algunas de ellas, es meramente enunciativa y no taxativa, mas cuando genéricamente contempla las deposiciones de las partes, inspecciones del mismo órgano sobre bienes, declaraciones de terceros y experticias).

4. *Normas relacionadas con el idioma utilizable:*

La LAC contempla en el artículo 9 la libertad de las partes para regular cual sea el idioma o idiomas que puedan utilizarse en las actuaciones arbitrales y en los actos de las mismas partes y/o aquél en el cual deba quedar redactado el laudo, con las siguientes advertencias:

> "Los árbitros fijarán dicho idioma para uno y otro tipo de situaciones, a falta de disposición expresa al respecto por las partes;
>
> La norma contempla que puedan utilizarse más de un idioma; y
>
> En todo caso el órgano arbitral podrá ordenar que los documentos acompañados a los autos, puedan venir acompañados de traducciones a uno o más idiomas, sean los acordados por las partes o los que fije dicho órgano arbitral."

La normativa examinada debe complementarse con lo que al respecto determina el artículo 48 LAC, conforme al cual para solicitar y que se acuerde la ejecución del laudo, independientemente de las disposiciones examinadas antes, deberá presentarse el mismo debidamente traducido al idioma castellano, si fuere necesario[47].

Por supuesto que tales disposiciones son ausentes y en ciertos modos innecesarios en el procedimiento de arbitramento (arbitraje ordinario) si tomamos en cuenta que el mismo rige como procedimiento arbitral especial que debe y tiene que cumplirse en Venezuela y del cual mantiene una especial tutela el órgano jurisdiccional ordinario (Juez del arbitraje).

V. NORMAS DEL PROCEDIMIENTO ARBITRAL COMERCIAL EN SU MODALIDAD INDEPENDIENTE:

Como puede deducirse de todo lo dicho anteriormente, estas normas son solo aplicables a esa modalidad del arbitraje comercial, ya que en la otra modalidad del mismo, por razón de la redacción de la Ley, a falta de que las partes opten por fijar las de la Ley para el Arbitraje Independiente, resultan aplicables las propias de los Centros Institucionales de arbitraje, que por supuesto deberán ser examinadas en cada caso.

Como lo adelantáramos igualmente, la LAC trae ahora normas atinentes a ese procedimiento, en veces más claras y expeditas que las contempladas para el arbitramento en el Cpc, otras que regulan aspectos no contempladas en aquél, siempre procurando dejar a las partes y al órgano arbitral la resolución de esas situaciones en miras a separarse de la

---

47 En lo atinente a esta materia, por igual en nuestras sugerencias al Senador Pedro Pablo Aguilar sobre observaciones al Proyecto de la LAC, considerábamos conveniente la modificación de dicho artículo en respeto de los principios procesales de que el idioma oficial, dentro de la República tiene que ser el Castellano, con la sola excepción de que el laudo fuere a producir efectos en el exterior de la República. Vid RFDUCAB 52, citada.

enmarañada trama que supone el actuar del órgano judicial ordinario, y las que serán aplicables a falta de que las mismas partes hubieren fijado otras, con las limitaciones que ya dejamos comentadas y que son las contempladas en los Capítulos III, IV y V de la Ley.

De ellas no entraré a examinar las que resultan claras y obvias en su aplicación, porque bastará leer la LAC para entender cómo y porqué deben ser aplicables, sino aquellas de las cuales pueden derivar problemas en su interpretación y ejecución.

1. *En torno al proceso de elección y designación de losárbitros y constitución del órgano arbitral*

Las normas aplicables están contenidas en los artículos 16 al 18, y sólo cabe destacar que por excepción, a pesar de que el principio es desvincular el procedimiento arbitral de los órganos judiciales ordinarios, a falta de acuerdo en la designación del tercer arbitro o del árbitro único, cualquiera de ellas puede ocurrir ante el Tribunal competente de Primera Instancia a fin de que él haga esa designación (Art. 17 LAC).

La LAC no establece procedimiento alguno para esos trámites, luego debemos precisar que a nuestro juicio se trata de un procedimiento que no debe dar lugar a contención, y el cual a falta de norma expresa se regulará por lo dispuesto en el artículo 607 Cpc, que a nuestro entender se aplica a la perfección en este caso y cubre la necesaria notificación de su existencia a la contra parte para que ejerza debidamente su defensa, y exponga cuanto estime pertinente a tales efectos, etc.

El artículo 18 in fine prescribe que en casos de no aceptación, fallecimiento, renuncia, inhabilitación o recusación, se procederá a nueva designación en la misma forma que ha quedado descrito, luego debe entenderse que en cualquiera de tales supuestos no es que se extinga la vía arbitral, sino que la misma continuará corrigiendo o enmendando el presupuesto faltante para que aquella siga su curso normal.

2. *Gastos del proceso y honorarios de los arbitrarios (19 LAC)*

La norma bajo examen regula la forma en que queda constituido el Tribunal una vez aceptado el cargo por los árbitros, no obstante, como lo anotamos precedentemente, no fija que la constitución deba realizarse con determinada formalidad, o si de ellos deben advertir los árbitros a las partes, cuestiones que si quedan obviadas en el arbitraje ordinario en tanto que tal acto debe y tiene que cumplirse ante el Juez del arbitraje, quien además tomará el juramento a los árbitros. Estimamos por ello que lo procedente será que los árbitros se reúnan, dé noticia a las partes de cuando y donde se constituirá el órgano, y en esa oportunidad se lo declare constituido con la presencia de ellas, o al menos, habiéndolas notificado de tal hecho, asumiendo estas la carga de estar presentes.

La misma disposición prescribe que en esa oportunidad los árbitros fijen sus honorarios y la suma que estimen necesaria para gastos de funcionamiento (sede, secretaria, alguacil, papelería, etc.). Las partes tendrán derecho de objetar tales montos, en el término de cinco días hábiles[48], término que se computará a partir de la fecha en que fuere notificada la providencia que los determine[49]

La comentada norma dispone que tal objeción será hecha por escrito **y** precisando cuales montos aprueban por justos, sin encontrar motivo racional para tal dispositivo, a no ser que con ello haya pensado el Legislador que los árbitros puedan reconsiderar aquellos "no justos".

Consideramos exagerada la disposición de la parte infine del comentado artículo relacionada con el hecho de que ante la opinión unánime de los árbitros de rechazar la objeción inclusive de una parte (pues la ley no hizo discriminación alguna) deba reputarse que el órgano arbitral ha cesado en sus funciones.

Lo anterior se muestra más evidente, cuando que al analizar lo dispuesto en el artículo 20 LAC, relacionado con la consignación de los montos no objetados, se dispone que ante la falta de una de las partes en realizarla, queda subsanada la misma, si la otra lo hiciera por cuenta de la renuente; siendo más benévolo que disponer la cesación del órgano arbitral, y peor aún sin aclarar que en tal caso, como en cambio sí lo determina para el supuesto de no consignación de las sumas no objetadas pero no depositadas por ninguna de ellas, destacándose que en tales supuestos, con la cesación del órgano, las partes quedan en libertad de acudir a los jueces ordinarios o nuevamente reiniciar el proceso arbitral.

3. *Régimen de las costas procesales (Art. 20)*

El 20 LAC regula lo pertinente, precisando que sobre ello se hará pronunciamiento expreso en el laudo, definiendo a quien corresponden las costas y en cual proporción.

De lo dicho se deduce que el sistema de costas no es el de vencimiento total, sino que los árbitros pueden considerar más justo repartir dichos cargos entre las partes, con fundamento a su conducta en el procedimiento y al pronunciamiento que se hubiere hecho sobre lo principal y/o accesorio.

4. *Termino para decidir -duración del proceso arbitral (Art. 22)*

Dispone la norma analizada que si las partes no hubieren dispuesto nada en el acuerdo arbitral, y entendemos igualmente que lo podrían subsanar también en el acto mismo de instalación del órgano arbitral, el mismo tendrá una duración de seis meses contados a partir de la constitución del órgano arbitral. Dicho lapso obviamente se computará conforme lo dispone el Código Civil en el artículo 12, y continúa determinando que dicho lapso podrá ser prorrogado por el órgano arbitral una o más veces, de oficio o a solicitud de las partes o apoderados si tuvieren facultad expresa para ello y con la advertencia de que dicho término o el de las prórrogas se complementará o adicionará con el número de días en que por cualquier circunstancia (sic. ajena a la voluntad del órgano) quedare suspendido o interrumpido el proceso arbitral.

---

[48] En cuanto a la forma de cómputo de dicho lapso ver los comentarios contenidos en la nota precedente.

[49] De lo precisado en la Ley al respecto podría sustentarse la no-necesidad de que ese acto de constitución esté previamente notificado a las partes, pero pareciere que lo prudente, a fin de constatar el debido cumplimiento de las instalación y constitución del órgano arbitral, es que si lo estuvieren.

Como acotación interesante destacamos que nada aluden las causales de anulabilidad del laudo o de denegación de su ejecución, respecto a que el laudo sea extemporáneo, lo que no ocurre así en el arbitraje ordinario, donde expresamente determina el Cpc. artículo 626, ordinal 1° que el mismo será nulo si se hubiere pronunciado sobre la materia de un compromiso nulo o que haya "caducado", término que ha interpretado sin discusiones la doctrina, como de que el laudo hubiere sido dictado extemporáneamente, en el sentido de que lo haya sido después de vencido el término que se hubiere establecido para pronunciarlo50.

Finalmente, los casos de suspensión e interrupción a los que entendemos alude la Ley, serán aquellos tales como los de muerte o incapacidad de unas de las partes, separación voluntaria o determinada por la **Ley** o el Convenio de uno de los árbitros, algunas de las cuales precisa expresamente el artículo 40 LAC, no considerando que ella comprenda las de interrupción, ni todas las que deban reputarse de suspensión.

5. *Emplazamiento e inicio del proceso arbitral (23 y 24 LAC)*

En cuanto al emplazamiento no podemos decir propiamente que la disposición de los árbitros a fin de que las partes concurran ante el órgano arbitral es tal, ni que es equivalente al que debe hacerse en la vía jurisdiccional ordinaria y por tanto la que debe así mismo cumplirse en el arbitraje ordinario.

En efecto la citación a que alude el artículo 23, es para que "ambas partes" concurran a la denominada por la LAC "Audiencia de Trámite", que como lo analizaremos es un acto por **y** para todas las partes del proceso.

Ese emplazamiento no señala la Ley cuando debe ser ordenado, pudiendo serlo, a nuestro entender en el mismo acto de la instalación del órgano o en oportunidad posterior, en tanto que de él, necesariamente deberá imponerse a las partes por vía de "citación" ex artículo 22.

Tal citación no sigue tampoco los trámites de la ordinaria jurisdiccional, sino que destaca la norma debe ser por escrito **y** dirigida a las partes o sus apoderados (22 LAC).

Si bien la norma no lo dispone expresamente, deberá entenderse obviamente que es a los apoderados constituidos en el proceso arbitral, pues de lo contrario no parece ser conducente deba reputarse se apliquen las disposiciones contempladas en el Cpc para la citación a través de apoderado, pero si bien tampoco lo ordena así, consideramos que para evitar supuestos de anulabilidad o denegación de ejecución, tal mandato debe contener facultad expresa para darse por citado o notificado.

---

[50] La LMU tampoco establece nada al respecto, no obstante, destacamos que nuestro parecer es que la nulidad opera por igual a tenor de la causal IV, literal a, artículo 34, que dispone ".... que el procedimiento arbitral no se ha ajustado al acuerdo entre las partes...", en tanto que la amplitud de los conceptos utilizados por dicha norma entendemos se extiende a dicho motivo de nulidad. que por igual se la repite entre aquellas que dan origen a denegar la ejecución (Art. 36, I, a), IV).

6. *La audiencia de trámite (24 LAC)*

La Ley dispone que esa primera audiencia (oportunidad de oír, no día u oportunidad en la que el tribunal u órgano arbitral despache) sea la dispuesta para conocer el convenio arbitral, entre árbitros **y** partes (por ello ordena a que en la misma se lo leerá) y las cuestiones sometidas a decisión arbitral (debe quedar determinado el *thema decidemdum),* se expresarán las pretensiones de las partes, estimando *(sic.* cada una de ellas) razonablemente su cuantía.

De lo dicho deducimos y observamos lo siguiente:

a) No es propiamente un acto para contestar las pretensiones de las partes, pues como resulta obvio se entiende que las mismas no conocen esas pretensiones. Es una audiencia por el contrario, para enterarse de las pretensiones de las contrarias, y entre las cuales se encuentra, de no estar clara **y** precisamente determinadas, que es lo que deben resolver los árbitros, fijar el valor de lo discutido y hacer valer, en adición cualquier defensa que pueda esgrimirse diríamos de trámite para el arbitraje, en tanto que el fondo se deduce que lo están conociendo en esa oportunidad, tales como incompetencia, falta de jurisdicción, nulidad del contrato o de la convención arbitral, recusaciones, etc.[51]

Como recomendación diremos resultará prudente, y antes de terminar dicho acto, pedir al órgano arbitral fije la oportunidad para dar contestación a las pretensiones de la parte contraria, si es que ello no quedare establecido por el mismo[52].

b) En la misma podrán adelantarse el o los medios probatorios que deseen usarse (anuncio de prueba) o inclusive consignar las que se tengan disponibles -promoción- *(24* **in fine*)*;**

c) Se objetarán las Pruebas presentadas y si fuere del caso, se anunciarán tachas de documentos[53];

---

[51] Abona nuestra tesis el contenido del Art. 25 encabezamiento ***in fine,*** LAC, al disponer que la excepción de incompetencia del órgano arbitral será opuesta dentro de los cinco días hábiles siguientes a la primera audiencia de trámite, con lo cual, por lo demás también advertimos que no es esa tampoco la oportunidad para el ejercicio del llamado "despacho saneador" puesto que para hacer valer entre otras la cuestión de incompetencia queda diferida para la aludida otra oportunidad.

[52] El artículo 27 LAC permite deducir que en esa misma oportunidad el órgano arbitral fijará si deben o no realizarse otras audiencias, inclusive para recibir pruebas, hacer alegatos orales, régimen probatorio a utilizarse, etc., y dado que la normativa no tiene claramente establecido el principio de que las partes están a derecho después de esa citación. A nuestro entender ello es conveniente, sino imprescindible, en tanto que de no quedar fijadas las reglas de defensa en ese acto, a fin de evitar nuevas convocatorias de las partes al proceso, ello debe quedar dilucidado, con miras a mantener la igualdad de oportunidades para las partes, de que ellas conozcan todas las reglas de trámite, y evitar lo que la misma Ley proscribe, esto es que en el proceso arbitral "no se admitirán incidencias".

[53] Por supuesto que lo serán las que quieran ejercerse en ese acto contra documentos consignados por la contraparte, para que sea sustanciada en el mismo arbitraje, en tanto que si hubiera procesos de tacha (entiéndase principales, o incidentales en otros juicios o arbitrajes), si bien deben advertirse al órgano arbitral, ese proceso, en el que se las anuncie, no se interrumpirá (27 ***in fine).***

d) Pedir al órgano arbitral fije cualquier norma de procedimiento que fuere menester o avenirse con la contraparte para fijarlas y determinarlas, entre otras, y a reserva de lo que comentaremos luego, lo relacionado con el régimen probatorio, apreciación y valoración de las pruebas, etc.; y,

e) Se podrán solicitar las medidas cautelares del caso (26 LAC).

Somos del parecer que en ese mismo acto, precisamente para hacerlo del conocimiento de las partes, si no estuviere fijado en el convenio arbitral, el órgano arbitral deberá pronunciarse sobre el lugar donde actuará, el idioma a utilizarse, si tampoco constare en el convenio, la forma en que quedará constituido el órgano, si se designará a uno de los árbitros sustanciador , si se nombrará Secretario, Alguacil, determinará la forma de computar los lapsos, días en que actuará, y toda otra providencia ordenadora, incluyendo además, por ejemplo la del lapso en el cual se pronunciará el laudo, si tampoco estuviere establecido, o si se reputare pudiere reducirse el convenido, o debiera prorrogárselo o extendérselo, etc.[54]

7. *Contestación de las pretensiones*

La LAC nada dispone sobre dicha materia, y en razón de ello recomendamos antes la expresa petición que debe formularse al respecto en la Primera Audiencia de Trámite, a diferencia de la LMU que si regula expresamente la contestación y otros asuntos a ello atinente, incluyendo lo relativo a reformas y adiciones a las pretensiones deducidas[55]

8. *Régimen de pruebas (24, 27 y 28 LAC)*

Tampoco encontramos regulación expresa sobre esta materia, lo cual consideramos doblemente delicado y una imprudencia imperdonable de nuestros legisladores, cuando si bien es cierto que ahora en Venezuela se ha instaurado el sistema mixto de libertad de medios probatorios y medios legales de prueba, se mantiene sin embargo y así lo sostiene reiterada y profusa jurisprudencia de nuestra Casación que el régimen de valoración de la prueba es el Legal y reputa de orden público, todo cuanto a ello se refiere, como debe ser, en tanto que atañe al Derecho de Defensa de las partes[56].

---

[54] La LMU tampoco fija precisamente esas materias. Arts. 20 al 24.

[55] En cambio si contiene disposiciones expresas al respecto la LMU (Arts. 23 y 24) Dichas normas regulan prácticamente al detalle la materia y no entendemos porqué se prescindió en la LAC de tales disposiciones, cuando literalmente se copiaron parte de las disposiciones de aquella (Art 24), y norma inclusive, con toda razón, otra norma de particular importancia desde el punto de vista del debido ejercicio de la defensa. como lo es la del numeral 3 del Art. 24, relativa a que a las partes debe darse traslado de toda declaración, petición, documentos que presente la contraria, así como establece la obligación de poner a disposición de las mismas cualquier material probatorio que se hubiere producido al margen de la actividad de aquellas (control de la prueba).

[56] Al respecto recordamos que la LMU dispone un régimen de absoluta libertad (A. 20), cuya aplicación ya objetábamos anteriormente, y que pareciera además extender las potestades probatorias a los árbitros ilimitadamente, lo cual consideramos posible en otras legislaciones que aceptan el régimen libre de apreciación y valoración de las pruebas o el de libre convicción para los juzgadores. En esta materia se justificaba, el establecimiento de una norma diferenciada al modelo, por lo demás perfectamente admisible si recordamos lo también antes

Al respecto tenemos que ser muy concretos, pues otro de los conferencistas debe analizar este tema, pero no podemos dejar de expresar nuestra opinión respecto a algunos problemas que necesariamente deberán confrontarse con los arbitrajes en materia de pruebas, y manifestar que en lo a ello atinente, salvo acuerdo de las partes en contrario, que equivale al supuesto contemplado en la Ley adjetiva general de que las partes consideren que el juicio debe solventarse sin pruebas (389, ord. 3° Cpc), cuando menos los árbitros de Derecho, necesariamente deben aplicar los principios y normas contemplados en la vigente regulación adjetiva y sustantiva en materia de pruebas y por tanto:

a) Sólo pueden aceptar las pruebas legales o libres, pertinentes, legales y oportunamente incorporadas a los autos;

b) En la valoración, necesariamente, deben acatar los principios establecidos en la Ley, y en especial que la misma, debe y tiene que ser hecha conforme a la Ley en las legales, y aplicar la sana crítica tratándose de los medios libres y en los legales a los cuales la misma no fija tarifa;

c) Consideramos imposible que en la modalidad de Arbitrajes de Derecho, con la sola excepción contemplada en la Ley, y aun mediando la disposición expresa de las partes, los árbitros puedan proveer al respecto y manifestamos nuestras serias dudas sobre si resulta o no disponible para las partes regular las normas sobre valoración de las pruebas, a reserva de un mejor y más detallado estudio sobre la materia.

Por último llama la atención el contenido del artículo 28 LAC[57] en lo atinente a las pruebas, y sobre lo cual ya se han dejado oír algunas controvertidas opiniones al respecto, como resulta pueda pretenderse que lo perseguido con dicha disposición lo sea el facilitar lo relacionado con la evacuación de ciertas pruebas revestidas de ritualidades esenciales que necesariamente hacen entender imprescindible la intervención de la judicatura ordinaria, como lo será en las de confesión, testimoniales, peritajes, etc, donde la Ley requiere como requisito para validez de las mismas que se preste juramento, el cual debe ser ante un funcionario con competencia para requerirlo y recibirlo, o la otra posición, conforme la cual se destaca que esa intervención es tal intervención del órgano judicial ordinario, es solo producto del reconocimiento de la función jurisdiccional desempeñada por los árbitros y que con ella solo se alude al principio general que impone el deber de cooperación de los demás órganos de la actividad.

---

acotado, en el sentido de que el prototipo UNCITRAL deja en absoluta libertad a los Estados que lo adopten para fijar las reglas propias e inderogables que lo complementen. Nos atrevemos a formular la aseveración, de que la señalada omisión de reglas sobre la materia responde a que tanto los proyectistas como los señores Legisladores poco conocen de procesal y menos de Derecho Probatorio.

57 Con evidente similitud al 27 LMU y con la advertencia de que la parte final del mismo, pone aún más de manifiesto que la norma permite deducir que el modelo contempla su aplicación a países donde la regulación de la materia probatoria es diferente a la de nuestro país, y que, esa participación del Juez ordinario, deberá serlo para coadyuvar en la evacuación y substanciación de las pruebas, no para que solo él pueda evacuar algunos medios probatorios revestidos de especiales formalidades (testigos, posiciones juradas, deposiciones de las partes, juramento deferido, etc.), y que cuando lo hace deberá hacerlo estrictamente sometido a las normas sobre evacuación de las pruebas, las cuales no puede relajar o modificar como si puede serlo dentro del proceso arbitral y por los árbitros.

9. *Poder cautelar en el proceso arbitral (26y 28 LAC)*

Nuevamente en este aspecto trascendental y de particular importancia debo reducir mi intervención a resumidos comentarios, pues son otros los que tienen asignado en específico el tratamiento de este apasionante tema.

Comenzaré por recordar que antes ya destacaba que la novedad en la materia consiste en que por lo menos la LAC, en lo atinente a los arbitrajes independientes regula en forma muy particular los relacionado con el poder cautelar, con lo que cuando menos reconoce que en tal caso los árbitros tienen cierta inherencia sobre la materia, lo cual hace pensar que como verdaderos detentadores, aun precarios, de la potestad jurisdiccional, pueden disponer en cierto modo de la potestad cautelar, y en adición a que la regulación nueva, tampoco deja del todo aclarado el asunto.

Por el contrario, somos de opinión de que la forma en que se la regula pone todavía en evidencia de que la justicia arbitral sigue siendo manida y sometida a la de la actividad jurisdiccional ordinaria, de que la misma en todo caso solo quedó conferida al arbitraje comercial en su modalidad de Independiente -que no a la institucional- y que en la forma que se la concede, no solo es insuficiente e incoherente, sino que se prestará a una serie de trabas y que por tanto continuará siendo un serio obstáculo al uso de la institución arbitral

Precisa por igual advertir que la materia no es tratada en la misma forma en el modelo UNCITRALL cual en su artículo 9 se refiere a la cautela que puede solicitarse coetánea o anticipadamente al proceso arbitral en cuestión ante la jurisdicción ordinaria y sin que ello suponga incompatibilidad con la justicia arbitral **(sic.** renuncia tácita al convenio arbitral), cuya situación se silencia en la LAC; y adicionalmente, el articulo 17 LMU, claramente concede la potestad cautelar a los árbitros, sin restricciones.

En cambio, el artículo 26 LAC defiere el poder cautelar a los árbitros independientes, salvo que las partes expresamente se lo excluyan en el convenio, y lo limita, al deducirse de su regulación que:

a) Las mismas proceden sólo para garantizar el cumplimiento del laudo, y no para otros efectos (así debe entenderse la frase "... que consideren necesarias respecto del objeto en litigio");

b) Se da por sentado que los árbitros la concedan previo a pronunciamiento razonable atenidos al **bonus fumus iuris** y al **periculum in mora;**

c) Que los árbitros sólo las decretan y resuelven potestativamente previa la consideración sobre la procedencia de contracautela para responder de los daños; y,

d) Que al acordarlas proveerán para que las ejecute la jurisdicción ordinaria, en tanto que su efectiva aplicación comporta potestad del *ius imperium*, atinente a la garantía de ejecución, de la cual carecen los árbitros.

En lo que atiene a la norma del modelo UNCITRAL volvemos a insistir que lo en él dispuesto resulta aplicable o desaplicable en cada país que lo adopte, según el caso, de acuerdo a la filosofía del sistema judicial imperante en cada Estado, en consecuencia, en nuestro criterio, por lo que respecta a Venezuela, donde el poder cautelar nominado o innominado, aún no goza de la autonomía plena que se le reconoce en otros ordenamientos, y por tanto sigue siendo una potestad accesoria, limitada, accidental e instrumental del poder de juzgar dentro del juicio principal que se cumple ante el órgano judicial, que tampoco en nuestro sistema puede aceptarse que dichos órganos judiciales puedan ejercerla, en forma independiente y al margen del conocimiento en su sede del problema principal y en lo que atiene a la otra previsión, no dejan de presentarse serias dudas que puedan ejercer la potestad cautelar, a pesar de lo consagrado en la Ley y en ejecución de lo aceptado por las partes, quienes todavía no está claro si detentan o no la potestad jurisdiccional, el *ius imperium*, en particular cuando se toma en cuenta que con su ejercicio se afecta el patrimonio de los particulares, aún siendo partes de los procesos y quienes con su abstención de pronunciamiento de expresar la negativa de conferirla, no puede entenderse faculten la derogatoria de principios constitucionales que los protegen.

En este último sentido cuando menos si debemos reconocer la prudencia de nuestro legislador, que sensatamente, no admitió esa suerte de pronunciamiento aislado sobre el poder cautelar, ajeno al conocimiento que el juez ordinario tendrá del asunto arbitral, y por ello, no se acogió al modelo, sino que lo siguió, con las anotadas fallas, en la que pueden ejercer ciertos árbitros, en la forma limitada y estricta en que lo condicionan sus comentados supuestos.

Si bien reconocemos el mérito y prudencia en lo atinente a lo dicho, destacamos por igual su desatino al no haber previsto al concederlo en esa forma, el acaecimiento de incidencias previsibles con ocasión de las medidas, frente a terceros, a las mismas partes, etc., lo cual hace pensar que el trámite de aquellas quedará bajo la competencia de la jurisdicción ordinaria, quien entonces estará resolviendo sobre asuntos que no cursan ante su sede y quien resultará por tanto ajeno a los motivos que tomó en cuenta quien las acordó, limitó y ordenó se cumplieran en determinada forma.

A los preocupados en el tema no me resta sino recomendarles esperar a quienes les toque disertar sobre toda esta materia tan importante, que estoy seguro ampliarán con lujo de detalles mis simples observaciones y en todo caso les remito a los interesantes comentarios y problemas que se plantean las profesoras Cárdenas y Herbón [58].

10. *El laudo (Arts. 29 AL 32 LAC)*

Es el pronunciamiento o providencia dictada por los árbitros, con fuerza de cosa juzgada, culminación del "proceso arbitral", por tanto el acto procesal más trascendente de ese modo en que se manifiesta la actividad jurisdiccional cumplida por ellos, o el modo sustitutivo de solventar el conflicto de intereses por medio de esta modalidad que se dan las partes para terminar sus desavenencias, que debe ser escrito y firmado por él o los integrantes del órgano arbitral, motivado (salvo acuerdo en contrario de las partes) que deberá contener necesariamente la fecha en que se lo haya dictado y el lugar del arbitraje (Arts. 29 y 30 LAC)[59].

El laudo conforme al ya citado artículo 8 *ejusdem,* si lo han proferido árbitros de derecho, en la solución del problema deberá estar apegado a las disposiciones de derecho y debe entenderse por igual, con la excepción de la expresión de los motivos, si para ello se los hubiere relevado, debe llenar los requisitos que fija la Ley para la Sentencia (243, 244 Cpc). Los segundos, en la solución del problema de fondo estarán sustentados principalmente en la equidad, con entera libertad, en el fondo y en la forma, atenidos

---

[58] *Opus cit*. p, 84 ss

[59] De idéntica redacción al Art. 31 LMU.

principalmente al interés de las partes, y en ambos casos tomando siempre en cuenta las estipulaciones del contrato y los usos y costumbres mercantiles[60].

En cuanto a la posibilidad de las partes de eximir o no del deber de motivación a los árbitros (de derecho o de equidad) remitimos a nuestros comentarios anteriores (Supra IV, 2).

Respecto a los requisitos de firma cuando el órgano es colegiado, la LAC mejora nuestro Cpc y contempló siguiendo el modelo UNCITRAL, que el mismo se reputará válido con las firmas de la mayoría, siempre que se deje constancia de las razones de la falta de una o más firmas y de los votos salvados consignados (Art. 29 *in fine).*

En cuanto eficacia del laudo proferido, en el arbitraje comercial el laudo la adquiere con la notificación que del mismo se haga a cada una de las partes mediante entrega de su copia y agrega la Ley "el mismo será de obligatorio cumplimiento", habiendo sido deseable que usara más bien, y el mismo causará cosa juzgada.

La norma del artículo 32 LAC se refiere a que el laudo puede ser aclarado, corregido y complementado por el mismo órgano arbitral, de oficio o a petición de parte, dentro de los quince días siguientes a la expedición del mismo.

En esta última materia solo llamamos la atención de Uds. en cuanto que se admite "complementación" del laudo pronunciado, lo que entendemos no como simple aclaratoria, sino pronunciamiento sobre algo decidido en adición o no contemplado por el laudo original.

Igualmente se observa que el lapso para solicitarla o aquél en que la haga el órgano arbitral de oficio, es de quince días laborables, no de despacho, como lo hemos venido sosteniendo, o de acuerdo a lo fijado por las partes.

Debo consignar que en la materia la LMU es mucho más completa, y obviamente hubiere sido preferible acogerla por nuestro Legislador (Art. 33) la que desarrolla claramente los supuestos de aclaratoria, correcciones de errores materiales "ampliación" (en lugar de complementación), necesidad de que en tales casos se notifique de dichas peticiones a la contraparte y en cuales casos puede el órgano arbitral actuar de oficio o solo a petición de parte, precisando además por igual un régimen diferente al ordinario para el cómputo de los lapsos a fin de ejercer los recursos contra esa nueva providencia, que como ampliatoria, resultará por igual innovadora de lo decidido.

---

[60] El modelo UNCITRAL es mucho más completo y claro en la materia (Art. 28 y 31) si bien con las mismas observaciones que dejamos hechas en cuanto al problema de conceder, al igual que la LAC, la potestad a las partes de relevar a los árbitros de la obligación de motivar el fallo, contempla igualmente que esa Ley aplicable al fondo en todo caso serán las elegidas por las partes, obviamente pensando en el aspecto internacional, o que el lugar del fallo no sea el del país del cual son nacionales, domiciliadas o de algún modo vinculadas ellas o el contrato, al país donde se debate el problema, lo cual se complementa con las demás disposiciones contenidas en la LMU sobre la materia

En adición, agrega la coletilla del aparte ***in fine*** del artículo 8 LAC, lo cual plantea el interesante problema de la aplicación o no de la ***Lex mercatoria.*** Para profundizar sobre dicho tema, vid Cárdenas Herbón, ***opus cit.*** p. 174.

EPILOGO

Damos así por terminado el breve y rasante análisis de los aspectos relacionados con el procedimiento en el Arbitraje Comercial que por supuesto no tiene las pretensiones de ser un estudio exhaustivo de sus múltiples e interesantes facetas, ni pretende haber agotado la materia. Adrede no me he referido a otros tópicos sobre la misma ni me he extendido en consideraciones especiales de algunos de los aspectos tratados pues de lo contrario esta intervención se haría demasiado larga.

Estoy seguro que será muchos en **el** futuro los estudios y análisis que podrán hacerse a la nueva Ley y a los breves comentarlos que ahora dejo formulados a la misma, pero tengan la convicción de que en el fondo nos complace la promulgación de dicha normativa, pues hemos dado otro paso de avance en la regulación de esta importante **y** desmerecida figura del arbitraje en nuestro medio y cuya adopción, ha sido recomendada y sugerida como de imperiosa necesidad en el último Congreso Mundial de Derecho Procesal.

La jurisprudencia y nosotros los que tendremos que usar y aplicar la Ley, procuraremos enmendar sus fallas, corregir sus lagunas y propiciar, si fuere necesaria su reforma por el bien de todos y en especial por procurar una mejor y más ágil solución de los conflictos y deslastrar la ya compleja administración de la justicia ordinaria.

35.

ALGUNAS CONSIDERACIONES SOBRE EL PROCEDIMIENTO ARBITRAL EN LA NUEVA LEY DE ARBITRAJE COMERCIAL*

ADVERTENCIA PRELIMINAR:

Precisa observar que el Tema que hemos escogido para esta charla de por sí explica las limitaciones con las cuales analizaremos la nueva Ley de Arbitraje Comercial, aunado ello a que otros conferencistas tienen asignados temas específicos de dicha Ley, que me impiden por obvias razones entrar a profundizar sobre los mismos, haremos, pues, como lo indica el tema de la Conferencia, sólo algunas consideraciones sobre los aspectos a nuestro juicio más relevantes del procedimiento arbitral en la nueva Ley.

I. LA NUEVA INSTITUCIÓN

Con fecha 7 de abril de 1998 se promulgó la LEY DE ARBITRAJE COMERCIAL.[1]

Lo nuevo de esta Ley no resulta la consagración del Arbitraje, que ya se encontraba contemplado en nuestros Códigos de Procedimiento Civil entre los Procedimientos Especiales, como un medio substitutivo a la jurisdicción ordinaria, convencional, que se daban las partes para resolver sus controversias.[2]

---

* Conferencia dictada en el Ateneo de Caracas, patrocinada por la Federación de Colegios de Abogados' y la Facultad de Ciencias Jurídicas y Políticas de la Universidad Central de Venezuela. Caracas, 5 de junio 1998.

1 Gaceta Oficial de la República de Venezuela (GO) 36430 del 7 de abril de 1998, en lo adelante identificada como LAC.

2 Código de Procedimiento Civil (Cpc) GOE 3694 del 22 de enero de 1986, al cual se hicieron algunas reformas en el hoy vigente -GOE 4196 del 2 de agosto de 1990- Artículos (artics.) 606 y ss, en el que se contempla el Arbitraje como uno de los Procedimientos Especiales de dicha Ley adjetiva. Ya en el anterior Cpc igualmente se contemplaba esta especie de "Procedimiento Especial" cuya reforma más significativa en el hoy Cpc vigente lo es el de establecer una incidencia especial para hacer valer el compromiso arbitral, aún contra la voluntad de una de las partes, antes inexistente en razón de que se reputaba como irrenunciable el derecho de las partes de acudir siempre a la vía jurisdiccional ordinaria.

La institución del arbitraje como medio de solución de los conflictos que pueden darse las partes tiene orígenes ancestrales, inclusive en la Biblia se habla de la figura, e iguales referencias encontramos de ella en los tiempos de Grecia.[3]

Así, pues, las novedades que presenta la nueva Ley resultan de ciertos aspectos con los cuales se regula ahora esta vía de composición procesal cuando la misma sea para resolver conflictos de índole comercial, con el señalamiento que sus normas al respecto no son muy claras al precisar que debe entenderse por tales y a lo que nos referiremos con mayor detenimiento más adelante.[4]

En adición, la Ley establece nuevas modalidades que regulan el funcionamiento del órgano arbitral, reglas de procedimiento aplicables y mejora la regulación de algunas modalidades bajo las cuales se cumple, se ejecuta y se impugna la decisión arbitral, todo ello aplicable a los denominados arbitrajes comerciales, los cuales ahora se diferencian de los demás arbitrajes –no comerciales– los cuales a nuestro entender continuarán rigiéndose por las disposiciones del Cpc.

Entre esas nuevas disposiciones, hay aspectos particularmente importantes, en tanto que tienden a aclarar los principios que resultan aplicables a la institución, no obstante, dejan la duda si las mismas pueden o no ser extendidas a los casos de arbitrajes "no comerciales", que en lo adelante y para diferenciarlos de las nuevas modalidades contempladas en la LAC, denominaremos "arbitrajes ordinarios".

En efecto, la escasa y poco clara normativa con la cual se regula el arbitraje como Procedimiento Especial en el Cpc, no deja del todo claro, si los órganos arbitrales tienen ciertas potestades típicas y características del ejercicio de la actividad jurisdiccional, y de allí que siempre se haya sostenido que El Arbitraje no es un modo más de manifestarse la función jurisdiccional, sino un "medio substitutivo de la jurisdicción", que se dan las mismas partes para solucionar sus conflictos, esto es, una especie de modalidad de autocomposición procesal especial, que provocaba la solución del litigio, no a través de lo que acuerden las mismas partes, sino deferida ésta a uno o más terceros, quienes son los que dictaminan a quien debía darse la razón en justicia o por equidad.

Por igual, en la nueva normativa, sin que del todo quede aclarado el problema, al fin encontramos una disposición que aclara la situación en cuanto que si existe entre las partes "convenio arbitral o cláusula arbitral" ya no podrán pretender acudir las partes ante la jurisdicción ordinaria para la solución del conflicto de intereses, sino que será el órgano arbitral quien deba resolverla controversia[5]

Sin embargo resulta menester destacar que no por ello ha quedado absolutamente precisado que ha sido consagrado al menos en "materia comercial" que el arbitraje es un

---

3 Al respecto véase Jaramillo, Carlos Ignacio, *Solución alternativa de conflictos en el Seguro y en el Reaseguro*, Edit. Javegraf, 1998, Colección Internacional N° 1, Universidad Javeriana y Comité Ibero-Latinoamericano de AIDA, Colombia, p. 248 ss.

4 Veremos más adelante que la redacción de la nueva LAC al procurar precisar la materia que puede ser objeto de las normas en ella contenidas. esto es, "arbitrajes comerciales", no fue precisamente la más clara, prestándose ella a una serie de confusiones y seguramente generará una serie de incidencias inadecuadas que contribuirán una vez más a que no se le dé la debida importancia y aplicación a esta importante forma de solución de conflictos entre las partes, sustitutivo de la vía jurisdiccional ordinaria.

5 Artículo 5 LAC.

medio jurisdiccional más, pues aún se mantienen ciertas restricciones en el poder conferido a los árbitros, los que resultan ciertamente limitados para algunos asuntos, a diferencia de los que ejercen los órganos judiciales ordinarios, tales como en materia de "ejecución de sus propios fallos (-laudos-)y el que aún se mantenga cierta dependencia de los órganos de la jurisdicción ordinaria para resolver o acometer el ejercicio de algunos actos del proceso.[6]

II. LAS NOVEDADES EN LA NUEVA REGULACIÓN DEL ARBITRAJE COMERCIAL:

Podemos decir resumidamente que la LAC contempla novedades y modificaciones importantes, entre otros temas, sobre los siguientes:

a) Auto-control por el órgano arbitral de la validez y exigibilidad de los compromisos o cláusulas arbitrales (convenios para someter a árbitros la solución de los conflictos) y para resolver sobre su propia competencia. Arts. 7 y 25 LAC;

b) Consagración de mecanismos más adecuados para la defensa del convenio arbitral y trámite del proceso arbitral. Arts. 7, 9, 10, 22, 25, 27, 31, 37, LAC, entre otros;

c) Se mejora la redacción en materia de ejecución de los laudos. Art. 48 LAC;

d) Se procura un mayor Deslastre del proceso arbitral, evitando incidentes procesales. Arts. 27, 22, 24, 25 LAC entre otros;

e) Reconocimiento y ejecutoriedad de los laudos con menores trabas, tanto de decisiones de órganos arbitrales internacionales como nacionales. Art. 48 LAC;

f) Disminución del poder de control sobre el proceso arbitral por parte de la Jurisdicción ordinaria. En efecto, ahora sólo cabe la intervención del órgano jurisdiccional ordinario en contados casos, tales como los contemplados en los artículos 17, 28, 38, 43, 48, pues ciertamente cabe resalar que en el Arbitraje ordinario existe una marcada tendencia a recurrir a la jurisdicción ordinaria, con los consabidos retardos e incidentes que ello ocasiona;

g) Se consagra, aun cuando no en forma clara y definida, el ejercicio de la potestad Cautelar para los árbitros.

---

[6] El artículo 28 de la LAC, precisa que los árbitros deberán solicitar la intervención de los órganos judiciales ordinarios para la ejecución de las medidas cautelares que se soliciten. Por igual, a pesar de que es una característica de la actividad jurisdiccional el disponer de la "potestad cautelar", o sea, que es implícita en el ejercicio de aquélla, las partes pueden prohibir o limitar su ejercicio (Art. 26 LAC), finalmente, la ejecución del laudo arbitral será acordada y cumplida por los Tribunales ordinarios, sin ser menester *exequátur* (Art. 48 LAC).

III. ALGUNOS COMENTARIOS SOBRE LAS REFORMAS INTRODUCIDAS EN LA NUEVA LEY

1. *Ámbito de aplicación del arbitraje comercial*

El primer inconveniente que nos plantea la Ley es el de su ámbito de aplicación, pues ésta no define lo que constituye su objeto, esto es, qué debe entenderse por "arbitraje comercial" tanto en el aspecto interno, como en el internacional.

En tanto que el Cpc regula el arbitraje en general, como un procedimiento especial, aplicable a todos los casos donde deba resolverse por arbitraje, con la promulgación de la LAC, puede decirse que ahora quedan excluidos de dicho procedimiento especial los casos de arbitrajes cuyo contenido o asunto debatido sean asuntos de naturaleza comercial o mercantil. Pareciera, pues, una primera distinción que puede hacerse con base a la nueva Ley, resulta de los dos tipos de arbitrajes que son expresamente reconocidos en ambas normativas, el ordinario –no comercial– y el llamado a aplicarse a las controversias relacionadas con lo comercial, esto es, en controversias relacionadas con asuntos de naturaleza mercantil.

A este respecto conviene destacar igualmente que nuestro Código de Comercio[7] en su artículo 1090 prescribe:

> "Corresponde a la jurisdicción comercial el conocimiento:
>
> 1. De toda controversia sobre actos de comercio entre toda especie de personas.
>
> 2. De las controversias relativas a letras de cambio y a pagarés a la orden en que haya a la vez firmas de comerciantes y de no comerciantes, aunque respecto a éstos tengan el carácter de obligación meramente civil.
>
> 3. De las acciones contra capitanes de buques, factores, dependientes y otros subalternos de los comerciantes, sólo por hechos del tráfico de la persona a que están destinados.
>
> 4. De las acciones de capitanes de buques, factores, dependientes y otros subalternos de los comerciantes contra los armadores y comerciantes, sólo por operaciones del tráfico de la persona a quien sirven.
>
> 5. De las acciones de los pasajeros contra el capitán o el armador, y de éstos contra aquéllos.
>
> 6. De las solicitudes de detención o secuestro de una nave, aun por deudas civiles.
>
> 7. De las acciones del empresario de espectáculos públicos contra los artistas, y de éstos contra aquél.
>
> 8. De todo lo concerniente a los atrasos ya la quiebra de los comerciantes conforme a las disposiciones de este Código.

---

7 El Código de Comercio hoy vigente, de fecha 26 de julio de 1955 reformó parcialmente el Código de Comercio de 1919, con algunas pequeñas reformas de fechas 30 de julio de 1938, 17 de agosto de 1942 y 19 de septiembre de 1945 (en lo adelante Cco.).

9. De las acciones entre comerciantes, originadas de hechos ilícitos relacionados con su comercio".

En adición el artículo 1092, señala:

"Si el acto es comercial, aunque sea para una sola de las partes, las acciones que de él se deriven corresponden a la jurisdicción comercial".

Finalmente, el artículo 1091, precisa que solo deben reputarse excluidos de la jurisdicción mercantil: "... las acciones contra los agricultores y criadores por la venta de los frutos de sus cosechas y ganados, ni las intentadas contra los comerciantes para el pago de lo que hubieren comprado para su uso o consumo particular o para el de sus familias.

Con base a las disposiciones legales citadas, entendemos que el vacío que deja la Ley de Arbitraje Comercial sobre dicho asunto debe llenarse con normas referidas a la materia y al tema de la jurisdicción (competencia) por ello consideramos que lo mas adecuado para llenar el indicado vacío es ocurrir a normas similares que regulen materias referidas al mismo tema, concretamente la relacionada con lo que el Código de Comercio regula como susceptible de ser conocida en la "jurisdicción mercantil", dando así la mayor de las amplitudes a lo que puede ser sometido a arbitraje comercial.

En adición a lo dicho, y para redondear más aún el concepto, puede ocurrirse por igual a otras fuentes del derecho procesal internacional, y para ello es preciso recordar que Venezuela adhirió sin reservas en dicha materia, a la convención Interamericana sobre "arbitraje comercial"[8] la cual tiene como objeto regular el arbitraje comercial internacional, y en la que se establece en su normativa como materia de tales arbitrajes los asuntos relacionados con "transacciones comerciales", término que por igual no es precisado a nivel de detalle, pero que permite una amplia interpretación en cuanto a lo que forma parte de dicho concepto, y a nuestro modo de ver, sin ser necesario acudir a interpretaciones que obliguen a diferenciar en razón de los sujetos que participan en dicha "relación comercial".

Por lo demás, a futuro, la verdadera solución del problema se irá produciendo con los fallos arbitrales en los que se discuta la materia objeto de los arbitrajes, o en su caso por los Tribunales ordinarios, cuando se plantee el tema, particularmente para hacer valer la falta de competencia de aquellos, ante la existencia de acuerdos arbitrales[9].

---

8 La citada convención fue suscrita por todos los estados miembros de la Organización de Estados Americanos en Panamá el 30 de enero de 1975. La ratificación de Venezuela fue concedida por Ley -GO 33170 del 22-2-1985.

9 Recuérdese que nuestro Cpc admite el conflicto de jurisdicción con los Tribunales nacionales, cuando se discuta el que las partes hubieren convenido que la resolución del conflicto estuviere a cargo de órganos arbitrales internacionales, Artics 2, 53 ss y 59 Cpc, con la sola excepción de que se trate de bienes inmuebles situados en el país o sobre otras materias que tengan relación con el orden público o las buenas costumbres, vbg. Estado y capacidad de las personas. Abundan por igual sobre los comentados argumentos a favor de una amplia interpretación de lo que puede ser objeto de "arbitraje comercial" la norma sobre interpretación de las disposiciones contenidas en los asuntos objeto de decisión, contemplada en el artículo 8 de la LAC, aparte *in fine,* que determina que los árbitros tendrán necesariamente en cuenta "los usos y costumbres mercantiles", por lo que pareciere que pueden ser objeto de arbitraje comercial, todo género de asuntos relacionados con la materia comercial, independientemente de quienes hayan sido partes en las operaciones o entre quienes controvierta dicho asunto, prescindiéndose de considerar como tales sólo aquellos asuntos que viertan entre comerciantes. Vale la pena destacar que curiosamente mientras en materia de conflictos de jurisdicción derivados del

2. *Modos de hacer valer la existencia del acuerdo de arbitraje*

Tratándose de arbitrajes comerciales la LAC hemos dicho regula ahora la materia en una forma mas precisa y concreta, pero no por ello deja cubierta toda la problemática.

Ya dijimos que, si el asunto se plantea ante órganos arbitrales, estos tiene competencia directa y específica para resolver sobre su propia competencia, sin que aparezca de la Ley la necesidad de revisar dicha decisión ni concederse tampoco a las partes recurso alguno (como el de Regulación de la jurisdicción y competencia)[10].

En cambio, dado que como veremos seguidamente, la LAC no derogó al Cpc en materia de arbitrajes, ni tampoco los convenios o tratados multi o bilaterales, que tengan como materia especifica el arbitraje, sobra destacar que tanto en el caso de arbitrajes ordinarios, como en aquellos de arbitrajes comerciales, si se planteare la incompetencia o falta de jurisdicción del órgano judicial por existir acuerdo arbitral, deberá continuar aplicándose la regulación del Cpc.

En tales supuestos, al suscitarse un problema de tal naturaleza, que lo será con ocasión de plantearse la incidencia arbitral a que se refiere el artículo 609 Cpc, las partes a nuestro juicio deberán siempre, en primer lugar, hacer valer la existencia del acuerdo arbitral, y pedir la apertura de la incidencia de acuerdo arbitral, e inclusive a reserva de que pueda ser declarada sin lugar, proponer el conflicto de jurisdicción o competencia, y con miras a evitar que el Tribunal ordinario continúe conociendo del asunto, en el que inclusive podrían dictarse decisiones definitivas perjudiciales a las partes, invocar la existencia de cuestión perjudicial (la de que precisamente debe ser resuelta la incidencia de existencia de acuerdo arbitral)[11]

---

conocimiento de asuntos en los que se haya convenido que la solución sea dictada por árbitros en el exterior, se suscita claramente un "conflicto de jurisdicción" no se da igual tratamiento a los supuestos en que las partes hayan convenido, que dicha solución sea dictada por vía de arbitraje pactado para ser resuelto en Venezuela, donde ya hemos anotado que no existe una defensa *ad hoc,* ni una cuestión previa para hacer valer la falta de competencia o jurisdicción del órgano judicial ordinario ante la existencia del convenio o acuerdo arbitral.

10 En efecto la Ley no contempla en sus disposiciones que la resolución dictada conforme al artículo 25 LAC sea apelable o pueda atacársela vía "regulación de la jurisdicción o de la competencia, sólo establece que el mismo órgano arbitral podrá resolver sobre su competencia". Tal defensa, establece además dicho artículo, debe hacerse valer dentro de los cinco días hábiles siguientes a la ahora denominada "audiencia de trámite", ello aún en el caso de que la parte que la haga valer haya convenido inclusive en la designación de los árbitros, y finalmente, deja como potestativo del órgano arbitral, conocer de dicha defensa, aun fuera del indicado lapso, si consideran injustificada la demora.

11 En efecto debe recordarse que en el "arbitraje ordinario" no está prevista una defensa *ad hoc* para hacer valer la existencia del acuerdo arbitral, salvo que se trate del "convenio judicial arbitral", en cuyo supuesto por mandato expreso del articulo 617 Cpc, cesa automáticamente el Juez en el conocimiento del asunto (se suspenderá el curso de ella) y se pasarán (nótese el tiempo imperativo de la norma) inmediatamente los autos, a los árbitros nombrados. Lo dicho impone, pues, que la defensa de la existencia del "acuerdo arbitral" deba hacerse por vía de una defensa de fondo, sin que esté contemplada la suspensión del proceso ni mucho menos. En tal sentido véase nuestro trabajo: Algunas consideraciones sobre el Arbitraje en Venezuela. Informe al Comité AIDA-CILA sobre aplicación del arbitraje en Venezuela, *Revista de la Facultad de Derecho de la UCAB* (RUCAB) N° 51, p. 317 ss, Editorial Texto. Caracas, 1997.

En tales casos, supuesto que el Tribunal optara por resolver la cuestión declarando con lugar la falta de jurisdicción o su incompetencia, obviamente, la decisión podrá ser impugnada a través del Recurso de Regulación de la jurisdicción y competencia.[12]

En cambio, cuando el asunto se planteare con ocasión de un acuerdo de "arbitraje comercial", del que se esté conociendo bien por arbitraje institucional, bien por árbitros independientes, la resolución la dictarán los mismo integrantes del órgano arbitral, a tenor de las citadas normas de los artículos 7 y 25 LAC., y en tales casos no cabrá ejercer el Recurso de Regulación de competencia, y la decisión así no podrá revisarse a nivel de la jurisdicción ordinaria, no obstante que podría entenderse en juego el concepto soberanía.

Obsérvese que hemos venido hablando de la posibilidad de que lo planteado como defensa sea una "cuestión de falta de jurisdicción", porque ahora, cuando menos en los casos de "arbitrajes comerciales", a tenor de lo prevenido en el artículo 5 de la LAC, al pactarse acuerdo arbitral, éste excluye a la "jurisdicción ordinaria", esto es, el acuerdo arbitral opera a nuestro juicio como un verdadero límite de la potestad jurisdiccional.

Finalmente, en cuanto al aspecto de materia susceptible de plantearse por la vía del "arbitraje comercial", también la LAC contiene dos disposiciones importantes de examinar:

A. Aclara su artículo 5 que las controversias comerciales que pueden plantearse ante árbitros pueden provenir bien de una relación contractual o no contractual, dejando así abierto el campo para que puedan resolverse por vía de arbitraje comercial tanto las cuestiones contractuales como las provenientes de hechos ilícitos ocasionadas con motivo de esas relaciones comerciales, ampliándose así también el ámbito de la competencia arbitral, y

B. El Artículo 4, establece: "Si una de las partes en la relación contractual resulta ser una sociedad donde la República, los Estados, los Municipios y los Institutos Autónomos tengan una participación igual o superior al cincuenta por ciento del capital social o una sociedad en la cual las personas anteriormente citadas tengan participación igual o superior al cincuenta por ciento del capital social, dicho acuerdo requerirá para su validez la aprobación del órgano estatutario competente y la autorización por escrito del Ministro de tutela. El acuerdo especificará el tipo de arbitraje y el número de árbitros, que en ningún caso será menor de tres (3)".

De acuerdo a dicha norma, es preciso destacar entonces en primer lugar que parece quedar excluido de la posibilidad de arbitraje comercial, cualquier asunto debatido entre la República, los Estados, los Municipios y los Institutos Autónomos, entre sí o con particulares, aun tratándose de relaciones mercantiles(comerciales)[13].

---

12 Arts. 59 y 62 ss Cpc.

13 Lo que parece contradecir el espíritu general que quiso plasmarse en dicha Ley, de acuerdo a su artículo 3, del cual cabría deducir que sólo quedaban excluidos del ámbito de la misma de modo general, aquellos asuntos "directamente concernientes a las atribuciones o funciones de imperio del Estado o de personas o entes de derecho público pero no otros, por ejemplo, los derivados de las relaciones comerciales que pudieren realizar dichos entes entre sí o con los particulares, cual es la tendencia general hoy en materia de arbitraje. Lo dicho adquiere mayor relevancia y pone aún más de bulto la inconsistencia de nuestros legisladores si se piensa que Venezuela tiene suscrito el Convenio sobre arreglo de diferencias relativas a inversiones entre Estados y Nacionales de otros Estados (GO 35685 del 3 de abril de 1995), en el cual se contempla que en tales casos, tales diferencias quedan sometidas a la decisión de un organismo arbitral

En segundo lugar, de acuerdo al citado texto legal, sin el cumplimiento de las aludidas formalidades, por igual no puede celebrarse acuerdo de arbitraje válido, en los casos de sociedades cuyos capitales a su vez, estén poseídos por aquellas antes enumeradas, esto es, la limitación alcanza el primer y segundo grado de desconcentración pública.

3. *Poder derogatorio de la nueva Ley*

En este aspecto, y derivado de la interpretación que puede hacerse del artículo primero de la LAC, que advierte que la misma sólo regula los arbitrajes comerciales y precisa que no deroga los tratados multilaterales o bilaterales existentes al respecto, somos de opinión que, en primer lugar en materia de arbitrajes, diferentes a los comerciales, esto es los que hemos dado en denominar ordinarios, para los mismos comerciales, y con la sola reserva de lo que puedan establecer tratados vigentes, aún antes de la Ley de Arbitraje Comercial, se aplicará lo dispuesto en el Cpc en materia del Arbitraje como "procedimiento especial" regulado en dicha normativa adjetiva, que como bien se sabe tiene el carácter de fuente fundamental en materia del proceso y procedimientos civiles y así lo ha venido sustentando nuestra Corte Suprema[14].

---

internacional, esto es, se acepta que el Estado, acepte las soluciones arbitrales, Inclusive provenientes de un órgano internacional, sin otras limitaciones ni formalidades. Respecto a las normas sobre Tutela de los organismos públicos y similares debe atenerse a lo dispuesto en el artículo 20, numeral 11 de la Ley Orgánica de Administración Central. Por lo demás, hacemos como observación nuestra que al imponer la mentada disposición contenida en el artículo 4 de la LAC, la necesaria "autorización", hace referencia a un acto autorizativo, previo, y por tanto no podrá convalidarse el acto, si el mismo se lo celebró sin la aludida autorización previa, con un acto ratificatorio –como sería en contrario-, si la Ley se hubiere referido a "aprobación ni podrá alegarse la validez vía la tácita aceptación del acuerdo arbitral.

Finalmente, nos inclinamos por la indicada posición de la prohibición de celebrar acuerdos arbitrales por parte de la República, los Estados, Municipalidades e Institutos autónomos, en tanto que recordemos que el pacto arbitral es un acuerdo o contrato que requiere como requisito esencial para su validez del consentimiento y capacidad de quienes lo celebran y por tanto, tratándose de entes públicos, debe recordarse que el principio en materia de competencia, es que esta sólo se la tiene cuando la confiere la Ley, a diferencia de los particulares, quienes se entienden facultados para hacer todo lo que la Ley no prohíba. Precisa destacarse, finalmente, en este orden de ideas, y no obstante que para entonces no se encontraba en vigencia la LAC, que parece ser ese el criterio imperante en nuestra CSJ, Sala Política, en tanto que en el fallo de diciembre de 1997, caso *Van Dam vs República de Venezuela*, en sentencia por demás criticable, con ponencia de la Magistrado Josefina Calcaño de Temeltas, y sin votos salvados, sostuvo que el acuerdo de arbitraje suscrito precisamente con ocasión de un contrato de suministros y servicios (repotenciación y reparación de Tanques de Guerra), los árbitros tenían limitadas sus potestades en una serie de campos arbitraria e insustancialmente delimitados por la Sala, en tanto que precisó, no obstante la validez de dicho acuerdo y pronunciamientos en los aspectos técnicos, aquellos no podían extenderse a otros tales como las condenas de danos, indexación, etc., que se formulaban en la demanda.

14 En efecto, es ese el criterio que puede sostenerse debe privar en materia de interpretación del poder derogatorio del Cpc como norma procesal, tal como ha venido sustentándose la posición de que el mismo prevalece sobre cualquier otra Ley, inclusive las orgánicas, siempre que no sean posteriores al Cpc o cuando no contengan las mismas normas expresas al respecto, si se trata de materias propias o instituciones propias del procedimiento. por ejemplo. Recurso de Casación, etc., en los cuales se ha hecho prevalecer lo que al respecto sostiene dicho cuerpo codificado de normas.

Lo dicho tiene particular relevancia, pues algunos comentaristas de la nueva Ley sostienen lo contrario, esto es, que más bien ahora la LAC se ha constituido en fuente general posterior y por tanto con poder derogatorio ante el Cpc, será menester esperar que la jurisprudencia ordinaria o la arbitral se pronuncien al respecto.

Si la posición que sostenemos resulta la dominante, tendremos que las lagunas y vacíos de regulación en materia de procedimiento en el arbitraje comercial deberán llenarse por el juez y los árbitros con disposiciones que al respecto contemple el Cpc o que resulten aplicables por analogía y por el contrario aquellas en los casos de arbitrajes no comerciales, no podrán tampoco permitir que la interpretación e integración de la Ley se la haga con fundamento a las disposiciones de la LAC.

El Legislador debió ser mas claro en la LAC, la que cuando menos debía esperarse regulara, sin dejar dudas de ninguna clase dicha temática, en tanto que, en tanto que como era lógico no podía tampoco esperarse que dicha Ley especial llenara los vacíos de regulación que se encuentran en el Cpc.

4. *¿Puede sostenerse que los procesos arbitrales realizados conforme a la nueva Ley son verdaderos modos de manifestación propia de la actividad jurisdiccional?*

Siempre se sostuvo que la institución arbitral, tal como la contempla el Cpc, era ajena al verdadero sentido del arbitraje moderno (efectividad, agilidad, seguridad y calidad del medio sustitutivo jurisdiccional).

Esto es, tal como se la reguló en el mencionado Código Adjetivo, no pasaba de ser una vía excepcional, no propia jurisdiccional, para la solución de los conflictos de intereses ya regulada desde 1916, si bien mejorada en algunos aspectos, siendo el más importante de ellos el de que conforme al nuevo Código, se podía imponer la efectiva exigibilidad del acuerdo arbitral.

Ello, no obstante, el arbitraje continuó estando desprovisto de otros mecanismos que garantizaran su agilidad, y lo libraran del entorpecimiento de las trabas y minucias de incidencias que impedían su normal desenvolvimiento. Defensa ante los órganos de la Jurisdicción ordinaria del pacto arbitral extrajudicial, forma de su ejercicio, falta de regulación de la cautela judicial, etc.

Lo curioso siempre ha resultado de que si bien en el ámbito de la legislación nacional se han mantenido toda clase de reservas respecto al arbitraje, en cambio, en lo Internacional como lo hemos advertido precedentemente, hemos sido amplios y generosos, poco celosos de hacer respetar nuestro ordenamiento institucional (fuero) y ello ha devenido en una desactualización de sus instituciones internas, manteniéndose nuestra regulación sobre el arbitraje aferrada a los viejos cánones del proceso ordinario.

Las regulaciones vigentes del Cpc. abarcan por igual todo procedimiento arbitral y permiten distinguir entre los casos en que el compromiso se lo celebraba fuera de juicio o sin que se tuviere presente la existencia eventual del mismo (cláusula compromisoria o convenio arbitral extralitem*)* de aquellos en que el convenio para someter a árbitros se lo celebra en un proceso existente o con miras a él y dando cumplimiento a determinadas formalidades (convenio arbitral judicial o en juicio).

Consideramos que no obstante la nueva disposición del artículo 5 de la LAC, por no haber sido más explícito el Legislador, se puede discutir perfectamente, cual sea la vía apropiada para hacer valer efectivamente la existencia de la cláusula o convenio extralitem, en tanto no existe un medio procesal adecuado para invocarla con resultados rápidos y eficaces.

Por supuesto que no hacemos referencia a los supuestos en que bien el arbitraje ordinario judicial o el convenio de arbitraje comercial estén siendo aplicados y discutidos dentro de un procedimiento arbitral, sino al supuesto en que siendo demandada una de las partes suscriptoras del convenio se ve compelida a comparecer ante un Tribunal ordinario que le llama a juicio para resolver sobre la cuestión en la cual se ha dispuesto que la solución de cualquier controversia relacionada con la misma sea sometida a decisión arbitral.

En efecto, la nueva disposición del aparte final del artículo 5 de la LAC dispone:

> "En virtud del acuerdo de arbitraje las partes se obligan a someter sus controversias a la decisión de árbitros y renuncian a hacer valer sus pretensiones ante los jueces. El acuerdo de arbitraje es exclusivo y excluyente de la jurisdicción ordinaria."

Lo dicho nos permite volver a llamar la atención sobre que no hay una defensa específica, cuestión previa o excepción que pueda hacerse valer en forma expedita, para impedir que el órgano jurisdiccional ordinario entre a conocer del proceso y abra *ipso facto* la incidencia arbitral[15]

Para ser constantes con la posición que hemos desarrollado anteriormente al respecto, diremos así que en el arbitraje "ordinario" cuando menos, no podrá invocarse para solventar las lagunas existentes en él, el contenido del mentado artículo 5, pues el mismo sólo se lo contempla para los supuestos de "arbitrajes comerciales" y aún negado el caso de que lo fuere, por igual quedará la duda de si puede o no plantearse la solución del problema alegando la existencia de un "conflicto de jurisdicción o competencia".

Es cierto que ahora la mentada norma dispone que la existencia del acuerdo arbitral "es exclusivo y excluyente de la jurisdicción ordinaria", pero si bien con ello podría quedar dilucidada la controversia de si las soluciones arbitrales son o no verdaderas manifestaciones de la actividad "jurisdiccional"[16] por otro lado se mantienen la ya indicada serie de limitaciones al ejercicio de ese modo de ejercerla, como lo son por ejemplo las de requerir acudir a la vía de los Tribunales ordinarios para resolver una serie de incidencias que se presentan en el mismo, o para garantizar la ejecución de lo por ellos resuelto, o para cumplir y ejecutar la potestad Cautelar, de tal manera que continuará la duda sobre si realmente la existencia del acuerdo arbitral, constituye verdaderamente un " límite legal de

[15] Lo contrario ocurre en otras legislaciones (pe. la española y colombiana) donde expresamente se consagra que la vía arbitral es un modo más de expresión de la actividad jurisdiccional y en las que se contempla inclusive una defensa específica para proteger el "acuerdo arbitral", llamada en algunos ordenamientos "de existencia de cuestión arbitral".

[16] Parece ser, por lo demás, que es esta la posición de nuestra CSJ, quien en efecto en sentencias de fechas 15 de julio de 1992 de la Sala Político Administrativa (Exp. 8439), 25 de marzo de 1992 (Exp. 91-237) y 19 de marzo de 1997 (Exp 96-131), ambas de la Sala de Casación, se ha pronunciado por destacar que el arbitraje es un medio de ejercicio de la tutela jurisdiccional, que no sólo el de las sentencias judiciales y que en propiedad los árbitros si "administran justicia".

la jurisdicción" o si por el contrario, sigue siendo un propio medio substitutivo de la actividad jurisdiccional con características muy especiales[17].

IV. ASPECTOS RELEVANTES DEL NUEVO PROCEDIMIENTO ARBITRAL CONTEMPLADO EN LA LEY DE ARBITRAJE COMERCIAL

Para no entrar en temas que se corresponden con la exposición de otros conferencistas, y poder analizar con mayor detenimiento lo propio del que nos tiene asignados, nuestra intervención de dirige fundamentalmente al examen del procedimiento contemplado en la nueva ley, y procuraremos ceñirnos a ello.

1. *El Acuerdo de Arbitraje*

Como puede observarse de la lectura del Art. 5 LAC, por igual en la nueva Ley, siempre será menester, necesariamente, la existencia de un acuerdo de voluntades por el que las partes resuelven que todas o algunas de las controversias existentes entre ellas o que puedan surgir entre las mismas sean resueltas fuera de la jurisdicción ordinaria, esto es que la solución sea dictada por árbitros[18].

Aun cuando ello da pie para justificar una de las diversas teorías que procuran explicar la naturaleza del arbitraje, independientemente de ello, observamos que fuere cual sea el tipo de arbitraje convenido entre las partes, o la naturaleza de los asuntos que deban resolverse por el mismo, es menester ese acuerdo de voluntades en el que las partes conviene en renunciar a que sea la jurisdicción ordinaria quien conozca de la solución del asunto discutido entre ellas. El arbitraje entre nosotros sigue siendo un asunto perteneciente al ámbito de los sujetos, no viene impuesto por la Ley ni en el caso del ordinario ni en arbitraje comercial[19].

Lo novedoso en la LAC resulta ser la amplitud con la cual se contempla debe interpretarse que las partes han resuelto que sus controversias sean decididas por la vía arbitral. En efecto, conforme al Art. 5, se repiten los principios generales que fijan las disposiciones contenidas en los Arts. 608 y 609 del Cpc, conforme a las cuales, ese convenio puede ser o bien una cláusula o acuerdo contenido en un contrato (no necesariamente procesal) llamado entonces cláusula arbitral, o puede consistir en un

---

17 Precisa señalar, aun cuando si bien dejamos hecho especial comentario respecto al tratamiento que da nuestra legislación a los "arbitrajes realizados en el exterior", que nuestra CSJ, expresamente ha reconocido como ajustado a derecho que un Tribunal de la República haya declinado su jurisdicción ante un Tribunal arbitral internacional –Sentencia de la Sala Político Administrativa de fecha 9 de octubre de 1997 (Exp. 13354)–.

18 Un grupo de conocidos abogados, al estar en cuenta de que se discutía el Proyecto de la LAG, procuramos que se introdujeran algunas mejoras, se subsanaran algunos problemas del arbitraje, e inclusive, con miras a procurar que de alguna manera se descongestionara en algo nuestra jurisdicción ordinaria, propusimos inclusive que el Arbitraje fuere obligatorio en determinado tipo de procesos. Lamentablemente poco interés tomó el Congreso y quienes visitamos para corregir los anotados errores de la Ley o tomar en cuenta las propuestas mencionadas. Como siempre, de nada sirvieron las visitas, los lobbies, etc. Se perdió otra buena oportunidad.

19 Como excepción curiosa, en la cual el legislador no tuvo miramiento alguno para consagrarlo como una imposición legal, debe citarse el caso de la Ley de Justicia de Paz, en la cual, ex artículo, no logrado el avenimiento, el proceso pasa a la fase de arbitraje.

acuerdo autónomo, exclusivamente para reglar dicho convenio arbitral "acuerdo de arbitraje, convenio arbitral propiamente dicho" y siempre debe ser por escrito.

La diferencia entre el acuerdo arbitral o la cláusula arbitral del arbitraje comercial y la del arbitraje "ordinario", es que en este último (Art.608 Cpc), para que verdaderamente tenga el efecto vinculante que le atribuye el Cpc. requiere de alguna manera que sea auténtico, o se lo convierta en tal, para lo cual conforme al artículo 609 Cpc es menester abrir la llamada "Incidencia arbitral" que entre otros efectos convierte dicho acuerdo escrito privado en un documento auténtico, o al menos con paternidad absolutamente indiscutida, en tanto que obviamente una de las defensas que debe o puede esgrimir a quien se le opone, es que el mismo no emana de ella, o por el contrario, quedará "reconocido judicialmente".

Por igual acotamos, que si se trata del convenio arbitral judicial, producido en juicio, per sé adquirirá el carácter de autenticidad, en tanto que se lo otorga y formula ante el Juez.

Pero adicionalmente en el Arbitraje Comercial, también se prevé otra especie de convención arbitral, a la que podríamos denominar "refleja o indirecta" que deriva de lo contemplado en el Art. 6 LAC, conforme al cual, "la referencia hecha en un contrato a un documento que contenga una cláusula arbitral, constituirá un acuerdo de arbitraje siempre que dicho contrato conste por escrito y la referencia implique que esa cláusula forma parte del contrato".

Quiere, pues, decir que si en un acuerdo o convenio, hacen las partes referencia, por ejemplo, a que en caso de dudas en la interpretación o ejecución del acuerdo, se conviene que la solución del problema sea conforme lo establecido en el Contrato tal, o cual, en el que a su vez se contemple que las diferencias entre las partes respecto a dicho convenio se resuelvan por arbitraje, esa cláusula arbitral, se reputa también escrita o estipulada para aquél otro contrato en el que nada concreto han estipulado las partes sobre arbitraje.

Finalmente, llamamos la atención sobre otra innovación de la LAC, y es la que se refiere a una limitación formal en cuanto al modo de establecimiento de convenios arbitrales en los llamados contratos de adhesión o por adhesión o contratos normatizados, modalidad esta de contrato cada vez más importante dentro de las modalidades de celebración de contratos que encuentran su fundamento en la forma rápida y ágil en que hoy se los celebra, y la existencia cada vez más frecuente de grandes empresas de servicios, en que por la estandarización de sus modos de prestación, generalidad del servicios prestado, etc., ocurren a la modalidad de tener preestablecidas las modalidades de contratación, precio, etc.

Pues bien, en estos casos, siguiendo cierta tendencia general, en especial en las legislaciones europeas, que toman muy en cuenta la protección de los consumidores, la LAC prescribe, que no tendrán validez dichas cláusulas o acuerdos arbitrales, salvo que sean producto de una manifestación de voluntad expresa e independiente, lo que obliga a pensar en la necesidad de que el convenio de arbitraje sea estipulado fuera del contrato, en documento separado.

Nos permitimos observar sin embargo que poco o nada ayuda a eliminar el abuso que pretendió prever con la normativa especial, la forma de redacción, pues si materialmente por la fuerza estamos obligados a aceptar los convenios por adhesión para poder recibir los servicios, donde poco o nada vale la voluntad del co-contratante débil jurídico, menos aún será tomada en cuenta cuando se nos ponga ante la disyuntiva de que o firmamos el acuerdo independiente arbitral para ser aplicado a ese convenio o tampoco firmaremos el convenio.

La solución adecuada quizá debió ser otra ya contemplada en ordenamientos extranjeros, conforme a la cual, independientemente de cómo se establece el acuerdo de arbitraje, si el mismo aprecia el juez que no ha sido producto de la absoluta y libre voluntad de ambas partes, en especial del débil jurídico, tal cláusula carece de validez.

2. *Nuevas modalidades de arbitrajes*

La nueva Ley también es innovadora en esta materia, y por vez primera se contempla la diferencia entre los llamados arbitrajes "Institucionales" **y** los arbitrajes "Independientes".

Según los Arts. 2 y 11 LAC, son institucionales aquellos arbitrajes que pactan las partes sean realizados bajo el patrocinio y reglas de un Centro institucional de arbitraje, normalmente auspiciados por Cámaras de Comercio, asociaciones de comerciantes, instituciones gremiales, Universidades, etc., entre cuyos objetivos está precisamente, promover como vía alternativa para la solución de conflictos entre sus agremiados, o en general entre los comerciantes, la del arbitraje[20].

La Ley contempla que dichos Centros de Arbitrajes funcionen de acuerdo a ciertas normas mínimas, a nuestro modo de ver procurando darle institucionalidad a los mismos, garantizando su pervivencia y funcionamiento organizado, escogencia de árbitros de calidad e idoneidad (Art. 14 LAC), y los cuales además están facultados para dictar las reglas que estimen pertinentes para regular el proceso arbitral (Art. 12 y 13 LAC).

Los Arbitrajes Independientes, en cambio, conforme lo precisa el Art. 2 LAC serán aquellos que no prevén las partes sean conocidos, regulados ni decididos por árbitros de los Centros de Arbitrajes, y en los que debemos entender, pues la Ley, como veremos no resulta muy clara al respecto, que las reglas de procedimiento aplicables, serán las que fijen las mismas partes, entendiéndose que a falta de ellas, las que normarán el proceso arbitral, son las que supletoriamente y para tales efectos se contemplan en los Capítulos IV y V de la LAC.

---

[20] La LAC no fue tampoco muy afortunada en el lenguaje utilizado para referirse a la figura, así, dice "...Las cámaras de comercio y cualesquiera otras asociaciones de comerciantes, así como las asociaciones internacionales existentes, las organizaciones vinculadas a actividades económicas e industriales, las organizaciones cuyo objeto esté relacionado con la promoción de la resolución alternativa de conflictos, las universidades e instituciones académicas y demás asociaciones y organizaciones que se crearen con posterioridad a la vigencia de esta Ley que establezcan el arbitraje como uno de los medios de solución de las controversias, podrán organizar sus propios centros de arbitraje...". A simple vista se destaca que las cuatro primeras categorías de entes pueden crear sus Centros de Arbitraje, por el solo hecho de ser organizaciones del tipo de las previstas en el supuesto legal, independientemente de que en sus documentos constitutivos, o reglamentarios, contemplen o no las soluciones arbitrales para conflictos entre sus asociados, o entre ellas. Las demás, en cambio, no basta que sea entidades o corporaciones científicas o académicas, sino que su objeto esté relacionado con la promoción de las soluciones alternativas para resolver conflictos, y las restantes que en efecto establezcan la vía arbitral como un medio de solución de controversias. Ciertamente consideramos que todo ese enredo de categorías se hubiere evitado, simplemente disponiendo que toda entidad, corporación o asociación, que establezca y regule centros adecuados para resolver por vía de arbitraje conflictos entre sus asociados o entre terceros y que cumpla los demás requisitos formales fijados en esta ley, está autorizada para crear Centro de Arbitrajes institucionales, los cuales están facultados para realizar tales arbitrajes". Todo lo demás sobra y se presta a confusiones.

Lo importante de destacar en toda esta materia, a pesar de lo mucho que hemos dicho procura el Legislador evadir reconocer esta vía alterna jurisdiccional, es que expresamente se autoriza a los Centros de Arbitraje Institucionales y en su caso a las mismas partes, para regular todo lo concerniente al procedimiento arbitral[21] y con la observación de que si bien en el caso de los Arbitrajes Institucionales la Ley, expresamente faculta a los Centros para que sus reglas contemplen todo lo relacionado con el acontecer del proceso, incluyendo notificaciones, la constitución del Tribunal, la recusación y reemplazo de árbitros, y la tramitación del proceso, el Art. 15, si bien expresamente no tiene la misma redacción para el caso de los Arbitrajes Independientes, tampoco debe entenderse limita o excluye tales aspectos.

Respecto de ello, nos cabe hacer otro comentario. Entendemos, y así lo tiene además repetido constante y diuturna jurisprudencia de nuestros Tribunales, que todo lo relacionado con el procedimiento es de orden público, que en ello tiene especial interés el Estado y la Sociedad, pues trátase precisamente de garantizar la administración de justicia, derecho de la defensa, la igualdad, el debido proceso, etc. Lo dicho comporta a nuestro entender que el Legislador debió ser más cuidadoso en estos aspectos.

En cuanto a los Institucionales, cuando menos, estimamos hubiere sido mas serio, tal como lo propusimos al Congreso[22] que un órgano ad hoc de la Administración Central, relacionado con la Administración de Justicia, tuviera la potestad para revisar dichos documentos e inclusive archivarlos y llevar un control de aquellos Centros.

En cuanto a ambas figuras y tales normas, a todo evento, somos de la opinión que esa insólita libertad en que se deja a los Centros de Arbitraje Institucional y a las mismas partes en el caso de los Independientes, para regular lo relativo al procedimiento arbitral, no es tal.

En efecto, creemos que, si esas regulaciones no se ajustan cuando menos a los principios constitucionales procesales, tales reglas no son legales y se prestan a que los arbitrajes puedan ser impugnados por nulidad (Art. 44 literales b y c) o que los órganos jurisdiccionales ordinarios se abstengan de darle ejecución a los laudos de ellos emanados (Art. 49 literales b y c).

Por lo demás, respecto a las reglas aplicables al arbitraje en los Centros Institucionales, o en los Arbitrajes Institucionales, debe hacerse otra prudente advertencia. En efecto, el artículo 15 de la LAC, contenido en el Capítulo III de la Ley bajo el título Del Arbitraje Independiente, precisa:

> "Cuando las partes no establezcan sus propias reglas de procedimiento para llevar a cabo un arbitraje independiente, las reglas aquí establecidas serán las aplicables. Así mismo, estas reglas podrán aplicarse a un arbitraje institucional, si así lo estipulan las partes."

De lo antes transcrito, a nuestro modo de ver surgen dos situaciones peculiares: En primer lugar, que parece ser, que aún en los Arbitrajes Institucionales, son las partes las que resuelven cuales sean las reglas aplicables al procedimiento arbitral a cumplirse, luego quiere decir que no es un elemento característico de esa modalidad arbitral, el que las

---

[21] Lo cual deriva expresamente de lo contemplado en los artículos 12 y 15 LAC.

[22] Véase *Revista de la Facultad de Derecho de la UCAB* N° 52, 1998, p. 431 ss, en la cual reproducimos algunos comentarios que remitiéramos al Senador Pedro Pablo Aguilar sobre el Proyecto de Ley.

reglas del arbitraje sean las fijadas por el respectivo Centro, las cuales entonces sólo resultarán aplicables, si las partes no hubieren fijado como formas del proceso correspondiente las que contempla la Ley para el arbitraje independiente, a falta de reglas especiales por ellas determinadas.

Y ello a su vez, nos permitiría entrar a discutir otra situación especial, cual sería la de inquirir sobre si en lugar de esas reglas fijadas en la Ley supletoriamente para el caso de que no hubieren las partes fijado reglas convencionales, no podrían ser aplicables otras, tales como las que ellos mismos se hubieren dado.

Del texto de la Ley pareciera que no fue esa la intención del Legislador, no obstante, más con los comentarios precedentes, debe recordarse aquí la regla de que quien puede lo más puede lo menos, de tal manera que si en el Arbitraje Independiente, es factible que las partes se den sus propias reglas del arbitraje, nada impediría a nuestro juicio, que también puedan hacerlo para el Arbitraje Institucional. En todo caso la última palabra será la de la jurisprudencia que pueda irse produciendo en el futuro con la aplicación de la nueva Ley.

Finalmente, la segunda observación que debemos hacer atiene a un aspecto meramente formal, de técnica legislativa, pero que a nuestro modo de ver crea serios problemas de interpretación y una vez más pone de manifiesto, la forma poco seria y coherente de esta nueva Ley.

En efecto, la estructura de la Ley parece ser la de todo cuerpo legal, parte de las Disposiciones Generales (Capítulo 1), sigue con una institución especial de las que regula su normativa, El Arbitraje Institucional (Capítulo II),continúa con la segunda de las nuevas instituciones en ella contemplada, esto es, el Arbitraje Independiente (Capítulo III), y en el Capítulo IV y subsiguientes, se refiere al Procedimiento Arbitral, normas especiales aplicables para el caso de crisis subjetivas, obligaciones de los árbitros, recurso de nulidad, ejecución y transitorias.

Ahora bien, si el mandato del referido artículo 15 es que a falta de normas sobre el proceso dadas por las mismas partes, se aplican las establecidas en dicha Ley para el arbitraje Independiente, no cabe duda que las contenidas en el Capítulo IV, sólo se aplicarán a los Arbitrajes Independientes en ausencia de aquellas, y con la advertencia de que siendo benévolos, y para no complicar mas las cosas, entenderemos como Capítulos separados y comunes a ambas nuevas instituciones arbitrales, los correspondientes a los identificados con los ordinales VI, VII, VIII y IX, porque de lo contrario la confusión subirla de tono y efectos.

Así y todo, ya la falta de técnica crea serios y delicados problemas, como podremos examinarlo más adelante, pero por ahora sólo dejamos destacado lo anterior para poner en evidencia los problemas de esta Ley que tanto esperábamos todos y la cual, siendo un modelo de una organización internacional, imaginábamos sería más perfecta y más cuidadosamente estudiada por nuestro Congreso.

De todo lo antes expuesto, en cuanto a procedimiento se refiere, concluiremos entonces destacando que la regla general será la de que las normas procesales para llevar a cabo los arbitrajes comerciales serán, sin que ello se preste a discusión, resumidamente las siguientes:

En el Arbitraje Comercial Institucional, las mismas partes pueden establecer que sean expresamente las contempladas e n la LAC para los arbitrajes Independiente. A falta de tal determinación, serán aplicables las que estén fijadas en el respectivo Reglamento del Centro de Arbitraje Institucional.

A falta de normas expresas, cabe la pregunta si son las del Cpc, para el Arbitraje ordinario las aplicables, o si debe ocurrirse a otras fuentes de interpretación.

En el Arbitraje Independiente, las reglas de procedimiento aplicables serán las que se fijen las partes, libremente, y de no hacerlo serán aplicables las contenidas en la LAC y en caso de lagunas o ausencia de normativa cabrá por igual preguntarse si las mismas deberán ser llenas con las normas del Cpc o si por el contrario debe acudirse a otras fuentes.

Por último, tendremos que concluir, igualmente, que las normas aplicables a los dos tipos de diversos arbitrajes no son elementos esenciales o característicos de tales modalidades, pues en ambos casos, como lo indicamos, puede perfectamente resultar aplicable como común denominador, que ellas serán las que se fijen las partes.

3. *Normas comunes de procedimiento impuestas por la Ley a ambos modalidades del Arbitraje Comercial*

1. Dejamos señalado supra que el Capítulo I de la LAC, regula Disposiciones Generales, que por tanto debemos entender aplicables a todas las modalidades de Arbitraje, y añadimos, que aceptábamos, haciendo caso omiso de los defectos de técnica legislativa, que por igual resultan normas comunes a todos los tipos de arbitrajes comerciales los artículos que componen los Capítulos VI al IX.

A nuestro juicio, veamos entonces cuáles son esas normas comunes generales al Arbitraje comercial:

A. *Conflictos que pueden ser decididos por vía del Arbitraje Comercial*

La nueva Ley, tal como lo hace el Cpc para el Arbitraje ordinario, claramente establece que solo pueden someterse a Arbitraje comercial, los asuntos susceptibles de transacción que surjan entre personas capaces de transigir. De modo general pues, podemos sostener que son susceptibles de someterse a Arbitraje, los asuntos que no contraríen el orden público y que puedan ser objeto de transacción[23].

Pero la nueva Ley, es más perfeccionista que el Cpc y en su mismo citado artículo 2 deja contempladas unas expresas EXCLUSIONES, las cuales son tan claras que de ellas sólo haremos algunos comentarios especiales:

a) De las del literal "a" conviene llamar la atención de que si bien queda excluido del arbitraje lo que verse sobre delitos y faltas (tipología, determinación de culpabilidad y culpable, declaratoria de que los supuestos fácticos encuadran en la normativa penal, etc.), en cambio sí puede ser materia de arbitraje la determinación del monto o cuantía de la responsabilidad civil derivada de aquellos, siempre y cuando la misma no hubiere sido materia de pronunciamiento expreso en la sentencia (**sic.** Penal) definitivamente firme.

b) Las del literal "d" advertimos que es una exclusión parcial o relativa, pues si media autorización judicial, si pueden ser sometidas a arbitraje, y

c) En cuanto al literal "e" debe advertirse por igual que no empece la exclusión, si pueden someterse a arbitraje, a pesar de la existencia de cosa juzgada, la determinación de los términos o modo de cumplir cabalmente con la ejecución de dichos fallos firmes, pero

---

23 Artículos 1713 ss, del Código Civil, GOEX 2990 del 26 julio de 1982 (en lo sucesivo identificado Cc).

en tales casos, la extensión y límites fijados por los árbitros, solo tendrá validez en cuanto a las partes del proceso y siempre que la sentencia misma dictada no haya proveído al respecto[24].

d) En cuanto a los Acuerdos arbitrales en los que una de las partes sea La República. Los Estados, Los Municipios o los Institutos Autónomos o sociedades en las que su capital social esté poseído en un porcentaje igual o superior al 50% por dichos entes, o en las que estas últimas tengan por igual suscrito capital similar.

En esta materia remitimos a los interesados a los comentarios expresados precedentemente, supra Capítulo III, 2-B.

Por lo demás, cabe señalar que la misma Ley en su último artículo, expresamente precisa que no se aplican tales limitaciones, a los convenios y acuerdos arbitrales suscritos con anterioridad a la vigencia de la ley, como tenía que ser para evitar una inconstitucionalidad por la retroactividad que entonces se pretendiera dar a la nueva normativa.

Finalmente, lo dicho nos lleva a plantearnos también otra interrogante ¿Cuál será el régimen aplicable a convenios suscritos por La República, Los Estados, Las Municipalidades, los Institutos Autónomos y las mentadas sociedades cuyo capital tengan la indicada composición, cuando se trate de acuerdos suscritos fuera del ámbito comercial? ¿Se aplicarán ante el silencio las normas de la LAC o por el contrario sigue vigente el Cpc y por tanto, no deben a nuestro juicio excluirse tales acuerdos arbitrales?[25].

Por último, en lo atinente a las mencionadas sociedades poseídas por dichos entes, o aquéllas en las que estas tienen el indicado porcentaje de la propiedad del capital social, recordemos que la limitación es sólo parcial y que el arbitraje podrá realizarse siempre y cuando se cuente con las mencionadas aprobaciones y autorizaciones, y que en ellas

---

24 Somos de opinión que tampoco excluye efecto vinculante el arbitraje frente aquellos terceros que hayan sido parte en el proceso, o que intervengan en la fase de ejecución y al tener su derecho en duda, puedan convenir en que la vía arbitral despeje dicha incertidumbre.

En lo que atiene al literal "b", simplemente queremos observar que en Derecho Comparado se admite la decisión arbitral para fijar límites cuantitativos del tributo discutido, y concretamente en Derecho Venezolano observamos que habiéndose admitido la designación de Asociados en juicios del Contencioso Tributario no encontramos razones de fondo para excluir que el arbitraje sea por igual idóneo para resolver cuestiones cualitativas y cuantitativas en los procesos contencioso tributarios. Véase en el Tribunal Superior Primero Contencioso Tributario, caso Admón. Tributaria vs. Sucesión. Stelling.

Finalmente en lo que atiene al literal "c", entendemos que por igual se refiere a problemas de capacidad de las personas jurídicas, en tanto que por ser la Ley la que fija los parámetros bajo los cuales debe configurarse el status de capacidad de dichas personas. estará también vedado a los árbitros resolver sobre problemas que atengan a la capacidad de dichos entes jurídicos.

25 De acuerdo a la mencionada sentencia de la Sala Político Administrativa de la Corte Suprema, de dic. de 1997, caso Van Dam, pareciere que al menos con efectos reducidos al campo técnico, es perfectamente posible que la República, y por ende y con más razón los entes de rango inferior, pueden celebrar dichos acuerdos y los que estuvieron celebrados, por igual tienen plena validez, al menos por igual, con las mencionadas limitaciones.

claramente se especifique el tipo de arbitraje y el número de árbitros, que en ningún caso podrá ser menor de tres.[26]

B. *Tipos de Arbitraje*

Dentro de las mismas Disposiciones Generales comunes a los dos nuevos tipos de arbitraje comercial, el Art. 8 de la LAC precisa que "los arbitrajes pueden ser de Derecho o de equidad. En el primer caso, los árbitros deberán observar las disposiciones de derecho en la fundamentación de los laudos, en los segundos, procederán con entera libertad, según sea más conveniente al interés de las pares, atendiendo principalmente a la equidad. Si no hubiere indicación de las partes sobre el carácter de los árbitros se entenderá que decidirán como árbitros de derecho".

Finalmente se añade en el último aparte del mentado artículo. "Los árbitros tendrán siempre en cuenta las estipulaciones del contrato y los usos y costumbres mercantiles".

Estas disposiciones deben analizarse a la luz de lo regulado en el artículo 30 LAC, que, si bien es directamente aplicable al caso de Arbitraje Independiente, regula una situación directamente atinente al aspecto relacionado con el tipo de arbitraje convenido entre las partes, y por igual debe ser analizado tomando en cuenta lo dispuesto para el arbitraje "ordinario".

Efectivamente, al ser la norma del artículo 8 una disposición general aplicable a ambos tipos de arbitraje, esto es, al de árbitros de derecho y al de arbitradores, carece de todo sentido lo dispuesto en el artículo 30 ya citado, conforme al cual: "El laudo del Tribunal deberá ser motivado, a menos que las partes hayan convenido lo contrario..."

En efecto, siendo el arbitraje de derecho, aquél conforme al cual los árbitros deben resolver no con una norma sustantiva de su creación para buscar la solución al conflicto, sino conforme a las normas del ordenamiento vigente y además, atenidos a los principios de derecho que rigen en general el proceso ordinario, y en especial lo relacionado con la sentencia, no concebimos como en nuestro actual sistema jurisdiccional, pueda sustentarse que los árbitros de derecho queden eximidos de motivar su laudo.

La motivación, no sólo es un requisito esencial para poder precisar justamente si el pronunciamiento del Juez o del árbitro es o no conforme a derecho, sino con el cual se pretende buscar la aquiescencia del grupo social y de las partes sobre lo decidido, inclusive el pronunciamiento en equidad exige y requiere que los árbitros o el juez facultado para así decidir, expresen los motivos por los cuales establecen la norma que consideran aplicable al caso y aquellos en los que fundamentan la decisión que con fundamento a ella se dicta en ese caso concretos[27].

---

[26] Nuevamente nos parece carente de todo sentido la determinación legislativa, en tanto, si bien puede ser que se repute un acto que va mas allá de la simple administración, el poder comprometer en árbitros, no vemos porqué el que si el órgano arbitral esté constituido por menos de tres árbitros resulte proscrita la solución arbitral. Quizá lo procedente y realmente con espíritu de protección hubiere sido establecer que el o los árbitros designados, por igual hubieren sido autorizados y aprobados por el ente directivo y el Ministro de Tutela respectivamente.

[27] Iguales consideraciones hemos dejado expuestas en nuestro citado trabajo sobre El Arbitraje, *Revista Facultad de Derecho UCAB*, N° 51, *opus cit.*

Es cierto que conforme a lo prevenido en el Art. 618 del Cpc en los arbitrajes ordinarios de Derecho "las partes pueden fijar ciertas normas de procedimiento a los árbitros", pero ello nunca puede llegar a extenderse a que se exima al árbitro de cumplir con tan delicado requisito propio del fallo en ley y justicia.

Entendemos que inclusive como una nueva modalidad, por cierto no contemplada ni aplicable al arbitraje de arbitradores en el arbitraje ordinario, podría sostenerse que la voluntad legislativa lo fue el de autorizar laudos **"no razonados ni motivados"**, con lo cual de paso estaríamos aceptando en nuestro sistema por vez primera las decisiones ad **libitum,** tal cual en los sistemas de jurados, ajenos a nuestro procedimiento civil, pero para nosotros resulta absolutamente contrario a nuestra filosofía procesal ya la forma que nos tiene fijado el constituyente para la administración de justicia, admitir que ello sea posible en los arbitrajes de derecho, donde el razonamiento seguido por el Juez o el árbitro, es la mejor garantía de que el mismo se ajusta a la Ley y a la justicia.

Si bien en los nuevos arbitrajes comerciales no se contempla recurso ordinario alguno, en garantía del cual se impone además en la jurisdicción ordinaria el deber de motivación de los fallos, no es esa la única razón para exigirlo, sino la de mayor peso que dejamos señalada en la parte final del párrafo precedente.

Debemos, pues, manifestar igualmente nuestras serias dudas en cuanto a la constitucionalidad inclusive de la norma en referencia, y así expresamente deseamos dejarlo consignado.

Estimamos, sin temor a equivocamos que con ello, ciertamente se elimina el arbitraje de derecho en el arbitraje comercial Independiente, y es más que por igual las partes carecen, en puridad de conceptos de esa potestad, que entendemos por ser propia del sistema procesal, ni aún admitiéndolo la Ley puede ser deferida a las partes.

Obviamente que los mismos comentarios resultarán aplicables al caso de los Arbitrajes Institucionales si el Reglamento del Centro respectivo llegare a contemplar norma similar o cuando por la voluntad de las partes, en uso de la disposición del artículo 15 fijaren tal norma de procedimiento.

En cuanto a la comparación de los dos sistemas arbitrales, preciso es recordar que las normas son diversas en lo que atañe a tal aspecto del procedimiento.

En efecto, en el caso del arbitraje ordinario (Art. 614, pág. 2 Cpc), tratándose del acuerdo arbitral extra litem o cláusula arbitral, a falta de tal determinación por las partes, se entenderá que los árbitros son de derecho y que el laudo será inapelable, en cambio, tratándose del compromiso judicial arbitral, la falta de determinación de las partes hará que los árbitros se reputen arbitradores, resultando por esa misma razón también inapelable el laudo[28].

C. En cuanto a los deberes que impone el cargo a los árbitros designados y que han aceptado el cargo

---

[28] Al respecto en nuestro comentado trabajo sobre el Arbitraje, Revista Fac Der UCAB 51, sostenemos que ello no es una contradicción, sino consecuencia de la lógica interpretación de los principios sobre la materia, pues si en efecto las partes ya se encuentran en juicio en este caso, lo procedente ante el silencio de las partes, es reputar que ellas no quieren darse la solución jurisdiccional y que prefieren una solución de equidad, de aquella que por lógica debían esperar de la jurisdiccional, apegada a la Ley.

También hemos dicho que aceptamos para no confundir más las cosas que las disposiciones al respecto de la LAC, son por igual aplicables tanto al arbitraje Institucional como al Independiente, pero aquí debemos también manifestar nuestro profundo rechazo al régimen regulado en la ley.

En efecto, según el artículo 41 LAC, el incumplimiento de los deberes de los árbitros sin causa justificada, en concreto la inasistencia a dos audiencias del órgano arbitral, o en todo caso inclusive justificada la causa, la ausencia durante cuatro audiencias, se sanciona con el hecho de que el árbitro quede relevado de su encargo y deba reintegrar al Presidente del órgano arbitral el monto que éste determine y se ordenará su inmediato reemplazo.

Ahora bien, hemos sostenido que ahora en la Ley de Arbitraje Comercial más que nunca debe entenderse que la función arbitral es propiamente un modo especial de ejercicio de la potestad jurisdiccional, y sabemos que la renuencia a cumplir con los deberes propios del encargo judicial apareja inclusive un delito, ello es además de orden público indiscutible, luego a nuestro juicio, ese incumplimiento de los árbitros en lo comercial, en todo caso, e independientemente de ser causa de remoción y obligación de reintegro de honorarios, siempre hará que ese árbitro se encuentre incurso o esté en la posibilidad de lo que se lo considere incurso en denegación de justicia.[29]

No cabe pues más que una alternativa, considerar que lo estipulado en la Ley, en todo caso es en adición al mencionado tipo delictivo, pero en ningún caso puede discutirse siquiera que el nuevo régimen deja a un lado la aplicación del tipo delictual, no obstante el citado texto de la nueva Ley.

En cuanto a deber de confidencialidad, sobre lo cual nada dice el Cpc para el procedimiento arbitral ordinario, la nueva Ley crea expresamente el deber de confidencialidad en el proceso arbitral comercial, lo que a diferencia del proceso ordinario jurisdiccional, establece ahora esa obligación, que es la excepción especialísima en este último. Los árbitros, pues, salvo acuerdo en contrario de las partes, e inclusive los órganos de justicia ordinarios que conozcan de algún modo de los procesos arbitrales, están obligados a tal confidencialidad, aparejando a nuestro juicio a favor de las partes acción de daños contra quien lo vulnere.

D. *Del Recurso especial contra las decisiones arbitrales*

En la nueva Ley se consagra de modo indirecto la irrecurribilidad ordinaria contra las decisiones arbitrales, sea que provengan de órganos institucionales o de árbitros independientes, y no obstante sean arbitrajes de derecho o de equidad, pues el artículo 43 LAC claramente dispone que contra los laudos arbitrales únicamente procede el recurso de nulidad.

Sobre esta materia, también la nueva Ley trae importantes innovaciones:

Así, en primer lugar, lo denomina ahora Recurso de Anulabilidad, más acorde con el hecho de que de no instárselo, ese laudo adquiere firmeza, y la causal de anulabilidad no opera de pleno derecho, si bien su eficacia si puede dar lugar a ello, como veremos al analizar las excepciones a la ejecutabilidad del laudo.

---

[29] Conviene recordar que el Cpc en el artículo 615, para cualquiera de las formas del arbitraje ordinario, establece que el árbitro que se separe injustificadamente de su encargo será responsable "penalmente por el delito de denegación de justicia", respetando los indicados principios aplicables a la materia.

En segundo término, el Recurso ahora se lo interpone ante un Juzgado Superior, de la jurisdicción ordinaria, que concretamente lo será el competente del lugar donde se hubiere dictado el laudo, será escrito y razonado (sustentado ex-artículo 45 LAC) y el cual no suspenderá la ejecución de lo resuelto en dicho laudo, salvo que solicitado como ello lo fuere, el Tribunal que conoce del recurso, así lo acordare, previa constitución de caución que garantice la ejecución y los perjuicios de la aludida suspensión, si dicho recurso fuere rechazado. (Art. 43 LAC).

La misma ley fija un lapso para interponer dicho recurso (cinco días hábiles de la fecha de la notificación de habérselo dictado o aquella en que hubiere recaído aclaratoria, ampliación o enmienda (Art. 43 LAC) y un término para consignar la caución si hubiere lugar a ella, el cual es de diez días hábiles a partir de la fecha en que se la hubiere fijado. Si el anuncio fuere extemporáneo o no se consignare la caución en el término fijado por la Ley, el Tribunal que conoce del Recurso lo declarará inadmisible en el primer caso o sin lugar, en el segundo supuesto.

Como en el caso del Arbitraje ordinario, el Recurso sólo procede por las causales taxativamente previstas en el Cpc o en su caso por la LAC.

Dos problemas deben considerarse con la nueva regulación del Recurso, en primer término, la Ley señala que el trámite del mismo será el establecido en la Ley para el Procedimiento Ordinario, pero no aclaró si es el consagrado para la segunda instancia o el ordinario de la instancia inicial, lo cual deberá ser también precisado por la Jurisprudencia. En segundo lugar, la misma Ley (Art. 33, numeral 3) señala que cesa la actividad de los árbitros, cuando se haya dictado el laudo o la providencia que lo corrija o completamente **(sic.** Complemente), en tanto que ella no contempla norma similar a la del artículo 625 Cpc. de que se pasen en todo caso los autos al Tribunal ordinario -Tribunal del Arbitraje- para que le dé eficacia, y por tanto, salvo el caso de los arbitrajes institucionales, podría darse el supuesto de que difícilmente podrá lograrse el cumplimiento del requisito previsto en el artículo 43 LAC de que para el ejercicio del Recurso de Anulabilidad deba acompañarse el expediente correspondiente.

Por último, debemos señalar que a pesar de que las causales son taxativas para dicho Recurso, las mismas han sido redactadas con una gran amplitud que permitirá a los Jueces ordinarios una interpretación laxa de los motivos por los cuales procede, los que de modo general podemos señalar no se apartan en mucho de las causales de nulidad de los laudos del arbitraje ordinario (626 Cpc).

E. *Del reconocimiento y ejecución del laudo:*

Los artículos 48 y 49 LAC regulan la materia con las siguientes particularidades:

En primer término, se establece como novedad, que independientemente si el laudo ha sido dictado por un órgano arbitral nacional o internacional, dentro o fuera de Venezuela, el mismo será ejecutable, vinculante e inapelable y con la sola petición escrita de ejecución ante un Tribunal ordinario en Venezuela, sin requerir el exequátur que se exige para dar el pase a sentencias dictadas en el exterior, se ordenará y cumplirá su ejecución forzosa, para lo cual bastará con que se acompañe una copia certificada del laudo arbitral, emitida por el mismo órgano arbitral, con traducción al castellano, si fuere menester.

Curiosamente, y a pesar de lo celoso que resulta el Legislador en materias relacionadas con la derogación, delegación o sustracción de las normativas de la jurisdicción ordinaria, se da así un tratamiento preferencial a los laudos arbitrales frente a sentencias emanadas de órganos jurisdiccionales, y a la vez, no se hace menester que el laudo haya sido publicado o declarado eficaz por esos órganos jurisdiccionales ordinarios.

Nada dice tampoco la Ley sobre si las firmas de los árbitros deban ser legalizadas, autenticadas o certificadas por ningún órgano judicial, ni por autoridad consular, cuando el mismo fuere dictado en el exterior.

En el artículo 49, nuevamente encontramos otro craso error de la Ley en el encabezamiento de dicha norma cuando al referirse a la posibilidad de denegatoria de ejecución de los laudos, destaca que "El reconocimiento o la ejecución de un laudo arbitral, cualquier que sea el país que lo haya dictado sólo se podrá negar "...cuando que obviamente lo que quiere decir es "cualquiera que sea el país en que se lo haya dictado".

Seguidamente establece siete causas por las cuales puede el Tribunal negar la ejecución, las cuales materialmente son las mismas de la Anulabilidad del laudo, con el añadido de la contemplada en el literal "g" referida a que el acuerdo de arbitraje no sea válido en virtud de la Ley a la cual las partes lo han sometido.

Respecto a esa posibilidad de denegar la ejecución nos caben las siguientes observaciones y comentarios:

a) Se convierte al Juez de la primera instancia, materialmente en Juez que debe resolver sobre la anulabilidad del laudo, y en añadido, sin procedimiento ninguno.

b) Se deja a las partes sin recurso alguno para reclamar de la denegatoria.

Entre otras interrogantes que nos plantea esta situación caben:

¿Será recurrible dicha decisión como una decisión ordinaria de los tribunales sobre negativa de ejecución?

Llegado el caso, y admitido que fuere recurrible, por vía de consecuencia ¿esa decisión del Superior será susceptible de Casación?

Así las cosas, pareciere que la institución del exequatur en el fondo tenía mayor solidez y fundamentación para el examen formal y pronunciamiento in límite sobre legalidad del laudo o sentencia, y no la institución ahora vigente.

Damos así por concluido un breve y rasante análisis de la institución del Arbitraje Comercial que por supuesto no tiene las pretensiones de ser un estudio exhaustivo de sus instituciones, ni agota la materia. Adrede no me he referido a otros tópicos sobre la misma ni me he extendido en consideraciones especiales de algunos de los aspectos tratados pues de lo contrario esta intervención se haría demasiado larga y entraría a analizar temas cuya consideración ha sido fijada a otros expositores, quienes están llamados a analizarlos con mayor detalle.

Estoy seguro que serán muchos en el futuro los estudios y análisis que podrán hacerse a la nueva Ley y a los breves comentarios que ahora he formulado a la misma, pero tengan la convicción de que en el fondo nos complace la promulgación de dicha normativa, pues hemos dado otro paso de avance frente a esta importante y desmerecida figura del arbitraje en nuestro medio.

La jurisprudencia y nosotros los que tendremos que usar y aplicar la Ley, procuraremos enmendar sus fallas, corregir sus lagunas y propiciar, si fuere necesaria su reforma por el bien de todos y en especial por procurar una mejor y más ágil solución de los conflictos y deslastrar la ya compleja administración de la justicia ordinaria.

36.

ALGUNOS TÓPICOS SOBRE EL PROCEDIMIENTO EN LA LEY DE ARBITRAJE COMERCIAL*

I. CONSIDERACIONES PRELIMINARES

Precisa advertir que en este pequeño estudio centraremos nuestra atención y haremos nuestros comentarios referidos fundamentalmente a los problemas procesales derivados de la aplicación de la Ley de Arbitraje Comercial[1] que no al arbitramento[2] y solo al arbitraje, no a otros medios de composición extrajudicial del proceso, por igual existentes y reconocidos en nuestra Legislación.

Haremos nuestros comentarios circunscribiéndonos en lo posible al análisis de fallos y decisiones proferidos por nuestro Tribunal Supremo de Justicia y otros Tribunales Nacionales, pues estimamos que ello dará mayor interés a nuestra exposición, que no el hacer una disquisición teórica o dogmática sobre las normas de la Ley en torno al procedimiento.

Respecto a este último aspecto y al menos en lo que se refiere al procedimiento del arbitraje comercial independiente, remitimos a los interesados a nuestro trabajo Algunas Consideraciones sobre el Procedimiento aplicable en los casos de Arbitrajes regidos por la Ley de Arbitraje Comercial[3],cual salvo aspectos puntuales mantiene su vigencia, explicándose la existencia de algunas de ellas a ésta fecha, por cuanto al momento de la

---

* Trabajo presentado en el Ciclo de Conferencias patrocinado por la Academia de Ciencias Políticas y Sociales, Venezuela, 28-30 junio 2005, publicado en el libro: *"Arbitraje comercial interno e internacional. Reflexiones teóricas y experiencias prácticas"*, Academia de Ciencias Políticas y Sociales, Serie Eventos 18, Caracas 2005, pp. 135-146.

1 Gaceta Oficial de la República de Venezuela (GO), N. 36.430 de fecha 7 de abril de 1998, que en adelante identificaremos como LAC.

2 Que es el medio alterno de composición que pueden darse las partes en todo pleito, no comercial, según el Código de Rito, que se conoce como Código de Procedimiento Civil de 1987, Gaceta Oficial N. 3.694 del 22 de enero de 1986 al que se hicieron reformas parciales de menor entidad, una de cuyas últimas reformas apareció insertada en la GO Extra. 4196 del 2 de agosto de 1990 (Art. 606 ss) que será al que aludamos en adelante y que se identificará como Cpc.

3 Baumeister T., Alberto. *Algunas Consideraciones sobre el procedimiento aplicable en los casos de Arbitrajes regidos por la LAC*, Publicaciones de la Academia de Ciencias Políticas y Sociales, serie Eventos N° 13, Caracas 1999.

publicación de aquel, no se encontraba aún sancionada la Constitución de la República Bolivariana de Venezuela de 1999[4].

II. UNA IMPRESCINDIBLE OBSERVACIÓN EN TORNO A LA DENOMINACIÓN DE ESTAS JORNADAS SOBRE ARBITRAJE COMERCIAL.

Sin que se nos tilde de retóricos, consideramos menester iniciar estos comentarios señalando, al igual que lo hace el tratadista venezolano y respetado amigo Profesor, Dr. Ricardo Henríquez La Roche,[55] que poco le interesa a nuestro legislador la condición de que el laudo dictado sea interno o internacional, esto es dictado en el país o en nación extranjera, pues nuestro ordenamiento jurídico (Arts. 48 y 49 de la Ley de Arbitraje Comercial[6]) da eficacia y ejecutoriedad al laudo arbitral extranjero en las mismas condiciones que al laudo arbitral interno.

En el expresado sentido, al menos en lo que a Venezuela se refiere, poco debe interesar a las partes la temática sobre si el laudo es interno o internacional, salvo consideraciones que dimanan de eventual aplicación de ordenamientos jurídicos vigentes y que pudieren colidir o de planteamientos económicas y el de que la ley bajo la cual se tramite y resuelva el arbitraje, sean cuando menos mas convenientes para la mejor decisión de la causa, en cambio puede no ser así en otros sistemas legislativos que no tienen aplicables dos o mas tratados o normas internacionales. En el primer sentido indicado, en Venezuela como en Colombia, surge problema con la aplicación de los regímenes de la Convención de Panamá (1975), sobre ejecución de Arbitrajes Comercial Internacionales y la de Nueva York sobre reconocimiento y ejecución de las sentencias arbitrales extranjeras (1958)[7].

En cuanto a Venezuela concierne, la determinación de cuales sean las leyes aplicables para la solución del conflicto, también debemos recordar que es perfectamente posible dentro de nuestro sistema de Arbitraje Comercial, con la sola salvedad de que las reglas escogidas no sean contrarias al orden público interno, so pena de que al laudo no se dé el pase correspondiente (Literal f del Art. 49 LAC)[8] que formando parte de las cláusulas de

---

4 Publicada inicialmente en Diciembre de 1999, pero ordenada su republicación, conjuntamente con la Exposición de Motivos en Marzo del 2000, aparentemente sin cumplir las formalidades impuestas por la propia Asamblea Constituyente, lo cual ha hecho que algunos doctrinantes, la adversen y ataquen en sus fundamentos, publicada en la G.O. No. 5453 Ext. del 24 de marzo del 2000, pero que en lo sucesivo identificaremos como Constitución de 1999 o simplemente con las iniciales CN y en la cual expresamente a diferencia de la de 1961, vigente cuando se dictó el CPC y la LAC, si contempla que la actividad judicial del Estado Venezolano, se desarrolla igualmente a través de los "medios alternos" de solución de conflictos, reconociendo con ello plenamente la existencia de la jurisdicción arbitral.

5 Henríquez La Roche, Ricardo, *El Arbitraje Comercial en Venezuela*, Centro de Arbitraje de la Cámara de Comercio de Caracas, Organización Gráfica Capriles, Venezuela, Isbn 980-07-5960-3, 2000, 1ª edición.

6 LAC comentada.

7 En tales casos debe aplicarse la Convención de Viena de 1969, sobre el Derecho de los Tratados. Al respecto puede consultarse a Antonio Aljure Salame, en Ámbito de Aplicación de las Convenciones de Nueva York (NY) y de Panamá sobre Arbitraje Internacional, en Revista Arbitraje Internacional, N° l, jun.- dic. 04, p. 105 ss, Edit. Legis, Colombia.

8 Un ejemplo de un caso típico de exclusión, sobre el cual ya ha venido pronunciándose tajantemente la Sala Político Administrativa del Tribunal Supremo de Justicia, son casos

estilo de un convenio o contrato comercial, se haya estipulado cuál sistema estatal es el aplicable y con ello se fijan las normas que se apliquen para tramitar el arbitraje y en su caso la resolución de cualquier asunto que se plantee por la interpretación o ejecución de dicho convenio, inclusive normas internacionales, ajenas a todo Estado, tales como las emanadas de Convenciones Internacionales emanadas de Naciones Unidas para el Comercio Internacional[9] o inclusive las que acojan libremente las partes, derivadas de la costumbre y prácticas internacionales, las que denomina el mismo tratadista citado "ius singularis"[10] suerte de cuerpos legales que se van formando en la práctica mercantil paralelas a las normas ordinarias.

Por último, igualmente vale la pena referir que conforme la vigente Ley de Derecho Internacional Privado[11], a falta de expresión de la voluntad de las partes, las obligaciones convencionales se rigen por el Derecho con el cual se encuentran mas directamente vinculadas. El Tribunal tomará en cuenta todos los elementos objetivos y subjetivos del contrato para determinar ese derecho y también tomar en cuenta los principios generales del Derecho Comercial Internacional aceptados por organismos internacionales.

En idéntica forma vale la pena destacar también que la LDIP en su artículo 31 reconoce la existencia y aplicación de la Ley Mercatoria con apoyo en la LAC, disponiendo que cuando corresponda se aplicarán las normas, las costumbres (lex mercatoria) y los principios de Derecho Comercial Internacional, así como usos y prácticas comerciales de general aceptación, con la finalidad d realizar las exigencias impuestas por la justicia y la equidad en la solución del caso concreto. En igual sentido, como se dijo la

---

atinentes a reclamaciones de índole Laboral, inclusive veladas o pretendidamente evadidas con otras formas de relaciones En tales casos debe aplicarse la Convención de Viena de 1969, sobre el Derecho de los Tratados. Al respecto puede consultarse a Antonio Aljure Salame, en Ámbito de Aplicación de las Convenciones de Nueva York (NY) y de Panamá sobre Arbitraje Internacional, en Revista Arbitraje Internacional, N° l, jun.-dic. 04, p. 105 ss, Edit. Legis, Colombia.

Un ejemplo de un caso típico de exclusión jurídicas que suponen dependencia. En tal sentido Sentencia del 10 de octubre de 2001, N° 2159 de la mencionada Sala (SPA, TSJ) con ponencia de L.I. Zerpa.

9 Señala Henríquez La Roche, que el Reglamento del Centro de Arbitraje de la Cámara de Comercio de Caracas, mantiene igual criterio, Oc. p. 100. el mismo autor cita entre las principales normativas internacionales que regulan dichas materias, la Convención de Naciones Unidas sobre Contratos de Compra Venta Internacional de mercaderías, adoptada en Conferencia diplomática del 11 de abril de 1980; la Convención sobre la prescripción en materia de compraventa internacional de mercaderías, adoptada en N.Y en 1974, el Convenio de Naciones Unidas sobre el transporte marítimo de Mercancías o Reglas de Hamburgo, aprobado el 31 de marzo de 1978, Convenio de Naciones Unidas sobre la responsabilidad de los empresarios de terminales y de transporte en el comercio internacional, aprobada el 19 de abril de 1991; la Convención de Naciones Unidas sobre garantías independientes y cartas de crédito contingente, aprobada en Asamblea General de ONU el 11 de diciembre de 1995, la Ley Modelo Uncitral sobre transferencias internacionales de crédito, aprobada en 1992 por Uncitral, la Ley Modelo Uncitral sobre Comercio Electrónico.

10 Oc. p. 100.

11 G.O. N° 36.511 del 6 de agosto de 1998, en lo sucesivo LDIP, Art. 30.

LAC acepta que la costumbre y práctica mercantil, constituyen fuente insoslayable del laudo, en todo aquello no previsto en el contrato o en el la Ley sustantiva escogida[12].

En torno a las normas de rito, es hoy perfectamente admisible, reconociendo una tendencia internacional, que las mismas partes también fijen y regulen el proceder del arbitraje, y conforme la LAC, a falta de tal precisión y no teniendo norma legal aplicable, deja en manos de los árbitros la escogencia de la que resulte aplicable, quien en ello pueden acudir a cualquier fuente que a su juicio resulte mas justa.

En Venezuela conforme el Art. 12 LAC, en el caso de arbitrajes Institucionales, dichas reglas a falta de disposición de las partes, debe entenderse que resultan aplicables las del Reglamento de arbitraje del Centro de Arbitraje al que las partes se hayan sometido, y son tales las que impone la Ley a dichos entes deben tener dictadas en su Reglamento (Art. 13, literal b) y en el caso de que el Arbitraje sea Independiente, a falta del acuerdo de las partes, las reglas aplicables serán las que de manera general consagra la misma LAC (Art. 13 y 15).

Salvo lo antes dicho, repetimos, en especial en torno al modo y manera de ejecución, poco importa que el laudo sea calificado como internacional o interno de acuerdo al ordenamiento de cada país.

III. EN TORNO A LA FORMA DE ESTABLECER EL COMPROMISO ARBITRAL Y LA FORMA DE HACERLO VALER

Establece la LAC en su artículo 5:

"El acuerdo de arbitraje, es un acuerdo por el cual las partes deciden someter a arbitraje todas o algunas de las controversias que hayan surgido o puedan surgir entre ellas respecto de una relación jurídica contractual o no contractual. El acuerdo de arbitraje puede consistir en una cláusula incluida en un contrato, o en un acuerdo independiente.

En virtud del acuerdo de arbitraje las partes se obligan a someter sus controversias a la decisión de árbitros y renuncian a hacer valer sus pretensiones ante los jueces. El acuerdo de arbitraje es exclusivo y excluyente de la jurisdicción ordinaria."

A tenor de lo dispuesto en el Artículo 6 de la misma LAC, dicho acuerdo necesariamente debe constar por escrito en cualquier documento o conjunto de documentos que dejen constancia de la voluntad de las partes de someter a arbitraje. Disponiendo igualmente que la referencia hecha en un contrato o un documento que contenga una cláusula arbitral constituya un acuerdo de arbitraje siempre que de dicho contrato conste por escrito y la referencia implique que esa cláusula forma parte del contrato.

Sólo excluyó el Legislador de tales modalidades de entender manifestada la voluntad para separarse las partes de la jurisdicción ordinaria, el caso de los contratos de adhesión y contratos normatizados, en cuyo caso la manifestación de voluntad no basta con ser escrita ni estar en el texto contractual, o referida a él por otro documento, sino que en tales casos, como lo dispone el aparte final del Art. 6 en tales casos la voluntad debe manifestarse de manera expresa e independiente.

---

[12] Art. 8 LAC. Por igual ello es lo aceptado por Henríquez La Roche, Oc. p. 106.

Para la Sala Político Administrativa, en su fallo 01681 del 6 de octubre del 2004, Exp. 2003-1313, con ponencia de Yolanda Jaimes[13], tales exigencias del Legislador deben ser entendidas en el sentido de que haya manifestación concreta y precisa de la voluntad de las partes, de que desean que sea el arbitraje el medio para aplicarse en el supuesto de que de alguna manera exista disputa entre las partes en cuanto a la aplicación o lagunas que puedan surgir de la ejecución o interpretación de ese otro instrumento que no contempla la cláusula arbitral.

En el caso de autos, donde sólo se expresaba en el documento sin cláusula arbitral: "... 1.- Que las partes reconocen las obligaciones y derechos derivados para ambas del Memorando de entendimiento que suscribieron Supermercado U. CA y APTIVA en fecha XXXX y de los demás contratos y documentos que en ejecución del primero se otorgaron en fecha XXXXX" a nuestro modo de ver con toda razón, determinó la Sala que si bien en el texto de un Memorando producido en autos estaba clara la regulación de una cláusula arbitral, en el otro texto documental (en el caso de autos un contrato de préstamo) cuya ejecución se discute, no se contempla claramente aquello y por ello no puede pensarse que existe la aludida sumisión expresa del consentimiento, ni que ha sido sustraía la jurisdicción ordinaria para conocer de dicha incidencia, por lo que no se puede hablar en tal supuesto de que el Tribunal que deba conocer deba perder su jurisdicción.

En efecto, si bien se admite ahora como modo jurisdiccional el medio arbitral como alternativo de solución, ello no puede llevar a relajar de tal modo la potestad y derecho al juez natural jurisdiccional para hacerle perder su potestad judicial en el caso concreto con cualquier tipo de manifestación de voluntad que pudiere hacer pensar que la intención de las partes fue abandonar la jurisdicción ordinaria, con lo cual consideramos indispensable destacar que no toda clase de mención o referencia general contenida en otro instrumento, como fue en el caso concreto, puede admitirse produzca tales importantes efectos.

IV. FORMA DE HACER VALER LA EXISTENCIA DE LA CLAUSULA ARBITRAL. LA FALTA DE JURISDICCIÓN CUANDO EXISTE CLAUSULA DE ARBITRAJE

Según decisión de la misma Sala[14], resolviendo la consulta pertinente por vía de una alegada falta de jurisdicción, en un proceso de oferta real debatido entre las partes, conforme lo dispuesto en los artículos 59 y 62 del Código de Procedimiento Civil, por existir una cláusula arbitral en el contrato de opción de compra objeto de la oferta real, ello daba lugar a un acuerdo vinculante entre las partes que han suscrito el contrato, quienes conforme a lo dispuesto en el artículo 5 de la LAC, renuncian a acudir por ante los órganos jurisdiccionales ordinarios a someter sus conflictos.

Sin embargo, destaca la Sala, que ese mismo órgano judicial ha establecido que para ello es menester además que se valoren los siguientes elementos fundamentales: ...

> "El fallo parcialmente trascrito, consagra dos supuestos en lo que se considera que ha operado la renuncia tácita al arbitraje; el primero, se refiere al caso en el cual el demandado, una vez apersonado en juicio, no haya opuesto la cuestión previa de falta de jurisdicción, sino que por el contrario haya ejercido defensas de fondo, bien

[13] Ramírez & Garay, tomo CCXVI- octubre 2004, p. 2038-04.

[14] Sentencia 01713, Expediente 2004-0891, Sala Político Administrativa del Tribunal Supremo de Justicia, en Ramírez & Garay, octubre 2004, tomo CCXVI, 2044-04, p. 305 ss.

contestando la demanda, bien reconviniendo. El segundo supuesto, va referido al caso en que el demandado apersonado en juicio haya opuesto la existencia de la cláusula de arbitraje, pero no mediante el mecanismo procesal idóneo, cual es el ejercicio de la cuestión previa relativa a falta de jurisdicción.

En el caso examinado por la Sala, la parte oferida, una vez presentada la oferta real y habiéndose negado a recibirla, al comparecer en la primera oportunidad a presentar su escrito de alegatos ante el Juzgado Segundo de los Municipios Marino y García, Tabores, Villaba, Península de Macanao de la Circunscripción Judicial del Estado Nueva Esparta, invoca la existencia de la cláusula de arbitraje, lo cual fue formulado como un alegato previo a la exposición de razones acerca de la validez de la oferta real a que se refiere el artículo 824 del Código de Procedimiento Civil; sin embargo, posteriormente en escritos presentados el 2 y 9 de agosto de 2002, la misma ciudadana promovió pruebas en la presente causa y en diligencia del 12 del mismo mes y año, rechazó la oposición presentada por la representación judicial de la parte oferente. Así mismo, en diligencias del 14 de agosto y 19 de septiembre de 2002, formuló alegaciones, en fecha 24 de octubre de 2002 solicito se practicara la notificación del oferente de la decisión del 22 de octubre del mismo año, el 16 de diciembre del 2002 presento escrito de informes y el 3 de junio del 2003 solicitó al Tribunal de alzada notificar a la oferente del fallo de fecha 30 de abril del 2003, el cual además no apeló.

Para la aludida Sala que conoce la consulta, esa serie de actuaciones evidencian una voluntad por parte de la acreedora u oferida de someterse a la jurisdicción ordinaria, toda vez que para declarar la procedencia de la excepción del acuerdo arbitral la conducta de las partes en disputa debe estar orientada a una inequívoca voluntad de sometimiento al arbitraje, es decir , que las conductas efectuadas por (los) demandado (s) deben dirigirse a evidenciar durante el proceso, en todo momento, su voluntad de someterse al arbitraje.

En tal sentido, señalan los sentenciadores: "la legislación y la doctrina comparada, no han vacilado en promover la sanción procesal consistente en considerar como una renuncia tácita al compromiso arbitral, a todos aquellos actos procesales encaminados a dar continuidad al conocimiento iniciado por un juez ordinario".

Nos corresponde advertir que en nuestras conferencias y trabajos sobre arbitraje, anteriores en fecha a la existencia de la actual CN[15], opinábamos que en supuestos como el indicado, esto es, el irrespeto a la cláusula arbitral, y ante la ausencia de una defensa idónea específica, como si existe en algunos sistemas de derecho extranjero (cuestión arbitral) era menester siempre hacer valer cuando menos la cuestión previa de cuestión prejudicial, antes que cualquier otra defensa, y no la de falta de jurisdicción del órgano judicial, entendiendo entonces que precisamente el arbitraje ni los demás medios alternos de solución de conflictos, no tenían reconocimiento expreso en nuestra Constitución ni en el ordenamiento procesal, como modos alternos de la actividad jurisdiccional, más siempre expusimos era ello imprescindible atacarlo por la prejudicialidad, pues de lo contrario se debía interpretar que se renunciaba a la adopción del arbitraje como medio idóneo para

---

15 Conferencias en Colegio de Abogados de Caracas, en Colegio de Abogados de Barcelona (1997) y nuestro trabajo Algunas Consideraciones sobre el Arbitraje en Venezuela en *Revista Facultad de Derecho* de la UCAB, N° 52, Venezuela, Editorial UCAB, 1998, p. 431 ss. y tal como lo advertimos en nuestro trabajo Algunas Consideraciones sobre el Procedimiento aplicable en los casos de Arbitrajes regidos por la Ley de Arbitraje Comercial, opus cit., p 30 ss.

resolver el caso concreto, todo sin menos cabo de hacerlo vale con la Cuestión previa de falta de jurisdicción, o el planteamiento del conflicto de jurisdicción, todo a reserva de estar conscientes de que ello pudiera ser rechazado por el juzgador del caso concreto[16].

Con lo dicho acogemos en todas sus partes ese criterio de la Sala Político Administrativa que como lo cita la misma sentencia ahora examinada, ya parece reiterado en nuestra jurisprudencia del más alto Tribunal.

V. PROCEDENCIA DE AMPARO CONSTITUCIONAL CONTRA FALLOS DICTADOS EN PROCESOS ARBITRALES EXTRANJEROS

No obstante contar con el voto salvado del Dr. Jesús E. Cabrera R., con el cual nos solidarizamos, la Sala Constitucional del Tribunal Supremo dicto el 19 de noviembre del 2004[17] Amparo Constitucional contra un fallo arbitral dictado en Miami, USA, por entender que con tal pronunciamiento se vulneraban entre otros los principios de Independencia e Imparcialidad de los Tribunales (numeral 3 Art. 49 CN) ocasionadas por el fallo dictado el 22 mayo del 2003 por un Tribunal Arbitral extranjero constituido conforme convenio suscrito por las partes, quien además se le acusa de haber violado la tutela judicial efectiva y la garantía del Juez natural, todo por haber desconocido el contenido de fallo dictado por la SPA del TSJ y de la S Constitucional, en sus fallos 25 de marzo y 26 de agosto de 2003, en las que se reconoció la jurisdicción de los Tribunales venezolanos para conocer sobre dichos asuntos.

En dichos interesantes fallos se hace alusión a otros varios pronunciamientos de nuestro TSJ en materia de arbitrajes, tales como lo son la nulidad de arbitraje, al haber el fallo excedido su competencia derivada de la Cláusula arbitral (SPA 10 octubre del 2002) ratificación de la jurisdicción de los tribunales venezolanos para conocer en materia sometida a un arbitraje (SPA 25 de marzo del 2003, Sent. 476 y S Constitucional del 26 agosto 2003 Sentencia 2346/2003) los cuales al haber sido desconocidos por los árbitros que conocían del asunto en el exterior, vulneran los derechos del requirente de amparo.

Por el contrario el citado voto salvado[18], se fundamenta en el reconocimiento que se hace de la posibilidad de acudir y someterse a la vía arbitral, y con ello darle valor al laudo dictado en aquellos, pues se convierte así dicho tribunal alterno en Juez natural para resolver las controversias y si bien la SPA declaró en su momento que la cláusula arbitral no excluía la jurisdicción de tribunales venezolanos, tal declaración tampoco anulaba el laudo dictado por el T. arbitral.

VI. INADMISIBILIDAD DE RECURSOS DE CASACIÓN CONTRA FALLOS DECLARANDO IMPROCEDENCIA DE RECURSOS DE NULIDAD DE LAUDOS ARBITRALES

La Sala de Casación Civil del TSJ (S CC TSJ), también ha tenido ocasión de pronunciarse sobre la inadmisibilidad general de los Recursos extraordinarios de Casación contra fallos de Tribunales Superiores, que conociendo de Nulidades contra laudos, niegan

---

16 Véanse trabajos citados nota anterior.

17 Ramírez y Garay, t. CCXVII, p. 2261-04 ss, Caracas, 2005, Sentencia 2635, expediente 04-0163.

18 Transcrito en la misma citada obra p. 2261 ss.

las mismas[19], con la cual de paso ratificó su fallo anterior sobre la misma materia del dictado en 8 de febrero del 2002, Sentencia 83 y la 874, expediente 04-574 del 13 de agosto del 2004, en que se reconoce la aplicación de la LAC, y con ello, la no admisión de recursos que ella establece, con la sola salvedad del de nulidad, en ella preservado a las partes. Al no existir los recursos ordinarios, obviamente se excluyen también los extraordinarios que contra aquellas puedan deducirse, incluyendo por igual el Extraordinario contra el de Nulidad dictado contra fallo arbitral[20].

A MANERA DE CONCLUSIÓN

Como se observa y es de esperar en esta todavía novedosa materia de medios alternos de solución de conflictos, por vía del arbitraje, ahora es que viene formándose una doctrina jurisprudencial que facilitará la mejor aplicación de la LAC y con ello el mejor uso de tal institución, y pone en evidencia que pese al aparente rechazo del arbitraje[21].

Nuevamente felicito a la Academia de Ciencias Políticas y Sociales y al Centro de Arbitraje Venezolano, por la idea de promover y auspiciar estas Jornadas de estudio y revisión del Arbitraje Interno e Internacional ya a cinco años de vigencia de la LAC, con lo cual facilita la divulgación y beneficios de su conocimiento y aplicación, sino también enriquece el patrimonio bibliográfico sobre esa tan importante materia.

---

19 Sentencia 01317, Expdte AA-20-C-2003-001031, en Ramírez y Garay, t. CCXVII, N°. 2352-04, p 521, Caracas 2005.

20 Ratificando el anterior criterio, TSJ SCC, 13 agosto 2004, Sent. 00874 y resolviendo improcedencia del Recurso de Casación contra el fallo que declara improcedente la nulidad, TSJ SCC, sent. 0903 del 19 de agosto del 2004, que a su vez también declara improcedente dicho recurso contra auto que provee sobre incidencia de medidas en dichos procesos, ambas en Ramírez y Garay, T. CCXIV, AGOSTO 2004 1657-04 y 1662-04, respectivamente.

21 Véase completo e interesante trabajo sobre este tema, del Dr. Francisco Hung V., Apostillas a cinco sentencias en materia arbitral, dictadas por el Tribunal Supremo de Justicia, en *Estudios en Homenaje al Dr. Gustavo Planchart M, El Derecho Privado y el Procesal en Venezuela*, tomo II, p 639 ss, Ediciones Escritorio Tinoco, Planchart, Ediciones UCAB, Venezuela, 2003, Isbn 980-244-355-7.

SEXTA PARTE

DERECHO DE SEGUROS

37.

NUEVAS TENDENCIAS E INSTITUCIONES EN DERECHO DE SEGUROS*

I. ALGUNAS CONSIDERACIONES SOBRE EL EVENTO

Debo agradecer a la ciudadana Superintendente de Seguros, Dra. Morelia Corredor, en primer lugar, en mi condición de Presidente de la Asociación Venezolana de Seguros (AVEDESE - AIDA), y en segundo término en el mío propio, la invitación que se nos formulara para participar en este ciclo de charlas preparado con ocasión de la celebración de los cuarenta años de haber sido instituido el ente Supervisor de la actividad.

Manifestaba a la ciudadana Superintendente en la carta donde acepté tan honrosa invitación, que en nuestro país, donde tan efímeras suelen ser las instituciones, resulta un verdadero acontecimiento celebrar un cuarentavo aniversario de la existencia de un ente, órgano o institución.

Por ese solo motivo la Asociación Venezolana de Derecho de Seguros (Avedese-Aida), Sección Nacional de la Asociación Internacional de Derecho de Seguros (AIDA) ya considera este acontecimiento como una ocasión para congratularse y manifestar nuestra complacencia. Añádese a él que, en el decurso de estos años, e independientemente de los logros y críticas que puedan hacerse al ente, en la trayectoria institucional del organismo se ha dado cumplimiento a una gestión que puede calificarse de cabal y apegada a los fines para los cuales se le ha confiado su competencia.

Han sido muchos los momentos difíciles por los cuales las aseguradoras y con ellas la Superintendencia hubo de transitar. Dos crisis económicas considerables acosaron al país y de ellas no escaparon las empresas y otros entes vinculados a la actividad.

Con todo, la industria aseguradora ha seguido adelante, ha continuado su crecimiento, ha solidificado sus bases técnicas y económicas y ha cumplido su importante rol de previsionalidad y amparo patrimonial ante siniestros. Una ojeada en países similares al

---

* Conferencia dictada con ocasión del *40 Aniversario de la creación de la Superintendencia de Seguros y Reaseguros*. Caracas, julio 1998. Publicado en *Revista de la Facultad de Derecho*, Universidad Católica Andrés bello, No. 53, Caracas 1998, pp. 123-152.

nuestro en magnitud y desarrollo, los cuales han padecido tan lamentables crisis económico financieras, pone de manifiesto la mayor entereza de nuestro sector y el papel que en tales ocasiones asumió el ente supervisor. Creo que nadie negará que el Balance de la gestión ha sido positivo.

Es más, dentro de nuestro propio país, instituciones parecidas en magnitud y responsabilidades ante la ciudadanía similares a las de la actividad aseguradora y que manejan por igual grandes volúmenes de masas dinerarias pero en otras áreas del entorno económico, con ocasión de las anómalas situaciones reseñadas, asumieron comportamientos que dejan mucho que desear y con sus crisis provocaron graves descalabros en sus respectivas áreas, debiendo el Estado asumir considerables cargas para afrontar ante los consumidores los coletazos de esos malestares financieros.

Cierto es que a la Superintendencia de Seguros en algunas oportunidades se le ha impuesto asumir roles ajenos y extraños a la función propia de órganos de control y vigilancia, producto ello de filosofías políticas erráticas, atrasadas lamentablemente para el momento histórico en que debieron adoptarse y con consecuencias que aún deben lamentarse, mas tan deplorables actitudes no han sido posicionamientos propios del ente ni de quienes en tales oportunidades se encontraban al frente del mismo, sino reflejo como se ha señalado, de tendencias económico políticas de nuestros gobiernos y legisladores de turno.

La realidad práctica de la vida, las tendencias internacionales, y las necesidades de desarrollo del país, se han encargado de poner en evidencia esos errores y se han tomado de nuevo los derroteros propios que debe seguir el ente.

Lamentablemente en la última reforma de la Ley que rige la actividad y al propio ente supervisor, no se adoptaron todas las medidas y cambios que eran razonables y adecuados y sólo se produjeron algunos pequeños cambios, que si bien actualizaron ciertas instituciones y funciones e hicieron que el Estado, cuando menos en ciertas áreas, retomara el rol que dentro de esta importante rama de la actividad económica está llamado a realizar, pero ello evidentemente no era suficiente, ni las que se produjeron permiten considerar que fueron las necesarias para adecuar la normativa sobre seguros a la actualidad de su desarrollo.

La dicha reforma en todo caso fue incompleta, tímida, apresurada, y de ello no me cabe la menor duda estamos convencidos todos los involucrados en la actividad aseguradora, incluyendo a la propia autoridad de control, aseguradoras, reaseguradoras, mediadores y quienes somos curiosos del Derecho de Seguros.

Debemos reconocer se perdió una buena oportunidad para acometer esa reforma estructural y como lo llama la Doctrina Italiana, "el aggiornamento" de las instituciones relacionadas con la actividad, y entre ellas las del ente supervisor.

A las puertas del nuevo siglo, a los cuarenta años de este todavía joven órgano del Estado, debemos reconocer que son muchos los atavismos que existen en la Ley que rige la actividad aseguradora y reaseguradora y mas desalentador aún resulta el panorama si examinamos la legislación sustantiva sobre el Seguro y el Reaseguro.

No me siento libre de culpas, pero al menos me queda la satisfacción de haber procurado destacar ese deplorable atraso de nuestras normas jurídicas sobre la materia, y el haber preparado quizá no el mejor de los "proyectos" de una Ley para la actividad y el contrato de seguro, pero cuando menos si debe reconocérsele haber sido más valiente y atrevido que el finalmente aprobado y del cual ahora, muchos de los que lo adversaron me imagino estarán arrepentidos de no haber apoyado el que presentáramos a la Cámara de Aseguradores.

Me place destacar que cuando menos en las discusiones de algunos de sus capítulos álgidos, y en la empresa inicial que se me confiara tuve la honra de haber contado con atinadas observaciones de la Dra. Corredor, hoy actual Superintendente.

Desconozco si a ella correspondió de alguna manera haber impulsado o no la discusión de ese proyecto y su defensa ante los órganos del Ejecutivo y del Legislativo, pues como siempre ocurre en nuestro país, luego que culminara mi trabajo jamás se me informó de las eventuales críticas o razones para haberlo desechado.

Sí me desalienta, en cambio, el que una de las razones para no haberlo apoyado muchos de los que debieron impulsarlo, entre ellos, algunos de mis maestros en Derecho de Seguros, la única razón que adujeron en su contra fue el de que muchos cambios en ese proyecto podrían provocar un efecto adverso en nuestros órganos legislativos, el de que nuestro país no contaba aún con personal adecuado para entender y aplicar algunos de los cambios propuestos y no faltaron tampoco quienes en defensa de sus propios intereses temieron que tales cambios provocaran salida del mercado de algunos entes que virtualmente medraban en la actividad.

No me arrepiento del esfuerzo realizado ni del tiempo invertido en esos avatares y por supuesto ni que decir incompensados por la retribución que se me hiciera. Lo que sí puedo señalar es que me queda el orgullo de haber asumido valientemente la comentada posición de avanzada, de haber propuesto para mi país una legislación adecuada a la modernidad del Derecho de Seguros, que por igual abarcara tanto el aspecto de la actividad como el de la normativa sustantiva, y en ambas procurando adecuar las instituciones a la realidad nacional y a los cambios y modificaciones que ya estaban presentes en la mayoría de las legislaciones sobre la materia en el mundo occidental.

Aprovecho, por cierto, esta oportunidad para agradecer en lo personal a los Dres. Eduardo Wallis Olavarría, quien en su momento fuere también Superintendente de Seguros, y al Dr. Pedro Manuel Arcaya, Director de empresas de seguro de vieja data, por el apoyo que me brindaron entonces en la discusión, preparación y redacción de aquel Proyecto y en adición al primero de los nombrados por haber comulgado conmigo el mismo ideario que plasmé en el comentado Proyecto.

II. PRINCIPALES ÁREAS E INSTITUCIONES EN MATERIA DE SEGUROS EN LAS CUALES SE OBSERVAN A NIVEL DE DERECHO COMPARADO IMPORTANTES CAMBIOS Y NOVEDADES, ASÍ COMO TENDENCIAS PARA SOLUCIONAR PROBLEMÁTICAS PROPIAS DE LA ACTIVIDAD

Hecha la anterior breve digresión histórica, que reputé necesaria porque en parte explica las causas por las cuales aún nuestra legislación sobre seguros deja mucho que desear y se mantiene definitivamente atrasada si la comparamos con el acontecer legislativo en el resto del mundo, procuraré hacer una sucinta reseña de las nuevas tendencias legislativas en materia de Derecho de Seguros, objeto primordial de mi disertación, la cual por supuesto ni con mucho pretende ser un examen siquiera global de todo lo que ha acontecido en esto últimos años en la materia, ni premonitoria de los profundos cambios que continuarán experimentándose a la luz de los fenómenos de la globalización, de las economías de las comunidades, de países organizados como tales, ni de lo que debe esperarse del mundo en el nuevo siglo donde ya se avizora el acontecer de las grandes empresas multinacionales, de las grandes magnitudes de riesgos derivados de nuevas actividades día a día generadas por los cambios tecnológicos, prácticamente imposibles de precaver en sus magnitudes económicas, ni de las dimensiones de los grandes daños que puedan provocar ciertas actividades propias de las nuevas grandes economías de escala, masificación de la producción y avances de la ciencia que deberán afrontarse en esa nueva era.

Hacer citas puntuales sobre tales normativas, resultaría largo y tedioso, por ello optaré por esbozar los principios y postulados en los que se encuadran todas esas legislaciones que sin temor a equivocarnos podemos decir son reveladoras de las tendencias actuales en materia de legislación sobre la actividad aseguradora con vista a tales acontecimientos previsibles en el nuevo siglo, y las cuales procedo a analizar seguidamente:

1. La procura por la *uniformidad y armonización de los textos legislativos* en las materias relacionadas con la actividad, particularmente en países aglutinados en ciertas comunidades o regiones o por razón de altos intereses, o en proceso de constituir grupos regionales.

Franca demostración de dicha tendencia puede observarse en los países de la Comunidad Económica Europea, los cuales han venido ciñéndose a un proceso de adaptación bajo las modalidades de las Directivas de la CE. Por igual se observa la adopción de principios innovadores y modificatorios de los tradicionales en casos en donde por razón de Tratados para la regulación del Comercio entre dos o más países se ponen de manifiesto grandes desigualdades entre unos otros, haciendo recomendable como se lo hizo en el Tratado de Montreal acoger la llamada "Reciprocidad Relativa" y donde se afirma como postulado la necesidad de que los procesos de apertura y liberación en el sector Asegurador se cumplan progresivamente para que por vía de equidad se eviten graves daños en dicho sector en los países menos desarrollados. Tal fue el caso de México, USA y Canadá, del cual tanto tenemos que aprender los demás países del área latinoamericana y de lo que muchos parecen haber leído muy poco[1].

2. Marcada tendencia a la desregulación y al extrañamiento de la participación del Estado dentro de la actividad cada vez más acentuada.

En cuanto al primer aspecto, precisa reconocerse que como consecuencia de las situaciones económico financieras mundiales, se hizo materialmente un postulado la apertura de los mercados a las inversiones transnacionales y un campo apetecido, por razones estructurales y operativas, lo es el de la actividad aseguradora. Lo dicho comportó necesariamente, de por sí, un cambio también de posturas respecto al rol que debía

---

1 Al respecto referimos al trabajo titulado: El Seguro y los Tratados de Libre Comercio, Díaz Lobato, Guadalupe, Romero Salas, Jesús y otros, Revista Ibero Latinoamericana de Seguros, Vols. IX y X, Colombia, 1996 y 1997, p.7 ss y 15 ss, respectivamente. Resulta interesante resaltar al respecto los serios, graves e importantes comentarios que sobre este tipo de situaciones se crean para los países menos desarrollados. Experiencias sobre la materia son narradas por los autores del trabajo comentado y ciertamente que nuestros negociadores internacionales y los de otros países del área deberían tomarlos muy en cuenta, pues las duras advertencias que se hacen respecto de la postura privilegiada de los países mas desarrollados deben alertar a nuestra América a fin de defender con gallardía su soberanía y proteger el interés nacional (en especial véanse p. 32 ss del comentado trabajo en la *Revista* citada Vol. IX). Puede asimismo consultarse a José M. Martínez, Revista citada, vol. 5/94 p. 7 ss, y Santiago Osorio F., Apertura económica e integración multinacional (revista citada, Vol. I, p. 201) y las ponencias presentadas por la Delegación Mexicana en el IV Congreso Ibero-latinoamericano celebrado en Chile, bajo la denominación "El Seguro y los Tratados de Libre Comercio (IV Congreso Ibero-latinoamericano de Derecho de Seguros, Socio libros, Chile, 1995, p. 199 ss).

confiarse a los órganos de control de la actividad, todo sin menoscabo del reconocimiento unánime, a nivel mundial, de la conveniencia de mantener aquél, pero dentro de justos y nuevos límites y separando aspectos que durante mucho tiempo estuvieron confusos.

En primer lugar, como lo sostiene Eduardo Steinfeld[2], no puede ponerse hoy en duda que el seguro es una actividad de "interés público" que no "un servicio público".

De lo primero encuentra su justificación la necesidad de la regulación y control sobre la actividad, pero no fundamentada en los principios dogmáticos que provienen de la vieja tendencia a considerar que la autorización a los particulares para el ejercicio de la actividad era una "especie de concesión" del Estado para tolerarla y permitir esa asunción de responsabilidades por el sector privado y por lo tanto no puede pretender el ente de control jamás dictar, normas de fijación de políticas aseguradoras ni el reemplazo de la iniciativa empresarial de los aseguradores.

Lo recomendable, como se observa de los diversos ordenamientos que así lo contemplan, es que dicho control sea o procure ser "preventivo" en beneficio de los asegurables. De ello deriva por igual que el funcionamiento del ente de control debe procurar ser "oportuno y dinámico", pero sin llegar a entorpecer la actividad aseguradora y debe recaer solo sobre aquellos aspectos "necesarios", sin incurrir en excesos regulatorios, mas ante los retos que impone la necesidad de contemplar las políticas económicas de apertura, de allí el fundamento de la desregulación como regla general.

Debe tenerse presente que tal control, desde el punto de vista económico financiero y de responsabilidad ante los asegurados, no debe perseguir otros fines diferentes a la procura de una suerte de garantía "objetiva y general" de la buena marcha del sector y de las empresas, sin que por ello el Estado asuma una responsabilidad subjetiva y puntual en casos de insolvencia del asegurador.

Lo dicho impone fijar que los controles deben centrarse en procurar fundamentalmente la salud del asegurador y del mercado, todo otro exceso no solo desvía el fin fundamental de la supervisión y control recomendables, sino que dificulta y complica la agilidad y buen proceder de los órganos de control.

Si los mecanismos de control preventivo operan eficientemente no deben ocurrir riesgos de insolvencia. El ente de control debe mantenerse al margen de la fijación de políticas, ya que de lo contrario se perderá su verdadero objetivo y generará un exceso de discrecionalidad en dicho ente.

Por igual dentro de los lineamientos que fijan hoy los derroteros del control de la actividad, se nota un definida posición por excluir del ámbito de las potestades del ente de control todo lo relacionado con la actividad de la Seguridad social y otras áreas similares, las cuales si casi se sobreponen y son coincidentes en algunos aspectos con los fines propios de ciertas modalidades de seguros, resultan completamente diferentes desde el punto de vista técnico y finalista de cada una de esas áreas.

Tal ha sido la clara y definida postura de los legisladores de España, Colombia y Paraguay.

---

2 Régimen de Habilitación y Funcionamiento de las Empresas de Seguros y Reaseguros en la Argentina, *Revista* citada, Vol. IX, p. 148 ss.

Vale la pena también destacar que en la vigente normativa española, se incluye un importantísimo aspecto de la actividad asegurativa, materialmente pretermitido en épocas anteriores, cual es el relacionado con las actividades de prevención de daños, inherente al objeto mismo de la actividad, y al cual por supuesto debe darse toda la importancia y empuje que merece, quedando a cargo de los entes de vigilancia su adecuado control.

Por igual, observarnos como otro rasgo característico en las nuevas normativas que: regulan la actividad, la inclusión de normas específicas llamadas a contemplar la protección de la libre competencia, control de los monopolios, etc., mediante los mecanismos *ad hoc* que permiten el control de los llamados "vínculos estrechos" o posicionamientos de control (económicos, financieros o de dirección). Es ésta una clara tendencia en las nuevas legislaciones europeas, como es el caso de la Ley Española (Ley de 1995 y de la que la precedió 33/84) que así expresamente lo contemplan[3].

3. Marcada tendencia a la protección de los consumidores[4], tanto desde el punto de vista de control de la actividad, lo cual ahora se procura hacer a través de mecanismos ajenos al ente supervisor de la actividad aseguradora y por vía de instituciones ad hoc contemplados generalmente en otras leyes especiales (Ley de Protección al Consumidor, la figura del Ombudsman en Seguros, etc.)[5]

---

3 Véanse al respecto para el análisis de la Ley 33/84 española a Juan Bataller Grau (La Reforma del Derecho de Seguros en España, *Revista* y Vol. antes citados, p. 329 ss) y para la nueva Ley (30/1995) a Femando Sánchez Calero (Consideraciones Generales en torno a la Ley Española de Ordenación y Supervisión de los Seguros Privados, *Revista* citada, Vol. VIII, p. 259). En igual sentido puede consultarse sobre el tema a Manuel Soares Povoas (El Nuevo Orden del Seguro en América Latina: Su Liberación. *Revista* citada, vol. 5, 1994 p. 35 ss), también Luis Almajanos, El Derecho Comunitario y su Aplicación en el Derecho Español en los grandes riesgos, en *Estudios sobre el Aseguramiento de la Responsabilidad en la Gran Empresa*, Musini, España, 1994, p. 37 ss).

4 Este concepto de "consumidores", a pesar de lo usado que resulta hoy en día en el argot jurídico y en la normativa legislativa especial referida al tema, presenta sus bemoles, que obligan a pensar en la conveniencia de fijar claros límites para la determinación de quienes realmente resultan tales. Ello es así, especialmente en materia de seguros, donde aparecen como posibles sujetos de la denominación: el tomador, el beneficiario, terceros con derecho a la indemnización y dentro de los primeros, poderosos grupos económicos que mas que negociar las condiciones de la contratación, las suelen imponer. En tal sentido, Ernesto Caballero Sánchez (La Noción Legal del Consumidor de Seguros, Rev. citada, Vol. IX, p. 61 ss), plantea la conveniencia de que en materia de seguros, se tenga por consumidores "a las personas físicas, destinatarias finales de los servicios de coberturas del riesgo y situaciones socioeconómicas mas necesitadas de medidas tutelares de consumo". Derivado del problema de concebir a una de las partes del contrato como débil jurídico, surge también la problemática de si el contrato de seguros es o no un contrato de adhesión o si sus cláusulas y regulaciones pueden encuadrarse en lo que hoy denomina la doctrina "cláusulas de estilo", cuya imposición pura y simple se rechaza por amenazar realmente a la libertad de contratación. Al respecto se han discutido numerosos criterios y sobre los mismos pueden revisarse los trabajos de David Arosemena Zamudio ¿Es el seguro un contrato de Adhesión? Revista citada, Vol. XI, 1998, p. 55, y la citada obra de Carlos I. Jaramillo. *Mecanismos de solución alternativa de conflictos derivados de los contratos de seguro y reaseguro en el derecho comparado*, Colombia, Edit. Javegraf, 1a edición, 1998, p. 57.

5 Precisa destacarse con notoria importancia una nueva tesis que consideramos tendrá que imponerse en el acontecer internacional, en efecto, a pesar de que por costumbre se habla de protección al consumidor para referirse al asegurado (débil jurídico del contrato para quienes

La fundamentación para la institucionalización de esta nueva modalidad para dar protección a los consumidores en el caso de la actividad aseguradora, esto es, a través del Defensor del Asegurado o a través del "OMBUDSMAN" para prevenir y terminar la litigiosidad que se presenta en la actividad, encuentra como basamento, en palabras de Renedo Omaecheverría[6]

> ... en primer lugar en la falta de igualdad entre productor y consumidor, en segundo término por la duración de la prestación de los servicios, que per se justifica un sistema peculiar de protección, en tanto no se puede cambiar de asegurador con la misma facilidad que de vendedor de otros productos y servicios y, por (último por la alta tecnificación del seguro, que exige una formación específica para poder tratar los conflictos".

Desde hace ya varios años acogieron la figura del Defensor del Asegurado en especial los países escandinavos, Gran Bretaña, Suiza y los Países Bajos, bien lo fuera bajo la modalidad de una figura unipersonal o colegiada. La idea surgió en todo caso, según lo expone el Profesor Fernando Suárez González[7]para paliar el alto coste económico o moral de la interposición de una demanda ante los Tribunales para conciliar intereses entre asegurador y asegurado".

En Suecia, en Ley 38/1980 de protección al asegurado, en adición a la función revisora de las pólizas y contratos que cumple una especie de Consejo Nacional de Protección al Consumidor y el denominado Consejo Público de Reclamaciones se normalizó la figura del Ombudsman ya existente desde 1968. Dicho Defensor del Asegurado constituye, además, con un grupo de consejeros especializados, un Comité para resolver los casos relacionados con colisión de automóviles[8].

En Suiza hoy ya se extiende la existencia del "defensor del asegurado" a todos los Cantones. Dicha figura nacida en 1972 como una iniciativa de la Asociación Suiza de Seguros, bajo la forma de una entidad fundacional creada por algunas Aseguradoras a la cual se adhieren voluntariamente cuantas otras lo deseen, que son hoy la casi totalidad de dichas empresas. En estos casos el Ombudsman actúa como simple mediador sin imponer decisiones. La indicada idea respalda sus resultados con amplias y satisfactorias estadísticas[9].

En los Países Bajos y Gran Bretaña curiosamente la figura ha nacido por decisión propia en el primero de los países como una idea de las empresas del ramo de vida inicialmente y luego extendida a las que explotan ramos patrimoniales y cuenta ya con 30

---

sostienen dicha posición), ya existen voces que se levantan para destacar que mas que de protección del asegurado debe pensarse por igual en el asegurador y en tal sentido la protección que se exige y reclama debe ser para "LAS PARTES DEL CONTRATO", todo con fundamento a la conveniencia de obtener un verdadero equilibrio entre los intereses por igual legítimos de ambas partes del contrato. Una interesante digresión sobre el tema es planteada por el profesor Marcel Fontaine, Miembro del Consejo Mundial de Presidencia de AIDA, en su trabajo "La Protección de las Partes en el Contrato de Seguros (Revista citada, Vol. IX, p. 53).

6 Un defensor para todo un sector, Seminario sobre El Defensor del Cliente, Madrid, 1994, p. E-9.

7 El Defensor del Asegurado: Doce años defendiendo al asegurado en España, Revista citada Vol. 10, 1997 p. 183 ss.

8 Suárez González, *opus cit.* p 186.

9 Suárez G. *opus cit* p. 187 ss.

años de existencia, bajo la modalidad de un denominado Comité Disciplinario, cuyas decisiones, que se hacen públicas, son acatadas a cabalidad por aseguradores y asegurados y en Gran Bretaña, se inició la idea en tres de las grandes aseguradoras inglesas, bajo la denominación de "Oficina del Ombudsman de Seguros" en el año 1981 a la cual hoy se han adherido la casi totalidad de las aseguradoras. El Ombudsman tiene poderes inquisitorios, y resuelve a falta de norma clara aplicable al caso por criterios de equidad. La labor rendida debe ser hecha pública anualmente[10].

Con posterioridad, se han adherido a contemplar la existencia de esa figura, entre otras legislaciones las de España, Francia, Bélgica e Italia y finalmente según lo reseña en obra recién publicada el Dr. Carlos Jaramillo[11], también en Colombia, con la modalidad similar a la que luego comentaremos como iniciativa privada de la empresa Mapire española y que ahora parece formar parte de un proyecto de Ley en curso en el que se contempla la figura de la Defensoría del Cliente.

Pero la más curiosa de las modalidades que contemplan la existencia del Ombudsman es el caso de la Empresa de Seguros española Mapire que en 1984 ideó la creación de la Comisión de Defensa del Asegurado, como una dependencia más de dicha empresa, adelantándose así a lo que hoy contempla la Ley Española (30/1995) como medio de solventar los conflictos entre aseguradoras y asegurados a través de las decisiones del Defensor del Asegurado, institución creada o aceptado por una empresa aseguradora o grupos de empresas, cuyas decisiones son vinculantes para la aseguradora, pero que en todo caso deja incólume el derecho del asegurado de acudir ante la tutela judicial (Art. 63 de la Ley citada).

La Comisión de Defensa del Asegurado como institución de la empresa Mapire, es un ente complejo sufragado por la empresa pero con absoluta independencia y autonomía de sus miembros frente aquella y al asegurado, que revisa, tramita, averigua y resuelve las reclamaciones de asegurados contra dicha empresa en su condición de tercero dirimente de conflictos (nótese que no es arbitraje pero que la figura está contemplada expresamente en la Ley de Arbitraje Española /1988) y la cual en todo caso deja a salvo el derecho de las partes bien de acudir al arbitraje propiamente dicho o a los órganos judiciales, derechos a los cuales en la práctica ha renunciado la Mapfre.

Lo interesante resultan ser los resultados obtenidos a través de esa peculiar pero definitivamente útil figura. En efecto las cifras estadísticas de dicho ente a 1995, durante 11 años de actividad reflejan los siguientes resultados: De 2323 casos despachados por la Comisión de Defensa del Asegurado, 106 fueron resueltos favorablemente a los asegurados ante la simple gestión de información cursada por dicha dependencia, 21 fueron desistidos voluntariamente por los reclamantes y de las 798 en que efectivamente recayó decisión de dicha Comisión, 376 fueron favorables a los reclamantes, y 442 declaradas en contra, 1.398 no fueron admitidas a trámite por no llenar los requisitos necesarios para dar curso a las mismas (entre otras razones porque inclusive 69 no eran siquiera de asegurados).

Se observa, pues, que tan especial iniciativa ha producido excelentes resultados en cuanto no litigiosidad innecesaria y satisfacción de los Clientes asegurados. Ha sido, en resumen, una vía eficaz para la solución de los conflictos, que tanto daño hacen en el

---

[10] Suárez G., *opus cit* p. 190 ss.

[11] Solución alternativa de conflictos en el seguro y el reaseguro. Publicaciones de la Pontificia Universidad Javeriana, Bogotá, 1998. p. 120 ss.

aspecto imagen a la Industria, y ha puesto de manifiesto por igual, que muchos de tales conflictos provienen de una inadecuada tramitación interna de los reclamos o un extremado celo por proteger lo que no tiene razón de ser (al respecto recomendamos la consulta del citado trabajo del Dr. Suárez G.).

Desde el punto de vista sustantivo, iguales fenómenos vienen contemplándose en las nuevas regulaciones en materia de conceptos e instituciones sustantivas contempladas en el tradicional Derecho de Seguros, o de otras leyes, que, si bien no directamente relacionadas con dicha área o actividad, también se refieren a problemas que afectan la actividad aseguradora. Reflejo de esta tendencia resulta ser la alteración de conceptos e instituciones tradicionales, para adecuarlas a un régimen expedito que garantice la protección de los terceros.

Respecto a dicha temática, nos referiremos entre otros a los siguientes aspectos:

A) En materia de responsabilidad civil derivada de la circulación automotor, nos encontramos en las legislaciones de avanzada con el reconocimiento 'de la acción directa del tercero damnificado contra el asegurador, lo que se ha logrado en palabras del Profesor Fernando Sánchez Calero a través de un criterio de interpretación progresista, posición esta que ya se extiende en algunas legislaciones. tanto a los seguros de responsabilidad civil obligatorios como a los voluntarios[12].

Precisa observar que tales cambios han venido produciéndose en algunos países dentro de la normativa misma del Seguro y de la actividad aseguradora (pe. Caso de España) mientras que en otros, ante la insostenible demora por adecuar aquéllas, sobre todo en los países donde el Seguro se encuentra formando parte de normativas generales codificadas, estableciendo dichas innovaciones en las leyes especiales que de alguna manera tienen relación con dicha problemática (Leyes de Tránsito, Leyes de Protección Ambiental, etc.).

Por igual es necesario reconocer que en los países donde se han forjado tales iniciativas ha tenido preponderante papel la innovación interpretativa jurisprudencial, tal como ha sido el caso de España y a tenor de la cita que al respecto hace el Maestro Sánchez Calero *(opus cit* p. 58). De tal importancia son estos fenómenos de adecuación de la realidad impuesta por la actividad aseguradora, que la denominación de tales leyes especiales inclusive toman más al aspecto seguro que al propio de la materia en ellas reguladas, por ejemplo en el comentado caso de España la Ley respectiva dirigida a regular la responsabilidad por la circulación automotor (Ley 122/1962) ha pasado a denominarse "Ley sobre Responsabilidad Civil y Seguro en la Circulación de Vehículos a Motor"[13].

---

12 La Acción Directa del Tercero Damnificado contra el Asegurador, Revista y volumen citados, p. 57 y ss, y en igual sentido Garrigues, Contrato de Seguro terrestre, 2a Edic. Madrid, 1983 p. 389.

13 Para ampliar sobre la problemática generada por la acción directa concedida a la víctima, véanse en la Revista citada, entre otros, los siguientes trabajos: Carlos Ignacio Jaramillo: La Acción Directa en el Seguro de Responsabilidad Civil en América Latina, p. 101; Enrique J. Quintana: La Citación en Garantía del Asegurador, p. 173; María J. Fernández Martín: Acción Directa y su Proyección en el Seguro Español, p. 191, todos en Volumen VHI de la citada Revista, 1996; y Manuel Olivencia Ruiz: El Seguro de Responsabilidad Civil y la Protección de la Víctima, en Estudios sobre el Aseguramiento de la Responsabilidad en la Gran Empresa, opus cit., p. 187 ss.

Por supuesto que debe señalarse ha sido éste el caso de Venezuela, donde la Ley de Tránsito Terrestre, ya desde su versión anterior a la actual dio el citado paso de avance y cuya última reforma por cierto, en forma también novedosa dentro de nuestro sistema asegurativo o haciéndose eco de la denominada tesis de la "socialización de los riesgos" ha introducido la figura del riesgo objetivo directo social, conforme a la cual prescindiendo de los principios ordinarios que rigen la responsabilidad civil, impone la obligación de pagar la indemnización a la víctima, aún en casos donde el responsable directo o el amparado por el seguro (tomador) resultan eximidos de tal responsabilidad.

Sobre esta última anormal situación AVEDESE consideró conveniente hacer un detenido estudio y a tal efecto promovió en 1997 unas Jornadas especiales para el análisis de tan delicado tema, con la participación de jueces y especialistas en Derecho de Tránsito, en la cual varios de sus miembros expusieron su criterio sobre dicho asunto, llamando la atención sobre lo que comportaba la indicada nueva postura del legislador. A pesar de lo dicho, tales cuestionamientos pasaron inadvertidos, producto de esa singular apatía de nuestro pueblo, y a la fecha ni aún las propias Aseguradoras han asumido posición al respecto. Vale la pena señalar que en países donde definitivamente se ha admitido como fundamento de esa posición legislativa, el aludido criterio de socialización de ciertos riesgos, coetáneamente se han tomado las previsiones necesarias para modificar por igual las normas técnicas que deben regir entonces las reservas y han coincidido en la conveniencia de crear fondos especiales de contingencia, así como una limitación o tope en el importe de las indemnizaciones (Francia, España, etc.) en tanto que entonces no resultan aplicables ni confiables los principios técnicos generales aplicables en la Industria aseguradora.

B) Relacionado con la Responsabilidad Civil derivada de daños medio ambientales, encontramos situación similar que nos permite hacer comentarios iguales que a los anteriores en cuanto a novedades que han derivado de la especial naturaleza de este tipo de riesgos, las magnitudes de los daños que por lo general derivan de siniestros de tal tipo y de los sujetos que soportan el daño y derechos de accionar frente a los aseguradores directamente.

Al respecto puede decirse que priva también esa misma nueva concepción sobre "responsabilidad civil", ajena a las normas tradicionales que contempla la regulación de la materia en el Código Civil, con marcada tendencia a la admisión de un régimen especial de responsabilidades objetivas (responsabilidad sin culpa) fundamentadas en la ya tradicional "teoría del riesgo empresarial", responsabilidad esta que puede ser solidaria.

Para complementar esos nuevos sistemas de protección se han producido así mismo modificaciones en lo relativo a normas sobre inversión de la carga de la prueba e inclusive se establece responsabilidad para las empresas fabricantes, aún cuando los daños se generen bajo la explotación normal de la empresa.

La causa inmediata de todas dichas innovaciones no es otra que la necesidad de armonizar el Derecho de Seguros, en el conjunto de países que integran, la Comunidad Económica Europea y ante la imperiosa necesidad de reconocer esos nuevos riesgos, sus magnitudes y los efectos que pueden atribuirse a los mismos.

Adelantándose a los necesarios cambios que supondrá la globalización y la comunidad de intereses entre los que la integran, ya se encuentran consagraciones legislativas expresas que contemplan la materia en Alemania (Ley sobre Responsabilidad Medio Ambiental, Ley de Agua, en las que se imponen la obligación de un seguro para prevenir los daños medio ambientales a las empresas que pueden provocar dichos daños) y en las leyes españolas sobre Desecho de Residuos Tóxicos y Peligrosos (Ley 20/86), la de Residuos Industriales de Cataluña (Ley 6/83) y la Ley de Energía Nuclear (Ley 25/64).[14]

Como también resulta objeto de comentario separado, todo ello ha originado la necesidad de contemplar mecanismos que en pro de dar adecuada cobertura a los daños y de los cuales cabe deducir expresa y destacadamente la necesidad de contemplar otros medios de transferencia de tales riesgos (Fondos asociativos) de [1] los cuales entonces puede decirse que los seguros de responsabilidad civil, sólo son complementos de otras previsiones que deben ser asumidas por las partes, en tanto que los seguros no son suficientes para un respaldo total.[15]

Por igual, ha sido menester innovar sobre conceptos tradicionales en materia de seguros, y crear otros nuevos, mas adecuados a las modalidades de esas especiales situaciones (vbg. el concepto de los daños en serie, en virtud del cual se establece la contracción y unificación de varios siniestros a uno solo y se fija una sola fecha para el siniestro) que encuentran especial consagración en las aludidas legislaciones especiales de España y Alemania.

Sobre este tema hace un interesante análisis el Profesor Caster Bohmer en su trabajo "Responsabilidad Civil por Contaminación en Alemania y España" (*Revista* citada Vol.10, ps 269 y ss).

C) María Paz García Rubio[16] hace un interesante estudio sobre las consecuencias de la magnitud de los riesgos que supone todo lo relacionado con la comercialización masiva de productos, y como consecuencia de lo cual ya la aludida Directiva de la Comunidad recomienda establecer un nuevo régimen para la responsabilidad civil derivada de daños causados por productos defectuosos, que generará y así deben avizorarse similares cambios fundamentales en las instituciones de derecho ordinario y de derecho de seguros en particular.

En efecto, por razón de la aludida Directiva encontramos idénticos derroteros en cuanto a consagración de regímenes especiales de responsabilidad objetiva que regulará las que deba asumir el fabricante por ese tipo de daños, caracterizada dicha nueva regulación por no exigir la existencia, ni, consecuentemente, prueba alguna de la culpa del fabricante.

---

14 Una interesante visión del problema del aseguramiento del riesgo medio ambiental puede obtenerse de la obra Estudios sobre Responsabilidad Civil Medioambiental y su Aseguramiento, Autores varios, Mapfre, España, 1997.

15 Para un estudio mas detenido sobre los interesantes aspectos que presentan los daños ambientales y el importante papel que juega el seguro para en cierto modo paliar las consecuencias de los daños, véanse los trabajos de Héctor Miguel Soto y Claudio Horst Speyer, "El Seguro como Instrumento Eficaz para la Prevención y Reparación del Daño Ambiental (Revista citada, Vol. IX, p. 131 ss), Eduardo Paveleck Z., La Cobertura del Riesgo Medioambiental en las Pólizas de Responsabilidad Civil, revista citada, V. XI, p. 205, y en cuanto a los provisionamientos especiales para riesgos catastróficos, Ana García Barona, El Consorcio de Compensación de Seguros y los Riesgos Catastróficos (Ponencias al V Congreso CILA, Tomo II, Winterthur, España, 1997, p. 401).

16 La Directiva de la CE sobre responsabilidad por los daños causados por productos defectuosos y su aplicación en Derecho Comparado con especial referencia al Derecho Español, Boletim da Faculdade de Direito, Universidade de Coimbra, Vol. LXXI, 1995, ISSN 0303-9773, Coimbra Editora Lda. Coimbra, Portugal, 1997).

Por igual será menester modificar el concepto de "víctima" (ampliación del concepto "consumidor" al de perjudicado), de "sujetos responsables" (entendiendo por tales no solo a quien directamente tiene a su cargo la fabricación del producto acabado o una parte integrante del mismo, sino alcanzando a toda aquella persona que induzca a pensar lo sea, al presentarse como productor permitiendo que aparezca su nombre, marca o cualquier otro signo distintivo en el producto, y dando igual tratamiento a quien lo importe para la Comunidad con vista a su venta, alquiler, arrendamiento financiero o cualquier otra forma de distribución en el marco de su actividad, y extendiendo también dicha responsabilidad a cualquier "suministrador del mismo", si no se conociere al fabricante o no se facilitara la información sobre el verdadero nombre del que realmente lo fuere, dentro de un plazo razonable, y extensible esa figura del responsable presunto a los casos de productos importados de otros países.

Curiosamente se define de manera genérica el concepto "defecto" sobre la base de que es tal "el producto que no ofrece la seguridad a la que una persona normalmente tiene legítimamente derecho".

La normativa deja a cada ordenamiento nacional la potestad de fijar el límite pecuniario de las indemnizaciones, concepto excepcional dentro de los principios clásicos de "reparación integral", apareciendo aquél como nuevo derrotero que se seguirá en materia de responsabilidad civil derivada de dichos daños.

Sobre la importancia de tales cambios radicales se hizo especial consideración en la reunión del Grupo de Trabajo de AIDA sobre responsabilidad medio ambiental y la derivada de los riesgos de fabricación y distribución de productos defectuosos en el comentado último Congreso Mundial de AIDA en Marrakesh[17]

Finalmente, debe advertirse así mismo que para ajustar el derecho de seguros a todas estas nuevas realidades de daños, grandes riesgos, problemática de aseguramiento, etc., en Derecho Comparado puede observarse la tendencia general de ajustar conceptos tradicionales sobre las instituciones del seguro, tal cual ocurre por ejemplo en materia de fijación de criterios para establecimiento de los límites de las obligaciones de indemnización (Cláusulas Claims Made - Delimitación temporal de los riesgos en las pólizas de responsabilidad civil) en las cuales se ha pasado del sistema de reconocimiento de las responsabilidades por siniestros acaecidos durante la vigencia del contrato al de aquellos que han sido "notificados durante la vigencia del mismo o un cierto período adicional a aquélla"[18].

---

[17] Al respecto puede consultarse el Informe de Alberto Baumeister T., presentado a la Junta Directiva de AVEDESE, con ocasión de su asistencia a la celebración del comentado Congreso Mundial (Archivos de AVEDESE, mayo 1998.

[18] Sobre el tema véanse en. las Revistas citadas, Evelio Verdera Tuells, Las Cláusulas Claims Made en la jurisprudencia del TS Español, Vol. 8, p. 57; Osvaldo Contreras S., De la Cláusula Claims Made en los seguros de responsabilidad civil, Vol. 8, p. 101 y Félix Mansilla, Ámbito Temporal de la Cobertura Aseguradora en el Seguro de Responsabilidad Civil, en *Estudios sobre el Aseguramiento de la Responsabilidad en la Gran Empresa*, opus cit., p. 211 ss.

4. Marcada tendencia a la *liberalización de las normas sustantivas sobre Reaseguros*, dejándolo como un contrato sometido a la voluntad de las partes. En efecto como señalaba el maestro Félix Morandi[19]

> "...la naturaleza internacional de este contrato, la variación continua de sus modalidades y la potencialidad económica de quienes lo celebran reducen a un mínimo la necesidad de la intervención legal en su regulación, en tanto debe reputarse ausente la presencia de un débil jurídico cuyos intereses deban ser tutelados" (Tales principios tienen particular acogida en las Leyes Alemana, Suiza, Austríaca y Argentina sobre el contrato de seguros).

Comentarios similares son los que formula el Profesor Robert Merkin, como coordinador del grupo de trabajo de Reaseguro de AIDA, al reconocer la escasa legislación que regula ese contrato y sus modalidades en reciente estudio dado a la luz este mismo año en el Congreso Mundial de Derecho de Seguros[20].*í*

La moderna doctrina internacional en materia de reaseguros, lo concibe hoy como una figura contractual específica, con elementos y características propias que lo distinguen de otros negocios jurídicos, en especial del contrato de seguros. Como acertadamente lo señala el Dr. Carlos Ignacio Jaramillo.[21] "No pueden amalgamarse o fundirse (el contrato de seguros con el de reaseguro) con miras a formar una sola unidad negocial *(tertius juris*), en consideración a que preservan su integridad contractual y de suyo su autonomía, junto con todo lo que ello implica".

En igual sentido se pronunció en 1989 Jesús Romero Salas con ocasión del I Congreso Ibero Latinoamericano de Seguros[22].

No obstante, lo destacado, y como quedó demostrado en el comentado estudio del Profesor Merkin (*vid supra,* ps. 12 ss) aún son muchas las legislaciones que todavía confunden y regulan como un mismo contrato el de seguro y el de reaseguro (casos de Argentina; Australia respecto al reaseguro facultativo; y en Dinamarca y El Salvador, donde expresamente así lo reconoce la Legislación vigente de dichos países)[23].

5. En cuanto a tratamiento de la *Intermediación*, en diversos aspectos se observan interesantes cambios y tendencias dentro de las nuevas normativas de reciente publicación.

En el aspecto "cualitativo" la tendencia legislativa común lo es en orden a la regulación de la profesionalización de la actividad, así como a la consideración mercantil o civil de la actividad (pero no laboral) como desde 1995 lo anotara el lamentablemente fallecido Dr. Juan Carlos Félix Morandi[24] y al reconocimiento de sus funciones de "asesoramiento del asegurado" y de creación de la conciencia aseguradora en la conciencia del pueblo[25].

---

19 *Legislación sobre el contrato de seguros en la Argentina*, *Revista Ibero Latinoamericana de Seguros*, Volumen 1,1992, p. 5.

20 What is Reinsurance? A comparative Study, Edit LLP, Londres 1998, p. 1, 2, 19 ss).

21 El contrato de Reaseguro, Revista citada Vol. 10, 1997, p. 93 ss.

22 Aspectos Jurídicos del contrato de Reaseguros, Memorias, Bogotá, p. 102.

23 Un completísimo y actualizado estudio sobre el contrato de reaseguro en la obra Estudios sobre el Contrato de Reaseguro, por autores varios, Edit. Española de Seguros, Madrid, 1997.

24 (Marco normativo del productor de Seguros en el Siglo XXI, Revista citada, Vol. 6, p. 19)

25 En sentido similar sobre el mismo tema, véase José M. Elguero y Merino, La Mediación de Seguros España ¿Alternativa o Futuro?, misma revista y volumen citado, p. 41.

El tema en adición fue reciente y exhaustivamente tratado en las ponencias y la Relatoría que sobre dicha materia se presentaron a consideración en el Congreso Mundial de AIDA en Marrakesh, 1998, recogidos dichos planteamientos en el volumen contentivo de las mismas y bajo la dirección del Profesor Robert Merkin[26], siendo preciso destacar que dicho informe se preparó con base a las respuestas de 26 de las Asociaciones integrantes, así como con vista a trabajo especial que se ordenara preparar en 1996 por la Organización para la Cooperación y el Desarrollo Económico respecto al papel de los mediadores en el Seguro.

De la Relatoría de Merkin, valen la pena señalarse las siguientes consideraciones:

a. Falta de uniformidad legislativa en el tratamiento de la regulación de la actividad de los mediadores en las diversas normativas que fueron revisadas.

b. Inadecuado o ningún tratamiento estatutario en muchos de los países que remitieron la información de una serie de importantes y trascendentales aspectos relacionados con dicha actividad, aún en aquellos países en que la actividad de alguna manera es objeto de tratamiento normativo.

c. En cuanto a los aspectos generales de la actividad de la intermediación, existe una absoluta diversidad de tratamiento y una heterogénea y variada gama de clasificaciones de los sujetos o entes que realizan la actividad, forma de prestación de los servicios, de los roles que asumen los mediadores en cada caso y de acuerdo a cada país, que en general van desde aquellos en que se restringe la actividad a un seleccionado grupo de especialistas, hasta la más absoluta apertura para que cualquier sujeto pueda desempeñarse como tal.

Pueden extraerse sin embargo las siguientes consideraciones generales:

- Prácticamente ningún país impide que las propias Aseguradoras ejerzan las funciones de colocación de sus productos directamente.

- La tendencia general, no obstante, es la de dejar a un lado la gestión de los mediadores (se inició dicha práctica con la colocación de seguros de automóviles, extendiéndose luego al seguro de vida (Australia, Alemania, Italia, España, Holanda y Reino Unido). En algunos países se permite la colocación directa del Reaseguro (USA) y denotan especial falta de evolución al respecto algunas legislaciones (casos de Hungría y Sud-África).

- Contrasta en dichas tendencias el abaratamiento del costo de las primas, en el primer caso y las considerables erogaciones en publicidad y tecnología para las Aseguradoras que propugnan por la adopción de la segunda de dichas modalidades.

d. El problema crucial detectado a través de todas las respuestas de las Secciones Nacionales de AIDA resulta del eventual conflicto de intereses derivado de la forma como normalmente se ejecuta la prestación de servicios de los mediadores, esto es, a favor de ambas partes.

Curiosa y excepcionalmente algunas normativas de los países examinados establecen como regla general el que deba reputarse que los intermediarios prestan sus servicios para ambas partes. En ellas sólo los Mediadores verdaderamente

[26] Intermediaries, General Report, 1998

independientes trabajen por y para el Asegurado, pero sin que ello obste para que puedan desarrollar ciertas funciones para las Aseguradoras.

Lo álgido resulta precisar hasta que punto la Ley puede solucionar estos conflictos y la efectividad de dichas soluciones.

e. En el aspecto atinente a responsabilidades derivadas de la actuación de los Mediadores: No obstante que pudiere aparecer como la solución mas sensata en esta materia el hacer depender dichas responsabilidades de las efectivas funciones confiadas o asignadas a los Mediadores por las empresas Aseguradoras, las legislaciones más avanzadas, como es el caso de la de Nueva Zelanda (1997), reputan que aún en caso de dudas el Asegurador debe responder por los actos y omisiones de los Mediadores.

f. En lo atinente a niveles de formación y aptitud para la prestación de los servicios, en el entorno mundial puede llegarse a las siguientes conclusiones:

- A pesar de la variedad de regulaciones en las diversas legislaciones, para establecer los requisitos habilitantes para el ejercicio de la intermediación (van desde un simple Registro ante la autoridad competente hasta una efectiva y exigente formación profesional), la tendencia es a imponer requisitos mínimos de idoneidad y capacitación que garanticen una adecuada protección a los consumidores.

- La reciente regulación de la CEE (Directiva CE 77/92) hace avizorar la uniformidad de las legislaciones de los países que la integran en torno a que para mantener una absoluta igualdad de trato, los requisitos cualitativos para los intermediarios estarán fundados en la capacidad e idoneidad de los prestadores del servicio, acreditado lo cual, podrán ejercer su actividad libremente en cualquiera de los países de la comunidad.

g. En cuanto a modalidades bajo las cuales se realiza la actividad, hay una marcada tendencia a considerarlos verdaderos empleados de las aseguradoras y a modificar el régimen de remuneración de sus servicios, pasando del mayoritario actual, a través de comisiones, al de verdaderos salarios, como es el caso de Gran Bretaña.

La apertura de mercados entre los países miembros de la Comunidad Europea, ha impuesto la existencia de una nueva categoría de intermediarios con la condición de agentes generales para toda la Comunidad (así lo reconoce ya la Legislación de Dinamarca).

A los Agentes independientes (en la generalidad de las legislaciones de la CE a los intermediarios verdaderamente independientes, denominados Broker), se les reconoce que prestan sus servicios por y para el Asegurado (caso reino Unido) pero en otros países es la Ley quien debe fijar por cuenta de quien obran (Australia e Indonesia).

En otros casos, el nombre con el cual pretenda identificárselos no es lo relevante, sino que será un Tribunal competente quien precise si en el caso concreto el Mediador representa al Asegurado o a la Aseguradora (Reino Unido y USA).

Se admite una clase de agentes especiales de las Aseguradoras con potestad de suscripción, por vía de delegación de poderes para tales efectos por parte de las empresas que los habilita para contratar determinados riesgos y para especiales territorios que no deben confundirse tampoco con los llamados Agentes Generales.

Se observa también la existencia de Agentes especiales ad hoc, como es el caso de quenes tramitan los seguros para suscripción de créditos, ventas de planes vacacionales, arrendamientos de vehículos. En estos casos especiales, las remuneraciones de estos se admiten puedan ser comisiones, o pago de un estipendio por parte del mismo Asegurado.

h. En cuanto remuneraciones y a cargo de quien deba soportarlas, se observan las siguientes peculiaridades:

- La mayoría de los países hacen especial énfasis en el hecho del deber del Mediador de participar al asegurado si recibe o no pago de la Aseguradora, y del derecho del Asegurado a conocer esa circunstancia con el efecto destacadísimo de que si así lo es y ocurre un hecho dañoso para el Asegurado con ocasión del Seguro, si el Mediador recibía remuneración de la Aseguradora tiene derecho a ser indemnizado por ellas de cualquier daño imputable al mediador.

- A pesar de lo dicho, algunas legislaciones admiten que el Asegurador pueda pagar las remuneraciones del Mediador, aun cuando preste sus servicios para el Asegurado.

- Otras legislaciones (al igual que lo hace la nuestra) exigen que las remuneraciones pagadas por las Aseguradoras, deban estar tasadas en la Ley o por la Autoridad, aún cuando esa modalidad es la aplicable en la minoría de los países.

- Cada vez más resulta común la existencia de acuerdos escritos entre Brokers y Asegurados en los cuales se fija la remuneración de aquellos con cargo a estos.

- En general el alcance de la responsabilidad de los mediadores independientes, viene precisado por la modalidad de la prestación de servicios correspondiente no por el hecho de quien asuma el pago de los servicios.

i. En cuanto a quien es el beneficiario de los servicios, la mayoría de las legislaciones admite que el Mediador preste sus servicios para una u otras de las partes.

Resulta particularmente interesante el caso de Nueva Zelanda, donde en todo caso prevalece la función que se cumple en beneficio de la Aseguradora.

j. Respecto a la responsabilidad por omisión de información en poder del Mediador, la regla prevaleciente es que la omisión afecta gravemente el contrato, con la advertencia de las dificultades de prueba para el Asegurado de demostrar si realmente el Mediador tenía o no dicha información y con la sola salvedad de la novedosa Legislación de Nueva Zelanda (1997) en la que por prevalecer la condición de representantes del Asegurador, reputa que toda información en poder del Mediador debe entenderse conocida por el Asegurador.

La tendencia en la mayoría de las legislaciones es considerar además punible la retención indebida de información, con sanciones establecidas en la legislación penal.

k. Respecto a la conveniencia de establecer mecanismos para garantizar el resarcimiento de los daños por indebida práctica de la actividad, la tendencia en las legislaciones es la de exigir para el desempeño de la actividad la existencia de un seguro de responsabilidad civil.

El problema continúa siendo hasta donde ello resulta suficiente con miras a los considerables daños que puede provocar una mala práctica profesional, sobre todo ante los "grandes riesgos que requieren hoy coberturas".

l. En cuanto lo atinente a funciones de los intermediarios para realizar cobro de primas, pago de siniestros, elaboración de condicionados, etc., cada vez más prolífera la consideración de que los Mediadores son grandes negociadores de segurs, y las compañías aceptan y autorizan esas actividades.

Respecto a las responsabilidades derivadas de tales actos, la gama de regulaciones es surtida, unas niegan toda responsabilidad si el pago de las primas o de los siniestros se hizo a través de los Mediadores, otras en cambio reputan vinculante el pago por entender que el Mediador actúa para los Aseguradores y en su beneficio.

m. Referente a la figura de los "sub-agentes", las modalidades van desde los países que no admiten la figura sin el consentimiento del beneficiario de la prestación de servicios (asegurador o asegurado), hasta aquellos que lo preceptúan como una actividad ordinaria en la modalidad empresarial.

Atinente a la responsabilidad por daños causados por dicho sub agente, algunos países no admiten que el delegante tenga responsabilidad por negligencias que no le son propias, mientras que otros expresamente la imputan al Mediador delegante (Australia, Italia, España).

n. Respecto a la responsabilidad derivada por recomendaciones que se hubieren formulado para contratar con determinada Aseguradora, el régimen es diferente en cada nación, pero llama la atención el caso de España en el que por reputarse una responsabilidad propia del Estado el control de solvencia de las Aseguradoras, al intermediario que así actuó debe reputársele relevado de toda culpa.

6. Reconocimiento cada vez más importante a la *existencia de los intereses de grupos y colectividades (intereses difusos)* a quienes se reconocen como potenciales beneficiarios de las indemnizaciones derivadas de contratos de seguros, lo cual a su vez ha provocado innovadores cambios en normas e instituciones de carácter procesal con los que se da cabida a novedosas nociones sobre legitimación procesal contempladas por lo general en leyes especiales atinentes a materias consideradas como generadoras de "grandes riesgos" (automóvil, contaminación ambiental, responsabilidad de fabricantes y distribuidores de productos peligrosos -productos nucleares- y responsabilidad civil derivada del ejercicio de algunas profesiones) como ocurre en las legislaciones de Alemania, Países Bajos, y España.

7. La evidente tendencia a que la regla de derecho y sus interpretaciones, cada vez más se vean influenciadas por las nociones técnicas del Seguro, provocando con ello la modificación de conceptos tradicionales en el Derecho de Seguros, tal como lo reconoce la Profesora Zoulikha Nasri[27].

---

[27] Zoulika Nasri, *The Beneficiary of the Insurance Policys, Imprimerie Najah el Jadida*, Casablanca, Marruecos, 1998.

En particular se aprecian dichos cambios en el campo de los Seguros de responsabilidad civil, con la especial connotación de que en la práctica, donde no se ha producido la debida adecuación legislativa, los usos y costumbre mercantil en materia de seguro han dejado a un lado regulaciones legales que han quedado al margen de dichas evoluciones (Caso del Japón) y que cada vez más viene produciendo inclusive importantes cambios jurisprudenciales que acogen las normas de la práctica asegurativa.

Claros ejemplos en la materia los constituyen las extensiones de los beneficios del contrato a personas ajenas al mismo, ya no tomadores ni beneficiarios, concepto este último que comienza a sustituirse por el de "víctima" y a quienes se le conceden y establecen mecanismos directos para accionar frente a las Aseguradoras; se les hace indemnes a excepciones personales para con el contratante, de la compensación por primas no pagadas de otros seguros contratados con el mismo Asegurador, etc.

Iguales cambios se han producido dentro del área de los Seguros de Vida respecto a los conceptos de "Beneficiarios", de "seguro a favor de terceros" abandonándose la tendencia a recurrir a las figuras tradicionales propias del Derecho Civil como lo es la "estipulación a favor de tercero" para admitir la extensión de los beneficios del contrato a personas ajenas al mismo. Por igual en materia de seguro de daños una interesante versión de esa adaptación fue sometida a consideración del pasado Congreso Mundial de AIDA por el Profesor Vargas, miembro de SEAIDA (AIDA-España) bajo el título "Designación de tercero beneficiario en el seguro de daños y la estipulación a favor de tercero".

Por igual se da cuenta de modificaciones similares con ocasión de la interpretación del concepto "interés asegurable" con el propósito de explicar la extensión de la protección del seguro, a sujetos que no aparecen como tomadores o beneficiarios de la póliza.

8. Destaca igualmente la Dra. Nasri (*opus cit*, p.88) como otra tendencia común en las legislaciones de los 24 países que dieron contestación al cuestionario de AIDA, el establecimiento cada vez más notorio de "limitaciones a la voluntad de los contratantes" en el establecimiento de condiciones para el contrato, en especial en materia de seguros sobre riesgos reputados "sociales" o "peligrosos" (responsabilidad civil, contaminación medio ambiental, seguros sobre la vida con predominante objetivo de protección social).

Tales restricciones son de especial connotación en los seguros que declara la Ley como obligatorios, en los cuales se impide que la voluntad de las partes pueda modificar conceptos o elementos determinados por la Ley en ciertos aspectos de esos contratos.

La importancia de lo expuesto torna mayor consideración si se toma en cuenta de que por ejemplo en Francia ya llegan a ochenta -80- los seguros declarados como obligatorios[28].

9. Asunción por parte del Estado de un porcentaje de las consecuencias dañosas de determinados riesgos, o para resolver situaciones de crisis que puedan presentarse en empresas del sector, mediante mecanismos y aportes especiales cuando aquellos o estos eventos son consecuencia de eventos extraordinarios que se presentan en la actividad (Pe. grandes riesgos catastróficos, daños a colectividades, liquidación y falencia de empresas,

---

[28] Z. Nasri, Opus Cit, p. 89.

etc.). Siendo de advertir que entre los mecanismos generalmente contemplados, sé; exigen aportes especiales al sector privado de la industria, creación de fondos especiales, etc.[29]

10. La tendencia cada vez más acusada de reconocer el *carácter consensual del contrato de seguros*, y en el que la forma escrita sólo se exige como medio de prueba adecuado mas no como requisito esencial a su existencia, abandonándose prácticamente hoy la consagración del contrato de seguro como contrato solemne y la escrituralidad requisito de su esencia.

11. Definida apertura a *nuevos medios de mercadeo* de los productos de la actividad, tal cual es el caso de la Banca Seguro, modalidad que ha venido introduciéndose en varias de las nuevas legislaciones suramericanas, sobre cuya institución y sus particularidades hace un detenido examen Walter Villa Z.[30] y fue uno de los temas tratados en el IV Congreso de Derecho de Seguros del CILA, 1995 cuya ponencia correspondió a la seccional de AIDA - BRASIL (IV Congreso Ibero Latinoamericano de Derecho de Seguros, Socio libros, Chile, 1995, p 159 ss) complementada por la comunicación de la Seccional AIDA Colombia sobre el rol actual del Intermediario en Colombia *(opus cit,* p. 197).

12. *Regulación* de los seguros atinentes a ciertos riesgos especiales (Marítimo, Transporte) *a través de documentos que por vía de "usos mercantiles"* imponen los modelos de contratos, o de acuerdo a lo establecido en tratados bi o multilaterales (Aviación, Transporte por carreteras, etc.) buscando mayor flexibilidad y uniformidad, al margen de las viejas regulaciones existentes en la mayoría de los países o ante la ausencia de regulación de los mismos en instrumentos vigentes en aquéllos.

Tal es el caso por ejemplo de la póliza de seguro marítimo, regida hoy por el nuevo modelo MAR, aprobada en 1982 y que sustituyó a la anterior, POLIZA S.G., enredado y vetusto instrumento autorizada por el Lloyd en 1779, que inexplicablemente y a pesar de los muchos problemas que generó su aplicación e interpretación regía materialmente para el mundo entero.[31]

En el segundo de los indicados planos, lo relacionado con transporte terrestre por carreteras, regulado por tratados internacionales y de las cuales por lo general la *autoridad* de control impone como modelo uniforme, aprobando sus condiciones generales y texto uniforme[32].

---

[29] Al respecto, Therezinha Correa y Regina de Castro, *Aseguramiento de los Riesgos Extraordinarios y Catastróficos* (Ponencias al V Congreso CILA, España, 1997, p. 387 ss) y Ana Gracia Barona, *El Consorcio de Compensación de Seguros y los Riesgos Catastróficos* (*opus cit,* p.401).

[30] *La Banca Seguro, un nuevo canal de distribución del Seguro*, Ponencias al V. Congreso del CILA, España 1997, vol. II, p. 581.

[31] Rafael Reyero Álvarez, Seguro Marítimo, Carga, Casco-Maquinaria y Protección e Indemnización (*Revista de la Facultad de Derecho de la UCAB*, Vol. 52, Caracas, 1998, p. 197).

[32] El modelo uniforme de las condiciones generales de la póliza de responsabilidad de transporte por carretera, objeto de tratado multilateral entre los países del área suramericana fue aprobado el 20-12- 97, G.O. Ext. 5.202, Resolución N° 1351. Al respecto puede consultarse el trabajo de Javier Tamayo Jaramillo, El Interés Asegurable del Transportador en el Seguro de Transporte (Revista citada, vol. I, p. 165).

13. *Como* se lo destacó también en el tantas veces aludido último Congreso de AIDA, esos cambios y nuevas concepciones en las regulaciones e interpretaciones sobre el Derecho de Seguros, han impuesto también modificaciones en otras ramas del Derecho para facilitar, promover o establecer determinadas modalidades de contratos de seguros que procuran dar cobertura a ciertas contingencias sociales. Así, destaca la Profesora Nasri *(opus cit* p. 90), como "tendencia uniforme en algunas de las legislaciones europeas la de dar tratamientos fiscales especiales a los beneficios obtenidos a través del seguro con miras a incentivar la elección de fórmulas asegurativas estándares", con la advertencia de que ello no es sólo para procurar ciertos efectos financieros (pe. para propiciar y fomentar el ahorro) sino en beneficio de lograr una mayor protección social a través del Seguro[33].

14. La tendencia legislativa de concebir el Seguro como fórmula adecuada para complementar los regímenes de previsión social, como un auxiliar secundario y de apoyo a las instituciones especiales de carácter social propiamente dichas: cubrir los eventos de accidentes, vejez, retiro, etc.[34]

III. CONCLUSIÓN

Creo así haber hecho un breve resumen de los principales cambios y tendencias, que se aprecian en los diversos sistemas legislativos de un considerable número de países, que nos permiten caracterizar el Derecho de Seguros como una rama del Derecho en franco proceso de "*Universalización, permanente remozamiento y de adaptación a las necesidades sociales*" en palabras de la Profesora Nasri.

He hecho quizá una prolija cita de autores y trabajos, pero no con ánimo de demostrar una petulante sabiduría o un extraordinario manejo de los temas tratados, actitudes a las cuales soy ajeno y así lo saben quienes me conocen, sino con el definido propósito de hacer un acopio de las fuentes bibliográficas respecto a toda esta serie de novedades que hemos dejado examinadas, y con el único deseo de que mi esfuerzo se lo tome como el pequeño aporte y ofrenda útil de AVEDESE para conmemorar este lucido cumpleaños del órgano contralor y supervisor de la actividad, y cuyo Superintendente, con la forma en que ha dispuesto su conmemoración, demuestra una vez más su interés y preocupación por los aspectos científicos y jurídicos del Seguro.

---

33 Z. Nasri, *opus cit.*

34 Al respecto pueden consultarse los trabajos de: Juan E. Infante Barrios, Los Sistemas de Pensiones en Iberoamérica (*Revista* citada, Vol. XI, p. 167); Santiago Osorio Falla, Reformas a la Seguridad Social en Materia de Pensiones en América Latina y su Impacto en el Sector Asegurador (*Revista* citada, vol. V, p. 185); Francisco Serqueira Abarca, Los Programas de Pensiones y sus Desafíos, Visión Latinoamericana (*Revista* citada, Vol. IV, p. 79); Juan José Vives, Los Bancos Comerciales y la Actividad Aseguradora y Previsional (Revista citada, Vol. IV, p. 95); Flavio Jharmann, Seguridad Social complementaria en el Brasil (Revista citada, Vol. IX, p. 237); Cañizares R., Francisco, y Paveleck Z., Eduardo, La Responsabilidad Civil Patronal y su Aseguramiento, en Estudios sobre el Aseguramiento de la Responsabilidad en la Gran Empresa, opus cit., p. 239; y la Ponencia de la Delegación Chilena al IV Congreso del CILA, 1995, El Seguro Privado y la Previsión Social (opus cit., p. 457).

Por lo demás espero haber sembrado la inquietud para que cuantos estemos vinculados al acontecer del seguro y en especial al Derecho de Seguro tomemos interés por la actualización de nuestras legislaciones en la materia y la adecuación de sus instituciones y principios a las tendencias dogmáticas y científicas modernas, y a los nuevos productos en mercado, preparándonos así para afrontar ese retador nuevo Siglo ya tan próximo a nosotros y para que se traduzca todo en beneficio de nuestro preterido país nacional.

Sólo aspiro haber dejado satisfechas las expectativas de quienes me asignaron el tema objeto de exposición y haber logrado cautivar la atención de quienes lean estas páginas.

38.

ALGUNAS CONSIDERACIONES DE CARÁCTER JURÍDICO SOBRE LOS REASEGUROS FINANCIEROS EN VENEZUELA

RESUMEN

Se examina una de las modalidades del contrato de Reaseguro, que si bien tiene elementos y características similares a las del reaseguro clásico (reaseguro tradicional) debe diferenciarse del mismo en tanto que los riesgos asumidos por el reasegurador se fundamentan en nuevos conceptos, que, si bien derivados de la existencia del contrato de seguro, procuran de alguna manera proteger al reasegurador de asumir pérdidas inicialmente. Para ello, dicha modalidad supone algunos elementos especiales, como lo es mayor permanencia en el tiempo que los reaseguros ordinarios, fijación de límites en la asunción de pérdidas hasta concurrencia de los importes de primas. En si el reaseguro no tradicional, que reviste cientos de modalidades, cumple con los fines específicos perseguidos con el reaseguro: mejorar solvencia, dar cierta liquidez, empero, protege por igual al reasegurador de grandes pérdidas, pues los compromisos son "finitos", tienen topes con fundamento a diferentes variables y por ello atiende a características diferentes. Se destaca la no conveniencia de su prohibición a priori, pues en cada caso debe hacerse un estudio detallado.

I. INTRODUCCIÓN

Precisa comenzar destacando que si difícil resulta ser manejar adecuadamente los conceptos y nociones en el contrato de Reaseguro ordinario, más se complica esa situación desde el punto de vista técnico y jurídico cuando se hace referencia a los denominados "reaseguros financieros", "finite risk" o no tradicionales.

Es importante tener presente que aún la naturaleza de dicho contrato resulta controversial y enrevesada.

Por lo demás, bajo el manto de esa modalidad del reaseguro, que ya no resulta ni tan novedosa, como lo veremos, suelen disfrazarse, esconderse o simularse las medidas que toma el Reasegurador con el objeto de no soportar pérdidas, bajo la excusa de buscar un justo equilibrio con el asegurador y de tal modo de que él tenga particular interés en cuidar y proteger su cartera de riesgos, optimizarla y mantenerla sana, de tal modo que las primas cobradas compensen adecuadamente los efectos de la siniestralidad promedio y no hagan incurrir de rutina al asegurador y/o al reasegurador en pérdidas.

En adición a todo lo dicho, observaremos por igual a nivel mundial la casi total ausencia de regulación legal de la institución y finalmente, por lo delicado que resulta delimitar hoy cuál es el objeto propio del reaseguro ante las nuevas modalidades con la que los presentan las empresas del ramo y con lo cual hasta puede ponerse en duda la verdadera existencia de un reaseguro, pues día a día en esas nuevas modalidades de contratación, cada vez se nota más la ausencia de elementos y caracteres tradicionalmente atribuidos al reaseguro, como lo era considerar que su existencia necesariamente procuraba solvencia y estabilidad al negocio asegurador, pero que no son de su propia esencia, y que, persistiendo, aún en grado ínfimo en el contrato de que se trate, nos obligaría a reputarlo sin más como reaseguro.

El análisis y estudio de estas nuevas modalidades de reaseguro se hace más complejo, si se toma además en cuenta que ciertamente hay la tendencia a rechazar tales modalidades a priori, de manera general, por el simple hecho de que realmente tienen algunas diferencias con los reaseguros tradicionales.

Nos atreveríamos a decir, inclusive, que los entes de control y algunos sectores de la doctrina, para rechazarlos a priori, vienen enfocando inadecuadamente el problema de los reaseguros no tradicionales, no sólo al interpretar indebidamente el motivo que puede hacerlos inadecuados en ciertas circunstancias, sino al sustentar igualmente para proscribirlos, su simple denominación de "financieros" y con ello interpretar que tienen naturaleza diversa a los tradicionales, encontrando con ello un motivo más para considerar que no se está en presencia de un verdadero contrato de reaseguro, que por tanto no puedan servir de sustento a reservas, si no son liquidables y regulados por los términos que fija la resolución que ahora regula los reaseguros en Venezuela y, finalmente, en tanto que a nuestro juicio la base legal en que pretende sustentarse la comentada Resolución normativa, no tiene adecuado asidero en los supuestos de las disposiciones legales que en ella se invocan, por el contrario, pretermite realmente la verdadera fuente jurídica que le atribuye en realidad la potestad que debe invocar el ente de control para corregir los entuertos, queridos o no, sea del paso decir, puedan provocar ciertas modalidades de contratos, las que ciertamente puede producirse una inadecuada cobertura de riesgos, un exceso no cubierto en los plenos, o cualquier otro desaguisado que pudiere imaginarse.

De su parte, debemos aclarar, que si bien desde un punto de vista absolutamente dogmático, no compartimos la opinión de que por el solo hecho de que la modalidad del reaseguro no sea la tradicional, ello impida la existencia de un reaseguro, ni de que por el hecho de que en el *modus operandi* de la modalidad contractual celebrada predominen los conceptos o elementos de índole financiera, necesariamente deba y tenga que concluirse en que tal contrato no sea propiamente un reaseguro.

En ese mismo orden de ideas, debe alertarse que en buen derecho y sana técnica, a nuestro entender, no es censurable la actitud del órgano de control, cuando rechaza un reaseguro u ordena la presentación de garantías adicionales o reposiciones de capital, si a su juicio con el contrato de reaseguros en concreto examinado, el cual se invoca ampara los negocios de un determinado período, da como resultado que analizada debida y claramente la cartera y el contrato de reaseguros, en efecto, o bien el reaseguro no alcanza a cubrirlos todos, o si hay un exceso de los cubiertos, el reasegurador queda eximido de toda responsabilidad.

En tales casos, en consecuencia, todo efecto positivo del reaseguro se pierde, y la aseguradora queda asumiendo el cien por ciento de dichos riesgos, aún y cuando exista esa modalidad del reaseguro a que se hace referencia.

Lo que no puede ni debe aceptarse como principio científico, es que de ello se vaya sin más a la generalización, y sin adecuados motivos o fundamentos, se proscriban sin más tales modalidades contractuales, o se regule de forma genérica como indebido, inadecuado o contrario a la normativa o la técnica todo lo que tenga igual nombre o su funde en similares conceptos.

En nuestro mercado, afectado como todo el país por la crisis moral, no ahora, sino desde ya hace un tiempo, se inventan maromas y piruetas, se montan comedias y se hacen tramoyas, para procurar disimular, esconder o tapar anomalías, más o menos graves, temporales o pasajeras, a veces difíciles de detectar y hasta imposibles de precisar por parte de los órganos de control y por los propios auditores.

Tales actitudes, son excusables cuando resultan producto del descuido, de la indebida interpretación de los efectos de esas irregulares situaciones, pero se tornan maliciosas, para no calificarlas de otro modo, cuando por el contrario se las adopta e implementa a sabiendas de lo que con ellas se procura eludir o esconder.

En tales casos, como resulta obvio, lo indebido, inadecuado o ilegal, no son las figuras jurídicas, instituciones o modalidades contractuales que se utilicen para tales fines, sino la conducta negligente, culposa o hasta dolosa, con la cual se pretende ocultar la situación proscrita o indeseable.

Eso que parece más o menos claro es lo que no suele entenderse en veces por las autoridades, que no digo por incompetencia y menos por mala fe, asumen entonces una posición contraria, generalizan las indebidas consecuencias de ellos, y como corolario terminan en veces adoptando conductas normativas no ajustadas a la Ley o a los principios.

En materia de reaseguro no tradicional, estimo que hay mucho de ello, lamentablemente, por eso procuraré con todo mi ahínco esclarecer la verdad objetiva.

Lo que he venido sosteniendo, y ahora ratifico respecto a la citada normativa, está en que no se pueden adoptar, sin excepciones ni criterios claros, reglas generales de proscripción a una determinada institución o modalidad institucional, o atentatorias contra el buen funcionamiento de las empresas, más cuando no hay regulación específica al respecto, y menos cuando que bajo los criterios que se procuran establecer dichas regulaciones (limitaciones y restricciones) no quedan del todo claras las bases legales que se invocan, ni aparecen diáfanos los verdaderos motivos en los cuales deben fundamentarse dichas decisiones.

Las reglas y normas de "transparencia" no pueden llegar al atropello de otros derechos ciudadanos, ni autorizan a que bajo su cobijo se adopten conclusiones generales en temas tan álgidos como los relacionados con la naturaleza de los contratos de reaseguros, o sostener equivocadamente, como pretendo demostrarlo, que proscribir los reaseguros *finite risk*[1], partiendo de que son aquellos que no suponen transferencia de riesgos, sin más, constituye cuando menos un desatino científico.

Por lo demás, las tendencias mundiales en materia de seguros se imponen la mas de las veces aún contra pretendidas reglas de funcionamiento local del seguro, importando poco a la larga tales regulaciones, siendo menester al final acceder o permitir veladamente

---

1 Así denomina la gran mayoría de la doctrina especializada esas modalidades de contratos de reaseguro no tradicionales, donde de alguna manera se fijan los límites de las responsabilidades del reasegurador con fundamento al análisis de los riesgos de suscripción, que también genéricamente hablando se los identifica como Reaseguros financieros.

la alusión de los mandatos legislativos, o reconocer la aceptación de ciertas modalidades institucionales bajo consideraciones de excepción, no siempre convenientes.

Curiosamente resultan ser esos los comentarios que formulan conocidos doctrinantes que inclusive adversan la figura de esas modalidades del reaseguro, cuando concluyen los trabajos en los que exponen esas sus posiciones[2].

Concluyo esta introducción, destacando por lo demás, que la señalada actitud de rechazo a esta modalidad de Reaseguros, no es propia y autóctona de Venezuela, ni de quienes han tomado la palabra en el país para destacar sus posibles inconvenientes, y como lo veremos al final de nuestro análisis, estimamos que sin lugar a dudas, esas particulares formas de reaseguro, por el solo hecho de no ajustarse a las modalidades tradicionales de dicho contrato, no vulneran o impiden el que con ellas se potencie la solvencia y liquidez de las aseguradoras que los adopten[3].

Quiero por igual insistir que el enfoque que daré al tema propuesto, lo será en la medida de lo posible ceñido al punto de vista jurídico, pues debo reconocer mi casi completo ayuno científico en torno a los aspectos propiamente técnicos del tema que me

---

2 Es el caso de los trabajos de Arturo Díaz Bravo, Don Paterson y Juan Antonio Tejerizo, a los cuales aludiremos más adelante. En el caso del primero citado, en sus conclusiones, claramente, en forma diáfana, precisa: "Pero por otra parte, en vano pretenderíamos ignorar que el fenómeno está ahí, que se practica en mercados que fatalmente influyen de modo muy importante en los nuestros, que aunque por decreto puede impedirse su acceso, no es aconsejable, en cambio, evitar que ante el endurecimiento del reaseguro tradicional, nuestras cedentes lleguen a encontrarse en un callejón sin salida, de tómalo o déjalo y se vean obligadas a celebrar taimadamente tales operaciones o, peor aún, a incurrir en desacatos, todo ello con las perjudiciales consecuencias fácilmente previsibles". Sobran pues los comentarios.

3 Advierto por lo demás, que parece ser esa la misma situación en el extranjero, inclusive a nivel de Legislaciones, tales como es el caso de México y Colombia, donde expresamente reseña el Profesor Arturo Díaz Bravo ("El Reaseguro Financiero", en *Revista Ibero-latinoamericana de Seguros*, 13, p. 139 ss., Editorial Javegraf, Colombia, 1999) se los proscribe expresamente (1993 y 1996 respectivamente). Por igual, como lo destacamos, esa también resulta ser la posición de conocidos tratadistas de seguros, como es el caso del ya citado colega ex presidente del Comité Ibero Latinoamericano de AIDA (CILA), a quien profesamos profundo aprecio y admiración, y quien con su venia, estimamos con todo respeto, destaca como criterio de censura y proscripción de dichas modalidades, entre otros motivos la no existencia de la formal cesión de riesgos, pura y simplemente, o la inexistencia de los elementos fundamentales del contrato de reaseguro, cuyas invocadas causas tampoco compartimos, ni tienen asidero en la realidad.

Adelantándonos al correspondiente examen de tales aspectos, pero para que se tenga clara idea de nuestros planteamientos, destacamos, por ejemplo, el error de achacar como nota definitoria a esa especie de reaseguros, la "no existencia de transferencia de riesgos", cuando que los propios del reaseguro moderno (los de suscripción) están perfectamente presentes en ellos. Así, precisa el comentado Profesor "... el reasegurador, pues, no asume por regla general riesgo de suscripción, son sólo riesgos financieros y cambiarlos" (p. 139, 141) "... luego el único riesgo que asume es el de la eventual insuficiencia del fondo para hacer frente al pago de los siniestros" (p. 142); cuando que como lo veremos, el problema es de mayor trasfondo ya que aún existiendo ciertamente la cesión de los riesgos propios del reaseguro (la asunción de las consecuencias financieras adversas en el patrimonio del asegurador reasegurado, por el solo hecho del acaecimiento del siniestro asegurado) las obligaciones del reasegurador puede que en determinadas circunstancias, no alcancen a cubrir sus responsabilidades, pues ellas vienen en todo caso limitadas hasta el monto de las primas recibidas, o hasta un determinado importe fijado en el contrato.

propongo examinar, los cuales por lo demás como veremos y se aprecia de la literatura existente sobre el mismo, resultan ser particularmente confusos y complicados.

Aún cuando no responda exactamente al tema central de mi exposición, me veré obligado por igual a examinar aspectos generales del contrato de Reaseguro y así mismo tendré que hacer ciertas consideraciones sobre su naturaleza jurídica y algunos de sus caracteres fundamentales, pues de lo contrario resultará todavía más difícil indagar el fondo del tema tratado, y porqué, además, siendo que los oyentes de este evento no todos resultan abogados, facilitará la comprensión de algunos aspectos que serán objeto de análisis durante mi disertación.

II. EL REASEGURO: CONCEPTO, BREVES CONSIDERACIONES SOBRE SU NATURALEZA Y SOBRE ALGUNOS DE SUS CARACTERES

En torno al concepto de la institución, me parece particularmente apropiado el enfoque que sobre ella hace Luis de Angulo Rodríguez[4], cuando destaca que bajo el término genérico de reaseguro, se comprenden una multiplicidad de formas, clases y modalidades (sic del contrato) que la práctica ha ido diseñando y que en definitiva han conducido incluso a dudar sobre su posible encuadre bajo un concepto unitario; advirtiendo, por igual, que todo lo antes dicho es al margen de las consideraciones que cabe formular con vista a las antiguas concepciones sobre su naturaleza jurídica, que pretenden asimilarlo a las figuras del mandato, de la fianza, de la cesión, de la sociedad, de las cuentas en participación, etc. y que hasta la fecha no permiten hacer coincidir a los autores sobre cual sea en realidad su verdadera esencia y naturaleza.

Así, mientras en España, a la luz del último vigente ordenamiento sobre la materia, no parece caber duda de que el reaseguro es un verdadero contrato de seguro, y concretamente una especie del seguro de daño cuyo objeto radica en dar cobertura al que nace en el patrimonio de la reasegurada –aseguradora– cedente, como consecuencia del nacimiento de una deuda a causa de los siniestros experimentados por sus asegurados[5].

En cambio, en otros países como el nuestro y vanos del entorno mundial, sus legislaciones sobre el contrato o respecto a la actividad, nada contemplan respecto al reaseguro, ni esbozan siquiera definición, caracteres o elementos. En el caso concreto de Venezuela, como bien lo sabemos, ni el Código de Comercio[6] ni la Ley de Empresas de Seguros y Reaseguros[7] proveen regulaciones de consideración sobre el tema, al extremo de que en el primero sólo se hace una mención accidental al Reaseguro, ex artículo 553 y en la

---

4 Consideraciones preliminares sobre el Reaseguro, en Estudios sobre el Contrato de Reaseguro, Edición copatrocinada SEAIDAlMUSINI, Autores varios (Luis de Angulo Rodríguez, Fernando Sánchez Calero, José Carlos Fernández Rozas, y otros), España, Editorial Española de Seguros, 1997, Isbn 84-923073-1-5, p. 21

5 Arts. 77 al 79 de la Ley Española 50/1980 sobre el Contrato de seguro.

6 El Código de Comercio vigente (en lo sucesivo Cco) es del año 1955, pero el mismo no resulta ser sino el resultado de un pequeño ajuste en algunas de las normas relacionadas con el concepto de fondo de comercio, sociedades y en especial las de responsabilidad limitada, sin que se hubiere tocado siquiera el tema de los Seguros, que por tanto es de antiguo abolengo y tradición en legislaciones del siglo antepasado.

7 En lo sucesivo LESR, publicada en la Gaceta Oficial de la República de Venezuela (G.O.) N° 4822 Ext. del 23-12-1994 y su Reglamento de fecha 27-4-1999 G.O N° 5339 Ext.

segunda y su reglamento, no obstante ser de reciente data, también en forma exigua el legislador se refiere a la institución, y todo ello en forma muy general y rudimentaria[8].

De paso sea destacar, al menos en lo que atiene a nuestro sentido común, que de la citada normativa del Código y de la regulación administrativa general que abarca la materia, permite deducir, sin la menor duda que la intención del legislador fue la de darle al reaseguro tratamiento de una modalidad particular del seguro, y así pareciera destacarse de la forma no precisa con la cual reguló dicha actividad; de la aplicación común que ordena hacer de ciertos principios propios del primero al segundo y por el marcado señalamiento de que el control se ciñe fundamentalmente a evitar cúmulo de riesgos en uno u otro de los

---

8 Véanse Arts. 1 al 3 y 42 ss de la LESR y 96 a 109 del RLESR, referidos los primeros citados, sólo a la autorización para promoción y funcionamiento de dichas empresas (en cuya mayoría idénticas a las de las empresas de seguros) y en los artículos 102 al 112, que pomposamente se corresponden a la nominación "Del Reaseguro", Sección IV del Capítulo VII de la Ley relativo al Funcionamiento de las empresas, en los que ni siquiera de manera incipiente se hace referencia a la actividad propia de las Reaseguradoras y menos aún se fijan los lineamientos de la actividad reaseguradora. Iguales comentarios podemos hacer de las normas contenidas en el Reglamento, las que fundamentalmente vienen dirigidas a los trámites administrativos de inscripción, funcionamiento y operación de dichas empresas, con expresa referencia a solo dos de las múltiples modalidades que suele adoptar el reaseguro internacional (facultativos y obligatorios).

Cabe observar que en Venezuela, como en otros países, con regulaciones contemporáneas a la nuestra, las normativas vienen fundamentalmente dirigidas a establecer mayor capacidad patrimonial (de capitales) a las empresas dedicadas a dicha actividad y a procurar controlar de alguna manera los plenos (cúmulos de riesgos asumidos) no sólo desde el punto de vista técnico sino para proteger por igual a la industria nacional aseguradora o reaseguradora.

Debe destacase, finalmente, que en Venezuela, adicionalmente existen otras normas administrativas de trámite y organización de la actividad y función reaseguradora, representadas en varias providencias emanadas de la Superintendencia de Seguros, relacionadas con las obligaciones de registro, control contable de operaciones, etc. las cuales tampoco nada aportan a la precisión del concepto ni a la naturaleza jurídica del contrato de reaseguro.

Finalmente, en la resolución 2703 (G.O 36862 del 4-1-2000) sustitutiva y modificatoria de la 1414 (GO 33761 del 10-8-99), se da un tratamiento discriminatorio a los reaseguros financieros o *finite risk,* estableciendo un desigual tratamiento contable y en torno a sus efectos sobre las reservas, no similar al de los reaseguros tradicionales, sin excepciones de ninguna clase y utilizando como único criterio para ello, el que los mismos sean de naturaleza financiera (y porque no aún por su simple nomenclatura) o por que no comporten lo que dicha resolución denomina "efectiva transferencia de riesgos" sin más ninguna explicación, e impidiendo, como se lo indicó, la deducción en las reservas técnicas de la porción cedida o retrocedida en tales contratos de reaseguro, por las mismas razones antes comentadas, de todo lo cual hay pues clara evidencia que nada positivo se expresa que induzca o conduzca al esclarecimiento del problema de fondo.

Por último, nos parece igualmente desacertado pretender fundar como lo hace la citada Resolución, la potestad de proscripción y regulación sobre la materia en las disposiciones contenidas en los artículos 6 y 13 de la LESR, atinentes a las funciones generales de control e inspección y a la ordenadora contable de las operaciones de las empresas, cuando que lo tratado atiene a cuestión de naturaleza totalmente diversa, como lo analizaremos en el examen subsiguiente de estas materias.

tipos de modalidad contractual (seguros o reaseguros) y a la solidez económica de las cesionarias[9].

Precisa advertir, sin embargo, que al tiempo en que se produjeron dichas reformas, todavía en la mayoría de las legislaciones mundiales sobre la materia, era esa la tendencia, esto es, dejar a la costumbre y prácticas mercantiles, y en especial a la de Derecho de Seguros, todo lo relacionado con la interpretación, definiciones, límites y regulaciones del reaseguro a nivel mundial[10].

De aceptarse la tesis ahora admitida por la Ley Española, diríamos entonces que el reaseguro, simplemente, es un "seguro" que se superpone a otro u otros seguros y mediante el que, la cedente protege su patrimonio del daño que supone el nacimiento en el mismo, de una deuda como consecuencia de tener que indemnizar siniestros producidos en riesgos que tiene asegurados.

En tal sentido podrá decirse entonces que el nacimiento de esa deuda en el patrimonio de la cedente constituye el riesgo que asume el reasegurador, mientas que los seguros concertados por el asegurador- reasegurado-cedente son simples presupuestos necesarios para que proceda la cobertura del Reaseguro, manteniendo este plena autonomía respecto de aquél[11].

La tesis contraria, en cambio ve en el reaseguro un contrato de naturaleza diversa, peculiar y diferente al contrato de seguro, pero íntimamente relacionado a la vida jurídica institucional del último citado, al cual se aplican reglas propias, no precisamente todas las que resultan normadoras del contrato de seguros, tal como lo disponen los ordenamientos y que tiene por objeto fundamental permitir al asegurador, ceder dentro de ciertos límites y por mecanismos de diferente índole, parte de los riesgos ya asumidos por él frente a sus asegurados, sin que por ello le fueren oponibles a ellos los pactos y convenciones celebrados al respecto entre su asegurador y el reasegurador.

---

9 Debe precisarse que no por ello puede entenderse que la doctrina patria haya sido conteste sobre tales aspectos y consideraciones pues siempre se debatió la cuestión de si el reaseguro constituía o no un contrato de seguro o era de naturaleza jurídica diferente (en tal sentido, Mármol, Samaniego, Firgau Y. y Landaez O., entre otros). Para un análisis mas detenido sobre las diversas teorías existentes al respecto, véase Broseta Pont, Manuel, El Contrato de Reaseguro, España, Edit. Aguilar, 1961, pp 51 ss.

10 Al respecto nuestro trabajo Nuevas Tendencias e Instituciones en Derecho de Seguros, Conferencia dictada con ocasión de la celebración del XI aniversario de la Superintendencia de Seguros y Reaseguros de Venezuela, en *Revista 53 de la Facultad de Derecho de la Universidad Católica Andrés Bello*, Edit. UCAB, Venezuela, 1998, pp. 123 e igualmente en la *Revista Ibero-Latinoamericana de Seguros*, N° 14, Edit. Javegraf, Colombia, 2000, pp. 20. En dicha disertación destacamos como tendencia mundial la ausencia de regulación de dicho contrato, manifestación clara de la conveniencia de dejarlo a la libre voluntad de las partes, en atención a su variedad de expresiones y su carácter netamente internacional, hechos por lo demás destacados en el pasado Congreso Mundial de AIDA, Marruecos, 1998 y a los que hace especial referencia el informe de Robert Merkin, Ponente sobre dicho tema al Congreso citado (What is Reinsurance. A Comparative Study, Edit. LLP, Inglaterra, 1998).

11 Angulo Rodríguez, Cfr. p. 22 Y en el mismo sentido y citados por él, Garrigues, *Curso de Derecho Mercantil 11*, 1a edición, 1940, pp 465, Sánchez Calero Fernando, *Curso de Derecho del Seguro Privado*, Bilbao, 1961 pp 682, y en especial El *Reaseguro* en la Ley Española de Contrato de Seguro, en Estudios sobre el Contrato de Reaseguro... antes citada, pp 82 ss.

Si se diera preferencia a la tesis de que el Reaseguro es un mero contrato de seguro especial, el daño que debe resarcirse en el reaseguro, es el que resulta del nacimiento de una deuda en el patrimonio del reasegurado, cuyo monto debe reparar el reasegurador, mientras que conforme a la segunda de dichas posturas, resulta ser un mecanismo en virtud del cual, ocurrido el siniestro asegurado, el reasegurador viene obligado a suministrar (anticipadamente o una vez solventado el pago del seguro) al asegurador el importe de una parte de las indemnizaciones pagadas por el acaecimiento de los riesgos concretos asegurados o el equivalente a un determinado porcentaje de los riesgos incurridos en una de sus carteras.

En lo que toca al examen de las razones y fines de la institución del reaseguro, diremos que al igual que los de la actividad aseguradora es, entre otros, el de llenar la necesidad de cumplir con una "función de protección" a las actividades económicas, como quiera que permite a los empresarios amparar sus bienes, el riesgo de interrupción de sus negocios, la movilización de mercaderías, los riesgos informáticos, la responsabilidad civil en que pueda incurrir en el desarrollo de sus actividades, entre otros muchos.

En adición, el reaseguro constituye también un requisito previo para una evolución sana y técnica de la economía del seguro y su importancia económica que en palabras de Camilo Pieschacon Velasco[12] "... radica en el apoyo, garantía y seguridad que le ofrece al seguro directo. Además, de haber facilitado, mediante ayuda financiera y poniendo a disposición de los *(sic)* cedente s las experiencias obtenidas en el plano internacional, la introducción de nuevos ramos de seguros en muchos países, etc.".

Es igualmente indudable que con el desarrollo de la ciencia y la tecnología, la función de "Dispersión de los Riesgos" cobra particular y relevante importancia, en la actividad técnica aseguradora. Esa dispersión se cumplía a cabalidad con el reaseguro respecto a la acumulación de los riesgos en un mismo cedente, con la producción en ciertas zonas geográficas o con ocasión del carácter catastrófico que presentan no sólo ciertos riesgos de la naturaleza sino también algunas actividades y circunstancias que son obra del ser humano.

En adición, finalmente, dado que la industria aseguradora comporta de cierta manera una prestación de un servicio que interesa a la comunidad, y de la cual ello reporta beneficios a la primera, ella requiere y supone modernamente la existencia de regulaciones gubernamentales que al normar dicha actividad, pretendiendo protección de aseguradores y asegurados, procuran mantener y garantizar la solvencia y continuidad de los aseguradores, para lo cual, entre otros y fundamentalmente el reaseguro, bajo los esquemas proporcionales y no proporcionales cumple cometidos específicos en materia de financiación o apalancamiento de las entidades aseguradoras[13].

---

12 Ensayos sobre seguros, "Concepto, funciones e importancia económica del Reaseguro" citado por Jorge Edo. Narváez Bonnet, en Reaseguros Financieros o Sistemas Alternativos de Transferencia de Riesgos: ¿Hacia una nueva concepción técnico jurídica del riesgo reasegurable? en Retos y oportunidades del seguro y del Reaseguro, *opus cit,* pp. 465.

13 Narváez Bonnet, *opus cit.* p. 466. En ese mismo sentido aparece evidente ser esa la finalidad de la regulación legal y reglamentaria del Reaseguro en nuestro país, fundamentalmente referida al tema de conocimiento de la forma como se encuentran cedidos los riesgos por las empresas, de cómo se los controla a su vez en las Reaseguradoras, de los datos que identifican nominal y financieramente a las Reaseguradoras, de las medidas que puede adoptar el ente regulador en el

Todo ello explica hoy la especial consideración y relevancia que tiene y debe dársele a la Administración y Financiación de los riesgos, con lo cual se alude a las gestiones realizadas por las aseguradoras y aún las propias Reaseguradoras, para la adecuada administración de los recursos monetarios, de manera de contar con los fondos necesarios y suficientes para sufragar y enjugar las pérdidas que puedan presentarse de manera accidental durante la marcha de la empresa y que afecten los activos o el patrimonio de ellas.

De una manera más concreta, siguiendo a Narváez B.[14] puede concluirse señalando que parte importante de la operación de seguros, resulta ser la financiación de los riesgos, que viene orientada a que existan para un momento y en condiciones determinadas en la empresa, los recursos suficientes para enjugar las pérdidas derivadas de un riesgo que acaezca a pesar de haber sido utilizadas técnicas de control de riesgo adecuadas y desde ese punto de vista, puede afirmarse que persiguen la disponibilidad y la suficiencia de fondos al sobrevenir las pérdidas, y el instrumento por excelencia con que cuenta la industria aseguradora para tales menesteres es precisamente el Reaseguro.

Por todo lo antes resumidamente expuesto, tiene que destacarse que la administración de los riesgos y con ello la actividad reaseguradora, cumplen una función de eminente carácter y contenido *financiero* y por ello, tanto el seguro como el reaseguro, como mecanismos de transferencia de riesgos (de diversa índole, anotamos) es claro que deben analizarse y utilizarse dentro de ese contexto de lo financiero.

Con lo expuesto, desde ya, no compartimos entonces la tesis de que vincular el concepto y la función reaseguradora a lo financiero, per sé, constituye una violación de normas técnicas o legales, ni desnaturaliza o perjudica las funciones propias del reaseguro, como pretende sostenerse por determinadas corrientes técnicas, o bajo criterios de opinión doctrinario y en toma de posición por parte de las autoridades de control de las actividades de la industria aseguradora., porque, como bien se debe desprender de los comentarios absolutamente apegados a la ciencia ya los conceptos jurídicos, antes desarrollados, dichos términos constituyen realidades que materialmente nacieron y se desarrollaron juntos. Nos atrevemos por ello a destacar inclusive lo inadecuado que resulta el uso de la terminología "Reaseguros Financieros" con la cual pretende identificarse a toda esa nueva gama de modalidades de contratos de reaseguros no tradicionales, pues los unos y los otros son de un alto contenido y efectos financieros.

III. EL OBJETO ESPECÍFICO DE LOS CONTRATOS DE SEGUROS Y EN LOS DE REASEGUROS

Para continuar precisando el tema que nos interesa, estimamos por igual indispensable señalar claramente cual resulta ser el objeto específico de cada uno de los contratos examinados.

El clásico Broseta Pont[15], nos enseñaba que el riesgo reasegurado es la posibilidad de que ocurra una disminución en el patrimonio del asegurador reasegurado por haber tenido

---

supuesto de que no se entiendan satisfactorias las coberturas y cesiones, o de exagerada onerosidad de los contratos, etc.

[14] *Opus cit*. p. 468.

[15] *Opus cit*, pp 96·

que indemnizar a su asegurado como consecuencia de un contrato de seguro, mientras que el riesgo asegurado, en cualquier contrato de seguro, es la posibilidad de que se produzca un daño como consecuencia de un suceso o un evento contemplado en el convenio y debe centrarse su concepto en la consecuencia dañosa o perjudicial y no exclusivamente en la posibilidad de que se produzca el suceso, para no confundir el riesgo con el evento.

Sánchez Calero[16] en una de sus más recientes y especializadas obras sobre la materia, determina que el riesgo en el reaseguro es la posibilidad del nacimiento de una deuda en el patrimonio del reasegurado a consecuencia de una obligación asumida por este como asegurador en un contrato de seguro, con lo cual obviamente perfecciona el concepto antes expuesto de Broseta P., y a través de ello permite precisar, por una parte, que el nacimiento de esa deuda necesariamente tiene como presupuesto la existencia del contrato de seguro en el cual el Reasegurado es parte como asegurador y de otra parte, la estrecha vinculación entre el riesgo reasegurado y la verificación del siniestro previsto en el contrato de seguro primario con el asegurado. Mas tal vinculación, de una vez precisa aclarar, no permite confundir ambos riesgos.

Destaca Donatti[17] que el riesgo reasegurado está sometido a un doble presupuesto: a) a la existencia de un riesgo que grava al asegurado, y b) a la existencia de un contrato de seguro por el cual el riesgo del asegurado se traduce en una posibilidad de una deuda del asegurador- reasegurado. Por ello, el riesgo del reasegurador es la sola posibilidad de que nazca en su patrimonio la deuda que sea consecuencia de su obligación como asegurador en un contrato de seguro, mientras que el riesgo en el contrato primario o de seguros, lo es, la posibilidad de un evento dañoso que puede deberse a varias causas (incendio, robo, fallecimiento, etc.).

Se advierte de lo últimamente dicho, que el reasegurador en forma alguna asume ese riesgo del acaecimiento del evento dañoso, aún cuando tradicionalmente se hable de que el asegurador-reasegurado es un "cedente" del nesgo por él asumido, pues el verdadero riesgo del reasegurador, resulta ser el nacimiento de la deuda a cargo de dicho reasegurado.

No obstante, como lo señala Sánchez Calero, esa distinción a veces se torna oscurecida por el hecho de la dependencia del riesgo del reaseguro de la existencia de un contrato previo de seguro, cuya validez presupone la referencia a un determinado nesgo, los cuales, si bien son presupuestos del riesgo reasegurado, no son de su esencia, ni deben confundirse con él[18]18.

También precisa aclarar de una vez, que no obstante existir una posible coincidencia entre el momento del siniestro del seguro directo con la del nacimiento de la deuda del asegurador, la deuda del asegurador reasegurado nace en el momento mismo en que se verifica el siniestro cubierto por el seguro primario, independientemente de que sea o no líquida y exigible, pues a pesar de la pretendida coincidencia, ambos hechos o situaciones resultan completamente diferentes[19].

---

[16] Fernando Sánchez Calero, " El Reaseguro en la Ley Española de contrato de Seguro" en *Estudios sobre el Contrato...* pp. 94.

[17] Antígono Donati,*Trattatto del Dirittodelle assicurazioni private,* Milán 1956, T III pp 481

[18] Cfr. pp 96.

[19] De esa vinculación, resulta ser que la Doctrina dominante, destaque la existencia entre asegurador y reasegurador de una comunidad económica de intereses. En tal sentido Gerathewohl, *Reinsurance*, T. II, p. 370 ss citado por Sánchez Calero, *El Reaseguro...*, p 96.

Con lo dicho nuevamente ponemos de relieve el eminente contenido financiero de las prestaciones causa y efecto del contrato de reaseguro, y lo delicado que resulta a simple vista negar per sé la condición de reaseguro a aquellos contratos de su tipo, con contenido particularmente financiero y menos aún deducir como verdad incontrovertible que por el hecho de que en el sustrato del contrato de reaseguro de que se trate, no se constate la transferencia cierta de los riesgos asegurados (en su totalidad o parte, porcentaje o tipología de ciertos riesgos asegurados por el asegurado-reasegurado) no basta para negar la verdadera existencia de un contrato de reaseguro y menos aún para sostener que en tales contratos no existe una verdadera transferencia de riesgos, pues examinado cualquiera de ellos en sus modalidades tradicional o *finite risk,* encontraremos la efectiva cesión de los riesgos propios del reaseguro, esto es, la asunción de las consecuencias patrimoniales en el asegurador reasegurado derivadas del acaecimiento de los siniestros contemplados en un determinado contrato de seguro, o en los de una determinada cartera.

Analizando con detalle la estructura y funcionamiento del contrato de reaseguro no parece posible entrar en confusiones si se afirma que aquellos resultan ser de contenido primordialmente financiero, y por igual que tampoco resulta acertado afirmar que para su existencia necesariamente deben comportar y fundamentarse en la efectiva transferencia de los riesgos asegurados o de los efectos directos de los mismos.

Por igual nos adelantamos también a destacar que no aparece ajustada la posición que se adopte de negar la existencia real de un verdadero reaseguro por el hecho de que las carteras objeto de cobertura en reaseguro, se correspondan con las de riesgos cuyos efectos ya hayan podido ocurrir pero sean desconocidos para el asegurador y para el reasegurador, dado que en efecto los riesgos financieros de su cobertura, son un *incertus an* para ambos, y por tanto perfectamente susceptibles de ser aseguradas.

No negamos tampoco que esa modalidad de reaseguro, efectivamente en el tiempo, puede conducir a un desfase en los resultados financieros de un determinado periodo para el asegurador, y una forma de correr los efectos económicos de los siniestros, para un momento posterior. Pero nuevamente nos corresponde señalar que la cierta existencia de tal anormalidad no autoriza para sostener per sé que ese reaseguro no sea tal, o que no comporta la asunción de los riesgos propios de ese contrato.

IV. UNA BREVE HISTORIA SOBRE LA EVOLUCIÓN DE LOS DIVERSOS TIPOS DE CONTRATOS DE REASEGURO PARA LA MEJOR COMPRENSIÓN DEL TEMA QUE NOS HEMOS PROPUESTO EXAMINAR

Sin pretender hacer un completo recorrido histórico sobre la institución, si vale la pena insistir en algunos aspectos resaltantes de su nacimiento y transformación a lo largo de la historia del seguro y del reaseguro.

Esta institución, en una u otra forma, es casi tan antigua como el Seguro, destacando que ese "casi" se debe a que en un principio, como postulado del contrato de seguro, los aseguradores no aceptaban mas responsabilidades que las que ellos mismos podía soportar.

Las primeras referencias sobre el mismo, tal y como hoy se lo conoce, se remontan al continente europeo en 1370, donde se emitió una póliza de seguro marítimo en Génova, cuya riesgo en la parte más peligrosa del trayecto, fue reasegurado[20].

---

20 Chartered Insurance Institute, *Manual de Reaseguro*, Edit. Mapfre, 2a edic. España, 1976.

Entre los principios técnicos de mayor abolengo en el seguro, está la aplicación de las normas de la Ley de probabilidades o ley de los grandes números, conforme a la cual, al analizar los riesgos, hace recomendable que los aseguradores analicen la "homogeneidad cualitativa y cuantitativa" de sus riesgos y eventuales sumas que ello comprometa, todo con miras a establecer los aprovisionamientos necesarios para crear un fondo de reservas, o ceder un porcentaje o cantidad de determinados riesgos o parte de los montos indemnizatorios que ellos impliquen, buscando siempre que determinado monto y cantidad de ellos no sobrepasen una determinada suma, so pena de vulnerar esas reglas de homogeneidad[21]. Tal homogeneidad se traduce en lo que en técnica asegurativa se denomina Pleno de Conservación, y para cuyo respeto y conservación se acude a las figuras del co-aseguro y específicamente a la del Reaseguro, siendo este último el de primordial importancia, ya que por su intermedio podrán los aseguradores distribuir partes o cuotas de los riesgos asumidos, o bien atendidos directamente por el reasegurador sin mayores dificultades.

En todas estas modalidades técnicas para hacer preservar esas reglas del buen asegurador, descolla, repetimos, el uso del Reaseguro, que permite estipular con un asegurador independientemente de la cuantía de su pleno y del interés asegurable, los contratos de coberturas de riesgos, bajo la tranquilidad y reglas técnicas, de que en caso de ocurrir los siniestros, o ser estos excesivos, sean divididos sus efectos con otros aseguradores (reaseguradores) para preservar así la potencialidad económica del primero (fenómeno de la atomización o división del riesgo) pero con la advertencia de que no siempre estuvo esa finalidad presente en la actividad aseguradora y reaseguradora, desde en los orígenes de la institución[22] ni que tampoco haya perdurado con la importancia y eficacia en su desarrollo futuro, pues en efecto el desarrollo de la industria reaseguradora lo han llevado a que dicho contrato no solo sea un medio técnico idóneo instrumental del seguro, sino que ha permitido ampliar la masa de los negocios contratados, mas allá de lo que racional y científicamente puedan permitirlo sus propios patrimonios y organización.

Puede, pues, resumirse esa nueva importancia del reaseguro destacando que ello ha hecho posible ampliar el número de riesgos contratados, sin peligro alguno para los asegurados (aumento de la capacidad contractual aseguradora), además ha estimulado el crecimiento de otras ramas del seguro y la expansión de las ya existentes a territorios geográficamente extra sede de las aseguradoras, facilitando el análisis de nuevos riesgos, cálculos y reglas técnicas.

Pero definitivamente que la función más importante atribuible al reaseguro lo ha sido la de financiación o la de servir como instrumento de crédito para el seguro, porque económicamente, el reaseguro sustituye en parte el "capital en garantía" del asegurador, capital ese que no es el de explotación, y por virtud de lo cual permite al seguro asumir riesgos muy superiores a los que permitiría su citado capital, cantidades esas necesarias de no existir el reaseguro, siendo por ello que se ha afirmado que el reasegurador es "el

---

21 Para mayor ilustración Broseta P., *Opus cit,* pp 6 ss y R. L. Carter, *El Reaseguro*, España, Edit. Mapfre, 1979, Isbn 84-7100-088-1, pp 81 ss.

22 En efecto, entonces el motivo del reaseguro era ceder los riesgos excesivamente peligrosos, actuaba más como un remedio al alcance del asegurador, que un verdadero "medio" para la extensión de los riesgos y la división de los mismos. Vid. Broseta P. *opus cit.* P 10 nota 15.

banquero" de los aseguradores y hasta se ha comparado el reaseguro con el contrato de "descuento bancario"[23].

Desde el punto de vista del asegurado, el reaseguro cumple además con la bondad de dar certeza a las obligaciones de las partes, pues refuerza la seguridad de cobrar sus indemnizaciones, en tanto el reasegurador de cierto modo garantiza la solvencia de sus créditos, y porque su existencia le relevan de iniciar y continuar búsquedas de otros aseguradores o co-aseguradores capaces de afrontar sus posibles riesgos o las magnitudes de aquellos, sin complicaciones adicionales.

Finalmente, como acertadamente lo destaca Donatti[24], también el Estado resulta beneficiado por el reaseguro, en tanto él refuerza el interés público en la buena marcha de las empresas de seguros, lo que justifica toda la corriente intervencionista en la actividad en sus presupuestos técnico financieros, y además porque ello permite dentro de las economías de los países asumir en determinados tramos los riesgos de los grandes complejos industriales, y la re-circulación del dinero en el mismo entorno territorial bajo criterios de estabilidad[25].

Desde los anotados ángulos de observación, puede concluirse que son dos los principales objetivos en que incide el reaseguro en el negocio asegurador, esto es, en sus aspectos de solvencia y estabilidad.

En efecto, mediante la transferencia de los efectos de los riesgos asegurados, que es el componente más impredecible de las actividades de las aseguradoras (no contar con suficiente capital para enfrentar los pagos de siniestros), tal responsabilidad se disminuye frente a los asegurados y en adición tales operaciones aportan mayor estabilidad a las cuentas de resultados anual, cuyas incertidumbres se truecan por una prima de reaseguro mas estable y en adición conocida.

Ahora bien, resulta que en la práctica, después de los años de grandes catástrofes y de las indebidas coberturas por parte de las aseguradoras, el funcionamiento de los reaseguros tradicionales, al no permitir de ninguna manera mantener garantizada la rentabilidad de determinados contratos, hizo que el reasegurador comenzara a examinar con mayor detalle sus negocios, a seleccionar mejor sus carteras, a aplicar correctivos en las primas de elevada consideración y a buscar de alguna manera que el máximo de sus responsabilidades económicas no fuera superior a los ingresos por las primas percibidas, y se inició todo el estudio de una nueva concepción para los reaseguros, que persigue un aumento de la estabilidad, mediante una nivelación de resultados a lo largo de los períodos en que se cumplen dichos contratos.

Lo dicho hasta allí en nada resultará censurable, pero si tomamos en cuenta que como consecuencia de lo anterior, en los nuevos modelos para que funcione el prototipo ideado la recuperación de la siniestralidad, tiene que ser reembolsada al reasegurador, constituyendo por lo tanto un elemento pasivo en los balances del asegurador, es evidente que nada de ello contribuirá a mejorar los índices en la SOLVENCIA DEL ASEGURADOR.

---

23 Donatti, *opus cit.,* t. III, p. 456, entre otros.

24 *Opus cit*. p. 457.

25 En idéntico sentido y con relevante especulación del tema, véase Don Paterson, Una alternativa al reaseguro tradicional. ¿Reaseguro Financiero? en Revista Ibero-Latinoamericana de Seguros, N° 4, Colombia, Edit. Javegraf, 1994, pp 103.

A pesar de lo dicho, por igual debe admitirse, que en las nuevas concepciones del reaseguro, las mismas provocan ciertos resultados bondadosos, en tanto que su contratación, puede traducirse en un aumento de confianza por parte de los asegurados e inversionistas, al poder apreciar unas cuentas de resultados más estables en los Balances del asegurador, y que por ello, por igual, en forma muy indirecta, pueden provocar efectos favorables en el concepto SOLVENCIA.

Al haber establecido la no existencia de la obligación contractual de reembolsar las pérdidas causadas en el reaseguro tradicional, es evidente que el riesgo cedido al reasegurador resulta mayor, por lo que tales circunstancias justifican un recargo mayor en los beneficios esperados por el reasegurador TRADICIONAL que aquél que supone en las nuevas modalidades de reaseguros[26].

Por igual debe observarse que siendo que en los reaseguros tradicionales, resulta sumamente difícil calcular el grado de siniestralidad, y por lo tanto resultar también impredecible establecer los parámetros adecuados para compensar la posibilidad de pérdidas, es obvio que se dificulta la adecuada valoración de los mismos (sus contra prestaciones) lo que no ocurre en cualquier otra modalidad conforme a la cual cualquier cálculo erróneo está salvaguardado por la limitación de las pérdidas.

En los seguros tradicionales, lamentablemente los componentes de costos resultan gravosos si se toma en cuenta que deben girar en torno a que la rentabilidad eventual no se puede garantizar (pueden devenir uno o más años de alta siniestralidad) y en segundo lugar, en tanto no se puede tener seguridad de que las primas cobradas excedan o sean suficientes para dar coberturas a las pérdidas.

Todo lo analizado, como lo destaca reputada doctrina en esta materias[27] hizo que a principios de los años 70, en Estados Unidos de América se comenzara a analizar la insuficiente capacidad del mercado reasegurador, en especial sobre determinados ramos (responsabilidad civil profesional) y la consecuente postura de endurecimiento en las condiciones de negociación de los reaseguros, a lo que resulta menester por igual añadir que también se comenta el que para esa misma época (1970) en el Lloyds ya se habían buscado fórmulas alternativas a las del reaseguro tradicional para cubrir específicos riesgos petroleros.

Precisamente, es dentro de ese contexto de hechos y circunstancias en el que toma forma y nacimiento el hoy llamado Reaseguro Financiero, también conocido como reaseguro de riesgos limitados *(finite risk)*, puesto de manifiesto en las mas diversas formas y propuestas, pero cuyas características comunes, están constituidas por las aportaciones que hace la cedente al reasegurador, quien se obliga a reembolsarlos a aquél, en unión de los rendimientos que eventualmente haya producido su adecuado manejo y colocación, para el pago de siniestros y, a falta de siniestralidad, a devolverlos, con una parte de los citados rendimientos, pues la diferencia la retiene el reasegurador como remuneración a sus servicios y para cobertura de sus gastos.

Anota, en el caso concreto del anterior concepto, su autor, el Dr. Díaz Bravo, que en tal caso, el reasegurador, pues, no asume por regla general riesgo de suscripción, sino sólo los riesgos financieros y cambiarios, y que de allí, resulte válido concluir que no se trate de

---

26 Paterson, *opus cit.* p. 104·

27 Díaz Bravo, *opus cit,* p. 140.

un verdadero reaseguro, sino, conforme a ligeras variantes, de un préstamo comercial con interés, de un depósito comercial en administración o tal vez de una comisión mercantil[28].

Quien así piensa, estima que a pesar de su multitud de formas de manifestación, existe como denominador común de todas ellas, la de que, aún en el caso de las llamadas coberturas mixtas *(blended covers),* la entrega o depósito –que no pago– que de ciertas sumas efectúa la cedente y las que quedaran en poder de los reaseguradores para que éste las invierta y, del fondo que así debe integrarse, de capital más rendimientos, reembolse a la primera el importe de reclamaciones que puedan devenir del acaecimiento de siniestros.

A tal elemento definidor, se añadirán multitud de otras consideraciones y elementos con fundamento a los tipos de coberturas que se convengan, tales como siniestralidad esperada o pretérita, las necesidades concretas de cobertura, solvencia del cedente, situación financiera del mercado, etc.

Para el mismo comentado autor, de todo lo dicho resultan descollante s algunas notas que permiten la conceptuación jurídica que de la misma institución o modalidad contractual se hace. Así:

1. Las sumas aportadas al reasegurador por la cedente, jamás salen en realidad del patrimonio de aquél, quien las reporta inclusive en sus balances como cosa propia, pero que temporalmente se encuentran en manos del reasegurador, quien se obliga a devolverlas en las indicadas condiciones ora para atender al pago de siniestros, ora por la inexistencia de los mismos.

2. De tal modo, las sumas entregadas al reasegurador permanecen en manos de éste como depósito irregular, con la obligación de su parte de restituir su importe cuando así se convenga, pero en especial ante las situaciones motivadas por las necesidades de atender al reembolso de siniestralidad por parte de la cedente.

3. El reasegurador no se obliga, salvo el apuntado caso de las coberturas mixtas, a contribuir con recursos propios al pago de siniestros y aún en tales supuestos su contribución será temporal, pues asume la forma de un crédito abierto a la cedente, cuyo importe deberá ésta cubrir en la forma y términos convenidos.

4. En tales condiciones, el reasegurador financiero, anota el autor, no asume riesgo de suscripción alguno, sino sólo los riesgos financieros o cambiarios derivados del manejo de las sumas a él confiadas por la aseguradora.

Concluye el referido Profesor "poco esfuerzo mental se requiere para concluir que tal producto no es un reaseguro, pues carece de todos los elementos que caracterizan a este aleatorio contrato: la prima, técnica y actuarialmente calculada (aún cuando acepta que en algunos casos si se la fija conforme a tales parámetros) el riesgo, la comunidad de suerte, la posibilidad de convenir, para el caso de conclusión del contrato, cualquiera de las cláusulas posibles *(run off* o retiro de cartera *cut off*), etc.[29].

A pesar del gran respeto que profesamos al Profesor Díaz Bravo, consideramos que en toda la construcción realizada para el análisis de la problemática de esta nueva modalidad de contratos de reaseguro, se incurre en algunas omisiones y desviación de la atención sobre otros, no intencionalmente o con el propósito de desfigurar el análisis científico, sino

---

28 *Opus cit.* p. 138.

29 *Opus cit.* p. 141.

explicable por la sutileza con la cual deben analizarse los conceptos, elementos, causas y efectos de esa particular modalidad de contrato que resulta ser el Reaseguro, y al que hemos dedicado unas cuantas líneas de pensamiento anteriormente, de lo cual estoy seguro resultan la existencia de hechos que demuestren en forma irrebatible aún para los más encarnizados enemigos del Reaseguro Financiero, que en los mismos SI existen todos los elemento técnicos que configuran al reaseguro, y la evidente asunción de los riesgos propios de esa modalidad contractual.

En efecto, mientras así se expresan el Profesor Díaz Bravo, en cambio Paterson y un completo estudio conducido por la Suiza de Reaseguros, cuya responsabilidad asumen Alex Durrer y Thomas Hess, Directores de Estudios económicos de dicha Empresa[30], enfocan la situación de manera diferente, si bien el primero advierte claramente que el reaseguro financiero no es una alternativa al reaseguro tradicional, o en el segundo que esos particulares rasgos que caracterizan las figuras del reaseguro *finite,* también encuentran cabida en el seguro tradicional, en las nociones de límites de responsabilidad y participación en los beneficios, y es en todo ello, a nuestro entender, donde se encierra lo que procuramos y queremos destacar, esto es, que tampoco por el hecho de que no resulte tal modalidad una alternativa al reaseguro tradicional, que sean de la esencia de dicho contrato la existencia de las indicadas cláusulas de exclusión/participación, el que no deba considerarse a dichas modalidades de contratación como verdaderas formas de reaseguro[31].

En el mencionado trabajo de la Suiza, se da como un concepto de dichas modalidades de reaseguro, el de una figura contractual de reaseguro en la cual se combinan la transferencia de riesgos y la financiación de riesgos, en la que el valor actual del dinero reviste una importancia muy particular, y destaca igualmente que con ello, más que consolidar una definición se procuran destacar los siguientes rasgos relevantes de la mayoría de las soluciones finite:

— Aceptación limitada del riesgo por parte del reasegurador;

— Repartición del resultado con el asegurador directo (viene a ser la contraprestación a la aseguradora cedente por la aceptación limitada del riesgo por parte del reasegurador finite,

— Períodos contractuales plurianuales, e

— Inclusión explícita del rendimiento de las inversiones de capital, para el cálculo de la prima.

De la forma dicha, en el indicado Estudio, se precisa que el Reaseguro financiero, obviamente toma en consideración el fenómeno de transferencia de riesgos, si bien en forma diferente a los Reaseguros tradicionales, en los cuales las consideraciones sobre los riesgos de suscripción tomaban un papel secundario. En los financieros, juegan papel fundamental los riesgos de suscripción, teniendo como tales los que provienen de las cuantías efectivas de los siniestros, diferente a la de los siniestros esperados, bien sea por condiciones modificadas (riesgo de cambio) o de aleatoriedad (error en riesgos esperados)

---

30 Boletín Sigma W 5/97 de la Suiza de Reaseguros, *s/p* imprenta, abril 1997, que en lo sucesivo identificaremos como "El Estudio, o El estudio sobre la transferencia de riesgos finite".

31 *Cfr.* p 105 en torno al trabajo del primero citado, y en cuanto al segundo de los comentados, con la expresa advertencia de que solo viene referido, como se lo indica en su texto al seguro directo no-vida, pp. 4 ss.

o circunstancias fortuitas, al igual que los riesgos por y para el momento adecuado (timing), donde los errores o casualidad de la exigibilidad del pago, puede hacer producir variaciones considerables en la cuantía de los montos asumidos como riesgos y, finalmente, por ser contratos plurianuales, toman papel igualmente preponderante los de cambio, los de inversión, etc. y que no decir, finalmente de los riesgos de crédito que comporta el permanecer atados por más de un período ante las constantes fluctuaciones de algunos mercados crediticios[32].

Por lo demás, igualmente debe destacarse, a juicio de Paterson, que los seguros *finite,* puede darse en ocasiones en que complementen los productos de reaseguro tradicionales, mediante la aportación de formas no tradicionales de financiamiento y con la advertencia de que cuando en la práctica se suceden fenómenos ubicados en los extremos esperados, ninguna de las figuras funcionan bien (ni los Reaseguros tradicionales, ni los financieros), así, cuando la siniestralidad es muy superior a la esperada, el reaseguro financiero pierde eficacia ya que no ha habido transferencia de obligaciones y consecuentemente ninguna mejora en la cuenta de resultados[33].

Lo dicho explica porqué, al margen de las dos figuras que ahora contraponemos, han surgido por igual los llamados contratos de "Reaseguros alternativos", que combinan los aspectos claves de las dos citadas modalidades.

Para concluir señalaremos que en el contexto de las diversas ventajas de los productos antes referidos, se deduce que el producto alternativo si pretende tener eficacia, tendrá que permitir al cedente el dejar al reasegurador con una pérdida sustanciosa (es decir, mejorar solvencia) y aportara cambios predecibles y estables en las primas, de modo que una forma de inestabilidad (pagos de siniestros) no se sustituya por otra forma de incertidumbre (pagos de primas).

Todo lo dicho, en adición pone de manifiesto un aspecto sustancial que suele olvidarse tanto a las autoridades como a los legos en la materia, esto es, una vez más el reaseguro, como el contrato de seguro, deben y tienen que estar fundados en un absoluto equilibrio y en la buena fe. De no existir un entendimiento más profundo sobre la naturaleza subyacente de los riesgos de suscripción, no podrá obtenerse ningún resultado deseable ni para una ni para otra de las partes.

Tal entendimiento requiere fijar unas reglas claras para medir las probabilidades de pérdidas, so pena de que cualquiera de las partes del contrato se vea frustrada, en todo caso, tales negociaciones suponen utilizar modelos de simulación estadística de alta calidad, para comprobar las estructuras de los contratos contra la siniestralidad probable. En mercados inestables, no habrá equilibrio y se endurecerán más las condiciones de reaseguros y puede llevar a las empresas aseguradoras a cambiar las necesidades de reaseguro por las de incertidumbre y asunción indebida de porcentajes de riesgos, lo cual por igual se traducirá en una mayor actividad para los órganos de control.

Cuando los mercados no están dispuestos a conceder capacidades significativas de cobertura a ningún precio, los compradores de coberturas se ven obligados a concurrir a los reaseguros puramente financieros (porque no dejan de ser, aún con todas sus negativas consecuencias, una forma de reducir o eliminar los riesgos para el reasegurador). El problema es que por igual el cedente hará que el reaseguro haga perder el valor económico

---

32 Estudio, p. 11 y 12·

33 *Opus cit.* p. 105.

de la transferencia del riesgo. Un producto que combinara lo mejor de ambas modalidades tendría un coste superior a un contrato de no riesgos, pero costaría menos que una transacción a riesgo puro[34].

No queremos concluir estas consideraciones sin llamar la atención sobre un aspecto a nuestro entender de particular importancia, en efecto, en el lugar y región donde como hemos visto se generaron los contratos finte, en 1992, se hubieron de producir significativos cambios en las regulaciones oficiales sobre estas materias, con lo cual, es cierto que se establecieron unos ajustados parámetros para reputar la existencia efectiva de reaseguros, pero por igual, comedidamente fue menester aceptar la presencia, existencia y utilidad de esa modalidad de los contratos de reaseguro financiero. En efecto, primero la U.S. FINANCIAL ACCOUNTING STANDARD BOARD (FASB), mediante la resolución 113 y luego la UNITED STATES GENERALLY ACCEPTED ACCOUNTING PRINCIPLES (US GAAP,) fijaron como requisitos para aceptar como contratos de reaseguros y para reflejar efectos en las cuentas de pérdidas y ganancias, que la celebración de tales contratos debían contener, en primer lugar, una proporción significativa de riesgos de suscripción y de *timing,* pues el solo riesgo relativo al momento del pago de la indemnización ya se reputaría suficiente, aún cuando podían existir limitaciones contractuales a las indemnizaciones y, en segundo lugar, se exigió que el reasegurador corriera con un riesgo de pérdida igualmente significante, tanto en lo que atiene a magnitud como a probabilidades de ocurrencia Como se observa, en ambos casos, a pesar de que con ello se procuraba aclarar las cosas, se dejó pendiente la adecuada definición del término "significativo, significante[35].

Todo lo dicho, señala y destaca el comentado Estudio, ha hecho que algunas de las manifestaciones de los contratos finite queden en veces excluidas o relevadas, mientras otras adquieren mayor relevancia y comportan regulaciones especiales para las liquidaciones de contratos, etc. con, por supuesto, mayores exigencias de controles por parte de las autoridades competentes.

Expresamente no entramos a examinar diferentes modalidades o tipos de contratos finite, para no extender innecesariamente nuestra exposición, ni distraer la atención de su finalidad principal, cual debe ser la de evaluar la verdadera naturaleza de contratos de reaseguros bajo la modalidad finite y pretender demostrar que por el solo hecho de que se rompan los extremos formales tradicionales, no por ello se puede afirmar claramente que con las mismas se violen normas o principios fundamentales, se atente contra la solvencia de las aseguradoras, etc.[36]

V. CONCLUSIONES

1. A la luz de todo lo examinado no resulta acertado *prima Jade* considerar reprobables, desechables e inclusive contrarios a las normativas éticas o jurídicas del seguro, la existencia y uso de los contratos de reaseguro *"finite risk:* o no tradicionales".

---

34 Paterson, cfr. p. 109.

35 Estudio, p. 23. Donde se destaca, además que es Gran Bretaña ocurrió un hecho similar.

36 Para un examen más detallado de las variedades de reaseguros finite, remitimos al Estudio, pp 13 ss, pero en todo caso entre otros valen la pena mencionar los de "*lost port folio transfer* (LPT), con su variante TD *(time and distance),* los *Adverse covers* (ADC), los *Finite quota shares* (FQS), los *Spread Loss Treaties* (SLT), entre otros.

2. Por el solo hecho del contenido eminentemente económico y financiero de los presupuestos con los cuales se hacen los estudios, cálculos y fijación de límites para el funcionamiento de los contratos *finite risk,* no debe concluirse que por la preeminencia de tales consideraciones financieras, dichos convenios se tornan en malignos o descalificados de las coberturas con ellas perseguidos.

3. En cada caso concreto para precisar la verdadera naturaleza y esencia de un convenio, será menester, definitivamente conocer a cabalidad los términos de dichos contratos, pues si en efecto solo se usa el nombre de "reaseguro" tradicional o no, para encubrir pactos de otra naturaleza, obviamente que no podrán ser aplicables a los mismos las reglas del contrato de reaseguro en ninguna de sus modalidades, esto es, tradicionales, no tradicionales o alternos.

4. Las autoridades, empresas calificadoras de estándares, y los asegurados interesados, que cuenten con departamentos de análisis de capacidad aseguradora, deberán examinar detenidamente la fortaleza patrimonial de las aseguradoras, sus cúmulos de retenciones, y sólo cuando en efecto se deduzca del excesivo compromiso de sus activos y reservas, y de la ineficacia de los resultados de los contratos de reaseguro no tradicionales, inclusive los llamados alternos, es que podrá tomarse un criterio definido para considerar no existen coberturas adecuadas, o adoptar medidas de urgencia o previsión.

5. En el mismo orden de ideas consideramos inapropiada la terminología "reaseguros financieros" para destacar la no bondad de esas nuevas modalidades de contratación de los reaseguros, prefiriendo por ello la denominación de contratos de "reaseguro *finite risk,* o de responsabilidades pre establecidas".

6. Resulta inadecuado estimar para la ponderación de las coberturas de tales contratos, la sola consideración de que no constituyen verdaderas "transferencias de riesgos" si no se complementan tales razones indicando bien a cuales riesgos se alude (la falta de eventual solvencia o liquidez) y descartando claro está cualquier confusión que comporte la pretensión que tales deben ser considerados los riesgos asumidos directamente por los aseguradores directos, o sus montos, tipos de cobertura o calidad de ellos.

Claramente debe tenerse presente la diferente calidad de riesgos que se asumen en uno y otro tipo de contratos.

7. En Venezuela, la normativa legal *ad hoc* vigente no permite hacer diferencia alguna en la diversidad tipológica de los contratos de reaseguros, y, por tan to, pretender exigir modificación de contratos o condiciones contractuales de reaseguros, por el hecho de que algunas sean del tipo *finite risk,* mas bien resulta contrario a dicha normativa, la que, en todo caso permite cualquier forma de reaseguro (bajo cualquier régimen o modalidad) con la sola limitación que las usadas resguarden la "estabilidad" de las empresas[37].

Claro está que salvo situaciones burdas, solo podrá precisarse cualquier desviación, presentado el problema que puede producirse con ocasión de la liquidación de siniestros cuantiosos, de los cuales podrá llegarse a la conclusión de lo inadecuado de las citadas coberturas (por poner en situación de inestabilidad a la empresa de que se trate) en tanto que toda otra consideración resultará extemporánea o inadecuada, pues cualquier otra

[37] Art. 102 LESR, único que a nuestro entender permite fijar en forma más menos imprecisa los verdaderos límites bajo los cuales deben ser contratados los reaseguros, al usar la mención "en resguardo de la "estabilidad" de las empresas".

consideración, está atada a un álea, sólo definible al producirse el evento que hace procedente las liquidaciones.

Lo contrario permitiría a la autoridad de control ir más allá del espíritu y propósito de la Ley, con lo cual su conducta administrativa resultaría no solo violadora del principio de legalidad, sino por igual, atentatoria a la libertad de comercio.

8. Es obvio que una reforma de la legislación, bien del contrato, bien de la actividad, debe incluir claramente criterios y parámetros más precisos que permitan interpretar mejor el objeto y contenido de los reaseguros autorizados, que no solo vinculen al asegurador a adoptar medidas convenientes para mantener sus índices de efectiva solvencia y liquidez, sino que faciliten a la autoridad de control sus labores de inspección y vigilancia, de lo contrario difíciles y dispendiosas en tiempo y necesidades.

En todo caso resulta deseable que quede en manos de la Autoridad de control resolver en cuales supuestos, inclusive, las formas de reaseguro finite pueden admitirse, además, con cualesquiera otras garantías que aseguren el debido pago de los compromisos a los asegurados, sin poner en peligro la estabilidad y solvencia de las aseguradoras, pero no negar su procedencia y existencia a priori en la misma Ley.

9. Resulta innegable el papel ordenador y educativo que viene cumpliéndose con las limitaciones a las responsabilidades abiertas que permitían los viejos esquemas de los reaseguros tradicionales, en tanto los aseguradores directos deben y tienen que tomar muy en cuenta las necesidades de una adecuada gerencia de sus riesgos. Los reaseguros *finite risk* son clara expresión de la necesidad del control y atención que ambas partes deben poner sobre la selección de los riesgos, capacidad de responder a los siniestros, fijación de los plenos, etc.

10. En el interim, hasta tanto se produzca la clarificación legislativa pertinente, somos de opinión que la verdadera fundamentación con la cual deben procurarse los correctivos y sanciones que son del caso, en supuestos en que válidas las aseguradoras y reaseguradoras del uso inapropiado o tergiversado de modalidades contractuales, más que fundárselas en las normas de control e inspección o en las potestades que facultan al órgano contralor para ordenar y controlar contabilidad y estados financieros, debe estarlo en la declaración básica de necesidad de proteger "la necesaria estabilidad financiera" que requiere la actividad aseguradora y que exige la buena fe del contrato de seguro y la debida técnica y seriedad con la cual deben manejarse sus negocios. Esa norma rectora, ese principio cardinal, no sólo está implícito en varias normas expresas de la Ley especial y de su reglamento, sino en el propio Código de Comercio y, expresamente se lo contempla en relación con el uso del reaseguro ex artículo 102 de la LESR.

Por lo demás, en tales casos, de ser procedente, si el negocio simulado o no, supone dolo, provoca o induce a engaño y existen pruebas de ello en las actuaciones de aseguradoras o reaseguradoras, hay tipos penales suficientes, especiales y generales, que deben y tienen que ser aplicados.

Será la misma colectividad, el conjunto de las empresas del ramo y juristas y técnicos, quienes aplaudirán el recto proceder de la autoridad cuando se sancionen tales anomalías, lo contrario es acabar, como se viene acabando en otras muchas actividades con la credibilidad en las instituciones.

BIBLIOGRAFÍA ADICIONAL SOBRE EL TEMA

Chartered Insurance Institute, *Manual de Reaseguros*, España, Edit. Mapfre, Madrid, 2a Edic. 1976, Isbn 84.7100-019-9.

Hagopian, Mikaél y Laparra, Michel, *Aspectos teóricos y prácticos del reaseguro*, España, Edit. Mapfre, 1996, isbn 84-7100-911-0.

Samaniego, Manuel, *El Reaseguro en Venezuela, Teoría, Práctica y Función*, Venezuela, Fondo Editorial Cencover, 1982.

Tejerizo, Juan Antonio, *Reaseguros, Nuevas tendencias en el Mundo,* en Primer Encuentro Internacional de Seguros y Reaseguros, Perú, Autores varios, Perú, Edit. Marta Alvarez Y, 1986.

Tirado Suarez, Francisco Javier, *Ley Ordenadora del Seguro Privado, Exposición y Crítica*, España, Pub. De la Universidad de Sevilla, España, 1984, Isbn 84-7405-301-3.

39.

ALGUNAS CONSIDERACIONES SOBRE EL SEGURO DE CREDITO EN DERECHO COMPARADO Y CON PARTICULAR ÉNFASIS AL DERECHO VENEZOLANO (*)

"Dentro de la inmensa variedad existente en las formas del seguro, el seguro de crédito se presenta a la vez como una de las mas antiguas, una de las multiformes y hasta tal punto original que aun hay quien todavía se plantea la cuestión de saber si puede incluirse esa actividad en el campo del seguro propiamente dicho"

Jean Bastin[1]

I. BREVES CONSIDERACIONES HISTÓRICAS

El seguro de crédito, al que en adelante y para facilitar su alusión, identificaremos con la sigla "SC", se lo tiene concebido como un mecanismo técnico puesto a la disposición de las empresas para la cobertura de sus riesgos de crédito. Aún cuando no pareciere, tiene su origen en lejanos tiempos, si bien debe sostenerse que el mismo no tomo su cuerpo científico y técnico sólido sino en el período transcurrido entre las dos grandes guerras mundiales, y terminando su verdadero desarrollo con el renacer del comercio internacional luego de la guerra del 1940 al 1945.

Es importante tener claro ese curioso periplo histórico, en tanto que los diversos mecanismos en que se manifestó la institución en el transcurso del tiempo, responden al desarrollo de una larga evolución de diversas teorías en las que procuró sustentarse aquella, si bien, cada una de las empresas que ejercieron esa rama de la actividad aseguradora, sufrió la influencia de sus pares en otras ramas, en diversa medida. Esa historia explica diáfanamente el origen hoy de sus fundamentos, caracteres y modalidades.

Ello también explica en cierto modo en que a pesar de los diversos matices que tiene la institución según los diferentes ordenamientos nacionales, se mantienen empero, principios comunes para la institución.

Por igual encontraremos modalidades diversas de la figura según el país y las empresas locales que han generado esta actividad y donde han nacido las diversas teorías que procuran fundamentar la institución. [2]

---

[1] Bastin, Jean, *El Seguro de Crédito en el mundo contemporáneo*, Edit. Mapfre, Isbn 84 -7-100-091-1, Ediciones Júpiter, España, 1978, Prólogo p. IX.

[2] Bastin, o.c. p.3 ss.

II TEORÍAS QUE PROCURAN EXPLICAR LA NATURALEZA DEL SC

Resumidamente dichas teorías procuran las siguientes soluciones:

1 La garantía del crédito es un servicio público, destinado a favorecer el comercio, y en particular el comercio de exportación, por lo cual debe ser ejercido privativamente por el Estado,

2 El seguro d crédito debe ser considerado como una garantía que permita a los bancos respaldar los créditos que se conceden para el comercio,

3 El seguro de crédito se integra en el mecanismo general del seguro y no tiene personalidad propia, y

4 El seguro de crédito es un mecanismo original que solo tienes lejanos puntos de contacto tanto con la banca como con los seguros.

No obstante llamar la atención particularmente la forma y manera como se desarrolló la institución en cada país y en las correspondientes épocas clásicas en que ocurrió su devenir, en beneficio del tiempo no podemos insistir en ello detalladamente, por lo cual nos limitamos a recomendar su revisión entre otras en la obra de Bastin[3], sin embargo destacaremos que con mucho tiempo de antelación a las primeras manifestaciones de la institución en Alemania (S. XVII) de donde pasó sucesivamente a Italia, Francia, Inglaterra y Estados Unidos, por orden de antigüedad, no quiere decir ello que en años anteriores no se encontraran ya vestigios y esfuerzos para analizarlo y aplicarlo.[4]

Indicaremos sin embargo la coincidencia en reputar el punto de partida de la institución con los caracteres clásicos de la misma, en 1766, con el trabajo de los profesores Wurm y Busch, que propusieron al Ministro de Finanzas de Prusia, Von der Horst un mecanismo de garantía del crédito, que comportaba un monopolio de dicha actividad para el Estado, proyecto que concluyó sin mayores logros.

En beneficio de quienes sostenemos la importancia de la tradición latina, sin embargo, cabe destacar, que en Italia, el verdadero teórico del seguro fue un italiano llamado Sanguinetti quien en 1839, parece haber producido una obra sobre sobre seguros de crédito para prevenir las quiebras.

Dicho autor, según se le atribuye[5] hizo un análisis de que las quiebras se generaban por causas ajenas a la voluntad de la empresa y que por razón del gran número de casos en que ello ocurría, podía hacerse un serio estudio sobre el grado de posibilidad de su acaecimiento y la posibilidad de adoptar entonces un mecanismo que garantizara la recuperación de los créditos y la mutualidad para soportarlos, con lo cual se daba cabida a los principios fundamentales de la institución del seguro (mutualidad y aplicación de técnicas estadísticas).

---

[3] V. Bastin, o.c. p. 4 a 26 y resumidamente en Zornosa P. Hilda Esperanza, en *Nuevas Perspectivas del Seguro de Créditos en Colombia*, Acoldese, Memorias del XVIII Encuentro Nacional, p. 145 y ss, Editora Guadalupe, Colombia, 1994.

[4] En la misma citada obra de Bastin, se sostiene que mecanismos parecidos a esta modalidad de seguros se encontraban en Egipto, Mesopotamia y Roma. O.c. p. 5.

[5] Pues la obra cabe destacar no parece haberse conseguido nunca, pero los comentarios a la misma siempre fueron coincidentes.

Finalmente el autor por haber pasado entonces a Francia, sugirió a las Cámaras de Comercio de Francia, se favoreciera el nacimiento de las compañías de seguro de crédito.

Pero repetimos la importancia histórica, aparte de facilitar la comprensión de las diversas posturas adoptadas frente a la naturaleza y condiciones del SC, tampoco nos puede restar el valioso tiempo que debemos usar para analizar otros aspectos de la institución, no sin antes enunciar, que de ese análisis histórico, podemos concluir destacando que durante la secuencia de tiempo la modalidad asegurativa del Crédito puede decirse que en primer lugar tendió a confundirlo por su objetivo con el seguro pero también con la actividad bancaria, sin embargo para triunfar en el ramo, no hay que ser ni banquero ni asegurador, sino se trata de una operación muy diferente a las dos anteriores, que en todo caso termina por ser "asegurador de crédito". La historia de las compañías pioneras en seguro de crédito, a que se alude en la doctrina, confirman los anteriores asertos.

Cuando se trató de que la actividad solo fuera emanación de actividad financiera, como lo fue durante los primeros años, donde casi se lo confundía con una tarea más de lo financiero, el seguro de crédito no fue más que un ramo explotado entre los demás ramos de las finanzas.

Tal experiencia tuvo como principal bondad, excluir para el futuro a todo otro banquero que quiso explorar en el ramo y ante los fracasos estos dejaron las cosas de tal tamaño. En lo adelante los nuevos intentos fueron siempre una mezcla de empresarios financieros y de seguros, o unas mutuas entre los unos y los otros y luego de esos esfuerzos, ninguna otra crisis afectó a quienes así se propusieron explotar la actividad.

La originalidad de esta nueva modalidad contractual deviene de los siguientes hechos:

1. Las aseguradoras de crédito, son antes que todo, un gabinete u oficina especializada de informes. No podía realizarse adecuadamente la actividad pidiendo tal información a terceros, pues la apreciación de solvencia, es un concepto demasiado subjetivo.

2. El asegurador de crédito, debe tener además, un competente y eficiente departamento de recuperación de crédito, puesto que aquellos que deba indemnizar, serán luego suyos y debe procurar a toda costa disminuir tales riegos luego de haberlos indemnizado.

3. Debe además, sin dudas, ser una aseguradora a plenitud, y contar con normas y estadísticas propias de un asegurador, y sobre dichas bases fijar las primas, hacer reservas, etc. adoptando los principios del seguro, pero bajo una óptica diferente.

4. Finalmente ese empresario debe ser un especialista financiero, pero no un banquero, es lo anterior tan verdad, que cuando hablan entre ellos de sus respectivas profesiones, no se comprenderán bien, y se verán como unos especiales competidores, y de todas las formas, como los bancos, deberán disponer siempre holgadamente de fuertes capitales. Ya comentaremos mas adelante esta temática.

El no haber comprendido con diafanidad las reglas precedentes, ha sido sin dudas una de las causas del fracaso de muchas empresas aseguradoras de crédito, pues el atavismo de tomar una de dichas actividades como fundamental, en perjuicio de la otra ha hecho perder la óptica conveniente.

III. ¿EN QUE CONSISTE LA TÉCNICA DEL SEGURO DE CRÉDITO?

Acertar con el quid y el ***quando*** en esta materia no es fácil y además tampoco es de autor único. Se puede sostener que ello fue producto de los estudios y experiencias llevadas a cabo por tres empresas diversas (Generali de Trieste, La Commercial Insurance de Gran Bretaña y La Unión de Commerce de Paris) cada una de las cuales poco fueron creando sus propias técnicas. Fundamentalmente cada una tenía técnicas posiblemente diferentes, pero algunas coincidencias mantenían en ciertos aspectos, como por ejemplo lo era la indispensable selección de los riesgos que cumplían algunas, no aceptando desde los primeros riesgos, mientras que la otra, la Generali, no lo hacía, de otra parte el punto de partida para la de Trieste y Londres lo fueron reglas y prácticas bancarias , mientras que la restante lo fue de las aseguradoras, y ello también dio especial personalidad a la modalidad asegurativa.

Finalmente, por último puede destacarse sin lugar a dudas que en la compañía de Trieste se impuso el principio de selección, mientras que en la inglesa lo fue el de la insolvencia declarada. Luego a ello se añadieron nuevas reglas, como las de no aceptación de riesgos individuales sino generales, la conveniencia de sucursales para poder atender a seguros de exportación y finalmente la de gestión directa para recuperación de los créditos siniestrados. Por último y solo después de la Primera Guerra, la Trade Indemnity, inglesa, impone el principio de la globalidad y de la indemnización del siniestro solo en el momento de la insolvencia declarad, y con ello se instauraron los principios básicos contemporáneos del seguro de crédito y terminó la secuencia de fracasos empresariales en este ramo. Por fin el SC había adquirido su partida de nacimiento separada de la Banca y del Seguro ordinario.

¿Cuál era el punto de disidencia?

Analizada objetivamente la disidencia autores y especialistas terminaron concluyendo en que el verdadero problema resultaba de la determinación del preciso momento en que se podía decir se había producido la pérdida en esta modalidad de seguros (el hecho generador del siniestro, o en el caso de que el proceso del siniestro llega a su epilogo). Entendiendo por inicio del proceso, el efecto de dejar de pagar la letra y por su epílogo, cuando por causa de ello se produce la quiebra del deudor.

En un inicio banqueros y aseguradores propiciaron la falta del pago de la letra, solo en 1895 y por iniciativa de la gran Ocean Insurance se llegó a la concepción de la segunda de dichas posiciones, y solo se pagó entonces cuando se produjo la pérdida definitiva generada por la quiebra.

Si bien una u otra de las posturas era llevadera cuando se trataba de períodos de bonanza económica, no resultaba lo mismo cuando había crisis, momento en que la quiebra para los mismos juristas, se convirtió en el evento irreversible de la pérdida del crédito, tesis esta que luego fue objeto de un inmejorable aporte académico, por el Dr. Fontaine en 1966., denominado Ensayo sobre la naturaleza jurídica del Seguro de Crédito [6], que por supuesto también fue arduamente criticado[7].

---

6 Edit. Cidc, Bruselas.

7 Entre otros por un magnífico trabajo de Percerou, Naturaleza Jurídica del Seguro de Crédito, *Revue Grl, des Assurances*, 1970.

Mas la aplicación estricta de cualquiera de dichas propuestas desintereso al comercio y al seguro, por lo cual fue necesario ensayar otras propuestas intermedias, llegándose al final a la mas aceptada, cual consiste en escoger la realización de un pago adelantado, mientras se pronuncia la quiebra, formal, y la de aplicar un plazo de carencia o de insolvencia absoluta, luego del cual se liquida el siniestro o pérdida, en todo caso variable según la modalidad asegurada, todo con miras a efectuar la citada indemnización en un término justo y sin riesgo para los aseguradores, que ha dado finalmente personalidad y rigor al seguro de crédito.

IV. LAS GARANTÍAS DE CRÉDITO Y EL SEGURO DE CRÉDITO

Cuando se ha hablado precedentemente de seguro del crédito y permitimos que en la organización empresarial ***ad hoc*** figure el Estado, la doctrina objeta que ello realmente se trate de seguro y de cobertura asegurativa de créditos, por ello, no admiten la figura, en tanto las cosas pierden su verdadero sentido, las primas no se calculan con base al rigor técnico necesario, su finalidad última no es tampoco la sola protección del asegurado, sino de un sistema económico o la conveniencia de impulsar una medida de promoción política (exportaciones).

Dentro de esa nueva confusión en el desarrollo de la Institución vale la pena mencionar que fue el Estado Prusiano, quien realmente detecto la conveniencia de separar el seguro de la asistencia crediticia, al menos en lo que atenía a los créditos derivados de las experiencias de exportación en donde realmente el Estado no cubre los riesgos generales comerciales.

El indicado proceso, nació en Prusia, como dijimos, pero luego por supuesto se extendió a Reino Unido, Bélgica, Italia, Francia, y Países Bajos, todos con diferentes tendencias, pero en estos casos el ente encargado, era propiamente el Estado que asumía los riesgos indicados, no lo comerciales, ni con el sistema privado de seguros y sus principios y las normas aplicables son estatutos especiales generalmente dirigidos al sector público.

V. ¿QUE ES FINALMENTE EL SEGURO DE CRÉDITO?

Cuando se examina este tema, encontraremos contradicciones tan simpáticas, como el rechazo al sustantivo crédito dentro del término, y por supuesto alegando que no es prudente utilizarlo para el seguro que estamos estudiando y reputando que es igualmente inexacta su utilización. Tales contradicciones provienen de la gran querella en torno a cual sea la naturaleza del siniestro amparado, y a que nos hemos referido brevemente en el anterior recorrido histórico, esto es entre los defensores del "seguro-aval y aquellos partidarios del seguro-insolvencia".

Cuando se ha objetado que el negocio u operación de que se trata sea realmente seguro, lo es porque en aquellos años, luego de examinar el tema, se concluía en que analizábamos un auxiliar de la banca, el asegurador, era una especie de avalista en provecho de la banca, y por ello no era tal asegurador.

En torno también al concepto de crédito, se ponía en duda su justa utilización cuando más bien se trataba de coberturas de insolvencias y porque crédito anotaba a otras nociones financieras de diferente aplicación y uso, otros prefirieron la denominación "seguros contra los riesgos del crédito"[8].

Por fin, en épocas mas recientes, los autores se han puesto de acuerdo con tres nociones derivadas de la figura del SC:

- Se trata de un contrato principal, al contrario que la caución (de garantía o accesorio).

- Se trata de un seguro de cosas (más bien patrimonial)

- Esta modalidad del Seguro de Crédito se rige expresamente por el principio indemnizatorio (no puede dar lugar a enriquecimientos)

Finalmente remitimos a los interesados sobre este tema de la clara existencia de las dos aristas en torno al crédito: - a bancaria, y la de seguro- al magnífico trabajo de la Dra. Candelario Macías, intitulado *El seguro de crédito: garantía del asegurado frente a la insolvencia de sus clientes*, presentado como ponencia en el Instituto Hispanoamericano de Derecho Concursal[9].

VI. CONCEPTO DEL SEGURO DE CRÉDITO

Hechas las precedentes consideraciones, entraremos ahora a enumerar algunas de las muchas definiciones que se han dado al SC y así diremos:

1. Para D.W. Lorey, en 1924, el seguro de Crédito tenía por fin el "asegurar a los mayoristas y fabricantes contra todas las pérdidas que sobrepasen las normales

Como se lo observara el concepto era estrecho en torno a los asegurados y restringido en torno la naturaleza de la indemnización.

2. Jean Delmas, francés, en cambio, sostenía que "El seguro de crédito tiene por fin, basándose en la Ley de los grandes números y en el principio de la distribución del riesgo, el garantizar contra el riesgo de insolvencia de determinados deudores los créditos concedidos por un banco a un industrial o un comerciante".

Como se lo observa en tal noción es transparente la importancia del elemento bancario, la territorialidad de los riesgos con lo cual se excluían los riesgos de exportación.

3. Debido a las exclusiones y prejuicios de ambas nociones, los autores coinciden en sostener como mejor la ofrecida por Diccionario Manes Versicherung[10], quien destaca se trata de "la asunción por una sociedad técnicamente organizada con ese fin de la gran mayoría de los riesgos de impago inherentes a toda operación civil, comercial, industrial o bancaria, que no es paga al contado". Esta, por igual deja algunas lagunas, pues ni atiende al principio de mutualidad propio del seguro, pero debe reconocerse lo es mucho mas amplia que las anteriores.

---

8 Herzfelder, citado por Bastin, o.c. p. 44.

9 Candelario Macias, Ma. Isabel, Webb, Google, vocablo Seguro de crédito: www. imacias@ derecho.org.

10 L'assurance des credits, 1926. cit. por Bastin.

Lo interesante de destacar en los conceptos transcritos es la diversidad de nociones que responden a situaciones fácticas y temporales cuando fueron analizadas y pronunciadas y reflejan la realidad de la evolución de la institución del SC.

Por ello, autores como Bastín, prefieren nociones mas generales y abstractas, como la del Diccionario Manes Versicherung de 1909, conforme al cual el S.C tiene por fin el garantizar a los acreedores las pérdidas sufridas a causa del mal deudor"[11] Versicherung.

Para finalizar, por igual tenemos que reseñar que algunos autores connotados optan por no emitir noción o concepto alguno sobre el SC, y prefieren describir la institución que definirla, tal como es el caso del aludido Profesor M. Fontaine.

4. Bastin, da su propia versión, en los siguientes términos: "Es un sistema de seguro que permite a uno acreedores, previo el pago de una prima, cubrir contra el impago de los créditos debidos por personas previamente identificadas en estado de falta de pago."[12]

Con este concepto verdaderamente descriptivo de la institución, tenemos todos los elementos necesarios para caracterizar esa modalidad asegurativa.

En efecto, se trata realmente de una institución propia del seguro, para compensar riesgos, con principios técnicos, y pago de contraprestación o prima, los asegurados son los acreedores, con lo cual diferenciamos tal modalidad con la del seguro de "caución"(donde es tal el futuro deudor, que quiere garantizarse el cumplimiento de su débito) mediante un sistema que permite cubrirse del impago (noción que define el siniestro como derivado de la falta de pago, sin por ello precisar el momento de ese hecho, con lo cual explica las diversas modalidades de este tipo de seguros. Se insiste en la palabra crédito, pues es ello lo que debe existir, independientemente de donde se haya generado, el cual es concedido a personas, sin distinguir cuales, ni sus fines, que deben estar previamente identificadas, (mejor "identificables") diferente por cierto a: "previamente conocidas y aceptadas".

Finalmente, como última noción, la de "en estado de falta de pago", que precisa el concepto de "debidos", requiriéndose con ello la necesidad de un crédito, que el deudor realmente no haya honrado, y que carezca de recursos para afrontarlo.

Con tal consideración, se cubren tanto los supuestos de simple falta de pago a primer requerimiento, como el de insolvencia establecida en un tiempo convenido, o finalmente el de la declaratoria de la quiebra del deudor. Quienes defienden las posturas intermedias, están de acuerdo con la figura ya hoy en des uso del seguro-aval, que dio lugar a tantos reclamos y rechazos por ser frecuente origen de fraudes, e impulsadora de la postura mas radical

Con tal definición y sus elementos, perfectamente podremos saber cuando, según el caso podremos dirigirnos bien a un asegurador de créditos, o, mas bien a otra figura, vinculada o parecida, pero no igual a aquella para protegerme del alea de que se trate, para distinguir lo uno de lo otro, lo será bien por su naturaleza o bien por el método empleado para hacer frente a los riesgos.

De lo dicho, también con claridad podremos distinguir todo aquello que el SC no puede cubrir, que examinaremos seguidamente, no sin antes advertir por igual, que para Bastín, ese SC, tiene que ser ejercido por igual por una empresa de seguro de crédito, para

---

11 1909, o. c. en Bastin, p. 46.

12 O.c. p.46.

que en verdad, finalmente, sea seguro de crédito, y por tal deberá entenderse "Una compañía especializada en el ramo, que indemniza los siniestros después de un determinado plazo de carencia del deudor y que, para la gestión de su actividad, está equipada con un servicio de selección de riesgos y con un servició contencioso de recuperaciones y que se apoya en datos estadísticos minuciosamente elaborados"[13].

VII. INSTITUCIONES SIMILARES PERO DEFINITIVAMENTE DIFERENTES AL SC.

Son similares a la figura que estamos estudiando, pero no son lo mismo, y tratados con métodos diferentes, las llamadas coberturas de algunos riesgos de exportación, otros, donde poco o nada tiene que ver el concepto de insolvencia ni la falta de pago, conocidos como seguros de "feria o prospección", en los que ni siquiera hay deudor de créditos, y por tanto en nada similares al SC.

De otra parte, si muy vinculados al SC, pero también diferentes, lo son el llamado seguro de "caución" y las cauciones propiamente dichas, en los que concurren los mismos métodos de tratamiento a los riesgos e igual porque ese tipo de coberturas, habitualmente las prestan las mismas empresas aseguradoras de crédito[14].

Para mejor comprensión, analizaremos dichos casos separando los que son similares pero con modalidades diversas al SC (**A**) y de sistemas de coberturas de riesgos de "créditos" pero asumidos por organismos que no los cubren según las técnicas del seguro (**B**).

(A): 1. Entre los primeros citaremos los llamado riesgos económicos, derivados de aquellas situaciones en las que se pretende, no es cubrir riesgo de insolvencia o impago alguno, sino el de contar seguro con un rendimiento financiero o económico con motivo de una inversión que se realiza, y a falta de ello para que se les indemnice por la diferencia.

Tal riesgo es perfectamente posible de cubrir, pero no precisamente con el seguro de crédito, allí no hay deudor eventual de crédito alguno.

Otro caso lo sería por ejemplo el de coberturas por el capital invertido (que se lo cubre con el llamado seguro internacional de inversiones.)

2. Los también llamados Seguro de robo y fidelidad, frecuentemente se pretende confundirlos con el SC, pues en los mismos hay una pérdida de beneficios (capital) y un deudor (ladrón), pero como se ve claramente en estos riesgos, no hay previamente personas identificables, y si bien es verdad que en tales casos el pago de indemnizaciones bajo la modalidad de seguros de fidelidad se pagan créditos, no hay los mismos elementos característicos del SC.

(B): La necesidad de resguardarse de las pérdidas generadas por deterioro de los créditos y su recuperación, han generado sistemas de protección diferentes propiamente a los del Seguro, donde no se usan reglas ni técnicas de seguro, en los cuales encontraremos dos modalidades: Unos debidos a iniciativas propias de los Estados (obligación de proteger sus sistemas y políticas económicas) y otros creados por iniciativas privadas, con diversa tipología.

---

13 Bastín, o.c. p. 90.

14 Ese de paso sea decirlo, es el caso de Venezuela, y otra serie de países donde se practican ambas actividades en la forma comentada.

1. Entre los primeros, acompasados por los Estados, encontramos los llamados Fondos de Garantías, donde se dan coberturas de riesgosos sobre un deudor por cuenta de un acreedor que puede recurrir al fondo para recobrar sus acreencias. Aquí no se trata de seguros, no juega el principio de mutualidad ni otros propios del seguro, simplemente se trata de fondos que destina a su arbitrio el Estado, sin deber de remuneración, en ellos aún cuando hayan ciertas retribuciones derivadas de afiliación, cuotas especiales, etc., no hay equivalencias técnicas entre dichas sumas y los riesgos, por lo cual no son primas tampoco.

Por lo general, tal modalidad de seguro, deriva su existencia de la dificultad de establecer el verdadero alcance de los riesgos, y sus primas devienen, por lo general porcentajes uniformes respecto a la cantidad de lo posiblemente objeto del daño, el de sistemas pre establecidos para Pequeña y Medianas empresas, etc.

2. Las llamadas Cajas de caución mutua: En los que no solo el Estado asume esas cargas, sino de alguna manera se comparten con asociaciones o entidades a las cuales deben pertenecer los beneficiarios y hacer aportes, por lo general tampoco sus coberturas satisfacen íntegramente las pérdidas y por lo general terminan concurriendo a una Aseguradora de Créditos.

De la misma índole resultan ser las llamadas Cajas profesionales de garantías, que tampoco son aseguradoras ni siguen los métodos de las mismas para cubrir ciertas eventualidades a sus asociados.

3. Tampoco son SC los sistemas de factoring o facturación, los que en realidad resultan nuevos mecanismos comerciales para facilitar obtención de liquidez a las grandes empresas productoras, con la cesión de sus facturas en fiducia y al cobro, o plenamente negociadas, y que terminan siendo mas bien peculiares contratos de créditos con garantía de las facturas, aceptadas o no.

4. Por supuesto que se excluyen los mecanismos de descuento de papeles, en especial de facturas cedidas, realizadas por los Bancos, que nada tienen que ver con SC, pero suelen usar garantías especiales típicas comerciales, como son los avales, de los cuales, si bien provienen créditos, cobrables o no, tampoco tienen en juego mecanismos de seguros.

VIII. EL SEGURO DE CRÉDITO A LA EXPORTACIÓN

Ya hemos destacado de modo general que es una modalidad de seguros de Crédito propiamente dicho, con la particularidad que puede ser ejercido como tal seguro, cuando aplica las reglas técnicas del seguro ordinario para el desempeño de la cobertura asumida, o bien una modalidad especial financiera propia de los entes públicos (subsidio, aportes sin retorno, etc.)

En España, según lo anota el Profesor Jiménez Parga[15], esta modalidad de seguro "*Es aquel que siendo un instrumento de cooperación al comercio exterior, una de las partes, el asegurador, especializada en la celebración sistemática y en gran escala a estos contratos, se obliga a pagar al asegurado o a un tercero, previo a examen de la clientela o del país de destino, un porcentaje de la Pérdida derivado del incobro de los créditos comerciales*

---

15 Citado en el material preparado para la presentación del Seguro de Crédito por LA MUNDIAL, a requerimiento del autor de la presente Ponencia por gentileza del Economista Alejandro Cabrera R, su Vicepresidente Ejecutivo, Venezuela reproducción en CD 0209.

en el seguro, en virtud de las causas y en las condiciones previstas en la póliza, a cambio de una prima o precio".

Para el debido funcionamiento de la institución señala el comentado autor es de su esencia la creación de la Compañía Española de Seguro de Crédito, (y así lo contempla en su artículo 1° la Ley dictada al efecto) donde se lo define como "*El que tiene por finalidad la cobertura de los riesgos a que se haya sometido el comercio exterior y constituye un instrumento de asistencia técnica, de cooperación y de fomento a la actividad exportadora.*

Mediante el seguro se indemnizan las pérdidas que las empresas exportadoras y entidades financieras experimentan en los créditos derivados de exportaciones, tanto de siniestros de carácter comercial como de carácter político y extraordinarios que expresamente se determinen".

Esa ley española, según lo anota el Economista Fernando Lamas[16], tuvo marcada influencia en la formación del Seguro de Crédito a la Exportación en Venezuela, y sirvió de base en la conformación del Reglamento, que crea el Seguro de Crédito a la Exportación.

En adición las pólizas de la compañía española, con tales fundamentaciones legales, han sido la matriz de donde la compañía venezolana tomó los parámetros para realizar las suyas.

Tal similitud se evidencia entre otras en las siguientes normas de la legislación venezolana:

Artículo 2° del Reglamento que crea el Sistema de Seguro de Crédito a la Exportación en Venezuela, donde se lo define como: "*Un instrumento de comercio exterior que protege al exportador contra la falta de pago del importador, ya sea por insolvencia comercial de este o factores exógenos tales como contingencias políticas o extraordinarias (desastres naturales) que impidan el pago de las obligaciones contraídas*".

IX. INCONVENIENTES TÉCNICOS Y PECULIARIDADES ECONÓMICAS DEL SC.

Señala Donati[17] que económicamente el crédito nace de un cambio de prestaciones con un intervalo de tiempo, porque un sujeto (acreedor) efectúa su prestación (financiamiento, entrega de mercancías, etc.) antes que la otra (el deudor). Ese intervalo *de* tiempo por muchas causas provoca el riesgo de pérdidas parciales o totales de la prestación debida. La eliminación de los riesgos no es fácil ni en vía preventiva ni en la represiva, e inclusive, como lo muestra la practica tampoco lo es por intermediación de aseguradoras, surgiendo así diversidad de riesgos objetivos, subjetivos, dependiendo de la razón, mercado, causas económicas, etc.

En tales casos el SC, realizado bajo estricto respeto de las técnicas económicas y de seguro, son buenos métodos para evitar los daños y riesgos de insolvencias, para todo lo que son riesgos normales comerciales (no morales).

---

16 En el material preparado por la Mundial antes citado. Venezuela CD. 0309.

17 Donati, Antígono, Los Seguros Privados, Manual de Derecho, Contrato de Seguros, Librería Bosch, EpnaBarcelona, 1960., p 387 ss.

El problema jurídico en cambio de los SC proviene de su diferencia con el fideiuso. En el seguro la causa del contrato es la eliminación del daño derivado de la definitiva disminución patrimonial, como consecuencia de la insolvencia definitiva, de manera que, hasta que esta no existe, no hay hecho que justifique el daño ni la indemnización, a diferencia de las cauciones, donde simplemente aunado a la de un determinado deudor, se junta otro, pari gradu, donde priva una relación fideiusoria, diferente a las del SC.[18]

En los SC continúa Donati, el riesgo asegurado es la pérdida definitiva, total o parcial, del crédito por insolvencia del deudor, el evento es de formación sucesiva.

El monto de los daños está representado por el importe originario del crédito con deducción de lo recuperado y la adición de los gastos e intereses. El Asegurador que ha pagado se subroga en los derechos del asegurado, derechos que aun en el caso de insolvencia, no implican no puedan recuperarse parcial o totalmente.

En torno a la modalidad de seguros a los créditos de exportación, cabe señalar por igual que los mismos cubren riesgos de deudores del exterior, por lo que al alea o riesgo de insolvencia de los deudores internos deben agregarse los propios de los problemas económicos y políticos imperantes en otros países y las mayores dificultades para ejercer las acciones de cobro, ejecutivas o no.

En estos casos además toma importante papel el interés que suelen tener los Estados en mantener las exportaciones y por ello intervienen de alguna manera en la composición de las coberturas.

Así por ejemplo, la intervención de los Estados en estos casos suele revestir diferentes modalidades, como lo son el de ser una modalidad de seguro Directo, dejado a la iniciativa de los particulares, el rol de reasegurador ejercido por el Estado y finalmente, el seguro y reaseguro como asumidos por el Estado para particulares y empresarios tanto para riesgos normales como para los supuestos en que el Estado asume gastos catastróficos o los políticos, o mezclados. Los créditos deben tener su origen siempre en la exportación de productos del país exportador, exclusivamente.

X. EL SEGURO DE CRÉDITO EN VENEZUELA

En nuestro país, desde 1972, la actividad la ejerce una entidad asociativa mercantil con capitales nacionales y extranjeros, la cual opera bajo la denominación SEGUROS LA MUNDIAL, C.A. y dedicada fundamentalmente a los ramos de seguros de crédito a la exportación seguros de crédito interno y fianzas, para lo cual, además, cuentan con un calificado departamento de información para el apoyo y toma de decisiones en materia de créditos.

El capital de la sociedad está integrado por los siguientes accionistas Consorcio Internacional de Aseguradores de Crédito (conformado a su vez por la Compañía Española de Seguros de Crédito a la Exportación (CESCE), Múnich Re., Banco Bilbao Vizcaya Argentaria (BBVA) y el Banco Santander Central Hispano y un grupo de accionistas netamente venezolanos, tales como el Banco de Comercio Exterior Venezolano (ente mixto con capital dominante del Estado Venezolano) y un pool de empresas de seguros del mercado nacional.

---

18 Donati, p. 389 ss.

El mencionado Grupo CESE para el 2007[19] cuenta con un capital 520 millones USD Fondos Propios, 650 millones USD de ingresos, 105.000 millones USD en capitales asegurados, 75.000 clientes y 1 millón de usuarios online 1.400 empleados a nivel mundial. Realiza 8.000 clasificaciones de riesgos al día y tiene capacidad de 1,7 millones de límites de riesgo en vigor. Dicho grupo, tiene presencia en 12 países del mundo y mantiene relaciones con clientes en asuntos Comerciales, Financieros y de Marketing on line con 110 millones de empresas en todo el mundo.

Adicionalmente, su actividad brinda apoyo interno/externo en Mercadeo, Análisis, Crediticio, Soporte Tecnológico, Suscripción, Recobro, Administración, etc. Cuenta igualmente con una reputada cartera de reaseguradores de alta capacidad y tecnología.

XI. BREVE HISTORIA DE LA EXPERIENCIA EN SEGUROS A LA EXPORTACIÓN EN VENEZUELA

En Venezuela, 1970 se creó el Fondo de Financiamiento de los Exportadores (FINEXPO), entidad pública encargada de organizar el Seguro de Crédito a la Exportación. Con fecha 2 de agosto de 1977 se promulga el Reglamento-Ley que crea el Sistema de Seguro de Crédito a la Exportación.

El Sistema de Seguro de Crédito a la Exportación, comienza a funcionar el cuarto trimestre de 1978, a través de La Mundial, C.A. Venezolana de Seguro de Crédito a la Exportación.

El 12 de julio de 1996: se promulga la Ley que crea al Banco de Comercio Exterior, "*BANCOEX*", el cual, viene a ejercer la actividad que anteriormente realizaba FINEXPO en el campo de financiamiento y promoción de las exportaciones no tradicionales.

En dicha primera normativa legal, artículo 34, se establece que "*El Banco de Comercio Exterior podrá dentro de sus limitaciones establecidas en ésta Ley, constituir o propiciar la constitución de empresas de Seguro de Crédito a la Exportación, empresas de reaseguro que cubran éste ramo*".

Esta Ley fue reformada últimamente, por la ahora vigente, en la que se perfeccionan las instituciones y se modifican entre otras, algunas de las finalidades y manejo de la institución[20].

XII. FUNDAMENTO JURÍDICO DEL SEGURO QUE BRINDA LA EMPRESA ASEGURADORA DE CRÉDITO EN VENEZUELA

De la simple lectura de la Ley comentada, que a su vez remite al Reglamento Especial que crea el Fondo de Financiamiento, nos permite precisar que conforme el Artículo 6° del Reglamento:

> "El Ejecutivo Nacional creará un sistema de Seguros e Crédito a la exportación cuyas condiciones y modalidades se determinarán en el reglamento de esta Ley".

---

19 Memoria 2007, Venezuela, suministrada gentilmente al autor por el Ecn. Alejandro Cabrera Roldán.

20 Gaceta Oficial de la República Bolivariana de Venezuela, N° 37.330 del 22 de noviembre del 2001. Decreto Ley del Banco de Comercio Exterior (BANCOEX).

El Artículo 18° del Reglamento de la Ley, precisa:

> "A los efectos del Seguro de Crédito a la Exportación contemplados en el Artículo 6° de la Ley, se creará un sistema cuyas condiciones y modalidades estarán contenidas en un reglamento especial que el Ejecutivo Nacional aprobará posteriormente".

En el Reglamento de Seguro de Crédito a la Exportación "se establecen los lineamientos para crear el Seguro de Crédito a la Exportación en Venezuela.

La organización y funcionamiento de este se regirá por las disposiciones contenidas en el presente Reglamento, sin perjuicio y con sujeción a lo establecido en la Ley de Empresas de Seguros y Reaseguros.

De su parte, el Artículo 34° del Reglamento de la Ley que crea a BANCOEX determina que:

> "El Banco de Comercio Exterior podrá dentro de las limitaciones establecidas en esta Ley, constituir o propiciar la constitución de empresas de seguros de crédito a la exportación o de empresas de reaseguro que cubran este ramo".

Como se lo aprecia, de la simple lectura de la regulación vigente que ampara el SC, el mismo es un verdadero contrato de seguros, con la particularidad de que su constitución, y algunas normas de funcionamiento viene reguladas en la mentada Ley especial, que no en las disposiciones normales del seguro en general, lo que deberá entenderse en el sentido de que si bien viene regido por las disposiciones de carácter general (Ley del Contrato de seguro y Ley de la Actividad Aseguradora), ello lo será en todo lo no especial que contempla su régimen propio consagrado por la mencionada Ley especial para la modalidad asegurativa del crédito a la exportación.

A nuestro juicio, lo dicho no es lo ideal desde el punto de vista de técnica y hermenéutica jurídica, sino que debió haber sido contemplado en la Ley del Contrato de Seguro, posterior en fecha a la del Bancoex, su regulación y adaptación a las nuevas normas, al igual que deberá serlo en la hoy en discusión Ley de la Actividad, actualmente suspendida en su aplicación por cautelar pronunciada en el proceso de impugnación de dicha nueva Ley. [21]

XIII. TIPOS DE PÓLIZAS EN USO EN LA ENTIDAD ASEGURADORA VENEZOLANA

Según lo ofertado por la empresa única especializada, que a la vez, hoy por la Ley del Contrato se supone debe contemplar la debida autorización de la Superintendencia de Seguros, que es el órgano regulador de la actividad, las modalidades de prestación del servicio, lo son bajo los siguientes tipos de Pólizas:

---

[21] Ley de Contrato de Seguros, que sustituyó en gran parte las disposiciones del vetusto Código de Comercio que rige en Venezuela (originario de 1864, donde se norma el Seguro, aun cuando tuvo reformas parciales posteriores hasta 1955, pero en las cuales en nada se modificó el régimen de los seguros). La mentada Ley en Gaceta Oficial de la República Bolivariana N° 5.553 Extr. del 12 de noviembre de 2001. En torno a la Ley de la Actividad Aseguradora, hoy se encuentra vigente, la de 1995 (GO 4.865 Extr.) en tanto que la aprobada y promulgada en GO 5.553 de la indicada fecha sobre la materia, se encuentra suspendida por una medida cautelar dictada con ocasión del proceso de nulidad de la mentada Ley.

Póliza Global:

Cubre todo crédito, con plazo menor de un año, que el exportador conceda a su importador.

Favorece la diversificación del riesgo y permite al exportador pagar primas más bajas mientras mayor sea el número de operaciones que presente al seguro.

Póliza Específica:

Es aquella que el exportador contrata por operación realizada.

Póliza de Pre-embarque:

Cubre al exportador contra cualquier pérdida que pueda sufrir a consecuencia de que el pedido firme o contrato de exportación se cancele o anule. También puede cubrir al ente financiero que ha concedido capital de trabajo al exportador para producir y exportar y este no cumpla con el empréstito.

Sirve como garantía que el exportador presenta ante los entes financieros para obtener créditos para producir y exportar.

La cobertura comienza desde la fecha de la formalización del contrato de seguro hasta la fecha de embarque de la mercancía.

Póliza de Post-embarque:

Cubre el riesgo una vez realizada la exportación. El plazo de cobertura de los riesgos comenzará una vez embarcada la mercancía, hasta el vencimiento del documento con que se instrumenta el crédito.

XIV. RIESGOS EXCLUIDOS EN LA CONTRATACIÓN DEL SEGURO DE CRÉDITO EN EL SISTEMA VENEZOLANO

Coberturas Excluidas (¡que no se cubre!).

La modalidad contractual que vende la Aseguradora venezolana que cubre los seguros de crédito, no le da cobertura en sus pólizas a:

- Riesgos que provengan de contrataciones con la Administración Pública (excepto los casos denominados de Riesgo Político).
- Empresas Relacionadas entre ellas.
- Importaciones
- Intereses de mora
- El 100% de la factura
- Compradores que han estado en mora prolongada en el pasado.
- Reclamos no comerciales (defectos del producto, etc.).

Recordemos que esta modalidad de seguro no es un mecanismo para cubrir préstamos de dinero.

– Créditos correspondientes a mercancías de ilícito comercio, de circulación o exportación prohibida o que den lugar a multas o sanciones por parte de las autoridades competentes.

– Créditos del exportador que según el tribunal de la causa, no califiquen para ser admitidos en el pasivo del importador fallido y los relativos a contratos que hayan sido anulados o resueltos por sentencia judicial firme.

– Créditos derivados del suministro de mercancías, a sucursales o agencias y a familiares hasta del cuarto grado de consanguinidad o segundo de afinidad del asegurado.

– Créditos a particulares, comisiones y agentes comerciales propios o ajenos, que no tengan establecimiento abierto al público.

– Daños o perjuicios que sufra el asegurado, por pérdidas, deterioros o faltas de mercancía en ruta, multas y penalidades contractuales, anticipos, descuentos, almacenajes, costas judiciales y otros gastos a que den lugar dichas eventualidades y sus correspondientes daños y perjuicios.

XV. VENTAJAS QUE BRINDA LA PROTECCIÓN DEL SEGURO OFRECIDO EN VENEZUELA

Como lo resume el material descriptivo suministrado por la empresa, con dicha protección se producen:

- Transferencia de los riesgos al asegurador.
- Control de solvencia crediticia
- Administración de las cuentas por cobrar.
- Asiste al asegurado en el cobro moroso.

Por ello mismo y conforme lo destaca la citada información de la empresa La Mundial, se obtienen para el asegurado, las siguientes Ventajas

- Agilización del financiamiento.
- Da mayor competitividad al vendedor.
- Proporciona al exportador información financiera fidedigna y confidencial del comprador-importador.
- Garantiza la Indemnización en caso de pérdidas.

XVI. RIESGOS ESPECÍFICAMENTE CUBIERTOS POR LAS COBERTURAS DE LA ASEGURADORA DE CRÉDITO EN VENEZUELA

Riesgos Comerciales (Mercado Interno y de Exportación)

Son los originados por la insolvencia o incapacidad de pago del comprador para cumplir total o parcialmente con el crédito otorgado por el vendedor.

Cuales son dichos riesgos:

Riesgos Políticos y Extraordinarios (Mercado de Exportación)

Son los originados por causas no imputables al deudor que impiden cumplir total o parcialmente con el crédito otorgado por el exportador. Sobre este concepto insistiremos un poco más adelante.

Imposibilidad del importador para tomar posesión de la Mercancía (Exportación):

Se configura cuando por incapacidad económica, el importador no puede tomar posesión de los bienes importados con base en una venta en firme, siempre que el ejercicio de una acción judicial para reclamar el pago de las pérdidas sufridas por incumplimiento del contrato comercial resultaría inútil.

No entrega o detención de la mercancía en tránsito:

Resulta de una inminente insolvencia del importador, conocida después del embarque y se detiene la exportación en tránsito o no entrega las mercancías al importador. Tanto en los supuestos de esta cláusula o la anterior, la pérdida asegurada de las mercancías no llegadas al importador quedará limitada como máximo al 30% de la factura más los gastos accesorios sí estos se hayan incluidos en el seguro.

XVII. REQUISITOS PARA LA COBERTURA

Los productos exportados deben ser nacionales o tener incorporado materia prima o mano de obra venezolana y que cumplan los requisitos de Ley.

- Las mercancías exportadas deben corresponder a la actividad mercantil habitual del asegurado, y que la fecha del despacho de las mismas esté comprendida dentro del período de vigencia del contrato de seguro y sea anterior a la insolvencia del importador.

- En caso que el crédito sea de duración a un año, se hayan pactado amortizaciones regulares semestrales o de menor plazo.

- Que de común acuerdo con La Mundial, C.A., se establezca en el contrato comercial la cláusula de pago y las garantías más adecuadas con base en la legislación del país del importador y la de aquel al cual van destinadas las mercancías.

- Que tanto el asegurado como el importador, hayan cumplido con todas las normas legales y formalidades en vigor en Venezuela y en el exterior, a que están obligados como exportadores e importadores respectivamente.

- El asegurado no podrá convenir con el importador ninguna modificación al contrato comercial sin el previo consentimiento por escrito de La Mundial, C.A. De aceptarse dicha modificación, se hará constar en un anexo en el que se especificarán las nuevas condiciones practicadas.

En caso que se modifiquen las condiciones del contrato de compraventa comercial aceptado por La Mundial, C.A., y que afecte el monto o los plazos del crédito, se hará un ajuste de la prima de acuerdo a dicha modificación.

XVIII. DENTRO DE LA REGULACIÓN Y MODOS DE DAR COBERTURA EL SEGURO DE CRÉDITO EN VENEZUELA, CUAL ES EL CONCEPTO DE INSOLVENCIA?

Concepto de Insolvencia

La insolvencia como todos lo sabemos constituye una expresión de crisis patrimonial, que se reduce a incapacidad de atender o pagar los compromisos, por falta de liquidez o cualquier otra situación sobrevenida, o culposa.

Clases:

a. De Derecho. Cuando haya una declaración judicial de quiebra.

b. De Hecho. Cuando se compruebe que el Comprador se encuentra en una situación económica tal, que el ejercicio de una acción legal para obtener el cobro del crédito resultaría inútil.

Tipos de Insolvencia:

a. Definitiva: imposibilidad de revertir los efectos de la misma.

b. Temporal (Mora Prolongada): cuando hubiere transcurrido un período máximo de seis meses desde el vencimiento del crédito asegurado y este no haya sido cancelado por el importador, a pesar de todas las gestiones de pagos que se han realizado

XIX. QUE SE ENTIENDE E INDEMNIZA EN LOS LLAMADOS RIESGOS POLÍTICOS

Debido a que este concepto es de multiuso en derecho, consideramos pertinente, a los fines de la materia que estamos analizando, precisemos, que se entiende por él en Seguro de Crédito, y diremos:

Serán indemnizables al exportador, cuando tenga pérdidas derivadas de:

- Motines, Paros, Disturbios
- Guerra Civil o Exterior

Los hechos que se entiende generan los daños derivan de:

- Insurrección
- Eventos similares en el país del importador.

También cuando las autoridades de derecho o de hecho del país importador decreten medidas como:

- Moratoria de Pagos
- Intransferibilidad de Fondos.
- Inconvertibilidad de su Moneda
- Control de Cambios
- Confiscación de Bienes.

Para que los mismos den lugar a indemnización, será siempre menester que el incumplimiento del pago provenga de un:

Comprador Público o Comprador Privado (con o sin garantía de cualquier entidad gubernamental).

También cuando las autoridades de derecho o de hecho del país importador decreten medidas como:

- Moratoria de Pagos
- Intransferibilidad de Fondos
- Inconvertibilidad de su Moneda
- Control de Cambios
- Confiscación de Bienes.

LATN

También, Indemnizando al exportador cuando tenga pérdidas por:

- Motines, Paros, Disturbios
- Guerra Civil o Exterior.
- Insurrección
- Eventos similares en el país del importador.

XX. COMO SE PROCESAN LOS SINIESTROS: REQUISITOS E INFORMACIÓN

Según los condicionados de las pólizas en vigencia, son los siguientes pasos los que se deben seguir ante el Impago:

(PRE-SINIESTRO) atraso de pago por parte del comprador.

El Asegurado notifica el Aviso de Falta de Pago (AFP) dentro de los treinta (30) días continuos siguientes a la fecha de vencimiento del crédito.

El Asegurado, toma todas las medidas preventivas y acciones procesales que estén a su alcance para salvaguardar el crédito o disminuir las pérdidas finales; así mismo, mantener en conocimiento constante a La Mundial sobre los procedimientos tomados en su momento.

Ante la duda sobre cuales son estas medidas a tomar, la compañía de seguros exige que el Asegurado lleve a cabo las siguientes acciones:

Demostrar el envío de avisos de cobro, con una frecuencia

Mínima de 1 vez semanal y por escrito al deudor. Deberá tratar en lo posible de obtener una demostración de la recepción del mismo.

Minimizar el riesgo de cobro del crédito en el futuro, mediante la obtención de medios de cobro más ejecutables que la simple factura; podría ser el cambio por giros o letras de más fácil ejecución.

En caso de utilizar servicios externos a la compañía para realizar las cobranzas, deberán de enviar toda la documentación mantenida con los mismos.

En caso de no poder realizar la cobranza en esta etapa, y de común acuerdo con La Mundial, podrá emitir un poder para que ésta realice todas las acciones de cobranza por sus propios medios.

Todos los gastos de esta etapa se indemnizan en la misma proporción y porcentaje que la cobertura otorgada en la póliza.

La Mundial indemnizaría en un lapso no mayor a 180 días a partir del vencimiento de la factura o su extensión si la hubiera.

CONCLUSIONES

Esperamos con esta pequeña reseña que sobre esta modalidad contractual presenta nuestra ASOCIACIÓN VENEZOLANA DE DERECHO DE SEGUROS (Avedese-Aida), y la cual me ha sido asignada a mí para su elaboración, sobre la interesante modalidad del seguro de crédito, deje satisfecho a nuestras autoridades y organizadores, en el empeño de haberlo así concebido y que cuando menos nos sea útil para crear el interés por la investigación y discusión de dicha modalidad asegurativa. Hoy, con la globalización, esta modalidad contractual, pasa a tener un rol de particular importancia.

Hemos procurado presentar una clara visión general del tema, en la primera parte de su desarrollo, pero en la Segunda, hemos procurado explanar la institución en el sistema legal y comercial venezolano, para facilitar la comparación con el ordenamiento de otros países.

Reputamos como ideal, que ahora este trabajo se lo circule y en los demás países del área que pertenezcan al CILA, podamos hacer nuestras comparaciones, intercambiarlas con los países vecinos y re-estudiar la temática.

Espero que el trabajo cuando menos tenga el efecto de motivar el interés por este tema apasionante y discutido.

BIBLIOGRAFÍA

Autores Varios: Material informativo suministrado por LA MUNDIAL, cd 00209, Venezuela, 2009.

Banco de Comercio Exterior (BANCOEX): *Manual Para La Empresa De Exportación*. Promexport, Tercera Edición, Caracas 1999.

Bastin, Jean: *El Seguro de Crédito en el Mundo Contemporáneo*. Editorial Mapfre. Primera Edición Castellana. Madrid 1980.

Benitez de Lugo, Luis: *Tratado de Seguros*, tomo II, Los Seguros de Daños, Edit., Reus, España, 1955.

Donati, Antigono: *Los Seguros Privados, Manual de Derecho*, Librería Bosch, España, 1980

Jimenes Bermejo: Patricio: *Análisis Financiero.* Ecogestión Editora, S.A. Primera Edición. Chile 1988.

Marmol M. Hugo: *Fundamento de Seguros Terrestres*, UCAB, Venezuela, 2ª edic. 1980.

Ossa, Efren: *Tratado elemental de Seguros*, Segunda Edición, Edit. Lerner, Colombia, 1963.

Villalon G., Julio: *Operaciones de Seguros Clásicas y Modernas*. Editorial Pirámide. Primera Edición, Madrid 1997.

40.

APROXIMACIÓN AL SEGURO DE CRÉDITO EN DERECHO VENEZOLANO. ALGUNAS CONSIDERACIONES EN DERECHO COMPARADO*

"Dentro de la inmensa variedad existente en las formas del seguro, el seguro de crédito se presenta a la vez como una de las más antiguas, una de las multiformes y hasta tal punto original que aun hay quien todavía se plantea la cuestión de saber si puede incluirse esa actividad en el campo del seguro propiamente dicho"

Jean Bastin[1]

I. BREVES CONSIDERACIONES HISTÓRICAS

El seguro de crédito, al que en adelante y para facilitar su alusión, identificaremos con la sigla "SC", se lo tiene concebido como un mecanismo técnico puesto a la disposición de las empresas para la cobertura de sus riesgos de crédito. Aún cuando no pareciere, tiene su origen en lejanos tiempos, si bien debe sostenerse que el mismo no tomó su cuerpo científico y técnico sólido sino en el período transcurrido entre las dos grandes guerras mundiales, y terminando su verdadero desarrollo con el renacer del comercio internacional luego de la guerra del 1940 al 1945.

Es importante tener claro ese curioso periplo histórico, en tanto que los diversos mecanismos en que se manifestó la institución en el transcurso del tiempo, responde al desarrollo de una larga evolución de diversas teorías en las que procuró sustentarse aquella, si bien, cada una de las empresas que ejercieron esa rama de la actividad aseguradora, sufrió la influencia de sus pares en otras ramas, en diversa medida. Esa historia explica diáfanamente el origen hoy de sus fundamentos, caracteres y modalidades.

Ello también explica en cierto modo en que a pesar de los diversos matices que tiene la institución según los diferentes ordenamientos nacionales, se mantienen empero, principios comunes para la institución.

Por igual encontraremos modalidades diversas de la figura según el país y las empresas locales que han generado esta actividad y donde han nacido las diversas teorías que procuran fundamentar la institución[1].

---

* Resumen y puesta al día de la ponencia del autor sobre el tema presentado por AVEDESE AIDA al CILA-2009, Uruguay. Publicado en Boletín de la Academia de Ciencias Políticas y Sociales, No. 147, Caracas 2009, pp. 169-199.

II. TEORÍAS QUE PROCURAN EXPLICAR LA NATURALEZA DEL SC

Resumidamente dichas teorías procuran las siguientes soluciones:

1) La garantía del crédito es un servicio público, destinado a favorecer el comercio, y en particular el comercio de exportación, por lo cual debe ser ejercido privativamente por el Estado,

2) El seguro de crédito debe ser considerado como una garantía que permita a los bancos respaldar los créditos que se conceden para el comercio,

3) El seguro de crédito se integra en el mecanismo general del seguro y no tiene personalidad propia, y

4) El seguro de crédito es un mecanismo origina] que solo tienes lejanos puntos de contacto tanto con la banca como con los seguros.

No obstante llama la atención particularmente la forma y manera como se desarrolló la institución en cada país y en las correspondientes épocas clásicas en que ocurrió su devenir, en beneficio del tiempo no podemos insistir en ello detalladamente, por lo cual nos limitamos a recomendar su revisión entre otras en la obra de Bastín[2], sin embargo destacaremos que con mucho tiempo de antelación a las primeras manifestaciones de la institución en Alemania (S. XVII) de donde pasó sucesivamente a Italia, Francia, Inglaterra y Estados Unidos, por orden de antigüedad, no quiere decir ello que en años anteriores no se encontraran ya vestigios y esfuerzos para analizarlo y aplicarlo[3].

Indicaremos sin embargo la coincidencia en reputar el punto de partida de la institución con los caracteres clásicos de la misma, en 1766, con el trabajo de los profesores Wurm y Busch, qué propusieron al Ministro de Finanzas de Prusia, Von der Horst un mecanismo de garantía del crédito, que comportaba un monopolio de dicha actividad para el Estado, proyecto que concluyó sin mayores logros.

En beneficio de quienes sostenemos la importancia de la tradición latina, sin embargo, cabe destacar, que en Italia, el verdadero teórico del seguro fue un italiano llamado Sanguinetti quien en 1839, parece haber producido una obra sobre seguros de crédito para prevenir las quiebras.

Dicho autor, según se le atribuye[4] hizo un análisis de que las quiebras se generaban por causas ajenas a la voluntad de la empresa y que por razón del gran número de casos en que ello ocurría, podía hacerse un serio estudio sobre el grado de posibilidad de su acaecimiento y la posibilidad de adoptar entonces un mecanismo que garantizara la recuperación de los créditos y la mutualidad para soportarlos, con lo cual se daba cabida a los principios fundamentales de la institución del seguro (mutualidad y aplicación de

---

1 Bastin, ob.cit. p. 3 ss

2 Bastin, ob. cit. pp. 4 a 26 y resumidamente en Zomosa P. Hilda Esperanza, en Nuevas Perspectivas del Seguro de Créditos en Colombia, Acoldese, Memorias del XVIII Encuentro Nacional, p. 145 y ss, Editora Guadalupe, Colombia, 1994.

3 En la misma citada obra de Bastin, se sostiene que mecanismos parecidos a esta modalidad de seguros se encontraban en Egipto, Mesopotamia y Roma. O.c. p. 5.

4 Pues la obra cabe destacar no parece haberse conseguido nunca, pero los comentarios sobre la misma siempre fueron coincidentes.

técnicas estadísticas). Finalmente el autor por haber pasado entonces a Francia, sugirió a las Cámaras de Comercio de Francia, se favoreciera el nacimiento de las compañías de seguro de crédito.

Pero repetimos, la importancia histórica, aparte de facilitar la comprensión de las diversas posturas adoptadas frente a la naturaleza y condiciones del SC, tampoco nos puede restar el valioso tiempo que debemos usar para analizar otros aspectos de la institución, no sin antes enunciar, que de ese análisis histórico, podemos concluir destacando que durante la secuencia de tiempo la modalidad aseguradora del Crédito puede decirse que en primer lugar tendió a confundirlo por su objetivo con el seguro pero también con la actividad bancaria, sin embargo para triunfar en el ramo, no hay que ser ni banquero ni asegurador, sino se trata de una operación muy diferente a las dos anteriores, que en todo caso termina por ser "asegurador de crédito". La historia de las compañías pioneras en seguro de crédito, a que se alude en la doctrina, confirman los anteriores asertos.

Cuando se trató de que la actividad solo fuera emanación de actividad financiera, como lo fue durante los primeros años, donde casi se lo confundía con una tarea más de lo financiero, el seguro de crédito no fue más que un ramo explotado entre los demás ramos de las finanzas.

Tal experiencia tuvo como principal bondad, excluir para el futuro a todo otro banquero que quiso explorar en el ramo y ante los fracasos estos dejaron las cosas de tal tamaño. En lo adelante los nuevos intentos fueron siempre una mezcla de empresarios financieros y de seguros, o unas mutuas entre los unos y los otros y luego de esos esfuerzos, ninguna otra crisis afectó a quienes así se propusieron explotar la actividad.

La originalidad de esta nueva modalidad contractual deviene de los siguientes hechos:

Las aseguradoras de crédito, son antes que todo, un gabinete u oficina especializada de informes. No podía realizarse adecuadamente la actividad pidiendo tal información a terceros, pues la apreciación de solvencia, es un concepto demasiado subjetivo.

El asegurador de crédito, debe tener además, un competente y eficiente departamento de recuperación de crédito, puesto que aquellos que deba indemnizar, serán luego suyos y debe procurar a toda costa disminuir tales riegos luego de haberlos indemnizado.

Debe además, sin dudas, ser un asegurador a plenitud, y contar con normas y estadísticas propias de un asegurador, y sobre dichas bases fijar las primas, hacer reservas, etc. adoptando los principios del seguro, pero bajo una óptica diferente.

Finalmente ese empresario debe ser un especialista financiero, pero no un banquero, es tan verdad que cuando hablan entre ellos de sus respectivas profesiones, no se comprenderán bien, y se verán como unos especiales competidores, y de todas las formas, como los bancos, deberán disponer siempre holgadamente de fuertes capitales. Ya comentaremos más adelante esta temática.

El no haber comprendido con diafanidad las reglas precedentes, ha sido sin duda, la causa del fracaso de muchas empresas aseguradoras de crédito, pues el atavismo de tomar una de dichas actividades como fundamental, en perjuicio de la otra ha hecho perder la óptica conveniente.

III. ¿EN QUE CONSISTE LA TÉCNICA DEL SEGURO DE CRÉDITO?

Acertar con el quid y el *quando* en ésta materia no es fácil y además tampoco es de autor único. Se puede sostener que ello fue producto de los estudios y experiencias llevadas a cabo por tres empresas diversas (Generali de Trieste, La Commercial Insurance de Gran Bretaña y La Unión de Commerce de Paris) cada una de las cuales poco fueron creando sus propias técnicas. Fundamentalmente cada una tenía técnicas posiblemente diferentes, pero algunas coincidencias mantenían en ciertos aspectos, como por ejemplo lo era la indispensable selección de los riesgos que cumplían algunas, no aceptando desde los primeros riesgos, mientras que la otra, la Generali, no lo hacía, de otra parte el punto de partida para la de Trieste y Londres lo fueron reglas y prácticas bancadas, mientras que la restante lo fue de las aseguradoras, y ello también dio especial personalidad a la modalidad asegurativa.

Finalmente, por último puede destacarse sin lugar a dudas que en la compañía de Trieste se impuso el principio de selección, mientras que en la inglesa lo fue el de la insolvencia declarada. Luego a ello se añadieron nuevas reglas, como las de no aceptación de riesgos individuales sino generales, la conveniencia de sucursales para poder atender a seguros de exportación y finalmente la de gestión directa para recuperación de los créditos siniestrados.

Por último y solo después de la Primera Guerra, la Trade Indemnity, Inglesa, impone el principio de la globalidad y de la indemnización del siniestro solo en el momento de la insolvencia declarada, y con ello se instauraron los principios básicos contemporáneos del seguro de crédito y terminó la secuencia de fracasos empresariales en este ramo. Por fin el SC había adquirido su partida de nacimiento separada de la Banca y del Seguro ordinario.

1. *¿Cuál era el punto de disidencia?*

Analizada objetivamente la disidencia autores y especialistas terminaron concluyendo en que el verdadero problema resultaba de la determinación del preciso momento en que se podía decir se había producido la pérdida (el hecho generador del siniestro, o en el caso de que el proceso del siniestro llega a su epílogo. Entendiendo por inicio del proceso, el efecto de dejar de pagar la letra y por su epílogo, cuando por causa de ello se produce la quiebra del deudor.

En un inicio banqueros y aseguradores propiciaron la falta del pago de la letra, solo en 1895 y por iniciativa de la gran Ocean Insurance se llegó a la concepción de la segunda de dichas posiciones, y solo se pagó entonces cuando se produjo la pérdida definitiva generada por la quiebra.

Si bien una u otra de las posturas era llevadera cuando se trataba de períodos de bonanza económica, no resultaba lo mismo cuando habían crisis, momento en que la quiebra para los mismos juristas, se convirtió en el evento irreversible de la pérdida del crédito, tesis esta que luego fue objeto de un inmejorable aporte académico, por el Dr. Fontaine en 1966, denominado *"Ensayo sobre la naturaleza jurídica del Seguro de Crédito"*[5] que por supuesto también fue arduamente criticado[6].

---

[5] Edit. Cidc, Bruselas.

Mas la aplicación estricta de cualquiera de dichas propuestas desinteresó al comercio y al seguro, por lo cual fue necesario ensayar otras propuestas intermedias, llegándose al final a la más aceptada, cual consiste en escoger la realización de un pago adelantado, mientras se pronuncia la quiebra, formal, y la de aplicar un plazo de carencia o de insolvencia absoluta, luego del cual se liquida el siniestro o pérdida, en todo caso variable según la modalidad asegurada, todo con miras a efectuar la ciada indemnización en un término justo y sin riesgo para los aseguradores, que ha dado finalmente personalidad y rigor al seguro de crédito.

IV. LAS GARANTÍAS DE CRÉDITO Y EL SEGURO DE CRÉDITO

Cuando se ha hablado precedentemente de seguro del crédito y permitimos que en la organización empresarial *ad hoc* figure el Estado, la doctrina objeta que ello realmente se trate de seguro y de cobertura asegurativa de créditos, por ello, no admiten la figura, en tanto las cosas pierden su verdadero sentido, las primas no se calculan con base al rigor técnico necesario, su finalidad última no es tampoco la sola protección del asegurado, sino de un sistema económico o la conveniencia de impulsar una medida de promoción política (exportaciones).

Dentro de esa nueva confusión en el desarrollo de la Institución vale la pena mencionar que fue el Estado Prusiano, quien realmente detectó la conveniencia de separar el seguro de la asistencia crediticia, al menos en lo que atenía a los créditos derivados de las experiencias de exportación en donde realmente el Estado no cubre los riesgos generales comerciales.

El indicado proceso, nació en Prusia, como dijimos, pero luego por supuesto se extendió a Reino Unido, Bélgica, Italia, Francia, y Países Bajos, todos con diferentes tendencias, pero en estos casos el ente encargado, era propiamente el Estado que asumía los riesgos indicados, no lo comerciales, ni con el sistema privado de seguros y sus principios y las normas aplicables son estatutos especiales generalmente dirigidos al sector público.

V. ¿QUE ES FINALMENTE EL SEGURO DE CRÉDITO?

Cuando se examina este tema, encontraremos contradicciones tan simpáticas, como el rechazo al sustantivo crédito dentro del término, y por supuesto alegando que no es prudente utilizarlo para el seguro que estamos estudiando y reputando que es igualmente inexacta su utilización. Tales contradicciones provienen de la gran querella en tomo a cual sea la naturaleza del siniestro amparado, y a que nos hemos referido brevemente en el anterior recorrido histórico, esto es entre los defensores del "seguro-aval" y aquellos partidarios del "seguro-insolvencia".

Cuando se ha objetado que el negocio u operación de que se trata sea realmente seguro, lo es porque en aquellos años, luego de examinar el tema, se concluía en que analizábamos un auxiliar de la banca, el asegurador, era una especie de avalista en provecho de la banca, y por ello no era tal asegurador.

---

[6] Entre otros por un magnífico trabajo de Percerou, Naturaleza Jurídica del Seguro de Crédito, Revue Grl, des Assurances, 1970.

En torno también al concepto de crédito, se ponía en duda su justa utilización cuando más bien se trataba de coberturas de insolvencias y porque crédito anotaba a otras nociones financieras de diferente aplicación y uso, otros prefirieron la denominación "seguros contra los riesgos del crédito"[7].

Por fin, en épocas más recientes, los autores se han puesto de acuerdo con tres nociones derivadas de la figura del SC:

1. S e trata de un contrato principal, al contrario que la caución (de garantía o accesorio).

2. Se trata de un seguro de cosas (más bien patrimonial)

3. Esta modalidad del Seguro de Crédito se rige expresamente por el principio indemnizatorio (no puede dar lugar a enriquecimientos)

Finalmente remitimos a los interesados sobre este tema de la clara existencia de las dos aristas en tomo al crédito, la bancaria, y la de seguro, al magnífico trabajo de la Dra. Candelario Macías, intitulado *"El seguro de crédito: garantía del asegurado frente a la insolvencia de sus clientes"*, presentado como ponencia en el Instituto Hispanoamericano de Derecho Concursal[8].

VI. CONCEPTO DEL SEGURO DE CRÉDITO

Hechas las precedentes consideraciones, entraremos ahora a enumerar algunas de las muchas definiciones que se han dado al SC y así diremos:

1) Para D.W. Lorey, en 1924, el seguro de Crédito tenía por fin el *"asegurar a los mayoristas y fabricantes contra todas las pérdidas que sobrepasen las normales"*. Como se lo observara el concepto era estrecho en torno a los asegurados y restringido en tomo la naturaleza de la indemnización.

2) Jean Delmas, francés, en cambio, sostenía que "El seguro de crédito tiene por fin, basándose en la Ley de los grandes números y en el principio de la distribución del riesgo, el garantizar contra el riesgo de insolvencia de determinarlos deudores los créditos concedidos por un banco a un industrial o un comerciante".

3) Como se lo observa en tal noción se transparente la importancia del elemento bancario, la territorialidad de los riesgos con lo cual se excluían los riesgos de exportación.

4) Debido a las exclusiones y prejuicios de ambas nociones, los autores coinciden en sostener como mejor la ofrecida por Destanne de Bernis[9], *quien destaca se trata de* "la asunción por una sociedad técnicamente organizada con ese fin de la gran mayoría de los riesgos de impago inherentes a toda operación civil, comercial, industrial o bancaria, que no es paga al contado". *Esta, por igual deja algunas lagunas, pues ni atiende al principio de mutualidad propio del seguro, pero debe reconocerse lo es mucho más amplia que las anteriores.*

---

7 Herzfelder, citado por Bastin, o.c. p. 44.

8 Candelario Macías, Ma. Isabel, Webb, Google, vocablo Seguro de crédito: imacias@ derecho.org

9 Lássaurance des credits, 1926, cit. por Bastin.

Lo interesante de destacar en los conceptos transcritos es la diversidad de nociones que responden a situaciones lácticas y temporales cuando fueron analizadas y pronunciadas y reflejan la realidad de la evolución de la institución del SC.

Por ello, autores como Bastin, prefieren nociones más generales y abstractas, como la del Diccionario Manes Vercicherung de 1909, conforme al cual el S.C tiene por fin el garantizar a los acreedores las pérdidas sufridas a causa del mal deudor"[10].

Para finalizar, por igual tenemos que reseñar que algunos autores connotados optan por no emitir noción o concepto alguno sobre el SC, y prefieren describir la institución que definirla, tal como es el caso del aludido Profesor M. Fontaine.

5) Bastín, da su propia versión, en los siguientes términos: "Es un sistema de seguro que permite a uno acreedores, previo el pago de una prima, cubrir contra el impago de los créditos debidos por personas previamente identificadas en estado de falta de pago"[11].

Con este concepto verdaderamente descriptivo de la institución, tenemos todos los elementos necesarios para caracterizar esa modalidad asegurativa.

En efecto, se trata realmente de una institución propia del seguro, para compensar riesgos, con principios técnicos, y pago de contraprestación o prima, los asegurados son los acreedores, con lo cual diferenciamos tal modalidad con la del seguro de "caución" (donde es tal el futuro deudor, que quiere garantizarse el cumplimiento de su débito) mediante un sistema que permite cubrirse del impago (noción que define el siniestro como derivado de la falta de pago, sin por ello precisar el momento de ese hecho, con lo cual explica las diversas modalidades de este tipo de seguros.

Se insiste en la palabra crédito, pues es ello lo que debe existir, independientemente de donde se haya generado, el cual es concedido a personas, sin distinguir cuales, ni sus fines, que deben estar previamente identificadas, (mejor *"identificables")* diferente por cierto a: *"previamente conocidas y aceptadas".*

Finalmente, como última noción, la de "en estado de falta de pago", que precisa el concepto de "debidos", requiriéndose con ello la necesidad de un crédito, que el deudor realmente no haya honrado, y que carezca de recursos para afrontarlo.

Con tal consideración, se cubren tanto los supuestos de simple falta de pago a primer requerimiento, como el de insolvencia establecida en un tiempo convenido, o finalmente el de la declaratoria de la quiebra del deudor. Quienes defienden las posturas intermedias, están de acuerdo con la figura ya hoy en desuso del seguro-aval, que dio lugar a tantos reclamos y rechazos por ser frecuente origen de fraudes, e impulsadora de la postura más radical.

Con tal definición y sus elementos, perfectamente podremos saber cuándo, según el caso podremos dirigimos bien a un asegurador de créditos, o, más bien a otra figura, vinculada o parecida, pero no igual a aquella para protegerme del alea de que se trate, para distinguir lo uno de lo otro, lo será bien por su naturaleza o bien por el método empleado para hacer frente a los riesgos.

---

[10] 1909, o. c. en Bastin, p. 46.

[11] Ob. cit. p. 46.

De lo dicho, también con claridad podremos distinguir todo aquello que el SC no puede cubrir, que examinaremos seguidamente, no sin antes advertir por igual, que para Bastin, ese SC, tiene que ser ejercido por igual por una empresa de seguro de crédito, para que en verdad, finalmente, sea seguro de crédito, "y por tal deberá entenderse" *Una compañía especializada en el ramo, que indemniza los siniestros después de un determinado plazo de carencia del deudor y que, para la gestión de su actividad, está equipada con un servicio de selección de* riesgos *y con un servicio contencioso de recuperaciones y que se apoya en datos estadísticos minuciosamente elaborados"*[12].

Entre los primeros citaremos los Llamado riesgos económicos, derivados de aquellas situaciones en las que se pretende, no es cubrir riesgo de insolvencia o impago alguno, sino el de contar seguro con un rendimiento financiero o económico con motivo de una inversión que se realiza, y a falta de ello para que se les indemnice por la diferencia.

Tal riesgo es perfectamente posible de cubrir, pero no precisamente con el seguro de crédito, allí no hay deudor eventual de crédito alguno.

Otro caso lo sería por ejemplo el de coberturas por el capital invertido (que se lo cubre con el llamado seguro internacional de inversiones).

Los también llamados Seguro de robo y fidelidad, frecuentemente se pretende confundirlos con el SC, pues en los mismos hay una pérdida de beneficios (capital) y un deudor (ladrón), pero como se ve claramente en estos riesgos, no hay previamente personas identificables, y si bien es verdad que en tales casos el pago de indemnizaciones bajo la modalidad de seguros de fidelidad se pagan créditos, no hay los mismos elementos característicos del SC.

La necesidad de resguardarse de las pérdidas generadas por deterioro de los créditos y su recuperación, han generado sistemas de protección diferentes propiamente a los del Seguro, donde no se usan reglas ni técnicas de seguro, en los cuales encontraremos dos modalidades: Unos debidos a iniciativas propias de los Estados (obligación de proteger sus sistemas y políticas económicas) y otros creados por iniciativas privadas, con diversa tipología.

Entre los primeros, acompasados por los Estados, encontramos los llamados Fondos de Garantías, donde se dan coberturas de riesgosos sobre un deudor por cuenta de un acreedor que puede recurrir al fondo para recobrar sus acreencias. Aquí no se trata de seguros, no juega el principio de mutualidad ni otros propios del seguro, simplemente se trata de fondos que destina a su arbitrio el Estado, sin deber de remuneración, en ellos aún cuando hayan ciertas retribuciones derivadas de afiliación, cuotas especiales, etc., no hay equivalencias técnicas entre dichas sumas y los riesgos, por lo cual no son primas tampoco.

Por lo general derivan su existencia de la dificultad de establecer el verdadero alcance de los riesgos, son por lo general porcentajes uniformes respecto a la cantidad de lo posiblemente objeto del daño, el de sistemas de Pequeña y Medianas empresas, etc.

Las llamadas Cajas de caución mutua: En los que no solo el Estado asume esas cargas, sino de alguna manera se comparten con asociaciones o entidades a las cuales deben pertenecer los beneficiarios y hacer aportes, por lo general tampoco sus coberturas satisfacen íntegramente las pérdidas y por lo general terminan concurriendo a una Aseguradora de Créditos.

---

12 Bastin, o.c. p. 90.

De la misma índole resultan ser las llamadas Cajas profesionales de garantías, que tampoco son aseguradoras ni siguen los métodos de las mismas para cubrir ciertas eventualidades a sus asociados.

Tampoco son SC los sistemas de factoring o facturación: Nuevos mecanismos comerciales para facilitar obtención de liquidez a las grandes empresas productoras, con la cesión de sus facturas en fiducia y al cobro, o plenamente negociadas, más bien peculiares contratos de créditos con garantía de las facturas, aceptadas o no.

Por supuesto que se excluyen los mecanismos de descuento de papeles, en especial de facturas cedidas, realizadas por los Bancos, que nada tienen que ver con SC, pero suelen usar garantías especiales típicas comerciales, como son los avales, de los cuales si bien provienen créditos, cobrables o no, tampoco tienen en juego mecanismos de seguros.

VII. EL SEGURO DE CRÉDITO A LA EXPORTACIÓN

Ya hemos destacado de modo general que es una modalidad de seguros de Crédito propiamente dicho, con la particularidad que puede ser ejercido como (al seguro, cuando aplica las reglas técnicas del seguro ordinario para el desempeño de la cobertura asumida, o bien una modalidad especial financiera propia de los entes públicos (subsidio, aportes sin retomo, etc.)

En España, según lo anota el Profesor Jiménez Parga[13], esta modalidad de seguro "Es aquel que siendo un instrumento de cooperación al comercio exterior, una de las partes, el asegurador, especializada en la celebración sistemática y en gran escala a estos contratos, se obliga a pagar al asegurado o a un tercero, previo a examen de la clientela o del país de destino, un porcentaje de la Pérdida derivado del incobro de los créditos comerciales en el seguro, en virtud de las causas y en las condiciones previstas en la póliza, a cambio de una prima o precio".

Para el debido funcionamiento de la institución señala el comentado autor es de su esencia la creación de la Compañía Española de Seguro de Crédito, (y así lo contempla en su artículo 1° la Ley dictada al efecto) donde se lo define como:

> "El que tiene por finalidad la cobertura de los riesgos a que se haya sometido el comercio exterior y constituye un instrumento de asistencia técnica, de cooperación y de fomento a la actividad exportadora. Mediante el seguro se indemnizan las pérdidas que las empresas exportadoras y entidades financieras experimentan en los créditos derivados de exportaciones, tanto de siniestros de carácter comercial como de carácter político y extraordinarios que expresamente se determinen".

Esa ley española, según lo anota el Economista Fernando Lamas[14], tuvo marcada influencia en la formación del Seguro de Crédito a la Exportación en Venezuela, y sirvió de base en la conformación del Reglamento que crea el Seguro de Crédito a la Exportación. En adición las pólizas de la compañía española, con tales fundamentaciones legales, han sido la matriz, de donde la compañía venezolana tomó los parámetros para realizar las suyas.

---

13 Citado en el material preparado para la presentación del Seguro de Crédito por LA MUNDIAL, a requerimiento del autor de la presente Ponencia por gentileza del Economista Alejandro Cabrera R, su Vicepresidente Ejecutivo, Venezuela reproducción en CD 0309.

14 En el material preparado por la Mundial antes citado. Venezuela CD. 0309.

Tal similitud se evidencia entre otras en las siguientes normas de la legislación venezolana:

> Artículo 2° del Reglamento que crea el Sistema de Seguro de Crédito a la Exportación en Venezuela, donde se lo define como: "Un instrumento de comercio exterior que protege al exportador contra la falta de pago del importador, ya sea por insolvencia comercial de este o factores exógenos tales como contingencias políticas o extraordinarias (desastres naturales) que impidan el pago de las obligaciones contraídas".

VIII. INCONVENIENTES TÉCNICOS Y PECULIARIDADES ECONÓMICAS DEL SC

Señala Donati[15] que económicamente el crédito nace de un cambio de prestaciones con un intervalo de tiempo, porque un sujeto (acreedor) efectúa su prestación (financiamiento, entrega de mercancías, etc.) antes que la otra (el deudor). Ese intervalo de tiempo por muchas causas provoca el riesgo de pérdidas parciales o totales de la prestación debida. La eliminación de los riesgos no es fácil ni en vía preventiva ni en la represiva, e inclusive, como lo muestra la practica tampoco lo es por intermediación de aseguradoras, surgiendo así diversidad de riesgos objetivos, subjetivos, dependiendo de la razón, mercado, causas económicas, etc.

En tales casos el SC, realizado bajo estricto respeto de las técnicas económicas y de seguro, son buenos métodos para evitar los daños y riesgos de insolvencias, para todo lo que son riesgos normales comerciales (no morales).

El problema jurídico en cambio de los SC proviene de su diferencia con el "fideiuso". En el seguro la causa del contrato es la eliminación del daño derivado de la definitiva disminución patrimonial, como consecuencia de la insolvencia definitiva, de manera que, hasta que esta no existe, no hay hecho que justifique el daño ni la indemnización, a diferencia de las cauciones, donde simplemente aunado a la de un determinado deudor, se junta otro, "pari gradu", donde priva una relación fideiusoria, diferente a las del SC[16].

En los SC continúa Donati, el riesgo asegurado es la pérdida definitiva, total o pardal, del crédito por insolvencia del deudor, el evento es de formación sucesiva.

El monto de los daños está representado por el importe originario del crédito con deducción de lo recuperado y la adición de los gastos e intereses. El Asegurador que ha pagado se subroga en los derechos del asegurado, derechos que aun en el caso de insolvencia, no implican no puedan recuperarse parcial o totalmente.

En torno a la modalidad de seguros a los créditos de exportación, cabe señalar por igual que los mismos cubren riesgos de deudores del exterior, por lo que al alea o riesgo de insolvencia de los deudores internos deben agregarse los propios de los problemas económicos y políticos imperantes en otros países y las mayores dificultades para ejercer las acciones de cobro, ejecutivas o no.

---

15 Donati, Antígono, Los Seguros Privados, Manual de Derecho, Contrato de Seguros, Librería Bosch, BarcelonaEpna, 1960. ,., p 387 ss.

16 Donati, p. 389 ss.

En estos casos además toma importante papel el interés que suelen tener los Estados en mantener las exportaciones y por ello intervienen de alguna manera en la composición de las coberturas.

La intervención de los Estados en estos casos suele revestir diferentes modalidades, como lo son el seguro Directo, dejado a la iniciativa de los particulares, el Reaseguro efectuado por el Estado, y el seguro y reaseguro asumo por el Estado para particulares y empresarios tanto para riesgos normales, e igualmente en tales supuestos el Estado asume gastos catastróficos o los políticos , o mezclados, los créditos deben tener su origen siempre en la exportación de productos del país exportador, exclusivamente.

IX. EL SEGURO DE CRÉDITO EN VENEZUELA

En nuestro país, desde 1972, la actividad la ejerce una entidad asociativa mercantil con capitales nacionales y extranjeros, la cual opera bajo la denominación SEGUROS LA MUNDIAL, CA, y dedicada fundamentalmente a los ramos de seguros de crédito a la exportación seguros de crédito interno y fianzas, para lo cual, además, cuentan con un calificado departamento de información para el apoyo y toma de decisiones en materia de créditos.

El capital de la sociedad está integrado por los siguientes accionistas Consorcio Internacional de Aseguradores de Crédito (conformado a su vez por la Compañía Española de Seguros de Crédito a la Exportación (CESCE), Múnich Re., Banco Bilbao Vizcaya Argentaría (BBVA) y el Banco Santander Central Hispano y un grupo de accionistas netamente venezolanos, tales como el Banco de Comercio Exterior Venezolano (ente mixto con capital dominante del Estado Venezolano) y un pool de empresas de seguros del mercado nacional.

El mencionado Grupo CESE para el 2O07[17] cuenta con un capital 520 millones USD Fondos Propios, 650 millones USD de ingresos, 105.000 millones USD en capitales asegurados, 75.000 dientes y 1 millón de usuarios online 1.400 empleados a nivel mundial. Realiza 8.000 clasificaciones de riesgos al día y tiene capacidad de 1,7 millones de límites de riesgo en vigor. Dicho grupo, tiene presencia en 12 países del mundo y mantiene relaciones con clientes en asuntos Comerciales, Financieros y de Marketing on line con 110 millones de empresas en todo el mundo.

Adicionalmente, su actividad brinda apoyo interno/externo en Mercadeo, Análisis, Crediticio, Soporte Tecnológico, Suscripción, Recobro, Administración, etc.

Cuenta igualmente con una reputada cartera de reaseguradores de alta capacidad y tecnología.

X. BREVE HISTORIA DE LA EXPERIENCIA EN SEGUROS A LA EXPORTACIÓN EN VENEZUELA

En Venezuela, 1970 se creó el Fondo de Financiamiento de los Exportadores (FINEXPO), entidad pública encargada de organizar el Seguro de Crédito a la Exportación.

---

17 Memoria 2007, Venezuela, suministrada gentilmente al autor por el Econ. Alejandro Cabrera Roldán.

Con fecha 2 de agosto de 1977 se promulga el Reglamento-Ley que crea el Sistema de Seguro de Crédito a la Exportación.

El Sistema de Seguro de Crédito a la Exportación, comienza a funcionar el cuarto trimestre de 1978, a través de La Mundial, C.A. Venezolana de Seguro de Crédito a la Exportación.

El 12 de Julio de 1996: se promulga la Ley que crea al Banco de Comercio Exterior, *"BANCOEX"*, el cual, viene a ejercer la actividad que anteriormente realizaba FINEXPO en el campo de financiamiento y promoción de las exportaciones no tradicionales.

En dicha primera normativa legal, artículo 34, se establece que "El Banco de Comercio Exterior podrá dentro de sus limitaciones establecidas en ésta Ley, constituir o propiciar la constitución de empresas de Seguro de Crédito a la Exportación, empresas de reaseguro que cubran éste ramo".

Esta Ley fue reformada últimamente, por la ahora vigente, en la que se perfeccionan las instituciones y se modifican entre otras, algunas de las finalidades y manejo de la institución[18].

XI. FUNDAMENTO JURÍDICO DEL SEGURO QUE BRINDA LA EMPRESA ASEGURADORA DE CRÉDITO EN VENEZUELA

De la simple lectura de la Ley comentada, que a su vez remite al Reglamento Especial que crea el Fondo de Financiamiento, nos permite precisar que conforme el Artículo 6° del Reglamento: "El Ejecutivo Nacional creará un sistema de Seguros e Crédito a la exportación cuyas condiciones y modalidades se determinarán en el reglamento de esta Ley".

El Artículo 18° del Reglamento de la Ley, precisa: "A los efectos del Seguro de Crédito a la Exportación contemplados en el Artículo 6° de la Ley, se creará un sistema cuyas condiciones y modalidades estarán contenidas en un reglamento especial que el Ejecutivo Nacional aprobará posteriormente".

En el Reglamento de Seguro de Crédito a la Exportación "se establecen los lineamientos para crear el Seguro de Crédito a la Exportación en Venezuela. La organización y funcionamiento de este se regirá por las disposiciones contenidas en el presente Reglamento, sin perjuicio y con sujeción a lo establecido en la Ley de Empresas de Seguros y Reaseguros".

De su parte, el Artículo 34° del Reglamento de la Ley que crea a BANCOEX determina que: "El Banco de Comercio Exterior podrá dentro de las limitaciones establecidas en esta Ley, constituir o propiciar la constitución de empresas de seguros de crédito a la exportación o de empresas de reaseguro que cubran este ramo".

Como se lo aprecia, de la simple lectura de la regulación vigente que ampara el SC, el mismo es un verdadero contrato de seguros, con la particularidad de que su constitución, y algunas normas de funcionamiento viene reguladas en la mentada Ley especial, que no en las disposiciones normales del seguro en general, lo que deberá entenderse en el sentido de que si bien viene regido por las disposiciones de carácter general (Ley del Contrato de

[18] Gaceta Oficial de la República Bolivariana de Venezuela, N. 37.330 del 22 de noviembre del 2001. Decreto Ley del Banco de Comercio Exterior BANCOEX).

seguro y Ley de la Actividad Aseguradora), ello lo será en todo lo no especial que contempla su régimen propio consagrado por la mencionada Ley especial para la modalidad asegurativa del crédito a la exportación.

A nuestro juicio, lo dicho no es lo idead desde el punto de vista de técnica y hermenéutica jurídica, sino que debió haber sido contemplado en la Ley del Contrato, posterior en fecha a la del Banocoex, su regulación y adaptación a las nuevas normas, al igual que deberá serlo en la hoy en discusión Ley de la Actividad, actualmente suspendida en su aplicación por cautelar pronunciada en el proceso de impugnación de dicha nueva Ley[19].

XII. TIPOS DE PÓLIZAS EN USO EN LA ENTIDAD ASEGURADORA VENEZOLANA

Según lo ofertado por la empresa única especializada, que a la vez, hoy por la Ley del Contrato se supone debe contemplar la debida autorización de la Superintendencia de Seguros, que es el órgano regulador de la actividad, las modalidades de prestación del servicio, lo son bajo los siguientes tipos de Pólizas:

1. *Póliza Global:*

Cubre todo crédito, con plazo menor de un año, que el exportador conceda a su importador.

Favorece la di versificación del riesgo y permite al exportador pagar primas más bajas mientras mayor sea el número de operaciones que presente al seguro.

2. *Póliza Específica:*

Es aquella que el exportador contrata por operación realizada.

3. *Póliza de Pre-embarque:*

Cubre al exportador contra cualquier pérdida que pueda sufrir a consecuencia de que el pedido firme o contrato de exportación se cancele o anule. También puede cubrir al ente financiero que ha concedido capital de trabajo al exportador para producir y exportar y este no cumpla con el empréstito.

Sirve como garantía que el exportador presenta ante los entes financieros para obtener créditos para producir y exportar. La cobertura comienza desde la fecha de la formalización del contrato de seguro hasta la fecha de embarque de la mercancía.

[19] Ley de Contrato de Seguros, que sustituyó en gran parte las disposiciones del vetusto Código de Comercio que rige en Venezuela (originario de 1864, donde se norma el Seguro, aun cuando tuvo reformas parciales posteriores hasta 1955, pero en las cuales en nada se modificó el régimen de los seguros). La mentada Ley en Caceta Oficial de la República Bolivariana N. 5553 del 12 de noviembre de 2001. En torno a la Ley de la Actividad Aseguradora, hoy se encuentra vigente, la de 1995 (GO 4865 Extr.) en tanto que la aprobada y promulgada en GO 5553 de la indicada fecha sobre la materia, se encuentra suspendida por una medida cautelar dictada con ocasión del proceso de nulidad de la mentada Ley.

4. *Póliza de Post-embarque:*

Cubre el riesgo una vez realizada la exportación. El plazo de cobertura de los riesgos comenzará una vez embarcada la mercancía, hasta el vencimiento del documento con que se instrumenta el crédito.

XIII. RIESGOS EXCLUIDOS EN LA CONTRATACIÓN DEL SEGURO DE CRÉDITO EN EL SISTEMA VENEZOLANO

Coberturas Excluidas (¡que no se cubre!)

La modalidad contractual que vende la Aseguradora venezolana que cubre los seguros de crédito, no le da cobertura en sus pólizas a:

1) Riesgos que provengan de contrataciones con la Administración Pública (excepto los casos denominados de Riesgo Político).

2) Empresas Relacionadas entre ellas.

3) importaciones

4) Intereses de mora

5) El 100% de la factura

6) Compradores que han estado en mora prolongada en el pasado.

7) Reclamos no comerciales (defectos del producto, etc.).

8) Recodemos que esta modalidad de seguro no es un mecanismo para cubrir préstamos de dinero.

9) Créditos correspondientes a mercancías de ilícito comercio, de circulación o exportación prohibida o que den lugar a multas o sanciones por parte de las autoridades competentes.

10) Créditos del exportador que según el tribunal de la causa, no califiquen para ser admitidos en el pasivo del importador fallido y los relativos a contratos que hayan sido anulados o resueltos por sentencia judicial firme.

11) Créditos derivados del suministro de mercancías, a sucursales o agencias y a familiares hasta del cuarto grado de consanguinidad o segundo de afinidad del asegurado.

12) Créditos a particulares, comisiones y agentes comerciales propios o ajenos, que no tengan establecimiento abierto al público.

13) Daños o perjuicios que sufra el asegurado, por pérdidas, deterioros o faltas de mercancía en ruta, multas y penalidades contractuales, anticipos, descuentos, almacenajes, costas judiciales y otros gastos a que den lugar dichas eventualidades y sus correspondientes daños y perjuicios.

XIV. VENTAJAS QUE BRINDA LA PROTECCIÓN DEL SEGURO OFRECIDO EN VENEZUELA.

Como lo resume el material descriptivo suministrado por la empresa, con dicha protección se producen:

1. Transferencia de los riesgos al asegurador.

2. Control de solvencia crediticia

3. Administración de las cuentas por cobrar.

4. Asiste al asegurado en el cobro moroso.

5. Por ello mismo y conforme lo destaca la citada información de la empresa la Mundial, se obtienen para el asegurado, las siguientes ventajas

6. Agilización del financiamiento.

7. Da mayor competitividad al vendedor.

8. Proporciona al exportador información financiera fidedigna y confidencial del comprador-importador.

9. Garantiza la Indemnización en caso de pérdidas.

XV. RIESGOS ESPECÍFICAMENTE CUBIERTOS POR LAS COBERTURAS DE LA ASEGURADORA DE CRÉDITO EN VENEZUELA

- Riesgos Comerciales (Mercado Interno y de Exportación)

Son los originados por la insolvencia o incapacidad de pago del comprador para cumplir total o parcialmente con el crédito otorgado por el vendedor.

Cuales son dichos riesgos:

1. Riesgos Políticos y Extraordinarios (Mercado de Exportación)

Son los originados por causas no imputables al deudor que impiden cumplir total o parcialmente con el crédito otorgado por el exportador. Sobre este concepto insistiremos un poco más adelante.

2. Imposibilidad del importador para tomar posesión de la Mercancía (Exportación):

Se configura cuando por incapacidad económica, el importador no puede tomar posesión de los bienes importados con base en una venta en firme, siempre que el ejercicio de una acción judicial para reclamar el pago de las pérdidas sufridas por incumplimiento del contrato comercial resultaría inútil.

3. No entrega o detención de la mercancía en tránsito:

Resulta de una inminente insolvencia del importador, conocida después del embarque y se detiene la exportación en tránsito o no entrega las mercancías al importador. Tanto en los supuestos de esta cláusula o la anterior, la pérdida asegurada de las mercancías no llegadas al importador quedará limitada como máximo al 30% de la factura más los gastos accesorios sí estos se hayan incluidos en el seguro.

XVI. REQUISITOS PARA LA COBERTURA

Los productos exportados deben ser nacionales o tener incorporado materia prima o mano de obra venezolana y que cumplan los requisitos de Ley.

Las mercancías exportadas deben corresponder a la actividad mercantil habitual del asegurado, y que la fecha del despacho de las mismas esté comprendida dentro del período de vigencia del contrato de seguro y sea anterior a la insolvencia del importador.

En caso que el crédito sea de duración a un año, se hayan pactado amortizaciones regulares semestrales o de menor plazo.

Que de común acuerdo con La Mundial, C.A., se establezca en el contrato comercial la cláusula de pago y las garantías más adecuadas con base en la legislación del país del importador y la de aquel al cual van destinadas las mercancías.

Que tanto el asegurado como el importador, hayan cumplido con todas las normas legales y formalidades en vigor en Venezuela y en el exterior, a que están obligados como exportadores e importadores respectivamente.

El asegurado no podrá convenir con el importador ninguna modificación al contrato comercial sin el previo consentimiento por escrito de La Mundial, C.A. De aceptarse dicha modificación, se hará constar en un anexo en el que se especificarán las nuevas condiciones practicadas.

En caso que se modifiquen las condiciones del contrato de compraventa comercial aceptado por La Mundial, C.A., y que afecte el monto o los plazos del crédito, se hará un ajuste de la prima de acuerdo a dicha modificación.

XVII. DENTRO DE LA REGULACIÓN Y MODOS DE DAR COBERTURA EL SEGURO DE CRÉDITO EN VENEZUELA. ¿CUAL ES EL CONCEPTO DE INSOLVENCIA?

A. Concepto de Insolvencia

La insolvencia como todos lo sabemos constituye una expresión de crisis patrimonial, que se reduce a incapacidad de atender o pagar los compromisos, por falta de liquidez o cualquier otra situación sobrevenida, o culposa.

C. Clases

De Derecho. Cuando haya una declaración judicial de quiebra.

De Hecho. Cuando se compruebe que el Comprador se encuentra en una situación económica tal, que el ejercicio de una acción legal para obtener el cobro del crédito resultaría inútil.

C. Tipos de Insolvencia

Definitiva: imposibilidad de revertir los efectos de la misma.

Temporal (Mora Prolongada): cuando hubiere transcurrido un período máximo de seis meses desde el vencimiento del crédito asegurado y este no haya sido cancelado por el importador, a pesar de todas las gestiones de pagos que se han realizado

XVIII. QUE SE ENTIENDE E INDEMNIZA EN LOS LLAMADOS RIESGOS POLÍTICOS

Debido a que este concepto es de multiuso en derecho, consideramos pertinente, a los fines de la materia que estamos analizando, precisemos, que se entiende por él en Seguro de Crédito, y diremos: Serán indemnizables al exportador, cuando tenga pérdidas derivadas de:

1. Motines, Paros, Disturbios

2. Guerra Civil o Exterior

3. Los hechos que se entiende generan los daños derivan de:

4. Insurrección

5. Eventos similares en el país del importador.

6. También cuando las autoridades de derecho o de hecho del país importador decreten medidas como:

7. Moratoria de Pagos

8. Intransferibilidad de Fondos.

9. Inconvertibilidad de su Moneda

10. Control de Cambios

11. Confiscación de Bienes.

Para que los mismos den lugar a indemnización, será siempre menester que el incumplimiento del pago provenga de un:

1. Comprador Público o Comprador Privado (con o sin garantía de Cualquier entidad gubernamental).

También cuando las autoridades de derecho o de hecho del país importador decreten medidas como:

2. Moratoria de Pagos

3. Intransferibilidad de Fondos

4. Inconvertibilidad de su Moneda

5. Control de Cambios

6. Confiscación de Bienes,

También, Indemnizando al exportador cuando tenga pérdidas por:

1. Motines, Paros, Disturbios

2. Guerra Civil o Exterior.

3. Insurrección

4. Eventos similares en el país del importador.

XIX. COMO SE PROCESAN LOS SINIESTROS: REQUISITOS E INFORMACIÓN

Según los condicionados de las pólizas en vigencia, son los siguientes pasos los que se deben seguir ante el Impago

(PRE-SINIESTRO) atraso de pago por parte del comprador. El Asegurado notifica el Aviso de Falta de Pago (AFP) dentro de los treinta (30) días continuos siguientes a la fecha de vencimiento del crédito.

El Asegurado, toma todas las medidas preventivas y acciones procésales que estén a su alcance para salvaguardar el crédito o disminuir las pérdidas finales; así mismo, mantener en conocimiento constante a La Mundial sobre los procedimientos tomados en su momento.

Ante la duda sobre cuáles son estas medidas a tomar, la compañía de seguros exige que el Asegurado lleve a cabo las siguientes acciones:

1. Demostrar el envío de avisos de cobro, con una frecuencia Mínima de 1 vez semanal y por escrito al deudor. Deberá tratar en lo posible de obtener una demostración de la recepción del mismo.

2. Minimizar el riesgo de cobro del crédito en el futuro, mediante la Obtención de medios de cobro más ejecutables que la simple factura; podría ser el cambio por giros o letras de más fácil ejecución.

3. En caso de utilizar servicios externos a la compañía para realizar las cobranzas, deberán de enviar toda la documentación mantenida con los mismos.

4. En caso de no poder realizar la cobranza en esta etapa, y de común acuerdo con 1.a Mundial, podrá emitir un poder para que ésta realice todas las acciones de cobranza por sus propios medios Todos los gastos de esta etapa se indemnizan en la misma Proporción y porcentaje que la cobertura otorgada en la póliza.

La Mundial indemnizaría en un lapso no mayor a 180 días a partir del vencimiento de la factura o su extensión si la hubiera.

CONCLUSIONES

Esperamos con esta pequeña reseña que sobre esta modalidad contractual presenta nuestra ASOCIACIÓN VENEZOLANA DE DERECHO DE SEGUROS (Avedese-Aida), y la cual me ha sido designada a mí para su elaboración, sobre la interesante modalidad del seguro de crédito, deje satisfecho a nuestras autoridades y organizadores, en el empeño de haberlo así asignado, y que cuando menos nos sea útil para crear el interés por la investigación y discusión de dicha modalidad asegurativa. Hoy, con la globalización, esta modalidad contractual, pasa a tener un rol de particular importancia.

Hemos procurado presentar una clara visión general del tema, en la primera parte de su desarrollo, pero en la Segunda, hemos procurado explanar la institución en el sistema legal y comercial venezolano, para facilitar la comparación con el ordenamiento de otros países.

Reputamos como ideal, que ahora este trabajo se lo circule y en los demás países del área que pertenezcan al CILA, podamos hacer nuestras comparaciones, intercambiarlas con los países vecinos y re-estudiar la temática.

Espero que el trabajo cuando menos tenga el efecto de motivar el interés por este tema apasionante y discutido.

BIBLIOGRAFÍA

Autores Varios: Material informativo suministrado por LA MUNDIAL, cd 00209, Venezuela, 2009

Banco DE Comercio Exterior (BANCOEX). Manual para la Empresa de Exportación.

Bastin, Jean, El seguro de Crédito en el Mundo Contemporáneo, Mapire, España, 1980.

Bastin, Jean. *El Seguro de Crédito en el Mundo Contemporáneo*. Editorial Mapire. Primera Edición Castellana. Madrid 1980

Benitez DE Lugo, Luis, *Tratado de Seguros,* tomo II, Los Seguros de Daños, Edit., Reus, España, 1955.

Donati, Antigono, *Los Seguros Privados, Manual de Derecho*, Librería Bosch, España, 1980

Jimenez Bermejo, Patricio. *Análisis Financiero*. Ecogestión Editora, S.A. Primera Edición. Chile, 1988.

Marmol M. Hugo, *Fundamento de Seguros Terrestres,* UCAB, Venezuela, 2@ edic.1980

Ossa, Efren, *Tratado elemental de Seguros*, Segunda Edición, Edit. Lerner, Colombia, 1963

Promexport, Tercera Edición, Caracas 1999.

Villalon G., Julio. *Operaciones de Seguros Clásicas y Modern*as. Editorial Pirámide. Primera Edición, Madrid 1997.

41.

ALGUNOS ASPECTOS RELACIONADOS CON LA FIGURA DE UN DEFENSOR DE LOS DERECHOS DE LOS ASEGURADOS (EL OMBUDSMAN DE LOS ASEGURADOS) A LA LUZ DE LA LEGISLACIÓN VENEZOLANA VIGENTE*

I. EL PORQUÉ DE LA INSTITUCIÓN DE LA FIGURA DEL OMBUDSMAN O DE LOS DEFENSORES DEL PUEBLO

En primer lugar, precisa aclarar cuando hablamos del tema de la conveniencia de que exista "defensor de derechos", no necesariamente nos estamos refiriendo a la necesidad de cubrir un área en la cual determinados sujetos permanecen al desamparo de la Ley, ni afrentados por el atropello de otro grupo de individuos.

Se trata en estos casos de reconocer la conveniencia de que exista una institución que se preocupe de velar, ante el congestionado mundo moderno, de que se cumplan determinados cometidos que garanticen a los individuos la efectiva protección de sus libertades públicas, la igualdad de los mismos ante la Ley y la oportuna y efectiva prestación de los servicios por parte de los órganos de la Administración Pública, para verdadera eficacia y garantía del cumplimiento de aquellos.

Con el desarrollo de las instituciones, la cada vez mayor, aún cuando en veces indeseable o inadecuada intromisión del Estado en áreas que escapan de sus verdaderos cometidos, a su vez lo obligan, o mejor crean el deber moral de amparar al ciudadano en aquellas áreas en las cuales comprometida la intervención del ente estatal, suponen para el ciudadano que los efectos, productos o servicios que emanen de esa actividad cuando menos, se prestarán cumplirán o producirán dentro de ciertos límites que garanticen su goce, su objeto y propósito.

Cada vez más, en adición a los cometidos públicos se pone de presente la necesidad de que se garantice en añadido a aquellas libertades y derechos ciudadanos, la verdadera felicidad ciudadana, el bienestar en general de los administrados, y con ello se hace necesario crear y dotar al propio ente público de mecanismos, instituciones, órganos y recursos necesarios para vigilar el buen cumplimiento de aquéllos, y van dejando obsoletos, por insuficientes o por ineficientes los que tradicionalmente se contemplaban con los mismos fines.

---

* Conferencia presentada en Jornadas en Honor a la Memoria del DR. KONRAD FIRGAU Y. - Jornadas de Actualización en Derecho de Seguro realizada por la Asociación Venezolana de Derecho de Seguro (AVEDESE-AIDA) con el co-patrocinio de la Cámara Venezolana de Aseguradores, 20 mayo 1999.

En el Estado y la sociedad moderna no sólo están ahora en juego los conceptos de orden, justicia, igualdad, se le han añadido los imperativos de progreso, bienestar, prosperidad, desarrollo y, en algunos casos, aun del establecimiento de las condiciones para la realización de la felicidad personal.

Es menester no ya solo que el ciudadano pueda ejercer libremente sus derechos y garantías ciudadanas, que se le proteja de las agresiones contra ellas, sino que por igual se le ampare contra los fuertes económicos, contra los grandes grupos, frente a los prestadores de servicios básicos en condiciones monopólicas, o al amparo del mismo Estado, que se les respeten sus derechos como Consumidores, en definitiva, de que esos individuos se encuentren potencialmente en la situación de recibir la efectiva tutela de los órganos *ad hoc* del Estado, en todas las áreas en que el Estado ofrece dicha protección o aquellas en que debe prestarla con miras a obtener y disfrutar de su bienestar.

Puede que existan, en efecto, normas y regulaciones que contemplen mecanismos para evitar atropellos y la supremacía de una de las partes, normalmente la poderosa sobre la otra, del Estado sobre el administrador, de la empresa sobre el consumidor, que en efecto existan mecanismos y procedimientos para procurar que aquellos atropellos no se lleven a cabo, o si ocurren cómo deben manejarse, denunciarse y corregirse tales entuertos y atropellos, pero de lo que se trata, cuando se piensa en la institución del Ombudsman o del Defensor de los ciudadanos o de los derechos del pueblo, es garantizar la existencia de un mecanismo eficaz que vigile y prevenga que ello no ocurra, que controle, denuncie y procure poner término a prácticas viciosas que menoscaban aquellos, que garanticen a los que carecen de medios para defenderse, que de alguna manera un ente o institución *ad hoc* velará para que ello no ocurra así, para evitar no sólo la violación individual de esos derechos en el caso concreto, sino prevenir, y evitar de modo general que ello aparezca, para crear conciencia para que no se continúen y multipliquen, y para que los ciudadanos se sientan confiados en poder denunciar y pedir sean corregidos[1].

Como podrá percibirse rápidamente, el fenómeno estudiado abarcará un amplio espectro que atañe tanto a las relaciones del sujeto frente al Estado, como a sus relaciones con otros particulares. La razón de ser de que tales situaciones se hayan incrementado y proliferado es producto de la congestión de funciones, actividades, relaciones jurídicas de toda índole que surgen como consecuencia de este mundo actual en que vivimos.

A su vez, esa maraña de relaciones, de acuerdos, convenciones, vínculos de sujeción públicos o privados, hacen ineficaces mecanismos tradicionales contemplados en las leyes, y por igual facilitan o permiten con intensidad no deseada, que los preceptos legales sean burlados, sustraídos de su cabal aplicación o en definitiva menoscabados.

Los crecimientos poblacionales, la multiplicidad de tareas del Estado Moderno, a veces deseable, otras intolerables o injustificadas, hacen que aquél no pueda cumplir a cabalidad con esas funciones de control para mantener la igualdad, la defensa de los derechos de los ciudadanos y la protección inclusive de sus mas ingentes derechos humanos.

---

1 Precisamente el significado etimológico de la palabra, que procede del inglés, es la de Protector de los derechos del hombre. Vid Carlos Ignacio Jaramillo, *Solución alternativa de conflictos en el Seguro y en el Reaseguro*. Publicaciones de la Pontificia Universidad Javeriana, Colombia, 1998, p 122.

Ese mismo fenómeno que ocurre en el área pública, en las relaciones Estado-ciudadanos, se transfiere por igual al de las relaciones privadas. El crecimiento económico, las figuras de las economías de mercado, los procesos de regionalización, ahora de Globalización, la necesidad de adecuar las necesidades de mercado, el crecimiento desbordante de oferta y demanda, los sistemas de ventas masivos, por igual han generado tendencias a la automatización de los contratos, a la estandarización de los convenios y modos de contratar, a la mecanización de las operaciones masivas del comercio, todo lo cual ha venido mermando la igualdad contractual, la calidad de los servicios y productos, el inalienable derecho a que cada quien contraiga o convenga la prestación de servicios en la forma que lo permita un justo ejercicio de la libertad contractual.

Es cierto que tanto en lo público como en lo privado, la Ley procura establecer normas, principios rectores y dispositivos que garanticen el orden público, que impidan y en su caso sancionen abusos, y para ello en el campo de lo público (relaciones Estado/Administrados) crea procedimientos, reglas y recursos que garanticen al ciudadano sus derechos, su bienestar y su seguridad y observaremos también que en el campo de lo empresarial, se procuran crear mecanismos similares para controlar el abuso, las prácticas indebidas, el trato incorrecto, a veces despótico para con el cliente, y observaremos como se crean de rutina en las organizaciones empresariales Departamentos de control de calidad, de información a los usuarios, de Quejas y Reclamos, todo con miras a procurar la excelencia, la satisfacción del usuario del producto o servicio, de respetar a ese pilar de la misma empresa que es la fuerza de consumo.

Por igual en ese mismo campo privado, el Estado se ve en la necesidad de establecer normas en procura de que la fortaleza económica no rompa la igualdad, se respeten los derechos de los consumidores, de los usuarios de servicios, y en especial en aquellas actividades donde entran en juego grandes números de usuarios, o donde la actividad de que se trate pueda generar descalabros generales perjudiciales al entorno económico y social (previsión social, Bancos, seguros, bolsas de valores, etc.) cada vez hace mas presente sus controles, la vigilancia de la actividad, crea regímenes sanciónatenos, etc.

Pero aquí, como en el área pública, observaremos también que precisamente ese cúmulo de nuevas responsabilidades de los órganos públicos, la masificación de usuarios, esos grandes volúmenes de operaciones, las condiciones que imponen los mercados para realizar las transacciones, y esa indebida o no deseable participación del Estado en múltiples actividades, hacen que los simples mecanismos legales instituidos tradicionalmente, sean insuficientes, resulten incapaces e inadecuados para garantizar el que no se cometan los abusos, atropellos, y las amenazas de coerción contempladas en normas penales, a veces tímidas, y lo enmarañado de los procesos para que se impongan poco efecto producen y en definitiva lo que acontece es un indeseable incremento de los conflictos de intereses, de insatisfacción social, de tal modo que se pone en peligro la paz y seguridad social, o cuando menos se produce un indeseable deterioro de la calidad de vida del ciudadano.

Por igual debe constatarse que en los Estados y sociedades mas perfectas, en los cuales es texto vivo de las Constituciones y de sus sistemas legales la protección de los Derechos Humanos, como primera prioridad, en lo que los mismos han suscrito Tratados y convenios internacionales que los comprometen y obligan a ello, la validez misma de tales derechos está puesta en duda o mediatizada bien en nombre de mal llamados intereses superiores, del Estado, de la Seguridad, de la Defensa Nacional, o del orden o de la Revolución, y en ellos es palpable cotidianamente la violación sistemática de aquellos derechos y libertades.

Igual ocurre en el campo de la economía privada, en las actividades del comercio, de la industria y de la intermediación, donde debería suponerse el especial interés de aquellas en que prevalezca el buen servicio, la adecuada prestación de los mismos, la impecable finalización de los productos terminados, el procurar mantener a los clientes satisfechos, ello muchas veces resulta una simple quimera y la realidad demuestra frecuentemente lo contrario.

En ambos campos, a pesar de los mecanismos legales, y los procedimientos y recursos que se contemplan en el ordenamiento para evitar esos abusos, en el área pública; y en la privada, el establecimiento de los controles de calidad, las declaraciones de principios y la filosofía empresarial, los departamentos de reclamos internos, todos ellos se toman insuficientes e inadecuados, y no se puede sostener que se hallan desarrollado adecuadamente mecanismos de control externo para proteger al ciudadano, en el primer caso, y al usuario, en el segundo, contra la arbitrariedad, la tardanza, la omisión, la discriminación, la desinformación, el maltrato, la arrogancia individual del funcionario o del vendedor, el error, la inercia, la laguna normativa (o la falta no contemplada en el Manual de Normas y Procedimientos) que impiden considerar el caso concreto.

En muchos otros casos, el exceso normativo, la multiplicidad de complejos procedimientos para atender reclamos justos, la discrecionalidad exagerada que se deja en manos de las líneas intermedias, finalmente el simple silencio de la administración o en su caso de los órganos superiores de la empresa, la simple ignorancia y en fin la inseguridad acerca de los límites de sus facultades, atribuciones o autoridad, hacen burla de esos derechos del administrado o del consumidor.

Por eso, concluye Carlos Gueron[2], "...la figura del Ombudsman se funda no en una presunción de "enfermedad inherente" para cuya cura la institución propuesta pretende ser una panacea, sino que es menester ante la consiguiente problemática de la corrupción, de la arbitrariedad, el interés pecuniario del burócrata para resolver el caso, la rapidez de la prestación, etc., no sólo su propia consideración conceptual, sino sus propias instituciones de control".

Es importante dejar claramente asentado que la figura del Ombudsman o Defensor del Ciudadano (consumidor) no crea derechos, no otorga derechos, no concede gracia en ausencia de aquéllos, no es una institución residual, para llenar lagunas en la legislación o en las funciones de vigilancia y control encomendadas a otras instituciones que se hacen ineficaces o ineficientes en el cumplimiento de sus propias tareas. El Ombudsman o el Defensor de los Derechos del Ciudadano, tiene sus propias tareas, porque el Estado o las instituciones empresariales, han asumido nuevas, crecientes y complejas funciones de modo permanente.

Así pues, como en todo Estado democrático moderno, debe existir la preocupación para que se controlen tales desaguisados a través de una figura o institución adecuada y eficaz, y por igual esa misma necesidad se traslada al campo de las empresas, a la actividad industrial, a la generación de servicios privados, donde debe existir el interés porque el usuario o consumidor puedan hacerse oír en sus reclamos contra deficiencias en la prestación de servicios, en el uso de productos comercializados y mercadeados por aquélla, que se los proteja de abusos, y que en definitiva eviten la mala imagen de las empresas, de

---

2 El Ombudsman en Venezuela, Introducción, en *El Defensor del Pueblo en Venezuela*, Gustavo Briceño Vivas, Edit. Kinesis, Venezuela, 1993, p. 125 ss.

las industrias, de los intermediarios, el deterioro de la calidad de los productos y servicios y en definitiva que produzcan realmente la plena satisfacción del usuario consumidor.

Esta preocupación para que las cosas marchen debidamente en el entorno público y en el privado, no resulta nueva, siempre se ha procurado y pretendido poner correctivos, crear órganos que velen para que se respete el estado de derecho, la buena y eficiente actividad de la empresa y la óptima calidad de los productos, en definitiva para mantener niveles apropiados de satisfacción ciudadana.

Son esos los tradicionales controles ejercidos por los Parlamentos o Congresos, lo que justifica la existencia de los Ministerios Públicos, Procuradores, Síndicos, Comisionados de Quejas, en las áreas públicas y en la actividad del Estado, lo que explica la creación y filosofía de los Departamentos de atención al cliente, los de Quejas y Reclamos, los de Controles de calidad.

Mas a medida que se incrementan las poblaciones, los administrados, la demanda, los usuarios de servicios, aquellos se hacen ineficaces, no se bastan con el cúmulo de otras funciones propias que les asignan las leyes o las políticas empresariales.

Todo ello ha generado esa aspiración de que se creen órganos más eficaces, que tengan menor cúmulo de funciones para que se les permita centrar su actividad en tomo a velar por el respeto de la Ley, a los derechos y garantías ciudadanas, la debida atención al administrado, en el área Estado/administrados, desarrollándose así la idea de designar un Ombudsman, Defensor del Pueblo, o denominaciones similares, y encontraremos por igual que en el campo privado, anticipándose a la tutela estatal, y para procurar disminuir los reclamos y litigios, también se ido pensando en la necesidad de que un ente dentro o fuera de la empresa u organización, que vele por la regularidad formal y legal de la actividad empresarial y de producción, no sólo para que no se atente contra el interés público general, sino que tome en cuenta el caso concreto, el del usuario individual, y se haya ido implementando la creación de figuras similares a aquéllas, tales como la de Defensores del Cliente, Protectores de los Usuarios, para áreas específicas, o para la clientela concreta de una determinada entidad empresarial (Defensores de los clientes bancarios, de los asegurados, de los usuarios de los servicios eléctricos) y más concretamente, el Ombudsman de los clientes de la empresa tal o cual, o el Defensor de los clientes del Banco X o Z.

Refiriéndose al área pública, entre las ideas que justifican la conveniencia y razón de ser de los Defensores del Pueblo, Ombudsman, vale la pena hacer alusión a los conceptos que emite Freddy Muñoz[3] cuando sobre dicho tema y para el caso de Venezuela, expone:

> "Aconsejan la consagración de dicha institución:
>
> La influencia dominante que sobre los centros de decisión de la sociedad ejercen los intereses más poderosos que se manifiestan en ésta. Por obra de tal influencia se genera un desfase estructural entre principios formales y proceso real, en detrimento de quienes no son, o son solo débilmente sujetos de poder;
>
> — El bajo nivel cultural de la mayoría que afecta su conocimiento de los derechos que tiene y de los instrumentos que puede utilizar para ejercerlos, así como su disposición para reclamar y su eficacia en la acción defensora, cuando esta es realizada;

---

[3] Fundamentación de la necesidad del Ombudsman en Venezuela, en El Defensor del Pueblo en Venezuela, *opus cit*, p. 133 ss.

— El rezago de las instituciones con respecto a la marcha del proceso social y a las exigencias que de él se derivan, incluso en ausencia de conflictos de interés;

— Los errores, las fallas, las imperfecciones en la actividad de los organismos de la Administración pública que tienen relación con el ejercicio de los derechos de las personas. En particular los rasgos autoritarios que suelen ser característicos, en alguna medida, de esos organismos, lo cual obstaculiza el que ellos actúen como servidores del ciudadano".

Esos mismos conceptos, *mutatis mutandi,* son trasladables al campo específico y concreto de las empresas, industrias y prestadoras de servicios de toda índole y con ello queda todo dicho.

II. ALGUNAS PRECISIONES EN TORNO AL TEMA

1. *Los controles tradicionales y la figura del Ombudsman*

De modo general podemos decir que cuando la doctrina y los autores se refieren al tema del Ombudsman y la necesidad de un Defensor de los Derechos del Pueblo, de manera inmediata y directa se hace referencia a la necesidad imperiosa de toda organización moderna y democrática, social y política, de que sus ciudadanos cuenten con medios, métodos e instituciones específicos, que real y efectivamente protejan y defiendan sus derechos individuales, sus libertades constitucionales, sus Derechos Humanos, inclusive en adición o en sustitución de figuras e instituciones que tradicionalmente tenían similares cometidos.

No basta para que podamos considerar la verdadera existencia de los derechos y garantías constitucionales su mera enunciación y consagración en las cartas constitucionales, provistos de una legislación sustantiva y adjetiva que los consagre y les preste amparo y cobijo, sino que cuenten con mecanismos eficaces para su protección y efectivo disfrute.

En tal sentido, como bien lo destaca la Dra. Cecilia Sosa[4], nuestra carta constitucional, tan criticada por cierto en estos días, contempla una serie de mecanismos para garantizar en el campo de lo estrictamente legal e institucional, tradicional, su adecuado ejercicio y efectividad en la propia normativa constitucional, los cuales se clasifican según las autoridades ante quienes se pueden intentar y las que están obligadas a ejecutar dichos mecanismos por vía de los medios recursivos consagrados en la Ley , tal es el caso de los dispositivos de los Arts. 49, 50, 220, 202, 217, 235, 236, 139, 121 y 46 de la Constitución Nacional que al igual encuentran desarrollo en Leyes especiales vigentes en la República (Ley Orgánica de la Corte Suprema, Ley Orgánica del Poder Judicial, Ley del Ministerio Público, Ley de la Contraloría General de la República, Ley de Amparo Constitucional, Ley Orgánica de Procedimientos Administrativos, Ley de Salvaguarda del Patrimonio Público, etc.) que atribuyen al Congreso de la República, a la Corte Suprema de Justicia, al Ministerio Público y a la Contraloría General de la República, las potestades necesarias para implementar los mecanismos adecuados para garantizar el goce y cumplimiento de dichos derechos.

---

4 *El Ombudsman en Venezuela*, Revisión de las instituciones y leyes existentes, *opus cit* p. 138 ss.

En otras palabras, el Estado cuenta con entes, instituciones y mecanismos controladores de la legalidad, pero pretender que la Administración Pública pueda llegar a controlarse eficazmente a través de la acción de vigilancia y tutela de los órganos superiores sobre los inferiores o de la acción fiscalizadora de los órganos judiciales, resulta una quimera y es del todo insuficiente.

Por ello, resumiendo las ideas de la Dra. Sosa y citando resoluciones adoptadas por organismos mundiales, ya desde 1972 se consideró que los sistemas jurídicos de protección clásica, aunque sean más perfeccionados, resultan frecuentemente inoperantes, ".... en consecuencia, conviene considerar con interés la institución de un órgano que acoja y tramite las peticiones y tenga acceso a los documentos internos de los servicios públicos" [5].

El Ombudsman en tal sentido viene a constituir un órgano independiente de fiscalización en un sistema político y constitucional realmente democrático, al servicio de la Administración, del Legislativo y también, puede ser el caso, del Judicial.

Por igual precisa destacar, como lo hace Sosa[6] que la creación de un ente o institución tal como la propuesta, supone:

> "Plantearse el delicado problema de compaginar la justicia administrativa, en el sentido amplio del término, es decir las vías administrativas y contenciosa, con la actividad fiscalizadora del Ombudsman;
>
> No pretender que con ello deban sustituirse los imprescindibles canales de las acciones y recursos en vía administrativa y jurisdiccional, puesto que la finalidad del mismo es colaborar con la debida eficacia de aquellos, y su perfectibilidad en la lucha contra la injusticia y el abuso de poder;
>
> Enfrentar la necesidad de potenciar e instaurar el principio de garantía del particular frente a la Administración. Por ello la sola creación de Oficinas de Quejas y Reclamos, Oficinas de Información, sólo se convierten en un consuelo para el administrado, sin la efectividad de un verdadero control externo de la función. Las deficiencias de esas oficinas se basan en que no están previstas como organismo de control de la legalidad y por que el auto-control de la administración no asegura la independencia del mismo.
>
> Reconocer en toda su auténtica gravedad el hecho indiscutible de que el administrado en Venezuela no se encuentra suficientemente amparado contra todo lo que supone y resume tan significativamente el término anglosajón 'mala administración".

Concluye la citada autora, destacando:

> "En síntesis, el Ombudsman tiene como misión defender la legalidad y los derechos de los particulares frente a las transgresiones de la administración pública, investigando y poniendo de relieve sus errores, negligencias o dolo para que sean superados" [7].

5 Conferencia Parlamentaría convocada por la Asamblea Consultiva del Consejo Europeo, Strasburg, 1972, citado en El Defensor del Pueblo en Venezuela, citado, nota a p 149.

6 *Opus cit*., p. 149 ss.

7 *Opus cit.* p. 150.

Debemos destacar que se ha escrito cuantiosa literatura para poner de relieve la insuficiencia de los controles actuales de la legalidad y los derechos ciudadanos y por tanto sobre la conveniencia de añadir las especiales funciones del Defensor del Pueblo u Ombudsman[8], pero que debemos omitir por ahora, en tanto nuestro tema nos obliga a centrar la exposición sobre otra materia.

2. *El Ombudsman y el Ministerio Público*

Por igual merece comentario especial en este estadio de nuestra disertación, la diferencia entre la figura del Ombudsman con la del Ministerio Público, pues frecuentemente se tiende a confundirlas y se critica la implantación del Defensor del Pueblo, sosteniendo que ello será una nueva duplicidad de órganos, con funciones similares para no decir idénticas.

En tal aspecto, resultan claras y precisas las consideraciones del Dr. Román Duque Corredor, quien destaca que las diferencias específicas de ambas instituciones radican en la función esencialmente defensiva de los derechos de los ciudadanos por parte del ombudsman, y en la función esencialmente velatoria del cumplimiento de la constitución por parte del ministerio público.

destaca duque que esa importante diferencia ya viene claramente establecida en la constitución española (art. 54) y concluye advirtiendo que en ella al defensor del pueblo se le concede la facultad de supervisar la actividad de la administración, y no para "anular la actividad de aquella"[9], no obstante lo cual tampoco se le niega legitimación para ejercer recursos de inconstitucionalidad, amparo y contencioso administrativos.

Es de advertir que en la literatura especializada sobre el tema, encontraremos una variada gama de formas de establecer esta figura o alguna similar con cometidos idénticos, y que resumidamente y en beneficio de entrar en la materia que es propia de nuestra disertación, diremos que van desde, el englobamiento de sus funciones dentro de la actividad de otros órganos con cometidos similares (vbg. El Ministerio Público), hasta la consagración de una figura definida, concreta y separada de cualquiera otra de las que hasta ahora con fines similares se la contempla en algunos sistemas legislativos del mundo, o de las examinadas por la Doctrina especializada.

Precisaremos también que en la literatura especializada, cuando esas funciones se otorgan y confieren a un ente u organismo en protección de los intereses colectivos, para garantizar libertades y derechos ciudadanos, o asuntos atinentes a materias *supra* - individuales, encontraremos que los terminología común utilizada será OMBUDSMAN, DEFENSOR DEL PUEBLO o similares, mientras que cuando con ella se persigan fines más concretos, se procure velar por intereses más individuales y determinados, encontraremos que la denominación usada será la de Defensor del Usuario, Consejo Protector de los clientes, el Defensor de los asegurados, de los clientes financieros, etc.

---

8 Al respecto remitimos a los interesados al trabajo 'Insuficiencia de los controles tradicionales sobre la Administración" de los Dres. Pedro Miguel Reyes, Gustavo Briceño y Nelson Roth, Ponencia presentada en el Segundo Coloquio sobre el Proyecto Ombudsman para América Latina, Costa Rica, abril de 1989, citada y reproducida en Ei Defensor del Pueblo, *opus cit*, p. 321 ss.

9 Román Duque C., Ombudsman y Constitución, en *El Defensor del Pueblo en Venezuela*, p. 77 ss.

En adición, cabe destacar la tendencia actual de que cada vez con mayor ahínco puede observarse la práctica en el campo de lo privado, de la institucionalización de entes y organismos especiales de esa índole, bien sea con amparo legislativo concreto, o bien sean de índole absolutamente voluntario, que procuran esa defensa al Consumidor, usuario o ciudadano, y que, además se los establezca, cada vez con mayor frecuencia para áreas específicas tales como las bancarias, de seguros, de inversiones, de previsión social, salud, etc.[10]

3. *El Defensor del Asegurado*

Finalmente advertimos que cuando en concreto, como en este evento nos refiramos a la figura del Defensor del Asegurado, lo hacemos adhiriéndonos a esa nueva tendencia de presentar al Ombudsman, en un campo específico, ajeno o no para algunos de la conveniente, necesaria e imprescindible necesidad de dar una efectiva protección a los Derechos Humanos, y más concretamente la que procura la creación de dichos Defensores para proteger a los ciudadanos de las prácticas comerciales abusivas, procurar la más rápida y eficaz solución de conflictos entre prestadores de servicios, productores de bienes y usuarios, consumidores y recipiendarios de servicios, y en definitiva para crear una mejor imagen del ramo o actividad empresarial privada de que se trate, al buscar precisamente que tales soluciones y protecciones se obtengan por vía de mecanismos *ad hoc,* extraños a los medios tradicionales consagrados en las leyes, esto es, concurrir a los órganos administrativos o judiciales, a mecanismos de mediación o de arbitraje o cualquier otro similar, que de por sí consumen mayor tiempo para provocar la satisfacción de reclamos, errores de servicios, negligencia de empleados, síntomas de arbitrariedad y mal servicio, entre otras cosas.

En ese mismo orden de ideas, precisa advertir también que en nuestra Constitución del 61, si bien no es tan imperfecta como hoy se nos pretende hacer ver dentro del espíritu que propicia un radical cambio de nuestra Carta Magna, es cierto que en materia de Derechos del Consumidor, no resulta tan clara y explícita como otras Constituciones de reciente data, vbg. El caso de Colombia, al extremo de que apenas encontramos una referencia tímida a la protección de intereses difusos o de clase en el artículo 109[11] y con la controvertida y confusa redacción de la actual Ley de Protección al Consumidor y al Usuario[12] en materia

---

10 Remitimos a los interesados en revisar antecedentes, caracteres y sistemas a la ya citada obra El Defensor del Pueblo en Venezuela, y a los trabajos de José Ma. Sotomayor G., Aproximación a la figura del Defensor del Asegurado, en Revista Española de Seguros, N° 73 y 74, 1993, Editorial Española de Seguros S.A., España, ISSN- 0034-9488, p. 17; de Jesús Llano Ramírez, El Defensor del Asegurado "Ombudsman" experiencia Colombiana y su reciente regulación legal, en Memorias del XXI Encuentro Nacional de Acoldese, Editora Guadalupe Ltda., Colombia, 1998, p. 99 ss, José L. Banrón de Benito, *Revista Ibero Latinoamericana de Seguros* N. 7, Edic. Javegraf, Colombia, 1995 y Carlos Ignacio Jaramillo, la ya citada obra "Solución Alternativa de Conflictos en el Seguro y el Reaseguro".

11 Constitución de la República de Venezuela, GO 3357 Extraordinaria 02-03-34. Art. 109: "La Ley regulará la integración, organización y atribuciones de los cuerpos consultivos que se juzguen necesarios para oír la opinión de los sectores económicos privados, la población consumidora, las organizaciones sindicales de trabajadores, los Colegios de profesionales y las Universidades, en los asuntos que interesan a la vida económica.

12 *Gaceta Oficial* N° 4898 Ext del 17-5-95, Gaceta Legal 874 p. 526 ss, que en lo adelante identificaremos como LPCU.

de los Consumidores Asegurados, todo ello a diferencia de lo que ocurre en la Constitución Colombiana de 1991, donde expresamente se regula y consagra la figura del Defensor del Pueblo, y en añadido, por igual de manera concreta, tiene reconocimiento expreso como Derecho Colectivo a favor de los Consumidores, a fin de que les sea garantizada la calidad de los bienes y servicios ofrecidos, tal como lo consagra el artículo 78 de dicha Constitución[13] creando la protección específica para esos derechos de Clase (interés y legitimación supraindividual) y donde además ya se discuten Proyectos de legislación concreta en los que se contempla la consagración de las Defensorías Privadas de los usuarios[14] lo que definitivamente da un respaldo a la institucionalización de estas figuras al encontrar regulación específica y concreta de dichas figuras en normativas especiales tal como ocurre expresamente en algunos países de Europa[15].

Es, pues, a esta especial figura y a la institución que la misma desarrolla, a la que queremos dedicar el motivo de nuestra exposición y las consideraciones que ello nos merece en Venezuela.

III LA FIGURA DE LA DEFENSORÍA DEL USUARIO (CONSUMIDOR) ASEGURADO

1. *Alcance de la figura y diferencia con la del Ombudsman y Defensor del Pueblo*

Como podrá haberse observado de las precisiones anteriores, esta figura, nace al lado de la expresamente contemplada de manera general, para la protección de los derechos y libertades ciudadanas, que diremos están atribuidas al clásico concepto del OMBUDSMAN y otras figuras afines, pero de la que se diferencia claramente, y que se la conoce en la doctrina y dichas normativas como DEFENSOR DEL USARIO, y específicamente la del usuario Asegurado, que es la materia importante de examinar y que nos interesa conocer más adecuadamente, por la actividad que desarrollan nuestras patrocinadas y representadas.

Es cierto que las generales, las que atienden a llenar las necesidades de garantizar los derechos y garantías ciudadanas, son las que le sirven de origen y modelo, pero con éstas, tiene claras y precisas diferencias de forma y fondo y pretendemos demostrar, en adición que su regulación y consagración pueden aceptarse, aún en los sistemas en que como el Venezolano, no exista propiamente la del Defensor del Pueblo, pues la institucionalización de dichos entes, órganos, figuras o instituciones, nace no de su expresa consagración, sino como lo hemos pretendido dejar aclarado, lo es por la conveniencia y necesidad de otorgar esa protección a los usuarios y consumidores, como un derecho propio, que protege en general la calidad de vida de los ciudadanos, en especial la de los usuarios de tales servicios, mejora las relaciones entre entes productores de bienes y servicios y los usuarios y procura en definitiva la paz y seguridad social, de una parte, pero por la otra, está también como motivo de su creación, la filosofía de las empresas privadas, por mejorar su atención y servicios al público, por preservar el buen nombre de sus productos y servicios en el mercado, por mejorar la competitividad y resguardar el buen nombre de la marca,

---

13 Jesús Llano Ramírez, *opus cit.* p. 103 ss.

14 Proyecto de Ley 446 del 07-07-98 colombiano a que alude Llano Ramírez, *opus cit.*

15 Ley 30/1995 de Ordenación y Supervisión de Seguros Privados Española. Vid. Fernando Suárez González, Doce años defendiendo al Asegurado, en *Revista Ibero-Latinoamericana de Seguros*, N° 10, p. 196, Edit. Javegraf, Colombia, 1997.

empresa, lema o institución; claro está todo dentro de los justos límites y siempre que con ello no se lesionen otros derechos e intereses de mayor entidad, como lo son el derecho a recibir del Estado la Justicia tradicional para la satisfacción de sus conflictos, no vulneración del orden público, etc.

Pero entre la figura del Ombudsman clásico y la del Defensor concreto de usuarios, como lo dijimos, existen claras diferencias. Entre ellas, coincidimos con Llano Ramírez[16] la de mayor relevancia resulta ser la de que dado su origen estrictamente privado y enteramente facultativo, el Defensor del usuario (sea en seguros, Banca u otras actividades) viene instituida y regulada por las normas reglamentarias que le trace la empresa misma de que se trate y es ello a su vez índice marcado y tajante del respeto constitucional a la libertad de voluntad de los particulares en la contratación, cuando no esté en juego el orden público ni el bien común.

De otra parte encontraremos por igual que su institucionalización y funcionamiento, por lo general contarán cuando menos con la anuencia y conocimiento de las autoridades públicas que de alguna manera tengan a su cargo el control y vigilancia de esa actividad, y por igual de la que tienen en concreto la tutela de los intereses del Consumidor.

Así, por ejemplo en el caso específico de Colombia, la Superintendencia de Bancos[17] ha señalado, que cuando menos la misma debe estar en cuenta y si no aprobar, cuando menos no rechazar que las empresas regulen y establezcan dicha modalidad e institución, y condicionado a que aquellas deben someter a su aprobación la organización y su funcionamiento; que previamente conozca el caso en referencia; que en el mismo no se traten asuntos no susceptibles de transacción o esté interesado en general el orden público; que la empresa, convenga y acepte que la decisión que se pronuncie sea para ella vinculante de aceptarla el asegurado, y de que éste, en efecto, si la acepta, d lugar a la decisión definitiva del asunto por esa vía.

2. *Justificación de la necesidad y conveniencia del Defensor del Usuario*

En general, puede sostenerse, que entre las razones que con mayor fuerza militan para su creación y operatividad lo serán en forma genérica, como las califica el profesor Jaramillo[18], su alcance tuitivo o protector del Consumidor, en este caso del Asegurado, y en concreto velar porque la actuación del asegurador, tildado de parte fuerte en la relación aseguartiva (mayor poder de negociación), invariablemente se inscriba dentro de parámetros objetivos, como tal alejada de cualquier arbitrariedad o fundamento meramente subjetivo, tal como debe resultar de la verdadera naturaleza del contrato de seguro, esto es, un contrato de eminente buena fe; en segundo término, porque en definitiva todo lo que ella implica, se traduce igualmente en un mejor servicio al cliente, y finalmente porque con ella se incorpora, como vía de solución de eventuales conflictos, *motu propio*, una técnica de solución de controversias, que se añade a toda otra hoy vigente, deseable desde todo punto de vista, meta que contemporáneamente se persigue tanto en Derecho Privado como en Derecho Público, todo con miras a procurar una rápida y eficaz solución de conflictos

---

[16] *Opus cit*, p. 108.

[17] Así lo tiene decidido reiteradamente la Superintendencia Bancaria de Colombia (la que también ejerce el control de Seguros) según cita Dictamen 97030775 del 03-08-97, mencionado por Llano R., *opus cit.* p. 108, nota N° 5.

[18] *Opus cit*, p. 112 ss.|

por vías diferentes a la que dimane de la organización judicial ordinaria del Estado, la cual siempre supondrá procedimientos dispendiosos, lentos, onerosos y que no satisfacen a plenitud a las partes, pues la decisión judicial no es siempre la que mejor responde a la verdad real de los conflictos, si bien debe admitirse que es la vía expedita y ordinaria consagrada por la Ley para dirimirlos como tales y obtener el respeto y acatamiento social de lo decidido.

La actuación del Defensor del Usuario, en tal sentido debe entenderse como una fórmula más de las de amigable composición de los conflictos, que no encuentra obstáculo alguno que la impida, restrinja o mediatice, entre las cuales estarán en adición a esa forma de mediación especial del Defensor del usuario, las de la conciliación, mediación (en cualquiera de sus formas) y la del arbitraje, tradicional o comercial[19].

Para el mismo autor, deben igualmente citarse como justificantes específicos de la institución del Defensor del asegurado, entre otras las siguientes:

a) Centrar el interés del asegurador en el servicio o atención al cliente, tendencia internacional de toda la moderna organización empresarial;

b) Moderar o disminuir los equívocos o malos entendidos entre asegurados y aseguradores, pues una apreciable cantidad de dificultades y diferencias entre unos y otros, estriba precisamente, en la falta de entendimiento, de información o comunicación, que no solo dan lugar a los conflictos, sino que crean y producen una mala imagen del asegurador[20].

En adición, vale la pena citar también los argumentos de Ernesto Caballero Sánchez, que por igual hace suyos Llano Ramírez[21], quienes advierten:

> "Prima actualmente el que se fundamenta en la mejora de la calidad de los servicios que los empresarios de seguros, como cualesquiera otros, deben prestar a sus clientes, objetivo que indudablemente está de moda por razones de competitividad, pero que al mismo tiempo sirve también de protección a los consumidores. En esta línea, como vengo sosteniendo desde 1993, en varios de los trabajos sobre los consumidores de seguros, política de calidad y política de consumo, son ramas de un mismo tronco".

---

19 Recordemos que en Venezuela, la Ley de empresas de Seguros y Reaseguros (*G.O.* 4.822 Ext. del 23-12-94) contempla una fórmula especial de arbitraje administrativo a cargo de la Superintendencia, y que hoy, en adición a la vía arbitral ordinaria (la del Arbitramento regulado en el Código de Procedimiento Civil. *G.O.* 4.196 Ext del 2-8-90) también se establece la del Arbitraje Comercial (Ley de Arbitraje Comercial, *G.O.* 36.430 del 07-04-98), así como los mecanismos de conciliación y arbitraje regulados en la LPCU.

20 A este respecto vale la pena destacar la opinión del profesor Bemard Viret, citado por Jaramillo, quien afirma: "La historia de las relaciones entre los aseguradores y sus asegurados es, en muchos países, caracterizada por la incomprensión y los malentendidos". Modes de Reglament non Contentieux des Indemnites D'Asurance, Comité Europeen Des Asurances, Revue Generale des Assurances Terrestres, LGDJ, Francia, 1992, en Solución Alternativa de Conflictos en el seguro y en el Reaseguro, citado, p. 118, nota 87.

21 Ernesto Caballero Sánchez, *El Consumidor de Seguros, Protección y Defensa*, Edit. Mapfre, 1997, España, citado por Llano R., *opus cit*, p. 109, y este último autor en su mencionado trabajo ya citado.

Según Llano R., entendida bajo el aspecto "política de calidad", debe considerarse que el establecimiento por parte de un empresario de la Defensoría del Usuario, constituye herramienta eficaz para lograr la referida calidad, atributo que, en aplicación del moderno concepto de la Gerencia de Servicios se le reconoce el alto valor estratégico a estos, a los cuales consideran como una parte integrante del producto que distribuyen "... En esas organizaciones, el servicio no es un cargo o un Departamento. Para ellas el servicio es producto".

Complementa el mismo comentado autor su justificación, destacando que

> "Teniendo en cuenta las amplias facultades que al Defensor del Usuario confieren las empresas, la sola atribución de poder solicitar y obtener cualquier tipo de información de la entidad, y la obligación para esta de suministrar aquella, a fin de que el Defensor pueda proferir la decisión del caso, está indicando que la empresa o grupo de empresas que determinen establecer el servicio de Defensoría para sus clientes, poseen una organización interna absolutamente confiable y que ofrece las mejores seguridades. Tal significación constituye indudablemente un verdadero aporte a la política de calidad de la empresa".

Por último, destaca Llanos:

> " .... las gestiones propias del Defensor del Usuario, suponen un flujo de información, que requiere una función INFORMADORA, indispensable en toda organización moderna de las empresas. La comunicación necesaria para el buen funcionamiento de las empresas no se logra solo con las llamadas comunicaciones ascendentes (órdenes) extrañas en las organizaciones empresariales con ambientes organizativos participativos y democráticos, sino con la práctica de políticas de puertas abiertas .... y del Defensor del interés público... "[22]

Pero debemos destacar finalmente, que no son esas las únicas bondades y beneficios de la figura, pues con ella, como lo hemos dejado esbozado precedentemente, se produce una mejor y más fluida información entre el asegurado y la empresa, se detectan problemas de incomprensión o indebida interpretación de pólizas, reclamos y hechos constitutivos de aquellos, y en definitiva, produce una sensación, definitivamente, de mejor atención para el cliente usuario, que beneficia, como lo dejamos dicho la buena imagen de la empresa de que se trate y así lo demuestran los datos estadísticos de España y Colombia, sobre el funcionamiento de las Defensorías de los Asegurados[23].

3. *Antecedentes de la institución y panorama del Defensor del Asegurado en Europa*

Podemos decir con Sotomayor quien hace un interesante resumen de los antecedentes de la institución en Europa, y al que remitimos a los interesados, que la figura no es novedosa en ese continente.

Es en Suecia donde surge la figura en 1908 producto de la iniciativa de un grupo asegurador privado.

---

[22] Destaca Llano Ramírez, que ello encuentra apoyo en voceros calificados como Eric Clemens y F. Warren McFarían (Administración, una perspectiva global), *opus cit.* p. 111.

[23] Véanse al respecto sendos trabajos de Llano R. y de Sotomayor, obras citadas.

Luego en Dinamarca se crea el Consejo de Reclamaciones de Seguros en 1975, entidad de carácter mixto, entre asociaciones de consumidores y Asociación de Aseguradores.

En Gran Bretaña se estima existe el sistema mas perfeccionado de protección a los consumidores (1981) donde se reúnen 341 entidades aseguradoras y donde solo se excluyen los riesgos industriales o comerciales y los grandes riesgos.

Puede concluirse este breve panorama, con Sotomayor destacando que todavía en Europa, la figura es una institución en vías de experimentación y advirtiendo que en España, Francia e Italia, la situación es similar y que en Alemania es donde más rezagada se encuentra la situación, dado que es donde mejor funciona la actividad jurisdiccional[24].

En España, la figura tuvo origen primero, al igual que en el resto de la generalidad de los países en que existe, dentro de la iniciativa privada, atribuyéndose a la MAPFRE su primera consagración[25].

El modelo español ha encontrado buena acogida ahora en América, siendo luego Colombia la que lo pone en práctica, también dentro de la iniciativa privada primero.

Como rasgo común típico de la institución puede destacarse que primero tuvo consagración en la actividad privada, de allí ha pasado luego a tener consagración legislativa, o en vías de su reconocimiento en leyes, tal como ocurre precisamente en España y Colombia, bajo la denominación de Defensorías Privadas[26].

Puede sintetizarse que como características comunes de la figura en el entorno europeo, destacan las que siguen:

— Se trata de Juntas o personas independientes, aunque nombrados por grupos aseguradores o Federaciones de empresas;

— Su ámbito de competencia no comprende en general los grandes riesgos industriales y comerciales, pues de lo que se trata es de proteger al consumidor de los abusos de las empresas y las grandes empresas no necesitan de esa protección;

— Las materias más frecuentemente sometidas a decisión, son las relacionadas con el seguro de automóvil, responsabilidad civil general, etc.;

— Las competencias atribuidas tienen por lo general límites económicos.

— También es interesante destacar que la propagación de la institución por otros sistemas ha sido la regla y debe añadirse que la tendencia se ha observado en un doble sentido, bien sea que la consagración de la misma se la establezca en empresas concretas, o en otros supuestos, el que Federaciones o Asociaciones de determinados ramos de las mismas establezcan en común su funcionamiento.

---

24 Sotomayor, *opus cit* p. 28 ss. Para complementar el panorama histórico, recomendamos examinar la completa obra de Carlos Ignacio Jaramillo, *opus cit*. p. 120 ss.

25 Suárez González, *opus cit*, p. 190 señala que en 1981 fue implantada la figura del DEFENSOR DEL ASEGURADO en la mencionada empresa y de allí se extendió por Igual a otras instituciones privadas, sin reconocimiento expreso en la Ley.

26 En España la Ley 30/1985 de ordenación y supervisión de seguros privados y en Colombia, hasta donde conozcamos forma parte de un proyecto oficial que reposa en el Congreso su expresa consagración. Llano R. *opus cit*, p. 112 ss.

4. *Concepto de las Defensorías privadas del usuario y elementos tipificantes de la institución*

Concepto de la institución:

En el entorno legal y doctrinario examinado, puede decirse que una aproximación conceptual adecuada de la institución de la DEFENSORÍA DEL USUARIO, será "la de que es una institución mediadora, de carácter privado, independiente, voluntaria, y considerada imparcial por las partes, que procura la conciliación entre aseguradores y asegurados en los conflictos en que sea competente, mediante la adopción de resoluciones que no impiden la vía judicial ni la proyección administrativa" [27].

Del concepto aludido, el cual entendemos extensible a Venezuela, si fuere el caso, encontramos elementos típicos que delinean la institución y que facilitan la comprensión de ciertos aspectos a los que nos referiremos más adelante.

Elementos tipificantes de la figura:

En primer lugar, destacamos que su creación y operatividad, no depende exclusivamente de que de alguna forma se la contemple en el ordenamiento jurídico, sea el general de la protección de los derechos del ciudadano, sea concreto de la protección de los Consumidores, o específico dentro del caso de la normativa sobre Control de la actividad aseguradora, en el campo específico que nos reúne para el examen de esta materia.

Se afirma en el concepto, que se trata de una institución mediadora de carácter privado, lo que pone de manifiesto, que siempre y cuando los problemas sometidos a su resolución o consideración no atenten al interés público, es perfectamente posible que las partes afectadas convengan en esa modalidad de resolución de los mismos, como vía expedita y legalmente consagrada[28].

Lo dicho implica por supuesto, que de manera expresa e indeclinable, supone que ambas partes acepten esa vía de solución, para que se produzcan los efectos deseables de concluir el conflicto existente.

Como característica particular de la figura, desde el punto de vista de la empresa que la instituya, diremos que al consagrarla aquella, anticipadamente presta su asentimiento irrevocable a la aceptación de la que el Defensor pronuncie en el caso concreto, mientras que la del usuario, será menester que éste de manera expresa, así la acepte.

En el caso de Venezuela, agregaríamos nosotros, que por razón de existir una previsión especial al respecto en la Ley de Arbitraje Comercial en cuanto a los contratos de

---

[27] En tal concepto coinciden Llano R., Segundo Ruíz y Ernesto Caballero S., según lo afirma el primero mencionado.

[28] En Venezuela, a diferencia de otras legislaciones sobre Arbitraje, la novísima Ley de Arbitraje Comercial no se extiende a la figura genérica de la Conciliación, como si resulta serio en el caso de la Ley Boliviana vigente, modelo de la cual resultó ser la Española, en donde expresamente se consagra la vía de Conciliación y de la Mediación, como modos alternos para la solución de los conflictos, no obstante, en nuestra legislación encontramos la recepción de esas figuras como tales medios alternos de solución, cuales son los casos de la Legislación Laboral, el mismo Código de Procedimiento Civil, la LPCU (art. 86, numeral 12), la Ley Orgánica de la Justicia de Paz (G.O.4.817 del 21-12-94).

adhesión o reglados[29] y adicionalmente lo que estipula la LPCU en cuanto a esas modalidades contractuales, será menester que esa aceptación se preste separadamente del contrato (póliza) y en ella de manera concreta se convenga en esa modalidad de solución, pues equivale la misma a la renuncia de los medios ordinarios de solución conflictual, salvo que como en España y Colombia, expresamente se contemple que, la solución aportada por el Defensor privado, no sea para él vinculante, y deje abierta la posibilidad de iniciar las demás vías de resolución del conflicto, lo que en todo caso sería perfectamente aplicable en Venezuela, más si ambas partes están de acuerdo en ello.

En segundo lugar, en tomo a la modalidad bajo la cual se adopte la solución, puede especularse mucho respecto a la naturaleza del citado acto del Defensor, así, puede decirse de modo general, que realmente no será un árbitro, pues no se llenan ninguno de los requisitos formales para la existencia de la figura, tal como se la contempla en el ordenamiento (Arbitramento o arbitraje comercial), ni es propiamente una conciliación, en tanto que de alguna manera el Defensor es quien inclusive da la solución a su solo criterio y opinión, sin que por ello se excluya la posibilidad de que ciertamente actúe como verdadero conciliador de los intereses en diferencia.

En tal sentido de modo general puede afirmarse que más bien se trata de una modalidad especial de mediación.[30]

En resumen, de ese concepto puede decirse que las funciones del Defensor del Asegurado están encuadradas dentro de los siguientes parámetros: Imparcialidad, Independencia funcional y Actuación carente de poder vinculante.

5. *Funciones propias del Defensor en el ejercicio de sus cometidos*

Creemos que, en nuestro sistema, y derivado ello de la regulación de la figura en el concierto internacional, las funciones propias del Defensor del Asegurado, deberán ceñirse a las siguientes:

a. A pesar de que su actividad fundamentalmente estará ceñida al requerimiento que en un determinado caso concreto el asegurado formule algún planteamiento sobre posible lesión de sus derechos, o desviaciones en la aplicación del contrato o del servicio que supone la celebración, mantenimiento y ejecución de aquel, tendrá a su cargo la vigilancia permanente de que el asegurado no resulte lesionado en los derechos que le son propios, ni por parte de la empresa, y agregaríamos, ni por parte de los entes del estado relacionados con la actividad, pues también este supuesto puede ocurrir.

Dicha vigilancia podrá adelantarse bien de oficio, o bien a petición del asegurado.

b. La de atender, oportuna, eficaz y regularmente las peticiones que le formulen los asegurados o clientes de la empresa o entidades vinculadas, orientadas a satisfacer los intereses –virtual o realmente– conculcados.

---

[29] Art. 6 *in fine* Ley de Arbitraje Comercial.

[30] Para Llano R., se trata más bien de la figura de “intervención dirimente de un tercero, figura que destaca el mentado autor, tiene arraigo en el medio español bajo el nombre de Perito Dirimente, a la cual se refiere José L. Barrón de Benito en su citada obra (V. Rvta Ibero latinoamericana de Seguro N° 7, p. 97). *Opus cit.* p. 121.

c. Realizar las investigaciones pertinentes que permitan establecer, según el caso, la verdad y mejor solución de los casos, la responsabilidad en que eventualmente hayan incurrido funcionarios o empleados de la aseguradora en la indebida tramitación del caso, y

d. Informarse de la empresa e informar a ésa de los hechos que puedan dar lugar a los conflictos, que deban reputarse irregulares, lesivos, o no, con miras no solo a solucionar casos concretos, sino a prevenir reclamos, insatisfacciones y problemas en las relaciones entre la empresa y los usuarios de sus servicios.

6. *Naturaleza del poder de que se encuentra investido el Defensor para ejercer su oficio*

Es esta materia quizá la mas controversial en la doctrina especializada pero por igual, para claramente debatir sobre el problema, estimo que debe analizarse cuales son en el fondo las funciones que se le atribuye, y en particular de que modo, en concreto, debe estar llamado a resolver los conflictos sobre los cuales deba conocer, bajo las modalidades en que se encuentren estatutariamente reguladas esas atribuciones.

Encontraremos, respecto a la figura en general y sus atribuciones genéricas, que al igual que la de la institución de quien deriva su existencia (Ombudsman), debe precisarse claramente que el mismo no posee *"AUCTORITAS"* como quiera que fundamentalmente tiene a su cargo una labor de vigilancia, esto es, carece por completo de "IMPERIUM", su poder se limita sólo a investigar, a cuestionar, a recomendar, pero no a RESOLVER CON CARACTER OBLIGATORIO[31].

Como lo sostiene el Profesor Jaramillo[32], en una cualquiera de los resultantes de su actividad, él emitirá una resolución, que no tiende a sancionar, ni a reparar el daño irrogado, sino a vigilar, repetimos y consiguientemente denunciar y velar para que otros administren cumplida justicia.

Su fuerza, destaca el citado Profesor, "es de índole estrictamente moral, y no jurídica y menos jurisdiccional, en la medida que su autoridad no descansa propiamente en poder de ordenar, que como observamos le es esquivo por definición. Parafraseando a un insigne tratadista de derecho público ibérico, vale la pena destacar que los Ombudsman .... no vencen, sino que convencen". [33]

En tal sentido, concluyendo con el lenguaje doctrinal especializado[34], en términos ciertamente descriptivos, los Defensores al igual que los Ombudsman, ejercen, por lo

---

31 En tal sentido señala Sonia Venegas Álvarez (Origen y devenir del Ombudsman, Universidad Nacional Autónoma de México, México, 1988, p. 46, citada por Jaramillo, en su comentada obra), las resoluciones del Defensor <como las del Ombudsman> adoptan la forma de "sugerencias, advertencias, recordatorios, amonestaciones, críticas u opiniones", pero la característica común de todas ellas es la carencia de potestad coercitiva directa, sus decisiones no son vinculatorias para los destinatarios…

32 *Opus cit* p. 126.

33 El autor citado resulta ser Víctor Fairén Guilién, *El Defensor del Pueblo, Centro de Estudios Constitucionales*, T. I, Madrid, 1982, citado por Jaramillo en su mentada obra.

34 Héctor Fix Zamudio, *Comentarios a la Ley de la Comisión de Derechos Humanos del Distrito Federal*, citado por Jaramillo, *opus cit.* p. 126.

demás una influyente magistratura de "opinión" o de "persuasión", dada su respetabilidad en general.

Pero en lo atinente a la forma concreta como proceden a resolver los conflictos específicos y determinados que las partes convienen en someter a su revisión y consideración, dependerá, como se lo destacó precedentemente, a la forma como se regulen o establezcan los efectos de esa actividad específica:

Así, en Francia la figura tiene los rasgos propios de un "mediador o conciliador", en cambio en Suecia, los asistentes del Ombudsman, son en sus resoluciones, "expertos que dictaminan", en Holanda, las decisiones equivalen a "recomendaciones o dictámenes" que las aseguradoras están comprometidas a observar y a adoptar las recomendaciones correctivas que el mismo formule y en Noruega, aún cuando la entidad reviste prácticamente la forma de un Tribunal, las decisiones son acatadas por "su fuerza moral".

En España, en cambio, según la opinión de José Luis Barrón de Benito[35] la funcionalidad encuentra sustento en la figura de la "intervención dirimente de un tercero", el cual, según el sistema español, tiene la condición de "perito dirimente".

El profesor Jaramillo, en cambio, al examinar el problema de las Defensorías llega a la conclusión de que internacionalmente existen dos tendencias, una, la de dotar al Defensor de simple "auctoritas" y por tanto sus resoluciones al respecto no pasan de ser recomendaciones o sugerencias, sin ser vinculantes para las partes, mas, que, por el gran respeto de la institución, por la reciedumbre moral de la decisión, por su magistratura de influencia, ellas actúan con la misma reciedumbre como si emanaran de un órgano dotado de Imperium, cual es el caso, de Suiza, Holanda, Finlandia, etc. [36]

El segundo grupo o tendencia, está enderezado a dotar al Defensor no sólo de auctoritas sino de "Imperium", por tanto sus decisiones siempre devendrán obligatorias, por lo menos para el Asegurador, quien por propia voluntad o *ex lege* -de existir regulación *ad hoo* deberá respetar lo decidido por el Defensor (como verdadera excepción de lo que ocurre con el caso de los Ombudsman), que no así para el asegurado, quien conserva el derecho a no acogerse a la susodicha resolución, cual es el caso, señala el mismo Profesor, de Inglaterra, España, Italia y Colombia[37].

Nosotros en cambio consideramos mas adecuado para explicar la situación en el caso Colombiano la solución propuesta por Llano R.,[38] para quien la decisión final en estos casos se ajusta claramente a "un intento prejudicial para conciliar intereses opuestos, integrado por tres estadios consecutivos: a) Oferta indeterminada de las empresas dirigida a sus usuarios en la que se señalan las bases para utilizar las intervenciones del Defensor, y el alcance de lo que éste decida; b) Adhesión del usuario concretada mediante la solicitud de intervención del Defensor; y c) Facultatividad para el usuario de ACEPTAR o rechazar la solución propuesta. Al aceptar el concepto y notificarlo al Defensor, surge el negocio jurídico denominado TRANSACCIÓN".

---

35 *Opus cit*, p. 97 ss.

36 *Opus cit*, p. 166 ss.

37 Misma obra citada de Jaramillo, p. 167.

38 *Opus cit*. p. 120.

En suma, la fase final y el carácter vinculante y culminante de extinción del conflicto de intereses deriva del negocio de transacción, si bien es de aceptar que la misma está sometida a esa serie de modalidades, que por lo demás no le quitan su valor jurídico.

Modestamente somos del criterio de que es esta un cabal y adecuada solución al problema, y que perfectamente podría ser el fundamento de su regulación y funcionamiento en Venezuela, la cual en tal sentido opinamos deberá regulársela o establecérsela voluntariamente por las Aseguradoras en la misma forma que lo está en Colombia y que genera los citados comentarios de Llano.

7. *Principios orientadores del "trámite de los casos" sometidos a la decisión del Defensor del Asegurado*

Jaramillo[39] resume brillantemente los principios orientadores del trámite en los países donde se acepta la institución en una cualquiera de sus modalidades, con lo cual fundamentalmente está de acuerdo Llano, respecto a la modalidad de la institución en Colombia[40], quien los sintetiza sosteniendo que esos trámites están regidos por los siguientes principios:

a) El de Rogación, o sea la iniciación del proceso a solicitud de parte;

b) El de la Procedibilidad, que exige que el usuario deba acudir en primer término ante la entidad y si esta no accede a la pretensión, o no acepta el usuario los términos de la respuesta, le queda abierta la etapa ante la Defensoría;

c) El de la Caducidad dado que sólo pueden ser atendidas las reclamaciones con respecto a hechos ocurridos dentro de un período prefijado por cada institución (en el caso colombiano, dentro de los seis meses anteriores);

d) El de la Gratuidad, al usuario no se le exige la asunción de gasto alguno;

e) El de la Independencia absoluta por parte del Defensor.

f) El de Celeridad del procedimiento interno respectivo: La justicia para que se torne tuitiva y reparadora, debe ser oportuna, dada la naturaleza y forma como operan las Defensorías del Asegurado, su titular debe y tiene que atender con toda prontitud las reclamaciones y resolverlas en igual forma. Según lo señala Jaramillo, en promedio cuenta con dos meses para pronunciarse en el fondo, en Francia el mediador francés cuenta con seis meses, mientras que en España y Colombia tiene quince días para resolver. Es esa la gran diferencia de éste medio de solución con los interminables casos de la justicia ordinaria (5,10 y hasta mas años)[41].

g) El de Informalidad de los trámites que se cumplen ante las Defensorías. Lo que se pretende es que las partes y el Defensor actúen con total informalidad para ventilar sus diferencias y con sujeción a reglas absolutamente libres y simples, que se ventilen las controversias de la manera más pura, aun siendo innecesario que se actúe a través de abogados. Bastará en efecto que claramente se exponga la pretensión, todo lo demás

---

[39] *Opus cit*. p. 177.

[40] *Opus cit* p. 115.

[41] *Opus cit* p. 194 ss.

correrá a cuenta del Defensor, quien está facultado para obtener toda clase de información del asegurador y del asegurado.

h) Claridad y sencillez de la decisión que se pronuncie, el dictamen, laudo, peritaje o como se lo pretenda denominar deben ser claros, precisos, inclusive no sometidos a las ritualidades formales de los fallos judiciales, aún cuando debe ser razonado y razonable para que produzca convicción entre las partes.

Más, entendemos indispensable agregar otros, traídos a colación por Jaramillo, que permiten delinear mejor esos trámites, como lo son:

1. El de la Confidencialidad de las decisiones o de las opiniones emanadas del Defensor, en atención a que el procedimiento que se cumple es absolutamente privado, por oposición a lo que ocurre en las instancias públicas, gubernamentales o de otra índole, por manera, señala el mentado autor, que no existe obligación de publicarlas o divulgarlas, ni tampoco de suministrarlas, en caso de que terceros soliciten dicha información. Internacionalmente se habla de que las actuaciones son RESERVADAS, y que por tanto los interesados no pueden emplearlas en una causa judicial, llegado el caso, restricción a juicio de Jaramillo, mas nominal que real, que favorece especialmente al asegurado, en caso de que sea demandado, quien no deberá exhibir ni aludir al escrito del Defensor, así le resulte favorable, en orden a no alterar , influir o vulnerar, el criterio del Juez, quien consciente o inconscientemente, podría inclinarse a reiterar los planteamientos formulados por el Defensor[42]-[43].

Para nosotros, en Venezuela este planteamiento no podría formularse con indiscutible fuerza, en tanto que en nuestro sistema procesal, los entes, instituciones, empresas, etc., que tenga en su posesión documentos o información relacionados con lo discutido en un proceso, si así se lo demuestra, cumpliendo los requisitos establecidos en la ley adjetiva, está obligado a exhibirlos o en el mejor de los casos a "Informar" a la autoridad judicial sobre dichos hechos (Artics. 433 y 46 Cpc.) y por lo demás desconocemos de algún fundamento sustantivo que permita impedir con verdaderos efectos el que se consignen o no dichos resultados en procesos judiciales.

En el expresado Orden de ideas, y paira que verdaderamente se puedan lograr esos efectos de reserva, lo recomendable es la regulación *ex lege* del asunto, tal como ocurre en la Ley Boliviana de Arbitraje y Conciliación, bajo la fórmula de que resulta ser la misma Ley la que determina que en efecto las declaraciones, pruebas y documentos usados en los procesos de Conciliación no pueden ser utilizados en juicios, y que en todo caso, si se los presentare, ellos no podrá ser apreciados ni valorados por el Juez. Esto es, conforme a tal sistema, esos medios probatorios, *ex lege,* se reputan ineficaces o ilegales.

2. El de que las decisiones pueden sustentarse en la equidad, con lo cual, se producirán "fallos mas humanizados" para resolver las controversias.

---

42 Jaramillo, *opus cit* p. 196.

43 El señalado principio de Confidencialidad, al cual añade Jaramillo, el de discrecionalidad, no significa que tales procesos deban ser SECRETOS, sino DISCRETOS, pues por la finalidad pedagógica y correctora que se persigue con las instituciones de las Defensorías, es indudable que pedagógicamente, aconsejan hacerlas conocer en la medida posible. La omisión a toda referencia de lo ocurrido en el caso concreto o lo decidido en torno a ello, harían perder el beneficio de la intervención del Defensor, pues lo resuelto, hecho conocer, en los términos necesarios y oportunamente, redundará en beneficio tanto de asegurados como de aseguradores.

Destaca también Jaramillo, y en ello estamos de acuerdo, que ello no significa empero, que el análisis respectivo no se deba adelantar con arreglo a los términos del contrato pertinente, o que enarbolando la bandera de la equidad, el Defensor pretermita caros y neurálgicos principios de raigambre jurídica, so pretexto de que está autorizado para hacerlo, en pos de obtener una decisión más justa.

Finalmente, cabe acotar que es rasgo típico y elocuente de la institución el que las decisiones del Defensor tienen carácter netamente individual y concreto, predicable, *in casu,* únicamente del asunto sometido a su consideración, sin estar obligado a aplicar o respetar otros conceptos, dictámenes u opiniones anteriores, bien emitidas por el mismo o un antecesor. El Defensor debe entenderse que conserva plena libertad en el juzgamiento, inclusive en sistemas, donde tanta fuerza tiene los precedentes como es el caso del Derecho Inglés. (En dicho sistema se impone al Defensor que debe resolver conforme a las "buenas prácticas del seguro")[44]

8. Consideraciones en tomo a la legitimación para recurrir ante las Defensorías

Como resultará obvio imaginar, los legitimados típicos lo serán los asegurados, en tanto resultan ser los consumidores del servicio por excelencia. Más, conforme lo destaca el Profesor Jaramillo, la tendencia en los sistemas y países donde funciona la institución, es aumentar el número de personas legitimadas para actuar ante las Defensorías: asegurados, beneficiarios, terceros perjudicados y los derecho habientes, si bien en algunos sistemas o reglamentos de las instituciones expresamente se excluyen a los terceros damnificados, como es el caso de las Defensorías de Mapfre, donde se argumenta que aquellos, en puridad, no son sus clientes, y como tales típicos terceros ante la relación contractual, mas todo dependerá de la política y conveniencia de la filosofía bajo la cual se diseñe el sistema de Defensoría.

IV. OTROS TÓPICOS DE INTERÉS EN TORNO A LA INSTITUCIÓN

1. *¿En Venezuela, obsta de alguna manera la legislación vigente en materia de Control de la Actividad y la de Protección al Consumidor a la operatividad de la institución?*

Consideramos que ello no es así. Las regulaciones comentadas atienden a aspectos diferentes, en unos casos excluyentes de la función del Defensor (en lo atinente a los aspectos de orden público, tarifas, normativa atribuida exclusivamente a la autoridad competente, renuncia de derechos, efectos frente a terceros: víctima, etc.) en tanto son protectoras de intereses *supra* individuales, atientes al orden público, pero que no pueden dejar de reconocer el principio regulador de toda la actividad privada, esto es, de la libre voluntad de las partes en tomo a todo lo que se refiera a sus derechos disponibles, y menos cuando que como lo hemos dejado examinado, respecto a la renuncia tácita que comporta adherirse a dichas soluciones, la institución de las Defensorías y el carácter de sus decisiones, deja a salvo siempre el derecho del consumidor de acudir siempre a las demás vías de solución de conflictos, salvo que en efecto se la convierta en un contrato con plenos efectos, como lo es la transacción que supone su aceptación final y definitiva.

---

44 Al respecto Jaramillo, *opus cit*, y R.W. Hodgin, citado por el anterior autor en su ya tantas veces comentada obra, p. 198.

Por el contrario, todo mecanismo que contribuya a solucionar conflictos o potenciales problemas, debe ser bienvenido y resulta compatible con la clara intención del Legislador de dejar que las partes busquen sus propios caminos de solución, más hoy cuando existe la Ley de Arbitraje Comercial, clara definidora del acogimiento de esos procesos de heterocomposición procesal.

2. ***Se plantea Llanos un interesante problema en tomo a los efectos de las actuaciones ante la Defensoría. ¿Acaso las mismas interrumpen los efectos de la Prescripción?***

Para el comentado autor[45] al no ser el trámite ante la institución la de un verdadero proceso, viene a deducirse que cuando menos en el ámbito Colombiano, tales diligencias no son susceptibles de producir efecto interruptivo.

Jaramillo[46] considera que es menester analizar el entorno legislativo que rodea la institución de la prescripción en cada sistema. Así podrá sostenerse en algunos, que es ese un efecto típico de la institución, sólo con el objeto de preservar inalterados los derechos del asegurado- beneficiario de suerte que mientras se agota el procedimiento respectivo ante la Defensoría, no correrá la prescripción en aquellos países donde la citada fenomenología inhibitoria del decurso prescriptivo tiene cabida {opera una especie de suspensión o interrupción de la prescripción, ocurriendo ello por igual en algunos sistemas legislativos, en donde, expresamente se contempla como tal causal, la iniciación del citado trámite, aún cuando reconoce que ello no es del todo pacífico en la doctrina de dichos sistemas. En la misma posición, Bélgica, Holanda y México.

En cambio, ambos autores, y a ellos nos adherimos, sostienen que en sistemas como Chile, Colombia, Ecuador, Colombia, donde los regímenes de la prescripción extintiva son de carácter restrictivo, y entre ellos consideramos nosotros se encuentra por igual el caso Venezuela, los trámites ante la Defensoría no tienen la comentada virtualidad interruptiva de la prescripción, como debería ser lo aconsejable.

Es ese, entre otros, motivo para aconsejar que las figuras de las Defensorías privadas de consumidores, sean objeto de reglamentación legal, en las cuales expresamente se contemplen la soluciones a este tipo de problemas y otros tales como de lo que debe y tiene que ocurrir, cuando tramitándose el proceso ante la institución protectora privada, el asegurado ocurre a la vía administrativa o a la judicial, esto es, el de la cesación automática de las competencias del Defensor[47] como también debe entenderse ocurra viceversa, esto es, iniciada la demanda judicial o el procedimiento administrativo, el que se acuda ante la instancia defensora[48].

---

[45] *Opus cit* p. 120.

[46] *Opus cit*, p 200 ss.

[47] En tal sentido véanse los comentarios de Jaramillo, *opus cit*, p 205.

[48] Destaca así Jaramillo, que es ello lo que ocurre en España, ante el órgano de Control, el que ante tales situaciones insta a las partes a que culminen primero la citada vía en curso, para poder entrar a tramitar cualquier petición del asegurado, dando así pleno respaldo a las Defensorías, *opus cit* p.206, nota 187.

V CONCLUSIONES

Consideramos que la figura de las Defensorías privadas del Asegurado, son modalidades convenientes y deseables de instituir en Venezuela.

Definitivamente con ellas se logrará mejorar la imagen y calidad de servicios, se procura mayor seguridad a los clientes usuarios, contribuye a la solución de conflictos y permitirá recobrar la imagen, hoy un poco disminuida, de las empresas aseguradoras ante la comunidad de sus usuarios.

Estamos convencidos que mediante su instauración, se solucionarán considerable número de reclamos que producirán notable ahorro para las aseguradoras y para asegurados.

Creemos que la modalidad mejor concebida de la figura lo sería el que gremialmente, las aseguradoras, voluntariamente se acogieran al sistema, que inicialmente estaría promovido y dirigido por la Asociación o Gremio que los aglutine (Cámara de Aseguradores) y al que irían adhiriéndose paulatinamente las empresas que así lo estimen conveniente, tal como ocurrió en la mayoría de los países de Europa.

El efecto modelo, provocará per sé, la multiplicación de adhesiones, aumentará la confiabilidad de los usuarios en el mismo y mejorará la buena marcha de la institución, promoviendo cada vez más el que se recurra a ella.

El éxito de tal sistema radicará en reducción de costos, garantizará mejor la independencia del Defensor, y para evitar toda duda sobre la imparcialidad de la Defensoría, quizá la designación de quien deba ejercerla, podría dejarse en manos de la Superintendencia o del Consejo Nacional de Seguros.

Los costos serían compartidos por las empresas usuarias, la reglamentación sería adoptada por el citado Consejo con la aprobación de la Superintendencia.

Todo ello redundará en beneficio de las Aseguradoras, en tanto, producirá el mejoramiento cualitativo progresivo de su imagen y ulterior preservación, en tanto le permitirá mejor cumplimiento de sus obligaciones contractuales; provocará un mayor acercamiento con los Asegurados, sus necesidades y problemas; producirá la concientización de los equipos de trabajo en cada Aseguradora; provocará la consolidación de sus clientelas; pondrá en evidencia las causas primordiales de desatención o insatisfacción de sus clientes y, finalmente producirá la depuración y el ajuste funcional de los clausulados contenidos en las disposiciones generales de los contratos[49].

Por igual, destaca el Profesor Jaramillo, los efectos de la debida instalación y funcionamiento de las Defensorías, producen significativas ventajas en las relaciones entre las empresas aseguradoras y los órganos de control y vigilancia, al permitir a aquellos concentrar sus labores en otros campos, ávidos de presencia y tutela gubernamental; al estimular la autorregulación y la responsabilidad empresarial, cual es uno de los propósitos de toda la filosofía de las legislaciones mas modernas relacionadas con las actividades empresariales y sus consecuencias.

---

[49] Así lo hace notar magistralmente Jaramillo, opus cit., p. 213 ss.

Esperamos haber contribuido con las ideas expuestas a un mejor conocimiento de la institución de las Defensorías de los Asegurados y con ello a promover otra forma más de solución de conflictos, en momentos tan difíciles para el país, como los que provoca la no credibilidad en la justicia ordinaria y la grave congestión en los órganos judiciales y la marcada tendencia a poner en duda la buena imagen del sector asegurador en nuestra sociedad.

42.

PRECISIONES Y ASPECTOS RELEVANTES EN TORNO A LA MUTUALIDAD COMO FORMA ORGANIZADA EMPRESARIAL PARA LA PRESTACIÓN DEL SEGURO*

CONSIDERACIONES GENERALES Y CONCEPTOS

Comenzaremos por destacar que en el contexto de este análisis, nos referiremos al fenómeno de la "mutualidad", no como simple referencia a la necesidad técnica inmanente en el concepto mismo de seguro de reunión de asegurados, comunidad de riesgos o mutualidad de asegurados, con el cual se suele hacer referencia a la solución del problema "solvencia" del asegurador, como vía *ad hoc* para eliminar las consecuencias adversas económicas de los siniestros, es decir, no nos referiremos al concepto económico de "mutualidad"[1], pues si bien puede decirse que existe una cobertura "recíproca" en las llamadas sociedades de seguros solidarios, ello no resulta con la misma amplitud y características con que ocurre en las sociedades que explotan el seguro comercial, donde es difícil sostener que las primas pagadas por cada uno de los asegurados deben servir para cubrir la necesidad que se verificará solamente en cabeza de alguno de ellos, mediante la aplicación de la regla de "todos para uno y uno para todos"[2].

Porque, si bien es cierto que el fenómeno de la "comunidad de riesgos" lo encontraremos como una constante en cualquier tipo de organización atinente a los seguros, tanto en el social como en el privado y en éste, trátese del comercial o el solidario y bien sea que opere bajo la modalidad de prima variable o prima fija, veremos que desde el punto de vista jurídico ese concepto de comunidad es mas patente en la actividad comercial aseguradora, que en la de los seguros solidarios (cooperativas y sociedades de seguros mutuos), porque si bien desde el punto de vista técnico económico cada asegurado es miembro de la comunidad o unión organizada por el asegurador, desde el ángulo jurídico, no pueden señalarse relaciones contractuales de ninguna naturaleza entre los asegurados entre sí[3].

---

* Conferencia presentada el 19 de diciembre de 1999.

1 En el mismo sentido lo hace ver Donati, Antígono, *Los Seguros Privados*, Edit. Bosch, España, Trad. De Arturo Vidal Sola, 1960, p. 55.

2 Moller, Moderne. *Teorie sul concetto di assicurazione o di contratto di assicurazione, en Assicurazioni*, 1962, I, p. 18 citado por Félix Morandi, Juan Carlos, Estudios de Derecho de Seguros, Edit. Pannedille, Argentina, 1971, p. 13.

3 Félix Morandi, *opus cit.* p. 17.

En estos casos el asegurador afrontará los siniestros con el fondo de primas recaudado y sólo excepcionalmente pagará las indemnizaciones con sus fondos propios[4] (indebidos cálculos o siniestralidad anómala).

Igualmente precisa destacarse que "la mutualidad en el seguro a la que suelen referirse doctrinantes y especialistas de la materia, es la "subjetiva", esto es, la reunión de asegurados, pero también puede analizársela desde el punto de vista objetivo, que tampoco es al que nos referiremos en el presente estudio, para hacer alusión a los casos excepcionales, en que un solo asegurado tiene numerosos capitales y en los cuáles la solución tampoco suele ser la de constituir un fondo formado por el propio asegurado para afrontarlos (son los llamados casos de autoseguro), porque faltan allí también los elementos técnicos bajo los cuales puedan operar eficientemente las normas sobre los grandes números, y compensación de riesgos. De allí, señala el maestro Félix Morandi, es impropia la expresión de que el sujeto sea su "propio asegurador"[5].

Precisando y concluyendo, diremos pues que cuando hablemos en este análisis de "mutualidad", lo haremos para hacer referencia a una de las modalidades organizadas para la explotación del seguro, esto es, bajo la forma de una empresa mutua y por oposición a la clásica, normal contemporánea, de hacerlo bajo las formas societaria de capital, públicas o privadas, conceptos éstos hoy tan íntima e inescindiblemente vinculados a la actividad aseguradora y al concepto de Seguro moderno.

En efecto, nadie discute que entre las formas organizadas de realización de la actividad aseguradora están en adición a las de sociedades de capital, anónimas, aquéllas que lo hacen bajo las formas de sociedades o empresas cooperativas y las llamadas empresas mutuales o mutualistas.

Estaremos ante el seguro Comercial, ordinario, cuando la organización empresarial se lleva a cabo a través de un asegurador con espíritu de lucro que se interpone como intermediario entre los asegurados y la mutualidad que se forma con el aporte de todos ellos. En estos casos la cobertura del riesgo se logra indirectamente, mediante la actividad de una sociedad por acciones, que se dedica a aceptar la transferencia de riesgos en forma sistemática, continua y organizada, con fines de lucro.

En cambio, la cobertura de riesgos se hace en forma directa, cuando la mutualidad se forma por los mismos componentes del grupo a través de una empresa organizada y constituida por los mismos usuarios del servicio, quienes lo hacen para satisfacer las necesidades concretas del grupo de socios en general, y es en estos casos en que la prestación del seguro se hace bajo la forma de organización solidaria, una de cuyas especies es la mutualidad.

Según Donati, las mutuas pueden definirse como aquellas sociedades que, de manera exclusiva o cuando menos principal, procuran y efectúan directa e indirectamente el seguro de sus asociados. Correlativamente, podremos definir como negocio asegurativo mutual,

---

4 Donati, *opus cit,* p. 17, señala que por ello la Importancia de la "suficiencia de los capitales en las entidades de seguros, por hacer de función de garantía en los casos de desviaciones de siniestralidad, materia que no es del caso examinar en este momento.

5 *Opus cit.* 18, notas 58 y 59.

aquel producido y ejecutado por una sociedad a favor de sus propios socios, directa e inmediatamente, como fin principal de su objeto social[6].

La base de la definición está representada en dos elementos: La mutualidad, eso es, la prestación del servicio de seguros, de manera exclusiva o cuando menos principal a sus propios asociados y la realización de este servicio directa o indirectamente mediante el negocio social, es decir, el acto de constitución o la ulterior adhesión del socio, sin necesidad de posterior contrato dirigido a la creación de la relación aseguradora.

El primero de los elementos es suficiente para diferenciar las mutuas de seguros de todas las demás sociedades, y en especial las de seguros a prima fija y el segundo de los elementos es suficiente para distinguir la mutua de seguros de las otras manifestaciones de la mutualidad, la cooperativa, por ejemplo, en la que inclusive, aún teniendo como objeto único la prestación de servicio de seguros a sus afiliados, requiere para la realización de ese negocio con sus asociados, la celebración de un ulterior negocio, el contrato de seguros[7].

En las "cooperativas" el vínculo societario es separable de la "relación seguros" ya que puede haber socios que no son asegurados, si bien no puede haber asegurado que no sea socio, operando a prima fija.

En cambio, en las sociedades de seguros mutuos, la calidad de socio y asegurado es indivisible, por lo menos en el acto originario del ingreso a la sociedad. Aquí la relación de seguro tiene lugar simultáneamente con la relación social, de manera que, en principio, no puede existir socio que no sea a la vez asegurado, y recíprocamente asegurado que no sea socio. Además, encontraremos como carácter relevante que el socio asegurado por las características especiales de la relación social, está ligado en parte a los resultados de la empresa, lo que llegado el caso se manifiesta en una obligación por parte de éste de hacer "aportes extraordinarios" o "reducir proporcionalmente" las indemnizaciones que le corresponden.

En torno a la naturaleza jurídica de la mutua de seguros, en la que concurren como se ha visto dos hechos económicos diferentes, uno asegurador y otro asociativo, mucho se ha discutido, y consideramos que entrar a su examen nos desviaría del propósito fundamental que perseguimos en este trabajo, pero bástenos señalar que la tesis dominante señala que conforme a la normativa vigente tanto civil como comercial, el acto constitutivo de las mutuas participa de la naturaleza de un contrato de sociedad sin olvidar el carácter asegurador, al cual está íntimamente vinculado aquélla, que por lo demás parece coincidir con la normativa especial venezolana sobre seguro, la cual declara aplicables las normas de la misma, sólo si son compatibles con la naturaleza de la relación[8].

---

6 Donati, *opus cit,* p. 57 y *Trattato del Diritto delle Assicurazioni Prívate*, Vol.1, Edit Giuffre, Italia, 1952, pp. 191 ss.

7 *Sostiene* Donati, Seguros Privados, *opus cit,* p. 58, que las dos modalidades de mutualidad aseguradora son incompatibles recíprocamente, porque la realización del servicio de seguros exige o no una nueva manifestación negocial: en tal sentido es por ello inconcebible una mutua aseguradora cooperativa en sentido técnico.

8 En el mismo sentido Donati, *Seguros Privados y Trattato*, *opus cit,* p. 59 y 203, Félix Morandi, *opus cit,* p. 66. En Venezuela, a diferencia de otros ordenamientos, al menos las mutuas, no tienen regulación expresa, salvo por lo que se refiere al reconocimiento de su existencia que deriva del artículo 5 de nuestra Ley de Empresas de Seguros y Reaseguros, Gaceta Oficial de la República de Venezuela N° 4822, Ext 23-12-94, en lo adelante LESR. Dicha norma en su parte

Por igual debemos aclarar e insistir, que cuando hablamos de mutualidad, no nos referimos a la forma primitiva ancestral, referida a la iniciativa de un grupo de individuos, a través del cual cada uno se obliga a contribuir para la indemnización de daños que puedan ocurrir a los integrantes del grupo, sin ninguna otra aplicación de reglas o bases técnicas, que resurge bajo las denominaciones de tontinas o chatelusianas y que formalmente resultan prohibidas por nuestra LESR[9].

Hechas las anteriores precisiones y conceptuación de la institución de las empresas mutuales de seguros, conviene destacar ahora como fenómeno económico y particularidad dentro de la actividad empresarial aseguradora, a nivel de Derecho y Economía Comparados que esa forma de realizar la actividad, como lo reseña un interesante estudio publicado por la Swiss Re[10] (por la vía de mutuas de seguros) constituyen las empresas de mayor presencia en el mercado asegurador[11] no siendo ello tampoco un fenómeno reciente en la economía mundial.

La forma mutual de explotación de la actividad aseguradora y su importancia a nivel mundial. Una aparente contradicción: la desmutualización en los últimos años.

Un análisis comparativo entre las formas de explotación de la actividad aseguradora a nivel mundial, entre mutuas y sociedades anónimas, permiten destacar sin lugar a dudas que los dos quintos del mercado global mundial de seguros se llevan a cabo bajo la forma de organización mutual[12], y con la advertencia que dicha forma de explotación empresarial se concentra en diversos sectores de la actividad, dependiendo de cada país[13].

---

pertinente destaca: "Mediante leyes especiales se regularán las actividades y funcionamiento de las mutuales y cooperativas de seguros o de reaseguros que se constituyan en el país, pero en todo quedarán sujetas a las intervenciones y fiscalizaciones que la presente Ley establece para la Superintendencia de Seguros".

Precisa destacar igualmente que la sola referencia que se hace a las mutuas en el ordinal 12 del artículo 2 del vigente Código de Comercio de Venezuela (26/7/55), más que a la forma de prestación del seguro bajo dicha forma societaria, refiere a una modalidad de cobro del precio de la asunción de los riesgos, que más refiere a las hoy proscritas formas originarias de seguros solidarios a través de tontinas y chatelusianas.

Para mayor información sobre naturaleza, clase, formas de actuación sobre las mutuales de seguros, etc. Donati, Trattato, p 203 ss. y M. Piccard - A Besson, Les Assurances terrestres en droit Francais, 1950, Vol unic.

9 Art. 5 LESR. Así expresamente lo destaca Mármol M., Hugo, *Fundamentos del Seguro Terrestre*, Editorial UCAB, Venezuela, 1980, 2da. edic. p. 24.

10 Las mutuas de seguros: ¿una especie en peligro de extinción? Ulrike Birkmaier y David Laster, en Revista Sigma, 4/1999, Publicaciones de Swiss Re, Editorial, Swiss Re, Zurich, Suiza, fecha cierre de impresión al 4/99.

11 Seis de cada diez de las más grandes empresas aseguradoras del mundo son mutuas, y a su vez en los cinco mercados mas representativos del mundo, que a su vez constituyen en su conjunto tres cuartos de las transacciones de seguros mundiales (a 1997), las mutuas suscribieron alrededor del 42% de todas las primas. Cfr. Birkmaier y Laster, *opus cit,* p. 1.

12 Birkmaier y Laster, *opus cit,* p. 1. Por lo demás, las cifras referidas en la nota precedente, son pruebas contundentes de lo afirmado.

13 Por ejemplo, en USA se equiparan relativamente las mutuas de salud y vida con las de ramos generales, mientras que en Japón predomina la forma mutual en vida y salud, al igual que en el Reino Unido y hay franco predominio en los ramos generales en el mercado francés. Fuente Birkmaier y Laster, *opus cit,* p. 7.

A pesar de ello, de las ventajas que se atribuyen a esa forma de explotación organizada, y de los beneficios competitivos que pueden destacarse para las mutuas frente a las formas societarias de explotación de la actividad, puede igualmente advertirse en los últimos dos años un fenómeno de *"desmutualización"* conforme al cual puede advertirse un proceso de reestructuración de las grandes mutuas de seguros en sociedades anónimas[14] y que ha llevado a los expertos a cuestionar la viabilidad a largo plazo del régimen de propiedad mutualista.

Para poder llegar a conclusiones sensatas sobre esas aparentes contradicciones, se hace necesario estudiar más a fondo las ventajas y desventajas de los citados sistemas de organización empresarial, y otra serie de aspectos condicionantes en la realidad mundial actual.

Ventajas y Desventajas de las formas mutualistas

Es interesante resaltar que Birkmaier y Laster[15] llaman la atención sobre el hecho de que el destacado papel de las mutuas en el seguro distingue este sector sobre otros y en los Estados Unidos el volumen de negocios de las mutuas de seguros sobrepasa el de cualquier otra forma de explotación cooperativa. Pero si ello es bien cierto, y como tal las gigantescas mutuas norteamericanas constituyen parte esencial del sistema económico de esa nación[16], es curioso que en él no se cuente también con esas grandes formas de explotación solidaria en otras áreas de las industrias o grandes comercios (vehículos, computadoras, grandes almacenes). Lo dicho, según los mentados autores, lleva a considerar que en efecto el régimen de propiedad en forma de mutua ofrece ciertas ventajas que atañen especialmente al sector del seguro y que no se presentan en relación con otras áreas o industrias.

Continúan destacando, que los economistas han desarrollado un enfoque conceptual conocido como "Teoría de la Agencia", para explicar la forma en que están organizados los negocios y como se comportan los Directivos. Un aspecto básico de la teoría de la agencia es que las compañías que compiten con éxito en una determinada industria o sector son aquellas cuyas estructuras de propiedad permiten minimizar los costos totales[17].

Estos costos se dividen en dos categorías: Costos de Producción y los llamados Costos de Agencia. Sobre los primeros siempre se han realizado estudios y análisis, desde la época de Adam Smith (mano de obra, materias primas, etc.).

---

[14] Birkmaier y Laster, *opus cit.* p. 4. Llama la atención así que en Suiza, la Swiss Life, una de las empresas de seguro de vida más grandes del mundo, se convirtió en sociedad anónima, que entre el 97 y 98 en Australia AMP, por igual pasó a ser sociedad anónima, que en el mismo período, las cuatro empresas aseguradoras en vida más grandes de Canadá, por igual adoptaron dicha formas societarias, y que en los mismos períodos, igual fenómeno ocurrió con las dos más grandes empresas de Seguros de Vida Norteamericanas y las de Sud-África.

[15] *Opus cit,* p. 8.

[16] Las tres mas grandes industrias Prudential, Metropolitan y State Farm, poseen en conjunto activos por medio billón de dólares.

[17] Tales conceptos según los mentados autores fueron usados por vez primera en un enfoque de David Mayers y Clifford W Smith, quienes sentaron las bases en una serie de trabajos académicos para la aplicación de la teoría de la agencia en el Sector Seguros. V. Birkmaier y Laster, *opus cit.* Nota 5 p. 8.

Los Costos de Agencia, constituyen una capa adicional de gastos que surgen de conflictos de incentivos dentro de la organización. Las grandes organizaciones tienen varios grupos de partes interesadas -incluyendo clientes, propietarios, directivos y empleados- cuyos intereses son a menudo contradictorios.

Los costos de agencia se definen como el costo de reducir estos conflictos más el valor de pérdida de producción por no poder eliminarlos completamente.

Los métodos y vías para controlar y reducir los conflictos de incentivos varían de acuerdo a la modalidad de propiedad o forma en que se realiza la actividad aseguradora.

Tanto la sociedad anónima como las mutuas ofrecen mecanismos para controlar los conflictos de agencia que limitan la posibilidad de que las partes interesadas se comporten de una forma oportunista.

Para identificar las fuentes de conflictos de agencia en el sector seguros, es necesario considerar las tres partes interesadas de mayor relevancia en una compañía de seguros:

— El directivo,

— El propietario, y

— El cliente

Los Directivos determinan como se organiza, financia y opera la compañía. Los propietarios suministran el capital, lo que les da el derecho al flujo de ingresos remanente de la compañía. Los clientes pagan las primas de las pólizas a cambio de pagos estipulados en caso de que ocurra un evento específico (Muerte, incendio, robo).

Las mutuas y las sociedades anónimas se diferencian fundamentalmente en la manera en que combinan estas tres funciones. Las sociedades anónimas poseen una forma empresarial estándar en que las tres partes interesadas relevantes, son actores separados. Las mutuas con cooperativas que pertenecen a los clientes. La teoría de la agencia sugiere que las auguradoras son especialmente propensas a dos tipos de conflictos: entre clientes y propietarios y entre propietarios y directivos.

El punto fuerte de las mutuas radica en la capacidad para controlar el conflicto cliente-propietario (propietario-asegurado), pues, en efecto, la propiedad mutua elimina el grupo de accionistas, con sus prioridades separadas y a veces conflictivas, sin embargo este beneficio tan importante se ve contrarrestado por la falta de control de las mutuas sobre los conflictos de agencia entre propietarios y directivos.

Las mutuas no son tan eficientes en el control del conflicto propietario-directivo. La separación de propiedad y control plantea ciertas inquietudes acerca del alcance con el que la dirección podría perseguir sus propios intereses a expensas de los de los propietarios de la compañía. La Dirección podría por ejemplo adoptar líneas de conducta contraproducentes tales como asignarse prebendas inmoderadas, eludir responsabilidad o acumular excedentes más allá de lo prudente.

La forma de propiedad de una aseguradora puede mitigar o agravar el conflicto propietario directivo. Cuando una aseguradora es una compañía con acciones cotizadas en bolsa, sus directivos deben preocuparse por la evolución de dicha cotización. Los analistas financieros y los grandes inversores institucionales observan de cerca y atentamente esa sociedad y su dirección. Si el precio de las acciones baja, otra compañía podría adquirir las acciones y deshacerse de los Directivos.

Esta consideración conocida por los economistas cono el "mercado para el control corporativo" ejerce presión sobre los Directivos para evitar desilusionar a los accionistas. Si en cambio las acciones aumentan de valor los miembros del cuadro Directivo participará comúnmente en los beneficios a través de las acciones y opciones que poseen en la compañía.

Las mutuas de seguros, por el contrario, no pueden generalmente emitir acciones ni opciones para conciliar los intereses de los directivos con los de los propietarios[18]. En adición a lo dicho, las juntas anuales de las mutuas no suelen ser muy publicitadas ni concurridas y de común los asociados no suelen tener conocimientos suficientes en materia financiera para determinar qué también administradas están sus mutuas. Así, los Directivos de las mutuas no se ven enfrentados a un verdadero mercado para el control corporativo y de allí que poco se conozcan adquisiciones hostiles de mutuas.

Esta teoría de la Agencia, permite comprender los altibajos históricos que se pueden apreciar en la historia de las mutuas de seguros y los ramos en que ellas han actuado.

Someramente señalaremos que en las de Vida, quizá las de más historia europea, parten de las cofradías de la Edad Media, si bien al principio tuvieron sus problemas, a la postre, por bregar con contratos a largo plazo, requerían especial credibilidad en la entidad que las emitía y por ello las mutuas resultaron vías excelentes a tales fines. Donde el asegurado era asociado, los directivos pertenecían al mismo grupo, no habían desmedidos intereses por ocupar otras áreas o inversiones, se tenía mas libertad para establecer reservas adecuadas, etc. En otras palabras, la credibilidad de la propiedad mutua reduce el riesgo inherente en contratos de seguro a largo plazo.

En el campo de los ramos generales, las mutuas inicialmente también tuvieron sus marcadas ventajas, en efecto, salta a la vista que la forma mutua permitía un mejor conocimiento de los asegurados: información asimétrica, ello permita mejor control moral del contrato, haciéndose más difícil los intentos de defraudar al seguro y se desarrollan más fácil mecanismos de seguridad e inspección que reducen la frecuencia e intensidad de los siniestros.

Finalmente, anotan Mayers y Smith[19], con vista a la misma teoría de las Agencias, en las mutuas, para contrarrestar el control limitado que se ejerce sobre los Directivos, sus negocios tienden a concentrarse en ramos donde los Directivos tengan pocas competencias (hipótesis de las competencias ejecutivas). Por el contrario, en las sociedades anónimas aseguradoras, su concentración es mayor en ramos que requieren mayores competencias, operan sobre bases geográficas más amplias, etc., todo ello con mayores índices de siniestralidad.

De modo general y para concluir, se mencionan adicionalmente como otras ventajas para la forma mutual de los seguros que opacan o disimulan los problemas cliente-propietarios, las siguientes:

---

[18] No obstante, debe señalarse que en las mutuas pueden pagarse, y de hecho se lo hace, bonificaciones vinculadas a los rendimientos, estas son bastante más modestas que los paquetes accionarios y opciones que se ofrecen en los mercados por las sociedades anónimas a sus Directores y Ejecutivos.

[19] Ownership Structure Across Lines of Property Casualty Insurance, citados por Birkmaier y Laster, *opus cit*, p. 13.

Ausencia de accionistas

Donde no los hay, cuando menos es menor la preocupación de los equipos directivos para repartir dividendos, por lo que hay mas flexibilidad para la comercialización de las pólizas, en general se dice que en vida, se ofrecen mejores condiciones que las sociedades anónimas, conveniencias que si bien no son del todo decisivas, resultan sumamente útiles.

Capacidad para actuar a largo plazo

En las mutuas, sus direcciones se pueden dar el lujo de tomar decisiones a más largo plazo, que bien puedan no dar frutos en el futuro inmediato, y esto es una importante herramienta para las mutuas con visión estratégica y un buen cuadro Directivo, lo que no suele ocurrir así en las sociedades, reduciéndose el plazo de posibles negocios más productivos o atractivos.

Espíritu de comunidad

Por la naturaleza del vínculo con sus asociados, pueden engendrar un espíritu comunitario que brinda ventajas competitivas adicionales. El asegurado que viene a realizar negocios se siente más cómodo en la mutua, en tanto pertenece a ella y del mismo modo ello puede inspirar mejor espíritu laboral en Directivos y Empleados.

Pero si hasta ahora hemos examinado las ventajas, analicemos ahora las principales desventajas de la propiedad mutua de los negocios aseguradores, y entre ellas merecen destacarse:

Acceso limitado a los mercados de capital

Las mutuas a diferencia de las grandes organizaciones de las sociedades anónimas dependen fundamentalmente de los beneficios acumulados para expandir sus bases de capital, ello aún en aquellos sistemas en que se les permite inclusive emitir certificados de participación o deudas subordinadas, y a pesar de que si bien pueden aumentar sus capacidades financieras a través del reaseguro, en todo caso están limitadas para conseguir grandes sumas que le facilitarían su flexibilidad. Esas mismas causas favorecen la negociación con adquisición y fusión con otras empresas, fácilmente negociables con esa moneda de adquisición representada por el valor de sus acciones.

Incentivos de responsabilidad y de gestión:

Ya advertimos precedentemente que las sociedades por acciones cotizadas en Bolsa ofrecen una visión transparente y económicamente para evaluar sus resultados al que las mutuas no tienen acceso. El conceder incentivos en acciones es una buena forma de incentivar a los Directivos y empleados clave, quienes toman todo interés en incrementar el valor de tales acciones.

En las mutuas no se pueden obtener tales mecanismos, si bien como se dejó anotado, han procurado sustituir esa imposibilidad de ofrecer acciones, con planes especiales a largo plazo para beneficiar a sus Directivos, pero estos planes no compiten con los beneficios propios de las concesiones de acciones y opciones de las sociedades por acciones.

En torno a cómo se mide o manifiestan esas ventajas y desventajas entre una y otras formas de explotación de la actividad aseguradora, vale la pena acotar que para hacerlo no se pueden referir los criterios de comparación en *ratios* de rentabilidad y menos en la de fondos propios. En efecto, recuérdese que en las mutuas per sé habrá menos rentabilidad, en tanto su fin principal no es obtener elevados beneficios sino brindar coberturas a sus socios y al menor costo. Por ello los criterios de comparación, la medida de eficiencia entre uno y otro tipo de formas de explotación de la actividad, tiene que serlo en base a comparar tasas de costos y siniestros de las mutuas y de las sociedades anónimas.

Sobre este aspecto, Birkmaier y Laster, aportan una serie de interesantes cifras y cuadros en el estudio al que nos hemos venido refiriendo y que inspira estos comentarios[20] para concluir destacando: En ramos generales, las mutuas muestran índices de siniestralidad más elevados y tasas de costo inferiores, y la rentabilidad de los fondos propios (ROE) resulta ser menor, destacándose que la mayor rentabilidad de éstos en el caso de las mutuas francesas es atribuible a los excesos de excedentes. En vida/salud, en cambio, las mutuas muestran tasas de costos menores, si bien sus índices de siniestralidad son ligeramente más elevados que en las sociedades anónimas, con lo que las mutuas ofrecen a sus miembros un mejor *ratio* de primas/prestaciones y con la observación, por igual de que la rentabilidad de los fondos propios (ROE) de las mutuas, es menor que el de las sociedades anónimas.

En síntesis, un análisis de las tasas costo y siniestralidad indica que en ramos generales y en salud, las mutuas son, por lo general, mas eficientes que las sociedades anónimas, en cambio en el ramo de vida, las mutuas se muestran tan eficientes como las sociedades anónimas.

Tendencias actuales del movimiento mutualista en los Seguros. La desmutualización.

A pesar de todo lo examinado, y particularmente lo últimamente reseñado en el capítulo precedente, el interesante trabajo que hemos venido comentando de Birkmaier y Laster, destaca que las cuotas de mercado de las mutuas han tenido un comportamiento si bien no equilibrado en todos los países, si anómalo y con tendencias a la baja en los diferentes sectores del seguro.

Así, en Ramos generales, y con excepción de EEUU, durante la pasada década las primas de las mutuas han declinado ligeramente en los principales mercados nacionales. En cambio en el negocio vida salud la cuota perdida en el mercado fue bastante más pronunciada y consistente en los mismos países y en los últimos cinco años, especialmente en el Reino Unido. En Japón la liberalización de los mercados ha perjudicado la posición competitiva de las mutuas, al igual que en Reino Unido, donde el problema deviene de pérdidas de cuotas de mercado, y finalmente por igual, en Alemania y Francia se aprecia una disminución en las cuotas de salud y vida, respectivamente.

Señalan los mismos comentados autores como causas del empuje al éxito de las modalidades asegurativas por vía de las sociedades anónimas, la mayor competitividad (la imponen los cambios de preferencias de los consumidores y las nuevas tecnologías) que requiere de considerables inversiones (limitaciones de capital de las mutuas), los procesos de consolidación en el Sector seguros con otros tipos de proveedores de servicios, fenómeno difícil de compatibilizar en el espíritu y propósito de las mutuas; el mayor espíritu especulativo que rige hoy a los inversionistas, y donde es obvio el mayor interés por los precios elevados y especulaciones con el valor de las acciones; los fenómenos europeos de la desregulación a raíz del pleno funcionamiento de la U.E.; la introducción del Euro, cambia los criterios de mercado de capital en Europa y con ello la tendencia a mayor expansión geográfica y diversificación, facilitan la formas asociativas frente a las de las mutuas.

[20] *Opus cit.*, p. 17.

En cuanto a la desmutualización o no de que pueda ser objeto el mercado mundial, cabe destacar que los especialistas en la materia, consideran que las conversiones de una a otra forma de explotación de la actividad se producen en ambos sentidos y así lo refleja el mercado Americano y se lo ha materializado en documentos oficiales[21].

Debe advertirse por lo demás, que entre la desaparición total de las mutuas y otras formas o remedios alternos, ya el mercado mundial conoce algunas fórmulas intermedias que pueden preservar la existencia de las últimas a pesar de sus anotadas desventajas (se habla así de las mutuas holdings, en la formación de sociedades anónimas filiales de las holdings, en fenómenos de asociación y fusión de mutuas, las alianzas internacionales y las figuras de las subcontrataciones)[22].

La situación en Venezuela

Como lo hemos dejado anotado *supra,* en Venezuela el fenómeno de las mutuas y explotaciones del seguro bajo las formas cooperativas no ha tenido antecedentes ni estímulos especiales, es más, como se lo dejó reseñado, no existe siquiera regulación *ad hoc,* y parece que ahora hay una tendencia a procurar una regulación adecuada para el funcionamiento de dicha modalidad[23].

Lo curioso, pero a la vez triste, una vez más, es que a pesar de los buenos resultados que han producido dichas formas de explotación de la actividad, y en especial con miras a los beneficios que ello puede producir para los consumidores, es que no se haya atendido e insistido con anterioridad a la mutualidad[24].

Particularmente, con ocasión de nuestra participación en el funcionamiento de nuestro gremio, tuvimos oportunidad de proponer planes al respecto e inclusive visitamos en España una exitosa y conocida mutua de seguros, la cual por supuesto procuramos poner de ejemplo y logramos que ella nos ofreciera todo apoyo para nuestra propuesta de implantarla en Venezuela, pero a la larga, como siempre, se abandonó el proyecto.

Si fueran del todo ciertos los comentarios sobre la desmutualización, pareciera que una vez más tendremos que presenciar el ya tradicional triste espectáculo de que cuando en el país resolvemos acudir a un modelo o institución, probado y funcionando en otros sistemas, ya será tarde, o habrá pasado de moda.

Consideramos que en estos aciagos días de penuria económica que se vislumbran, no debería dejarse de pensar en esta interesante forma de prestación de la actividad aseguradora, la cual a todas luces parece apuntar a beneficiar a los asegurados.

En todo caso, en torno a la modalidad mutual para manejar la actividad aseguradora, y como lo señalaremos a continuación, a pesar de esos atisbos de su abandono, veremos que todavía, internacionalmente y en el mercado, la conveniencia o no de la mutualidad

---

21 Birkmaier y Laster, *opus cit.* p. 29, transcriben comentarios sobre el fenómeno, plasmados en Declaraciones ante el Senado Norteamericano y en el Comité de la Asamblea del Estado de N.Y. sobre Seguros (1998).

22 A los interesados en la materia los remitimos a Birkmaier y Laster, *opus cit,* p. 30 ss.

23 Así nos parece haberlo entendido de ciertos comentarios que hemos tenido por parte de funcionarios de la Superintendencia de Seguros.

24 Precisa advertir que en Colombia ha ocurrido fenómeno similar, si bien allí si se ha utilizado con mayor frecuencia la forma cooperativa de actividad aseguradora. En tal sentido Ossa G., Efrén, Teoría General del Seguro, Vol. 1, La Institución, Edit. Temis, Colombia, 1988, p. 434.

depende de las condiciones del mercado mismo, favoreciendo así a veces a las sociedades anónimas aseguradoras, pero otras, obviamente, a las mutuas de seguros.

CONCLUSIONES

Compartimos a cabalidad las conclusiones de Birkmaier y Laster en su analizado trabajo, cuando titulan sus conclusiones "Ilusiones cognitivas" y resumen, destacando que "la tendencia hacia de la desmutualización, a pesar de ser importante, se limita a determinados países"[25].

Apoyan tales asertos, destacando que al evaluar las perspectivas de las mutuas, algunos analistas del sector parecen estar dispuestos a equiparar una tendencia con un resultado inevitable. El análisis del sector asegurador destaca el proceso de desmutualización en mercados como el de EEUU, Reino Unido y Australia, donde se están llevando a cabo conversiones, y apenas se refiere, a mercados como el de Francia, Alemania o Italia, donde dicho proceso no es evidente.

Esto crea, dicen los mentados autores, "la impresión de que la tendencia a la desmutualización es universal, cuando en realidad no lo es".

La pregunta que cabe hacerse ciertamente es ¿qué tan mala opción es para muchas mutuas permanecer como tales? Ciertamente que una mutua que no se convierte en sociedad anónima puede perder algunas oportunidades atractivas de crecimiento. Sin embargo, no existe la certeza de que estas oportunidades interesen a sus asociados. Muchas mutuas han logrado poner en práctica estrategias exitosas en nichos determinados, ya sea en una región geográfica o en una línea de negocios. Estas entidades no ven la necesidad de brindar absolutamente todo a todo el mundo. Tal vez estas mutuas nunca alcancen una posición de privilegio, pero si están bien administradas y responden a las necesidades de sus asociados, pueden brindar una medida de estabilidad que sus asociados no encontraran tan fácilmente en otro lugar[26].

BIBLIOGRAFÍA

Birkmaier, Ulrike y Laster, David, Las mutuas de seguros: ¿una especie en peligro de extinción?, en *Revista Sigma*, 4/1999, Publicaciones de Swiss Re, Editorial, Swiss Re, Zurich, Suiza, fecha cierre de impresión al 4/99.

Donati, Antigono, *Trattato del Diritto delle Assicurazioni Prívate*, Vol. 1, Edit. Giuffre, Italia, 1952, p. 199 ss.

_____ *Los Seguros Privados* (Trad. Arturo Vidal Solá), Edit. Bosch, España, 1960, p. 55 y ss.

Felix Morandi, Juan Carlos, *Estudios de Derecho de Seguros*, Edit. Pannedille, Argentina, 1971, p. 13.

LEY DE REFORMA PARCIAL DE LA LEY EMPRESAS DE SEGUROS Y REASEGUROS, Gaceta Oficial de la República de Venezuela, 4822 Extraordinaria del 23 de diciembre de 1994.

---

[25] *Opus cit.* p. 39

[26] Birkmaier y Laster, *opus cit.* p 40.

Marmol M. Hugo, *Fundamentos del Seguro Terrestre*, Edit. UCAB, Venezuela, 1980, 2ª Edic, p.24.

Ossa G. Efren J., *Teoría General del Seguro*, Vol. 1, La Institución, Editorial Temis, Colombia, 1988, p. 434.

Piccard, M. - Besson, A., *Les Assurances terrestres en droit Francais*, 1950, Vol unic.

REGLAMENTO DE LA LEY DE EMPRESAS DE SEGUROS Y REASEGUROS, Gaceta Oficial de la República de Venezuela 5339 Ext. 27 de abril de 1999.

Stiglitz, Ruben S., Derecho de Seguros, Vol. 1, Edit. Abeledo Perrot, Argentina, 1998, 2ª. Edic, Isbn 950-20-1134-1, p. 22.

43.

ANOTACIONES SOBRE LA ACCIÓN DIRECTA DE LA VICTIMA CONTRA LOS SUJETOS RESPONSABLES POR LA LEY DE TRANSITO VENEZOLANA Y EN ESPECIAL CONTRA EL ASEGURADOR DE LA RESPONSABILIDAD CIVIL OBLIGATORIA*

"La cuestión mas relevante para el desarrollo jurídico en este Siglo ha sido el continuo esfuerzo del Derecho por readaptarse, constantemente, a una sociedad en evolución"

Bernard Schwartz**

I. A TÍTULO DE INTRODUCCIÓN

No teman mis apreciados oyentes que haré una disquisición histórico doctrinal sobre un problema que tantas y tantas páginas ha llenado en la literatura jurídica nacional e internacional, sólo quiero hacer algunas precisiones sobre los cambios que se experimentaron, en la teoría y práctica sobre el tema de la responsabilidad especial derivada de accidentes de tránsito, con motivo de la última Ley de Tránsito Terrestre[1], lo cual a nuestro modesto entender no respondió siquiera a consideraciones doctrinarias o técnicas ni jurisprudenciales sobre la problemática de ese tipo de responsabilidad especial y finalmente con la advertencia de que ya la teoría objetiva de la responsabilidad en materia de daños causados con ocasión del tránsito automotor tiene una consolidada trayectoria en Venezuela, desde 1955 año en que por vez primera se consagró el seguro general obligatorio para cubrir las responsabilidades de propietario y conductores de los daños civiles materiales ocasionados con motivo de la circulación del vehículo, con la anotación que ya desde la reforma de la misma comentada Ley de 1930, ya se había separado el régimen de responsabilidades derivadas del tránsito automotor, de la contemplada ordinaria en el Código Civil y Penal.

---

* Charla dictada con ocasión del Encuentro Nacional Anual Funesse - Avedese/Aida, Caracas, octubre 2001.

** *Los diez mejores jueces en la Historia Norteamericana*, traduce, de Enrique Alonso, Cuadernos Civitas, España, 1990, p. 95. Citado en Morello Augusto M., La Reforma de la Justicia, Edit. Platense, Argentina, 1991.

1 *Gaceta Oficial de la República de Venezuela*, No. 5.085, Extraordinaria, del 09-08-1996, en lo adelante, respectivamente LTT y GO

En la última citada ley, además, se estableció el procedimiento especial de los juicios de tránsito, independizándolo del juicio ordinario común.

Fue igualmente en la Ley de Tránsito de 1960 en que se dio mejor moldeadura a los principios de la teoría de la responsabilidad objetiva ya recogida para la guarda de cosas en el Código Civil, salvo que se demostrare que el daño ocurrió por hecho de la víctima o un tercero que haga inevitable el daño y sea normalmente imprevisible para el conductor, excluyéndose conforme a unánime doctrina la fuerza mayor o caso fortuito como causales de exoneración.

Esta tendencia por lo demás casi se puede considerar universal, pues se ha entendido que quien pone el riesgo de la circulación de un vehículo debe asumir, aún sin culpa subjetiva, la responsabilidad por los daños que ello pueda ocasionar a los terceros (Teoría del Riesgo), que prescinde de todo concepto de culpa y fundamenta la obligación de reparar en la guarda del bien y el nexo causal entre el daño y la actividad del vehículo[2].

Por lo demás, debe destacarse que ya desde la reforma de 1942 del Código Civil[3], se encontraba reconocida en Venezuela el régimen de responsabilidad especial por guarda de cosas[4].

El contenido de nuestra charla sólo versará sobre el régimen especial de la acción directa proveniente del aludido régimen especial de responsabilidades derivadas de los daños causados con ocasión del tránsito terrestre, y en aquellos casos, en que conforme a la Ley o la voluntad contractual, pueda existir cobertura de una póliza de seguros de responsabilidad que ampare dichos daños, y solo por lo que atañe al régimen legal venezolano, en tanto de lo contrario haría demasiado extensa la exposición, por una parte, por otra estaríamos fuera del campo propio de los seguros, objeto principal de la celebración de este tradicional evento nacional y finalmente porque a pesar de las tendencias unitarias en la materia, aún los ordenamientos jurídicos no terminan de unificar criterios de consagración en esta materia.

En torno al citado tema desde el punto de vista de la vigente Ley de Tránsito, esto es, en tomo a la responsabilidad civil especial para el propietario, conductor y garante, la LT no introdujo normas fundamentales, sin embargo, cabe destacar que se aclara en su artículo 54 el contenido del artículo 21 de la LT 1986, disponiéndose que es solidaria la responsabilidad entre el conductor, propietario y garante. Se aclara también en el artículo 59 que las empresas de arrendamiento financiero regidas por la Ley General de Bancos y Otras Instituciones Financieras, no estarán sujetas a la responsabilidad solidaria establecida

---

2 Esa también ha sido la interpretación de nuestra Jurisprudencia a nivel del entonces más alto Tribunal de la República (Corte Suprema de Justicia, Sentencia 30-5-74 citada en Avila Merino, Luis Miguel, Consideraciones sobre la Ley de Tránsito Terrestre y el Seguro de Responsabilidad Civil de Vehículos, Publicación Patrocinada por Uniseguros, s/p. imprenta ni fecha, p. 18.).

3 El Código reformado de 1982, contiene una reforma parcial en aspectos puntuales del Código Civil de 1942, fundamentalmente inspirado en materia de responsabilidades y obligaciones, en el Proyecto Franco Italiano de las Obligaciones, en cuyos temas no se hicieron reformas, en lo adelante, Ce.

4 En ese sentido véanse Henriquez La Roche, Ricardo, Derecho de Tránsito (según la Ley de Tránsito Terrestre de 1996), Fundación Pro Justicia, ISBN 980-07-3944-0 (que viene a ser la 3a Edición de su obra Régimen Jurídico de los Accidentes de Tránsito en Venezuela), Caracas, 1997, p 19 ss. y Avila Merino, Luis Miguel, *opus cit*, p 13 ss.

en el artículo 54 de la LT, salvo que para el momento del accidente la empresa estuviere en posesión del vehículo; de tal manera que la responsabilidad solidaria que corresponde al propietario recayera sobre el "arrendatario financiero", lo cual a certero juicio del maestro Ricardo Henríquez La Roche, deja puerta abierta a la consideración jurídica sobre la responsabilidad de los arrendatarios (a largo plazo) y otras personas con derecho a uso, en lo que atañe a la guarda de mantenimiento o estructura[5].

Por igual, estimamos pertinente hacer algunas consideraciones en tomo a la naturaleza y caracteres del seguro obligatorio que impone la Ley ampara esa responsabilidad especial que deriva de la Ley de Tránsito, para lo cual destacamos que la doctrina no tiene dudas de que se trata de un contrato de seguro de Daños, a pesar de que eventualmente del hecho pueda derivar la muerte de la persona. En razón de lo expuesto, obviamente dicho seguro se rige y regula como un seguro "indemnizatorio" pues su finalidad es reparar los daños reales, y la garantía sólo es para cubrir, aun en caso de muerte, los solos daños patrimoniales sufridos por la víctima.

Garrigues[6] define el contrato de seguro de responsabilidad civil de vehículos, como aquel seguro contra el riesgo de quedar gravado el patrimonio por una obligación de indemnizar, derivada de la responsabilidad civil del tomador del seguro.

Esa responsabilidad asegurada es la que deriva del uso del vehículo que se describirá en el Cuadro de la Póliza y bajo los términos de dicha póliza de seguro y da cobertura a los daños causados a terceros o cosas propiedad ajena causados con ocasión de la circulación de dicho vehículo, siempre y cuando el asegurado sea legalmente responsable y cuando el conductor o el propietario sean los causantes del accidente.

Es prudente advertir que el daño asegurado debe ser producido por el vehículo, el que por tanto se supone está sujeto a los deberes de circulación que impone la Ley, y el mismo debe derivar de la circulación del citado bien al producirse el siniestro, pero con la advertencia de que no hay dudas para la doctrina, que el automóvil causa del accidente puede ser que en el momento del accidente , el mismo esté estacionado, es decir, el daño, puede producirse por causas de circulación actualizadas en momento anterior al hecho ilícito[7]derivado de accidentes de automóvil.

En efecto, debe observarse que el artículo 54 LT establece que el daño sea ocasionado no de un modo directo por el vehículo, sino "con motivo de".

II. QUE ES Y COMO SE ENTIENDE LA ACCIÓN DIRECTA CONTRA EL ASEGURADOR O GARANTE

Según los entendidos con la LT 1960 se consagró en beneficio de las víctimas o sus herederos, el ejercicio de una acción directa contra el asegurador del propietario, fundada en la existencia del seguro de responsabilidad civil que las legislaciones que lo estatuyeron contemplaban bien como obligatorio, bien como voluntario para cubrir las responsabilidades derivadas de los accidentes de tránsito.

---

5 *Opus cit*, p. 59.

6 Garrigues, Joaquin, El Contrato de Seguros, Madrid s/f

7 Ávila Merino o.c. p 60.

Curiosamente hemos encontrado que en Paraguay, el Profesor Desiderio Francisco Sanabria Torres[8] le encuentra inclusive base constitucional a la necesidad y conveniencia de consagrar el seguro de responsabilidad civil para las obligaciones derivadas de daños de circulación, con lo cual, por igual podría sustentarse idéntica naturaleza para la acción directa que con ello debe consagrarse en beneficio de las víctimas, lo cual se asienta en la conveniencia de mantener la igualdad ante la Ley, toda vez que allí si es imperativo el seguro para vehículos colectivos con base a la obligación de que el Estado debe proteger a todos los ciudadanos en su integridad física y síquica, lo cual no puede quedar en mera intención del constituyente.

Pero esta temática, hoy, con la actual Constitución de 1999[9] toma particular relevancia, pues un Estado que propugna ser un estado social democrático, de derecho y de justicia, ha de ser tomado muy en cuenta, en su sentido proyectivo, como bien lo destaca Sánchez Calero[10], pues tales menciones no pueden quedar en meras declaraciones de principios, sino que de alguna manera debe pensarse en el deber e interés de ese Estado en procurar que a todo ciudadano se les indemnice de toda lesión pública o privada conforme a la Ley, todo lo cual replantea la indiscutible obligatoriedad del seguro de responsabilidad civil ya hoy no sólo en Tránsito Terrestre, sino nos atrevemos a sugerir que en todo otro campo donde se establezcan responsabilidades objetivas (medio ambiente, daños al consumidor por productos defectuosos, etc.), que deberán ser objeto de estudios inmediatos y muy concretos, para ajustar la normativa vigente al nuevo texto constitucional y pensar cuando menos en la necesidad de crear Fondos solidarios públicos para complementar o en su caso sustituir la obligación de indemnizar en aquellos casos que o bien el seguro privado no existe o es insuficiente, o en todo otro en que no se cuente con una manera justa de satisfacer el daño a los ciudadanos.

En nuestro ordenamiento, en virtud de las citadas disposiciones legales, a nuestro juicio sin lugar a dudas, e independientemente de otras consideraciones en la normativa internacional, a la víctima o a sus herederos se les consagra una *LEGITIMATIO EX LEGE,* que le permite exigir directamente al garante el cumplimiento del contrato de seguros, si bien, como puede resultar obvio, nada tengan ellos que ver con dicho contrato ni con la aseguradora, en lugar y con exclusión del asegurado.

Por lo dicho, y como bien lo anota Henríquez La Roche[11], la acción directa no versa propiamente sobre el ejercicio de una acción de responsabilidad civil: la obligación personal del asegurador es de naturaleza contractual, totalmente ajena a la responsabilidad derivada de acto ilícito.

---

8 De la Necesidad del Seguro Obligatorio para la cobertura de responsabilidad civil de los vehículos motorizados, en Retos y Oportunidades del Seguro y el Reaseguro en el Nuevo Milenio, *Memorias del IV Congreso Cila 2000*, Acoldese, Fasecolda, Edit. Guadalupe, Ltda., Colombia, 2000 p. 237 ss.

9 Si bien de todos es conocido que se republicó su texto con ciertas enmiendas y la exposición de motivos en el año 2000, cuyos valores derogatorios aún no han quedado del todo esclarecidos, en lo sucesivo CN.

10 Ruiz Vadillo, Enrique, La responsabilidad Civil subsidiaria del Estado, en *Coloquios sobre la Responsabilidad Civil del automóvil*, XXX Aniversario de los Coloquios de Bilbao, Publicaciones del Ministerio de Justicia e Interior, Sin 0210-3419, Madrid, 1995.

11 *Opus cit*, p. 200.

Advierte el mismo citado autor, seguidamente, "ella constituye una derogación del principio de la relatividad de los contratos *"res inter alios judicata aliis neque prodesse neque nocere potest"* establecido de un modo general en el Art. 1.159 Cc"[12].

Pues, en efecto, un sujeto que no es parte ni arte en un contrato (en este caso el de seguro) se legitima por mandato de la Ley para exigir las prestaciones derivadas del mismo (la indemnización contemplada en el contrato).

Para dar alguna noción sobre el concepto de "acción directa" hacemos nuestra la cita en Halperín, de Ambroise Colin, quien entiende por tal, "La acción que posee una persona contra otra, con lo cual no tiene personalmente ningún vínculo de derecho, en razón de la intervención de una tercera, y que ejerce sin haber recurrido a esta última"[13].

Según difundida doctrina coincidente, deben atribuirse a dicha noción como elementos característicos los siguientes:

Es una acción acordada a un acreedor contra el deudor de su deudor, aunque este último jamás se haya obligado hace él con referencia al derecho que invoca, de manera que permita a este acreedor eludir, en cierta medida, los inconvenientes que le resultarían del único recurso de la acción oblicua[14].

Para adelantarmos a cualquier mal entendido, vale la pena destacar que doctrinariamente se reconoce que existe cierto parecido entre la acción directa y la llamada "estipulación a favor de tercero", siendo que la diferencia viene dada sólo por el origen; la primera nace por disposición de la Ley, en tanto la segunda por convenio entre los contratantes.

Para precisar también las diferencias entre acción directa y acción oblicua, pues pudiere pensarse que en el caso se tratara de esta última por igual peculiar figura, hacemos la breve síntesis comparativa que al respecto nos trae Halperín[15].

---

12 Henríquez La Roche, (o.c. p. 200) destaca que es ese por igual el sentido bajo el cual nuestra jurisprudencia del más alto Tribunal ha interpretado la institución, la que agrega que "poco importa destacar si el régimen de seguro es facultativo u obligatorio, lo que importa es la aplicación del mandato legal que terminantemente concede a la víctima del accidente o a sus herreros una acción directa contra el asegurador" (CSJ S. Casación Civil, Sent 30-7- 1970 GF 69, p 404)

13 Halperin, Isaac, La acción directa de la víctima contra el asegurador del responsable civil del daño, Buenos Aires, Editorial La Ley, 1944, reproduciendo cita de Informe a la Corte de Casación en Dalloz Periodique, 1927, cit. p. 22

14 Planqueel A., Contributión a létude des actions directees. Tesis 1935, ciado por Henríquez La Roche (Nota 69, p. 201), a su vez, haciendo suya la de Halperin, *opus cit*, p. 23.

15 O.c. p. 66.

Directa	Oblicua
Es una medida de ejecución	Es una medida conservatoria
Que se ejerce por el titular a nombre propio, en virtud de un derecho independiente del deudor;	Con la que se hace valer un derecho propio del deudor
Contra el cual no pueden oponerse defensas surgidas después del nacimiento del derecho	Contra la cual pueden oponerse defensas nacidas antes y después del ejercicio de la acción;
Y cuyo producido no pasa por el patrimonio del deudor, cobrándose el titular con exclusión de todo otro acreedor del deudor.	Cuyo producido ingresará al patrimonio del deudor y sobre el cual concurren otros acreedores de aquél, en pie de igualdad.

III. IMPORTANCIA PRÁCTICA DE LA CONSAGRACIÓN DE LA ACCIÓN DIRECTA EN ESTOS CASOS

La más destacada es una razón de verdadera economía procesal, esto es, lograr el rápido resarcimiento del daño sufrido por la víctima o sus derecho-habientes, para quienes la necesidad de ejercer dos acciones sucesivas (la oblicua y la de daños y perjuicios) representa un peligro en la mora que acentúa o acrecienta el dispendio judicial y en cierta forma el gravamen patrimonial[16].

Frente a la acción oblicua, la directa representa una doble ventaja, en primer término, la ley no sólo legitima procesalmente al tercero para que, aun sin tener la cualidad o legitimación normal, de viniente de una titularidad originaria, -nacida de propia voluntad- proponga por si mismo la acción, sino que también cede al tercero el crédito o derecho subjetivo sustancial.

La acción, según Henríquez La Roche[17], opera **"ex *vi legis*"**, por fuerza de la Ley, a fin de que su titular (-el de la acción directa-) en sustitución del titular originario del crédito, ejerza -si así lo desea- la acción de cobro de ese crédito.

La *legitimatio ad causam* (derecho procesal y sustantivo de pedir) del tercero en la relación originaria de la acreencia (sea un contrato, un acto ilícito o cualquier otra fuente de obligaciones) es una cualidad que deviene de la titularidad del crédito y no directamente de la Ley, como en los casos de la acción oblicua (1278 y 1847 Ce) o de cesión de derechos litigiosos (Art. 1557 Ce y 145 Código de Procedimiento Civil).

Podrá, pues, concluirse destacando que en la acción directa, la cualidad de quien la ejerce constituye una legitimación ex *lega,* nacida de la Ley en forma *MEDIATA,* pues es la Ley la que le cede la opción de reclamar al obligado, en lugar y sustitución del sujeto respecto a quien se origina la obligación (Vg. el asegurado en el caso del Art. 60 LT).

---

16 Henríquez La Roche, o.c. 202.

17 O.c. p 202.

Tal cualidad del tercero en la relación originaria de la acreencia (sea un contrato, un acto ilícito o cualquiera otra fuente de obligaciones) es una cualidad que deviene de la titularidad del crédito y no directamente de la Ley, como en los casos de la acción oblicua.

En segundo término, según el mismo citado autor, la acción directa presenta otra ventaja, el tercero –como consecuencia de la titularidad del crédito que tiene, cedido por la Ley– no corre el riesgo de que el pago hecho por el obligado al sujeto frente a quien nació la obligación no sea destinado por este último a sufragar el crédito que comporta, como causa de pedir, la acción directa[18].

A diferencia de nuestra normativa, la "Ley Española sobre Uso y Circulación de Vehículos de Motor" establece en su artículo 43:

> "El asegurador, hasta el límite del seguro, habrá de satisfacer al perjudicado el importe de los daños y perjuicios sufridos. Sólo quedará exento de esta obligación si prueba que el hecho no da lugar a la exigencia de responsabilidad civil conforme al artículo 39, sin que en ningún caso pueda oponer al perjudicado o a sus herederos las excepciones a que le asistan contra el asegurado o contra un tercero...".

Advierte Henríquez La Roche[19], que con ello, el procedimiento en dicha normativa, a diferencia del nuestro, se concreta a una acción ejecutiva, previa la realización de diligencias cognoscitivas preparatorias, en contra del asegurador, puesto que el seguro de responsabilidad civil es obligatorio. Responde en derecho del asegurador el Fondo Nacional de Garantía de Riesgos, de la Circulación, o simplemente el Fondo de Garantía, con autonomía patrimonial y contable, dependiente de la Dirección de Seguros del Ministerio de Hacienda[20].

IV. LIMITES DE LA OBLIGACIÓN DEL ASEGURADOR O GARANTE

Ya hemos analizado en que consiste la acción directa, cómo y porqué se la concede, pero ahora debemos precisar si los resultados de la misma son ilimitados, o suponen

---

18 En tal sentido acota Henríquez La Roche, (o.c. p. 203) la Corte Suprema en sentencia del 26-7-1972 estableció que inclusive los abogados de la parte victoriosa podían intimar directamente sus honorarios profesionales, por ser titulares del crédito por dichos honorarios, y por tanto, el pago hecho por el obligado al cliente del abogado, no lo libera frente a éste, salvo que el abogado haya optado por no hacer uso de la acción directa.

19 O.c. p. 203.

20 Vale la pena destacar que es esta una tendencia en los países evolucionados, en especial los de la CEE, el objetivizar al máximo la responsabilidad por la circulación de vehículos, de tal manera que inclusive, si las indemnizaciones no alcanzan, o si el seguro no existe y el agente o responsable del daño no puede responder, el Estado, por vías de mecanismos de fondos solidarios -ajenos al seguro- responden a la o las víctimas o sus herederos. Es esta una tendencia reconocida en la evolución de la Responsabilidad Civil -Al respecto nuestro trabajo "Nuevas Tendencias en Materia de Seguros", Rev. Fac Der. UCAB, N° 52. Por lo demás, esto por igual con motivo de las grandes catástrofes, inclusive las de tránsito plantea interesantes problemas relacionados con los denominados "daños que afectan a intereses o derechos colectivos". Para especular sobre dicho tema vid Galan Barrera, Diego Ricardo, La expresión del seguro frente a las modernas modalidades de la legitimación activa para ejercitar acciones de responsabilidad civil, en Retos y Oportunidades del Seguro y el Reaseguro en el Nuevo Milenio, Memorias del IV Congreso Cila 2000, Acodeldese, Fasecolda, Edit Guadalupe, Ltda., Colombia, 2000 p. 246 ss

ajustados límites de las obligaciones que derivan para el tercero garante, asegurador, y con la advertencia de que este tema lleva a consideraciones a nivel mundial, en el sentido y entendido de que la tendencia, si bien es de consagrar cada vez más las denominadas responsabilidades objetivas, a su vez supone la de establecer claros y justos límites a los montos por los cuales se establecen tales responsabilidades[21].

Pero en torno a la materia examinada, podemos decir por igual que con ello el sistema de responsabilidad especial establecido en la legislación de tránsito, se pone de manifiesto que la responsabilidad objetiva que ella contempla no es la que ordinariamente se considera como tal en la doctrina, pues, en efecto, de la misma ley se aprecia la existencia de exclusiones de dicha responsabilidad, en tanto, en primer lugar, el asegurador sólo responde a la víctima en los términos del contrato de seguro, no sólo "dentro de los límites de la suma asegurada en el contrato", como expresamente se deduce del Art. 60 LT sino también con sujeción a "los conceptos asegurados". Así, si del anexo de la póliza despréndese que no se responde o indemniza por lucro cesante o daño emergente, no podría la víctima pretender el pago de dichos tipos de daños materiales, aunque el propietario asegurado y el conductor estén obligados a ello.

Ratifica sin lugar a dudas cuanto decimos, que el mismo dispositivo legal que contempla la obligación del seguro determina claramente el límite de responsabilidad del garante, sin menoscabo, claro está que el exceso pueda ser reclamado por la víctima solidariamente del conductor y el propietario[22].

Por igual lo dicho comporta que si hay varios perjudicados, el total de las indemnizaciones debidas por el propietario no excederá de la suma asegurada, y los derechos de aquéllos contra el asegurador se dividirán proporcionalmente hasta la concurrencia de dicho límite[23].

Por igual, en conformidad con los principios que informan la naturaleza de la acción directa (supra cita de Halperín), el articulo 61 LT establece que "en ningún caso le podrán ser opuestas a la víctima o sus causahabientes, las excepciones que pudieran tener el asegurador contra el asegurado, no pudiendo el garante argumentar en su descargo la responsabilidad o culpa del asegurado o alguna otra excepción personal con éste. Inclusive, por argumento a contrario del literal "a" de la citada disposición, se entiende que si al tiempo del accidente el contrato de seguro "permanece vigente" el asegurador está en la obligación de pagar a la víctima o a sus causahabientes lo que por sentencia resultare, aunque el asegurado no haya cancelado la prima de seguro convenida en el contrato.

---

21 Nuestro citado trabajo Nuevas Tendencias, y Sánchez Calero, Fernando, Palabras preliminares en Coloquios sobre la Responsabilidad Civil, o.c. p. 9 ss.

22 En el mismo sentido, Diaz Uzcategui, Pablo, La Responsabilidad especial y el Procedimiento en la Ley de Tránsito Terrestre, Ediciones Fabretón, Caracas, Avila Merino, o.c p 97 y Henríquez La Roche o.c p 204.

23 Henríquez La Roche advierte que en todo caso, si el pago se ha hecho de buena fe a alguno de los perjudicados, por suma mayor a la que realmente le correspondería, existiendo otros, queda en todo caso liberado ante los demás derecho habientes, hasta concurrencia de lo pagado. Opus cit p. 148.

Con lo dicho es evidente que la intención del legislador, como el de otros países ha procurado favorecer a las víctimas, independientemente del cumplimento o no de las obligaciones contractuales por parte del asegurado[24].

En segundo lugar, cabe destacar otra particular modalidad en cuanto a limitación, resultante de lo dispuesto en el artículo 57 LT conforme al cual en determinadas circunstancias, pueden las partes, tolerado por el asegurador, sustituir el informe oficial del accidente, cuando los daños alcanzan a límites permitidos por las pólizas (autorizados por la SS), en cuyo caso, la determinación del monto de los daños deberá quedar tramitada y establecido por las Aseguradoras, en el término de 30 días continuos, con ciertas exclusiones especiales que contempla la misma póliza autorizada (caso que uno de los conductores estuviere afectado por embriaguez, drogas) en tanto que tal estado del sujeto supone vicios del consentimiento que excluyen la válida celebración del convenio en referencia, así como accidentes donde hubieren lesionados o fallecidos (en tanto irrumpiría contra el orden público que impide la libre disponibilidad de las partes en torno a sus derechos).

Cabe preguntarse por igual en este estado si el Garante debe responder como solidario cuando el propietario tiene una causal eximente que lo libere de la responsabilidad habida cuenta de que entre el conductor del vehículo y el garante no hay nexo sustancial alguno en tanto que el beneficiario del seguro es el propietario que no el conductor.

La respuesta implica diferenciar entre responsabilidad y solidaridad, la primera en efecto supone la cualidad obligada frente a la víctima, y el soporte conceptual de la solidaridad.

Debe entenderse por tanto que la solidaridad entre los tres (Art. 54 LT) existe, siempre que los tres sean deudores: uno el conductor por su conducta culposa, otro, el propietario, en razón de la Ley y, finalmente, el asegurador, por virtud del contrato de seguros.

Si por el contrario el propietario no resulta responsable, resulta evidente que el asegurador tampoco lo será y por tanto no tendrá que responder en razón de la garantía que da el contrato.

Por ello el Art. 54 LT no establece propiamente una co-responsabilidad forzosa, por el contrario, establece una solidaridad que permite a la víctima cobrar con cargo al patrimonio de uno cualquiera de los tres responsables reconocidos por Ley.

En tomo a los hechos liberatorios consagrados en la Ley (54 LT), esto es, hecho de la víctima o del tercero que hayan contribuido a causar el daño, inevitables e imprevisibles para el conductor, debe demostrarse por éste el hecho ajeno y sus dos citadas características (esto implica que demuestra su total exención de responsabilidad) y ello explica que si existe causa concomitante, no opera la exención, pues debe haber ausencia total de culpa del conductor[25].

---

24 Apunta Henríquez La Roche, o.c 205, sin embargo, que dado que la Superintendencia de Seguros (SS) ha autorizado el modelo de pólizas de seguro obligatorio, con la modalidad de duración anual no renovables tácitamente, previa cancelación de prima, de contado o a plazo, este literal "a" del artículo ha dejado de tener efectos prácticos.

25 Henríquez La Roche o.c. p. 129 quien cita en su apoyo a Kummerow Gert, "La obligación de indemnizar normada en la L.T venezolana", en *Libro Homenaje a R. Goldschmidt*, Universidad Central, Caracas, 1967.

Si el hecho ilícito es imputable a varias personas, quedan obligadas solidariamente a reparar el daño causado, y quien pague la integridad puede reclamar de los demás co-obligados por la parte que fije el Juez de acuerdo a la gravedad de la falta de cada uno de ellos y si resultare su determinación imposible, en partes iguales (1.195 Ce).

Si ambas partes han incurrido en culpa, se aplicará la disminución por razón de la reciprocidad de los daños (ex Art. 1.189 Ce) pudiendo el Juez, ordenar la compensación conforme a los artículos 54 LT y 1189 Ce, en tanto ambas obligaciones tienen una misma causa *petendi* y están inseridas en el *thema decidemdum*, siempre tomando en cuenta el grado de culpa, aun cuando a juicio de Henríquez La Roche, ninguna de ellas haya hecho valer la expresa compensación[26].

1. *¿Quid del caso fortuito o fuerza mayor?*

Como lo observamos en su oportunidad, precisamente aquí radica la gran diferencia entre la responsabilidad civil especial ordinaria por guardad de cosas y la especial del Tránsito, en efecto, en ésta no cabe la exclusión por caso fortuito como prueba liberatoria de la presunción *juris tantum* de responsabilidad sobre el conductor, esto es el hecho de nadie, no es en materia de tránsito hecho de un tercero o causa ajena al demandado.

No obstante debate doctrinario al respecto, la solución la ha dado la Jurisprudencia patria, que en sentencia del 30-5-1974 declaró que la ocurrencia de un evento calificable de caso fortuito o fuerza mayor, que provenga de causa exterior al vehículo, produce la ruptura del nexo causal y en tal caso no existiría la obligación de indemnizar, pues faltaría la fundamentación de validez de aquella obligación.

Por último, en torno a causa interna desconocidas para el conductor, causantes del daño (vicios ocultos o defectos de construcción), salvo el caso de que sean de tal naturaleza de que obviamente debía haberlos conocido el conductor (verdaderamente imprevisibles) debe admitirse que son causas internas de exoneración, sin que a juicio de Henríquez importe donde y quien origina el vicio.[27]

Sin querer entrar en tan delicada materia, concluiremos en esta materia, que por igual y por esencia, dado que no es daño resarcible comprendido en la disposición que establece la responsabilidad, tampoco se responderá por el Garante, del daño Moral causado a la víctima, si bien esta puede accionar contra los demás responsables[28].

2. *¿Quid de los resultados de la Indexación?*

Opinamos, que no existe base legal real para acordar ese ajuste indemnizatorio, en particular en el caso de los seguros, el que en todo caso, aún de admitirlo no podría funcionar en fractura del principio de equilibrio del contrato, más en la ecuación contractual del contrato de seguro, eminentemente técnico y cuya contraprestación al asegurador proviene de cálculos especialmente vinculados a la determinación de la indemnización prometida y factores peculiares, por lo tanto, aún admitido que fuere indexar, se deberían entonces ajustar los mecanismos que a su vez permitiera resarcir al asegurador de ese sobre riesgo desconocido para él al momento de la celebración del contrato.

---

[26] *Opus cit.* p. 137.

[27] *Opus cit.* p. 145.

[28] Para ampliar al respecto, véase Henríquez La Roche, o.c. p. 155 ss.

3. *¿Quid sobre las excepciones contempladas en el parágrafo único del Art. 54 LT?.*

Brevemente me limitaré a señalar que la redacción de la norma no es muy feliz, toda vez que los términos "demostrado suficientemente el hecho" poco aclara para determinar o no la exclusión de la responsabilidad, recuérdese que los supuestos de la norma, son referidos a delitos, no a hechos que los provocan o califican (hurto, apropiación indebida, robo, etc) cuya prueba "suficiente" no parece ser la sola denuncia, sino la efectiva declaración judicial de la existencia del hecho.

Cabrá preguntarse entonces ¿se deberá oponer una excepción de cuestión prejudicial penal, no bastando el simple comprobante de denuncia ante la autoridad de la pérdida de la guarda directa? Pensamos que lo correcto es oponerla y a todo evento debe hacérselo valer, so pena de que no se entienda debidamente ejercida la defensa.

En torno a si dichas excepciones abarcan al Garante, no nos cabe duda de que así sea, en tanto que de ocurrir tales hechos el propietario no es responsable, luego tampoco lo será su garante, pues recuérdese que el fundamento de dicha responsabilidad es la solidaridad y no existiendo la obligación *in solidum* no puede accionarse contra los sujetos a ella vinculados.

V. LA ACCIÓN DE REPETICIÓN

No podemos terminar estos breves comentarios sobre esta institución tan peculiar sin hacer referencia a que obviamente al propietario y al garante, corresponden acciones de repetición contra los responsables directos de los daños, en los términos y condiciones que precisa la Ley y la Doctrina, y que brevemente resumimos así:

El propio Art. 61 LT consagra la vía de repetición del asegurador contra el asegurado que podrá ser ejercida desde el momento mismo en que haya hecho efectivo el pago de la indemnización. En el fondo se trata de la subrogación legal que contempla el Ord. 3 del Art. 1300 Ce (el pago del asegurador es un pago de un obligado solidario, que le da interés directo).

Lo peculiar en este caso, sin embargo, es que tal acción está limitada, pues solo aprovecha al asegurador si ocurre una de las siguientes circunstancias taxativamente mencionadas en la dicha disposición legal:

- No haya pagado la prima convenida
- Haya obstaculizado con su proceder el ejercicio de los derechos del garante,
- Al producirse el accidente el vehículo estaba destinado a usos diferentes de los normalmente previsibles en el momento de la celebración del contrato,
- Los daños reclamados hayan sido causados intencionalmente por el asegurado o con su complicidad,
- Haya entregado el vehículo a un conductor legalmente incapacitado para conducir a sabiendas de tal circunstancia,
- No mantenga el vehículo con su diseño original, externo o interno, en las condiciones de seguridad y de buen funcionamiento que exige la normativa legal y reglamentaria, y

– Haya sido causado el daño conduciendo el vehículo a exceso de velocidad, bajo efecto de bebidas alcohólicas o de sustancias estupefacientes o psicotrópicas.

No creo que con la claridad de los planteamientos excepcionales del legislador, ante un auditorio calificado como Uds. valga la pena profundizar en ninguno de dichos supuestos, por ser obvios.

En torno al propietario, por igual, cabrá acción de repetición contra el conductor, inclusive por los daños morales de que pudiere haber respondido, así como de las sumas que hubiere podido pagarle al asegurador, en los supuestos antes determinados (derivado de su condición de obligado solidario) pero no por la parte íntegra sino la correspondiente que le corresponde conforme confusa decisión de la Corte Suprema, Casación Civil, de fecha 21-2-79 (Pierre Tapia, 2- 1973 p. 65)[29].

V. CONCLUSIONES

Con lo dicho y para este evento, esperamos haber podido dejar claramente sentados los postulados de la responsabilidad civil especial de la Ley de Tránsito Venezolana, la obligación especial que vincula a los sujetos declarados como responsables, su origen y esencia, el carácter ex lege de la acción directa contra el asegurador en Venezuela, sus límites y procedencia y la indispensable, cada vez más fuerte necesidad de que se imponga con todo rigor el Seguro Obligatorio, se lo exija *a fortiori*, y se vayan pensando en otros mecanismos para cubrir los excesos de responsabilidad habitual en estos casos, cada vez más frecuentes en el mundo moderno y conforme a las tendencias casi unánimes del mundo civilizado.

---

[29] Henríquez La Roche por igual no acepta esta tesis, vid. O.c. p. 210.

44.

ALGUNOS COMENTARIOS SOBRE EL PROYECTO DE REFORMA DE LA LEY DE LA ACTIVIDAD ASEGURADORA Y DEL CONTRATO DE SEGURO*

CONSIDERACIONES PREVIAS

Se nos ha encomendado en la invitación que gentilmente se nos formulará para acompañarlos en este ya tradicional evento del sector empresarial asegurador, para que dictáramos una charla relacionada con los comentarios que nos merece el proyecto de reforma de la ley que regulará la actividad aseguradora, al que por igual se le anexó todo lo correspondiente a la parte sustantiva referida al contrato de seguros.

Por supuesto que mis ideas al respecto vendrán dirigidas y orientadas a los aspectos jurídicos sobre dichos temas, en tanto que los técnicos, a los que por igual se le han hecho también serias observaciones, escapan de mi área y especialidad y obviamente que no llevaré a cabo un examen exhaustivo del contenido, técnica y razón de ser de todas las normas, pues no es este tampoco el foro adecuado para ello, excedería la intención informativa que entiendo se pretende al solicitar nuestro parecer, así como el de otros sobre la materia y poco provecho a la larga tendría nuestro examen al respecto.

Dicho proyecto de reforma como lo sabe el sector ha sido preparado y discutido por los organismos relacionados con la actividad dentro del sector del Ejecutivo Nacional, ajeno tanto a las empresas como a otras entidades vinculadas a la gestión técnica de los riesgos y en procura de la adecuada reparación de sus consecuencias, e inclusive, sin siquiera haber tomado en cuenta la posición, sugerencias o pareceres de organizaciones académicas, de investigación o científicas relacionadas con la materia y la actividad, lo que es de lamentar, pues desde hace mucho el sector, en sus diferentes entes que lo integran, e inclusive la Asociación Venezolana de Derecho de Seguros, Seccional Venezolana de AIDA, organismo que presido, pero en cuyo nombre no me encuentro en este acto, había hecho del conocimiento de las autoridades estar a su plena disposición para realizar la revisión y las ideas que desde un punto de vista jurídico merecían analizarse para enfrentar una actualización de la normativa que regula la actividad en general, y lo que es más, en archivos de la Cámara, que por igual deben existir en la Superintendencia de Seguros, existían algunos proyectos que el sector privado preparó, discutió e inclusive hizo públicos y entregara oportunamente al Gobierno de turno.

---

* Conferencia pronunciada en el Evento Anual sobre Seguros propiciado por la Cámara Venezolana de Aseguradores, Margarita, Edo. Nueva Esparta, octubre 2001.

Repetimos, a pesar de todo ello, el proyecto al que nos venimos refiriendo tiene paternidad absoluta en los funcionarios del gobierno y, en particular, hasta donde conocemos, fue preparado y fundamentado en las ideas emanadas de la Superintendencia de Seguros[1] y del cual cuando menos se conocen ya unas tres (3) versiones oficiales[2].

Es pertinente iniciar esta exposición aclarando que tanto el suscrito, como la AVEDESE hemos sido fervientes partidarios de la necesidad de actualizar la normativa sustantiva, así como la relacionada con la de actividad aseguradora, no obstante lo dicho, y ante el deseo de adecuar a la modernidad ambas regulaciones, tampoco hemos considerado que en el estado actual de las mismas, y aún con las profundas modificaciones que en otros estamentos jurídicos ha provocado la novísima Constitución Nacional, no creemos que tales normas relativas al sector son de urgente o impostergable discusión y aprobación ni chocan con principios fundamentales delineados como nueva filosofía del grupo que hoy detenta el poder.

Nuestro interés institucional en las aludidas reformas, no podría ser otro, pues es innegable el atraso y obsolescencia de las normas sobre el contrato de seguro vigentes en nuestro Código de Comercio, cuyos orígenes, como todos lo recuerdan, se remontan al antepasado siglo, con insignificantes retoques modificatorios en 1933 y 1955 las primeras; y las segundas por haber sido la actual versión de la Ley de la Actividad, una apresurada reforma realizada como ahora bajo potestades extraordinarias al Ejecutivo Nacional, que si bien buscaban entronizar el sistema de control de la actividad en las nuevas tendencias modernas de apertura de mercado y encuadrar al país dentro de las nuevas tendencias de apertura y libertad de actuación para el Sector, todos hemos admitido fue incompleta, intempestiva y dejó al margen el ajuste o regulación de una serie de aspectos que

---

1 Es el órgano de vigilancia y control de la actividad, contemplado como tal tanto en la vigente Ley como en el aludido Proyecto y que para los efectos subsiguientes identificaremos en lo adelante, respectivamente, como "SS" y "EL PROYECTO", respectivamente.

2 Precisa destacar que si bien de los papeles de trabajo que conoce el Sector Asegurador pareciera que con los tres últimos documentos hechos circular entre las Comisiones de Revisión integradas por representantes del Consejo Nacional de Seguros, Cámara de Aseguradores y algunos abogados del Sector, con ello serían NUEVE (9) los diferentes ejemplares del citado Proyecto sobre el tema, en tanto que en el primero que entregara oficialmente la SS se indicaba en su primera página, ya era el séptimo preparado, mas, al menos en cuanto a nuestro conocimiento se refiere, sólo hemos tenido acceso al indicado como siete y a los otros dos generados por algunas reformas que se realizaron al original entregado, hechas bien por el mismo ente de control y al que igualmente resulta de algunas de las observaciones aceptadas de las sugerencias formuladas por la indicada Comisión del Sector Asegurador, las cuales por lo demás conviene destacar de una vez son producto de los ya varios Informes que al respecto ha preparado el Dr. Carlos Acedo Sucre, abogado del Escritorio Mendoza, Palacios, Borjas, Páez Pumar y Asociados, firma de profesionales esta contratada por la Cámara de Aseguradores (en lo adelante LA CAMARA) para que la asesorara en torno al contenido de dicho Proyecto y cuyo trabajo en sus tres versiones llegadas a nuestras manos, las cuales estamos seguros conocen los integrantes de la Cámara, para todos los efectos sucesivos identificaremos abreviadamente como "El Informe" salvo indicación especial en contrario.

En adición precisa destacar que según lo informado por la SS, dichas versiones de El Proyecto, responden a trabajos elaborados, conocidos y aprobados por el Ministerio de Finanzas (en lo adelante MF) así como por la Procuraduría General de la República (en lo sucesivo PGR).

terminaban de complementar el espectro de regulación a esas nuevas tendencias imperantes en el entorno mundial del seguro[3].

En beneficio de un mas justo análisis del tema que nos proponemos exponer, creemos por igual indispensable aclarar que en ocasión de discutirse la última aludida reforma de la ley de la actividad, la Cámara de Aseguradores, consciente por igual de los indicados factores que imponían atender el atraso legislativo comentado precedentemente, ordenó preparar un anteproyecto legislativo, el cual tuve el honor de que me fuere confiado y al que sugerí por igual añadir el dispositivo de la normativa sustantiva del Contrato de Seguro, trabajo este que finalmente no produjo sus esperados frutos, es más, ni siquiera tomado en consideración por las autoridades y lo confieso también aquí, con el mas absoluto desinterés de la mayoría de los integrantes de la Cámara por defender la conveniencia de que dicha reforma fuera integral y abarcase los dos comentados aspectos.

Aclaro también, muy a mi pesar, que correspondió proponer y dirigir esa última incompleta y escueta reforma a quien entonces fuera por igual Presidente honorario de AIDA, mi cordial amigo Konrad Firgau, quien por lo demás siempre expresó como argumento para haberla ejecutado en la forma indicada las necesidades de atender con urgencia las lagunas para poder proveer a la apertura del mercado y la entronización urgente de los conceptos de margen de solvencia, y todo el entorno dogmático que rodeó esa nueva concepción de control de dichos aspectos, así como la crisis económica que se avecinaba entonces para todo el país y una mal entendida idea de que la perdurabilidad de la normativa hasta ese momento existente era más aconsejable que una drástica reforma novedosa.

Añado finalmente que un grupo considerable de los representantes de empresas aseguradoras no estaba ganado en forma alguna para realizar tampoco una reforma más profunda, ni aún con el proyecto que había ordenado preparar la propia Cámara que en todo caso era de mayor alcance que la definitivamente impuesta por la Ley

Con lo dicho, resumidamente, dejo claramente expresado mi definitivo entendimiento de la necesidad de una reforma integral para la actividad y el sector, en sus dos aspectos fundamentales, pero eso sí, claro está, en la forma y condiciones en que ello procede, apartadas de toda circunstancia de accidentalidad o bajo una justificación con miras a una especial urgencia para que a ella se provea, y menos que se las haga por la vía de una normativa habilitante, que no permita una adecuada y conveniente discusión de sus innovaciones y modificaciones, que garantice a usuarios y al sector una amplia consulta y debate sobre sus temas fundamentales y menos aún que con ella se pretenda entronizar un régimen de camisa de fuerza para el desempeño de las empresas del ramo, que se contemplen la concesión de potestades materialmente exorbitantes para el control y dirección de la actividad, en adición, abiertas o dejadas con amplio margen a la discrecionalidad de las autoridades competentes y con ello una vuelta a viejos sistemas de

---

3 En tomo a las ideas de una adecuada reforma, precisa recordar que AVEDESE ya hace unos cuantos años, en el Primer Congreso Nacional sobre Derecho de Seguros realizado en Caracas, ya alertaba sobre tales requerimientos y delineó los fundamentos de esa reforma. Por lo demás esta nuestra posición la hemos mantenido públicamente tanto en informes remitidos a la AIDA, en Conferencias públicas, como la dictada con ocasión de la celebración del aniversario de la creación de la SS hace dos años atrás, y en publicaciones cuya autoría es nuestra (Revista de la Facultad de Derecho, UCAB, Algunas nuevas tendencias en el mercado Asegurador mundial, Edit. UCAB, 1999).

moda en otras épocas que ya pertenecen al pasado, entronizados en justificaciones hoy totalmente superadas para la concesión de autorización de explotación en ciertas áreas económicas y menos, que de manera tan injustificable, se presten a entronizar todo un entramado punitivo contra el sector y sus integrantes e inclusive terceros, tal como si se trata de consagrar la necesidad de una regulación especialmente punitiva por regular a sujetos y actividades que se cumplen o cumplirán en forma inadecuada a los ojos de la ley o en forma contraria a los intereses de la comunidad.

Tanto la Cámara, organización que representa el cúmulo de integrantes del sector industrial en referencia, como la SS están mas que conscientes en todo caso que las necesidades de la reforma están bajo parámetros y supuestos en extremo diferentes no sólo a los ahora consagrados en los ya nueve proyectos que circulan, sino por igual ajenos a los deplorables supuestos bajo los cuales fue concedida la habilitación especial al Ejecutivo para regular sobre dicha materia y justificar la regulación excepcional para otorgar la extensión de los poderes habilitantes, que como simple recordatorio me permito repetir textualmente para que Uds. deduzcan lo pertinente, sin necesidad de hacer ningún otro comentario adicional:

> "... Dictar medidas que regulen la actividad aseguradora con la finalidad de conferir al organismo de control los medios adecuados para el ejercicio de sus funciones, llenar los vacíos normativos en materia de supervisión contable, forma de reposición del capital y asunción de pérdidas de capital, adecuación de capitales mínimos, previsión de sanciones aplicables, establecimiento de responsabilidades de los administradores de las empresas de seguros y reaseguros y a sus accionistas, modificación de las garantías previstas y la forma en que deben ser presentadas las reservas. Se establecerá un régimen de fusión de las empresas de seguros y se redimensionará el mercado asegurador con el fortalecimiento del Sector."

Aclaramos también que el Anteproyecto de normativa preparado por el Sector con ocasión de discutirse la actual normativa vigente, a que hemos venido aludiendo, entonces discutido en el seno de la Cámara de Aseguradores y revisado por una comisión especial de algunos de sus miembros, en cuya revisión y redacción participó inclusive la actual Superintendente de Seguros y algunos de los todavía representantes de Aseguradoras dentro de la Cámara, en definitiva resultó mucho mas completo que el finalmente aprobado de manera intempestiva e incompleta por el Estado y en él, por cierto, se contemplaba por igual el aspecto sustantivo y de control de la actividad, pero aclaramos que aquel, perseguía que su discusión y aprobación lo fuera en todo caso, ante el entonces Congreso ordinario de la República, como una ley ordinaria, que en definitiva sustituiría, como en las más modernas legislaciones, el dispositivo que al respecto contemplaba el Código de Comercio, no sólo para lograr su adaptación a la modernidad, sino para facilitar eventuales futuras reformas, si bien ella como un cuerpo orgánico, contendría todas las disposiciones sustantivas y administrativas relacionadas con la actividad.

Dicho anteproyecto en el primer aspecto comentado, seguía las recomendaciones de AIDA y del CILA[4] en torno a la conveniencia de procurar que las modificaciones en la

---

4 Comité Ibero latinoamericano de AIDA, organismo que por lo demás ha venido procurando la unificación, coordinación y harmonización de las normas sobre el contrato y la actividad aseguradora en el entorno Ibero Latinoamericano, y que al respecto encomendó al Dr. Félix Morandi, a la sazón Presidente de dicha entidad la preparación de un Código Único de Seguros para Latino América, el cual resultó luego aprobado y recomendado por todas las asociaciones nacionales de la AIDA

parte sustantiva recogiesen las ideas de unificación terminológica y tipológica del Contrato y de las principales instituciones del seguro y del reaseguro y adicionalmente en lo relacionado con el control de la actividad, se ajustaban sus propuestas a las tendencias entonces como hoy vigentes en el mundo técnico legislativo occidental, esto es, a la apertura del mercado, a la atracción de capitales foráneos controlados para fortalecer la actividad y crear una sana y razonable competencia, al establecimiento de un sistema de control racional, mas dirigido a establecer las bases de buen funcionamiento de la actividad para mejorar los resultados del mercado y una mejor prestación de los servicios a los usuarios, que no a establecer una manifiesta intervención indeseable del Estado que supusiere la intromisión directa en la fijación de conductas y políticas del manejo empresarial, mas dirigido a fijar directrices generales para el mejor funcionamiento del mercado y una mas segura prestación de la actividad para evitar indeseables efectos en el funcionamiento financiero y debida prestación de la actividad previsional y con el que se entronizarían los entonces novedosos conceptos de margen de solvencia y mínimos de capital de acuerdo a los volúmenes de responsabilidades contratadas, se fijaban los parámetros para la actividad reaseguradora y sus modalidades de contratación.

Por último, y antes de hacer un análisis más concreto de algunos aspectos del nuevo Proyecto al que debemos referirnos en esta charla, resulta importante advertir de una vez, que la misma no podrá estar dirigida a examinar detalladamente todos y cada uno de los artículos del nuevo Proyecto, lo que obligaría cuando menos a dar lectura de los trescientos ochenta y tantos artículos que lo integran.

Para concluir, diremos por igual que pretender hacer un examen de tal especie en este evento resulta un despropósito, en tanto no ha sido concebido él para tal especifico propósito y porque todos cuantos nos encontramos hoy en el mismo, de alguna manera ya tenemos en nuestras manos los resultados del Informe coordinado por el Dr. Carlos Acedo Sucre, del cual, en forma clara y diáfana podremos obtener una visión particular y detallada de la mayoría de las disposiciones modificatorias contenidas en el Proyecto, en una forma mas completa y clara que la que podría hacerse verbalmente, por mucho de buena intención que pudiéremos tener al respecto.

Creo, pues, que lo importante de destacar en una ocasión como esta, son los grandes rasgos característicos de la reforma que contempla EL PROYECTO, y en casos especiales detenernos por excepción al examen casuístico de un determinado artículo o capítulo del proyecto, cuando tenga especial significado lo propuesto, pues de lo contrario tampoco alcanzaría el tiempo que gentilmente se me concediera por mis anfitriones para el examen del tema, entre otras cosas porque el Proyecto, como lo dijimos, contiene 385 artículos, una disposición transitoria, una disposición especial con siete apartes y una disposición final, de todo lo cual es fácil deducir que la sola referencia que pudiere hacerse en apretada síntesis a los mismos, ya nos llevaría sobradamente quizá toda una jornada.

Esa tarea sistemática en todo caso, es mas de un equipo técnico legal y de las demás disciplinas directamente vinculadas a la actividad, que de un evento como el que hoy nos reúne a todos y escapa de sus fines específicos, en el cual hasta donde entiendo, se persigue examinar a grandes rasgos los lineamientos de la marcha general de la actividad, progresos en las técnicas y resultados general de la actividad, expectativas del comportamiento empresarial del sector con vista a los lineamientos de las políticas de gobierno, etc., esto es, los rasgos generales característicos que imponen la marcha del negocio asegurador, el comportamiento institucional de las empresas, y el juntar para un buen rato a los niveles directivos de las empresas en procura de intercambiar ideas sobre el negocio del seguro.

Para que tengamos idea de la imposible tarea que supondría una labor diferente de nuestra parte en este acto, destaco como ya lo dije, que los 385 artículos que se proponen en la reforma son casi el quíntuplo de las disposiciones que en materia de seguros trae nuestro actual vigente Código de Comercio y supone 184 artículos mas de los que integran hoy la Ley que regula la actividad[5].

A pesar de que podría pensarse que esa considerable normativa, satisfará cuando menos la regulación de siquiera los temas fundamentales que afectan la actividad y el contrato de seguros, si vale la pena destacar, y en ello precisamente fundamento una de mis serias observaciones a la mentada reforma, que a pesar de la copiosa existencia de normas en el proyecto, dejan de tocarse sin embargo importantísimos y trascendentales temas en materia de seguros.

Así, mientras se observa que la normativa se excede repetitivamente en la asignación de poderes y facultades de revisión de las empresas, normativas de conductas al personal directivo y gerencial, control a terceros vinculados a la actividad, regulación de materias obviamente ajenas a la función aseguradora y previsional, hay absoluto silencio, nada se toca en lo referente a trascendentes aspectos del seguro moderno, entre todo lo cual para solo poner de relieve la importancia de cuanto en tal sentido se destaca y para mencionar algunos tópicos interesantes, aclaro que no se hace referencia alguna al seguro de Responsabilidad Civil, hoy casi rama aparte del Derecho de Seguro, ni sobre las coberturas para riesgos medio ambientales, ni sobre los Riesgos especiales catastróficos, y expresamente se ha dejado fuera, con la debida advertencia del Sector Oficial, de todo lo atinente al Seguro Marítimo con la explicación, según se nos ha informado, de que dicha materia será objeto de regulación especial en la Ley que por igual se refiere a todo lo vinculado a la "navegación y al comercio marítimo" y por supuesto se omite tratamiento alguno a toda esa gran cadena de los hoy ramos que podemos llamar especialísimos en el mundo del seguro, que si bien pueden caer o no dentro de las normativas generales de los ramos y principios generales a ellos aplicables, se relacionan con el seguro de vida o de los daños patrimoniales, pero que cuando menos conviene precisar los rasgos esenciales que los diferencian o asimilan a los demás ya regulados, en beneficio de una mejor aplicación de los principios y reglas bajo los cuales deba o tenga que normárselos.

Por igual me siento obligado a destacar que en ese tan azarado proceso con el cual se inició la revisión por parte del sector privado del Proyecto, dentro de la presión oficial de que debía concluirse apresuradamente y realizarse en un brevísimo plazo, luego, sometido al condicionamiento de que toda observación, aún por pertinente que lo fuera debía entenderse condicionada a la nueva revisión por parte de la Procuraduría o de una nueva Comisión Oficial bajo la dirección de la Vice- Presidencia de la República, en la que para variar y en contra de las previsiones sobre participación ciudadana, se deja totalmente excluido al sector Asegurador y a los demás ramos conexos a ella, pero en su decurso, vale la pena destacar que cuando menos' se lograron dos efectos uno directo, cual ha sido postergar la aprobación de la reforma, sin incurrir en una discusión apresurada como se lo planteare a inicios de abril del presente año, y otro aparente, cual es de haber logrado, aún bajo la indicada condicionalidad, unos ajustes y reformas en la redacción de ciertos artículos del proyecto nada deseables ni razonables.

---

5 Ley de empresas de seguros y reaseguros, Gaceta Oficial de la República de Venezuela (también República Bolivariana de Venezuela) N° 4822, Ext. del 23-12-94, en lo sucesivo LES.

Destaco que todo ese mérito se lo lleva la Comisión Especial designada por el sector asegurador, y al equipo profesional contratado al efecto por la Cámara de Aseguradores, y cuya dirección ha estado a cargo de nuestro dilecto asociado Dr. Carlos Eduardo Acedo S., que no a mi representada AVEDESE AIDA, la que si bien ha seguido muy de cerca el proceso de las discusiones y sugerencia de cambios a la propuesta oficial, fue marginada de las discusiones a partir de haber manifestado su tajante oposición a la presentación de lo que debían ser sus observaciones al proyecto en un corto y alocado término de días cuando formalmente se sostuvo una reunión especial con el Consejo Nacional de Seguros y en la que se había solicitado formalmente la concesión de un plazo mas razonable para la revisión detallada de la propuesta y la conveniencia de separar de lo que sería objeto de la reforma por la vía de la normativa habilitante, lo vinculado al Contrato de Seguros, entre otras cosas, por las serias observaciones de carácter constitucional que pudiere conllevar lo contrario, en tanto a primera vista no se encontraba siquiera previsto ello en la motivación y supuestos de la Ley Habilitante.

Y más importante aún, por cuanto sensatamente, el contenido específico sustantivo del contrato atiene a la gran categoría de los Asegurados, no representados en las discusiones del mentado anteproyecto, y ajena ella al control, que cuando menos de manera formal, se supone debe ejercer su representación nata, esto es, los integrantes de la Asamblea Nacional, y con lo cual, además, se contará con un eventual consenso o recopilación de posiciones de diferentes estratos, del todo conveniente para una materia que en principio, está llamada a ser regida por normas estables y duraderas en el tiempo, como lo han sido las que al respecto contempla el Código de Comercio.

Toda esta argumentación en forma primero verbal y luego detalladamente por escrito, se hicieron valer por nuestra mandante AVEDESE, ante las autoridades competentes vinculadas al sector o que tienen a su cargo la revisión y formación de las leyes de nuestro país, y en el que breve y concisamente se precisaba que el sector técnico jurídico vinculado al Derecho de los seguros, no reputaba convenientes ni el momento, ni el contenido de la reforma propuesta e instaba a las autoridades para que se abriera un proceso de diálogo más denso y duradero, que en todo caso, no era tampoco aconsejable que ese proceso de reforma, al menos en lo que atañe al contrato de seguro, se lo llevara a cabo bajo el manto de un poder extraordinario otorgado al Ejecutivo Nacional, con miras diferentes a las de enrumbar un proceso de ajuste institucional sin que se lo hiciere por la vía de la formación ordinaria de las leyes, más cuando con ello no se procuraba ni para una crisis, o atender a una situación de real emergencia para el sector.

AVEDESE, adicionalmente, manifestó su intención de no continuar en el proceso de las discusiones o revisión del proyecto, si la intención era de que ello se cumpliera en un corto lapso de tiempo (se manifestó que no sería mas de un mes corriente) pues lo que en tan corto plazo se analizara y objetara o aprobara, sería el resultado de un brusco e insensato proceso de revisión, y la gravedad y magnitud de las reformas en muchos de los aspectos contemplados en el proyecto, obligaban a meditar con serio detenimiento los conceptos, efectos y alcance de dichas propuestas y toda labor realizada en esa forma aparte de inútil propiamente hablando, carecía de toda seriedad.

Destaco así mismo que fue el suscrito, en representación de AVEDESE, quien en reunión sostenida con la SS en el seno del Consejo Nacional de Seguros, hizo un llamado a la reflexión y sugirió que aún con las serias objeciones que pudieren hacerse tanto a la forma de insertar la reforma dentro del proceso de la normativa excepcional habilitante, como por el contenido a priori exorbitante de marcado intervencionismo, y la inclusión de la normativa sobre el Contrato, con los defectos de índole constitucional que ello suponía, se continuara un proceso de revisión de dichas propuestas, donde sana y concienzudamente pudiere provocarse corrección de criterios, mejoras a las propuestas, y en definitiva un proyecto que contara con mas apoyo institucional.

En un breve plazo, la SS manifestó estar en imposibilidad de extender siquiera por tres meses la revisión del proyecto, y exigió en el comentado brevísimo término de quince días primero, que luego se extendieron a un mes, el que se entregaran dichas observaciones y puntos de vista, bajo pena de pasar la Ley a la aprobación del ciudadano Presidente de la República. Lo dicho motivó que de inmediato nuestra Asociación consignara su comentado rechazo a la temática general del proyecto de reforma, analizando las grandes líneas que inspiraban la reforma y su decisión de no participar en forma alguna en ese proceso injustificado de premura para la revisión de la misma.

El parecer oficial de AVEDESE por igual se lo hizo llegar directamente a los Ministerios de Finanzas, Interiores, Infraestructura, Vice-Presidencia de la República, Asamblea Nacional y Procuraduría General de la República.

Si fue o no criticable la posición adoptada, será cosa de analizarse en el futuro, pero AVEDESE entiende haber cumplido con su deber y no aceptó ni aceptará que por vía compulsiva y sin justificación alguna se pretenda obtener siquiera el que por el solo hecho de que a ella se le convoque se apadrine ningún proceso en el que no se brinde sensatamente un término serio y adecuado para analizar las propuestas y presentar un análisis sobre sus resultados.

Puede que en efecto el mejor de los caminos para enfrentar la inconducta oficial fuera la de haber continuado el proceso de las discusiones con la Superintendencia de Seguros[6] , tal como lo hicieron la propia Cámara, el Consejo Nacional de Seguros, Cavecose, Fecoprose y ahora la Asociación o Cámara de Reaseguradores cuyos resultados hasta ahora no podrán verse, pero si es de reconocer que cuando menos se logró el diferimiento de la apresurada aprobación del documento entregado al sector, por un término de ya casi seis meses, si bien el mismo, a nuestro juicio, no ha sido aprovechado eficiente y efectivamente para mejorar la redacción y problemas que se objetan al citado proyecto de reforma que en todo caso también es de reconocer ha servido para hacer cuando menos las incipientes y apresuradas observaciones formales y de fondo contenidas en los informes del grupo que encabeza el Dr. Acedo Sucre y que cursan ante el Consejo y la Cámara, ni ha permitido obtener un mayor consenso sobre la conveniencia y pertinencia de los cambios propuestos y perdiéndose quizá la oportunidad para haber logrado un bueno y serio instrumento de reforma.

Además, al haber logrado la separación, al menos en forma temporal de las reformas sugeridas a la parte del Contrato de Seguro, del resto del articulado referido a la actividad, ha permitido, con menos presión hacer un mejor estudio de lo propuesto, se dio prioridad a la parte del régimen de la actividad al que se formularon serias observaciones, que hasta donde entiendo parece han sido tomadas en cuenta en cierto porcentaje, pero sobre lo cual no puedo hacer aseveración alguna, en tanto desconozco un nuevo documento que contemple la nueva redacción oficial, pero manteniéndose otros artículos sin modificación, que a nuestro entender constituyen graves errores, posiciones de retorno ante el avance de la escasa des-regulación tan anunciada y aupada por las autoridades que seguramente será fuente de futuros eventuales conflictos entre autoridad de control y los integrantes del sector.

---

[6] En lo sucesivo cada vez que nos refiramos a ello lo hacemos aludiendo a la SUPERINTENDENCIA DE SEGUROS, en lo adelante SS.

Sin embargo, esa misma actitud oficial, a juicio de AVEDESE, pone de manifiesto una vez más el insensato proceder de la administración pública en el tratamiento de tan delicados asuntos, como lo son la preparación de los instrumentos legales. En efecto, no puedo calificar si de insensato o carente de todo sentido esa actitud del Estado por atosigar al Sector con la urgencia de entrar al análisis de un proyecto sacado debajo de la mesa en marzo, a pesar de haber sido anunciado desde diciembre pasado, para querer discutirlo o darle participación ciudadana en escasos diez días hábiles, y luego demorar CINCO meses el proceso de revisión.

En todo caso, somos y hemos sido de opinión que esa premura en atender la regulación del sector, cuando que no era de los que enfrentaba ni crisis alguna ni enfrentamiento filosófico con la nueva Constitución Nacional, no resultaba sino injustificable imprudencia o un ánimo de lucimiento de no sé cual funcionario interesado, pues no otra seria razón la hacen entender.

En lo atinente al Contrato de Seguro, el asunto inclusive se hizo mas impertinente y delicado, pues cobijar la reforma bajo los principios y regulaciones de la normativa HABILITANTE para hacerlo el Ejecutivo, dejan mucho que desear y, adicionalmente, porque, nuevamente, su actual regulación no choca flagrantemente con el nuevo texto constitucional, y su carácter eminentemente sustantivo y vinculado a los derechos de las partes involucradas, hacen aconsejable a todas luces una labor legislativa ordinaria, más sopesada, que permita un mejor análisis de su repercusión ciudadano e internacional, y en fin porque debe y tiene que ser una regulación ajena al interés meramente administrativo de la actividad, por estar fundamentalmente dirigido a los particulares que intervienen en el negocio asegurador, reasegurador y sus anexos.

Para que se tome conciencia de lo antes dicho debemos pensar que la actual regulación contenida en el Código de Comercio, decantada y pacífica, viene reglando la actividad, fue producto de una concienzuda labor legislativa de entonces y ello precisamente ha asegurado su legítima pervivencia todos estos años, y ahora como entonces debe logrársela con un amplio proceso de Participación Ciudadana, de una mas amplia consulta, de análisis ponderado por parte de los representantes de la Asamblea Nacional, en la cual se facilita oír y escuchar los pareceres técnicos, las opiniones de los sectores involucrados, la repercusión nacional o internacional de los cambios y en todo caso permite oír y tomar en cuenta un número de personas y especialistas.

Sin recato alguno debo poner de manifiesto que esa primera posición de nuestra representada, plenamente, coincidente cuando menos formalmente con los integrantes del Consejo Nacional de Seguros y la mayoría de colegas que habían opinado sobre la materia, no fue de buen gusto acatada por la SS, y si bien en un momento optaron por retirar dicho aspecto de la discusión, nuevamente, según entiendo por haber sido esa misma la posición de la Procuraduría General de la República, hizo que se convocara otra vez a los representantes del sector asegurador para continuar las discusiones sobre esa parte del proyecto y hasta donde tengo sabido, se ha iniciado la discusión y revisión de la misma a la luz también de algunas observaciones formuladas por el Consejo Nacional de Seguros y la Cámara de Aseguradores, posición esta que nuevamente no compartimos ni consideramos seria por parte del Sector Asegurador, si verdaderamente subsisten los mismos motivos que se hicieron patentes a priori para excluir dicha materia de las discusiones.

No creemos serio, repetimos, que el Sector afectado se pliegue a la posición oficial, por la sola consideración de que con ello se logrará cuando menos que sean menos los errores o desafueros de la regulación propuesta que a la larga se hará Ley.

Allá la responsabilidad de un Estado irresponsable al tramitar y aprobar instrumentos legales en esa forma, y la burla que ello supone para el tintineo de la "Participación Ciudadana".

Soy de los que opino que no puede entrar a transarse con quienes me atropellan en búsqueda de un menor grado de atropello, lo primero y lo segundo son conductas bastardas indeseables y no serias para un Gobierno.

A pesar de que el resultado de la actitud institucional de AVEDESE no se hizo esperar, y se patentizó con la exclusión de las mismas a las nuevas discusiones que se han llevado a cabo a posteriori, a las cuales ni aún por cortesía se nos ha convocado, no por ello hemos dejado de atender al proceso de discusión, al estudio de las posiciones enfrentadas o no de las partes, y en ello hemos contado con la oportuna colaboración de Fecoprose, quien nos ha transmitido sus observaciones, informes, contenido de los documentos presentados a discusión, etc.

Lo dicho tampoco ha modificado la posición de AVEDESE para presentar un proyecto formal de la reforma de la legislación sustantiva, en la Asamblea Nacional, si bien pudiere ocurrir que en el ínterin, el Ejecutivo Nacional, como también se lo ha dicho por los representantes del sector oficial, opte igualmente por aprobar esos cambios por la vía de la misma habilitante, si bien separando el texto de la reforma de la ley de la actividad, de la primera nombrada, como lógica alternativa de modernización de dicha legislación para hacerla sincrónica con los adelantos de la globalización.

En ese sentido, expresamente hacemos un llamado a este auditorio, para que sea ese uno de los derroteros que se asuma frente a la incoherente posición oficial sobre el tema de la reforma de la legislación sustantiva de los Seguros, bien para que sirva de instrumento de reflexión ante el Ejecutivo Nacional, si el mismo no cesa en su intento de sacar dicha Ley dentro del paquete de la Habilitante, sea que se la deje para discusión dentro del proceso ordinario en la Cámara Nacional Legislativa, lo que sería el mejor de los caminos en análisis.

Todo lo antes expuesto no obsta a que en el fondo, de conciencia, no hayamos conceptualizado como un error flagrante de las entidades del sector, el que seriamente no se hayan tomado posiciones más drásticas para no asumir ni apoyar en forma alguna la revisión de ese proyecto normativo, de la forma como ha sido impuesto, y bajo la filosofía con la cual ha sido diseñado, y menos aún asumir la bondad o conveniencia de reformar y revisar con él la normativa sustantiva del contrato de seguro y con ello la del de reaseguro y algunas otras instituciones relacionadas con el aspecto privado del seguro.

Decimos lo anterior convencidos como estamos, que, previamente, como lo destacaremos seguidamente, debía y tenía que sopesarse y discutirse con la autoridades del Sector Público, si era o no pertinente la reforma de dichas normas; si el sector ameritaba un radical cambio de tratamiento en la conducta de control e inspección de su actividad, y una intromisión como la que es posible imaginar podrá ser impuesta para la fijación de políticas empresariales y el manejo inmediato de dichos entes y, finalmente, si se justificaba que en forma intempestiva, al margen de la gran opinión de la colectividad y sustraído inclusive de la censura cuando menos esperada que se presume puede surgir de la discusión en parlamento de una Ley, se pretendía también pasar la regulación del contrato de seguro bajo la excepción de la Habilitante al Ejecutivo Nacional.

De paso debo destacar que en el ambiente de caos y distorsión en que viene desenvolviéndose el acontecer del Estado venezolano en especial lo que atiene al aspecto legislativo, soy de los que inclusive ha sostenido públicamente, que mejor han resultado las reformas propuestas y sancionadas por el Ejecutivo que algunas de las emanadas de la soberana Asamblea Nacional, mas en un caso como éste en que la especialidad propia del Seguro requiere de consideraciones técnicas ajenas al bajo índice de preparación de los integrantes de aquella, quienes por lo demás con mayor frecuencia de lo imaginable, optan por no consultar con especialistas sobre los temas analizados en proceso de regulación legal, con la sola excepción claro está de lo referido al Contrato de Seguro, por las razones ya esgrimidas de que en esa materia, es a la ciudadanía en general a quien más corresponde opinar y proponer, en tanto resulta ser la mayor doliente en sus efectos y aún si son valederas las razones aducidas en torno a que es de esperarse una mejor calidad de regulación cuando dimana del Ejecutivo, en esta ocasión lo aconsejable es que el proceso de formación de las leyes permita mayor consulta y debate, y en medio de todo sea controlado el material modificado por los debates de una exigua minoría opositora, o de alguna buena idea que surja de entre el grupo de patricios legisladores.

Precisa, por lo demás, advertir en torno a la propuesta de modificación de las normas sustantivas que atienen a la regulación del contrato de seguro, que en tal materia lo aconsejable es dejar a la amplia voluntad de las partes la fijación de las condiciones de dichos convenios, que no imponer principios legales vinculantes, a la larga endurecedores de las relaciones y que además hacen inflexible la posible negociación de la garantía a su vez de tales riesgos vía reaseguro, contrato institucional básico a la cobertura de los riesgos, por igual de absoluta buena fe, como el de seguro y donde con mayor razón se impone las condiciones del mercado y las costumbres y prácticas con las que inveteradamente se han manejado estas complejas relaciones, claro está todo lo dicho, sin menoscabo de dejar como excepción aquellos asuntos que afectan la esencia misma de sendas instituciones y que debe el legislador preservar y amparar bajo el manto del orden público.

En esta materia, si bien las reformas propuestas pueden haber tomado como modelo modernas legislaciones de los sistemas del Derecho Comparado[7] se les añade o encasilla dentro de esquemas propios que contradicen las bondades de ese sistema. Por ejemplo, llamo la atención en que mientras se deja constancia del carácter meramente consensual del contrato de reaseguros, no se toma en cuenta cuando se dispone una normativa aprobatoria o un derecho de control sobre el espectro del contenido del mismo y la aplicación de principios dispuestos en el proyecto, que a tenor del mismo deben reputarse consagrados en beneficio del orden público y por tanto no relajables ni alterables.

Confieso, por igual, que la pretendida justificación de la SS de que la inclusión como materia de reforma de lo relacionado con el contrato de seguro, era menester para poder liberar el control del contrato y otras áreas de la actividad, no deja de ser si no una pobre y desazonada excusa, pues en la forma que ha sido presentada la propuesta de regulación sobre esa materia, la amplia discrecionalidad que contempla el proyecto para la intervención e interpretación del contrato de seguro, en nada obstaba para la no existencia de esa regulación de mayor detalle para el contrato, para que no pudiere aprobarse la reglamentación de la actividad, sin contar con la del contrato, y en el peor de los casos, como lo señalaron desde siempre unánimemente todos los integrantes del Consejo Nacional, porque para evitar todo problema, si es que lo había, bastaba con disponer una

7 En el caso del proyecto en referencia, a nuestro entender priva el modelo de la normativa española, si bien se lo mezcla en otras disposiciones con normas de otros ordenamientos, lo que por cierto produce contradicción de términos y hasta incoherencia entre dichas nuevas disposiciones.

norma transitoria en la Ley de la actividad que solo considerara libre la redacción de los contratos y documentos del contrato, una vez que quedare promulgada y sancionada la legislación sustantiva del contrato de seguro, con lo cual, oficiosamente el ente de control se hubiere dado el inútil gusto de revisar los contratos y normarlos para evitar una vez más el aducido atropello con el cual se han conducido las aseguradoras frente a los asegurados.

Conste que a la fecha, ni la SS ni las propias aseguradoras, saben cual sea propiamente, ni han leído con apropiado y detenido cuidado las pólizas e instrumentos contractuales, su gran mayoría deplorables copias de quien sabe cuales instrumentos en idiomas extranjeros le sirvieron de modelo, mal traducidos o peor redactados y convertidos al español en otros horizontes y que sin sentido alguno, de manera alegre y arbitraria han venido circulando en el mercado, sin siquiera haber unificado sus textos, ni las propias aseguradoras ni la SS.

Pero si ello resulta una verdad cierta., yo seriamente quisiera saber también cuantos casos litigiosos para perjuicio de los asegurados se han discutido en Venezuela con fundamento a los textos contractuales y por el contrario, cuantas sentencias perdidosas para las aseguradoras no han sido resultado de esas contradicciones, ambigüedades e insensateces escritas en nuestras pólizas.

Se ha sostenido alegremente, por ejemplo, que las Aseguradoras sacan beneficios de las redacciones confusas y sin sentido de las pólizas, solicitudes y anexos; de que ampulosamente sacan provecho al prevalerse de su mayor capacidad económica para convencer a los jueces en los litigios sobre seguros; pero lo que no se ha tomado en cuenta, y por supuesto se omite y calla, es que una manera de pensar casi unánime entre los magistrados judiciales, árbitros y conciliadores, no sólo propia de Venezuela, sino en el exterior, es la de ver como al monstruo que todo lo daña y perjudica a esas grandes empresas que llaman aseguradoras y bancos, y por lo tanto, si alguna duda puede existir para declarar con o sin lugar una acción, ella estará para favorecer al asegurado, que no al Asegurador o al Reasegurador con todo y que en el texto de las pólizas no aparezca claro el sentido de sus cláusulas o limitaciones.

Aclaro por igual que AVEDESE ni el suscrito, pensamos que toda reforma por el hecho de serlo resulta un atentado contra la actividad o sector que deberá regular, hay materias y áreas no solo que requieren esas reformas, sino que a gritos la exigen y por igual repetimos que si bien es cierto que muchas de las normas contenidas en el proyecto pueden estar fundadas en sanos criterios y copiadas de ordenamientos vigentes en otros países, seguro estoy por igual que las mismas forman parte de un ordenamiento jurídico en el cual se contemplan otros preceptos que brindan protección a la empresa o a la actividad o que garantizan los recursos para que la administración del Estado, se abstenga de actuar abusivamente y a su sola discreción, donde no se vea a la parte representada por las aseguradoras, como una especie de mafia, engañadora, carente de toda ética para asumir los compromisos que genera por lo demás una de las áreas mas controladas de la economía y en la que existen quizá los mas duros controles administrativos para regular la solidez patrimonial, la existencia, pervivencia y uso de las reservas, y donde se parte de la existencia de un Estado, capaz y apto para ejercer adecuada pero consistente y técnicamente su gestión de revisión y control, para amparar ante la sociedad esa gestión privada de los riesgos.

Si a ver vamos, aún con todos los avatares de la economía nacional, el sector que menos defraudó la confianza comercial y la buena fe de los consumidores en Venezuela durante la última crisis de la economía financiera, fue el sector seguros, no obstante y a pesar de los grandes capitales en riesgo, de la importancia de la gestión en el flujo monetario nacional y a pesar de que siendo un factor de tanta incidencia sobre el aspecto financiero y monetario en la nación, ninguna ley contempla fondos de estabilización, ni de apoyo técnico, e inclusive es de los que en un amplio margen, se paga su propio control y supervisión.

Pero esas no son las cosas que se dicen ni se ponderan ante la ciudadanía, ni se toman en cuenta cuando se procura regularlo, no para facilitar la gestión empresarial, sino para endurecerla y controlarla.

Por ello, es que considero, que antes de haber entrado a discutir esa propuesta de reforma, el sector, la ciudadanía en general y los usuarios en particular de esos servicios particulares de la previsión de los riesgos, debió y tiene que plantearse el por qué y bajo cuáles parámetros debe plantearse la necesidad de la reforma legislativa de su estamento, y más, si como la que fue presentada, resulta ser un instrumento útil, que mejora las relaciones propias del mercado, o si por el contrario lo que resulta ser es un catálogo de principios eminentemente sancionatorios, instauración de un duro sistema de regímenes de control a diestra y siniestra, que aparte de entrabar la gestión empresarial, dejan por igual abiertos los grandes riesgos financieros para los asegurados y la sociedad, pues tales preceptos sobre control terminan siendo simples mecanismos de una gestión de control fundamentalmente dirigida y diseñada a la pesquisa informativa, no sólo de la actividad y de las personas directamente vinculadas a ella, sino a terceros, de cualquier índole que tengan relación con su prestación directa o indirecta, tal cual es el caso de varias de las normas propuestas en el proyecto (ARTÍCULO 1, PRIMER PÁRRAFO; ARTÍCULOS 117 a 129; ARTÍCULOS 224 a 348; ARTÍCULO 355; ARTÍCULOS 377 a 385; Y DISPOSICIÓN DEROGATORIA ÚNICA).

Y que quede claro, el argumento de que algunas de esas normas del proyecto fue aceptado discutirlas como inconvenientes o susceptibles de serias modificaciones, ello se lo hizo no bajo plena aceptación de la SS sino ad referéndum de lo que en definitiva opinen las autoridades de Finanzas, Procuraduría General de la República y el equipo de revisión de proyectos de la Vicepresidencia de la República, pues a pesar de los sensatos comentarios que le fueron formulados, aún la SS no considera justifican su eliminación ni pueden privar sobre lo que entiende el Ejecutivo Nacional son decisiones principistas que inspiran la reforma sin admitir modificación de ninguna especie.

Por lo demás, los cambios sugeridos, aún los aceptados en las discusiones informales con el sector, hasta hoy, que yo conozca todavía no existe la certeza de su aceptación y aprobación y aún si se los diere por admitidos, jamás fue pertinente haber proyectado esas limitantes de conducta en dicha forma original, pues ello resultaba no solo innecesario e impertinente, sino muchas veces ofensivo y de imposible cumplimiento.

Dentro de tales lineamientos generales es que visualizo el contenido general de la reforma propuesta, los incidentes surgidos con ocasión de su análisis, quien resulta responsable de su redacción y las actitudes asumidas por el sector frente a dicha propuesta de reforma, veamos ahora, dentro de ese mismo esquema general, cuáles son los mas destacados inconvenientes puntuales de esas reformas y cambios, examinados por áreas tratadas en el proyecto y con vista a ello concluir sobre las bondades o no de esos cambios.

I. ALGUNAS CONSIDERACIONES PUNTUALES SOBRE EL QUÉ Y EL PORQUÉ DE LOS CAMBIOS Y LAS OBSERVACIONES QUE CABEN FORMULARSE

Como debe y tiene que resultar lógico, toda reforma debe o tiene que estar motivada con algún trasunto de innovación, cambio tecnológico o de condiciones del mercado o la actividad, o necesidad de adecuar las instituciones legales a la realidad social o a una determinada filosofía del sistema político de turno.

El derecho, como ciencia social y según lo refería Von Ihering, "sirve a la vida o no sirve"[8].

Pero tal afirmación toma mayor relevancia si como en el caso que estamos analizando lo supuesto a modificarse es una actividad o acontecer social con particular importancia en lo económico o institucional, como suelen ser instituciones que tienen que ver con el sustrato financiero del país o de determinado sector del mismo, o que atienen a sectores, bienes o elementos de producción, garantizan de cierto modo su funcionamiento o pervivencia y más si lo que pretende modificarse ha venido desarrollándose y cumpliendo con sus objetivos en forma más o menos satisfactoria sin que se hayan producido desviaciones peligrosas o dañinas al conglomerado social, cual es el caso de la actividad aseguradora.

Finalmente, una reforma por igual se la puede justificar cuando se provoca un cambio o alteración revolucionario, con perspectivas de sentar nuevas bases institucionales en lo económico, social y político, o cuando sin ser tan severos esos cambios, las modificaciones declaradas como fundamentales en el "estatuto base del sistema" (*sic.* Constitución Nacional) conllevan ciertamente ajustes de considerable magnitud en ese determinado sector de la actividad social, económico, industrial o comercial.

Pero en torno a ese último aspecto, las cosas se complican más, pues en efecto con las efectivas modificaciones del estamento base de la República, derivados de la promulgación de las ahora dos constituciones dictadas bajo el nuevo gobierno[9] efectivamente puede sostenerse que al país se lo ha inducido a modificaciones trascendentales, que ni el propio grupo político que gobierna parece tener muy claros, no sólo en lo meramente organizativo del Estado, sino por igual en algunas instituciones y sectores de prioritaria entidad, como lo son el concepto de justicia, el sistema bajo el cual se lo aplica, el de desarrollo económico y los fines a los cuales debe procurar, etc. y el de algunas concepciones económicas que rigen el funcionamiento del país.

---

8 Alem, José, *Memorias de un bufete*, Editorial Walter Martínez, Uruguay, 1996.

9 Precisa recordar que la llamada Constitución del 99, en tanto resultó aprobada a finales de dicho año por el Referéndum popular, curiosa y atípicamente, fue republicada con modificaciones, sino ostentosamente considerables, cuando menos si de particular trascendencia en algunos casos, a lo cual además se añadió la publicación de la Exposición de Motivos, de la que por igual se deben deducir ciertos cambios. Hasta la fecha no existe pronunciamiento Judicial que de manera efectiva y terminante haya aclarado cual de dichas Constituciones resulta realmente la vigente y eficaz, ello toma mayor importancia si recordamos que mientras la de Diciembre fue aprobada por una constituyente en plenitud de sus funciones y objeto de referéndum aprobatorio, la segunda, la declara tal, un ente transitorio, que nada tenía ya que ver con la constituyente y tampoco tuvo homologación popular por referéndum ni nada que se le pareciere, y recordemos, estamos hablando de una "constitución". Al respecto véanse Gacetas Oficiales 36.860 del 30-12-99 y Extraordinaria N° 5453 Extraordinaria del 24-03-2000.

Lo dicho quiere decir, y así lo ratifica una copiosa serie de disposiciones transitorias de la CN, que ha sido y será menester ajustar una serie de normas, instituciones y actividades públicas y aún privadas que resultan vigentes y amparadas por el antiguo ordenamiento constitucional, a las nuevas concepciones y filosofía constitucional, al nuevo estilo o sentido de un gobierno, amparadas bajo el manto de la declaración constitucional ahora en vigencia.

Yo diría que pensada o impensadamente, los señores que hoy dicen nos gobiernan, si bien no impulsaron una verdadera revolución de cambios a ultranza, a raja tablas, terminales y ostensibles, han venido induciendo a ello al país, a sus organizaciones, y a las instituciones en las cuales se soporta, logrando una especie de adaptación intergeneracional de esos estamentos, normas e instituciones[10], en forma a veces áspera, otras medio confusas, bien con algunas innovaciones normativas, establecidas o logradas éstas bien por vía de reformas hasta ahora tímidas de las regulaciones legales del tema, o bien por una vía de interpretación judicial de avanzada, que se ha venido logrando en nuestro caso, con la jurisprudencia vinculante unas veces, otra como precedentes con fuerza moral trascendente sobre los estratos judiciales inferiores, por vía de pronunciamientos del hoy más alto Tribunal de la República (Tribunal Supremo de Justicia) quien ha venido fijando claros derroteros en una serie de materias, produciendo una mutación notable de instituciones por vía de interpretaciones novedosas, y a veces hasta chocantes con el propio texto expreso de la Ley, todo bajo el amparo de la necesidad del reacomodo social e institucional impuestos por las reformas de la constitución y amparados bajo un principio cardinal, esto es, el del imperio de la justicia por sobre el derecho y de la sustancia sobre las formas, a fuerza de que inclusive se sacrifiquen los valores seguridad jurídica, estabilidad y racionalidad.

Lo que por igual caracteriza esta nueva Venezuela, a pesar del ideario revolucionario con la cual se la pretende vender, es que los propios personeros del gobierno demuestran una clara indecisión de afrontar y aceptar esos cambios, la magnitud de sus efectos y hasta pareciera que cuando se los introdujo en la constitución, o se sentaron sus bases, no se tenía clara idea sobre el alcance y magnitud de los mismos, hay pues una marcada incertidumbre sobre lo que se hace y lo que políticamente se quiere y se pretende.

Estas posiciones vienen reflejadas por igual en el contenido de las propias modificaciones del texto constitucional vigente, las que a pesar de lo claramente redactadas para suponer e intuir el significado de cambio que ellas comportan, de que literalmente constituyen drásticos virajes en la conducción de ciertas instituciones, los mismos artífices políticos que las introdujeron y aprobaron han negado que en la práctica deban producir efectos como los que técnica y teóricamente se suponen deben producir[11].

Un ejemplo patético de cuanto comento es la revolucionaria concepción de la república como "un Estado de justicia, federal y descentralizado", o como mejor lo precisa el artículo 2 de la CN, como un Estado Democrático y Social de Derecho y de Justicia, con

---

[10] La concepción de cambios intergeneracionales no es novedosa, y sobre ella ha tejido toda una fascinante teoría Bruce Ackerman (vid. *La Política del diálogo liberal*, Editorial Gedisa, España, 1999, Isbn 84-7432-653-2).

[11] Al respecto recomendamos la sopesada lectura de un magnífico trabajo insertado en la *Revista 3 de Derecho Constitucional,* Edit. Sherwood, Caracas, 2001, del Centro de Estudios Políticos y Sociales de Valencia, España, coordinado por el Profesor Roberto Viciano Pastor sobre las reformas de la Constitución venezolana de 1999, p. 369 ss

lo cual, como lo señala Brewer Carias[12], el concepto de "justicia se presenta reforzado, y con ello se pretende que el Estado sea más que un Estado sometido al derecho (Estado de Derecho), sea un Estado donde la justicia sea una realidad, de manera que cada quien tenga lo que le corresponda, mas allá del formalismo de la Ley o de la legalidad, conceptos, sistema y filosofía que inspira por igual el régimen económico de la nueva república, y derroteros que se fijan al nuevo Estado en su función rectora de la economía.

Y todo lo anterior encuentra aún más reafirmación, cuando en el mismo texto constitucional se alude nuevamente al concepto de justicia, bajo una serie de nuevos postulados y conceptos, entre otras cosas, con primacía de la ética en las conductas y procederes públicos y privados (se declaran como postulados entre otros: derecho de acceso a la misma, a la efectiva tutela judicial, a una organización judicial especial y expedita, que deben y tienen que impartirla bajo una serie de nuevos y llamativos principios)[13].

Todo lo anterior viene repotenciado, además, con una clara vocación a dar protección igualitaria a los grupos sociales, independientemente de que existan o no condiciones similares para procurar ese trato similar, de reputar la existencia de un débil frente a un fuerte, un desprotegido históricamente existente, abandonado a su suerte, olvidado por el Estado, al cual ahora pretende protegérselo, ampararselo no importa a costa de qué ni por cuales vías.

Pero lo anterior no es música chocante, ni estridente, ni reñido con sentimientos naturales, aún de las más extremas y recalcitrantes derechas, ninguno de los presentes aquí puede negar que eso sería lo deseable y perfecto en un estado natural donde todo fuere propicio para ello y sin contar con factores exógenos distorsionantes, pero si el escenario real no es ese, lo que ocurre es que para entronizar tales sistemas y postulados se requiere, es imperativo y de inmediata exigibilidad, un Estado supremamente organizado, un pueblo eminentemente culto y preparado, que entienda los límites propios de esas filosofales posturas y que sepa que el logro de ese gran triunfo lo será solo después de un largo recorrido de acomodos, de sacrificios de la administración y de los administrados, pues de lo contrario lo que estamos fomentando es un absoluto caos, jurídico, económico y material, ajeno a toda idea de desarrollo, de revolución pacífica y de cambio estable, que es parte de lo que estamos comenzando a vivir y peor aún, se comienzan a generar frustraciones.

En efecto, lo primero es el descontento con lo reprogramado y modificado en sus estamentos legislativos, pues con los cambios formales que se proponen, sin más, se pretende que se obtendrán los cambios sociales, las modificaciones en los estratos económicos, no se miden las distancias entre lo programado como posible con escenarios de contar o no con los recursos económicos y humanos necesarios para provocarlos, controlarlos y ejecutarlos.

Se incurre en una hiper legislatividad o normatividad, sin resultados posibles que enredan y hacen confusos los procedimientos, dan lugar a persecuciones improductivas, que a la larga hacen aparecer las normas como no convenientes, innecesarias o provocan su auto derogación por no aceptación social pasiva.

---

12 Brewer Carías, Allan R., *La Constitución de 1999*, 2ª Edición revisada y actualizada, Editorial Jurídica Venezolana, Caracas, 2000, p. 42 ss

13 Arts. 26, 253, 257 CN. En ese sentido véanse los comentarios del mismo Brewer, *opus cit,* p. 47.

El efecto multiplicador negativo de estas situaciones es tremendamente fatal, desestimulador, contrario a la seguridad jurídica, enemigo de la atracción y perseverancia de las inversiones foráneas y en fin caótico para el buen desarrollo de un país o de sus nuevos sistemas.

A eso lamentablemente se nos está conduciendo, sensata o insensatamente.

En el campo que nos ocupa se lo demuestra con la anotada hiper normatividad para el sector, el súper control del Estado, la normatividad punitiva en extremo, la implantación de controles, entarimados formales, creación de presunciones e instituciones que vuelcan sobre los administrados la responsabilidad, culpabilidad, y presunciones de violación legal, todo en procura de escudar una mayor incapacidad del Estado para garantizar el fiel cumplimiento de los cometidos que el mismo se impone a sabiendas de su incapacidad de alcanzarlos.

Lo que se termina produciendo es la creación de un monstruo, la existencia o de un Estado anómalo o la modificación del que ya existe para convertir procurar cambiarlo a un ente entrometido en cometidos propios del sector no público, fiscalizador o mejor pesquisador, que todo lo quiere resolver, conocer y aprehender y que todo lo pretende juzgar bajo la óptica de la tipicidad cuasi delictual.

Será una organización pública en absoluta decadencia, que truncará toda iniciativa privada seria y firme de desarrollo, que atemorizará a sus ciudadanos, a su contribuyentes a sus entidades productivas y que a la larga terminará siendo un Estado "toero y sustituto", pues solo él podrá adaptar sus conductas a sus propios parámetros, y será un estado banquero, asegurador, productor, comercializador y, en adición velará por las que si son funciones propias de un Estado, por el orden, la seguridad, la cultura y la salud ciudadana. Con lo dicho es claro que seguramente nada hará de lo que le corresponde y poco mejorará, de no empeorarlo, lo que antes estaba en manos de los particulares.

Cuando se percate de que técnica, financiera o políticamente es errada su conducta y sus propuestas, son vanas y demagógicas sus intenciones por tratar de imponer como funcionales, instituciones y servicios que no lo sean, curiosamente ocurrirá al mecanismo de las excepciones, de dejar exento de sus propios condicionamientos y controles lo que el arma con las manos y destruye con las ejecutorias.

Ya hemos oído muchos cantos de sirenas sobre esa entelequia, ya hemos oído de los atronadores fracasos de los sistemas, economías y estructuras forjadas bajo esas ideologías, todavía, no conozco ese modelo estructural político tan completo y libre de todo defecto para que con los ojos cerrados o muy abiertos pensemos en los beneficios de una perfecta REPUBLICA UTÓPICO BOLIVARIANA.

Por el contrario, y sólo cito algunos ejemplos, allí tienen los casos del Plan Bolívar Dos Mil en lo relacionado con construcciones, atención a los problemas de vivienda, vialidad, etc., los recientes líos para el arranque del nuevo plan educativo nacional, las incoherencias del Banco del Pueblo y las que veremos como resultados del llamado nuevo sistema financiero de las micro finanzas, Banco de la mujer y quien sabe cuantos mas desafortunados planes.

Y vayamos acostumbrándonos que cuando santamente ahora el Estado entienda que una cobertura tiene o no determinados costos, y que un reasegurador, no del todo *chic* es preferible a no tener reaseguro, y que la organización de sistemas de prestación de servicios complementarios para la mejor puesta en funcionamiento de un plan de previsión de daños, es mas económica que no tenerla, y que si ella está en manos de terceros más capaces, no es ni equivale a la pretensión de propiciar monopolios ni oligopolios, cada vez mas tendrá que ser el Estado irresponsable quien asuma esos roles de asegurador a raja tabla con primaje subsidiado, o con coberturas sociales, que no técnicas para los riesgos, o con un Estado Reasegurador, a pesar de los antecedentes de fracasos y crisis que ello ya ha provocado en otros países del entorno.

Entiéndase, escríbase, y decláreselo, que la igualdad por igualdad no es igualdad sino desigualdad, que la pretensión de presunción de capacidad intelectual, de trabajo y de éxito, no es una regla matemática, sino una mera aspiración, ni puede ni debe suponer un entramado legislativo que a rajatabla la imponga y contemple.

No estaremos por buen camino, ni nos sobrepondremos a la crisis económica mundial, ni estaremos en capacidad de afrontar seria y cabalmente las crisis sociales producto de la necesaria existencia de desigualdades, solo normativizando prohibiciones, estableciendo delitos y penas a quienes no acaten lo que el Estado a raja tabla pretende imponer como único camino para modificar tales desafueros naturales. Con tales remedios solo procuraremos mayor frustración y potenciaremos la radicalización de esas crisis y forjaremos mayores odios de clases y, en fin, continuaremos en el caos, cada vez más cerca del desastre.

Entre otras cosas, para lograr esos anunciados cambios estratégicos sociales, sabemos, intuimos y no podemos ser tontos de capirote para no imaginar que con lo primero que debe y tiene que contarse para obtenerlos, es con un fortalecido, intachable y apto Poder Judicial, con una Asamblea Legislativa o Parlamento integrada por miembros altamente calificados y formados dentro las más vastas corrientes doctrinarias en lo económico, político y social, pues de lo contrario estamos llamados al fracaso, al populismo irracional, a la inseguridad jurídica y económica y al mas deplorable caos a mediano plazo.

Yo no quiero ser voz agorera, quisiera estar equivocado en mis apreciaciones y desearía que todo lo que hube de aprender en las cátedras universitarias y en lo mucho o poco que he leído en estos años de mi vida me condujeran a pensar lo contrario, pero si soy sincero y serio conmigo mismo y con Uds. el asunto se torna exactamente al revés y así dejo constancia de ello.

Esas solas declaraciones bajo las cuales se pretenden encauzar y se está encauzando a nuestro Estado, que para nosotros constituyen elemento fundamental para todo el cambio de la filosofía política del nuevo gobierno, para nosotros son fundamentales, demoledoras de cuanto provenía de la vieja concepción del Estado de Derecho, escudo y fomento de valores tales como seguridad jurídica, orden y apego a la Ley y en definitiva a la llamada filosofía del principio de legalidad.

Pero esos cambios propiciados y contemplados en las nuevas concepciones del ordenamiento constitucional, han sido negados y rechazados, al menos verbal y públicamente por voceros del gobierno, inclusive por algunos constituyentistas y destacados integrantes del Poder Ejecutivo y del Poder Judicial, como atemorizados ahora por lo que dijeron y consagraron, solapada o descuidadamente, y por los graves efectos que todo ello puede conllevar para el futuro de nuestro país y, en especial, para una Nación que no cuenta con bases institucionales sólidas, preparadas, educadas y aptas para asimilar tan profundos cambios, como lo estamos viendo en el día a día, en el proceder y acontecer judicial[14].

---

[14] La anotada insólita posición sobre los efectos de los cambios de la CN, cuando nos permitimos tempestivamente anunciarlos y analizarlos, nos llevó a citar a Voltaire, quien atinadamente

Sin embargo, poco a poco, y en el decurso del tiempo transcurrido desde la promulgación de las ahora dos constituciones existentes, hasta la fecha, hemos venido observando como se aplican, introducen y ejecutan esos postulados, como se lo viene haciendo disimulada, pausada y calladamente y como dentro de poco comenzaremos a constatar los efectos de esos cambios, lenta y pacíficamente, pues al menos hasta la fecha, eso sí debe reconocerse, se lo ha provocado sin cambios bruscos, sin asonadas populares, sin derramamiento de sangre, como en cambio en otros muchos países ha ocurrido, y de esa forma se han venido y se seguirán imponiendo el desarrollo de las tesis políticas que conllevan dichos principios, hemos venido apartándonos del modelo neoliberal y pausadamente estamos virando en dirección a la izquierda, a un declarado populismo que permite detectar una paulatina socialización del Estado, de la sociedad y de nuestra economía, duélale a quien le duela, y piensen lo que deseen los que no lo quieran ver ni entender.

Que el estilo no haya sido el tradicionalmente adoptada por sistemas semejantes; Que todavía quede mucho vestigio del neoliberalismo; Que muchas de las instituciones sigan marchando ajenas a esos cambios, todo ello puede ser verdad, pero en el trasfondo, primero se declararon las bases teóricas de un nuevo Estado y de una nueva sociedad con la CN, y ahora, paso a paso, se viene caminando a la implementación de dichos cambios, y aclaramos, falta mucho mas por verse y ejecutarse. Parte de ese ensamblaje o montaje, son los cambios propuestos a las declaradas más importantes ochenta y cuatro leyes del país, y a la veintena de las que con mas urgencia deberán estar discutidas en la Asamblea y en el paquete de las que constituyen la habilitante.

Y revisen por encima el contenido y estilo de dichos proyectos, observarán en ellos un mismo contexto y mecánica, una absoluta ampliación de los poderes de los órganos del estado comprometidos en la actividad, un acorralamiento de la actividad de los particulares a las voluntades estatales, un desaforado determinismo de tipos delictivos para el control de la conducta ciudadana, una verdadera creación de política del miedo por vía de creación de lo que pudiera darse en llamar el "delincuente necesario" para tener siempre la excusa de que cuando no se logra un cometido político, el delincuente es un administrado cualquiera a quien fácilmente se le endilgará culpabilidad, responsabilidad y ejecutoria de in conductas que impidieron que el Estado ejecutara cabalmente sus cometidos.

Yo quiero terminar dejando una inquietud en todos Uds., ¿es que acaso un Estado o una sociedad vive mejor, con todos sus ciudadanos declarados y juzgados como delincuentes, o con unos ciudadanos que con sus conductas y ejecutorias hacen mas productivo a ese Estado, con menos personas en sus cárceles y con mayor felicidad para los administrados?

Quiero dejar constancia expresa que no soy de los que le temo a los socialismos radicalizantes, ni doy lugar o propago rumores para hacer un llamado para que en

---

proclamó: "Hay algo peor que un idiota, una Asamblea de idiotas", frase que por demás viene al caso, si al parecer, resultan ser ahora los constituyentistas, los primeros sorprendidos por los alcances de los cambios por ellos aprobados y que hoy son parte del texto fundamental de la nación. V. Nuestro trabajo "Las modificaciones de la Constitución Nacional. Aproximaciones en torno a algunos de sus efectos es especial en lo atinente a los conceptos de "norma jurídica, justicia, administración de justicia, función del Poder judicial y proceso, entre otros," en III Jornadas de Derecho Procesal Civil Dr. Arístides Rengel Romberg, Edit. UCAB y Fundación Fernando Pérez-Llantada, Caracas, 2000, p. 148.

estampida salgamos del país, recojamos la velas, cerremos la puertas, saquemos lo poco que nos queda, y comencemos a rezar o a correr, como más les guste o según se los aconseje la religión que profesen o la simple prudencia ganada con la experiencia de la edad, simplemente lo que he venido haciendo es alertar, científica y dogmáticamente, sobre lo que se nos viene encima, sobre las medidas que debemos tomar, y para que todos nos preparemos a esos cambios.

Aclaro y declaro que soy de los que me quedo en Venezuela, ahora o con situaciones peores, soy de los que sigo creyendo en el país, de los que tengo fe en que a pesar de la demostrada existencia en su estrato popular de la capacidad de recapacitar de nuestro inculto pero zamarro pueblo y de la gran culpa que nos atañe al resto de nuestras clases pensantes en no haber asumido sus responsabilidades consciente y oportunamente, todavía hay chance de rectificar y adoptar las medidas que sean necesarias por drásticas o traumáticas que puedan resultar, para poder salir adelante, pero para ello debemos luchar y demostrar unión de clase, de estratos económicos, plantarnos seriamente ante las incoherencias de los meros teóricos de la economía y demostrar públicamente los errores de determinadas políticas o de las pretensiones regulatorias no sensatas, adecuadas a las necesidades reales de ese sector económico o productivo del país, pero no callar o soportar calladamente lo que evidentemente aparezca como torcido o inadecuado.

Eso sí, pacífica, pero valientemente, enfrentándonos a esas falacias de normas absurdas, de doble sentido, de contenido eminentemente punitivo, para amedrentar, asustar y acorralar a un sector de la economía o a un grupo social, o a una determinada entidad o institución.

¿Por qué y bajo cuál sustrato se puede pretender someter a la actividad aseguradora a esa superpesquisa informativa? ¿De donde y bajo cuál excusa puede pretender el órgano de control mantener sometido a su control, inspección y vigilancia a cuanta persona, prestadora o no de servicios, vinculada o no económicamente a los entes del sector, ella resuelva que deben y tienen que dar explicaciones, suministrar información y fundamentar el cómo y el porqué de esas vinculaciones y relaciones?

¿Se ha pensado que la mayoría de los tipos delictivos penales o administrativos contemplados en la ley son meramente objetivos, ajenos a cualquier sustrato de culpabilidad, a cualquier simple error?

¿Nos hemos dado cuenta acaso de que estamos hablando de aperturas, de seguridad en las instituciones, pero estamos en cuenta de que para hacer cualquier tipo de transacción con el capital de una entidad aseguradora o con una sociedad de reaseguro o de corretaje, debemos y tenemos que pedir permiso al órgano de control?

¿Hemos caído en cuenta que cualquier acto de administración o disposición cumplido en el futuro en una entidad regida por la ley puede ser objeto de rechazo, de órdenes por las cuales simplemente a buen criterio de la administración queden sin efecto, de obligación de reponer montos y sumas de cualquier talante capaz de echar abajo el más sólido patrimonio, aún cuando pudiere haberse incurrido en cualquier error fáctico o falso supuesto por parte del órgano de control?

¿Sabemos, por último, que cualquiera de esas arbitrariedades o errores sólo está amparada de remedio por la simple posibilidad teórica, de la eventual reparación que pueda esperar obtenerse del hoy principio constitucional expreso de la Responsabilidad de la Administración Pública en el ejercicio de sus actividades?

Pues bien, no existiendo pues en el sector ni en la actividad visos evidentes de desafueros en su conducción, o ante la convicción de que si los hubo, en todo caso estuvieron entonces amañados y ejecutados en complicidad durante años por el Estado vigilante, contralor y supervisor, o son tales los cambios económicos que son de esperar en la economía de un país que ameritan tomar medidas extraordinarias que permitan controlar el flujo de negocios y los intercambios de grandes riquezas, para que no se alteren los equilibrios económicos bajo los cuales se conciba el *modus operandi* del país, o definitivamente, es que tales cambios vienen concebidos de propósito, para soportar el mas desaforado estatismo y profundos cambios en la economía propiciados o auspiciados con tales formas de proceder, vayan a saber Uds. con cuales inconfesables propósitos.

Así, pues, sin más miramientos ni escondidas, es que he venido a plantearles como se deben apreciar los motivos y razones para unos cambios tan inoportunos, tan drásticos, tan radicales, tan inesperados y tan comprometidos con un estilo de acogotamiento al sector privado involucrado en el sector, tales como los que contemplan y son sugeridos en el Proyecto a que me vengo refiriendo, y es ese mi diagnóstico del cómo y del porqué de ellos, pues repito no quiero ser agorero, ojalá esté radicalmente equivocado, pero me siento en el deber de expresar lo que a todas luces encuentro evidente, porque no otras razones pueden justificarlos.

Aclaro, no he venido ni pretendo venir a contradecir un estilo o sistema político, ni a inducirle miedo a una serie de respetables y experimentados comerciantes e industriales. El Coco con el cual nos asustaban de chicos, no existe ni nunca existió, pero sí he venido a comentarles mis apreciaciones sobre los cambios que propugna el Proyecto de Reforma de la Ley de la Actividad Aseguradora y del Contrato de Seguro, hasta donde yo sepa de absoluta autoría del sector oficial, mas concretamente del actual *staff directivo* de la Superintendencia de Seguros y aparentemente acogido con beneplácito y ahora me entero con posible apoyo y satisfacción para el órgano de asesoría jurídica del gobierno nacional, esto es, la Procuraduría General de la República quien también parece celebra que la reforma por igual abarque las normas sustantivas relacionadas con el Contrato de Seguro y con el visto bueno, repito, del Ministerio de Finanzas, por tanto también con el pleno del Ejecutivo Nacional.

Que conste así mismo que todo este panorama y sus consecuencias las he hecho por igual del conocimiento de altos personeros del Ejecutivo Nacional, lo que si no puedo asegurar es que se lo hayan leído y analizado, y si lo hayan hecho que no hayan dicho y pensado lo que se dijo de los cambios radicales contemplados en la CN, de que eso no era lo que se quería decir, o no fue esa la intención con la cual se contemplaron y se añadieron a la misma.

Y, finalmente, porque, si ciertamente no hay otras causas para ese radical cambio en las instituciones y en sus regulaciones, si vienen a punto las reflexiones con las cuales inicié mi charla, pues ello permitirá comprender lo ininteligible que aparenta ser el que sin motivo ni razón alguna se haya en primer lugar considerado necesario hacer un por igual "aparente retoque" a la normativa de la actividad aseguradora, cuando que dicho sector no presentaba anomalía alguna que efectivamente así lo ameritara, ni con las propuestas se logra o provoca reconducir la actividad por otros derroteros, si bien es de reconocer que cuando menos si se busca redimensionar el espectro de los grandes operadores del sector, y porque con todo ello se establece todo un parapetaje de pesquisas que bien puede excusarse porque sirva para evitar elusiones o evasiones de normas técnicas que garanticen el adecuado funcionamiento financiero de las Aseguradoras y Reaseguradoras o bien para hacer y disponer de los entes del sector a la buena gana de un funcionario atrevido o convencido de que y para que tiene el poder en sus manos.

Todos esos cambios, pues, en el fondo nada modifican en torno a la filosofía de una más adecuada y mejor protección a los usuarios, así como tampoco se producirá ese recóndito efecto con el cual se ha vendido la bondad del proyecto, de que el mismo sirve para dar una mayor apertura al sector, ni se enfatiza la seriedad con la cual se pretende atender la mejor formación técnica de los funcionarios o empleados que presten sus servicios en el sector, ni se agravan las responsabilidades de los intermediarios, ni se logran abaratamientos de los costos de la prestación de los servicios con los cuales debe contarse para hacer mas efectiva la función de previsión de los desastres y reparación de los daños inesperados.

De bulto lo que si aparece claro, es una voraz pretensión oficial de controlar, investigar, obtener información de cuanto pueda pensarse e imaginarse, sea de los sujetos mismos de la actividad, sean terceros, directa o indirectamente vinculados a ella, y mientras se alardea de apertura y liberalización, por doquier encontramos normas de orden público que limitan la actividad del asegurador, arrinconan el poder de negociación de las partes y establece una insospechada potestad de interpretación para la administración contralora sin límites preestablecidos, ni aún razonables, en tanto que casi todo queda deferido a la potestad discrecional de dichos órganos de control.

Se adopta una posición de proteccionismo a ultranza del tomador de la póliza (contratante o asegurado), se arrincona a la aseguradora como el muchacho malo de la película, se crea todo un montaje del ilícito contra aseguradores y reaseguradores, intermediarios, peritos y cuanto sujeto se encuentra del lado acá de la línea de negociación del seguro, en otras palabras, materialmente, el contrato de seguro, tradicionalmente llamado a ser ejemplo jurídico de la necesidad de la buena fe para conducir su efectividad y fines de previsión, se lo convierte a mi modo de ver en un contrato de conductas absolutamente regladas, donde priva y prevalece el orden público y donde la posibilidad de negociación en la operación y de conducción del negocio industrial o comercial, como quiera calificárselo, de las aseguradoras, queda absolutamente mediatizado por los poderes del ente de control.

Y mas, es tal la confusión, el desconcierto, o la definitiva intención de archi reforzar los controles del Estado en la actividad, que se extrema y en forma exorbitante e intolerable se reputa inmersa en el área de la actividad la contratación de servicios profesionales o técnicos relacionados con la salud o prestación de servicios de hospitalización, sin distingos ni diferencias de clase alguna, de forma tal que difícilmente alguien o actividad alguna no estará bajo el control de ese súper poderoso ente de control que en lo sucesivo habrá de ser la Superintendencia de Seguros.

Que eso haya sido la intención del Gobierno Nacional o no, o que sea esa la filosofía de la nueva política legislativa de la llamada ahora Quinta República, francamente no lo sé, pues en verdad que si analizamos literalmente la motivación dada para otorgar los poderes habilitantes en esta materia al Ejecutivo Nacional, a tenor expreso de la Ley Habilitante[15] no pareciera que todo cuanto se ha contemplado en el Proyecto encuentra su fundamento en esa declaración de principios, ni que lo hecho queda dentro de lo dicho por la Ley, que ya he dejado invocado antes y que ahora repito para resaltar:

---

15 Gaceta Oficial 37076 de fecha 13-11-2000.

"Dictar medidas que regulen la actividad aseguradora con la finalidad de conferir al organismo de control los medios adecuados para el ejercicio de sus funciones, llenar los vacíos normativos en materia de supervisión contable, forma de reposición del capital y asunción de pérdidas de capital, adecuación de capitales mínimos, previsión de sanciones aplicables, establecimiento de responsabilidades de los administradores de las empresas de seguros y reaseguros y a sus accionistas, modificación de las garantías previstas y la forma en que deben ser presentadas las reservas. Se establecerá un régimen de fusión de las empresas de seguros y se redimensionará el mercado asegurador con el fortalecimiento del Sector".

Lo dicho, pues, en la Habilitante, es cierto que permitía hacer ajuste de los mecanismos ya existentes en la Ley, pero no a los extremos contemplados en el Proyecto, ni para regular de manera extrema el ejercicio del poder punitivo como ahora se lo contempla.

Es cierto que el gremio y el sector debió inclusive haber hecho valer su voz al publicarse esa ley, pero una vez más o fue sorprendido, o Celestino, calló y omitió defenderse ante las graves imputaciones contenidas en esa declaración de principios, pero realmente, que lo dicho no da para todo lo que ahora se pretende entender autorizado.

Yo pienso, para ser benevolente y no caer en la interpretación política que precedentemente dejé analizada, viendo las cosas desde un punto de vista absolutamente científico, que lo que existe es una terrible confusión en cuanto a la forma en que se ha concebido la necesidad de la reforma, y que se ha incurrido en un innecesario exceso sin poder justificárselo en lo que dice el órgano de control son vacíos legislativos y lagunas de interpretación que dieron lugar en el pasado a la imposibilidad de aplicar adecuados correctivos, o que permitieron el acaecimiento de ciertos desaguisados en el comportamiento de algunas entidades de la industria.

De no ser ello lo que ha motivado tan insólita actitud, tendríamos que pensar en sabotaje al gobierno, como tantas veces lo ha venido esgrimiendo el mas alto jerarca del gobierno, o en una pantomima y mentira global divinamente bien montada y disimulada, para que nos comamos como dulce lo que será una amarga verdad, para que no sintamos lo recio del acero, sino luego de que tengamos montados los grillos, pero una de esas y no otra será la razón de cuanto venimos examinando.

Todo eso que se arguye para defensa y fundamento, yo me atrevería mas bien a calificarlo o de incapacidad no culposa de dichas autoridades para poder atender adecuadamente al control e inspección preventivos o correctivos de aquellas, o a la falta de adecuada formación en el personal de control que para tiempo atrás prestaba sus servicios en el organismo de manera ineficiente o inadecuada y con lo que se impedía cumplir cabalmente los cometidos de la obligación de control ad hoc del Estado sobre la actividad.

Finalmente, también y por igual a una injustificable tolerancia, vaya Ud. a saber por cuales causas, siempre se la concede o contempla para ciertos sujetos o personeros por parte de la administración política a cargo del control, que es perfectamente detectable por la sociedad[16].

---

16 Obsérvese que decimos administración política, que no pública, pues es aquella la que resulta y viene sujeta a presiones y posiciones acomodaticias de los políticos a cargo de los entes públicos, que no la que responde a verdaderos lineamientos de la administración del mismo, normalmente ajustada a la legalidad, a la racionabilidad de sus actos y a la ética.

Obviamente todas esas prácticas y conductas en un país que tiene y quiere echar hacia delante, deben desaparecer, sea con un gobierno neoliberal, sea en otro de tinte y posturas diferentes, pues ellas constituyen vicios indeseables que terminan por minar cualquier iniciativa, buena o mala que se adopte para reglar una actividad, pero de ninguna manera autorizan a llegar a los extremos de control con los cuales pretende exterminárselas o minimizárselas.

CONCLUSIONES

Creo que con lo comentado, y si Uds. se han leído el proyecto de ley que se pretende regule al sector, nos hemos formado buen criterio sobre el qué y el para qué de la reforma propuesta y las razones por las cuales nos pronunciamos totalmente en contra de aquella en la forma que se la tiene propuesta, sin radicalizarnos en no querer aceptar por ello reforma alguna.

Entendemos que la normativa del sector asegurador, no requiere, en instancias de urgencia o impostergabilidad, el que sea promulgada de inmediato una normativa sustantiva y organizacional como la que se pretende imponer, sin que ello no imponga que de una vez se sienten todos los interesados del sector a crear, analizar, modificar y recomendar una buena reforma de la ley vigente y sin menoscabo de que con miras a necesidades y acomodos del mercado, con una normativa general, por igual deseable para otras áreas del mercado financiero, se dicten las medidas apropiadas para controlar volúmenes de capitales deseables en cada uno de los sectores, reglas de control serio, cuando no lo existan para garantizar a los usuarios de los servicios o actividad de la buena marcha de los negocios, fusiones, uniones de empresas y fortalecimiento en definitiva de las instituciones existentes, para acomodarlas a las nuevas necesidades de mercado, a los procesos de globalización y para verdadera garantía de los usuarios.

Es ese el parecer que me merece el marco general de la reforma y los lineamientos bajo los cuales debería o no imponérsela.

Espero haber dejado satisfechas las expectativas generadas por mi intervención en este evento y doy a todos Uds. mis más expresivas gracias por haberme concedido el honor de dirigirme a este destacado auditorio y por la paciencia de haber escuchado ese conjunto de apiñadas ideas, expresivas de una profunda preocupación no solo por el futuro del sector, sino por la de nuestro querido país.

No vine a provocar conflicto ni asumir diatriba, estoy en el ejercicio de mi libertad de expresión y en el deber, como ciudadano y persona vinculada al derecho, a expresar mis ideas y a manifestar mi desacuerdo con tesis o posiciones que a mi modo de ver no encuentran justificaciones ni en doctrinas jurídicas ni en postulados económicos.

45.

ALGUNAS OBSERVACIONES DE CARÁCTER PRÁCTICO EN TORNO A LA LEY DE ILÍCITOS CAMBIARIOS EN LO QUE ATAÑE A LA ACTIVIDAD ASEGURADORA*

I. ALGUNAS ANOTACIONES AL RÉGIMEN DE ILÍCITOS CAMBIARIOS

Este análisis solo está destinado a examinar la tipología delictiva y algunos de sus elementos característicos, elementos, exenciones, etc. especialmente en lo que atiene a la Actividad Aseguradora y sus auxiliares, sin entrar al análisis de los aspectos institucionales, penales ni procedimentales ni otros efectos financieros o económicos derivados de la interpretación o aplicación de la citada Ley, la que en lo adelante identificaremos como LIC[1].

II. LOS TIPOS DELICTIVOS

Como punto previo en nuestra exposición, corresponde precisar cuáles son los ilícitos cambiaros a que se refiere la Ley, y con ello, luego determinaremos "el que, el quien y el como" se infringe la normativa.

Al efecto transcribimos las disposiciones de la Ley que consagran los aludidos ilícitos, expresamente, recordando al efecto que en materia penal, solo es delito, lo estrictamente descrito en la Ley, no admitiéndose ni interpretaciones generales, ni abstractas ni analógicas como es de principio en materia Constitucional y de reiterada doctrina y jurisprudencia.

Según la Ley, son tipos delictuales:

Primero: Artículo 6. Quien en contravención a la Constitución de la República Bolivariana de Venezuela, esta Ley, los convenios suscritos por la República, o cualquier otra norma que regule el régimen de administración cambiaría vigente a la fecha de la comisión del ilícito, en una o varias operaciones, ocurridas en un mismo año calendario, compre, venda o de cualquier modo ofrezca, enajene, transfiera, reciba, exporte o importe divisas entre diez mil un dólar (US$ 10.001,00) hasta veinte mil dólares (US$. 20.000,00), de los Estados Unidos de América o su equivalente en otras divisas, será sancionado con

---

1 Dicha Ley fue aprobada originalmente por la Asamblea Nacional en mayo del 2005, pero devuelta con observaciones por el Ejecutivo Nacional y finalmente sancionada el 05-09-2005 y publicada en el mismo mes en la *Gaceta Oficial de la República Bolivariana de Venezuela*, sancionada el 05-09-2005 y publicada en el mismo mes en la Gaceta Oficial de la República Bolivariana de Venezuela.

multa equivalente en bolívares al doble del excedente de la operación. Quien cometa el mismo delito descrito anteriormente a partir de veinte mil y un dólar (US$. 20.001,00) inclusive, de los Estados Unidos de América, o su equivalente en otras divisas, será penado con prisión de dos (2) a seis (6) años y multa equivalente en bolívares al doble del excedente de la operación. En todos los casos sin menoscabo de la obligación de reintegro o venta de las divisas que pudiera exigir el Banco Central de Venezuela, según el ordenamiento jurídico aplicable. Se exceptúan las operaciones en títulos valores.

Segundo. Según el mismo citado artículo: Es competencia exclusiva del Banco Central de Venezuela, a través de los operadores cambiaros autorizados, la venta y compra de divisas por cualquier monto. Quien contravenga esta normativa se le aplicará una multa equivalente en bolívares al doble del monto de la operación.

Tercero. Artículo 7. Quien obtenga divisas, mediante engaño, alegando causa falsa o valiéndose de cualquier otro medio fraudulento, será penado de tres a siete años de prisión y multa del doble del equivalente en bolívares del monto de la respectiva operación cambiaría, además de la venta o reintegro de las divisas al Banco Central de Venezuela.

Si el engaño, la causa falsa o el medio fraudulento que se empleare, son descubiertos antes de la obtención de las divisas, la pena se rebajará conforme a las disposiciones del Código Penal.

Cuarto. Artículo 8. Quien destine las divisas obtenidas lícitamente para fines distintos a los que motivaron su solicitud, será sancionado con prisión de tres a siete años y multa del doble del equivalente en bolívares de la operación cambiaría.

III. ALGUNAS PRECISIONES EN CUANTO A LOS TIPOS DELICTIVOS

Conforme al texto expreso de la ley, los ilícitos son:

Primero:

La compra, venta, ofrecimiento, enajenación, transferencia, entrega y recibo, exportación e importación de divisas bajo cualquier forma (efectivo, billetes, transferencias), que viole lo dispuesto en las normas legales sobre control de cambios, la constitución y acuerdos cambiaros.[2]

Se observa que el tipo delictivo presupone la existencia de un régimen (imaginamos lo sea en sentido normativo y por la extensión que deriva de la forma de la redacción, podrá ser administrativo o legislativo propiamente dicho, inclusive que dimane de acuerdos contractuales o actos administrativos especiales entre autoridades).

El concepto de divisa al que se alude, lo establece la propia Ley, así:

---

[2] Destacamos que existe un grave vicio de inconstitucionalidad en este tipo delictivo, pues los delitos y penas en D. Venezolano solo se pueden establecer en leyes nacionales o actos equivalentes, por ende no puede haber delitos por violaciones contempladas en acuerdos, resoluciones y normas de otras autoridades, aun teniendo estas competencias cambiarias.

“Divisas: Expresión monetaria en moneda metálica, billetes de bancos, cheques bancarios distinta del bolívar entendido este como la moneda de curso legal en la República Bolivariana de Venezuela”[3].

Las operaciones únicas o en conjunto que excedan anualmente de 10.001 US $ o su equivalente en otras divisas son las que resultan sancionadas (Art. 6). y las que pasan de 20.000 tienen en adicción a las penas pecuniarias, privación de libertad.

Adicionalmente en todo caso, el Banco Central tiene derecho a solicitar el reintegro de la divisa por las vías legales y judiciales[4]

Como se lo aprecia, el acto trasgresor puede ser único o inmediato y sucesivo, y viene referido a un período ANUAL.

El hecho generador del tipo delictivo, según la norma lo son los siguientes hechos o actos:

> “Compra, venta o de cualquier modo ofrezca, enajene, transfiera, reciba, exporte o importe divisas”.

Conforme a la normativa examinada, solo queda exceptuada y por tanto no da lugar al tipo delictual, los hechos generadores que sean realizados con **“operaciones en títulos valores”.**

Como se lo observará, esta excepción es absolutamente general e imprecisa, se prestará a indebidas interpretaciones, y dará lugar a mucho problema tanto a los ciudadanos, como al Estado mismo.

Pareciera que adrede, a última hora, y con no las mejores intenciones se la insertó en la norma, dejando abiertas cientos de escapes, para lo bueno y para lo malo[5].

Consideramos igualmente en cuanto al lugar de las operaciones que dan lugar al ilícito, que las mismas poco importa se las realice dentro o fuera del territorio nacional, pues lo que es objeto de la disconducta legal resulta ser el que las mismas de alguna manera vengan dirigidas y se realicen con efectos en Venezuela.

Por lo dicho, somos de opinión que para el tipo delictivo, no se debe distinguir si los sujetos pasivos son o no de nacionalidad venezolana, residentes o no en Venezuela, sino que la transacción se haya realizado en el territorio nacional y que de alguna manera se refiera a transacciones de las enunciadas en la norma sobre divisas frente a la monea nacional.

---

3 A nuestro entender no se establece con la LIC un sistema “nominalista” propiamente dicho, que solo permita el uso de la moneda nacional para operaciones y extinción de obligaciones, sino que se impone que la moneda de transacción efectiva sea el signo o divisa nacional.

4 A falta de precisión legal entendemos que dicha acción se aplica ante quien realiza activamente la operación, como quien la ejecuta de modo pasivo, y ello es importante si se piensa que uno de los sujetos puede no ser residente nacional y estar inclusive domiciliado en el exterior.

5 Por lo demás a nuestro entender dicha norma rompe con la igualdad entre los ciudadanos, pues no resulta claro ni comprensible que la operación en divisas ordinaria, en forma diferente a que lo sea por intermedio de papeles o títulos, sea delito, mientras la que se haga en títulos no lo sea. Es de observar, además, que solo se hace referencia a papeles y títulos de la República, que no de otros entes ni públicos ni privados.

Si la operación en cambio, aun cuando tenga origen en Venezuela, se realiza efectivamente en el exterior y los fondos no vienen al país, como divisas, entendemos tampoco se puede considerar exista delito.

Debido a que en el texto legal se hace referencia como acción contraria a la ley al simple ofrecimiento, debemos entender que el delito se comete por simple tentativa, no requiriendo la concreción material de los actos proscritos en el supuesto normativo[6].

Finalmente poco importa el origen, proveniencia o causa por la cual se detenten las divisas o los bolívares involucrados en las transacciones prohibidas, independientemente de que sean o no negocios lícitos, sin que por ello pueda sostenerse que se modifican los ilícitos cometidos al originarse las divisas o la monea nacional.

A nuestros fines cabe resaltar entonces que por el hecho de que las divisas o la moneda de cambio para las transacciones sean generadas por operaciones de legítimo carácter comercial, lícitas, no por ello desaparecen los supuestos punitivos de la LIC.

En tal sentido, por el hecho de que las divisas provengan de primas cobradas, comisiones pagadas y legítimamente devengadas y pagadas a quienes la Ley autoriza, no modifica ni extingue el tipo penal.

Ahora bien, cabe preguntarse, si como en efecto las normativas vigentes en los Decretos sobre Control de Cambios, dichas operaciones se encuentran fuera del régimen cambiario, y se autoriza el manejo de dichas divisas para pagos en la misma actividad, o para constitución de reservas o aplicación a siniestros incurridos, pueden o no calificarse de acciones sancionadas por la Ley y por tanto comprendidos en los tipos delictuales de la LIC.

Somos de opinión que esas operaciones así contempladas expresamente, no darían origen a ninguno de los supuestos sancionables en la Ley, pero solo en esos supuestos, por lo tanto, si bien es cierto por ejemplo que la importación e ingreso al país de tales divisas no pudiere reputarse comprendido dentro de los supuestos de importación o exportación contemplados en la norma, si las divisas así poseídas en Venezuela, de alguna manera dentro o fuera de Venezuela fueran utilizadas para cambio y transformación de las mismas que generarán cantidades que vengan al país, si pueden considerarse dentro de la tipología delictual, no sin antes advertir que todo ello generará graves y delicadas interpretaciones por la forma poco clara de la redacción de las normas bajo comentario.

Por igual somos de opinión, como lo veremos más abajo, que si las operaciones se generan en contratos, o consecuencias de los mismos celebrados fuera de Venezuela y cuyos pagos o cumplimientos por igual se generan en el exterior, sin que dichas transacciones se cumplan en el territorio nacional, quedan por igual fuera de los supuestos punibles (ni se importa, ni se exporta, ni se venden ni compran divisas ni bolívares en el territorio nacional), con lo cual tampoco se infringen las normas, convenios ni acuerdos cambiaros.

Por el contrario y para que sea lo discutible de los tipos delictuales, el patrimonio en divisas que se herede en el exterior, si se lo pretende convertir en moneda nacional, tiene que ser realizado por intermedio del Banco Central de Venezuela, so pena de incurrir en los supuestos delictivos, si por el contrario esa porción hereditaria logra convertirse en moneda

---

[6] Opinamos que con ello puede cometerse abusos, ante la simple imputación que se haga contra alguien, alegando que simplemente se ofreció realizar las operaciones.

nacional en el exterior y luego se la ingresa al país en signo nacional, ello no supone violación de los preceptos legales.

Segundo: También constituye conducta punible actuar como operador cambiario, sin tener las cualidades que como tal exige la normativa:

(Según el mismo citado artículo): Es competencia exclusiva del Banco Central de Venezuela, a través de los operadores cambiaros autorizados, la venta y compra de divisas por cualquier monto. Quien contravenga esta normativa se le aplicará una multa equivalente en bolívares al doble del monto de la operación.

La propia Ley aclara en el artículo 2, que es **Operador Cambiario:** Personas jurídicas autorizadas por la legislación correspondiente y por la normativa dictada por el Banco Central de Venezuela que, previo cumplimiento de los requisitos establecidos por el órgano administrativo competente, realicen operaciones de corretaje o intermediación de divisas.

Tercero: También constituyen ilícitos cambiaros, la obtención de divisas, mediante engaño, alegando causa falsa o valiéndose de cualquier otro medio fraudulento, será penado de tres a siete años de prisión y multa del doble del equivalente en bolívares del monto de la respectiva operación cambiaría, además de la venta o reintegro de las divisas al Banco Central de Venezuela.

En este caso, como se lo aprecia, puede ser que la divisa sea obtenida lícita y legalmente, pero lo sancionable resulta ser haberse valido de medios fraudulentos de cualquier clase para haber inducido a los organismos competentes a la entrega de tales divisas.

Cuarto: "Destinar las divisas obtenidas lícitamente para fines distintos a los que motivaron su solicitud, será sancionado con prisión de tres a siete años y multa del doble del equivalente en bolívares de la operación cambiaría (Art. 8)".

En este caso lo sancionable es el destino diferente de la divisa, al que motivó la tramitación y expedición de su entrega lícita.

Igualmente son ilícitos cambiaros administrativos**,** las ofertas y operaciones de bienes y servicios dentro de Venezuela, que se las haga en divisas, a tenor de lo dispuesto en la normativa especial, lo cual viene contemplado en el Art. 1 LIC:

> "Las personas naturales y jurídicas quienes en violación de los convenios suscritos por la República, la normativa cambiaría o las leyes de la República, aplicables al respecto, pública o privadamente, ofrecieren en el país la compra o la venta de bienes y servicios en divisas, serán sancionadas con multa del doble al equivalente en bolívares del monto de la oferta. Para el caso de la oferta pública la misma sanción se aplicará al medio de comunicación social o a cualquier otra persona natural o jurídica que coadyuve a dar publicidad a este tipo de ofertas, y a quien autenticare o registrare con tales características en inobservancia a lo dispuesto en la Ley del Banco Central de Venezuela y a la normativa contenida en los Convenios Cambiaros".

Para que opere el tipo delictual es menester que haya violación de norma legal, cambiaria o de otro tipo aplicables al respecto y que atañen a negociaciones con bienes y servicios (debe entenderse que lo sean en o para Venezuela) y cuya contraprestación se pacte en DIVISAS.

La sanción se extiende no solo al agente directo sino a quienes faciliten o hagan la publicidad y a los funcionarios fedatarios que intervengan en dichos actos y operaciones.

Pareciera que se contempla el que debe reglamentarse o complementarse dicha disposición, lo cual nos hace llamar la atención en torno al contenido de la nota 2 de este mismo comentario.

IV. CONCLUSIÓN

Como puede observarse, resumidamente, las operaciones de importación, exportación o cualquier clase de manejo con divisas, por la forma que lo sean, salvo se trate de operaciones con papeles o bonos, en monto superior a diez mil dólares al año, son el objeto de la normativa y los tipos delictuales.

Igualmente constituyen ilícitos administrativos fuertemente sancionados, la oferta y operaciones de bienes y servicios en divisas, a tenor de lo contemplado en el Art. 14 de la LIC.

La excepción objetiva, es que dichas operaciones, sin decir bajo cuales modalidades, ni si hay alguna limitación por el tipo de título, se las cumplan con títulos valores.

Desde el punto de vista subjetivo se limita estrictamente la excepción delictual subjetiva a que la operadora, beneficiaría o ejecutante de la operación lo sea la República o los entes cambiaros.

En la medida que el flujo de divisas provenga de las citadas operaciones con títulos, si es mayor de 10.000 $, no será la misma contraria a la Ley ni se la puede subsumir en los tipos delictuales analizados.

46.

ALGUNAS ACOTACIONES EN TORNO A LA LEY DE ILÍCITOS CAMBIARIOS EN LO QUE ATAÑE A LA ACTIVIDAD ASEGURADORA EN VENEZUELA*

Dedicatoria:

A mi destacado amigo Dr. Alberto Arteaga S., eximio jurista y amante de la Libertad en grande, cuya amistad me honra.

La libertad, Sancho, es uno de los mas preciosos dones que a los hombres dieron los cielos; con ella no pueden igualarse los tesoros que encierra la tierra ni el mar encubre; por la libertad así como por la honra se puede y debe aventurar la vida.

Cervantes, Don Quijote de la Mancha

I. ALGUNAS ANOTACIONES AL RÉGIMEN DE ILÍCITOS CAMBIARIOS EN DERECHO VENEZOLANO

Hasta hace un corto tiempo atrás en Venezuela existía absoluta libertad para el uso de divisas en los actos de comercio y cualesquiera otras operaciones realizadas dentro o fuera del país, si bien es cierto que desde el advenimiento de la actual administración política de Venezuela se estableció un régimen de divisas con precios preferenciales, dependiendo de la actividad a la cual estuvieren destinadas dichas divisas, esto es, existía un control de cambios para las divisas que fuere menester adquirir en el mercado o de las autoridades.

A partir de septiembre del 2005, ese control de cambio se convirtió en otra restricción más, pues ahora, como lo veremos, el uso indebido o proscrito de las dividas, su obtención o destino no coincidentes con los declarados en los formularios de petición, etc. constituyen ILÍCITOS CAMBIARIOS y son penados y sancionados, hasta con privación de libertad.

Debemos comenzar alertando en esta materia, con unas palabras de un connotado especialista en materia penal, el Dr. Alejandro Angulo Fontiveros[1] quien citando a Antonio Quintano Ripolles, hace suyo, en torno a lo complejo y difícil que resulta lo relativo a

---

* Versión corregida y ampliada para el Libro Homenaje al Profesor Alberto Arteaga, Caracas 2005, pp. 3-33.

1 Alejandro Angulo Fontiveros, *Delitos Cambiarios, Control de Cambios, Ley sobre Régimen Cambiario*, Caracas 1995, Publicaciones del Tribunal Supremo de Justicia, Serie Manuales Jurídicos, Venezuela 2003, Isbn 9880- 6487-27-3.

Control de Cambios y sus regulaciones "(...) Necesario o cuando menos útil es (sic. pedir indulgencia cuando se tocan temas como el de Régimen cambiario...) porque como es bien sabido, tales materias a caballo sobre dos, cuando no tres o cuatro disciplinas, han sido casi secularmente descuidadas en el aspecto penal, con muy sucintas referencias para cumplir las *premisas* de los programas académicos o de oposiciones." Y quien ubica el tema general en torno al Derecho penal económico.

Si a lo dicho añadimos que escudriñaremos el tema a la luz del Derecho y de la actividad aseguradora y reaseguradora, las cosas simplemente se ponen mas complejas, primero por la novedad de nuestra regulación en materia de Seguros (la reciente Ley del contrato, y una Ley de la actividad suspendida en su aplicación por medida cautelar en proceso de Nulidad por Inconstitucionalidad de varias de sus normas) y desde el punto de vista económico porque realmente resultará difícil, sino imposible, pensar en una actividad aseguradora, sin tomar en cuenta la disponibilidad fácil de divisas, más hoy con la globalización de los mercados y operaciones mercantiles, y cuando se piensa que una de las más elementales características del seguro es la dispersión de los riesgos, el reaseguro y la retrocesión, modalidades sin las cuales no se concibe modernamente la existencia de la industria aseguradora, y que resumidamente consiste en la colocación, y para ello pago de primas y siniestros en monedas de muy diversos mercados y países.

De otra parte es menester advertir que en Venezuela, a esta fecha, en materia de seguros normalmente se contratan reaseguros en divisas extranjeras, que igualmente no está proscrita la contratación de seguros en el exterior del país, de que precisamente por ello resulta así mismo conveniente mantener reservas en divisa extranjera, proporcionalmente a los compromisos que se puedan mantener en dichas divisas, y que finalmente, pueden producirse pagos de siniestros en dichas divisas, por lo dicho pues, estimamos pertinente el análisis y estudio de la nueva normativa sobre ilícitos cambiarios, para tratar cuando menos de esclarecer cuál es el régimen estatuido para Aseguradoras, Reaseguradoras e inclusive asegurados, con la advertencia de que estas acotaciones son modestas observaciones a la normativa legal y régimen aplicable para alertar al mercado y a cualquier inversionista o empresa aseguradora o reaseguradora extranjera que pudiere tener interés en hacer negocios en el país.

Este análisis sólo está destinado a examinar la tipología delictiva y algunos de sus elementos característicos, elementos, exenciones, etc. especialmente en lo que atiene a la actividad aseguradora y sus auxiliares y al contrato de seguros y sus derivados y consecuencias, sin entrar al análisis de los aspectos institucionales, penales ni procedimentales ni otros efectos financieros o económicos derivados de la interpretación o aplicación de la citada Ley, ni su repercusión fuera del ámbito del seguro, en un todo conforme a la nueva regulación de dichos ilícitos contemplados en la novedosa Ley que en lo adelante identificaremos como LIC[2].

Para los efectos pertinentes, nos referiremos en el análisis de las materias pertinentes a la Ley del Contrato de Seguros vigente[3] , a la Ley de Empresas de Seguros y Reaseguros

---

2 Dicha Ley fue aprobada originalmente por la Asamblea Nacional en mayo del 2005, pero devuelta a la Asamblea con observaciones por el Ejecutivo Nacional y finalmente sancionada el 05092005 y publicada en el mismo mes en la Gaceta Oficial de la República Bolivariana de Venezuela N 38272 del 140905.

3 G. Oficial N 5553 fecha 121101, en lo sucesivo LCS. Algunas observaciones al nuevo régimen impuesto por esta novedosa Ley pueden consultarse en nuestro trabajo sobre la materia

vigente[4] y al Reglamento de esta última citada Ley derogado en lo que colida con la nueva normativa de la Ley del Contrato[5].

Vale la pena recordar igualmente que el régimen de la actividad aseguradora y reaseguradora y de sus auxiliares, fue objeto de reforma en un Decreto con fuerza de Ley, producto de una habilitación legislativa especial expedida por el Legislativo al actual Ejecutivo Nacional Venezolano[6], pero la que se encuentra suspendida en su aplicación y ejecución conforme medida cautelar dictada por la Sala Constitucional del Tribunal Supremo de Justicia, dictada en uno de los procesos de nulidad incoados contra dicha Ley y así mismo que el proyecto de modificación de dicha normativa se encuentra en estudio ante la Asamblea Nacional para la reforma y ajuste de dicha normativa impugnada, la cual para esta fecha aún no ha resultado aprobada.

II. ALGUNOS CONCEPTOS. LOS TIPOS DELICTIVOS

Los delitos cambiarios, o ilícitos cambiados, según Miguel Bajo Fernández[7] son las infracciones al sistema legal del control de cambios castigadas con pena.

Por control de cambios, según el mismo citado autor debe entenderse el conjunto de formas de intervención administrativa que pueden establecerse sobre los actos, negocios, transacciones y operaciones de toda índole entre residentes y no residentes que supongan, o de cuyo cumplimiento se derivan o puedan derivarse, cobros o pagos exteriores.

Como punto previo a la exposición de nuestra opinión, corresponde precisar cuáles son los ilícitos cambiarios a que se refiere la novedosa LIC, y con ello luego determinaremos "el qué, el quién y el cómo" se cometen dichos ilícitos cambiarios, sancionados inclusive con penas privativas de la libertad, adicionales a multas administrativas, e inclusive las divisas que forman parte del acto ilícito, sometidas a reintegro al Banco Central de Venezuela.

Es pertinente aclarar que esa denominación de ilícitos cambiarios no es exclusiva y aceptada uniformemente en la doctrina ni en el Derecho comparado, en Venezuela se la usa desde el 17 de mayo de 1995 por la Ley sobre régimen cambiario, pero también se los denomina tradicionalmente "delitos monetarios", lo cual permite utilizar ambas denominaciones sin temor a equívocos, destacando Angulo Fontiveros que es también esa la opinión del Profesor Bajo Fernández y de otra serie de autores españoles[8] y parece ser que la denominación delitos monetarios es la ajustada, en tanto que como lo cita el mismo Angulo F., es así como los denomina la Ley española, que sirvió de modelo a la venezolana[9].

---

publicado en la Revista Iberoamericana de Derecho de Seguros, año 2004, Edit. JaveGraf, Colombia.

4 G. Oficial N-4865 Ext del 080395, en lo sucesivo LESR.

5 G. Oficial N-5338 Ext de fecha 270499, en lo adelante RLESR.

6 Decreto con fuerza de ley de las empresas Aseguradoras y Reaseguradoras, G Oficial 5553 Extraordinaria del 12 11 01.

7 Miguel Bajo F, Derecho Penal Económico aplicado a la actividad empresarial, Civitas, España, citado por Angulo Fontiveros, opus cit, p. 3.

8 Opus cit p.4.

9 Opus cit p. 5.

Finalmente, a pesar de la denominación "monetarios" no es permisible confusión alguna con los de falsificación de monedas, etc., al menos para quienes manejan someramente la materia penal, pues son cosas totalmente diversas.

En lo que atañe a la naturaleza jurídica de estos ilícitos, debe encuadrárselos según Angulo F. quizás como la parte mas afín a la criminal, en el marco del denominado Derecho Penal Económico o "conjunto de normas jurídico penales que protegen el orden económico, y, en sentido estricto el orden económico entendido como regulación jurídica del intervencionismo estatal en la economía"[10]

Para tales efectos transcribiremos las disposiciones de la LIC que consagran los aludidos ilícitos, expresamente, recordando al efecto que en materia penal, al menos en Venezuela, sólo es delito, lo estrictamente descrito en el tipo legal, no admitiéndose ni interpretaciones generales, ni abstractas ni analógicas como es de principio en materia Constitucional y de reiterada doctrina y jurisprudencia.

En lo atinente al bien jurídico protegido, seguimos lo expuesto por Bajo Fernández[11] quien destaca que en los delitos monetarios se cifra el interés de la Administración en el control de los medios de pago internacionales, es decir en el control de los medios de pago con el exterior. Nadie pone en duda que los fines políticos criminales en los delitos monetarios van mas allá de la simple tutela del monopolio de los cambios exteriores y persigue salvaguardar "la economía nacional" manteniendo estable la balanza de pagos, proteger la posición de la peseta en el mercado internacional.

Pero una cosa son los fines y objetivos que persigue la Ley y otra diferente el bien jurídico protegido, según lo alerta el autor referido, que no son precisamente el proteger la economía nacional, lo que implicaría según el profesor español reducir los supuestos a simple ciencia ficción, ya que el exportador de capitales ni persigue esa finalidad ni se la representa como probable, que por lo demás obligaría a probar cuando se juzgue el delito, que efectivamente se ha producido ese perjuicio a tal economía.

Para Angulo, ello no es así, y cita a su favor autores como Tiedmann y las recomendaciones del XIII Congreso Internacional de la Asociación internacional de Derecho Penal, sobre los Fundamentos del Derecho Penal económico y de la empresa (1984)[12] concluyendo en torno al tema, con la posición del primer autor aludido: "(...) Los delitos económicos se caracterizan por tres criterios, en primer lugar, el delito económico no sólo se dirige contra intereses individuales, sino también contra intereses sociales, supra-individuales (colectivos) de la vida económica, es decir lesionan bienes jurídico colectivos o social-supra- individuales de la economía, bien protegido no es por tanto en primer término el interés individual de los agentes económicos, sino el orden económico estatal en su conjunto, el desarrollo de la organización de la economía, en pocas palabras, la economía política".[13]

---

10 Opus cit, y en igual sentido para apoyar dicha posición Quintano Ripolles, (63, III, 835) por él citado (Nota 9, p. 5).

11 Bajo (87), 452, citado por Angulo F. opus cit.

12 *Opus cit* p. 13 ss.

13 Tiedmann,K, Claus, *Poder económico y delitos,* Edit. Ariel, 93, II, citado por Angulo F.

De allí, diremos nosotros, la gravedad y la destacada importancia de estos delitos y el especial celo del Estado en evitar el que se sucedan y cometan. Como lo destaca Angulo, son ilícitos que atañen a la salvaguarda de la patria.

Los tipos delictivos en la LIC

Según la Ley, los nuevos tipos son:

"**Primero**. (Artículo 6 LIC). Quien en contravención a la Constitución de la República Bolivariana de Venezuela, esta Ley, los convenios suscritos por la República, o cualquier otra norma que regule el régimen de administración cambiaría vigente a la fecha de la comisión del ilícito, en una o varias operaciones, ocurridas en un mismo año calendario, compre, venda o de cualquier modo ofrezca, enajene, transfiera, reciba, exporte o importe divisas entre diez mil un dólar (US$ 10.001,00) hasta veinte mil dólares (US$. 20.000,00), de los Estados Unidos de América o su equivalente en otras divisas, será sancionado con multa equivalente en bolívares al doble del excedente de la operación. Quien cometa el mismo delito descrito anteriormente a partir de veinte mil y un dólar (US$. 20.001,00) inclusive, de los Estados Unidos de América, o su equivalente en otras divisas, será penado con prisión de dos (2) a seis (6) años y multa equivalente en bolívares al doble del excedente de la operación. En todos los casos sin menoscabo de la obligación de reintegro o venta de las divisas que pudiera exigir el Banco Central de Venezuela, según el ordenamiento jurídico aplicable. Se exceptúan las operaciones en títulos valores".

Segundo. Según el mismo citado artículo: "Es competencia exclusiva del Banco Central de Venezuela, a través de los operadores cambiarios autorizados, la venta y compra de divisas por cualquier monto. Quien contravenga esta normativa se le aplicará una multa equivalente en bolívares al doble del monto de la operación".

Tercero. (Artículo 7 LIC). Quien obtenga divisas, mediante engaño, alegando causa falsa o valiéndose de cualquier otro medio fraudulento, será penado de tres a siete años de prisión y multa del doble del equivalente en bolívares del monto de la respectiva operación cambiaria, además de la venta o reintegro de las divisas al Banco Central de Venezuela.

Si el engaño, la causa falsa o el medio fraudulento que se empleare, son descubiertos antes de la obtención de las divisas, la pena se rebajará conforme a las disposiciones del Código Penal."

Cuarto. (Artículo 8 LIC). Quien destine las divisas obtenidas lícitamente para fines distintos a los que motivaron su solicitud, será sancionado con prisión de tres a siete años y multa del doble del equivalente en bolívares de la operación cambiaría".

III. PRECISIONES EN CUANTO A LOS TIPOS DELICTIVOS

Conforme al texto expreso de la ley, los hechos que dan lugar a los ilícitos son:

Primero:

La compra, venta, ofrecimiento, enajenación, transferencia, entrega y recibo, exportación e importación de divisas bajo cualquier forma (efectivo, billetes, cheques, órdenes de pago y transferencias), que violen lo dispuesto en las normas legales sobre control de cambios, la constitución y acuerdos cambiarios.[14]

Se observa, a pesar de que ello es típico en Doctrina del Derecho Penal económico, el uso abierto de normas penales en blanco, total o parcialmente y que deben ser completadas y complementadas a normas con rango inferior a la ley, o a otras leyes[15] lo cual comporta o puede comportar serias objeciones a la constitucionalidad de tales dispositivos de la LIC[16]

Se observa que el tipo delictivo presupone la existencia de un régimen (imaginamos lo sea en sentido normativo y por la extensión que deriva de la forma de la redacción, podrá ser administrativo o legislativo propiamente dicho, inclusive que dimane de acuerdos contractuales o actos administrativos especiales entre autoridades)

El concepto divisa al que se alude, lo establece la propia Ley, así:

> **Divisas**: Expresión monetaria en moneda metálica, billetes de bancos, cheques bancarios distinta del bolívar entendido este como la moneda de curso legal en la República Bolivariana de Venezuela[17].

Las operaciones únicas o en conjunto que excedan anualmente de 10.001 US $ o su equivalente en otras divisas son las que resultan sancionadas (Art. 6) y las que pasan de 20.000 tienen en adicción a las penas pecuniarias, privación de libertad.

Adicionalmente en todo caso, el Banco Central tiene derecho a solicitar el reintegro de la divisa por las vías legales y judiciales [18]

Como se lo aprecia, el acto trasgresor puede ser único o inmediato y sucesivo, y viene referido a un período ANUAL.

---

[14] Destacamos que existe un grave vicio de inconstitucionalidad en este tipo delictivo, pues los delitos y penas en Derecho Venezolano sólo se pueden establecer en instrumentos de rango legal o actos equivalentes (Decretos con fuerza de Ley), por ende no pueden establecerse ni tipos delictivos, ni sus elementos, ni sanciones, por vía de acuerdos, resoluciones y normas de otras autoridades, independientemente de que tengan estas o no competencia cambiaria.

[15] Así lo destaca también Tiedmann y Angulo, o. cit p. 27.

[16] Al respecto inclusive ya un grupo de colegas y la Asociación Bancaria interpusieron demanda de nulidad. Recomendamos en esta materia revisar los comentarios y citas de Angulo Fontiveros, opus cit. P. 31 ss. Preciso destacar que en el fondo pareciere que el citado autor se alinea por admitir esos tipos en blanco, más en materias como la delincuencia económica, tan heterogénea, disímil y compleja, debiendo propiciarse una regulación más liberal para poder garantizar el verdadero combate de esa delincuencia, lo cual apoya con un acertado comentario, de nuestro siempre apreciado y respetado maestro Fernando Pérez-Llantada, al destacar la grave peligrosidad social de la criminalidad económica. Opus cit p 30 a 45.

[17] A nuestro entender no se establece con la LIC un sistema "nominalista" para nuestro país, en estricto sentido, que solo permita el uso de la moneda nacional para operaciones y extinción de obligaciones, sino que se impone que la moneda de transacción efectiva sea el signo o divisa nacional y que las divisas derivadas de operaciones comerciales relacionadas con Venezuela, y negociadas en el país, deben cambiarse únicamente en el Banco Central de Venezuela al importe que estuviere vigente oficialmente, sin poderse negociar fuera de dicha institución.

[18] A falta de precisión legal entendemos que dicha acción se aplica ante quien realiza activamente la operación, como quien la ejecuta de modo pasivo, y ello es importante si se piensa que uno de los sujetos puede no ser residente nacional y estar inclusive domiciliado en el exterior.

El hecho generador del tipo delictivo, según la norma lo son los siguientes hechos o actos:

> Compra, venta o de cualquier modo ofrezca, enajene, transfiera, reciba, exporte o importe divisas.

Conforme a la normativa examinada, sólo queda exceptuada y por tanto no da lugar al tipo delictual, los hechos generadores que sean realizados con "operaciones en títulos valores".

Como se observará esta excepción es absolutamente general e imprecisa, se prestará a indebidas interpretaciones, y dará lugar a muchos problemas tanto a los ciudadanos, como al Estado mismo.

Pareciera que adrede, a última hora, y no precisamente con las mejores intenciones se la insertó en la norma, dejando abiertos cientos de interpretaciones, para eventualmente amparar los buenos y para los malos.[19]

Consideramos igualmente en cuanto al lugar de las operaciones que dan lugar al ilícito, que las mismas poco importa se las realice dentro o fuera del territorio nacional, pues lo que es objeto de la dis-conducta legal resulta ser el que las mismas de alguna manera vengan dirigidas y que con ellas se produzcan efectos en Venezuela.

Por lo dicho somos de la opinión que para el tipo delictivo, no se debe distinguir si los sujetos pasivos son o no de nacionalidad venezolana, residentes o no en Venezuela, sino que la transacción se haya realizado en el territorio nacional y que de alguna manera se refiera a transacciones de las enunciadas en la norma sobre divisas frente a la moneda nacional.

Si la operación en cambio, aun cuando tenga origen en Venezuela, se realiza efectivamente en el exterior y los fondos no vienen al país, como divisas, entendemos tampoco se puede considerar exista delito.

Debido a que en el texto legal se hace referencia como acción contraria a la ley al simple ofrecimiento de las divisas, debemos entender que el delito se comete por simple tentativa, no requiriendo la concreción material de los actos proscritos en el supuesto normativo[20].

Finalmente, poco importa el origen, proveniencia o causa por la cual se detenten las divisas o las monedas nacionales involucradas en las transacciones prohibidas, independientemente de que sean o no negocios lícitos, sin que por ello pueda sostenerse que se modifican los ilícitos cometidos al originarse las divisas o la monea nacional. A nuestros fines cabe resaltar entonces que por el hecho de que las divisas o la moneda de cambio para las transacciones sean generadas por operaciones de legítimo carácter comercial, y por tanto lícitas, no por ello desaparecen los supuestos punitivos de la LIC.

---

19 Por lo demás a nuestro entender dicha norma rompe con la igualdad entre los ciudadanos, pues no resulta claro ni comprensible que la operación en divisas ordinaria, en forma diferente a que lo sea por intermedio de papeles o títulos, sea delito, mientras la que se haga en títulos o valores de bolsa no lo sea. Es de observar, además, que sólo se hace referencia a papeles y títulos de la República, que no de otros entes ni públicos ni privados. Aludimos por igual a los comentarios supra formulados, sobre los tipos delictivos en blanco.

20 Opinamos que con ello pueden cometerse abusos, ante la simple imputación que se haga contra alguien, alegando que simplemente se ofreció realizar las operaciones.

En tal sentido, por el hecho de que las divisas provengan de primas cobradas, comisiones pagadas y legítimamente devengadas y pagadas a quienes la Ley autoriza, no modifica ni extingue el tipo penal.

Ahora bien, cabe preguntarse, si como en efecto las normativas vigentes en los decretos sobre control de cambios, algunas operaciones relacionadas con seguros se encuentran fuera del régimen cambiario, y se autoriza el manejo de dichas divisas para pagos en la misma actividad, (reaseguros y retrocesiones) seguros de crédito a la exportación, financiados por el Banco de Comercio Exterior y administración de siniestros de salud en el exterior, pueden o no calificarse de acciones sancionadas por la Ley y por tanto comprendidos en los tipos delictuales de la LIC[21].

Somos de la opinión que esas operaciones así contempladas expresamente, no darían origen a ninguno de los supuestos sancionables en la Ley, pero sólo en esos supuestos, por lo tanto, si bien es cierto por ejemplo que la importación e ingreso al país de tales divisas no pudiere reputarse comprendido dentro de los supuestos de importación o exportación contemplados en la norma, si las divisas así poseídas en Venezuela, de alguna manera dentro o fuera de Venezuela fueran utilizadas para cambio y transformación de las mismas que generarán cantidades que vengan al país, si pueden considerarse dentro de la tipología delictual, no sin antes advertir que todo ello generará graves y delicadas interpretaciones por la forma poco clara de la redacción de las normas bajo comentario.

Por igual la somos de opinión, como lo veremos más abajo, que si las operaciones se generan en contratos, o consecuencias de los mismos celebrados fuera de Venezuela y cuyos pagos o cumplimientos por igual se generan en el exterior, sin que dichas transacciones se cumplan en el territorio nacional, quedan por igual fuera de los supuestos punibles (ni se importa, ni se exporta, ni se venden ni compran divisas ni bolívares en el territorio nacional, con lo cual tampoco se infringen las normas, convenios ni acuerdos cambiados,

Por el contrario y para que se vea lo discutible de los tipos delictuales, el patrimonio en divisas que se herede en el exterior, si se lo pretende convertir en moneda nacional, tiene que ser realizado por intermedio del Banco Central de Venezuela, so pena de incurrir en los supuestos delictivos, si por el contrario esa porción hereditaria logra convertirse en moneda nacional en el exterior y luego se la ingresa al país en signo nacional, ello no supone violación de los preceptos legales.

Segundo:

También constituye conducta punible actuar como "**operador cambiario**", sin tener las cualidades que como tal exige la normativa:

Según el mismo comentado artículo, es competencia exclusiva del Banco Central de Venezuela, a través de los operadores cambiarlos autorizados, la venta y compra de divisas por cualquier monto.

Quien contravenga esta normativa se le aplicará una multa equivalente en bolívares al doble del monto de la operación.

---

21 En efecto la Providencia Administrativa (nótese que como se lo indicó supra, dicho acto normativo no tiene fuerza de ley) N°. 049 del 3 de diciembre del 2003, G. Oficial 37831 de la misma fecha establece un régimen ad hoc para la administración y control de divisas destinadas a las indicadas actividades de seguros.

La propia Ley aclara en el artículo 2, que deben entenderse como operadores cambiarlos: Personas jurídicas autorizadas por la legislación correspondiente y por la normativa dictada por el Banco Central de Venezuela que, previo cumplimiento de los requisitos establecidos por el órgano administrativo competente, realicen operaciones de corretaje o intermediación de divisas.

Como se observa el trabajo profesional relacionado con el corretaje e intermediación en las operaciones de divisas, queda ahora sometido a requerimientos legales y registro ante el Banco Central

Tercero:

Es también ilícito cambiario, la obtención de divisas, mediante engaño, alegando causa falsa o valiéndose de cualquier otro medio fraudulento, será penado de tres a siete años de prisión y multa del doble del equivalente en bolívares del monto de la respectiva operación cambiaría, además de la venta o reintegro de las divisas al Banco Central de Venezuela.

En este caso, como se lo aprecia, puede ser que la divisa sea obtenida lícita y legalmente, pero lo sancionable resulta ser haberse valido de medios fraudulentos de cualquier clase para haber inducido a los organismos competentes a la entrega de tales divisas.

Cuarto:

Destinar las divisas obtenidas lícitamente para fines distintos a los que motivaron su solicitud, será sancionado con prisión de tres a siete años y multa del doble del equivalente en bolívares de la operación cambiaría (Art. 8 LIC).

En este caso lo sancionable es el destino diferente que se dé a la divisa, esto es que no coincida con aquel bajo el cual se tramito el registro y autorización para entrega de las divisas y expedición de su entrega lícita.

Igualmente son ilícitos cambiarios administrativos, las ofertas y operaciones que se haga sobre bienes y servicios dentro de Venezuela, cuya contraprestación sea impuesta en divisas, a tenor de lo dispuesto en la normativa especial, lo cual viene contemplado en el Art. 1 LIC:

> Las personas naturales y jurídicas quienes, en violación de los convenios suscritos por la República, la normativa cambiaría o las leyes de la República, aplicables al respecto, pública o privadamente, ofrecieren en el país la compra o la venta de bienes y servicios en divisas, serán sancionadas con multa del doble al equivalente en bolívares del monto de la oferta. Para el caso de la oferta pública la misma sanción se aplicará al medio de comunicación social o a cualquier otra persona natural o jurídica que coadyuve a dar publicidad a este tipo de ofertas, y a quien autenticare o registrare con tales características en inobservancia a lo dispuesto en la Ley del Banco Central de Venezuela y a la normativa contenida en los Convenios Cambiarios.

Para que opere el tipo delictual es menester que haya violación de norma legal, cambiaría o de otro tipo aplicables al respecto y que atañen a negociaciones con bienes y servicios (debe entenderse que lo sean en o para Venezuela) y cuya contraprestación se pacte en DIVISAS.

La sanción se extiende no sólo al agente directo sino a quienes faciliten o hagan la publicidad de dichas operaciones y a los funcionarios fedatarios que intervengan en dichos actos y operaciones.

Como puede advertirse, del texto de las normas transcritas, pareciere que se contempla el que deben reglamentarse o complementarse algunas de dichas disposiciones, bajo la modalidad de acuerdos, providencias o normas sub-reglamentarias, lo cual nos hace llamar la atención en torno al contenido de la nota 5 de estos mismos comentarios.

1. ***La situación del uso de divisas y su cambio en la actividad aseguradora y sus auxiliares o derivados***

Como lo hemos dejado advertido supra, la LIC no hace diferencia alguna en cuanto a cuál sea la actividad que genera las divisas que son objeto de las operaciones que dan lugar a los ilícitos, por ende, salvo que expresamente se tenga contemplada alguna regulación cambiaria excepcional, si ellas se obtienen en el mercado nacional o siendo generadas en el exterior se las ingresa inclusive legalmente al país para el patrimonio de las empresas del ramo y con ocasión de actividades propias de esa industria y sus auxiliares (reaseguros, peritajes, avaluadores, intermediarios, etc.).

Conforme lo dicho, repetimos, son objeto de los supuestos de provocar los ilícitos cambiarios, cualesquiera operaciones que se realicen con divisas provenientes de operaciones legítimas, legalmente contraídas y ejecutadas en el área de seguros y reaseguros, salvo que de alguna manera dichas operaciones estén expresamente exceptuadas o autorizadas en las normativas o disposiciones vinculadas a divisas o cambio vigentes o por las que eventualmente se dicten.

En tal sentido es preciso recordar como se lo destacó antes, que se encuentran vigentes disposiciones de índole administrativa que autorizan la realización de ciertas operaciones con divisas tales como el pago de reaseguros y retrocesiones en divisas, disposiciones estas no derogadas en la actualidad, y que por tanto, conforme se lo ha dejado afirmado forman parte de los elementos o condicionantes de los tipos delictivos.

En la medida que dichas disposiciones estén vigentes, somos de opinión que las transacciones reguladas en los tipos delictivos, con motivo de esos específicos fines; no darían lugar a ilícitos cambiarios, ni tampoco las que se obtengan generen o produzcan con inversiones y operaciones relacionadas con mercado de valores (excepción general de la topología penal de la materia) eventualmente realizadas por aseguradoras, reaseguradoras, etc. en los supuestos de la comentada Providencia 49/2003 a la que se dejó hecha alusión (Vid nota supra).

¿Quid si se realizan operaciones de seguros en el exterior con divisas con empresas nacionales o extranjeras de las industrias del ramo asegurador?

Como lo señalamos en su momento estimamos que los ilícitos cambiarios se generan en la medida que se cometen en territorio venezolano, por lo tanto si los contratos, indemnizaciones, pagos de comisión, etc. se generan y efectúan en el exterior, estimamos no dan lugar a los comentados ilícitos cambiarios, pero si tales divisas por alguna causa se ingresan al país, (importación) o con ellas se ejecuta alguna de las operaciones que se fijan como supuestos del tipo legal, entendemos que sí se incurre en los respectivos ilícitos.

¿Quid con las Comisiones devengadas y/o pagadas a intermediarios, dentro o fuera de Venezuela?

Si las comisiones son pagadas en Venezuela, aun cuando los Contratos sean realizados en el exterior, no tenemos duda en Señalar que si las mismas se las cancela en divisa extranjera, en *Ú* país, al realizarse con ellas cualquiera de los supuestos que dan lugar a los ilícitos cambiarios, efectivamente dan lugar a su calificación como ilícitos, pues repetimos y opinamos que el prototipo delictivo es ajeno a la operación que genera las divisas ni aquella a las cuales puedan destinarse.

¿Quid si en uno cualquiera supuestos, esas divisas generadas, dentro o fuera de Venezuela, en una o cualquiera operación de la industria aseguradora y sus auxiliares, se mantienen en su signo monetario original, en el patrimonio del beneficiario de las mismas?

Opinamos que el tipo delictual no es la tenencia de divisas, sino su comercialización o disposición por una cualquiera de las vías que expresamente señala la Ley, sin poder hacerse como lo dijimos interpretaciones extensivas ni analógicas.

¿Quid de divisas generadas con motivo de pago de siniestros que conforme al contrato deben estimarse o liquidarse en divisas?

Volvemos a lo ya comentado, en el sentido de que no importa para la aplicación de los supuestos normativos, cuál ha sido la causa por la cual han sido generadas las divisas, si ellas se destinan a la venta, importación o exportación, deben enajenarse al Banco Central en las condiciones que fijan las normas vigentes.

CONCLUSIÓN

Como puede observarse, resumidamente, las operaciones de importación, exportación o cualquier clase de manejo con divisas, por la forma que lo sean, salvo se trate de operaciones autorizadas expresamente en Ley, normas y acuerdos regulatorios de cambio, o que sean provenientes de operaciones con papeles o bonos o títulos valores, en monto superior a diez mil dólares al año, son el objeto de la normativa y los tipos delictuales.

Igualmente constituyen ilícitos administrativos fuertemente sancionados, la oferta y operaciones de bienes y servicios en divisas, a tenor de lo contemplado en el Art. 14 de la LIC.

En tal sentido para nosotros, la publicidad abierta o semi pública que vienen haciendo algunas empresas del ramo, de colocación en divisas en el país o en el exterior, en divisas, per se, cae en el ilícito penal administrativo antes comentado.

La excepción objetiva, es que dichas operaciones, sin decir bajo cuáles modalidades, ni si hay alguna limitación por el tipo de título, se las cumplan con títulos valores.

Desde el punto de vista subjetivo se limita estrictamente la excepción delictual subjetiva a que la operadora, beneficiarla o ejecutante de la operación lo sea la República o los entes cambiarios.

En la medida que el flujo de divisas provenga de las citadas operaciones con títulos, si es mayor de 10.000 $, no será la misma contraria a la Ley ni se la puede subsumir en los tipos delictuales analizados.

La forma poco apegada a la técnica legislativa de las disposiciones de la LIC, la existencia de mandatos abiertos y el amplio margen que se deja para interpretación de ciertas de sus normas, nos hacen pensar que su aplicación se puede prestar a abusos, dará lugar a inseguridad jurídica, y todo ello perjudicara la buena marcha de la actividad empresarial, en particular en el área aseguradora, donde la seguridad, buena fe y claridad deben imperar tajantemente.

47.

BREVES CONSIDERACIONES SOBRE LA VIGENTE NORMATIVA VENEZOLANA PARA LOS SEGUROS MARÍTIMOS*

RESUMEN

Se hace un breve recorrido sobre la vigente normativa de los Seguros Marítimos a los cuales se da un tratamiento especial y separado en la Legislación vigente venezolana, frente a las demás normas sobre Seguros y Reaseguros con lo cual se diferencian en algunos temas de los seguros ordinarios, sometidos a un régimen legal diferente. Se hace un examen particular de los riesgos asumidos en la aventura marítima, así como se detallan los elementos esenciales de la modalidad contractual.

Por igual se aborda el tema de la clasificación más corriente de este tipo especial de seguros, haciendo hincapié de los que son tradicionales y encuentran apoyo en la legislación de vieja data en Venezuela (de Buques, Mercancías, de pasajeros y de responsabilidad civil).

Se examinan las principales diferencias en cuanto al elemento Póliza para seguros marítimos detallándose sus particularidades con las pólizas de los demás ramos de seguros patrimoniales y que dan lugar a un particular tratamiento de los mismos en materia de seguros marítimos.

I. GENERALIDADES

El Seguro marítimo tiene sus ancestros muy remotos y hasta inciertos. Se dice que ya lo conocían los longobardos, al igual que se lo manejaba entre los asociados a la Liga Anseática quienes conocían de sus bondades. Su desarrollo ha sido pausado pero continuo. Se afirma por parte de la doctrina que su antecedente es el "préstamo a la gruesa".[1]

La póliza de seguros marítimos mas antigua conocida de Lloyds data de 1779, siendo la misma el origen de las que sucesivamente se han producido, con casi identidad en su condicionado por sucesivas copias, apenas con pequeños cambios, lo que explica en parte algunos problemas graves de interpretación y aplicación de las pólizas por los errores y

---

* Material de apoyo para la Conferencia dictada en el marco del V Congreso Portuario Internacional. I Jornadas de Derecho sobre Seguros Marítimos y Portuarios. Caracas 21 y 22 de octubre 2010. en Caracas y publicado en el Boletín de la Academia de Ciencias Políticas y Sociales N° 149 - julio-diciembre 2010 pp. 531-543.

1 VILLARROEL RODRÍGUEZ, Francisco, *Tratado de Derecho Marítimo,* Isbn 980-12-1146-6, Venezuela, 2006, 2a edición, Talleres Gráficos Magraphi, p. 677.

horrores de su antigüedad y pésimas traducciones sucesivas y aun así permanece siendo el modelo de póliza recomendada en su versión inglesa por el Instituto de suscriptores de Londres.

En Venezuela, la materia tuvo reconocimiento expreso normativo por primera vez en nuestro Código de Comercio de 1865, y así ha permanecido intacto por cuanto la última reforma de 1955 del citado Código, en nada estuvo referida al Seguro Marítimo.

Recientemente fue actualizada la regulación sobre seguros marítimos mediante normas insertadas en la reforma de la vigente Ley de Comercio Marítimo, más relativas estas al aspecto administrativo y comercial del comercio por mar que en las leyes propias de sector Seguros.[2]

La materia en Venezuela a esta fecha viene regulada en los artículos 374 al 457 de la Ley de comercio Marítimo.[3]

La importancia y relevancia jurídico económica de este tipo de seguros se pone manifiesto en el especial respaldo que la ha prestado a la misma, a sus regulaciones y modalidades las Naciones Unidas, quien por vía de la UNCTAD[4], ha producido novedosos y actualizados trabajos, resumidos en un informe de 1982 sobre lo que se había hecho y dejado de hacer en este campo y en beneficio del comercio internacional tal como lo observa Dante di Liberto.[5]

Advierte el citado autor, que en la práctica, a partir de 1982, la regulación de esta modalidad asegurativa se rige además por la costumbre internacional que impone los modelos de las cláusulas consagradas y diseñadas por el London Institute Underwriters para Carga y Cascos y observándose a nivel de Derecho Comparado, que las regulaciones nacionales optan por dejar una gran amplitud a la voluntad de las partes en lo que respecta a la escogencia del régimen que regulará las relaciones de estos tipos de seguros , admitiéndose que las mismas partes puedan escoger como integrar dichos contratos y con cuales modalidades, reputándose que el mas utilizado es el modelo ingles siendo este de hecho el que constituye el prototipo de régimen jurídico aplicable.

---

2 **Ley del Contrato de Seguros , Gaceta Oficial 5553 Extraordinaria del 12 de noviembre del 2001, regulada en Decreto Ley con previa habilitación al Ejecutivo Nacional y la Ley de Empresas de Seguros y Reaseguros, *Gaceta Oficial* Extraordinaria 37565 del 7 de noviembre de2002, con la observación que habiendo sido impugnadas ambas normativas, el Tribunal Supremo de Justicia declaró la inconstitucionalidad de la última citada Ley por vía de suspensión cautelar, pero sin haberse pronunciado en el fondo sobre sendas peticiones de nulidad, sin que hasta la fecha haya salido sentencia definitiva. Adicionalmente cabe destacar que ahora quedó sin efecto la impugnación en razón de que se promulgó la Ley de la Actividad Aseguradora, *Gaceta Oficial* 39481 de 5 de agosto del 2010.**

3 ***Gaceta Oficial* 38351 del 05-01-06.- en lo sucesivo "LCM".**

4 **United Nations Conference on Trade and Development.**

5 **DI LIBERTO, Dante, Manual de Seguros de Transporte Marítimo, 3a Edic. 1998, Graf Nascar, Perú 21 ss.**

II. CONCEPTO DE SEGURO MARÍTIMO

Según el Art 375 de la LCM, debe entenderse por tal aquel contrato en el cual el asegurador se compromete a indemnizar al asegurado mediante el pago de una prima, en la forma y medida convenida en la póliza, contra las pérdidas marítimas, entendiéndose por estas las pérdidas ocurridas a la expedición marítima, extendiéndose por sus términos o por uso de comercio a cubrir las pérdidas sufridas en aguas interiores, o durante las operaciones terrestres que fueren accesorias.

Cuando el viaje comprenda la modalidad multimodal o trayectos combinados por agua, tierra o aire, se aplica, salvo pacto en contrario las normas del seguro marítimo.

De acuerdo a la citada normativa nacional, el seguro marítimo debe entenderse regulado por las disposiciones de la Ley especial y en lo no previsto, por otras normas contempladas en la Ley.[6]

Lo dicho significa, que en todo lo no previsto por la LCM estará regulado por lo dispuesto en las demás leyes de nuestro ordenamiento, particularmente lo dispuesto en la Ley del contrato de seguros y la Ley de la Actividad Aseguradora, y en otras leyes vigentes que pudieren tener relación con la materia, con la pertinente advertencia que no lo será conforme al Código de Comercio de 1955, como lo era antes, ahora derogado parcialmente de modo expreso, conforme lo prevenido en la Disposición Derogatoria Segunda de la mencionada LCM en cuanto atañe al Libro II sobre Comercio Marítimo, expresamente comprendido el Seguro Marítimo (Art. 806 al 888 CCo.) y artículos 1090 ordinales 3 y 4, aparte último del 1095, primer aparte del 1100, y los artículos 1116, 1117 y 1118.

Un primer problema que surge al iniciar el estudio de la referida ley es si el contrato de seguros marítimos resulta ser de naturaleza convencional o no convencional, en tanto que las estipulaciones normativas son diferentes a las contempladas en la Ley del contrato de seguro (en lo adelante **LCS**), que aparentemente no regula el seguro marítimo, como se ha visto y ser esta materia de una ley especial, si bien de fecha anterior que la del seguro privado.

La doctrina tradicional ubica al Seguro marítimo como una especie de los Seguros contra daños.[7]

En cuanto a los elementos de la definición, el mismo Brunetti[8] señala como tales su condición de contrato de buena fe, la ausencia de formalidades en su nacimiento, su comercialidad, su aleatoriedad, la onerosidad, su bilateralidad y, el que resulte de ejecución continuada.[9]

III. LA PÓLIZA EN EL CONTRATO DE SEGURO MARÍTIMO

Como se lo puede deducir del parágrafo tercero del Art. 14 de la LCS y del párrafo segundo del Art. 382 de la LCM el asegurador está obligado a emitir la "póliza" que sería

---

6 Art. 374 de Ley de Comercio Marítimo (en lo adelante LCM).

7 Brunetti, Antonio, *Derecho Marítimo Privado Italiano*, Edic Bosch, España, tomo III 1951, p. 327 ss.

8 Opus cit, p. 333 ss.

9 Para profundizar véase Brunetti, opus cit., pa. 328 ss.

el documento probatorio por excelencia para demostrar la existencia del contrato de seguro marítimo.

El contenido de dicho instrumento y modalidades vienen a regularse por lo dispuesto en el Art. 16 de la LCS, norma esta que a su vez señala el contenido mínimo de dicho instrumento, con la observación que el Art. 404 de la LCM, establece otros requisitos mas que deben formar parte de la póliza del Contrato de Seguro Marítimo de Buques.

Los artículos 383 de la LCM y 19 de la LCS establecen las clases y modalidades de pólizas.

Aplican como cláusulas contractuales válidas, en adición a las específicas del instrumento póliza, la inclusión de las cláusulas que se presumen conocidas por las partes, bastando para ello la simple mención de la cláusula, como se la estila, y a falta de claridad se entiende se aplican en contra de quien hizo introducirlas.

Dando fe de la internacionalización propia del Seguro Marítimo se aceptan como válidas las palabras e instrucciones en idioma extranjero[111], las cuales se reputan aplicables o deben interpretarse según su acepción técnica o jurídica.[10]

EL CONTRATO es consensual y se entiende prestado con la aceptación de la propuesta, que puede ser demostrada por cualquiera de los documentos utilizados entre corredores, aseguradores y aseguradores en el mercado (Art. 3 82) y una vez perfeccionado, debe emitirse la póliza y hoja de cobertura.

Existen modalidades especiales cuando se trata de riesgos de viajes o en las pólizas de transporte, en cuyo caso valen observaciones y condiciones que se hagan en la carta de porte.

Para nosotros lo dicho comporta que el documento póliza no es *cid sustantiam,* sino meramente como prueba documental, esto es *adprobalionem.*

Reconociendo las peculiares características del comercio marítimo, se da reconocimiento expreso como cláusulas implícitas, a la simple enunciación de condiciones o cláusulas de uso común o que el uso local las supone conocidas, si dichas cláusulas han sido suministradas por el asegurador.

Una particular norma de interpretación y de integración del contrato, resulta ser la que dispone aplicable la presunción de que se debe regir la situación, haciéndolas soportar por quien las hizo insertar en la póliza, cuando no pudiere aplicarse la acepción técnica o jurídica de su contenido.[11]

IV. LAS DENOMINADAS PÓLIZAS FLOTANTES

Dicha modalidad viene contemplada en el Art. 387 de la **LCM** y se la define como aquella que describe el seguro y al bien asegurado en términos generales. Cualquier otra determinación de los mismos vendrá precisada a posteriori de su emisión mediante "endosos".

---

10 Art. 386 LCM.

11 In fine Art. 385 LCM.

Según el Art. 388 de la **LCM**, las declaraciones deben ser hechas en el orden de expedición o embarques, salvo estipulación en contrario y tales declaraciones deber contener clara descripción de los objetos, descripción y valor de los mismos, debiendo ser realizadas no obstante omisión o declaración o declaración errónea, en cualquier momento, inclusive luego del siniestro o llegada de la mercancía u otros bienes.

Coincidimos con Villarroel R.[12] destacando que esta modalidad de póliza parece solo aplicable al Seguro Marítimo de carga , ya que solo dos artículos adicionales se refieren a tal modalidad de póliza, los cuales se encuentran ubicados en la regulación que dicha Ley hace de esa particular modalidad de seguros.

V. PRINCIPALES ELEMENTOS DEL CONTRATO DE SEGUROS MARÍTIMOS

Los principales elementos del contrato de seguros marítimos, como en materia de seguros ordinarios, son indudablemente los conceptos de riesgo, interés asegurable, existencia del contrato y pago de la prima.

Cabe iniciar este comentario señalando que en seguro marítimo no se cuestiona el carácter eminentemente indemnizatorio de dicha modalidad de seguro y en ello debe hacerse especial énfasis, en tanto que la Aventura Marítima, a la cual viene vinculado el seguro marítimo en cualquiera de sus clases tiene mucho de juego o apuesta y por ello también se explican ciertos caracteres propios del interés asegurable en tal modalidad de contratos. La regulación normativa de dicho principio deviene hoy de la regulación contenida en el Art. 58 de la LCS.

VI. EL REASEGURO DEL SEGURO MARÍTIMO

Es un contrato especial que viene a constituirse en un elemento técnico del seguro, en tanto es obvia e imperiosa su necesidad para la dispersión y difusión de los riesgos que se asumen. Curiosamente Brunetti, adelantado a la solución técnica de hoy sobre la naturaleza de estos contratos, ya advierte que es una enojosa disputa, el reseñarlos como una especie de los contratos de seguros y cita a favor de su posición jurisprudencia de la Suprema Corte Argentina 8-04-1926 donde se señala ser mas conveniente reputarlo como una especie de contrato mixto calificado por el objetivo de la prestación.[13]

VII. MODALIDADES ELEMENTALES DE LOS SEGUROS MARÍTIMOS

Según el propio texto normativo, tienen regulación expresa, los Seguros sobre Buques, contemplados en los artículos 403 al 414 **LCM**; los Seguros sobre Mercancías, incluyendo el de lucro esperado sobre la ganancia, regulados en los artículos 415 al 424 y 430 **LCM**, y los denominados "otros seguros", que comprende entre otros, los Seguros sobre flete (Art.425 a 428 **LCM**), Seguros del precio del pasaje en transporte marítimo de personas(Art. 429 **LCM**), el de responsabilidad por daños causados a terceros derivados del abordaje (Art 432 **LCM**).

Para profundizar al respecto sobre tales variedades del seguro, y dado que por razones de extensión excedería el propósito de este trabajo si se hiciere un análisis mas detallado,

---

12 Opus cit. p. 683.

13 Opus cit. p. 348, tomo III.

sugerimos revisar este tema a la luz de las obras clásicas, tales como Dante de Liberto, Brunetti, Lord Chorley y OC. Giles, entre otros.[14]

VIII. OBJETO DEL SEGURO

No está referido exclusivamente ni aun en sus orígenes al objeto mismo del Derecho Marítimo de mayor trascendencia, cual es la Nave, sino más bien a la Aventura Marítima, y en su versión actual se extiende a todo el trayecto de la carga aun en aguas interiores e inclusive se lo entiende aplicable a la aventura de transporte de mercancía en tierra o aire si aplica para la clase de Seguro **MULTIMODAL** y no se establezca lo contrario.[15]

IX. INTERÉS ASEGURABLE

El Art. 376 de la LCM enumera 9 categorías de eventuales clases de interés asegurable como riesgos propios de la navegación, partiendo precisamente del objeto del Derecho Marítimo, esto es la nave y todo lo vinculado a su construcción, pasando por vituallas, provisiones, equipaje, flete, averías, lucro de la expedición, riesgos del asegurado, salario del capitán y de la tripulación, declarándose expresamente asegurables los intereses parciales que pudieren existir sobre los principales determinados en el Art. 376.[16]

Como nota particular sobre el interés en seguros marítimos, cabe señalar que el mismo debe existir al momento de la pérdida del bien asegurado, si bien no al tiempo de celebrarse el contrato pero nunca después de conocido el acaecimiento del siniestro.

Esto da pie al reconocimiento de la institución del riesgo putativo, conforme al cual resulta válido el seguro marítimo, aun después de haberse producido el siniestro, si ello era desconocido por el asegurado

También se acepta la existencia del seguro, por el solo interés en la aventura o expedición marítima, siempre que exista relación legal o tenencia de bienes expuestos a la expedición y que como consecuencia de dicha relación deba soportar pérdida derivada de la buena y oportuna llegada o lo ataña la responsabilidad con respecto a los bienes confiados a la aventura.[17]

A mayor abundamiento el propio legislador especial, de manera enunciativa específica a quienes debe reputarse titulares de interés asegurable, así, entre otros se mencionan al propietario del buque, de la mercadería o del flete, el capitán o los miembros de la tripulación en relación a sus salarios, de quien adelanta el importe del flete, el deudor hipotecario por el monto del crédito, el acreedor hipotecario por la suma adeudada y garantizada con la hipoteca; al asegurador bajo contrato de seguro en virtud del riesgo asumido y salvo pacto en contrario, e inclusive se admite que el acreedor hipotecario, el

---

[14] Di Liberto, Dante, *Manual de Seguros, 1998 y Manual de Seguros de Cascos marítimos, 1996*, Edit. Maesan y Talleres Gráficos, Perú; Lord Chorley & O.C. Giles, *Derecho Marítimo*, Bosch, 1962, España y Brunetti, Antonio Opus cit, tomo III, 1951.

[15] Art. 375 LCM.

[16] Art. 377 LCM.

[17] Art. 378 LCM.

consignatario o cualquier otro interesado puedan asegurar por cuenta de terceros interesados.[18]

X. OBLIGACIONES PROPIAS DE LAS PARTES

Las del tomador, asegurado o beneficiario: En general para toda modalidad de contrato de seguros, vienen contempladas en nuestra legislación en el Art. 20 de la LCS, y resumidamente consisten en:

1. La obligación de llenar y declarar los formularios sin omisión alguna y con sinceridad, todas las condiciones y circunstancias necesarias para identificar los bienes y personas aseguradas, y poder apreciar la extensión de los riesgos.

Es obligatorio para el tomador o asegurado suministrar al asegurador la declaración de todas las circunstancias que puedan influir en la determinación de la prima o de la aceptación del riesgo, al momento de la celebración del contrato, presumiéndose informado el asegurador, salvo prueba en contrario, de todas las circunstancias que en el curso ordinario de los negocios debían ser conocidas por el asegurado, y cuya omisión o silencio pueden dar lugar a la nulidad.[19]

2.- Pagar la prima en la forma y términos convenidos.

3.- Emplear el cuidado de un buen padre de familia para prevenir los siniestros.

4.- Tomar todas las medidas necesarias para salvar o recobrar las cosas aseguradas o para conservar sus restos.

5.- Hacer saber a la empresa de seguros y en el plazo establecido en la LCS, después de recibir la noticia del siniestro o cualquier otro incidente, el acaecimiento de los mismos.

6.- Declarar al tiempo de exigir el pago del siniestro los contratos de seguros que cubren el mismo riesgo.

7.- Probar la ocurrencia del siniestro

8.- Realizar todas las acciones necesarias para garantizar al asegurador el ejercicio del derecho de subrogación.

Adicionalmente bajo las modalidades de seguros marítimos de responsabilidad, el Art. 431 LCM obliga al tomador a:

1. Imponer al asegurador de cualquier reclamo de que sea objeto y que pueda comprometer la responsabilidad de éste.

2. Adoptar todas las medidas de defensa que fueren procedentes.

XI. LA PRIMA

Al igual que para el resto de los seguros, en cuanto al concepto de prima, la materia viene regulada en el Art 24 de la LCS, y la consecuencia del no pago de la misma, según el

---

[18] Art.379 LCM.

[19] Art. 380 LCM, salvo las exclusiones contempladas por el Art. 381 eiusdem.

Art 27 eiusdem será la de resolver el contrato o exigir por cualquier vía su cancelación con fundamento a lo previsto en la póliza.

XII. SOBRE SEGURO Y CO-ASEGURO

El sobre-seguro tiene tratamiento especial en el Art.397 LCM similar al del seguro ordinario, pero el asegurado salvo estipulación especial puede reclamar de los obligados a pagar la indemnización per-saltum. El coaseguro tiene regulación expresa en el Art. 398 de la **LCM** y responden los Co-Aseguradores proporcionalmente, sin que exista solidaridad.

XIII. RIESGOS CUBIERTOS

La materia viene regulada por el Art. 46 de la **LCS,** y adicionalmente por lo prevenido en el Art.392 y 394 **LCM**, el primero de los cuales especifica los riesgos propios del seguro marítimo y que materialmente transcribe la descripción de los llamados "riesgos de mar" que contemplaba el Art 816 del Código de Comercio , siguiendo la tradición del Derecho comparado, y entre los cuales caben destacar los de Piratería (ahora insólitamente repitiéndose en Venezuela y en el Mundo Oriental), saqueros, tempestades abordaje, echazón, entre otros. En la segunda norma referida, donde se contempla fijación de contribuciones a gastos, los llamados sacrificios del bien, entre otros.

Advierte Villarroel, que la materia viene contemplada igualmente en la Ley Inglesa de Seguro Marítimo (1906) en términos mas o menos similares al nacional[20] y destaca igualmente la especial preferencia que se da a la convención de las partes, en cuanto a determinación particular de los riesgos cubiertos (riesgos cubiertos convencionalmente) observando nosotros, que son específicos en adición por la modalidad del contrato, los contemplados habitualmente para los seguros de Buques, según el modelo de cláusula del Instituto de Aseguradores de Londres,[21] los del Seguro de Mercancías en las cláusulas tipo del mismo citado Instituto.[22]

XIV. RIESGOS EXCLUIDOS

En esta materia tradicionalmente se distingue entre las exclusiones generales en el Seguro Marítimo, contempladas dichas excepciones en el Art. 392 de la **LCM,** salvo pacto en contrario y de las llamadas causales específicas de exclusión según la modalidad del Seguro, tales como en caso de Seguros de Buque, donde aplican las disposiciones del 413 **LCM,** que contempla igualmente convención en contrario y modalidades propias del Buque y naves, la de los Seguros de Mercancías donde privan las exclusiones contempladas en la cláusula Modelo del Instituto de Londres.[23]

---

20 **Opus cit. p. 700.**

21 **Opus cit. p. 700.**

22 **Opus cit. p. 702.**

23 **Para profundizar véase VILLARROEL,o.c. p. 706 ss.**

XV. DURACIÓN DEL RIESGO

Las particularidades que en este tema presenta el Seguro de Buques y Mercancías, nos obligan a llamar la atención sobre la modalidad de la duración del tiempo en que se asumen los riesgos contemplados en los artículos 408 y 414 de la **LCM** que hace diferencias en razón del tiempo de descargas, el fondo en el lugar de destino y vencimiento de coberturas durante la travesía, diferenciando a su vez si se trata de Buques por viajes a su vez clasificados en lastre y Buques por Tiempo.

Por igual tienen regulación especial los supuestos de Seguros de Mercancías, según sean seguros antes de cargar la nave o después de ello Art. 415 LCM.

XVI. INDEMNIZACIÓN

Es un elemento de especial importancia en el seguro marítimo o los ordinarios y debe considerarse definido en el Art. 38 de la **LCS** como la consecuencia patrimonial negativa que debe soportar el asegurador por la producción del siniestro, determinado en la póliza y en un todo conforme lo dispone el Art 41 de la **LCS** y 450 **LCM.**

Especiales regulaciones suponen los casos del Derecho de los asegurados por el contrato de seguro marítimo en los supuesto de los llamados Pagos Provisorios, Pronto pago por vía Judicial, todos los cuales contemplan procesos o incidencias judiciales específicas, pero que nos abstenemos ahora en un breve recorrido que se hace de los principios generales del Seguro Marítimo y por cuanto hacerlo implica extender estas consideraciones en casi las mismas proporciones que las necesarias para analizar dichos temas.[24]

XVII. EN CUANTO A NORMAS SOBRE EL SINIESTRO

Se presume que el siniestro ocurre por causa no imputable al asegurado salvo prueba en contrario (393 **LCM**).

XVIII. ADVERTENCIA FINAL

Debido a que por igual excedería los propósitos de estas "breves" consideraciones sobre la vigente regulación de los Seguros Marítimos lo relacionado a las particularidades propias de algunas de las modalidades de este tipo de seguros no entraremos tampoco al análisis del tema específico de los seguros Marítimos para Buques, ni los de Mercancías, ni los de responsabilidad, etc.

Recomendamos a quienes tengan interés en profundizar la materia, analizar estos tópicos particulares de esa clase de seguros en cualquier obra clásica de seguros marítimos.[25]

Esperamos con las consideraciones hechas, dejar brevemente analizadas las características de la nueva regulación normativa de esta importante rama del Derecho de Seguros.

---

[24] En todo caso para mayor referencia sobre la materia, véase Villarroel, o.c. p. 709.

[25] Villarroel, OC., Brunetti, O.C., Di Liberto, O.C., ETC.

48.

EXIGIBILIDAD DE LA CONTRIBUCIÓN DEL REASEGURO*

RESUMEN

Se da cuenta de la ausencia normativa en torno al tema de la oportunidad para producir el pago de la indemnización generada a cargo de los reaseguradores a los aseguradores, así como a la no uniformidad en el trato a la materia. Se analizan las diversas posiciones doctrinarias en torno al tema. Se resumen las dos posturas fundamentales en torno al tema: la que con base a la aplicación de los conceptos del seguro, impone el pago tan pronto se demuestre el pago efectivo al asegurado del siniestro, o la que por considerarlo un contrato diferente de indemnidad, la hace nacer tan pronto se produce la afectación patrimonial de la aseguradora. Se concluye con que en cada caso las partes suelen pactar los términos y modalidades para el pago, y la existencia de una gran variedad de excepciones, dependiendo de la modalidad bajo la cual se celebra el reaseguro. Se destaca que los pactos en sentido diverso, constituyen una distorsión del verdadero contrato de seguro y su finalidad.

I. PRECISIONES PRELIMINARES

Comenzaremos por precisar que la denominación que se ha dado al tema cuyo estudio se nos ha requerido, no resulta ser la mas apropiada. En efecto cuando en Seguros se habla de la contribución de los Reaseguradores, se abarca mas del simple pago de la indemnización pactada en el contrato de cobertura de riesgo reasegurado. Así con ello, se entiende por igual, apoyo técnico, a recomendaciones en la inspección o liquidación de los siniestros, etc.

Resulta pues preferible utilizar como denominación para el examen de este tema, el de "exigibilidad del pago de la indemnización al Reasegurador", con lo cual se concretará el tema, precisamente a la obligación de asumir el pago de lo pactado como indemnización en el reaseguro, su oportunidad, cuantía, y modalidades.

Adicionalmente, en torno a ese tema así mejor precisado, por igual conviene advertir que no hay unanimidad en torno a la respuesta que deba darse en cuanto a la oportunidad en que debe efectuarse el pago de la citada indemnización, y ello es así tanto en las legislaciones de los diversos países, como en la Doctrina mas especializada.

---

* Material de trabajo para ponencia al X CONGRESO IBEROLATINO-AMERICANO DE DERECHO DE SEGUROS, Chile, noviembre 2007. Publicado en *Boletín de la Academia de Ciencias Políticas y Sociales*, No 145, Caracas 2007, pp. 275-287.

El fenómeno es curioso pues aun entre sistemas legislativos de países con un mismo origen histórico y vinculados por cercanía geográfica, como resultan los países iberoamericanos, tampoco hay soluciones parecidas o uniformes, sino todo lo contrario.

Por último, del examen que se haga de textos y autores calificados, puede encontrarse un vacío al respecto, o cuando menos absoluta divergencia de opiniones en torno al tema.

De allí la importancia y dificultad en el estudio de este tema, y lo conveniente de que a futuro se piense en la conveniencia de legislarlo específicamente, en futuras reformas y de que se unifiquen criterios en torno a dicho asunto, hasta donde sea posible.

Advertimos también que tratándose de reaseguros, a pesar de esas anotadas carencias, en torno a la precisión de la exigibilidad de las obligaciones a cargo del reasegurador, se advierte cuando menos una tendencia uniforme, en cuanto al trato de dicho asunto, por la costumbre mercantil, fuente normativa ésta de especial importancia en material mercantil y habitualmente reguladora de preferencia en materia de reaseguros a nivel mundial, por lo que en medio de la carencia cuando menos encontramos en el trato de ciertos aspectos, cierto grado de uniformidad a nivel mundial y regional.

Resulta propicio igualmente destacar que en procura de una solución satisfactoria a la diatriba que generan las diversas opiniones sobre el tema, encontraremos algunos autores que tratan de apegarse a la idea de la especial similitud que existe entre el reaseguro y el contrato de seguro, asimilando el primero a un contrato de seguro de responsabilidad de reembolso, en el que la anotada contribución del reasegurador se torna exigible a condición y sólo una vez que el reasegurado ha pagado la indemnización al asegurado directo, salvo un acuerdo expreso distinto.

Tal posición no es compartida por otros, quienes estiman que el reaseguro es un contrato de indemnidad patrimonial, destinado a proteger el patrimonio de la cedente, tanto económica como financieramente, por lo que el reasegurador debe contribuir con su participación en el siniestro antes de que el asegurador se vea legalmente obligado a pagar al asegurado directo.

El examen del tema, tiene adicionalmente otras limitantes: en efecto, en primer lugar, la escasa doctrina existente y en segundo término la dificultad de obtener información de otros países vecinos, no obstante haberse procurado requerirla por vía de cuestionario remitido a las diversas seccionales de la AIDA[1] y de lo cual solo resultó que dos de los consultados remitieran tales datos, de todo lo cual concluimos destacando que nuestras observaciones y comentarios estarán particularmente vinculadas al acontecer de dicho asunto en Derecho Venezolano, si bien como lo veremos luego y por las razones precitadas, en ello también vienen involucradas fuentes extranjeras sobre el uso y manejo del Reaseguro, en tanto el tema en nuestro país es de escaso y no originario desarrollo, por una parte, y por la otra, los contratos de reaseguro en uso por las empresas dedicada a la mencionada actividad no son uniformes, ni impuestos o reglados por la autoridad de control y su casi mayoría son copias fieles de modelos usados en el exterior del país[2].

---

1 Asociación Internacional de Derecho de Seguros, que agrupa numerosos especialistas en Derecho de Seguro pertenecientes a un gran número de países miembros.

2 Para los fines consiguientes, de una vez debemos dejar aclarado que en materia de reaseguro, nuestra normativa anterior del Código de Comercio, escueta y escasamente trataba el reaseguro en un solo artículo de dicho cuerpo normativo (Dicho Código por lo demás, precisa advertir, data de 1863, pues el cuerpo fundamental de su normativa arranca de la legislación de ese año,

Para quienes así opinan el siniestro en el contrato de reaseguro tiene lugar con el nacimiento de la deuda en el patrimonio de la cedente/reasegurada, con independencia de que haya indemnizado o no al asegurado directo.[3]

Sostienen estos últimos que esta solución es igualmente aplicable a los contratos automáticos proporcionales cuando se trata de siniestros de pago contado ("CASH LOSS").

En torno a ésta temática, la mayoría de los autores consideran que lo mas acorde con la función del reaseguro como instrumento para dividir y atomizar los riesgos y sustituir capitales de explotación de los aseguradores, es facilitar lícitamente los medios de financiamiento para el cumplimiento de sus obligaciones, sin tener que recurrir para ello al crédito[4].

En efecto y sobre todo en cierto tipo de reaseguro, el importe de la indemnización previa –es decir la indemnización derivada del contrato de seguro directo– puede a veces hacer peligrar la estabilidad financiera del asegurador, sobre todo según la forma en que se liquiden o salden las cuentas entre asegurador y reasegurador.

De allí, según Hill Prados,[5] que sea frecuente que en los contratos de reaseguro se pacte una cláusula –Cláusula de pago al contado– según la cual el reasegurador contribuirá en el pago de la indemnización del seguro directo o adelantará dinero para ello, ya en cualquier circunstancia o cuando la indemnización supere una determinada cifra previamente convenida entre las partes del reaseguro.

Ello explica que La jurisprudencia norteamericana e inglesa en esta materia se hayan inclinado por la segunda de las posiciones comentadas, concluyendo por ejemplo: (i) que no es necesario que el asegurador haya pagado el siniestro al asegurado antes de que

---

con efímeros cambios en épocas subsiguientes, durante tres oportunidades, la última de las cuales es de 1955 y en la que para nada se modificó lo relacionado con el Seguro). De su parte, la ya no tan nueva Ley de Contrato de Seguro de noviembre 12 del 2001, fue por igual poco generosa en el trato del reaseguro , dedicando a dicho tema apenas cinco (5) artículos de los 128 que tiene dicha Ley, y en los que por supuesto no se hace alusión alguna al régimen del término dentro del cual el reasegurador debe honrar sus compromisos contractuales, y con la especial advertencia de que en su artículo 124 expresamente se dispone que el reaseguro se rige por el derecho común, y no está sometido a las disposiciones sobre dicha Ley especial. En principio y hasta donde nos ha sido posible investigar en la Asociación Venezolana de Derecho de Seguro, dicha Ley estuvo inspirada en la española de 1980 y con alguna influencia de la colombiana y de la mexicana, pero no existe ni en el Congreso de la República, ni en la exposición de motivos de la misma, referencia alguna a dichas fuentes.

3 Por supuesto que tal solución no es pacífica, así, María Concepción Hill Prados, en su obra El Reaseguro, J. Bosch, Editores, España, 1995, isbn 84-7698334-4, p. 117 ss, al analizar las obligaciones a cargo del reasegurador, y en concreto a la que ella reputa, la más importante, eso es la de pagar la indemnización pactada, y coincidiendo por igual en que el reaseguro es un seguro de nacimiento de deuda, destaca que el reasegurador no viene obligado al pago al reasegurado, a menos que éste, a su vez, esté obligado a indemnizar al asegurado con el que se concertó el seguro directo.

4 A este respecto Hill Prados cita en su obra jurisprudencia de los Tribunales ingleses en los que se establece como principal objeto del reaseguro es liberar al reasegurado de una parte del riesgo que previamente tiene asumido, siendo erróneo por una interpretación pretender que deba primero pagar el asegurador, Hill P, o.c. p 120, nota 284

5 O.c. 120 ss.

proceda su reclamo en contra del reasegurador; (ii) que la insolvencia del asegurador no afecta la responsabilidad del reasegurador, como tampoco su imposibilidad de pago para con el asegurado; y (iii) que en ausencia de una cláusula contractual expresa, ni el pago del reclamo al asegurado directo, ni el pago de la prima de reaseguro por el reasegurado es una condición precedente de la responsabilidad del reasegurador.

Como puede observarse, existe una vario pinta modalidad de soluciones y cuestionamientos, que precisamente serán los que procuraremos examinar en adelante y con lo cual, repetimos, se puede apreciar claramente que el tema es de permanente actualidad y gran relevancia, puesto que en siniestros con pérdidas cuantiosas puede llegar incluso a verse amenazada la estabilidad financiera del asegurador directo de no contar con claras reglas que definan la oportunidad en que deban esperar el pago de la contribución del reaseguro y toda vez que eventualmente, ya el asegurado habrá exigido el cumplimiento de las obligaciones a cargo del asegurador.

II. FIJACIÓN DEL MOMENTO EN QUE SON EXIGIBLES LAS OBLIGACIONES A CARGO DEL REASEGURADOR FRENTE A SU CEDENTE (REASEGURADO). POSICIONES DOCTRINARIAS. EXCEPCIONES

Sostiene en torno a este tema la Profesora Blanca Romero Matute[6] siguiendo a Broseta y a Sánchez Calero[7] que el contrato de reaseguro es un convenio mediante el cual el reasegurador, verificado el riesgo reasegurado, debe resarcir al asegurador reasegurado el daño que este sufra como consecuencia de la prestación que debe efectuar al asegurado directo debido al acaecimiento del siniestro previsto en el contrato de seguro, todo dentro de los términos y condiciones que tuvieren pactados en aquél convenio.

Como se lo observa el régimen al que se somete esa obligación de pago, ha de venir determinado en el contrato de reaseguro, y como se lo advierte en la obra de Romero Matute, dicha determinación puede venir expresada de muy distintas formas, según la modalidad reasegurativa pactada entre las partes de dicho contrato, que como lo sabemos quienes andamos por estos predios de la ciencia del Derecho de Seguros, son realmente muy variadas.[8]

Lo que si resulta cierto y sin discusión, por el concepto mismo del reaseguro, es que la obligación de resarcir al reasegurado, nace en el momento en que éste se vea obligado al pago del siniestro al asegurado, por lo cual puede decirse sin temor a equivocaciones que el nacimiento de dicha obligación dependerá de que surja a su vez la obligación de indemnizar o resarcir de su reasegurado, y por tanto presuponiendo la existencia de un contrato de seguro válido y eficaz, donde haya corrido efectivamente por igual el riesgo

---

6 El Reaseguro, tomo II, Edit. Universidad Javeriana / Asociación internacional de Derecho de Seguros (AIDA), Colombia. Isbn 958-683-416-6, 2001, p. 602 ss.

7 Broseta P, Manuel, El contrato de reaseguro, Madrid, 1961, p. 180 ss y Sánchez Calero, Fernando, El reaseguro en la Ley Española de Contrato de Seguro, en AA. VV Estudios sobre el contrato de reaseguro, Vol I y II, Madrid 1988, citado por Romero Matute, p. 109 y ss.

8 A los interesados en el tema, recomendamos examinar la obra de la profesora Romero, p. 707 y siguientes.

asegurado y cubierto por la póliza, a su vez presupuesto de las obligaciones del reasegurado.[9]

En torno a ese mismo punto, Hill Prados precisa que es ello lo que realmente resulta medular en las relaciones entre reasegurador y reasegurados, expresando al respecto: "se trata, en definitiva de decidir si resulta exigible en el momento en que se produce el siniestro contemplado en el contrato de seguro directo, o si es preciso que el asegurador directo, ahora reasegurado, haya satisfecho la indemnización del asegurado, momento en el que su patrimonio sufre efectivamente un daño[10]"

Advierte la misma comentada autora, que tal interpretación se deduce del carácter estrictamente bilateral del reaseguro, así pues, a su juicio, no basta que se realice el siniestro, sino también que la obligación del asegurador frente a su asegurado sea exigible.[11] Si bien que lo anterior no parece presentar dudas , al entrar a determinar en que concreto momento nace esa obligación de resarcir, así como cuando es exigible el pago de la indemnización de reaseguro al reasegurador, y sobre ello a juicio de la doctrina española, cuando menos, en torno a la primera cuestión, se discute si la misma nace en el momento de la realización del siniestro previsto en el seguro principal o si, por el contrario, nace cuando el asegurador haya procedido a la liquidación del daño producido.

Precisa sí la profesora Hill Prados, que tampoco es necesario que el asegurador haya hecho efectiva la indemnización al asegurado - esto es la exigencia de pago previo- para entender que surge en ese momento la exigibilidad de la obligación del reasegurador[12].

Pareciera pues que en efecto, salvo pacto en contrario expreso en tal sentido, no será necesario que se haya pagado previamente la indemnización. Se debe entender que el mero hecho de que dicha obligación sea exigible, hace a su vez exigible la del reasegurador.

---

9 En igual sentido Romero Matute, o.c. p. 603 y Sánchez Calero, o.c. p 111 y 112, al igual que específicamente en el art. 77 de la Ley de Contrato de Seguros española.

10 O.c. p. 118.

11 En apoyo a esa su posición cita a Broseta, M, El contrato, o.c. p. 180 ss

12 En igual sentido Broseta, M, o.c. p. 183. Sobre este tema vale la pena traer a colación una nota inserta en la obra de Hill P., refiriéndola a Colinvaux, R. The Law of Insurance, referida a un caso jurisprudencial (Home and Overseas Insurance Co. Ltd. Vs Mentor Insurance Co., 1989), en el que como consecuencia de una liquidación voluntaria de un asegurador que se había reasegurado, se plantearon numerosas cuestiones de interés. Una, precisamente estuvo referida a la existencia o no de una cláusula en el contrato que exigía el pago previo por parte del reasegurado como condición para el cumplimiento de la obligación del reasegurador. En dicho caso, el Tribunal terminó estimando que si bien dicha cláusula en cuestión <ultimate nett loss> podía interpretarse como exigencia de pago previo, no podía siempre prevalecer la interpretación literal de los términos, opinión esa también expresada en otros conflictos judiciales. Se procuraba aclarar si el reasegurador debía pagar la suma que -de no haber incurrido en la situación de liquidación- hubiese satisfecho el reasegurado a sus asegurados, lo cual le había facultado para exigir el pago al reasegurador. El Tribunal concluyó disponiendo que era injusto y contrario al buen sentido comercial que, por razón del accidente de que el reasegurado hubiese sido declarado insolvente, el reasegurador - que había percibido primas- se liberase de toda responsabilidad bajo el contrato de reaseguro con respecto a unas reclamaciones por las cuales hubiera resultado responsable si el reasegurado hubiese sido solvente.

En igual sentido a lo comentado sostiene la Prof. Romero, debe destacarse que la sola realización del riesgo cubierto en el seguro directo no es suficiente para determinar el nacimiento de la obligación del asegurador y aun menos, la del reasegurador, ya que se ignora no solo la cuantía de la indemnización, sino la circunstancia esencial de si, efectivamente, el asegurador directo está obligado a cumplir su prestación, debido a que pueden presentarse causas de extinción de su obligación (tales como incumplimiento por el asegurado, en casos de dolo o culpa grave, ocultación maliciosa, etc. y todos los demás casos de exclusión o improcedencia del reclamo según la Ley o el contrato de seguro).[13]

Para Broseta, si bien parece referirse no a la obligación de indemnizar del reasegurador, sino a la obligación de cobertura del riesgo- que en todo caso debe precisarse que el nacimiento de la obligación del reasegurador se remonta a un momento anterior, ya que tratándose de un contrato de reaseguro simple, la obligación surge desde el mismo momento en que se perfecciona el contrato. Si estamos ante un "tratado" habrá que distinguir si el mismo es obligatorio para ambas partes o al menos para el reasegurador, en cuyo caso se hace coincidir el nacimiento de la obligación con el momento en que este comunica su voluntad de aplicar al tratado el seguro presentado, voluntaria u obligatoriamente, por su reasegurado.

Desde otra perspectiva podría también reconducirse el nacimiento de la obligación del reasegurador, en caso de que el siniestro previsto en el contrato de seguro directo sea un evento incierto, al momento de la realización del mismo y subsiguiente liquidación de los daños, mientras que si el siniestro previsto, como ocurre en los siniestros de vida, consiste únicamente en un **incertus quando,** nos encontramos ante una obligación sometida a término pero que surge ya en el momento de la conclusión del contrato de seguro y para el reasegurador, en el de la celebración del contrato de reaseguro[14].

Debe precisarse que en algunas ocasiones se incluyen ciertas estipulaciones en los tratados por las cuales la obligación de indemnizar del reasegurador se supeditan a que el reasegurado haya efectivamente abonado al asegurado la indemnización correspondiente (cláusulas de reembolso), la que sea de paso advertir para algunos especialistas en la materia[15], constituyen una causa de distorsión del contrato de reaseguro o cuando menos una estipulación exorbitante o abusiva ,motivo por el cual suelen tildarse de ineficaces, salvo aquellos regímenes en donde las normas tuitivas de asegurados y beneficiarios, no sean imperativas, y por tanto admitan pactos en contrario[16],o en aquellos en donde tenga

---

13 O.c. p. 604.

14 Broseta, o.c. p. 182 ss.

15 Es el caso v. gr. de Carlos I. Jaramillo, Distorsión del reaseguro tradicional, Edit. Univ. Javeriana y Aida, Colección ensayo 7, Colombia, 1999, isbn 958-9502-00-8, p 162 ss.

16 Por ejemplo, en Chile, donde mayoritariamente, según lo destaca Jaramillo en su citada obra, se ha entendido que conforme a la regla legal vigente, a diferencia de la colombiana, no se entiende que tales normas sean de orden público y por tanto es admisible la regulación a contrario. En igual sentido y a favor de dicha posición, en Chile, Achurra y Contreras, al examinar las llamadas cláusulas Z, se reputa que la norma contenida en el Art. 28 del DFL 251, no es una norma de orden público y por ello en cierto tipos de contratos emitidos bajo un reaseguro impuesto y que reviste la modalidad de fronting, se admite la consagración de que la obligación de la compañía aseguradora-cedente de para un siniestro, solo surge cuando los fondos correspondientes a la contribución del reasegurador que corresponda según los términos del contrato de reaseguro, se encuentran en su poder (en las Cláusulas de cooperación y de control en los contratos de reaseguro p. 210 ss. Citados por Jaramillo, Distorsión... p. 165.

cabida, en la forma sustantiva, la bipartición de riesgos de masa y de grandes riesgos, sin perjuicio de que en éste último caso aflorara la ineficacia o ilegalidad cuando tal estipulación se pacte en un seguro que descanse sobre la primera de las citadas categorías: riesgos simples o de masa, en la que la salvaguarda o tutela legislativa, resultan mas acentuadas.[17]

En cualquier caso, en Venezuela, como también en Colombia[18], dichas limitaciones no son oponibles ni válidas al asegurado, que es ajeno totalmente a la relación contractual derivada del contrato de reaseguro.

Por el contrario, si se considera que la naturaleza del contrato de reaseguro es como la de un seguro de responsabilidad, es decir como un contrato de indemnización para cubrir la responsabilidad del reasegurado, la conclusión resulta más acertada en torno a dicho asunto, pues en efecto desde el momento que el reasegurado es responsable frente a su asegurado por una cantidad definitiva, resultante de la liquidación realizada según las condiciones de la póliza original, el reasegurador lo es frente a su reasegurado y debe indemnizarlo, aun cuando el asegurador no haya cumplido con su asegurado. Ello demuestra la plena autonomía entre los dos contratos, no podrá el reasegurador oponer la **non adimpleti contractus** como defensa ante su reasegurado, en tanto que su obligación de pago no proviene del contrato de reaseguro sino del contrato de seguro[19].

Consideramos que exactas conclusiones a las comentadas son válidas en Derecho venezolano, en tanto, claramente, a pesar de que se regula que el reaseguro no es un contrato de seguros (Art. 124 de la Ley del Contrato[20], en el 125, diáfanamente se estipula, que a menos se contemple expresamente lo contrario en el contrato de seguros, el contrato de reaseguro solo crea relaciones entre la empresa de seguros y la empresa de reaseguros, pero este sigue la suerte del primero en el riesgo que le hubiese sido cedido, de acuerdo con lo que a tal efecto prevea el contrato de reaseguro.

Y en salvaguarda de los derechos de los asegurados, vale la pena por igual observar que conforme a la aludida regulación nacional, las estipulaciones de la Ley, son reputadas de orden público e imperativo y la interpretación del contrato de seguro siempre deberá hacerse a favor del tomador, asegurado o beneficiario[21].

En la práctica, en Venezuela, tales aspectos suelen venir expresamente regulados en los modelos de contrato entre aseguradores y reaseguradores (por supuesto en los casos de contratos por "tratados") y que constan por escrito, lo que en la práctica resulta ser la

---

[17] Jaramillo o.c. p.165 ss

[18] Jaramillo, (Distorsión, p. 166), salvo que de alguna manera dicha cláusula pueda favorecer al asegurado, tales limitaciones serían inoponibles a ellos, en tanto el contrato de reaseguro, a texto expreso de la Ley, solo surte efecto entre asegurador y reasegurador, y por tanto no resulta oponible al asegurado y así debe deducirse igualmente para Argentina, pues como bien lo destaca la Prof. Romero M, el contrato de seguro funciona como si el reaseguro no existiese (o.c. p.45).

[19] Romero Matute, o.c. p. 607.

[20] Ley del Contrato de Seguro, G.O. 5553 Ext. del 12-11-01.

[21] Art. 2 y 4 #4 de la Ley.

costumbre[22], mas no así en los de tipo Facultativo, que nacen por solo consentimiento y no requieren de formalidad escrita, y en los que se admite que la costumbre establece como convención pacífica en la materia, que el pago se produce por la sola ocurrencia del siniestro.

En el último proyecto de Ley sobre la Actividad aseguradora que circuló públicamente en el año 2007, el legislador contempla que el contrato de reaseguro debe contener, necesariamente, como mínimo los requisitos que dispone dicha Ley para el contrato de seguro o los que apruebe la superintendencia, y siendo que en ella se remite sobre el tema a la Ley del Contrato, no cabe duda que en el futuro de aprobarse dicho proyecto será menester que el contrato de reaseguro, aun el que se lo hace en forma de facultativo contenga la mención expresa de cuando sea exigible la prestación del reasegurador, a tenor de los dispuesto en el Arts. 21 y 41 de la Ley del Contrato, que devendrá entonces aplicable a los reaseguradores, y no admitiéndose tampoco modificación de lo así expresado en los casos de que no existan contratos escritos, pues repetimos las normas del contrato son imperativas y por tanto no pudiendo ni aún las partes renunciar o modificar aquellas.

En la vigente Ley que regula la actividad y en el proyecto, el legislador norma por igual el plazo en que debe procederse a pagar o negar la procedencia de la indemnización, estableciendo graves sanciones, incluyendo las de suspensión y revocación de la licencia por la elusión.

Si en adición tomamos en cuenta que el nuevo régimen de control y vigilancia faculta al órgano de control para revisar y aprobar las pólizas, seguro estamos que se procurará por igual imponer y establecer claramente las condiciones y modo de pago en los contratos o convenios entre reaseguradas y reaseguradoras.

CONCLUSION

No obstante el carácter de ubérrima buena fe que inspira el régimen de reaseguros, y sus modalidades, casi dogmas en el ámbito internacional de su formación meramente convencional y a-ritual[23], pareciere prudente, en los países donde se ha procurado de alguna forma reglar el contrato de reaseguro, unificar y fijar criterio expreso en materia de la oportunidad en que el reasegurador debe honrar sus obligaciones de indemnizar, acogiendo por supuesto la posición de mayor aceptación, cual es la de su inmediata exigibilidad, una vez notificado del siniestro, siendo el seguro válido y eficaz y plenamente determinable la suma a indemnizarse.

Salvo especiales modalidades del reaseguro, como las analizadas supra y por ejemplo entre otros particulares los de excesos de pérdida, no debe admitirse como práctica sana del reaseguro, el que supedite la obligación de pago de sus contribuciones a cuestiones ajenas o

---

22 Por gentil atención de nuestra compañera de trabajo Yosary Fuentes reproducimos textualmente el modelo de las cláusulas Standard en la empresa venezolana Americana de Reaseguros C.A, y que textualmente rezan así.

23 O como lo identifica Jorge Eduardo Narváez Bonet (El Reaseguro, Aspectos primordiales en el ámbito jurídico, en Evolución y perspectivas del contrato de Seguros en Colombia (1971-2001), Acoldese, Colombia, 2001, p. 188.-) contrato atípico no exhaustivamente regulado, en tanto el legislador juzga innecesaria la intervención para tutelar las partes, que resultan ser profesionales y con conocimientos técnicos para realizar válida y ajustadamente dicho contrato, y por ello se las debe considerar en un plano de absoluta igualdad para la contratación.

extrañas al reaseguro mismo, o la determinación definitiva de la evaluación de los riesgos, con base a lo cual se precisará realmente el importe de las indemnizaciones a pagar[24], pues con tales modalidades excepcionales, ello da lugar al fenómeno conocido en Doctrina de reaseguro de "distorsiones del contrato de reaseguro".

[24] Carter, R.J., *El reaseguro*, Colección Temas de Seguros, MAPFRE, España, 1979, isbn, 84-7100-088-1, p. 161 ss.

SÉPTIMA PARTE

DERECHO DE PROPIEDAD

49.

NUEVAS MANIFESTACIONES DEL DERECHO DE PROPIEDAD. ALGUNAS CONSIDERACIONES SOBRE LA EVOLUCIÓN DEL DERECHO DE PROPIEDAD DEL CÓDIGO NAPOLEÓNICO A LAS NUEVAS INSTITUCIONES DE LA MULTIPROPIEDAD Y TIEMPO COMPARTIDO EN DERECHO VENEZOLANO*

I. TRÁNSITO HISTÓRICO DE LA INSTITUCIÓN. CONSIDERACIONES GENERALES Y DELINEAMIENTO DE LA PROBLEMÁTICA

Definitivamente que el progreso y las necesidades económicas y sociales han sido los grandes autores de las modificaciones, mutaciones y nuevos alcances de viejas instituciones como lo es en el caso concreto que analizaremos en el presente estudio, el supuesto del Derecho de Propiedad, a la luz de nuevas versiones de su concepción y la manipulación de los atributos clásicos de ese Derecho en la Doctrina Civilística.

Los viejos pero sólidos conceptos de la propiedad y sus tres atributos clásicos, tal como los contemplaba y regulaba el Código Civil Francés obra eminente del gran Napoleón, han sido objeto de nuevos enfoques, pues no soy de los que considera estamos en presencia de nuevas instituciones, que ciertamente nos hacen pensar equivocadamente nos encontramos ante nuevas figuras e instituciones.

Y decimos lo anterior porque pese a nuevas características y modalidades de ese derecho de propiedad con ocasión de implementar y justificar las nuevas modalidades de la misma, se siguen encontrando como constantes que los vinculan, los principios, elementos y características del viejo modelo de la propiedad, tal como lo veremos en curso del presente ensayo investigativo y en otros casos que atienen a la misma materia, y que hoy por igual mantiene en revuelo las concepciones clásicas de la propiedad y sus atributos.

---

* Versión corregida de la Conferencia dictada en la Universidad Católica Andrés Bello, con ocasión del "Homenaje rendido por la Facultad de Derecho con motivo de los 200 años de la promulgación del Código Napoleón", y el cual forma parte de una investigación del autor, sobre nuevas manifestaciones del Derecho de Propiedad en el Sistema Venezolano, para estudios de mayor alcance en el Centro de Investigaciones Jurídicas de la UCAB.

Tan duro, clásico y caracterizado derecho, como lo es el de propiedad, ante las necesidades económicas y de progreso social, ha permitido moldearse y adecuarse a las nuevas necesidades, sin perder los rasgos mas relevantes de su fisonomía y caracteres, de tal manera, que aun siendo unas veces, manifestación muy humilde del señorío que siempre se ha reconocido a la propiedad y a quien resulta propietario, todavía se siente adecuado el concepto y principios utilizados para definir esas nuevas formas y manifestaciones del derecho de propiedad.

Es precisamente la nueva concepción de la modalidad de propiedad bajo tiempo compartido o multipropiedad, una de esas nuevas manifestaciones de otra concepción mas de la propiedad, ya ni tan nueva, pues data desde los años 20 su primera utilización en Derecho Francés[1] si bien entonces se lo aludía, como "propiedad colectiva" con el cual se definía una sociedad en la que cada socio ostenta un derecho de goce estacional, exclusivo de una habitación, de un estudio o de un alojamiento determinado a su vez modo de manifestarse el nacimiento y difusión de los sistemas de construcción colectiva, a través de dos métodos diversos denominados Método de Grenoble y método de Paris.

Según el primero de dichos sistemas usado en la ciudad de su nombre, de difíciles condiciones para la construcción, utilizó un método para la construcción en sistema horizontal, caracterizado entre otros elementos por exigirse a quien negociaba un terreno con tales fines, ceder una cuota (expresada en milésimas) a los demás copropietarios, creándose una indivisión, y que a su vez confería a uno de los partícipes en la indivisión, un mandato para cumplir todas las actividades necearías para la edificación, la forma en que los partícipes iban adquiriendo la propiedad, en una especie de manifestación de accesión, con la medida que se iban ejecutando las obras (propiedad igualmente indivisa) y para que una vez terminada se procediera a su división física, en forma de apartamentos separados, de manera que la inhibición ceda el lugar a una propiedad horizontal[2].

Esa sociedad tenía una duración limitada, la del tiempo necesario para extinguir los gravámenes impuestos al inmueble para el financiamiento de las deudas en la realización de las obras.

Por último, mientras ello ocurría, los participantes, quedaban con el uso de las unidades construidas a título de copropietarios.

Esta ley trajo sus problemas de interpretación y no fue bien acogida por la banca financiadora, y luego de varias reformas, sobre las mismas ideas, de un instrumento legal cuyo fin era facilitar las construcciones, pasó a ser un instrumento de comercialización de inmuebles[3] y finalmente en la versión de 1971 de esa misma Ley, se estableció que la "construcción o la adquisición de inmuebles, en vista de su división por fracciones, es para ser atribuidas a los socios en propiedad o en goce", sin que en ella se precisara si era goce fraccionado en el tiempo, lo que es esencial a la figura de la propiedad que estudiamos, si bien venia orientada al concepto de Multipropiedad.

Con el transcurrir del tiempo, y la implantación de figuras similares en otros sistemas de derecho diferentes al Francés, la modalidad se utilizó por igual para propietarios

---

1 Según Oscar Eduardo Rojas Barrera, *El Contrato de Tiempo Compartido "Time- Sharing"*, Ediciones Jurídicas Gustavo Ibáñez, Colombia, 2000, Isbn 958-8087-69-4, p 16 ss.

2 Malinvaud-Jestaz: *Droit de la Promotion Inmobilière, y Stemmer, Societes inmobilière continuees sous le regime de la loi du 28 juin 1938*, J:C:P, 11,1979, citados por Rojas Barrera.

3 Malinvaud, o.c. p 20.

especiales, desarrollos inmobiliarios con derecho de uso en momentos diferentes, a hotelería, donde a los caracteres ordinarios de la nueva figura se le fueron añadiendo otras prestaciones complementarias, y finalmente en Italia, nace la disciplina de la multipropiedad, y en derecho angloamericano, floreció y obtuvo definitivamente notorio desarrollo, pero por igual con diferentes esquemas jurídicos, fundamentalmente siempre se lo viene concibiendo como un derecho de uso, un derecho para el uso en temporadas, etc.

II. TRATAMIENTO DE LA INSTITUCIÓN EN DERECHO VENEZOLANO

Nuestro legislador solo a mediados de los noventa atiende la materia en dos normativas especiales, la legal, contenida en la Gaceta Oficial de la República de Venezuela[4] 5022 Extraordinaria, del 18-11- 95[5] y la reglamentaria, contenida en el Reglamento publicado en la GO 35996 del 09-07-96[6].

Esta nueva modalidad del ejercicio de un derecho de propiedad, novedoso, o como ya lo calificaba el Profesor Aguilar Gorrondona[7], "instituciones típicas de nuestra época" dista en mucho como lo observamos precedentemente del concepto y atributos clásicos de aquel Derecho de Propiedad analizado, regulado y desarrollado en el Código de Napoleón, cual fue en el fondo modelo principal en la redacción de nuestro Código Civil (1942).

Por esa sola razón, y ante la deformación querida por la realidad económica de algo que aparecía tan clásico y terminante en la normativa Napoleónica, como lo era el Derecho de Propiedad, desde la época del Derecho Romano, resulta interesante escudriñar la conveniencia e interés en la figura, sus conceptos y categorías de esas nuevas figuras, llenas de atipicidad, complejas en su desarrollo, pero cada vez mas impuesta en el medio comercial.

Para nosotros, por sobre todo, no nos cabe duda que responde mas a una realidad comercial impulsada por la necesidad y conveniencia de buscar nuevos nichos para las modalidades de colocación en el mercado de bienes y servicios, que a una verdadera categoría jurídica necesaria o conveniente para explicar o desarrollar mejor un tipo de propiedad o el ejercicio de un derecho real o personal.

Dentro de esas atipicidades comenzaremos por destacar que la propia regulación legal venezolana, nos plantea la existencia de dos modalidades de ejercicio de esas nuevas categorías de derechos, que no de dos formas de una misma institución, totalmente diferentes una de la otra.

Así, por una parte tenemos LA MULTIPROPIEDAD, que se manifiesta jurídicamente como un derecho indiviso por el cual se adquiere la propiedad, clásica y tradicional, de una parte alícuota de una unidad residencial vacacional o recreacional de tipo turístico, conjuntamente con otros bienes muebles e instalaciones que en aquella se encuentran y servicios conexos y áreas comunes del mencionado desarrollo inmobiliario, con sujeción a un tiempo predeterminado en cuanto al uso exclusivo y conforme lo que determine el propio contrato y el documento de condominio (Articulo 2, literal "a" LMPTC).

---

4 En lo sucesivo GO.

5 En lo adelante LMPTC.

6 En lo adelante RLMPTC.

7 José Luis Aguilar Gorrondona, *Cosas, Bienes y Derechos Reales, Derecho Civil III, Publicaciones UCAB,* Venezuela, Reimpresión 2003, Isbn 980-244-198- 8, p. 361 ss.

La otra, EL TIEMPO COMPARTIDO, es un derecho de uso y goce de una unidad vacacional o recreacional de carácter turístico, conjuntamente con bienes muebles e instalaciones que conforman aquella, y las de áreas, construcciones y servicios comunes conexos del respectivo desarrollo inmobiliario, siempre y cuando tal derecho se lo limite en su uso a un determinado número de días y semanas por un determinado número de años con sujeción a los términos del respectivo contrato (Art. 2, lit. b LMPTC).

A su vez, esta nueva modalidad, conforme a la LMPTC se clasifica en atención a la individualización o no que se deba hacer de la unidad residencial sobre la cual recae, y según la identificación que también se haga del tiempo de goce y disfrute, en cuatro modalidades, a saber:

Tiempo compartido fijo, cuando el derecho de uso y disfrute recae sobre una misma unidad residencial turística en la misma semana o periodo de tiempo de cada año;

Tiempo compartido Flotante, cuando el derecho a disfrute de la misma unidad residencial se tiene durante ciertas temporadas o estaciones del año, cuya determinación se hace periódicamente y de acuerdo a procedimientos expresamente contemplados y objetivos;

Tiempo compartido sobre Espacios flotantes; esto es, cuando el derecho se tiene sobre una misma unidad, con características precisas, pero cuya determinación se hará según la disponibilidad y mediante procesos objetivos; y

a. Cuando el derecho de uso responde al concepto de "espacio flotante", con la peculiaridad adicional de que el disfrute de la semana o tiempo puede a su vez fraccionarse en días no continuos.

No somos de la misma idea de Aguilar Gorrondona en torno a la causa que ha impulsado a la legislación nacional o extranjera, para regular de tal modo ese peculiar derecho real similar a la propiedad, o el de uso de las cosas, esto es, como una imposición del turismo moderno o contemporáneo, ni por la curiosidad y modalidades en que el turista moderno resuelve disponer de su tiempo para conocer otras geografías y lugares, somos de opinión, más bien, que todo ello responde a revolucionarios modos de crear modalidades y nichos demarcados para lograr la colocación de propiedades, desarrollos y conjuntos residenciales o turísticos y con ello promover definitivamente sectores geográficos, en razón de sus atractivos escénicos, turísticos, etc.[8]

Es cierto que esa tendencia parece instarla el propio legislador, cuando que en la LMPTC dispone que en lo no previsto en la ley especial se apliquen preferentemente las disposiciones de la Ley de Turismo, de la de Protección al Consumidor y los Reglamentos respectivos, las que por lo demás, nada en concreto aluden a dichas modalidades de explotación de la propiedad y uso de bienes, pero que de alguna manera ciertamente permiten reconocer y admitir que originalmente esas modalidades de explotación comercial de la propiedad y uso de bienes, devino de las corrientes turísticas, temporales o accidentales que en grandes masas acudieron a ciertos destinos turísticos, alejados de sus lugares habituales, y que no garantizaban un flujo continuo o al menos apetecible en tal

---

8 El Profesor Alfredo Morles, por igual opina que estas modalidades de explotación de los derechos de propiedad y uso tienen especial arraigo y fundamento en el interés por viajar y el turismo de los usuarios, al extremo de que en su completísima y reciente obra, coloca la materia entre los llamados "Contratos turísticos". (Curso de Derecho Mercantil, Tomo IV, Contratos Mercantiles, s/ Isbn, Publicaciones UCAB, Venezuela, 2004, p. 2574 ss)

grado que permitiera estimar el interés en la adquisición definitiva y completa de propiedades o inmuebles en tales destinos.

Pero, repetimos, si bien ese fue el origen y de plano así lo admitimos, en la práctica hoy, tales sistemas se extienden cada vez más sobre las bases de modalidades para la colocación y venta de propiedades, con fines turísticos o no, y al financiamiento para grandes desarrollos hoteleros o de otra índole[9].

Una evidente demostración de lo dicho es el éxito que por igual en algunas ciudades altamente congestionadas y con busca de facilitar hospedaje cómodo y casi familiar, han promovido las modalidades de "apart hoteles" que son y constituyen una particular modalidad de la multipropiedad y tiempo compartidos, con base a fines totalmente diferentes a los turísticos y recreacionales.

En adición a lo dicho, hoy por igual, contemplamos en grandes desarrollos urbanísticos la mezcla de las figuras tradicionales de la venta y colocación de las propiedades, con las de las modalidades atípicas de propiedad comentadas, con lo cual definitivamente a nuestro modo de ver lo que se persigue en la colocación comercial mas rápida de las propiedades y la atención a determinadas categorías de eventuales propietarios conforme a sus posibilidades económicas.

Así, quien no pueda contar con considerables sumas de dinero para invertirlas en inmuebles completos, puede optar al goce y disfrute temporal de dichos bienes, bajo el sistema de la propiedad en tiempo compartido o en el de multipropiedad, con una inversión menor.

Decimos todo lo anterior para poner especialmente de relieve la innumerable cantidad de modalidades bajo las cuales hoy se usan dichos sistemas para la colocación de las construcciones inmobiliarias o la explotación de los servicios turísticos y hoteleros, los que, por vía de tales modalidades no solo logran cubrir mejor sus expectativas económicas de uso y ocupación, sino igualmente obtienen medios de financiamiento para incrementar sus instalaciones y construcciones[10].

Ahora bien, todavía lo aun complejo y no cabalmente definido de esas modalidades de derechos a favor de los adquirentes y el desmedido interés crematístico de los acreedores y colocadores de las propiedades bajo esas modalidades, aunado también a complejos mecanismos de mercadeo con los cuales los promotores pretenden captar a los interesados, tejen una maraña de relaciones jurídicas entre ellos, que oscurecen, afectan, y en veces conculcan los derechos de los usuarios de dichos sistemas, o desmejoran los derechos de los consumidores, pues indudablemente que cuando hablamos de estos grandes y novedosos sistemas de uso y disfrute de bienes inmobiliarios, desarrollos hoteleros y turísticos, nos referimos a consumos masivos, como fundamento mismo del éxito de tales modalidades de explotación de la propiedad y servicios, y con ello, definitivamente nace la necesidad y conveniencia de contemplar mecanismos justos de protección a los

---

9 Es de observar inclusive, que en algunas ciudades (concretamente en Madrid, México, y en otras urbes de USA), hemos observado la venta de propiedades y tiempos de uso para explotar construcciones de uso de oficinas con equipos, servicios, etc. tal cual se lo hace para la residencia o uso os turísticos.

10 Un especial crecimiento de la modalidad de explotación de servicios hoteleros bajo dichas modalidades puede apreciarse hoy en día en Venezuela y el exterior (Vg. las tradicionales cadenas de Marriott, Best Western, Hilton, etc.).

consumidores, que finalmente inducidos por la publicidad, la necesidad, o la comodidad, aceptan y convienen en la celebración de contratos no claros, con carga de obligaciones genéricas que luego se convierten en fuentes de conflicto, y que exigen y hacen recomendable una adecuada vigilancia y tutoría de los entes *ad hoc* del Estado para la protección del consumidor en general o de esa nueva y en crecimiento casta de consumidores especiales, que podemos denominar "usuarios o explotantes de los nuevos modos de propiedad".

Lo ingenioso y artificioso para los comerciantes estará en hacer una nutrida oferta de servicios y modalidades para el uso de los desarrollos o propiedades, lo interesante y meticuloso para los artesanos del derecho, nosotros lo abogados, estará en cambio en lograr el análisis adecuado y detallado de las ofertas y propuestas, el estudio de su naturaleza, la determinación de si son o no parte esencial de esas nuevas modalidades de propiedad, y si de alguna manera no se violan, burlan o pretermiten derechos inherentes, o si de un modo no diáfano y legal se hacen ofertas de imposible o dificultoso cumplimiento.

III. ALGUNAS PRECISIONES EN TORNO A LAS NUEVAS MODALIDADES DE PROPIEDAD Y USO DE BIENES

Con el objeto de contribuir de alguna forma a la mejor determinación de las instituciones objeto de estudio y del adecuado régimen legal que deba ser aplicado, siguiendo a Aguilar Gorrondona, consideramos menester diferenciar en primer lugar, claramente, las dos figuras específicas que se originan en la comentada forma de regulación legal especial.

1. Diremos así que la calificación de la naturaleza de cada uno de los derechos en juego no resultará siempre fácil, ello explica el porque el propio legislador deja en manos del juez que la calificación definitiva sea por definición y precisión jurisprudencial, independientemente de la terminología y calificación que usen las partes, para lo cual solo deberá tomar en cuenta el Juez, los parámetros y lineamientos legales.

Ambos derechos, es indiscutible, tienen como sustrato final económico y material, permitir el uso y disfrute de una unidad inmobiliaria, recreacional y turística de carácter residencial.

Insistimos y recalcamos los términos en negritas, en tanto con ello ponemos en evidencia un primer problema dentro de la regulación normativa venezolana, cual tiene que ser el que parecen excluidos de dicho régimen cualesquiera métodos similares de uso y disposición de los bienes, cuando los mismos no tienen ese destino turístico recreacional, ni el uso netamente residencial.

Con lo dicho, a nuestro entender quedan fuera de regulación específica todos los usos que no sean directa y expresamente relacionados con tales fines y dejaríamos con ello sin atender un vasto universo de actividades comerciales como lo son, las ya aludidas de oficinas, comercios, etc.

2. Un segundo e intrincado problema debe deducirse de otra de las modalidades que parecen caracterizar estas modalidades de uso y disposición de bienes. En efecto en ambas modalidades básicas de las contempladas en la Ley, se precisa, que el uso del tiempo compartido y de la multipropiedad, puede suponer el de instalaciones, bienes muebles, instalaciones y servicios conexos de las respectivas instalaciones inmobiliarias o desarrollos.

En otras palabras se mezcla deliberadamente el objeto de tales derechos sobre bienes inmuebles por naturaleza o disposición, con lo de otros bienes, y servicios (derechos de contenido eminentemente obligacional).

Anotamos nosotros, que de manera alguna, destaca la ley un criterio o limite o balance entre lo que se ofrezca como objeto de tales derechos y que abarque lo inmobiliario o lo mobiliario.

En la práctica, cada vez hemos venido observando con mayor intensidad que la oferta al consumidor en tales casos, propende mas a enfatizar la entrega, derechos y uso de "servicios" minimizando la importancia cuantitativa o cualitativa de lo realmente material (inmobiliario)[11].

Como lo señala connotada doctrina nacional[12] la naturaleza jurídica de las instituciones bajo examen determina que son de índole diferente en cada una de las modalidades básicas analizadas. Así, el derecho de multipropiedad es siempre un "derecho real perpetuo", mientras que de acuerdo a su contenido, el derecho a tiempo compartido puede ser real o personal[13].

Por igual, en el derecho compartido fijo y el flotante, son derechos eminentemente reales, mientas que son personales los que surgen de las modalidades de tiempos compartidos sobre espacios flotantes y los mixtos, ya que no recaerán necesariamente sobre un mismo inmueble, pues aun cuando de alguna manera versen sobre éstos (que deben ser de características precisas según Aguilar), dichos inmuebles no necesariamente serán siempre los mismos (Art. 32 LMPTC).

Corolario de lo anterior, y para que el régimen de la anotada propiedad surta efectos ante terceros, el sistema debe y tiene que estar basado en un sistema de "publicidad registrad inmobiliario" o similar, para nosotros aplicable a ambos de los sistemas prototipo, pues en uno y otro la relación con el sustrato inmobiliario, hace recomendable, adicionalmente a la mejor publicidad de los derechos para las partes y terceros, que por igual sean objeto de inserción registral, e igualmente para garantía de mejor control de lo ofertado al público.

Adicionalmente a lo dicho y como otra particular diferencia entre los regímenes aplicables a uno y otro de los sistemas especiales de propiedad y uso, debe precisarse que el de tiempo compartido, por lo general, y hasta donde conocemos son a tiempo determinado y no perpetuos.

Y, finalmente, para complicar por igual un poco mas las cosas, la Ley especial comentada, determina que los desarrollos urbanísticos destinados a la multipropiedad,

---

[11] Las ofertas cada vez más procuran centrarse en el derecho a obtener servicios, acceso a aquellos, formas de usar los bienes, etc., tomando un carácter eminentemente secundario las relaciones entre el sujeto interesado y la parte inmobiliaria cedida en tiempo compartido o en multipropiedad. En otras palabras, el sustrato real (inmobiliario) que debe ser el más seguro o confiable pasa a un segundo grado. Por ese solo hecho, en mayor grado el control y vigilancia en beneficio de los consumidores.

[12] Aguilar o.c p 363 y Morles o.c. p. 2576.

[13] La indicada calificación de derecho real limitado sobre cosa ajena no es exclusiva de nuestro ordenamiento, pues tal como lo advierte Morles (o.c. p 2575) es ese el mismo tratamiento que da al tema la Ley española 42/1998 de 15 de diciembre sobre derechos de aprovechamiento por turno de bienes inmuebles de uso turístico.

deben constituirse bajo el régimen de la propiedad horizontal, lo que no ocurre igual, a nuestro modo de ver sin sentido alguno con los que vienen destinados a tiempos compartidos.

El solo pensar que en la otra comentada Ley especial, nada se regula en torno a esa modalidad de propiedad, que solo por excepción se contempla dentro de lo estatuido para la propiedad horizontal, y donde en nada se contemplan servicios complementarios ni uso de muebles propiamente dichos, ya pone de manifiesto otra nueva causa de malentendidos y discusiones.

Quedan al aire y sin precisión adecuada como lo destaca acertadamente Morles Hernández[14], la naturaleza, fundamentación, tipo de vínculos y sustrato de las relaciones personales que habitualmente conlleva la celebración de cualesquiera de estos contratos (disponer de un alojamiento con determinados servicios <limpieza, servicios de mantenimiento, hotelería, etc.>), de típica índole personal, lo cual, como lo destaca el comentado autor, hacen pensar que se elude una tipificación precisa y demuestra la convivencia de obligaciones reales y personales en un mismo vínculo contractual" y añadimos nosotros no suficientemente estudiados por la doctrina, ni desarrollados a esta fecha por la jurisprudencia.

IV. CONCLUSIONES Y RECOMENDACIONES

1. Parece necesario repensar los fundamentos de las novedosas instituciones examinadas y extender su uso a otras modalidades y actividades (hotelería, oficina, etc.) con una normativa *ad hoc,* y pensada con fundamento a cada una de las actividades a las que quiera dárseles futuro

2. Parece igualmente indispensable redimensionar y normar las prestaciones personales que supone, conlleva o se ofrecen para complementar los paquetes opcionados, con miras a evitar abusos al consumidor.

3. Debe repensarse un adecuado sistema de control efectivo de los sistemas en uso y actividad (registro, control e inspección), así como el control de los fondos destinados a mantenimiento, mejora o protección de las instalaciones que forman parte de los complejos ofertados.

4. Es menester un estudio académico que profundice nuevos aspectos de las actividades que contemplan estas modalidades de explotación de bienes y servicios y efectuar las recomendaciones precisas para su adecuada regulación.

En este estudio preliminar solo hemos querido dar una versión simple de la novedad de estas nuevas instituciones que son modalidades del Derecho de Propiedad común, con lo cual esperamos haber creado la curiosidad por el tema, y dado que dejamos para futuras consideraciones del mismo, otras cuantas observaciones y dudas, que seguramente nos Irán saliendo a medida que examinamos con mas detalles estas importantes modalidades de disfrute de la propiedad.

---

[14] O.c. 2576.

50.

ALGUNOS TÓPICOS SOBRE EL RÉGIMEN DE PROPIEDAD HORIZONTAL EN VENEZUELA. LA DECISIÓN DE LOS CONDÓMINOS. CONTROL DE LEGALIDAD*

I. MOTIVACIÓN DEL ESTUDIO

Una justa conclusión a que se puede llegar en torno a la Propiedad Horizontal en Venezuela es la de que ha cumplido una útil función en el sistema económico y de propiedad de viviendas y comercios en general. Podría decirse sensatamente que hay un sistema de propiedades urbanas antes y después de la Ley de Propiedad Horizontal, y que dicho sistema ha llenado a cabalidad sus cometidos, apegada a la conveniencia de regular un sistema novedoso dentro del esquema del concepto de propiedad clásico adoptado por nuestros legisladores patrios y apegados al tradicional sistema Francés de la propiedad sobre inmuebles, sistema este que ya tiene vigencia de larga data[1].

Lo dicho no significa que como en efecto ha ocurrido no se haya generado cierta conflictividad en torno a varios temas de los contemplados en la Ley o vinculados a ella, como lo han sido los relacionados con las Normas de Registro Público Aplicable, lo referente a la división automática de la hipoteca que grava el inmueble general, lo vinculado al tema de las opciones de compra venta sobre desarrollos no concluidos, el de la administración de los condominios, la propiedad y adjudicación de estacionamientos y finalmente, entre otros, y sin que con ello pretendamos terminar con el catálogo, lo relacionado a los acuerdos y decisiones adoptados por los condueños, su régimen de operatividad, protección de las minorías, y de la legalidad de los actos, etc.

Nos centraremos nosotros en éste modesto estudio al tema último mencionado, pues curiosamente y no obstante revestir particular importancia todo lo que a ello atiene, existen lagunas y dudas por doquier en torno a lo vinculado al régimen de los copropietarios, los acuerdos y resoluciones que atañen a sus intereses comunes, el tipo de relaciones entre sí, etc.

En particular entraremos a examinar el régimen de protección de los intereses mayoritarios, los que deben prevalecer sobre los intereses de cada uno de los condóminos

* Apuntaciones para la Conferencia dictada en junio 07, CENIDE, Nueva Esparta Margarita.

1 La primera Ley sobre la materia es de 1957, denominada Ley de Propiedad de Apartamentos, tuvo por finalidad especifica regular las relaciones entre los propietarios de las unidades vendibles, y fue sustituida por la de 1958, donde por primera vez se usó la denominación de Propiedad Horizontal, la que luego fue reformada por la de 1978 y finalmente por la ahora vigente de 1983.

individualmente considerados, nada de lo cual a nuestro entender ha sido debidamente estudiado ni analizado, y continúa dando lugar a conflictos e injustificados problemas en el manejo de los bienes comunes, la administración de la propiedad y lo vinculado a los bienes susceptibles de apropiación.

Tal como lo señala el Dr. Juan Garay, conspicuo compilador de nuestras leyes y difusor de las mismas, en una de sus ediciones de su obra Ley de Propiedad Horizontal "...parece mentira, pero una de las causas de tales problemas y de la conflictividad aludida, es el poco interés de los propios condóminos, sujetos realmente últimos beneficiarios de esa normativa, en la adecuada lectura de la ley especial..."[2].

Nuestros comentarios, por supuesto se referirán a la vigente Ley de Propiedad Horizontal[3] fundamentalmente y a algunas de las pocas obras venezolanas que se han escrito sobre la materia y que se refieren a ese específico tópico.

II. LOS ACUERDOS Y ACTOS CUMPLIDOS CON OCASIÓN DE LA PROPIEDAD HORIZONTAL

Para nosotros, el régimen de propiedad horizontal comporta una concurrencia de dos sistemas de propiedad sobre partes de un mismo bien o bienes inmuebles afectados al desarrollo en propiedad horizontal, esos dos sistemas concurrentes resultan ser el de la propiedad individual y plenamente divisa de los propietarios de partes susceptibles de apropiación individual del desarrollo, tal como lo contempla la LPH y por supuesto como lo establece el documento de condominio[4] con el de propiedad comunal que aquellos ejercen sobre las demás partes del mismo bien inmueble general que da soporte y funcionalidad al bien global al cual pertenecen, todas ellas de uso común y general a dicho propietarios individuales.

El primero de dichos regímenes de los concurrentes es el de la propiedad ordinaria sobre bienes inmuebles, inclusive en lo que atiene a cargas y obligaciones derivados de formar parte aquellos del desarrollo en propiedad horizontal y ciertamente, también lo admitimos, con ciertas restricciones sobre su disponibilidad y uso, derivados de formar parte de ese régimen concurrente con los demás derechos por pertenecer a una propiedad en sistema horizontal[5].

El segundo régimen, es el que atañe a dichos dueños, en tanto como tales, por el hecho de serlos, automáticamente conforme a la LPH se convierten en titulares, de derechos y bienes no susceptibles de apropiación individual, o como los denomina la citada normativa "bienes comunes", el cual régimen, por mandato de la Ley es una propiedad comunal, indivisa, conformada por los derechos que tienen todos los mismos dueños de bienes susceptibles de apropiación individual en el conjunto o bien general destinado a la propiedad horizontal en el cual por igual resultan co-propietarios divisos de tantas

---

2 Ley de Propiedad Horizontal, (Condominios), 1983, Editorial Ciafre, Venezuela, prólogo.

3 Esto es la publicada en Gaceta Oficial de la República de Venezuela (GO) N° 3.241 Extraordinaria de fecha 18 de agosto de 1983, en lo sucesivo identificada LPH

4 Los primeros, tal como se desprende de los Art. 2 y el segundo y su contenido y vinculación, tal como lo contemplan los Art. 5 ambos de la LPH.

5 Art.3 de la misma LPH

porciones del mismo, como partes susceptibles de adquisición individual tenga dicho inmueble.

Se comprenderá a simple vista la destacada importancia que tiene el estudio y análisis de los derechos y limitaciones que corresponde a cada uno de dichos sujetos sobre los bienes comunes, en tanto que solo así concebido el sistema de propiedad horizontal es que el sistema existe, por el respeto a esos derechos y a las cargas comunes que cada uno debe soportar es que a la vez puede existir ese sistema de propiedad individual compartida sobre un mismo inmueble.

Esa comunidad, no es tampoco la ordinaria del Código Civil, sino una comunidad especial, reglada, tanto por la voluntad de las partes, en lo que no perturba el interés público, o el de los demás condueños, o inclusive prevista y regulada expresamente por la citada Ley especial de la materia.

Los derechos de los condueños de estos bienes, deben y tienen que responder no a los intereses individuales de cada uno de los que los tiene y detenta legítimamente, sino por el bien general de los condueños y en tal sentido ese régimen se separa y antepone al de aquellos que los detentan y ejercen, pues es el del interés general de todos y el que de cierto modo sustenta la posibilidad de la existencia de ese sistema de propiedad en parte individual y en parte compartido sobre todo lo que conforma el conjunto o desarrollo en propiedad horizontal[6].

El porqué de la existencia de dicho régimen especial comunal, no es del todo claro, ni la doctrina tiene opiniones unánimes al respecto, para nosotros, respetando la opinión de otros autores[7] viene vinculado especialmente al derecho deber de los dueños de las unidades susceptibles de apropiación individual a intervenir en la administración y cuido de los bienes y espacios comunes, en tanto ellos contribuyen a mantener y valorizar sus propiedades individuales, y en esa materia, precisamente coincidimos con lo que destaca nuestro apreciado y admirado profesor de Derecho Civil, José L. Aguilar Gorrondona[8] nuestro legislador no ha sido suficientemente cuidadoso ni amplio, pues dedicó la normativa dictada al efecto desde la primera hasta la vigente Ley en la materia, a cubrir otras protecciones que estimó necesaria contemplar para los adquirentes según cada época, y a quienes sobre estimó en su capacidad de defensa de sus propios intereses para otros aspectos, y es ello lo que al final explica la falta de criterios claros en la materia y la conflictividad a que ha dado origen dicha materia y su no suficientemente clara regulación[9].

---

6 Art. 8 ejusdem.

7 Vegas Rolando, Nicolás, La Venta en Propiedad Horizontal, Ediciones Magón, Venezuela, 1986; Goldschmidt, Roberto, La Ley venezolana de Propiedad Horizontal de 1958, Boletín 6 del Instituto de Derecho Privado, Sección de Derecho Comparado UCV, Venezuela, 1959

8 Contratos y Garantías, Derecho Civil IV, Edit. UCAB, Venezuela, ISBN 980-244-061-2, 2006, 16ª EDICIÓN, p. 304 ss.

9 Aguilar G., ob.cit. destaca por ejemplo que en la Ley de 1957 se tuvo especial cuidado en regular lo relacionado al pago de cuotas iniciales y entregas de sumas anticipadas, en la del 58 la protección para evitar pagos simulados y no controlados, las de protección sobre las hipotecas generales de los Edificios y su división frente a los adquirentes individuales, en la del 76 por los abusos en el manejo de los bienes comunes, el control de opciones antes de tener el documento de condominio, y finalmente la del 83 con el único propósito de aclarar cuáles eran los anexos al documento de condominio, para llevar un adecuado control de espacios,

En los libros de autores nacionales que pueden consultarse sobre la materia[10] precisamente se observa la poca atención que se dispensa a dichos asuntos, que para nosotros resultan tan característicos del comentado régimen especial de propiedad.

1. *Como se expresa y quien expresa esa voluntad especial del régimen comunal de la propiedad horizontal*

Mientras los relativos a los derechos sobre bienes susceptibles de apropiación individual se rigen y regulan por la autonomía de la voluntad de quienes resultan sus titulares, y son producto de la libre expresión de la voluntad de cada sujeto natural o persona jurídica propietarios, los del régimen comunal que estamos analizando, forman parte de esos actos cuya naturaleza específica aún la doctrina no tiene de un todo claro, y los denomina complejos, compuestos, orgánicos, plurales, pero cualquiera sea su denominación, efectivamente no son los ordinarios que emanan de la sola voluntad del sujeto que los pronuncia, sino especiales pues se conforman con la expresión de la voluntad de todos los que integran el grupo, o la que adoptan las mayorías que contempla la Ley, mayoría esta no susceptible de manejarla ni por quienes dan lugar al nacimiento de la propiedad horizontal (declaración de destino del bien inmueble al sistema especial, Art. 26 LPH), sino establecida estricta e irrenunciablemente por la Ley.

Tal cual los actos societarios, los mismos se conforman para producir efectos, con la adopción por parte del conjunto de opiniones o voluntades individuales de los sujetos que son miembros de la comunidad de la propiedad y para que sean válidos y oponibles a los demás, hayan o no emitido su opinión, es menester sean pronunciados o emanen del grupo en las formas y con los requisitos que establezca la Ley o el documento de condominio. (En forma de acuerdos escritos especiales adoptados por vía de consulta, o por resoluciones o pronunciamientos en Asambleas convocadas y realizadas en un todo conforme lo dispone la Ley especial)[11].

En principio el alcance y contenido de esos actos, llamémoslos por ahora "complejos", para no entrar en la disquisición de la naturaleza definitiva de los mismos, si bien se conforman con las voluntades o las opiniones concurrentes o disidentes de los sujetos individuales que resultan integrantes de la comunidad, que les darían cierto parecido con los "contratos" se diferencian claramente de los mismos, y mas que actos que comprenden

---

estacionamientos, etc. Reemitimos a esta clara y completa obra a los interesesados en profundizar sobre dichos temas.

10 Aguilar Gorrondona, citado, Vegas Rolando citado, y Briceño, Rafael Ángel, De la Propiedad Horizontal y sus acciones Judiciales, Edit. ABC, Colombia, 1987, primera edición y del mismo autor, De la Propiedad Horizontal (2ª edición) y Anotaciones sobre multipropiedad y tiempo compartido, Gráficas Tao, Venezuela, 1997, isbn 980-6276-26-4.-

11 En lo sucesivo identificaremos dichas dos formas de adoptar tales resoluciones y decisiones, CONSULTAS, en el primero de los casos, sin que sea menester asamblea formal, o RESOLUCIONES DE ASAMBLEA en el segundo de los casos, adoptados estos con las formalidades que establece la Ley para que las mismas se las tenga por legalmente convocadas y constituidas y sobre los temas que la Ley fija para que aquellos se adopten o resuelven en esa forma.

manifestaciones de voluntad contradictorias u opuestas, constituyen mas bien manifestaciones de voluntad concurrentes, por lo que ha dado en llamárseles "convenciones"[12].

En el caso concreto de la LPH tales actos especiales, por lo pronto tienen dos límites pre-impuestos por la normativa, en el sentido de que los mismos pueden ser de cualquier especie sobre las decisiones que afectan bienes o derechos comunes, sin que puedan violentar la ley especial, ni las disposiciones expresas del documento de condominio, así como tampoco adoptados con abuso de poder13.

Esta primera limitación general a los acuerdos de voluntad colectiva, ponen de manifiesto a nuestro modo de ver, que no obstante emanar de la voluntad ubérrima de cada uno de los sujetos condueños de bienes susceptibles de apropiación individual, no pueden ahora con base a esos derechos así adquiridos y ejercidos, desconocer que pertenecen a una comunidad donde concurren intereses de otros condueños, expresados por la Ley, o contemplados de manera expresa en el documento de condominio, siempre en éste último caso, respetando el derecho legítimo de los demás condueños, sin atropellarlo injusta o indebidamente, esto es, sin incurrir en abuso de derecho.

Para nosotros, lo últimamente reseñado comporta, que aun ni siendo mayoría numérica o en porcentaje sobre valor de la cosa o cosas comunes, quienes adoptan el acuerdo o resolución, aun siendo mayoría dominante, no pueden perjudicar ese derecho de los demás condóminos sobre la misma propiedad común de manera abusiva.

2. *Que asuntos deben ser objeto de resolución mediante acuerdo de propietarios, o sea bajo la forma de actos complejos, en asambleas o en su caso por vía de acuerdo especial*

Para nosotros no todos los asuntos objeto de debate y resolución en la comunidad de propietarios tienen que adoptarse y revestir las formalidades de un acuerdo o resolución de asamblea, es la misma LPH la que se encargue de precisar en cuales casos, tales decisiones deben ser así adoptadas, y ello, para que los mismos nazcan entonces como oponibles a los propios condueños individuales, como a su conjunto y ante los propios terceros (vbg...usuarios de los bienes individuales: comodatarios, arrendatarios, etc.) Art. 25 LPH.

Entre los asuntos de necesaria resolución por los condueños mediante acuerdos o convenciones, encontramos los mencionados en los artículos 3, literal c, 7, 8, 9,10, 11, 16, 17 y 22 de la LPH.

---

[12] En tal sentido véase el interesantísimo trabajo de nuestro siempre bien recordado maestro José A. Fuenmayor García, Improcedencia de la acción de nulidad ordinaria contra las decisiones de las asambleas, en *Revista 51 de la Facultad de Derecho de la Universidad Católica Andrés Bello*, Caracas, p. 179, Venezuela 1997, Edit. UCAB, Isbn 0255-5328. Por igual sobre el tema hace observación Lino Salis, *El Condominio en los Edificios*, Edit. Librería Bosch, España 1968, con traducción y notas de Derecho Español, por Juan V. Fuentes Lojo, p. 241, nota 2.

[13] Art. 25 LPH: Los acuerdos de los propietarios tomados con arreglo a los artículos precedentes serán obligatorios para todos los propietarios. Cualquier propietario podrá impugnar ante el Juez los acuerdos de la mayoría por violación de la Ley o del documento de condominio o por abuso de derecho. El recurso deberá intentarse dentro de los treinta (30) días siguientes a la fecha de la asamblea correspondiente o de la comunicación de la decisión hecha por el administrador si el acuerdo hubiere sido tomado fuera de asamblea.

Si bien de manera general precisa la Ley en el Art. 18 que la administración de los bienes de la Propiedad Horizontal se hace por la Asamblea, dando así idea de que la conjunción de propiedades sobre los bienes individuales con los comunes, constituyen una sola comunidad, dicha disposición debe analizarse con cuidado y con el global contexto de las demás disposiciones de dicha Ley, en tanto que pareciera que en torno a la administración de los bienes susceptibles de adquisición individual priva otro tipo de régimen exclusivista y excluyente, en cambio también pareciere claro que el manejo y administración de los demás bienes, o cuando de alguna manera se trate de asuntos que aparejen conflictos de intereses entre una y otra clases de bienes, si corresponde de manera exclusiva y excluyente al conjunto de propietarios, pues se trata en efecto de bienes comunes a todos ellos.

De otra parte, como bien lo señala Briceño14 no resulta en modo alguno acertado el uso del lenguaje del legislador en torno a esta norma, pues en realidad la administración no lo es de bienes inmuebles, sino mas bien del complejo de relaciones de que está conformada la propiedad horizontal y, porque, como lo adelantamos, lo que es objeto de administración común es solo lo que atiene a bienes comunes, que no a los que son objeto de adquisición individual (Art. 22 *ejusdem*).

Admitamos pues por lo pronto, y en beneficio de ahorrar tiempo, que los medios adecuados para tomar decisiones, acuerdos o resoluciones en torno a los bienes comunes, a la armonización de los deberes y derechos de los condueños, a la creación y manejo de fondos comunes, así como vigilancia y ordenación de zonas y asuntos comunes, será fundamentalmente regulado por decisiones comunitarias o adoptadas con el consenso y participación de los condueños, sea mediante la realización de asambleas de condueños, tal como tradicionalmente se las conoce, previa convocatoria y cumpliendo las ritualidades de Ley conforme lo dispone el Art. 24; o bien mediante la adopción individual de pareceres escritos, que aunados a los del resto de los propietarios, constituyen las "consultas entre propietarios" tal como las regula el Art. 23 LPH.

III. FORMA Y REQUISITOS PARA SU VÁLIDA ADOPCIÓN

Ambos mecanismos para la adopción válida de los acuerdos deben cumplir a cabalidad las formalidades prescritas por la LPH, así tenemos, en lo que atañe a:

Consultas:

Que no tienen una definición o concepto legal, ni la doctrina nacional se ha ocupado de ello, mientras que en el extranjero se las reputa como una modalidad de las asambleas, como "reuniones no presenciales" o "asambleas por comunicación escrita"[15] Deben ser instadas por el Administrador y respondidas por los propietarios de manera escrita, sobre asuntos atinentes a administración y conservación de bienes comunes (si bien la disposición no es taxativa, serán cuando menos todos los asuntos y temas contemplados en los Arts. 5 y 11 LPH) debe existir la evidencia de que lo resuelto se dispuso, salvo norma en contrario en el documento, con una votación favorable, por lo menos de dos tercios del

---

[14] De la Propiedad Horizontal, p. 142.

[15] Martínez Díaz, Andrés, La Propiedad Horizontal y su Administración, Edit. Librería del Profesional, Colombia, isbn 958-707-049-6, 2004 2ª EDC, p 244, destaca que en Colombia hay concreta y especial referencia a dicha modalidad en la regulación contenida en la Ley 675 del 2001 (Art. 43 ss)

valor atribuido, conforme al Art. 7 de la LPH a los apartamentos que representen por lo menos dos terceras parte de las unidades vendibles o de los apartamento correspondientes[16]; que hayan sido tomados durante el tiempo estipulado para ello, o en el de una segunda consulta, y en este caso, salvo que la ley exija unanimidad, que se lo adopte por una mayoría de la mitad del valor de las unidades, que tempestivamente hubieren hecho llegar sus respuestas a la administración[17].

Adicionalmente, adoptados con los requerimientos formales indicados, los resultados del mismo deberán ser comunicados por escrito a todos los propietarios del inmueble[18] y finalmente debe asentarse lo decidido por esa vía, con indicación detallada de las opiniones a favor o en contra y la formalidad cumplida, en el Libro de Acuerdos que debe llevar el Condominio y conservarse los comprobantes que den fe de concordancia entre lo asentado y lo ocurrido en la realidad[19]

Las Asambleas:

Tampoco vienen definidas en el contexto legal, ni puede ocurrirse por analogía a pleno detalle con lo que de ellas se conoce en Derecho Societario. Dice Andrés Martínez Díaz[20] que el vocablo se refiere necesariamente a una reunión de personas que previamente han sido convocadas y asisten, ya personalmente, ya por delegados que han autorizado con facultades especiales para tratar algún asunto el cual interesa a las mismas, sin requerir que de antemano estén agrupados en una forma organizacional, incluso puede ser la primera que dé origen a una formal estructural de organización.

En todo caso, cuando se las refiere a aquellas que tienen lugar con ocasión del sistema de Propiedad Horizontal, viene adjetivizadas, por ser las de una determinada propiedad horizontal (vbg. Las del edificio o conjunto residencial en propiedad horizontal tal o cual) y pueden, pues en la práctica así ocurre, o estar referidas a la totalidad de los inmueble construidos y abarcados por un mismo sistema constructivo de propiedad horizontal, o a uno o mas de ellos, según lo determine el documento de Condominio y abarquen bienes o derechos sobre bienes de los mismos[21].

---

[16] En torno a ésta última modalidad, se justifica en tanto que puede ser que el acuerdo solo deba tomarse en torno a cosas comunes que afecten solo a algunos de los apartamentos susceptibles de apropiación individual que no a todos – Art. 8 LPH.

[17] Aparte único Art. 23 LPH. La redacción del artículo en lo que toca a dicho aparte es medio enrevesada, así por ejemplo debe tenerse claro que la exigencia de unanimidad que aparece en el aparte es general para todos los supuestos del artículo, sin excepción.

[18] De paso, nada dice tampoco la norma, donde y como se hará esa comunicación ni se logrará ese efecto totalitario ante los propietarios, somos de opinión que supondrá cuando menos la remisión efectiva a cada una de las unidades, y hasta la fijación de ellos en el Cartelera ah hoc que mantenga el Condominio.

[19] Requisito por demás errático, toda vez que no hay una forma segura para garantizarlo, ni se fija un tiempo durante el cual perdure la obligación de la preservación. Para nosotros en todo caso parece sensato que al menos la preservación deberá exigirse mientras dure el lapso de impugnación del acuerdo conforme a la Ley.

[20] ob.cit. p. 237.

[21] En Colombia, según lo anota Martínez D. durante la vigencia del régimen del Decreto 1365 de 1986, así expresamente se lo exigía, si bien con el cambio de la normativa en 2001 ello fue eliminado.

En todo caso, es un mecanismo presencial en el que con la concurrencia de los supuestos interesados (legitimados por alguna razón que los vincula) por sí o por representación, luego de cumplidas las formalidades voluntariamente prescritas o exigidas en la Ley, se adoptan resoluciones o acuerdos que los vinculan a todos en torno a ciertos asuntos que para ser atendidos, exigen el parecer común general de todos los que integran o conforman ese grupo de interesados.

Son requisitos formales de las mismas, a tenor de lo dispuesto en el Art. 24 LPH, entre otros los siguientes:

A.- Convocatoria formal cursada por el Administrador, motu propio, o solicitada a requerimiento de los propietarios que represente un tercio del valor básico del inmueble o los apartamentos correspondientes [22]

La falta de cumplimiento por parte del Administrador de la petición de dar curso a la convocatoria de asamblea da derecho a concurrir ante la Autoridad jurisdiccional para que la convoque, todo sin menoscabo de que la propia Junta de Condominio también lo hiciere[23].

El trámite de la judicial se cumple a nuestro entender por una actividad no contenciosa, atribuida a los hoy jueces de Municipio (antes de Distrito o Departamento) de la jurisdicción del conjunto residencial, en la que invocado el supuesto, y demostrada la existencia de la comunidad en propiedad horizontal, debe este, quizá con citación del Administrador, autorizar y disponer la Convocatoria.[24]

B.- Que su motivo, causa o finalidad, lo sea para deliberar sobre asuntos a los que se contraen en especial las normas que se han dejado referidas de la LPH así como también en los casos específicos a que refiere el artículo 22 de LPH [25];

---

22 Nuevamente observamos una inadecuada redacción, en primer lugar al aludir la norma a un concepto que no encuentra regulación en el resto de la ley, ni encontrar asidero alguno que lo explique cual es el de "valor básico del inmueble o los apartamentos……" y con la advertencia de que esta última alusión responde a la situación ya antes comentada, de que lo resuelto solo abarque a ciertos bienes comunes a determinadas unidades del inmueble, que no a todos los apartamentos.

23 Art. 18, literal a, en los supuestos de urgencia.

24 Mas adelante, con más detalles, volveremos sobre este tema, al referirnos a los Procedimientos Judiciales en esta materia.

25 Dicha norma específica establece: "Lo concerniente a la administración y conservación de las cosas comunes a todos los apartamentos será resuelto por los propietarios. Lo concerniente a la administración y conservación de las cosas comunes a algunos apartamentos será resuelto por los propietarios de éstos. A falta de disposición en el documento de condominio, se aplicará lo dispuesto en los dos artículos siguientes."

Debemos destacar que esa nuestra posición no parece ser compartida por alguna parte de la Doctrina Nacional, (Briceño, opus cit. p. 162) en tanto hace una discriminación para diferenciar lo que es materia de consulta y lo que solo puede ser materia de asamblea.

De su parte el Art. 5, determina: "Son cosas comunes a todos los apartamentos: La totalidad del terreno que sirvió de base para la obtención del correspondiente permiso de construcción; b. Los cimientos, paredes maestras, estructuras, techos, galerías, vestíbulos, escaleras, ascensores y vías de entrada, salida y comunicaciones; c. Las azoteas, patios o jardines. Cuando dichas azoteas, patios o jardines sólo tengan acceso a través de un apartamento o local necesariamente serán de uso exclusivo del propietario de éste; d. Los sótanos, salvo los apartamentos y locales

En torno a este requisito, coincidimos por igual con Briceño[26] en que no encontramos criterio fundado para excluir la decisión de algunos asuntos sin el requisito de acuerdo general de los condóminos (consulta o asamblea), ni que el sistema de determinación de quórum, una veces lo sea por razón del valor de los bienes, y otros por el número diviso de propietarios, si bien podría encontrar razón tal trato diferencial la existencia de una mayor protección y uniformidad, para el último citado, cuando se trata de proteger el interés de las mayorías numéricas que no económicas.

C.- En torno al lugar de la reunión, determina la Ley que con preferencia lo será en el inmueble afectado a Propiedad Horizontal, pero con ello nos advierte que por igual puede ser acordada en otro sitio (Vbg. La sede del Tribunal que la dispone en los casos comentados antes.) Art. 24.

D.- Serán presididas por el Presidente de la Junta de Condominio o por la persona que designe la asamblea, si aquél no estuviere presente (Art. 24)

E.- No se reputará válidamente constituida si en ella no estuvieren presentes todos los interesados, a menos que conste de manera fehaciente que con tres días de anticipación cuando menos a dicha reunión, se les hubiere instado a comparecer. Sin embargo, se las tendrá igualmente por válidamente constituidas, si tal convocatoria se

---

que en ellos se hubieren construido de conformidad con las Ordenanzas Municipales. Si en dichos sótanos hubieren puestos de estacionamiento, depósitos o maleteros se aplicarán las disposiciones especiales relativas a los mismos; e. Los locales destinados a la administración, vigilancia o alojamiento de porteros o encargados del inmueble; f. Los locales y obras de seguridad, deportivas de recreo, de ornato, de recepción o reunión social y otras semejantes; g. Los locales e instalaciones de servicios centrales como electricidad, luz, gas, agua fría y caliente, refrigeración, cisterna, tanques y bombas de agua y demás similares; h. Los incineradores de residuos y, en general todos los artefactos, instalaciones y equipos existentes para el beneficio común; i. Los puestos de estacionamiento que sean declarados como tales en el documento de condominio. Este debe asignar, por lo menos un puesto de estacionamiento a cada uno de los apartamentos o locales, caso en el cual el puesto asignado a un apartamento o local no podrá ser enajenado ni gravado sino conjuntamente con el respectivo apartamento o local. Los puestos de estacionamiento que no se encuentren en la situación antes indicada, podrán enajenarse o gravarse, preferentemente a favor de los propietarios, y, sin el voto favorable del setenta y cinco por ciento (75%) de ellos, no podrán ser enajenados o gravados a favor de quienes no sean propietarios de apartamento o locales del edificio. En todo caso siempre deberán ser utilizados como puestos de estacionamiento. El Ejecutivo Nacional, mediante reglamento especial, podrá autorizar una asignación diferente a la prevista en este artículo, en determinadas áreas de una ciudad y siempre que las necesidades del desarrollo urbano así lo justifiquen. J. Los maleteros y depósitos en general que sean declarados como tales en el documento de condominio. Este puede asignar uno o más maleteros o depósitos determinados a cada uno de los apartamentos o locales o a algunos de ellos o uno de ellos. En tales casos los maleteros o depósitos asignados a un apartamento o local no podrán ser enajenados ni gravados sino conjuntamente con el respectivo apartamento o local; k. Cualesquiera otras partes del inmueble necesarias para la existencia, seguridad, condiciones higiénicas y conservación del inmueble o para permitir el uso y goce de todos y cada uno de los apartamentos y locales; l. Serán asimismo cosas comunes a todos los apartamentos y locales, las que expresamente se indiquen como tales en el documento de condominio, y en particular los apartamentos, locales, sótanos, depósitos, maleteros o estacionamientos rentables, si los hubiere, cuyos frutos se destinen al pago total o parcial de los gastos comunes.

26 op.cit. 163.

hubiere realizado por un periódico [27] de circulación en la localidad, con la citada anticipación, y que uno de los ejemplares de dicha convocatoria se hubiere fijado en la entra o entradas del Edificio, y, adicionalmente que un ejemplar de dicho llamado, haya sido dejando en cada uno de los apartamentos de los propietarios, con la misma indicada anticipación a la fecha de la Asamblea.

La norma comentada, destaca que el incumplimiento de tales requisitos de convocatoria, vician de nulidad la asamblea (Art. 24 primer aparte).

F.- Que a la reunión, válidamente convocada y con el acaecimiento del resto de los antes señalados requisitos, haya concurrido un número de propietarios suficientes como para tomar el acuerdo correspondiente, o que en sustitución se los hubiere dado por adoptados en consulta, bajo la modalidad que atiene a dicho modo de recabar ese consentimiento especial, con todos sus requisitos, y con el quórum del primer aparte del mismo.

G.- Lo cumplido se insertará en un Acta que se copiará al Libro de Acuerdos del condominio, la cual estará suscrita por todos los concurrentes[28].

Como cuestiones notorias, llama la atención que el sistema de la asamblea se modifique y mezcle con el del "acuerdo o consulta", en los supuestos de no alcanzar el quórum fijado por la Ley (penúltimo aparte del Art. 24).

Aún cuando pudiere pensarse en lo contrario, a nuestro juicio ello parece obedecer a la preferencia que da la Ley al sistema de Consulta, quizá por considerarlo más directo y seguro con los interesados, y en ese mismo sentido parece opinar Martínez D.[29]

En segundo lugar, también es de observar otro problema que se presenta en otros ordenamientos pero parece haber sido omitido adrede por la legislación venezolana, cual es el de los legitimados a los efectos de la propiedad horizontal en torno a las acciones, votaciones, etc.

Así por ejemplo en el ordenamiento Colombiano y con amparo de reiterada jurisprudencia, inclusive de carácter Constitucional, es menester llamar a las asamblea y tomar en cuenta el parecer de los terceros arrendatarios y usuarios de los bienes susceptibles de apropiación individual, lo que no ocurre en Venezuela, si bien algunos doctrinantes equiparan la condición del propietario pleno con la de los usufructuarios y titulares de los derechos de uso y habitación, entre otros terceros interesados [30].

---

[27] Obsérvese que no se alude a "diario", como si ocurre en otras normas legales vbg en el Código de Comercio.

[28] Observamos por igual un exagerado rigor no contemplado para con los acuerdos por vía de Consulta, en los que solo se exige que el Asiento respectivo haya sido meramente insertado en el Libro correspondiente por el Administrador.

[29] Ob.cit. p. 244.

[30] En torno al primer aspecto véase Martínez D, ob.cit. p. 258 y en cuanto al segundo aspecto anotado véase a Briceño, ob.cit. p. 213., pero quien no obstante convenir en la existencia de "interés" en una serie de sujetos en adición a los propietarios s.s., entiende excluido a los arrendatarios, aun aceptados por el condominio.

IV. RÉGIMEN LEGAL DE LA PROTECCIÓN DE LOS ACUERDOS DE LOS CONDÓMINOS. EL PROCEDIMIENTO JUDICIAL APLICABLE

La norma general aplicable en materia de propiedad horizontal, es que los acuerdos válidamente adoptados por una de las dos vías con los cuales se los obtiene, son obligatorios para todos los propietarios. Nada dice en torno a los posibles terceros afectados, pero consideramos que a ellos lo que no se les puede brindar son los mecanismos de defensa propios de los condueños, en tanto la razones de vinculación entre los dueños y los bienes afectados por esa relación resultan ser en todo caso diferentes, y por igual los intereses que de ello derivan, pero claro está que lo que repugne al mandato legal, mas si se trata de proteger intereses colectivos o de orden público, tienen que facilitar la vía de las nulidades ordinarias, las cuales reputamos plenamente aplicables en este caso.

Ahora bien, precisamente en reconocimiento de ese especial estatus con los bienes privativos y los comunes, y la relación inter dueños, la Ley para dar seguridad jurídica y hacer tempestivas las medidas que en muchas veces serán de especial urgencia en materia de propiedad horizontal crea un sistema de acciones propias para la defensa de la legalidad de dichos convenios y acuerdos que atañen a los bienes y administración común, esto es, el sistema de **IMPUGNACIÓN DE LOS ACUERDOS.**

Caracteres y particularidades del régimen de impugnación:

El régimen especial de impugnación de los acuerdos definitivamente no puede verse como una manera drástica de facilitar la vía de contradicción a las resoluciones, por el contrario, se trata de que el Legislador mas bien ha buscado de una lado ciertamente facilitar el *modus operandi* bajo la tutela de la actividad jurisdiccional, pero de otra parte, también se insta a que lo que deba y tenga que ocurrir sea provocado en el término de la distancia y no permitir que la perduración de los actos en el tiempo creen apariencias de derecho o faciliten el que se cometan abusos.

Para algunos, el fundamento de dicha institución, es la necesaria protección al derecho de las minorías que establece la ley o el documento condominial, o todo aquello que pueda reputarse un "abuso de derecho" para lo cual facilita las vías y plazos.

Para otros más bien se trata de la protección de los intereses generales, aun cuando los quórum para adoptar decisiones estén fijados en la propia Ley o en el documento condominial, por que precisamente, a quienes forman parte de esas comunidades particulares y especiales, debe de alguna manera garantizárseles el respeto a las normas bajo las cuales convienen en formar parte de ellas al inicio de adoptar las obligaciones condominiales, en tanto ello pueda constituir fundamento de haber prestado sus consentimientos a fin de integrarse a las mismas.

De otra parte, se quiere dar protección a que no se produzcan "abusos de derecho", en tanto que aun bajo los principios antes comentados, por el solo hecho de ser mayorías quienes adopten los acuerdos y resoluciones, no puede llegarse a la admisión de actos adoptados cuando los mismos pudieren conculcar los derechos de las minorías, precisamente por el solo hecho de pertenecer a una comunidad de sujetos.

Adviértase que la ley no define cuales son esos límites de derechos y deberes por acatar las normas que regulen el interés individual y el general de los demás condueños, hay que aplicar lo que la doctrina admite y acepta como característico de los sistemas de propiedad compartida, esto es que prive el interés que permita dar protección a las mayorías, en tanto ese es el interés del mayor número de sujetos beneficiarios, pero bajo el cual solo puede lograrse la protección de los bienes comunes y en tal sentido porque beneficie inclusive a las propiedades individuales.

Habrá pues que procurar la conciliación entre el interés de los propietarios individuales y su derecho de propiedad clásico sobre sus bienes susceptibles de adquisición individual, con el de los intereses del resto de los propietarios, que al formar parte de la unidad inmobiliaria, permite y facilita a todos, mediante la protección de las áreas y bienes comunes, un mejor goce de esos bienes en los que se tiene el puro interés individual.

El criterio a seguirse sea por los propietarios, sea por el Juez que deba juzgarlo, no es otro que el contemplado en el aparte final del 1.185 del Código Civil[31].

En torno a ésta materia, Briceño precisa: "…Los artículos 4,8 y 10 de la LPH tienen por finalidad mantener al propietario dentro de los lineamientos de un comportamiento cónsono con el normal disfrute de los elementos del sistema. El propósito consiste en que el apartamento donde tiene su vivienda o el local donde ejercer actividades económicas, el propietario pueda realizar cuanto acto sea necesario en procura de su utilidad, bienestar o conveniencia, sin que tale actos deben repercutir en la esfera del vecino ni en la de elementos que por su contigüidad y continuidad material puedan resultar afectados. Paralelamente se persigue que si el individuo voluntariamente se acogió a un sistema de propiedad en el que como complemento necesario existen partes y servicios de utilización y goce compartido, la concordancia y el funcionamiento económicamente aprovecha entre esas áreas y servicios y las unidades privativas exigen el respeto recíproco y la normal tolerancia.

Reaparecen aquí, destaca el citado autor, las nociones de los actos emulativos y de inmisión, que prohíben al propietario ejercer su derecho de propiedad y de copropiedad bien con el único propósito de perjudicar, bien de arrojar sobre el vecino las consecuencias materiales de aquel ejercicio, muchas veces sin necesidad y sin beneficio para el agente. Se impone pues ejercer el derecho en condiciones de normalidad, sin desviarlo, sin que se aparte de su destino, es lo que la doctrina denomina el obrar *"civiliter"*[32].

Se incurre en abuso de derecho, como lo destaca el mismo Briceño[33] cuando el propietario prevalecido en la proximidad o contiguidad de su unidad que le pertenece privativamente, con respecto a determinadas fracciones indivisas se apodera indebidamente de estas últimas, en la cuales él no es mas que un co-titular a través de una cuota parte intelectual. El objeto jurídico económico de esta cuota parte no es una fracción material determinada de la cosa común (inmueble indiviso), sino precisamente esa porción referida a centésimas de la misma porción intelectual o abstracta a que se refiere el Art. 7 *ejusdem*. Si el propietario traspasa los límites de sus linderos de su apartamento o local y pone el pie para quedarse en áreas contiguas y continuas, está invadiendo áreas comunes y despojando a los restantes condueños de sus derechos. En otras palabras, infringe el derecho de posesión y el derecho de poseer del universo de propietarios entendiendo el primero como el que deriva del hecho mismo de la propia posesión y el segundo el que nace de la

---

31 Establece la norma en su aparte único: "debe igualmente reparación quien haya causado un daño a otro, excediendo, en el ejercicio de su derecho, los límites fijados por la buena fe o por el objeto en vista del cual le ha sido conferido ese derecho".

32 Josserand Louis, Del abuso de los Derechos y otros ensayos, Edit. Temis, Colombia, 1982, p. 6 ss.

33 Opus cit, p. 137.

propiedad y atribuye al propietario el derecho a poseer. Es el hecho ilícito regulado en el Art. 1.185, aparte único del C. Civil.

Recordemos también con Briceño [34] que el hecho ilícito de la usurpación en la propiedad horizontal puede tener por objeto la cosa material con la que se beneficia arquitectónicamente la vivienda o el local comercial; o la cosa material de la sustracción, desvío o ambos supuestos en que está presente la voluntad y conciencia del autor y lo perjudicial de sus consecuencias.

El problema grave, lo será, cuando no sea posible aplicar un criterio objetivo o legalmente establecido sobre que es ese interés común general. Lo primero será precisado en veces, por el simple establecimiento de unos porcentajes pre-establecidos, conforme a lo que el legislador estima deben protegerse o mantenerse dichos intereses, y que puede devenir bien del mayor o menor número de sujetos individuales beneficiados, o del mayor o menor número de intereses sacrificados, determinables, igualmente por la Ley con base a parámetros económicos. Los primeros serian quórum divisibles y por cabeza de los condueños, y los segundos, quórum divisibles fijados por el importe del valor económico de las propiedades de quienes discuten el acuerdo. Escoger los unos o los otros, no nos cabe la menor duda que resulta de una decisión política del legislador, quizá en lo mas remoto amparado en que con el primero se procura igualar y mantener la igualdad general, mientras que con el segundo se protege la igualdad o integridad económica de quienes tienen mayores intereses en el mismo bien.

Hechas las precedentes aclaratorias, examinaremos ahora el sistema de protección específico en la propiedad horizontal, y destacaremos que el mismo es particular y especial, y toma en particular consideración la condición de los propietarios de los bienes susceptibles de apropiación individual y la necesidad preponderante en cuanto a ellos de la pervivencia y seguridad de lo resuelto y decidido como conveniente para el interés del grupo o interés general.

Lo dicho explicará entonces el corto plazo de caducidad que establece la Ley para la impugnación de los actos por parte de los propietarios, asistentes o no al acto, términos que se computarán a partir de la fecha de efectivo conocimiento de la resolución pertinente y fijado en los treinta días siguientes a la fecha de la asamblea correspondiente o de la comunicación de la decisión hecha por el administrador, si el acuerdo hubiere sido tomado fuera de asamblea.

Advierte la Ley, que si el acuerdo no se hubiere adoptado en asamblea, o de no haberes participado lo acordado fuera de ella (en vía de consulta) el plazo en cuestión correrá a partir de la fecha en que el recurrente hubiere tenido conocimiento del acuerdo[35]

¿Quid de los intereses de terceros, no propietarios?:

Nada dice la Ley en torno a dicho asunto, y es por ello que debe ocurrirse a la vía ordinaria contemplada en la Legislación para supuestos en que se incumplen o atropellan derechos independientemente de que formen o no parte de un conjunto o comunidad, esto es, a la vía de las nulidades ordinarias, con lo cual el plazo de impugnación se extenderá a los cinco años ordinarios de no tratarse de nulidad absolutas, o al indefinido, si lo fuere por

34 Ob.cit. p. 138.

35 Art. 25 LPH

causas que vicien total y radicalmente dicho acto, sin posibilidad de ratificarlos o enmendarlos[36].

Tal como lo sostiene Fuenmayor García en su comentado trabajo[37] no estimamos que los propietarios puedan tener derecho a ambas vías de impugnación por nulidad, repetimos, no estamos en estos casos en presencia de actos generales ordinarios, contratos o acuerdos ordinarios, sino de decisiones y convenciones adoptadas de una manera especial por sujetos vinculados entre sí por lazos especiales y para quienes el Legislador ha proveído acciones y mecanismos especiales y específicos.

Los procedimientos específicos de impugnación de actos emanados del colectivo de los propietarios en la Propiedad Horizontal:

Destaca el comentado Art. 25 LPH. que el "recurso" deberá intentarse en el plazo de 30 días siguientes a la fecha de la asamblea.... destacando nosotros, que tal vía no es propiamente recurso, sino propiamente una acción de impugnación declarativa de nulidad, es ese y no otro el mecanismo contemplado en la Ley, en tanto lo que se peticiona no es la revisión, análisis, confirmación o revocación de una decisión previa, que sería la materia propia de recurso, sino la declaratoria ab initio de algo contrario a la Ley o que constituye abuso de derecho.

Al establecer el término para su ejercicio, nada dice la ley si se trata de días continuos o hábiles, por lo cual deberá recurrirse a lo dispuesto en torno a ello en el propio Código Civil,[38] y concluiremos debe entenderse es un plazo de días continuos, contándose a partir del día siguiente a los en que se ha verificado el acto que de lugar al lapso.

El cómputo para preservar la igualdad y principio de conocimiento de su ejecución, dependerá de la forma como se hubiere adoptado el acuerdo y si a él se le dio el proceso de custodia o registro que contempla la Ley o no, en el último de los casos, el inicio del lapso solo tendrá lugar, como debe ser, desde el momento que el interesado haya podido fehacientemente tener conocimiento del mismo[39].

Trámite del recurso. Órgano competente

De manera no perfecta impone las reglas de la materia el legislador especial, pues si bien no especifica claramente cual sea la autoridad judicial competente al referirse a la vía de acción (recurso), debe deducirse que lo sea el competente por razón de la cuantía en que se estime el asunto debatido y el territorio de ubicación del inmueble en lo que toca a competencia territorial, pero eso sí, el trámite será siempre el de Juicio breve independientemente del Tribunal a quien corresponda conocimiento del asunto[40].

Se observa que hay por lo pronto una clara diferencia con otro de los recursos judiciales que ampara la existencia de la comunidad condominial, cual es el del caso de

---

36 Arts- 1346 ss C. Civil.

37 Nota 12, supra.

38 Art. 12 Cc.

39 Aparte primero Art. 25 LPH.

40 En ese sentido en los comentarios de la obra de Lino Salis, se destaca que en la Ley española el Juez competente, lo será el que por cuantía le corresponda conocer del asunto. O. cit, p. 246.

negativa a convocatoria de ásamela, ya examinado *supra*, que si precisa es el Juez de Departamento (hoy de Municipio) el competente para dilucidar el asunto[41].

Se trata, a nuestro entender de manera clara, de un proceso contencioso, para resolver una acción de nulidad específica y especial, fundada en las solas causas de violación de los principios legales que rigen forma y contenido de las resoluciones especiales que deben adoptarse por los propietarios con ocasión del manejo y bienes comunes afectos al régimen de propiedad horizontal, o que al ser adoptadas, aun por las mayorías contempladas en la Ley, infringen o causan un daño injustificable al resto de los propietarios pues han sido en tal sentido adoptadas con abuso de derecho[42].

No tenemos duda alguna en que ese proceso es netamente de jurisdicción contenciosa, y por tanto resultará apelable.

Aun cuando pudiere imaginarse que en los supuestos en que el fundamento de la acción lo sea solo la violación de un quórum legal o del documento de condominio, y que por tanto no ameritará apertura de lapso probatorio, en los demás casos no cabe duda que deberá abrirse debate probatorio, para que con todos los medios contemplados en la Ley pueda quedan demostrado si lo resuelto es contrario a lo dispuesto en la Ley o el documento de condominio o si constituye o no un acto, que a pesar de fundarse en el derecho existente, se extralimita e injustificadamente causa un daño en el derecho de los demás.

A diferencia de lo antes expuesto no ocurre lo mismo en otros casos de impugnación o regulación de las decisiones por parte de la autoridad judicial, como se lo refirió precedentemente en este análisis[43], en tanto no hay allí intereses contradictorios sino una simple petición unilateral para que el juez provea sobre una dis-conducta de quien debe realizar un acto contemplado en la Ley (a pesar de venir obligado a convocar la asamblea, no lo hace en el tiempo y condiciones contemplados por la norma).

Así pues, que la acción de impugnación (nulidad) será una deducida bajo la forma de una demanda ordinaria, con todos los requisitos del 240 del Código de Procedimiento Civil (Cpc), cuyo fundamento de petitum lo será la infracción de las disposiciones en materia de quórum, necesidad, pertinencia y objeto de las decisiones adoptadas en el acuerdo o con la consulta.

En torno a la posibilidad de que se adopten medidas cautelares que garanticen la eficiencia de lo resuelto con miras a dilucidar un conflicto de intereses sobre bienes o derechos comunes la LPH destaca que la impugnación no suspende los acuerdos viciados, pero por igual reserva a la prudencia del Juez, y con las precauciones del caso, el que pueda decretarse una suspensión provisional, si así lo pidiere la parte.

La norma nuevamente resulta enrevesada en su redacción, y apareja hasta virtual contradicción, pues si se parte de que no debe suspenderse la ejecución de lo resuelto, ningún sentido cabe autorizar al funcionario judicial, para que con las precauciones del caso, si pueda hacerlo temporal o provisionalmente.

---

41 Art. 24 LPH.

42 Art. 25 encabezamiento LPH.

43 Art. 24 LPH.

A nuestro juicio mas bien, lo que se le destaca al Juez, es la especial prudencia que debe tener cuando por alguna causa extraordinaria considere imprudente permitir la ejecución de lo acordado por los copropietarios, siempre con miras a la irreparabilidad de un eventual daño que se ocasione a los bienes o intereses comunes, y con motivo de lo cual, al menos hasta se dicte con la premura del caso, la resolución final que dilucide el conflicto de intereses.

En España el asunto se interpreta de una manera más cónsona con la intencionalidad de las cautelas, y se concluye destacando que la suspensión si procederá cuando así lo determine la autoridad Judicial, pero en el ínterin, el acuerdo será plenamente exigible[44].

En cuanto a la legitimación pasiva, esta debe ser soportada evidentemente por la comunidad condominial, que no por los co-propietarios individuales ni el administrador o representante de la Junta de Condominio, que son simples ejecutores de los órganos de administración del condominio.

Para algunos autores, por igual, se considera que carecen de legitimidad activa aquel o aquellos condóminos que hubieren votado a favor de la medida impugnada, en tanto pareciera impertinente reconocerles potestad de accionar contra lo que ellos mismos aprobaron[45].

Se plantea por igual Salis si el Administrador del Condominio puede tener legitimación para impugnar él, el acuerdo discutido y aprobado bajo su dirección o instancia, lo cual refuta tajantemente en tanto su función como tal es cumplir con esa voluntad colectiva que representa, salvo que, en su cabeza recaiga además la condición de con-dueño, en cuyo caso y como tal, si tendría la cualidad necesaria para impugnar el acuerdo[46].

En torno a la materia vinculada a la violación de principios legales e inclusive garantías constitucionales de los sujetos integrantes de un sistema de propiedad horizontal, cabe por igual plantearse la posibilidad del ejercicio de acciones de Amparo, cuando con aquellas de alguna manera se ha infringido o se vulnera el campo de las garantías o derechos constitucionales de los individuos, y ello ha sido en efecto aceptado por nuestro órganos judiciales, e inclusive, la vulneración de derechos de la propia entidad comunal, todo claro está sin caer en los excesos que se vienen viendo en torno al ejercicio indiscriminado y sin sentido de ese especial recurso extraordinario[47].

CONCLUSIONES

Como se lo observa, es esta una materia claramente diferenciada de los supuestos ordinarios en que el legislador regula lo relacionado a comunidades, y conflictos de intereses entre condueños y copropietarios. En este caso se deben preservar principios y

---

44 Salis, O. cit, p. 246 quien cita al respecto el Art. 4 de la LPH.

45 Salis, op. cit., p. 242. Para nosotros, sin embargo, tratándose de violaciones que pueden lesionar el orden público, como todo lo que atiene al orden condominial, nada se opone a que quienes hayan apoyado el acuerdo impugnado puedan luego accionar por la violación de ley.

46 O. cit p. 247, y en igual sentido, Branca, Comentarios, p. 485 citado por Salis.

47 Al respecto vale la pena revisar entre otras las decisiones de la Sala Constitucional del Tribunal Supremo de Justicia venezolano, insertas en el tomo CCXX y CCXXI, números 215-05 y 462-05-a de la compilación Jurisprudencial de Ramírez y Garay., Ramírez & Garay, Venezuela.

situaciones que dimanan de una institución muy especial, como lo es la Propiedad Horizontal, donde deben concurrir los intereses para lograr el mejor uso y preservación de bienes y derechos comunes...

Hay en tal sentido, y como lo hemos dejado demostrado, recursos y medios propios para brindar protección a esas situaciones, no permitiéndose que se usen las vías ordinarias similares, ni que haya concurrencia de medidas o medios para ello.

Es de destacada importancia que todos los sujetos que tienen intereses en lo que atiene a los bienes y derechos comunes tengan claros cuales son sus derechos en torno a los bienes susceptibles de apropiación individual y cuales los que atañen a los bienes y derechos comunes, y cuales y de que manera se deben ejercer los remedios que establece la Ley.

BIBLIOGRAFÍA BÁSICA

Aeby, Frédéric, *La propriété des appartements, Ses aspects juridiques et practiques*, Deuxieme edition, Etablissements Emily Bruylant, 1967, Francia.

Aguilar Gorrondona, José Luis, *Derecho Civil IV, Contratos y Garantías*, 16ª Edic. Edit. UCAB, 2006.

Briceño, Rafael Ángel, *De la Propiedad Horizontal*, 2ª. Edic. Graficas, Tao, Venezuela 1996.

Fontbona, Francisco I J., *Estado Prehorizontal*, 2ª Edc. EDT. Rolandino, Argentina, 1970.

Martinez Diaz, Andrés, *La propiedad horizontal y su administración*, Segunda edición, Edit. El Profesional Ltda., Colombia, 2004.

Pittier Sucre, Emilio, *El abuso del Derecho, en Derecho de las Obligaciones del Nuevo Milenio*, Edit. Acienpol, Torino, Venezuela. p. 563 ss.

Vegas Rolando, Nicolás, *La Venta en Propiedad Horizontal*, Edit. Magón, Venezuela, 1986.

_____ *La propiedad Horizontal en Venezuela*, 2 Vols. Edit. Magón, Venezuela, 1985.

51.

CONSIDERACIONES EN TORNO A LAS MAL LLAMADAS "TERCERIZACIONES" EN LA VIGENTE LEY DE TIERRAS Y DESARROLLO AGRARIO*

I. BREVE INTRODUCCIÓN

En primer lugar debo expresar mi contento con la realización de eventos como estos, cuando como hoy y en esta patria parecen haberse perdido las perspectivas y que todos nos hayamos dispuestos a perder hasta la dignidad de ser venezolanos, renunciando a los mas justos y serios reclamos por los atropellos al Derecho a la Justicia de manera general y a nuestros patrimonios y garantías personales en lo que atañe a lo personal que resultan consecuencia de los permanentes atropellos de un gobierno aprovechador, irreverente y desvergonzado.

Que conste que esta protesta la vengo haciendo desde el inicio de este gobierno y en cuanto foro o espacio he podido comparecer, pero mas en los lugares que como Académico y como Profesor de Derecho he debido comparecer, pues no se justifica hablar de Derecho donde se mancilla impunemente la justicia y las leyes.

Pero ni he venido a politiquear ni a ganar indulgencias con escapularios ajenos, sino a disertar lo que en otras latitudes donde se respeta y venera el Derecho, la Justicia y las garantías ciudadanas se discute de cuestiones importantes para el desarrollo de los países al amparo del Derecho y la Justicia Agraria y todo lo a ello relacionado.

Ya tengo sostenido[1] que en la Ley de Tierras y Desarrollo Agrario[2] llena de novedades, fundamentalmente arbitrariedades, ha impedido el menor progreso de la verdadera protección Agroalimentaria, su cabal interpretación y aplicación, a tal extremo, que ni aún la propia Justicia torcida del régimen ha podido ignorar esos dislates, debiendo hasta declarar la nulidad de algunas de las normas del originario Decreto con Fuerza de Ley sobre dicha materia.

---

* Charla dictada por el Dr. Alberto Baumeister en las "Jornadas Agropecuarias 2011", promovidas por Agroinformática C.A., Barquisimeto, Edo. Lara, diciembre, 2011.

1 Mi Conferencia sobre el Impuesto predial en Venezuela, reproducida por Agroinformática C.A., Caracas 2007.

2 Ley de Reforma Parcial *Gaceta Oficial* (en adelante *G.O.*) Nº 5991 Extraordinaria del 29 de julio 2010 que en adelante citaremos como LTDA.

Sostenemos que tanto en el Decreto Ley reformado como en la LTDA, tal como lo hemos destacado se encuentran condensadas una serie de violaciones aún a la Constitución Nacional medio chucuta que sustituyó la del 61.

Con lo expresado dejo pues sentado mi criterio sobre los disparates políticos, jurídicos y sociales del referido instrumento legal y sus instituciones y por respeto a Uds. y para no incurrir en chambonadas como la de apartarnos de lo científico y académico para decir unas cuantas verdades sobre lo político, nos obliga a retomar el tema que se nos asignó para esta charla y nos ceñiremos pues a lo jurídico y lo académico del asunto específico y todo lo que su inadecuada regulación conlleva.

II. CONCEPTOS, OBJETIVOS DE LA REGULACIÓN DE LAS TERCERIZACIONES Y FINALIDAD DE LA INSTITUCIÓN EN LA LEY DE TIERRAS Y DESARROLLO AGRARIO

1. *Concepto de Tercerización*

Desde un punto de vista tecno jurídico de las instituciones, debe entenderse por Tercerización, la figura, modalidad sustancial o formal, de hecho o de derecho por virtud de la cual se reconoce que el contrato, relación jurídica o de hecho que surge entre personas o personas y cosas vierte entre un sujeto ajeno a aquella relación sustancial o, formal, es decir a aquella donde el sujeto real de la relación, o institución de que se trate, no es propiamente el titular o beneficiario por norma o naturaleza de la relación, sino un tercero ajeno a ella, pero que co-participa en la relación o institución o se le extienden por excepción los efectos de aquella y a quien la Ley no obstante reconoce derechos, participaciones o alguna ventaja o le impone cargas.

El concepto de Tercero o de Tercerización, no es propio ni exclusivo del Derecho Agrario y nos atrevemos a destacar que su uso en el mismo por el contrario de ser esclarecedor o útil, no resulta adecuado y lo que con el pretende lograr u obtener nuestro Legislador de Tierras y Derecho Alimentario, es la protección a todo trance del sí verdadero principio de que la tierra es y debe ser de quien eficientemente la trabaja, y ha sido dotado de la protección y amparo del Estado para así seguirlo haciendo, por encuadrar dentro de los supuestos para que le reconozca como tal aún sin tener su propiedad legítima.

2. *La Tercerización en materia de tierras y desarrollo agrario*

Lo antes expresado nos permite destacar que la tercerización agraria no es un concepto jurídico debidamente utilizado, sino usado por el legislador agrario en la LTDA para reflejar una situación proscrita en derecho agrario venezolano, que conlleva de alguna forma que el titular beneficiario de la protección agraria es sustituido en la práctica por quien no lo es, sea o no tercero. Eso es lo que además se trasluce nítidamente de nuestra Constitución, y del Artículo 7 *in fine* de la LTDA.[3]

---

[3] El latifundio así como la tercerización, son mecanismos contrarios a los valores y principios del desarrollo agrario nacional y, por tanto, contrarios al espíritu, propósito y razón de la presente Ley.

Expresamente el legislador de Tierras procuro solventar las contradicciones e inadecuado uso de la terminología al definir en el Artículo 7 aparte primero lo que debía entenderse por tercerización a los efectos de dicha Ley.[4]

III. LAS FIGURAS INDEBIDAMENTE REGULADAS COMO TERCERIZACIONES EN LA LEY DE TIERRAS Y DESARROLLO AGRARIO (LTDA)

De acuerdo a lo que venimos señalando es en primer lugar un desafuero proscribir por la vía de otorgarle la naturaleza jurídica de una tercerización a los mandatos cualesquiera que esos sean, pues en efecto, los resultados del mandato en cualquiera de sus formas, aparejara beneficios al otorgante, que no es precisamente tercero y siendo que por tanto proscribir el mandato otorgado por el verdadero titular de la protección lo protegerá a él como titular de la relación, que no a quien pretenda hacerlo por vía de aprovechamiento indirecto de la tierra

Con lo dicho se proscribe el uso de un contrato útil en materia de explotación de tierras y en cualquier otra actividad jurídica, por el desconocimiento de instituciones y sus verdaderos efectos.

Indiscutiblemente que si en lugar de esas confusiones terminológicas e inadecuado uso de claros conceptos jurídicos, se hubiera dispuesto simplemente que el uso y explotación indirecta de las tierras afectas al desarrollo agropecuario, directa o indirectamente, o a través de negocios lícitos o ilícitos simulados se reputará contrario a los valores y principios del desarrollo agrario nacional, dando así con ello verdadera protección a la realidad jurídica de las relaciones jurídicas, como en otra ramas del derecho y proscribiendo las simulaciones y velo que trata de disimular la realidad de las relaciones jurídicas subyacentes.

En adición a lo expuesto, y de no existir la norma del Art. 14 aparte primero de la misma LTDA, la actual regulación de la materia, a pesar de lo contemplado en la Disposición Décima Sexta Transitoria de la LTDA[5] pareciera negar el justo derecho de continuar ocupando legítimamente y como derecho habiente legal a ello a los terceros que de cualquier forma hayan sido tolerados por los titulares reales de ocupación, se hayan o no cumplido los requisitos formales de notificación al INTI, con lo cual se desconoce el mejor derecho como ocupante a quien real o titularamente lo ha demostrado.

---

4 Asimismo, a los efectos de la presente Ley, se entiende por tercerización, toda forma de aprovechamiento de la tierra con vocación de uso agrícola mediante el otorgamiento a un tercero del derecho de usufructo sobre ésta o el mandato de trabajarla, bien sea a través de la constitución de sociedades, arrendamientos, comodatos, cesión de derechos, medianería, aparcería, usufructo o en general, cualquier forma o negocio jurídico, oneroso o no, con los cuales el que se atribuye la propiedad de la tierra efectúa su aprovechamiento con la intermediación de un tercero o lo delega en él.

5 La Disposición Transitoria Décima Sexta de la LTDA establece: "Los ocupantes de tierras con vocación de uso agrícola que a la entrada en vigencia de la presente Ley aprovechen dicha tierra mediante cualquier forma de "tercerización", deberán notificar de tal circunstancia al Instituto Nacional de Tierras (INTI) dentro de los ciento ochenta días siguientes de la publicación de la presente Ley en la Gaceta Oficial de la República Bolivariana de Venezuela, con la finalidad que el mismo regule o inicie los procedimientos administrativos correspondientes estipulados en la presente Ley."

Y ya que estamos en esta temática vale la pena igualmente referirnos a otras nuevas instituciones y figuras aludidas en nuestro ordenamiento de Tierras, nos referimos en este caso a las cooperativas, tema que igualmente ha sido pésimamente tratado en nuestras nuevas leyes sobre la materia por el prurito político y la crítica de cuanta institución pueda tener origen en el Capitalismo.

Se le ha dado a un mal entendido cooperativismo fuera de todo control, beneficios, efectos y participaciones que no tiene ni merece, con ello, nuevamente se ha logrado por estos incapaces que dicen nos gobiernan tergiversar las cosas, amparar a una serie de individuos a procurarse beneficios que no le corresponden y burlarse de los verdaderos principios cooperativistas.

Voy a resumir en cortas líneas lo mucho malo que puede expresarse de los efectos de estos disparates. En Venezuela en lugar de haber crecido el cooperativismo, el mismo se ha reducido, en lugar de beneficiarse a los ingenuos cooperativistas principiantes, se los ha perjudicado, con la honrosa excepción por cierto de algunas cooperativas de este Estado Lara. Me remito en lo dicho inclusive a la Información Oficial sobre Cooperativismo

Pues bien, aclaremos y precisemos que una forma de tercerización de trabajos y actividades en el campo es precisamente el cooperativismo, pero el "cooperativismo ad hoc", pues las actividades realizadas bajo estas fórmulas desordenadas de trabajos en colectivo, sin adecuados controle, aplicación de los principios adecuados, no todas suelen cumplir con los principios del cooperativismo admitidos por la legislación especial[6] y suelen ser un timo para los pocos ilustrados y para la mima Nación.

IV. EFECTOS DE LAS MAL LLAMADAS TERCERIZACIONES EN LA LTDA

Con lo afirmado anteriormente, al menos en nuestro criterio el termino Tercerización utilizado en la forma y bajo los supuestos de la LTDA no resulta adecuado con todo y las aclaratorias que deja previstas dicha ley en los artículos 7 apartes primero y segundo, 14 aparte primero y Disposición Transitoria Décima Sexta para dar cobertura a toda forma de explotación indirecta de la tierra, el añadido de "esa especial condición de tercero para separar la de titularidad de la ocupación útil de la tierra", nada beneficia sino entorpece, bien por exclusión o bien por impedir uso útil y legal de ese concepto de terceros en materia de LTDA.

La presunta cobertura ampliada que se ha tratado de perseguir al calificar de "terceros" a los sujetos que físicamente ejecutan la tenencia de la tierra bajo el manto de un contrato aparente, sin ser tales titulares de la propiedad o de la ocupación o de tercerización la actividad que cumple un tercero como interpuesta persona, en la tenencia o explotación de bienes afectos por Ley al Desarrollo Agropecuario que no estén autorizados para ello por el INT dentro del lapso legalmente establecido.

De acuerdo a la citada Ley especial tal forma de la actividad es contraria ope legis a los valores y principios de desarrollo agrario nacional y por tanto son contrarios al espíritu, propósito y razón de la LTDA.[7]

---

6 Nos referimos a los estipulados en la misma LTDA, Art. 4: Cooperación, solidaridad y organizaciones para ejecutar trabajos colectivos y en los cuales no prive el lucro para algunos de sus integrantes

7 Art. 7 *in fine* LTDA.

CONCLUSIONES

1. Las denominadas tercerizaciones en la LTDA, no son propiamente efectos de que un ajeno a la relación contractual o negocial sea un verdadero tercero jurídicamente hablando.

2. No todas las formas o figuras negóciales aludidas en la LTDA, agotan los conceptos que bajo tal denominación proscribe dicha Ley.

3. Aún cuando en determinadas negociaciones vinculadas a lo agrario, y agroalimentario se utilicen los contratos o figuras jurídicas denominadas tercerizaciones por la LTDA, no se está violando la dispositiva agraria en materia de ocupaciones legítimas y protegidas por la Ley.

En todo caso es menester para calificar la tercerización, como proscrita por la LTDA, que ella conlleve y suponga aprovechamiento de la tierra con la intermediación de un tercero, o la delegación que de la misma se haga para ello a dicho sujeto, tal relación puede o no ser onerosa, sin que por ello se alteren los comentarios que dejamos formulados.

Esperamos así haber dejado cumplida la tarea que se nos impuso al asignarnos el estudio de las tercerizaciones en la LTDA, y haber satisfecho las expectativas de este ilustrado e interesado auditorio con nuestra exposición y quedo a la orden para cualquier aclaratoria.

Agradezco formalmente a Agroinformática C.A y al Lic. Mendoza su gentil invitación a este evento.

Quiera Dios que el venidero año la situación económica y política del país sea mas propicia y tengamos una útil y prospera recuperación en todas las actividades, pero especialmente en la agro productiva.

52.

PRINCIPIOS Y PILARES FUNDAMENTALES DEL DERECHO AGROALIMENTARIO SEGÚN LA CN 1999 Y LA LEY DE TIERRAS Y DESARROLLO AGRARIO 2005*

I. EL NUEVO PANORAMA AGROALIMENTARIO. LOS LINEAMIENTOS CONSTITUCIONALES

Con la promulgación de la Constitución Nacional[1] a nuestro modo de ver se produjeron cambios en la filosofía general del país que se pretendía construir con base a la nueva ideología de lo que ha dado en llamarse la revolución, o la Quinta República, que, para nosotros, fundamentalmente consiste en la voluntad declarada y la ejecución de directrices y cambios que han procurado diferenciar la gestión de gobierno de la democracia que venía ejerciéndose en Venezuela en los últimos 20 años, de la que se pretende ahora como modelo de un nuevo país, o como la han querido llamar quienes la sustentan y propagan una suerte de modelo de QUINTA REPUBLICA.

Opinamos que ello no es un nuevo concepto de democracia ni de gobierno, sino un franco derrotero hacia un marxismo militarizado, medio disfrazado, con toques de maoísmo, coloreado de un fidelismo (marxismo al estilo cuba) y donde lamentablemente es mas la forma y el espaviento que se levanta alardeando lo que se dice se hará por el pueblo que lo realmente desde un punto de vista de organización y sistema se hace para cambiarlo.

De esos cambios por supuesto que no podía quedar al margen lo relacionado con la economía agraria, producción del campo, y manejo de las clases campesinas. No somos de los que pensamos que en Venezuela a la fecha de la CN existía un grave problema de presiones campesinas, ni reivindicaciones pendientes para con una clase desposeída y olvidada.

En efecto en Venezuela se cumplió en los gobiernos de la que tendremos que llamar Cuarta República, un proyecto mal que bien ejecutado de Reforma Agraria, de lucha contra el latifundismo, de ubicación en el campo de fuerzas campesinas –pseudo productoras– y de asentamientos poblacionales mejorados de gente dedicada al campo.

El proyecto no fue una panacea, ni estimamos culminó efectivamente con todos los resultados que de él se esperaban, entre otros, realmente las vías para mejorar la clase

---

* Conferencia dictada en el ámbito de los eventos preparados por la promoción de Abogados de la Universidad de Carabobo 2005 sobre el tópico Derecho Social, Valencia 30 de junio del 2005.

1 Gaceta Oficial (lac) en lo sucesivo CN.

campesina, y para ello la comercialización y distribución de los productos agrarios, el régimen de explotaciones colectivas de alguna manera propiciados por la normativa vigente, el adecuado manejo de las aguas, el catastro rural efectivo, y la mejora económica de esa clase productora.

Todo ello se cumplió bajo los lineamientos de la Ley de Reforma Agraria de 1960, instrumento normativo que contó con el apoyo de la mayoría de las clases políticas y al menos con el interés de grandes sectores sociales, incluyendo la iglesia, partidos políticos y dirigencia campesina.

Ese proceso a nuestro modo de ver, repetimos quedó inconcluso, pues en efecto los últimos años de la IV República (IV R) se bajó la guardia, no se siguieron planes, no se continuaron fases de procesos de agro industria, educación ni crédito para el campo.

Si había pues la necesidad de atender dicho sector y de procurar corregir problemas delicados que venían presentándose en la práctica: Abandono de las tierras productivas, cambios de destino de la propiedad no controlados, fracaso de los asentamientos y programas colectivos, falta de políticas de mercadeo y apoyo comercial al productor, almacenamientos y silos, consolidación final de la propiedad, descontrol en las dotaciones, etc.

Entre las leyes habilitantes del nuevo gobierno, cuantioso grupo de leyes de destacada importancia social, económica y política, que fueron autorizadas por vía de delegación para que las atendiera y dictara directamente el Ejecutivo Nacional se encontraba por supuesto la de materia Agraria, sobre la cual además en la Constituyente y con la Constitución se anunciaron cambios de trascendencia.

En efecto, en la Constitución se proclama en torno al sistema socio económico de la Nación, que es la agricultura una de las bases estratégicas de un desarrollo rural sustentable, término este que como lo endógeno, lo de la defensa de nuestra riqueza petrolera, entre otros, tuvieron carta de nacionalidad con la nueva CN, pero que son y quedan como conceptos vacuos, sin definición ni proyección concreta.

Se dijo durante mucho tiempo, al inicio de este gobierno, que no habían arrancado sus cambios estructurales, por falta de la normativa legal adecuada, por imposibilidad de que el cuerpo Legislativo ordinario, colegiado, lento y politiquero no podría llevar a cabo tales cambios y con ello se dictó la Ley Habilitante, y en ella, entre otras regulaciones se estableció la de Tierras y Desarrollo Agrario.

Pero ese cambio socio económico no sólo se fundaba en la transformación del desarrollo rural sustentable, sino que con el se procuraba y debía instarse también la transformación humana y social de la población[2] y se le endilga además ser la garantía de la seguridad AGROALIMENTARIA, medio de desarrollo social, elevación de la calidad de vida de la población campesina, entre otros objetivos.

Con ello, según se lo destaca en la EM, se procura la búsqueda final del Estado democrático y social de Derecho y de Justicia, por igual concepto etéreo, contradictorio con el sistema de Estado de Derecho, que no obstante por igual se lo proclama constitucionalmente, conforme al cual según se lo expresa en dicho instrumento, se persigue a diferencia de los Estado liberales, que la tierra y la propiedad no sean privilegio

---

2 Exposición de Motivos del Decreto con Fuerza de Ley de Tierras y Desarrollo Agrario, GO RBV 37323 del 13-11-2001, en adelante EM.

de pocos, sino que están al servicio de toda la población, dentro de los valores de solidaridad e igualdad de oportunidades.

Precisamente como contrario a dicho sistema se contrapone todo sistema que reconozca, aupé o de alguna manera cohoneste EL LATIFUNDIO, EXPRESAMENTE PROSCRITO en la CN.

Para todo ello, concluye la EM, el nuevo Estado tomará todas las medidas de orden financiero, comercial, de transferencia tecnológica, transferencia de tierras, cambios de infraestructura, capacitación de mano de obra para asegurar el desarrollo del sector Agrario. (307 CN).

II. PRINCIPIOS FUNDAMENTALES DE DERECHO AGRARIO

1. Lucha efectiva contra latifundio. (Régimen contrario a la justicia, al interés general, a la paz social en el campo).

2. Nuevo marco legal para la protección de la biodiversidad y el ambiente para su preservación a futuras generaciones.

3. Efectiva protección a lo AGROALIMENTARIO, como vía para garantizar de manera efectiva y eficiente la demanda alimentaria de la población, liberándonos de yugos de importación con el extranjero.

4. Para el logro efectivo afectación del uso de todas las tierras públicas o privadas con vocación para el desarrollo agroalimentario (no como gravamen a las tierras, sino planificación y ubicación del uso, dentro de un plan preconcebido con marco jurídico diferente al común (como limitación o restricción a los principios propios de la propiedad) con miras al interés general (115 CN). De allí especial papel al estudio y normación del uso de las tierras con vocación agraria.

Encargado de su ejecución el INTI, quien lleva a cabo catastro, declaración de ociosidad y certificación de la condición del fundo (mejorable, productivo) y tiene a su cargo expropiaciones y rescate e intervención preventiva de las ociosas e improductivas,

5. Incorporación del campesino al proceso productivo del país, mediante establecimiento de políticas de producción adecuadas (coordinación en sistemas productivos: fundos colectivos, para mayor eficiencia productiva, que marchen al lado de los individuales, debidamente estructurados, para lo cual se crean incentivos en la Ley.

A cargo de Corporación Venezolana Agraria, desarrolla, coordina y supervisa actividades empresariales del Estado para el desarrollo agropecuario. (Creaciones de holdings, etc).

En la parte de desarrollo humano, el Instituto Nacional de Desarrollo Rural (desarrollo integral del sector infraestructura, capacitación y extensión).

6. Protección de la Ley a quienes se dediquen efectivamente a la labor agro productiva regularizada, haciéndolos sujetos de dotación, adjudicaciones, apoyo técnico y beneficiarios de los créditos especiales del sector agropecuario.

7. Dada la persecución del fin útil de la tierra, con base a su eventual productividad, el contenido del Derecho de Propiedad clásico (*ius utendi, fruendi* y *abutendi*) se condicionan al efectivo cumplimiento de la función social, cuyo nuevo parámetro es la PRODUCTIVIDAD AGRARIA.

Con ello se establecen tres categorías de fundos, tierras ociosas o incultas, finca mejorable y finca productiva, Las primeras son sujeto de tributo especial, y susceptibles de expropiación, que mas que castigo lo que procura es estímulo para convertirlas en productivas. Las mejorables que instan al propietario a que las conviertas en útiles y productivas dentro de plazo razonable.

8. Proceso de regularización de las tierras. Tiene como base las tierras del Estado y propiedad de particulares improductivas, para quienes sean productos y demuestren tener capacidad para transformar las tierras en entes productivos.

9. Nuevo concepto de propiedad: Concede derecho de explotación percibir frutos, y trasmitirla a sucesores del adjudicatario (Derecho Propiedad) limitado en sus efectos, problema con comercialidad y soporte de garantía para producción, derecho *sui géneris* que no permite enajenarlas, pero que mientras san productivo, impide al Estado la revocatoria de las adjudicaciones.

Nuevos principios regulan sistemas de producción COLECTIVISMO COOPERATIVISMO (Art 4).

Las actividades auxiliares y fundamentales para el desarrollo: transporte, recolección, mecanización, etc., bajo SISTEMA AUTOGESTIÓN Y COGESTIÓN (Art. 5).

A cargo local (Estados y Municipios) acopio, almacenamiento y mercadeo (Art. 6)

10. Para garantizar la disponibilidad de tierras, se contempla procedimiento de rescate de tierras del Edo en manos de terceros.

11. Se crea el Impuesto predial cuya base impositiva viene vinculado a la no productividad del suelo (307 CN)

12. Reorganización funcional interna (Inst. Corporación Agraria y Inst. Des. Rural).

13. Establecimiento de una nueva normativa adjetiva que garantice y propicie efectividad de los cambios sustantivos, con toda la creación de un sistema de justicia especial agraria, ss proceso, jurisdicción y regulación del contencioso Administrativo. Agrario, adaptado a la CN (257) con los nuevos caracteres de la justicia propiciada en aquella (oralidad, simplicidad, gratuidad, etc).

14. Un nuevo sistema de publicidad para lo agrario la GACETA OFICIAL AGRARIA. Como lo sabemos, luego de haber sido impugnado tanto el proceso de delegación como los alcances de la misma, una de las Leyes delatadas de inconstitucionalidad, a nuestro modo de ver, indebidamente promovidos dichos procesos, con absoluta falta de solidaridad por parte de la clase productora, propietaria, gremio jurídico, y económico, fue precisamente la LTDA, provocando que la SC TSJ declarará la nulidad de algunas de sus disposiciones, en especiales las relacionadas con el régimen de afectación inmediata de fundos incultos y régimen de protección de la propiedad de ocupantes y productores.

Ante un escarceo sin fundamento alguno, que para nosotros no tuvo otro fin que apagar la grave situación política de seguridad y soberanía interna, se usó azuzar la invasión y toma de fincas, con el grave problema de que se lo propició inclusive por parte de entes gubernamentales (los célebres DECRETOS ZAMORANOS) y resultado de lo cual, fue una campaña inmediata dirigida a la Asamblea Nacional para producir los cambios *ad hoc,* no estudiados, ni razonados, produciéndose la reforma del DL a LTDA (GO 5771 Extraordinaria 180505) que consta de 29 artículos que iremos comentando, desarticulados y que deja mucho que desear para la importancia y trascendencia de dicho instrumento legal.

Los cambios en las ideas estructurales y filosofía no fueron alterados, y de allí que analizaremos, de entre los principios y bases fundamentales del nuevo Desarrollo Agrario, cuáles son los principales y como fueron afectados por la nueva regulación del 2005.

III. CONCEPTO DE TIERRAS AFECTAS AL DESARROLLO AGRARIO

Como se lo señaló, en esta materia hay importante cambio de concepto, la tierra agro productivo tiene un fin especialmente claro: la posible producción agroalimentaria, y con ello se imbuye de un matiz de utilidad pública. En primer lugar, su USO QUEDA CONDICIONADO y de allí se establece un régimen especial para las tierras propiedad del INTI, las de la República en dominio privado, las de BALDÍOS en poder de la Nación, las de BALDÍOS en poder de Estados y Municipios y las TIERRAS PRIVADAS (Art. 2).

Para tales fines el Estado asume realización de estudios y planes que faciliten el desarrollo humano y crecimiento económico (Art. 3) bajo las bases de igualdad de desarrollo. Planificación y poligonales especiales (Art. 21). Esta norma insólitamente fue eliminada en la reforma de la LTDA (Art. 5 Ltda.).

Protección de la actividad, independiente de ubicación y destinos legales (Art. 23) insólitamente se elimina este artículo en la reforma (Art. 6 LTDA).

Lo mas destacado, es que la función agroalimentaria y su seguridad tiene como base el sometimiento de las actividades de los particulares y productores, a las necesidades de producción de rubros alimentarios conforme planes de seguridad agroalimentarias fijados por el Ejecutivo Nacional (núm. 5° Art. 2).

CONCLUSIÓN

El mismo legislador fija los principios de ejecución de los órganos (Art. 24) SEGURIDAD AGROALIMENTARIA, UTILIDAD PUBLICA Y FUNCIÓN SOCIAL DE LA TIERRA, RESPECTO PROPIEDAD PRIVADA, PROMOCIÓN, PROTECCIÓN DE LA FUNCIÓN SOCIAL DE LA PRODUCCIÓN NACIONAL, PROMOCIÓN DE INDEPENDENCIA SOBERANA AGROALIMENTARIA DE LA NACIÓN Y USO RACIONAL DE LA TIERRA Y RECURSOS NATURALES Y BIODIVERSIDAD.

También la normativa fija derroteros y conductas al Poder Judicial (25) determinando que priva principio de la realidad jurídico-agraria. Las normas agrarias privan sobre las formas y estructuras.

V. LA PROPIEDAD AGRARIA EN LA NUEVA LTDA. COMENTARIOS GENERALES PRINCIPIOS EN LA MATERIA

Para Duque no existe en verdad una "propiedad agraria diferente a la ordinaria civil y constitucionalmente protegida y consagrada" se trata sí de un tratamiento especial que se da a ese derecho a la relación hombre tierra agraria, que supone una serie de principios y condicionantes, que parte de su función social y el destino que fija el legislador a la misma para dar cumplimiento a los cometidos de la RA. Otros autores opinan en forma diversa (Venturini).

Lo que si resulta cierto es que la propiedad agraria no comporta un concepto idéntico del *ius utendi* y *fruendi* que el ordinario, el propietario de fundos agrícolas está obligado esta obligado a usarla, directa, eficiente y racionalmente so pena de que su derecho ceda ante el interés social.

Lo que si pareciere existir claramente es un régimen especial de la tenencia de las tierras inclusive privadas y se crea un régimen de protección a ese sistema, siempre y cuando la vocación de las mismas sea rural, en efecto se cumpla el uso social y fin de producción efectiva y por ello más bien se crea un sistema de protección especial de la posesión ejercida con fines agrarios de tierras rurales. Todo lo dicho por supuesto afecta por igual a las tierras públicas y de allí que también se regule el uso de Baldíos y Ejidos y se haga excepción al ordenamiento general vigente.

El quid del asunto está para nosotros en los fines mismos que persigue el régimen de la reforma agraria en Venezuela. Esto es, convertirla en un instrumento de desarrollo, en beneficio para el cambio y mejoramiento social del sujeto pequeño y mediano productor, como una vía justa de lograr la productividad, sustento de esos sujetos y una vía de promoción de la actividad productiva, de tal manera de ejecutar los fines mismos contemplados en el artículo 1 de la LRA, y con lo cual se convierte ese sistema de protección en un derecho garantía, esto es el derecho de que quid esté laborando útilmente la tierra tiene derecho a permanecer en ella, con lo cual se logra el efecto de un sistema justo de propiedad, tenencia y explotación.

Tal derecho no se agota, en el simple principio de que no deben propiciarse o debe protegerse mejor dicho no solo el no desalojo, sino que con ello debe irse más allá, procurarse la conversión en mejor tenencia de la simple ocupación del productor agropecuario.

Ese derecho de permanencia tiene diversas manifestaciones en la Ley esta se ocupa de señalar en cuales casos procede, que autoridad lo confiere y que efectos produce, todo ello reglado, y no para que sea ejercido *ad libitum.*

El mismo además tiene diversos modos de manifestación, pero todos los cuales deben estar encaminados siempre a un mismo propósito, esto es, el de proteger la finalidad misma de dicho derecho: Consolidar la propiedad del ocupante útil.

Así los Art. 148 y 149 son manifestaciones de dicho derecho, esto es, evitar el desalojo.

En el caso de que sea el propietario del fundo quien pida el desalojo de sus arrendatarios o pequeños y medianos productores, debe seguir el procedimiento establecido en la Ley para obtener la autorización de desalojo del IAN, sin importar el motivo de la desocupación o petición de desalojo. Se equipara a tal situación la contemplada en la Ley con actos de desalojo indirecto (149), que por igual aparejan la protección del 148 y a la afectación y dotación respectiva (68 LRA) por ello Duque sostiene la nulidad del 208 del Regto de I LRA lo cual conformó luego el 31 LOTPAG.

Pero en adición y por respeto de los principios constitucionales vigentes al acordarse tales derechos procede por igual la expropiación o satisfacción del derecho del propietario titular, pues de lo contrario ello sería una confiscación.

VI. EL LATIFUNDIO Y SU RÉGIMEN

Inclusive La CN se declara contra el régimen de Latifundio. En la LRTDA (Art. 7), se lo define como aquella tenencia de tierras (ojo va mas allá de la propiedad a la simple relación de posesión) ociosas o incultas, en extensiones mayores al promedio de ocupación del régimen en la cual se encuentran ubicadas, en el marco de un régimen contrario a la solidaridad social.

Pero la nueva norma, añade seguidamente a ese aparente concepto jaco indeterminado, que se determinare la existencia de los mismos, cuando señala su vocación de uso y extensión (es decir, da idea de que previamente será menester tener catalogadas y medidas las tierras, adecuadamente para un uso determinado) y que dentro de esa catalogación el rendimiento de producción de las mismas sea menor al 80% de los parámetros establecidos. Dicho rendimiento según lo determina la nueva norma se determinará conforme lo establece el Titulo III de la LRTDA, ARTS. 97 ss, en particular lo determinado en el 104.

La determinación es un acto administrativo agrario, susceptible por tanto de su regulación por los principios propios del D. Agrario y Admin. razonabilidad, igualdad y generalidad.

Serios cuestionamientos derivan de la aplicación y alcance de las normas de regulación, tales como en supuestos de tierras con varios usos, y cuando no tengan fijados los usos por el Gobierno 105/107.

GARANTÍA DE INCORPORACIÓN DEL CAMPESINO PRODUCTOR, A TRAVÉS DE ESTABLECIMIENTO DE POLÍTICAS E INSTITUCIONES ADECUADAS A LA PRODUCCIÓN, ADJUDICACIÓN Y ESTRUCTURACIÓN DE FUNDOS Y BIENES COOPERAN CON EL DESARROLLO (B MUEBLES, EQUIPOS, INSTALACIONES, SEMOVIENTES) Arts. 8, 15, 12, 14 y 17.

POSESIÓN, PERMANENCIA Y PROTECCIÓN AGRARIA A LOS SIGNOS APARENTES DE AGRO PRODUCCIÓN.

LA OCUPACIÓN Y TENENCIA: Dentro de la especialidad del Dag por supuesto debe analizarse la situación de la mera relación de hecho ente sujeto y tierra bien sea que ésta provenga de un vínculo obligacional o no, simples ocupantes de tierras ajenas pero que las trabajan. Pero esta ocupación es diferente a la ordinaria, por lo pronto no es menester que se la tenga con ánimo de apropiarla, que si es requisito en la civil ordinaria, ni es por tanto medio de adquisición originaria de la propiedad, sino que en agrario es convertir al sujeto en beneficiario del Derecho de permanencia y en potencial dotatario (2 y 68 LRA) y sus requisitos son diferentes en efecto no debe tener tierras propias, debe trabajar efectivamente tierras ajenas, que lo haya hecho por más de un año sin obligaciones para con el dueño, y que sea su ocupación principal.

VII. LA POSESIÓN AGRARIA

Podemos decir que este es el concepto fundamental en D. Agrario, pues recordemos que su finalidad última es la de proteger la relación del sujeto al bien tierra productiva y a la labor efectiva económica de producción en la tierra, más que de la posesión Ordinaria se debe referir a la relación de tenencia coloreada por los aspectos de efectiva tenencia y destino productivo de la cosa poseída y la condición rústica del bien poseído, mientras el detentador agrario es un poseedor, el civil es un sub poseedor.

Hay una verdadera simbiosis entre producción - posesión material y jurídica y derecho de protección al productor (permanencia, crédito, asistencia (Art. 17) que se extiende a los explotados indirectos (18) y a quienes desarrollen explotación tradicional conuquera (19/20).

VIII. DERECHO DE PERMANENCIA ADMINISTRATIVO:

Es un acto de la administración agraria (INTI), no precisa si es de Directorio o sector delegado, cuyo objeto especifico son las tierras con vocación agraria (Art. 2) por tanto públicas o privadas, para nosotros, supone previa determinación de sus usos y potencial agro productivo, a pesar de haberse eliminado sin sentido alguno el Art. 21 Ltda de lo cual pueda deducirse de manera clara y terminante la vocación productiva agraria.

El acto QUE DECLARE, NIEGUE O REVOQUE, causa Estado y abre la vía contencioso administrativo ante Tribunales Superiores competentes por la ubicación de las tierras, en el plazo de 30 días siguientes (SUPONEMOS DESDE SU NOTIFICACIÓN, PUES NADA DICE LA NORMA (PARAG PRO. Art 17 Lrtda).

EFECTOS DEL AUTO: SUSPENDE CUALQUIER PROCESO JUDICIAL O DE HECHO DE DESALOJO, no indica por cuanto tiempo ni para que objeto, (Parag 2 Art 17 ltda.). Basta el auto de simple proceder o el definitivo que lo declara.

Declarada la permanencia, el desalojo queda sujeto a trámite administrativo ante Inti por un proceso inexistente, pues la remisión al numeral 4 es inútil. En el fondo parece remitir al proceso Ordinario contemplado en la Ley Procedimiento Administrativo. Nada determina en torno que ocurre si se deniega la desocupación (congelación?) Puede plantearse lugar al amparo constitucional o a nueva impugnación por inconstitucional.

La norma del Arte 18 de la reforma, sólo quitó el supuesto de la llamada INTERVENCIÓN, y consagra el derecho de permanencia mientras se tramita el rescate o la expropiación y mientras no se haga reubicación o adjudicación en tierras iguales o de mejores condiciones.

Nota indirectamente por haber sido suprimido en la reforma el Art. 39 se eliminó el llamado derecho de intervención. Pero por igual el Inti, puede disponer, arbitrariamente de una expropiación

IX. CONCLUSIÓN

La reforma es peligrosa, atenta contra el Derecho de Propiedad, crea inseguridad jurídica, en tanto los propietarios ni ocupantes saben a que atenerse en cuanto a que tiene y que no tiene vocación agraria o agroalimentaria, ni como se lo determina...

Para nosotros:

Que haya sido inventariado por Inti (27 Lrtda).

Que haya sido declarado como tal en planes de transformación en productivas de tierras (Art. 34 Lrtda).

Crea obligación vacua (28) pues no se sabe quienes están en tierras con vocación de uso agrario

X. JUSTICIA Y UN PROCESO AGRARIO AD HOC

Partamos de la afirmación de que el Proceso, al igual que la Jurisdicción, son uno solo, lo que ocurre es que en aquél, determinados actos y formas de llevar adelante la labor jurisdiccional, atendiendo a la materia específica que se debata en el conflicto de intereses, reviste ciertas modalidades propias que adecúan mejor el acontecer jurisdiccional para lograr una más eficaz justicia.

Es ese el caso del DA, el cual demanda unas formas de trámite y acontecer procesal específico, acorde a la especial situación de la actividad agrícola, que garantice la igualdad, se conforme con la realidad social de esa actividad y de sus sujetos y a la obtención de los fines propios de ese Derecho.

Como lo sostiene Bittencourt, J. Paulo (*Justicia agraria e Proceso Agrario*, 1975, citado por Duque, *Derecho Procesal Agrario,* Edi. Jurve, Vzla, 1986), "No basta una justicia agraria, sino también un proceso agrario. Un proceso más ágil, más simple y lo menos formal posible, con sistemas de pruebas y de criterios de apreciación de dichos medios de prueba que den al Juez un papel más activo, dinámico sensible."

La orientación hacia esos fines, la dan los principios Adjetivos del D. Proc. Agrario, esto es, los postulados que pretenden garantizar la eficacia de las normas jurídicas agrarias, y los cuales entre otros, Duque (*opus cit*) destaca son los siguientes:

1-Gratuidad del proceso, 2- No formalidad y oralidad, 3- Concentración y brevedad, 4- Inmediación, 5- Aplicación de la sana crítica en la apreciación de las pruebas y 6- el principio de actuación de oficio del juez, los que considera dicho autor regulados en la Lopag.

Especial mención merece el tema de gratuidad de la justicia agraria, que viene directamente vinculado al de debida Asistencia Jurídica gratuita la Lotpa contemplaba este beneficio expresamente para los beneficiarios de la Rf agr a tít. gratuito, a través de un servicio especial de la Procurad Agraria, cuyos miembros deben asistir, asesorar y representar a esos beneficiarios calificados, a las comunidades indígenas y a los pequeños pescadores (31,36 y 37 Lotpag).

Nada contempla la Ley para el último de los beneficios que supone la gratuidad del proc. agra ahora claramente expresados como postulados en la Lrda., Esto es la normativa del beneficio de pobreza, la cual estima Duque no se regula por la que se contempla en la LotpT, en tanto que si bien en ella se establece un procedimiento especial lo es solo para los asalariados, no pudiendo dársele interpretación general o analógica, por lo tanto debe regularse y plantearse por la vía de la normativa del cpc ordinario.

XI. NO FORMALIDAD Y ORALIDAD:

Lo dicho nos ha llevado a sostener que por igual las reposiciones procesales deben ser la excepc. y no resultado de los principios ordinarios procesales. Por ello con sumo cuidado deben aplicarse las normas del Art. De la comentada Lotpag, al disponer que cuando no se hayan aplicado las disposiciones del proceso espec. Agrario, el juicio se repondrá, por ello mismo cuando ocurre tal situación la reposición debe prosperar solo como excepción para dejar cubiertos los derechos de los débiles jurídicos si de alguna manera se han visto mermados o restringidos, no por ejemplo el que se hayan cumplido en lapsos o términos diferentes.

Para lograr mejor esa a-formalidad, por igual se dice que debe predominar en el juicio agrario la oralidad, que también facilita la inmediatez y celeridad deseables.,

También de acuerdo a su normativa cabe destacar que puede actuar directamente la parte o sujeto agrario, sin asistencia de abogado en ese y para ese solo acto, no para los demás a los cuales se aplicarán las disposiciones ordinarias de la Ley de Abogado(4), con la advertencia de que ello en todo caso no impedirá la continuación del proceso, sino que al Juez quedan dos caminos, o designa un defensor o asistente especial, lo cual supondrá un diferimiento en la contestación de la demanda para 5 día, o bien opta por convocar al proceso al Procurador de la Circunscripción (36 Lotpag) en cuyo caso por igual se diferirá el acto de contestación en la misma forma indicada.

En algunos sistemas (peruano) la oralidad si ha obtenido consagración específica en el P.- agrario, donde solo la excepción justifica actuaciones escritas.

XII. PRINCIPIO DE CONCENTRACIÓN Y BREVEDAD

Para lograr la debida eficacia del proceso agrario. El mismo debe ser realizado en la menor cantidad de actuaciones y en el menor término posible, por ello la abreviación de los términos y la suspensión de algunos actos que se cumplían en el anterior proc. Civil

Lo deseable es como ahora ocurre, que lo agrario tenga un proceso propio, absoluta inmediación y mayor control del Juez en el proceso en atención a la materia, a los fines y a los sujetos hiposuficientes.

En adición el Art. 12 cpc le impone decisión solo cuando hay plena prueba y solo caso duda favorece al demandado y al poseedor (cpc).

XIII. PODER INQUISITIVO ATENUADO (QUE CONSIDERAMOS MAS APROPIADO QUE EL DE QUE TIENE "ACTUACIÓN DE OFICIO"

Este principio que deroga parcialmente el DE IMPULSO POR LAS PARTES se manifiesta en varias facultades concedidas al J Agr.

Indisponibilidad del proceso agrario (Control de conciliación y 5 y 4 LOTPA) Ello ha sido criticado y sostienen sus detractores atenta contra c. juzgada, en tanto que en todo caso, la normativa civil 1395 deja protegidos los derechos de terceros (beneficio o no de la LRA).

Poderes probatorios, solo ad aclarandum, aún cuando se le extienden sus facultades a una verdadera potestad de promoción, pero solo en el período probatorio y en el de autos para m. proveer, también para aligerar, acortar, terminar actos de pruebas, prorroga de lapsos, solicitar informes y dictámenes (artic. 7 lotpa y 70 Lotpt), normas especiales sobre experticias con un solo experto (celeridad, beneficio de líos costras del proceso, con la sola excepción de la materia exprop. Donde se deben aplicar las normas propias (34 Lexp y 36 LRA).

Mas tales poderes no pueden ejercerlos contra los principios de que solo pueden decidir sobre lo alegado por las partes y por ella probado, ni pueden suplir alegatos y defensas (7 lotpag).

Todo lo dicho no debe confundirse tampoco con pretermitir el deber de velar por el orden público agrario (in admisión demandas desalojo sin autorización, dejar de aplicar las normas especiales de mejoras y cláusulas opción de compra, control de transacción, etc. violación de fin social de la propiedad, agraria (control de contratos simulados, etc.)

PODER CONSERVATIVO GENERAL DEL INTERÉS AGRARIO: Protección de la producción agraria colectiva, interés de las colectividades y de los RNR (Art. 8 Lotpag) que son de carácter conservativos, no propiamente cautelares, operan de oficio, son provisorias, suponen el proceso instaurado, requieren prueba de la lesión al interés general, son revocables si cesa el motivo, contra ellas solo cabe apelación que no oposición pues no debate el motivo con vista a derecho de las partes sino la existencia de los supuestos de Ley, y no pueden anticipar el fin mismo del proceso.

OCTAVA PARTE

DERECHO MERCANTIL

53.

EL RÉGIMEN DE RESPONSABILIDAD DE LOS ADMINISTRADORES DE LAS SOCIEDADES ANÓNIMAS DE VENEZUELA*

Como todos conocemos, las sociedades anónimas son personas jurídicas a quienes la Ley reconoce personalidad jurídica propia, distinta a la de los sujetos que la integran y que se incorporan en la vida civil y mercantil de la sociedad a través de la ejecución de distintas clases de actos. Aquéllas no tienen voluntad propia, se manifiestan a la vida jurídica a través de la voluntad de sus "administradores".

Esos administradores, que pueden ser una o más personas (en este último caso denominados Junta Directiva, Consejo de Administración, etc.), al actuar por ellas, bien sea mediante un acto simple de voluntad cuando son unipersonales o mediante un acto complejo o unión de voluntades, cuando se trata de más de un administrador, al actuar por la sociedad o al no actuar por ésta cuando deben hacerlo, asumen responsabilidad por cuenta de la sociedad, cuando ejecutan sus actos dentro de los límites que le fija el documento constitutivo o los Estatutos de la compañía y entonces es el patrimonio social el que queda comprometido por esos actos o bien por su conducta omisiva, esto es, por no ejecutar lo que deben y cuando deben, responden también ante la sociedad por los daños que pueden causar en el ejercicio de sus funciones. Debe observarse que en ese no actuar oportuna y adecuadamente, generan también responsabilidad, inclusive ya no frente a la sociedad como ente, sino también ante los propios socios individuales que la integran.

Cabe preguntarse ahora cuáles son los límites de actuación del administrador, esto es, cuáles son sus deberes frente a la sociedad y los terceros para entenderse que en el primer caso actúan adecuando su conducta a las normas que regulan su actuación y cuando puede decirse que han omitido realizar actos a los cuales estaban legalmente obligados.

Durante algún tiempo se sostuvo que al haber utilizado como modelo nuestro Legislador del Código de Comercio el de la legislación italiana de 1882, que acogía la tesis

---

* Trabajo publicado en *Revista Actualidad Jurídica Empresarial*, Nos 4-5 y 6, julio-diciembre 1989, Editorial Cotesa, Caracas. pp. 47-50 y se puede ubicar en Academia de Ciencias Políticas y Sociales. Biblioteca Andrés Aguilar Mawdsley, Ulpiano.

del mandato, los límites de la gestión de los administradores estaban precisados por el documento constitutivo y los Estatutos Sociales, esto es, estaban obligados a hacer todo, pero sólo aquello contemplado expresamente en los documentos sociales de la compañía. Pronto se llegó a la convicción que resultaba imposible en la práctica y aun en un modelo teórico, producir un documento que previera todos los supuestos bajo los cuales debía actuar o ceñir su conducta el administrador.

Esta situación planteó una serie de posiciones doctrinarias que procuraron resolver el problema, sosteniendo algunos autores que era cometido propio de la gestión de los administradores, la ejecución de todo acto que no estuviera expresamente prohibido en la ley o los documentos sociales; mientras que otros, sostenían como correcta la interpretación que entendía facultados a aquéllos para realizar genéricamente todas las operaciones que comprendiera el objeto social.

El profesor Roberto Goldschmidt, con motivo de la promulgación de la reforma del Código de Comercio de 1955, hizo la invitación a que se analizara la situación a la luz del artículo 325 del Código de Comercio, relativo a las sociedades de responsabilidad limitada, tipo de sociedad ésta que encontró regulación a partir de ese año en nuestra legislación, y según el cual las facultades de los administradores debían entenderse enmarcadas en la ejecución de todos los actos de administración que abarcan el objeto de la compañía y dejando excluidos todos los que limitaba el documento social.

En otras palabras, se entendía que el administrador de las sociedades actuaba dentro de los límites de sus funciones, cuando ejecutaba cualesquiera clase de actos que estuvieran comprendidos en el fin mismo que persigue la sociedad (su objeto), siempre y cuando, a la vez, esa actuación no estuviera expresamente proscrita o prohibida, en el documento constitutivo estatutario.

El criterio anterior también encontró sus obstáculos, pues no escapará a ninguno lo difícil que resultaba encontrar el contenido de una obligación "indeterminada" y por ello se acudió a otro concepto de moda en la doctrina mercantil, esto es, a los criterios llamados de los "estándares jurídicos", pretendiendo justificarse con ello que la conducta de los administradores debía ceñirse a "la debida diligencia" o al del especial "interés social" que debía tener como fin todo acto propio de la obligación de administrar.

Por lo expuesto, y cuando menos hasta la reforma de nuestro Código de Comercio de 1955, en nuestro país, para juzgar la conducta de un administrador frente a los terceros, frente a la sociedad y ante sus socios, debió ocurrirse para juzgar esa "diligencia, prudencia, negligencia o impericia", de los susodichos administradores, al concepto estándar jurídico que tenía reconocimiento en nuestra legislación civil, esto es, el de que tal conducta debía ser la que hubiera adoptado "el buen padre de familia", esto es, la de un hombre prudente, sensato, promedio, lo cual por lo demás se entenderá diluye en mucho esa responsabilidad de los administradores de las sociedades y ha dificultado en la práctica grandemente el que adecuadamente se le exija y se haya obtenido en nuestra experiencia juridial, el apropiado juzgamiento a la conducta de algunos administradores de empresas en casos donde evidentemente ha estado comprometida su responsabilidad y se han causado serios perjuicios bien a la sociedad, bien a los terceros, bien a sus accionistas.

Cabe preguntarse ahora: ¿qué sistemas se han escogido en legislaciones extranjeras para regular este problema de la responsabilidad de los administradores?

Al respecto debe comentarse que las legislaciones modernas han venido precisando como un concepto propio del derecho societario, una noción amplia que permita juzgar la conducta de los administradores cuando actúan por la sociedad y han creado así una noción específica para juzgar la conducta del administrador social, estableciendo el concepto, estándar jurídico, de que esa conducta debe ser la que adopte un "director de negocio ordenado y minucioso" o la de un "administrador competente".

En Venezuela, a pesar de que en las normas que rigen nuestras sociedades no se ha adoptado aún ese concepto moderno, debe advertirse que ya desde 1956, con motivo de la publicación de nuestra ley de fideicomiso, se reconoció un concepto similar, cual es el de "administrador diligente", sin embargo, repetimos, al no tener consagración expresa dicho estándar jurídico dentro del derecho societario venezolano, aún nuestra jurisprudencia no ha acogido plenamente la aplicación de ese nuevo término de comparación para juzgar la conducta de los administradores en ejecución de los negocios sociales.

Reconociendo precisamente esos defectos, actualmente cursa un anteproyecto de Ley de Sociedades Anónimas en nuestro Congreso, en el cual se fija como nuevo criterio para juzgar la conducta de los administradores, el que éstos deben actuar como "administrador competente". Esta nueva forma de regular la conducta de los administradores al utilizar la expresión "competente" en lugar de "diligente", perfeccionan las normas de conducta que deben servir de parámetro para juzgar la actuación de los mismos, al exigir no sólo la simple diligencia, sino también la "competencia" para el desempeño de su encargo, que obviamente resulta más adecuado que el ya comentado del buen padre de familia aplicable más a las relaciones y situaciones jurídicas de la vida ordinaria, que a las delicadas funciones que supone el manejo de intereses de terceros por parte de personas no aptas para ello o como bien lo señala la Exposición de Motivos del citado anteproyecto al referirse a la justificación de esta innovación precisa "... ya que la valoración de la conducta de los administradores sobre la base del mandato, no sólo es decepcionante, sino que está en contradicción con lo que los accionistas esperan de un administrador de sociedad anónima". Esta solución se destaca "...es congruente con el carácter de órganos atribuidos a los administradores: a su amplitud de facultades debe corresponder una responsabilidad equivalente".

Sea cual fuere la teoría que escojamos para juzgar la responsabilidad de los administradores frente a la sociedad y a los terceros, debemos entender que estos resultados obligados frente a aquéllos por las infracciones a la ley, y por la culpa cometida en su gestión, bien sea por la ejecución o no ejecución de actos que debían cumplir por razón de su cargo, ante terceros o ante la propia sociedad, por ejemplo, al distribuir o dejar de distribuir sin oposición dividendos ficticios. Por supuesto que se equipara también a esa infracción de ley, la franca y abierta violación a las limitaciones que establece el documento constitutivo y los estatutos en su actuación.

Como puede advertirse, se trata frente a la sociedad de una sola responsabilidad contractual, por violación del mandato o encargo que se la confiado y por excepción también pueden incurrir en esa responsabilidad en ciertos casos por responsabilidad extracontractual. Olvidando este último aspecto, aunque se lo reconoce en doctrina, los deberes de los administradores, expresamente previstos por la ley comercial o por los estatutos, constituyen obligaciones contractuales, es decir, forman parte de las obligaciones "ex mandato" que tienen confiada.

¿Pero qué ocurre cuando la dirección de la compañía está confiada a más de un administrador, por ejemplo, a una Junta Directiva o a un Consejo de Administración? De los principios que hemos sentado precedentemente, es obvio que la responsabilidad de los administradores tiene carácter individual, siempre que no se trate de una culpa común y no sea posible comprobar en qué medida cada uno de los administradores haya causado el daño. En esta última hipótesis se ha venido admitiendo en doctrina y la legislación la denominada condena "in solidum", pero en nuestra legislación comercial existe base suficiente para sostener que en tales casos de actuación conjunta, responderán solidariamente aquéllos que estaban obligados por sus cargos a ejercer la administración de la compañía, salvo que hayan manifestado exteriormente su oposición (artículo 268 del Código de Comercio), y así lo hayan hecho conocer de los Comisarios de la, compañía.

¿Quiénes pueden exigir esa responsabilidad? Nuestro artículo 266 del Código de Comercio se refiere a la responsabilidad frente a los "accionistas", pero queriendo decir con esto, responsabilidad frente a la sociedad, y continúa el mismo artículo "frente a los terceros" y enumera una serie de supuestos en los que la actuación de los administradores comprometen su responsabilidad (Así: de la verdad de las entregas hechas en caja por los accionistas; de la existencia real de los dividendos pagados; de la ejecución de las decisiones de la Asamblea y, en general, del exacto cumplimiento de los deberes que le impone la ley y los estatutos sociales).

Según la norma citada, pues, los administradores, en todo caso, son solidariamente responsables si no han vigilado la marcha en general de la gestión de los negocios de la empresa; son también responsables cuando, en conocimiento de actos perjudiciales, no hayan hecho todo lo posible para impedir su realización o eliminar a atenuar sus consecuencias dañinas.

Es preciso destacar que cuando nuestra ley se refiere a los terceros se prevé la responsabilidad extracontractual en que puedan incurrir los administradores en relación a cualquier persona, con la sola exclusión de la sociedad por los daños directamente causados, lo cual, aun así, en Venezuela se discute si se extiende hasta los accionistas particulares por actos como la no admisión ilegal a la Asamblea General o la negativa ilegal de dar a los accionistas ciertas informaciones.

Para que opere esta última responsabilidad, es preciso que el daño originado a los terceros, de acuerdo a los principios generales en materia de causalidad, deba ser directo, o sea, independiente del daño causado a la sociedad. Así por ejemplo, la distribución de dividendos ficticios puede dar origen, simultáneamente a una acción de responsabilidad de la sociedad por el daño causado a ella y a la de un tercero, el cual verbo y gracia, en razón de tal distribución ha suscrito acciones u otorgado un crédito a la sociedad perjudicándose, pero como se observa, se trata de dos años distintos.

Ahora bien, ¿cómo se ejerce esa acción de responsabilidad? Evidentemente, que la sociedad siempre tendrá esa acción frente a sus administradores por el indebido cumplimiento de sus funciones, por la violación de la ley o por haber actuado con abuso de derecho. El problema ha surgido si esa misma acción también puede ser reconocida independientemente a la de la sociedad a los acreedores (que serían los terceros) o a los accionistas directamente. La tesis dominante en nuestro país ha sido la de negar una acción independiente de los acreedores sociales, reconociéndoles sólo la llamada acción subrogatoria, que como sabemos es un acto de "sustitución procesal", teniendo especial interés ese derecho de los acreedores en los casos de quiebra de las sociedades para exigir la responsabilidad pertinente a los administradores, a fin de que se resarzan los daños que se puedan haber ocasionado al patrimonio de la sociedad e indirectamente el producido en ellos por la insatisfacción de sus créditos.

En cuanto a si los accionistas, directamente pueden actuar contra los administradores, es un problema que evidentemente debe ser tratado por separado y bástenos con destacar aquí que es de doctrina general admitida en el estado actual de nuestra legislación que la sociedad anónima como persona distinta de las personas de sus socios, es la única que puede exigir la responsabilidad contractual a sus administradores por el perjuicio ocasionado al patrimonio social, y se niega asimismo la posibilidad de admitir la responsabilidad extracontractual frente a los socios, puesto que los accionistas particulares no son directamente perjudicados.

Sentadas las premisas precedentes, pues es necesario concluir que la única forma que tienen los socios para exigir esa responsabilidad a los administradores es a través de la denominada "acción social" que autorice la Asamblea ejercer contra los administradores. El accionista particular no tiene la representación de la sociedad frente a los terceros, de manera que ya por esto, no pueden intentar en su nombre una acción contra la administración.

Es importante destacar finalmente, que esa acción que debe autorizar la Asamblea de Accionistas, no puede ser renunciada anticipadamente y que aun cuando la Asamblea opte por ratificar un acto ejecutado por los administradores en franca violación de prohibiciones del propio documento constitutivo o la ley, permite a los accionistas el derecho de oposición a las deliberaciones de la Asamblea tal como se consagra en los artículos 289; 290 y 291 del Código de Comercio.

¿Hasta dónde son oponibles a los terceros las limitaciones establecidas en el documento constitutivo y estatutario para regular la actuación de los administradores? Exige nuestro Código de Comercio, dentro de las cláusulas que deben ser obligatorias en el documento constitutivo, que se regule el número de individuos que compondrán la Junta Administrativa y sus derechos y obligaciones, expresando cuál de aquéllos podrá firmar por la compañía... (artículo 203). Precisamente, como es sabido también, el documento constitutivo estatutario debe ser objeto de registro y publicidad (artículo 215) al igual que sus modificaciones cualesquiera que sea su especie so pena de que éstas no produzcan efectos mientras no se hayan registrado y publicado.

Quiere, pues, decir lo anterior, que toda modalidad de administración establecida en el documento constitutivo o las modificaciones que se hagan a este régimen, se presume conocida por terceros y en consecuencia, los actos ejecutados por los administradores de las sociedades, bien sea que éstos se ejercen individualmente o a través de las denominadas Juntas Directivas, deben estar apegadas a las disposiciones de esos Estatutos, so pena de que si se las ejercita sin cumplir con tal limitación, no puedan ser opuestas a la sociedad, o se las ejercita por quien no tenía la condición de tal sociedad, tampoco vinculará a la compañía.

54.

ALGUNAS CONSIDERACIONES EN TORNO A LA INSOLVENCIA EN EL SISTEMA DE DERECHO VENEZOLANO. LINEAMIENTOS SOBRE EL SISTEMA CONCURSAL VENEZOLANO CON ESPECIAL REFERENCIA A LA QUIEBRA Y EN PARTICULAR AL MARCO REGULATORIO DE LOS ÓRGANOS DE LIQUIDACIÓN EN DICHOS PROCESOS (AUXILIARES DE JUSTICIA)*

Dedicatoria:

A Don José del Rey Fajardo S.J. gran amigo y ejemplar modelo de vida.

Un refrán que viene al caso: "El oro luce, la virtud reluce"

(Proverbio español)

I. INTRODUCCIÓN

En Venezuela, al igual que en el resto de los países y en especial los de su entorno latinoamericano y en el Caribe, el fenómeno de la insolvencia se le considera como un síntoma de grave malestar económico en los patrimonios de los comerciantes y en general de cualquier ciudadano, fenómeno el cual por afectar no solo al patrimonio directo de dichos sujetos directamente sino al de otros comerciantes o no que mantienen actividades con aquellos, suelen desencadenar situaciones indeseables y peligrosos al buen funcionamiento de las actividades productivas. El problema multiplica sus peligrosas aristas si pensamos que hoy en día las operaciones comerciales trascienden habitualmente de las fronteras nacionales y en tales casos el mencionado problema de la insolvencia se comunica al funcionamiento comercial de otros países.

Debido a lo expuesto, toma especial relevancia el interés sobre la insolvencia y sus efectos no solo a nivel del legislador local, sino ahora comporta un llamado de atención a las autoridades regionales e internacionales, con miras a procurar mecanismos legales apropiados para lograr controlarla, superarla y evitar reacciones en cadena que produzcan inconvenientes y crisis de mayor envergadura y alcance.

---

* Trabajo en homenaje a José Del Rey Fajardo S.J. Versión adaptada de investigación sobre la Insolvencia en Derecho Venezolano, presentada por el autor al *Seminario Latinoamericano y del Caribe sobre Insolvencia*, México, patrocinado por el Banco Mundial, Caracas, agosto 2005.

Esta situación explica igualmente la especial preocupación en el entorno comercial y legislativo por procurar mecanismos aún voluntarios para refinanciar, recuperar o alivianar los efectos de dicha problemática, en adición a los procedimientos judiciales concúrsales o de índole colectivos contemplados en el ordenamiento, los cuales procuran remedios *ad hoc* impuestos y controlados a través de la intervención de un órgano judicial o bajo su tutela y con miras a mantener la igualdad entre los acreedores o la recuperación del potencial de esas empresas y patrimonios, pero de los cuales no resulta siempre el esperado buen fin que los preconiza ni la aminoración de esos indeseables efectos de la insolvencia.

La insolvencia, es en Venezuela, como en otros sistemas jurídicos de la región, la manifestación material típica de esas anomalías patrimoniales, el síntoma mas relevante de esas crisis económicas, las cuales suelen presentarse habitualmente en aisladas circunstancias, pero por igual cíclicamente aparecen con mayor relevancia y difusión, como consecuencia de ciertos problemas económicos o financieros (inestabilidad económica, desconfianza política, alta inflación, etc.) con mayores repercusiones y consecuencias que aquellas aisladas.

Tales anomalías, repetimos, por lo general, a su vez, provocan efectos en cadena, trasmitiendo sus efectos negativos a otros patrimonios, tal cual si se tratara de una especie de epidemia en lo económico, trasmiten o mejor aceleran la salud de otros patrimonios, de tal manera que sumadas a los problemas que comportan esas situaciones atípicas económicas, las retroalimentan y agravan sus consecuencias.

En el caso concreto venezolano, precisa aclarar de una vez que en la práctica, son pocos los casos donde por intermedio de dichos mecanismos judiciales, se logra superar esa sintomatología anómala, o se producen los efectos deseados.

La experiencia ha sido y sigue siendo de que: a.- resulta muy baja la efectiva recuperación de los créditos por parte de los acreedores, b.- que dichos procesos son altamente costosos y demorados y poco confiables (todo lo cual deriva, cuando menos en Venezuela, de un inadecuado funcionamiento del Poder Judicial, por lo general con falta de adecuada preparación para dichos casos)[1], a lo que debe añadirse que nuestras normativas sobre dichos procesos judiciales son obsoletas; que el sistema no prevé que los auxiliares de justicia a cuyo cargo se encuentra la conducción del proceso de liquidación, sean personas idóneas o preparadas para lograr los mejores resultados, y en fin todo ello provoca una considerable falta de credibilidad en dichos recursos judiciales.

En torno a experiencias de arreglos o convenios extrajudiciales para procurar enfrentar los efectos de la insolvencia, en nuestro país no son muchas las experiencias sobre este tipo de acuerdos de mora, refinanciamientos, control de administración o procedimientos voluntarios semejantes, ni se cuenta tampoco con normativa legal que los estandarice ni los haga vinculantes a los que voluntariamente no se adhieran o los propicien, siendo de

---

1 Hoy inclusive se hace más notoria esa falta de preparación, en tanto que por razones inexplicables, constituyendo un verdadero retroceso, se abandonó la especialización de las competencias judiciales de tal manera que jueces no duchos en materia mercantil tienen que conocer de los procesos concursales. Por lo demás, aún quienes se desempeñaban en la competencia mercantil, salvo raras excepciones no se encontraban académicamente preparados, pues por razones igualmente inexplicables en nuestras carreras de derecho, los programas de Mercantil II, donde debe verse el Procedimiento Concursal, por lo general no son concluidos, entre otras razones por compartir con esa materia las de Derecho de Seguros y Derecho Marítimo, por igual importantes y extensas.

destacar que últimamente, en situaciones de crisis de empresas de considerable tamaño, los grandes acreedores del sector bancario (nacionales o extranjeros) han optado por aplicar unos procesos de refinanciamiento de deudas combinados con un control de la administración de las deudoras afectadas, en los que se procuran solventar los anotados inconvenientes para producir sus buenos efectos, mediante la adquisición por parte de los mayoritarios las acreencias de los trabajadores y de los pequeños acreedores, con el propósito de lograr la recuperación de la empresa, o cuando menos una liquidación ordenada, al margen de las actuaciones judiciales.

En dichos procesos, toman preponderante papel, economistas y planificadores, quienes previamente estudian y analizar la viabilidad de los proyectos de recuperación, continuación de las actividades comerciales o industriales, así como las inversiones necesarias y con ello, en definitiva, las expectativas de verdadera recuperación para los acreedores.

Precisa concluir que tales procedimientos extrajudiciales son la excepción que no la regla, y, además, que no siempre se obtienen los resultados esperados o diagnosticados, terminando luego dichas empresas en crisis en procesos de quiebra.

Se puede concluir destacando que históricamente en Venezuela, la experiencia en materia de empresas en crisis, es que los actuales sistemas y medios legales para prevenirlos, conducirlos o reprimirlos, no han sido nada satisfactorios. Por ello los justiciables, acreedores y deudores por lo general son temerosos de los procesos concursales, y la mayoría de las veces, salvo casos en los cuales hay indicios de fraudes, es que se prefiere abandonar los intentos de cobro en tales situaciones y circunstancias.

Sin temor a dudas puede decirse que en Venezuela, los procesos Concursales (voluntarios o judiciales, inclusive aquellos controlados por entes del Estado) no producen efectos deseables ni procuran un buen desenlace para los sujetos afectados ni para la economía general del país.

Adicionalmente, cabe destacar que a pesar de que existen regulaciones penales para las falencias culposas o dolosas, hasta la fecha, a pesar de que muchas lo han sido, nuestros Tribunales no han aplicado las sanciones adecuadas o los procesos penales, iguales que los comerciales, han resultado de lamentable experiencia para los que los han iniciado y quedan sin resultados positivos de ninguna naturaleza, lo que, siendo del conocimiento de sujetos inescrupulosos, ha hecho que poco se respeten los procesos de quiebras y que más bien se acuda a los mismos para demorar y entorpecer los procesos de recuperación de acreencias y en definitiva para burlar la acción de la justicia.

II. REGULACIÓN POSITIVA VIGENTE RELATIVA A LA INSOLVENCIA Y SUS EFECTOS EN EL DERECHO VENEZOLANO

Como lo dejamos dicho y ocurre en otros países de nuestro entorno regional, el ordenamiento venezolano, ante una crisis patrimonial cuya principal manifestación es la insolvencia, procura algunos remedios judiciales, más con miras a lograr una justa distribución del patrimonio (prenda común de los acreedores) entre los acreedores afectados, que para prevenir o controlar los deplorables efectos de la insolvencia sobrevenida o provocada o para lograr la pervivencia o recuperación de esos patrimonios afectados.

Conforme el dispositivo legal vigente, cuando el conflicto entre acreedores y deudor puede afectar a mas de dos acreedores civiles o mercantiles (pluralidad de acreedores) y si la crisis deviene en suspensión de los pagos, los titulares de esos patrimonios o los propios acreedores, pueden recurrir al órgano judicial, a fin de que se procure una liquidación ordenada de los activos de sus deudores, independientemente de que tal crisis provenga de causas voluntarias o involuntarias, dejando a un lado los mecanismos individualistas de los procesos de ejecución ordinarios, donde priva el interés, tempestividad y agresividad con la cual hubieren actuado los acreedores separadamente.

A lo anterior debe añadirse por igual que nuestro sistema jurídico todavía contempla una rígida separación de las normativas aplicables a los comerciantes y al resto de los ciudadanos, lo que explica existan ordenamientos diferentes en casos de concursos según se trate de que los deudores afectados sean o no comerciantes, más ambas clases de instituciones, persiguen como fin común, procurar una liquidación justa y equitativa del patrimonio entre los acreedores. En todo caso, los sistemas mercantiles (Atraso y la Quiebra) históricamente reservados para solventar ese tipo de problemas mercantiles de ejecución colectiva han subsistido y aún se emplean, mientras que los civiles, a pesar de permanecer aún dentro de las normativas legales, se encuentran en total estado de abandono y ya ni se estudian en nuestras Facultades de Derecho[2].

Para los no comerciantes se conservan aún instituciones procesales de vieja data, materialmente olvidadas y en absoluto desuso, reguladas en el Código Civil (Art. 1934 y ss) y en el Código Procesal (Art. 789 ss), como lo son la Cesión de Bienes y el Concurso de Acreedores[3].

En atención a lo dicho y al objeto específico de este estudio, en lo adelante nuestros comentarios y análisis se referirán exclusivamente, salvo expresa advertencia en contrario a los procesos concursales mercantiles, y específicamente al atraso y la quiebra, con particular insistencia en ésta última, que verdaderamente resulta ser la institución propia que regula los medios para procurar la ejecución colectiva que garantice a los acreedores el cobro de sus débitos y que fija la mas justa solución para satisfacción de deudas múltiples

---

2 Tan cierto es cuanto se destaca que en los procedimientos de ejecución colectivos mercantiles resulta ser un requisito de admisibilidad y procedibilidad tanto en el Atraso como en la Quiebra, la condición de comerciante de los sujetos a quienes se les aplique y vienen regulados tanto en su efectos sustanciales como en lo adjetivo, en el vigente Código de Comercio, cuerpo normativo de fecha 26 de julio de 1955, que reformó parcialmente y solo en algunos aspectos puntuales el Código de Comercio de 1919 –a su vez con otras someras modificaciones en las llamadas reformas de fechas 30 de julio de 1938, 17 de agosto de 1942 y 19 de septiembre de 1945- (en lo adelante CCO) Artcs 898 al 913 (Atraso judicial) y 914 ss (Quiebra).

3 El Código Civil venezolano (en lo sucesivo Cc) es fundamentalmente el promulgado en 1942, el cual siguió el modelo Franco Italiano de las Obligaciones, pues la reforma de 1982, solo tocó determinados aspectos específicos, en modo alguno referidos a la materia que estudiamos, pero las instituciones de la Cesión de Bienes y el Concurso de Acreedores en él regulados son de data anterior al Código de 1896, con clara influencia de la legislación española y francesa de esos años. De su parte, el Código de Procedimiento Civil (Cpc) vigente es el de 1987 –si bien con unas pequeñas reformas posteriores, referidas a solo dos instituciones de las contempladas en dicho Código– y fue el que sustituyó el de 1916, que, a su vez, ya contemplaba, sin modificación, las mismas mencionadas instituciones de los concursos civiles, las cuales según calificada doctrina venezolana figuraban ya en nuestros códigos adjetivos desde 1836 y por igual son de neta influencia española y francesa (Valdivieso Montaño, Acisclo, t.1, Tipografía CTP, Caracas, 1962, p. 272 ss).

de empresarios en Venezuela, y que, en adición, al menos teóricamente procura también la protección del mismo deudor que padece dicha crisis[4].

III. BREVE EXAMEN DE LAS INSTITUCIONES CONCURSALES MERCANTILES EN EL SISTEMA VENEZOLANO

Las dos figuras fundamentales entre los procesos concursales venezolanos, lo son el atraso judicial y la quiebra.

EL ATRASO: Esta institución, con origen en las Ordenanzas españolas de mediados de 1800, es una "moratoria judicial" vinculante para todos los acreedores, concedida por los jueces, como beneficio solo al deudor en crisis temporales, circunstanciales, causadas por hechos que sean imprevistos y excusables y siempre y cuando el comerciante que lo invoque tenga activos patrimoniales que excedan positivamente de sus pasivos, a fin de que mediante la liquidación amigable de sus negocios, en un plazo que no exceda de un año, pague a sus acreedores o recupere su operatividad y solvencia, y siempre que respete y acoja las normas que fije el tribunal para tales efectos (Art. 898 CCO)[5]

La consecuencia legal inmediata de la concesión del beneficio es la suspensión de todas las causas que se sigan contra el peticionante por el tiempo de la moratoria concedida, salvo en lo que atiene a las acreencias fiscales y privilegiadas.

Para conceder el beneficio previsto en la Ley, cumplidos los requisitos formales contempladas en la misma[6] el Tribunal designa un Síndico y una Comisión de Vigilancia de entre los acreedores, con el objeto de que constaten los extremos exigidos por la Ley para conceder dicha protección[7].

---

4 En efecto, si como resultado de las tareas de liquidación en uno cualquiera de los tres sistemas bajo los cuales puede llevarse a cabo aquella en el caso de la Quiebra, si resultan excedentes, y el comerciante no actuó dolosa o culposamente, es posible continúe con su actividad comercial, en tanto él recupera cuanto crédito o bien no quede afectado al pago de las acreencias ni gastos del proceso concursal.

5 En la práctica se suele prorrogar el lapso que la Ley establece como máximo para solventar la crisis, y la lamentable experiencia ha sido que tales prórrogas se continúan en el tiempo favoreciendo injustificadamente a los deudores insolventes. En un célebre proceso de atraso (Banco Táchira) el juicio se prolongó por más de 20 años.

6 Entre otros, Libros contables en regla, inventarios al día, lista de acreedores, opinión favorable de por lo menos tres de los acreedores, etc. (Art. 899). Entre otras cosas, la regularidad con la cual se lleve la contabilidad, será un elemento de importancia para deducir y presumir el carácter imprevisto y excusable de la crisis.

7 Debe observarse que a pesar de que la Ley usa la misma denominación, aquí el Síndico no cumple el mismo papel que en la quiebra, y a los que aludiremos más adelante, pues en el atraso no se produce el desapoderamiento del patrimonio del deudor insolvente, en otros términos y como resulta de la Ley, el Síndico más bien es un auxiliar del Juez que verifica los balances, inventarios, listas de acreedores, revisa el funcionamiento de la empresa y en breve plazo debe presentar su informe a los acreedores y al Juez, con lo que cesa sus funciones, si es que se acuerda el atraso.

Dado que la petición equivale a confesar inequívocamente el estado de insolvencia y anomalía patrimonial, la jurisprudencia y doctrina patrias son contestes en destacar que al negar el beneficio, por falta de algún requisito formal, procede entonces que el Tribunal declare la quiebra, y así ocurre en la práctica judicial.

El proceso de la liquidación amigable esta supervisado por una Comisión de Acreedores y bajo control del Tribunal, quien debe autorizar el *modus operandi* de las gestiones de liquidación del patrimonio y/o pago justo a todos los acreedores.

En verdad la institución no está concebida propiamente para que el comerciante salga de su crisis, ni para que se continúe la actividad empresarial, sino, como lo dice la Ley, lo es para la liquidación amigable de los negocios. De la normativa no se deduce que haya un pago parcial a prorrata, sino que se debe suponer que todos los acreedores cobrarán el monto íntegro de sus acreencias, salvo convenio con "todos sus acreedores" (Art. 906).

LA QUIEBRA: (Art. 914 ss) Resulta ser el proceso de ejecución concursal por excelencia y el cual doctrinariamente está llamada a existir para garantizar el pago organizado y a prorrata, sin desigualdades, para todos los acreedores quirografarios. No necesariamente supone que la crisis de insolvencia que la produce sea excusable e imprevista y poco importa la composición del balance, pues aún existiendo mayor activo que pasivo, la situación de insolvencia puede darse con todos sus perniciosos efectos, en tanto que puede no existir capacidad de pagos (iliquidez).

La petición puede ser del propio comerciante deudor, para quien resulta un deber solicitarla so pena de que luego se la repute culposa y con responsabilidades para los administradores o el propio comerciante personal (925 ss), o provenir de uno o más acreedores. El sistema venezolano no admite la quiebra de oficio o tramitada sin requerimiento por el Juez

Los efectos fundamentales del Decreto de Quiebra, lo son, la acumulación de todos los procesos que cursen contra el mismo deudor ante el mismo Juez de la quiebra (universalidad del proceso concursal), el desapoderamiento del patrimonio del deudor, quien se coloca en una especie de capitis diminutio y pierde su capacidad de administrar y disponer de su patrimonio, la designación de un administrador ad hoc de ese patrimonio para su mejor protección y posterior liquidación ordenada, y la garantía de que los acreedores quirografarios debidamente calificados (controlados por los acreedores y el órgano judicial) cobrarán a prorrata de sus créditos sobre la masa recuperada del patrimonio del fallido.

Como ya se lo advirtió antes, al final del proceso, si la quiebra no es culposa o dolosa, el comerciante queda rehabilitado y recupera su capacidad e inclusive su derecho sobre el patrimonio que reste una vez pagados los créditos de la masa de acreedores.

En resumen se observa que dicho proceso procura, bajo el control del Juez y con la participación de los acreedores: a.- Determinar y recuperar los bienes del fallido, para establecer la masa activa a repartir; determinar y calificar los acreedores del fallido para que formen la masa pasiva del fallido, y a ellos se les reparta igualitariamente el patrimonio, impidiendo que ningún acreedor individual tome ventaja sobre los demás, aún cuando sus actos se cumplan en procesos judiciales. b.- Determinadas las masas activas y pasivas, proceder al pago (liquidación) ordenada del patrimonio para satisfacción de las acreencias.

Se producen en adición otra serie de consecuencia, de índole secundaria o que coadyuvan a los fines primordiales que se persiguen con el proceso colectivo (suspensión de los intereses, recuperación de bienes que hayan salido en forma irregular de la masa, etc.)

Cabe destacar entonces que tanto la quiebra como el atraso, en el sistema venezolano, producto de lo anticuado de las normas aplicables, se encuadran en los viejos sistemas conforme los cuales la finalidad del concurso no era otra que la de buscar la protección de los acreedores, importando poco la recuperación del patrimonio del deudor o de la unidad de explotación.

En la práctica el proceso lo conducen, bajo la supervisión del Juez, los acreedores y con la participación de un ente especial, auxiliar del órgano judicial, que vela y representa de una parte al Tribunal, de otra al fallido y finalmente aún a los mismos acreedores, para garantizar el buen fin del proceso.

IV. EL TRÁMITE DE LOS PROCESOS CONCURSALES Y LA EJECUCIÓN DE LOS ACTOS QUE CONLLEVAN LA LIQUIDACIÓN DE LOS PATRIMONIOS Y SATISFACCIÓN DE LAS ACREENCIAS EN EL SISTEMA CONCURSAL VENEZOLANO

Una peculiar característica de nuestros sistemas concursales es la forma como se desenvuelven los mismos, el rol del órgano judicial en su trámite, la forma de desarrollarse la liquidación del patrimonio del fallido y la satisfacción de acreencias de los acreedores.

En efecto, de cuanto quedó dicho anteriormente, puede concluirse que la función del órgano judicial, como muchos la han calificado, es la de una especie de labor de jurisdicción no contenciosa (o voluntaria), con predominio de gestión propia "administrativa" y económica, mas que la jurisdiccional, y que procura más un control de la gestión que cumple el liquidador o la junta de acreedores en las labores de manejo y liquidación del patrimonio para satisfacer las deudas, que un verdadero rol jurisdiccional (resolución de conflictos con carácter de cosa juzgada) el cual solo queda reservado para los casos extremos en que no exista acuerdo entre los acreedores entre sí, o entre ellos y el deudor, o entre cualquiera de estos y los liquidadores, produciéndose una serie de incidencias dentro del mismo proceso general.

Hecho el pronunciamiento judicial de la quiebra, y aún en la fase preliminar, la gestión del patrimonio del fallido, su preservación y liquidación, viene confiada con amplio margen de funcionalidad a los mismos acreedores o a unos funcionarios designados bien con la anuencia de los acreedores por el Juez (Síndicos o liquidadores), o de entre los mismos acreedores y ratificados y controlados por el Juez (Liquidación por acreedores), a todos los cuales según nuestra normativa, debe reputárseles en esas gestiones como "Auxiliares de Justicia"[8].

Precisa destacar igualmente que los mismos, conforme nuestro ordenamiento vigente, no necesitan tener requisitos de formación o colegiación particulares, es más, conforme lo precisa el CCO, basta que sean comerciantes, no siendo necesario que sean abogados[9].

Lo dicho pone de manifiesto en cierta forma que la intención del legislador, como lo ha sostenido la doctrina y jurisprudencia en ciertos casos, es dar especial predominio en ésta materia a la solución que las mismas partes, o que quienes por ostentar la condición de comerciantes, duchos y experimentados en estos menesteres, sean quienes procuren realizar las mejores gestiones para lograr que el patrimonio del deudor en crisis, dé para

---

8 Ello debe deducirse del examen que puede hacerse de la Ley de Arancel Judicial y la Ley Orgánica del Poder Judicial, pues ciertamente de las disposiciones del CCO no aparece expresamente así determinado.

9 CCO. Arts. 937, 960, CCO. entre otros.

satisfacer en la mayor proporción posible a sus acreedores y si es el caso, que de alguna forma pueda el deudor en crisis no solo satisfacer a sus acreedores sino que recupere lo más posible de su patrimonio o pueda seguir en el desempeño de su actividad, de no haber sido un comerciante negligente, ni de haber provocado dolosamente su crisis financiera, a fin de que rehabilitado como fuere al final de dicho proceso, recupere su capacidad de administración y disposición sobre su patrimonio y de ser el caso volver a ejercer su actividad como comerciante.

Es tal la importancia que se da a la voluntad de los afectados en este proceso, que siempre, en cualquier estado y grado de la causa, salvo el caso de que la falencia sea dolosa, los acreedores pueden llegar a convenios con el fallido, que de obtener las mayorías reguladas en la Ley[10] son siempre vinculantes para el Juez y para los acreedores.

Esas actuaciones y procedimientos se caracterizan, además, a través de todo el decurso de la quiebra, en cualquiera de las formas en que se resuelva la liquidación, por que las decisiones y acuerdos que sean menester tomarse para el manejo y disposición de los haberes, así como la distribución de los pagos, se tomen y controlen por la mayoría de los acreedores (masa de acreedores), para garantizar con ello la igualdad, y el que las decisiones así tomadas, sean discutidas y aprobadas por la mayor cantidad de los acreedores, decisiones que si bien no son la mayoría de la veces vinculantes para el órgano judicial, definitivamente toman papel muy importante en la conducción del proceso, pues constituyen guía, para no decir límites a la potestad del juez, cuando menos de carácter moral[11].

La ley una vez organizada la masa activa y pasiva de la quiebra (recursos y acreedores),observamos que deja en manos de los acreedores o de sus representantes, por lo general todos comerciantes, que sean ellos quienes conduzcan los actos de liquidación del patrimonio, forma de pagar los acreedores, satisfacer a los privilegiados, celebrar acuerdo y convenios, y en fin llevar la quiebra hasta su mas deseado final, esto es, el pago de todos los acreedores en todo o en parte, hasta agotar el patrimonio, sin preferencias ni privilegios que no sean de los contemplados en la misma Ley.

Tipos de liquidación

De acuerdo al Código de Comercio, ordenadas las masas activas y pasivas de la quiebra, la liquidación y satisfacción de las acreencias puede realizarse por tres vías fundamentales:

a. Liquidación por Acreedores

Aquella que cumplen los mismos acreedores contemplada en el Código de Comercio en los artículos Arts. 960 ss. y que resulta ser la que acuerdan los mismos con el voto de mas de la mitad de la totalidad de los créditos que figuren en el Balance, en la oportunidad de haber sido convocados para la primera junta o asamblea de acreedores.

Esta modalidad se cumple mediante la designación de un liquidador que deberá ser designado por el Juez, de entre una terna propuesta por la citada mas de acreedores que así haya resuelto tal modo de liquidación, y que será controlada y vigilada, a su vez, por una Comisión de tres acreedores que tendrán a su cargo la ejecución y vigilancia de la liquidación, de todo lo cual darán cuenta al Tribunal.

---

10 Art. 1009 CCO.

11 Así son los casos para autorizar ventas, calificar créditos, autorizar pagos, etc., exartículos 961, 967,982, 1014 Cco. entre otros.

Precisa observar que aun siendo miembros de la masa de acreedores o representantes de los mismos, son como se lo ha indicado, AUXILIARES DE JUSTICIA, y a tal efecto deben prestar juramento para el desempeño de sus cargos, deben rendir cuenta de su gestión al Juez y ante él deben presentar los resultados de todos los encargos que les fija la Ley (verificar los balances, listas de acreedores, preparar los cuadros de calificación de los créditos, etc.)[12].

El liquidador y la Junta de Acreedores realizará libremente sus gestiones bajo la inspección del órgano judicial, quien, oída la Comisión, tomará las resoluciones en aquellos asuntos en que no hayan podido acordarse tales funcionarios y los acreedores, autorizará los actos de disposición y pagos a los acreedores en y de la quiebra, oyendo siempre a la Comisión de acreedores (963 *ejusdem*).

La mencionada Comisión de acreedores deberá efectuar la fijación y apartados para indemnizar al liquidador y a los demás funcionarios que intervengan en la liquidación, sin poder exceder dichos montos de un diez por ciento de lo recaudado por el activo en liquidación, pero los gastos de abogados serán por cuenta de quien los empleare (en otras palabras no se fijarán costas) tal como lo determina el artículo 965.

Concluida esa gestión se devolverán los recaudos al tribunal, quien declarará terminado el proceso concursal, anotando nosotros, que si hubieren saldos de la liquidación del patrimonio, luego de pagados los acreedores, los mismos obviamente por pertenecer al fallido, deberán serle entregados a él, a juicio y por disposición del órgano judicial (966 CCO).

b. Liquidación por Síndicos

Si en la primera reunión de acreedores referida antes no se resolviere la liquidación por acreedores, el Juez consultará a los acreedores, entre otras cuestiones sobre si el Síndico provisional (especie de depositario judicial) continuará o no como Síndico definitivo, si debe sustituírselo, si deben designarse uno o más co-síndicos y el régimen de administración que más convenga a la quiebra[13].

Los Síndicos, son una figura típica de los procesos concursales judiciales, que no solo tienen a su cargo el acopio, guarda y custodia de los bienes del fallido (masa activa o de bienes) sino que los administra por y en nombre de los acreedores (masa pasiva o de acreedores) y con la supervisión del Juez, que deben ser necesariamente abogados o comerciantes, y que a su vez la ley les confiere el papel de representar la voluntad del deudor fallido, para que disponiendo de los bienes, pueda administrarlos y liquidarlos para el pago de los acreedores[14].

Así mismo, representa la masa de acreedores, en todo lo que sean actos y resoluciones colectivas y de preservación del patrimonio. Tienen a su cargo el estudio y elaboración del cuadro de calificación de créditos, ejercer las acciones reivindicatorias y de nulidad derivadas de las limitaciones impuestas por la quiebra, ejercen la custodia directa de los bienes de la masa

[12] Art. 961 ejusdem.

[13] Art. 967 ejusdem

[14] Arts. 972, 975 y 983 CCO.

Fuera de los indicados requisitos de que sea abogados o comerciantes, y por supuesto que tengan capacidad de obrar y gestionar, solo exige la ley las aptitudes contempladas en el artículo 970[15].

Al igual que los liquidadores, son auxiliares de justicia, prestan juramento ante el Tribunal, y dependen directamente del mismo en cuanto refiere a autorizaciones, permisos, resolución de conflictos y oposiciones, a dicho órgano judicial vienen obligados a rendir cuentas, y pueden ser removidos, previa solicitud del fallido o de los acreedores, previa decisión del órgano judicial (987).

Formadas las masas, calificados los créditos y de no existir convenio finalmente realizan la liquidación de los bienes y el pago de las acreencias (1039 ss).

El órgano judicial será quien les fije y ordene pagar sus remuneraciones (no honorarios profesionales judiciales ni costas), oyéndolos a ellos y a los acreedores en el término que expresamente fije el Juez para tales efectos, siendo de destacar que dicha fijación puede ser recurrida bien por los mismos síndicos, o por un grupo de acreedores que represente cuando menos la mayoría de los créditos [16].

c. Convenio de liquidación con los acreedores: Art. 1009 ss. CCO

En cualquier estado de la quiebra el fallido podrá llegar a un acuerdo con sus acreedores, lo cual regula el Legislador de manera diferente según el mismo sea acordado por unanimidad o por una mayoría de 2/3 partes de los acreedores admitidos que represente las 3/4 del total de los créditos o viceversa[17].

V. ALGUNAS PRECISIONES CONCEPTUALES Y MARCO LEGAL RELATIVO A LA CONDICIÓN Y NATURALEZA DE LOS CARGOS, FUNCIONES Y RESPONSABILIDADES DE LOS FUNCIONARIOS AUXILIARES QUE INTERVIENEN EN LOS PROCESOS CONCURSALES EN DERECHO VENEZOLANO

Seguidamente insertamos una serie de consideraciones relacionadas con órganos, instituciones y aspectos del proceso concursal y que atienen a problemas puntuales o que interesa destacarlos frente a instituciones similares de otros ordenamientos jurídicos.

Primero:

---

[15] Mayores de 21 años, que no sean fallidos no rehabilitados, ni cónyuge ni parientes del fallido hasta el 4 grado de consanguinidad ni 2°. De afinidad, ni acreedores con créditos controvertidos. La norma prohibía por igual que fueran mujeres, pero una sentencia de la Corte en pleno anuló dicha disposición por colidir con la C.N. del 1961 (lesión de la igualdad de sexos)

[16] En efecto tan no son honorarios profesionales judiciales, que los mismos no son objeto de procedimientos de retasa, propios y establecidos por la Ley para discutir los montos estimados e intimados por tales conceptos en los procesos judiciales, por ello de la fijación que de los mismos haga el juez, lo que se da es recurso ordinario de apelación.

[17] La normativa del CCO es poco clara en esta materia, así, para comenzar señala que el convenio puede celebrarse en cualquier estado y grado, más su trámite no puede tener curso hasta tanto se haya celebrado la calificación de los créditos (1008 y 1010 CCO), así en varias de las normas resulta confuso, al extremo de que resultan realmente raros los casos en los cuales se llega al aludido convenio, o se opta por celebrarlo fuera de la quiebra.

No existen en nuestro ordenamiento normas ni organismos que fijen de manera precisa conductas o responsabilidades para los órganos auxiliares en los procesos concursales, a diferencia por ejemplo de lo que ocurre en México y Argentina, donde entendemos existe un colegio de profesionales que los organiza, forma y controla.

A pesar de lo dicho debe reconocerse que la intención del legislador venezolano para el momento en que se establecieron dichas reglas fue que quienes se desempeñen como auxiliares del juez en dichos procesos, sean personas de la confianza del juez, con experiencia en el comercio, ajenos al deudor y en lo posible a los acreedores.

Lo expuesto por supuesto no excusa la desidia de nuestro órgano legislativo, de nuestros colegios de Profesionales y de las propias cátedras universitarias en haber insistido en modernizar tales instituciones y procurar emular sistemas m as modernos que contemplan una organización mucho mas eficiente y confiable para el manejo de los procesos concursales.

Es preciso destacar igualmente el que si bien se ha puesto de manifiesto ese desinterés en la actualización de la normativa relacionada con la insolvencia los procesos colectivos y concursales mercantiles en general, de otra parte en cambio, se observa una marcada tendencia a la estatización y control administrativo de procesos similares cuando se involucran entidades vinculadas a los entes públicos, o a entes financieros (bancos, empresas de seguros, etc.) no obstante, de paso sea destacarlo las tristes experiencias que en la materia se han tenido con procesos de liquidación de entes públicos o cuyo manejo en liquidación por o sin causa de crisis, esta atribuido por imperativo de leyes especiales a diferentes dependencias del Estado.

Esta situación por lo demás crea absoluta desigualdad, y pone de relieve una clara intención del Legislador de ir excluyendo paulatinamente de los procesos de liquidación o extinción de ciertos entes y personas jurídicas de los procesos concursales ordinarios, y del control y vigilancia de los órganos judiciales, que adicionalmente en la práctica agravan la situación de los acreedores de dichos entes, quienes deben enfrentar no solo esas deplorables situaciones de crisis económicas, en casos habitualmente escandalosos y de fracasos financieros que ponen en duda ausencia de dolo e intención, y en los cuales inclusive han contado con el insólito apoyo que les hubiera prestado el mismo Estado para disimular o evitar esas crisis (Ejemplo reciente el escándalo de la intervención de varios de los mas importantes Bancos privados y algunos del sector público, ocurrido durante el pasado gobierno) como también ha ocurrido con casos de entidades financieras y empresas de seguros, sociedades de corretaje, y hasta ciertos entes en los cuales participa el Estado o sus entes menores.

Lo peor de todo lo dicho resulta ser de que en ninguno de esos supuestos de excepción realmente se garantizan efectivas mejoras para los acreedores ni para el propio Estado.

Por lo demás, en los casos de quiebras ordinarias, no hay tampoco ningún ordenamiento general para las conductas irregulares de los diferentes auxiliares de justicia contemplados en la normativa mercantil para ejecutar los procesos de liquidación, así como tampoco existen regulaciones precisas en la normativa de funcionamiento del Poder Judicial (Ley Orgánica del Poder Judicial).

Cuando más, tratándose como lo son de funcionarios auxiliares del Poder Judicial, sin que por ello adquieran la condición de funcionarios públicos, si están sujetos al *ius puniendi* del órgano judicial, y los ilícitos en sus conductas, aparecen agravados por razón de los cargos que ostentan, en tanto que los delitos o faltas que suelen cometerse, lo son por estar prevalidos de su investidura como cuasi funcionarios, etc.

Concluimos destacando entonces que en nuestro sistema concursal, no existen normas en las cuales se puedan fijar las pautas de conducta para los órganos auxiliares de justicia que intervienen en los procesos[18], y sería discutible, pero obviamente posible considerar la posible responsabilidad del Estado, al haber designado al Juez, a su vez, responsable del nombramiento de tales auxiliares de justicia, cuando realmente no ocurre lo que se presume dispone la Ley, esto es, que dichos sujetos sean designados con la anuencia o a propuestas de los acreedores.

Lamentablemente esa ausencia de normas sobre capacidad y competencia de los funcionarios auxiliares es otra de las causas que encarecen dichos procesos, en tanto que por lo regular, el abogado designado como Síndico o Liquidador, no conocedor de la materia contable, por lo general deberá contratar uno o más profesionales especialistas en la materia, y a su vez, si el negocio de que se trata comportara otros conocimientos especiales, obligará por igual a contratar otros expertos en la materia.

Segundo:

Respecto a que medidas pueden aplicarse en supuestos de claras violaciones de los derechos de los acreedores por indebido ejercicio o excesos en el ejercicio de la autoridad de dichos funcionarios auxiliares, solo puede reconocerse el derecho a solicitar la "remoción de dichos funcionarios" al Juez de la causa, y si de alguna manera este no lo resolviere de manera positiva, puede pensarse en los procesos de denuncia de los funcionarios judiciales por graves irregularidades en el ejercicio del cargo o por clara connivencia con los responsables de dichos desafueros.

Ambos procedimientos están contemplados en la vigente regulación concursal y en la del poder Judicial[19].

Tercero:

En cuanto al género de responsabilidades que en todo caso generan dichos actos para los funcionarios auxiliares de justicia responsables, somos de opinión de que obviamente quedan comprometidos en su responsabilidad personal por los delitos civiles y penales en que incurran.

Pensamos, que el régimen de responsabilidad aplicable es el ordinario civil, esto es la responsabilidad por hecho ilícito, desde el punto de vista civil, la profesional, en el caso de que quien así se desempeñe sea abogado, si es que incurre en craso error o por desconocimiento de su profesión u oficio, en adición la disciplinaria, si es que en efecto el daño ocurre por negligencia o impericia profesional, la administrativa, frente al Juez, por desacato o indebida ejecución del cargo, al depender del Juez y la penal ordinaria por culpa, en los delitos culposos, por sola violación en los formales, y con la advertencia de que en razón de ser funcionarios impuestos por una autoridad, eventualmente tienen agravante en los delitos en que incurran.

Como lo dijimos antes no creemos del todo viable admitir la tesis de una responsabilidad indirecta para el Estado en supuestos en que los designados por el Juez se excedan en sus conductas, pues tales nombramientos como lo hemos dejado dicho en la

---

[18] Como ya se lo indicó supra, el CCO solo hace referencia en esa materia a: que sean abogados o comerciantes, que no sean fallidos no rehabilitados, mayores de 21 años y que no tengan intereses en la quiebra.

[19] Art. 987 CCO.

práctica son sugeridos por los mismos acreedores y la indebida o imprudente elección podría entenderse estas sujeta a "recurso", dado lo cual, de no ejercerse aquellos, hace aparecer difícil pensar en una responsabilidad a cargo del Estado.[20]

Cuarto:

De una revisión general de la normativa vigente no puede concluirse con que existen normas o procedimientos claros para el control por parte de los acreedores y otros interesados en los procesos concursales sobre las actuaciones de los mencionados auxiliares de justicia. Ya hemos indicado que no existen patrones legales de conducta para tales actuaciones, ni siquiera de carácter ético, pues no existen gremio o asociaciones de tales funcionarios auxiliares.

Lo que si queda evidente, ante la vigente regulación de la materia, como se lo ha venido señalando, es que tales actuaciones siempre son revisables ante el Juez de la causa, y las de este, por lo general susceptibles de recursos ante los respectivos Superiores Judiciales. En la práctica lo que ocurre es que los acreedores resultan ser muy tolerantes y no ejercen adecuadamente la protección de sus intereses.

Quinto:

A diferencia de lo contemplado en otros sistemas legislativos, el venezolano no contempla directamente que los auxiliares de justicia que prestan sus servicios en los procesos concursales tengan a su vez auxiliares, más nada impide que contraten personal, designen apoderados o mandatarios especiales, siempre que hayan solicitado autorización del Juez, y en tales supuestos de haber daños ocasionados por ellos, toda vez que entendemos sus responsabilidades son indelegables, responderán los principales por culpa *in eligendo*.

Lo que si debe quedar también claro es que los acreedores pueden solicitar del Juez, y en todo caso, este puede acordarlo por igual, que los mencionados cargos se ejerzan en forma mancomunada o conjunta con otros funcionarios del mismo rango (Arts. 960 y 969 CCO).

Sexto:

Constituyen por igual problemas adicionales a los antes reflejados en torno a los procesos concursales, lo relacionado a la determinación de la remuneración para los cargos de auxiliares de los concursos, pues no queda del todo claro a la luz de la normativa vigente, ni como ni quien las establece y de donde se pagan.

La primera interrogante parcialmente ha quedado dilucidada antes determinándose como y por cual concepto se fijan tales remuneraciones (supra) en torno al segundo aspecto, esto es, de donde provienen los fondos, debe afirmarse que lo será de la masa activa de la quiebra, pero que mientras procede la liquidación o se obtiene disponible, los acreedores que la han solicitado deben adelantar dichos gastos y costos.

---

[20] En la práctica lo que suele ocurrir es que los jueces a su antojo hacen las designaciones de los auxiliares, mas ello lo es también en tanto que los acreedores o el deudor no ejercen sus derechos, ni recurren de tales actos. La lamentable experiencia en Venezuela resulta ser la de que los cargos de auxiliares en tales procesos se conceden no a los más aptos ni honestos, sino a amigotes de los jueces, con quienes se comenta inclusive reparten las jugosas ganancias por los honorarios en el desempeño de sus encargos.

CONCLUSIONES

Los breves comentarios que preceden sobre la vigente regulación de la insolvencia en el sistema venezolano, ponen en evidencia lo antigua, incompleta y poco acertada regulación relacionado con los problemas de insolvencia, con la cual en todo caso, nada se procura para mantener el funcionamiento de las empresas, ni establece mecanismo adecuados con tal sentido.

El régimen de los sujetos y funcionarios que intervienen en los proceso concursales con ánimo de conducir y coadyuvar en la solución presta y oportuna de la liquidación de las acreencias y/o reinicio de las actividades normales de las empresas, está ausente de toda regulación legal eficiente, lo que dificulta pensar en buenos resultados de dichos procedimientos y entorpece la buena marcha de dichos procesos e impide un adecuado control de las gestiones que estos cumplen ni deja en claro el papel que están llamados a desempeñar.

Resulta evidente la conveniencia de propiciar una tempestiva y adecuada reforma de la regulación de los procesos concursales y relacionados con el control, manejo y soluciones a los problemas de insolvencia que abarque por igual a comerciantes y no comerciantes.

La complejidad cada vez mayor de las relaciones comerciales tanto locales como internacionales y el interés en preservar las fuentes de trabajo y producción, aconsejan establecer reglas para facilitar los mecanismos de refinanciamiento, reestructuraciones y soluciones a las crisis de insolvencia.

Con vista a lo examinado, y al último indicado aspecto es igualmente evidente la conveniencia de que se exijan y regulen organismos de preparación, control y formación de funcionarios especializados que no solo atiendan los conflictos judiciales que aquellas situaciones generen, sino también la de los demás funcionarios que como auxiliares es recomendable cooperen con los órganos judiciales en los procesos colectivos concursales y en los extrajudiciales, dando así mayor confiabilidad a las partes y facilitando la pronta y efectiva conclusión de dichos indeseables fenómenos.

Por igual es deseable una especialización de la competencia judicial que atienda este tipo atípico de problemas y que cuando menos tengan clara idea del funcionamiento y aspectos trascendentes relacionados con la actividad empresarial a quienes se confíe la conducción y solución de estos procesos excepcionales, entendiendo que hoy en día con las facilidades de comunicaciones, no por concentrarse la creación y existencia en uno o más órganos especializados, o por su ubicación en cabeceras de regiones o inclusive se confíe a órganos nacionales, con ello se desmejoren los servicios de justicia, ni se ponga en duda el derecho de defensa y protección de los intereses de los justiciables y por supuesto estableciendo mecanismos y procesos especiales de excepción para aquellos casos en que los intereses económicos en juego no lo ameriten.

Pero con lo dicho, no por ello dejamos de rechazar de plano toda idea que suponga o conlleve el manejo de esta problemática a través de órganos diferentes del Poder Judicial, en tanto las experiencias que en tal sentido se han tenido en otras áreas dejan mucho que desear, y por el contrario, pareciere que lo conveniente resulta ser que aún aquellas materias sustraídas a la fecha del conocimiento del Poder Judicial, vuelvan a manejarse por su intermedio, no sin desconocer que en casos especiales, como lo serían concursos o procesos que involucren empresas que manejan considerables recursos financieros del público (bancos, financieras, seguros, etc.), tomen especial relevancia la participación de órganos de defensa para los intereses minoritarios y de masas de consumidores[21].

Por el contrario somos de opinión que de manera alguna pueden establecerse privilegios, orden de preferencia en las liquidaciones de acreencias, ni otros beneficios excepcionales o similares en razón de ser determinados acreedores pertenecientes a grupos que hayan proveído los recursos, o de condición económica de menor importancia que otros acreedores, pues la razón eventual de ser de beneficios o prebendas, mejoras de servicios, etc., brindados a aquellos, lo son por idéntico sacrificio patrimonial que han hecho esos otros acreedores como lo son proveedores, trabajadores, profesionales, etc.

En todo caso lo que deben establecerse son estrictos y rigurosos principios de responsabilidad a los órganos del Estado que por lo general en ese tipo de actividades tienen a su cargo el control, vigilancia y supervisión de aquellas entidades, y que por desidia, negligencia o culpa dejan de cumplirla y permiten en definitiva que no lleven a cabo cabalmente los controles deseados o se prevengan razonablemente dichas crisis.

Esta breve presentación sobre la situación legal en Venezuela relacionada con la prevención y regulación de la insolvencia y sus efectos ponen de manifiesto lo incipiente de dichos principios y normativas vigentes para atender un fenómeno cada vez mas peligroso y extendido en la economía mundial y local, lo que a su vez resta confiabilidad a los inversionistas del exterior y en definitiva provocan indeseables malestares en el normal desenvolvimiento de las actividades comerciales e industriales y la restricción de los créditos nacionales o extranjeros, en definitiva motorizadores del crecimiento económico.

VII. BIBLIOGRAFÍA VENEZOLANA SOBRE EL TEMA

Bauder Fonturvel, Humberto, *Marco Legal y Normativo de las empresas corporativas venezolanas,* Caracas, 1989, Separata Ponencia Jornadas de la Universidad Simón Bolívar sobre Empresas Corporativas y sus ventajas competitivas, Edit. Le Clip, Isbn 980-07-3657-3.

Bauder Fonturvel, Humberto, *Venezuelan Insolvency and Bankruptcy Laws*. Estudio presentado en Zalzburg, 1991, en idioma inglés, Edit. Le Clip, Venezuela, 1991.

Baumeister Toledo, Alberto, Tratamiento de la Insolvencia en el sistema de Derecho Venezolano. Lineamientos sobre el sistema concursal, con especial referencia a la quiebra y en particular al marco regulatorio de los órganos de liquidación en dichos procesos. Ponencia al Seminario Regional sobre Insolvencia, México, 2000, publicación mimeografiada del Banco Mundial, Oct 2000.

_______, Sumario de Informe del País sobre Sistemas de Insolvencia y Derecho de los Acreedores. País, Venezuela. Foro de Insolvencia Latinoamericano, Banco Mundial, Río de Janeiro, Brasil, junio 2004, publicación mimeografiada, Banco Mundial Jun. 2004.

Burgos Villasmil, José R., *Lecciones sobre Quiebra*. Edit. La Torre, 1980, Caracas.

_______, *La quiebra en el Derecho Venezolano*. Edit. Jurídica Pierre Tapia, 1980, Caracas.

---

21 Hemos conocido lo poco deseable de los resultados de tales procesos desjudicializados, como son los casos de Colombia (con una legislación de excepción y urgencia) y uno novedosamente introducido en Bolivia.

Risquez Iribarren, William, *La Reforma Mercantil, Derecho Concursal, Procedimiento Mercantil*, Edit. Grafiunica, 1978, Caracas.

Gimenez Anzola, Hernán, *El Juicio de Atraso*, Edit. Arte, 1963, Caracas.

Dominici, Aníbal, *Comentarios al Código de Comercio venezolano*, Maracaibo, 1958

Rios Arrieta, Rafael. *Estudios sobre la quiebra*. Edit. Pensamiento Vivo, 1962, Caracas.

Pierre Tapia, Oscar, *La quiebra según el Código de Comercio Venezolano*, Ediciones Libra C.A., 2ª. Edic., s/f. Caracas.

Pisani Ricci, María A. *La Quiebra, Derecho Venezolano*, Edit. Universidad Central de Venezuela, 1990, Caracas.

55.

EN TORNO A LA OPERATIVIDAD DE CIERTAS CAUSALES DE DISOLUCIÓN DE LAS SOCIEDADES MERCANTILES (UNA INTERESANTE ACOTACIÓN DEL PROFESOR ROBERTO GOLDSCHMIDT)*

"Las leyes justas y claras, constituyen monumentos imborrables a la labor de sus autores".

(Anónimo)

Dedicatoria:

A la siempre presente memoria del maestro Dr. Roberto Goldschmidt, cuya vida y enseñanzas han sido permanente fuente de ilustración y aprendizaje.

I. CONSIDERACIONES ESPECIALES EN TORNO AL OBJETO Y FIN DEL PRESENTE ESTUDIO

Con motivo de haberse cumplido el pasado 21 de diciembre del 2005, cincuenta años de publicada la reformar del Código de Comercio, instrumento legislativo que ha resistido valientemente los embates del tiempo desde hace mas de doscientos años, sin mayores cambios ni críticas derivadas de litigiosidad, nuestro citado instrumento legal ha demostrado así la monumentalidad de lo legislado, su acabada fundamentación técnica, pero a la vez práctica de sus mandatos y el muy importante papel que juzgaron sus proyectistas, redactores y quienes han llevado a cabo sus pequeñas y aisladas reformas, última de las cuales es la de 1955, y cuya preparación, asesoramiento en las Cámaras y justificaciones tocaron al siempre bien recordado maestro Dr. Roberto Goldschmidt.

Al mencionado maestro, de quien tuvimos la honra de recibir su muy grata y valiosa amistad, mucho le debe no solo el Derecho Mercantil venezolano, sino otras destacadas y para la época incipientes ramas del Derecho nacional. En efecto solo el tesón y gran ilustración y capacidad científica del Profesor, permitieron llevar a cabo fructíferamente las labores y gestiones para poner al día algunas de nuestras leyes, y publicar y dar vigencia a nuevos ordenamientos en materias carentes de esas regulaciones (Vg. Propiedad Horizontal, Ventas con reservas de dominio, Derecho de autor, etc.).

---

* Estudio preparado con ocasión a la publicación de un Boletín especial de la Academia de Ciencias Políticas y Sociales de Venezuela con ocasión de los cincuenta años de haberse promulgado la Reforma Parcial del Código de Comercio de Venezuela de 1955.

No creemos equivocarnos al sostener que entre esas particulares labores del maestro, la mas destacada y acabada, lo fue la de la reforma parcial del Código de Comercio de 1955, cuyos trabajos e investigaciones forman parte de la interesante y bien documentada obra que bajo su autoría se publicó por el Ministerio de Justicia, bajo el nombre de LA REFORMA PARCIAL DEL CÓDIGO DE COMERCIO DE 1955[1], y en la que detalladamente, con derroche de citas doctrinarias, notas de jurisprudencia y observaciones de Derecho Comparado, Goldschmidt, como proyectista defendió y sostuvo la necesidad y pertinencia de la reforma parcial aludida.

En efecto, en dicho trabajo hace su autor ricos e interesantes comentarios a los artículos modificados, y a los que no lo fueron, cuando de alguna manera colidían o aludían a los que fueron objeto de reformas, hechos por demás sin escatimar espacio ni trabajo alguno.

El Profesor Goldschmidt en dicho trabajo, como en otros que asumió, nos dejó plasmados los senderos legales que hubo de transitar para provocar una reforma, o diferirla, a través de un enjundioso e indescriptible e importante legado que ponía de manifiesto los antecedentes históricos de las normas vigentes y las propuestas para la reforma, sus correlativas en el Derecho Comparado, las fuentes utilizadas para dichas labores, etc.

Esos interesantes trabajos, dignos de emularse en toda reforma de leyes de importancia, lamentablemente no ha sido ni son comunes en Venezuela, y sobre los cuales no hay duda que permiten contar con un importante instrumento de manejo, comprensión e interpretación de las nuevas normas que contengan las reformas legislativas y del fin y propósito de las Leyes promulgadas.

El maestro Goldschmidt en dichas tareas, cumplió una dilatadísima obra como docente, estudioso de la legislación vigente para su tiempo y sus reformas, así como nos legó por igual una riquísima y fecunda labor investigativa de nuestro sistema de derecho privado, en tanto abarcó normas y regulaciones atinentes a muchas y variadas ramas del Derecho.

Todos sus trabajos en dichas actividades permiten observar en las labores del maestro, una profunda labor investigativa desde el punto de vista histórico y de Derecho Comparado, las cuales mantienen vigencia y pertinencia hasta nuestros días.

Siempre hemos destacado, al hablar de Derecho en Venezuela, pero especialmente del Derecho Mercantil y Comparado que la labor del Profesor Goldschmidt nunca ha sido debidamente ponderada y valorada. Con los trabajos del Profesor, a diferencia de lo ocurrido con la de otros comentaristas y proyectistas, por igual enjundiosos maestros del Derecho en Venezuela, la misma no ha tenido a nuestro juicio reconocimiento del mérito que la misma merece, lo que tristemente es de reconocer suele ocurrir de normal en nuestro país. Goldschmidt, por Venezuela, su patria adoptiva, hizo cuanto pudo y más. Su prolífica actividad intelectual, su labor como docente, investigador, difusor de nuestro pensamiento jurídico venezolano y comparatista, consideramos no ha sido igualada en el campo del Derecho Privado en general.

Destaco pues que con los comentarios que formulamos en este modesto trabajo pretendemos reconocer y recordar la importancia y méritos de la reforma del Código de Comercio de 1955, luego del transcurso de cincuenta (50) años de su vigencia, pero así mismo pretendemos revivir la memoria de nuestro dilecto maestro, el Profesor Goldschmidt, a quien también va dirigido este homenaje.

---

[1] Editorial Sucre, Venezuela, 1956

Consideramos que la última citada reforma del Código de Comercio merecería identificarse y denominarse como "la Reforma Goldschmidt del Derecho Mercantil venezolano", pues a él debemos su destacada importancia y méritos y la labor con ello cumplida nos ha permitido contar con un amplio, completo e importantísimo material de investigación sobre las normas modificadas y un interesantísimo trabajo de Derecho Comparado.

Este trabajo, no tendrá por supuesto pretensiones de examinar todo el contenido de la reforma del Código de Comercio, lo cual ocuparía espacios mayores a los de un propio libro, por ello hemos decidido centrar su objeto en la consideración de un punto en torno al Derecho Societario por demás interesante y no suficientemente discutido en Venezuela.

En efecto nos referiremos en él, a la existencia o no de causales taxativas, o no que operan **ope legis** para que proceda la disolución de las sociedades en Venezuela, o si por el contrario, en algunos de los casos contemplados en el Código de Comercio para que ello así ocurra es menester una calificación, verificación o constatación sobre la causal aplicable, y si la misma debe o tiene que requerir pronunciamiento judicial o administrativo.

II. PLANTEAMIENTO DEL PROBLEMA DE LA OPERATIVIDAD DE LAS CAUSALES DE EXTINCIÓN DE LAS SOCIEDADES

El maestro Goldschmidt en su referida obra sobre la Reforma se plantea el aludido tema tangencialmente al examinar el artículo 332 del Código de Comercio[2], que es una de las nuevas normas que fueron objeto de inserción con la reforma de 1955, cuando se analiza el derecho de separación del socio (en las anónimas y de responsabilidad limitada) al producirse toma de decisiones con los quórum calificados para los casos de modificación del documento constitutivo y aumentos de responsabilidad de los socios y que la extiende por igual a los casos de cambio de objeto social, por aplicación analógica del Art. 282 *ejusdem*.

Más concretamente su posición sobre el tema ahora examinado, la desarrolla en la nota tres del mismo Art. 332 haciéndolo en los términos siguientes:

> "A favor de este derecho del socio (Referido al Derecho de separación), luego de agotados todos los otros recursos jurídicos a disposición del socio durante la existencia de la sociedad, en aplicación del artículo 1.679 del Código Civil, que le da el derecho de pedir la disolución de la sociedad por justos motivos), y donde concluye con que a pesar de existir criterios diversos en la doctrina; en Venezuela, a tenor del Art. 340 existe la posibilidad de que se solicite la disolución por la imposibilidad clara de conseguir el objeto social"[3].

Por igual retoma el tema, al hacer sus comentarios al Art. 1027 de la misma Reforma del Código, en su nota siete[44].

---

[2] Opus cit. p. 143 ss. Obviamente nos referimos al Código de Comercio reformado en 1955, Gaceta Oficial 475 Extraordinaria del 21 de diciembre de 1955, en lo sucesivo CCO.

[3] Opus cit p. 144. Advierte el mismo autor seguidamente, que ello es lo que ocurre así mismo en Derecho Alemán. (Ley de sociedades de responsabilidad limitada).

[4] OPS Cid p. 173.

Debe destacarse que si bien el tema desarrollado no se compadece estrictamente con ninguna de las dos disposiciones legales objeto de comentarios, el autor lo aborda, en razón de lo que él mismo aclara en la Introducción de su citado Libro, cuando advierte que:

> "La presente publicación contiene un comentario a los artículos del Código de Comercio reformados por la Ley de Reforma Parcial o introducidos por ésta. Especialmente en materia de sociedades, dicho comentario no se limita a una interpretación de los nuevos textos, sino que trata, incluso, problemas conexos, que se habían planteado ya con anterioridad a la reforma, sobre todo respecto a la sociedad anónima"[5].

Pues bien, considera Goldschmidt, que no obstante caber la posibilidad de invocar el ordinal 2 del Art. 340, ello plantea entre otras cosas el problema de determinar en cuales circunstancias la discordia entre los socios puede considerarse un caso de imposibilidad de conseguir el objeto social, advirtiendo, que la duda abarca analizar si al socio compete una acción **constitutiva** de disolución o, una acción **declarativa.**

Lo expresado en esta forma por el maestro conlleva pues a que en la indicada causal de separación no basta simplemente la existencia de su supuesto de hecho, sino que será menester no solo la declaratoria de procedencia de la causal, sino que previamente, y por vía de pronunciamiento jurisdiccional, sea menester se determine que los supuestos concretos que se invoquen para la procedencia de la causal, son suficientes, tempestivos y pertinentes, bien por vía de una simple declaración, equivalente a una mera declaración de certeza de lo ya previsto en la Ley como tales supuestos, o si por el contrario es menester un pronunciamiento constitutivo, conforme al cual, determinada la existencia de los supuesto que dan origen al caso (meras declaraciones de certezas previas) así como el pertinente pronunciamiento del Juez, para hacer nacer la causal de imposibilidad de lograr el objeto, y con ello se hace procedente el derecho a la pretendida disolución.

En el segundo de los comentarios aludidos del autor, este sostiene en la nota seis citada lo siguiente:

> "En ciertos casos, puede haber dudas acerca de la existencia de una causal de disolución, así, en particular, en relación a la falta o cesación del objeto o a la imposibilidad de conseguirlo, pero también, respecto al cumplimiento del objeto social. No obstante, de la naturaleza de las demás causales, se desprende que también estas causales deben ser manifiestas para que produzcan el efecto inmediato y los administradores que la contravengan a ello queden responsables frente a la sociedad".

III. LA PROCEDENCIA Y PERTINENCIA DE LA CAUSAL DE DISOLUCIÓN POR IMPOSIBILIDAD DE OBTENCIÓN DEL OBJETO SOCIAL EN EL DERECHO VENEZOLANO

De acuerdo a los destacados comentarios del Profesor Goldschmidt, pareciera que en el Derecho Venezolano, la procedencia de la causal contemplada en el ordinal 2 del Art. 340 *ejusdem* adminiculado a lo dispuesto al Artículo 1673 y 1679 del Código Civil[6] no tiene aplicación *ope legis,* y por ello igualmente concluye el maestro destacando lo

---

[5] OPS Cid. p. 9.

[6] Gaceta Oficial N. 2990 Extraord. del 26 de julio de 1982, contentiva solo de reforma parcial del Citado Código, cuyo texto formal es el de 1942, en lo adelante identificado como Cc.

inconveniente de interpretar el aparte único del art. 342 en el sentido de que este fija de manera taxativa el día desde el cual rija la prohibición, señalando que en contra de tal posición estaba José Loreto Arismendi, para quien solo operan como causales ope legis de disolución societaria, la expiración del término, el cumplimiento del objeto o la muerte de alguno de los socios cuyo fallecimiento disuelve la sociedad, y para cuyas conclusiones, se apoya en lo dispuesto en el último aparte del articulo 342 eiusdem, según el cual los administradores no pueden emprender nuevas operaciones una vez terminada o disuelta la sociedad o desde que esta sea declarada en liquidación por los socios o por el Tribunal.

En consecuencia, según la disposición que comenta el citado autor, la sociedad se considera terminada o disuelta desde el propio instante que ocurra alguno de los acontecimientos arriba identificados, y no sucede lo mismo con las demás causales de disolución, para las cuales no existe mas término para fijar la disolución de la compañía, sino cuando la liquidación de la misma sean declaradas por los socios o por el Tribunal[7].

IV. PLANTEAMIENTO DEL PROBLEMA DE LA OPERATIVIDAD DE LAS CAUSALES DE EXTINCIÓN DE LAS SOCIEDADES

No pareciera existen dudas en cuanto a que la violación que en casos como el comentado hagan los administradores de la prohibición por ejemplo de continuar la actividad societaria, emprendiendo nuevas operaciones sin convocar la asamblea, lo que autorizará a los accionistas a incoar una acción declarativa para que el Tribunal compruebe la disolución que se ha verificado, en tanto que causales como la comentada, si bien deben ser manifiestas no producen ***ipso facto*** la disolución[8], requiriendo un pronunciamiento concreto, bien de la asamblea de socios, o en su caso la instada por los accionistas y que provenga de un Tribunal, en las que en uno u otro caso haya la constatación indubitable de la existencia de dichas causales.

Como se lo destacó antes, esa pareciere ser también la posición de Arismendi, con la advertencia de que en los casos de otras causales expresas de las contempladas en la Ley o en el documento constitutivo, no se hace menester de tal declaratoria, para que se entienda que la sociedad se encuentra en disolución, en las que obviamente basta constatar los supuestos bajo los que opera la causal, para que sin mas, deba entenderse que la sociedad se encuentra en liquidación.

En torno al problema, años después, Morles insiste en la observación de Goldschmidt, y destaca que la posición que al respecto pareciere la mas adecuada, es la que sigue el modelo español en la Ley de Sociedades Anónimas, y conforme a cuyo artículo 206 debe destacarse que " una vez disuelta la sociedad, se abrirá el período de liquidación, y que ha llevado a la doctrina a considerar que la naturaleza jurídica de la liquidación presenta dos facetas: se trata de un procedimiento o conjunto de actos y de un estado jurídico (en apoyo invoca a Eizaguirre y sus citas de Garrigues, Uría y Girón)[9].

---

7 Arismendi José Loreto, y Arismendi hijo, José L., Tratado de las sociedades civiles y mercantiles, Edic Ariel, Caracas-Barcelona, 1964, sin isbn, N° 593.

8 Opus cit, p. 172, nota 6, párrafo tres.

9 Morles Hernández, Alfredo, Las sociedades mercantiles, Curso de Derecho Mercantil, Tomo II, p. 1581.

Para el mismo comentado autor, la tal prohibición de realizar nuevas operaciones, una vez de producirse la existencia de la causal y mientras realmente se designa a los liquidadores, y estos inician sus funciones, los administradores continúan realizando sus gestiones, pero estas están severamente limitadas, pues en ningún caso pueden realizar nuevas operaciones.

Destaca Morles que en el último proyecto de modificación de la Ley de Sociedades en Venezuela se mejoran las regulaciones en torno a la liquidación de las entidades societarias, y al efecto transcribe varias de sus nuevas normas y cita en apoyo a su posición, lo que al respecto advierte la Exposición de Motivos, así:

"Han sido precisadas las causales de disolución de la sociedad, incluyendo la quiebra, sobre la cual se expresan dudas y existen soluciones divergentes en el derecho comparado. Las fases de la liquidación han sido netamente identificadas. SE permite continuar la marcha de los negocios cuando sea conveniente para los fines de la liquidación, lo cual puede ocurrir frecuentemente, sobre todo cuando existen activos que consistan en plantes industriales, talleres o unidades productivas cuya paralización pueda ser contraproducente a los fines de la liquidación..."[10].

A pesar de lo dicho, es obvio que en el nuevo articulado propuesto, nada se dice en cuanto a los prototipos de las causales, en particular cuando se refiere a las comentadas causales, que no aparecen claras en su tipología para que provoquen el efecto liquidatorio normal[11].

A nuestro entender mucho mas claras resultan las disposiciones que regulan la materia, en el Proyecto de Reforma Goldschmidt[12], en el que se usa una terminología mas precisa y amplia en cuanto a la definición del plazo a partir de cuando debe entenderse entra la sociedad en plena fase de liquidación bajo el control de los Liquidadores, cuando en su artículo 144 establece: "Habiéndose verificado un hecho que determine la disolución de la compañía los administradores no pueden realizar otras operaciones que las urgentes"[13].

Lo dicho comporta entonces que el término corre a partir de cuando quede constatado (sea por la claridad de la causal que lo provoque, o bien solicitando el pronunciamiento que constate la existencia del mismo), diferenciando o permitiendo hacerlo, los diversos modos como pueden operar tales causales y añadiríamos por igual, que dicha norma debía completarse disponiendo como y cuando procede el pronunciamiento expreso y en que causales, y determinando que en esos casos especiales, a falta de expresa determinación de la Asamblea, obliga a los administradores a formular ante el Juez de Comercio que tales pronunciamientos sean de su conocimiento y decisión.

De su parte, Francisco Hung V.[14] destaca sobre el tema bajo análisis "La doctrina tradicional ha clasificado dichas causas distinguiendo entre las que operan de pleno derecho y las que no lo hacen con ese carácter.

---

10 Exposición de Motivos del Proyecto de reforma, citado en Morles, opus cit. pag 1591 ss, tomo II.

11 Art. 231 Proyc. P. 1592 tomo II, opus cit.

12 Goldschmidt, La Reforma parcial, citado supra, p. 240.

13 Goldschmidt opus cit, p. 240.

14 Hung V. Francisco, Sociedades, 6a Edición, Vadell Hnos., Venezuela, p. 184, 2002.

En el mismo sentido opina Brunetti, acogiéndose a la posición que estimamos, (como también lo hace Hung) es la más tradicional en la materia[15]. Otra parte de la doctrina, discute tal clasificación e incluso señala el mismo Hung que la técnica legislativa rechaza dicha distinción[16].

Coincidimos por igual con Hung, al observar que lo importante en esta materia en cuanto a la forma y clasificación de estas causales, el aspecto relacionado con la seguridad jurídica, que en todo caso hace aconsejable que la situación de las sociedades no permanezcan en duda en torno a su extinción o no[17].

Hung es también de la opinión de Goldschmidt en torno a la conveniencia de distinguir entre aquellas causales que requieren expresa declaración o reconocimiento, de las que no exigen, reconociendo por igual que la importancia del tema toma especial consideración en los sistemas en que como el de nuestro vigente código, hay normas que limitan el campo de acción de las atribuciones de los administradores en los supuestos de que la sociedad entra en disolución[18].

CONCLUSIONES

En nuestro actual sistema societario, para los casos de operar disolución de sociedades anónimas o de responsabilidad limitada, deberá distinguirse, sean estas de las contempladas en la Ley o en los documentos sociales, si por la naturaleza de los hechos que las constituyen, son de clara y definida precisión que permitan entender claramente operen ope legis, o por el contrario, si son de aquellas, en las que tales supuestos, no solo deben reconocerse están presentes, sino que deba constatarse por la asamblea de socios, o un pronunciamiento judicial ad hoc, en tanto la precisión de las condiciones de su existencia y modalidades pueden ponerse en duda o se presten a interpretaciones.

Pareciere que en una reforma futura de la normativa, lo pertinente fuera, hacerlo constar así expresamente, todo a reserva de que cualquier accionista interesado pueda accionar ante los órganos judiciales competentes, para que estos se pronuncien y declaren sobre la existencia de dichas causales, o cual no dejará que existan dudas en torno a la materia.

En la experiencia profesional hemos constatado con frecuencia la diversidad de posiciones en torno al tema, y así algunos abogados optan directamente por considerar que en la materia no es menester tal pronunciamiento sino que dándose la existencia de los hechos que constituyen la causal, automáticamente no solo procede la liquidación, sino que en efecto sean los administradores o los liquidadores nombrados o que proceda designar, entran a cumplir los actos de liquidación.

El otro grupo, con fundamento a lo examinado antes, y a la normativa expresa en el exterior, consideran que cuando existan dudas, o cuando así lo hayan solicitado los accionistas, será menester la declaración del Juez, reconociendo tanto la existencia como la pertinencia de la causal, y con ello comienza la verdadera etapa de liquidación.

---

15 Brunetti, Antonio, *Tratado del Derecho de las Sociedades*, Uteha Argentina, Argentina, 1960, Tomo I, p. 361.

16 Giron Tena, *Derecho de Sociedades*, Artes Gráficas Benzal, España, Tomo I, España, p. 333, citado por Hung, o.c. p. 184.

17 Hung V. o.c. p. 184, quien por igual se refiere en apoyo al mismo Girón Tena, o.c. p. 335 ss

18 Hung V. o.c. p. 184.

Confiamos en que estos modestos comentarios sean útiles para una mejor interpretación del problema de las causales de disolución y sus formas de operar y con ello brindar homenaje tanto a los cincuenta años de existencia del Código de Comercio, aportando ideas para su mejor aplicación, y a la memoria del maestro Roberto Goldschmidt, motor de la reforma y de los primeros análisis de la normativa reformulada.

BIBLIOGRAFÍA

Cámara, Héctor, *Disolución y Liquidación de sociedades mercantiles-tipográfica*, editora Argentina (TEA), 1959.

Acedo Mendoza, Manuel y Acedo de Lepervanche, Luisa Teresa, *La sociedad anónima*, Vadell Hnos., Venezuela, 1991

Arismendi, José Loreto y Arismendi Jr. José Loreto, *Sociedades Civiles y Mercantiles*, Edic. Ariel, Barcelona-Venezuela., España, 1964.

Bergamo, Alejandro, *Sociedades Anónimas, Prensa Castellana*, España, 1970.

Brunetti, Antonio, *Tratado del Derecho de las Sociedades*, Uteha Argentina, Argentina, 1960.

Cicu, Antonio, Messineo, Francesco; Mengoni, Luigi, *Trattato di Diritto Civile E Commerciale,* Galgano, Francesco, *La Societá in genere*, Vol. XXVIII, Giuffre, Italia, 1982.

De Gregorio, Alfredo en Rocco, Bolaffio, Vivante, Vol I, Tomo VI, Sociedades, Ediar, Argentina, 1950.

Girón Tena, J. *Derecho de Sociedades*, Artes Gráficas Benzal, España, 1976

Goldschmidt, Roberto, *La Reforma parcial del Código de Comercio de 1955*, Edit. Sucre, Venezuela, 1956.

_____*Manual de Derecho Mercantil*, Edic. Fundación R Goldschmidt y Edic. UCAB, 2003.

_____Comentarios a la Ley de Sociedades Anónimas, Eizaguirre, José y De Angulo R, Luis, Edit. Revista de Derecho Privado, Tomo VIII, España 1993.

Hung Valiant, Francisco, *Sociedades*, 6a edic., Vadell Hnos., Isbn 980-212-275-0, Venezuela, 2002.

Morles Hernández, Alfredo, *Curso de Derecho Mercantil*, T. II, Edic. UCAB, Venezuela, 2002.

Trattato delle Societa per Azioni, Directo da G.E. Colombo e G. B. Portale, Utet, Italia, 1994, Isbn 88-02-04747-2, t. VII y IX.

Uria, Rodrigo, Menéndez, Aurelio, *Curso de Derecho Mercantil*, Vol. I, Edit. Civitas, España, 2001.

Vásquez del Mercado, Oscar, Asambleas, *Fusión y liquidación de sociedades Mercantiles*, Edit. Porrúa, 3a edición, Isbn- 968-432-565-7, México, 1987.

Zerpa, Levis Ignacio, La impugnación de las decisiones de la asamblea en la sociedad Anónima, Facultad de Ciencias Jurídicas, UCV, Venezuela, 1987.

56.

CONSIDERACIONES SOBRE ALGUNOS ASPECTOS DEL PROCESO DE LIQUIDACIÓN DE LAS SOCIEDADES ANÓNIMAS EN EL ORDENAMIENTO LEGAL VENEZOLANO*

Al Dr. Alfredo MORLES H.

"Por su tenacidad en la divulgación del Derecho Mercantil y por su infatigable capacidad de trabajo intelectual"

"El talento no es un don celestial ni un milagro caído del cielo, sino el fruto del desarrollo sistemático de unas cualidades especiales"

José Ma. Rodero**

Sumario:

I.- Delimitación de la presente investigación. II.- Interés práctico del presente estudio. III.- Tratamiento del tema en algunos sistemas de derecho comercial comparado y opiniones de algunos tratadistas extranjeros y nacionales. IV.- Nuestra interpretación de la situación normativa existente y algunas consideraciones en torno a una posible reforma.

I. DELIMITACIÓN DE LA PRESENTE INVESTIGACIÓN

Comenzaremos por destacar que la etapa de disolución y liquidación de la sociedad anónima, así como el de las demás sociedades mercantiles, es una etapa crucial en la vida jurídica de dichos entes, como consecuencia de lo cual en efecto se pierde la personalidad jurídica de dichos entes, si se habían dado los supuestos para su existencia, y de alguna manera, en lenguaje figurado, se produce la muerte de dichos entes, esto es su extinción jurídica.

A diferencia del caso de las personas naturales, no hay una sucesión a título universal, si bien, como consecuencia de las gestiones de la liquidación pueden producirse actos que provocan la sucesión a título particular, pues la adjudicación de lotes, bienes o valores en efectivo, resultado de la partición de los excedentes luego de canceladas las obligaciones sociales, debe efectuarse por vía de traspaso o cesión de la propiedad de bienes que salen

---

* Investigación preparada para las *Jornadas en Homenaje al Dr. Alfredo Morles Hernández*, Valencia, Venezuela, 2004.

** Citas y frases célebres, Samir Laabi, Edit. El Ateneo, España, 2000.

de la masa de la liquidación, podrán producirse vía cesión ordinaria, venta, compensación o dación en pago que realicen los liquidadores.

Pero el problema a examinar no puede ser, no obstante lo engolosinante del mismo para cualquier curioso o estudioso del derecho de las sociedades, hacer una revisión siquiera parcial de los múltiples efectos que se producen como consecuencia de esa fase de disolución y liquidación, en tanto ello excedería en mucho el objetivo de nuestra conferencia e inclusive del marco de las Jornadas en torno a las cuales aquella se produce pues resulta una temática de aristas múltiples, lo cual queda demostrado con la abundante bibliografía que sobre los mismos existen en doctrina nacional y extranjera[1].

Centraremos, pues, nuestro estudio e investigación sobre uno de los tantos problemas que suelen presentarse en esta etapa de la vida jurídica de dichos entes, a su vez, ello circunscrito al Derecho Venezolano, y mas concretamente, al problema de si una vez llegada a esa etapa en la vida de las sociedades, perviven o no los órganos societarios de las sociedades anónimas y si lo hacen, con cuales poderes y facultades.

En torno a dicho tema y sus efectos, veremos no hay claridad normativa, lo cual resulta de una confusa contradictoria e incompleta regulación del tema por parte del Legislador, la cual nos atrevemos a calificar de simple desliz, con ocasión de las regulaciones contenidas en los diferentes Códigos de Comercio venezolanos y en especial, por supuesto, referido a la vigente redacción el Código de Comercio vigente, instrumento legal este que por lo demás está cumpliendo este año sus cien (100) años de existencia[2], mas que bien vividos y con frutos nada despreciables, pues a pesar de lo obsoleto que pudiere reputárselo, ha sido muy normal la conflictividad generada por su aplicación durante todos estos años, si bien la jurisprudencia y doctrina han sido factores de apoyo en la adaptación, interpretación y aplicación de su normativa.

El problema concreto que examinaremos deviene en concreto del hecho de que conforme a nuestra legislación comercial, tal como ocurre en otros sistemas de derecho mercantil, la fase de extinción de la sociedad anónima, pues en concreto en este caso sólo a ella nos referiremos, presenta la anomalía de que por una ficción legal, se reputa que a

---

1 Entre otros, el mismo homenajeado, Dr. Alfredo Morles H., en su curso de Derecho Mercantil, Tomo II, 5ª edición, ISBN 980-07-5253-6, Venezuela, 2002; Arismendi h., José L., Tratado de las Sociedades Civiles y Mercantiles, Edic. Ariel, Venezuela 1964; Núñez, Jorge E., Sociedades Mercantiles, 2 tomos, Editorial Maracaibo, 1976; Hung, Vaillant, Francisco, Sociedades, Edit. Jurídica Venezolana, Venezuela, 1981; De Gregorio, Alfredo, De las Sociedades y de las Asociaciones Comerciales, Vol. 1, Tomo VI, Derecho Comercial a/c Rocco, Bolaffio y Vivante, Ediar, Argentina, 1950; Goldschmidt, Roberto, Curso De Derecho Mercantil, Segunda Edición de la Obra, actualizada bajo la Dirección y Coordinación de María Auxiliadora Pisan Ricci. Colaboradores: Gabriel Rodríguez e Ivanova Beirutti Ruiz, 2ª. Edición a cargo de Editorial Universidad Católica Andrés Bello y Fundación Roberto Goldschmidt, 821 pp. Caracas 2002; Hemard, Jean; Terre, Francois; Mabilat, Pierre, Societés Comerciales, Vol II, Dalloz, Francia, 1974; Vásquez del Mercado, Osear; Asambleas, fusión y liquidación de sociedades mercantiles, Tercera Edición, Edit. Porrúa, Isbn968-432-565-7, México, 1987.

2 Nuestro vigente Código de Comercio es fundamentalmente el de 1904, con modificaciones parciales y puntuales de 1938, 1942, 1945 y la última y que hoy lo hace vigente, que es la reforma de 26 de julio de 1955, con la advertencia de que también en esta sólo se afectaron algunos aspectos e instituciones, que si bien se produjeron inclusive en temas relacionados con las sociedades en general, en ninguna forma se refirieron a los aspectos que son objeto de análisis en el presente estudio. En lo adelante dicho Código lo identificaremos como "Cco."

pesar de encontrarse en fase crítica y de liquidación su patrimonio y actividades, y solo para ello se la reputa viva, no queda claro si también , como consecuencia de dicha ficción perduraran, sobreviven, o continúan existiendo con sus poderes los órganos societarios ordinarios, ante una ausencia de norma concreta que así lo establezca.

Concretamente nos referimos a las Asambleas, pero haremos también referencia al caso de los Comisarios, temas sobre los cuales el vigente Cco, guarda total silencio, a diferencia en cambio del último Proyecto de Reforma[3] y en alguna legislación y doctrina extranjera, donde expresamente si se hace alusión a dicha problemática.

En adición a lo dicho, vale la pena destacar por igual, que la redacción de algunas de las normas en materia de disolución y liquidación actuales, así también lo hacen pensar, pues, por ejemplo, en materia de información que deben rendir los liquidadores de sus gestiones, presentación de las cuentas de la liquidación, etc., alude individualmente a la persona de los socios (co partícipes en este caso) individualmente, que no a los órganos societarios.

En efecto, el CCo en materia de disolución y liquidación de sociedades anónimas dispone:

Art. 342: Terminada o disuelta la Sociedad, los administradores no pueden emprender nuevas operaciones, y si contravinieren a esta disposición, son responsables personal y solidariamente por los negocios emprendidos.

La prohibición tiene efecto desde el día en que ha expirado el término de la sociedad, en que se ha cumplido su objeto, o ha muerto alguno de los socios cuyo fallecimiento disuelva la sociedad, o desde que ésta sea declarada en liquidación por los socios o por el Tribunal.

Art. 347: Concluida o disuelta la compañía, los administradores no pueden hacer nuevas operaciones, quedando limitadas sus facultades, mientras se provee a la liquidación. A cobrar los créditos de la sociedad, a extinguir las obligaciones anteriormente contraídas y a realizar las operaciones que se hallen pendientes.

Art. 348: Si en el contrato social no se ha determinado el modo de hacer la liquidación y división de los haberes sociales, se observarán las reglas siguientes:

> En las compañías en nombre colectivo y en comandita simple, no habiendo contradicción por parte de ningún socio, continuarán encargados de la liquidación los que hubieren tenido la administración de la sociedad; pero si lo exigiere cualquier socio, se nombrará a pluralidad de votos, uno o mas liquidadores, de dentro o fuera de la compañía, para lo cual se formará junta de todos los socios, convocando a ella a los ausentes con tiempo suficiente para que puedan concurrir por sí o por apoderado. En la misma Junta se acordarán las facultades que se dan a los liquidadores. Si en la votación no se obtuviere mayoría relativa, dirimirá el Juez de Comercio, quien, en caso de elección deberá hacerla entre los que hubieren tenido mas votos en la Junta de Socios.

3 Anteproyecto y Exposición de Motivos de la Ley de Sociedades Mercantiles, citado por Morles, o.c, p. 1591, en el cual expresamente se contempla en el artículo 236: Las disposiciones relacionadas con el funcionamiento de los órganos sociales se aplican también durante la liquidación, en cuanto sean compatibles con esta"

En las compañías en comandita por acciones y anónimas, el nombramiento de los liquidadores se hará por la asamblea que resuelva la liquidación.

El nombramiento y los poderes de los liquidadores se registrarán en el Tribunal de Comercio de la jurisdicción.

Art. 349: Si no se determinaren las facultades de los liquidadores, éstos no podrán ejecutar otros actos y contratos que los que tiendan directamente al cumplimiento de su encargo, sometiéndose a las disposiciones del Código Civil sobre mandato.

Art. 350: En todo caso los liquidadores están obligados:

1. A formar inventario, al tomar posesión de su encargo, de todas las existencias, créditos y deudas de cualquier naturaleza que sean y a recibir los libros, correspondencia y papeles de la sociedad.

2. A continuar y concluir las operaciones que estuvieren pendientes al tiempo de la disolución.

3. A exigir la cuenta de su administración a los administradores y a cualquier otro que haya manejado intereses de la sociedad.

4. A liquidar y cancelas las cuentas de la sociedad con los terceros y con cada uno de los socios; pero no podrán pagar a éstos ninguna suma sobre las cuotas que puedan corresponderles mientras no estén pagados los acreedores de la sociedad.

5. A cobrar los créditos activos, percibir su importe y otorgar los correspondientes finiquitos.

6. A vender las mercancías y demás bienes muebles e inmuebles de la sociedad aun cuando haya menores entredichos o inhabilitados entre los interesados, sin sujetarse a las formalidades prescritas en el Código Civil, respeto a éstos.

7. A presentar estados de la liquidación cuando los socios lo exijan.

8. A rendir, al fin de la liquidación, cuenta general de su administración.

Si el liquidador fuere el mismo administrador de la sociedad extinguida deberá presentar en la misma época cuenta de su gestión.

En la revisión que puede hacerse del mismo instrumento legal, referida a las Asambleas (Art. 271 ss *ejusdem)* y a los Comisarios (Art. 309 ss., *ejusdem)* de su parte, tampoco nada se alude a la subsistencia de su funcionamiento durante la disolución y liquidación.

II. INTERÉS PRÁCTICO DEL PRESENTE ESTUDIO

Como de sobra resulta conocido a cualquier abogado o investigador del derecho societario, uno de los elementos esenciales a la existencia misma de los entes societarios, es el advenimiento con la voluntad plural que los crea, del *animus societatis* (el interés, ánimo o intención de estar y permanecer en sociedad, en tener y disponer bienes y patrimonio para fines especiales y concretos, ajenos y diferentes a los de los sujetos individuales que las integran), renunciando por tanto con ello en parte, en torno al manejo del patrimonio social a los intereses individuales, para hacer prevalecer en todos los actos societarios el interés y objetivos del nuevo ente societario.

Consecuencia o causa (depende del ángulo bajo el cual lo analicemos), resulta ser que el mando, gestión y administración del patrimonio común, el de la sociedad, corresponde en lugar primordial, a un órgano que representa a la totalidad de los integrantes del ente, que opera y funciona como creador de una nueva voluntad, de la voluntad social, del ente societario, y que bien o es coincidente, opuesto o concurrente con el de cada uno de los integrantes del capital de la sociedad, voluntad esa que se expresa a su vez, por boca de los órganos o entes societarios de administración, que ostentan la representación de la sociedad y actúan por y para ella, ante los propios socios, ante las autoridades y ante los terceros y que por boca de la o las personas naturales físicas que ejercen o detentan los cargos de tales (de manera unilateral o colegiada) encuentran manera de expresar esa voluntad especial del nuevo ente, en forma cabal y fielmente, no como expresión de voluntad propia de dichos sujetos, ni de algunos de ellos, sino la de que consensualmente y en forma plural, representa la de la mayoría de integrantes de dicha entidad.

El régimen, modos de operar y manifestación de esa opinión general, la societaria, tiene características y condiciones muy propias, pues en efecto, no es ni representa la voluntad caprichosa de uno o algunos de los socios asistentes o no a la Asamblea, sino aquella que se obtiene y forma con la concurrencia de un quorum especial, que al menos impone la voluntad de una mayoría, por sobre el resto de los socios, mayoría esa que viene determinada por la Ley o en los documentos societarios y como tal vincula entonces a presentes y no presentes en dicha reunión, que hubieren manifestado opinión o posición diversa, y hacen prevalecer aquellos por sobre la voluntad e intereses individuales del resto de los socios, debiendo inclusive inhibirse de expresar su opinión y dar voto, quienes de alguna manera tienen intereses contrapuestos ante el negocio, acto o resolución que deba adoptarse[4].

Si ello fuere cierto, los liquidadores de la sociedad, quienes resultan ser los órganos ejecutivos de la voluntad de la sociedad en esa etapa y período de su vida jurídica, y que sustituyen y sobreponen a los antiguos administradores (órgano de administración ordinaria del ente societario) o si estos devienen como tales, por haberlo así contemplado los documentos sociales o voluntad sobrevenida de los cuota habientes en la liquidación, ya no lo serán ni representarán aquellas voluntades colectivas mayoritarias, sino individualmente y por una relación de mandato, a los cuota habientes en la liquidación societaria, en tanto debe y tiene que entenderse ya no subsiste el interés colectivo (necesario para justificar y dar lugar a la pervivencia de la persona jurídica, que ahora está en fase de extinción), de lo cual por igual debe concluirse que ya como liquidadores, no tienen ni ejercen las mismas funciones que tuvieron originalmente como órganos de la administración societaria, y debidos, por tanto, a la voluntad general, al interés del colectivo, ni representar y disponer del patrimonio social con miras a los objetivos de la entidad, sino que sus actos son y tienen como fin único la efectiva liquidación de los pasivos y activos societarios, y la final liquidación y extinción de la sociedad y representan a los socios copartícipes individuales, que no al ente societario[5].

Así mismo cabe observar que las directrices sobre la gestión de liquidación, en la medida que no altere ni modifique las normas imperativas que disponen y regulan el que con tal etapa lo perseguido es la definitiva extinción societaria, quienes las imparten, no

---

4 Art. 269 Cco, obviamente aplicable por analogía a los supuestos idénticos que puedan surgir durante el período de manejo de la sociedad por parte de los Liquidadores.

5 Arts. 349 y 350 Cco.

deben ni tienen que ser los órganos societarios, sino la voluntad e intereses individuales de los co-partícipes, que no los órganos societarios sobrevivientes a los efectos de la etapa de disolución, como lo hemos planteado antes, sino la comunidad general de copropietarios o co-partícipes de la liquidación, determinados, precisados y calificados como tales, a partir del momento mismo en que se hubiere instrumentado la decisión de liquidación, y que como tales son los dueños de los haberes resultantes de dicha etapa y gestiones de liquidación, que no viene a ser otra cosa que el pago de cuantas obligaciones y pasivos de toda índole hayan sobrevivido hasta esa etapa societaria, y quienes en primer término conforme a la Ley[6] deben resultar satisfechos con el producto de la liquidación de los activos societarios, y luego, todo remanente debe ser entregado a los integrantes de dicha entidad, esto es, los antes socios de la entidad, y ahora co-partícipes de ese patrimonio en liquidación, hasta agotar todo elemento del activo, y cumplir con los trámites formales de participar la efectiva liquidación, extinción y ausencia de patrimonio, al Registro Mercantil competente[7].

Por el contrario, de no ser así y admitir como lo pretenden algunos doctrinantes, que los órganos societarios regulares permanecen activos y con plenitud de poderes, equivale entonces a que los integrantes del ente, o titulares de las acciones que componían el capital social de la compañía, haciendo valer la voluntad general, derivada del *animus societatis,* son quienes por las mismas reglas de constitución y quorum para votaciones, manifiestan e imponen sus voluntades colectivas, por sobre la voluntad individual de quienes no estuvieren de acuerdo o no les interesare integrar la voluntad general común del ente en liquidación.

Los resultados de aplicar uno u otro de tales criterios producen efectos inconmensurablemente diferentes para los titulares de esos derechos en la liquidación.

En efecto, si por un momento pensamos en dar la razón a quienes sostienen la pervivencia de dichos órganos, será la voluntad de la mayoría lograda en asambleas conforme a las normas del documento societario o de la Ley, en ausencia de aquellos, o por ellas por disposición de orden público que regule el tema concreto, quienes se impondrán sobre la minoría, provocándose asi soluciones no necesariamente idóneas o convenientes jurídica o económicamente al resto de los accionistas del ente societario.

Si como puede interpretarse y, en efecto lo hacen quienes adversan a los autores de la tesis anterior, consideran que en primer lugar las sociedades en tal etapa de liquidación, dejan de ser tales, aun cuando por mera ficción mantienen su personalidad para los solos efectos de la liquidación, y son por tanto una comunidad de condueños desde la fecha que se produjo la decisión de disolver y se designó a los liquidadores, y a partir de ese momento, solo impera como criterio para tomar las decisiones sobre la liquidación el de la mayoría de los copartícipes (conforme a las reglas de partición de herencias en el Código Civil y las de la comunidad ordinaria que obviamente pueden resultar mas favorables que el capricho o la imposición de una mayoría establecida en el documento societario, que si bien pudo haber tenido justificación durante la vigencia del *animus societatis* regulador de la voluntad y querer de los integrantes de la sociedad, no lo serán cuando aquél cesa para hacer renacer el interés individual de cada co propietario de la masa en liquidación.

---

6 Art. 350 ord. 4 Cco.

7 Art. 19 ord. 9o Cco.

Por ejemplo, la mayoría calificada puede optar en perjuicio de la minoría o de una mayoría no calificada, por vender a determinado precio perjudicial para éstos, o no vender, a pesar de ser una buena oportunidad, la totalidad o parte de los bienes del activo.

Las cosas se tornan inclusive mas graves dependiendo de lo que es objeto de análisis y juzgamiento, pensemos por ejemplo en la solicitud de rendición de cuentas que debe y tiene que exigir como uno de sus primeros actos el liquidador frente a los administradores anteriores, cuando ellos no fueran los mismos administradores, y la discusión de dicho tema frente a una "pseudo asamblea" integrada por quienes siempre auparon y disimularon los vicios de dichos administradores, prevalidos de esas mayorías.

Siendo aplicables, en todo lo que no esté expresamente reglado en el Cco., tal como lo precisa el Art. 8 *ejusdem,* las disposiciones de los Artes. 1680 ss, 760,764 y 770 del Código Civil (26 julio 1982).

En torno a este aspecto resulta por igual interesante otro aspecto societario de especial relevancia, cual es, como algunos lo pretenden, reputar que el acto de información sobre las gestiones ordinarias, anuales o semestrales de los administradores, presentado en las asambleas ordinarias o extraordinarias, constituyen o no verdaderas presentaciones de cuenta o rendiciones de las cuentas por la gestión, que no el realizarlo ante el Liquidador, o cuando asi lo exige la asamblea formalmente, en un todo conforme a las reglas de la rendición de cuentas tal como lo contempla el Código de Procedimiento civil, esto es de manera detallada y con sus comprobantes y asientos pertinentes[8].

Cuestión similar y quizás de mayor gravedad lo sería que ese liquidador nuevo (no administrador en la continuación de la actividad societaria), por igual al tener que exigírsele rendición de cuentas y gestión, estuviere amparado por una regla de la Asamblea, órgano ordinario de la marcha habitual de la sociedad, que no por sus verdaderos mandantes ahora, esto es, el conjunto de co-partícipes, quienes como tales velan y defienden sus intereses individuales, no obstante lo cual se verían sometidos a la regla de las mayorías.

III. TRATAMIENTO DEL TEMA EN ALGUNOS SISTEMAS DE DERECHO COMERCIAL COMPARADO Y OPINIONES DE ALGUNOS TRATADISTAS EXTRANJEROS Y NACIONALES

Analizado el asunto a la luz del Derecho Comparado, podemos acudir a De Gregorio[9] y observamos que en torno a la regulación de Italia para esa época, se contemplaba expresamente durante la liquidación, como consecuencia natural, que no esencial <según lo anota el citado autor> la persistencia de la asamblea, entendida como órgano fundamental que expresa, sumando y unificando las voluntades de los individuos, la voluntad social[10], pero destacando precisamente que en casos como en liquidaciones

---

8 Respecto a que y en que consiste la rendición de cuentas, véase nuestro trabajo sobre "El juicio especial de Cuentas," en Revistas 154/1999 y 155/2000 de la Facultad de Derecho de la Universidad Católica Andrés Bello (UCAB), Ediciones UCAB, Venezuela, ps. 127 y 141, respectivamente

9 O.c. p. 302 ss. T. 7. Vol. 2, quien analiza el problema a la luz del ordenamiento jurídico del Código de Comercio italiano de 1865.

10 Por cierto, según lo anota el comentado autor con apoyo de reputada doctrina italiana (Vivante, Navarrini, Scialoja, Manara y Sotgia), la persistencia de la personalidad jurídica y de esos

expresamente regladas por los documentos sociales o en los de las liquidaciones controladas por vía "administrativa" (como también existen en nuestro sistema, tal cual son los casos de liquidaciones de entes Bancarios y empresas de Seguros y Reaseguros, públicos o privados o de entes societarios públicos), casi ni funcionan dichos órganos, a pesar de su existencia jurídica, lo cual ocurre en previsión expresa de la ley que regule dicha materia, o cuando ello lo hubiere acordado la mayoría accionaria, como consecuencia de la liquidación, debe serlo por clara voluntad de las partes o la Ley, lo cual por el contrario en el caso del Código de Comercio, asienta el tratadista mencionado, se refiere explícitamente a la asamblea, como órgano que funciona durante la liquidación (Artes 210, 213 y 214 Cco italiano).

En efecto, precisa destacar que en el caso italiano comentado, el Art. 198 *ejusdem,* establece como regla general que las sociedades en liquidación les son aplicables todas las normas establecidas para las sociedades existentes por ley, por los actos constitutivos o los estatutos que no sean incompatibles con la liquidación, de manera que podrán eventualmente reputarse existentes dichos órganos y sus atribuciones, aun en los casos de otras formas societarias en las cuales no existe clara norma como la comentada (sociedades de responsabilidad ilimitada), pero bajo razonables limitaciones, tal cual resulta la de que no corresponderá a una decisión asamblearia la de deliberar sobre la cuenta final de la liquidación[11].

Por igual vale la pena precisar que según la comentada normativa y opinión doctrinaria, los Comisarios (Síndicos en la nomenclatura de la normativa italiana), quedan igualmente en sus funciones de vigilancia, e inclusive el Art. 184 *ejusdem,* contempla entre las funciones de los síndicos la de "vigilar las operaciones de la liquidación", precisando nosotros, que no existe en Venezuela norma similar.

A fin de no crear confusión, también vale la pena advertir que el mismo autor, a renglón seguido en su comentada obra, advierte que, en cambio, la actividad de los administradores durante la liquidación, es diferente, pues respecto a sus funciones, opera una radical sustitución de sus cargos por los de los liquidadores, y por igual sus normas referidas a designación, sustitución y facultades y deberes, son totalmente diferentes, ello en virtud de que la fase liquidatoria contempla la protección no sólo de los intereses de los socios, sino también los terceros, y por ello las funciones de los liquidadores se aparejan mas a las de los "curadores" de las quiebras (síndicos en la nomenclatura legal venezolana), lo cual sobresalta aún mas en los casos de las aludidas liquidaciones administrativas.

Lo dicho tampoco debe entenderse como una total ausencia de funciones de administración por parte de los Liquidadores, pues como se deduce de la misma normativa italiana y nacional, si bien los síndicos o liquidadores societarios no pueden realizar nuevas operaciones, salvo negocios urgentes, sí se entienden autorizados para llevar adelante cualquiera que sea vía o camino que conduzca a la liquidación, sin que por ello se ponga en duda la validez de las operaciones.

órganos, durante la liquidación, justifica la tesis dominante en la doctrina y en la jurisprudencia, de que se pueda revocar la deliberación de la liquidación, y en tal sentido reactivar el funcionamiento societario o celebrar otro tipo de arreglo diferente con el patrimonio societario, que no necesariamente conlleve la extinción de la sociedad disuelta.

[11] O.c. p. 305.

El mismo comentado autor[12], refiriéndose al deber que tienen los liquidadores de informar a los socios del estado y modo de ejecución de la liquidación (Art.200 Cco Italiano, equivalente al Ord. 7 del 350 Cco Venezolano)[13], destaca que tal deber se entiende referido a una razonable interpretación de buen sentido, y como tal, si bien admite que todo y cualquier socio pueda pedir dicha información, que no necesariamente deba presentarse la misma a la Asamblea, se entenderá cumplida con una especie de información corta, bastando respuestas con datos aproximados y no documentados contablemente, si la liquidación será en bloque o comenzando por ciertos activos, etc., lo que pone de manifiesto de que para el autor, la obligación de informar existe, frente a los socios singulares, obligándoles por tanto a responder inclusive de los daños y perjuicios a cada uno de ellos por omisión o indebida información, aparejando adicionalmente su eventual destitución o revocatoria de sus designaciones.

De su parte, y en forma tajante, en la legislación española actual (Ley de Sociedades Anónimas 1564/1989, en lo sucesivo LSA) se contempla claramente que: "durante el período de liquidación se observarán las disposiciones de los estatutos en cuanto a la convocatoria y reunión de Juntas Ordinarias y Extraordinarias (Juntas en sentido de Asambleas), a las que darán cuenta los liquidadores de la marcha de la liquidación para que acuerden lo que convenga al interés común".

Advierten los aludidos comentaristas que el precepto es una "pura reliquia de la legalidad anterior a la primera LSA de 1951, consistente en la reproducción casi literal del Art 238 Cco español, derogado por la reforma. El precepto en cuestión crea mas confusión que claridad, pues omite referirse al órgano a quien realmente otorga la Ley el en cargo de la liquidación, esto es, a los Liquidadores.

Concluyen los comentados autores, destacando que lo correcto es el contenido de la actual directriz comunitaria, que no contempla disposición alguna parecida, o haberlo consagrado como lo hace en cambio la legislación alemana vigente de 1965 (AktG), cuyo principio general está concebido bajo el principio general de la vigencia de las normas aplicables a la sociedad en fase activa, a reserva de los expresamente dispuesto para la liquidación, y advirtiendo que con tal interpretación coincide por igual la doctrina francesa[14].

Finalmente, cabe observar que la misma comentada Ley española, contempla por igual que la aprobación y revisión del Balance final de la liquidación debe ser aprobado por la Junta General de Accionistas, a reserva de que cualquier socio pueda impugnarlo por sentirse agraviado, pero con la anotación de que no resultan aplicables a dicha reunión los límites de quorum y mayorías fijados por el Art. 112 LSA, ya que en este momento terminal, no es concebible el perjuicio de los intereses sociales.

De su parte la obra colectiva dirigida por Rodrigo Uria y Aurelio Menéndez coincide con la anterior interpretación, pero nada alude al tratamiento especial que debe darse a la

---

12 En Comentarios a la Ley de Sociedades Anónimas, dirigidos por Fernando Sánchez Calero, Tomo VIII, *Disolución y Liquidación*, Artic. 260 al final, con comentarios de José M. Eizaguirre y Luis de Ángulo Rodríguez, Edit. Rev. Der. Privado, Isbn 84-71-30-788-X, España, 1973

13 A su vez 436 del argentino aludido en el comentario de De Gregorio, o.c. p. 315,

14 Hemard, Terre, Mabilat, opus cit III, N- 127, *Curso de Derecho Mercantil*, T. I, p. 1034 ss, Civitas, ísbn 84-470-1335-9, España, 2001.

interpretación de los intereses predominante de los socios en torno a la liquidación de sus cuotas partes.

Oscar Vásquez del Mercado[15], reputado especialista mexicano en la materia, al tratar el tema de ¿como funciona la sociedad durante la etapa de su liquidación?, claramente precisa los siguientes conceptos:

> "No podemos decir que la sociedad continúa como en el periodo de su vida normal; porque aunque está sujeta a la misma disciplina establecida para la fase activa de su desarrollo debe hacerse una salvedad en su actuación, por lo que respecta a las disposiciones especiales y a las normas incompatibles con la liquidación. En el primer estadio, es posible el desarrollo de cualquier actividad natural a todo organismo viviente, que entraren en el ámbito de la Ley y del estatuto. En cambio, en el estado correspondiente a la liquidación, es posible a la sociedad desplegar aquella actividad dirigida específicamente al fin de realizar el activo neto y dividirlo entre los socios, de lo que se infiere que la capacidad de derecho de la sociedad queda inalterada, mientras que su capacidad de obrar queda limitada por la ley, durante el período de liquidación".

En torno a la operatividad de los órganos sociales, continúa observando el citado autor:

> " ...los administradores son sustituidos por los liquidadores, quienes en su calidad de mandatarios de la sociedad actúan y la representan desde que toman posesión de sus cargos. Los Comisarios, no sufren alteración alguna y continúan en sus funciones así como la asamblea".

Seguidamente se pregunta el autor: ¿Continúa la Asamblea con las mismas facultades, o éstas se encuentran limitadas?, y responde:

> "La Asamblea en el período de liquidación no puede tomar acuerdos que contradigan el estado en que se encuentra el ente. La asamblea continúa siendo el órgano superior de la sociedad, solo que su competencia se encuentra restringida, la Asamblea no puede decidir que la sociedad inicie operaciones nuevas, a menos que sean una consecuencia obligada de las ya iniciadas y que en todo caso son necesarias para concluir las primitivas" citando en apoyo de su posición autores como Lordi, Restau, Sraffa y R. Uría.[16]

Concluye el mencionado autor: "Ahora bien, si no es permitido a la Asamblea tomar acuerdos que contradigan el estado de la liquidación y si esta prohibición, no existe cuando la persona jurídica actúa en su vida normal, debemos concluir que los poderes de la asamblea se encuentran limitados por el propio estado de liquidación".

Respecto a la posición que adoptan algunos tratadistas venezolanos en torno al tema, en primer lugar debemos resumir la opinión de Loreto Arismendi[17] quien si bien analiza el artículo 350 en cada uno de sus ordinales, nada advierte respecto al discutido tópico de

---

15 Asambleas, *Fusión y liquidación de sociedades mercantiles*, Edit. Porrúa SA, México, 1987, III edición, Isbn 968-432-565-7, p.406 ss

16 O.c. p.407 y notas 3 a 6

17 *Opus cit.* p. 484 ss, si bien hace referencia y analiza los supuestos del Art. 350 Cco

cual papel juegan los órganos sociales, y si los mismos deben o no tenerse por sobrevivientes a la decisión de liquidación.

En Luis Sanojo[18] encontramos una preciosa referencia al tema que nos congrega a este examen. En efecto, en el N° 297 del tomo citado, precisa:

> "Concluida la liquidación, los liquidadores darán cuenta de su administración. En ella naturalmente se harán cargo de las cantidades que hayan recibido y se abonarán las que hayan desembolsado, presentando los respectivos comprobantes. Estas cuentas se presentarán a todos los socios, y cada uno de ellos tendrá el derecho de objetarlas, siguiéndose el juicio con arreglo a lo que se dispone en el Código de procedimiento civil. *Aquí la minoría no está en el deber de someterse a la aprobación que haya dado la mayoría, porque disuelta ya la sociedad, reaparecen naturalmente los derechos personales de cada miembro de la compañía de los cuales uno solo puede disponer. Y ese mismo derecho tienen los socios para cobrar la parte que le corresponda en el saldo que en favor de la compañía haya resultado".*

Como se puede observar, si bien nada dice nuestro insigne jurista en torno al problema de la pervivencia de los órganos, claramente establece cuál ha de ser la regla aplicable en cuanto a quien resulta ser titular de los derechos de liquidación y quien debe aprobar o improbar la correspondiente gestión de la liquidación, esto es, el co-partícipe, antes de la liquidación socio de la entidad, sometido a las reglas de la mayoría y a la imposición de la Asamblea.

Aníbal Dominici[19] hace un detenido examen de la Sección IX del Título VII del mismo Cco destinada íntegramente a la Liquidación de las sociedades anónimas, pero en ello no encontramos alusión siquiera al problema que venimos examinando.

Ya en el presente, nuestro apreciado homenajeado, el Profesor Morles en su muy completa obra Curso de Derecho Mercantil[20], si bien en verdad no hace alusión específica a la problemática que analizamos, si aclara una serie de problemas atinentes a la Liquidación, y como ya dijimos, al comentar el Proyecto de Reforma de la Legislación Societaria, expresamente hace referencia a la norma de pervivencia ,de los órganos societarios, limitada y condicionada a que su subsistencia y actividad sean compatibles con los fines de la liquidación, pero no hace comentario alguno en torno a ello, ni en esa parte ni el desarrollo de la normativa vigente.

IV. NUESTRA INTERPRETACIÓN DE LA SITUACIÓN NORMATIVA EXISTENTE Y ALGUNAS CONSIDERACIONES EN TORNO A UNA POSIBLE REFORMA

Comenzaremos por destacar que el asunto no es mera especulación teórica, en la práctica profesional se suelen presentar casos en los que de manera abusiva, a nuestro entender, se pretende inducir a los jueces a resolver sobre la base de que en el proceso de liquidación prevalecen las decisiones de los órganos societarios, que por supuesto aun

---

18 Exposición del Código de Comercio con su texto (Código de 1873), Tomo I, Edit. Rea, Venezuela, 1962, N. 3 de la Colección de Obras Clásicas Jurídicas Venezolanas, p 255 ss.

19 Comentarios al Código de Comercio Venezolano, (Código de 1873) Edit. Rea, Caracas, Venezuela, 1962, Vol. 4 de la Colección de Obras Clásicas Jurídicas Venezolanas, p. 187 ss.

20 Opus. Cit., p. 1567 ss

actuando conforme a las previsiones legales o del documento social, no siempre coincidentes con los intereses de los copartícipes, lo suelen hacer con grave daño para las minorías[21].

Entendemos que existiendo una causa legal de extinción de la sociedad en forma alguna puede justificarse continúe prevaleciendo consideración alguna al interés societario, pues ha cesado el *animus societatis* y no tiene porqué existir en forma racional, limitación a la aplicación del criterio del interés individual, para resolver algún asunto que atienda precisamente a la solución de asuntos que atiendan al patrimonio del ente societario en liquidación.

Si durante el término de duración de la sociedad, los intereses individuales debieron someterse al interés del nuevo ente, y con ello de alguna manera a la voluntad de las mayorías, no existiendo tal motivo que los vincule no es razonable ni justificable que se procure sostener debe prevalecer la potestad o la actuación de los órganos de gobierno que en su momento regían y establecían la voluntad del ente societario ahora inexistente o en vías de extinción.

Cesado el interés común que impone la decisión de mantener el objeto societario, no tiene porqué imponerse ese criterio, sino renace la voluntad individual de cada uno de los condueños de ese patrimonio, que al fin y al cabo ahora solo se mantiene común en la sola espera de la división de los haberes de cada uno de los que lo integran.

Por la sola ficción de la ley de admitir la sobre vivencia del ente mientras subsiste la liquidación, que más interesa y protege a los terceros que a quienes conforman las sociedades, y hasta que en efecto se cancele formalmente el asiento registral que sustenta la sobre vivencia del ente jurídico, manteniendo con ello una personalidad jurídica diferente a la de quienes lo integran y componen, no puede pretender justificarse, que con ello y por el prurito de que con o sin norma que lo imponga, deban entenderse sobrevivientes los órganos de la persona jurídica que la gobernaban o custodiaban, y que sus decisiones se impongan a los intereses individuales de los ahora copartícipes; no puede sacrificarse el verdadero interés subyacente de quienes resultan condueños del patrimonio supérstite, únicos que deben y tienen que hacer valer su voluntad en torno al manejo y destino del conjunto de bienes y derechos aún existentes hasta que no se cumpla la efectiva adjudicación de los mismos o su reparto en otra especie a tales dueños.

Hemos podido apreciar que aún en las legislaciones que contemplan y regulan la sobre vivencia de esos órganos, y que inclusive disponen que su operatividad lo es conforme a los documentos sociales y normas legales de la sociedad, la voluntad común que ellos puedan representar debe y tiene que cesar ante la individual y separada que represente la voluntad individual de los ahora condueños o copartícipes del patrimonio societario, únicos a quienes debe y tiene que responderse.

---

21 En nuestra personal experiencia, por ejemplo, nos fue opuesta como defensa en proceso de oposición a las gestiones de la liquidación, las resoluciones de una mayoría accionaria en un proceso de liquidación, Caso Suc. Heemsem vs. J. Álvarez S., Inmobiliaria Cumboto, Archivos particulares Escritorio Baumeister & Brewer, Caracas, 1992, lo que origino un largo proceso incidental, pues las defensas se hicieron valer como de falta de representación en la pretensión. Lamentablemente no se obtuvo decisión judicial final, en tanto el juicio fue terminado por transacción.

La misma normativa especial o la interpretación de la doctrina en tales casos, en torno a como juzgar la voluntad y actos emanados de tales órganos e instituciones, es la de reputar que no contradigan o sean compatibles con la voluntad individual de los copartícipes o que en todo caso, respeten el interés individual de los sujetos que resultan dueños de ese conjunto de bienes y derechos temporal y condicionalmente aún en estado de indivisión[22].

No estimamos adecuada en una posible reforma, que se estatuya o disponga la sobrevivencia y existencia de los órganos societarios, al menos los no claramente sustituidos, aun bajo el condicionamiento de que lo sea sometidos a los principios y efectos de la liquidación, pues con ello, por el contrario de aclararse las cosas, entendemos se enturbian.

Mas claro resulta se disponga el cese e inactividad de los mismos, pues nada justifica que por existir un interés común mayoritario en cualquier asunto o decisión, de los copartícipes, para adoptar la misma o hacerla oponible a terceros, se pretenda sea necesario un pronunciamiento de los órganos primitivos de la sociedad bajo los cuales se cumplía o ejecutaba la voluntad de una persona jurídica diferente a la de los socios.

Los órganos de control y vigilancia (Comisarios) son para nuestra opinión de una presencia injustificada en ese estadio de la existencia del patrimonio afectado a la antigua sociedad, pues ellos solo se justifican en razón de existir un interés común separado al de quienes integraban la persona jurídica que vinculaba dicho patrimonio, para evitar de algún modo la prevalencia o imposición del interés individual de cualquiera de ellos, y que da mayor transparencia que confiar dicha custodia y vigilancia a uno cualquier de quienes lo integran.

Al renacer el interés de cada uno de los copartícipes por cuidar su alícuota individual de propiedad, ya no se justifica que exista un ente común que pretenda ejercer la representación de todos para ejercer dicha potestad, pues no puede coexistir ni sobreponerse un interés del grupo o de la mayoría del mismo, sobre el individual de cada uno de los que lo integran como condueños de lo que eventualmente pueda aun sobrevivir del ente ahora en extinción.

Pretender justificar de alguna manera la existencia del órgano que representa la voluntad común (Asamblea) por protección de los terceros, carece de todo sentido, pues la amplitud y especificidad de los poderes de los Liquidadores y la finalidad misma de su existencia, hace innecesario pretender esa sobrevivencia de los órganos societarios, en tanto que no es indispensable para la ejecución o cumplimiento de los actos que afecten o defiendan el derecho o los intereses de esos terceros la de aquellos órganos, pues los Liquidadores, conforme a la Ley pueden y tienen todas las potestades necesarias para lograr la protección de aquellos, representando la voluntad común para esos solos quehaceres.

Si bien admitimos como válido el postulado de que la voluntad de los socios constituyentes puede establecer y prever regímenes especiales para la liquidación, en nuestra modesta opinión, todo aquello que suponga contradecir el derecho mismo individual de los socios como co-participes y condueños del patrimonio en liquidación sería contrario a ese fin, y como tal al orden público que en tal caso debe velar por el

[22] Recordemos las claras opiniones al respecto de autores como Sánchez Calero, De Gregorio, y Vásquez, entre otros. V. ut supra.

derecho de propiedad de los sujetos individuales, y no por el interés colectivo que como hemos dicho ya en esa etapa es inexistente e insubsistente.

Por ejemplo una estipulación tal en el documento social o Estatutos que contemple que las decisiones durante la liquidación serán adoptadas por la Asamblea y con mayorías especiales o las mismas con las cuales ordinariamente se hubiere manejado la sociedad en torno a los asuntos que procuren atender a la liquidación de los haberes y adjudicación individual de los mismos, para nosotros carecería de todo valor.

En tal sentido viene a contrapelo la opinión de De Gregorio[23] quien refiriéndose al tema de la libertad de pactar lo pertinente en el documento estatutario en torno al modo de la liquidación y de la división del patrimonio social (Art. 197 Cco ital.), precisa: "obsérvese, sin embargo, que esta norma puede tener una aplicación menos amplia de lo que parecería a primera vista. En efecto, la misma debe, ante todo, coordinarse con el segundo parágrafo del ya citado Art. 198, el cual permite la aplicación de normas estatutarias en general (por consiguiente, a nuestro entender, también de aquellas relativas a la liquidación) sólo en cuanto no sean incompatibles con la finalidad de esta"[24].

Dejamos así esbozado el problema que hemos considerado de interés para analizar, y las posibles soluciones aplicables a la problemática que del mismo suele devenir.

Daremos por satisfecho nuestro análisis y estudio si de alguna manera hemos logrado llamar la atención de nuestra audiencia en estos siempre interesantes y palpitantes temas en materia de sociedades.

[23] Opus cit. p297 N°517,&2.

[24] Destaca el autor citado, que de la misma forma opina Navarrini, en Delle Societá e delle asociación commerciali, Torino, 1924, p. 607 (O.c. p.297, nota 4).

57.

ANÁLISIS Y CONSIDERACIONES SOBRE LOS CONVENIOS CON DEUDORES Y EN ESPECIAL CON LOS FALLIDOS EN EL DERECHO CONCURSAL VENEZOLANO*

Dedicatoria

Al Dr. Tomás Enrique Carrillo Batalla, consecuente amigo y consejero, conspicuo estudioso de la Historia y del Derecho.

In Memoriam

A mis inolvidables Maestros en Derecho Mercantil, Drs. Roberto Goldschmidt, Hernán Giménez Anzola y Gonzalo Pérez Luciani.

I. ADVERTENCIA PRELIMINAR

El presente estudio fundamentalmente está dirigido a presentar una panorámica general sobre los Convenios entre Deudores y Acreedores en Derecho Venezolano, y más exactamente, las modalidades y caracteres de los "Convenios suscritos entre el Fallido y sus acreedores" y fundamentalmente está destinado a dar una orientación desde el punto de vista del Derecho Comparado a los interesados en el Derecho Concursal venezolano[1].

Destaco pues con ello, que no se trata de un estudio monográfico sobre la materia ni mucho menos, y el mismo es el inicio de una serie de estudios e investigaciones que venimos realizando sobre el Derecho Concursal, dirigido fundamentalmente al análisis de los sistemas Iberoamericanos, pues pretendemos con ello no solo ir divulgando con fines comparatistas las diversas especialidades nacionales y regionales de nuestro Derecho Concursal, sino escudriñar sus parecidos, divergencias, fundamentación y efectos de las diversas instituciones del Derecho Concursal en dicha área.

En torno a esta especialidad y en lo que concretamente toca a nuestro país, por igual es pertinente destacar, lo vetusto, para no decir periclitado de nuestro ordenamiento concursal, inserto en el Código de Comercio que data de los trabajos preparatorios de una reforma

---

* Trabajo preparado con ocasión al Libro Homenaje al Dr. Tomás E. Carrillo B, que desarrolla de manera ampliada ponencia presentada por el autor al II Congreso del Instituto Ibero-Americano de Derecho Concursal, Mérida, México, nov. 2006.

1 En efecto, el original de dicho trabajo fue presentado en el Segundo Congreso Iberoamericano de Derecho Concursal, auspiciado por el Instituto Iberoamericano de Derecho Concursal, México 2006.

iniciada en 1863[2], pues nuestro Derecho Concursal, desde entonces no tuvo en la materia otras reformas, por lo que el existente es el que parte de las viejas normas Españolas, Francesas e Italianas de esos años, últimos en los cuales conoció nuestra patria un esfuerzo serio y académico sobre una reforma mercantil global, si bien es cierto que el Código de Comercio, donde figuran, en verdad fue puesto en vigencia en 1905, por lo que precisamente y con ocasión de su centésimo aniversario recientemente se celebró en la Academia a que pertenece tanto el homenajeado como el suscrito, por todo lo alto se resolvió celebrarlo con un acto donde se analizaron varias de sus instituciones.

Sería deseable desde todo punto de vista que este examen que pretendo ahora difundir fuere hecho también en el seno de la expresada institución y con la colaboración de otros de sus Individuos de Número, sobre otras instituciones de nuestro Derecho Mercantil patrio, contribuyendo con ello al mejor conocimiento de sus figuras típicas y a su mejor difusión.

No se puede decir con claridad cual fue el origen del ordenamiento concursal objeto de estudio y puesto en vigencia desde entonces. Serios y reputados autores nacionales, consideran que el origen real de la normativa concursal en general fue la Legislación Francesa vigente entonces y hacen dar vigencia al actual ordenamiento concursal a partir de 1904[3].

Lo dicho tampoco significa que en nuestro país no hayan existido proyectos serios para la reforma bien general o bien por Libros, de nuestro vetusto Código de Comercio, cuya última reforma parcial seria, aun cuando en materias diferentes a las concúrsales, data de 1955 y estuvo fundamentalmente a cargo del maestro Roberto Goldschmidt, para entonces ilustre Profesor visitante en Venezuela y Director del Instituto de Codificación y Jurisprudencia del Ministerio de Justicia, y del Instituto de Derecho Privado en nuestra Universidad Central de Venezuela, instituciones desde las que desplegó una incesante, labor académica y útil gestión para poner al día nuestra legislación y haciendo el estudio Comparado de la misma con el resto del ordenamiento mundial vigente.

Al maestro le correspondió por igual preparar y presentar un proyecto de reforma, el cual, lamentablemente, y no obstante sus señalamientos de lo anticuado e inadecuado que resultaba la normativa, no alcanzó a convertirse en verdadero proyecto legislativo.

---

2 Hoy en la mayoría de sus instituciones se conserva la redacción e instituciones en el vigente Código de 1955 (última fecha de reforma parcial) al cual aludiremos, salvo disposición en contrario en adelante y para simplificar "CCo".

3 Risquez-Iribarren, William, *La reforma mercantil, Derecho Concursal, Procedimiento Mercantil,* Edit. Grafiunica, Venezuela, isbn, 1978, p 47 ss, reconoce como antecedente de la regulación del Código al de 1919, y los de éste el francés de 1807 y el Español de 1829, todos los cuales incidieron en los Proyectos iniciados en 1861. De su parte, Oscar Pierre Tapia (*La Quiebra según el Código de Comercio de Venezuela*, Ediciones Libra, Venezuela, 1982, Introducción) sostiene la marcada influencia de la Legislación Francesa en nuestro Derecho Concursal del Código de Comercio, y destaca que por igual tal influencia predominó en el Proyecto posterior de Goldschmidt.- Iguales comentarios formula Giménez Anzola, Hernán, El juicio de atraso, Edit. Librería A. Moderna, Venezuela, 1963, p. 53.

Debemos reseñar igualmente que otros profesores retomaron el tema, tal como lo señala Risquez Iribarren[4], sin que tampoco cristalizaran sus esfuerzos en un cambio legislativo cierto.

El último intento de cuando menos poner al día con las nuevas tendencias la normativa del Derecho Concursal venezolano se debe al Profesor Leopoldo Borjas, quien desde el Instituto de Derecho Privado procuró dirigir una reforma global para todo el tema concursal, vía Ley especial, para ese solo propósito, que separaba la temática concursal del Código de Comercio[5].

Por razones desconocidas, pero seguramente inspiradas en la costumbre nacional de que normas y materias que no sean de trascendencia política (o mejor dicho politicastreras) no provocan entusiasmo en nuestro Poder Legislativo, la patria sigue regida por normas e instituciones arcaicas, sin sentido, atemporales, si bien puede decirse, que con todo y ello, las normas vigentes han permitido, de manera muy pacata y deficientemente regular los conflictos derivados de los concursos y graves problemas de insolvencia por los cuales ha debido atravesar el país[6].

La anotada situación en la práctica, por lo demás, sobre todo a nivel de los grandes deudores y de importantes acreedores, ha hecho florecer, al margen de la seguridad legal y adecuada protección de otros acreedores, toda una serie de figuras importadas del derecho extranjero, en especial del anglo americano, con las cuales se ha procurado generar una serie de modelos y estándares para racionalizar, manejar e implementar por vía de "Ingeniería financiera" algunos convenios voluntarios suscritos sobre todo entre importantes bancos locales o extranjeros con "deudores de destacada importancia" por los volúmenes de obligaciones impagadas, y por la gravedad de la insolvencia ante trabajadores y otros acreedores especiales.

---

4 Risquez Iribarren, Opus cit. p. 38 ss advierte y analiza entre otros proyectos el de 1965 emanado del Ministerio de Justicia, atinente precisamente a la materia Concursal, confiada a varios grupos de connotados profesionales y jueces, pero que tampoco logró llegar al término deseado y advierte igualmente la existencia de ciertas leyes, en las cuales tangencialmente se hizo referencias a aspectos del derecho concursal vb. Reserva de Dominio, Ley de Bancos, Ley de Seguros, Ley de Almacenes Generales de Depósito, entre otras, a tratados internacionales que se refieren a dicha materia (Bélgica, España, Colombia, Ecuador, Perú, USA, Francia, Italia, Argentina y Brasil)

5 Dicho Proyecto se lo conoce como Proyecto de Reforma de 1988, y adopta los regímenes concúrsales de la Ley Italiana del 1942 con algunos elementos de la regulación francesa. Al respecto vid. Morles Hernández, Alfredo, Anotaciones para la reforma del Derecho Concursal en Venezuela, trabajo inédito en imprenta en la *Revista de la Facultad de Derecho de la Universidad Católica Andrés Bello*, Caracas, N° 60.

6 Por mera referencia vale la pena hacer alusión a dos grandes y graves crisis contemporáneas, como lo fueron la de los años 1961 y mas recientemente la del sector bancario de hace unos quince años atrás, que produjo una lamentable debacle para el sector público y privado, y la que procuró subsanarse de manera por demás ineficiente y poco apegada a los principios constitucionales, con una normativa llamada de "emergencia" en la que materialmente el Estado resolvió apropiarse, para no decir confiscar, acreencias de particulares, desconoció el ordenamiento ordinario sobre privilegios y garantías reales, estableció por Decreto solidaridades y un precario ordenamiento para regular los grupos de empresas, y sus efectos. Lo dicho en lugar de hacer tomar conciencia de la conveniencia de una serie de reformas legislativas en la materia, lo que produjo, fue una regulación legal incompleta, solo para un sector, fundada precisamente en la célebre regulación de emergencia del período de gobierno anterior al vigente.

Esos convenios por presión de los Bancos y grandes acreedores, pues no es otra la verdad, o con el apoyo especial de los mismos, con financiamientos negociados con el deudor y otros acreedores importantes, han provocado con poco éxito salir adelante y reflotar las empresas, y dejar airosos a los acreedores, pero lo real ha sido que en casi todos los casos el fracaso hubo de acompañar dichos acuerdos y resultó imposible salvar a los deudores y las fuentes de trabajo y riqueza, en tanto no pudieron lograrse acuerdos vinculantes a algunos acreedores pequeños o a otros grandes, efecto de terquedad o falta de visión para procurar salidas a los reclamos de acreencias, y porque los "contratos de refinanciamiento" o de "reacomodo de las acreencias" no contaban con fuerza imperativa ni con la real protección legal deseable y pertinente en estos casos.

La razón de correr esos riesgos al desamparo de regulación legal, y a sabiendas de esos aspectos negativos de dichas soluciones, no fueron otras que aquellas que de modo general afectan a nuestro obsoleto sistema de Procesos Colectivos o Concúrsales, de su lentitud, altos costos y pobres resultados en la mayoría de los casos.

Para terminar, no podemos silenciar otra triste realidad, el abusivo tratamiento que ha dado el Estado a los procesos de insolvencia de Bancos, Instituciones Financieras, Seguros, y algunos entes societarios del Estado, mediante regímenes de control de la Administración Pública, que no del Poder Judicial, en el sentido de darlos por excluidos en tales casos de afecciones de insolvencia insuperable, y dejarlos al margen del control judicial ordinario, para confiar el sistema de liquidación obligada a entidades oficiales tales como los entes de regulación y control de dichas entidades, lo que tampoco ha provocado resultados deseables, que ni siquiera pudieren considerarse dignos de imitar o modelos para reconducir legalmente los ordinarios judiciales.

Los mismos se han caracterizado fundamentalmente por resultar iguales o peores en lentitud, considerable envergadura de gastos y baja recuperación[7].

Por todo lo dicho, y reconduciendo nuestra exposición al tema y objetivo central de este trabajo, precisaremos entonces, que el mismo solo se limitará al examen de "convenios celebrados solo dentro de los procesos judiciales concúrsales" en los cuales al menos tenemos una regulación aun cuando obsoleta o inadecuada, excluidos los casos de deudores tales como Bancos e Instituciones Financieras, empresas de Seguros y Reaseguros, algunos entes que operan en el sector Bursátil (Operadores de Bolsa, Agentes de colocaciones, etc.), y ciertos entes del Estado (Vg. la empresa Petrolera Nacional), para los cuales debe aplicarse un ordenamiento especial al margen de la intervención del Poder Judicial y que repetimos, por igual resulta deficiente e ineficiente, y no ajustado a las realidades comerciales e industriales nacionales, ni a otros ordenamientos vigentes en países del área[8]. No puedo tampoco terminar esta advertencia preliminar sin antes destacar que entre lo

---

[7] Para que se tenga idea sobre este tema, a título de ejemplo cabe destacar el célebre proceso de atraso (mora judicial) de un conocido Banco, cuya duración excedió de los veinte y cinco años, y recientemente igual ha ocurrido con empresas de seguros y otros bancos que han entrado en crisis, con todo y tener vigente para esos momentos la nueva especie de regulación singular para emergencias financieras aplicables a Bancos y entes financieros.

[8] Lo grave del asunto es que esa tendencia tiende a proliferar, dejando al margen del examen Judicial, mas imparcial y ponderado, la conducción y solución de dichos asuntos, provocando como norma que las soluciones, liquidaciones colectivas o especiales terminen siendo ejecutadas por órganos de inspección, control o reguladores de la especialidad (entes Administrativos) tales como vb. Cooperativas, Cajas de ahorros, etc.

obsoleto de nuestra regulación mercantil vigente, se encuentra la limitación de que los procesos colectivos concúrsales solo aplican en nuestra legislación a los "Comerciantes", con lo cual se excluye todo el universo mayor de simple sujetos de derecho no comerciantes que puedan incurrir en estado de insolvencia[9]; e igualmente a causa de que hace unos años a esta fecha se eliminó la jurisdicción especial mercantil, con los consabidos problemas para los integrantes del poder judicial general para atender cabal y académicamente esos procesos especiales ajenos a su formación y especialidad, bien por mala formación o por olvido de sus instituciones básicas, al venir ejerciendo otras especialidades y por tanto haciendo realmente mas difícil la adecuada solución de los casos derivados de las instituciones mercantiles, de la especialidad que continúa existiendo desde el punto de vista sustancial y procesal del Derecho Mercantil, todo lo cual explica los problemas de congestión, baja calidad y graves problemas que se suceden con los procesos colectivos que suelen y siguen presentándose en la práctica en los Tribunales con competencia única civil y mercantil.

Lo comentado finalmente hará entender la deplorable imagen que presenta nuestro sistema de derecho venezolano ante los grandes proveedores de crédito mundiales, tanto de Norteamérica como Europa, quienes no alcanzan a comprender o ni siquiera imaginar el porque de estas carencias de regulaciones adecuadas, ni el que no se cuente con un adecuado sistema colectivo de recuperación de acreencias, o los medios de solución cuando menos razonables para las crisis de insolvencia, a todo lo cual debe añadirse finalmente, los graves efectos de los vaivenes políticos que caracterizan nuestros países iberoamericanos, generados por la inestabilidad de sus gobiernos y las extrañas marchas de sus democracias y las restricciones que vienen padeciéndose, y continuaran presentándose en cuanto al acceso a créditos regionales y mundiales, bien de entes privados o de organismos multinacionales, que tan necesarios suelen ser en muchos casos para salir de nuestros problemas de pobreza crítica[10].

Deploramos haber tenido que dedicar esta necesaria introducción previa al estudio de la institución que nos hemos propuestos analizar, pero sin aquella, tampoco lograríamos entender el cómo y el porqué de la situación actual y de los choques entre lo legislado y la realidad nacional.

La institución de los "acuerdos, convenios, transacciones" para ayudar a solventar y resolver crisis colectivas de insolvencia, a nuestro modo de ver jamás perderá actualidad y nunca podrán desecharse los buenos efectos que con ellas puedan provocarse para solucionar las crisis.

Concluimos pues destacando la importancia y la urgencia de que a la brevedad se analice y ponga en vigencia una justa y adecuada normativa que contemple y regule todo lo

---

9 En efecto los procesos colectivos venezolanos, salvo unas vetustas y peculiares instituciones contempladas para los "no comerciantes" Artes. 1934 ss y 1950 ss Código Civil (1982) sobre " Cesión de Bienes y Beneficio de Competencia " no amparan a tales sujetos, los mismos quedan desprovistos de los mecanismos de los "Procesos Colectivos" propiamente dichos, los cuales se entienden reservados solo a los comerciantes.

10 En momentos de revisar nuestra investigación inicial sobre el tema, nos encontramos con una Venezuela convulsionado por acontecimientos políticos provocados por el signo socialista con el cual se inviste nuestro gobierno de turno, y con ello de un repudio generalizado, manifestado oficialmente por quien dirige el Gobierno, contra instituciones mundiales y regionales de apoyo crediticio y a todo el sistema de la banca de Estados Unidos de norte América.

relacionado con los "Acuerdos, convenios y transacciones" entre Acreedores y Deudores y la razón por la cual este estudio o análisis de la institución a esta fecha solo puede circunscribirse a los "convenios judiciales en la quiebra o concursos".

Finalmente aun cuando indiscutiblemente ello forma parte importante aún de los convenios judiciales, por razones de tiempo y lugar, en tanto debemos recordar que este es un análisis institucional para ser incorporado en un Libro Homenaje, que no en un tratado de Derecho Concursal, tampoco entraremos al estudio y análisis de instituciones directamente vinculadas a los Convenios Concúrsales, como lo son sus rescisiones y régimen de nulidades, en tanto que con ello haríamos demasiada extensas estas consideraciones, dejando por tanto su estudio y análisis para trabajos posteriores.

II. NOCIÓN DE CONVENIOS ENTRE DEUDOR Y ACREEDORES

No obstante, lo dicho, tenemos la obligación de referirnos y analizar la cierta posibilidad de la existencia de Convenios contemplados o no en la ley y realizados entre los deudores y su o sus acreedores, aún fuera de juicio, para procurar en concreto sobreponerse o regular una situación temporal o crítica de insolvencia.

Observamos que nos referimos a los mismos en plural, porque de singularizar la modalidad del acuerdo de voluntades que tal situación supone o la participación en los negocios o acreencias de que se trate y no entenderlos de alguna manera generales o de cierta forma colectivos, obviamente estaremos en presencia típicamente de una figura contractual, simple sin particularidades que destacar, cuyo objeto fundamental es reacomodar, renegociar o modificar las condiciones que dichas partes tienen en relación a una o mas obligaciones de crédito, derivadas de cualquier género de operación o contratos, con miras a procurar de la manera mas eficiente la extinción por cualquier vía de las obligaciones de esa relación derivadas y que a la fecha por lo general se encuentran en mora o están en la situación de que ello así sea considerado.

Diríamos que en eso y solo por eso, deriva la principal o esencial diferencia entre un contrato común celebrado entre un deudor y uno o más de sus acreedores, conjunta o separadamente.

Una segunda diferencia que respetuosamente nos permitimos destacar, es que tales convenios toman sus características diferenciadoras de otros convenios y acuerdos entre quienes los suscriben por que por lo general su aplicación y verdaderos efectos persiguen no la satisfacción de una o algunas determinadas necesidades de las partes, sino, se los celebra y realiza para lograr que se abarque a otros y en especial a todos los demás acreedores de ese mismo patrimonio del deudor, para mantener en lo posible igualdad y paridad, todo con miras a facilitar los medios o vías de pago, la tempestividad de las oportunidades en que se estipula hacerlo y se impida que en aplicación de las normas procesales ordinarias (ejecuciones singulares) el mas ágil e interesado de los acreedores arremeta contra el patrimonio común de su deudor, impidiendo con ello el cumplimiento de la voluntad de pago a todos, que resulta ser lo que persigue y ofrece el deudor.

Esto es, tales convenios son ellos, en la medida que involucran conjunta o separadamente a un "grupo general o a cuando menos a una mayoría considerable de acreedores" del deudor insolvente.

Otro tema al cual la doctrina ha venido dando especial importancia es , cuando esos acuerdos o convenios se firman con varios acreedores, o con uno principal y otros que se adhieren o se aviene a condiciones generales comunes, o con determinadas particularidades, que los demás acreedores por razón de la importancia en cuantía o mora en el cumplimiento autorizan, de cual es la real naturaleza de dichos convenios o acuerdos, si los de un convenio plurilateral en una de sus partes, pura y simplemente; o si mas bien se trata de un acto de naturaleza especial (manifestaciones colectivas de voluntad, con efectos especiales reconocidos por la Ley), o por el contrario, si más bien estamos en presencia de un acto procesal o judicial sui géneris, en razón de que por lo general suelen realizarse o celebrarse ante un órgano judicial o en un proceso en curso o con miras a que surta efectos en aquellos.

Como este tema lo analizaremos con detalle en el caso de los convenios concúrsales entre Deudor y sus Acreedores, nos limitaremos por ahora solo a enunciar su existencia e importancia, y para su mas detallada consideración, remitimos a este mismo trabajo *infra.*

Ahora bien, cuando tales convenios, con las advertencias destacadas, o los puramente singulares, se producen y provocan con ocasión de un proceso judicial concursal, ante el Tribunal, con los requisitos de fondo y forma contemplados por el Código de Comercio (Artes. 1009 a 1034 Cco) dichos contratos toman una serie de modalidades, características y efectos, que los individualizan y separan de los ordinarios, extrajudiciales, colectivos o no, con peculiaridades y tratamiento propio que les fija la Ley y la doctrina y concretamente se identifican como " CONVENIOS CONCURSALES CELEBRADOS ENTRE EL FALLIDO Y SUS ACREEDORES" para lograr la satisfacción de ellos, sin intervención judicial y manteniendo al fallido en la administración de su patrimonio.

III. LOS CONVENIOS CELEBRADOS EN LOS CONCURSOS ENTRE FALLIDO Y SUS ACREEDORES

i. Noción

En adición al breve concepto reseñado, señalan los autores nacionales, que cuando los acuerdos entre Deudor y sus acreedores se realizan en el proceso judicial de quiebra, con la voluntad unánime de éstos o con las mayoría calificada de que luego hablaremos, y que tengan por objeto hacer cesar los efectos de la quiebra, para provocar la satisfacción de los acreedores mediante un procedimiento de liquidación diferente al de la quiebra propiamente dicha y al cual el órgano judicial que conoce de la quiebra, le imparta su homologación, estaremos entonces en presencia de un CONVENIO CONCURSAL con efectos y características muy especiales[11].

Pierre Tapia, de manera más sintética afirma que el convenio es un acuerdo homologado por la justicia entre la masa de acreedores y el deudor en vista de poner a este a la cabeza de sus negocios bajo ciertas condiciones[12].

Dicha modalidad de convenio o acuerdo está conteste la Doctrina nacional, en diferenciarla de aquel en el cual de manera semejante se logra o procura la satisfacción de

---

11 En el mismo sentido Burgos Villasmil, José Ramón, *La Quiebra en el Derecho Venezolano*, Edit. Pierre Tapia, Venezuela, 1980, p. 181. y del mismo autor, resumiendo un poco los conceptos, *Lecciones sobre Quiebra*, Editorial La Torre, Venezuela, 1980, reduciendo un poco los conceptos.

12 Opus cit. p. 392.

los acreedores, pero como consecuencia de hacer **"abandono del activo"**[13] en condiciones formales muy semejantes, pero que como resultado del mismo, no restituye al fallido en la administración de su patrimonio, sino que por el contrario ese patrimonio es realizado en beneficio de los acreedores, sin intervención del fallido.

La doctrina italiana clásica en la materia, representada para nosotros por el eminente maestro Cicu, diferencia entre Convenios realizados con el consentimiento de todos los acreedores, de aquellos otros que no cuentan con ese quorum, pero ello en verdad tiene sentido cuando se trata de la legislación italiana de 1865 y de los sistemas que la siguen, y donde se diferenciaba entre Convenios antes de la Calificación de los créditos, para los cuales se requería esa unanimidad, de los que se lograban luego de la calificación, y con la advertencia de que usa el término "concordato" en lugar de convenio[14].

El verdadero convenio, según se lo contempla en la legislación venezolana, supone su realización en el proceso judicial de la quiebra, que no contemple el abandono de los activos, ejecutado preferiblemente por el propio deudor, pero siempre que previamente ya estuvieren concluidos la calificación de los créditos, votado favorablemente por la unanimidad o la mayoría calificada de acreedores que contempla la Ley y que el mismo sea debidamente homologado por el Tribunal, sin que de manera alguna la quiebra hubiere sido declarada fraudulenta.

ii. Ventajas y Desventajas del Convenio

Entre las ventajas que destacan los especialista para llevar a cabo el convenio en las quiebras, lo están en que generalmente y a la larga constituyen los mismos mejor solución que cualquier otra vía para tramitar esos procesos concúrsales, de los mismos deriva que el fallido recupera la administración de su patrimonio, con lo cual es de esperar un mejor aprovechamiento de sus partidas, para el pago de sus compromisos a los acreedores y dará lugar a una normalización de la crisis patrimonial del deudor quien con la concesión de esperas y quitas lograra nivelarse y superar su crisis.

Por igual para los acreedores es una ventaja, en tanto que en presencia de una empresa no irremisiblemente perdida, puede con sacrificios mas o menos importantes obtener mas ventajas que si todo el patrimonio del fallido hubiera sido realizado, y, en fin, es de mayor interés para el colectivo social porque la desaparición de la empresa produce efectos más dramáticos (pérdida de empleos) y puede dar lugar a una reacción indeseable del entorno comercial o industrial (la crisis de otras empresas) ,con mayores perjuicios para el país y es ello lo que explica que el mismo Legislador regule dicha figura, para que ocurra a la mayor brevedad dentro del proceso general[15].

- **Sujetos del Convenio Concursal:**

Resulta ser una característica de este tipo de convenios que los mismos se integran entre Deudor y sus Acreedores Quirografarios, si bien pueden eventualmente serlo también

---

[13] Arte. 1025 CCo. Se extiende en la fundamentación y modalidades de esta forma de liquidación Zambrano, Freddy, *Curso de Atraso y Quiebra*, Librería Jurídica Venezuela, Isbn 9080-07-8525-6, p. 295 ss.

[14] Cuzzeri Manuel y Cicu, Antonio, en la Obra Bolaffio, Rocco, Vivante, Traducción de Jorge Rodríguez A y Santiago Sentís M, con Notas de Derecho Argentino por Rodolfo Fontanarrosa, Derecho Concursal, tomo XIX, Vol. II, Ediar, Argentina, 1954.p. 91, ss.

[15] Pierre Tapia, Opus cit. p. 392.

los privilegiados e hipotecarios[16], y con la evidente participación del Juez, no como sujeto que soporta los efectos del acuerdo de voluntades, sino en su carácter de instador (propulsor) y regulador del proceso y sin cuya pertinente actuación carece de efectos el Convenio.

El Juez, pues, no será parte propiamente dicha, pero será un sujeto de indispensable figuración en el acto para su validez y plenos efectos, será él quien lo promueva[17] o en todo caso convenga o disponga realizarlo a propuesta de los acreedores, y finalmente quien con su homologación le imparta fuerza y carácter de cosa juzgada.

La presencia del fallido es indispensable, o cuando menos su representación por otro, deberá estar justificada y autorizada por el Juez (Art. 1012 del C Co.), so pena de que se deba continuar la quiebra en la forma ordinaria.

En torno a la presencia del Síndico, somos de opinión que si bien no lo señala así expresamente la Ley, no es indispensable, pues su papel en el acto y proceso de formación del Convenio, es meramente informativo, y tiene que ser reputado en esta forma en tanto sus representados "ordinarios" lo son el deudor y sus acreedores, quienes si es pertinente e indispensable se encuentren en el acto.

Según la Ley, en su comparecencia, si la hubiere, deberán rendir cuenta de su gestión, causas, carácter y estado de la quiebra, formalidades cumplidas, operaciones realizadas, y relación entre el pasivo y activo del patrimonio afectado, lo cual harán constar en un Informe (Art. 1013 C Co.)

En todo caso, en cambio, será menester su parecer concreto sobre los caracteres de la quiebra (voluntaria o involuntaria) y la legalidad del convenio, antes de que el mismo pueda ser aprobado, y aun sin que exista oposición (Art. 1020 C Co), ello independientemente de que hubiere o no concurrido a las reuniones preliminares a ese momento y estado del proceso.

– **Acreedores admitidos a la votación:**

Se desprende del texto expreso de la Ley, que pueden estar presentes en la asamblea, deliberar y votar todos los acreedores del fallido cuyos créditos estén calificados, y aún aquellos admitidos provisionalmente en su cualidad y monto, aun pues con saldos controvertidos, siempre que los mismos no sean materia de proceso criminal (Art. 1008 C.Co.) pero tales resoluciones del Juez siempre serán apelables ante el Tribunal Superior[18].

---

16 Nuestro Código de Comercio contempla el caso, en que, por haber resuelto votar en la Asamblea de acreedores convocada al efecto, los acreedores privilegiados, se entiende renuncian a sus privilegios expresa o tácitamente, y con ello, pasan a formar parte de los acreedores que tienen derecho a voz y voto en la oportunidad de votarse "El Convenio" Art.- 1011 CCo.

17 Aún cuando para algunos autores, ello no es esencial si lo solicitan bien la unanimidad o la mayoría de Acreedores admitidos aún provisionalmente (Art. 1008 C Co.) y ello encuentra su fundamento en la redacción amplia del 1009 ejusdem.

18 Art. 1010, 1060 y 1114 C.Co.

Por igual y como antes lo destacamos, también pueden no solo estar presentes en la asamblea de acreedores los privilegiados e hipotecarios, sino inclusive votar, si expresamente renuncian a sus privilegios, o aún sin hacerlo, cuando manifiestan en ella su voto (Art. 1011 CCo.)[19].

A contrario debe entenderse entonces que la presencia de los hipotecarios y privilegiados no es necesaria o indispensable en esa Asamblea ni en otros actos relacionados con el proceso de formación del Convenio, y sin que por ello tampoco se entienda que pierden su derecho a impugnar dicho Convenio por las causas previstas en la Ley, toda vez que para ello solo exige la Ley que se tenga la condición de acreedor reconocido o admitido provisionalmente (1019 *ejusdem*) y por igual tendrán derecho a accionar la anulación sin limitación de ninguna clase, mientras que entendemos no podrán hacer valer la rescisión, salvo que los bienes dados en garantía fueren insuficientes, o que en su momento se hubiere hecho reserva como quirografarios por las diferencias evidentes de valor o las diferencias no cubiertas de accesorios al crédito, pues de ordinario solo tienen tal derecho, los acreedores que quedaren insatisfechos en todo o en parte, respecto lo aprobado en el convenio (Art. 1030 C Co).

–Naturaleza jurídica de los Convenios Concursales:

Como ya lo adelantáramos antes, es esta una materia controversial en la que aún no existe acuerdo definitivo entre los autores.

Freddy Zambrano[20] distingue 6 grupos de posiciones en torno a dicho problema, así:

Teorías Procesales: según las cuales el papel del juez es un rol decisivo y determinante en la definición del convenio, del cual se deriva su fuerza obligatoria y vinculante para todos los acreedores, de allí que lo cataloguen como un verdadero "contrato procesar".

En adición esa naturaleza es lo que justifica que se lo tramite en forma rápida y expedita, por la celeridad de la institución procesal, y cuyo objeto es poner término a proceso concursal de manera ágil y efectiva.

Quienes adversan esta posición fundamentalmente destacan el doble carácter de los Convenios Concúrsales, que los hacen de naturaleza procesal y negocial, sin que deba privar una de ellas sobre la otra.

Teoría de Bolaffio: Para dicho autor, el convenio, porque es judicial, tiene un solo sujeto y un solo objeto, este último resulta ser el perseguir la unión entre todos los acreedores, para que participen en las deliberaciones como un todo, en virtud de esa comunión legal. El objeto es la identidad de los hechos sobre el fundamento de la igualdad de trato de los acreedores, desprovistos de cualquier derecho de prelación.

---

19 A juicio de Pierre Tapia, opus cit. p. 394, tal limitación en el voto, no es solo para garantizar precisamente que esos acreedores, seguros como están del respaldo de sus acreencias, poco les importará que el resto de la masa cobre o no, sino para proteger el principio de que los bienes del deudor son prenda común de sus acreedores. Según el mismo comentado autor, la norma citada no excluye a los acreedores que tienen fianzas (pues tal limitación es de absoluto carácter restrictivo y la sanción se aplica independientemente de que la garantía o privilegio sea de carácter inmobiliario o mobiliario. Hace así mismo observación el mentado autor, de que no se entienden aplicables dichas sanciones cuando el asiento de la garantía es un bien de persona diferente al deudor fallido.

20 Zambrano, Freddy, opus cit p 292.

Teoría de la Obligación legal: Sostienen quienes la comulgan, que la obligación es contractual para los acreedores comunes que han aceptado el convenio y es puramente legal para los disidentes de la minoría.

Se les critica que con su posición rompen con la unidad del convenio.

Teorías contractualistas: Son diversas sus escuelas, y fundamentan su posición en la naturaleza contractual de dichos pactos, y son ellas, todas los que parten del principio de que la voluntad de las mayorías debe privar sobre la de las minorías, y para algunos en cuanto a la vinculación de los ausentes, se justifica por una especie de representación legal para ellos, en tanto quienes asisten a la asamblea se entienden lo hacen por todos en la forma que lo decidan.

Teoría de la Comunidad Crediticia: La que mas éxito ha procurado es la sostenida por Alfredo Rocco, divulgada y propiciada con algunos matices por Alberto Sala, quienes apuntan a la llamada teoría de la comunidad crediticia con origen en la doctrina italiana, y para quienes el fundamento del valor del convenio debe partir de su condición contractual, que se forma como otro género de contratos, al aceptarse la propuesta del deudor por los acreedores, que como tal especie de contrato, el mismo mantiene su fuerza y no puede revocarse salvo caso de mutuo disenso, y que como tal contrato justifica que en caso de falta de cumplimiento, pueda accionarse la resolución por falta de cumplimiento.

Teoría del Contrato sui generis: El citado Alberto Sala[21] define el Convenio como un contrato sui generis de carácter bilateral, oneroso y único, al afectar sus cláusulas a todos por igual, que contiene una reducción, aplazamiento e incluso extinción de los créditos, o sea por la forma de la *datio pro solvendo o datio in solutum,* que contiene un pacto non pretendo, conforme al cual su rescisión no puede solicitarse por los acreedores sino en caso de incumplimiento por el quebrado, teniendo gran importancia en él la intervención de la autoridad judicial, cuya función debe dirigirse a excluir aquellos pactos y cláusulas contenidas en los diferentes motivos de oposición y su posterior homologación con fuerza vinculante para los acreedores afectados en el mismo.

Acotamos, finalmente que Zambrano[22] estima que efectivamente el convenio es un contrato sui generis que tiene de contrato normativo, porque sus cláusulas se aplican a todos los acreedores, conocidos o no, aparezcan o no en balance, sean o no calificados. Es además una suerte de convención colectiva, porque intervienen en ellos un grupo de personas agrupadas por idénticos o similares intereses económicos, que negocian no en forma individual sino colectiva, y donde prevalece la voluntad de las mayorías.

Resulta además un contrato procesal, por ser celebrado dentro del proceso y con la finalidad de poner fin a la controversia, requiriendo el pronunciamiento del Tribunal, tal como ocurre con la transacción, pero que goza de la suerte de los negocios civiles, por cuanto puede ser anulado por vicios del consentimiento en los expresos casos señalados en la Ley.

Para Cicu[23] aun cuando admite que prevalecen entre las opiniones, las que se apoyan en las tesis contractualistas, es insuficiente la figura del contrato para explicar el vínculo de

---

21 Sala R, Alberto, La terminación de la Quiebra y el Convenio Concursal, Edit. Bosch, España, 2000, p. 187, citado por Zambrano.

22 Opus cit. p. 294 ss.

23 Opus cit, p. 179.

la minoría disidente y de los acreedores inasistentes, por lo que resulta preferible sustentar esa naturaleza en la fuerza de la Ley o de la sentencia judicial. Advierte que por ello se han pretendido justificar sus condiciones vinculatorias, en las tesis de la existencia de "colectividades organizadas" en tanto que con ello en Derecho Privado se ha pretendido sostener que en tales supuestos es preciso admitir la existencia de una finalidad común para cuya obtención precisamente se produce esa organización o colectivización de los sujetos, y es ello lo que autoriza a atribuir a la voluntad de cada uno el vínculo a que está sometido cuando queda en minoría. En estos supuestos existe una comunión derivada del hecho que los créditos se radican en la masa indivisa, pero esta comunión no surge por voluntad común de los acreedores, para lo cual es precisamente necesaria la participación y declaración de un órgano judicial, y en torno a la situación de los inasistentes, a quienes no puede ser aplicable lo antes dispuesto, se ocurre a la existencia de una especie de ficción de organización o a la de una representación forzosa o de un vínculo directamente impuesto por la Ley, por ello se hace cuesta arriba la justificación con base al carácter de negocio jurídico de los Convenios.

– **Clases de convenios:**

No obstante que las disposiciones normativas no hacen tales diferencias, por el contenido de los pactos y obligaciones asumidas en los Convenios Concúrsales, se suelen distinguir las siguientes clases de convenios:

a. Convenios remisorios: que consisten en satisfacer a la totalidad de los acreedores un porcentaje de sus respectivos créditos. Es decir con la aceptación del convenio opera una remisión tácita parcial de la deuda, la cual suele pactarse que para ser válida, deba afectar por igual a todo el conjunto de acreedores del concurso, si bien en otros suelen escalonarse o diferenciarse esas remisiones, que en todo caso son aceptadas por todos los acreedores que lo aprueban. A falta de acuerdo deben considerarse esas cláusulas con propuestas de pago diversas, proporcionales o escalonadas, como lesivas y hasta pueden dar lugar a la nulidad del convenio[24]

b. Convenios dilatorios, que consisten en la concesión por parte de los acreedores al fallido de una espera o aplazamiento en el cobro de los créditos. Durante la espera, los acreedores renuncian a exigir el cobro, que solo se convierte exigible en los nuevos plazos pactados. En caso de incumplimiento en los nuevos plazos se reputa que cualquiera de los acreedores tiene derecho a demandar la rescisión del convenio por incumplimiento.

c. Convenios de remisión total: por el cual los acreedores resuelven perdonar la universalidad de las deudas, o parte de ellas. Según lo destaca Zambrano[25] la casi totalidad de la doctrina rechaza tal modalidad de convenios. Esa remisión total es una forma de donación, según el referido autor, quien insiste en dicha calificación aún cuando se trate de una decisión adoptada por unanimidad, lo cual se fundamenta en que la total es una forma de extinción propia en derecho civil, denominada condonación y diferente en forma y efectos a lo que provoca el Convenio (quita parcial).

Entiende Zambrano que en ningún caso puede presumirse que con el Convenio los acreedores disidentes o los aún ausentes, puedan resultar obligados por la mayoría a un acto de liberalidad semejante y añade, que iguales consideraciones deben hacerse cuando las modalidades para el pago las establecen especies de comisiones de acreedores, por lo

[24] En tal sentido Zambrano, opus cit. p. 296.

[25] Opus cit, p. 296.

general vinculadas al deudor, sea quien establezca los montos y modalidades de pago (por ser entes simulados, ficticios o falsos)[26].

d) Convenios remisorios y dilatorios: Aquellos que contienen pactos que dan lugar a remisiones parciales a la vez que una demora para el pago de los créditos.

iii. Requisitos formales y materiales del Convenio Concursal

Como lo dejamos destacado someramente antes, no todo acuerdo de voluntades, especial o general en la quiebra tiene efectos de Convenio Concursal, para que éstos se produzcan es menester el acaecimiento de una serie de situaciones especiales que seguidamente pasamos a enumerar:

1. La presencia del fallido personalmente, no por apoderado, salvo causa especialmente considerada y calificada por el Tribunal, y entendemos que con ello se pretende que no exista duda alguna en cuanto a las ofertas y condiciones para el pago de las obligaciones.

La ausencia justificada puede dar lugar a que se considere diferida la reunión para una posterior que nuevamente fije el Juez (Art. 1012), pero si nada de ello se hubiere previsto la norma es tajante en cuanto a reputar que siga el proceso de quiebra en forma ordinaria, al igual que lo sería en caso de reincidencia en la no comparecencia, a texto expreso de la misma norma.

Como simple observación destacamos que las propuestas en sí pueden provenir del fallido, o las reformula o presentan los acreedores o finalmente lo puede hacer el Síndico.

La doctrina considera imprescindible la presencia personal, no pudiendo por tanto entenderse sustituida la ausencia por una propuesta enviada por escrito o la consignada por un apoderado sin la autorización comentada del artículo 1012 CCo.[27]

2. La presencia de todos los acreedores del fallido, o cuando menos de la mayoría de ellos en número y cuantía de pasivos exigidos por la Ley para reputar existencia de mayoría contemplada en la normativa.

La fijación de los quorum especiales establecidos en la Ley tiene como finalidad fundamental la protección de los propios acreedores[28]. Debido a ello y según se desprende de las normas vigentes y de la interpretación doctrinal, esa mayoría es doble, pues lo es en cuanto a número de acreedores presentes, respecto al total de los identificados y concurrentes como en la suma de los créditos de ellos frente al total de los acreditados.

En el Código Francés de 1807 se establecía que esa mayoría era la de los acreedores "presentes" en la reunión, pero al ser revisada la norma en referencia en 1838 se suprimió la palabra presente y se dejó tal como figura hoy y de allí la duda sobre la forma de interpretar como se forma esa mayoría.

---

[26] Opus cit. p. 297.

[27] En tal sentido se pronuncia Cicu, opus cit. p. 194 ss. Igualmente destaca el comentado autor, que tratándose de concursos que afectan Sociedades Colectivas, para que se entienda existe tal representación basta la comparecencia de uno cualquiera de los socios que ejerzan dicha representación, en apoyo de lo cual invoca jurisprudencia de la Casación de Florencia de 1891

[28] Pierre Tapia, opus cit. p. 403.

Tanto para Cicu, como del texto de nuestra norma al respecto se considera que no puede referirse solo a los acreedores presentes, en tanto la Ley habla de "todos", eso solo ya bastaría para excluir tal interpretación, pero adicionalmente la ley, determina que a quienes se tome en cuenta deben ser solo los calificados , y porque nuestra normativa venezolana agrega a ese concepto de mayoría, el que quienes se cuenten, tienen que ser aquellos que representen, a su vez, las tres cuartas partes de los acreedores que reúnan las dos terceras partes de la totalidad de los créditos, esto es, sienta criterio en como y de que manera debe calcularse quienes son esos acreedores , y de manea alguna de que lo son por el solo hecho de estar presentes[29].

Toda la doctrina es conteste al considerar que en la votación pueden intervenir toda clase de acreedores, inclusive los privilegiados hipotecarios, pero, en torno a éstos, si lo hacen debe entenderse que renuncian a su privilegio sobre los bienes y se convierten en quirografarios por el monto de lo adeudado. Esa renuncia puede ser inclusive tácita, y derivar del solo hecho de hacer valer el voto en cualquier forma.

Pero procede aclarar que, puede ocurrir que el mismo acreedor tenga la condición de privilegiado y quirografario, en cuyo caso, con el debido cuidado, podrá ejercer sus dos derechos, sin que por votar como quirografario, le afecte su condición de privilegiado, tampoco pierden privilegio, cuando el mismo deriva de una garantía constituida sobre un bien de tercero diferente al fallido.

Tampoco ocurre la renuncia anotada cuando el voto lo manifiesta un acreedor protegido con fianza, pues para la exclusión la Ley exige que el privilegio derive de la afectación de un bien del fallido[30].

A consecuencia de la votación y de los quorum exigidos, se pueden presentar cuando menos tres situaciones que vale la pena mencionar:

a Se producen o la unanimidad o las dos mayorías, en cuyo caso da lugar a la celebración del convenio con todos sus efectos legales y procede homologarlo, con la salvedad de que exista motivo procedente de oposición.

b Que ninguna de las mayorías se haya provocado, en cuyo supuesto se entenderá negado, por lo cual deberá continuarse conforme a la Ley el proceso concursal, anotando algunos autores, que ya entonces no puede el fallido proponerlo nuevamente[31].

Nosotros no compartimos esa tesis, no solo como consecuencia de no existir norma legal que así lo determine, sino que entendemos que en este tipo de procesos colectivos, siempre debe darse facilidad para que el fallido se recupere y con él lo haga la actividad productiva afectada, y para que los acreedores, también, siempre, puedan lograr la recuperación de sus créditos de manera más fácil y expedita.

c. La tercera hipótesis posible es la de que solo se haya obtenido una sola de las mayorías que contempla le Ley.

En tales supuestos cabe plantearse si con ello es posible volver a discutir sobre convenio, o si solo cabe continuar con la quiebra.

---

29 En el mismo sentido Cicu, opus cit. p. 202.

30 En igual sentido Cicu, quien destaca que la opinión es unánime y cita a Bonelli, Guariglia, Vidarsi, Rocco y Ramella (Vid. Nota 5 p. 214 obra citada.

31 En tal sentido Pierre Tapia, opus cit. p. 406.

¿Puede volverse a solicitar convocatoria para resolver sobre Convenio en la Quiebra?

Destaca la Ley que si solo se hubiera logrado la mayoría absoluta (mitad mas uno) de los acreedores que representen a su vez la mayoría absoluta de los créditos la deliberación sobre convenio se entenderá aplazada por ocho días, y en tal oportunidad no tienen valor las votaciones dadas en la oportunidad anterior (Art. 1015 C Co.). También no se discute el que en tales supuestos el fallido no opte por retirar su propuesta de convenio, la cual debe ser expresa y que conste en el expediente[32].

La razón de la concesión de ese lapso, no es otra que la previsión del Legislador para que se insista en buscar una salida o acuerdo más favorable, pero sin hacer que se alargue indefinidamente el proceso.

En este caso el Código nada prevé sobre si deba hacerse otra convocatoria con las mismas formalidades que para la primera, por lo que no debe entenderse ello sea requisito, ni tampoco que constituya una causa de nulidad, pero en el interés de que se obtengan más votos, por lo normal se insiste en la publicación edictal (por edictos), para lograr la asistencia de acreedores que no comparecieron en primera oportunidad.

El lapso concedido es un beneficio no renunciable para reputar cual sea la verdadera ocasión para nuevo análisis y votación (1015 C Co).

En esas ulteriores oportunidades para resolver sobre convenio, se cumplirán todas las demás formalidades que se exigen en la primera.

3. También es menester la formalidad de la convocatoria a la asamblea correspondiente por vía de EDICTOS (limpiado iri genere) que serán publicados en la prensa (Art. 1010 CCo).

4. Por igual, exige la Ley con una estricta rigurosidad, que el convenio quede firmado, so pena de nulidad, en la misma sesión en que se celebre, lo que se entiende como garantía de no reversión de lo estipulado, y que de manera inmediata pueda precisarse el quorum exigido por Ley. Para otros, el requisito es para evitar que a posterior del acto y con la presión de unos acreedores a los que votaron, se produzca la retractación[33].

5. Que el Tribunal le imparta su debida Homologación al Convenio (1020 CCO), lo cual comporta igualmente que no hayan existido impugnaciones por vía de oposición o nulidad, y si las hubo, que queden resueltas en ese mismo fallo de homologación, pronunciamiento que en todo caso no debe efectuarse antes del sexto día de despacho siguiente, dentro de los cuales puede formularse oposición.

El Tribunal si encuentra falta formal, motivo suficiente de oposición o algún impedimento legal insuperable puede negar la homologación. (vid. Art. 1021 C Co.) A pesar de este indiscutido poder del Tribunal, el mismo carece de facultad para modificar las condiciones bajo los cuales se le autoriza, ni autorizarlo bajo condición[34]

La norma vuelve a insistir en este caso, para mayor seguridad, y en definitiva para despejar la no necesidad de la presencia ni intervención del Síndico con la propuesta, de

---

32 Pierre Tapia, o.c. p. 406.

33 En tal sentido Pierre Tapia, opus cit. p. 405.

34 En igual sentido Pierre Tapia, opus cit p.

que resulta menester el Informe del Síndico en torno a los caracteres de la quiebra y la legalidad del convenio.

En todo caso, la resolución en referencia es apelable, siempre por el Síndico, solo cuando se lo perjudica, por el fallido, y cuando se ha negado la oposición, por el acreedor formulante.

Solo con la homologación el convenio adquiere carácter obligatorio y vinculante, y ello, aun cuando se hubiere aprobado por unanimidad.

iv. Efectos

1. El convenio obliga por igual a todos los acreedores del fallido, excepto a los privilegiados e hipotecarios, que no hayan renunciado a sus derechos, tal como lo prescribe el Art. 1024 CCo. Tales acreedores pueden ser conocidos o desconocidos, estén o no comprendidos en el Balance y estén o no calificados, incluso para los que residan fuera del territorio de la República, cuyas acreencias tengan términos vencidos o no, también obliga a los acreedores admitidos provisionalmente en las deliberaciones de la quiebra, cualquiera que sea la suma que la sentencia definitiva les declare posteriormente.35 (Art. 1022 CCo.).

2. El convenio no priva a los acreedores de sus derechos por la totalidad de los créditos contra los coobligados y los fiadores de aquél. (Art. 1023 *ejusdem*)

3. Los Síndicos cesan en sus funciones, debiendo rendir cuentas al fallido de su administración, ante el Juez de comercio. (Art. 1024 CCo.)

4. Cesa el desasimiento de los bienes del fallido, a quien se le devolverán sus bienes, libros y papeles, de lo cual se dejará constancia en el expediente (Art. 1024 *ejusdem*).

5. Como el convenio puede consistir en que el fallido abandone total o parcialmente sus bienes en sus acreedores, dispone la norma, que la liquidación en tal caso se llevará a efecto de la manera establecida de modo ordinario en la continuación de la quiebra (Art. 1025 CCo.).

6. El efecto remisorio de una parte de las obligaciones suele acompañar a su aplazamiento en el pago. Los créditos quedarán extinguidos en la parte que se haya hecho remisión al quebrado. Esta remisión se produce aunque el deudor le quede algún sobrante de los bienes de la quiebra o posteriormente llegue a mejor fortuna. Solo en virtud de un pacto expreso podrán reclamar el resto de su crédito los acreedores no satisfechos íntegramente en la quiebra, siendo oportuno aclarar que ni el efecto dilatorio, que se produce siempre o casi siempre-pues los quebrados difícilmente suelen mostrarse dispuestos a satisfacer inmediatamente ni siquiera una parte de las deudas- ni el efecto remisorio, a que nos hemos referido, producen novación de la obligación preexistente.36.

v. Su alcance y oponibilidad del convenio:

a) Frente a los acreedores

El Art. 1022 del CCo establece, que los mismos quedan vinculados al convenio, sea que hubieren sido conocidos o no al momento de realizarse el acuerdo, hayan o no estado

---

[35] Cuzzeri, Opus cit, t.19 p. 517 ss

[36] Freddy Zambrano, opus cit. p 310 y Martin Bernal, José Manuel, p. 38, citado por el primero nombrado, Nota 10, p. 312.

calificados y con la advertencia de que los admitidos provisionalmente, estarán en el proceso hasta por el monto de lo que en definitiva determine la sentencia correspondiente.

Los efectos se extienden aún a los acreedores con acreencias condicionales o eventuales, con tal de que estos derechos hayan nacido antes de la sentencia que declara la quiebra.

-Situación de los acreedores unidos por el convenio:

Debe destacarse que la “masa de la quiebra” deja de existir desde el día en que la sentencia de homologación o aprobación del convenio se hace definitiva, por ello también cesa del desasimiento con todos sus derivados; los acreedores retoman la legitimación para el reclamo de sus acciones, y en verdad la insubsistencia de la masa no es absoluta, pues solo cesará de existir solo después que se haya ejecutado íntegramente todas las estipulaciones del convenio. Hasta ese momento más bien puede decirse que la masa simplemente se ha transformado y que subsiste bajo un nuevo aspecto, en la medida de que lo requiera la debida ejecución del convenio.

El convenio deja subsistir para el pasado todos los efectos que la quiebra hayan podido producir. Si al momento de la Homologación aún están pendientes derechos impugnados de algún acreedor, la instancia relativa a la impugnación será continuada por el Síndico que no por el fallido.

Como consecuencia de todo lo dicho, los fiadores del convenio quedan libres. (1029 C Co.).

b) Efectos del convenio frente al fallido:

Como se lo destaco, el primer efecto y el más destacado es que el fallido retoma el manejo de su patrimonio, con lo cual cesan las funciones de los síndicos, con ello readquiere la capacidad y legitimación para pedir y recibir cuentas del Síndico.

Pueden realizar todos (o cualquiera) actos de administración o disposición de los bienes, en tal sentido puede realizar cualquier acto de disposición o administración, pero obligándose a respetar aquellos actos realizados válidamente por los síndicos.

c) Efectos del convenio frente al juez, Síndico y otros comisionados:

Como lo destacamos antes, el convenio hace cesar *ipso facto* las facultades y potestades del síndico del Juez y de los comisionados y todos los que vienen obligados a ello deben rendir cuenta de lo que se encuentra en su poder y de cómo gestionaron sus encargos.

CONCLUSIÓN

Quedan así expuestos, los que a nuestro juicio resultan ser los aspectos mas relevantes Convenios en el proceso concursal.

Quedará pendiente el examen de un amplio campo donde surgen diatribas, como lo son los supuestos de las nulidades y la extensión de lo juzgado, así como los supuestos de rescisión por incumplimiento, con el señalamiento de que ambas instituciones solo operan en los campos muy particulares que contempla la Ley y dentro de los límites temporales que fija la propia normativa, pero ellos dan pie a todo un nuevo y particularizado análisis.

Esperamos con este pequeño ensayo contribuir a la mejor difusión y conocimiento de nuestras instituciones concursales patrias, y facilitar el análisis y estudio de las mismas desde el punto de vista del Derecho Concursal Comparado.

BASE BIBLIOGRÁFICA

Barschi, Andrés. *La Quiebra Fraudulenta*, Ediciones Edime, Venezuela, 1962.

De Semo, G. Delle Fallimento, Milán, 1938, 3ª Edic.

Dominici, Aníbal. *Comentarios al Código de Comercio venezolano*, Maracaibo, Venezuela, 1958

Giménez Anzola, Hernán. *El Juicio de Atraso*, Edit. Librería A y Moderna, Venezuela, 1963.

NOVENA PARTE

DERECHO TRIBUTARIO

58.

ALGUNAS CONSIDERACIONES EN TORNO AL LLAMADO IMPUESTO SOBRE TIERRAS OCIOSAS EN EL SISTEMA TRIBUTARIO VENEZOLANO*

I. BREVE INTRODUCCIÓN

En primer lugar, debo expresar mi contento con la realización de eventos como éstos, donde como hoy y en esta tierra, en que parecen haberse perdido las perspectivas se ha dejado a un lado el Derecho Agrario y todo lo a él relacionado. Lo dicho puede ser producto del abandono intelectual en que suele permanecer nuestro país, donde pareciera que todo es más importante que estar ilustrado, o donde nos han venido enseñando a que lo importante es tener luces, sin importar cómo ni de qué tipo, se nos pretende enseñar que pueden ser de las más primitivas e ineficaces hasta las que son meramente producto de la imaginación.

El estilo educativo Robinsoniano del que tanto se nos habla ahora, no es precisamente el que aporta más ni mejores luces. Los aprendizajes y conceptos a medias tintas no son tales, sino fermento y fomento de la ignorancia y confusión. La educación se fomenta y difunde, no se inventa.

La tarea de divulgación de cuestiones tan importantes y trascendentales como la de los impuestos prediales no puede ser que se hayan mantenido tan en silencio, más cuando es la primera vez que se las pone en vigencia en Venezuela, y donde tan disparatadas cosas se han dicho y hecho en torno al mismo, comenzando por la distribución de competencia y aplicación de su contenido y extensión.

En este país, parece mentira, nos ocupamos de todo, armamos escaramuzas de cualquier tipo pero sobre lo que no es trascendente ni importante, sobre lo banal e intrascendente, esa es la lamentable experiencia que nos acompaña desde nuestros primeros

---

* Charla dictada por el autor con ocasión de las *IV Jornadas de Tributación Agrícola en Venezuela*, promovidas por Agroinformática C.A., Caracas, Venezuela, octubre 2007, y publicada en la *Revista de Derecho Tributario N° 116*, octubre-Noviembre-Diciembre 2007, Asociación Venezolana de Derecho Tributario, pp. 117 – 133.

días de la liberación como república, y ese ha sido el grave problema institucional de la patria, no hemos sabido diagnosticar ni valorar lo trascendente y perturbante del entorno social, o quizá más bien nos han acostumbrado a desviar la atención por lo intrascendente para que dejemos que otros se ocupen hábilmente de aquello, mientras el país banalizado y distraído nada hace por recuperar y defender sus derechos e instituciones.

En la Ley de Tierras y Desarrollo Agrario, llena de novedades, fundamentalmente arbitrariedades, que ni aun la propia Justicia torcida del régimen ha podido ignorar, debiendo hasta declarar la nulidad de algunas de las normas del originario Decreto con Fuerza de Ley sobre dicha materia, se encuentran condensadas una serie de violaciones aun a la Constitución que sustituyó la del 61, y ¿qué no será con la que ahora se pretende vender como necesaria reforma para continuar adelante con el socialismo trasnochado del Siglo XXI al que nos quieren someter quienes nos gobiernan, no como estilo de gobierno, con el cual podríamos o no estar de acuerdo, sino como modalidad o prototipo de Estado en la que se nos obligará a vivir, gústenos o no, bajo la mano de un dictador, que por la sola forma de su legitimación resulta democrático, pero quien en su forma y modo de proceder como estadista no es más que un vulgar autócrata, que con base en ello se pretende autorizado y capacitado para hacer cuanto se le ocurra independientemente de que resulte bueno no para el pueblo?

Lamentablemente, no podemos ocuparnos en esta ocasión de todo cuanto tengo y debería decirles sobre estos atropellos al régimen legal, ni aun sobre el Impuesto Predial, del cual muchas consideraciones deben y tienen que hacerse y mucho menos de los desaciertos de la Ley de Tierras y Desarrollo Agrario.

Algunos de los alocados efectos de la susodicha Ley ya están a la vista: la merma de producción en muchos rubros agobia al propio gobierno y la importación de rubros agroalimentarios exceden todos los parámetros imaginables, pero entre otras cosas y para disimular, por supuesto que no hay estadísticas serias ni constantes que nos hablen de estos anatemas políticos.

Centraré, pues, mis consideraciones en temas puntuales sobre el Impuesto sobre tierras ociosas, que es el propósito central de la invitación que se me ha hecho para participar en este evento y procuraré poner a la luz de quienes no manejan estas materias los conceptos y problemas que conlleva el inadecuado trato de ésta, como de cualquier otra institución de tan destacada importancia.

II. CONCEPTO Y FINALIDAD DEL IMPUESTO

Por una parte, comenzaremos por identificar algunos conceptos que son de uso común en esta materia y que facilitarán la comprensión de nuestro análisis del problema.

Comenzaremos por señalar que nuestro impuesto a las tierras ociosas contemplado en la Ley de tierras y Desarrollo Agrario es de tipo inmobiliario, rural, pero no es un impuesto predial propiamente dicho, ni se aplica a tierras diferentes a las rurales, por tanto se excluyen las interurbanas o periurbanas.

Entenderemos a los expresados fines por impuesto INMOBILIARIO, el tributo inmobiliario general a la propiedad o cosa inmueble o raíz, independientemente de que lo gravado o afectado sea o no de determinada ubicación geográfica o geodésica, y el uso que afecte dichos bienes es indiferente se trate de vivienda, comercio, industria o agrícola, independientemente, además, de que tengan vocación urbana, periurbana o rural.

Por Impuestos PREDIAL RURAL, a diferencia de otros, nos referimos al impuesto inmobiliario aplicado a bienes inmuebles ubicados fuera de las áreas de ciudades, sobre tierras fundamentalmente de uso agrícola o pecuario, o bien vacantes, pero de vocación para estos usos específicos. La Constitución vigente utiliza el concepto o expresión de impuesto sobre "predios rurales"[1]. A dichos impuestos también se les denomina PREDIALES O PREDIALES RURALES, indistintamente.

Tal como lo veremos más adelante, este último tipo de impuesto inmobiliario no es propiamente el impuesto contemplado en la LT, que aplica y tiene sustento, como lo hemos dejado indicado precedentemente, para procurar una reforma o cambio en las estructuras agro productivas del país, y que si bien es sobre predios inmobiliarios rurales, sólo nace y aplica para evitar los latifundios, la ociosidad en el uso indebido de la tierra e incentiva la producción agroalimentaria. En lo adelante, para facilitar su cita, nos referiremos al ITO cuando hagamos uso de esta acepción particular.

Dicho tributo grava, como lo expresa el Art. 97 de la LT expresamente, la "infrautilización de tierras rurales privadas y públicas". Se trata pues de que la tierra rural esté infrautilizada, esto es, no destinada siquiera a un uso óptimo, sino menor al prototipo ordinario comparado con la generalidad de las tierras rurales, con las solas excepciones de que las mismas estén destinadas a "bosques naturales, que así las haya declarado el Ejecutivo Nacional, y que por tanto no pueden ser objeto de ningún tipo de explotación ni uso alguno, ni tampoco lo están aquellas que por sus limitaciones edáficas o de otro tipo no sean aptas para ninguna clase de cultivos, explotación ganadera o forestal" (Art. 97, aparte único).

Surge claramente de lo antes expuesto que es un tributo cuya aplicación supone necesaria e indiscutiblemente, determinaciones de calidad y uso de los suelos rurales y, adicionalmente, que el uso eventual de todas las tierras que constituyen el territorio nacional esté reglado y precisado por las autoridades, pues de lo contrario, el mismo sería desigual y no idéntico para todos los sujetos potenciales del impuesto.

Lo dicho en el párrafo precedente, por igual nos impone de un hecho delicado, cual puede ser que en miras a provocar una mas justa sustentación de obtención de recursos entre los diferentes poderes del Estado se opte inclusive por gravar doblemente los inmuebles rurales, uno por el solo hecho de la propiedad y ubicación del bien, caso omiso de la productividad o no del mismo, y otro derivado de la conveniencia de incentivar y ordenar la producción agroalimentaria del país, con lo cual se haría ciertamente injustificable la presión tributaria sobre este sector de contribuyentes, si bien la base gravable pudiere considerarse diferente.

Finalmente, debe por igual tenerse presente un concepto que por exclusión surge de las precisiones anteriores y que debe jugar papel importante por responder a una realidad, esto es, el de Inmuebles PERIURBANOS con cuyo término nos referiremos a inmuebles ubicados sobre los perímetros urbanos de las ciudades o las áreas contiguas a éstos.

En cuanto a la consagración legal del vigente impuesto sobre tierras ociosas, que resulta ser la materia que nos convoca para estudio en esta oportunidad, como se lo debe suponer luego de lo ya explicado, su tratamiento se encuentra contemplado en la LT, y sus principales disposiciones que lo aluden son las siguientes:

---

1 A 307 CNRB 1999.

El artículo 97 de la LT[2] que crea por primera vez en Venezuela el impuesto que grava la infrautilización de tierras rurales privadas y públicas, consagrando igualmente en su aparte único las exclusiones del tributo y primera vez, igualmente en que se estableció un impuesto rural en nuestro país.

Los artículos 98 y 100 de la LT establecen los sujetos pasivos del tributo, esto es, los propietarios y titulares de las tierras particulares con vocación agraria, los poseedores de tierra rurales públicas, distintos de los órganos y entidades públicas y entes de la administración pública descentralizada, en ambos casos además se contemplan las comunidades de bienes, independientemente de cuales sean sus orígenes, y se les atribuye responsabilidad solidaria por el pago de los tributos.

En el artículo 101 se contemplan las exenciones del tributo y en los artículos 102, 103 y 104 se define cuando se hace exigible el impuesto, así como cuando se encuentran en condición de "ociosas" lo cual dependerá del porcentaje que establece la Ley como margen de tolerancia en el rendimiento idóneo de las mismas, determinado según las disposiciones que se supone contempla la misma ley.

El artículo 105 determina cómo se fija la base imponible del impuesto especial sobre el concepto de rendimiento idóneo para cada clase determinada de tierras.

El artículo 108 contempla la anualidad del impuesto especial, el 102 el modo y tiempo de la determinación y liquidación del impuesto y en el 110 se fijan las alícuotas aplicables.

Al Presidente de la República se le reserva la potestad de dentro de las políticas fiscales y agroalimentarias, para que, conforme las situaciones coyunturales, sectoriales y regionales de la economía, pueda exonerar total o parcialmente el pago del tributo, estímulo de asentamientos, etc.

Finalmente vale la pena hacer mención a la clasificación de las tierras que contempla la normativa legal en su artículo 115, entre los cuales están el agrícola, pecuario, forestal,

---

2 Gaceta Oficial Extraordinaria de la República Bolivariana de Venezuela, en su edición del 18 de mayo del 2005, que sustituyó el primigenio Decreto con Fuerza de Ley 1546 del 9 de noviembre del 2001, constituye la hoy vigente normativa sobre la materia, en lo adelante identificada "LT" y en las que, entre otras, y no obstante pervivir los graves vicios que afectan la constitucionalidad y adecuación a los fines agrarios de dicha normativa, se modifican precisamente los conceptos de latifundio (Art. 7), se cambian los parámetros de garantías para los productores del campo, se reinserta el registro agrario, concomitante con el Catastro Nacional, independientemente de que los fundos estén o no catastrados, equipara para los fines del rescate de tierras propias, el rescate y la expropiación (Art. 39). No obstante que los planes de seguridad agroalimentaria, hasta ahora inexistentes, son los determinantes para poder efectuar la calificación de tierras productivas o no, se autorizan los procedimientos de expropiación o rescate, y que en el caso de fincas particulares es lo que da lugar a la acusación del impuesto respectivo sobre cada hectárea de tierra ociosa o inculta, y el proceso de rescate o expropiación. Se confirma el derecho a disponer de mejoras y bienhechurías sin indemnización cuando las mismas se encuentran en tierras ocupadas ilegal o ilícitamente, si son de uso agrario. Se refiere a otro registro adicional con sede en el Servicio Integrado de Administración Aduanera y Tributaria (Seniat) para el aparente control de contribuyentes pasivos (se supone deben ser del impuesto predial establecido en dicha Ley). Se modifica y aclara el régimen de excepciones a la tributación predial contempladas en el artículo 101 LT, se crea una causal de indisponibilidad material y jurídica de bienes rurales susceptibles del tributo de no acompañarse la constancia de pago del tributo especial, se crea una distribución de competencias registrales para diferentes entes administrativos, sin justificar su razón ni pertinencia.

conservación, ecología y protección del medio ambiente y, finalmente, el de Agroturismo, sin hacer mención expresa alguna a los cultivos especiales de los particulares rubros agropecuarios) piscicultura, avicultura, apicultura, entre otros.

Con la ligera alusión al régimen que contempla la LT para el impuesto objeto de esta charla, y siguiendo a Rafael José Romero Pirela en su trabajo sobre la materia[3], comenzaremos por precisar algunos conceptos sobre este particular impuesto, con base en lo cual, en primer lugar, diremos con algunos aupadores de esta posición, que con su consagración, nuestro sistema impositivo se puede alinear con la tendencia sobre descentralización administrativa impuesta a partir de 1990 en nuestro sistema constitucional, que procura dotar adecuadamente los entes sub-estatales de recursos propios y, adicionalmente, desde el punto netamente agrario; a ello cabe por igual destacar que, con su consagración, se da un paso más en la lucha contra el latifundismo, el cual persigue abolir y castigar el anunciado impuesto especial.

Agrega Romero P. que con su consagración debe entenderse que se consolida un mejor sistema tributario moderno, pues los bienes raíces son sin duda alguna una importante manifestación de riqueza, de capacidad contributiva privada, amén de que como se lo dejó señalado, con la aplicación de este tipo de tributo se crea una forma de combate contra el latifundio y la ociosidad de las tierras de uso agrícola o pecuario.

Como se concluirá más adelante, lamentablemente un impuesto de esta naturaleza y concebido en la forma que se lo regula en la LT no es una forma viable de imposición sobre los predios rústicos, lo cual resultará a la larga inaplicable y en nada podrá colaborar con la política real de desarrollo agroalimentario[4].

De alguna manera, quienes defienden la Ley señalan que con el impuesto más que buscar una finalidad netamente tributaria, lo perseguido es procurar incentivar el buen uso de la tierra y la producción agroalimentaria, es decir, una finalidad extrafiscal, y ello es lo que destaca igualmente Romero R, al advertir que dicho impuesto es un tributo con evidentes objetivos extrafiscales, pues no hay en su diseño intención alguna de recaudación, y ello queda resaltado en la determinación de las tarifas, las cuales disminuyen a medida que el rendimiento de la explotación de la tierra se aproxima a los promedios nacionales del rubro idóneo.

La intención no es, pues, gravar la capacidad contributiva que dimana de la fuente de enriquecimiento, sino forzar a los propietarios de tierras con vocación agrícola y pecuaria a transformar sus propiedades total o parcialmente ociosas, en unidades productivas eficientes.

Sobre lo ineficiente e inútil que resultan estos fines extra fiscales en este tipo de impuestos, para algunos, y tal como lo resalta magistralmente Bird Stack, citado por Romero P[5], independientemente de dónde se los ponga en aplicación, "no es fácil encontrar con ellos prueba de que tales artefactos (sic) tributarios produzcan algún resultado beneficioso".

---

3 Propuesta para la introducción del "Impuesto Predial Rural en Venezuela", *Revista 18 del Tribunal Supremo de Justicia,* Editorial Tribunal Supremo de Justicia/Editorial Texto, Venezuela, Issnl 856-0008, Venezuela 2005, p. 235 ss.

4 A esas mismas conclusiones llega Romero Pirela, oc. p. 239.

5 Bird Stack, Land & Property Taxation: a review, publicaciones del Lincoln Institute of Land Policy, Cambridge, Massachussets, USA, 2002, p. 33.

Otros en cambio opinan de manera diferente, así, Duque Corredor se solidariza y cita en tal sentido a García, Franco y Soto, Oscar David[6], sosteniendo que el Estado Moderno no puede desatender el sistema impositivo de la tierra, no obstante, el objetivo del impuesto predial no es el de subvenir a las cargas del Estado (fin fiscalista), sino de carácter extrafiscal, o sea, económico y social. Por ello, destaca, "el impuesto en cuestión debe gravar los inmuebles rústicos improductivos, con la finalidad de obligar a su dueños a cultivarlos[7]".

III. REQUERIMIENTOS OPERATIVOS DEL IMPUESTO A LAS TIERRAS OCIOSAS VENEZOLANO

El impuesto de tierras ociosas, tal como ha sido contemplado en la LT, tiene unos requerimientos para su puesta en aplicación nada despreciables por su complejidad y costo, lo que a priori, en buena doctrina tributarista, hace sostener que tal impuesto por complejo es ineficiente y antieconómico.

En efecto, precisemos algunos aspectos en torno al mencionado impuesto.

Comenzaremos por destacar que la base constitucional de tal imposición encuentra fundamento en tres normas de la vigente Constitución, atinentes a diversas áreas y cometidos[8], tal como en efecto resulta de los Art. 156, ordinal 14 (potestades del Poder Nacional), en el 179, ordinal 3, al definir las potestades del Poder Municipal y en el 307 al referirse al régimen socioeconómico y la función social de la propiedad rural.

De por sí, esta desordenada mezcla de atribuciones y competencias crea desconcierto y es muestra de deficiente técnica legislativa.

Entre otras cosas, ya ha dado lugar a una controversia en cuanto a si tal impuesto es el mismo a que se refieren las normas constitucionales y el consagrado en la LT, que precisamente se le denomina de manera diferente (grava las tierras ociosas).

Desde el punto de vista de la Ley que regula el impuesto sobre tierras ociosas, contemplado en la LT, como lo hemos indicado, se observan para su implementación, entre otros, los siguientes obstáculos y problemas:

1.- En Venezuela no existe un punto de partida para establecer cabal y eficientemente los impuestos sobre inmuebles o propiedad raíz, esto es, un buen sistema registral o un buen sistema catastral de propiedades.

Si bien desde 1961 el Ministerio de Agricultura y Cría asumió la ejecución del catastro por mandato de la antigua Ley de Reforma Agraria (1960), el resultado de tales tareas, luego de todos estos años, no ha sido satisfactorio en modo alguno, resultando ser insuficiente y poco confiable[9].

---

6 Duque Corredor, *Derecho Agrario, Estudios Seleccionados*, Tomo II, Ediciones Magon, Venezuela, Caracas 1978, p. 433.

7 Según el expresado autor, en igual sentido, la Comisión de Reforma Agraria, Subcomisión Económica, Vol. II, T. I, p. 148.

8 Constitución Bolivariana de Venezuela, promulgada en 1999 y reeditada en marzo de 2002 con exposición de motivos y algunas correcciones, según se lo invoca, sin haber cumplido los ritos formales para dichas enmiendas y publicaciones (en lo sucesivo CRBV).

9 Así lo destaca expresamente Romero P. quien cita en su apoyo el informe de Delahaye, 1999.

La indicada tarea debió complementarse con la imposición del Registro Agrario, cuya ausencia inclusive hacía suponer formalmente el incumplimiento de los fines agrarios de las propiedades que no daban cumplimiento al registro y a la expedición de la "data o ficha catastral" igualmente impuestos en la Ley de Reforma Agraria de 1960.

Tal sistema, por lo demás, como ocurre con este tipo de cosas en nuestro país, fue absolutamente desconocido tanto por las disposiciones legales de la LT para los efectos del ITO, como en las de Catastro contempladas en la Ley especial competente para el Catastro, cuando que aquél, debidamente regulado y contemplado en la Ley, como lo está, de cierta manera hacía innecesaria la repetición del registro y nuevo catastro e imponía al Estado cuando menos valerse y usar dicha información válida y legalmente requerida.

2.- Pero más grave que todo ello, que ya supone un inevitable retardo en la buena y confiable existencia de un catastro, es el estudio técnico de clasificación de las tierras por sus usos, elemento y requisito indispensable para poder hacer justo, general y equitativo dicho gravamen tributario, lo cual en el caso de nuestro tributo especial brilla por su ausencia o ha sido producto en su establecimiento de criterios no generales, absolutamente particulares e injustos.

El verdadero éxito del impuesto para tales propósitos tiene que estar basado en un exacto, claro y detallado catálogo de usos y productividad de las tierras agroproductivas a nivel de todo el país, sobre el cual es que podrían calcularse los valores o índices promedios de esas variables discriminadas a nivel local. Lo lógico, es contar igualmente con una data estadística agropecuaria casi perfecta, la cual estamos lejos de tener en Venezuela.

3.- Otro claro elemento distorsionante del impuesto es la discrecionalidad que debe dejarse a la administración pública para llevar a cabo la recaudación. Tal discrecionalidad vendría expresada, como lo viene ocurriendo en la práctica en los otorgamientos de las certificaciones de fincas productivas o mejorables, en la determinación de los niveles de producción e inclusive en los avalúos respectivos, lo que provocará elevados niveles de corrupción entre los funcionarios y entes involucrados, litigiosidad exagerada, descrédito político del tributo y denotada resistencia al pago.

4.- A pesar de contar en la actualidad con avanzados sistemas de ubicación satelital de los lugares geográficos y establecimientos de datas geodésicas, ello supone contar con un tiempo razonable y necesario para ajustar, corroborar y asentar definitivamente la información adecuada, lo cual no puede llevarse a cabo de la noche a la mañana, y nada se ha hecho en la materia.

Por otra parte los datos estadísticos con los cuales se cuenta, a pesar de estar en manos hoy más técnicas que antes, son poco confiables y desperdigados.

5.- Por último, y ello es quizá lo más determinante e importante, que el objetivo extra fiscal deba procurar incrementar la productividad y la incorporación de nuevas tierras a la producción, está lejos de lograrse, pues no hay tampoco implementación de sistemas de apoyo técnico, de almacenamiento y mercadeo que así lo garanticen aun incipientemente y si ello no resulta siquiera previsible aun en bajos rangos, el impuesto pierde credibilidad y eficacia.

6.- A todo lo anterior debe unirse un inapropiado e inaceptable régimen de competencias compartidas en torno a lo que atañe a mecanismos para el control de las tierras en los que puede tener lugar la aplicación el tributo, de los sujetos obligados eventualmente a ellos, de las que deben llevar a cabo la clasificación y calificación de las tierras, etc., plagado de confusiones y contradicciones, duplicidades innecesarias, entre otros vicios y defectos.

Para que se tenga una idea más clara sobre estos tópicos de tan particular interés, nos permitiremos hacer simple relación de lo que idealmente supone un buen sistema de impuesto inmobiliario, a juicio de estudios formulados por organismos mundiales especializados tales como el Banco Mundial, la Organización Internacional para la Cooperación Económica y el Desarrollo (OECD), resultantes de encuesta en 28 países de diferentes regiones (África, Asia y Latinoamérica, con otro realizado en 42 países de Europa, examinados en cooperación con el Lincoln Institute de Cambridge, y donde se logran identificar las características jurídicas básicas del impuesto inmobiliario contemporáneo, entre las cuales están las siguientes que nos limitamos simplemente a enumerar:

1- Amplia cobertura, lo que no significa igual tratamiento para todos los involucrados.

2- Diferentes bases imponibles (determinadas bien bajo el sistema de valoración de la tierra, excluidas mejoras y edificaciones; o sólo el valor de estas últimas, excluido el de la tierra o, finalmente, el valor total del inmueble. Esta tarea es calificada por la doctrina como titánica, pero imprescindible, recomendándose comenzar por los llamados avalúos masivos.

3- El mejor uso de la propiedad.

4- Variabilidad en la determinación de las tasas aplicables.

Como se lo puede apreciar a simple vista, mucho dista el sistema consagrado en nuestra LT de la tributación modelo mundial, y más precisamente, si analizamos los demás elementos que suelen por igual ser comunes a nivel mundial en torno a impuestos aplicables atierras de usos agrícolas, entre los cuales elementos cabe hacer mención a lo siguiente:

1- Fijación de medidas a favor del uso agrícola, sea mediante exoneraciones totales o parciales por el adecuado uso agrícola perseguido.

2- Aplicación de criterios de avalúos más laxos que para otros usos (tal ocurre en Francia e Inglaterra) o especiales de acuerdo al tipo de cultivos a los cuales estén destinados por planes estratégicos o ambientales.

3- Una franca y clara determinación de los bienes afectos al régimen y los usos a los que pueda destinársele con un tabulador general ampliamente divulgado y en el que se fijen políticas de Estado para instar o regular los productos de que se trate.

La imposición de usos no es otra cosa que un grave atentado al derecho de uso de la propiedad, pues aun cuando fuera el más conveniente al uso público general o al interés común, de alguna manera contempla una agresión al patrimonio particular que deba soportar esa imposición de cambios del destino de las tierras propias o utilizadas, sin vinculación de dominio.

Sobre este aspecto ya la doctrina ha realizado serios estudios y pronunciamientos, en efecto Duque Corredor, al respecto advierte que si bien la vocación agroalimentaria de las tierras públicas o privadas es la condición para su afectación a los fines previstos en el Art. 1 del Decreto Ley de Tierras y Desarrollo Agrario (hoy Ley de Tierras y Desarrollo Agrario), según el encabezamiento de su artículo 2, constitucionalmente en atención a lo dispuesto en el artículo 305 del texto fundamental, tierras con vocación agroalimentarias son las susceptibles de desarrollar una producción agropecuaria, y también constitucionalmente según el artículo mencionado, por producción agropecuaria se entienden las actividades agrícolas, pecuarias, pesqueras y acuícola. Es decir que independientemente de las actividades agrarias a que están destinadas las tierras, están sujetas a este régimen de afectación, si su vocación natural es únicamente para la producción de alimentos. De manera que en atención a las determinaciones que se hagan de su calidad y vocación para la seguridad alimentaria, pueden ser utilizadas para otros fines diferentes, como por ejemplo, forestales, conservacionistas, ecológicos o de agroturismo. Y por ello, por ejemplo tales tierras no serían objeto de los mecanismos de afectación prescritos en la LT de declaratoria de tierras ociosas o incultas, no sometidas a expropiación agraria o a rescate de tierras tal como lo establecen los Art. 36,37 a 43, 71 a 84 y 86 a 100, respectivamente, ni tampoco las tierras cuya clasificación sean las de forestales, conservacionistas, ecológicas o de agroturismo pueden ser objeto de las adjudicaciones contempladas en la LT. Sin embargo, por ejemplo el impuesto de tierras infrautilizadas conforme se desprende de los artículos 106 y 107 es aplicable a toda clase de tierras aunque no estén sujetas a los planes de seguridad agroalimentaria[10].

El mismo autor continúa precisando: "Ahora bien, la afectación de uso de las tierras privadas de vocación para la producción agroalimentaria, consiste en el cumplimiento de la función social de la seguridad agroalimentaria de la Nación, que significa que la actividad efectuada en estas tierras queda sometida a las necesidades de producción de rubros alimentarios, de acuerdo a los planes de seguridad agroalimentarios establecidos por el Ejecutivo Nacional, como se lo establece en el numeral 5 del artículo 2 *ejusdem*:

> "Para la determinación de las tierras afectadas por esta causa, el Ejecutivo Nacional, primeramente mediante Decretos sucesivos establecerá poligonales rurales regionales, las cuales enlazarán para constituir la poligonal nacional, y luego elaborará los planes de seguridad agroalimentaria que deben llevar a cabo los propietarios, mientras que en las tierras no privadas, serán las autoridades locales a quienes pertenezcan o quienes tengan competencia, las que dispondrán establecer tales usos"[11].

Así las cosas, coincidimos con el Profesor Duque Corredor, en que si el establecimiento de tales usos supone transformación de la actividad que vienen desplegando, los particulares, deberán indemnizarse los sacrificios de la propiedad o sus atributos que sean consecuencias de tales cambios y modificaciones, así como cualesquiera daños que pudieren sobrevenir como consecuencia de dichos cambios (pérdidas de cosechas, bajos rendimientos, etc.)12.

Claro está, no podemos profundizar sobre estos tópicos sin sacrificar el objeto mismo de nuestra charla sobre los impuestos a las tierras ociosas, motivo por el cual dejaremos dicha temática a un lado.

---

10 Duque Corredor, Román José, "La afectación de tierras privadas según el Decreto con fuerza de Ley de Tierras y Desarrollo Agrario", en: *Libro Homenaje, Nectario Andrade Labarca, Ensayos de Derecho Administrativo*, Vol. I, Ediciones Tribunal Supremo de Justicia/ Organización Gráficas Capriles, Venezuela, 2004, ISBN 980-6487-56-7, Colección Libros homenaje, N° 13, p. 511 y ss.

11 Duque, o.c., p. 518.

12 Duque, o.c., p. 521 ss.

IV. OTROS ELEMENTOS DEL IMPUESTO A LAS TIERRAS OCIOSAS

Sujetos Pasivos:

Como lo determina expresa y concretamente la LT (Art. 98), son sujetos pasivos del ITO los propietarios de tierras privadas rurales, de una parte, y de otra, los poseedores de tierras rurales públicas, distintos de los órganos y entidades públicas y de los entes de la Administración pública descentralizados funcionalmente.

De acuerdo a lo enunciado, pueden ser sujetos personas jurídicas o personas naturales y entre las primeras, personas regulares o irregulares, incluyendo a nuestro modo de ver aun las sociedades irregulares.

La relación con el bien al que atiene el gravamen debe ser la de "propiedad", por lo cual cualquier otro sujeto vinculado al bien, sin esa relación, no es sujeto del gravamen, por ejemplo usufructuarios, enfiteuta, o propietarios fiduciarios, salvo, claro está, que quien los soporte sea realmente el sujeto "titular" de la propiedad.

En torno a los supuestos de tierras que no son privadas, sino públicas o de otros entes, el sujeto responsable del impuesto lo serán, según la misma comentada norma, los "poseedores"[13].

La misma Ley se encarga de precisar que en caso de propiedades compartidas, pero con lo cual crea otra nueva arbitraria diferencia con los detentadores y poseedores, los copropietarios estarán solidariamente obligados al pago y cumplimiento de las obligaciones derivadas del impuesto (Art. 100).

Nada contempla la LT en torno a los casos de coposesión, comunidades puras y simples o de otra índole, así como las propiedades cooperativas, lo cual también sostenemos es un caso común y corriente en materia agraria.

Base imponible:

Resulta ser la inidoneidad (por infrautilización) en el uso de las tierras con vocación agrícola, pecuaria o forestal, por no alcanzar en su productividad los rendimientos calculados según las disposiciones de la LT (Art. 102).

Se tendrá como base imponible del impuesto la diferencia entre el rendimiento idóneo de la tierra rural y su rendimiento real obtenido en el ejercicio fiscal correspondiente (Art. 105).

El mecanismo resulta ser una simple operación aritmética de resta del valor de rendimiento establecido como rendimiento idóneo, calculado conforme lo dispone la Ley y el rendimiento real que arrojare el uso de las tierras rurales para el ejercicio fiscal correspondiente. (Parágrafo Primero del Art. 105[14].

---

13 A nuestro entender tal precisión resulta un lamentable error, pues la simple relación de detentación, que es la normal y habitual en materia agraria, es suficiente, a nuestro modo de ver, para hacerlo sujeto del impuesto, si aquél no mantiene productiva, dentro de los parámetros exigidos por los requisitos impositivos, las tierras que usa o detenta.

14 La norma, de paso irreverentemente mal redactada, inserta como parágrafo primero lo que viene a ser un parágrafo único, pues no hay otro contemplado en el mismo Artículo, no obstante ser una norma anómalamente larga y contentiva de diferentes conceptos.

De lo dicho pueden deducirse, entre otras cuestiones, las siguientes:

a.- Debe contarse con un catálogo o baremo de rendimiento de las diferentes tierras a nivel de todo el país.

b.- Debe contarse con la determinación de la calificación de usos ideales para dichas tierras, pues no parece deducirse de la normativa que contempla el ITO, que deba necesariamente acoger el sujeto pasivo el uso sobre el cual el Estado haya calculado el rendimiento óptimo de las tierras y así parece deducirse igualmente del Art. 105, ap. Primero de la LT que precisa el modo de cálculo del rendimiento idóneo, en el cual se contempla para su determinación la obtención del producto que resulta de la producción promedio anual nacional del contribuyente, por el precio promedio anual nacional de dicho producto, por la totalidad de hectáreas de la clase respectiva.

c.- Para tales fines, se tendrá como promedio de producción anual nacional idónea, al promedio nacional anual comercializado de producción por hectáreas del producto o rubro producido por el contribuyente de entre los productos o rubros señalados por la autoridad competente dentro del mejor uso agropecuario correspondiente a la clase de tierra respectiva. (Art. 105).

A nuestro modo de ver, de una manera innecesaria y confusa, la Ley por igual se refiere al concepto de rendimiento real de una tierra rural de determinada clase, (Art. 105, aparte segundo del parágrafo primero) lo cual se obtendrá multiplicando el precio promedio anual nacional del producto utilizado para la determinación del rendimiento idóneo, por el promedio de producción anual comercializada de toneladas por hectárea de dicho producto o rubro producido por el sujeto pasivo en dicha tierra, por la totalidad de hectáreas de la clase de tierra respectiva.

Destinos múltiples de las tierras rurales de un mismo sujeto pasivo:

Conforme se lo dispone en el aparte final del parágrafo primero del Art. 105, si la tierra está integrada por varias porciones o lotes de distinta clase, o se tratase de producción diversificada, se seguirá para cada una de ellas o sus productos el procedimiento establecido en el citado artículo.

En tales casos deberá alcanzarse en cada lote o porción como mínimo el treinta por ciento del rendimiento idóneo parcial correspondiente para que el rendimiento real de cada lote se pueda sumar al rendimiento real total.

Para tales supuestos la base imponible será la diferencia entre la sumatoria de los rendimientos idóneos y la sumatoria de los rendimientos reales parciales, obtenidos para todas las clases de tierras en el ejercicio fiscal correspondiente.

De los usos convenientes y ponderables para los efectos de la fijación de las bases imponibles:

De todo lo dicho precedentemente, cabe entonces deducir que el Estado tendrá a su cargo, además de aplicar el tributo, la imposición de cuales sean los mejores rubros productivos para cada clase de tierra rural existente en el país, con lo cual podrán obtenerse los índices relativos a promedio nacional anual comercializado de producción por hectárea, de entre aquellos que tuvieren precisamente determinados las autoridades como "los mejores usos posibles para esa clase de tierras (Numeral 1 del Art. 105 LT).

En todo caso, conforme lo dispone la misma citada norma, los índices y promedios aludidos, salvo disposición en contrario de la Ley (que de paso no existen), serán las fijadas por el Ministerio del ramo, quien así mismo precisará las medidas de uso general con las cuales se calculen dichos índices.

Tierras destinadas a producción de rubros distintos a los determinados por las autoridades competentes:

Para tales supuestos contempla el Art. 106 LT, salvo que se tratase de tierras de inferior calidad o vocación para la seguridad alimentaria, se sumará a la base imponible el cien por ciento del rendimiento Idóneo que corresponda a dicha clase de tierra y rubro, sin que pueda incluirse en el rendimiento real dicha producción.

Advierte igualmente el legislador que las tierras que para la entrada en vigencia de la Ley se encuentren en dichos supuestos, están exoneradas de pago del impuesto hasta el ejercicio fiscal siguiente al de terminación del ciclo normal de producción del rubro correspondiente. El Ejecutivo Nacional podrá prorrogar dicha exoneración hasta por un ejercicio fiscal adicional, en lo que no quedare determinado.

De las tierras ociosas:

De acuerdo con la ley, lo serán, *ope legis* (por mandato inmediato y directo de la Ley) aquellas tierras rurales, en cualquiera de esos usos, que no alcancen cuando menos el ochenta por ciento (80 %) del rendimiento idóneo antes referido (Art. 103).

En adición también lo serán, *ope legis* (por mandato directo de la Ley) las rurales que no se tengan en producción agrícola, pecuaria, acuícola ni forestal, conforme al mejor uso según el potencial agroalimentario de la clasificación correspondiente a dichas tierras de acuerdo con esta Ley, o a los planes nacionales de ordenación agroalimentaria.

Excepciones: No obstante lo antes dispuesto, no se tendrán por ociosas las tierras rurales que durante el ejercicio fiscal respectivo (del ciclo del ITO), previa solicitud e Informe técnico presentados por el interesado antes de su Inicio, la porción de tierra que en un determinado momento sea necesario dejarla en descanso con fines de rotación de cultivos según los planes de explotación de las mismas y dentro de los límites que fije el reglamento o las que se encuentren sin uso por razones topográficas o de preservación del medio ambiente que determine su destino a un régimen especial. (Art. 104 ap. Único).

Períodos, competencia:

Según el Art. 109 el impuesto será determinado y liquidado por el período correspondiente al año civil.

La declaración, liquidación y pago del impuesto se efectuará dentro del segundo trimestre siguiente a la terminación del período impositivo (abril/junio), salvo el caso de cultivos que requieran más de un período impositivo (Art. 109 ap.pro.).

La recaudación y control del impuesto será de la competencia del Servicio Nacional Integrado de Administración Aduanera y Tributaria (Seniat) Art. 111 LT.

Cabe anotar que nuevamente la mezcla de instituciones y normas de diferentes tipos de impuestos enrarecen el sistema de aplicación del ITO, pues como se observa la determinación del impuesto, en casos de cultivos con ciclos mayores al del ejercicio fiscal, la determinación se modifica de ciclo, como si el impuesto dependiera de los rubros de producción o de sus períodos de cosechas.

Nuevamente es la imposición de una excepción más al régimen de fijación del impuesto, con lo cual lo hace más difícil y confuso tanto para el ciudadano como para la autoridad tributaria competente.

La alícuota del impuesto aplicable:

El art. 110 contempla una tabla de tres escalas de porcentajes aplicables que van de 0.5 % al 12.5% y dispone que el impuesto aplicable conforme la base imponible será el resultante de la aplicación de la tarifa II de la escala señalada en la Ley, destacando el aparte primero de dicha norma que el Presidente de la República podrá solicitar que en el Presupuesto anual podrán incluirse las tablas I y III que contemplan los límites inferior y máximo, respectivamente, de la alícuota del impuesto para el ejercicio fiscal respectivo de acuerdo a las normas de política fiscal y agroalimentaria nacional.

Logro de incentivos con el ITO:

De manera tangencial, pero como es imaginable que lo fuera, la LT contempla en la regulación del impuesto atierras ociosas, mecanismos que el Ejecutivo Nacional puede utilizar como incentivos para la producción de determinados rubros, permitiéndose en primer lugar aumentar los porcentajes de referencia de los límites de idoneidad en la producción (numeral 2 del Art. 105) siempre y cuando: a) con ello se procure elevar el aprovechamiento y ordenación del suelo durante el ejercicio fiscal, en clases o sub-clases de tierras donde sea menester un mayor incremento de la acción del hombre y la técnica; b) cuando la producción del rubro se realice en tierras de inferior calidad y vocación agropecuaria; c) cuando se tratare de tierras que admitan varios ciclos de producción de productos agrícolas o pecuarios dentro de un mismo ejercicio fiscal; y d) cuando se trate de nuevos asentamientos[15].

Como tope máximo a esas variaciones, la Ley establece que jamás podrán ser duplicados los índices ni promedios.

Finalmente, como cabe observarlo y sobre ello hemos hecho un llamado de atención, todo queda dentro del campo del libre arbitrio del Ejecutivo Nacional.

CONCLUSIONES

Nuestro sistema de impuesto vigente contemplado en la LT es un impuesto especial *sui generis*, con fines eminentemente de reorganización de la actividad agroalimentaria.

El ITO, tal como lo contempla la Ley es un tributo complejo, confuso de modalidades varias y por lo tanto ineficiente técnicamente hablando, pues para su debida implantación y recaudación, requiere una serie de mecanismos técnicos y formales que incrementan su costo de implementación, recaudación, etc.

Puede considerarse que existen serias dudas de la constitucionalidad de la base imponible y del sustento mismo del tributo especial. Nada clara resulta la pertinencia de que el Estado, sin mecanismos compensatorios, pueda a su solo juicio modificar, fijar y alterar los rubros de producción.

---

[15] Imaginamos que en tal caso el fundamento lo es procurar que los asentamientos se adapten y constituyan realmente, hasta que se enrumben por los fines predecibles para ellos.

Pareciera que si el interés en el establecimiento del gravamen tuvo como objeto primordial incentivar el buen uso de las tierras y mejorar la producción agro alimentaria, pudo haberse recurrido a un impuesto de más fácil implementación y menos confuso, tal como el impuesto patrimonial, al gravar el rubro de inmuebles, dentro del cual podrían hacerse las estimaciones, incentivos y castigos formales por el no adecuado uso de las tierras, o para emplearlas en rubros de producción protegidos[16].

Seguimos considerando que la modificación de las estructuras agro productivas del país se instan, apoyan y obtienen con mecanismos distintos, tales como el apoyo técnico real, sistemas de crédito vigilados y controlados, institucionalización de grandes centros de acopio y mercadeo, y no con los odiosos y siempre rechazados mecanismos impositivos, desiguales, imperfectos e indeseables.

[16] Esas parecen por igual ser las recomendaciones que formula Romero Pirela, o.c. a pesar de que sus comentarios van más hacia el sistema del Impuesto rural predial.

59.

EL PAGO DE TRIBUTOS POR TERCEROS*

I. INTRODUCCIÓN Y PLANTEAMIENTO DEL PROBLEMA

Como es de todos sabido, el pago es el medio natural del cumplimiento de las obligaciones que consisten en un dar, y en especial de las dinerarias generadas por vínculos contractuales, legales o de otra índole, siendo por tanto ello un verdadero derecho del deudor cumplir con su obligación de la manera como estuvo inicialmente contraída, en especial, en las obligaciones de carácter tributario, en tanto entrañan a nuestro modo de ver, un doble vínculo del deudor: el ordinario civil, comercial, derivado del débito obligacional, pero adicionalmente, también, un deber ciudadano, cual es el pago o extinción de tributos o sus anexos, contemplados en la normativa vigente, en especial, en el Código Orgánico Tributario[1] y que definitivamente constituye un deber ciudadano, en tanto es obligación de todos contribuir a las cargas públicas, en los términos y extensión que consagran las leyes[2].

Ese derecho es tanto mas razonable, cuando que el Art. 1264 del Código Civil[3] le somete en el ámbito del derecho común, y no deja excepciones a otros sistemas ni derechos, de cumplir exactamente lo estipulado y el Art. 1284 *ejusdem* señala inclusive que hay obligaciones que solo pueden ser cumplidas por el propio deudor.

Ese pago, como en derecho común, puede ser realizado, para favorecer el cumplimiento, por el propio deudor, o por medio de otro sujeto vb. un representante legal o convencional que cumple en su nombre y a expensas suyas, entendiéndose que en tales

---

* Conferencia dictada por el autor en el marco del Evento patrocinado por el Instituto Nacional para la Actualización Profesional, en Puerto Ordaz, Estado Bolívar, Primer Congreso de Derecho Tributario, noviembre 2005.

1 Esta es la última versión de este importante instrumento jurídico en el cual de cierta forma se pone regla y norma a las relaciones entre la Administración Tributaria y los contribuyentes y toda clase de obligados sustitutos o especiales, crea el catálogo de Derechos del Contribuyente y establece de manera expresa las potestades de la Administración Tributaria, tanto a nivel Nacional, como estadal y municipal, con las observaciones y excepciones del caso. El vigente Código es el promulgado en la Gaceta Oficial de la República Bolivariana de Venezuela N° 37.305 de fecha 17 de octubre del 2001 en lo adelante GO y que en lo sucesivo denominaremos COT para facilitar la exposición.

2 Constitución Bolivariana de Venezuela, originalmente promulgada en diciembre de 1999, pero luego reeditada y adicionada con Exposición de Motivos y correcciones y republicada en Marzo del 2000 (GO. 5453 Extraordinaria) en lo sucesivo CN.

3 Código Civil de la República de Venezuela, con reforma parcial y ultima vigente, de 1982, Gaceta Oficial N. 2990 Extraordinaria del 26 de julio de 1982, en lo sucesivo Cc.

casos no debe hablarse en verdad de pago "hecho por un tercero", pues quien paga es el mismo deudor a través de la actividad el tercero (Art. 1.169 Ce.)[4].

Melich advierte que en otros casos por la naturaleza misma de la obligación o del tenor del contrato lo que hace que el deudor deba entenderse autorizado por el acreedor para pagar mediante la actuación material de un tercero, que, sin embargo, al igual que antes, no debe reputarse sea pago de tercero interesado, sino del propio deudor, quien en este caso asume la condición de simple agente de ejecución o auxiliar del deudor y en los que cualquier deficiencia en el cumplimiento suyo se le imputa directamente al deudor Vg. En el Art. 1630 del contrato de obras, donde se contempla que la ejecución del contrato pueda ser realizada por sí o "bajo su dirección".

En el COT por igual se regula expresamente el pago en esa misma forma y se contempla como una obligación especifica del contribuyente el pago del tributo, que viene desarrollado a renglón seguido en los artículos 23 ss del COT.

Establece precisamente el COT el pago de los tributos como un deber fundamental, en adición a los deberes formales, del contribuyente directo, así como de quienes le sustituyen por precepto legal, tales como los sucesores a titulo universal o particular (Art.24 COT) y las sociedades que resultan de las fusiones (Art. 124 in fine) .

En efecto, textualmente rezan las citadas disposiciones legales:

Artículo 23

Los contribuyentes están obligados al pago de los tributos y al cumplimiento de los deberes formales impuestos por este Código o por normas tributarias.

Artículo 24.

Los derechos y obligaciones del contribuyente fallecido serán ejercidos o, en su caso, cumplidos por el sucesor a título universal, sin perjuicio del beneficio de inventario. Los derechos del contribuyente fallecido transmitido al legatario serán ejercidos por éste.

En los casos de fusión, la sociedad que subsista o resulte de la misma, asumirá cualquier beneficio o responsabilidad de carácter tributario que corresponda a las sociedades fusionadas.

Con el objeto de facilitar la gestión de recaudación de los tributos y sus anexos, los legisladores en Derecho Comparado, al igual que en el COT, por razón de la vinculación e intervención de ciertos sujetos en la relación tributaria o su acontecer, atribuye por igual la condición de responsables de las obligaciones tributarias, y con ello del pago, a ciertos sujetos tributarios a quienes ella enumera, en torno al pago de los tributos generados según cada supuesto, y en la condición de tales, de manera directa o solidaria, los vincula a la obligación de pago de los tributos producidos legalmente, conforme a las disposiciones legales que seguidamente se transcriben. Como se lo podrá observar la normativa distingue entre "Responsables Directos" y "Responsables Solidarios".

En los primeros, la Ley exige y pretende de los que cataloga como tales, el que en su condición de designados *ad hoc* para percibir los adelantos de pago de tributos o

---

[4] Así expresamente lo precisa José Melich Orsini, *El Pago*, Edit. UCAB, isbn 980-244-236-4, Venezuela, 2000.

perceptores de aquellos, y que en razón de sus funciones públicas o actividades privadas intervienen en actos u operaciones como retenedores de tributos conforme a la ley, o en su caso son entidades para las cuales prestan sus servicios aquellos, en los cuales deba efectuarse según la ley, la exacción de impuestos o tributos en las cantidades o porcentajes que fija la norma, con la advertencia de que en tales casos, hecha la percepción del tributo, estos se convierten de manera expresa y directa en "únicos responsables" de lo retenido o percibido, y si no hizo efectiva aquella retención y pago, lo convierte en responsable solidario con el contribuyente ante la administración tributaria.

La normativa aplicable al respecto establece:

Sección Tercera De los Responsables

Artículo 27.

Son responsables directos, en calidad de agentes de retención o de percepción, las personas designadas por la ley o por la Administración previa autorización legal, que por sus funciones públicas o por razón de sus actividades privadas, Intervengan en actos u operaciones en los cuales deban efectuar la retención o percepción del tributo correspondiente.

Los agentes de retención o de percepción, que lo sean por razón de sus actividades privadas, no tendrán el carácter de funcionarios públicos.

Efectuada la retención o percepción, el agente es el único responsable ante el Fisco por el importe retenido o percibido. De no realizar la retención o percepción, responderá solidariamente con el contribuyente. El agente es responsable ante el contribuyente por las retenciones efectuadas sin normas legales o reglamentarias que las autoricen. Si el agente enteró a la Administración lo retenido, el contribuyente podrá solicitar de la Administración Tributaria el reintegro o la compensación correspondiente.

Parágrafo Primero: Se considerarán como no efectuados los egresos y gastos objeto de retención, cuando el pagador de los mismos no haya retenido y enterado el impuesto correspondiente conforme a los plazos que establezca la ley o su reglamento, salvo que demuestre haber efectuado efectivamente dicho egreso o gasto.

Parágrafo Segundo: Las entidades de carácter público que revistan forma pública o privada serán responsables de los tributos dejados de retener, percibir o enterar, sin perjuicio de la responsabilidad penal o administrativa que recaiga sobre la persona natural encargada de efectuar la retención, percepción o enteramiento respectivo.

Como antes se lo explicó, la otra categoría de obligados, ahora como solidarios, lo son, un grupo de sujetos con capacidad tributaria, igualmente vinculados de cierta forma al acto que genera la obligación tributaria, y que por tal vínculo, la normativa tributaria, les exige un incremento de sus responsabilidades, dándoles una especie de carácter de guardianes de la percepción de esos ingresos públicos. Los Arts. 28 y 29 Cot, enumera a dichos sujetos y especifica la razón del vínculo:

Artículo 28.

Son responsables solidarios por los tributos, multas y accesorios derivados de los bienes que administren, reciban o dispongan:

1. Los padres, los tutores y los curadores de los incapaces y de herencias yacentes.

2. Los directores, gerentes, administradores o representantes de las personas jurídicas y demás entes colectivos con personalidad reconocida.

3. Los que dirijan, administren o tengan la disponibilidad de los bienes de entes colectivos o unidades económicas que carezcan de personalidad jurídica.

4. Los mandatarios, respecto de los bienes que administren o dispongan.

5. Los síndicos y liquidadores de las quiebras; los liquidadores de sociedades, y los administradores judiciales o particulares de las sucesiones; los interventores de sociedades y asociaciones.

6. Los socios o accionistas de las sociedades liquidadas.

7. Los demás que conforme a las leyes así sean calificados.

Parágrafo Primero: La responsabilidad establecida en este artículo se limitará al valor de los bienes que se reciban, administren o dispongan.

Parágrafo Segundo: Subsistirá la responsabilidad a que se refiere este artículo respecto de los actos que se hubieren ejecutado durante la vigencia de la representación, o del poder de administración o disposición, aun cuando haya cesado la representación, o se haya extinguido el poder de administración o disposición.

Artículo 29

Son responsables solidarios los adquirentes de fondos de comercio, así como los adquirentes del activo y del pasivo de empresas o entes colectivos con personalidad jurídica o sin ella.

La responsabilidad establecida en este artículo estará limitada al valor de los bienes que se adquieran, a menos que el adquirente hubiere actuado con dolo o culpa grave. Durante el lapso de un (1) año contado a partir de comunicada la operación a la Administración Tributaria respectiva, ésta podrá requerir el pago de las cantidades por concepto de tributos, multas y accesorios determinados, o solicitar la constitución de garantías respecto de las cantidades en proceso de fiscalización y determinación.

II. LOS MODOS DE EXTINCIÓN DE LOS DÉBITOS FISCALES.

El mismo legislador tributario contempla en los Arts. 39 ss COT los medios de extinción de las obligaciones tributarias, y específicamente determina:

Artículo 39. La obligación tributaria se extingue por los siguientes medios comunes:

1. Pago.
2. Compensación.
3. Confusión.
4. Remisión.
5. Declaratoria de incobrabilidad.

Parágrafo Primero: La obligación tributaria se extingue igualmente por prescripción, en los términos previstos en el Capítulo VI de este Título.

Parágrafo Segundo: Las leyes especiales tributarias pueden establecer otros medios de extinción de la obligación tributaria que ellas regulen.

Del texto de la norma transcrita cabe precisar que el legislador contempla como modos de extinción los llamados medios comunes, y entendemos que con ello se conceptúan aquellos que en cualquiera de los regulados en las leyes ordinarias y en el COT, resultan aplicables con los mismos efectos, esto es, para "extinguir" dichas obligaciones, con la expresa observación que se reputa comunes, a pesar de su carácter de extraordinarios, tanto la declaratoria de incobrabilidad, como la prescripción, si opera conforme lo determina el mismo COT, Capítulo VI del mismo Título.

En cambio, a nuestro entender, se reputarán medios extraordinarios o no comunes, los demás contemplados en leyes especiales tributarias, regulados por las mismas, en tanto tampoco se deduce de ninguna otra disposición del COT la existencia de otros medios adicionales a los contemplados en el Art. 39 *ejusdem.*

Obviamente que entre los medios comunes de extinción y ocupando el primer lugar de la enumeración legal, está el pago, tal cual lo contempla la misma normativa del COT, en sus dos versiones ordinarias, que por demás coinciden con las de derecho común, esto es, el efectuado por el propio deudor principal (en este caso el contribuyente o los responsables), y el que realiza un tercero, que es el caso especial que ahora nos ocupa en esta disertación, y para lo cual se pautan requisitos y condiciones especiales en la normativa Tributaria general.

Como consecuencia del pago, y tal como lo destaca la doctrina, este provoca la extinción de la obligación, esto es su desaparición, su aniquilación, y con ello se provoca la correspondiente liberación del deudor[5].

Determina el legislador en efecto, en la Sección Primera de este Capítulo:

Sección Primera.

El Pago

Artículo 40. El pago debe ser efectuado por los sujetos pasivos. También puede ser efectuado por un tercero, quien se subrogará en los derechos, garantías y privilegios del sujeto activo, pero no en las prerrogativas reconocidas al sujeto activo por su condición de ente público.

Artículo 41. El pago debe efectuarse en el lugar y la forma que indique la ley o en su defecto la reglamentación. El pago deberá efectuarse en la misma fecha en que deba presentarse la correspondiente declaración, salvo que la Ley o su reglamentación establezcan lo contrario. Los pagos realizados fuera de esta fecha, incluso los provenientes de ajustes o reparos, se considerarán extemporáneos y generarán los intereses moratorios previstos en el artículo 66 de este Código.

La Administración Tributaria podrá establecer plazos para la presentación de declaraciones juradas y pagos de los tributos, con carácter general para determinados grupos de contribuyentes o responsables de similares características, cuando razones de eficiencia y costo operativo así lo justifiquen. A tales efectos, los días de diferencia entre los distintos plazos no podrán exceder de quince (15) días hábiles.

---

5 En tal sentido: Melich O, *El Pago*, p. 19 y De Page, Henri, *Traite Elementaire de Droit Civil Belge*, 2 edit. Bruxelles, 1950, t. III, N 389.

Artículo 42. Existe pago por parte del contribuyente en los casos de percepción o retención en la fuente previstos en el artículo 27 de este Código.

Artículo 43. Los pagos a cuenta deben ser expresamente dispuestos o autorizados por la ley.

En los impuestos que se determinen sobre la base de declaraciones juradas, la cuantía del pago a cuenta se fijará considerando la norma que establezca la ley del respectivo tributo.

Por el carácter de esta disertación, y su finalidad académica, entendemos, aun cuando sabemos que no es el objeto específico del tema de la conferencia, conveniente precisar algunos conceptos en torno al pago ordinario, que por igual resultan aplicables a la modalidad especial del que puede ser hecho por un tercero conforme a la Ley.

Así, en primer lugar, precisaremos que en torno al lugar y forma material de cumplir con la extinción por vía del pago, deberá atenerse a lo que la misma Ley disponga, o en su caso a lo que determine la reglamentación pertinente.

Tratándose de tributos, es obvio que existirá a priori una clara diferencia con las demás modalidades de pago ordinarias y en otros campos. En efecto, existen razones de política fiscal, recaudación, etc. que impondrán razones de conveniencia para que la recaudación y percepción, se realice en la misma ocasión que se haga la declaración que generará el tributo (periodo ya vencido del pago, entre otras cosas) salvo que expresamente la Ley contemple lo contrario, y con la advertencia de que si no fuere así, se generaran automáticamente los cargos por anexos de la obligación tributaria, a que se alude en el Art. 41 *ejusdem,* en tanto serian extemporáneas las entregas producidas fuera de esa oportunidad.

Por igual y en razón de políticas tributarias, la normativa deja la posibilidad de que la Administración respetando criterios de generalidad y especialidad, pueda alterar las oportunidades de pago, y con la precisión de que en ningún caso los diferimientos de cuotas puedan exceder de quince días contemplados en la normativa, todo en los términos del comentado artículo 41[6].

Conforme lo dicho, si bien el COT no tiene preceptos generales en la materia, deberá pues atenderse en cada tipo de tributo, lo que disponga el legislador o el Reglamentista, en torno a donde y de que forma se cumple con la entrega de las sumas que liquidan la obligación tributaria correspondiente.

En la práctica y conforme lo establece la mayoría de las normas tributarias, por lo general, en torno al lugar debe serlo donde se emite la planilla correspondiente, pero nada obsta que lo liquide y efectúe en una oficina Receptora de Fondos Nacionales. Por lo que atiene a la forma, también deberá revisarse cada ley en concreto que establezca los tributos, donde por lo general se dispondrá que lo será acompañando el comprobante de liquidación correspondiente emanado de la propia administración Tributaria.

---

[6] La Administración Tributaria podrá establecer plazos para la presentación de declaraciones juradas y pagos de los tributos, con carácter general para determinados grupos de contribuyentes o responsables de similares características, cuando razones de eficiencia y costo operativo así lo justifiquen. A tales efectos, los días de diferencia entre los distintos plazos no podrán exceder de quince (15) días hábiles.

Respecto a si pueden o no hacerse pagos a cuenta, el Art. 43 se encarga tajantemente de proscribirlos, y determina que solo caben en la forma y condiciones establecidos por la Ley (no por la autoridad de liquidación).

Es de advertir que a diferencia del concepto preciso de pago a cuenta, el mismo instrumento legal analizado prevé el caso de pagos por cuotas o alícuotas, en los términos establecidos en los Artes. COT.

Consideramos en cambio que "pagos a cuenta", serían cualesquiera otras modalidades no contempladas bajo los supuestos de la propia normativa examinada (Plazos no consentidos en la forma contemplada por la Ley, Pagos, extemporáneos, etc.). Por último, estimamos preciso acotar, que en tanto dichos plazos deben entenderse a favor del contribuyente o deudor tributario, estos siempre pueden hacerse anticipados y para liquidar el débito pendiente, pues ello le beneficiaría solo a él que no a su acreedor, quien no podrá pretender que de alguna manera los términos le favorezcan.

En cuanto al régimen de imputación del monto de lo pagado, la norma tributaria general, contempla una forma legal de imputación, que debe entenderse no derogada ni derogable por la voluntad de las partes, así, el COT precisa:

> *Artículo 44.* La Administración Tributaria y los sujetos pasivos o terceros, al pagar las obligaciones tributarias, deberán imputar el pago, en todos los casos, al concepto de lo adeudado según sus componentes, en el orden siguiente:
>
> 1. Sanciones.
> 2. Intereses mora torios.
> 3. Tributo del período correspondiente.
>
> *Parágrafo Primero*: La Administración Tributaria podrá imputar cualquier pago a la deuda más antigua, contenida en un acto definitivamente firme, sobre la que se haya agotado el cobro extrajudicial previsto en este Código.
>
> *Parágrafo Segundo*: Lo previsto en este artículo no será aplicable a los pagos efectuados por los agentes de retención y de percepción en su carácter de tales. Tampoco será aplicable en los casos a que se refieren los artículos 45, 46 y 47 de este Código.

En torno a la norma bajo comentario, llama la atención el contenido del Parágrafo Primero y ello lo hicimos valer en nuestras observaciones a la aludida modificación del COT anterior que no lo contemplaba así, pues la redacción actual establece un privilegio carente de todo sentido en materia tributaria, pues a nuestro entender, precisamente el débito tributario, no es el ordinario obligacional, con él, como lo dijimos, se cumple y se extingue la obligación tributaria, pero también se da cumplimiento a un deber y una carga del contribuyente de pagar el tributo y de la administración de recaudarlo respectivamente, y en tal sentido no aparece apropiado que la Administración, a su solo arbitrio resuelva imputar dicho pago a cualquier deuda pendiente, mas antigua contenida en un acto administrativo firme, en la que se hubiere ya agotado el cobro extrajudicial contemplado en el COT pues ello irrumpe contra el derecho del contribuyente de saldar sus débitos tributarios en la forma que lo estime conveniente, y atenta, por intempestivo , contra la voluntad de cancelar un determinado débito que es el que está exaccionándosele al contribuyente en ese momento y por esa planilla liquidada, mas cuando que el pago debe y tiene que hacerse, como se lo preciso antes, contra el comprobante de liquidación pre-emitido por la Administración.

III. EL PAGO DE UN VERDADERO TERCERO POR EL CONTRIBUYENTE

Como ya lo anotamos, es la otra modalidad de pago contemplada por el COT con idénticos efectos liberatorios para el contribuyente, por igual admitida en el derecho común, con ciertas variantes a las que aludiremos mas abajo y en la que se contempla una situación jurídica realmente diferente a las anteriores, inclusive a aquella donde no interviene el contribuyente, ni ninguno de sus responsables, para satisfacer el débito tributario.

Dice el legislador tributario: "También puede ser efectuado por un tercero, quien se subrogará en los derechos, garantías y privilegios del sujeto activo, pero no en las prerrogativas reconocidas al sujeto activo por su condición de ente público".

Es un derecho potestativo conferido a los terceros, con abstracción de toda consideración de la anuencia del deudor de modificar la situación jurídica del acreedor por iniciativa de tal tercero.

Para tales supuestos, en derecho común, la materia se regula en el Art. 1283 Cc en el cual se alude como posible tercero pagador a "toda persona que tenga interés en ello" y aun a un tercero que no sea interesado, con tal que obre en nombre y en descargo del deudor y de que si obra en su propio nombre no se subrogue en los derechos del acreedor.

Para Melich es lógico que ello se lo haya reglamentado de tal forma[7] en tanto el deudor debe cumplir exactamente con su obligación, son pena de responsabilidad civil, y también se ha ocupado de no exceder en la protección del acreedor, pues si este resulta definitivamente satisfecho, poco le importará si una persona diferente de su deudor hubiere satisfecho la obligación.

La única excepción en Derecho común para no aceptar tal modalidad de pago es la no coincidencia de objetos entre la prestación que ejecuta el tercero y la que forma parte de la prestación que debía ejecutar el deudor, en cuyo caso si se justifica que el acreedor rechace la aludida modalidad de pago, como por igual lo será en el evento del Art. 1284 Cc al permitir al acreedor rechazar la prestación que le ofrece el tercero "cuando tiene interés en se cumpla por el propio deudor (Haceres in fungibles). Esta Posibilidad no se presenta dentro de condiciones normales en Derecho Tributario[8].

Pero aun cuando el acreedor no tenga ningún motivo para rechazar el pago que le ofrece el tercero, al recibir el pago del tercero no tiene tampoco porque subrogarle en los derechos y acciones que él tenía contra el deudor.

El referido Art. 1283 *ejusdem* distingue dos situaciones: a) La del tercero que tenga interés en cumplir con la obligación del deudor, aun si no es propiamente un representante del deudor, tal como sería el caso del codeudor solidario (vb. responsables del tributo,

---

7 Opus cit, p. 113.

8 Decimos en condiciones normales, porque ciertamente que en especiales si podría ser así, Tenemos por ejemplo que conforme a la nueva normativa del Impuesto sobre Sucesiones y Donaciones, que los contribuyentes pueden avenirse al pago y liquidación ofertando cierto tipo de bienes, que por su especial valía y condiciones, pueda aceptar el Fisco (Vb. Colección de cuadros, objetos artísticos o históricos). Si ello fuere el caso, ya convenido y establecido el modo y manera del pago, no podría luego el deudor tributario querer hacer el pago en bienes diferentes.

supra...Art. 1221 Ce), o del sujeto pasivo de una obligación indivisible (1254 Ce), del fiador (también aplica al caso tributario, en supuestos en que refinanciado un pago, el Fisco hubiere exigido constitución de garantía fideiusoria. Art. 1804 Ce), del deudor prendario (Artes. 1843, 1852, y 1853 Ce), del tercero poseedor de la cosa hipotecada (1899 y 1906 Ce) etc.

En cualquiera de dichos supuestos el tercero es obvio que tiene interés en efectuar el pago para evitar verse perseguido por el acreedor con una acción judicial que le ocasionaría tener que soportar las costas del proceso y a *veces* otros daños adicionales (embargos sobre sus bienes, descrédito comercial, etc.) por lo cual tiene un interés tutelado jurídicamente de liberarse de su obligación ofreciendo el pago aun contra la voluntad del deudor y del propio acreedor.

En estos supuestos, a diferencia de los anteriores, la ley otorga el beneficio de la subrogación legal (Art. 1300 Ce) cuando no de una acción de reembolso para recuperar los costos que le haya ocasionado el cumplimiento de la obligación[9].

Pero también pueden reputarse terceros interesados en el pago, en sus casos, al delegatario (1317 Ce) o la persona designada por el deudor para efectuar el pago por él (1319 Ce), aun si estos no gozan de tales beneficios, por lo que, como observa con razón Cristóbal Montes[10], el concepto de tercero interesado manejado por el Art. 1283 Ce resulta poco satisfactorio.

Según la doctrina dominante, advierte Melich[11], la diferencia entre el pago realizado por el deudor natural de la obligación y aquél que ejecuta un tercero, radica en que el pago del Tercero, para producir plenos efectos extintivos, debe contener, expresa o tácitamente la voluntad de extinguir la deuda, ello es indispensable, el solvens debe haber querido pagar la deuda, y pagar una deuda que no es suya, si no la vía de acción de repetición de lo indebido estará abierta a diferencia del verdadero deudor, que no puede retractarse de su pago, el tercero que ha pagado involuntariamente la deuda ajena puede obrar en repetición. La Ley subordina la restitución a la prueba de su error (Art. 1179 Ce).

A diferencia con el Derecho común, en materia tributaria, el legislador, no distingue en torno a esta modalidad, sino una sola modalidad, en efecto, dice la norma:

> *Artículo 40.* El pago debe ser efectuado por los sujetos pasivos. También puede ser efectuado por un tercero, quien se subrogará en los derechos, garantías y privilegios del sujeto activo, pero no en las prerrogativas reconocidas al sujeto activo por su condición de ente público.

En otras palabras, no distingue el legislador tributario, entre tercero interesado en cumplir con la obligación, aun sin ser propio representante de aquel, ni de terceros no interesados, quienes lo serian al no caber en la clasificación anterior, ni aquellos con o sin derecho a subrogación, y que como sabemos en derecho común aparejan todavía dos subcategorías, a saber:

---

9 En idéntico sentido cita Melich a Sanojo, t.III, No. 106.; Maduro Luyando, N. 639 y Carnevali de Camacho, p. 67/70.

10 Ángel Cristóbal Montes, *El pago o cumplimiento de la obligación*, Edit. Tecnos, España, 1986.

11 Melich, opus cit, p. 30 ss, citando a Cátala, Nicole (*La nature juridique du payment*, LGDJ, Paris, 1961).

Tercero que obra en nombre y descargo del deudor, entre quienes se encuentran los mandatarios y al gestor de negocios siempre que pague con ánimo de hacer una donación al deudor, y,

el tercero que actúa en su propio nombre con el ánimo de extinguir la obligación, en cuyo caso el Art. 1283, solo precisa que se trata de aludir al tercero que no esta en las hipótesis del pago por subrogación, pues este tercero al que la Ley autoriza a pagar por el deudor sin el consentimiento de este y en que impone al acreedor el deber de recibir el pago, no tiene ningún derecho a exigir ni del acreedor (1299 Ce) ni del deudor (1299 Ord. 2 *ejusdem*) que se le subrogue en la acreencia que manifiesta la voluntad de extinguir.

Según lo anota Melich[12] cuando el tercero actúe sin ánimo liberalitatis, tendrá derecho de dirigirse luego contra el deudor cuya obligación haya pagado, pero no porque haya quedado subrogado en la posición del acreedor pagado, sino con fundamento en los principios del mandato sin representación (1698 Ce) de la Comisión (376 Código de Comercio), de la gestión" de negocios (1.1176 Ce) o del enriquecimiento sin causa (1184 Ce), según sea el caso. Y si todavía en el supuesto de que la obligación del deudor que el tercero creía existente cuando pagó no existiera realmente, al solvens le correspondería la acción por pago de lo indebido (1178 Ce).

El mismo citado autor destaca que en estos casos se guarda relación con los supuestos de "Asunción de deuda" que se da cuando un tercero, por causa de una relación interna entre él y el deudor (liberalidad, contrato de cambio, mandato, etc.) acuerda pagar al acreedor originario del deudor la deuda de este con tal acreedor y en que quien ha asumido la deuda resulta por tanto obligado a realizar el crédito del acreedor como si se tratase de una deuda propia. En tales supuestos el solvens no actuaría como un tercero que paga una deuda ajena, aun si para el acreedor resulta un tercero si dicho acreedor no ha participado en el acuerdo que dio lugar a la aludida Asunción de deuda[13].

Debido a la especial redacción de la norma del COT, entendemos que en este caso, no puede exigirse al tercero interés alguno, ni la falta del mismo haría inapropiado o dejaría sin efecto el pago. Estimamos que de propósito esa es la intención del legislador, quien seguramente tuvo en mente solo que algún otro sujeto, por interés propio o eventualmente por el del deudor originario, tenga interés en extinguir la deuda.

Así, por ejemplo, puede ocurrir que siendo la exacción de que se trate provocada con ocasión ya a un proceso judicial, con medidas cautelares o ejecutivas practicadas sobre cierta categoría de bienes muebles o inmuebles, ello suponga interés especial para un tercero quien demostrando su incumbencia con tales bienes, mas que en la liberación de las obligaciones del deudor, proceda al pago y como subrogado en la condición de acreedor avizore una ventaja para la adquisición definitiva de dichos bienes (vb. Condiciones de mercado que hagan pensar un aumento de precio de dichos bienes a corto plazo; imposibilidad de adquirir bienes semejantes a corto plazo por razones de mercado o naturaleza de los bienes, etc.).

---

12 Opus cit. p. 115.

13 Melich, opus cit, p. 116.

iv. ALGUNOS TÓPICOS PARTICULARES RESPECTO A LA MODALIDAD DE PAGO DE LA OBLIGACIÓN TRIBUTARIA POR TERCEROS

Ante la parquedad de las normas que regulan la materia, no obstante la multiplicidad y complejas situaciones que pueden derivar de ello, estimamos necesarios aludir a ciertos casos y tópicos especiales que pueden producirse con ocasión de esta modalidad de pago, y procurar dar nuestra opinión y soluciones en torno a ellos.

Quid de ¿la Oposición del deudor principal al pago ofrecido por el tercero?

A diferencia de lo establecido en nuestro Código Civil, y sin que sobre la materia nada diga tampoco el COT, en el Código Italiano vigente, el Art. 1180 indica adicionalmente que el acreedor puede rehusar el pago que le ofrece el tercero si el deudor le ha manifestado su oposición, norma esta, que según Melich[14] está inspirada en el Art. 267 del Código Civil Alemán. Esa misma actitud del legislador venezolano es la adoptada por el Ce Francés y el Ce Italiano de 1865, sin que por ello en la Doctrina de la época no faltaran voces que alertaran sobre ese posible derecho del deudor, siempre que este ofreciere pagar y de hecho pagara la obligación[15]. Sin embargo, la opinión dominante para Melich, y a ella adherimos, es que resulta preferible no tomar en cuenta la opinión del deudor, para justificar que el acreedor no recibiere el pago del tercero, si simultáneamente no puede justificar un interés para ello, pues la conducta de tal acreedor lo arriesgaría a quedar incurso en mora accipiendi por su negativa[16]:

Quid de ¿con cual moneda o medio liberatorio puede efectuarse el pago y con que efectos (Cheques, transferencias bancarias, Tarjetas de Crédito y otros medios electrónicos)?

El pago hecho con cheque:

Cuando el acreedor acepta recibir el pago en cheque, tal recibo no extingue la deuda sino cuando el acreedor lo cobre efectivamente, pero se considera que el acreedor ha consentido tácitamente en no intentar cobrar de modo compulsivo hasta tanto no se haya presentado al librado para su cobro y en que si efectivamente es pagado, tal pago extinguirá la deuda retroactivamente (Art. 1209 Ce), tal como lo expone Melich[17], con la advertencia de que en efecto quien recibe el pago bajo tal modalidad corre con los riesgos, mientras el instrumento no sea cobrado, de la pérdida de la provisión de fondos por un hecho imputable al librado (Art. 493 C. Com.)

Pago mediante transferencia bancaria:

Tanto razones de seguridad como los cambios provocados por la globalización tecnológica, cada vez mas influyen para que sobre todo pagos por montos considerables se pacten o establezcan a través de intermediarios, en especial bancarios. En tales casos, si los entes intermediarios, cumplen satisfactoriamente las instrucciones del mandato contenido en tal modalidad de operaciones, dan lugar a la satisfacción plena de las obligaciones que con ellas se persigue extinguir y en tales casos, la fecha en la cual se estima realizado el

---

14 Opus cit. p. 116.

15 Giorgi, Giorgio, *Teoría de las obligaciones de Derecho Moderno*, vers. Española, Reus, España, 1930, Vol VII, N. 8, y Maduro Luyando, Eloy, Obligaciones, Edit. UCAB, No 646.

16 Melich, opus cit. p. 116.

17 Opus cit. p. 77.

pago, se extenderá retroactivamente a aquella en que el Banco (intermediario) del deudor recibió la orden de transferencia[18].

Pero un problema más delicado aun se presenta cuando el acreedor resuelve rechazar la transferencia hecha a su favor. Según nuestra legislación, la norma impone al deudor efectuar el pago en la moneda o unidades monetarias convenidas, si hubiera "convención al respecto" o en última instancia en la moneda de curso legal, lo que puede resultar no solo impráctico tratándose de grandes sumas, no siendo justo alterar la posición del deudor, por la simple oposición del acreedor. A falta en nuestro Derecho, a diferencia de otros sistemas, de una norma que prevea expresamente que el pago se realice mediante consignación del dinero ante intermediario autorizado, quien será el que pague por el deudor, tanto la jurisprudencia como nuestro legislador, han ido imponiendo importantes cambios.

Es ello como lo anota Melich[19] lo que ha ido provocando ciertos cambios en la legislación y posiciones de la jurisprudencia, validando los pagos efectuados con los llamados Cheques de Gerencia (órdenes de pago del emitente), al aceptar hoy su efecto liberatorio (Art. 820 Código de Procedimiento Civil[20]

¿Quid de los efectos del pago de terceros una vez iniciado un proceso judicial de cobro tributario?

1. La procedencia del pago iniciada la vía judicial de cobro. ¿Hasta cuando puede el deudor ejecutar voluntariamente sus obligaciones?

Debo suponer que la audiencia y lectores de estas disquisiciones, conocen de sobra la polémica, de si iniciado el ejercicio de una acción para amparo del derecho sustantivo, cabe o no pretender el cumplimiento voluntario o alternativo, si lo hubiere del débito obligacional. Tema este realmente apasionante y todavía no resuelto cabalmente.

Respetando las múltiples opiniones que sobre ello se han vertido, somos del criterio, que aún en etapa de ejecución final del débito ahora judicial, siempre el Deudor, ahora ejecutado, podrá liberarse de sus obligaciones, haciendo el pago, pues la Ley, la doctrina y la jurisprudencia, son proclives a dar preferencia al cumplimiento voluntario e in natura del débito, y estimo que ello en nada modifica los derechos del acreedor, quien sin justa causa, y como lo hemos dejado adelantado supra, se expondría a incurrir en mora accipiendi, si no tuviere justo motivo para rechazar ese cumplimiento.

¿Y que decir de cuando la oferta de cumplimiento en esos mismos supuestos proviniere de terceros, interesados no?

Entendemos que en este caso cabe formular las mismas observaciones que en el de pago propuesto por el mismo deudor, esto es, debe darse preferencia al cumplimiento

---

18 Tal postura no es aceptada unánimemente, al como resulta de una lectura de los principios que sobre dicha materia regula UNIDROIT según lo expone DI MAJO, citado por Melich, opus cit. p. 79.

19 Opus cit p. 81.

20 G.O. N° 4.196 Extraordinaria de 2 de agosto de 1990, con la advertencia de que es esta la más comúnmente citada, pues aun cuando hay reforma posterior, no lo es en temas de fondo. A este Código, en lo adelante Cpc. se le conoce como el Código del 87, año en que originalmente fue publicada su primera versión.

voluntario, aun del tercero, para extinguir el débito fiscal, al igual que el civil y ello porque tampoco en nada perjudica al Acreedor.

2. Los efectos de la oposición a la ejecución o a la intimación del contribuyente deudor demandado y el ofrecimiento de pago por tercero.

Conforme al COT en los casos de oposición a los procedimientos judiciales de ejecución de obligaciones tributarias y juicio ejecutivo de cobro (Arts. 281-282 y 312 del COT. cabe hacer algunas observaciones que estimamos modifican lo expuesto en los párrafos anteriores, pues realmente cambian los supuestos aplicables.

En efecto la oposición es un medio de defensa que consagra la Ley al intimado o al ejecutado, con pleno valor legal, y hecha la misma, aun por motivos no ajustados a la ley, a nuestro entender ponen en entredicho el contenido de la obligación tributaria, de su liquidación judicial o de su liquidación anticipada (dándole carácter de ejecutiva sumariamente), por lo cual consideramos, que si son tales los supuestos, no puede ni debe el Tribunal admitir la propuesta ni ejecución del pago, sea que es tercero interesado o no, en tanto que hasta no recaiga fallo que resuelva dicha oposición, consideramos que el contenido de esa obligación es discutido y discutible, sea en el monto, calidad o cantidad, por lo cual sería atropellar los derechos del deudor natural, si se le impusiera por sobre sus derechos, la pretensión del tercero interesado o no por pagar el débito.

Consideramos inclusive que ni aun el tercero solidario debe ser admitido en su pretensión, en tanto que como tal, siendo su obligación dependiente de la del principal, este afectaría los derechos del primero, si en cuenta de la objeción hiciere el pago por la suma reclamada no coincidente con la discutida por la oposición.

Esta última posición sin embargo no parece ser la acogida cuando menos por la jurisprudencia de los Tribunales Tributarios, tal cual resulta de un sonado caso en manos del Tribunal especial del Circuito de la región Central (Carabobo), donde inclusive existiendo oferta del propio deudor para el pago, y la aludida oposición hecha valer, se dispuso aceptar el pago de tercero.

CONCLUSIONES

Una vez más se pone de manifiesto la especialidad e interés que reviste toda la materia tributaria en este caso, a pesar de sus grandes coincidencias con el derecho común civil.

Las razones que dejamos expuestas sin pretender convencer a nadie, consideramos deben hacer reflexionar sea a la Administración Tributaria, o a las autoridades Judiciales, según el caso, para no causar daños a los contribuyentes, no obstante, todo lo que pueda alegarse a favor del interés fiscal en recobrar lo mas pronto y expeditamente posible los haberes fiscales.

No hemos querido sentar cátedra con conceptos e instituciones por todos conocidos, y sobre los cuales solo nos hemos permitido hacer advertencias y procurar su mejor interpretación, pero nos contentaremos si con lo expuesto, se da lugar a polémica que permita mejor interpretación de los temas expuestos.

DECIMA PARTE

DERECHO ADMINISTRATIVO

59.

OBSERVACIONES Y COMENTARIOS AL RÉGIMEN CONTENCIOSO ADMINISTRATIVO DE LOS ACTOS CUMPLIDOS EN EJECUCIÓN DE LA ACTIVIDAD AGROALIMENTARIA*

A quien fuera mi Profesor: Dr. Tomás Polanco A.; un gran "perseverante" además amigo, y quien siempre me distinguió con su muy especial afecto.

"Los obstinados son sublimes. El que solamente es valiente no tiene más que temperamento; el que solamente es decidido no posee sino una virtud: el obstinado en la verdad tiene grandeza. El secreto de los grandes corazones se encierra en esta palabra: "Perseverar".

Víctor Hugo, Les travailleurs de la mer, II, PI.4.

SUMARIO: I. DELIMITACIÓN DEL PRESENTE ESTUDIO. II. LA NUEVA COMPETENCIA AGRO ALIMENTARIA. III. ÓRGANO JUDICIAL COMPETENTE PARA CONOCER DEL CONTENCIOSO ADMINISTRATIVO AGRO ALIMENTARIO. IV. MATERIAS PROPIAS DE ESTA COMPETENCIA. Objetivos del Procedimiento. Principios que regulan el procedimiento Contencioso Administrativo Agrario. El Iter procesal del Contencioso Administrativo Agroalimentario: Admisión e inadmisión. Emplazamiento, Pruebas, Informes, Sentencia, Ejecución. Poder Cautelar. Recurso de Apelación. El nuevo Recurso de Interpretación en materia Contencioso Administrativa Agro-alimentaria. V. DISPOSICIONES COMUNES PARA EL CONTENCIOSO ADMINISTRATIVO ORDINARIO Y LAS ACCIONES DE CONTENIDO PATRIMONIAL. VI. CONCLUSIONES.

---

* Investigación realizada por el autor para el Libro Homenaje al Profesor Dr. Tomás Polanco Alcántara.

I. DELIMITACIÓN DEL PRESENTE ESTUDIO

Con la promulgación del Decreto con rango de Ley contentivo de la Ley de Tierras y Desarrollo Agrario[1] se dejó sin efecto el viejo régimen que reguló desde 1960 todo lo relacionado con lo Agrario, en sentido amplio de la palabra, y que formaba parte tanto de la Ley de Reforma Agraria, como de varios de sus Decretos y Reglamentos complementarios, así como lo atinente a la Ley sobre Tribunales, Competencia y Procedimiento en materia Agraria, al igual que en el Reglamento de la Ley de Reforma Agraria y otras normas vinculadas a dichas regulaciones[2].

La novedosa y hasta ahora cuestionada LTDA , según se lo destaca en su propia Exposición de Motivos[3] tiene como especial cometido adaptar la estructura agrícola al nuevo concepto de reputarla base estratégica del desarrollo sustentable de lo rural, uno de los pilares del nuevo sistema socioeconómico de la nación, tal como se lo regula en la ahora vigente Constitución Nacional[4] donde se le da tal importancia que se la declara igualmente como fundamento del desarrollo humano y social de la población.

En esa misma línea de ideas, la CN dispone que el Estado deba impulsar la agricultura como medio de desarrollo social, garantía de la seguridad agroalimentaria, y del desarrollo rural, elevación de la calidad de vida de la población campesina, etc.[5].

Para acometer entre otros esos, y los demás importantes postulados de dicha nueva regulación, tales como propiciar que la tierra y la propiedad no sean privilegios de irnos pocos, sino que estén al servicio de toda la población, dentro de los valores de solidaridad e igualdad de oportunidades, proscripción de los regímenes contrarios a la solidaridad social tales como el latifundio, y las reformas propiciadas para la transformación tecnológica, transferencia de tierras con vocación agrícola, infraestructura y capacitación de mano de obra, etc.[6] se puede entender cuales fueron las razones para que dicho instrumento legal contemplara un flanco y drástico cambio en las instituciones administrativas que rigen el nuevo proceso Agrario, la necesidad de la creación de una competencia judicial especializada ***ad hoc,*** y un régimen, por igual, especial y apropiado para la tramitación de

---

1 Cuya publicación se realizó en la Gaceta Oficial de la República de Venezuela (en lo sucesivo GO) 37.323 de fecha 13 de noviembre del 2001, en lo adelante y para simplificar su cita, identificada como LTDA.

2 Ley de Reforma Agraria, promulgada el 19 de marzo del 1960 en GO 611 Extraordinaria (en lo sucesivo identificada abreviadamente LRA), Ley de Orgánica de Tribunales y Procedimientos Agrarios en GO 3015 Extraordinaria, del 13 de septiembre de 1982 (en lo adelante LOTPA) y Reglamento de la Ley de Reforma Agraria citado, en GO 1089 Extraordinaria del 2 de marzo de 1967 (en lo sucesivo RLRA).

3 Contenida en la misma Gaceta en que se publicó el Decreto que la promulga, en lo sucesivo EMLTDA.

4 Constitución de la ahora llamada República Bolivariana de Venezuela, o Constitución de 1999, cuya última publicación se encuentra realizada en la GO Extraordinaria No. 5.453 de fecha 24 de marzo del 2000 (en lo sucesivo CN) que incluye la Exposición de Motivos y sobre la cual se han esgrimido argumentos de inexistencia e ilegitimidad, en tanto la asi publicada reproduce cambios en su texto y una exposición de motivos, que no emanaron del ente constituyente, ni tuvo autorización expresa del mismo para que así se la reprodujere.

5 EMLTDA, encabezamiento.

6 Vid. EMLTDA.

los procedimientos administrativos en dichas materias, al igual que, por supuesto, el régimen del Contencioso Administrativo Agrario o Agroalimentario.

Por lo dicho, y tal como se lo afirma en la EMLTDA, "el nuevo marco legal agrario no solo regula lo referente a la materia sustantiva, sino igualmente a la materia procesal. Así se consagra un título en el cual se desarrolla todo lo relativo a la jurisdicción agraria, tanto en lo referente a la jurisdicción ordinaria agraria, como a la jurisdicción contencioso administrativa en materia agraria".

Destaca igualmente dicho fundamental documento, que "en lo relativo al Contencioso Agrario, se procura establecer un procedimiento más sencillo y rápido que el procedimiento contencioso administrativo general regulado en la Ley Orgánica de la Corte Suprema de Justicia, hasta que se dicte la ley que rija la jurisdicción contencioso administrativa".

Como se observará de lo dicho, así como de una simple lectura que de dicha LTDA se haga, los cambios han sido muchos y sustanciosos, en lo general; en lo que atiene a relaciones de particulares con el Estado, en el régimen entre el Estado, con los usuarios y detentadores de tierras productivas, con los usuarios de las mismas, modificaciones en los entes institucionales, y por igual en el régimen jurisdiccional y especialmente en lo que atiene al procedimiento administrativo y "contencioso administrativo".

Dado que pretender examinar todos dichos cambios, muchos de evidente consideración, excedería del propósito de un estudio como el que nos proponemos ahora desarrollar, precisamos, que el concreto objetivo del presente, lo será, examinar a nivel del detalle práctico posible, lo relacionado exclusivamente con el procedimiento contencioso administrativo, y solo a lo que a él atañe, dentro de la nueva LTDA.

Precisa acotar tangencialmente en tomo a ésta Ley, que al haber sido promulgada en la forma de Decreto con rango y fuerza de Ley, amparado a su vez en una Ley Habilitante, por la cual se le confirieron potestades legislativas al Ejecutivo Nacional, entre otras sobre la materia agraria, ha provocado una enconada polémica en amplios sectores del pais, conforme a la cual se discute la constitucionalidad o no de dicha ley, entre otras razones, precisamente, por sostenerse que la habilitación concedida no abarcaba ni potestades para modificar el ordenamiento procesal ni el ámbito de una nueva "competencia judicial" ni materia tan delicada como la creación de un nuevo impuesto, siendo que una de las particularidades de la LTDA, es precisamente la creación de un impuesto a las calificadas como tierras ociosas[7]. Dicho lo anterior, entremos en materia.

---

7 Como se lo afirma, la Ley se la dicta bajo el régimen de una Ley Habilitante, que no como una Ley ordinaria especial, o sea se trata de lo que nuestro sistema Legislativo vigente considera un DECRETO CON RANGO Y FUERZA DE LEY con lo cual insistimos, comienza aquí el conjunto de contradicciones y disparates vinculados a dicha normativa, en tanto que en lugar de haber sido promulgada y discutida como una verdadera Ley formal e inclusive con rango de Ley orgánica, como lo amerita la importancia y especialidad del tema Agrario y de lo Agroalimentario, siguiendo inclusive el deseo del por igual nuevo constituyente a partir de 1999, la misma se la promulgó bajo la primera formula citada, materialmente en contra de la voluntad de todos los sectores involucrados a excepción del oficial. Lo dicho justifica las críticas generales por inconstitucionalidad de la Ley, como por haberse pretermitido con dicho procedimiento requisitos y formalidades para dar fuerza y chocar frontalmente con disposiciones expresas de la Constitución Nacional. Pero aclaremos, no es ese nuestro tema de examen, y simplemente a los interesados y curiosos sobre dichos aspectos los remitimos a una

II. LA NUEVA COMPETENCIA AGRARIA Y LOS ÓRGANOS JURISDICCIONALES DE LA MISMA

Como lo refiere la EMLTDA, se consagra de nuevo una Jurisdicción (sic. Competencia) especial agraria o mejor dicho agroalimentaria[8] tal como se desprende de los Art. 166 ss, la cual inclusive estará integrada por órganos judiciales especiales en los tres niveles ordinarios, en asuntos no contenciosos administrativos, así como en todos los niveles del Contencioso Administrativo especial.

La norma del Art. 166 precisa que el ejercicio de la Competencia especial será realizado por la Sala de Casación Social del Tribunal Supremo de justicia, y los demás tribunales señalados en este Decreto Ley, los cuales, precisamente son los Superiores Regionales Agrarios, como Primera Instancia en lo Agrario (que conocerán inclusive el contencioso administrativo propio: demandas contra entes vinculados a lo agro alimentario pertenecientes al Estado) y de cuyas decisiones en alzada, conocerá por igual la Sala Especial de la Sala Social del Tribunal Supremo de Justicia, así como los juzgados de primera y segunda instancia ordinaria especiales agrarios, y contra cuyas decisiones, conforme a las reglas especiales al efecto, puede recurrirse ante la Sala Especial Agraria de la Sala Social del Tribunal Supremo de Justicia9

En lo que atiene al Contencioso Administrativo propiamente dicho, destaca el Art. 171 LTDA, que son competentes para conocer de los recursos que se intenten contra cualquiera de los actos administrativos agrarios, los Tribunales Superiores Regionales Agrarios, competentes por la ubicación del inmueble, como Tribunales de Primera Instancia, y la Sala Especial Agraria de la Sala de Casación Social del Tribunal Supremo de Justicia, quien actuará en tal caso, como segunda instancia.

Vale la pena destacar el inapropiado giro del lenguaje usado por el Legislador en el caso de la referencia hecha a los Tribunales Superiores Regionales, al vincular el ejercicio material territorial de sus competencias a la ubicación del inmueble (sic. Fundo agrario o explotación pecuaria) cuando que como lo destacaremos seguidamente, existen muchos casos propios del Contencioso Administrativo Agrario, que nada se vinculan a fundos o propiedad en zonas rurales.

---

interesante, seria y completa obra patrocinada por la Academia Nacional de Ciencias Políticas y Sociales de Venezuela y en la que se recogen comentarios y opiniones sobre dichos problemas de esa y las demás leyes habilitadas, que por la autoridad y seriedad de sus autores que suscriben los múltiples trabajos en ella contenidos, la hacen reputar como una de las mas serias, completas y enjundiosas sobre dicho problema y el cuestionamiento que se ha hecho a las leyes de la habilitante. Nos referimos a la obra denominada *Ley Habilitante del 13-11 del 2000 y sus Decretos Leyes*, Autores varios: Melich O, José R; Planchart Manrique, Gustavo; Leañez Sievert, Carlos, Ramón Escovar León y otros, Serie Eventos, No. 17, Biblioteca de la Academia de Ciencias Políticas y Sociales, Arauco Ediciones, CA, Isbn 980-6396- 17-0, Caracas, 2000, 308 p a cuya lectura remitimos.

8 Preferimos usar y en efecto así lo haremos en adelante, el término agroalimentario, para lo que atiene a lo contemplado como fin último en la LTDA, pues en efecto, en ella se da preponderante importancia a tal concepto y actividad con la misma especial nueva consideración que con especial vehemencia le otorga la CN, y ello se lo destaca por igual con especial énfasis en varias ocasiones en la LTDA (Arts. 1,2,167,211,258, etc. LTDA)

9 Arts 201, 212, 244 y 248 LTDA

III. MATERIAS PROPIAS DE ESTA COMPETENCIA

1. *Reglas Ordinarias*

Conforme lo determina el Art. 172 LTDA los aludidos órganos jurisdiccionales conocerán de todas y cualquier acción que por cualquier causa sean intentadas con ocasión a la actividad u omisión de los órganos administrativos en materia agraria, incluyendo el régimen de los contratos administrativos, el régimen de las expropiaciones, las demandas patrimoniales y demás acciones con arreglo al derecho común que sean interpuestas contra cualesquiera de los órganos o los entes agrarios.

2. *Casos especiales*

Lo dicho nos permite observar que no resultan aplicables entonces respecto a los legitimados pasivos de dichos procesos, las limitaciones por la cuantía, fijadas en la Ley Orgánica de la Corte Suprema de Justicia[10], a los fines de distribuir el ejercicio de dicha competencia, y pierde la que hasta ahora viene ejerciendo sobre lo Agrario y agroalimentario la Corte Primera de lo Contencioso Administrativo y la Sala Político Administrativa del Tribunal Supremo de Justicia.

Por igual, a nuestro entender, solo queda exceptuada del nuevo fuero atrayente especial agrario, la República y los actos emanados de los Ministerios, cuando como demandadas tengan que concurrir a juicio en el Contencioso Administrativo pleno, en tanto reputamos continua siendo regulada dicha materia por el fuero especial de protección atribuido a la Sala Político Administrativa del Tribunal Supremo.

En cuanto a los amparos constitucionales, salvo los sobrevenidos, cuando por razón de la materia o afinidad debieran ser atribuidos a la Sala Especial, precisa recordar que ahora conforme a doctrina reiterada de la Sala Constitucional, será esa la Sala competente para conocer de dichos amparos y en todo caso resultaran aplicables los principios y normas que dicha Sala ha fijado por vía de interpretación auténtica de la Constitución Nacional en tomo al Procedimiento y órganos competentes para conocer de los mismos.

IV. EL ITER PROCESAL DEL CONTENCIOSO ADMINISTRATIVO AGRARIO

1. *Fines y objetivos del Procedimiento*

Meticulosamente señala el Legislador en el Art. 167 los intereses confiados al Poder Judicial en materia Agroalimentaria, disponiendo que, en cualquier estado y grado del proceso, en cualquiera de sus tipos (acciones agrarias, demandas patrimoniales contra los entes estatales agrarios y de los recursos contenciosos administrativos agrarios) velará por;

a. La continuidad de la producción agroalimentaria,

b. La continuidad en el entorno agrario de los servicios públicos,

c. La conservación de los recursos naturales y el medio ambiente,

d. El mantenimiento de la biodiversidad,

---

[10] Publicada en la GO Ext. 1893 de fecha 30 de julio de 1976 en lo sucesivo LOCSJ.

e. La conservación de la infraestructura productiva del Estado,

f. La cesación de actos y hecho que puedan peijudicar el interés social y colectivo,

g. El establecimiento de condiciones favorables al entorno social e intereses colectivos.

Como se lo puede constatar, en su tarea, el Juez del Contencioso Administrativo Agrario, y en general el Poder Judicial que se desempeña en ésta competencia[11], asume un delicado compromiso con la nación para la protección del entorno agroalimentario, recursos naturales y medio ambiente, para lo cual no solo debe centrar sus actuaciones con miras a la protección de tan especiales "intereses generales", debiendo resolver cada caso en concreto poniendo atención en evitar la posible lesión que pudiere causarse a tan preciados objetivos, por ello, seguidamente le confiere instrumentos apropiados a fin de poder ejecutar sus tareas, otorgándole el conocido "Poder Cautelar General Especial" contemplado en el aparte final de la comentada norma.

En efecto, dispone:

> "A tales efectos, dictará de oficio, las medidas preventivas que resulten adecuadas a la situación fáctica concreta y conforme al supuesto de hecho de la norma que le sirva de fundamento contenida en el presente Decreto Ley, imponiendo ordenes de hacer o no hacer a los particulares y a los entes estatales agrarios, según corresponda."

Estas facultades extraordinarias no constituyen novedad en el sistema Agrario venezolano, ya se encontraban reconocidas en la LOTPA y se diferencian clara y precisamente del poder cautelar ordinario concebido, instado y diseñado para la protección del interés particular o en el caso concreto, y cuyo objeto no es con miras al cometido general de lo agroalimentario, sino para garantizar la verdadera ejecución de la Ley, imponer el respeto al poder coercitivo del derecho y facilitar la ejecución de los fallos, en adición a permitir la real ejecución del derecho lesionado e invocado en la pretensión.

El cautelar general especial se le concibe, como una forma ad hoc para que el Poder Judicial, asuma sus cometidos de protección y tutela del interés general en lo agroalimentario, recursos naturales y medio ambiente.

2. *Principios generales que imbuyen el trámite*

Dentro de las mismas disposiciones fundamentales, aplicables en general a las actuaciones del Poder Judicial con competencia Agraria ordinaria o la Contencioso Administrativa, se dispone, en ejecución directa de lo estatuido por la CN, que el procedimiento agrario constituye un instrumento fundamental para la realización de la

---

[11] También se lo confiere en forma similar al Juez Ordinario Agrario, conforme la norma contenida en el Art. 258 LTDA, la que en todo caso entendemos repetitivo, en tanto que al disponer la ahora comentada, dentro de la temática general de las potestades de la Competencia Agraria (Título V. De la Jurisdicción Especial Agraria. Cap. I. Disposiciones Fundamentales), ya con ello abarcaba y daba por entendido que por igual están concebidas para su ejercicio por cualquiera de los jueces que se desempeñan en la Competencia Agraria, sean ordinarios o los del Contencioso Administrativo Agrario.

justicia, advirtiendo que la omisión de formalidades no esenciales no dará lugar a la reposición de la causa[12].

Se ratifica así que el proceso agrario, en cualquiera de sus modalidades es un instrumento útil para el logro de la justicia, que no un mecanismo para torcerla, perturbarla y demorarla, de tal modo que solo cuando los actos dejan de alcanzar su fin útil, es que puede realmente entenderse la conveniencia de que los mismos se dejen sin efecto y se disponga a rehacerlos, privando pues con ello el principio de la conservación de los actos procesales, dentro de esos objetivos límites.

Así mismo en el Art. 170 dispone el legislador que los procedimientos previstos en dicho Título, se regirán por los principios de inmediación, concentración, brevedad, oralidad, publicidad y carácter social del proceso agrario, disposición esta que debe entenderse en el sentido de que resultarán ellos aplicables a falta de norma expresa que regule dichos aspectos dentro del proceso agrario, sea el ordinario o el contencioso administrativo.

Conforme lo dicho, en el Contencioso Administrativo, continuará privando la modalidad escrita, pero se deben aplicar en lo posible los de inmediación, concentración, brevedad, publicidad y carácter social.

3. *Trámite de los recursos y acciones*

La interposición de las acciones y recursos que deban ser incoados ante esta competencia, deberá ser cumplida por escrito ante el Tribunal competente, dando cumplimiento a los requisitos del Art. 175, que dispone:

> "Las acciones y recursos contemplados en el presente Título deberán interponerse por escrito por ante el Tribunal competente, cumpliendo con los siguientes requisitos:
>
> Determinación del acto cuya nulidad se pretende.
>
> Acompañar copia simple o certificada del acto, actuación o contrato cuya nulidad se pretende o señalamiento de la Oficina Pública u organismo en que se encuentran y los datos que lo identifiquen.
>
> Indicación de las disposiciones constitucionales o legales cuya violación se denuncia.
>
> Acompañar instrumento que demuestre el carácter con que se actúa.
>
> En caso de que tal carácter provenga de la titularidad de un derecho real, identificará el inmueble, con expreso señalamiento de sus linderos y copia certificada de los documentos o títulos que acreditan la titularidad aludida.
>
> Los documentos, instrumentos o cualquier otra prueba que se estime conveniente acompañar."

Respecto a la norma antes transcrita solo vale la pena insistir con algún comentario en torno a lo dispuesto en el numeral cinco, en tanto extraña el que a pesar de que la mayoría de las nuevas reglas de procedimiento apropiados para los nuevos proceses diseñados en Leyes recientes, se dispone el adelanto de pruebas, para un mejor control por parte del Juez

12 Art. 169 LTDA.

como conductor del proceso, el que nada se dispone al respecto en la LTDA siendo de opinión nosotros, que no puede entonces exigirse tal requisito por parte del Juez[13].

A pesar de que en la enumeración de los requisitos de la norma aplicable, nada se dice, es obvio que además de la cita de las disposiciones constitucionales o legales cuya violación se denuncia, o en las que se fundamenta la pretensión (numeral 3, Art. 175) deben expresarse los motivos de hecho en que se fundamente la pretensión tal como se lo exige para el ejercicio del Recurso que se interponga, ex artículo 190 LTDA.

A. *Admisión e Inadmisión*

Dentro de los tres (3) días hábiles siguientes a la interposición del Recurso o acción, el Tribunal resolverá sobre la admisión, y solo podrá declararse inadmisible, por los expresos motivos contenidos en los trece (13) numerales contemplados en el Art. 177 *ejusdem*, de los cuales no insistiremos en su examen particularizado, dada la claridad de los supuestos en ellos contemplados, pero reservándonos los siguientes comentarios:

1. Conforme al numeral 3 de la norma, debe entenderse que caducará el ejercicio de los recursos o acciones, por el transcurso de sesenta días continuos desde la publicación en la Gaceta Oficial Agraria o la notificación directa del acto, sin que se hubiere interpuesto el recurso o ejercido la acción, sin distinguirse se trate de actos administrativos de efectos temporales o no.

Lo dicho es consecuencia igualmente de la norma expresa contenida en el Art. 194 de la LTDA, que repite idéntica disposición la cual es de aplicación común tanto a los procedimientos Contenciosos Administrativos, como a las Demandas contra los entes Estatales Agrarios.

2. Que tal como se desprende del numeral 11, es menester agotar el antejuicio administrativo, cuando así esté pautado por la norma aplicable, o por el no agotamiento de la vía conciliatoria o de avenimiento si ese fuere el caso conforme la disposición aplicable al caso concreto.

Respecto al agotamiento de la vía administrativa, dispone la Ley (Art. 198) son aplicables las disposiciones contempladas en la LPGR[14].

Contra el pronunciamiento de inadmisibilidad cabe recurso de apelación dentro de los cinco (5) días hábiles siguientes, mientras que del auto que admite la demanda, no cabe recurso alguno, sin menoscabo de que los eventuales opositores, puedan hacer valer los

---

[13] Como se deduce de la LTDA, la regulación sobre el Contencioso es provisional y hasta tanto se dicte la Ley especial del Contencioso, en la cual es deseable se unifiquen todos los procedimientos del Contencioso Administrativo y se corrijan omisiones como a la que referimos en este caso, pues su dispositivo es útil para el mejor control del expediente, y para un más diáfano ejercicio del derecho de defensa.

[14] Al respecto vale la pena destacar la ahora excepción contemplada en la Ley Orgánica de la Procuraduría General de la República (publicada en la GO Ext. 5554 del 13 de noviembre del 2001) en lo sucesivo identificada como LOPR, Art. 56 aparte único, conforme a la cual no requieren agotamiento de esta reclamación previa los casos cuya cuantía no exceda de 500 Unidades Tributarias y hayan sido declaradas procedentes por la máxima autoridad del ente correspondiente.

motivos de inadmisibilidad, al oponerse al fondo, pretensión esa que será resuelta con la definitiva.[15]

B. *Notificaciones y emplazamientos*

La norma del artículo 178 LTDA dispone que admitido el recurso se ordenará el emplazamiento del Procurador General de la República, así como de los terceros que hayan sido notificados o participado en vía administrativa, para que procedan a oponerse al recurso contencioso administrativo de nulidad, dentro de un lapso de diez días hábiles e igualmente se dispondrá la remisión de los antecedentes administrativos, los cuales formarán pieza separada.[16]

La LPGR establece la modalidad y términos para la citación del Procurador, los que a nuestro juicio no quedan derogados por las normas especiales de la LTDA al menos en lo que a esta citación ajuicio se refiere.17

Lamentablemente, no obstante ser esta Ley de reciente publicación, se incurre en ella nuevamente en el error de dejar en manos del Juez lo relacionado con el emplazamiento por Carteles y su implementación, todo a su solo juicio, lo que ha sido criticado tanto por la misma jurisprudencia como por reputada Doctrina.[18]

---

15 Como lo hemos sostenido, tanto en Procesal general, así como en materia Contencioso Administrativa, inclusive especial, somos de la opinión que el Legislador debe dar cabida al recurso contra la admisión impertinente o sin causa legal, en tanto no aparece como justo ni razonable que las partes deban seguir atadas a un proceso inicuo y sin fundamento, o contra prohibición de Ley, cuando que a priori, pudiere ser resuelta la impertinencia de la vía incoada. En ese mismo sentido inclusive tanto la Sala Político como la de Casación de la antigua Corte Suprema, tuvieron oportunidad de pronunciarse en varias ocasiones, siempre y cuando ello se lo regule para supuestos expresos y taxativos de clara violación de las normas aplicables Vb. Acciones evidentemente caducas, llamado al juicio a sujetos que no se corresponden claramente con el proceso incoado, etc.

16 Si bien es cierto que no se ordena notificación al órgano del cual emana el acto impugnado, o el contrato de que se trate, lo cual parecería obviamente sano a la mejor defensa de los intereses de la legalidad de los actos de la administración o del proceder de los órganos involucrados, al solicitarse los antecedentes administrativos, que deben ser requeridos a aquellos, tal exigencia, pone sobre aviso a la administración sobre el recurso ejercido, y facilitará así la obtención de recaudos y pruebas que sean menester. Lamentablemente en la práctica la Administración no guarda respeto a esta sabia recomendación, y hacen caso omiso a dichos requerimientos al igual que a los que formula la Procuraduría cuando le corresponde atender el llamado que se le hace a juicio y solicita, como lo establece la normativa pertinente de la Ley de Procuraduría, las instrucciones correspondientes.

17 Art. 79 LPGR

18 En tal sentido vid. CSJ/ SPA, 15-7-92 en *Revista de Derecho Público* 50, p. 163, y la posición que siguen Brewer Carías, Allan y Araujo Juárez José. *Principios Generales de Derecho Administrativo*, Vadell Hnos., Isbn 980-212-203-2, Venezuela, 1996, p. 487 ss.)

C. *Trámite especial de las demandas de contenido patrimonial (Contencioso Pleno ss.)*

En este caso, conforme lo dispone el Art. 179, el auto que ordene la admisión dispondrá además de la citación del Procurador, la del ente estatal agrario demandado, y en tal caso el emplazamiento se hará para el décimo quinto día hábil.[19]

Es propicio destacar aquí que si bien la Ley impone esta obligación de notificar siempre en estos casos del Contencioso al Procurador General de la República, en mérito a un privilegio para garantizar mejor protección al Estado, ello no obsta para que sea menester imponerlo igualmente por notificación de cualquier demandado o recurso que sea interpuesto contra cualquier ente agrario o contra todo tipo de acto administrativo agrario, así como cuando sean dictadas en esos procesos, sentencias interlocutorias o definitivas, con la advertencia que la omisión de tal notificación, aparejará la reposición de la causa de oficio o a instancia del Procurador, tal como lo dispone la norma del Art. 181 LTDA, por igual contemplada en la LPGR cuyo contenido, forma y plazos serán aplicables en estos casos.[20]

D. *Pruebas: Lapso, medios y evacuación*

a. *Principio general*

Al día siguiente del vencimiento de la oportunidad fijada para la contestación de la demanda o de la oposición, el juicio queda abierto a pruebas, sin necesidad de auto expreso, fecha esa a partir de la cual se comienza a contar un lapso de tres dias hábiles para la promoción de pruebas.

Vencido dicho plazo se agregaran las pruebas pudiéndose oponer las partes a la admisión de las mismas en el primer día de despacho siguiente.

El Tribunal se pronunciará sobre la admisión de las mismas dentro de los tres días hábiles siguientes.

La apelación solo se tramitará en el efecto devolutivo y podrá ser interpuesta dentro de los tres días hábiles siguientes al pronunciamiento del Tribunal.

Para la evacuación de las admitidas, se dispondrá de un lapso de diez (10) días hábiles[21]

Como se lo puede apreciar, ninguna diferencia aparece entre este proceso y los ordinarios, con la sola salvedad de los términos específicos aplicables en el caso concreto.

---

19 En verdad somos de opinión de que se han debido unificar los lapsos para contestar bien sean los recursos propiamente dichos o las demandas contra entes estatales. Es insólita la especie de manía irrenunciable de que todo debe tener un rito diferente a lo demás, por parecer asi mas individualizado.

20 Art. 84 LPGR. Insistiremos aquí en que la justificación de la fractura el principio general de que basta una sola citación ajuicio para entender a las partes a derecho respecto de su acontecer, cede ante el privilegio de protección a los intereses públicos.

21 Art. 184 LTDA.

b. *Excepción*

Conforme se lo dispone en el Art. 187, no habrá lugar a la apertura del lapso probatorio cuando la controversia fuere de mero derecho, o bien cuando el demandante o recurrente y el representante de los entes estatales agrarios, así expresamente lo convengan[22].

c. *Medios Probatorios*

En el Contencioso Administrativo Agrario, se admitirán todos los medios probatorios previstos en el Código Civil, el Código de Procedimiento Civil y otras leyes, con lo cual se consagra una absoluta amplitud probatoria[23]

Sin embargo acogiendo los privilegios que estipula la LPGR a favor de la República ni la autoridades ni los representantes legales de los entes agrarios, estarán obligados a absolver posiciones juradas, ni a prestar juramento decisorio, y por igual, la confesión espontánea del funcionario público o de los sustitutos, no tendrá valor probatorio.

A pesar de lo dicho y que nada contempla al respecto la normativa procesal del contencioso administrativo agrario, entendemos que a dichos funcionarios y autoridades si se les podrá exigir dar contestación escrita a los interrogatorios que de igual forma le hubiere solicitado la contra parte, sobre hechos de que tengan conocimiento personal y directo, tal como lo regula expresamente la Ley de la Procuraduría General de la República, medio probatorio este que conoce la doctrina como "interrogatorio o declaraciones de partes".[24]

Igualmente debe destacarse en el procedimiento Contencioso Administrativo Agrario, respecto la prueba de "experticia", que la misma puede ser acordada de oficio o a petición de parte, a un solo experto, designado por el Juez de la causa, quien le fijará lapso para que rinda su dictamen, el cual en ningún caso será vinculante para el Juez, quien podrá apartarse del mismo si existieren otros medios de prueba que produzcan suficientes elemento de convicción que consten, tanto en el expediente de la causa como en el expediente administrativo.

Debe observarse, que, en tomo a la posibilidad de separarse el juez del dictamen técnico, que la LTDA en esa materia resulta más precisa y exige para ello, que, cuando menos se haga un ejercicio lógico, que debe constar en el fallo, conforme al cual se justifique tal determinación en base a la existencia de otros elementos de convicción -entendemos con mayor poder de convicción- sea en el expediente judicial o en el administrativo, que justifiquen tal determinación (Art. 186 LTDA).

---

22 La comentada situación de que el representante de los entes resuelva convenir en no presentar pruebas, resulta excepcional y requiere a nuestro entender autorización expresa de la más alta autoridad del ente de que se trate, a tenor de lo dispuesto en el Art. 71 LPGR, que consideramos aplicable.

23 Art. 185 LTDA

24 Art. 76 LOPG

d. *Potestades probatorias del Juez*

Nada contempla la LTDA al respecto, pero es de pacífica doctrina[25] y jurisprudencia reiterada que el proceso Contencioso Administrativo esta regido por el llamado principio de " investigación", en virtud del cual el Juez Contencioso toma un rol activo no solo en la conducción del proceso, sino que se convierte en un Juez inquisidor, con la sola salvedad de su proceder en el Contencioso Administrativo pleno ss, en el cual sí mantiene su condición de Juez Mercenario y viene obligado a procurar su absoluta imparcialidad, sin poder ejercer potestad probatoria diferente a la simple ***"ad aclarandum".***[26]

Lo dicho comporta que el Juez del contencioso, con la anotada excepción, puede llevar a los autos cualquier tipo de prueba sobre hechos fijados en el proceso, con verdadera potestad aprobatoria libre, teniendo como meta la búsqueda de la verdad. El Juez del Contencioso en tal sentido debe asumir el rol de la defensa de la legalidad de los actos del Estado y sus entes, siéndole vedado únicamente el modificar o alterar los hechos que constituyan fundamento de la controversia, cuyo alegato e invocación si es de la exclusiva incumbencia de las partes.

Tales potestades de aportación, pueden ejercerlas bien el término probatorio ordinario del proceso, o mediante autos para mejor proveer, una vez hechos los informes y antes de la sentencia, sin que nada de ello obste, por supuesto, al debido control que sobre dichas pruebas, pueden ejercer las partes del proceso.

E. Informes

Los mismos serán fijados, concluido que estuviere el lapso probatorio, en uno de los tres días siguientes de despacho, el cual se llevará a cabo en "audiencia oral", entrando seguidamente el juicio en estado de sentencia, la cual deberá ser dictada por el Tribunal dentro de un lapso de sesenta (60) días continuos.

F. Sentencia

No trae la normativa sobre la Competencia del Contencioso Administrativo Agrario, ninguna referencia concreta al tema, limitándose solo el Art. 189 a fijar la oportunidad en que debe producirse tempestivamente el fallo, estableciendo que ello lo será dentro de los sesenta días continuos siguientes al de aquel en que tuvo lugar el acto de informes.

Si recurrimos en esta materia a las disposiciones del Contencioso Administrativo ordinario, esto es a la LOCSJ, que resultarán aplicables a nuestro juicio en razón de la laguna legislativa, diremos que dicho fallo, si se trata del contencioso de nulidad contra actos de efectos generales, declarará la sentencia si procede o no la nulidad del acto, examinados que fueren los motivos en que se fundamenta la demanda y determinará en su caso, los efectos de la decisión en el tiempo (Art. 119 de la citada Ley), y estimamos por

---

[25] González Pérez, Jesús, *Manual de Derecho Procesal Administrativo*, Madrid, 1992, y Araujo J., Jesús, o.c. p 377 ss.

[26] Ello viene corroborado expresamente en el Art. 129 de la LOCSJ, relativo al procedimiento Contencioso Administrativo ordinario ante esa Instancia, referido a la nulidad de los actos administrativos de efectos particulares.

igual aplicable la disposición del Art. 120 "*ejusdem*" que ordena publicar en el diario oficial (en éste caso la Gaceta Oficial Agraria), el fallo contentivo de la nulidad.

Por obvias razones la sentencia deberá cumplir con los requisitos de forma y fondo ordinarios del Código de Procedimiento, en tanto, por igual, en el proceso Contencioso, es el acto final del procedimiento y llamado a resolver la controversia, esencialmente escrito, que debe satisfacer los requisitos de suficiencia y congruencia para que permitan su suficiencia y debida ejecución.[27]

G. *Ejecución*

Por supuesto que en esta materia como en las demás del Contencioso Administrativo, el problema más álgido suele ser la ejecución de los fallos contra la propia administración, en este caso la ejecutora de la función de control, desarrollo y ejecución de lo agroalimentario, con toda la compleja gama de situaciones que deriva de la necesidad de lograr, que pese a las consideraciones que puedan hacerse, debe ejecutarse y cumplirse lo resuelto por la autoridad judicial. El fundamento de la ejecución debe recordarse está implícito en el concepto de tutela judicial efectiva y es parte del mismo derecho de acción.

Sobre consideraciones como la precedente ya se ha pronunciado nuestra Jurisprudencia[28] y lo reitera la doctrina nacional.

En adición es preciso recalcar que la ejecución debe y tiene que ordenarla y disponerla la propia actividad jurisdiccional, como consecuencia del principio de exclusividad de la jurisdicción, y el imperio en nuestro sistema, y en especial en esta competencia del llamado sistema judicialista de ejecución de las sentencias.[29]

El problema delicado en estos casos, resulta en el como hacer cumplir a la propia Administración a disponer lo necesario para el pago y ejecución de sentencias de condena, sobre lo cual se ha discutido en la jurisprudencia, procurándose varias teorías sobre el tema en la misma Jurisprudencia (ejecución sin excepciones, fijación de plazos especiales para lograr dichas ejecuciones) problemas a los cuales debe buscarse una razonable solución so pena de ser objeto de critica la actitud del estado, en tanto, lo contrario, sería admitir una injustificable interferencia en la administración de justicia, tal como lo señala Araujo Juárez.[30]

H. *Consideración especial sobre la materia en la LPGR (Arts. 85 ss)*

En la reciente LPGR se contempla ahora una novedosa normativa sobre esta temática, disponiéndose que en los casos de condena a la República, se procederá a la notificación especial al Procurador, quien dentro del plazo de sesenta días informará sobre la forma y modo de ejecución, teniendo la parte ejecutante el derecho de objetar o no la forma que se proponga para ello (Art. 86) y en el entendido de que si nada se provee o si no fuere de aceptación la modalidad ofrecida, se procederá conforme los trámites que expresamente contempla dicha Ley, en la que se distingue según se trate de pago de sumas de dinero, para el cual se confiere poder vinculante a la disposición de que se las cancele en el período

---

[27] Para ampliar conceptos sobre esta materia, véase Araujo J, José, o.c. p 513 ss.

[28] Sentencias del 22-11-90,9 mayo del 91, entre otras en Revistas Derecho Público Nos. 46 y 165.

[29] En tal sentido, Araujo Juárez, José, o.c. p. 524

[30] O.c. p. 525.

máximo de dos ejercicios fiscales presupuestarios; y la de entrega de bienes, para el cual se contempla, si son de aquellos afectos a servicios públicos o actividad pública, un pago en efectivo monto del cual queda a determinación de expertos.

Por último, estimamos de interés referirnos por igual a la novedosa regulación contenida en el Art. 87 de la misma comentada Ley, en el cual se regula la corrección monetaria de las condenas, haciendo así aplicable al propio Estado, los mecanismos de ajustes por inflación, y evitando la distorsión en el cumplimiento coactivo de la Ley, como consecuencia del tiempo en juicio, desvalorización, y procesos inflacionarios.

Evidentemente que sobre toda esta materia queda mucho por decirse y en ello tendrá relevante importancia la interpretación jurisprudencial.[31]

IV. EL PODER CAUTELAR ORDINARIO EN EL CONTENCIOSO Y EL PODER CAUTELAR ESPECIAL EN PROTECCIÓN A LOS INTERESES JURÍDICAMENTE PROTEGIDOS POR LA LTDA

Como debe imaginarse en tomo al Contencioso Administrativo general, toma particular interés la posibilidad de que en el transcurso del proceso puedan enervarse los efectos de los actos administrativos impugnados, y en el Contencioso Administrativo Agroalimentario, al igual que en el ordinario, el Legislador contempla la posibilidad de que en efecto a propuesta de la parte, y tomando muy en cuenta el que no se causen daños a los intereses generales en juego de mayor entidad, el Tribunal de la causa pueda ordenar la suspensión de los efectos, en todo o en parte, del acto administrativo recurrido.

A tales efectos, ahora de manera innovadora establece la regulación especial analizada[32], que el Juez, sin perjuicio de las facultades especiales conferidas para la protección de los intereses generales (Art. 167 *ejusdem*), disponga la celebración de una " audiencia oral" a fines de conocer las opiniones de las partes, y con ello resolver si la medida pone o no en juego intereses del entorno social (Art. 182,primero), con vista a la cual deberá disponer inmediatamente, o máximo en las 48 horas siguientes sobre las pretensiones de la solicitante, y tomando en cuenta el que si de alguna manera se pone en grave daño el entorno social, deberá negarse la medida.

Para ello será menester conforme lo dispone el Art. 182, que el solicitante compruebe que su inmediata ejecución comporta perjuicios y gravámenes irreparables o de difícil reparación, así como acompañar garantía suficiente dentro de los cinco (5) días hábiles siguientes al auto que las acuerde.

La ley imputa la responsabilidad personal y patrimonial al Juez de la causa en caso de que las garantías no sean suficientes para salvaguardar los intereses públicos, sin menoscabo de las demás sanciones disciplinarias.

Dichas medidas pueden ser revocadas, reformadas o sustituidas durante el curso del juicio, si ajuicio del juez eventualmente se modifican los supuestos que dieron lugar a ellas.

---

31 Para ampliar conceptos sobre este interesante tema, sugerimos la lectura del reciente trabajo *Tutela Judicial Efectiva. Ejecución Forzosa. Entes Públicos*, de Patricia Ballesteros O, en IV Congreso Venezolano de Derecho Procesal, Autores varios, Invedepro y EDT Jurídica Santana, Isbn 980-6584-00-7, Venezuela, 2003, p. 779 ss.

32 Art. 183 LTDA.

Debido al privilegio de presunción de solvencia de que goza la República, no caben en los procesos, ni aún del Contencioso Pleno SS, sean decretadas medidas cautelares o ejecutivas, para garantía del cumplimiento de lo decidido y por el contrario, la República, dentro de los parámetros de los artículos 89 ss. LPGR, si puede solicitar y obtener cautelas contra los particulares con quienes controvierta en juicio, y con la advertencia de que a la República, no puede exigírsele tampoco caucionamiento (Art. 69 LPGR).

V. SEGUNDA INSTANCIA DEL CONTENCIOSO ADMINISTRATIVO APELACIÓN Y SU TRÁMITE. LA CONSULTA (LPGR)

Contra los fallos dictados en Primera Instancia del Contencioso, podrá interponerse recurso de apelación, ante el Tribunal que conoce del asunto y para ante la Sala Especial de la Sala Social del Tribunal Supremo, dentro de los cinco (5) días hábiles siguientes a la fecha de publicación de la sentencia, si la misma hubiere sido proferida dentro del lapso previsto en la misma Ley (Art. 188) o a partir de la notificación de las partes, si hubiere sido dictada fuera de lapso.

La LPGR, en todo caso, establece como privilegio a favor de la República, que si las sentencias definitivas fueren contrarias a las pretensiones o defensas de la República, los fallos serán necesariamente consultados con el Superior competente (Art. 70).

Respecto al trámite en dicha Instancia, el mismo viene regulado de manera sencilla y abreviada en los Arts 191 al 193, destacándose que se admiten pruebas ante la superioridad, para lo cual se entiende abierto el lapso, automáticamente, con la admisión a trámite ante el Superior del Expediente y que deben ser evacuadas luego de admitidas en el corto plazo de cinco días hábiles.

Vencido el término de evacuación de las pruebas ante el Superior, se inicia el cómputo de los diez días hábiles para que tenga lugar la audiencia "oral" para los informes y a renglón seguido deberá dictarse el fallo dentro de los treinta días siguientes continuos.

V. DISPOSICIONES COMUNES AL PROCEDIMIENTO CONTENCIOSO ADMINISTRATIVO AGRARIO Y A LAS DEMANDAS CONTRA LOS ENTES ESTATALES AGRARIOS

La LTDA establece normas comunes a los dos procedimientos generales del Contencioso, y así dispone:

En tomo a la ***Perención de la Instancia***,[33] que la misma procede de oficio o a instancia de parte, por el transcurso de seis (6) meses sin que se haya producido ningún acto de impulso procesal por la parte actora, dejando a salvo que dicha inactividad sea imputable solo al Juez, luego de haberse fijado vistos en la causa, o habiéndose producido la paralización de la misma por causas no imputables a las partes, en cuyos casos no se producirá la perención.

Con lo dicho se pone fin igualmente a la injustificada pretensión de que no operaba la perención en supuestos en que el Estado tenía interés, o estaba comprometido el orden social.

---

[33] Art. 197 LTDA.

Por lo que atiende a la ***Caducidad de los Recursos contencioso administrativos (Art. 194),*** indistintamente del tipo de actos de que se trate, el plazo será de sesenta (60) días desde la fecha de su notificación al particular o de su publicación en la Gaceta Oficial Agraria.

Acotamos nosotros, que pareciera interpretarse de tal redacción, que definitivamente el lapso puede iniciarse, a partir de la publicación en la Gaceta Agraria, aún cuando pudiere ser de un acto de los que por trámite habitual se dispone su notificación directa.

Con el objeto de uniformar criterios, en materia de ***Cómputo de lapsos (Art. 196)*** se dispone que entenderán como días continuos, los de calendario, sin que su computo sea alterado por feriados o no laborables, y salvo los de vacaciones judiciales, que en ningún caso serán computables.

1. *Nuevo Recurso de Interpretación*

Adicionalmente a las materias propias de esta competencia agraria, y ello por igual aplica a lo relacionado con el Contencioso, tal como se lo define en las materias que abarca, según lo antes expuesto, la Sala Especial Agraria de la Sala Social del Tribunal Supremo de Justicia, tiene la competencia especial, exclusiva y excluyente para conocer de los Recurso de Interpretación sobre el alcance o inteligencia de cualesquiera de las normas contenidas en la LTDA, tal como lo pauta ahora el Art. 173 "*ejusdem*"[34].

Respecto al trámite del indicado Recurso de Interpretación, con evidente muestra de falta de técnica legislativa, en el Art. 174, separadamente, en lugar de haberlo hecho en un parágrafo o aparte del 173, se dispone que en tales supuestos, admitido el mismo, deberá notificarse tanto al Fiscal General de la República, como al Procurador e igualmente al órgano (sic. Representante del órgano) a quien se vincule la aplicación de la norma en concreto, con el objeto de que expresen su opinión sobre el asunto debatido, lo que harán en todo caso en un lapso de diez (10) días hábiles desde que conste la citación del último de los aludidos.

La Sentencia en todo caso deberá pronunciarse al concluir el expresado lapso, sin que sea necesaria, ninguna otra actuación.

2. *Algunas consideraciones en torno a la Potestad de Conciliación en sede Contencioso Administrativa*

De acuerdo a lo que dispone el Art. 168 LTDA, y no obstante el interés social y público en la materia agroalimentaria, el Juez Agrario, de oficio o a petición de parte, podrá acordar en cualquier estado y grado de la causa, la realización de una audiencia de conciliación para procurar con ello un mecanismo de solución alternativa del conflicto, dejando a salvo el previo cumplimiento de las formalidad y requisitos que la legislación exige para la homologación de acuerdos sobre interés publico.

---

[34] Es propicio destacar que conforme a la norma invocada, para poder interponer dicho Recurso de Interpretación, será menester que quien lo intente tenga interés inmediato y directo sobre el alcance e interpretación de la norma que suscita el requerimiento de interpretación, y que si se hubiere dictado un acto administrativo o verificado una actuación administrativa respecto a la situación concreta del peticionante, para el momento de la interposición del recurso, el mismo será declarado inadmisible.

Lo indicado termina también la polémica en tomo a que sobre esta materia, y más cuando se trata de asuntos atinentes a órganos de la propia administración o temas vinculados propiamente a lo agroalimentario, si cabe Conciliación, como una via alterna para obtener solución de los conflictos que ya cursan en Tribunales, para lo cual el Juez jugará importante posición como instador a la terminación del proceso ordinario y vigilantes de los intereses colectivos en juego, y siempre respetando que con lo resuelto no se atente contra la soberanía del Estado.

CONCLUSIONES

1. Como se puede observar de lo expuesto, la LTDA ha procurado, a pesar de sus eventuales fallas y vacíos, un sistema uniforme y específico, para el Contencioso Administrativo Agro-alimentario, así como la puesta en funcionamiento de una Competencia especializada para su trámite, lo que debe generar una mejor y mas ágil justicia en dicho campo.

2. Las nuevas normas, constituyen a nuestro modo de ver un intento de sistematización que supera lo hasta ahora existente.

3. En tomo a la normativa aplicable al procedimiento Contencioso Administrativo, es obvio que cederá ante la definitiva que regule toda la actividad, Ley esta que inclusive insta el propio Constituyente para que sea promulgada a la brevedad.

4. Hemos tenido noticia, de un proyecto de reforma general de la LTDA, en el cual se elimina todo lo relacionado con la Jurisdicción (sic. Competencia) especial Agraria, incluyendo el Contencioso Administrativo y el tramite judicial ordinario de lo Agrario, y en el que se deja previsto que a futuro, dentro del lapso que fija el mismo Proyecto, se dicte de nuevo una Ley para los Tribunales y Procedimientos Agrarios, sin que nada aluda al Contencioso.

Consideramos que ello será un nuevo atraso en la evolución del Derecho Adjetivo Agrario, y por igual un retroceso en el tramité del Contencioso Administrativo de esa misma índole, que complicará más la situación de los justiciables frente a los órganos encargados de ejecutar las reformas en el campo Agro-Alimentario.

Hasta ahora el aludido proyecto se mantiene en el más absoluto silencio, y sobre ello, como en otras materias, y es costumbre de las actuales autoridades Administrativas y Legislativas, el último enterado es el sector, y el gremio de Abogados.

www.ingramcontent.com/pod-product-compliance
Lightning Source LLC
LaVergne TN
LVHW082022051026
849532LV00011B/3247